欧亚古典学研究丛书

乌云毕力格 主编

知止斋存稿

上

周良霄 著

上海古籍出版社

本书的出版受到中国人民大学国学院西域历史语言研究所
"西域历史语言研究专项资金"资助

目　录

上　册

下　册

关于成吉思汗

关于成吉思汗，一直是意见纷纭的。本文拟就有关的几个主要方面，提出个人的一些不成熟的看法。

远从十世纪初开始，我国历史上就出现了一个长时期的分裂割据局面。在北方，辽和金相继崛起，一步进一步地向南逼迫宋王朝。到十二世纪中，终于造成了宋金划淮为界、南北对峙的局面。南北分裂中断了彼此间正常的经济文化交流；千里长淮也因之人户萧疏，蓬蒿遍野。为了攻占抢夺，双方的统治者都加紧对人民进行镇压、勒索。在河西地区，长期来盘踞着另一个割据势力——西夏。西夏一开始就是依违于南北两大势力之间，利用它们间的矛盾来维持自己。它的存在加深了国内的分裂混乱局面。除此之外，在新疆的西部有西辽，云南有大理，在西藏更是小邦林立。这样一个四分五裂的局面显然是违反人民的愿望，不利于经济文化的进一步发展。

蒙古草原上的情况同样处在极度混乱不安的状态。大大小小的部族多至百数。这些部族首领们为财富的贪欲所驱使，彼此之间进行着无休止的混战。当时在草原诸部中以部族集体进行游牧的方式，由于牧场的限制，不利于牲畜的增殖，成了生产力进一步发展的障碍，个体的游牧方式逐渐起而代之。这无疑是一个巨大的进步。然而社会秩序的混乱却对这一新的游牧方式带来极大的威胁，阻碍了它的发展。连年的混战也使大批人口被杀戮，牧场受焚毁，财物遭到劫掠，造成生产力的巨大破坏，给人民带来了痛苦。在这样一个情况下，谁能为草原带来统一和安定，在客观上，他就是符合社会发展的需要，符合人民的愿望的。

成吉思汗最主要的历史功绩在于他的活动起了这个作用。他统一了蒙古草原，并且进一步完成了我国北方的统一，为全国的重新统一准备了条件，从而推动了蒙古以及整个中国历史的发展。

我们先来看一看成吉思汗统一蒙古草原的积极作用。

十三世纪以前蒙古草原诸部处在什么样的一个社会发展水平上,学术界也存在着不同的看法。本文不想着重讨论这个问题。概括说来,十二世纪后叶蒙古各部的社会性质呈现着明显的变化。奴隶制的因素本来已经伴随着原始氏族的瓦解而出现,但发展极不充分。与此同时,草原上又存在着封建制的因素。产生封建制因素的原因不但可以从当时蒙古人的军事生活方式来探讨①,同时还应当充分估计历史上突厥、回纥文化在草原上的遗留②和它周围的辽以及后来的金和畏吾儿文化的影响③。十三世纪的前半叶,随着成吉思汗的对外征伐,无论是奴隶制因素或封建制因素都有所发展。但由于这些被征服的地区都是高度发达的封建国家,在它们的生产力的影响下,封建制因素取得了主要地位,使蒙古的封建化迅速完成。成吉思汗的活动正是和蒙古社会发展的这一趋势相适应的。他建成了高度集中的专制政权,实行了分封制度。人民被分封给封主后,分属封主所有,牢牢地固定在一定的地域内,不能擅自离去④。这样,人民对封主的依附关系日益加深,社会上自由牧民日益减少,从而促进了封建生产关系的发展。特别是在此后向草原以外的发展中,由于更加扩大并密切了蒙古地区与中原及畏吾儿的联系,更大大加速了蒙古封建化的完成。

成吉思汗统一草原地区以前,草原上还是诸部族分立。蒙古部只是当时草原上的许多部族之一,即使连这一名称对外界人也是很

---

① 马克思认为:在一切半文明的民族中,他们的生活方式中包含有封建的因素。(《马恩文库》俄文第一版卷 5,页 220)

② 就我们所知,突厥已开始有了城居和农业,回纥在城居方面有了更大的发展。它们的一些文化的遗留被保存下来为蒙古人所继承并不是不可能的事。史料表明,十二世纪色楞格河附近的蔑儿乞人就有过农业。C. B. 吉谢列夫也提到蒙古以前南西伯利亚地区存在过城市定居生活,产生和发展了封建城市(《考古》1960 年第 2 期)。这一方面的问题是值得我们深入研究的。

③ 这里指的是一般的经济文化交流,特别是内地人口的流入草原(主要是金代的契丹人)和铁的输入。

④ 《世界征服者传》(John Andrew Boyle 译本)卷 1 页 32。并参看《元史·张础传》。

少知道的。成吉思汗统一了草原诸部，才第一次为蒙古族的成长和发展奠定了基石。草原上的许多古老部族的名字从此消失了。这些在社会发展水平、经济生活、语文文化方面大体相同的部族，开始统一起来。蒙古族第一次正式作为一个民族出现在我国历史上。也正是从这一个时候开始，蒙古族人民突破了原始的、默默无闻的闭塞状态，以震撼大地的步伐活跃在十三世纪中国和世界历史的舞台上，给中国历史以及亚欧各国历史的进程带来了深刻的影响。

草原的统一和社会秩序的安定给社会生产的发展提供了有利的条件。随着成吉思汗的统一北方，密切了草原与内地经济文化方面的联系，也十分有利于蒙古地区社会经济的发展。因此，在整个十三至十四世纪中，尽管由于成吉思汗本人和他的后继者们对西方进行无休止的战争，严重妨碍了蒙古本土本来有可能的、更为迅速的发展。但是由于上述的有利因素，由于新的封建生产关系对生产力的推动，总的来说，十三至十四世纪蒙古的社会经济仍然是上升和发展的。

就畜牧业的发展来说，最主要的是个体游牧方式完全代替了过了时的以部族为单位的集体游牧。这样就便利于更充分、更广泛地利用牧地，增殖牲畜。政府对于扩大牧地、开辟水源方面也给予了足够的注意。窝阔台曾把这一工作列为自己的四大任务之一，而把"无水处教穿了井"作为自己四大成绩中的一桩①。《元史》说窝阔台统治时期"羊马成群"②，在一定程度上正是反映了草原地区畜牧业生产的巨大发展。畜牧业生产之外，另一个颇值得注意的现象是定居和农业有了明显的增长。关于这一点，在《长春真人西游记》和张德辉的《行记》中都有详细的报导③。这些农业的经营者无疑都

---

① 《元朝秘史》(四部丛刊本)续集卷二，页51、58。
② 《元史·太宗纪》。
③ 十三世纪以前，与汉地相邻的所谓"熟鞑靼"已"能种秋穄"(《建炎以来朝野杂记乙集·边关事·鞑靼款塞》)，"食其粳稻"(《建炎以来系年要录》卷一三三)。草原上的某些个别地区也有过农业。《蒙鞑备录》(王国维校注本)说："彼国亦有一二处出黑黍米，彼亦煮为解粥。"《元史·太祖纪》记载在成吉思汗伐篾乞部时，"掠其赀财、田禾，以遗汪罕"。《元朝秘史》在追述同一战役时也说俘获了篾儿乞人的"田禾"(每)Tariyat（转下页）

3

是迁入的汉人和畏吾儿人。当时有没有蒙古人也从事农耕？我们缺乏这方面的资料，无从断定。但是可以指出，十三世纪上半期已经有较多的蒙古人具有食用谷物的习惯。如果说《蒙鞑备录》所说鞑靼人"于札寨处亦煮粥而食"还只是不得已的情况，稍后的卢布鲁克却着重记载蒙古人冬天主要饮用稻、黍和蜂蜜作成的很清淡的汤①。

　　手工业和商业发展的情况更加明显。徐霆说"鞑人始初草昧，百工之事，无一而有"②，《秘史》中记载十二世纪蒙古人已有木匠、铁匠③，但就我们所知，当时铁器的使用还很不普遍④。随着大批汉人、回回人工匠的被掳入，"百工之事，于是大备"，这时的蒙古人已拥有轻捷适用的马具，坚实锋厉而且种类繁多的军器⑤。和林是巨大的手工业中心，在和林遗址中属于这一时期文化层的发掘中，出土有大量金属制作品和十余座冶铁炉⑥。此外规模较小的手工业中心还不在少数⑦。商业的发展也是草原秩序的安定以及和内地、新疆等地联系更加直接，更加频繁的积极后果。商品开始源源不断地从外边运了进来。"黍米斗，白金十两；满五十两可易麦八十斤"，

（接上页）（卷六，页 28）。与 Tariyat 同一语根之 Tariyačin《秘史》续集卷 1 页 38 旁译作"种田的"。Tariyat 一词，现在蒙文中还保存，义为粮食、谷物、收获。《秘史》中还记载蔑儿乞人有舂碓（卷 5 页 16）。这些都证明在色楞格河与克鲁伦河之间莫那察地方的兀都亦惕蔑儿乞人已有了农业（《元史·太祖纪》；《史集》俄译本第一卷第二分册，页 111）。但这毕竟只是极个别的现象。而在十三世纪前半叶，情况就已有很大的不同，《西游记》载渔儿泺附近和曷剌肖故城西南以及镇海城等地均有农耕，张德辉《行记》亦载驴驹河、和林川、塌米河畔之忽兰赤斤等地都有种艺。

① 《卢布鲁克行记》（W. W. Rockhill 译注本），页 62。
② 《黑鞑事略》（王国维校注本）。
③ 《元朝秘史》卷九，页 30；卷二，页 42。
④ 所有的汉文史料都提到草原人民"无从得铁"，所以矢镞多以骨为之。术外尼说当时只有首领们显示奢华才有铁镫（《世界征服者传》卷一，页 22）。徐霆也说"镫亦剜木为之"（《黑鞑事略》）。这些都证明铁器的艰贵。
⑤ 《黑鞑事略》。
⑥ 吉谢列夫《蒙古的古代城市》，《史学译丛》1957 年第 6 期。
⑦ 如渔儿泺东的公主离宫附近、毕儿乞都、忽兰赤斤（张德辉《行记》）；镇海城（《长春真人西游记》、《元史·镇海传》）；谦谦州（《元史·地理志六》）等。

"麦出阴山之后二千余里，西域贾胡以橐驼负至"①。丝纻铁鼎等物，由汉商或回回商人贩入，"鞑人以羊马易之"②。和林是草原上最大的贸易中心。继和林城的修造后，窝阔台又先后筑成了扫邻城、图苏胡等宫城③。

上述畜牧业、农业、手工业和商业发展的情况都表明十三世前后蒙古地区社会经济方面的巨大变化，这些进步都是直接和成吉思汗的活动相联系的。自然，这些进步中的相当大一部分是建筑在大规模的对外掠夺及对被征服地区人民的残酷剥削之上的。与此同时是蒙族人民长期被统治者驱迫进行征战，付出了沉重的代价，但事实表明：我们并不能把这时期蒙古地区的进步看成全是掠夺战争的结果，也不能只看蒙族人民由于战争的损失而否认当时蒙古社会本身的发展和进步。我们也不能同意认为十三世纪后半叶，由于元朝政治中心的南迁而使蒙古地区衰落了的这样一种看法。元代蒙古地区，作为直属中央的行省之一，能够得到国内各地人力物力的支持，对于发展社会生产，保障人民生活都收到显著的好处。元朝政府对蒙古地区的经营始终很重视，在防御西北诸王的窜扰、保证草原社会安宁方面作过不少的努力；驻军屯田的工作一直受到很大的重视，经常拨给大批农具、种子来进行屯垦。政府还极力鼓励这一地区商业的发展。元朝后期还创行了中盐制度④。每年单是政府拨运和林忙安诸仓的粮食就达八十万斛⑤。元代的和林，"生殖殷富埒内地"⑥。至于以粮食、牲畜、牛具、网罟分赐草原诸部或赈济草原饥民的记载，更是史不绝书。这些对于草原经济的发展和人民生活的改善都是有力的保证。

其次，我们再来看看成吉思汗统一我国北方的意义。

中国北方统一的完成，同样是有利于经济文化的进一步发展，

---

① 《长春真人西游记》(王国维校注本)。
② 《黑鞑事略》。
③ 《元史·太宗纪》。
④ 同上，《铁木儿塔识传》。
⑤ 柳贯《送刘宣宁序》，载《柳待制文集》卷一六。
⑥ 许有壬《苏志道神道碑》，载《至正集》卷四七。

符合人民的共同愿望的。就当时各地方政权的情况看来，无论是南宋和金的政权都是极端腐朽，内部矛盾重重，仅得以维持不死不生的局面。西夏二百年的割据更加加剧了分裂的混乱。其他小国如大理等当然更谈不上来承担统一中国这一历史使命。新兴的蒙古封建主则正处在一个社会发展阶段的初期，具有蓬勃向上的活力。当然全国统一的完成不可能单纯依靠军事的力量，至少在很大程度上还要依靠政治才干，包括对城市和农业的管理以及对悠久的中原文化的态度。这些对于草原贵族来说是一种艰巨的工作，掌握这些是需要一个相当长的学习过程的。成吉思汗的才能更多表现在军事方面，这在蒙古统治的初期是很自然的情况。但如果因此而把蒙古的统一全国说成仅仅只是军事征服，说蒙古人只有马上的长技，没有政治能力，那显然是错误的。即就成吉思汗本人来说，从他前后的变化看来，政治能力的发展也很显著。我们完全有理由认为成吉思汗的降服畏吾儿部及伐金、伐夏等无论军事上或政治上都是完成全国大统一的准备和序曲。

应该指出，成吉思汗时代的蒙古，在社会发展水平上，较之中原地区，还是远远落后的。河北在木华黎等人的管理下，情况当然也不能令人十分满意。在十三世纪前半叶里，草原贵族还不能够立即制定一套完整的政治制度来稳定社会秩序，保障农业生产，因而在这一个时期内产生了制度混乱、官吏贪暴、豪强横行的现象，使生产力遭到巨大破坏，人民遭受很大的痛苦。这些，一方面是和成吉思汗及其所代表的阶级所执行的掠夺政策有关，另一面也是受其经济生活方式、文化水平所制约的，这里正表明了成吉思汗这一人物的阶级局限和历史局限，是他的落后的方面。但从发展上看，他们毕竟是逐渐进步的。而且，这些消极的因素同他们所促成的全国大统一所造成的积极影响比较起来，毕竟只是暂时的、个别的、次要的现象。这一点我们从大一统的元朝所带给中国历史的积极作用就可以得到充分的说明。元朝结束了从唐末以来的分裂割据局面，给社会生产的发展提供了可能的条件，密切了我国内地与边境地区的联系，促进了少数民族的进步和发展。所有这些成就当然不能直接归功于成吉思汗。但对十三世纪中国历史的发展，我们不能不作一个统一的过程来考虑。因此，在评论成吉思汗的功过时，我们也不能割断这一过程而孤立地、静止地看问题。

综上所述，成吉思汗的基本活动主要是有利于蒙古和全中国历史的发展。他是蒙古历史上杰出的英雄，也是中国历史上值得肯定的人物。

最后，我们谈一下意见分歧较多的成吉思汗西征问题。

我以为成吉思汗的西征是应该否定的。西征使中亚地区不少繁华的城市遭到破坏，无数无辜的人们被屠杀，对中亚人民造成巨大的灾难。西征也加重了我国各族人们的负担。被驱迫去参加远征的军士中，不单有蒙古人，而且还有大批汉人、畏吾儿人。长时期地把力量用在对西方的战争，也推迟了国内的统一和恢复工作，加深了我国北方的混乱。因此，西征不论是对外或者对内，对中亚人民或者是对蒙汉人民，都是有害的。对于成吉思汗的这一穷兵黩武行为，当时的中国人以及后来的史学家大都是持否定态度的。《元史·太祖纪赞》说成吉思汗"灭国四十"，只是就他的"深沉有大略，用兵如神"的军事政治才能而言，并没有笼统地对"灭国四十"加以肯定；相反的，在《元史·耶律楚材传》中却特别保留了在西征中耶律楚材以角端兽见劝谏成吉思汗班师东还的故事，明显地流露了作史者对这次战争的态度。这一个故事在不少元人著述中都被提到，他们通过对耶律楚材这一行动正面的表彰间接地表明了自己的态度。后来的元史学家魏源就曾卓越地指出："使舍其攻西域之力以从事汴京，则不俟太宗而大业定矣"[1]。屠寄也讥其屠戮生灵，"何其暴也"[2]。应该说，所有这些意见都是正确地表达了广大中国人民对成吉思汗这一黩武行为的否定态度。

有的历史学家强调西征是由花剌子模沙贪暴地杀害蒙古所派遣的商队、侮辱了蒙古的使者所直接引起的。他们认为西征是复仇性质的战争。这种分析是表面的。无可讳言，西征的性质是以掠夺始而以征服终的。当然成吉思汗的对手花剌子模的摩诃末也正垂

---

[1] 《元史新编·太祖纪赞》。
[2] 《蒙兀儿史记·太祖纪论》。

诞于东方的富实，梦想进攻中国，正如巴托尔德研究所证明的①。在这样的情况下，两大势力之间的战争是不可避免的。和摩诃末急躁轻率地挑起争端的态度相反，成吉思汗一则由于金在南面的威胁仍然存在，再则很可能过高地估计了摩诃末的实力，因之在对中亚的战事上采取了较慎重的态度，最初还打算争取在短期内保持与花刺子模的和平，但这明显的只是出于一时的考虑。讹答刺事件促使西征的爆发，但它只是战争的导火线。我们不能用复仇来说明战争的性质，不能把灭国数十都看作偶然的事件。列宁不止一次地教导我们，分析战争主要应该弄清是什么阶级，为什么样的政治目的进行的，这个战争是哪一种政策的继续。企图掩饰西征战争的掠夺性质是无益的。

有的历史学家从成吉思汗的西征削平了中西通道上的堡垒，促进了中西文化交流来肯定其积极意义。这样的说法也是不全面的。西征所造成的有利于中西文化交流的局面，促进了中西文化的交流这是事实，固然不应该抹杀，但不能仅仅根据这一点来肯定西征。历史上有类似的例子。譬如说十字军的东征，它本身是非正义的、决不比蒙古西征更"文明"的行动，但在客观上也促进了东西文化的沟通，给西欧带去了不少有用的知识，如造纸、火药等。但我们不能因为这些知识的传播，以及一些西方历史学者所津津乐道的十字军骑士们学会东方礼节、卫生习惯如沐浴设备、游戏如象棋之类，而就同意他们所主张的十字军东征不但捍卫了欧洲文明，而且沟通了东西文化，因而是有巨大功绩的好事。谁都知道，从十一世纪末到十三世纪中叶的十字军远征，表面上打着宗教和文明的旗帜，实际上乃是西欧封建主、僧侣、骑士和商人想在富庶的东方掠夺财富，扩张领地和寻求个人出路的最野蛮的军事殖民行动。它使原来作为欧洲文化主要中心的拜占庭受到毁灭性的破坏，一蹶不振。这些罪行当然不能因为客观效果所带来的某些好处而得到宽赦。因此，很明显的，我们同样不能把沟通中西经济文化的某些效果当作评价蒙古西征的主要依据。

① 《蒙古统治下的土耳其斯坦》（W. Barthold），页393。

当然，应该指出，蒙古统治者实际上并没有把中亚以至西亚的回教国家当作殖民地。回教地区的文化中心，虽然在军事时期也受到不少破坏，但不久又得到了恢复和发展，没有遭到像拜占庭一样的悲惨命运。因此，西方一些著作中企图把蒙古西征说成是"野蛮的"，而把十字军东征说成是"文明的"，从而把"文明民族"和"落后民族"的不同标准作为衡量战争性质的尺度，是赤裸裸的殖民主义者的观点，也显然是违反历史事实的。我们也不能夸大蒙古西征后所建立的中亚诸汗国的黑暗与落后，并且把社会发展"停滞"的原因都归之于蒙古人的统治。就原来经济文化发展较高的伊儿汗国而论，特别是在合赞汗统治时期，无论是经济、文化各方面都达到一个繁荣鼎盛的时代。我们也不能认为蒙古的统治者始终是落后的。正如恩格斯所指出的："在长时期的征服中间，文明较低的征服者，在绝大多数的场合上，也不得不和那个国度被征服以后所保有的较高的'经济情况'相适应；他们为被征服的人民所同化，而且大部分甚至还采用了他们的语言。"[1]蒙古统治者们很快地采用了所在地民族的语言、宗教、文物制度，把自己溶化于当地文化之中。从这方面来说，又是先进文化对落后者的征服。蒙古统治集团对各地较高文化是尊崇和提倡的，这不但在我国中原地区是如此，在中亚诸汗国也是如此。至于有的国家社会经济发展较缓慢，当然有它更深远的原因，我们不能要求蒙古统治者根本改变这种情况，而应当结合各汗国和各地区发展不平衡及这些地区原有的社会发展水平和当地的具体条件进行分析。不能笼统地说因为蒙古的统治而使社会始终停滞不前，并由此加重西征的罪状，否则就不可能对成吉思汗作出公正合理的评论。

（原载《历史研究》1962 年第 4 期）

---

[1] 《反杜林论》，人民出版社版，页 189。

关于成吉思汗历史地位的几个问题

关于成吉思汗的历史地位，我在前年写的"关于成吉思汗"一文中，已经提出了个人的一些看法。这些看法基本上我仍然认为是正确的，但有些地方当时提得欠明确，也有的地方则欠妥当，需要作一些修改和补充。本文拟就有关的某些重大问题进行讨论。错误之处，请大家指正。

一　如何理解成吉思汗在统一蒙古诸部 和在蒙古民族形成中的作用

关于成吉思汗在统一蒙古诸部和蒙古民族形成中的作用，从几年来的讨论看，几乎一致是予以肯定的。这一点，我完全同意。但是在如何理解成吉思汗个人在这方面的作用，我感到仍然存在一些问题，有进一步明确的必要。

十二世纪末蒙古诸部究竟处在什么样的一个社会发展阶段，这在蒙古史学界仍然是争论很大的。我个人认为当时的蒙古草原诸部还正处在原始社会急剧趋向解体的阶段。这时，由于社会生产力的发展，诸部内部阶级分化已经很明显。贵族与贫苦牧民、奴隶主与奴隶，"正主"与属民之间的阶级对抗已十分尖锐。原始的、氏族制度内部的和谐已不复存在了。代替它的是"子不尊父教，弟不尊兄教，夫疑其妻，妻忤其夫"，人们相率"流为匪类"，"变为叛贼"①。奴隶背叛他的主人，属民出卖他的正主。贵族之间则为财富的贪欲所驱使，彼此间进行着无休止的掠夺战争，像是天旋地转

---

① 《元史译文证补》卷一下，附《太祖圣训辑补》。参见《史集》俄译本卷一第二册，页259。

"各族纷纷作乱"，"人们相杀相残"①。社会秩序的极度混乱，掠夺战争的残酷破坏，无疑都严重地阻碍了社会生产的向前发展。原始的氏族制度已经和社会生产力的发展不相适应。在这样的情况下，"氏族制度对于被剥削的人民既不能有任何援助，于是他们只有期望于刚发生的国家"②。因此，统一蒙古草原诸部、稳定草原上的社会秩序是当时草原广大人民的共同愿望。

部族间频繁的掠夺战争使这些部族的贵族首领也感到有进行较大规模联合的必要。因为只有联合为更大的力量，他们才能保存自己而免使为别的较强部族所劫掠和奴役，也只有联合才可能有足够的力量来保证对外掠夺的胜利，以取得更大的财富和更多的奴隶。同时，从这些部族内部来说，日益加剧的阶级矛盾和贵族首领之间争夺权势的矛盾也使他们迫切感到只有相互勾结，依靠盟友（安答）的力量才能稳固自己的统治地位③，也只有联合才能建立一种稳定的阶级统治秩序，防止属民，奴仆背叛或逃亡④。贵族们这种进行联合的需要在客观上符合了广大人民的愿望，因而在当时情况下，它同样具有进步的意义。

《秘史》的记载为我们表明，早在1206年成吉思汗统一草原诸部以前，较大规模的部族联合已经是草原上习见的现象。如果说俺巴孩、忽图剌还只是蒙古族近亲诸部的"部落联盟"的首领的话，那么，后来的扎木合则在更大规模上组织过草原东部诸部的反成吉思汗联盟。这些充分表明了统一已经成为十二世纪末十三世纪初草原社会发展的必然趋势。

随着上述诸社会矛盾的发展（氏族制度的破坏、贵族首领权力

---

① 《元朝秘史》第254节，译文采自亦邻真《成吉思汗与蒙古民族共同体的形成》。
② 《家庭、私有制及国家的起源》，页110。
③ 成吉思汗和王罕等都是依靠盟友的力量恢复并稳定其统治地位的。
④ 属民、奴仆背叛本主但可以受到敌对部落的庇护与礼待，这样的例子在《秘史》中我们一再见到。这种现象当然是直接违反统治阶级的利益的。因此，成吉思汗虽然在较早的时候也曾利用了这一现象，如重赏巴歹、乞失里黑的告变。但在他势力既大，草原统一接近完成时，他对于这种背叛行为就采取了无情的镇压。

的增长以及因部族内阶级矛盾及部族之间利益冲突而出现的部族联合等等），日益脱离人民并驾临在人民头上的社会权力机关也逐渐有了发展。大家知道，十二世纪末的蒙古草原诸部族事实上已不再是纯粹的血缘组织。① 以万户、千户、百户来部伍部众的办法本来就是北方草原民的习惯，② 我们看到在1206年以前这种以千百来编理人民的制度已普遍为各部所采行。克烈部的亦鲁忽蛮就是王罕所属百夫长。③ 忽鲁浑即成吉思汗的百夫长。④《秘史》：王罕与扎木合助成吉思汗伐蔑儿乞部曾各率三万为左右翼；阔阔海子之会，豁儿乞要求成吉思汗将来封他为万户那颜。非常明显，1206年成吉思汗的分封制度就是直接继承并发展了这一旧制而来。为了保证部族首领的安全和代替他处理日趋繁剧的事务，于是在他们周围聚集了一批人组织成为亲军（那可儿）。⑤ 我们完全有理由推想，《秘史》所载的阔阔海子之会成吉思汗所组成的政权雏形决不是成吉思汗个人所特有的创造。事实上，当时草原所有的部族首领必不可少地有自己的管理机构，分别由一些人来负责保卫和管理部民、奴隶、牛马和其他财富。上引亦鲁忽蛮的儿子脱不花就是在王罕处充当质子。从这里我们也明显地看到了成吉思汗怯薛制度的渊源所自。

上述现象充分为我们表明，十三世纪初的蒙古诸部正发生着如恩格斯所描述的这么一个过程："生产力逐步地发展起来；人口密度的增长在一些场合上形成了各个公社间的利益冲突，这些公社之集合为更大的整体，又引起新的分工和新的机构的建立，以保护共同的利益和镇压反社会的利益。"⑥1206年成吉思汗的统一及其政

---

① 《秘史》第139节载主儿勤部系合不勒挑选勇武有力者组成就是很好的例子。
② 《史记·匈奴传》有"万骑"；《三国志·乌丸传》裴注引《英雄记》曰："（袁）绍遣使即拜乌丸三王为单于……版文曰……始有千夫长，百夫长以相统领。"又《魏书·蠕蠕传》："（社仑）始立军法，千人为军，军置将一人；百人为幢，幢置帅一人。"
③ 姚燧《高昌忠惠王神道碑铭并序》，载《牧庵集》卷一三。
④ 《元史·速不台传》："忽鲁浑以百户从帝与乃蛮主战于长城之南。"
⑤ 这种现象在所有原始社会趋向解体时几乎是普遍存在的。
⑥ 《反杜林论》，页184。

权建设工作正是适应着这一社会发展的要求进行的。

草原诸部统一的直接后果之一就是蒙古作为一个文明民族开始进入了历史的前台。① 民族，作为一个稳定的人们共同体，是一定地域内的人们经过长期共同的生产斗争和阶级斗争所逐渐形成的。在这个问题上，暴力只能起加速或阻碍的作用，而不是起决定性的作用。对于一个历史唯物主义者来说，这是不难理解的。

十二至十三世纪草原诸部的人种属性问题，一般的看法是不一致的。但是，这一点对于我们的讨论并不紧要。值得我们注意的是所有这些游牧在蒙古草原上的突厥—蒙古部族不论是经济生活，语言文化，风俗习惯上都是十分接近的。

大家知道，住牧在当时蒙古草原上的诸部族是各有自己的住牧地的。不过，在大兴安岭以西、阿尔泰山以东、戈壁以北、西伯利亚大森林以南的广大草原地区在地理条件上差别甚小；而且，由于游牧生活的特点，部族之间交往频繁。诸部之间并不是隔绝的。因之草原各部族之间，在经济生活方面几乎很少差异。邻近金朝或畏吾儿的某些部族文化水平较高，愈北、接近"林中百姓"的则较低，这是事实，② 但不可过于夸大这一发展水平上的差距。要之，十二世纪的蒙古诸部都是经营着单一的畜牧业，生产力水平同样停留在原始社会的末期。它们的生活方式是大致相同的。

在语言文化方面，一般人认为，当时草原诸部分别操东胡语、突厥语和蒙古语。这三种语言同属于阿尔泰语系。在长时期的互相交流中，蒙古部在语言、文化、习俗等方面都受到前二者极深刻的影响。关于蒙古从突厥文化中接受的影响（如族源的传说、制度 ③、名词等），大家知道得比较多，但对东胡文化的影响就了解得比较少。这方面的问题需要我们更深一步研究。这里，我只想指

① 关于"民族"一词的确切涵义，学术界还正在讨论。本文为了避免在名词上造成不必要的混乱，对于进入阶级社会以后的蒙古族就称为"民族"。（参考《历史研究》1963 年第 2 期林耀华《关于"民族"一辞的使用和译名的问题》）。

② 塔塔儿人的豪富曾使成吉思汗惊异（《史集》卷一第一册，页 106）；乃蛮且开始行用畏吾儿文字。

③ 蒙古语秃绵、怯薛等均袭用突厥语而来。

出：蒙古的宫帐、宿卫制度明显地源自契丹 ① 的宫卫斡鲁朵制，蒙古大汗即位的仪式很近于契丹的柴册仪，② 蒙古的安答、烧饭等习俗亦本之于契丹。③ 这些都说明了蒙古语系部族和东胡语系部族的密切关系。诸语系部族间长期相互影响的结果，使彼此间在语言文化上十分接受。剌失德丁曾一再提到当时蒙古草原各部在语言和外形上都十分相似。《史集》记载斡亦剌惕部使用蒙古语，乃蛮部、汪古部之语言、风俗与蒙古相近，各部之间方言有所不同是肯定的。但是，我们可以看出诸部之间已有着明显的共同之处。其他在宗教信仰等方面各部也大体相同。④ 可见早在十二世纪时代，蒙古作为一个民族的诸要素已经日渐具备，而且随着社会的发展，部族之间的关系更形密切，这些要素正在日益增长。到十二世纪末和十三世纪初，统一诸部成为一个统一民族的社会条件已完全成熟。正是在这种社会条件下，成吉思汗的武力统一草原才有可能导致一个统一的蒙古民族的形成。否则，暴力征服是无能为力的。

综上所述，无论是十三世纪蒙古草原诸部的统一和蒙古民族最初的成形，都是当时社会发展的必然结果。成吉思汗的进步作用在于他在这方面的活动正是适应了这一社会发展的需要，而且，通过他的活动，加速了这一必然过程的实现。马克思主义者承认"个人往往能对社会命运发生重大的影响，不过，这种影响是由该社会的内部结构及其对于其他诸社会的关系所决定的"。⑤ 而且，也正如马克思所指出的："如黑尔维萃所说的那样，每一个社会时代都需要有自己的伟大人物，如果没有这样的人物，它就要创造出这样的人物来"。⑥ 因此，评价成吉思汗在统一蒙古诸部和在蒙古民族形成上的作用，必须而且只有紧密结合当时的社会发展来分析。有

---

① 契丹的种属问题，至今尚无定论。按我国史料记载，它是鲜卑的一支。
② 分别参考《辽史·礼志一·柴册仪》及《卢布鲁克行纪》（柔克义译本）页21注。
③ 见《观堂集林》卷十六《烧饭》、《安答》。
④ 《史集》第一卷第一册，页118、137、140、153。
⑤ 《论个人在历史上的作用》。
⑥ 《1848年至1850年的法兰西阶级斗争》，《马恩文选》（两卷本）第一卷，页171。

的同志离开了这一点，不适当地强调了成吉思汗在统一和建立政权制度上的天才；也有的同志无视 1206 年以前蒙古草原诸部中共同语言、共同地域和共同文化等构成为一个统一民族的要素已开始存在和发展的事实，把蒙古民族的形成直接归之于暴力征服。这样做的结果，都是在不同程度上夸大了成吉思汗个人的作用，是不妥当的。

二　关于南征的性质和意义

成吉思汗南征的性质问题，我们史学界的看法也是并不一致的。有同志认为："成吉思汗伐金是反压迫、反剥削的战争"，因为"金统治者历来对蒙古各部进行挑拨、残杀、掠夺人口、强征贡赋。成吉思汗伐金代表了蒙古各部人民反压迫的要求"。有的同志还认为南征最少在初期具有血族复仇的性质。为了弄清楚这些问题，我们还得先把当时金与蒙古诸部的相互关系搞个清楚。

根据现在我们所能接触到的史料，蒙古部在七、八世纪时还只是额尔古纳河上的一个部落。① 这个部落在什么时候西迁并住牧在今天的蒙古人民共和国境内斡难河与克鲁伦河源流之间，我们还不太清楚。王国维认为约在十一世纪中或稍后一点。② 这种推测大致上是可靠的。辽在圣宗时达到了它的极盛时代。史言辽之国境西到金山（即阿尔泰山），暨于流沙（今新疆北部之沙漠地带）；北至胪朐河（即克鲁伦河）。③ 辽曾在胪朐河上建城、驻军、屯田。显然，如果当时蒙古部已西迁住牧在两河之源，紧挨着辽国的北边，辽人对他们自然不会毫无了解。然《辽史》中仅《道宗纪》有萌古国和远萌古国分别来聘的记载。④ 可见辽与蒙古部之间，至少在这以前还是隔阻甚大，很少接触的。

道宗以后，辽国势顿衰，北边诸部寖寖南逼。我们今天所了解

---

① 参考新旧《唐书·室韦传》；《史集》第一卷第一册，页 153。
② 《辽金萌古考》（清华学校研究院刊本）。
③ 《辽史·地理志序》。
④ 同上，《道宗纪》。

的十二世纪末、十三世纪初的蒙古草原上诸部分布的形势,大体上就是在这一时期内形成的(不晚于金初)。①金人的北疆,即使在初期也不曾扩展到大兴安岭以西、戈壁以北之地。金代的漠北诸部,大多仅与金保持着松懈的臣服关系。

根据近人的考证:成吉思汗的五世祖海都的次子名察剌合领忽。"领忽"即"令稳"的音转。《辽史·百官志》小部族某石烈下有"令稳"。察剌合领忽的长子叫想昆必勒格,"想昆"即"详稳"的音转。《辽史·百官志》大部族有详稳司,称某部详稳;《金史·百官志》:"诸乣详稳一员,从五品,掌守戍边堡。"不过单是依据这些官称我们还不能肯定它们确是金所册封的还是他们自己转借来的尊号。②《史集》说乃蛮的太阳汗即金所封之"儿汗"。③《秘史》载当1196年完颜襄伐塔塔儿部时,克烈部的脱忽鲁儿以从征有功,受封为王,故称王罕。在同一战役中,成吉思汗亦以功受封为扎兀惕忽里。这些记载都不见于《金史》,即使它们是可信的话,也只是中原皇朝对它的邻近诸属国、属部以示羁縻的一种手段。除此之外,并没有更多的政治含义。

属部定期或不定期向金廷纳贡,《元史·太祖纪》"五年"和同时的许多宋人文献中都记载有成吉思汗向金进贡的事实。这件事情大抵是真实的。考卫绍王以泰和七年(1207)为武定军节度使。武定军近静州(当作"净州"),净州是金与草原诸部交易的重要所在。④金制,为了防备北部使者深入内地窥探情报,规定北部入贡,遣大臣于界上受之。⑤成吉思汗在1196年受封,以后即与金发生朝贡关系,金以卫绍王就近受贡于净州是完全可能的事。

诸部贡品多为畜产、皮毛等。《辽史·圣宗纪》开泰八年"诏阻

---

① 关于这方面的问题,我将另文讨论。
② 这种情况,历史上邻近汉地的少数民族常有之,唐代的契丹就是如此。参见《辽史·百官志·南面官序》。
③ 《史集》第一卷第一册,页139。
④ 《金史·地理志》净州属县天山,有榷场。(参见《恒州刺史马君神道碑》,载《元遗山文集》卷二七。)
⑤ 参见《金史·李愈传》、《内族襄传》、《世戚传·乌古论元忠》及《蒙鞑备录》。

卜依旧岁贡马千七百、驼四百四十、貂鼠皮万、青鼠皮二万五千"，这个数字是相当惊人的。在金代，诸部贡品为马驼鹰鹘等，具体的数目我们虽不得而知，但史料却为我们保存了金朝地方官吏苛敛诸部的事例。① 金朝还规定了一个"强取诸部羊马法"。② 贡纳之外，当地方有战争时，诸部还要接受征发。③ 因此，我们说金朝对于草原诸部有压迫和剥削是肯定的，但是也应该注意到受压迫、受剥削更深的是漠南近边的诸乣、诸群牧、诸部族。至于漠北诸部，金已鞭长莫及，我们就不能把这种关系夸张。同时就贡纳而言，一般来说，这只是一种变相的官方贸易。按照历史上的惯例，通常中原皇朝为了怀柔、招徕，对于入贡者的回赐，其价值往往是远比入贡品高的。

主张南征具有反民族压迫的同志往往引用《蒙鞑备录》的记载来作根据。这段记载的全文是这样：

"鞑人在本国时，金虏大定间，燕京及契丹地有谣言云：'鞑靼来，鞑靼去，赶得官家没去处。'葛酋雍宛转闻之，惊曰：'必是鞑人为我国患。'乃下令极于穷荒出兵剿之。每三岁遣兵向北剿杀，谓之'灭丁'。迄今中原人尽能记之，曰：'二十年前山东、河北谁家不卖鞑人为小奴婢，皆诸军掠来者。'今鞑人大臣当时多有虏掠住于金国者。"

这一段话写得绘声绘影，但是它的可靠性如何却是极值得怀疑的。

第一，我们从金对北边边防的基本态势来看。金从世宗以来，在北边边防上一直是采取一种纯粹防御性的战略。大定初年，世宗因忙于对付契丹人的反抗，当然无力北顾。五年以后，长城以北诸部大体上秩序已趋稳定，于是着手经营边堡。大定十年（1170）宗叙北巡，因请置沿边壕堑，以防御北部。这个意见因李石、纥石烈良弼等的反对作罢。修壕堑的主张，最早就是在这一时候提出的，

---

① 参见《金史·世宗纪》大定二十年、《移剌道传》《宗道传》《完颜守能传》。
② 《金史·世宗纪》大定二十二年十二月。
③ 同上，《章宗纪》明昌五年九月有诏令诸路并北鵻发兵。

以后在章宗统治的后期，这个办法曾大规模地付诸实行。利用壕堑来对付北边诸部的侵扰，明显的只是一种纯粹消极的防御措施。《金史·世宗纪》虽然记载在大定七年以移剌子敬经略北边，八年遣移剌按等招谕阻䪁，十年宗叙北巡，十一年因宗叙至军中，将战，有病，乃以纥石烈志宁代之等记载，都说明当时北边确有战争。但从十二年阻䪁入贡之后，终大定之世，《金史》上也就再没有任何大举北征的记载。由此可见，所谓世宗每三年一次遣兵迄于穷北进行"灭丁"的说法，是完全不合史实的。

第二，金章宗统治时期，的确曾在明昌六年（1195）以夹谷清臣、承安元年（1196）以完颜襄、承安三年以宗皓前后三次大举北征。这三次用兵都是在呼伦、贝尔地区；其主要的打击对象是塔塔儿部、合底忻部（当即《秘史》之合塔斤）、山只昆部（当即《秘史》之撒勒只兀惕）。成吉思汗本人，包括克烈部的王罕都同金站在一边参加了第二次战役。广吉剌部（即《秘史》之翁吉剌惕）则助金参与了第三次战役。战争的全部详细情况，在《金史》有关人物的传记中记载得很详细，但我们找不到任何关于"灭丁"的迹象。三次战役中无疑都有过屠杀、掠夺的行为，但这与把所谓"灭丁"当为一个既定的、而且是每三年一次执行的政策看不可等量而语。何况退一步说，即使金对于塔塔儿、合底忻、山只昆有过如赵珙所记的残酷的"灭丁"行为，但成吉思汗与上述诸部正是血仇。成吉思汗自己所加于三部的行为绝没有比金更好一些。我们即就这一点而论，成吉思汗也完全没有权利代表上述诸部举起反民族压迫的大旗。

第三，我们还应该从金章宗三次北伐的性质来分析。章宗北伐之役始自明昌元年。[①] 当时北边的局势，在明昌四年董师中谏章宗停止巡幸景明宫的奏章中就说得很清楚。这是因为边部有必里哥孛瓦的叛乱，数十年借以捍边之南北两属部均为其诱胁，倾族随去，边境动摇，以致金在金莲川的夏宫也受到威胁。必里哥孛瓦，据王国维考证当即合答斤长白古带。我们不应该忘记，如我们在第

---

① 《金史·夹谷清臣传》。据《完颜安国传》，迫近塞垣者北阻䪁也。

一节里所分析的，这时的蒙古诸部正处在原始社会的末期，诸部之间正为掠夺而混战不已。这些部族首领垂涎中原的富实，南向窥伺，当然是很自然的事。章宗北伐纯粹是一种迫不得已的自卫行动，这一点，我们从战役前后的措施就看得很清楚。明昌元年初议出师，任夹谷清臣以本职充东北路兵马都统制使，但军事进攻的工作很快又停止。明昌三年大集朝臣会议，讨论北边开壕事。和三次北征的同时，章宗并没有乘胜北拓而是大规模地修浚边壕。这就明显地表明金在北方战事上是被动的，三次北征只是一种战略上的防御措施。把世宗、章宗两朝在北方边防上的态度联系起来看，赵珙所说的"灭丁"一事是不足信的。

第四，赵珙的这一段记载不单是关于"灭丁"一项毫无根据，即如其他诸条，也都很难令人相信。如"二十年前山东、河北谁家不买鞑人为小奴婢"、"今鞑人大臣当时多有虏掠住于金国者"等。遍搜金元史籍，我们都找不到旁证。至于说世宗因闻童谣而决定北伐"灭丁"，更是不通情理。因此，这段所记，很难有可信处。类似这样一些捕风捉影的游谈传说，在《蒙鞑备录》中不在少数。赵珙作为一个宋人使者，在兵荒马乱的时候进入燕京，想了解真实情况是有困难的；加上蒙古人的包围和封锁，他所得到的情报极有限而且不正确，原是可以理解的事。当我们今天来引用他的报导时，不应该盲目相信，而应该经过严格的取舍和批判。否则，当然是有害的。

从以上的分析表明，有的同志把蒙古侵金的战争说成是反民族压迫和剥削性质的战争，和史实的真相是有距离的。赵珙"灭丁"之说则缺乏根据，我们不能引用来作为讨论的依据。《心史》所记，也只能认为是偏激之词。

至于血族复仇的说法，我们姑不论《秘史》和《史集》所记有关情节的可靠程度，持这种看法的同志也显然忘记这样一个事实，即血族复仇是原始社会的现象。诚然，在原始社会之后，血族复仇作为一种残余形态，它还长期存在过。但是正如阶级社会里的一切社会现象一样，它也必不可免地要打上阶级的烙印。马列主义者认为战争是政治的继续。分析战争的性质首先要看它是什么阶级、服务于什么人的利益所挑起的。成吉思汗在伐金中利用过血族复仇的观念，但是，当我们分析南征战争的性质时，就不应该停留在表面现象上，而应该深入揭发它的阶级性质。因此，把"血族复仇"算作南征的性质只是表面的分析。

那么，南征究竟是什么样一种性质的战争呢？我以为这次战争是蒙古早期封建贵族所挑起的侵略战争。战争的结果引起我国北方社会生产的巨大破坏，这是毋庸讳言的。十二世纪以来，北方由于宋金战争的破坏，我国南北经济发展不平衡的趋势已经比较明显。金元之际北方地区的破坏远较宋金战争时为重，其结果使北方元气即使在忽必烈时期也没有完全恢复，这完全是蒙古贵族侵掠行为所造成的恶果。把这方面的影响缩小，说成只是不足数的现象是不合史实的。当然，金元之际豪强肆虐、盗贼充斥，也是加深北方混乱与破坏的重要因素。但是其所以有这些现象出现却是和当时的落后统治分不开的。

但是，历史的发展并不是按照个别统治者的主观愿望行事的。成吉思汗和他的后继者对金国进行征服的结果，一方面是全国广大人民沦于蒙古贵族的统治之下，而另一方面，作为征服民族的蒙古族本身却反而为被征服的先进文化所征服。在蒙古贵族逐步完成对全国征服的同时，蒙古民族也开始了以汉文化为催化剂的封建化过程。通过这一过程，使蒙古民族得到了新的发展。

早在成吉思汗的后期，大概在1221年左右，当时正是由木华黎负责经略中原的时候，蒙古军便已经开始改变了过去春去秋来的原始掠夺方式，而注意到长期据守已得的城池、土地。1221年木华黎下东平，鉴于前此攻下域邑辄委而失去之之失，命严实与石珪中分东平而守。①1222年金晋阳公郭文振给金廷的报告中也指出："河朔受兵有年矣，向皆秋来春去，今已盛暑不回，且不嗜戕杀，恣民耕稼，此殆不可测也。"②《元史》史天倪、刘亨安等传都载木华黎接受建议禁止剽掠、收恤存亡的事实，说明从这时起蒙古贵族在政治

① 《蒙兀儿史记》卷三，太祖纪十六年。
② 《金史·胥鼎传》。

20

上已经有了变化。窝阔台即位，依靠汉化的契丹人耶律楚材的建议进行了多方面的政治改革，如调查户口、制订赋税制度、改进分封制度、限制投下权力，并且创行了考试，引用大批儒生士大夫来帮助他维持统治。这些规定和制度在当时没有也没有可能被严格遵行，但是，它的出现无论如何是一种进步。譬如税制的确立用一种有定额的剥削来代替那种竭泽而渔式的原始掠夺，当然是有利于生产的复苏的。任用汉人儒生士大夫和选试诸路儒生也反映了蒙古贵族与汉人地主阶级的勾结。缺乏这一勾结，蒙古贵族要想把它在中原地区的统治维持下去是不可能的。改变分封制度，限制诸王权力也是要建成一个适应中原地区经济基础的中央集权的封建王朝所必不可少的步骤。所有这些，都有力地向我们证明，这一时期蒙古人在政治上已远较前成熟，文化上也已大有提高。

这种政治革新工作在窝阔台的后期和贵由统治时期，因为遭受到守旧的蒙古贵族和回回富商分子的反对而停顿下来。蒙哥即位，忽必烈受任总理漠南军民事。忽必烈是蒙古贵族中先进势力的代表。他完全了解吸收先进的汉文化对维持中原地区的统治地位的严重意义。在他开府金莲川时期，大批延请名儒学士，并向他们学习儒典，同他们讲究治道。忽必烈的这些表现得到了汉人地主阶级的赞扬与支持。蒙古贵族与汉人地主间的勾结更进一步紧密。通过所谓金莲幕府，忽必烈为元朝的建立在政治上准备了条件。

元朝的建立表明了蒙古贵族在管理一个封建经济高度发达的中原地区所必需的政治经验、文化修养等方面，已经趋于成熟。蒙古统治者至此已经变成了纯粹的封建主阶级。内迁的蒙古贵族不久也开始直接参与土地的掠夺，把自己变成大地主。与此相应的，草原上的封建经济也有了进一步的发展。

说到这里，我们很自然地想起恩格斯的一段名言："每一次当文明较低的人民是战胜者的时候，经济发展的进程不言而喻地就被中断，大批的生产力遭受破坏。可是在长时期的征服中间，文明较低的征服者，在绝大多数场合上，也不得不和那个国度被征服以后所保有的较高的'经济情况'相适应；他们为被征服的人民所同化，而且大部分甚至还采用了他们的语言。"历史的辩证法就是如此。

蒙古贵族南侵的结果，就当时而言是一种巨大的破坏，甚至是一种倒退；但从整个蒙古民族的发展和我国多民族大家庭的发展看，它又造成了极其深远的影响。造成前者的是暴力，是当时蒙古贵族的侵略行为；造成后者则是经济发展的规律，其中起决定作用的是蒙汉两族广大人民的经济文化交流。我们是辩证唯物论者，当我们全面来讨论南征这一事件时，既要看到它后来的发展，也要照顾到当时的实际。有前者不足以否定后者，用后者也不能抹煞前者。因此，当我们就十三世纪前期这一特定的历史时代来考察时，对成吉思汗在我国北方的侵略和破坏进行恰如其分的批判是完全必要的。

三　对西征问题应有的理解

关于西征的问题，我在《关于成吉思汗》一文里已经指出过："我以为成吉思汗的西征是应该否定的。西征使中亚地区不少繁华的城市遭到破坏，无数无辜的人们被屠杀，对中亚人民造成巨大的灾难。西征也加重了我国各族人民的负担。被驱迫去参加远征的军士中，不仅有蒙古人，而且还有大批汉人、畏吾儿人。长时期地把力量用在对西方的战争，也推迟了国内的统一和恢复工作，加深了北方的混乱。因此，西征不论是对外或者对内，对中亚人民或者是对蒙汉人民都是有害的。"这里，我想把西征对蒙汉人民的有害方面进行一些具体的分析。

第一，成吉思汗统一了蒙古草原，但是他并不是为当时社会生产力的和平发展铺平道路，而是以更大规模的侵略战争来代替前此诸部间的混战。成吉思汗及其后继者的西征，引起了大批蒙古人西迁。十三世纪中究竟有多少蒙古人被征发西迁，我们找不到确切数字。据徐霆所见，"其头目民户，车载辎重及老小畜产，尽室而行，数日不绝"，甚至连十二三岁的孩子都在被迫迁发之列。大批蒙古人西迁，致使本土丧失了大批劳动力，对草原生产发展不利，这一点，前人已指出来了。我这里想补充说明的是这些西迁的蒙古人，作为一个民族，只是存在过一个不长的时期。他们甚至没有来得及等到当地的蒙古皇朝被推翻就被当地的民族所同化，迅速从中亚的历史舞台上消失。历史表明：因西征而引起的蒙古人的大批西迁，对于蒙古人的增殖和发展是不利的。

第二，成吉思汗及其后继者的西征也拖长了我国蒙古族封建化的过程。由于西征，境土大扩，形成了一个横跨亚洲的大蒙古国。为了兼制中亚，蒙古的政治重心长期留在草原上的和林，而不可能考虑南迁。这样，无形之中就降低和削弱了蒙族统治者学习汉人文化，迅速改变其落后现况的迫切性。应该指出，吸收先进的汉人文化，当时对于加速蒙古封建化的完成，推动蒙族的发展正是一个必不可少的因素。也正因为蒙古贵族长时期把自己的注意力用在对西方远征，封建化的过程被拖迟了，因而统一北方，安定北方社会秩序，结束政治上的落后的混乱的历史任务被延搁下来，加深了北方的破坏。许衡曾指出："以北方之俗改用中国之法，非三十年不可成功。在昔金国初亡，便当议此。此而不务，孰为可务。顾乃燕安逸豫垂三十年，养成尾大之势。"① 又说："窃意国家自壬辰之后，便当访求贤者，商定历代创业垂统之宜，参酌古今，稍为定制……此有国者之先务也。"② 忽必烈的中统即位诏书（王鹗撰）中也说："朕惟祖宗肇造区宇，奄有四方，武功迭兴，文治多缺，五十余年于此矣。"③ 当时人不可能明确了解西征在这方面的消极作用，但是对于金元之际长达半世纪的混乱，他们同样也觉察到本来是可以缩短一些的。

上述分析有力地证明了马克思的有名指示：压迫别的民族的民族，它自己也是不自由的。在西征中获利的只是以成吉思汗为代表的新兴封建主阶级，受害的却是包括蒙古族人民在内的广大欧亚各族人民。当时成吉思汗在我国北方所造成的破坏并不比中亚所遭受的少一些。我们是历史唯物主义者，我们的任务是要从历史唯物主义的观点，把成吉思汗及其西征放到他所处的特定历史时代，结合当时的社会经济条件来分析，为什么在成吉思汗时代会产生西征？为什么西征表现得非常残酷？只有这样，我们才有可能真正恰

---

① 《许鲁斋集》卷二，《立国规模》。
② 同上，《杂疏》。
③ 《元史·世祖纪一》。

如其分地评价成吉思汗的功过。

任何一个不怀偏见、愿意用马列主义的观点来分析历史的人都可以看到,西征纯粹是蒙古贵族为了获得财富而进行掠夺的侵略远征,这一现象的产生决不是偶然的。当时的蒙古族,正是处在原始社会的末期。恩格斯指出:进入这样一个历史发展阶段的统治者,他们把获得财富当成为"他们的最重要的生活目的之一","掠夺,在他们看来,是比创造的劳动更容易甚至更荣誉的事情",对于他们,"战争成了经常的职业"。① 加上这时的蒙古贵族还只是除游牧之外,对农业生产一无所知的游牧民,他们所要求的只是现成的财富和荒无人迹的牧场。这样,成吉思汗的对外战争具有更大的残酷性和破坏性是不足为奇的。也只有处在这样一种社会经济下和处在这样一个历史阶段上的蒙古人所组成的轻骑兵,他们既不需要后方,也不需要考虑给养,才能像一阵狂风一样,长驱直前,只要前面不碰到有力的阻拦,就没有什么东西能够迫使他们停息。从当时朝鲜人的记载中我们可以知道,当成吉思汗远征中亚时,他同本土的联系几乎是完全断绝的。② 这样的情况在一般的战争史上当然是难以想象的。

随着十三世纪末期蒙古封建化的完成和蒙古民族的发展,情况很快就根本不同了。大家知道,在整个忽必烈和铁木儿统治时期,元朝外部的最大威胁就是西北诸王的窜扰。③ 为了对付他们,元朝不得不把主力用在西北边防线上,先后派出皇子那木罕、铁木儿、海山及重臣安童、伯颜、玉昔帖木儿,大将土土哈、床兀儿等,屯重兵防守。当时,忽必烈已经统一了全国。这时元朝政府的国力,无论在人力、物力和声誉上都远比成吉思汗时代要宏厚得多。事实表明,元在西北的强大武装在绝大多数场合下是拥有进攻的必要力量的,而且就彻底解除西方的威胁而论,元朝甚至也有必要主动深入攻击,但是元朝没有这样做,而是始终只采取防御性的战略措施。

---

① 《家庭私有财产及国家的起源》,页158。
② 郑麟趾《高丽史》卷二二,高宗十一年正月。《元史》本纪及《亲征录》中关于西征记载的讹误,也说明了这一点。
③ 《元史·高智耀传》。

这种态度和成吉思汗时代无限制向西扩张的粗野举动完全不同，却同我国历史上汉唐极盛时期中央皇朝在西北地区所奉行的仅限于确保中西商道畅通的战略防御大致相近。历史雄辩地向我们证明，随着社会的发展，随着蒙古族封建化的完成和蒙古民族的发展，在元代，成吉思汗时代一切粗野、落后的东西已经或者逐渐在消失，而蒙古民族勇敢、坚忍和善于学习的优良品质却得到了发扬。每一个民族都有它从蒙昧、野蛮而进入文明的历史，正如每一个人都有自己的童年一样。每一个民族的历史都有自己的光辉面和黑暗面。任何历史上的民族英雄都有他们进步性和局限性。这是毫不为怪的。我们肯定成吉思汗的进步方面，批判他的消极方面。我们的原则是马克思的历史唯物主义。形形色色的反动政客们、学者们，为了达到他们反华、反马列主义的可耻目的，竟然不择手段，把成吉思汗当作武器，对中国人民发动攻击。他们极力夸张成吉思汗的消极方面，然后别有用心的加以比附，把爱好和平的中国人民指为"侵略成性"的成吉思汗，把社会主义的中国指为可怕的灾害，大叫大嚷，说什么"黄祸"呀，"成吉思汗的威胁又来了"呀，这样一种作贼喊贼、丧心病狂的论调除了表明他们对于历史的一无所知外，只是更加心劳力拙、欲盖弥彰，暴露了他们的可耻用心和本来面目，而对于伟大的中国人民是不足以损伤一毫的。

（1965 年 1 月在内蒙古史学会座谈会上的发言稿）

论忽必烈

一

元世祖忽必烈（1215—1294）是元王朝的创建者，在中国历史和蒙古族历史的发展上都是一个影响比较深远的人物。

十二至十三世纪初，蒙古族正经历着一场从原始社会末期向奴隶制社会过渡的重大变化。1206年，代表新兴奴隶主贵族阶级的杰出人物成吉思汗统一了蒙古草原，进而征服了我国华北以及中亚的河中、呼罗珊等地区，建立了广袤的大蒙古国。以后又经过窝阔台与蒙哥统治时期的继续扩展，汗国的境土益形广阔。但是，历史上草原游牧民族依靠军事征服所建成的汗国，是没有统一经济基础的、松散的和不稳固的军事行政联合。它们的境土越广阔，各地区之间经济文化的差异也就越大，分裂的局面也就越难于避免。蒙古汗国的情况也不例外。蒙古汗国的分裂，最早在成吉思汗的晚年已初见端倪。以后，这种分裂继续以成吉思汗家族成员间的矛盾与争夺权力暴露出来。蒙哥在位时期，汗国的统一尽管在表面上仍然维持，但是，正如著名的波斯史家剌失德丁所指出的，"从此，不和始产生于蒙古人之中"（波义耳英译本《成吉思汗的继承者们》，页216），分裂的危机更加加深了。

与此同时，入据我国北方的蒙古族，作为我国兄弟民族成员之一，也正经历一个在中原汉文化的影响促进下，开始了由早期奴隶制向成熟的封建制飞跃的阶段。大家知道，初跨入文明时代门槛的蒙古族，比起同时期的中原汉族来，在社会发展水平上是落后的。而且，这时的蒙古族还只习惯于单纯的、采取游牧方式的畜牧经济，不懂得对定居农业进行保护和利用，也还不具备管理中原高度发达的封建社会所必需的政治素养与文化水平。蒙古汗国对广大草原地区是采用分封的方式进行统治的，而对于华北、中原地区，则和河中的撒马尔干、不花剌等城居农业地区一样，视为皇族共有的公产，由大汗分设燕京等处行尚书省、阿母河等处行尚书省等机构，委派官员，会同近亲诸宗王贵族的代表共同治理。① 而在燕京等处行尚书省治下，又遍布是由窝阔台和蒙哥所分封的分属于诸王功臣的大小"汤沐邑"（投下），其所占人户几为当时政府所籍民户总数的百分之七十以上。② 这种汤沐邑和各地世守一方的汉人军阀事实上都是各踞一方、生杀任情的小王国。在这一时期内，蒙古统治者依然是横暴地把落后的奴隶制的政治和社会制度强加于华北、中原地区，甚至提议尽毁农田以为牧地，虽然经过耶律楚材改订制度，但并没有得到贯彻执行。这些都促使我国北方在战争的残酷破坏之后，又长期陷于混乱和凋敝，社会经济明显地呈现倒退。这种情况继续下去，既有害于北方生产的复苏和发展，同时也终归要动摇蒙古的统治，使之无法维持下去。忽必烈就是在这样一个历史情况下登上政治舞台的。

早从蒙哥即位前，忽必烈在潜藩，就"思大有为于天下，延藩府旧臣及四方文学之士，问以治道"（《元史·世祖纪一》），对学习和吸收先进的汉文化持积极和开明的态度。蒙哥即位后，他受任来总领漠南汉地军国庶事。政治实践中的现实需要和积极成效使他进一步认识到吸收汉文化、以汉制来改更旧制的迫切意义。他在金莲川大开藩府，广事招揽汉族地主阶级中的代表人物。通过一系列的策划和活动，忽必烈在河南、陕西地区创设官府，引用儒臣，整饬吏治，收到了一定的效果。他的"爱民之誉，好贤之名"，很快就在汉族地主士大夫中传布开来。汉族地主阶级支持他，把他看成能够保护地主阶级利益和汉文化传统的新主子，从而开始了蒙、汉统治阶级的进一步勾结，为稳定蒙古贵族在北方的统治，并进而建立元王朝，提供了社会基础。忽必烈的活动受到了"自谓遵祖宗之法，不蹈袭他国所为"的蒙哥汗的反对。蒙哥派了使臣前来钩考，所有创设的机构尽被撤销。1259 年，蒙哥死去，忽必烈在部分宗王

---

① 术外尼《世界征服者的历史》英译本第二卷，页 25—29。
② 《元史·食货志三·岁赐》。

的支持下，以汉人军将、谋臣以及汉地丰富的人力、物力资源为依托，自立为皇帝，进而打败了汗位的竞争者、当时留守在和林大帐的幼弟阿里不哥。与此同时，积极改更政治，进行了新王朝的创建工作。

二

忽必烈在1260年即皇帝位的诏书里，明确地提出了兴复"文治"的政治纲领，并且规定了新王朝的创建原则是"祖述（继承）变通（改革）"。在中统建元诏里，他也提出新朝的建置，要"稽列圣（祖宗）之洪规，讲前代（唐宋）之定制"。在实质上，这就是要求正在设计和创建的新王朝，必须是在保留蒙古贵族的特权统治的前提下，对旧制作必要的改更，使政权机构能大体上与中原的封建经济基础相适应，而又足以确保蒙古贵族的既得权益。

马克思和恩格斯不止一次地指明这样一条历史规律："野蛮的征服者总是被那些他们所征服的民族的较高文明所征服"（《马克思恩格斯全集》第9卷，页247）。一个初进入文明时代、习惯于游牧经济的蒙古奴隶主阶级，依靠武力征服了华北、中原封建经济高度发达的农业定居地区，而当时中原地区封建经济本身并不具备在性质上发生变化的条件。在马克思所指出的三种征服情况中，蒙古的征服既不可能把自己落后的游牧生产方式强加于内地；也无力对其施加影响，以产生另一种新的、综合的制度；唯一的可能性便是原封不动地让原来的生产方式维持下去，而自己则满足于征收贡赋。由于成吉思汗的入侵，使我国北方地区相当普遍地出现过奴隶制剥削关系，但这种事实究竟是从属的、暂时的现象，不足以改变原来社会的封建属性。面对中原高度发达的封建经济，窝阔台采纳过耶律楚材建议颁行的"五户丝制"，标志着作为征服者的蒙古奴隶主贵族，为适应内地的经济基础、改更政治制度的开始。然而，事实上，投下领主和地方军阀仍然肆行其竭泽而渔式的掠夺，这种混乱的局面是不能持久的。因为，"要能够劫掠，就要有可以劫掠的东西，因此，就要有生产。而劫掠方式本身又决定于生产方式。"（同上，第 13 卷，页 748）为了保证有可能继续进行掠夺，就必须着手恢复生产；为了对具有一定生产方式的征服地区进行有效的掠夺，就必须采取与之相适应的政治组织形式，这就决定了"定居下来的征服者所采纳的社会制度形式，应当适应于他们面临的生产力发展水平"（同上，第 3 卷，页 83）。也正是按照这样一个历史的铁则，初进入奴隶社会门槛的蒙古族，尽管在其统治者不断扩大的侵掠战争中，奴隶制因素一度有过很大的发展，但当他们入主中原，并且力求巩固其在中原地区的统治时，他们便必须，而且也可能越过正常的奴隶制发展阶段，直接向封建制转化。因此，从 1211 年成吉思汗开始伐金，到忽必烈建立元朝、统一全国的过程，对入据中原的蒙古统治者来说，也是一个从早期奴隶制进而飞跃完成封建化的过程。这无疑是一个巨大的进步，对中国和蒙古族本身的历史发展，都有深远的影响。如何适应这一历史的潮流，推动它向前发展，这就是当时历史在以忽必烈为代表的蒙古贵族进步势力面前提出来的任务。用当时人的认识来说，就是"帝中国当行中国事"（《元史·徐世隆传》），"北方之有中夏者，必行汉法，乃可长久"（《元史·许衡传》）。

所谓"中国事""汉法"指的是什么？当时人的理解是中原历代王期的汉官仪制。在我们今天看来，它就是与中原发达的封建经济基础相适应的整套上层建筑。这一套上层建筑是在我国千余年来封建社会的历史中逐渐发展、完备起来的。成吉思汗的南侵和金王朝的灭亡，使传统的统治机构、政治制度被打破了，同时，又有一些与内地不相适应的、落后的东西被引用了进来。因此，上层建筑与经济基础之间的矛盾尖锐起来了。解决这一矛盾的唯一途径便是，作为征服者的蒙古奴隶主贵族，迅速改变旧有的统治制度，改行"汉法"。否则，"经济发展总是毫无例外地和无情地为自己开辟道路"（《马克思恩格斯全集》第 20 卷，页 199）。当然，这些道理，忽必烈和他的同时代人是不可能自觉懂得的。但是，只有改行"汉法"，才能保住并巩固他们在内地的统治，这一点，从历史的教训和本身的政治实践中，他们却是完全可以觉察到的。元朝是我国历史上少数民族第一个对全国进行统治的封建王朝。元朝的制度直接继承唐、宋，同时又着重以金朝的制度作为其定制立法的依据和借鉴。中统初元，儒臣们所编进的《大定政要》①无疑便是金制的一个总结。忽必烈和他的儒臣们对亡金的得失是经过仔细研究的。在元代，所有金制的有效适用措施，如官制中的宰相制、行省制、刑法、钞法以及军事镇压与民族压迫措施等，都被继承下来，并加以发展和改进；而对于某些失败的教训，如完全被汉化，猛安、谋克的迅速腐化及因占地而引起的民族矛盾激化等方面，则大体上都有一定程度的改进和避免。

新王期建设的迫切任务之一是重新确立中央集权政治。忽必烈一上台就着手整顿前此地方诸侯封地各自为政、秩序极端混乱的现象。罢诸侯世守，实行军民分治。在中央，行政、军事、监察三权分立，并根据实际需要，在全国设置各自固定的或临时的分司机构（行中书省、行枢密院、行御史台），对地方上进行管理。从机构的设置与中央和地方权力的分划来说，这些大体上是有效和适用的，并为明清两代所继承。忽必烈对投下制度也作了一些整顿，实行"二五户丝制"，基本上把投下的特权限制在政治上不构成危害的限度之内。中央集权政治确定之后，整个官僚机构得以正常运转，兴废黜陟，开始有一定的法度可循；赋敛工役，一般也有一定的限额可守。这同过去的混乱现象比较起来，无疑是一个进步。

摆在新王朝面前的第二个任务是负担起历代王朝传统的职能，恢复濒于中断的社会生产。中央集权政治的确立，有关制度的颁行、社会秩序的安定都为北方生产的复苏提供了条件。历史证明，在政府提倡、政治安定的情况下，农业生产可以得到比较快的恢复。元朝中央设司农司，专掌农田水利。当时人说，司农司建立后五六年，"功效大著，民间垦辟种艺之业，增前数倍"（《农桑辑要》王盘序）。忽必烈还禁止蒙古军占农田为牧地和践毁庄稼等行为，大规模进行屯田，这些也都有利于生产的恢复。当然生产的恢复和发展都是劳动人民辛勤劳作的结果，但统治者在倡导与组织上所起的作用也是不容忽视的。

---

① 王恽《中堂纪事》，载《秋涧先生大全文集》卷八一。

在稳定北方的统治，恢复生产的基础上，忽必烈进而灭亡南宋，完成了全国规模的大统一。

1275年（至元十二年）5月，当伐宋战争正顺利进行的时候，忽必烈在给降臣高达的诏书中说："昔我国家出征，所获城邑，即委而去之，未尝置兵戍守，以此连年征伐不息。夫争国家者，取其土地人民而已，虽得其地而无其民，其谁与居！今欲保守新附城壁，使百姓安业力农，蒙古人未之知也。尔熟知其事，宜加勉劢。湖南州郡，皆汝旧部曲，未归附者何以招怀，生民何以安业，听汝为之。"（《元史·世祖纪五》）这里，明白地表明了蒙古统治者在政策上的重大变化。这时，元王朝的制度建设已经完成。仪文制度，遵用汉制的元王朝已完全是一个传统的中原王期，元朝的灭南宋战争，本质上也变成为地主阶级之间的统一战争。因此，先前蒙古统治者在战争中所执行的主要以掠夺财货和人口，对城市农田毫无顾惜地进行破坏的政策也相应地有了根本的变化。这就大大地减轻了对江南地区社会经济的破坏程度，使南宋时期社会各领域中已经取得的成就得以保存下来，继续发展。

元期的全国大统一对中国社会和多民族国家成长的历史都具有巨大的意义。

从中唐以后，我国历史开始向封建社会后期转化。这个时期，内地和周围的少数民族都相继出现了地区和民族的割据政权。割据的出现是以地方经济的一定发展，有可能维持据地自守为前提的；割据也可能在一定程度内加速本地区的开发。但由此而造成了正常的经济文化交流被阻隔，无休止的争战加深了破坏。统一是各族人民共同的要求，也是社会经济进一步发展的需要。北宋结束了五代十国的分裂，但民族的割据却仍在发展，并终于酿成了金与南宋的南北对峙。蒙古族兴起，并畏兀儿、亡西夏、招徕吐蕃、灭金、并大理，最后忽必烈灭亡了南宋，完成了历史上空前的、全国规模的统一。这从我国多民族国家发展和成长的规律来看，是必然的，合乎规律的。

元朝的全国大统一使我国疆域初具规模。《元史·地理志序》说："自封建变为郡县，有天下者，汉、隋、唐、宋为盛，然幅员之广，咸不逮元。汉梗于北狄，隋不能服东夷，唐患在西戎，宋患常在西北。若元，则起朔漠，并西域，平西夏，灭女真，臣高丽，定南诏，遂下江南，而天下为一。故其地北逾阴山，西极流沙，东尽辽左，南越海表。""元东南所至不下汉、唐，而西北则过之。"元朝在混同江口设置了征东招讨司、征东宣慰司都元帅府等官府。① 在蒙古草原设置了岭北等处行中书省，并于叶尼塞河上游之地设吉利吉思、撼合纳、谦州、益兰州等处断事官。西藏分属乌思、藏、纳里速古鲁孙等三路宣慰司而直隶于中央宣政院。澎湖创设了巡检司。加上后来东察哈台汗所属新疆西部之地，元朝的疆土，大体上相当于清朝全盛时期的版图而又有过之。从我国疆域发展的全过程来看，元朝的统一是清朝统一国家的直接的基础，其意义之重大是不言而喻的。

元朝的统一在我国多民族国家的发展和巩固上也有着巨大的作用。在大统一的情况下，一方面是在各民族间经济文化交流扩大，民族杂居互相影响的情况下，各族人民之间传统的兄弟情谊得到了发展；另一方面也加深了少数民族对中国的主人翁感情。以蒙古族为例，尽管当时存在着民族压迫，但人民之间兄弟友谊的发展仍然是不可阻挡的主流，大批汉人工匠、驱奴、军士和官吏被派往草原，从事农艺垦种、手工造作、修渠打井、兴建城市以及行政管理、文化教育。他们与广大蒙族牧民一道，对草原的开发建设作出了贡献。他们大多融合在蒙族劳动人民之中。入迁内地的蒙古族，"即营以家"，与汉人杂处。他们中大多数人的实际生活状况是和汉族劳动人民一样的。历来的封建史家都把元朝看成正统的中国王期，蒙古统治者也以中朝天子自命。元朝灭亡后，明与北元对峙。但双方都以继承元朝的正统相标榜。朱元璋申明："昔胡汉一家，胡君主宰"，"迩来胡汉一家，大明主宰"（《华夷译语》）。蒙古亦以"北元"为号，表示自己只是临时性的偏安。长期以来历史形成的蒙汉之间的家人兄弟情谊，其基础便是在元朝时候奠定的。

元朝的统一也为社会经济开拓了可能发展的广阔道路。统一

---

① 《元史·世祖纪十》《百官志七》。

结束了南北的分裂，带来了相对的安定。特别是两淮一线，延续百五十多年的战祸过去了，生产的复苏与发展有了可能。在统一形势下，南北与各民族之间物种和农业、手工业技术的交流迅速开展，商业空前繁荣。元朝政府在全国统一了货币（云南仍沿用贝子），重行疏凿了贯通杭州与大都之间的运河，在全国范围内设置了驿站，开展了由长江口北至直沽的大规模的海运，中外之间陆路与海路的交通也空前繁荣。所有这一些都是有利于社会经济发展的积极因素。明清时期，江南地区及运河一线丝棉经济区的形成，盐、漕业的空前发展与商业、城市的格局，基本上都是在元代全国大统一之后初具规模的。

如上所述，元朝的建立与全国的大统一，无论对中国历史和蒙古族历史的发展，都是具有重大意义的进步。这个进步在本质上固然是中国多民族大家庭成长发展的必然结果，但是，作为一个封建皇帝，忽必烈在他统治的前期的一些活动，是基本上适应这一社会发展需要，并有力地促进了其发展进程。忽必烈在这方面的作用无疑是进步的，应该肯定的。

三

但是，全国大统一所提供的上述诸有利因素，在元代，没有、也不可能得到应有的利用和发展。这是由元代社会矛盾的特殊激烈情况所决定的。元朝在尖锐的阶级矛盾之外，还存在深刻的民族矛盾。民族矛盾大体上从两个方面表现出来：一是歧视性政策的制定，二是落后制度的保留。这些是从忽必烈建立元王朝的开始便都存在的。

蒙古贵族作为一个落后的少数民族的统治者，入据中原，它所统治下的人民主要是一个人数众多、有悠久历史文化和发达的封建经济的汉族，维持统治的主要凭借就是军事镇压与政治特权。忽必烈迫于稳定统治的需要而不能不改行"汉法"，但他也同样看到如果没有民族特权，蒙古贵族也就保不住他的统治。为了维护特权，就有必要推行民族压迫，挑拨民族矛盾，制造民族隔阂，维持本民族的旧风俗、旧制度。因此，民族压迫就和采行"汉法"一样，是忽必烈用来维护蒙古贵族统治的、并行的两根主要杠杆。

中统元年（1260）、二年之间，当时主要的任务是仿依汉法，建立蒙汉统治阶级联合的新王朝，并倾全力应付以阿里不哥为首的草原保守势力，民族矛盾并不明显。中统三年发生了山东李璮的乱事，加深了忽必烈对汉人的疑惧心理。忽必烈因势利导，陆续颁行了一些保证蒙古贵族特权，对汉人加强防范、镇压，并利用色目人来实行互相牵制的政策。①以回回人阿合马为首的色目官僚集团的势力迅增，与汉人官僚之间产生尖锐的矛盾。阿合马集团的横肆是得到忽必烈的支持的。汉人官僚，包括那些金莲川藩府的旧臣也相继受到排斥和疏远。至元十年（1274），"权臣（即阿合马）屡毁汉法"，甚至由许衡主持的国学也廪饩不给，无法支持。当时人发牢骚说："国朝自中统元年以来，鸿儒硕德，跻之为用者多矣！如张、赵、姚、商、杨、许、三王之伦，盖尝忝处朝端、谋王体而断国论矣！固虽圣神广运于上，至于弼谐赞翼，俾之麻明，贞一诸人，不无效焉。今则曰：彼无所用，不足以有为也。是岂智于中统之初、愚于至元之后哉？予故曰：士之贵贱，特系夫国之重轻、用与不用之间耳！"（王恽《儒用篇》，载《秋涧先生大全文集》卷四六）这里明显地反映了李璮之乱以后儒臣失势的情状。

与之相应的，在改更旧制，采行汉法上也发生了一个从积极开展到消极停顿的过程。蒙古贵族的统治地位是靠民族特权来保证和维持的，彻底改行汉法就意味着取消这一类的特权，这当然是蒙古贵族所反对的。因此，作为蒙古贵族特权利益总代表的忽必烈在实行汉法时是有条件和有限度的。至元五年，设立了御史台，表明了政权的设置大体已趋完备，随之是在礼仪典制上进一步粉饰。到至元八年，正式建国号"大元"，表明一个仪文制度上俨然汉制的中原王朝已经建成。但是，许多蒙古的旧制，则因为涉及到贵族的特权利益而被保存下来，如：分封采邑制度（投下的二五户丝制）、遍及于各生产领域的驱奴制度、手工业中的官工匠制度、商业领域中

---

① 拙著本书《李璮之乱与元初政治》。

的斡脱制度、贵族世袭的选举制度、朝会庆典的滥赐制度，此外还加上一系列的民族镇压，民族歧视的法令等等。汉族人民对于这些带有浓厚的奴隶制残余的落后制度是强烈反对的。因此，蒙古贵族愈求保住特权就愈对汉人心怀疑惧，而愈对汉人疑惧则更加需要维持特权。全国统一以后，江南人民反抗蜂起，忽必烈更进一步感到汉族人民的威胁，改更旧制，采行汉法的工作很自然就告停顿。忽必烈自己也开始转化成为消极保守的代表。

这时，在朝廷中主张继续学习汉文化的代表是太子真金。真金在一些汉儒宾幕的熏陶下成长起来，而且他本人太子地位的取得就是受惠于汉制的立嫡长而来。他崇奉儒术，亲信汉官，受阿合马所压抑的汉人官僚在失意之余，寄希望于真金。至元十六年，在汉人官僚的请求下，真金开始参决朝政，"凡中书省、枢密院、御史台及百司之事，皆先启后闻"。于是朝中隐然形成由忽必烈支持的色目集团与由真金支持的汉人官僚的激烈矛盾。

至元十九年，终于爆发了王著等假冒皇太子回宫、刺杀阿合马的暴乱。这次暴乱明显地是以枢密副使张易为首的汉官为背景的。忽必烈也知道阿合马积怨太深，众怒难犯，不得不在惩处了有关的首事人物之后，转而安抚汉人，追究阿合马及其党徒的罪行，缓和与平衡矛盾。汉人的势力有所抬头。在真金的支持下，开始议行科举，准备在改行汉法的道路上继续前进。这种做法终于使忽必烈无法容忍，决心改组中书省，重新起用阿合马党羽。两派的斗争于是更加激烈。有人甚至上书要老病的忽必烈禅位真金。色目集团利用这一事件反攻。忽必烈闻知大为震怒，真金因此忧惧而死。真金死后，汉人官僚失去了靠山，有声望的金莲川藩府旧臣这时也已谢世。从此，朝廷上汉人官僚已不再形成一个足以与色目人相抗争的势力，中书大权又操持在由色目人支持的畏兀儿人桑哥手里。

为了适应全国统一以后的形势，分裂汉人，忽必烈利用南北之间的地方主义和宋金以来的长期隔阂，又把汉族分划为汉人、南人两种，置在蒙古、色目之后，成为第三和第四等级，利用南人来削弱汉人。至元二十二年，中书左丞吕师夔乞假省亲南归，忽必烈因谕安童说："朕左右无复汉人，可否皆自朕决。"说明他顽固的排汉

35

态度。但另一方面，忽必烈又故作姿态，明令在中央省、院、台诸司①和江南各省②委用南官，借以达到既安抚江南人民，又牵制北方汉人的目的。当时的南人因受到（北方）汉人的轻视，转而与桑哥接近。这就使朝廷上的民族矛盾呈现更为复杂的局面，有利于忽必烈居高控制和利用。一直到至元二十八年，桑哥因过分专擅而触怒蒙古权贵和近侍，受到他们的攻击而失败。色目官僚再次受到一定打击，南官也因此失去权势，"自世祖以后，省、台之职，南人斥不用"（《元史·贡师泰传》《周伯琦传》）。成宗铁穆耳即位初，汉人官僚的势力有所恢复，但很快中央的权力又落在伯颜等色目官僚手中。

在这一段时期内，忽必烈还大兴黩武之师，伐日本，侵安南、占城、缅国以及爪哇。赵翼评他"内用聚敛之臣，视民财如土苴；外兴无名之师，戕民命如草芥"（清赵翼《廿二史札记》卷三〇"元世祖嗜利黩武"），是切合实际的。这些同样都是消极、应当否定的。

总起来看，从全国统一以后，忽必烈的所行，基本上已渐趋于保守、消极，对社会的进步起阻碍作用，使全国大统一所形成的有利于社会生产大步发展的条件，不可能发挥出来。只是在东北平乃颜之叛，西北抗击海都之扰，对草原游牧贵族保守势力分裂活动作斗争，维护了统一方面仍有它一定的积极的作用。

应该指出：忽必烈从他统治的前期主张学习汉文化，适应社会发展需要，革旧更新，建立元王朝，统一全国，进而转化为后期消极与保守占主导的变化，从实质上说并不单是忽必烈个人的老朽和僵化，而是集中地反映了他所代表的蒙古贵族在这一时期中经济状况的重大变化。史料表明：在至元（1264—1294）以前，蒙古贵族掠夺和剥削的直接对象是各色人户。他们也曾大量圈占土地，但不是用来经营农业，而是荒为牧场。忽必烈即位后朝廷赐予蒙古贵族

---

① 《元史·世祖纪十一》《程钜夫传》。
② 同上，《世祖纪十一》，至元二十四年五月。

的是田户①,只有赐给汉人才是农田。至元元年的新立条格中,有"诏蒙古户种田,有马牛羊之家,其粮住支"(《元史·世祖纪二》);二年,又有以西夏地区的良田为僧所占者,"听蒙古人分垦"的命令(《元史·世祖纪三》),说明其时已有一些内迁的蒙古人开始经营农耕。不过,这些人多半是内迁的军户,是属于下层的。在至元中期以后,蒙古贵族已不满足于受封食邑,而普遍地垂涎于土地。他们通过巧取豪夺,投献赐予②等手法,大肆进行兼并。因之,当时桑哥已有"扈从之臣,种地极多"之说(《元史·世祖纪十二》)。这就有力地表明,早先的游牧人奴隶主贵族,这时已完成了向封建地主的转化,他们已变成了大大小小的封建地主,他们的经济地位已和汉人地主基本上相同。而一当蒙古统治阶级进入封建化之后,汉人地主中的腐朽消极成分,在他们身上便很快滋生,并和他们原有的落后性结合在一起,在民族特权的温床上迅速泛滥起来,使原来的淳朴、强悍和进取很快转变为奢侈、懦弱和腐化。至元二十年四月,麦术丁等"检核万亿库,以罪监系者多,请付蒙古人治。有旨:'蒙古人为利所汩,亦异往月矣。其择可任者使之'"(《元史·世祖纪九》)。这段话正是从一个角度反映了蒙古人中风气的变化。忽必烈本人身上所表现的消极保守、嗜利黩武,便是这一变化的集中表现。以汉制来改革蒙古落后的旧制的政治革新工作完全停顿,不少蒙古落后的旧俗被当作一代定制而保存了下来,汉人儒生在朝政的决策上已失去作用,元王朝蒙汉封建主联合专政的基础开始削弱,中央的用人行政大权完全落入了贪墨少文的色目人手中。甚至中书宰执的名单也都由总制院使(宣政院的前身,掌"释教僧徒及吐蕃之境"僧俗人众)桑哥拟定(《元史·世祖纪十一》)。由于忽必烈老耄病弱,相臣很难见到他,只能通过年轻的南必皇后以奏事③。忽必烈又开始依靠近侍为耳目,这批人援引非类,选法混乱。国库日见空虚,钞值在二十余年中贬值十倍、甚至数十倍。政

---

① 《元史·世祖纪二》。又,李璮之乱平,忽必烈以益都田千顷赐撒吉思,但这个撒吉思是回鹘人。
② 政府禁止以田土投献最早是至元十九年,见《通致条格》卷二。
③ 《元史·后妃传一》。

府开始漫无节制地征用各地平准交钞库所贮银本充当用费，结果造成"物重钞轻，公私俱弊"。官场中贪贿盛行，刑赏、封爵都通过货卖 ①。对外发动侵略战争耗尽了民财，又连遭惨重的失败。江南人民在增课、料民、括马、造海船、征水手、转输军粮和其他徭役的重负下，不断地爆发反抗斗争。当时，内而朝廷，外而州县，无一事无弊，无一处无病。② 这些都说明了以忽必烈为最高代表的蒙古贵族统治集团，在完成封建化之后，已从积极、进步转化为消极、保守。元朝的国力，也就在以全国的统一达到极盛的顶峰后，开始迅速走下坡路。

我们研究忽必烈，正是要通过他的活动来揭示蒙古统治阶级在十三世纪中的发展变化。元王朝的建立是一个历史的进步，但是由于蒙古统治阶级本身的局限，却又保留了大量落后制度的残余，使社会的某些方面出现了逆转和倒退。元朝大统一为全国经济的发展开拓了广阔的可能性，但沉重的阶级剥削、民族压迫以及落后制度的严重桎梏却使社会生产无法顺利发展。这就是元朝各种社会矛盾十分激烈的原因。正如把元朝说成只有进步或一片黑暗都是片面的一样，对忽必烈作简单的否定或肯定也是不符合历史实际的。总的来说，忽必烈的前期是进步与积极占主导，后期则主要是保守和消极，但后期的消极作用在他整个一生的事业中究竟只占次要的地位。他的历史功绩是值得我们肯定的。

（原载《中国社会科学》1982 年第 2 期）

---

① 《元史·桑哥传》。
② 刘埙《隐居通议·杂灵·元贞陈言》。

李璮之乱与元初政治

元世祖忽必烈中统三年（1262），盘踞在山东的益都行省长官、江淮大都督李璮举行叛乱。这年二月，李璮以涟海三城献于南宋，还师益都，进据济南。忽必烈立即倾全力进行镇压，围困济南城。七月，城破，李璮被俘处死。叛乱首尾不到五个月，但它对元初的政治影响却十分巨大，值得认真探讨。《元史》中关于这一问题的记载虽不少，然而明显的有所隐讳，真相已不清楚。因此，我们的讨论还得先从发其所复开始。

一 介绍一件史料

明祝允明《前闻记·李璮》载：

予尝得一故牒，中有题李郡王山东事迹，因摘述于此。景定壬戌二月三日离涟水，带涟水西海、东海及金毕五万余人入里。二十七日抵济南府。三月五日小捷。三月离济南五十里老仓口，十八日大捷于清河。四月三日受围，离城三十里开河筑城，凡三河三城而围，起十七路人马，高丽国兵亦来。自围后，城中常有白蜃气，观者以为白蛇精。史天泽揔把丞相差人于东平取开山人来。开山人者，即吾国捕蛇之人。一见其气，谓是白蛇精，未食血；若食血了难收。今则用百日捕得此蛇，城即陷，可活得李行首。乃于白气之方拙（掘）一土穴，收禁蛇于其内，早夜绕城吹牛角咒之："大蛇不出小蛇出，小蛇不出大蛇出。"至六月半间，其白气腾空而去。自是李郡王似失精采，日复昏沉沉，虽军伍不备，将士作乱，以致绝粮，俱不能晓。甚至截屋檐草拌盐而饲马。已而亦无，相将食人。七月十三日结阵而出，人已无力，复被杀入。由是诸军间有出投拜者，云："昨夜天文见，当主兵散。"郡王曰："俺每也无理会。"

自是日逐兵出投拜。十八日，子（予）出投拜。十九夜一鼓，有大星坠于府治。李拈香而拜曰："李璮死于此。"于是坐于庭中，以镊摘去长髭。二十日早，分付众人出，各讨路去。王下小舟入海口子投水，止及其腰。有一老子姓黄，曰："相公为天下不平，做出这事，何故自陨？"引而登岸，至孟樃府千户治所。密报张相公，差人缚出。严相公首问曰："此是何等做作？"王答曰："你每与我相约，却又不来。"严就肋下刺一刀。史丞相问之曰："何不投拜？"王不答。又问曰："忽必烈有甚亏你处？"王曰："你有文书约俺起兵，何故背盟？"史唤黄眼回回砍去两臂，次除两足，开食其心肝，割其肉，方斩首。令其子提其首以下山东诸郡。王有子六人，长曰崇山，次齐山、南山乃王夫人生嫡子，封平州总管；凤山乃搭（塔）察儿妹生。牛山、景山俱在。崇山为忽必烈取去；凤山为搭（塔）察国王取去。李王之死，身无滴血，惟是黄浓浆；尸无蝇蚋，亦可怪也。其受围之日，作《水龙吟》一词，曰："腰刀怕（帕）首从军，戍楼独倚阑凝眺，中原气象。孤（狐）居兔穴，暮烟残照。投笔书怀，枕戈待旦，陇西年少，叹光阴掣电，易生髀肉。不如易腔改调。此变沧海成田，柰（奈）群生几番惊扰。干戈烂熳，无时休息。凭谁驱扫，眼底山河，胸中事业。一声长啸，太平时相将近也，稳稳百年燕赵。"[1]

这是一件很珍贵的历史资料。作者当是李璮的追随者，济南城破前的两天，七月十八日才越城降元。从语气上看，他后来又流亡南宋。这份资料就是在流亡南宋时追记的。因此于李璮之起事署理宗景定年号，对李璮官称用南宋所封的齐郡王。资料中所记首事，破城的日期及事变诸情节，基本上同于《元史》而又加详，很多地方可以作《元史》的补充、印证和发明，如老仓口之役，《元史·王庆瑞传》及《本纪》中统四年正月均作"老僧口"，姚燧《李伯佑神道碑》（《牧庵集》卷十九）作"老鸹口"，可证此处之"仓"字是有根据的。资料所说的清河大捷，元疑与《本纪》中统三年三月

---

[1] 《纪录汇编》卷二〇二。

癸酉"命史枢、阿术各将兵赴济南。遇李璮军，邀击大破之，斩首四千。璮退保济南"是一回事。癸酉是十七日，与资料所说的十八日基本相同。但"大捷"之说，以随后的战局推测，恐怕还是以《元史》为可信，"大捷"很可能是"大败"之讹。高丽国兵从攻一事，具见《元史·王綧传》。其他如受围之困境、军将之叛降，情节上多所补充。资料所记李璮的诸子戚属对我们也有很好的启发。比如《元史》本纪中统三年二月李璮反后，"辛亥，敕元帅阿海分兵戍平滦、海口及东京、广宁、懿州，以余兵诣京师"，此事明显地与李璮有子为平州总管相关。又如郝经在1260年随忽必烈攻鄂州时，上过有名的《班师议》，为忽必烈分析当时的形势，其中说"塔察国王与李行省肱髀相依，在于背胁"，[①]与阿里不哥阴谋自立一样，构成对忽必烈的巨大威胁。不了解李璮与塔察儿之间的姻亲关系，就很难正确理解郝经这句话的真正重量。由此可见，这件资料的价值，除去那些迷信的成分外，确是很宝贵的。尤其值得重视的是李璮被俘后受审时，当着史天泽等咬定："你每与我相约"，"你有文书约俺起兵"。为了灭口，史天泽于是将李璮残酷地处死。过去读《元史·李璮传》，对史天泽俘获叛首李璮后既不献俘，也不请示，竟以"宜即诛之，以安人心"为辞，即军前处死，总认为是异乎寻常的专擅行为，与后来史天泽谨小慎微的表现很不相称。王恽作《史天泽家传》，也特别点出史天泽在掳李璮后，"力主斩于军门"，及陛见，"乃以擅杀自劾，上察公忠诚，亦不之罪"。[②]说明背后另有文章。有了这份资料，真相就可以大白，很多问题也就容易说明了。

二 姚枢料敌

李璮叛乱发生时，忽必烈驻冬在漠南草地。当时的情况是，忽必烈即皇帝位不到两年，与其弟阿里不哥之间的汗位争夺战还在继

---

① 《元史·郝经传》。《再与宋国两淮制置使书》（《郝文忠公集》卷三七）："李公，王之妹婿也。伯颐虽没，叔颐复来。"
② 载《秋涧先生大全文集》卷四八。

续。中统二年秋，先年兵退吉尔吉思的阿里不哥率领斡亦剌等部众，突袭忽必烈部署在漠北一线的戍军宗王也先哥部，夺回了察哈台、贵由及原属他自己的斡耳朵（营帐），逾漠而南。① 忽必烈紧急应战。十月，"修燕京旧城"，"选锐卒三千付史枢管领，于燕京近郊屯驻"（《元史》本纪，下文引自本纪者均不另注）。"亟使人召塔察儿大集兵马，自与塔察儿，按只吉带子忽剌忽儿、纳邻、合丹统诸军前进"②，又"命亳州张柔、归德邸浃、睢州王文干、水军解成、张荣实、东平严忠嗣、济南张宏七万户，以所部兵来会"。十一月，两军会战于昔木土脑儿，③ 结果，胜负相当，"二人各引军还其斡耳朵"。④ 十二月甲午（初六），"师还，诏撤所在戍兵"。然迟至中统三年正月，诸宗王兵犹集北京（大定府），且继续命江汉大都督史权、亳州万户张弘彦将兵八千赴燕京。这些情况说明，在中统二年底、三年初，忽必烈正倾全力应付北边，因之内地的防务是十分空虚的。

李璮早存叛心，这在当时不是什么秘密。忽必烈是早有警觉的。⑤ 但是，汗位争夺战尚未见胜负，他无力兼顾，只好暂时用高官厚赏来稳住李璮，企图换取时间。对于这一点，李璮本人当时也很清楚，因此他急不可待地利用忽必烈仓皇北顾，内地空虚的时机，发动叛乱。

叛乱发生后，忽必烈请他的老幕僚、著名的理学家姚枢分析形势，姚枢以为："使璮乘吾北征之衅，濒海捣燕，闭关居庸，惶骇人

① 剌失德丁《史集》，释文主要用波义耳之英译本（《成吉思汗的继承者》，页256），并参考维尔霍夫斯基之俄译本。

② 同上。

③ 《史集》说"合罕自率上述诸军趋草原之边"，昔木土湖之旁边为阿不只牙阔迭格儿 Abjiya-Kötegel，名见《元秘史》第178、191节，《亲征录》作"阿不扎阙忒哥儿"。伯希和与韩伯诗皆认为地近 Khalkha 河。此次战争，昌抚二州及盖里泊均罹兵革，亦说明阿里不哥之深入与忽必烈形势之紧迫。

④ 据《史集》。《元史》本纪记昔木土脑儿战后，忽必烈继续北上增兵，即胜负未分之明证，屠敬山把增兵当成十月之事而倒误入十一月者，不免轻率。

⑤ 《元史·粘合南合传》；《元文类》卷五〇《张宏神道碑》；《松雪斋文集》卷八《姜式墓志铭》。

心，为上策。与宋连和，负固持久，数扰边，使吾罢于奔救，为中策。如出兵济南，待山东诸侯应援，此成擒耳。"帝曰："今贼将安出？"对曰："出下策。"① 事实证明，姚枢的分析是正确的。

李璮的这支军队是近半个世纪里在战争中磨炼出来的，比较精悍，但人数才五万，实力终嫌不足。他和他的父亲李全长期盘踞鲁南，在金、南宋与元之间投机坐大，政治上声名狼藉，人民是不支持他的。试看李璮称叛北返时，"民闻璮反，皆入保城郭，或奔窜山谷。由是自益都至临淄数百里，寂无人声"。② 这就是人民厌恶他的证明。宋将贾涉评李全说："始全贫窭无聊，能轻财与众同甘苦，故下乐为之用。逮为主帅，所为反是，积怨既多，众皆不平。"③ 李璮的部众也同样缺乏坚强的团结，济南被围后纷纷投降就是证据。这是一支人数不多，脱离人民而又内部有矛盾的部队。李璮用这支军队从山东出奇远袭燕京，想把忽必烈封锁在居庸关外，造成中原无主，人心混乱，然后自己在乱中求变，这对忽必烈当是致命的一着，但远途奔袭本身要冒很大的风险。而且即使达到排除忽必烈，使天下大乱的目的，李璮也未必能从混乱中稳拿到好处。因此，李璮决不敢、也没有濒海捣燕的决心和能力。

在宋元（当时尚未采用"元"的称号，我们这里完全出于习惯上的方便）对峙的情况下，李璮叛元，如何处置与南宋的关系，本来是一个极其严肃、关系重大的问题。李璮称叛时，曾遣使通宋，献涟海三城。南宋给过他保信宁武军节度使，督视京东、河北等路军马，齐郡王的封号。④ 但是，从李璮的野心和他们父子与南宋的全部关系来看，李璮不愿也不可能真正投降南宋；南宋也不会信任他而给他大力的配合与支持。黄潽在《跋宋理宗与贾似道书》里指出："按《续通鉴长编》景定三年（1263）二月丁亥，初，李松寿来纳款。上谕宰执曰：'情伪难凭。'又曰：'切须审处。'似道奏：'当与之要约，如能归涟海之地，方可取信。'十二日戊戌，都省言：'涟海

① 《元史·姚枢传》。
② 同上，《李璮传》。
③ 《宋史·贾涉传》。
④ 同上，《理宗纪》，景定三年二月庚戌。

已遂收复.' 而《新史》归地在二十四日庚戌, 乃因李瓒是日有建命封王之命而连书之耳。此松寿即瓒也。亲笔以初十日午时下, 曰'来意真确', 又曰'不可失信', 必在已要约之后, 未归地之前, 盖是月之初十日丙申也。"①李瓒约降南宋的报告在二月初一日才送达理宗之前, 但他根本没有等到南宋的确切回信达成必要的协议, 就在二月三日匆匆还师称叛。在这样事关大局的问题上如此轻率和操切, 既反映了李瓒降宋全无诚意, 也说明他把取得南宋的配合与支持根本不当回事, 从而也就排除了他连宋负固的任何可能。

剩下来的一条路只有姚枢所指出的下策: 出兵济南, 把希望寄托在得山东诸侯的应援。姚枢这样推测绝不可能是没有根据的。李瓒的希望也必然有事先的联系为基础。很遗憾的是这方面的材料在当时就很少保存下来,《元史·张弘略传》: "李瓒既诛, 追问当时与瓒通书者, 独弘略书皆劝以忠义, 事得释。" 姚燧《游显神道碑》(载《牧庵集》卷二二):"李瓒反, 盗据济南, 张公抚讼公与尝通书瓒……及籍瓒家, 而书无有。" 这些材料都从反面表明当时与李瓒通书的人甚多而且多有干犯忠义之语。这些来信就是促使李瓒出兵济南, 等待响应的事实依据, 也就是我们在第一节所引《故牒》中李瓒受审时攀引张宏、严忠范和史天泽为同谋的缘由。我决不是刻板地相信《故牒》所说的, 当时李瓒与史天泽等之间有一个同叛的盟约。这从当时的形势看并不可能。但这些军阀们平时因与蒙古统治者间也存在矛盾, 彼此之间书信交通, 批评时局, 互相支持和利用, 这是完全可能的。特别是当蒙哥伐宋, 死在合州前线, 蒙古无主, 时局动荡之际, 他们在书信之间分析形势, 讨论对策也是很自然的。郝经所谓"病民诸奸各持两端, 观望所立, 莫不觊觎神器",②就是指他们的。这些见不得人的活动使李瓒相信他首事叛乱后能够得到其他军阀的应援。也正是这些活动使史天泽等在俘获李瓒后, 迫不及待地不惜冒专擅的罪名, 把他即军前处死, 以图灭口。《故牒》是作者投南宋后作为逸闻追记的。他在从叛时

---

① 黄潘《跋宋朝遗墨二首》, 载《金华黄先生文集》卷二一。
② 前引郝经《班师议》。

相信过李瑒所宣扬的出兵济南，必有响应；失败之后，他对山东、河北军阀的失信行为当然很痛恨。因此对受审一节，有形容过实，也是可以理解的。

三 李瑒的失败

李瑒在怀着山东诸侯必群起响应的幻想进据济南后，确曾移檄四方。但是应者寥寥，后果极令人沮丧。

响应者之一是太原总管李毅奴哥与达鲁花赤戴曲薛等，他们"颁李瑒伪檄，传行旁郡"，但还来不及有所行动，就被拘捕。① 另一起响应者是受封为济南公的军阀张荣的儿子、邳州行军万户张邦直兄弟和姜郁、李在等。但张荣的孙子、万户张宏不包括在内。当李瑒兵迫济南时，张宏就"偕其祖济南公告变京师"。② 李瑒又遣使招德州军民总管刘复亨，受到拒绝。③ 招部民卢广，也不成功。群起响应的希望成了泡影，而自己则陷身在元大军的重围之中，完全失去作为。城中食尽，人相食。守门军士相继出降，城破。不到五个月，这个长期横据鲁南、淮北的强大军阀就遭到了彻底的复灭。

李瑒失败得这样快，这样彻底，有一个原因是他始料所不及的。他之所以急不可待地起兵，原是想利用忽必烈与阿里不哥鏖兵胜负不分的机会。但是，正好在这个时候，受阿里不哥之命，派出主察哈台兀鲁思（领地）的阿鲁忽扣留了阿里不哥使者所征集的财货，转而附款于忽必烈。阿里不哥于是兴兵西征，④ 这样忽必烈就顿时解除了北边的威胁，从而可以集中全部军力来对付李瑒。李瑒众寡不敌，迅速失败。

但是，这还不是问题的要害。促使李瑒彻底失败的根本原因还在于新建立的忽必烈政权，得到了汉族地主阶级的普遍支持，具有为李瑒所料想不到的稳定性。因此，尽管它还刚建立起来，但已能

① 《元史·世祖纪》，参见姚燧《徐德举神道碑》，载《牧庵集》卷一八。
② 前引《张宏神道碑》及《姜式墓志铭》。
③ 《元史·刘复亨传》。
④ 《成吉思汗的继承者》，页257—259。

抗拒蒙古守旧势力和汉人叛乱者来自北南两方面的冲击。早从忽必烈在藩时，他就广事招揽汉人儒士，充当幕客，同他们讲究儒经，讨论治道，大得北方汉人儒士的拥护。汉人地主阶级认定忽必烈是他们利益的可靠代表，从而开始了蒙汉统治阶级的进一步勾结，为元朝的建立奠定了社会基础。1260 年忽必烈即位之后，在汉人官僚的策划下，仿依中原王朝的旧制，设纲陈纪。"内立都省，以总宏纲；外设总司，以平庶政"。他标榜"文治"，主张"变通"，采行"汉法"。这些作法，完全符合广大汉人地主阶级的要求，因而也就得到他们坚决的支持和拥护。作为地方军阀的李璮，起兵反叛忽必烈，手头唯一可持的是民族关系这一张赌券，当忽必烈成功地确立了蒙汉地主阶级的联合统治后，这张赌券已一文不值，李璮的彻底复灭也就不可避免了。

应该指出：中统初元时，在忽必烈政权中，汉人官僚是不但不受歧视，而且是掌握最高实权的。中统元年五月所任命的十路宣抚使副中，除两名回回人和汉化很深的女真人、畏吾儿人各一名外，其余百分之八十全为汉人。七月成立于燕京的行中书省，除丞相祃祃外，其他三名长官都是汉人，僚佐百余人中，百分之九十是汉人。①中统二年中经调整补充的中书省长官十五人，其中仅蒙古人四名，回回人一名。这些蒙古人也都是年纪很轻的权贵，对实际政事是生疏的，实权都在汉人长官手里。和后来的情况相比，这时的政府至少有两点值得注意：一、民族的界线不那么强调；二、色目人不占什么比重。只有在李璮事变之后，情况才发生了明显的变化。

四　追究和处置

李璮叛乱的发生对忽必烈造成了极大的震动，这不单是李璮敢于称兵，而且还因为：第一，李璮的亲信、叛乱的预谋者王文统竟打入他的身边，充任中书平章的要职，受到他的高度信任；②第二，

---

① 王恽《中堂事纪》，载《秋涧先生大全文集》卷八〇。
② 《元史·王文统传》。

地方军阀多与李璮交通，被李璮计算为能够响应叛乱的助力。情况确实很严重，不能不进行追究。

叛乱发生时，因发觉王文统有与李璮的交通信，王文统立即被处死。在王文统被诛后，忽必烈害怕在他身边另有小集团，所以，他加紧追查王文统的来路，要弄清王文统是如何从李璮处打进他的身边来的。曾经推荐过王文统的廉希宪、张易、商挺、赵良弼、刘秉忠都受到怀疑。①商挺还因在陕西的活动而受兴元同知费寅的控告，指他"为文统西南之朋，引陕西郎中行宣抚使赵良弼为征。幽商公上都。以良弼多智略，疑为文统流亚，械系于狱"。②《元史·赵良弼传》说："会平李璮，得王文统交通书，益有疑二人意。"想见这些书信确实是有一些不利于廉、商的事实的（上述诸人都是忽必烈潜藩时金莲川幕府的重要成员，也是汉人地主阶级著名的政治代表。上述廉希宪是畏吾儿人，但受汉文化影响很深，忽必烈称他为"廉孟子"）。中统初元，这些人或者是密参帷幄，决策中央，或者是节制一方，支撑大局，都是有大功劳而为忽必烈所倚重的。李璮事变以后，忽必烈虽然不能不依靠他们负担某些蒙古与回回人所不能胜任的工作，但总的态度是逐渐疏远，把他们从中枢的重要任务中排除出来。

在地方军阀中追究与李璮交通的问题，显然更加复杂和微妙。一是这群人都有很大实力。忽必烈当时可以直接指挥、用来与阿里不哥争夺汗位的武力，以及组成忽必烈的卫队武卫亲军的兵将，都是由他们提供的。二是眼前就有史天泽等擅杀李璮以灭口的事实，认真追究，首先就要碰到这个问题。这件事弄不好就要迫使这些有实力的军阀联合起来反对他。他亲手所缔结的蒙汉统治阶级的联合就有可能破裂，新建立政权也就有垮台的危险。因此，忽必烈在处理这个问题时就显得特别慎重和有节制。他总的原则是：在迫使这些地方军阀交出实权（特别是军队），消弭足以产生李璮一类叛乱的基础的前提下，既往不咎，而且根据情况与需要，继续任用以

---

① 《元名臣事略》卷七《廉希宪》；卷一一《赵良弼》。
② 姚燧《姚枢神道碑》，载《牧庵集》卷一五。

安定和拉拢汉人官僚；同时，利用这一形势，因势利导，进行政治改革，加强中央集权。

为了补救自己的罪过，表示对忽必烈的忠诚，史天泽带头请求："兵民之权，不可并于一门行之，请自臣家始。"①史氏子弟即日解兵权者十七人。史天泽的姻亲、当时任武卫亲军指挥使的李伯佑，也在平李璮后，"既讫赏，遂致事"，②其他东平严氏、满城张氏、济南张氏等都依法炮制。忽必烈也表示不咎既往，继续把他们当成汉人地主阶级的政治代表而予以优容。这样做，既收了地方军阀的实权，消除了分裂和叛乱的隐患，同时又安定了汉人官僚，保持了蒙汉统治阶级联合专政的稳定。这种灵活、曲法的克制和慎重，在对待济南张氏的处置上表现尤为明显。张邦直兄弟之为李璮逆党，《本纪》至元元年（1264）四月已经载明，但二年正月正罪时，却改成了"邳州万户张邦直等违制贩马，并处死"。对于张邦直的侄子、已经罢军职济南万户而改授民官真定总管的张宏，私家的《行状》说："至元初，有故吏掇拾等诸父罪，辞连公。上明其有功，特原之。"③而《元史》的官牍中，其罪名却是："山东廉访使言：真定总官张宏，前在济南，乘变盗用官物。以宏赏告李璮反，免宏死罪，罢其职，征赃物偿官。"济南张氏是在李璮叛乱中陷得最深的一家，忽必烈不惜曲法优免，目的绝不是保全其个人，而是在安定全部汉人官僚，这是明明白白的事。

五　因势利导，进行改革

李璮的叛乱被镇压了，忽必烈立即抓紧时机，加速进行政治改革。

忽必烈的政治改革，标榜"祖述变通"，用郝经的话说，便是"以国朝之成法，援唐宋之故典，参辽金之遗制，设官分职，立政安

---

① 《元史·史天泽传》。
② 姚燧《李伯佑神道碑》，载《牧庵集》卷一九。
③ 《元文类》卷五〇《张宏神道碑》。

民，成一代王法"，①简言之，即所谓行"汉法"。"汉法"实质上是中原王朝所沿行，适应并服务中原高度发达的封建经济基础的上层建筑。按照野蛮的征服者不得不适应征服后存在的比较高的"经济情况"，而为被征服者所同化的历史规律，忽必烈采行"汉法"是历史的必然，也是一个影响重大的进步。当时，忽必烈要进行改革，阻力主要来自两个方面。首先是以阿里不哥为首的草原守旧势力；其次则为这些割据华北的地方军阀。不击败阿里不哥，忽必烈就不能顺利地改行"汉法"；不解决地方军阀的问题，中央集权制的政权也不可能建立，政治就无法刷新。李瓒叛乱的平定给忽必烈提供了彻底解决这一问题的条件。忽必烈因势利导，加速了改革的步伐。其主要措施大致为以下六点：

（一）削弱私家的权力，除本人外，罢其兄弟子侄之为官者；同时，除真定董氏之外，一律解除地方军阀之兵权。以后在灭南宋的战争中，史、张诸氏子弟又分别任命将兵，但这时的军队已不再是他们的私属。

（二）严格执行地方兵民分治的制度。规定：管民官理民事，管兵官掌兵戎，各有所司，不相统摄。这个办法耶律楚材早就提议过，但贯彻不了。李瓒事平后，首先在山东以董文炳领军、撒吉思治民。其年十二月，作为定制，在全国施行。

（三）罢诸侯世袭，行迁转法，消除割据的基础。当时记载："至元之罢侯守，民盖有视其侯如路人，甚至追咎怒骂如仇雠者。"②说明诸军阀为人民痛慨的程度。

（四）易将，使将不擅兵。《元史·董文炳传》："至元三年，帝怨李瓒之乱，欲潜销方镇之横，文炳代史氏两万户为邓州光化行军万户。"

（五）置万户府监战，选宿卫士以监汉军。③

（六）取消汉人官僚的封邑。史天泽原封于卫，自动申请归还朝廷；张柔、严忠济所有封户，均在至元二年十一月明命改隶民籍。

---

① 《元文类》卷一四《立政议》。
② 同上，卷五〇《张宏行状》。
③ 《元史·世祖纪》中统四年正月丙午，又《谒只里传》《直脱儿传》。

与此同时，忽必烈在中央置枢密院，作为总领军事的机关；加强中书省的权力，把司法、行政等权力集中中央。通过这些改革，一个以中原王朝为张本的封建中央集权制政权牢固地建立起来。这对当时中国历史的发展以及蒙古族本身的发展都具有巨大的进步意义。

李璮事件也大大地加深了蒙古统治者的民族猜忌情绪。当时，那些过去受汉人官僚所轻视和压抑的回回人便乘机"伏阙群言：回回虽时盗国钱物，未若秀才敢为反逆"。[①]回回人从中亚一带远道迁来中国，他们具有很高的文化、技艺，特别富于经商逐利、理财敛货的经验。他们可以供蒙古统治者驱策，而又不会构成统治权力的威胁。因此，蒙古统治者一贯利用他们作为统治的帮手。而当李璮的叛乱发生更加增大了蒙古贵族的疑惧心理后，蒙古统治者便更加有意识地利用回回人，使之分任权力而对汉人进行牵制。至元二年，忽必烈正式颁布："以蒙古人充各路达鲁花赤，汉人充总管，回回人充同知，永为定制。"这一规定实际上是有元一代用人行事的基本政策。蒙古统治者迫于需要，必须利用汉人官吏来为他们办事，但是很不放心，于是便每一个机关都分派一名蒙古正长来监临，又配置一名权位相等的回回官来进行防范和牵制。从这以后，回回人在政治上的重要性大大增加。中央的实权渐渐落入回回人阿合马手中，引起后来朝廷政局中一系列的矛盾与倾轧。

（原载南京大学历史系元史组《元史及北方民族史研究集刊》第四集，1980 年）

---

① 前引《姚枢神道碑》。

蒙古选汗仪制与元朝皇位继承问题

　　《元史·礼乐志序》载："元之有国，肇兴朔漠，朝会燕飨之礼，多从本俗。太祖元年（1206），大会诸侯王于阿难河，即皇帝位，始建九斿白旗。世祖至元八年（1271），命刘秉忠、许衡始制朝仪。自是皇帝即位、元正、天寿节，及诸王、外国来朝，册立皇后、皇太子，群臣上尊号，进太皇太后、皇太后册宝，暨郊庙礼成、群臣朝贺，皆如朝会之仪。而大飨宗亲、锡宴大臣，犹用本俗之礼为多。"又《祭祀志一》载："元之五礼，皆以国俗行之，惟祭祀稍稽诸古。其郊庙之仪，礼官所考日益详慎，而旧礼初未尝废，岂亦所谓不忘其初者欤！"可知元朝之礼制，始终以汉制与蒙古旧俗并行。故《元史·礼乐志》中，虽五礼彬彬，然在宫廷之内，祭祀、宴会、生育、葬丧，四时节候，皆有"国俗旧礼"。明人郭正域谓："胡元之世，天泽既易，礼安用之？先王典刑，沦澌无存。冠冕椎结，号令侏儒。大拜报天即日月山，金书玉篆用蒙古字。册后之初，帝后并坐大明殿，右丞相起而上寿。寿帝、寿后，冠礼、婚礼，从其本俗。大宴而服只孙：冬则纳石室里，夏则钹笠都纳。剪柳代射，跪足代拜。行之百年，文物尽矣！"①这些都是所谓的"国俗旧礼"。

　　即以皇帝即位之仪式而言，同样是实行汉制与"国礼"两套。《元史·礼乐志一》记载说："皇太子出阁，侍仪使前导，由崇天门入，升大明殿。引进使引导从至皇太子妃阁前，跪报外办。内侍出，传旨曰：'可。'引进使俛伏，兴，前导由凤仪门入。俟诸王以国礼扶皇帝登宝位毕，鸣鞭三。尚引引点检以下，皆公服，入就起居位。"两种礼俗在元宫廷中并存的事实，对说明元代汉蒙两种文化的相互影响与矛盾方面，是一个有待深入研究的课题。它对于理解当时的政局发展、民族矛盾等方面都有重要意义。本文拟就蒙古早

---

① 谈迁《国榷》卷一〇，洪武二十八年十一月。

期选汗仪制进行探讨，并从它的影响来进一步研究元代皇位继承的一些问题。

一

前引《元史·礼乐志一·皇帝即位受朝仪》中所说的"国礼"是什么样？汉文史料中几乎没有任何记载。大凡当时的所谓"国礼"，是只限于皇族以及蒙古权贵参加的。如祭天仪式，"皇族之外，皆不得预，礼也。"[①] 又如"射草狗"之礼，"非别速、札刺尔、乃蛮、忙古台、列班、塔达、珊竹、雪泥等氏族，不得与列。"[②] 皇帝即位的国礼，威严隆重，由蒙古诸王权贵参加，汉人自无由侪列。因此，关于这方面的记载，不见于汉籍，难于稽考。

《元朝秘史》是十三世纪前期蒙古人编写的史诗，保存了蒙古早期的大量史实。其中的卷三（《四部丛刊》本）第一二一节、一二三节记载了 1189 年一部分蒙古部族的首领推选帖木真为联盟长——汗的故事。这段材料的价值，我们将在下文再详加讨论。仅就关于汗即位的仪式来说，《秘史》在这方面也缺乏具体的描述。大概从作者本人来看，这只是仪礼之常，没有什么必要去花费笔墨。只有一些当时到过蒙古或中亚的西方人，才注意到这个特殊的仪式，往往作为异闻，加以记录。

《世界征服者史》的作者志费尼，在 1249 年和 1252—1253 年间，两次亲去蒙古。尽管他并没有亲身赶上选举蒙哥为大汗的忽里台（聚会），但他关于这方面的报导无疑是有根据的。他在记述窝阔台被选为大汗的经过时，说到在经过四十天的推选与辞让之后，"最后"经过他们（指与会的贵族——引者）这方面的再三敦促，窝阔台那方面的再三拒绝，他终于服从其父的遗旨，采纳众弟兄及叔伯的劝告。按蒙古旧俗，他们脱掉帽子，把皮带扔向肩后；就在 626/1228—1229 年，察合台引着他的右手，斡赤斤引着他的左手，

---

① 王恽《中堂事记》，载《秋涧先生大全文集》卷八一。
② 《元史·祭祀志六·国俗旧礼》。

把他拥上宝座，既有老成持重的赞助，又有鼎盛青春的扶持。兀鲁黑那颜（义为大那颜，指拖雷——引者）举杯，宫廷内外的人都三次跪拜，发出祈祷，说："愿他的登基使国家繁荣昌盛！""他们尊称他为合罕。按照往习，所有王公对合罕表示忠诚，在斡耳朵（宫帐——引者）外三次向太阳叩拜。然后，他们再入内，举行欢乐的盛会，把忧伤的荆棘从快乐的原野扫除干净。"①

同书在记贵由被选立为汗时也说道：经过与会贵族们的推戴，"贵由一如旧习，暂时拒绝这份荣誉，时而荐举这个，时而那个作为代替。最后在珊蛮巫师选定的一个日子，所有王公齐聚一堂，脱去他们的帽子，松开他们的皮带。于是［也速］引着一手，斡鲁朵引着另一手，他们把他拥上御座和皇位，同时举起他们的酒杯。朝见殿内外的人三次叩拜，称他为'贵由汗'。又按照他们的风俗，他们立下文书称他们不违背他的话和命令，并为他的幸福祝祷。在这之后他们走出大殿，三次向太阳下跪。"②

同书中关于蒙哥即大汗位仪式，所记相同，不赘录。③

另一个罗马天主教士普兰诺·加宾尼在 1246 年抵达蒙古，躬逢选举贵由为汗的忽里台。他作为使者当然只能列身在帐殿之外，在帐殿中举行的仪式是无由得知的。他在回忆中说："我们留在那里（指金帐——引者）直至圣巴塞洛缪节（八月二十四日）。在那一天，一大群人在那里集合。他们全都面南而立，并作这样的安排：他们之中的某些人与其余的人相隔约一掷石之远。他们继续向前走，越走越远，口诵祷词，向南跪拜。至于我们，由于不知道他们是否在念咒语，还是向上帝或其他的神下跪，因此不愿跟着他们跪拜。在这样跪拜了很长时间以后，他们回到帐幕里面，把贵由放在皇帝宝座上。首领们在他面前跪下，所有在场的民众也都在首领们后面跪下；只有我们没有跪下，因为我们不是他的臣民。"④加宾尼这里所描述的是大汗登位之前，在帐外向太阳礼拜的仪式，在细节

---

① 《世界征服者史》上册，内蒙古人民出版社 1980 年版，页 217—218。
② 同上，上册，页 295。
③ 同上，下册，页 673—674。
④ 《出使蒙古记》（中国社会科学出版社出版），页 62。

上，正可以作为前引志费尼书的补充。

同时候的欧洲人圣·奎丁的西蒙，对蒙古大汗的登位仪式，又有更为详细的叙述。西蒙本人没有亲见过这种仪式，可能是得之于波兰人伯捏的克特。伯捏的克特其人，是迦儿宾使蒙古时的同行旅伴。他是在 1248 年，也就是在阿色林之出使，返自蒙古将军拜住处的时候回到小亚细亚的。这份材料说："所有的男爵们都聚集在一起，他们把金椅放在中央，让这位汗（Gog）坐在上面，把一柄剑放在他之前，说：'我们希望、我们请求和命令你统领我们全体。'他便对他们说：'如果你们要我统治你们，你们每一个人是否准备执行我的命令，接受我的召见，执行我的委派，或处死我所命令你们予以处死的人？'他们回答说：'我们能这样作。'然后，他对他们说：'我的命令就是我的宝剑。'对此，他们都表示同意。于是他们把一块毡铺在地上，让他坐在上面，说：'上视而识上帝，下视则尔所坐之片毡。如果你能治理好你的王国，如果你能慷慨赐赉、公正无私和按其爵序尊礼每一王子，那么，你将在荣耀中治理国家，普天下将臣服于你。上帝将给予你心中所欲求的一切。但是，如果你不这样作，则你将是不幸的，卑微穷困，甚至连你坐的一片毡也不会留给你。'这样说完之后，男爵们让汗的妻子也坐在毡上。他们把他俩从地上举起，大声宣布说：'全体鞑靼人的皇帝和皇后。'"[1]

西蒙的这段记载虽然得之于传闻，但它的可靠性却得到下面两则来源完全不同的史料的印证。首先是同时期的阿美尼亚王子海屯所撰《东方史》。书中也记述成吉思汗登位仪式时说："七国之首领贵人集其臣民，命其宣誓，效忠于成吉思。誓毕，置座于中，覆黑布于地，坐新君于上。七国首领共举之，而欢呼之曰'皇帝'，或'第一汗'。已而跪拜于其前，用黑布载新君于宝座上。"海屯特别说明：这是鞑靼的旧俗，"虽侵略多国而获有财宝无数（盖其完全据有亚洲之地而抵于匈牙利边境），仍不变其俗，我曾参加此种典礼二次也。"

其次是稍后的波斯著名史家奥都剌所著的《土地之分割与世纪

---

[1] 《鲁勃洛克东游记》（柔克义英译本），页 21，注一。

之推移》(《瓦撒夫书》)。书中在记武宗海山即皇帝位时,说:"海山于星者指定之日时,举行即位典礼。宗王七人坐海山于白毡上,二王扶其臂,四王举毡奉之于宝座上。一王献盏,诸珊蛮为新帝祝寿,而上尊号曰曲律汗。"[①]

把上引的三段材料比较,虽然详略不同,也有彼此矛盾之处。但大体上却仍是一致的,可以互为补充,丰富了我们对选汗即位仪制的了解。

通观所有这方面的材料,我们对蒙古早期推选大汗的整个程序和仪式,大体上可作如下的表述。在全体贵族参加的忽里台上,公推大汗。被推选者照例再三辞让,然后表示接受。君臣之间确立盟誓,履行传统的宗教仪式,由贵族中之代表按一定仪式拥新汗登上皇位。最后是新汗大行赉赏,全体参加者欢宴庆祝。这里,就全部仪制的内容来看,包含三个可供讨论的问题。第一,原始珊蛮教的宗教迷信成分;第二,氏族民主主义的残留影响;第三,君臣誓约的内容。下面将逐一进行讨论。

二

珊蛮教是古代北方氏族所奉信的一种原始宗教。《汉书·匈奴传》卫律勾结胡巫构害贰师。《北史·蠕蠕传》载有巫师是豆浑地万"假托神鬼"。《新唐书·黠戛斯传》谓"呼巫为甘"。甘(Kem),无疑即突厥语的Qam,义为巫师。他们大概都是珊蛮教。蒙古人对珊蛮教巫师也沿袭突厥语称哈木(Qam)。哈木对于早期蒙古人的社会生活各个方面,都有着巨大的影响。[②] 在汗的选立上,它的作用也特别引人注意。和成吉思汗同时的巫师阔阔出,被称为帖卜腾格里(Teb-Tengri),义为"至神"、"至上"。在1206年成吉思汗即大位的过程中,曾起过某种重大作用。蒙古人迷信"长生天","其常谈必曰:托着长生天底气力,皇帝底福荫。彼所欲为之事,则曰天教

① 多桑《蒙古史》上册,页344,注二。
② 《世界征服者史》上册,页65。

恁地；人所已为之事，则曰天识着。无一事不归之天。自鞑主至其民无不然。"① 而珊蛮巫师则称为是能上通天神，传达长生天旨意，预卜休咎的术士。因此，神巫在汗候选人的提名中，他所表达的便是天意，其权威性是可以想见的。志费尼记载："我从可靠的蒙古人那里听说，这时出现了一个人，他在那带地区流行的严寒中，常赤身露体走进荒野和深山，回来称：'天神跟我谈过话。他说：我已把整个地面赐给铁木真及其子孙，名他为成吉思汗，教他如此这般实施仁致。'他们叫此人为帖卜腾格里。他说什么，成吉思汗就办什么。"② 在成吉思汗既立之后，由于阔阔出兄弟与成吉思汗的弟弟合撒儿发生矛盾，他便向成吉思汗构谗说："长生天的圣旨，神来告说：一次教帖木真管百姓，一次教合撒儿管百姓。若不将合撒儿去了，事未可知。"太祖听了这话，就那夜去拿合撒儿。后来，虽经其母亲出面干预，成吉思汗只得释放了合撒儿，但究竟还是"将合撒儿百姓夺去，止与了一千四百"。③ 诚然，大汗候选人资格的取得，事实上是以世俗的实力为前提的。具备了必要的实力，便可以制造天意，以资证明自己的权力是受命于天，任何人都不应该反对。但在迷信极深的古代社会里，有没有这个人造的天意，在舆论上、精神上的镇慑力量是大不相同的。

史料也表明：还有一种拥有别乞称号的人，在大汗的选举上也有特殊的作用。别乞（Beki）是珊蛮教的长老，是由长房氏族中年高望重的人担任的。巴阿邻部系出成吉思汗十世祖孛端察儿的长子巴阿里歹，因此，1206 年成吉思汗即位时，分封巴阿邻部的兀孙老人说："如今达达体例里，以别乞官为重，兀孙你是巴阿邻为长的子孙，你可作别乞。作别乞时，骑白马，着白衣，坐在众人上面，拣选个好年月议论了，教敬重者。"④ 可知别乞具有宗族和宗教的双重长老身份。早在帖木真与札木合分离自行纠合一批部众，聚会选举汗（部落联盟长）时，巴阿邻部的豁儿赤也参加了。豁儿赤曾以别

---

① 《黑鞑事略》。
② 《鲁勃洛克东游记》，页 40。
③ 《元朝秘史》（《四部丛刊》本）卷一〇。
④ 同上，卷九。

乞的身份向帖木真作了饶有兴趣的谈话。他说："'我贤能的祖孛端察儿，拿得妇人处，同胞生了札木合，并俺的祖。于札木合行，不合分离的是来。因神明告的上头，都我眼里见了，有个惨白乳牛来扎木合行，绕着将他房子车子触着折了一角。那牛于札木合处扬着土吼着说道：'札木合将我角来。'又有个无角犍牛，拽着个大帐房下桩，顺帖木真行的车路吼着来说道：'天地商量着国土主人教帖木真作，我载着国送与他去。神明告与我。教眼里见了帖木真。我将这等言语告与你。你若做国的主人呵，怎么教我快活？'帖木真说：'我真个做呵，教你做万户。'豁儿赤说：'我告与你许多道理，只与我个万户呵，有甚么快活？与了我个万户，再国土里美好的女子，由我拣选三十个为妻；又不拣说甚言语，都要听我。'"[1]豁儿赤在这里是传达长生天的神意，实际上却分明是假捏神意来进行政治交易，以换取权力物欲。

宗教巫术在大汗即位的仪式中也占有重要的地位。加宾尼记与会者南向太阳跪拜，志费尼记其免冠解带，西方史家记拥新汗于毡上，这些无疑都是宗教仪式。可惜多语焉不详，使我们难于了解它的具体实际。这里，我们不能不借助于前代突厥和契丹的有关记载，来进行比较参考。

《周书·突厥传》载："其主初立，近侍重臣等舆之以毡，随日转九回，每一回，臣下皆拜。拜讫，乃扶令乘马，以帛绞其颈，使才不至绝，然后释而急问之曰：'你能作几年可汗？'其主既神情瞀乱，不能详定多少，臣下等随其所言，以验修短之数。"可注意者，这里提到了舆之以毡，也提到了拜日。

稍后的契丹，关于这方面的记载最为完整详实。《辽史·礼志一·柴册仪》载：皇帝即位，"择吉日。前期，置柴册殿及坛。坛之制：厚积薪，以木为三级坛，置其上。席百尺毡，龙文方茵。又置再生母后搜索之室。皇帝入再生室，行再生仪毕，八部之叟前导后扈，左右扶翼皇帝册殿之东北隅。拜日毕，乘马，选外戚之老者御。皇帝疾驰，仆，御者、从者以毡覆之。皇帝诣高阜地，大臣、诸部帅

---

[1] 《元朝秘史》（《四部丛刊》本）卷三。

列仪仗，遥望以拜。皇帝遣使敕曰：'先帝升遐，有伯叔父兄在，当选贤者。冲人不德，何以为谋？'群臣对曰：'臣等以先帝厚恩，陛下明德，咸愿尽心，敢有他图。'皇帝令曰：'必从汝等所愿，我将信明赏罚。尔有功，陟而任之；尔有罪，黜而弃之。若听朕命，则当谟之。'佥曰：'唯帝命是从。'皇帝于所识之地封土石以志之。遂行，拜先帝御容，宴飨群臣。翼日，皇帝出册殿，护卫太保扶翼升坛，奉七庙神主置龙文方茵。北、南府宰相率群臣圜立，各举毡边，赞祝讫，枢密使奉玉宝玉册入。有司读册讫，枢密使称尊号以进。群臣三称万岁，皆拜。宰相，北、南院大王，诸部帅进赭白羊各一群。皇帝更衣，拜诸帝御容，遂宴群臣，赐赍各有差。"这里也涉及以舆毡、拜日，可知这决不是孤立的现象。蒙古在族属上近契丹，她们之间在文化典制方面具有同源或承袭的关系，是不奇怪的。突厥文化对蒙古的影响极深，也是公认的事实。因此，当我们企图进一步来研讨蒙古选汗会议上的宗教仪式，而又乏充足的直接记述以为凭借时，把契丹、突厥有的关记载取来借鉴和比较是完全必要的。

明朝末年人慎懋赏，著有《四夷广记》一书，其中"鞑靼制度"载："其主初立，近侍、重臣等舁之以毡，随日转九回。每一回臣下皆拜讫。乃扶令乘马，以帛绞其劲（颈），使才不至绝，释而急问之，曰：'尔能作几年可汗？'其主精神恍惚，不能详定多少，随其所言以验短修。"这段文字明是袭自《周书》，但他在这里转引，一若明末蒙古仍然遵行这种风俗，是难于令人置信的。严从简《殊域周咨录·鞑靼》也引用过这条资料，却明白注明这是古代突厥人的风俗。在没有其他更直接的证据时，我宁愿相信，明末的蒙古人中已并不存在这种制度。

三

按照通行的观点，蒙古诸部在十二世纪正处在原始社会崩溃的最后阶段。出自同一父系的血缘部族组织成为不稳定的部落联盟。成吉思汗的六世祖海都时，蒙古族诸部落似已组成第一个联盟体。到了成吉思汗的曾祖合不勒时期，蒙古的部落联盟已强大到足以与著名的达达儿部相对抗。合不勒已拥有汗称号，统一了蒙古尼伦诸部。而所有尼伦部中，最强的是合不勒的乞颜部与同出于海都系的兄弟部落泰亦赤乌部。蒙古部落联盟的酋长（汗）便是在这两个部中选举产生的。合不勒汗死后，继立的便是泰亦赤乌部的俺巴孩。俺巴孩后来为金朝捕杀。"因俺巴孩合罕被拿时，将合答安（俺巴孩子）、忽图刺（合不勒子）两个的名字提说来上头，众达达、泰亦赤兀惕百姓每于豁儿豁纳川地面聚会着，将忽图刺立作了皇帝。就于大树下做筵席。众达达百姓喜欢，绕这树跳跃，将地践踏成深沟了。"① 从这里我们可以推知，当时，卸任的前部落联盟长有权对自己的后任提出候选人的名单，而且是两名。其中可以是自己的儿子，也可以是别部中有资格当选的人。但是，新联盟长的最后确定必须经过全体成员参加的大会进行选举。原始民主主义的遗迹是明显可见的。关于这种民主选举的情况，我们从帖木真与札木合分手后，召集所有投附己的部分蒙古诸部选举新汗的记载中，还可以略窥端倪。帖木真在此后指责当时的与会者阿勒坛、忽察儿背信为叛时说："忽察儿你是捏坤太子的子，当初咱每里教你做皇帝，你不曾肯。阿勒坛，你父忽秃刺皇帝曾管达达百姓，因此教你做皇帝。你又不肯。在上辈有巴儿坛的子撒察、台出他两个，也不肯做。你众人教我做皇帝，我不得已做了。"② 当然，这里的民主，实质上已有别于原始的民主主义，而成了部族贵族首领间的民主。这从发展上讲是很自然的。正如恩格斯所指出的："部落联盟的建立就已经意味着这种组织开始崩溃。"③

1206 年成吉思汗即位，建成奴隶制国家政权，对旧有的原始民主主义进行了本质的改造与扬弃。虽然如此，传统的束缚和影响仍是巨大的。而且，作为社会因素，氏族民主主义的残余必然以不同的形式保留下来。

我们就以成吉思汗本人来说吧！他创建了强大的大蒙古国，树

---

① 《元朝秘史》(《四部丛刊》本) 卷一。
② 同上，卷六。
③ 《家庭私有制和国家的起源》，《马恩选集》第四卷，页 94。

立了绝对的大汗权威。他亲手把蒙古的原始社会送进了坟墓。但是，他在设计自己身后理想的、希图永葆万年的国家制度时，旧制度的传统束缚，又在他思想上明显地暴露出来。比如说，他没有能最终废行忽里台制推选，就是一例。这个问题，我们下面还要详加讨论。即以他对他这一家业的分配上，也充分显示出来他究竟不可能完全摆脱旧传统的束缚。在几经踌躇之后，他宣布：在他死后，将大汗位传予第三子窝阔台，而按照蒙古当时幼子继承父业的旧俗，把军队的百分之八十以上传给了幼子拖雷。① 这实际上保持了原始部落制度中酋长与军事首领分别担任的作法。其结果，正如军事首领必然取代酋长权力一样，具有军事实力的拖雷系后王，最终还是倾覆了窝阔台一系的汗位继承权，代之以把军政权力萃于一身的新汗——蒙哥。当窝阔台还在位的时候，他曾以大汗的身份，命令把属于拖雷（时拖雷已死）的二个速勒都思部千户 hazāras 拨给了自己的儿子阔端。于是，"与也可那颜（拖雷的讳称）有关之诸万户、千户首领，如——（原阙）知此事后，聚陈于唆鲁禾帖尼别姬（拖雷妻）、蒙哥合罕及彼等兄弟之前，大旨云：'此二千户速勒都思军队，照依成吉思汗之旨意，原隶属我等。彼乃以之予阔端。我等何能允此违反成吉思汗法令之行为乎？我等将陈之合罕之前。'"② 在以绝对服从为美德的蒙古人中，③ 竟然发生抗命大汗旨意的事，这是绝无仅有的。后来，因唆鲁禾帖尼别姬以保全大体相晓谕，军将们才算勉强同意执行。从这里我们看到当时拖雷系对军权控制的牢固。很明显，既拥有绝对军事优势的人，也就不难、并且必然取得大汗的位置。军权倾覆了旧的汗位，建立了新的汗权，大蒙古国政权在蒙哥即位时是一大发展，很值得深入一步进行研究。

原始民主主义的残留和影响，还可以从以下一些观念与制度上看到。

首先，在观念上，大蒙古国的疆土，是属于成吉思汗整个黄金

① 《史集》（俄译本）第一卷第二册，页 274—280；第二卷，页 107—108。
② 《成吉思汗的继承者》（波义耳英译本），页 169。
③ 这一点志费尼与加宾尼等都论及。

氏族的公产。"太祖皇帝初起北方时节，哥哥弟弟每商量定，取天下了呵，各分地土，共享富贵。"① 他们把征服的突厥——蒙古草原分封给皇族诸成员，而把农业定居地区视为汗国公产，由大汗任命官吏，联同诸王所委派的代表进行管理。国有大事，包括征伐、创制和宗亲的刑罚等都必须通过诸王、权贵参加的忽里台共议决定。

第二，大汗虽有指定继承人的权利，但新汗只有在宗亲权贵参加的忽里台上选举后，才能正式即位。新汗必须是成吉思汗的后裔；不经过正式选举，任何人都不得自称为汗。② 加宾尼记：蒙古的"一条法令是，如果任何人由于骄傲，自行其是，想要当皇帝，而不经过诸王的推选，他就要被处死，决不宽恕"。③

第三，在即位仪式上，由左、右手诸王的代表扶新汗置于帝座，作为全体蒙古人共戴的象征。值得注意的是无论是窝阔台、贵由或蒙哥，在忽里台上作为新汗的候选人，虽则是地位早定，但他们还是要一再推辞。志费尼就十分中肯的指明，这种推辞是按习惯而作的。④

谈到这里，我想顺便再引用鲜卑的两则有趣的记载，以供比较参考。532年，高欢废北魏孝武帝，找来了平阳王元修，决定立他为天子。于是假废帝"安定王作诏策而禅位焉。戊子，孝武帝即位于东郭之外。用代都旧制：以黑毡蒙七人，欢居其一。帝于毡上西向拜天毕，御太极殿。"⑤ 所谓"代都旧制"，表明是循行鲜卑故有的仪俗。黑毡蒙七人，代表鲜卑之七个分部。《魏书·官氏志》："初，安帝统国，诸部有九十九姓。至献帝时，七分国人，使诸兄弟各统摄之，乃分其氏。"七部即：纥骨氏、普氏、拓跋氏、达奚氏、伊娄氏、丘敦氏、俟亥氏。合帝共为八。鲜卑八部便是意味全体鲜卑人众。早期鲜卑诸部的联盟酋长，便是由八部共同推选的。

据宋人的记载，契丹皇帝在行柴册仪之先，还有一个与鲜卑颇

---

① 《元典章·投下·改正投下达鲁花赤》。
② 维尔纳德斯基《成吉思汗扎撒的内容与范围》。
③ 《出使蒙古记》，页25。
④ 《世界征服者史》上册，页295。
⑤ 《资治通鉴·梁武帝中大通四年》。

有某些相似的仪式。辽道宗清宁四年（1058）十月，①北宋的王易使于辽，正值道宗举行柴册礼于八方陂（王易记其地为靴甸西北约二百七十余里，名永兴甸）。"于十月一日先到小禁围内宿泊。二日先于契丹官内拣选九人与戎主身材一般大小者，各赐戎主所著衣服一套，令结束九人，假作戎主，不许别人知觉。于当夜子时，与戎主共十人相离去小禁围，入大禁围内，分头各入一帐。每帐内只有蜡烛一条，椅子一支，并无一人。三日辰时，每帐前有契丹大人一员，各自入帐列何骨膳（汉语捉认天子也）。若捉认得戎主者，宣赐牛羊驼马各一千。当时宋国大王（戎主亲弟）于第八帐内捉认得戎主，番仪须得言道：'我不是的皇帝。'其宋国大王却言道：'你的是皇帝。'如此往来番语凡三遍，戎主方始言道：'是便是。'出帐来着箱内番仪衣服毕，次第行礼。先望日四拜，次拜七祖殿，次拜木叶山神，次拜金龙，次拜太后，次拜赤娘子，次拜七祖眷属。次上柴笼受册，次如黑龙殿受贺。"②宋国王即和鲁斡。这里说的九个乔装者，加上契丹主本人为十人。寓意云何？不太清楚。我怀疑这种"捉认天子"的仪式原来也是原始部落的选举的遗留，后来经过神秘化、仪式化而来。它与鲜卑的以黑毡蒙首，都是出自同一来源。参加"捉认"的十人，可能便是契丹古十部代表的意思。

四

蒙古新汗的选举过程，在某种意义上讲，实际上便是君臣两方确立誓约的过程。大汗同他的臣属们的相互关系，便是在选汗的忽里台中，通过盟约而缔定的。蒙古语称盟约为阿蛮（aman）。在当时的蒙古草原上，原始氏族制度发生崩溃，社会上人与人之间滋生在氏族制度这一脐带上的相互关系破坏了。新的阶级关系正在形成。在这种情况下，盟誓这一方式便是新兴奴隶主阶级用以构筑本阶级统治关系的锁链。在选举大汗的会议上，誓书的缔定，也便是

① 《辽史·道宗纪一》作"十一月"。
② 《燕北录》（《说郛》弓五六）。

君臣关系的确定,因而具有实际的、重要的意义。

《元朝秘史》载:当帖木真在与札木合分立后被选为汗时,参加选举的贵族首领"阿勒坛、忽察儿、撒察别乞众人共商量着,对帖木真说:'立你做皇帝。你若作皇帝啊!多敌行俺做前哨。但掳得美女妇人并好马,都将来与你。野兽行打围呵!俺首先出去围将野兽来与你。如厮杀时违了你号令,并无事时坏了你事呵!将我离了妻子家财,废撇在无人烟地面里者。'这般盟誓了。"①这里明确地规定了臣下的义务。

在臣下以誓约表示忠忱与承担义务的同时,新汗则以承诺与恩赐来进行回答。在同上的忽里台上,当阿勒坛等宣誓既毕,新推举为汗的帖木真,便对众人宣布:"您众人离了札木合,想着来我跟前。若天地护佑呵!您老的每,久后都是我吉庆的伴当。说着都委付了。"②1206年成吉思汗即位,大封功臣,赐给他们封地、财货、人口,并赐予特权,这都是先时承诺的兑现。前引巴阿邻部的豁儿赤,曾为成吉思汗预言神意,并向他预索报酬。成吉思汗对此追忆说:"我年小时,你曾说先兆的言语,与我辛苦作伴。那时你曾说:'我先兆的言语若应呵!与我三十个妻。'如今已应了。这投降的百姓内,好妇人女子,从你拣三十个。再将三千巴阿里种,又添塔该、阿失黑二人管的阿答儿乞种等百姓,凑成一万,你做万户管者。顺额儿的失水林木内百姓地面,从你自在下营,就镇守者。凡那里百姓事务,皆禀命于你,违了的就处治者。"③窝阔台、贵由与蒙哥被选为大汗后,都曾大加赉赏。这一制度一直在元朝沿行。

缔结盟约也当有它特殊的仪式。《史集》载合答斤等部立誓反成吉思汗,"他们一起举剑砍杀牛马",相约如不遵誓约,有如牛马之下场。(第一卷第二分册 158 页)当札木合纠集弘吉刺、朵鲁班、亦乞列思、合答斤、火鲁刺思、塔塔儿、散只兀诸部,聚会于犍河,共立扎木合为菊儿汗时,众人"盟于秃律别儿河岸,为誓曰:凡我同盟,有泄此谋者,如岸之摧,如林之伐。誓毕,共举足蹋岸,挥

---

① 《元朝秘史》卷三。
② 同上,卷五。
③ 同上,卷八。

刀砍林。"①这里所描述的是设盟时的一种仪式。《史集》又载：当合撒儿伪遣使给王汗称降，王汗信以为真，"他在泡胶水用的角上滴了几滴血，让他们送去给拙赤合撒儿作为盟誓，因为蒙古人有互相沥血立誓的习惯"（第一卷第二分册，页183）。《秘史》第178页亦载王罕刺血为信，以予铁木真。饮金屑酒，也是很早以来北方民族设盟时的一种隆重仪式。它在蒙古人中曾经流行是肯定的。西夏以怯律奉公主请和于成吉思汗，"太祖令金紫与扎刺可抹哥那颜屑金和酒，饮以为盟，约为兄弟。抹哥贵族，重臣饮金，国之重盟也"（《立只理威神道碑》，载《道园类稿》卷四十二）。世祖令近侍帖哥与许宬结为兄弟，"乃置金酒中，赐二人饮，以为盟。"②明初，阿鲁台归款于明朝，"请得役属吐蕃诸部。求朝廷刻金作誓词，磨其金酒中，饮诸酋长以盟。"③但这种仪式是否曾在蒙古选汗会议设盟时采用，却找不见直接的证据。从成吉思汗时代起，蒙古开始有了文字，盟约便以文书的形式记录下来。

随着氏族民主主义的彻底崩溃，汗位成为争夺对象，进一步发展了传子、家天下的要求。窝阔台原指定的继承人是失烈门，但在窝阔台死后充任执政的脱列哥那皇后利用权力，违反新汗必须由已故的大汗提名的原则，而改立己子贵由为汗。在选举贵由为汗的忽里台上，誓约的内容也发生了新的变化。剌失德丁记载：在这次大会上，"诸宗王及诸异密关于汗位之言论如下：'成吉思汗曾指定阔端为合罕之继承人，然彼有小疾。脱列哥那可敦有宠于贵由，而合罕之嗣位人失列门尚幼，我等宜立合罕之长子贵由为汗。'时，贵由以其实力与威权着闻，脱列哥那爱之；多数异密与可敦，既经会商之后，彼等皆同意立之为汗。彼则按其风俗谦拒［此种荣誉］，推举此王或彼王［以代之］；且以己身有疾为辞。经过异密之坚持后，彼乃言：'如若此汗位永属我家，则我当俯徇所请。'彼等乃皆签立文书，保证云：'虽君之后嗣块肉仅存，甚至乃裹于脂肉之内、为狗所不取，裹于草内、为牛所不取者，我等亦不以汗位奉之于他人。'于

---

① 《元史·太祖纪》。
② 同上，《许国桢传》。
③ 《明史·黄淮传》。

是哈木施行巫术，诸宗王咸脱帽，解去腰带，奉彼坐于汗位。"① 当1219 年成吉思汗指定窝阔台为继位人时，他的指示是：四个弟弟的位子里，"他的子孙各教一人管；我的位子里，教一个子管。我言语不差，不许违了。若斡歌歹的子孙每都不才呵！我的子孙每，岂都不生一个好的。"② 成吉思汗取大汗位据为私有，传其子孙，他虽然指定窝阔台为继承人，但在窝阔台恐将来子孙不才、难当大位时，成吉思汗表示：大汗是在他的子孙中选取贤才来担任的，汗位属于整个黄金氏族。贵由又进了一步，要求即使他的子孙再不肖，汗位也必须由他的一系来把持。家天下思想的发展，在这里表现是很明显的。

忠实地服膺自己的信誓被看成是草原民的英雄表现。背弃盟信便可以依约惩处。主儿乞部撒察别乞、泰出背盟被俘。"太祖问你在前与我说甚么来？两人说：俺自说的言语不曾依。遂伸颈就戮。太祖于是杀了。"③ 当贵由死后，海迷失皇后执政，她以窝阔台早曾有立失烈门为继承人的说法，要求以之为依据，推举失烈门继贵由为汗。持反对态度的诸王如忽必烈、穆哥等则以脱列哥那既奉贵由为汗，早已违背窝阔台的成命，因此，他们在奉贵由为汗时所设的盟约已不复存在，并不再承认窝阔台原来指定失烈门作继承人的遗诏为有效。④ 这就说明，盟约的约束只存在于君臣双方共同信守的基础上。如果臣属背约，汗固然可以依约将他惩罚，但如果汗破坏了盟约，臣下对他的义务也就自行解除，不复生效了。

五

以上我们就早期蒙古选举大汗的传统仪式，即所谓"国礼"，进行了讨论。随着蒙古国家制度的发展，礼仪制度也便发生了新的变化。

① 《成吉思汗的继承者》，页 181—182。
② 《元朝秘史》续集卷一。
③ 同上，卷四。
④ 《元史·宪宗纪》；《史集》(俄译本) 卷一，第一册，页 95。

窝阔台是成吉思汗指定的继承人。尽管如此,成吉思汗死后,暂时仍由幼子拖雷监国。窝阔台只有在履行了忽里台的选汗仪式之后,才能够正式即汗位。但这时的仪制,与汗权的提高相适应,也产生了引人注目的变化。《元史·太宗纪》载:1229 年,窝阔台即大汗位,"始立朝仪,皇族尊属皆拜"。这种新的仪式是由耶律楚材从汉制介绍过来的。《元史·耶律楚材传》:楚材"遂定策,立仪制。乃告亲王察合台曰:'王虽兄,位则臣也,礼当拜。王拜,则莫敢不拜。'王深然之","国朝尊属有拜礼自此始"。这是汉族王朝封建专制主义典制第一次在蒙古汗庭的移植,对蒙古旧有的氏族民主主义残余无疑是巨大的冲击。新的仪式有效地提高了大汗的威严,因而使窝阔台大为高兴。他亲抚耶律楚材说:"真社稷臣也。"在这以前还只是以卜筮受知于成吉思汗的耶律楚材,从此大得窝阔台的倚重。

1260 年忽必烈自立于开平。但在形式上,他仍然是由左手诸王塔察儿发端推举,[1] 并在开平循旧礼即帝位的。之后,他积极吸收汉制。至元七年二月丙子,"帝御行宫,观刘秉忠、孛罗、许衡及太常卿徐世隆所起朝仪,大悦,举酒赐之"。[2]《元史·礼乐志》所录之皇帝即位仪,就是在这前后制成的。全部仪式既保留蒙古旧有的一套,又取中原王朝传统的仪制为文饰,从而形成一组汉蒙合璧的独特仪式。元初忽必烈立国定制的基本原则是,既在可能的范围内采行汉法,又尽可能地保存蒙古旧制,从而使这个新建立的王朝既能基本上适应中原的封建经济基础,又足以确保蒙古贵族已有的特权利益。这组汉蒙合璧的皇帝即位仪式同样是贯穿这一基本精神的。在皇位继承问题上,一些蒙古旧俗,如不立嫡长、长皇后诸子在继位权上均等、新皇帝必须经由有诸王贵戚参加的忽里台推举,以及某些早期的仪制等,都不同程度地保存下来,一直为整个元代所奉行。

忽必烈在中统时期曾锐意改行汉制。李璮之乱后,这条政治路

---

① 《元朝名臣事略》卷七之三,《廉希宪》。
② 《元史·世祖纪四》;参考刘秉忠、许衡、徐世隆诸传。

线逐渐有所变化。中统三年（1062），已确定立嫡长子真金为燕王，守中书令。至元十年二月，册立为皇太子。十六年十月，受诏参决朝政，凡中书省、枢密院、御史台及百司之事，皆先启后闻。这是照依汉制所施行的重大决策。但在蒙古诸王贵戚的观念中，却执守旧俗，只是把这些视同于大汗对其继承者的提名。而且，被提到名的，实不止真金一人。据剌失德丁的记载，忽必烈就曾有过以另一子那木罕为继位人的说法："先时，当那木罕尚未为海都军所执之时（事在至元十三年），曾有言，欲以彼为继承人。此希望尚存于合罕之心。其后彼识真金贤能，极爱之。当脱迭蒙哥送那木罕还时（事在至元二十二年），合罕命令真金为合罕。那木罕不悦，云：彼若为合罕，不知彼等将称陛下为何？合罕怒，斥而逐去之，不使[那木罕]入见彼之前。后数日，那木罕竟死，合罕乃立真金为皇帝。"①这段记载错误很多，但所言忽必烈曾有意于以那木罕为继承人一事，却值得认真对待。《元朝名臣事略》卷一《安童传》引《野斋李公文集》谓：那木罕被释归后，曾遣使驰驿祠岳渎，于礼为僭。那木罕竟以此罪废。它说明那木罕在真金死后，怀有僭望是不成问题的。

而且，我们还应该注意到：那木罕是真金的同母弟。《史集》记忽必烈有十二子。正后察必所生者四人，朵儿赤、真金、忙哥剌与那木罕。蒙古流行多妻制。成吉思汗分置四大斡耳朵（宫帐）以处诸后妃，然其中位最尊的是掌大斡耳朵的正后孛儿帖，犹之乎汉制的嫡后。只有她的儿子，才是地位最贵，具备继位人的资格。蒙古风俗幼子有继承父亲的家业的特权。忙哥剌死于至元十五年，真金死于二十二年末。朵儿赤大概早在幼年夭殇。因之在至元末嫡后察必的儿子仅有那木罕一人存。从真金死后到至元三十年间，忽必烈迟迟未指定继位人。在这种情况下，那木罕心怀僭望是很自然的。但他有长期被西北叛王所俘的不光彩经历。而真金妻阔阔真可敦又十分得忽必烈的欢心，故忽必烈最后还是把皇太子宝授予真金的儿子铁穆耳。

① 《成吉思汗的继承者》，页299。

成宗铁穆耳之立,阔阔真始终起着决定性的作用,《史集》对此有颇详细的记载。在选举铁穆耳为皇帝的忽里台上,尽管他已经在至元三十年由忽必烈授予皇太子宝,确定为继位人,但争位的问题仍然发生。竞争者是铁穆耳的长兄甘麻剌,当时封晋王,统领达达军马,镇守蒙古本土。在会议上,双方相持难下。

据《史集》,阔阔真可敦为了解决这一争执,提议说:"薛禅皇帝(即忽必烈)有言:知成吉思汗宝训最稔熟者,得继承大位。今汝二人可各诵宝训,令在场之诸大人视孰知之较稔。因铁穆耳合罕极有口辩,[善于]背诵,故彼宣诵宝训时,出声清晰。甘麻剌微口吃,此方面之天赋较差,不能与之争胜。众人同呼云:铁穆耳合罕知记既稔,背诵复佳,诚足以当大位。"①

这次会议上斗争的激烈,从一些当时资料里得到证明。《元史·伯颜传》:"成宗即位于上都之大安阁,亲王有违言。伯颜握剑立殿陛,陈祖宗宝训,宣扬顾命,述所以立成宗之意,辞色俱厉。诸王股栗,趋殿下拜。"又同书《玉昔帖木儿传》:"定策之际,玉昔帖木儿起谓晋王甘麻剌曰:'宫车晏驾,已逾三月,神器不可久虚,宗祧不可乏主。畴昔储闱符玺既有所归,王为宗盟之长,奚俟而不言?'甘麻剌遽曰:'皇帝践祚,愿北面事之。'"其间形势之严重,姚燧形容是:"大帝登遐,柱倾于天,维绝于地,急变秋也。""召至成庙于抚军万里之外,授是神鼎,易天下之岌岌者为泰山之安。"②赵孟頫也作同样的描述。③晋王甘麻剌所统,包括"太祖四大斡耳朵,及军马、达达国土"。在某种程度上,他是草原诸王的代表人物,其实力之宏厚可知。阔阔真可敦引忽必烈旨意,让两名竞争者比赛宣诵祖宗宝训,这明明不利于口吃的甘麻剌,对铁穆耳实是左袒。但铁穆耳之能够压倒甘麻剌,另一个重要因素还因为他得到了功高望重的大贵族伯颜、玉昔帖木儿等的支持。

然而,还有一点值得讨论,即甘麻剌的生母问题。《元史·显宗传》:"甘麻剌,裕宗长子也。母曰徽仁裕圣皇后,弘吉剌氏。"但同

---

① 《成吉思汗的继承者》,页321。
② 《普庆寺碑》,载《牧庵集》卷一一。
③ 《松雪斋文集外集·普庆寺碑》。

书《后妃传二》却明载："裕宗徽仁裕圣皇后伯兰也怯赤，一名阔阔真，弘吉剌氏，生顺宗、成宗。"顺宗即至元二十九年死去的真金第二子答剌麻八剌。两条材料所纪不同，甘麻剌究竟是不是阔阔真所生，便成疑问。据《元史》本传，甘麻剌死于大德六年（1302），年四十，则其生年为 1263 年。答剌麻八剌死于至元二十九年，年二十九，生年为 1264 年，其中不排除《元史·显宗传》所记生母云云，很可能是后来泰定帝为抬高自己的身份而伪造的。这个意见如果能够成立，就说明尽管甘麻剌手中拥有很大军力，但由子从母贵的蒙古旧俗来看，他的争位得不到支持是很自然的。

成宗无子（一子德寿先死），死后又发生争位的问题。当时公认的合法继承者只能是答剌麻八剌的二子海山和爱育黎拔力八达，而完全排除甘麻剌（已死）的儿子，袭封为晋王的也孙铁木儿。从这事实似乎亦可反证，甘麻剌的地位要低于答剌麻八剌。至于在此次事件中觊觎帝位的安西王阿难答（忙哥剌子），不是真金胤系，于属为疏，当然更不得人支持。海山既有实力，又热衷帝位。成宗死时他镇守漠北，闻讯返抵和林，会诸王贵戚。与会者合辞劝进。但他仍然表示，必须等待在大都的宗亲毕会，进行选举，即位才算是名正言顺。瓦撒夫在记武宗即位仪式中载："亲王海山在上都之大会中，询诸宗王将帅曰：按据可汗法令，大位应属何人？在会诸人同声答曰：忽必烈既立其子真金为皇储，仅命阿难答父忙哥剌镇守一方，则大位应属海山。于是大会诸人共立效忠文约。"[1]

由于在扑灭阿难答一党的政变中，其弟爱育称拔力八达有大功，所以武宗海山即位之后，便封他作皇太子。相约兄终弟及，弟死侄承。以弟为皇太子，在汉制中是荒唐绝伦的事。但在蒙古风俗，其身份不过是依俗被提名的嗣汗候选人，并没什么不合理的。

仁宗爱育黎拔力八达在武宗死后的继立中仿佛没有遇到任何挑战者。[2]然仍按照惯例，举行了规模盛大的"诸王朝会"。前引瓦撒夫书记："招集大会时，诸王之由各地赴会者，共有千四百人。在

---

[1]　多桑《蒙古史》上册，页 344，注三。

[2]　《元典章·诏令一·武帝至大四年〈登宝位诏〉》："先帝奄弃天下，勋戚元老，咸谓大宝之绳既有成命，非与前圣宾天而始征集宗亲，议所宜立者。"

道中各视其位置高下，用驿马七百至一千不等。宴会七日，每日以马四十、羊四千供食。此外并用伊斯兰教徒禁食之牲畜无数，至若酒浑及种种奶酪之量称是。新帝于星者指定之时，在宫中登极，面向南。宫璧皆以绢锦覆之。成吉思汗系诸宗王列于宝座之右，拙赤哈撒儿之诸后王列于宝座之左，诸可敦坐机上，诸平章将帅等视其位置高下，或列殿中，或列殿外。宝座前列盏皿无数，宝石为饰。新帝受普颜笃可汗之尊号，诸宗王将帅等依礼跪拜。撒金于地，祝福献盏。"① 从这里，我们仍可以看到所谓"国礼"的形迹。

仁宗在位时期，继忽必烈在中统、至元初之后，又一次锐意采行汉法，改革旧制。这个问题需专文讨论。这里必须提到的是在延祐四年（1317），他正式立己子硕德八剌为皇太子。这时皇位继承制度上实已发生变化。② 所以，等仁宗死，英宗硕德八剌即位时，有两件事很值得注意。第一：即位诏中虽有"合辞劝进"的虚辞，却是在英宗登位之后再会诸侯王于大明殿；第二：史籍上不见有例行的新汗、新皇帝即位，普赐宗亲的记载。这对蒙古传统的选法仪式是一个很大的改变。表明年轻的英宗，刚强轻锐，自以为储位早正，得位当然；他本人受汉文化影响也较深，因此他对蒙古沿行的选汗制度存心改革。但这样做的反响是激烈的，蒙古贵族们既因为废行旧俗而不满，又因得不到赐予而痛心。这就使英宗在贵族集团中陷于遭怨和孤立，很快就导致南坡之变，开元朝皇帝被弑的先例。

泰定帝也孙帖木儿便是这群守旧贵族的有力代表。南坡之变他如果不是导演，至少是知情故纵的。泰定帝是依蒙古祖制在斡难—怯绿连河的故地上，完全依旧俗即位的。《元史·泰定帝纪一》里，还保存了一份饶有兴味的"国语"即位诏。我们在上文中已指出甘麻剌不具备继承皇位资格，他的孙子也孙帖木儿当然更不具备此种资格。《元史》里不见也孙帖木儿死后行尊谥、上庙号，都可以作为证明。也正因为他望不孚位，所以当他一死，以燕帖木儿、

① 多桑《蒙古史》上册，页344，注二。
② 《元典章·诏令一》延祐四年建储诏中，明确提到"皇子硕德八剌，地居嫡长"。

伯颜为首的原海山旧部便起来拥立武宗海山的儿子图帖木儿。他们在大都发动政变，与在上都的王禅、倒剌沙等泰定帝党羽兵戎相见，取得了胜利，文宗图帖木儿夺得了帝位。图帖木儿的哥哥和世瓎早在延祐中去走阿尔泰山之西。和世瓎是武宗海山的蒙古亦乞列思部妃子所生，而图帖木儿是唐兀氏妃子所生，故图帖木儿在地位上低于和世瓎。因此，尽管图帖木儿依靠燕帖木儿，在便近中已即皇帝位，然在诏书中仍表示此举只是为情势所迫的权宜，申明当"谨俟大兄（指和世瓎）之至，以遂朕固让之心"。待到和世瓎兴致冲冲地从漠北赶回作皇帝时，已经取得了皇位和朝权的图帖木儿—燕帖木儿集团，不愿把已吞下的肥肉再奉送他人，于是便在行近上都的途中，把和世瓎毒死。

六

在本文的开始，我们就指出了元朝皇位继承的礼仪上是"国礼"与汉制并行的事实。当然这时的"国礼"，较之蒙古国时期，肯定也有了实际的变化，与其本来具有的内容脱离，演化而成为象征性的民族仪式。但是"国礼"的沿行又清楚地表明，元朝的皇位继承，实际上遵行的仍是蒙古的旧制，嫡长继位制度始终未确立。这无疑为争夺皇位的事大启幸门，加深了政局不稳。加上元朝皇帝又多纵肆于酒荒、色荒，其年不永，更增加了这一争夺的频繁率。但这已经是属于另文讨论的问题，我们不能在这里详谈。除了未确立嫡长继位制之外，在元皇位继承上还有以下两方面的特点，都对当时的朝政产生了重大影响。

一是母后的作用。蒙古国时期，大汗既死到新汗未经忽里台选举这一期间，都由皇后充当摄政。脱列哥那且左右选举，使贵由取得汗位。蒙哥的得位也在很大程度上取决其母唆鲁禾帖尼的运筹策画。①忽必烈的长后察必对忽必烈的夺取汗位也有大功。②故成

---

① 《成吉思汗的继承者》，页168—170。

② 同上，页248—249。

宗追谥其为昭睿顺圣皇后的册文中有"鄂渚班师，洞识事机之会；上都践祚，居多辅佐之谋"句。①成宗之立得助于其母阔阔真，已如上述。答剌麻八剌的长妃答己在仁宗夺位的斗争中是参与者，在武宗、仁宗朝也以懿旨与圣旨、令旨并行，直接干预朝政。仁宗之敢于逐海山子和世㻋，破坏弟死传侄的成约，把皇位传于己子硕德八剌，主要是因有答己的支持。②宁宗和顺帝之立，主要是文宗皇后卜答失里的坚持，顺帝的皇后高丽人奇氏在元末朝政中到处插手，且积极策画内禅。③元朝母后在立帝与朝政中的作用远比汉王朝时代要重。在蒙古游牧经济中，妇女在劳动上占重要的地位，此外，流行幼子继承家业的风俗，以及较少封建礼法束缚等，都是使蒙古妇女的地位比汉族妇女要高的原因。历史上的女后干政多乱政，这主要是因为在封建社会里，妇女的教育与社会活动受到限制，而导致她们缺乏政治见识与能力，且易为小人所蒙蔽利用所造成。元朝历史上的女后干政，多数人的效果也是消极的。

二是宗亲贵胄的作用。蒙哥之立，出于拔都的首倡；忽必烈谋帝位，先策动塔察儿任推戴。入元以后，尽管类似的事件不见于记载，然既沿行选举的形式，特别是在出现竞争者的情况下，与会者的向背就成为有决定作用的砝码。作为拥戴的酬报，新皇帝便加数倍地滥予赏赐。成宗即位后，中书省臣上言："陛下新即大位，诸王、驸马赐与，宜依往年大会之例，赐金一者加四为五，银一者加二为三"；江南户钞的支付也由原来的每户五百文，提高为二贯。④因而当年就出现"诸王藩戚费耗繁重"，国帑空虚，"而来会诸王尚多，恐无以给"⑤的局面。武宗即位和林，已依成宗例大赏来会宗亲，接着复会于上都，哈剌哈孙请求已在和林蒙赐者不再赐。"帝曰：和林之会，国事方殷。已赐者，其再赐之。"⑥因而造成"两都所

① 《元史·后妃传一》。
② 同上，《后妃传二》。
③ 同上，《后纪传一》。
④ 同上，《成宗纪一》至元三十一年四月庚子。
⑤ 同上，十一月辛亥。
⑥ 同上，《武宗纪一》大德十一年六月戊戌。

储已虚"、"帑藏空竭"① 的枯竭恶果。

我拉拉杂杂写了这一些,可能为民族学、民俗学有兴趣的同志提供了点资料,能节省一点翻检之劳。不过,就我的本意来说,正如文章开头所说,目的还是想取皇位继承这一关系当时大局的问题,来看看蒙古的旧俗如何? 入元以后有了些什么变化? 对内地有哪些作用和影响? 我深深地感觉到:如果要了解元朝各种制度的特点,并全面估计元朝在中国后期封建社会发展中的地位,便很需要把它的各种制度,逐个方面、逐个问题,从汉蒙两种文化各自的特质,以及它们的相互吸收与融合、对立与排斥的全部发展过程,作深入的剖析。否则,我们就很难把当前的元史研究再向前推进一大步。这,也就是我的方向和愿望。

八二年国庆节草就
八四年一月修改
(原载《元史论丛》第三辑,中华书局,1986 年)

---

① 同上,八月甲午、九月己丑。

元代投下分封制度初探

元代的投下分封制度，对有元一代的政治、国用、社会生产和社会矛盾诸方面，都带来巨大的影响，值得深入研究。本文试就这一制度的性质、发展变化及其社会作用进行探讨，以就正于诸师友、同志。

一　"忽必"、"莎余儿合勒"与成吉思汗的分封

元代的"投下"一词，通常概指皇帝分封给诸王、公主驸马和功臣贵族的封国与汤沐邑。《经世大典序录·投下》："古者诸侯分国而治，天子命卿之外，大夫、士以下，其君皆得而命之。今制：郡县之官，皆受命于朝廷，惟诸王邑司，与其所受赐汤沐之地，得自举人，然必以名闻诸朝廷，而后授职，不得通于他官，盖慎之也，"① 郝经在一份奏章中也明白指出：本朝"既分本国，使诸王世享，如殷周诸侯；汉地诸道，各使侯伯专制本道，如唐藩镇。又使诸侯分食汉地，诸道侯伯各有所属，则又如汉之郡国焉。"② 在漠北的封国，通称兀鲁思、爱马。③ 而所谓"食采分地"、④ "分地"、⑤ "食邑"、⑥ "封邑"、"采地"、⑦ "汤沐分邑" ⑧ 则都是汤沐邑的同义词。

---

① 载《元文类》卷四〇。
② 《历代名臣奏议》卷六五，《治道》。
③ 杨瑀《山居新语》："上亟命分其酒于各爱马。"原注云："即各投下。"符拉基米索夫："在中世纪的蒙古，游牧于同一地区的同族阿寅勒集团，被称为爱马克；爱马克乃是部落分支，更正确些说，就是胞族。"《蒙古社会制度史》(刘荣焌译)，页213。
④ 《元史·食货志三·岁赐》。
⑤ 同上，《秃剌传》。
⑥ 同上，《文宗纪四》至顺二年四月。
⑦ 王恽《王昌龄行状》，载《秋涧先生大全文集》卷四七。
⑧ 《元史·王倚传》。

　　"投下"一词,语出辽代,或作"头下"。辽有所谓投下(头下)军州。《辽史·地理志一》说:"又以征伐俘户建州襟要之地,多因旧居名之,加以私奴置投下州。"又:"头下军州皆诸王、外戚、大臣及诸部从征俘掠,或置生口,各团集建州县以居之。横帐诸王、国舅、公主许创立州城,自余不得建城郭。朝廷赐州县额,其节度使朝廷命之,刺史以下皆以本主部曲充焉。官位九品之下及井邑商贾之家,征税各归投下;唯酒税课纳上京盐铁司。"诸王公主而下,"不能州者谓之军,不能县者谓之城,不能城者谓之堡"(《百官志四·南面方州官》)。这些记载,对于我们研究元代的投下制度,有很大的参考价值。吴晗在《投下考》一文中曾深刻地指出:"太宗(窝阔台)以前,所略金地署置之长吏,其实皆投下也,赋税不入于朝廷,刑杀操之于己手,虽不能肯定其确承辽制,实则游牧民族军事统治机构故如此也。"[1]吴晗并不把眼光局限于投下一词的来源与承袭,而注意到这是北方落后的游牧民族在社会发展过程中固有的军事统治机构,是十分正确的。处在奴隶制发展阶段的北方游牧民族,他们在南侵中原的掠夺战争中,把大批的人口掳入塞外草原,勒充奴隶。但是,由于游牧经济的一些特点,它在劳力上的需要有一定的限度;而贵族们对其他手工业产品的需要却十分迫切。因此,这些大大小小的奴隶主游牧贵族,便把各自所俘掠的人口,置为所谓的投下州、军、城、堡,督迫他们从事手工农作。这样做的结果,是被俘的"汉人各安生业,逃亡者益少",阿保机的迭剌部,也因此而勃兴。由此可见,投下制度,原是契丹这一游牧民族奴隶制发展的一种特殊组织形式。当十二世纪蒙古人也同样跨入到奴隶制阶段时,这种由契丹人所实行而确有实效的组织形式又为蒙古所采用,是很自然的。

　　不过,在早期的蒙古史料中,我们找不到"投下"或"头下"一词。[2] 当时的分封是采"忽必"和"莎余儿合勒"的方式进行的。

---

[1]　吴晗《读史札记》,页147。

[2]　这里似乎也证明,投下、头下是一个汉语词,义即"头项之下"。在《元史》中,"投下"往往同"位下"一词通用,但位下仅指诸王,而投下则概指诸王军将。

忽必（Qubi），《秘史》第二三、二〇三、二四二诸节旁译为"份子"。村上正二在所著《蒙古王朝的采邑制度之起源》一文的注释中，引田清波《鄂尔多斯辞典》第 3756 页之解释，并推测它"可能含有'原应当的'或'应属于的'、'当然的'等意思"。① 符拉基米索夫在论到以 Qubi 为词干所组成的 Qubilai 一词时，认为从它的构成里，可以看到一个出自名词的动词 Qubila 的现在分词的古形。因此 Qubilai 之义当为"任分配的人"。元王朝的创建者忽必烈的名字便是取自这个字。② 根据当时蒙古的习惯，儿子可以从他们父母的遗业中得到各自的忽必，分别营生。蒙古部族的分衍便是这样进行的。阿兰豁阿生五子，她死了之后，"兄弟五个的家私（阿都孙〈adusun〉，旁译头口；亦迭〈idü〉，旁译茶饭），别勒古讷台、不古讷台、不忽合塔吉、不合秃撒勒只四个分了，见孛端察儿愚弱，不将他作兄弟相待，不曾分与（旁译作'份子不曾与了'）"。③ 这就表明，忽必指的便是子承父业中的应得的份额。迨至成吉思汗在草原上崛起，统一了蒙古诸部。"太祖皇帝初起北方时节，哥哥、弟弟每商量定，取天下了呵，各分地土，共享富贵。"④ 根据这一定约，成吉思汗即位后，"将百姓分与了母亲及弟与诸子，说：'共立国的是母亲，儿子中最长是拙赤，诸弟中最小是斡惕赤斤，母亲并斡惕赤斤处共与了一万百姓。母亲嫌少，不曾做声。儿子拙赤处与了九千，察阿歹处与了八千，斡歌歹处与了五千，拖雷处与了五千，弟哈撒儿处与了四千，阿勒赤歹处与了二千，别勒古台处与了一千五百。"⑤ 对于义弟失吉忽秃忽，成吉思汗在任命他为也可扎鲁忽赤（大断事官）的同时，说："你曾作我第六的弟，依我诸弟一般分份子（旁译作"你行恩赐弟的每份子依着分"）"。⑥ 失吉忽秃忽是塔塔儿部的孤儿，成吉思汗的母亲诃额仑取为养子，根据当时

---

① 《蒙古王朝的采邑制度之起源》（潘世宪译），《东洋学报》四四卷三号，1961 年 12 月。
② 伯希和《马可波罗注》（英文本）第一卷，页 566。
③ 《元朝秘史》第二三节。
④ 《元典章·吏部三·改正投下达鲁花赤》。
⑤ 《元朝秘史》第二四二节。
⑥ 同上，第二〇三节。

蒙古人的宗法继承关系，他只有在大汗特殊恩赐的情况下，才有权得到忽必（份子），说明忽必的分授是仅限于大汗的直系亲属范围之内的。

从性质上来说，忽必也就是大汗分封给其宗亲的封地（份地）。符拉基米索夫指出："份地——忽必是由一定数量的游牧家族（兀鲁思）和足资他们生活的牧地与猎场（嫩秃黑）这两部分构成的。游牧民的注意力当然集中在人的方面，因为嫩秃黑还能在别处找到；正由于这个缘故，所以兀鲁思一词便意味着分封给某人的份地本身。"① 嫩秃黑，《元史》作"农土"，"犹言经界也"。现有的资料仍难于准确地勾画出成吉思汗分封诸子弟的疆界。大体来说：长子术赤的禹儿惕②是从海押立至花剌子模，并远及于钦察草原。察哈台的禹儿惕从畏兀儿之西至于河中。窝阔台在也儿的失河上流和叶密立之地。他们的后裔习惯上称右手诸王。拖雷承继成吉思汗在斡难—怯鲁涟河（即今鄂嫩河与克鲁伦河）之间的大斡耳朵或大兀鲁思之地。成吉思汗的诸弟中，幼弟帖木哥封于大兴安岭以东最远之区，合撒儿份地在额尔古纳河、呼伦池之地，合赤温份地近金源边堡。别里古台在怯鲁涟河下流。他们的后裔称为左手诸王。这种份地、领地也称之为兀鲁思。符拉基米索夫说过："兀鲁思一词，在一定限度内可以译作'份地'、'领地'；不过，作为纯粹游牧民的蒙古人，更喜欢把兀鲁思理解为人，而不理解为领土；事实上，兀鲁思一词的原始意义也本来是'人'。因此，兀鲁思一词也可以译作'人民'，即'人民—份地'，'联合在某一分地里或建立份地—领地的人民'。到后来，兀鲁思又有'人民—国家'，'形成国家—领地的人民'和'国家'的意义了。"③

大汗与领主之间，通过誓约保持臣属关系。孛儿只斤部氏族贵族阿勒壇、忽察儿和撒察别乞等在拥戴铁木真为汗的忽里勒台上，他们的誓词便是："立你作皇帝，你若作皇帝呵，多敌行俺做前哨，但掳的美女妇人并好马都将来与你；野兽行打围呵，俺首先出

---

① 《蒙古社会制度史》，页 177。
② 突厥语禹儿惕（yurt）= 蒙古语嫩秃黑（nutuq），有屯营、住所之意。
③ 《蒙古社会制度史》，页 155。

去，围将野兽来与你，如厮杀时违了你号令，并无事时坏了你事呵，将我离了妻子家财，废撤在无人烟地面里者。"① 据赵珙报导：蒙古军"凡破城守有所得，则以份数均之，自上及下，虽多寡每留一份为成吉思汗皇帝献，余物则敷俵有差。宰相等在于朔漠不临戎者，亦有其数焉。"② 西征时术赤、察合台与窝阔台克玉龙杰赤城，"将百姓分了，不曾留下太祖处的份子"③，成吉思汗曾大为震怒。向大汗提供军士、保证驿路畅通、定期向大汗奉献贡物、奉召参加忽里勒台以接受赐予、商讨国事等等都是封主对大汗表示忠忱的义务。封主死后，其继承者由大汗在其亲属中指派。斡赤斤以谋叛罪被杀后，④"长子只不干蚤世，嫡孙塔察儿幼，庶兄脱迭狂恣，欲废嫡自立。撒吉思与火鲁和孙驰白皇后，乃授塔察儿以皇太弟宝，袭爵为王。"⑤ 这里所说的皇后，即窝阔台死后充任摄政的乃马真氏。贵由即位，"哈剌斡儿勒（即哈剌旭烈兀，察合台爱子木额秃干之子，察合台曾指定此哈剌旭烈兀代其父为继承人）系察合台之继承者，而也速蒙哥则为诸子（察合台第五子），不容侧身其间，然以贵由汗与后者交谊甚笃，彼乃言：'有子在，何得以孙嗣位？'乃置也速蒙哥于察合台之位。"⑥ 说明在早期奴隶制发展阶段，蒙古的部族宗法关系处于相当牢固的情况下，封主在所受封的范围内，尽管拥有很大的独立性，但大汗则享有最高的宗主权。这种情况，终元一代，伊利、钦察诸汗国之于大汗，至少在形式上仍是奉行唯谨的。

分封"忽必"之外，成吉思汗分封的另一方式即是"莎余儿合勒"，其义为"恩赐"。《华夷译语》："赏"作"莎余儿中合"。莎余儿合勒即其名词形态。根据臣下功业的不同，恩赐也各有内容，包括从豁免赋税、减免刑罚等世袭特权，乃至授予千户、万户等职位。⑦ 成吉思汗大封功臣为千户、万户。分封千户制度反映出成吉思汗所

① 《元朝秘史》第一二三节。
② 《蒙鞑备录·军政》。
③ 《元朝秘史》第二六○节。
④ 《成吉思汗的继承者》（波义耳英译本），页182。
⑤ 《元史·撒吉思传》；欧阳玄《高昌偰氏家传》，载《圭斋文集》卷一一。
⑥ 《成吉思汗的继承者》，页182。
⑦ 参考《蒙古王朝的采邑制度之起源》一文。

建立的国家政权组织,已经打破了原有的部族组织。不少首领是以"自收集的百姓好管着做千户",①有的是把"无户籍的百姓"纠集起来组成千户②。分封给成吉思汗的母亲与儿子的诸千户是由其他千户中抽调而组成的。如分授给斡赤斤的五个千户中,二千户出自乞伦古惕,一千户出自赤速惕,其余出自各部,包括一部分为扎只刺惕。③授予诃额伦的三千户出自忽剌剌思、斡勒忽奴惕,④但是,在当时,部族制度的残余仍然是很浓重的。千户所辖基本上仍是同一部族的人众。汪古儿的千户便在成吉思汗的恩赐下,把已分散在各处的兄弟们集合起来,⑤纳邻脱斡邻勒的请求也是:"我的兄弟捏古思散在各部落内,我欲收集咱。成吉思汗许他收集,教他子孙世袭管者。"⑥一些强大的姻亲部族与有大功勋的部族如弘吉剌、亦乞勒思、汪古、斡亦剌惕、忙兀惕、兀鲁兀惕和扎剌亦儿等,它们虽组成为一个或几个千户,但部族的旧外壳仍然是继续保存的。

每一个千户也都有各自的份地(嫩秃黑)。豁儿赤的辖区为沿也儿的失河的林木内百姓地面,⑦锁儿罕失剌父子被赐在原蔑儿乞部的薛凉格地面自在下营。⑧1214年成吉思汗分封弘吉剌贵族时,对其地域四至,都作出了明确的规定⑨。根据徐霆的报导:"霆所过沙漠,其地自鞑主、伪后、太子、公主、亲族而下,各有疆界。"⑩同时期来到过蒙古的西欧传教士加宾尼说:"鞑靼皇帝对于每一个人具有惊人的权力。除了他指定的地方以外,没有一个人胆敢驻扎在任何别的地方。只有他才能指定首领们应该驻扎在什么地方,而首领们则规定千夫长的地方,千夫长规定百夫长的地方,百夫长规定

---

① 《元朝秘史》第二二一节。
② 同上,第二二二节。
③ 《史集》(俄译本)第一卷第二册,页277。
④ 同上。
⑤ 《元朝秘史》第二一三节。
⑥ 同上,第二一八节。
⑦ 同上,第二〇七节。
⑧ 同上,第二一九节。
⑨ 《元史·特薛禅传》。
⑩ 《黑鞑事略》。

十夫长的地方。"①稍后的卢不鲁克也说："每一个首领，按照他属下人数的多少，知道自己牧场的疆界和冬夏春秋的牧场。"②

材料表明，同是分授嫩秃黑，但在名分上，"忽必"与"莎余儿合勒"又是有差等的。前引成吉思汗对失吉忽秃忽的分封时，恩赏"依我诸弟一般分份子"。失吉忽秃忽告辞说："我是最小的弟，如何敢与众兄弟一般分份子，若应赐呵，于土城内住的百姓与我。"③村上正二从这里看出来："忽必原有只应分与亲族的性质"，即使像失吉忽秃忽，也"仍然没有仅成吉思汗的亲族才能要求分给继承财产份子的资格"。④这是独具只眼的。但他认为："作为'莎余儿合勒'对象的，不问赐予的对方是同族、姻族、以至功臣等，所赐的都是北方'林中百姓'，或游牧地区内住'有板门'的房屋的定居百姓，或是'具有不动的牧地，筑城而居'的南方农耕地带的定居百姓，而绝不是住在广大草原上，自认为崇高的蒙古游牧人民"。⑤这一说法，则是缺乏根据的。因为，在成吉思汗的大蒙古国属下，所有的游牧民都是按万户—千户—百户—甲长严密地部伍起来的。忽必与作为莎余儿合勒的嫩秃黑，就本质上说都是分封的领地。受封的千户首领，既是大汗所任命的行政长官，但同时又多是部族的领主。而且，从它们的发展看，正如村上正二所指出的："由于千户长地位的世袭，由于他们对千户集团的支配权之强化，适足演成为领主的地位。"⑥因此，把两者截然对立起来是没有意义的。

随着蒙古贵族不断对外进行侵掠的结果，一大批俘虏被迁发来到草原。他们绝大部分是被拣选而免于屠戮的各色手工匠人。他们中除一部分使用于畜牧业外，大多是安置在一处，稍成聚落，以利于在头领的直接管辖下从事农业、手工业生产。在李志常的《长

---

① 《出使蒙古记》(道森编英文本)，页 27。
② 《出使蒙古记》(道森编英文本)，页 94。
③ 《元朝秘史》第二〇三节。
④ 《蒙古王朝的采邑制度之起源》。
⑤ 同上。
⑥ 同上。

春真人西游记》与张德辉《边堠纪行》里，①记载着鱼儿泊公主离宫之东，"有民匠杂居，稍成聚落"，"多以耕钓为业"；驴驹河（翕陆连河，即克鲁伦河）畔，"濒河之民，杂以蕃汉，稍有屋室，皆以土冒之。亦颇有种艺，麻麦而已"；毕里纥都"乃弓匠积养之地"；和林川"居人多事耕稼，悉引水灌之；间亦有蔬圃"；忽兰赤斤"乃奉部曲民匠种艺之所"；曷剌肖故城附近有"回纥决渠灌麦"；镇海城多汉民工匠以及屯田的农民，这种俘户多至万口②。史天倪所属的人户十余万家，也被迁之漠北③，安置在土拉河上④。一批日耳曼人被俘至孛罗，从事挖金与制造武器⑤。河中的豪民子弟四百余人被徙至塔剌思进行屯田⑥。类似的情况当然还很多。其后，在至元七年（1270），弘吉剌贵族"斡罗陈万户及其妃囊加真公主请于朝曰：'本藩所受农土，在上都东北三百里答儿海子，实本藩驻夏之地，可建城邑以居。'帝从之，遂名其城为应昌府。"⑦他如全宁府（同属弘吉剌部鲁王）、德宁府（属汪古部赵王）、永昌府（窝阔台孙、阔端子、诸王只必帖木儿所属）都是藩府所兴建的。所有这一些，大则为州府，小则为聚落，它们的性质是完全相同于辽的投下（头下）州军的，虽然在管理的细则上，史阙有间，我们已不能详细地了解彼此间的差异。

根据成吉思汗颁行的大扎撒（法令），受封的领主绝对忠忱于大汗，而部民则牢固地束缚在所属的千户、百户之内，在指定的地域内游牧，为领主提供沉重的赋税、差役，参加围猎，承担兵役、站役及其他征敛诛求。据加宾尼的报导说："鞑靼皇帝对任何人都有非凡的权力"，大汗对于其臣属，"不论他对其发布什么命令，不论什么时间和地点，也无论是命其攻战或出生入死，他们都遵从唯

---

① 王恽《玉堂佳话》，载《秋涧先生大全文集》卷一○○。
② 许有壬《元故右丞相怙烈公神道碑铭》，载《圭塘小稿》卷一○。
③ 《元史·史天倪传》。
④ 胡祇遹《德兴、燕京太原人匠达噜噶齐王公神道碑》，载《紫山大全集》卷一六。
⑤ 《出使蒙古记》，页135—136。名从《西使记》，《元史》有普剌、不剌诸译。
⑥ 耶律楚材《西游录》（日本宫内寮藏元本）。
⑦ 《元史·特薛禅传》。

谨，无半句异词。甚至倘若他要求一个未婚女儿或姊妹，他们也无怨言地把她给他。"又说："还应该懂得，所有事物皆操于皇帝之手，以致没有人敢于说这是我的或他的东西，而是什么都属于皇帝。就是说，财务、人口和牲畜都是如此，关于这一点，皇帝最近确曾颁布法令。首领们在各方面对其属民有同样的统治权。因为所有鞑靼人都分划成群，隶属于首领。皇帝的属民和所有其他人一样，都毫无异词地必须为首领的使臣们提供驮马、食物、照看马匹和服侍使者——无论这些使者是被派往什么距离的地方。首领和其他人有责任为皇帝提供母马，就像支付租金一样。这样，他可以视其喜爱取得一年、二年或三年马奶。首领们以下的属民也必须同样为其领主服役。因为在他们中没有一个人是自由的。总之，不论皇帝、首领想要什么，也不论他们想得到多少，都是从其属民的财富中取得。他们依一己的喜爱对其属民所有各个方面进行处置。"[1]徐霆也说："其民户皆出牛马、车仗、人夫、羊肉、马奶为差发。盖鞑人分管草地，各出差发，贵贱无有一人得免者。"[2]部民对领主保持着严格的人身依附关系，没有行动的自主权利。术外尼在提到蒙古的法律时说："另一条扎撒是：没有人可以离开他所被指定的所属千户、百户、或牌子头而去别的单位，他也不能在别的地方找到庇护。如果违犯了这条法令，走离的人在军前处死，接纳他的人同时也要严加惩处。"[3]在元朝时期，朝廷对草原牧民无故逃亡转徙屡申厉禁。成宗大德十年（1306）十二月，"诸王合而班答部民溃散，诏谕所在敢匿者罪之。"[4]延祐五年（1318）六月，"汰净州北地流民，其隶四宿卫及诸王驸马者给资粮遣还各部。"[5]泰定帝元年（1324）三月，"给蒙古流民粮、钞，遣还所部，敕擅徙者斩，藏匿者杖之。"同年七月，"赈蒙古流民，给钞二十九万锭，遣还。仍禁毋擅离所的，违者

---

① 《出使蒙古记》，页27、29。
② 《黑鞑事略》。
③ 《世界征服者史》（波义耳英译本）第一册，页32。
④ 《元史·成宗纪四》。
⑤ 同上，《仁宗纪三》。又七年十一月，"检勘沙净二州流民，勒还本部"。又《英宗纪二》至治二年（1322）十二月"给蒙古流民粮、钞，遣还本部"。

斩。"①都说明领主对部民的人身控制是很严密的。但是,由于保存下来的材料太少,我们对元代草原诸领主封地的发展情况,已难于再作详细的说明了。

综上所述:成吉思汗的分封,虽然在名分和等级上有着"忽必"与"莎余儿合勒"的区别,但在本质上都是奴隶制的领地,其性质是相同的。成吉思汗的分封制度是我国北方游牧民族传统制度的继承和发展。它既采行了突厥民族流行的分封制度,又承袭了契丹的投下州军办法,大汗拥有无上的权威,而部族宗法的残余又在政治生活中保存重要的作用。至于普通牧民(哈剌出),无论是被征服部族,或者是作为征服者的蒙古部的下层部民,他们都相继丧失了原有的自由民身份,开始牢固地束缚在领地之内,依附于领主。尽管在他们身上往往还能看到一层氏族制度的薄纱,但它已无法掩盖奴隶制度下阶级的对立。在军、站、赋役的重负下不断走向破产流亡的牧民们,生活是很惨痛的。

二 窝阔台的丙申分封与投下制度的确立

大批俘虏迁至漠北,置为城邑聚落,从事手工业和农业生产,这对草原地区社会生产是一个有力的推动。但是,迁入的俘户过多,而草地生活资料则有限,生活就成了问题。譬如史秉直所领屯驻土拉河上的俘户,到1217年冬,"以绝食而殍者已十七八,存者亦将垂死"。经过赈救,并请得成吉思汗恩准,"弛塔拉布哈松实之禁,得采食",才勉强免于死亡。② 在这种情况下,蒙古军将们便开始改变管理办法,把各自在军前所得的俘虏,就便在内地集中安置,派官统领。田闰降附蒙古,"说其帅田镇海曰:'俘多百工,有技艺,宜存之备任使。'镇海言之上,上以为然,命阅实。未几饷不继,将尽屠老弱及无技能者。复进言:'今之兵,为民拯焚溺也,临

---

① 《元史·泰定帝纪一》。
② 胡祇遹《德兴、燕京太原人匠达噜噶齐王公神道碑》,载《紫山大全文集》卷十六。

阵降者尚不可杀，已为民而杀之，可乎？散之河北，使自食其力，足以结人心。'从之。活二千余家，号'种田户'。上命兄子实为总管领之。"① 这种谀墓之词固不可尽信，但当时蒙古军将在华北就地安置俘户，却是普遍的现象，而且人数甚多，"时，诸王大臣及诸将校所得驱口，往往寄留诸郡，几居天下之半。"② 东平是严实控制的地区，诸将校各"占民为部曲户，谓之脚寨，擅其赋役，几四百所"。③ 这种情况一般都存在于投附于蒙古的汉人诸侯的统治区域之内，东平就是其中突出的例子。另一种情况则有所不同。按照蒙古军法，"国初方事进取，所降下者，因以与之，自一社一民，各有所主，不相统属。"④ 不少的州县就这样成了诸王贵族的私产。所有这两种情况，其特点都是管领上分散、混乱。为了保证对这些各占州县、部曲的新征服地区进行统治，因而有必要在它们的上面由大汗委派断事官，会同近亲宗王所委派的代表，一道进行统治。

当成吉思汗进行分封时，主要限于游牧民族活动的突厥——蒙古大草原，而对于华北、中原以及中亚河中撒马尔干、不花刺等农业定居地区，则仍视为皇室的公产。⑤ 除大汗所任命的八思哈长官basqaq⑥ 外，并有一些异密 emir（波斯语，义为大臣）被任为诸王的代表，参加管理。⑦ 这一类记载，在中亚的资料中是很清楚的，汉文资料中已极少保存，但也并不是完全无踪迹可考。姚燧《李恒家庙碑记》："在先朝故事，凡诸侯王各以其府一官入参决尚书事，公代其兄为之。"⑧ 这里的"尚书"，无疑是指蒙哥在位时期所设置的燕京等处行尚书省。可知迟至蒙哥时期，作为皇帝公产的燕京等处行尚书省，除由大汗任命的牙刺瓦赤、不只儿、斡鲁不、靓答儿等

① 程钜夫《赵国公田府君神道碑铭》，载《雪楼文集》卷一九。
② 宋子贞《中书令耶律公神道碑》，载《元文类》卷五七。
③ 《元史·宋子贞传》。
④ 《中书令耶律公神道碑》，载《元文类》卷五七。
⑤ 《蒙古社会制度史》，页 160；格鲁塞《草原帝国》（英译本），页 253。
⑥ 名见《元史·曷思麦里传》。波斯语的 basqaq，义同于突厥语的 shahna 和蒙古语的 daruqači，即监临官。
⑦ 《世界征服历史》第二册，页 482—525。
⑧ 载《牧庵集》卷一二。

外，① 还有诸宗王的代表参加。上述诸人中，也许有的人本身便是诸王的代表者。在姚燧的另一篇作品《忠节李公神道碑》中，也有如下的记载："定宗即位，曰：'是大名，昔朕分封，卿往为监。'至燕，则同断事官哈达署行台。后宪宗以布扎尔来莅行台，录其旧劳，又俾同署，别锡虎符，以监大名。"② 所谓"行台"者，"朝廷置断事官于燕，曰司琼林园之台人，人则曰行台。"③《元史·昔里钤部传》则云："丙午，定宗即位，进秩大名路达鲁花赤。宪宗以卜只儿来莅行台，命钤部同署，既又别锡虎符，出监大名。"可知"行台"者，即燕京行尚书省。昔里钤部便是以大名路达鲁花赤而兼充贵由系之代表，同署燕京行尚书省事。在《元史·王檝传》中，也有"戊子，奉监国公主命，领省中都"的记载。戊子是1228 年。时，成吉思汗已死，拖雷监国，此监国公主 ④ 即成吉思汗之女阿剌海（阿里黑）。《元史·阿剌兀思剔吉忽里传》："公主明睿有智略，车驾征伐四出，尝使留守，军国大政，谘禀而后行，师出无内顾之忧，公主之力居多。"中都即燕京。燕京不在汪古部领地之内，因此阿剌海以王檝"领省中都"，实际上也是被任为汪古部驸马（古列干）的代表，同领燕京行省。当然有权任命代表，来参与这些由大汗管领的皇室公产的贵族，也只是大汗的近亲诸王公主。在这方面的具体情况，我们了解还很有限，需要进一步从史料上进行挖掘和研究。

华北、中原地区这种"自一社一民，各有所主，不相统属"和各占民为驱奴，寄留诸郡，"几居天下之半"的混乱状况，反映了作为征服者的游牧奴隶主贵族，不懂得如何对内地封建制度高度发展的农耕和城居汉族进行统治，而是把自己习惯的一套落后制度强加过来，甚至提出尽荒农田为牧地的主张。这种情况不改变，蒙古贵族在华北中原的统治是无法维持下去的。而且，"官吏多聚敛自私，资至巨万，而官无储偫"⑤ 的情况也不利于大汗的利益。因此，窝阔

---

① 《元史·宪宗纪》元年。
② 载《牧庵集》卷一九。
③ 同上，卷二四。
④ 《元史·木华黎传》。
⑤ 同上，《耶律楚材传》。

台即位之后，在耶律楚材的经划下，开始着手整顿和改革华北地区的统治制度。元年（1229），"命河北汉民以户计，出赋调，耶律楚材主之。"①耶律楚材奏立燕京等十路征收课税使。三年，由于在搜刮财帛方面颇具成效，大得窝阔台的称许，即日立中书省，以耶律楚材为中书令。所谓"中书令"，不过是袭取前代的名号，实际上，当时的耶律楚材不过是汗庭的书记（必阇赤），而主要充任其在汉地统治的执行者而已。

为了保证为大汗搜刮财赋，就必须检刮华北地区的户口。并在这个基础上确立分封制度，使蒙古的统治制度，既满足其特权利益，又基本上能适应汉地经济基础。因此，五年，窝阔台"以阿同葛等充宣差勘事官，括中州户，得户七十三万余"。八年，"复括中州户口，得续户一百一十余万"。②同年，就中原汉地进行了分封。

历史上朝廷阅实人口，从来是既有控制人民、以利剥削的根本方面，同时也有限制贵族权豪的私役人户，俾使增加国课的重要作用。从窝阔台所发布的一些户令的片段里，我们同样看到了不断增长的大汗皇权，与诸王贵族习惯上的宗亲共享而又贪暴无厌、各自横行的行为间的矛盾。"甲午年（窝阔台六年）钦奉合罕皇帝圣旨：不论达达、回回、契丹、女真、汉儿人等，如是军前掳到人口，在家住坐做驱口；因而在外住坐，于随处附籍，便系是皇帝民户，应当随处差发。主人见更不得识认。如是主人识认者，断按打奚罪戾。"③十二年，又规定"籍诸王大臣所俘男女为民"。④根据这些规定，诸军将寄留他郡的驱口、部曲，全部收归为政府所籍的民户。在另一道圣旨中又规定："民户内续数出来底漏籍民户有呵，只教都属那见住州城田地里有者，有原招收来底人不须管领。"⑤其用意也是在于封户之外，禁止诸王贵族隐匿和滥收户口。

---

① 《元史·太宗纪》。
② 同上。
③ 《元典章·户部三·户口条画》。
④ 《元史·太宗纪》。
⑤ 《元典章·户部三·户口条画》。

　　窝阔台两次所籍户口数字,记载颇多歧异。八年的所谓"得续户"究竟当作如何理解?考《元史·兵志一》:八年,"于断事官忽都虎新籍民户三十七万二千九百七十二人数内,每二十丁起军一名"云云,则得续户云者,乃是合五年原籍之七十三万,累计共得一百一十余万之谓。这个数字,与《兵制》的另处所记:"忽都虎等元籍诸路民户一百万四千六百五十六户"、①宋子贞撰《耶律楚材神道碑》所记:"初,籍天下户,得一百四万",②及《元史·刘秉忠传》其所上忽必烈书"天下户过百万,自忽都那颜断事之后"③云云,大致相近。《圣武亲征录》分别记载有:癸巳"抄籍汉民七十三万有奇",乙未"忽都忽籍到汉民一百一十一万有奇",亦与《元史·太宗纪》并无轩轾。④但是如果根据《元史·地理志序》的户八十七万三千七百八十一、《经世大典序录一·版籍》的"得户八十余万"⑤的数字,则相去颇远。这个问题需要专门讨论,这里我们可以不管它。在其年籍户之后,窝阔台立即进行了大规模的分封,"诏以真定民户奉太后汤沐,中原诸州民户分赐诸王、贵戚、斡鲁朵"。⑥根据《元史·食货志三·岁赐》所载文宗天历二年(1329)的数字,这次分封的民户有数可考者高达七十六万七百五十一户。⑦我们把封户与当时中原华北的民户总数比较,即使就上引当时所括户口的最高数字一百一十万计算,封户的比例也达全部的百

---

① 《元史·兵志一·兵制》。
② 《元文类》卷五七。
③ 《元史》卷一五七。此奏文不著年月,然以其中所云"今新君即位之后,可立朝省,以为政本"考之,可知当在1251年蒙哥即位之后。
④ 据《圣武亲征录》、《元史·地理志序》及《秋涧先生大全文集》卷四九《南埔王氏家传》,知籍户之命,始于太宗乙未七年,《元史·太宗纪》系八年六月,盖竣事之期。忽都虎、忽都忽,亦即《太宗纪》六年之胡土虎。胡土虎,或谓即失吉忽秃忽(王国维《黑鞑事略》注)。或以胡土虎当忽睹都(=忽都秃),而以忽都虎当失吉忽秃忽(屠寄《蒙兀儿史记》卷四)。然考之《史集》,七年偕阔出(《元史》误作"曲出")伐金者,乃拙赤合撒儿之子(见《成吉思汗的继承者》页55)。
⑤ 《元文类》卷四〇。
⑥ 《元史·太宗纪》。
⑦ 同上,《食货志三·岁赐》。其中思火儿赤所受,具体数字不详,不计在内。

分之七十以上。当然这两个数字肯定都是低于当时的实际数的[1]，但封户比例之高犹可概见。这种状况的出现，如果联系到前此"自一社一民，各有所主"的情况来看，也是不足为怪的。分封本不过是大汗通过明令，承认诸王贵族和军将既得的人户，既保证其特权利益，又限制其无限发展。但是，在这样做之后，管理制度上却有了重大变化，使皇权有所加强。

根据宋子贞的记载：丙申，"秋七月，忽睹虎以户口来，上议割裂诸州郡分赐诸王贵族，以为汤沐邑。公（耶律楚材）曰：'尾大不掉，易以生隙。不如多与金帛，足以为恩。'上曰：'业已许之。'复曰：'若树置官吏，必自朝命，除恒赋外，不令擅自征敛，差可久矣！'从之。"[2]耶律楚材在他所创行的税法中，特别规定了丝料之法，"每二户出丝一斤，并随路丝线、颜色输于官；五户出丝一斤，并随路丝线、颜色，输于本位。"[3]在汤沐邑内，各位止设达鲁花赤，"朝廷置官吏，收其租颁之。非奉诏，不得征兵赋。"[4]这就是元代投下制度的初型。这些投下户颇有类于辽投下（头下）的"赋为二等"的办法。元代的投下户，按照规定，除负担朝廷的兵、站诸役，及提供部分丝料充国赋之外，还需向投下领主缴纳五户丝，蒙语称之为阿合答木儿。五户丝制构成为元代投下制度的基本赋税形态。

很明显，这种五户丝制的实行，必将大大地限制诸王贵族的权益，提高集中皇权。这是蒙古统治者进入华北、中原后，按照"野蛮的征服者总是被那些他们所征服的民族的较高文明所征服"（《马恩全集》第九卷，页247）的规律，适应中原封建的经济基础，改变其原来的落后奴隶制统治方式的第一个步骤。可以想见，在当时条件下，这样做，阻力是巨大的。因此，事实上，投下五户丝制基本上没有、也无法贯彻执行。食邑、户口管理的混乱并没有、也不可

---

① 《元史·太宗纪》之坏那颜及镇海赐思州千户、撒吉思卜华妻扬氏赐新卫民二百，速哥亦有封户，显皆漏记。又后嗣之以罪废者当亦不载。汉人军将初亦有封户，忽必烈即位后，始尽收其采地封户，故亦不在《食货志三·岁赐》之内。

② 宋子贞《中书令耶律公神道碑》，载《元文类》卷五七。

③ 《元史·食货志一·科差》。

④ 同上，《太宗纪》八年七月。

能有多少改进。试以东平与平阳这种类型的地区作例子,就可以看出问题的严重。东平本是隶属于朝廷的州县,由降附蒙古的军阀严实任东平路行军万户统理。1238年(窝阔台十年)曾一度拟裂其土再行分封。《元史·王玉汝传》载:"戊戌,以东平地分封诸勋贵,裂而为十,各私其人,与有司无相关。"经过耶律楚材等的请求,终于中止了这一计划。但是,这一片隶属有司的州县中,民户管理的情况又如何呢? 同年六月的一道圣旨里,记载东平路所管州县城民户共二三四五八五户。其中有拨给宗王口温不花者一百户,耶律楚材者三四五户,秃赤六户,查剌温火儿赤伴等回回大师三十户,曹王讹可一十户,罗伯成三户,夺活儿兀兰七户,查剌温火儿赤并以下出气力人一八三户,乞里鼾并以下出气力人三三六户,笑乃鼾四六七户,孛里海拔都一百户,课课不花五五户,合旦一一六户。①这些分拨的人户各隶其主,州县是无权干预的。一个地区内人户管理如此混乱,政治的黑暗可知。

平阳路则是钦察兀鲁思的拔都汗的封邑。此外拔都又兼有真定、河间道内鼓城等五处。拔都"以属籍最尊,故分土独大,户数特多"。"王府又将一道细分,使诸妃王子各征其民。一道州郡,至分为五、七十头项。有得一城或数村者,各差官临督。"拔都的宗族远驻在南俄草原,为了便于把征敛的财物万里运送,规定不收土产的麻布,只收黄金,属民只得把布换成白银,再把白银兑换黄金交纳。几经折兑,"自卖布至于得白银,又至于得黄金,则十倍其费。"②人民因此多倾家荡产仍无法完纳,致"榜掠械系,不胜苦楚"。

因此,无论从哪种情况看,窝阔台丙申分封之后,由耶律楚材所设计的五户丝制仍然是未得贯彻执行的。窝阔台又按蒙古旧浴,把今甘肃、青海和新疆之地分封储子,如阔端,其封地在唐兀境。1241年窝阔台死后,在乃马真后摄政与贵由在位的时期里,奥

---

① 《大元马政记》。另据《元史·食货志三·岁赐》:丙申分封中,得东平封户者,木华黎三九〇一九户,带孙一〇〇〇〇户,乞里歹、笑乃带各一〇〇户。

② 郝经《河东罪言》,载《陵川文集》卷三二;《历代名臣奏议》卷六五。

都刺合蛮等色目人"以货得政柄"，行省燕京，"诸王及各部又遣使于燕京迤南诸郡，征求货财、弓矢、鞍辔之物，或于西域回鹘索取珠玑，或于海东楼取鹰鹘，驿骑络绎，昼夜不绝，民力益困。然自壬寅（1242）以来，法度不一，内外离心，而太宗之政衰！"① 蒙哥在位，"自谓遵祖宗之法，不蹈袭他国所为"，② 他任命来治领燕京等处行尚书省事的官吏也是以牙剌瓦赤为首的色目人。蒙哥又进行了两次分封采邑。《元史·宪宗纪》：二年壬子，"是岁，籍汉地民户"。考以《经世大典序录·版籍》与《元史·地理志序》，此次籍户增二十余万。于是有所谓"壬子元查户"之分封。据《元史·食货志·岁赐》，分赐给岁哥都（宪哥子）、成吉思汗第三第四斡耳朵、塔出驸马及军将、功臣共 19 199 户。七年（丁巳），又进行较大规模的分封，汴梁一城，也裂分为四，分授合丹、灭里、合失与阔出。总之，从耶律楚材确定五户丝制之后到蒙哥在位期内，封户遍及于整个中原、华北，诸投下俨成无数的独立小王国。

分封采邑制度在中原王朝的历史上已经历过一段长久的发展历史，其基本的趋势是随着封建社会的向前发展而逐渐削弱。赵翼指出："秦汉时列侯无封国者曰关内侯；其有封地，则即食某地之户，而自遣人督其租，至唐犹然……《唐书》霍王元轨常遣国令督封租，令请贸易取赢。王曰：'汝当正吾失，反诱吾以利耶！'《王嗣立传》：中宗时恩降食邑者众，封户凡五十四州县，皆据天下上腴，随土所宜，牟取利入。为封户者，急于军兴。嗣立极言其弊，请以丁课尽送大府，封家诣左藏支给，禁止自征，以息重困。宋务光亦言：'滑州七县，而分封者五，国赋少于侯租，入家倍于输国。乞以封户均余州，并附租庸使岁送停封，使息驿传。'是征租者并乘驿矣。《宋璟传》：武三思封户在河东，遭大水。璟奏灾地皆蠲租。有诏三思者，谓谷虽坏而蚕桑故在，请以代租，为璟所折。《张廷珪传》：宗楚客、纪处讷、武延秀、韦温等封户在河南北，讽朝廷诏两道蚕产所宜，虽水旱得以蚕折，廷珪固争得免。可见唐时封户之受

① 《元史·定宗纪》。
② 同上，《宪宗纪》。

困，虽国赋不至此也。宪宗时始定实封，节度使兼宰相者，每食实封百户，岁给绢八百匹、绵六百两，不兼宰相者每百户给绢百匹；诸卫大将军每百户给三十五匹。盖至是始改制，封家不得自征，而一概尽给于官矣。"①这就是马端临所说的："唐自中叶以来，皇子弟之封王者不出阁，诸臣之封公侯者不世袭。封建之制已尽废矣！"②由此可见，即就五户丝制度而言，它在中原、华北地区的出现，说明在这方面，历史至少又拉回到初唐的水平，明显地是一种倒退和逆转。

但是，从当时蒙古族的发展来说，投下五户丝制的制订，又标志为一个巨大的进步。政治制度必须同自己的经济基础相适应。落后的征服者改更其统治制度，使之与被征服地区较高的经济情况相适应的过程，同时也往往就是这些落后的征服者在政治、文化水平上迅速提高，社会发展产生飞跃的过程。五户丝制比起前此军前掳掠，即为私属的情况，无疑是个进步。至于它的贯彻执行，还需要其他方面的条件来保证。其中最主要的是必要的中央集权。这些，在忽必烈建立元皇朝之前，仍然是不具备的。

三　忽必烈对投下的整顿与改革

1260 年忽必烈即大汗位，新皇朝以"稽列圣之洪规，讲前代之定制"为标榜，提倡"文治"，"内立都省，以总宏纲；外设总司，以平庶政"。③"仪文制度，遵用汉法"，④建成一个与中原封建经济基础大体相适应，而又确保蒙古贵族特权利益的中央集权制政权。中央集权与诸侯割据是矛盾的。因此，在元皇朝的建设中，对投下进行整顿是一个十分迫切和繁重的任务。

中统元年（1260）七月，立行中书省于燕京，由王文统主持，首先就对五户丝制进行改革。王恽《中堂纪事》："诸投下五户丝料（译

---

① 赵翼《陔余丛考·汉唐食封之制》。
② 《文献通考·封建考十七》。
③ 《元史·世祖纪一》。
④ 同上，《高智耀传》。

语曰阿合答木儿）自来就征于州郡。堂议云：如此是恩不上出，事又不一，于政体未便。奏准皆输大都总藏，每岁令各投下差官赴省，验数关支。其法每户科丝二十二两四钱，二户计该丝二斤一十二两八钱。其二斤即系纳官正丝，内正丝、色丝各半。外将每户剩余六两四钱儹至五户，满二斤数目，付本投下支用，谓之‘二五户丝’。以十分论之，纳官者七分，投下得其三焉。”① 这里值得注意的是：第一，投下丝料由有司征收，受封者于中书省验数关支，改变了过去封主就征于州郡的办法。第二，与耶律楚材的创制比较，投下丝料的征收增重了一倍。一般民户也确定为“每十户输丝十四斤”。② 作为丝料加重后的减免，包银则由原定的交纳白银四两，改为交钞四两（当时中统银货二两当白银一两）。中统二年，又进一步规定：“乙未年（窝阔台七年）皇帝圣旨为逐官出气力上拨到种田人户，拟自今后每年除丝线税粮，照依旧例，合纳包银内，一半纳官，一半给付本官用度。”当时，“宪宗初年（1251）括户余百万，至是诸色占役者强半”，③ 于是规定：“随路应有金银铜铁丹粉锡碌等窑冶附籍、漏籍民户，尽行罢去，分付元附籍地面官司应当差发”，“河南路管下舞阳等处栽姜户，仰与民一体当差”，“藤花户交各处官司与民一体当差”。“诸投下壬子年附籍驱口，仰照依先帝圣旨，于冬［各］各附籍处依旧例当差”。④ 至元元年又颁行圣旨：“依着先帝圣旨，诸王、公主、驸马并诸投下，不得擅行文字，招收户计。除将各位下已收人户，照依累降圣旨改正，吩咐各路收系当差。仍常切禁约投下人员，无得似前乱行招收。如有违犯之人，仰管民官捉拿，取问是实，申解赴部，呈省究治。如管民官今后不肯用心收拾，及看循面情，从今（令）诸人招收入户，定是解任断罪。”⑤ 又立定诸王使臣驿传税赋差发，规定不得以银与非投下人为斡脱，⑥ 禁止口传敕旨及追呼省臣

---

① 载《秋涧先生大全文集》卷八〇。
② 《元史·世祖纪二》。
③ 《元名臣事略·史天泽传》。
④ 载《秋涧先生大全文集》卷八一。
⑤ 《元典章·户部三·户口条画》。
⑥ 《元史·世祖纪二》。

官属。① 忽必烈又利用李璮叛乱被镇压后的政治形势，"罢诸侯世守，立迁转法"。② 所有汉人军将的封邑，从此也就自动或被迫缴还，明令取消。③ 在省并州县的同时，一些投下人户被并入所隶州城。④ 对一些宗王的封邑也作了某些调整。⑤ 而且"敕诸投下官隶中书省"。⑥

至元八年，尚书省颁行《户口条画》，对混乱的户籍进行了全面整理，其中明确地规定了有关投下户计的诸问题。"诸附籍、漏籍诸色人户，如有官司明文分拨隶属各位下户数，曾经查对，不纳系官差发，别无经改者，仰依旧开除"，充作投下人户。其他如"诸迄北随营诸色户计，于壬子年籍后前来随处看守庄子，放收头匹，或诸处寄留人等，不曾附籍，即目于本使处送纳钱物之人"，以及诸投下所招收之附籍、漏籍、放良、还俗人户，都按民户入籍，并重申投下擅招人户之禁。又"随路壬子年抄过诸色人等户，会到辛亥、乙卯年间，两次先帝圣旨节该：不拣什么人底民户，州城子里去了，那田地里种田，盖下房子住坐有呵，只那住底田地里和那本处民户差发、铺马一般当者。根脚千户、百户里有底浑家、孩儿人口每，千户、百户里也教依旧体例里当差发者。俺每底圣旨省谕听了呵！不拣差发、铺马祇应不当、原住处不去、躲避隐藏底人，本人处死，财产收官。当时前尚书省依着先帝圣旨，欲将此等户计科差，却称俺每起移原住田地里去，此上除了差发来。今次取勘，却有不曾起去户数，仰依着先帝圣旨收系当差。"

关于投下的匠户，《户口条画》规定："诸投下壬子年原籍除差畸零无局分人匠，自备物料，造作生活，于各投下送纳或纳钱物之人，依旧开除外，不当差役人户收系当差"；"诸投下蒙古户并寄留

① 《元史·世祖纪二》；并参见《通制条格·户令·投下收户》。
② 同上，《世祖纪二》至元元年十二月。
③ 同上，《世祖纪三》(至元二年十月)，"敕顺天张柔、东平严忠济、河间马总管、济南张林、太原石抹总管等户，改隶民籍。"又姚燧《平章政事史公神道碑》(《牧庵集》卷十六)：史天泽"并辞卫封"。
④ 同上，《世祖纪三》。
⑤ 同上。
⑥ 同上，《世祖纪四》。

驱口人等，习学匠人，随路不曾附籍，每年自备物料，或本投下五户丝内关支物料，造作诸物，赴各投下送纳者，充人匠除差"；"诸壬子年附籍军人诸色人等，别无上司改拨充匠明文，虽称即日（目）入局造作，或于各投下送纳者，仰凭籍收系应当差役。"

对于驱奴、放良人户，《户口条画》也作了详细规定，并且特别申明："尚书省令（今）次分间到诸色人户，已后储王、公（主）、驸马或投下人员争理户计公事，依着先帝圣旨，不得一面起移，亦不得擅自更改，须管经由尚书省照勘，依例定夺施行。"①

灭亡南宋之后，忽必烈又将江南州郡先后分封给诸王、驸马和军将，作为食邑。时科差未定，每户折支中统钞五钱，准中原五户丝数。成宗时增至二贯。据《元史·食货志三》所载江南户钞项下所记分拨人户，总数约计 1 936 946 户。当元军下江南时，所收诸路户口累计为 9 370 472 户，则封户达所收入户总数的百分之二十强。可见尽管在元皇朝封建中央集权制政权建成之后，在继续分封汤沐邑方面，其规模仍是相当巨大的。

分封汤沐邑之外，忽必烈又先后封自己的儿子为王，使各镇一方。皇子忙哥剌为安西王，镇关中；南木合为北平王，镇阿力麻里；阔阔出为宁远王，镇漠北；奥鲁赤为西平王，镇河西；脱欢为镇南王，驻扬州；忽哥赤为云南王，镇云南。所有汴梁以南至江，依安西王故事，以亲王镇之，②这些封王在地方上拥有很大的权力。"安西王国秦，凡河东、河南、山之南与陕西食解池盐地，皆置使督其赋入，悉输王府。"③"凡官关中者，职与不职，听其承制迁黜。"④"其大如军旅之振治，爵赏之予夺，威刑之宽猛，承制行之。自余商贾之征，农亩之赋，山泽之产，盐铁之利，不入王府，悉邸自有。"⑤他们不单是军事的首脑，同时也参与行省事务。⑥不过这种

---

① 《元典章·户部三·户口条画》。
② 《元史·世祖纪十》。
③ 姚燧《提举太原盐使司徐君神道碑》，载《牧庵集》卷十八。
④ 《赵良弼神道碑》，同上，卷二三。
⑤ 《延厘寺碑》，同上，卷一〇。
⑥ 《元史·成宗纪四》:（大德九年三月）"诏梁王勿与云南行省事。"

王封与忽必烈以前诸大汗分封兀鲁思的性质已经有所不同。忽必烈所封诸子，实质上多只是代表皇帝镇戍一方的军政领导，其独立性已经有所削弱了。

中央管理诸王事务的机关为内八府宰相。《元史·百官志三》："内八府宰相，掌诸王朝觐傧介之事。遇有诏令，则与蒙古翰林院官同译写而润色之。谓之宰相云者，其贵似侍中，其近似门下，故特宠之以是名。虽有是名，而无授受宣命，品秩则视二品焉。大德九年，以灭怯秃等八人为之。天历元年，为内八府宰之职。"元代以右左丞相及平章、右左丞、参政共八人为"八府"，内八府显系与宰执相对而言。此云"内八府宰相"之名始于天历，实际上是不确的。姚燧《皇元高昌忠惠王神道碑》载元初已有内八府宰相一职，[①]证明世祖之世，已有内八府宰相之名，然它的工作是由皇帝指派内侍宰臣兼领，据《仁宗纪三》延祐六年三月，己巳，"敕诸王、驸马、宗姻诸事，依旧制领于内八府官，勿径移文中书。"这就说明，内八府官之设至迟当创设于武、仁之世，其职司掌诸王、驸马与宗姻的朝觐、赐予，而这些工作中书省则无权参预。陶宗仪据杨瑀《山居新语》的记载，说："内八府宰相八员，视二品秩而不降授宣命，持中书照会之任而已，寄位于翰林之埽邻。埽邻，宫门外院官会集处也。所职视草制，若诏赦之文，则非其掌也。至于院之公事，亦不得与焉。例以国戚与勋贵之子弟充之。"[②]这个记载明显地与《元史》所记矛盾。我以为杨瑀所记，只能是顺帝时候的情况，元朝末年，财政拮据，国事蜩螗，诸王朝会、赐予均告停罢，主管这一工作的内八府也就限于以国语草制这种冗散闲差了。

投下内的统治，依受封者的地位与所受的特权不同，其设官授职也有所不同。其封国在今内蒙克什克腾旗一带的弘吉刺部鲁王所属的应昌、全宁等路，本身就是由驸马藩王在其所受农土内奏

---

① 《高昌忠惠王神道碑》载世祖时已有"内八府宰相"之名。《牧庵集》卷一三。

② 陶宗仪《辍耕录》卷一。《元史·太宗纪》九年有"筑埽邻城，作迦坚茶寒殿"。此殿在《世界征服者史》第一册，页237作Qarshi-Suri。Qarshi，蒙语义为殿；Suri>Sáurin义为"居住"。"埽邻"当即Sáurin之音译。

准创建的，故"自达鲁花赤总管以下诸官属，皆得专任其陪臣，而王人不与焉。此外，复有王傅府，自王傅六人而下，其群属有钱粮、人匠、鹰房、军民、军站、营田、稻田、烟粉千户、总管、提举等官，以署计者四十余，以员计者七百余"。① 亲王之品崇位尊者则可以设王相府。元贞二年（1296）正月，"安西王傅铁赤、脱铁木而等复请立王相府。帝曰：'去岁阿难答已尝面陈，朕以世祖定制谕之。今复奏请，岂欲以四川、京兆悉为彼有耶？赋税、军站，皆朝廷所司，今姑从汝请，置王相府，惟行王傅事。'"② 王府可以有自己的怯薛人员。宽彻普化在泰定三年封威顺王，镇武昌，"拨付怯薛丹五百名，又自募至一千名"。③ 份地内有讼，"王傅与所置监郡同治；无监郡者，王傅听之"。④ 在一般情况，投下用人的规定是：凡诸王分地与所受汤沐邑，得自举其人，以名闻朝廷而后授其职。⑤ 投下官必须是蒙古人。⑥ 如鲁王受封的济宁路及济、兖、单三州、钜野等十六县，以及汀州路长汀等六县、永平路滦州舒六县，均"得任其陪臣为达鲁花赤"。某些地处僻远、数目零碎的投下户，往往自成组织，不干州县。⑦ 乾州路捏不烈大王所属的医工人户止一百八十户，投下自置提领所衙门管领，官吏人等多达十五名。⑧ 在包括封邑所在的地区设官司时，亦由各投下委官同治，至元二十三年四月置河东、山东宣慰司，以济南为胜纳合儿分地，太原乃阿只吉分地，令各委官一人同治。这些投下官员因为升迁不入常选，所以往往终身在任。⑨ 元律规定："诸投下官吏受赃，与常选官同论。""诸投下妄称上旨，影占民站，除其徭役，故纵为民害者，杖七十七，没其家财之半。所占民杖一百七，还元籍。""诸王傅文

---

① 《元史·特薛禅传》。
② 同上，《成宗纪二》。
③ 同上，《宽彻普化传》。
④ 同上，《世祖纪十三》。
⑤ 《元文类·经世大典序录一》、《元史·选举志二》。
⑥ 《元史·选举志二》。
⑦ 王恽《曹州禹城县隶侧近州郡事状》，载《秋涧先生大全文集》卷八五。
⑧ 《元典章·吏部四·投下人员未换授不得之任》。
⑨ 参考蒙思明《元代社会阶级制度》，页117—121。

卷，监察御史考阅，与有司同。""诸位下置财赋营田等司，岁终则会；会毕，从廉访司考阅之。""诸投下轻重囚徒，并从廉访司审录"。"诸藩邸事务，大者奏裁，小者移中书。擅以教令行者，禁之。"①这些都表明，朝廷对于投下官员，具有核准、监察和依法惩处的最高权力。封邑的继承并没有明确的嫡长袭位的原则，而主要凭皇帝的诏令而定。例如：木华黎的五世孙朵罗台国王，在天历初以附王禅、倒刺沙被杀。文宗乃任其族侄朵儿只袭国王位。顺帝至元四年（1338），朵罗台之弟乃蛮台愬于朝，通过贿赂伯颜遂得国王位。②这说明皇帝对投下是拥有最高的主权的。但在事实上，诸王专擅自恣，奴视地方官府，非法进行敛括，欺侵隐占人户，放纵鹰坊怯薛人等欺压百姓，甚至私置牢狱枷锁，接受本管人户词状，③朝廷无法控制。

投下内的属民大体可分为三类。

第一类是朝廷明令拨赐的草地部民和内地的二五户丝户（民户），以及各种专业性的匠户、绵户、采珠户、打捕猎户等等。一般来说，二五户丝户除丝料，其他专业人户除所规定的专业负担外，他们种田纳地税，经商纳商税，由有司征收；军、站亦朝廷所司。从这种意义上讲，他们都是"赋为二等"的二税户。

第二类是投下的私属。他们原是诸王将校在战争中掳自军前的驱奴，④在历次的户籍检查中，被允许依例豁除民籍，除向本使纳钱物外，不当政府差役。但是，这类人随着蒙古贵族向封建化的过渡，其经济地位也往往有很大变化，其中特别是某些有专长的工匠。一些倚零人匠，可以"自备物料造作生活，于各投下送纳"，"或纳钱物"。有的可以"每年自备物料，或本投下五户丝内关支物料，造作诸物，赴各投下送纳。"⑤这种人实际上已变为以手工为业的封建农奴。驱奴中还流行一种"岁纳丁粟以免作"的剥削方式，

---

① 《元史·刑法志二》。
② 参考《元史·乃蛮台传》、《朵儿只传》及钱大昕《元史氏族表》卷一。
③ 《元典章·吏部四·投下人员未换授不得之任》。
④ 柳贯《武德将军刘君墓表》，载《柳待制文集》卷一二。
⑤ 《元典章·户部三·户口条画》。

而且，如果在付清一笔相当的价钱后，也可以赎身而成为平民。①
这些都是蒙古贵族在入据中原以后，从奴隶制向封建制剥削转化的
事例。

第三类是投下利用权势，通过投充、呈献、隐匿、招收等非法
手段所征集的人户。这些人同样不属有司。他们原来的身份，有良
有驱，有贫有富，情况不同。作为私属，他们的待遇也不一样。富
家投充是为了逃避政府的赋役，穷人被欺隐则多由折债卖身。官
场中也把人口当成馈赠。参知政事张德润献其家人四百户于皇太
子。②另一个参政刘思敬也以出征重庆时所得新民百六十户献于真
金。③由于人户的大批沦为私属有损政府的赋役，因此，元朝政府
屡申禁擅招人户的命令，但往往收效甚微。

在本文的第一节里，我们讨论了封国（或封地）内草原属民对
贵族封主强烈的人身依附关系。这种依附关系必然给在内地的采
邑内二五户丝户带来同样的影响。这一方面，蒙思明曾正确地指
出：“凡人民一入投下户籍，即永为其民，不能更易：故奥屯大哥既
入四大王府户籍，即不愿改属别部；关德聚籍隶高唐王府，王进封
赵，而仍隶之；即国家裁并郡邑，其投下户仍必并入投下所隶州城。
其有冒入别籍者，则除贵赤、军籍外，皆须回付：故诸王忽剌出拘
逃民于高丽，鄎王拙忽难、庄圣皇后及诸王忽秃秃括部民于别郡，
宗王牙忽秃征其旧民于齐王，诸王阿里不哥遣人索其分地中人张
础于世祖，是投下人民固领主之私民矣。”④类似的例子，如高宣之
子谅，事裕宗，为鹰坊都总督，“裕宗甚爱之。谓宝符郎董文忠曰：
‘汝如我奏请，以谅所管民户隶于我，庶得谅尽力为我用。’文忠入
奏，帝从之。”⑤广平路为博尔术分地，因为充江陵府按察司奏差任
满的哈剌帖木耳，“系属俺的广平路的人”，故玉速帖木耳（博尔术
孙）奏请：“如今蛮子田地里，俺分拨到城子全州路达鲁花赤秃忽鲁

① 《元史·吕思诚传》。
② 同上，《世祖纪十三》。
③ 同上，《裕宗传》。
④ 《元代社会阶级制度》，页 122。
⑤ 《元史·高宣传》。

去了也，与秃忽鲁怎生一般勾当拟定交走底你识者"。① 这些都有力地证明，封户对于投下的依附关系是很强烈的。

四　投下的特权

关于投下的特权利益，可分别从经济与政治两方面来进行考察。

投下经济上的权益，来源大体为三大项：一为岁赐，二横赐，三食邑内的征敛。

一、岁赐　《元史·食货志三·岁赐》说："凡诸王及后妃、公主，皆有食采分地"，"其赋则五户出丝一斤，不得私征之，皆输诸有司之府，视所当得之数而给与之。其岁赐则银币各有差。始定于太宗之时，而增于宪宗之日。及世祖平江南，又各益以民户。时科差未定，每户折支中统钞五钱，至成宗复加至二贯。"则"岁赐"原指每年分赐诸王贵族的金银币帛。剌失德丁记窝阔台每年在和林的宫殿，"寻欢逐乐，历时一月。彼将大开国库，使贵贱咸沐其慷慨之恩泽。"② 这就成为一种定例。忽必烈即位后，中统元年十二月，大赐诸王穆哥及帖古伦皇后等，"自是岁以为常"。③ 从《食货志》的记载来看，这种岁赐到忽必烈时期已只限于宗王与斡耳朵，公主与勋臣都不得与。二五户丝与江南钞也各有岁额，所以从广义的范围来说，《食货志》也把它们都列入"岁赐"之内。这里应该顺便指出：《岁赐》序文所说的"五户出丝一斤"的说法是错误的。五户出丝一斤是耶律楚材的定制，忽必烈中统初已改为五户出丝二斤。如果我们把《岁赐》中五户丝项下的丝额与投下内延祐实有人户数核

---

① 《元典章·吏部三·投下设首领官》。
② 《成吉思汗的继承者》，页64。《元史·宪宗纪》累有"岁赐"之记载。
③ 《元史·世祖纪一》，本纪中，自中统元年到至元十年都有"赐金银币帛如岁例"的记载。至元十一年至十三年可能因伐宋战争而暂停，十四、十五年又行恢复。然自十六年至二十五年又无此项记载，二十七至三十年又见记载。成宗以后，亦无记载。然考《食货志·岁赐》，则此制除因特殊情况外始终奉行。

算,正应该是五户出丝二斤。

二、横赐　它包括岁赐以外的特别赐予。立功有赏,喜庆有赐,灾歉有赈济,诸王来朝者各有赐。皇帝对于诸王所请,通常都是无不予以厌足。至元十五年亡宋之后,"会诸王于大都,以平宋所俘宝玉器币分赐之。"① 横赐中花费最大的莫过于确定新皇帝嗣位的忽里勒台,新皇帝为了酬谢宗亲、大臣的支持,便大加赏赐。成宗即位,"中书省臣言:'陛下新即大位,诸王、驸马赐与,宜依往年大会之例,赐金一者,加四为五;银一者,加二为三,又江南分土之赋,初止验其版籍,令户出钞五百文,今亦当有所加,然不宜增赋于民,请因五百文加至二贯,从今岁官给之'。"② 成宗元贞二年规定:"诸王朝会赐与,太祖位金千两,银七万五千两,世祖位金各五百两,银二万五千两,余各有差。"③ 成宗死,武宗即位,中书奏:朝会应赐者为钞总计达三百五十万锭。武宗原在和林召集大会,即皇帝位,本已按成宗的定例有过横赐。来到大都后,又以"和林之会,国事方殷,已赐者,其再赐之"。④ 仁宗即位,以诸王来会,普赐金 39 650 两,银 849 050 两,钞 223 279 锭,币帛 472 488 匹。无穷的滥赐更加深国库空虚,帑藏不继的恶果。

三、领地内的苛征暴敛　制度规定:封国之内,"赋税军站,皆朝廷所司";汤沐邑之内,二五户丝,皆"输诸有司之府,视当得之数而给与之"。但《元史》之中,亦屡有将分地内"租赋及土产悉赐之",以分地"租税悉以赐臣"的记载。诸王只必帖木儿请于分地二十四城自设管课官,不许,但许其另设拘榷课税所,"其长从都省所定,次则王府差设。"⑤ 至于非法的勒索,更是司空见惯的现

---

① 《元史·世祖纪七》。
② 同上,《成宗纪一》。
③ 同上,《成宗纪二》。又据大德二年的记载:"岁入之数,金一万九千两,银六万两,钞三百六十万锭。"把每年赐予之数与全年岁入总数比较,可知这个比例数字何等巨大。
④ 同上,《武宗纪一》。
⑤ 同上,《世祖纪九》。(大德五年〈1301〉三月,罢陕西路拘榷课税所)。

象。如私征租赋，任意拘刷、起移人匠、民户，索取钱债；① 擅自接受州县人户和系官田土的投献，②擅据矿炭、山场，③把征取的二五户丝强迫俵散投下民户加工织造，私役人户为柴米等户，擅科赋外杂徭等等，④"诸王阿只吉，岁支廪饩，和市于民，或不能供，辄为契卷，子本相侔，则没入其男女为奴婢。⑤甚而至于"但凡所需物色，悉皆科拨本管人户"。⑥因此，投下人户较之一般民户，负担更为沉重。

我们进一步来讨论投下诸王在政治上的特权利益。关于投下在分地与汤沐邑之内，各任私人、不通常选的情况，上一节中，已经作了叙述，无烦重复。这里，我们想就诸王投下在中央政权中的特权利益来试行探讨。

在第二节中，我们已经注意到从成吉思汗到蒙哥统治时期，中原华北地区是作为汗族的公产，由大汗委派断事官，会同诸王的代表，进行管理的。忽必烈建立元皇朝之后，确立起了封建的中央集权政治。但是草原游牧民宗族制度的残余，在元朝的中央政治上则仍然以不同的形式保留下来。

现存的资料表明：诸王投下在元王朝中央政府中，包括总理行政的中书省、掌司法的大宗正府和总领军事的枢密院中，都以不同的形式荐用私人，实际上即充当其代表，参决中央的政务。中书省除宰执八人外，又有一批所谓"中书断事官"，其在宗藩戚畹膺王爵者，各得奏任二员或一员世袭为之。(《析津志辑佚·中书断事官厅题名记》)他们"秩正三品，掌刑政之属。国初，尝以相臣任之，其名甚重，其员数增损不常，其人则皆御位下及中宫、东宫、诸王各投下怯薛丹等人为之。中统元年，一十六位下置三十一员。至元六年，十七位下置三十四员。七年，十八位下置三十五员。八年，始

---

① 《通制条格·户令·投下收户》。
② 同上《投下收户》，《官豪影占》。
③ 《元史·成宗纪二》。
④ 同上，《世祖纪十二》；《通制条格·营缮·投下织造》。
⑤ 苏天爵《王忱行状》，载《滋溪文稿》卷二三。
⑥ 《通制条格·户令·非法赋敛》。

给印。二十七年，分立两省，而断事官随省并置。二十八年，十八位下置三十六员，并入中书。三十一年，增二员。后定置，自御位下及诸王位下共置四十一员。"①"位下"亦即"投下"。元制：从皇帝到累朝斡耳朵（许有壬《敕赐崇源寺碑》《至正集》卷四六）："国制：列圣宾天，其帐不旷，以后妃当次者世守之"）都有各自的怯薛。以诸王、斡耳朵之怯薛近侍参领中书，正是早期诸王对燕京等处行尚书省共领的继续。武宗至大二年（1309）三月，中书省臣奏："中书省断事官，大德十年四十三员。今皇太子位增二员，诸王阔阔出、刺马甘秃剌亦各增一员，非旧制。臣等以为，皇太子位所增宜存，诸王者宜罢。"②文宗天历元年十一月，"燕帖木儿言：晋王及辽王等所辖府县达鲁花赤既已黜罢，其所举宗正府扎鲁忽赤、中书断事官，皆其私人，亦宜革去。从之。"③这里，对中书断事官系作为诸王投下荐派在中央最高行政机关，以充其政治利益之代表的身份，反映得颇为清楚。中书断事官是一个相当高的官职。中统三年五月，中书省都断事官一职，即由左丞相忽鲁不花兼领。④《元史·百官志》说中书断事官的职务是掌刑政之属。明初，承元制设中书省，"中书总天下之务而必设断事之官，所以修明其法禁，以防人为非，实寓刑期于无刑之意也。"⑤可知中书断事官实有监督中书政务之责，至元二年，因纳陈驸马、帖里干驸马、头辇哥国王、锻真、忽都虎五投下所属人户发生争差，"中书省差断事官帖木烈、三岛等前去北京、松州、兴州、平滦、西京、宣德等处，钦依圣旨，一户户检照乙未、壬子籍册，对证分拣，定造到备细文册。"⑥说明关系到投下的事务，也是通过中书断事官来解决的。此外，钦察、阿速两部人亦得各举监察御史，⑦同样反映诸部贵族在中央拥有各自的特权。

① 《元史·百官志一》。参考王思诚撰《中书断事官厅题名记》。
② 同上，《武宗纪一》。
③ 同上，《文宗纪一》。
④ 同上，《世祖纪二》。
⑤ 宋濂《拟诰命起结文》，载《宋学士文集》卷一。
⑥ 《元典章·户部三·户口条画》。
⑦ 《元史·成宗纪二》。合剌赤即钦察人。

诸王投下在中央最高刑法机关——大宗正府里的特权地位，也是很清楚的。《元史·百官志三》："大宗正府，秩从一品"，"凡诸王、驸马投下蒙古、色目人等，应犯一切公事，及汉人奸盗诈伪，蛊毒厌魅，诱掠逃驱，轻重罪囚，及边远出征官吏，每岁从驾分司上都存留住冬诸事，悉掌之。至元二年，置十员（指扎鲁忽赤）。三年，置八员。九年，降从一品银印，止理蒙古公事。以诸王为府长，余悉御位下及诸王之有国封者。又有怯薛人员，奉旨署事，别无颁受宣命。"根据前引天历元年十一月燕帖木儿的奏文，可证与中书断事官一样，大宗正府扎鲁忽赤也是由近亲诸王推荐各自的私人来充任的。

枢密院的情况有所不同。《元史》载枢密院亦设有断事官。根据至元二十二年枢密院臣的奏文："旧制：四宿卫各选一人以决枢密院事，请以脱列伯为佥院，从之。"① 元代四怯薛之长初由博尔忽、博尔术、木华黎和赤老温四功臣世领，后因博尔忽与赤老温无后，因此第一怯薛改由天子自领，第四怯薛由右丞相统领。怯薛不单是军事上的宿卫，而且，从后来的实际职任说，当是"内府执役者的译语"，其人员必由蒙古、色目子弟出身阀阅者充当，世袭其职。诸王也有权推荐其私人入皇帝的怯薛。文宗时，"也速也不干荆王入觐，荐其从者五十人备天子宿卫"。② 四怯薛各有权选派其代表参决枢密院事，表明在军事上，蒙古的诸部大贵族是分享有部分领导权的。

上述材料说明，元朝的诸王投下，无论是在经济上和政治上，都拥有多方面的、很大的特权。此外，元代皇位的继承，始终保存着部族民主主义的忽里勒台制度。因此，尽管在忽必烈建成了中央集权制的封建王朝之后，由草原游牧民原始的奴隶制分封制度演化而来的二五户丝制及诸王投下的特权制度等，仍然表现为政治制度上的一种逆转和倒退，而对于元朝的政局产生了巨大的影响。概而言之，这些影响表现为三个方面：第一，这些拥有很大独立性的诸

---

① 《元史·世祖纪十》。
② 虞集《逊都思氏世勋碑》，载《道园学古录》卷一六。

王投下，其一部分世居草地，构成一个庞大的游牧贵族保守集团，利用其政治特权，影响朝政，阻碍进一步改行汉法，革新政治。第二，无节制的赐予乞请，虚耗国帑，加重对全国人民的征敛剥削，造成所谓"穷极江南，富夸塞北"的恶果。第三，诸投下的非法横行，加深了人民的痛苦，同时也加剧了本已日趋尖锐的民族矛盾与阶级矛盾。这些问题，都值得我们深一步来进行研究。

五　元朝中后期投下制度的发展

按照蒙古旧俗，累代的新大汗（皇帝）都应该扩展新的征服地区，并分封诸子弟兄，共享富贵。因此，完泽说成宗："江南之地，尽世祖所取，陛下不兴此役（指征云南八百媳妇国），则无功可见于后世。"帝入其言，锐意用兵。[1] 不过，成宗是守成之主，元朝从他以后，军事扩张已趋停止，但每当新君即位，便在亲王、公主和有大勋的功臣中分封采邑的制度仍一直实行。其间，也企图有所改革和整顿，却都没有效果。

成宗大德初年，为了阻止日趋猛烈的诸王投下滥肆招收与非法侵欺民户的浪潮，政府累颁法令。大德元年十二月，"禁诸王、驸马并权豪，毋夺民田；其献田者有刑"。二年正月，"禁诸王、公主、驸马受诸人呈献公私田地及擅招户者"。[2] 这道诏令全文保存在《元典章》里"大德二年正月初十日，钦奉圣旨节该：诸王、公主、驸马，依在前圣旨体例里，满（漏）籍併（并）不干碍他每的户计，休收拾者，休隐藏者，地土也依（休）占者。已收拾来的户计，已占来的地土，依体例回付者。这般宣谕了呵，庶人每隐藏户计，自意占地土，诸王、公主、驸马每根底呈献户计、地土呵！有罪过者。钦此。"[3] 根据《元史·武宗纪二》至大三年十月的记载："晋王也孙铁木儿言：'世祖以张铁木儿所献地土、金银、铜冶赐臣，后以成宗拘

---

[1] 《元史·董士选传》；参见《元名臣事略·哈剌哈孙传》。
[2] 同上，《成宗纪二》。
[3] 《元典章·圣政一·重民籍》。

收诸王所占地土民户，例输县官，乞回赐'从之。"可见大德的诏命曾一定程度上得到贯彻。不过，后一条材料也向我们表明：对投下的限制作用仅只是暂时的，被取缔的招收户口既可以通过乞请回赐重新收回，擅招滥隐人户的风气自然不易制止。成宗又累颁禁令，禁止诸王投下擅祀岳渎、擅行令旨、擅置官府紊乱选法，禁止辄杖州县官吏，禁止非法乘驿，规定凡市佣徭役，皆与民均输，这些禁令实际上全无效果。随着武宗即位，草原贵族保守派势力一度又有所发展。

第二次改制发生在仁宗即位之后。仁宗爱育黎拔力八达是元朝中期比较贤明、有所改革的君主。他力矫武宗的弊政，实行科举，刷新吏治，推崇儒道，裁抑宗教官的势力，停止不急的土木兴修，并思对投下制度有所改革。① 这些措施看来受到了保守的诸王投下有力的反对。这时，仁宗方忙于出武宗子和世㻋于云南，撕毁原来兄弟子侄互承皇帝位的成约，而立己子硕德八剌为皇太子。为了换取诸王的支持，同时也为了缓和他们对其刷新吏治、实行科举的阻力，四年六月，他又收回成命，"敕诸王、驸马、功臣分地，仍旧制自辟达鲁花赤"。② 在至大四年十月原已罢设的诸王断事官，③ 也在延祐三年正月"增置晋王部断事官"之后，④ 实际上已复旧。从此，诸王投下的势力牢不可动。泰定帝泰定四年五月，虽有"罢诸王分地州县长官世袭，俾如常调官，以三载为考"⑤ 的决定，但对诸王投下的实际利益没有多少触动。

但是，也就在这一时期中，朝廷的财政益趋竭蹶，原来皇帝对诸王投下的赐予已无法照旧额维持，⑥ 这就增加了诸王贵族对朝廷的怨望与不满。王位的纷争也削弱了皇帝的威望，使中央对诸王的

① 《元史·仁宗纪一》。
② 同上，《仁宗纪三》。
③ 同上，《仁宗纪一》。
④ 同上，《仁宗纪二》。
⑤ 同上，《泰定帝纪二》。
⑥ 同上，《英宗纪一》：延祐七年九月，"以廪藏不充，停诸王所部岁给"。又《英宗纪二》：至治元年三月，"以国用匮竭停诸王赏赉及皇后答里麻失里岁赐"。

控制日趋松弛。在皇权削弱、不满增加的情况下，诸王投下的独立倾向愈益明显地表现出来。顺帝至正以后，朝廷对草地诸王投下的赐予、赈济的记载几乎绝书。① 与此同时，政府明令规定："诸王位下官毋入常选"，"各爱马人不许与常选"。② 这些都从不同的角度反映了皇权对草地诸王的控制减弱，草原诸投下独立性更加强，从而导致了分封制度下的分地（兀鲁思）为部落分支的胞族（爱马）所代替。

在波涛汹涌的元末农民大起义中，蒙古军诸千户和诸王所部相继在激烈的战争中被打垮、消灭。至正十四年（1354），右丞相脱脱征高邮张士诚，所有诸宗王及异姓王皆出军以从。③ 后来由于临阵易将，罢黜了总军的脱脱，于是"大军百万，一时俱散"。④ 再经过至正十九年红巾军关先生等从西到东，陷上都，克辽阳，横加扫荡，诸部蒙古军的实力再一次大大地受到打击；因此，当元顺帝退出大都后，"方大乱时，各处转战蒙古人等四十万内，惟脱出六万。其三十四万俱陷于敌"。⑤ 在皇权已形崩溃的情况下，诸爱马就乘机各自发展，开始形成为明初蒙古草原上各自分立、相互争夺的诸部。正如在经济生活上，由于漠南北地区与中原、华北正常的经济交换受到隔绝，草地已有的农业、手工业城镇与定居点被摧毁后，蒙古地区在社会经济方面顿呈困境，并发生倒退一样，在政治组织上，部落割据代替了统一，纷争代替了秩序，因此社会组织上同样也表现为一种倒退。加上明朝军队多次出征，蓄意破坏，这都使明初的蒙古地区，长期陷于混乱、破坏与倒退的逆流之中。

元朝被推翻了，但元朝所执行的一些倒退、落后的政治、经济和社会制度，尽管受到了元末农民大起义的冲击与洗礼，有所改变，但仍然在不同程度上作为残留，继续了下来。朱元璋的分封诸子为王，就是元代分封制度的继续。直到靖难之变后，这种落后的

---

① 《元史·盖苗传》。
② 同上，《顺帝纪三》。
③ 同上，《朵儿只传》。
④ 权衡《庚申外史》，甲午，至正十四年。
⑤ 《蒙古源流》卷五。

106

制度才有所改革。明初的分封，从朱元璋的主观意图上讲，无疑有惩宋皇室之孤立和元末河北诸军阀之骄横，因有广建宗藩以固根本的考虑，①但就整个明代来看，即使在永乐之后，封藩之弊害也远比宋代要严重。这同元代落后的分封制度在我国封建社会后期社会发展中所造成的逆转是直接相联系的。

（原载《元史论丛》第二辑，中华书局，1983 年）

① 《明会要·诸王·杂录》。

元代的皇权和相权

钱穆《中国文化史导论》称："若论政治制度方面，宋、元、明、清四代，依旧遵照汉、唐旧规模。惟因最先激于唐代末年之军阀割据，而开始厉行中央集权；又因元、清两代均以部族政权的私意识来霸持，因此，在中央集权之上还加上一种君权日涨、相权日消的倾向。这两层都是近千年来的中国政治所不如汉、唐的。"对于所谓"不如汉、唐"之说，这种比较究竟应该怎样来估计，颇有问题，但我不想在这里来讨论。单就他所提出的元、清两代以"部族政权的私意识"进行统治，因而造成君权的膨胀之说，尽管理解也各有不同，但事实是确凿存在的。本文就是根据元代的史实，发其覆而详加申述，以就正于高明。

一

大家知道，十三世纪初草原上的蒙古诸部，尚处于家长奴隶制的后期，在文明的门槛前停滞徘徊。1206年，一个小部族的酋领铁木真，依靠武力征服，统一了蒙古诸部，建立了大蒙古国，自称"成吉思汗"，并开展了南向长城以里，西及中亚腹地的军事扩张。他的子孙和继承人继续这一汹涌的军事征服浪潮，到他的孙子忽必烈的时候，完成了中国境内全国规模的大统一，并建成了以中国大汗为宗主国和拥有遍及亚欧大地的四大汗国的空前规模的大蒙古国。在急剧扩展的军事征服中，原是以家长奴隶制为基础的宫帐侍御与宿卫组织迅速转化为国家政权组织。然而，随着统治地区的扩大，在经济、文化上远比蒙古发达的地区包括了进来，原有的、以家长奴隶制为蓝本的政权形式就显得远不能适应形势的需要。按照野蛮的征服者最终不能不被文明的被征服者所征服的历史铁则，忽必烈建立元朝，采行汉法，建成了一个在政治体制上基本上是沿袭宋、金，但同时又大量保存蒙古旧制的新王朝。这是一个在总体规模上沿循汉制，而在具体结构上又是汉、蒙杂糅的特异政权。大量根源于蒙古草原奴隶制的落后制度被不同程度的沿袭或掺杂应用过来，如驱奴制度、怯薛制度、斡耳朵制度、诸王分封制度、军户制度、匠户制度等等。它们无不对中国的社会、经济、政治、文化带来深厚的作用和影响。皇权的膨胀与相权的削弱就是明显的例证。这在中国专制主义皇权的发展史上是一个重要的转折。

奴隶，蒙语作孛斡勒。关于蒙古早期的奴隶制度，我在《元代史》一书中，曾作过一些分析。为了方便起见，兹摘引如次："bo'ol 孛斡勒一词，《元朝秘史》旁译为'奴仆'，《史集》中则通作奴隶。这个词在今天的蒙语里是指'会说话的工具'，但在十二世纪时期，孛斡勒一词的涵意却有所不同，属民也往往混称为孛斡勒。

上文所引《元朝秘史》所记扎剌亦儿部人帖列格秃伯颜将自己的诸孙进献给铁木真，"教永远作奴婢者"（门限的你的奴婢教做，门的你的梯己奴婢教做），者蔑勒被献与铁木真作为贴己奴婢（门限的奴婢、门子的梯己做了也者）。扎木合对出卖他的那可儿也责之为奴婢（下民奴婢、奴婢家人）。由此可见，正主之视那可儿（nokor 伴当），亦可称之为孛斡勒。剌失德丁关于孛斡勒一词的使用相当泛。……是泛指家内奴仆与属部中的属民而言。不过，两者仍然有所区别。属民在身份上依附于领主（正主、使长），必须为领主提供无偿的劳役，缴纳贡赋（qubcir，忽不赤儿），接受征发参加征伐和围猎，所有掳获皆归领主，按领主的指令进行移牧和住帐。领主对属民的财物乃至人身都有绝对的支配权力。属民世世代代从属于领主的家族（uruq，兀鲁黑），不能任意解除。但他们与奴婢不一样，他们继续留在本部落之内，或加入领主的部落，有自己相对独立的个体经济。他们实际上相同于我们所理解的农奴。

与属民不同，奴仆（奴婢）则离开了他原来的氏族或部落，与主人生活在一起，他们被用来放牧、捕鱼、舂米、剪羊毛、宰牲畜、捣酸奶、看门户，以及供茶饭使唤等家内劳动。他们的主人便是这一家庭的家长。因此他们又称为"门限内的奴婢"、"梯己奴婢"。

他们一般没有自己的个人财产，人身依附关系比起属民来更加严厉。主人可以任意对他们进行处置。如有过犯，主人可以施加各种酷罚，直至处死。这种人的地位比较接近于我们所理解的"会说话的工具"——奴隶。奴婢的子女永远是奴婢，只有经过特殊的赦免，才能解除奴属关系，获得自由人身份。把属民与奴隶混称为孛斡勒，正是反映了当时奴隶制度仍欠发达。①

在蒙古这种欠发达的孛斡勒制度基础上，又衍生了一种特殊的斡脱古孛斡勒（otogu bool）制度。斡脱古孛斡勒意即"老奴婢"，质言之，即世仆。《史集》记载："斡脱古孛斡勒这个名称的意思是说：他们迭儿列勤诸部都是成吉思汗祖先的奴隶和奴隶的后裔，其中有些人在成吉思汗时代立过值得嘉奖的功绩，从而确立了蒙恩的权利。因此，他们被称为斡脱古孛斡勒。"② 又如：一部分扎剌亦儿部人沦为了海都及其诸子和亲属的俘虏和奴隶，"这些俘虏和奴隶，祖祖辈辈世代相传，最后传给了成吉思汗；因此，这个部落是他的斡脱古孛斡勒。在成吉思汗及其氏族时，他们中间有许多人各以后文所述的原因，成为异密和受尊敬的人。"③ 成吉思汗消灭了著名的塔塔儿部，"他们仍然有一些人各以某种原因，留存于各个角落；躲藏在斡耳朵里和诸异密及其塔塔儿部妻子们家里的孩子们，被抚养了起来。有些幸免的塔塔儿孕妇，生下了孩子；因此，现今被认作塔塔儿的部落，都出自他们的兀鲁黑氏族、后裔。这些塔塔儿人中，无论在成吉思汗时或在他以后，都有一些人成为尊贵的大异密和斡耳朵里的国家当权人物，斡脱古孛斡勒的地位适用于他们。"④ 巴牙兀惕部的锁儿罕，"是成吉思汗的义父。因为他是个聪明深思的人，能在必要之时援引善言进行开导，所以他被推崇为受尊敬者，属于斡脱古孛斡勒之列。"⑤ 斡脱古孛斡勒既是由祖先的奴

① 《元代史》，页 80—81。
② 《史集》第一卷第二册，页 14。
③ 同上第一卷第一册，页 149。
④ 同上，页 173。
⑤ 同上，页 289。

隶身份承袭而来，这种关系就必然保存在主奴两个人的后裔所形成的氏族或部落之间，从这个意义上讲，它是氏族奴婢。因此，剌失德丁把巴牙兀惕部中的大多数人称作是"成吉思汗兀鲁黑的奴隶"（bandehi urug 氏族奴隶）。① 斡脱古孛斡勒与正主氏族保持主奴名分，有接受调发、提供军役、劳役等义务。

同时有将自己的子弟奉送与主部的首领为家内奴婢等义务。主奴之间，又往往蒙上一层亲属关系的轻纱。② 入元以后，这种斡脱古孛斡勒制度事实上一直保存。

由柯立夫在 1951 年发表的翁牛特旗乌丹镇保存的《大元敕赐故诸色人匠府达鲁花赤竹公神道碑铭》"提到竹温台受皇帝许多恩典，'otogu bohod un uruqa aca hulahu uluhu bui'（不比斡脱古孛斡勒们的子孙还要多吗？）而汉文原文是'与元勋世臣等，不亦盛哉！'斡脱古是'老'、'耆老'的意思，'斡脱古孛斡勒们的子孙'就是'元勋世臣'。"③ 在另一处汉文材料里，也提到脱欢"他是老奴婢脚根有"。④ 林沉也正确地勘定，"老奴婢脚根即斡脱古孛斡勒出身"。由此可见，老奴婢正是斡脱古孛斡勒的直译。这种人的身份确确实实是奴隶、奴仆，不过，他们是至高权威成吉思汗和他的黄金家族的奴仆，而且是建立了大功勋的。他们在朝廷上是元勋世臣，与一般的高官显宦不同，他们出身于与成吉思汗家族有特殊密切关系的孛斡勒（奴仆）。"老"，当时汉语翻译正确的译为"耆老"，正是显示这种骄人的特殊密切关系与不同寻常的荣耀。当时这种以斡脱古孛斡勒出身为骄傲和荣誉的风习，我们从上引脱欢加封散官的公文里特别提出"他是老奴婢脚根有"的叙述中淋漓尽致的反映了出来。

这里提到的脱欢其人，系出斡剌纳儿氏。他的高祖乞失里黑，原是克烈部酋领王罕的放马的家奴。王罕潜谋突袭铁木真，乞失里黑遂与巴歹星夜以其谋来告，使铁木真得预为之备，免于覆亡。有

① 《史集》第一卷第二册，页 7。
② 《元代史》，页 83。
③ 林沉《关于十一十二世纪的孛斡勒》，《元史论丛》第三辑。
④ 《永乐大典》卷 2608，页 17—18《宪台通纪》。

大功，擢任为千夫长，赐号答剌罕。① 乞失里黑子博理察，是元初有名的两答剌罕之一，从拖雷攻河南，取汴京、蔡州，受封顺德府为封邑。博理察子囊家台，从蒙哥伐蜀，卒于军。囊家台子哈剌哈孙，"至元九年（1272），世祖录勋臣后，命掌宿卫，袭号答剌罕。"历官大宗正、湖广行省平章政事。成宗大德中，进位中书右丞相。成宗死后，挫败安西王阿难答所策划的政变，力扶仁宗即帝位。脱欢就是哈剌哈孙的儿子，"由太子宾客拜御史中丞，袭号答剌罕。进御史大夫，行台江南，寻拜平章，行省江浙，进左丞相，兼领行宣政院。"② 就是这样一个世代相承、官威显赫的元勋贵胄出身的御史大夫，在朝廷加赐散官，以示恩宠时，除了提到他在任四年的政绩外，更加主要的，还是因为"他是老奴婢脚根有"，所以在皇帝看来，"他不比别个的有"，③ 才另眼相看，特予宠赐。值得注意的是脱欢家族是拥有答剌罕这一赐号的。"答剌罕，译言一国之长，得自由之意，非勋戚不与焉。"④ 即使受封为答剌罕，他们也仍以原是老奴婢出身为荣。

这种具有老奴婢出身而身侪相位的例子，在元代绝不是个别的。

元末的权相伯颜，系出蔑儿乞惕部，曾祖探马哈儿，职任宿卫，祖称海，从蒙哥伐宋，卒于军，父谨只儿，总宿卫隆福太后宫。伯颜十五岁奉成宗命侍武宗于藩邸，武宗时拜吏部尚书、御史中丞、尚书平章政事、领右卫阿速亲军都指挥使达鲁花赤、御史大夫、河南行省平章政事，以拥戴文宗即位有功，累官知枢密院事、中书右丞相，封秦王。他所署官衔，多达二百四十六字。⑤ 其威权之盛，元朝宰相中无与伦比。然"伯颜本郯王家奴也，谓郯王为使长。伯颜至是怒曰：'我为太师，位极人臣，岂容犹有使长耶？'遂奏郯王谋为不轨，杀郯王并杀王子数人。"⑥ 郯王彻彻秃是蒙哥之子玉龙答

---

① 参见《元朝秘史》第 169 节、219 节；《元史·哈剌哈孙传》。
② 《元史·哈剌哈孙传》。
③ 《永乐大典》卷 2608，页 17—18《宪台通纪》。
④ 陶宗仪《辍耕录·答剌罕》。
⑤ 同上《权臣擅政》。
⑥ 《庚申外史》。

失的孙子，可知伯颜一族原是黄金氏族的斡脱古孛斡勒。危素《夏侯尚玄传》："伯颜执国枋，忌王（即郯王）之贤。至元四年（1267），郯王来朝，伯颜以子求婚而王不从，乃与从子婿知枢密院事者延不花谋构祸于王，阴使人说昌实兰朵儿只，告郯王将为变。时王既奉藩和林，征下枢密院狱，鞫其家奴，无一验者。"（《危太朴续集》卷八）这个例子也说明，斡脱古孛斡勒制度，终元一代是一直保存的。

元初，忽必烈一朝的名相安童，其身份也是一名斡脱古孛斡勒。安童是木华黎的四世孙，木华黎系出扎剌亦儿部。上文中，我们征引《秘史》《史集》的材料，都指明：此部远在成吉思汗的远祖海都时就被海都所征服，"臣属之"，"他们之中一些人被杀，另一部分人则成为土敦篾年次子海都汗及其诸子和亲属的俘虏和奴隶。这些俘虏和奴隶祖祖辈辈世代相传，最后传给了成吉思汗。因此，这个部落是他的斡脱古孛斡勒。在成吉思汗及其氏族时，他们中间有许多人各以后文所述的原因，成为异密和受尊敬的人。"[1]当铁木真羽翼初成之后，"时扎剌亦儿种的人帖列格秃伯颜有二子，教长子古温兀阿将他二子模合里（即木华黎）、不合，拜见太祖与了，说教永远作奴婢者。若离了你门户呵，便将脚筋挑了，心肝割了。"[2]木华黎后来以担任成吉思汗的怯薛（护卫）长并独任东部方面的军事，经略中原，功勋卓著而被汉人称为"国王"。木华黎家族在元代显贵无比，据萧启庆先生的统计，这个家族在元代袭封国王称号的计十二人，任中书右丞相者三人，其他任高官显爵者不可胜数。[3]他们无疑也都属斡脱古孛斡勒之列。

上引的几个例证，十分典型的说明，在元朝，一些位居宰执、贵绝群僚、世代簪缨、钟鸣鼎食的权要家族，他们的祖先原是成吉思汗时代的奴隶出身，他们以殊勋而侪身元朝的显贵，但是按照蒙古的旧俗，他们在身份上仍是皇帝家族的世仆，当时就称之为斡脱古孛斡勒。在汉人中，直译就是"老奴婢"，雅言则曰"耆老"。他们以这种与皇帝家族特别密切关系而自豪；皇帝亦以这种特殊关系

---

[1] 《史集》第一卷第一册，页149。
[2] 《元朝秘史》第137节。
[3] 《元代史新探·元代四大蒙古家族》。

给予他们许多特权和恩惠。这个集群的人世代相传,其队伍肯定是相当大的。元朝的权要,很大部分把持在他们手里。

世仆之外,同样值得注意的是所谓属民,我在前面已经指出:十三世纪初蒙古草地的属民是一种依附关系很强的农奴(牧奴)。这种依附关系在成吉思汗建国之后又通过政权的力量对这种传统形成的习惯法进一步加强。属民被牢固地控制在封主的领地里,为领主提供沉重的赋税、差役,参加围猎,承担兵役、站役等。据从欧洲东来的基督教使者加宾尼的报导:"鞑靼皇帝对任何人都有非凡的权力。""首领们在各方面对其属民有同样的统治权,因为所有鞑靼人都分划成群,隶属于首领。皇帝的属民和所有其他人一样,都毫无异词地必须为首领的使臣们提供驮马、食物、照看马匹和服侍使者——无论这些使者是被派往什么距离的地方。首领和其他人有责任为皇帝提供母马,就像支付租金一样。这样,他可以视其喜爱取得一年、二年或三年的马奶。首领以下的属民必须同样为其领主服役。因为在他们中没有一个人是自由的。总之,不管皇帝、首领想要什么,也不论他们想得到多少,都是从其属民的财富中取得。他们依一己的喜爱对其属民所有各方面进行处置。"[1] 南宋来过蒙古牧地的使者徐霆也说:"其民户皆出牛马、车仗、人夫、羊肉、马奶为差发,盖鞑人分管草地,各出差发,贵贱无一人得免者。"[2] 部民对领主保持着严格的人身依附关系,没有行动的自主权利。术外尼在记载蒙古的法律时就提到:"另一条扎撒(jasaq,法律)是,人们只能留在指定的百户、千户或十户内,不得转移到另一单位去;也不得到别的地方寻求庇护。违反此令,迁移者要当着军士被处死,收容者也要受严惩,因此,谁都不得庇护谁。如果(举个例说),长官是位宗王,那他决不会让一个最普通的人在他的队伍中避难,以免破坏这条扎撒。所以没有人能够随意改换他的长官或首领,别的长官也不能引诱他离开。"[3] 在《元史》中,我们也屡屡见到朝廷把草原牧民离部逃亡悬为厉禁。成宗大

----

① 《出使蒙古记》,页 27、29。
② 《黑鞑事略》。
③ 《世界征服者史》上册,页 34。

德十年（1306）十二月，"诸王合而班答部民溃散，诏谕所在敢匿者罪之。"① 仁宗延祐五年（1318）六月，"分汰净州北地流民，其隶四宿卫及诸王驸马者给资粮遣还各部。"② 泰定帝元年（1324）三月，"给蒙古流民粮、钞，遣还所部，敕擅徙者斩，藏匿者杖之。"③ 同年七月，"赈蒙古流民，给钞二十九万锭，遣还。仍禁毋擅离所部，违者斩。"④ 所有这些材料都充分表明牧奴对领主在人格上的依附。

征服中原以后，窝阔台在中原、华北地区也大规模推行分封采邑制度。这种作法，无疑原是草地分封的翻版。不过，因为这种制度在中原这块土地上绝迹已经千数百年，其与社会经济的不相适应与因此而造成的政治弊端百出，十分明显，所以在耶律楚材的建议下，改变成所谓"五户丝制"，其法"每二户出丝一斤，并随路丝线、颜色输于官；五户出丝一斤，并随路丝线、颜色输于本位（即封主）。"⑤ 不过，这个制度只有在忽必烈建立元朝后，中统元年（1260）十月，才以"二五户丝"的定制确实实行。⑥ 在这以前，那些在中原华北地区受封采邑的蒙古领主，至少在观念上，是把这些采邑与草地受封的领地一样看待的。比如，真定是阿里不哥的分地，真定人张础，蒙哥六年（1256），经廉希宪的推荐，事忽必烈于潜邸，"阿里不哥以础不附己，衔之，遣使言于世祖曰：'张础，我分地中人，当以归我。'世祖命使者复曰：'兄弟至亲，宁有彼此之间。且我方有事于宋，如础者，实所倚任，待天下平定，当遣还也。'"⑦ 可见在当时的观念上，分地内的民户，同草地的属民一样，是属于封主所有的。

上面我们提到过属民对于领主必须负担名目繁多的赋役，其中一项，值得在这里特别讨论的，便是家内的侍御和护卫。以属民子弟充家（帐）内侍御和护卫的作法，在十三世纪初的蒙古草原酋领

---

① 《元史·成宗纪四》。
② 同上，《仁宗纪三》。
③ 同上，《泰定帝纪》。
④ 同上。
⑤ 同上，《食货志一》。
⑥ 《中堂事记》上，载《秋涧先生大全文集》卷八〇。
⑦ 《元史·张础传》。

中是相当普遍的现象。成吉思汗建国时，这种以怯薛为名的制度就完整地建立了起来，而且这一制度原封不动地为元朝所沿行。怯薛（kashik），意即"护卫"。成吉思汗首建了人数高达万人的护卫军队伍，共分为四班，轮流入值。每番三昼夜，总称为四怯薛。"怯薛者，犹言番直宿卫也。"成吉思汗令功臣博尔忽、博尔术、木华黎、赤老温分领四怯薛，子孙世领其长，因博尔忽早绝，故成吉思汗自名领之，故第一怯薛又名也可怯薛。第四怯薛长赤老温亦绝后，其后常以右丞相领之。怯薛丹分别担任宫帐中的各色职役，名类不一，"然皆天子左右服劳侍从执事之人。""凡怯薛长之子孙，或由天子所亲信，或由宰相所荐举，或以其次序所当为，即袭其职，以掌环卫，虽其官卑勿论也。及年劳既久，则遂擢为一品官。而四怯薛之长，天子或又命大臣以总之，然不常设也。其他预怯薛之职而居禁近者，分冠服、弓矢、食饮、文史、车马、庐帐、府库、医药、卜祝之事，悉世守之。虽以才能受任，使服官政，贵盛之极，然一日归至内廷，则执其事如故，至于子孙无改，非甚亲信，不得预也。"①

怯薛在元代的政治活动中扮演极重要的角色。他们亲近皇帝，是宫中的近侍，负责皇帝的生活起居，相同于历代的宦官。但元之宿卫官位置在百僚上，他们中的必阇赤（bicikci，主文史者、书记）、扎里赤（jarliqci，圣旨书写者）、怯里马赤（kalamaci，译史），又是皇帝个人的秘书，协助皇帝处理政务。又如云都赤（ulduci，带刀卫者）作为皇帝的贴身警卫，每有奏事，都必须有他们在场。《辍耕录》载：云都赤，"乃侍御之至亲近者，虽官随朝诸司，亦三日一次轮流入直，负骨朵于肩，佩环刀于腰，或二人、四人，多至八人。时若上御控鹤，则在宫车之前；上御殿廷，则在墀陛之下，盖所以虞奸回也。虽宰相之日觐清光，然有所奏请，无云都赤在不敢进。今中书移咨各省，或有须备录奏文事者，内必有云都赤某等，以此之故。"②怯薛的活动并不限于内宫，他们不单带有等级很高的散官衔头，而且有的且兼任上至右丞相的各级官长。白天在外朝任事，晚

① 《元史·兵志二》。
② 《辍耕录·云都赤》。

上又回宫中当差。他们既可以在宫中包围、影响、控制皇帝，又能直传圣旨，在外朝擅权乱政。在《元史》里，这些近侍们隔越中书奏事，隔越中书传旨求官、求利的事，层处布闻，累禁而不绝。比如武宗时期，虽一再严申此禁，然到至大二年正月的一年多时间里，"诸人恃恩径奏，玺书不由中书，直下翰林院给与者，今核其数，自大德六年至至大元年（1308）所出，凡六千三百余道，皆干田土、户口、金银铁冶、增余课程、进贡奇货、钱谷、选法、词讼、造作等事，害及于民。"① 元朝的皇帝大多不谙汉文，而且文化甚低。当时，国内地区辽阔，民族复杂，文书的语种繁多，因此皇帝在政治活动中必须依赖怯薛人员的文书、翻译，这就大大地增重了负担这些工作的怯薛人员的政治分量。比如窝阔台时期的耶律楚材，他的职位实际上就是专门负责处理汉文文书的怯薛必阇赤，却美其名曰中书令。其实当时的蒙古统治者在观念上根本不理解中书省是什么东西，然而，当时汉地的一切重大政治设施和改革都是由耶律楚材所建议和策划的。再举一个例子：至元十五年五月，有"诏谕翰林学士和礼霍孙，今后进用宰执及主兵重臣，其与儒臣老者同议。"② 至元二十三年七月，载"总制院使桑哥具省臣姓名以上，帝曰：'右丞相安童，右丞麦术丁，参知政事郭佑、杨居宽，并仍前职。以铁木儿为左丞，其左丞相瓮吉剌带、平章政事阿必失合、忽都鲁皆别议。'仍谕中书选可代者以闻。"③ 宰执的任命人选由司文翰的翰林院学士及管理佛徒的总制院拟定，再交皇帝审准，很不可思议。实则无论翰林学士或总制院使都只是他们二人在外廷的兼官，他们的真正炙手可热的身份是怯薛的必阇赤和怯里马赤之类。他们是皇帝贴身的秘书和翻译，后来还都一跃成为一人之下、万人之上的右丞相。他们与皇帝既有宦官之亲，在外廷又有宰执之尊，在言语文字和文化隔阂、再加上皇帝无能或倦勤的情况下，这批怯薛的权势之重是完全可以想象的。

然而，在名分上，他们毕竟是出身低贱、人格上依附于主家的

① 《元史·武宗纪二》。
② 同上，《世祖纪七》。
③ 同上，《世祖纪十一》。

属民,有的则是奴隶。以前述之安童为例,他以世勋子弟在中统初刚十三岁入长宿卫,"位在百僚上。"至元二年十八岁拜光禄大夫、中书右丞相。中间除一段时期出征被俘外,几乎终忽必烈一朝,都位居首相,二十八年罢相后,仍领宿卫事。忽必烈一朝的另一个最有名的勋臣便是灭亡南宋的伯颜。巴阿邻部人伯颜,据《史集》记载:"祖阿剌黑那颜以大罪伏诛,此伯颜隶属忽必烈合罕之份内,因彼事阿八哈汗于波斯,忽必烈合罕遣宿敦那颜之子撒儿塔那颜偕奥都剌合蛮使阿八哈汗求伯颜。牛年,旭烈兀死。伯颜及撒儿塔那颜被遣至合罕处,奥都剌合蛮则留此国理算。"① 至元二年,超拜中书左丞相。征属民充宿卫是蒙古诸王通行的作法,伯颜初以宿卫征召,大概也是可以肯定的。

上述的分析有力地表明,在成吉思汗蒙古国的政权中,君臣关系,直接脱胎于主奴关系。迦宾尼在报导蒙古的汗权时说:"鞑靼皇帝对任何人都有非凡的权力。"大汗对于其臣属,"不论他对其发布什么命令,不论什么时间和地点,也不论是命令其攻战或出生入死,他们都遵从唯谨,无半句异词。甚至倘若他要求一个未婚女儿或姐妹,他们也无怨言地把她给他。""还应该懂得,所有事物皆操于皇帝之手,以致没有人敢于说这是我的或他的东西,而是什么都属于皇帝。就是说,财物、人口和牲畜都是如此。关于这一点,皇帝最近确曾颁布法令。""因为在他们中,没有一个人是自由的。简单地说,不管皇帝和首领们想得到什么,也不管他们想得到多少,他们都取自于他们臣民们的财产;不仅如此,甚至于对于他们臣民的人身,他们也在各方面随心所欲地加以处置。"② 这种绝对的汗权观念,到了忽必烈建立元朝以后,仍然不可避免的大量沿袭下来。奴隶(奴婢、家奴、牧奴)的烙印,也深深地打在元朝的官场里,使元朝的君臣关系发生了深刻的变化。中国历史上传统的君尊臣卑,发展成了君主臣奴的特殊关系。这种微妙的变化,我们可以从当时一些汉人官僚的行事和待遇上间接地觉察出来。

---

① 《成吉思汗的继承者》,页 320。伯颜高祖术律哥,携二子投附成吉思汗,见《史集》第一卷第二册,页 91。
② 《出使蒙古记》,页 27、28。

　　真定藁城是拖雷妻莎儿合黑帖尼的汤沐邑，于忽必烈一系是属
民。藁城人董文忠，是蒙古初据中原时著名的七万户之一董俊的儿
子。"岁壬子（1252），入侍世祖潜邸。"以怯薛而兼符宝局郎，"居
益近密，"倚重甚深，累官金书枢密院事。车驾北巡，董文忠奉诏留
守大都，"凡宫苑、城门、直舍、徼道、环卫、营屯、禁兵、太府、少
府、军器、尚乘诸监皆领焉。"① 至元中，忽必烈的原金莲川幕僚汉
臣相继凋零，董氏兄弟（文用、文忠）隐然是当时朝廷中的汉人官
僚的领袖。他白天是外朝枢密院和典瑞监的长官，权重位尊；而夜
间则必须给侍忽必烈的床榻之侧，服仆妾之役。据载："上（忽必
烈）中岁多足疾。一日，枢密院奏军务，上卧画可，公（董文忠）在
御榻伏枕而跪，比终奏，日已移晷，屏气肃肃，曾不流盼。他日院
臣言：始吾以公居中而逸，乌知其劳如是！在他人不可一日强志勉
力为者，何可几及！何可几及！公曰：君所见特是时，吾固日鸡一
鸣而跪，烛入而出，后或长直，四十日不至家，夜杂妃嫔候侍，休
寝榻下。上呼之，方惫，熟寐不应。命妃蹴兴之，妃不敢前。上甞
曰：董八（文忠行八）诚爱之专，敬慎之至，事朕逾父。汝以妾母，
蹴之何嫌，而为是拘拘？"② 这段文字深刻地为我们提示了三个方面
十分值得注意的消息：（一）元之枢密大臣，内廷奏事，必须长跪。
（二）即使位尊如董文忠者，夜入宫充怯薛，与妃嫔杂处，休寝榻
下，是宦竖之所不堪的。（三）对此，这些体貌堂堂的高官权贵们是
不以为耻，反以为是特殊的荣耀，可以骄人的。

　　古者三公职兼师保，其礼任之隆，事所固然。秦始皇始建专制
主义皇权，倡君尊臣卑之说；汉武帝时，封建专制主义皇权又有了
重大的发展。然西汉皇帝之待遇丞相，"皇帝见丞相，起，谒者赞
称曰：'皇帝为丞相起'。起立乃坐。皇帝在道，丞相迎谒。谒者赞
称：'皇帝为丞相下舆'，立乃升车。"③ 唐、宋时期的宰相，事权稍
分，而皇权则愈重，因此，对宰相的礼遇也远较汉代要低。然大臣
之于人主，仍然以名节自矜，不自卑以谄上；人主之于大臣，亦体

---

① 《元史·董文忠传》。
② 姚燧《董文忠神道碑》，载《牧庵集》卷一五。
③ 《汉书·翟方进传》颜师古注引《汉旧仪》。

貌有加，以资砥砺。这种情况到了元朝却有了根本性的转变。如前所述，元朝的君臣关系，在蒙古旧俗的作用影响下，开始变化成了主奴关系。叶子奇慨乎而言："尝读《酉阳杂俎》书，见其记汉礼，天子临朝，赞者云：天子为宰相起。去则临轩送之。御史大夫、将军，三公之官皆然，尚犹存此等体貌大臣之礼。汉尊秦君尊臣卑之制，尚未尽废。后世之待大臣，直奴仆耳！直牛羊耳！三代之时，天子当宁而立，以朝群臣。未至偓然以临其下，后世益以陵夷也。"① 这里说的"后世"，无疑是有感于元朝的现况而言。君尊，即专制主义皇权的提高。在中国漫长的封建社会里，皇权之尊，是通过政体、官制、法令、仪卫、舆服、宫殿，乃至文化、教育等等各种手段，逐步和多方面塑造与完成的。其中政治体制的演化是问题的关键，而皇帝与丞相大臣间关系的变化又是关键的关键所在。皇帝的独尊地位，正是在同一人之下、万人之上的宰相相比较，才更加明白地反映出来。元朝君主臣奴的变化无可避免地使传统的专制主义皇权大大地提高，向极端化恶性发展。明朝人于慎行一再指出："三代以下待臣之礼，至胜国极轻。本朝因之，未能复古。"② "本朝承胜国之后，上下之分太严。"③ 表明这种恶性影响在明代仍继续发挥作用。清朝时期，和元代性质大体同样的倒退落后旧剧，又一次重演，极端专制主义皇权又一次加深。不过这个问题已超出我们所讨论的范围。

二

　　我们再就元代的相权进一步研究。

　　中国历史上的宰相制度，经过魏晋南北朝时期的发展，到了唐代，整齐成了所谓三省制度。即将宰相的事权分划为三大部分，设中书省负责决策造命；门下省进行审核；尚书省负责执行。这一制度对宰相权力是一种分割，然对皇权也是一种制约。这主要体现

---

① 叶子奇《草木子·杂制编》。
② 于慎行《谷山笔麈·恩泽》。
③ 同上，《谨礼》。

在门下的审驳作用（宋朝的中书舍人也有封还词头、拒绝草诏的职能）。它在中国历史上的作用是很特别的。我们不可能在这里专门讨论。

事权的分割，特别是中书与门下的并立必然造成各执成见而导致文牍稽留，影响效率，故有政事堂之设，使重大决策先取得中书与门下两省长官的同议。因此，政事堂也称为中书门下。唐朝以带同中书门下平章事衔的为真宰相。宋承唐制，以平章事为宰相之职，参知政事副之。而"三省、六曹二十四司，类以他官主判，虽有正官，非别敕不治本司事，事之所寄，十亡二三。故中书令、侍中、尚书令不预朝政，侍郎、给事不领省职。谏议无言责，起居不记注；中书常阙舍人，门下罕除常侍，司谏、正言，非特旨供职亦不任谏诤。至于仆射、尚书、丞、郎、员外，居其官不知其职者，十常八九。"①

宋神宗进行官制改革，置侍中、中书、尚书为三省长官而实不除人，以尚书令之贰、左右仆射为宰相，左仆射兼门下侍郎以行侍中之职，右仆射兼中书侍郎以行中书令之职；复别置中书门下侍郎、尚书左右丞以代参知政事。中书揆而议之，门下审而覆之，尚书承而行之。形成独中书取旨，而门下、尚书之官为首相者不复与朝廷议论的局面。元祐初，司马光请令三省合班奏事，分省治事，自是绍兴以后皆因之。故当时议者以为三省互兼的结果，"左右仆射既为宰相，则凡命令进拟，未有不由之出者，而左仆射又为之长，则出令之职，自已身行，尚何省而覆之乎？方其进对，执政无不同，则所谓门下侍郎者，亦预闻之矣，故批旨皆曰'三省同奉圣旨'。既已奉之，而又审之，亦无是理。门下省事惟给事中封驳而已，未有左仆射与门下侍郎自驳已奉之命者，则侍中、侍郎所谓省审者，殆成虚文也。元祐间，议者以诏令稽留、吏员冗多，徒为重复，因有并废门下省之意。后虽不行，然事有当奏禀，左相必批送中书，左相将上而右相有不同，往往或持之不上，或退送不受，左相无如之何。侍郎无所用力，事权多在中书。自中书侍郎迁门下侍郎，虽名

_____

① 《宋史·职官志序》。

进，其实皆未必乐也。"① 可见到了南宋时期，门下省正面临存废问题，封驳制度已大为削弱，三省制度已濒于破坏。

女真以一个落后的少数民族，勃焉而兴，入主北半个中国。金政权的初期，完全由宗亲贵族参加的勃极烈会议操持，但受到汉文化的影响，"天会四年（1126），建尚书省，遂有三省之设"。然实际已与宋制迥不相侔。海陵大诛宗亲，确立了独尊的专制皇权政治。正隆官制改革，废罢中书、门下省，只设尚书省。这个政权在总体规模上同于宋，但把政府大权独揽在宗亲和国人子弟手中，宰相必须是女真人。无可讳言，女真人在文化水平、特别是掌握汉文化上是比较低的。他们对汉人又心存忌刻，十分担心实权旁落，机务泄漏。因此，它要求在总体机构设置、政务运行上，力求简化，以便于操纵。而在尚书令之外，添置左右丞相各一员、平章政事二员、左右丞各一员、参知政事二员，利用文化水平较高的被征服民族人才，共同组成执政官，协助宰相处理实务。这就是废中书、门下，而把宰相扩大为群组，职权仅限于执行定策的基本原因。

从中原王朝的传统观念出发，元初人把耶律楚材称作中书令，又把牙剌瓦赤所掌者称为燕京行尚书省，这实际上都是附会。忽必烈建立元朝，中统元年三月，即位开平，四月朔，立中书省。不过当时军务倥偬，忽必烈亲御阿里不哥于漠北，而以祃祃、王文统行中书省于燕京。二年五月，阿里不哥败退吉尔吉斯之后，忽必烈始返还开平，整顿中书省，把它分为二部分，分驻开平与燕京。同时置左右三部尚书，分掌吏户礼兵刑工六部事。此后，中央最高行政机构一再增设与调整：中统三年十月，分中书左右部。至元元年十一月，罢领中书左右部，并入中书省。至元二年二月，并六部为四：即吏礼、户、兵刑、工四部。三年正月，立制国用使司。七年正月，立尚书省，罢制国用使司。九年正月，并尚书省入中书省。政权体制，大体趋于完成。

当时，对于中央最高行政机构的设置，蒙古人、色目人、汉人，从各自的传统文化出发，各有自己的行政组织蓝图。蒙古人习惯于

---

① 叶梦得《石林燕语》卷三。

斡耳朵（宫帐）、怯薛制一套。这是他们立国的根本。他们虽然也不能不采行汉法，但只是在附会与补充情况下有条件地行之。"元时，丞相谓之大必阇赤"。（《谷山笔麈·称谓》）色目人以阿合马为代表，他们以财利自任，力求把中亚专设计相的一套搬到中国来，与中土传统的制国用使司 ①、尚书省等名义附会，以图尽揽朝廷财政大权。至于汉人，则基本上是以实行三省制为自己的政治设想。至元五年，陈佑上疏《三本书》，指称当时中央建官分职的大略：曰中书省、曰御史台、曰枢密院、曰制国用、曰左右部。"夫承命宣制，奉行文书，铨叙流品，编齐户口，均赋役，平狱讼，此左右部之责也。通漕运，谨出纳，充府库，实仓廪，百姓富饶，国用丰备，此制国用之职也。""如斗之承天，斟酌元气，运行四时，条举纲维，著明纪律，总百揆，平万机，求贤审官，献可替否，内亲同姓，外抚四夷，绥之以利，镇之以静，涵养人材，变化风俗，立经国之远图，建长世之大议，孜孜奉国，知无不为，作新太平之化，非中书不可也。" ② 这里，左右部实当唐宋之尚书省，制国用则当宋之三司使。对中书省，王恽直称为中书门下。③ 至元十五、十六年间，朝臣复有设门下省之议，因阿合马阻挠而不果行。

然而，原所谓中书者，书出禁中也。而元之中书，一开始便是一个外廷行政机构，且其后行中书省之设，遍及全境。造命决策的权力，始终操在皇帝身边的怯薛组织手中。中书省在这方面的作用实际上是有限的。特别是罢左右部并属中书省之后，中书省就愈来愈成为执掌行政事务的机构。为了论证这一点，让我们就元代相权的实际情况进行必要的讨论。

元朝不设常朝，也没有所谓轮对制度。中统初定中书省规十条：规定凡三日一奏事，军国急务，不拘此限。有资格入宫面奏的，只是出身蒙古人的右丞相或宰执中有怯薛身份的一二人。有元一代，担任右丞相而原具怯薛身份的人究竟有多少，我们无法作出具体的统计。但《元史·兵志二》明白记载，第四怯薛之长常以右丞

---

① 李心传《建炎以来朝野杂记甲集·官制一·制国用使》。
② 陈天祥《论卢世荣奸邪状》，载《元文类》卷一四。
③ 王恽《谢授翰林修撰致中书省书》，载《秋涧先生大全文集》卷六八。

相领之。因此，我们说担任右丞相的人几乎都有怯薛身份，大概是不为过的。臣下奏事，没有一定的处所，而是随皇帝所在的便殿举行，且必有轮值供役的怯薛人员在场。这些怯薛是皇帝的亲信，"侍帷幄日久，事益明习，人以密近天光，丞相而下，犹必咨托，俾诇动静，而始入告。"①朝廷许多重大问题的决策，往往是在右丞相并不预闻的情况下，由皇帝临时决定的。譬如，至元十五年六月，"甲戌，诏汰江南冗官。江南元设淮东、湖南、隆兴、福建四省，以隆兴并入福建。其宣慰司十一道，除额设员数外，余并罢去。仍削去各官旧带相衔。罢茶运司及营田司，以其事隶本道宣慰司。罢漕运司，以其事隶行中书省。各路总管府依验户数多寡，以上中下三等设官。宋故官应入仕者，付吏部录用。以史塔剌浑、唐兀带骤升执政，忙古带任无为军达鲁花赤，复遥领黄州宣慰使，并罢之。时淮西宣慰使昂吉儿入觐，言江南官吏太冗，故有是命。帝谕昂吉儿曰：'宰相明天道，察地理，尽人事，能兼此三者，乃为称职。尔纵有功，宰相非可觊者。回回人中阿合马才任宰相，阿里年少亦精敏，南人如吕文焕、范文虎率众来归，或可以相位处之。'又顾谓左右曰：'汝可谕姚枢等，江南官吏太冗，此卿辈所知，而皆未尝言，昂吉儿乃为朕言之。'近侍刘铁木儿因言：'阿里海牙属吏张鼎，今亦参知政事。'诏即罢去。遂命平章政事哈伯等谕中书省、枢密院、御史台：'翰林院及诸南儒今为宰相、宣慰，及各路达鲁花赤佩虎符者，俱多谬滥，其议所以减汰之者。凡大小政事，顺民之心所欲者行之，所不欲者罢之。'"这里，既反映了在重大决策中不必宰相参与，同时也显示了近侍在政坛中的作用。到了泰定帝时期，干脆"命左右相日直禁中，有事则赴中书"。②宋本上疏："中书宰执，日趋禁中，固宠苟安，兼旬不至中堂，壅滞机务。乞戒饬臣僚，自非入宿卫日，必诣所署治事。"③这就使中书形同虚设。顺帝时，"诏每日右丞相伯颜，太保定住，中书平章政事字罗、阿吉剌聚议于内廷；平章政事塔失海牙，右丞巩卜班，参知政事纳麟、许有壬等聚议于

---

① 姚燧《贺胜神道碑》，载《牧庵集》卷一七。
② 《元史·泰定帝纪一》。
③ 同上，《宋本传》。

中书"。① 这实际上也是把中书抽空。这些材料都表明：元朝所谓
"中书政本"之说，实值得怀疑。再从前引董文忠以签书枢密院事
入奏宫中，"上卧画可；公在御榻枕扶而跪，比终奏，日已移晷"来
看，说明宰执入奏，大概都要长跪伏地。

造命，原是唐宋中书省的主要职责。然而，元朝的情况已显有
不同。元制："国朝以国语训敕者曰圣旨，史臣代言者曰诏书。"②
负责起草诏书者为翰林院，它并兼备顾问。中统二年七月初立翰
林国史院，王鹗首授翰林学士承旨，制诰典章皆所裁定，然官署未
立。至元元年九月，始正式建成，置承旨、学士、侍读学士、直学士
等员。古昔"词臣史官，班列不同，职掌亦异"，元则合置称翰林兼
国史院，"职在代言以施命于四方，载事以传信于万世"。③ 翰林分
番上直或扈从，"国家建元之初，命官犹皆有训辞，简古尔雅，皆出
于翰林"。④ 使用的是汉语，用传统的四六文体，此即"史臣代言者
曰诏书"。翰林草制，由近侍传旨，甚至口传。虞集在翰林，"一日，
命集草制封乳母为营都王，使贵近阿荣、嶢嶢传旨。二人者，素忌
集，缪言制封营国公。集具藁，俄丞相自榻前来索制词甚急，集以
藁进，丞相愕然问故，集知为所绐，即请易稿以进，终不自言，二人
者愧之"。由此可见，当时内侍传旨，几无制度之可言。⑤ 至元六年
二月，始制蒙古新字（即八思巴文）颁行天下，作为法定文字，以取
代畏吾儿字蒙文。九年八月，诏自今凡诏命并以蒙古字行。十年正
月，敕自今并以国字书宣命。到至元二十一年，正式规定中书省奏
目及文册，皆不许用畏吾字，其宣命札付并用蒙古书。⑥ 为此，元
廷除增立诸路蒙古字学，推广八思巴蒙文的教学之外，至元八年，
立新字学士于国史院。十二年，从王盘、窦默等之请，分立翰林院，
"掌译写一切文字，及颁降玺书，并用蒙古新字，仍各以其国字副

---

① 《元史·顺帝纪二》。
② 《经世大典序录·帝制》，载《元文类》卷四〇。
③ 黄溍《上都翰林国史院题名记》，载《金华黄先生文集》卷八。
④ 虞集《翰林承旨刘公神道碑》，载《元文类》卷六六。
⑤ 《元史·虞集传》。
⑥ 同上，《世祖纪十》。

之"。翰林国史院任和礼霍孙主持,蒙古翰林院由撒的迷底里主持。"蒙古翰林院是写蒙古字圣旨,这大勾当有。"①它的负责人都是宫内怯薛人员的必阇赤。《英宗纪》延祐七年十月敕翰林院译诏,关白中书。与制诰堂皇的四六文体不同,圣旨用蒙古文写就,用汉文硬译,成为当时的白话圣旨。圣旨是当时一切行政、立法的依据,因此,从实际的作用与价值来看,元朝真正的造命机构是蒙古翰林院。

与蒙古翰林院并存的还有内八府宰相这个特别的机构。关于这一机构,我们迄今仍不太清楚。《元史·百官志三》:"内八府宰相,掌诸王朝觐傧介之事。遇有诏令,则与蒙古翰林院官同译写而润色之。谓之宰相云者,其贵似侍中,其近似门下,故特宠之以是名。虽有是名,而无授受宣命,品秩则视二品焉。大德九年,以灭怯秃等八人为之。天历元年,为内府宰之职"。《辍耕录》据杨瑀《山居新语》所载云:"内八府宰相八员,视二品秩,而不降授宣命,特中书照会之任而已。寄位于翰林之埒邻。埒邻,宫门外院官会集处也。所职视草制;若诏赦之文则非其掌也。至于院之公事,亦不得预焉。例以国戚与勋贵之子弟充之。"②可知内八府宰相所掌,一是诸王姻亲朝会之事,这类事务向来是内侍近贵所领,不关中书。故《元史·武宗纪一》大德十一年十月癸卯:"以旧制,诸王驸马事务皆内侍宰臣所领,命中书右丞字罗帖木儿领之。"③又仁宗延祐六年三月,"敕诸王、驸马、姻亲诸事,依旧制领于内八府官,勿径移文中书"。④其二则是参与草制和润色,《元史·百官志三》谓其"贵似侍中,近似门下",于诏命则同翰林译写而润色之。可知他们实负有审定诏命的责任。除内八府外,英宗即位后,在延祐七年十月,又规定"诸翰林院应译写制书,必呈中书省共议其稿"。⑤则中书亦有审定的职权。经过审定的制诏,再由中书长官署敕,发布施行。

---

① 《秘书监志》,页 29。
② 《辍耕录·内八府宰相》。
③ 《元史·武宗纪一》。
④ 同上,《仁宗纪三》。
⑤ 同上,《英宗纪一》《刑法志一》。

元朝的圣旨，就内容来看，十分琐细。譬如，《元典章·刑部》所载："禁杀羊羔儿例"、"宰老病死牛马"、"杀羊羔儿断例"、"禁休杀母羊"、"牛马倒死皮肉从民便"、"倒死牛马，里正、主首告报过开剥"等条，都显然是草原旧制的沿袭，在以畜牧为主要生活来源的社会里，这些规定无疑是很重要的。但施之于中土王朝，这就伤于苛细。又如"禁好手眼人乞化"条："至元十二年十二月初六日，中书省钦奉圣旨：乞化人每年小底好手眼底人每，交种田或造作处做生活，学本事，或烧火者好。委是好眼的故意撇掠得眼歹的人每，寻出来呵，要罪过者。钦此。"①这样的内容，著之于王言，大概是历代所没有的。

我们再来看奏章的收受。中统初元，有诏："上书陈言者皆得实封呈献，若言不可采，并无罪责；如其可用，朝廷优加迁赏，以旌忠直。"有言求用者，中书令详议官分间其言为三等，如体用兼备，切中事机，文采可观者为上；虽乏文华，其指陈利害有兴除之方者为中；余皆为下。除见区处人数外，其余量给路费省会，宁家听候。②其后王恽任监察御史，建言"复许诸人陈言"。③至元六年，始置起居注、左右补阙，掌随朝省、台、院诸司凡奏闻之事，悉记录之。十五年六月，敕省、院、台诸司应闻奏事，必由起居注。十六年四月，以给事中兼起居注掌随朝诸司奏闻。十九年，令同修起居注蔑儿乞人坚童专掌奏记。④《元史·选举志二》又载有直省舍人，内则侍相臣之兴居，外则传省闼之命令，选宿卫及勋臣子弟为之，又择其高等二人，专掌奏事。《百官志一》载直省舍人属中书省之客省使，掌奏事给事差遣之役。"诸陈言者从都省集议，可行者以闻，不可则明以谕言者。"⑤后来的一些皇帝也多奖励实封陈言。武宗在《至大改元诏》中提出："政令得失，许诸人上书陈言"。⑥至大

---

① 《元典章·刑部·杂禁》。
② 《中堂事记》上。
③ 王恽《复许诸人陈言》，载《秋涧先生大全文集》卷九一。
④ 《元史·世祖纪九》；又《阔阔传》附。
⑤ 同上，《世祖纪九》。
⑥ 同上，《武宗纪一》。

元年九月尚书省条画：朝廷得失，军民利害，臣民有上言者，皆得实封以闻。仁宗《即位诏》中说："诸上书陈言者，量加旌擢。"① 英宗《至治改元诏》也说："天下之大机务惟繁，博采舆言，庶能周悉。自今诸内外七品以上官，有伟画长策，可以济世安民者，实封呈省。如其可用，优加旌擢。诸人陈言，并依旧制"。② 对于这些实封陈言者，成宗元贞元年规定"凡上封事者，命中书省发缄视之，然后以闻"。然英宗初元，当丞相铁木帖儿、拜住请："比者诏内外言得失，今上封事者，或直进御前。乞令臣等开视，乃入奏闻"。英宗的批覆是："言事者直至朕前可也。如细民辄诉讼者则禁之"。③ 到了顺帝至正十七年（1357），始置四方献言详定使司，"掌考其所陈之言，择其善者以闻于上而举行之"，而由中书官提调。④ 可知元代奏章之收受，或转由中省，或径达御前，原无定制。

给事中一官在唐宋是门下属员，职司审驳。唐宋之起居郎、起居舍人分属门下与中书，掌记皇帝言行、朝廷大事，修撰《起居注》。前者与后两者所司原各不相同。元则合而为一。元制："给事中，秩正四品，至元六年，始置起居注、左右补阙，掌随朝省、台、院诸司，凡奏闻之事，悉记录之，如古左右史。十五年，改升给事中兼修起居注，左右补阙改为左右侍仪奉御兼修起居注"。所受奏章皆登录为简单的奏目，定期交付翰林兼国史院，作为修撰国史的基本材料。仁宗升给事中秩正三品。在元代，唐宋的审驳制度已被废行，草制的翰林没有驳还词头的"缴黄"制度，给事中也没有审驳和"留黄"制度。中书长官更没有拒不署敕的例子。至大元年四月，诏以永平路盐课赐祥哥刺吉公主，中书省臣执不可，从之。这类的事例只是极个别的，相反一般情况下，宰臣都是奉敕惟谨。《王克敬传》：宰相传旨，克敬要求覆奏。宰相便大怒，说"参议乃敢格诏命耶！"格诏命是罪可致杀头的。⑤ 传统的封驳制度完全被废行。

---

① 《元史·仁宗纪一》。
② 《元典章新集·诏令》；又《元史·英宗纪一》。
③ 《元史·英宗纪一》。
④ 同上，《顺帝纪八》《百官志八》。
⑤ 同上，《王克敬传》。

成宗大德七年二月有诏："官员经特旨用之，而于例未允者，亦听覆奏。"这只是特例。元不设谏官，与审驳制度的废行，都是皇权膨胀的表现。

除了奖励陈言之外，元代也有登闻鼓院的设置。至元十二年四月谕中书省议立登闻鼓，十八年三月，正式建立。二十年正月，敕诸事赴省台诉之，理决不平者，许诣登闻鼓院击鼓以闻。不过，在元代，无论上书言事或挝登闻鼓鸣冤的事都是少见的。相形之下，以言获罪者却时有所闻。秦长卿上书论阿合马，系狱身死。英宗至治元年六月，"赵弘等言事，勒归乡里，仍禁妄言时政"。① "有上书论朝政阙失，面触宰相，宰相怒，取旨囚之。司寇将杀之"。② 可知号召陈言乃虚伪的公文形式。

这里特别要提出来的是元朝十分流行、而且是累禁不止的隔越中书上奏和敕书不由中书径下所司的乱政问题。至元五年七月，立御史台；十月，敕中书省、枢密院，凡有事与御史台官同奏。然枢密院有关军事者，则可径行上奏，唯有关钱谷者则与尚书省议之（至元八年六月）。大德十一年八月，武宗在命相诏书中申明："内外大小诸衙门官吏，除奉行本管职事外，一应干系军民站金场、银冶、茶、盐铁、户、课程、宝钞、刑名、选法、粮储、造作、差役等事，毋得隔越中书省，辄便闻奏，从而搅扰。事有必须奏闻者，亦须计禀中书省，然后奏闻，违者国有常宪。"③ 同年十二月《至大改元诏》中也就越分奏事的现象重申："今后近侍人员、内外大小衙门，钦依已降圣旨，除所掌事外，凡选法、钱粮、刑名、造作、军站、民匠、户口一切公事，并经由中书省可否施行，毋得隔越闻奏，违者究治。"④ 武宗一朝的四年左右中，有关这一内容的诏旨见之于《本纪》者，多达十数余处。有的同志把这个现象列为元之中书省事权增重的证据。而我则认为这只能认为是中书正常的职权因近侍横行而遭到了削弱。如前所述，元朝的皇帝依靠怯薛近侍来

---

① 《元史·英宗纪一》。
② 虞集《御史中丞杨公神道碑》，载《元文类》卷六六。
③ 《元典章·圣政一·振朝纲》。
④ 同上。

操持政权，其结果必然导致近侍乱政。至元初廉希宪在中书，"中贵人传旨朝堂云云，王（廉希宪）曰：'小臣预政，此其渐也，当中覆之。'覆奏上，抶中贵人"。①皇帝与中书之间，依靠口传圣旨来办事，焉有不错乱政事之理？晚年的忽必烈，愈益依赖近侍。至元二十一年，安童再相，他就曾上奏忽必烈说："比觉圣意，欲倚近习为耳目者。臣猥列台司，所行非道，从其弹射，罪从上赐。奈何近习伺间抵隙，援引奸党，曰：某人与某官。以所署事目付中书曰：准敕施行。臣谓铨选自有成宪，若此废格不行，必有短臣于上者，幸陛下察之。上曰：'卿言甚是，妄奏者，入上其名。'"②《元史》至元二十年四月，"禁近侍为人求官，紊乱选法"。表明此风当时已盛。至元二十四年二月，中书奏白：正旦至二月中费钞五十万锭，臣等兼总财赋，自今侍臣奏请赐赍，乞令臣等预议。三十年二月，"中书省人言：'近侍传旨予官者，先后七十人，臣今欲加汰择，不可用者不敢奉诏'。帝曰：'率非朕言。凡来奏者朕只令谕卿等，可用与否，卿等自处之'"。这就证明歪风愈盛，难以禁止。陵夷而至武宗时期，更是不可收拾。一边是禁令累申，一边则是愈煽愈炽。大德十一年的五个来月中，"内降旨与官者八百八十余人，已除三百，未议者犹五百余"。③到至大二年正月，"诸人恃恩径奏，玺书不由中书，直下翰林给与者，今核其数，自大德六年至至大元年所出，凡六千三百余道，皆干田土、户口、金银铁冶、增余课程、进贡奇货、钱谷、选法、词讼、造作等事，害及于民"。④这一患害，与元朝相始终，几乎很少改变。不通过中书发付的圣旨，就是唐人所谓的"斜封墨敕"。隔越中书奏请，其前提必须是能接近皇帝者。唐初行门籍，臣僚之持有门籍者皆得出入殿廷，直至御前；无门籍者如有急奏，许门司仗家引奏，无得关碍。故贞观以来，群臣士庶皆得进言。李林甫擅权，群臣奏事有不谙宰相者，则托以它事中伤，然尚不敢明禁百司之奏事。其后元载为相，乃请百官论事先白

① 元明善《平章政事廉文正王神道碑》，载《元文类》卷六五。
② 《丞相东平忠宪王碑》，载《元文类》卷二四。
③ 《元史·武宗纪一》。
④ 同上，《武宗纪二》。

长官，宰相定其可否，然后奏闻。武宗大德十一年《命相诏》所规定的百司事有须奏闻者，必计禀中书省，然后奏闻，正是中唐以后的通行制度。但在元代，诸王、驸马和近侍横行的情况下，这一制度肯定无法执行。

在结束了中书省的讨论后，我们当然还不能不提到元朝曾三度有尚书省的设置。元朝尚书省的前身是至元三年正月设置的制国用使司，以阿合马为使。而制国用使司又明显的是从中书左右部衍化而来，也是由阿合马所领，其职为分领中书之户、工，"总司财赋"。上文中我已经指出，在当时汉人理解的中央政权框架中，左右部相当于唐三省中的尚书省。但实际上则是总司财赋。这个机构，如前所述，从来自中亚的色目人如阿合马者的理解，则同于他们的撒希伯底万（sahib divan）即主掌财政的大臣，我们也把它译作"计相"。有名的《世界征服者史》的作者术外尼的父亲 Baha al din Muhammad juvaini 在窝阔台时就曾任河中地区的撒希伯底万。至元七年罢制国用使司，改立尚书省，以阿合马平章尚书省事，其职责仍是以功利相尚，期达到富国用的目的。在色目人的理解中，这个尚书省就是撒希伯底万。应该指出，元代的中书，最主要的政务是铨选和钱谷两大项。至元二十三年三月令麦术丁仍中书右丞与郭佑并领钱谷，杨居宽典铨选。这几乎就是当时中书政务的全部。如：大德十年五月，诏中书左右丞相整饬庶务，"凡铨选钱谷等事，一听中书裁决。"又，大德十一年九月中书奏请："自今铨选、钱谷，请如前制，非中书议者，毋得越奏。"又，至大元年十一月中书臣言："今铨选钱粮之法尽坏，廪藏空虚。"所以阿合马既领尚书省，则安童所领的中书省便只剩下铨选这一任务。等到阿合马从忽必烈那里得到"擢用私人，不由部拟，不咨中书"的权利时，中书省的实权便几全部丧失。安童只好对忽必烈申明："自今唯重刑及迁上都总管，始属之臣，余事并付阿合马，庶事体明白。"[1]忽必烈也欣然应允所请。不过，从性质上讲，元之尚书省，实际上只是与宋的三司略当。

---

[1] 《元史·奸臣传·阿合马》。

抑更有所论者,元之中书,在执行权力中又更多有分割。不单是诸王、驸马、贵戚事务不干中书,宣徽院掌宫中事务,宣政院掌佛徒及土番事务,用人行政,都独立于中书之外,大宗正府与刑部并掌司法,通政院与兵部同领驿传,将作院、大都路总管府等与工部分掌造作工程,学校属大司农。宿卫人员铨任,则"言出禁中,中书奉行制敕而已"。①此外,畏吾儿人隶大都护府,回回人领于哈的司,道教徒领于集贤院。以上情况都表明:在元朝,宰相的执行权力也更趋于分割。至于个别权相,只是一定情况下的特例,是违反常制的。

综上所述:元代的皇权,在蒙古早期家长奴隶制遗留影响下,由传统的君尊臣卑进一步发展为君主臣奴。君臣之间在人格上的差距更加增大。西汉的贾谊早就形象地说明:"人主之尊譬如堂,群臣如陛,众庶如地。故陛九级上,廉远地,则堂高;陛无级,廉近地,则堂卑。高者难攀,卑者易陵,理势然也。"②元朝人分四等,既然蒙古的权贵尚且是皇帝的家奴,由蒙古而色目而汉人,最下为南人,各有等级,"等级分明而天子加焉,故其尊不可及也"。主之于奴,当然无所谓体貌可言。因此,传统的专制主义皇权进一步向极端化发展。古者君之于臣,"遇之有礼,故群臣自熹;婴以廉耻,故人矜节行。上设廉耻、礼义以遇其臣,而臣不以节行报其上者,则非人类也。故化成俗定,则为人臣者皆顾行而忘利,守节而伏义,故可以托不御之权,可以寄六尺之孤,此厉廉耻、行礼义之所致也"。③对一个操奴婢之行的官僚,而要求他砥砺廉耻,当然是不可能的。元朝官场的腐败,道德沦丧,很大程度上就是由此产生。在宰相必任蒙古权贵,而这些蒙古权贵在文化与政治操作水平上又大多难于应付的情况下,元朝也继承金的办法,把丞相扩大为包括右、左丞相,平章政事,右、左丞,参知政事共八人组成的群组。丞相总持纲维,平章以下则分领庶务。如延祐二年,以平章李孟、左丞阿卜海牙、参知政事赵世延领钱帛、钞法、刑名,平章张驴、右丞

---

① 《送李茂卿序》,载《牧庵集》卷四。
② 《资治通鉴·汉文帝前六年》。
③ 同上。

萧拜住、参知政事萧从革领粮储、选法、驿传。①在这种情况下，出身于蒙古贵胄，而实际上政治文化素养都很难具备的所谓总持纲维的丞相实际上只是起一个监领与交通政府与皇帝的作用，因此在正常情况下，这个位置的有无已无关于实质。明初朱元璋废宰相，这当然与他个人的专权、猜忌与威望，以及当时朝堂的派系矛盾，一时难于找到适当的人选等，都可能有关，但这样作也必须为客观条件所允许。只有在皇权极度膨胀、宰相制度已有了重大变化的情况下，朱元璋才有可能干脆废除它而采六部分职、由天子直领的政权体制。

（原载《蒙元的历史与文化：蒙元史学术研讨会论文集》，
学生书局，2001 年）

---

① 《元史·奸臣传·铁木迭儿》。

"阑遗"与"孛兰奚"考

  《元史》中常见"阑遗"与"孛兰奚"两词，这两个词词义相同。《元史·世祖纪七》至元十五年正月，"己亥，收括阑遗官也先、阔阔带等坐易官马、阑遗人畜，免其罪，以诸路州县管民官兼领其事"。此处之阑遗官阔阔带，即《元典章·刑部一八·拘收孛兰奚人口》所引至元十六年（1279）十一月圣旨中的管孛兰奚官阔阔歹。《元史·刑法志四》所记之"阑遗人口"，在《通制条格》卷二八则作"不阑奚人口"。这是一目了然的。但这两个词的来源与词义却一直解释纷繁，莫衷一是。

  屠寄《蒙兀儿史记》卷七《世祖纪》中统二年（1261）六月，"罢诸路征收孛兰奚"。其注云：《蒙文秘史》旁解奴婢曰'孛斡勒'，即孛兰异译，'奚'为尾声。"孛斡勒（bo'ol）与孛兰奚（po-lan-hsi），除去第一个音节相通外，明显地音读各异。屠寄昧于审音，上引说法，尤为牵强。

  蒙思明《元代社会阶级制度》（页177）："其奴亡其主而由政府拘为官奴者，则曰阑遗人口，或曰孛兰奚。"其注一二五四称："拦遗即阑遗，亦即所遗失者之意。""阑遗人口即孛兰奚，皆失主之奴婢无疑。"

  蔡美彪同志在所辑《元代白话碑集录》页9注四说："元代逃亡之农奴如无原主认领，即'发付有司，收系当差'，成为官奴。'不兰奚'主要即指此种人。""'阑遗'、'拦遗'者，亦即此词之异译。"他批评上引蒙思明的意见说："前人或于汉字字面上强寻解释，以为阑遗'亦即所遗失者之意'，甚误。"

  赵华富同志在所撰《元代的不兰奚》[①]一文中基本上沿袭美彪同志早年的这一说法。他断言，不兰奚、孛兰奚、阑遗、拦遗为一

[①] 《文史哲》1958年第1期。

词之异译，"是毫无问题的"。"所谓孛兰奚人口就是指无主认领的逃驱。"

以上诸说，抵牾含混，没有对"阑遗"与"孛兰奚"两词的词义、语源与相互关系作出比较完满的解释，需要作进一步的讨论。

我们先来考察"阑遗"。这个词，就我所知，最早见于唐律。《唐律疏议》卷二七："诸得阑遗物，满五日不送官者，各以亡失罪论。""疏议曰：得阑遗之物者，谓得宝印符节及杂物之类，即须送官。满五日不送者，各得亡失之罪。"《新唐书·百官志一》："司门郎中，掌门关出入之籍及阑遗之物。""阑遗之物，揭于门外，牓以物色，期年没官。"《通典·兵二》："诸拾得阑遗物当日送纳虞候者，五分赏一。"①这里，"阑遗"之义为遗失，是很清楚的。北宋徽宗时的赵鼎臣，写过《代开封府尹奏获到阑遗札子二首》。其中说："军民李清等凡若干人，节次以所获阑遗金银、驴马、缗钱等物，输之于官，不敢有隐。"甚至"有小儿郭宜哥，去家而迷，不知所归。妇人郑氏得之，携至府廷，请所付与，仍愿姑育于家，不受赡恤之值"。②赵鼎臣以此大唱谀词，恭维这是徽宗"德洽天人"，故"一出阑遗赏给之令"，就出现道不拾遗的盛况。这里所列的阑遗物，包括金银、驴马、缗钱，甚至迷失的小儿也列在阑遗之列。当时的"阑遗"也简称为"阑"。上引《通典》即有"阑物"之称；又《宋会要·蕃夷二》：真宗大中祥符二年（1009）十月，"帝以御笔所记事示宰臣，曰：'送阑马。'帝曰：'雄州奏得阑马送契丹。又奏：近有盗马以归投者，其马亦止称阑遗送北部，然则彼亦知其给也。宜谕雄州，更有若此者，当阅实以还之，无涉欺诞。'"此处两称"阑马"。"阑"，古解为"阑妄"，"无符传出入为阑"，③这当然与马无涉。参以下文"马亦止称阑遗"云云，则"阑马"即阑遗马之省称。南宋的文献中则作"遗阑物"。《建炎以来系年要录·绍兴四年正月》：癸酉，"是日，浚运河，以漕运不通之故也。诏役兵得遗阑物者，以十分之四给之。"所有上引资料，与《元典章·刑部一一·拾得物难同真盗》

① 下文又作"阑物"，又有"阑遗畜生"之称。
② 赵鼎臣《竹隐畸士集》卷九。
③ 参见《史记·汲黯传》、《匈奴传》，《汉书·成帝纪》。

所说的"既是绢主遗失,即系拦遗",意思是完全相同的。足证元人之"阑遗"是沿自唐宋官牍,其义即遗失。明初修《大明律》,在《得遗失物》一款中,规定"凡得遗失之物,限五日内送官,官物还官,私物召人识认"。把这一款与《唐律》比较,渊源所自,十分清楚。但《唐律》之"阑遗",在《明律》则径称"遗失"。"阑遗"之为汉语旧词,义即遗失,这一点,是无可怀疑的。

我们进一步来考察"孛兰奚"。马可波罗记忽必烈在行猎时,猎鹰如果飞失,"为人所得,立时归还其主。如不识其主,则持交一男爵名曰不剌儿忽赤(Boulargoutchi)者,此言保管无主之物者也。盖若有人拾得一马、一剑、一鸟或一别物而不识其主者,立以此物付此男爵保管之。如拾得者不立时交出,则由此男爵惩罚。失物者亦赴此男爵处求之。如有此物,立时还付其人。此男爵常位于众人易见之处,立其旌旗,俾拾物及失物者易见,而使凡失物皆得还原主。"[1]此男爵无疑就是《元史·百官志三》宣徽院所属之阑遗监丞,"阑遗监,秩正四品,掌不阑奚人口、头匹诸物。至元二十年,初立阑遗所,秩九品。二十五年,改为监,正四品"。Boulargoutchi,在玉耳(Yule)本则作 Bularguchi。他在注中引 Hammer-Purgstall 所著《金帐汗国史》说:"Bularguji 是蒙古营帐的一位官员,其职责据马哈木欣都沙(Mahomed Hindú Shah)在一份关于波斯蒙古王宫之官府的材料中说:他是一位国务会议指定的官员。当营帐拔离时,他与其仆人等则视察其处,收集留后的两性奴仆或牲畜如马、骆驼、牛与驴之类,加以保管,直至失主前来,验证认领,即以予之。Bularguji于其帐或小房处树一旗,使人们能找到他,重新取得其所遗失之财物'。"玉耳还在一份 1320 年 12 月 22 日伊利汗的不赛音汗(Abu-Saïd)给威尼斯的敕书中发现 bolargo(遗失)马匹[2]的提法。伯希和(Pelliot)在《马哥波罗注》中引著名的波斯蒙古史学家剌失德丁(Rashid ed-Din)在记述北京的蒙古皇廷时有 ×××× 和 ×××× 一词,各家对它的解释颇有差异。他主张采同于马可波罗的音读,

①《马可波罗行纪》(沙海昂本,冯承钧译)第二卷第九二章《大汗之行猎》。
②《马可波罗》(玉耳本)第一卷,页 407—408。

作 bŭlarɣuï 或 bŭlarɣu。① 沙海昂（Charignon）在他的《马可波罗行纪》注本中已经指出此 Boulargoutchi 即汉籍所见之孛兰奚，这一点是完全正确的。1264 年受罗马教皇派遣，亲身到过蒙古草原的教士迦儿宾（John de Plano Carpini）在其所著《蒙古历史》一书中也记：在蒙古人中，"若有牲畜走失时，遇到的人，或是任其所之，或是送到某些人那里看管起来。丢失牲畜的人很容易地可以从他们那里把牲畜领回来"。② 可见这种制度是早在元朝建立之前就已存在的。在游牧民中，人畜迷失的情况是随时都可以发生的。这种处置迷失人畜的办法恐怕是草原游牧民很古以来沿行的制度。因此，bularɣu（孛兰奚）与 lan-yi（阑遗）在读音上虽有其相近之处，但也有不同，说它们都是一词的异译是缺乏史料和语言上的根据的。

但是，根据元人的译例，"孛兰奚"不能对 bularɣu，而只能对 buralki 或 buralgi。在剌失德丁的《史集》中 ××，Buraliqi 与 ××，Bularɣi 作为人名是一再出现的。《元史》中也屡见以孛兰奚为名字的人。然而 Buralki、buralgi 作为一个普通名词则迄今在古蒙文文献中仍未曾发现。那么 Buralɣi 与 bularɣi 两词在语言学上究竟有什么联系呢？伯希和曾指出，类似的音位变化的例子，在当时是存在的。如匈牙利国王 Käräl，见于《元朝秘史》第二六二、二七〇节。此人即《元史·速不台传》之马扎儿部主怯怜（käral>kärän）。但在术外尼（Juwaini）的名著《世界征服者史》（卷一，页 199）则作 Keler。蒙古的克鲁伦河（Kerulen），在《元史·太祖纪》中则读作［怯］绿怜（Kälŭrän）。因此，认为 bulargi 一词即汉文史料史的孛兰奚是可信的，它的意义当是"遗失"，在当作人名时则训为"弃婴"。这种命名与当时流行的迷信观念，用卑贱名词来称呼婴儿的习惯相关。

玉耳在论 bularguchi 时正确地指出 chi 是尾缀部分。在蒙古语中，čï 赤（= čin 臣）是表示为执其事的人，相当于汉语的中"者"。Bularguchi 的这一形式同样在汉文材料里得到印证。《通制条格·杂

① 《马可波罗注》第一册，页 113—114；参考《史集》（俄译本）第二卷，页 79，注九五。
② 《出使蒙古记》Mongol Mission（克里斯托芬·唐生本），页 15。

令·阑遗》载延祐元年（1314）五月十七日中书省的一份奏章里引有"各处合委付将去的不阑奚赤每"。又延祐二年三月二十六日宣徽院的奏章亦有"各处不阑奚赤每拘收着不阑奚人口、头匹"。"不兰奚赤"＝bularyiči 即掌理不兰奚的人，汉语中也作"阑遗官员"。可见把"奚"作为尾缀并不合乎事实。至于其词义，上引诸家或训为"遗失"，或训为"无主"，都是正确的。《元典章·刑部十八·告首隐藏孛兰奚赏钞》："议得遗失之物，隐藏者多。其于赏罚，明当以示惩劝。若拟但凡隐藏孛兰奚一个，赏钞若干，且人口、头匹，价直不等；又所遗诸物中间，贵贱有差"云云，清楚地说明孛兰奚指的就是遗失之意，其中包括人口、头匹、诸物等，与传统的汉词"阑遗"是同义词。元代官牍中，经常可见到孛兰奚人口等于阑遗人口、孛兰奚头匹等于阑遗杂畜、孛兰奚奴婢等于阑遗奴婢、孛兰奚钱帛等于阑遗钱帛等提法，足见把孛兰奚单单解释为一种无主逃驱是不妥当的。

元代的孛阑奚，中央设有阑遗监总领，地方则由随处府、州、县之达鲁花赤提调，委派"收拾不阑奚的不阑奚赤每（们）"拘收起来，责付所在社的里正、主首收养，或差人牧养。每年于三月、九月两次送缴阑遗监。人畜中有瘦弱倒死者，则按月申报。在阑遗人畜未收缴到监之前的规定期内，如主人前来认领，即以之付还。牲畜必须偿付草料费用。"如已到监，即便取问各人来历、根因、住贯、去处，行移召主识认"。如半年之后，无主识认者，匹配为户，付有司当差。其中主要是充当"打捕鹰房人户"。《元史·兵志四》："打捕鹰房人户，多取析居、放良及漏籍、孛兰奚、还俗僧道，与凡旷役无赖者，及招收亡宋旧役等户为之。其差发，除纳地税、商税，依例出军等六色宣课外，并免其杂泛差役。"此外则拨充屯田户、淘金户。如大司农司所属的营田提举司，其中除军、民、析居、放良等人户外，包括不兰奚二百三十二、独居不兰奚一十二口，大宁、延安等处均有以孛兰奚人口充屯田户者（《元史·兵志三》）。孛兰奚人口之老病残疾、不堪应役者，则给文引，纵而遣之，任便往坐。对于孛兰奚头匹，各地则"依期具解，开写毛齿膘分，差有职役、不作过犯之人，称时管押，赴都交纳"。对缴送来的阑遗杂畜，阑遗监在验收后烙印立案，以充官府支用。远地的孛奚马匹驴畜，年久无主识认，则回易作钞，解交中央。①

我们进一步来讨论孛兰奚人口的身份问题。在早期的蒙古人中，孛兰奚人口主要指的是亡失无主的奴隶。这一点，我们从 Hammar-Purgstall 所记 Bularguji 的职掌中仍可以窥知。蒙古伐金，大肆俘虏人口。"时河南初破，被俘虏者不可胜计。及闻大军北还，逃去者十八九。有诏：停留逃民及资给饮食者皆死，无问城郭保社，一家犯禁，余并连坐"。② 按照早期蒙古人的习惯，凡是军前俘虏到的人口，便是属于军将本人的奴隶。因此，这些逃亡的被俘者从蒙古人看来即是"孛兰奚人口"；而在汉人看来则是逃民。随着蒙古在中原地区统治的建立，在汉人封建经济和文化的影响下，入据中原的蒙古族，开始从早期奴隶制向封建制度转化。原来的一些制度与概念也就发生了本质的变化。"孛兰奚"一词成了与汉语"阑遗"互用的同义词，"孛兰奚人口"也变成专指无主逃民的专名词，而与称之为"孛兰奚逃驱"的无主阑遗奴婢相区别。王恽在至元前期的一份报告中提到传（？）州人户丁五十妻支丑女，被大都崔提领和大兴县尉杨政"作逃妇捉拿"。"支丑女不系逃妇，明有根脚"，但崔提领等不容分说，把她当"作孛兰奚捉住"。③ 这里的"孛兰奚"，是"孛兰奚人口"的省称。

元代社会上孛兰奚人口为数甚巨，成为一个特有的社会现象，是和蒙古贵族的掳掠和驱奴制度直接相联系的。至元十六年，政府申令："前后军马经过去处，原掳到人口，沿路在逃、病患落没了底人等，寄留下不曾来取；并潆留下系官人口、头匹、诸物，管军民人匠诸色官员，不以是何人等，隐藏者许令自首到官，并免本罪。如是违犯，痛行断罪。外孛兰奚人口自行首官，与免本罪，即令为民。"④ 上述的这两种人便是构成孛兰奚人口的主要来源。此外，还

---

① 以上除注明出处者外，取自《元史·刑法志》及《通制条格·杂令·阑遗》有关诸文。

② 宋子贞《中书令耶律公神道碑》，载《元文类》卷五七。

③ 王恽《乌台笔补·弹县尉杨政事状》，载《秋涧先生大全文集》卷八八。

④ 《元典章·刑部一八·拘收孛兰奚人口》。

有一种情况，江南地区，"自归附以来，被卖良民数多。随处府州司县拦当得获，本处官司审过住贯、亲属姓名、被掳被卖来历，难便凭准，只将本人官为收养，行移原籍官司，呼召亲属识认"。① 这种人很多是"自幼离乡，经来年深，不能省记原籍住贯、父母亲属姓名"，因此最后也被收系为孛兰奚人口。这些孛兰奚人口本来的身份是良民，仅是因为逃亡、流失或掳掠等原因而成为个体的流荡人口。仁宗皇庆元年（1312），政府正式发布规定：孛兰奚人口到监，半年之后，无主识认，便"从本监分拨匹配成户，发付有司，收系当差"。②

对于逃驱，政府的禁令则要严厉得多。成宗大德八年（1304）三月，"敕军民逃奴有获者即付其主，主在他所者，赴所在官司给之，仍追逃奴钞充获者赏；逃及诱匿者，论罪有差"。③ 元律规定："诸奴婢背主而逃，杖七十七。"在另一处条文里，规定"诸获逃奴辄刺面、劓鼻，非理残苦者，禁之"，④ 正是从反面说明了对逃奴处分的残暴。无主识认的逃驱即所谓"孛兰奚逃驱"。《元典章·刑部一八·孛兰奚逃驱不得隐藏》："至大元年（1308）三月二十一日江浙行省准枢密院咨：大德十一年（1307）七月二十五日，本院官奏：在先的探马赤按的、忽都哈、脱完不花等万户每奏将来：军人每蛮子田地里出征时得来的驱口，一个蛮子和尚该说着，交蛮子百姓每回他本地面里去者。么道说呵，他每的奴婢每白日里将他媳妇、孩儿每逃走呵，被他使长每赶跟上呵，迎敌着去了的也有。似那般逃走去了的每，于城子里、村坊里、和尚先生寺观里、人匠局院里隐藏入去的也有，用船筏偷渡过黄河、大江去的也有。更他每的使长出军去了呵，欺侮着他每的媳妇的孩儿逃走了的多有。为那上头军人的气力哏消乏了了有……俺众官人每商量来，依着在先圣旨体例里，诸王、驸马、公主每根底各枝儿里，并和尚先生每根底，不以是何投下里，有隐藏入去的逃驱每呵，立与限一百日，限内出来去他

---

① 《元典章·刑部一八·人口不得寄养》。
② 《通制条格·杂令二·阑遗》。
③ 《元史·成宗纪四》。
④ 同上，《刑法志四》。

根脚里的使长根底来呵，免了他每的罪过。这般道了不肯出来的每，后头有人首告出来呵，奴婢每根底杖决八十七下，转送与他本主。不拣是谁隐藏着，依定例不首出来的每，断七十七下，家私内三分中断没一分与首告的人。两邻外，主首、社长明知道不肯告的每，杖六十七下，家私四分中断没一分与首告的人充赏。城子里的官人每（们），告发到官，觑面皮依着圣旨不行呵，断三十七下，断罢了他每的勾当。"这份材料反映了元中叶奴隶逃亡反抗的事实，同时也明确地指明所谓"孛兰奚逃驱"的含义。《元史·刑法志四》"禁令"中的一段里，把阑遗人口、阑遗头匹、阑遗奴婢和阑遗鹰犬等四种分别明白立法，说明孛兰奚人口（等于阑遗人口）与孛兰奚逃奴（等于阑遗奴婢）是互有分别，不应混淆的。

但是由于对逃奴处分严厉，那些逃脱了主人控制后的逃亡驱奴们，在为政府作孛兰奚收系后，他们在可能情况下当然力图隐瞒原来的身份，决不会轻易招认原来的籍属，使自己重新落入原主的手中。这样，那些无主识认的孛兰奚人口中，不少人实际上是逃亡的驱奴，他们通过伪报身份与籍贯来逃避原主人的追捕。这种现象在当时肯定不会是个别的，这就造成这种人特殊的卑贱的社会待遇。他们在被收系之后，"为无官给衣粮，分寄诸人收养，既非眷属，未免饥寒。少壮得用者尚不聊生，老弱残患者岂能自保。积年既久，其弊滋深。男被佣雇，不胜劬劳；女被欺淫，以至生育。或贪其功力而虚申病故，或因于冻馁而致使逃亡。"[①]他们的实际生活状况往往可能比驱奴更为悲惨。因为驱奴作为主人的私产，主人对他们总还有点顾惜；孛兰奚人口只是暂代收留，寄收主人当然是尽可能地役使，连一点点顾惜也是不存在的。即使在分拨匹配后，发付有司收系当差，他们所拨充的只能是被认为卑贱的打捕、淘金以及依附性很强的屯田等户计。不过，孛兰奚人口的身份究竟不是奴婢。他们只是因为逃失无主而在一段时期内受阑遗监的控制，受到奴役和贱视。他们与官奴婢在实际生活上可能并没有显著的差别，[②]但他

① 《通制条格·杂令·阑遗》。
② 无主认领的逃奴，政府多送往工部所属的诸司从事工役，见《元史·世祖纪五》至元十一年十二月癸丑。

们在一定时期后即可放罢为民。这段时期在元初似乎较长，往往要等到孛兰奚人口年老残疾时为止。中期以后，已规定为到监人口，半年之后，无主识认，从本监分拨匹配成户，发付有司收系当差。这和官奴婢的世代是贱民是有区别的。

（原载《文史》第十二期，中华书局，1981年）

元末农民起义史料杂考

一　南、北琐红军

《庚申外史》：至正十一年（1351）红军起义，"起湘汉者推布王三、孟海马为首。布王三号'北琐红军'，奄有唐、邓、南阳、嵩、汝、河南府。孟海马号'南琐红军'，奄有均、房、襄阳、荆门、归、峡"。南、北琐红军之名，仅见于此，然其事迹，《元史》所记，多可补充。

《元史·忠义传三·孛罗贴木儿》："至正十一年盗起汝颖，均州郧县人田端子等亦聚众杀官吏……明年正月襄阳失守。"又《顺帝纪五》：至正十二年正月，"戊申，竹山县贼陷襄阳路，总管柴肃死之。是日，荆门州亦陷"。竹山为房州属县。《外史》亦明记至正十二年正月孟海马陷襄阳，其为南琐红军无疑。《元史》则称之为"房州贼"。其年二月，"房州贼陷归州"。南琐红军在这一时期发展到了最高峰。其据地大概包有襄阳以南、中兴路以西（其年正月陷中兴，驱走山南宣慰司同知月古轮失等者当为此部），迄于忠、万诸州所有鄂西、鄂西北及川东诸郡之地。闰三月元廷诏四川行省平章咬住，率行省添设参知政事答失八都鲁以兵顺江东讨（《忠义传三》），野峻台为前驱。克复忠、万、夔、云阳诸州。四月，"荆门知州聂炳复荆门州"；"咬住复归州，进攻峡州，与峡州总管赵余襵大破贼兵，诛贼将李太素等，遂平之"。五月，"己卯，咬住复中兴路"；"是月，答失八都鲁至荆门，增募兵，趋襄阳，与贼战，大败克之"。此后，南琐红军仅保有鄂西北山区之均、房州诸地。至于十二年八月克荆门州，九月克中兴，败咬住兵于楼台，咬住奔松滋之起义军俞君正部，《元史》明著其为"安陆贼"。其年正月，"辛酉，徐寿辉伪将曾法兴陷安陆，知府丑驴战不胜，死之"。则俞君正为蕲黄红军曾法兴所部无疑。《忠义传·聂炳》，亦明言蕲黄安陆贼

143

将俞君正。俞君正迁为所败。九月癸未，"中兴义士范忠，偕荆门僧李智，率义兵复中兴路，俞君正败走，龙镇卫指挥使俺都剌哈蛮领兵入城，咬住自松滋还，屯兵于石马"。在以后的一年多时间里，元军集中全力于剿灭徐寿辉的蕲黄红军，十三年十二月，蕲水陷落，徐寿辉遭到了覆灭性的打击。与此同时，答失八都鲁陷均、房等州。"平穀城，攻开武当山寨数十，获伪将杜将军"（《答失八都鲁传》）。"十二月，趋攻峡州，破伪将赵明远木鹃寨"。十四年正月，"复峡州"。南琐红军至此已被元军剿平。答失八都鲁以功升四川平章政事，兼知行枢密院事，总荆襄诸军。元廷乃以玉枢虎儿吐华代答失八都鲁守中兴、荆门，而令答失八都鲁以兵东赴汝宁（本传作十四年五月，本纪十三年十二月已有东讨东正阳之诏）。

北琐红军于至正十一年十二月"布王三陷邓州，南阳"（《外史》）。详《元史·忠义传二·喜同》。《元史·顺帝纪五》十二年二月则有"辛丑，邓州贼王权、张椿陷澧州，龙镇卫指挥使俺都剌哈蛮等帅师复之"之记载。"龙镇"当作"隆镇"，中华书局校刊本已校。"澧州"，屠敬山认为当作"裕州"，作"澧州"者，乃"北澧州"的脱误。是。此王权当即《外史》之布王三。南阳府邓州之北琐红军当时决无越湖北而进攻在湖南西北之澧州之理由。然此部起义军在《元史》中通常以"南阳、襄阳贼"相称。如十二年闰三月，"命诸王亦怜真班、爱因班、参知政事也先帖木儿与陕西行省平章政事月鲁帖木儿讨南阳、襄阳贼"。四月，"命亦都护月鲁帖木儿领畏吾儿军马，同豫王阿剌忒纳失里、知枢密院事老章讨襄阳、南阳、邓州贼"。则襄阳其时已为北琐红军所控制。考《元史·顺帝纪》至正十二年正月竹山县贼陷襄阳路。是月，复有"宣政院同知桑哥率领亦都护畏吾儿军与荆湖北道宣慰使朵儿只班同守襄阳"，二月，"以河南廉访使哈兰朵儿只为荆湖北道宣慰使都元帅守襄阳"之记载。则南琐红军在下襄阳之后，事不迁踵，又为元军所覆。二月，河南左丞相太不花又陷南阳等处。但是，就在这个同时，当又有北琐红军进克襄阳的胜利。前引十二年五月，"答失八都鲁至荆门，增募兵，趋襄阳，与贼战，大败克之。"此部起义军已非南琐红军而系北琐。本传："十二年，进次荆门……遂用宋廷杰计，招募襄阳官吏及土豪避兵者,得义丁二万,编排部伍,申其约束……追至襄阳城南,大战,生擒其伪将三十人,腰斩之。贼自是闭门不复出……以五月朔日四更攻城……天将明,城破,贼巷战不胜,去就船,船坏,皆溺水死。伪将王权领千骑西走,遇伏兵被擒。襄阳遂平。"这就为十二年五月前,北琐红军曾攻占襄阳提供了确切的证据。唯本纪十二年十二月壬寅,又有"答失八都鲁复襄阳"之文。详细情况,史阙有间,无从推知。嗣后南阳地区,续有争战。十三年正月,"庚寅,知枢密院事老章克服南阳唐州。"十二月,豫王阿剌忒纳失里弟"答儿麻讨南阳贼有功"。北琐红军恐亦于此时期内被镇压。此后南阳以及均、房诸州虽有不断争战之记载,大概是其小股余部。

二 关于刘福通的三道北伐

至正十五年十二月,"答失八都鲁大败刘福通等于太康,遂围亳州,伪宋主遁于安丰。"十六年之内,答失八都鲁据汴梁。湖广行省左丞相太不花(原作河南行省)驻军于南阳嵩汝等州。"招降叛民百万,军声大振。秋,复唐、随、安陆、沔阳、德安以及蕲、黄等州。"(《外史》)元廷在十七年正月,方"以征河南许、亳、太康、嵩、汝大捷,诏赦天下"。然刘福通部农民军在经过休整和计划以后,展开了新的进军。

A. 西路

十六年八月丙辰,奉元路判官王渊等以义兵复商州,升渊同知关、商、襄、邓等处宣慰司事,"《本纪》、《鸿猷录》明指这枝农民军为刘福通所遣之李武、崔德所部。"九月寅辰,汝颖贼李武、崔德等破潼关,参知政事述律杰战死。壬午,豫王阿剌忒纳失里、同知枢密院事定住引兵复潼关,河南行省平章政事伯家奴以兵守之。丙申,潼关复陷,伯家奴兵溃,豫王阿剌忒纳失里复以兵取之,李武、崔德败走"。《元史》在紧接这段文字后记:"戊戌,贼陷陕州及虢州。"又载"是月,察罕帖木儿复袭败贼兵于平陆、安邑"。十七年二月,贼犯七盘、兰田。"是月,崔德、李武陷商州"。参考《察罕帖木儿传》,上文陷陕、虢的农民军当即从潼关退败之李、崔所部。而当他们受到察罕帖木儿东面来的攻击后，又在十七年初自洛南山区进克商州。从十六年八月丙辰，当元军收复商州，这枝农民军在廿五天（八月丙辰—九月庚辰）后即攻破潼关来看，它在陕虢失利之后，又从原道绕入关中是很可能的。屠敬山已指出《察罕帖木儿传》所记"十七年，贼寻出襄樊，陷商州、攻武关"之误。应该指出的是敬山把十六年十一月陷河南府路的农民军当成了李、崔所部。因此他推定这次进军路线是自河南府路"遂逆洛水，自宜阳、庐氏西陷商州，东南逼逐武关之官军"（《蒙兀儿史记》卷十七）。这是不符事实的。早在同年八月，《元史》就有"己未，贼侵河南府路"的记载。《鸿猷录·宋事始末》在十六年记李、崔部兵败潼关后亦明著"十一月刘福通遣兵徇元河南地"。不应与崔、李部混淆。

李、崔部在十七年二月陷商州，"直趋长安，至灞上，分道掠同华诸州，三辅震动"（《察罕帖木儿传》）。夺七盘，进据兰田县，距奉元一舍。豫王阿剌忒纳失里等用王思诚议，招察罕帖木儿驰援（《王本传》）"察罕帖木儿即领大众入潼关，与此同时，十七年六月，刘福通犯汴梁，分军三道，白不信、大刀敖、李喜喜趋关中。十月，白不信陷兴元，遂围凤翔；李喜喜守巩昌。察罕以计大破白不信，余众奔四川。十八年四月，察罕又会张良弼、李思齐、郭择善、拜帖木儿、定住、汪长生奴诸将讨李喜喜于巩昌。李部亦败走四川（《鸿猷录》）二十一年五月。崔、李以无功受刘福通之责，降于李思齐。入川之白不信、李喜喜部的具体情况我们所知不多，史籍中称之为"青军"。明玉珍的诏文中屡屡指责其杀掠祸民，成为一股流寇，在明玉珍的打击下趋于消灭。少数余众复走依陈友谅。在二十一年于小孤山降朱元璋的陈友谅部将傅友德便是李喜喜所部。

B. 东路

《元史》至正十七年二月壬申，"刘福通遣其党毛贵陷胶州，签枢密院事脱欢死之"。《外史》说毛贵是淮安赵君用部将，"由海道得海舟，长驱破益都"。《也速传》则说："复从太尉征淮东，取盱眙，迁淮南行枢密院副使，升同知枢密院事。讨贼海州，大败之。贼走，航海袭山东，尽有其地"。赵君用、彭早住以十四年六月据盱泗，十六年十月攻破淮安，杀廉访使褚不花（《忠义传》）。十七年，赵君用称永义王，彭早住称鲁淮王。他们在名义上都是韩宋的将领。毛贵的趁海突袭膠州，显然原不是有计划的行动。但此举出敌不意，三月进克益都，自是山东郡邑皆陷。这一胜利与崔、李部进逼奉元东西相应，造成了很大的声势。加上同时候曹州盛文郁部（《外史》）亦形活跃。六月，监察御史脱脱穆而上言："去岁河南之贼窥伺河北，惟河南与山东互相策应，为害尤大。为今之计，中书当遴选能将，就太不花、答失八都鲁、阿鲁三处军马内，择其精锐，以守河北，进可以制河南之侵，退可以制山东之寇，庶几无虞。"从之。于是，湖广行省左丞相奉调自南阳、嵩、汝而"渡师河北，声取曹濮，遂驻于彰德、卫辉"（本传）；次年，复令总其兵讨山东。答失八都鲁亦率本部兵渡河，进驻濮州（本传）。同时候，察哈帖木儿、李思齐西援陕西；也速、董搏霄等北援冀鲁。这就为河南的农民军创造了极为有利的条件。

十七年七月，镇守黄河义兵万户田丰投降，陷济宁路，迁为义兵万户孟本周收复。归德府知府林茂、万户时公权降。农民军既据有归德、曹州，这就使大河南北连成一片，并以曹、濮为据点，北攻大名，西攻卫辉。当时，在鲁西地区活跃的主要是田丰所部。它配合毛贵的北伐之师，并构成这枝北向挺进的孤军的主要依托。当十八年初毛贵从济南北进，三月直逼漷州时，田丰则在一月下东平，二月下济宁、东昌，三月下益都，四月下广平，然后退保东昌。《外史》记刘福通命"毛贵兵合田丰趋大都"，可见毛、田二部之间是一种有计划的战略配合。

C. 中路

十七年六月，"刘福通决定三道北伐，关先生、破头潘、冯长舅、沙刘二、王士诚寇晋、冀"。《外史》则说"分河北关先生、沙刘二领兵入晋冀"，可知关先生部方在黄河北岸。《元史》八月癸丑，刘福通兵陷大名路，遂自曹、濮陷卫辉路，答失八都鲁之子孛罗帖木儿与万户脱脱击走之。证以《鸿猷录·宋事始末》："八月，刘福通自将攻汴梁，取大名，卫辉等处，遣将关先生、破头潘、冯长〔舅〕、沙刘二、王士诚攻怀庆等处。"可知在十七年后半年中，在曹、濮一线与答失八都鲁周旋，并致他于死的便是关先生等所部。

从当时元军的部署来看：竹贞守汴梁，周全守洛阳，太不花与答失八都鲁驻卫辉、彰德。农民军北进晋冀，唯一的可能是从曹州西向，穿过卫辉而进入晋南、北向冀宁（太原），以避开元重兵设防的彰德真定一线，以实现北捣大都的战略进军。

这支北伐军大体分为两股：

第一股在十七年九月已挺进晋南，破泽州陵川县，闰九月，克潞州，攻冀宁，察罕帖木儿击走之。十月曹州贼入太行山。十一月又在壶关为察罕帖木儿所败。十八年三月，陷大同诸县，这枝部队很可能就是由关先生，冯长舅所统率的。

第二股是由王士诚所领。十八年二月，"庚寅，王士诚自益都犯怀庆路，周全击败之"。三月，癸卯，"王士诚陷晋宁路，总管杜赛因不花死之"。迁为察哈帖木儿部将赛因赤收复。《元史》说"是时贼分二道犯晋、冀，一出沁州，一出绛州"。出沁州者为关先生等，出绛州者为王士诚。察罕帖木儿于是命关保、虎林赤扼守泽、潞。据《察罕帖木儿传》："曹、濮贼方分道逾太行，焚上党，掠晋、冀，陷云中、雁门、代郡，烽火数千里。复大掠南且还。察罕帖木儿先遣兵伏南山阻隘，而自勒重兵屯间喜、绛阳。贼果走南山，纵伏兵横击之，贼皆弃辎重走山谷，其得南还者无几。"可见农民军一度是打算循南山撤回的。但是因为受到察罕帖木儿军的阻截，又重行北上。六月，关先生、破头潘在辽州被虎林赤所败，于是再下冀宁。九月，攻保定，不克，遂陷完州，掠大同，兴和塞外诸郡。十月克大同，十二月，关先生、破头潘等陷上都，焚宫阙，留七日，转略往辽阳，遂至高丽。但王士诚部则留驻在晋北一带。二十年三月陷冀宁路的很可能就是他们。七月，在台州为孛罗帖木儿所败。到二十一年，察罕帖木儿平山东，田丰以东平出降，我们又见到东平王士诚亦降的记载，《外史》说十九年毛贵被杀后，续继祖又杀赵君用，"国内遂大乱，花马王田丰，扫地王王士诚互相攻伐"。他很可能就是在二十年七月后逃依田丰的。

元和元以前中国的基督教

关于元代的基督教，已故的陈援庵先生撰有著名的《元也里可温考》一文，搜罗详尽。但这篇文章主要限于汉文史料，不足以窥元代基督教流行之全貌。本文拟就国外记载，迻译介绍，并稍加考释；汉籍所详而有涉重复者，则概予省略。① 狗尾续貂，非自忘于谫陋；抛砖引玉，有厚望于方家。

一 唐宋以来基督教的传布

据汉籍记载，基督教最早传入中国是在唐初。镌于唐德宗建中二年（781）的《大秦景教流行中国碑》载，在太宗贞观九年（635），基督教一派的景教开始传入中国，景教僧徒阿罗本至于长安，"帝使宰臣房玄龄总仗西郊，宾迎入内。翻经书殿，问道禁闱。深知正真，特令传授。"十二年七月，下诏云："详其教旨，玄妙无为；观其元宗，生成立要。词无繁说，理有忘筌，济物利人，宜行天下。"② 命所司即于京城义宁坊造大秦寺一所，度僧二十一人。高宗于诸州各置景寺，仍崇阿罗本为镇国大法主。"法流十道，国富元休；寺满百城，家殷景福"。③ 其后，开元七年（719），拂菻王遣大德僧来朝贡。④ 开元二十年，又有波斯王遣首领潘那密与大德僧及烈来朝。天宝初，"令大将军高力士送五圣写真寺内安置"；复有"元年五月拂菻国王遣大德僧来朝"的记载。⑤ 天宝三载（744），"大秦国

---

① 伯希和著有《唐元时代中亚及东亚的基督教徒》一文，见冯承钧译《西域南海史地考证译丛一编》，可参考。
② 此诏文亦载《唐会要·大秦寺》。
③ 《大秦景教流行中国碑》，载王昶《金石萃编》卷一〇二。
④ 《旧唐书·西戎传·拂菻》。
⑤ 《册府元龟·外臣部二十·褒异二》、《外臣部十六·朝贡四》。

有僧佶和，瞻星向化，望日朝尊。诏僧罗含、僧普论等十七人，与大德佶和于兴庆宫修功德"。四载九月，有诏："波斯经教，出自大秦，传习以来，久行中国。爰初建寺，因以为名，将欲示人，必修其本。其两京波斯寺宜改为大秦寺。天下诸府郡置者亦准此。"① 当时，这些东来的景教徒以"雕镌诡物，置造奇器。用浮巧为珍玩，以谲怪为异宝"，② 上干人主，博其欢心，故能迅速广泛传播。肃宗亡命灵武，即于灵武等五郡重立景教寺。有景教僧伊斯，自王舍城（Balkh，缚喝罗）来，极得肃宗的信任。"中书令汾阳郡王郭公子仪初总戎于朔方也，肃宗俾之从迈。虽见亲于卧内，不自异于行间。为公爪牙，作君耳目"，积功封金紫光禄大夫、同朔方节度副使、试殿中监，赐紫袈裟。这就是汉籍所载唐代前期景教在我国传布之大概。

有的西方史籍把基督教传入中国追溯到更早的时代。在一份叙利亚文的每日祷告书里，记载耶稣的十二个使徒之一圣·汤姆士"让天国飞入了中国"。又说"印度人、中国人和其他外国人，以及在叙利亚、阿美尼亚、伊斡尼亚（Ionia）、罗马尼亚人都怀着对救世主的名字的崇敬心情来纪念汤姆士"。③ 另一个使徒巴托罗缪（Bartholomew）以及阿丹欧（Addaeus）、马尔（Mares）、阿嘎欧（Aghaeus）等，据说都来过中国（Sinae）进行传教活动。这些记载把基督教的传入中国提早到公元一世纪，但这些记载本身却是较晚才出现的，缺乏足够的史实根据，当然很难于看成是信史，摩勒对此持否定态度，是严谨可取的。④

阿尔诺庇（Arnobius）在约公元 300 年时，论及基督教之迅速传播，曾列有赛列斯（Seres）之名，这是福音最早传入中国的记载，⑤

① 《唐会要·大秦寺》。
② 同上，《御史台下·谏净》，开元二年柳泽疏。
③ 参见摩勒（Moule）《1550 年前在中国的基督教徒》，1930 年伦敦版，页 10—24；玉耳（Yule）《东域记程录丛》，1915 年伦敦版，第一册，页 101，注 2；德理贤《中国天主教传教史》，页 1—2。
④ 关于圣·汤姆士在印度传教的问题，西方学者曾就其真实性进行过讨论，参看冯承钧译《马可波罗行纪》下册，页 696 注（一）。
⑤ 《1550 年前在中国的基督教徒》，页 23 注 25。

此外则仍然找不到可资参证的资料。但据古叙利亚文献，至迟在公元二世纪末，在大夏境内已有基督教徒的活动。① 迨至六世纪中叶，我国西北的突厥族人中也有了基督教徒。据说，大约在550年，天使出现在阿兰人的主教哈剌都沙（Karadusat）之前，命令他依靠在突厥人中众多的拜占庭俘虏和突厥人，以便洗礼他们，为他们任命教士，供给他们圣餐。在传教师的帮助下，突厥人开始学会了书写自己语言的技艺。不久，另一个老练的阿美尼亚主教又教会了这些突厥基督教徒种艺。② 如果这些记载是可靠的话，那么，南北朝时期，基督教已在中亚和我国新疆以北地区传布开来。当时，内地与西域乃至大秦的交通很频繁。杨衒之《洛阳伽蓝记》载：元魏于京城四夷馆以处外臣，"西夷来附者，处崦嵫馆，赐宅慕义里。自葱岭以西，至于大秦，百国千城，莫不欢附。商胡贩客，日奔塞下，所谓尽天地之区已！乐中国土风因而宅者，不可胜数。"③ 又《永明寺》："百国沙门三千余人，西域远者，乃至大秦国。尽天地之西垂，（耕耘）绩纺，百姓野居，邑屋相望。衣服车马，拟仪中国。"④ 这些东来的大秦人中，联系到当时基督教在中亚、新疆的传播看，也可能有一些便是基督教徒。不过他们还是以商贩、旅行者的身份来华，在内地的公开的传教活动，至少是无记载可寻的。

据阿色马尼（Assemani）的《东方志》（*Bibliotheca orientolis*）所引资料，景教之二十代总主教撒里巴萨察（Salibazacha）在位期（714—728），曾在也里、撒麻儿罕和中国建立大主教区。玉耳认为，这些地方无疑在此以前已是作为普通主教区存在的。也里主教区的建立当在411—415年之间，撒麻儿罕则当在503—520年之间。中国主教区之建立，根据前引汉人资料，不可能在635年，即唐太宗贞观九年之前。⑤ 而大主教区的建立，则应为玄宗开元的前期。

---

① 明嘎那（Mingana）《早期基督教在中亚和远东的传播》页7引著名的巴尔德桑（Bardaisan）判决文，此文书发布尔日期不迟于196年。

② 同上，页9。

③ 杨衒之《洛阳伽蓝记·城南》，范祥雍校注本。

④ 同上，《城西》。

⑤ 参考《东域记程录丛》第一册，页103及注3；《早期基督教在中亚和远东的传播》，页31。

它很可能与前引开元七年的拂菻王遣大德僧来朝一事相关。

　　大约在 781 年，也就是《大秦景教流行中国碑》镌立的一年，景教的总主教提摩太（Timothy，778—823）在写信给马罗尼惕（Maronites）时说道："突厥国王偕几乎所有他的国内（的居民），放弃了它古昔的偶像教，成了基督教徒。他致书我们请求在其国境内建立大主教区。我们这样做了。"在一封给拉宾薛儿吉思（Rabban Sergius）的信里，提摩太说他已为突厥人任命了一名主教，并准备为吐蕃人也任命一名。最后，在另一封给薛儿吉思的信中，提摩太明白地写道：在他的任期内，"许多僧人单囊细杖，越海前去欣都和中国"，并通知对方关于中国大主教的死讯。[①] 据汤姆士（Thomas of Marga）的记载，提摩太曾派遣大维特（David）来掌中国大主教区。[②] 九世纪中，我们还看到有材料把中国大主教区与欣都、波斯、马鲁、叙利亚、阿剌伯、也里、撒麻儿罕诸大主教区同列，其中规定：由于这些教区距离遥远，得以免除前往参加每四年一次的宗教会议，惟不得漠视收集维持总主教区资金的任务。[③]

　　就在九世纪中，唐武宗灭佛。所有外国传来的宗教如火祆、摩尼以及景教等都遭到打击。845 年（会昌五年），诏毁天下僧寺四千六百区，招提兰若四万；"勒大秦、穆护、祆三千余人，并令还俗，不杂中华之风。"[④] 从这以后，在内地的景教便趋于灭绝。在汉文史料中，我们所能见到的只是个别大秦寺的遗迹。西方的记载中，仅在阿布赛义德（Abu-Zaid）书中见到，当唐末黄巢起义军进据广府（Khanfu）时，有十二万侨居的伊斯兰教徒、基督教徒、火祆教徒和犹太人遭到杀戮。[⑤] 这个数字当然是难以置信的，但活动在沿海一带的外商中有基督教徒则无可怀疑。稍后，据阿卜勒法拉只（Abu'l Faradj）的记载：在 987 年（宋太宗雍熙四年），他

① 《早期基督教在中亚和远东的传播》，页 12。
② 同上，页 14。
③ 《东域记程录丛》第一册，页 104 转引阿色马尼书。
④ 《唐大诏令·道释·唐武宗拆寺制》；《新唐书·食货志二》作"二千余人"。
⑤ 《1550 年前在中国的基督教徒》，页 76 及注 97。

在巴格达某教堂后的一处基督教徒的住处，遇见一个来自那只兰（Najran）的僧人。此人在七年前曾偕同五个牧师，由景教教长派往中国，以整顿基督教堂的事务。据称：当此时，基督教的信仰刚在中国灭绝，本地的基督教徒这样或那样地相继死去，他们的教堂已被毁坏。在那里只残留下来一名基督教徒。当僧人发现他们的使团没有一个人留下来可取得任何益处时，便比他们来时更迅速地返回了。① 从宋人资料中几乎不见任何有关景教的记载来看，阿卜勒法拉只的说法是比较合乎实际的。明嘎那引总主教梯奥多斯（Theodose，852—858）在一个报告中仍提到撒麻儿罕、欣都和中国主教区为证，认为845年的诏命对基督教影响不大，② 是缺乏史实根据的。

二 十一至十二世纪中基督教 在我国北方和西北少数民族中的传播

当中唐以后内地的基督教趋于绝灭的时候，在新疆地区的少数民族中，景教的流传似乎一直没有停止。九世纪，伊斯兰教在中亚的优势逐渐建立后，必然迫使异教徒更加向东方发展，因而，使这一地区的景教在十世纪后臻于繁盛。1908年斯坦因在敦煌所盗窃的大批珍贵文物中，就有一幅精美的景教僧徒的壁画（现藏大英博物馆）。他头戴正中饰有十字的法冠，手持顶端有十字架的法杖，当众布道，天花雨堕，色彩缤纷。同年，伯希和从敦煌窃走的文物中，包括有景教的经典《大秦景教三威蒙度赞》《尊经》两种。此外还有由伯希和所发现而由日人留冈所窃去之《一神论》（包括《一天论第一》《喻第二》《世尊布施论第三》等三种经籍）。说明在唐后期，景教在敦煌地区的盛行情况。981年（宋太宗太平兴国六年）王延德出使高昌，在高昌城内敕书楼后面，他看到有"摩尼寺，波

---

① 《1550年前在中国的基督教徒》，页75—76。

② 《早期基督教在中亚和远东的传播》，页31。又1063年宗主教萨布里硕三世（Sabrisho III）遣主教乔治（George）自昔思坦（Sijistan）赴远东之第四主教区北中国（Khatai），当即为辽。然《辽史》中无可印证。

斯僧各持其法，佛经所谓外道者也。"① 在今哈萨克斯坦的谢米列契地区，距离阿力麻里不远的地方，十九世纪八十年代末，经过波尔扎科夫和安德烈也夫的发掘，出土大量景教徒的墓石，其年代从 858 年一直到 1342 年。② 893 年，河中的萨曼朝的奠基者伊斯梅尔·伊本·阿哈默德（Isma'il ibn-Ahmed, 892—907）进攻塔剌思，陷之，把城中的基督教堂改为礼拜寺。③ 这里的基督教徒很可能是属于景教的。这些都是景教在新疆北部乃至敦煌诸地盛行的证据。

大约在 1009 年，马鲁的大主教阿布的硕（Abdishō）在写给总主教约翰的一份报告中提到二十万突厥人和蒙古人转奉基督教的消息。据说，这种人名为克烈，属于东突厥人，住居东北方。它的国王在其国境之一高山行猎，为暴风雪所阻，彳亍彷徨，找不见出路，毫无生望。忽有一圣者显形，对他说："如果你信仰基督，我愿引领你走上正确的方向，你可以不死在此处。"他答应了，于是得以在圣者的指引下得救。当他安全返抵营帐后，便召来了侨寓在此处的基督教商人，讨论关于信仰的问题。商人们告诉他此非受洗礼不足以完成。他便从他们那里取来了《福音》，日加敬礼。阿布的硕在信中说："现在，他招我去他那儿，或者派牧师去为他洗礼。他也以斋戒问题询于我。他说：'除了肉和奶之外，我们没有其他食物，我们怎么能行斋戒呢？'他也告诉我，同他一起转奉教的人达二十万。景教教长写信告诉大主教，分遣二人，其中一个牧师，一名执事，携带一座祭坛的全部必需品前往，洗礼这些改宗的人，教以基督教的习俗。至于大斋节，他们得戒除肉食。但是，如果真像他们所说的，在他们的国内找不到大斋日的食物，将允许他们饮奶。"④ 马里（Mari）关于同一事件的记载更有所加详。显形的圣者自称是马薛儿吉思，讽示克烈王成为基督教徒，并对他说："紧闭你

① 王明清《挥麈前录》卷四。
② 佐伯好郎《在中国的景教文献与遗物》，1951 年版，页 408。
③ 格鲁塞（Grousset）《草原帝国史》，1970 年罗特格尔（Rutgers）大学出版英译本，页 142。
④ 《早期基督教在中亚和远东的传播》页 14—15 引巴尔黑布鲁斯（Barhebraus）《世界史略·教会编年史》。

的双眼。"他这样做了。当睁开眼睛时，他发觉已回到了自己的营帐中。当克烈王改宗基督教之后，他"树立起一个大帐篷以充祭坛所在，即以马薛儿吉思命名，其中有十字架和福音书。他在那里系一匹母马，取奶以置于福音书和十字架上，并在其上背诵他所学到的祈祷文，还在上面划十字。他和随从他之后的人民都从中喝上一口奶。因为他们没有小麦，大主教询问教长何以助之，后者的答复是努力为他们找到供升天节的小麦和酒。至于斋戒，他们应在大斋节中戒除肉食，可满足于饮奶。如果他们的习惯是喝酸奶的话，则以喝甜奶的习惯来更易之。"①

克烈部世奉景教，在剌失德丁的《史集》②和元初的史料中都可以得到证明。成吉思汗时代克烈部长王罕的祖父叫马儿忽思不亦鲁黑，③马儿忽思即基督教名 Marcus 的对音（>突厥语 Markus>蒙古语 Marguz）。王罕的父亲叫忽儿察忽思不亦鲁黑罕，④忽儿察忽思也是基督教名 Cyriacus 的对音（>突厥语 Quriaqus>蒙古语 Qurjaquz）⑤。这些都是克烈部奉基督教的明证。莎儿合黑帖尼是克烈部扎合敢不的女儿，她是拖雷的正妻，蒙哥、忽必烈、旭烈兀和阿里不哥的生母。术外尼和剌失德丁都肯定她是一个基督教的追随者与崇奉者。⑥王罕子为亦剌合桑昆与也苦二人，也苦有女名脱古思可敦，成吉思汗聘以为拖雷妻，拖雷死后则为旭烈兀所取。她是旭烈兀的正妻。⑦这位脱古思可敦也是一名基督教徒。多桑书引《史集》云："妃，信奉基督教之怯烈部人也，常庇其同教之人，旭烈兀因之亦优待基督教徒。当时基督教徒在其国中（即伊利汗国）建

① 《早期基督教在中亚和远东的传播》页 16—17 引《宝塔书》。
② 《史集》(俄译本)第一卷第一册，页 127。
③ 同上，页 129。不亦鲁黑，《元史·太祖纪》作"杯禄"，突厥语义为统兵者。
④ 《元朝秘史》卷六；《元史·太祖纪》作"忽儿扎胡思"。
⑤ 冯承钧《西域南海史地考证译丛一编》页 61，伯希和《唐元时代中亚及东亚之基督教徒》。
⑥ 术外尼《世界征服者史》(波义耳 Boyle 英译本)第二卷，页 552；剌失德丁《史集》(波义耳英译本题为《成吉思汗的继承者》)，页 200。
⑦ 《史集》第一卷第一册，页 131。

筑教堂不少，脱古思可敦斡耳朵门外常有教堂一所，时闻钟鸣。"①
这也证明了克烈部长王罕的一族是一个崇奉基督教的世家。克烈
部的住牧地，在十二世纪时期是在土拉河、鄂尔浑河的流域。

住牧在阿尔泰山以西的乃蛮部，据卢不鲁克的报导也是景教的
信奉者。②乃蛮王子古出鲁克在成吉思汗击败乃蛮太阳汗之后，亡
走西辽，他发动突袭，擒俘古儿汗，取其一女为妻。术外尼说："乃
蛮基本上是基督教，但是这位少女劝说他像她一样皈依偶像教而
放弃基督教。"③当太阳汗拟约汪古部联合进攻成吉思汗时，所遣使
者名卓忽难，④这也是一个基督教名的译音。乃蛮的居地，相传最
早是在吉儿乞思。⑤据《辽史·部族表》：耶律大石西征，在漠北会
十八部，然后经乃蛮部、畏吾儿部、回回大食部、寻思干地而至起
而漫地。⑥畏吾儿城，当指别失八里之和州回鹘。可知乃蛮是大石
从蒙古西征的第一站。据术外尼的记载，大石首先是进攻乞儿吉思
诸部。⑦这是当时乃蛮仍居乞儿吉思的佐证。

汪古部在阴山之后，景教在这个地区也十分流行，这可以从今
天百灵庙以北的阿龙苏木（元德宁路遗址）一带出土的大量刻有十
字架花纹的条石与景教徒的墓石得到证明。⑧马可波罗的报导与孟
德科儿维诺的书信以及汪古部赵王世家的命名也充分说明了这一
点。关于这些，我们将在下文的适当地方叙述，这里就不再重复。
居住在色愣格河下流的蔑儿乞人，据卢不鲁克记载，王罕是小城哈
剌和林的领主，"其所统领之人民叫克烈和蔑儿乞，他们都是基督
教的一派景教僧徒。"⑨但是这段资料有明显的矛盾，因为蔑儿乞

---

① 多桑《蒙古史》第二册，页 140。
② 柔克义（Rockhill）《卢不鲁克东游记》，1900 年伦敦版，页 109—110。
③ 《世界征服者史》第一册，页 64。
④ 阎复《驸马高唐忠献王碑》，载《元文类》卷二三。
⑤ 《元史·地理志六·西北地附录》。
⑥ 《辽史·部族表》。
⑦ 《世界征服者史》第一册，页 355。
⑧ 佐伯好郎《论内蒙古百灵庙附近的景教遗迹》、《再论百灵庙附近的景教
遗迹》。
⑨ 《卢不鲁克东游记》，页 111。

人是独立的部族，而且是王罕的世敌，它不可能是王罕的属民。因此，此处的 Merkit 一词，有人怀疑它是迦儿宾《蒙古历史》一书中两次出现的与 Merkit 并列的 Mecrit，[①]并且认为 Mecrit 亦即克烈。[②]这种说法明显地是与剌失德丁所说 Mecrit 即蔑儿乞的记载相矛盾的。

除此之外，据马尔瓦齐的记载，还有一种 Qun 人，属突厥种，他们是聂思托利派基督教徒。他们的伙伴[是、或过去是]花剌子模沙阿金只·卜·豁失哈儿（Akinji b. Qochqar〈？〉the Khwarazmshah，死于 1097 年），他们慑于契丹汗而去其故地，寻找水草。Qun 人为更强大 Qay 人所迫逐而离此（新的？）牧地，进入撒里（Shari）人之境，从而引起了一次波浪式的自东向西的民族迁徙。被迫逐的 Shari 人迁入了突厥蛮（Turkmans）的境地，突厥蛮又压迫古斯人（Ghuzz）的东境，古斯人则迁入靠近阿美尼亚（Armanian？）海岸边的比阡人（Bajanak）之境。[③]这段记载很模糊，而且在中国史籍中也找不见有关的证据。马迦特（Marquart）与班额（Bang）的《东突厥方言研究》中讨论过 Qun 人的问题，伯希和在《库蛮》一文中进行了批评，[④]但他自己颇持谨慎态度，没有正面提出自己的见解。米诺耳斯基在注解中认为 Qay 可当奚，Qun 即吐谷浑＝吐浑（＝浑）。吐谷浑因迫于吐蕃，数度东迁，769 年入居阴山地区，有可能从鄂尔多斯受到基督教的宣传。[⑤]米诺耳斯基考证，这次大迁徙的东部发动时期当是 1027 年（辽圣宗太平七年）之后。考《辽史·属国表》：兴宗重熙十一年（1042）十二月，"以吐浑及党项多鬻马于夏国，诏沿边筑障塞以防之。"此后吐浑便从史料中消失。这对米诺耳斯基的意见是有力的支持。如果事实确是如此，那么，十一世

① 克里斯托弗·唐森（Christopher Dowson）《出使蒙古记》1955 年英译本，页 19、41。剌失德丁则明指 Mecrit 即蔑儿乞（《史集》第一卷第一册，页 114）。
② 《卢不鲁克东游记》，页 111 注②。
③ 马尔瓦齐（Marvazi）《关于中国、突厥和印度》，米诺耳斯基（Minorsky）1942 年英译本，页 29—30。
④ 《西域南海史地考证译丛续编》。
⑤ 《关于中国、突厥和印度》，页 95—100。

纪时期阴山西段一带基督教的传布也是颇为可观了。明嘎那认为前引梯摩太的信中说准备为吐蕃人任命一名主教，其主教的驻所很大可能是唐古，升为大主教区的时间则当为八世纪末，或者约在790年。[1]

蒙古地区基督教文化的传入是在以新疆的诸部族为中介而导成的。其中畏吾儿的地位十分重要。回纥原奉摩尼教，西迁和州后，"在这里，他们接受所有外部文化和佛教，国王特别信仰摩尼教，少数人则奉景教。"[2]西辽的统治表现为一种对哈剌王朝所推行的伊斯兰化的反动，基督教伴随佛教而得到繁荣。[3]这时期喀失噶尔又出现了基督教主教，楚河流域的古基督教铭刻也属于同一时期。在这种形势下，作为西辽属部的畏吾儿人中，基督教也无疑更兴盛起来。十三世纪中的基督教士卢不鲁克在前往蒙古途中，穿行其北境时报导说，在畏吾儿"所有的城市中都有基督教徒和伊斯兰教徒。前者也分布在去波斯方向的回回人城镇中。上述海押立（Cailac）城中，他们有三所寺庙。"[4]卢布鲁克一行在离开海押立后，东行三里格远，又"遇到了一座全是景教徒的村庄。"[5]这里的景教徒的十字架上没有耶稣基督受难的像。"这里的景教徒懵然无知。他们诵日课祷告，有叙利亚文的圣书，然而他们对此种语言则完全无知，所以他们唱着就像我们这里那些不懂文法的僧人一样。因之他们完全堕落。首先他们是高利贷者和酗酒者。他们中一些和鞑靼人在一起的人甚至和鞑靼人一样，有好几个妻子。当他们入教堂时像伊斯兰教徒一样洗涤下身。他们在星期五食肉，跟随伊斯兰教徒的习惯，在那一天过节。"

"主教规避到这里来，五十年也很少来一趟。他来时把所有男孩，甚至还在摇篮里的都度作教士，结果，他们中的男子几乎都成

---

[1] 《早期基督教在中亚和远东的传播》，页30。

[2] 勒柯克（A.von Le Coq）《埋藏在中国土尔其斯坦的宝藏》，巴韦尔英译本1928年版，页24。

[3] 《草原帝国史》，页165。

[4] 《出使蒙古记》，页137。

[5] 同上，页145。

了教士。这以后，他们又娶妻。这种行为是明白地违反教皇的敕令的。他们是重婚者，因为当第一个妻子死了，这些教士又娶第二个。他们也都是出卖僧职者，不付钱就不给作圣礼。"

"他们对妻儿照应得很好，因而对财富的取得比起信仰的传布来更为关切。以此之故，他们中的人在教育蒙古贵族子弟时，虽然也教给他们圣经和信条，然而他们邪恶的生活与贪欲使他们远离基督的宗教。蒙古人本身，甚至偶像教的道人，比起他们来也要纯洁一些。"① 这里的景教徒在做礼拜和书写时也常使用畏吾儿的语言。②

卢不鲁克的这些描述虽然是从浓厚的教派成见出发的，但是通过这些，我们可以看到，这些深入到东方民族中的景教教士们，为了适应情况，争取信徒，在改变教俗方面是走得很远的。

东方基督教的传播，特别是克烈部归奉基督教的消息，在欧洲产生了所谓"约翰王"的传说。（另一种说法是来自埃塞俄比亚国王）从十二世纪中到十三世纪末，欧洲人中盛传东方有一富饶强大的统治者、基督教徒长老约翰（Prest John），并且传言此长老约翰曾在 1165 年致书于希腊皇帝马努勒、罗马皇帝弗雷德里克和教皇及其他统治者，信中满事夸张，因而使长老约翰强盛的报导广为散播。

史料证明：最早把这个传说的亚洲征报者的消息带到欧洲去的是叙利亚主教嘎巴剌（Gabala）。他在 1145 年向教皇的报告里说：不久以前，一个住居在世界东方极远之地的人，名为约翰，是一位国王，也是一个景教徒。他曾同麦德斯（Medes）及波斯的萨米尔德（Samiard）国王战，夺取了厄克巴塔那（Ecbatana）为都城，并且进而前来援助西欧的十字军，要夺回耶路撒冷。但他的军队为底格里斯所阻，不得渡，接着因病而退。这里的约翰王究竟指谁？学术界一直无法肯定。有主张指西辽耶律大石的，也有人认为是指谷儿只王子约翰奥尔伯连。③ 这种暧昧不明的传说在后来的流传中愈来

---

① 《出使蒙古记》，页 145。
② 同上，页 137。
③ 玉耳译《马可波罗行纪》，1903 年英文本第一册，页 231—237，注④。

愈复杂。一种说法甚至把它同成吉思汗也联系起来。①

稍后的迦儿宾的《蒙古历史》中说：长老约翰是大欣都的国王。②卢不鲁克则谓："这个草地（蒙古）的一平原有一个景教徒，是所有人民的强大领导者和君主，名叫乃蛮。他是聂思托利派基督教徒。古儿汗（Coir Khan）死后，这位景教徒自立为王，景教徒称之为约翰王。"卢不鲁克亲自对这位约翰王进行了调查，他说：景教徒经常谈及约翰王，但是"却超出其真相十倍，因为来自那儿的景教徒专干这种事——无中生有。"③马可波罗的说法又有不同。他在记天德时说："天德，隶属大汗，与长老约翰之一切后裔隶属大汗者同。此州国王出于长老约翰之血统，名称阔里吉思，受地于大汗。"④则所指已为汪古部的统治者。此说又为稍后的大都主教孟德科儿维诺所支持。⑤从上述材料中我们可以看出这一传说本身何等混乱。它虽然主要是由于道远隔绝，传闻失实所造成，但其中也夹杂了当时西欧基督教徒的某种愿望。他们希望在回教徒的东方出现一个强大的基督教盟友，来支持他们共同夹击，完成收复圣地的战争。但这里至少也透露一个消息，即：在当时的东方，景教的传布是颇为繁盛的。

三　从成吉思汗到蒙哥时期基督教徒的活动

成吉思汗的崛起和蒙古铁骑不断进行的军事征服在客观上廓清了中西交通的道路，一批批的基督教士，在各种原因的推动下，涌进了蒙古草原。

刚迈入文明门槛的蒙古族，在宗教信仰上，主要还是奉信原始的萨满教。它基本上仍保持万物有灵的观念，但是在所有一切神灵中，"天"已开始成为至高无上的尊神，不能和一般的神等量齐观，

---

① 伯希和《马可波罗注》第一卷，页303，"成吉思"条。
② 《出使蒙古记》，页22。
③ 同上，页122。
④ 冯承钧译《马可波罗行纪》，上册，页265。
⑤ 《出使蒙古记》，页225。

不过又还没有在教义和仪式等方面发展到排他性的程度。因此，正如在军事征服地区不能不基本上保持旧有的社会制度，依靠当地的贵族士夫来维持统治一样，在宗教意识上，成吉思汗对所有外来的宗教，一律采优容态度，而又不溺陷于其信仰。蒙哥在接见卢不鲁克时谈到他的信仰时，说："我们蒙古人，相信只有一个上帝，赖他以生，赖他以死，我们诚心敬奉他。""但是，正如上帝给人以五指一样，他也让人们走不同的道路。上帝给了你们《圣经》，你们基督教徒却不遵守"。"对于我们，另一方面，他给了占卜者，我们所做的都如他们所教的。因此我们的生活很平安。"①这是对蒙古初期执行宗教兼容政策的最好说明。

在这种政策的鼓舞下，基督教在蒙古人中大为盛行。如前所述，王妃中如拖雷正妻莎儿合黑帖尼别真、旭烈兀妻脱古思可敦，此外大臣中如镇海（《元史》卷一二〇有传）、合答 ② 以及一位蒙哥的"言听计从的书记"，都是景教徒。③ 术外尼论贵由汗，谓："时，合答从彼之幼年即充阿塔别为侍从。因合答系基督教徒，故贵由亦于此信仰中成长。其图像锲于彼之心胸，如图在石。[此种影响]复因镇海而加深。故此，彼在敬礼基督教及其教士的道路上所走甚远，名噪一时。教士们自大马士、鲁木、八哈塔、阿速和斡罗思诸地前来彼之王庭。侍御彼之人中也大多为基督教医生。因合答及镇海充侍从之故，彼自然地倾向于攻击摩诃末之信仰。由于皇帝精神不振，故事无巨细，彼尽付合答与镇海，使任祸福利害之大任。其结果，基督教之事业在彼之临御期内大为繁荣，穆斯林无一人敢置一声。"④ 迦儿宾的报导也同样证实在贵由身旁基督教徒十分活跃，贵由本人对基督教也甚表优待："他（贵由）家内的基督教徒也告诉我们：他们坚决相信，他会成为一个基督教徒，其明显之证据

① 《出使蒙古记》，页 195。
② 即迦尔宾《出使蒙古记》之 Kadac（《出使蒙古记》页 66）。《雪楼文集》卷五《拂林忠献王神道碑》"有列边阿答者，以本俗教法受知定宗"，疑即其人。
③ 《出使蒙古记》，页 150。此人疑为孛罗欢，克烈部人，见《元史·也先不花传》。
④ 《世界征服者史》上册，页 259；此文在《史集》"贵由汗纪"中两次照录。

是：他收养基督教牧师，供应他们基督教所需之物件。加之，在他的主帐之前常有一座礼拜堂，不论那里有多少群鞑靼人或其他的人们在场，那里都当众公开地唱着歌，像别的基督教徒一样，按照希腊的方式击着板做礼拜。其他首领则不这样做。"① 巴尔黑布鲁斯则断言贵由确是一个基督教徒。在他统治期很多他属下的基督教徒大有声名。他的营帐中满是主教、传教士和僧人。② 当然，贵由本人是否受洗，这还是大可怀疑的。

蒙哥统治时期基督教的活动显得更形活跃。根据卢不鲁克的报导：哈剌和林城的远端有一所基督教堂，按期进行宗教活动。卢不鲁克亲自在这里参加了复活节的仪式，"在复活节前夕，（四月十一日），景教徒们以最正确的仪式洗礼了六十多人。"③ 还有小礼拜堂，常布置在蒙哥大斡耳朵的最东面，随斡耳朵迁徙。它的上面竖着一个小十字架，里面有装饰得很漂亮的神台，上面有圣母玛利亚、耶稣之先驱者约翰及两个天使的像。这里的主人是一个阿美尼亚的僧人。④ 按照基督教的习惯，每当节日，大斡耳朵属内景教徒们都来这里举行宗教仪式。教士们还前去宫帐中，为大汗和他的后妃们祝福。1254 年的主显节（1 月 6 日），一个名叫薛儿吉思的阿美尼亚僧人还对卢不鲁克说将为蒙哥举行洗礼。"这一天，先是基督教徒带着法器来了，他们为他（蒙哥汗）祷告，为他的酒杯祝福。他们退下去后，回回教士也来同样做了，偶像教徒跟着也照样而行。僧人（指薛儿吉思）告诉我，汗仅信基督教，然而他希望所有人都为他祷告。但是，他是说谎。因为如您（指法兰克国王）在后面所听到的，他不相信他们中的任何人。然而，他们跟随着他的宫廷，如蝇逐蜜。他供应他们一切；他们都认为他们受到他的特殊恩宠，他们都为他预言佳运。"⑤ 这个结论是完全符合当时的实际的。

---

① 《出使蒙古记》，页 68。
② 《早期基督教在中亚和远东的传播》，页 18。
③ 《出使蒙古记》，页 180。
④ 同上，页 151。
⑤ 《出使蒙古记》，页 160。

蒙哥的四个正妻之一是基督教徒,早卒,遗一女,名 Cirina,已长成,而极丑鄙。① 她对于基督教的仪式有很好的教养。② 蒙哥的长子班秃(Baltu)的教师是一个酒徒、名叫大维特的景教徒。③ 蒙哥的弟弟阿里不哥明显地纵容和左祖景教徒。当上述之阿美尼亚僧人与两位汗宫廷中的伊斯兰教徒贵族发生口角时,他制止了伊斯兰对基督教的回骂,说:"不要说这些事,因为我知道救世主是上帝。"④ 金匠威廉原籍巴黎,拔都西征时,他在贝尔格莱德被俘。在蒙哥的母亲、著名的景教徒莎儿合黑帖尼要求下,拨归于她所有。按照蒙古幼子继承父亲家业的习俗,莎儿合黑尼的私产,包括金匠威廉在内,都为阿里不哥所继承。⑤ 另一个名叫帕开忒是罗兰地方人,在匈牙利被俘,曾属蒙哥的那位基督教妻子所有,她的丈夫是俄罗斯人,精于造房子。⑥ 在当时的蒙古,和威廉、帕开忒同样命运的基督教徒是相当多的。此外还有一批冒险东来的教士。除前述之阿美尼亚僧人外,据卢不鲁克所见,还有来自阿克儿的教会书记、自称名雷蒙、而真名是帖翰朵留思的骗子。当时,"这样的骗子到处漫游,蒙古人一抓到时就把他处死。"⑦

上面,我们大量地引用了作为教皇的使者,亲身到过蒙古的迦儿宾与卢不鲁克的第一手的报导。罗马教皇派遣使者远道来到中国,这是有史以来的第一次,是中西文化交通史上的大事。在讨论蒙古时期基督教在东方传播情况时,我们有必要叙述罗马教廷与蒙古汗廷间使书往来的大致情况。

在 1219—1224 年和 1238—1241 年间,蒙古进行了两次规模

---

① 《出使蒙古记》,页 154。据《成吉思汗的继承者》,此后当为斡亦剌特部之斡兀勒海迷失(Qghul Qoimish)。有女二人:失林(Shirin)、必失哈(Bichqa)。失林即此处之 Cirina,后嫁于 Qlqunut 之 Chochimtai,见页 198。
② 同上,页 166。
③ 同上,页 165。班秃为蒙哥长后忽都台可敦之子,名从《元史·宗室世系表》;参见《成吉思汗的继承者》"蒙哥汗纪"第一部分。
④ 《出使蒙古记》,页 186。
⑤ 同上,页 185。
⑥ 同上,页 157。
⑦ 同上,页 158—160。

巨大的向西远征,兵锋及于东欧诸国,给西方世界造成巨大的震动和威胁。当时的西欧,罗马教皇和德意志国王弗雷德里克二世之间长期进行着争战。与此同时,为夺回耶路撒冷圣地的十字军远征也在继续进行。欧洲诸王国统治者间的分裂与争战,大大削弱了自己的防御力量。这是蒙古远征军能够所向无前、蹂躏东欧的主要原因。

来自东方的威胁迫使西欧的统治者谋求对这一像飓风般兴起在遥远东方的草原民的了解。约翰王的传说也促使他们产生联络东方的同教以夹击伊斯兰教徒的梦想。在这以前,欧洲人对于蒙古人的了解是极端贫乏的。当时的作家帕里斯(Matthew Paris)把蒙古人称作 Tartar,认为这种人是马其顿皇帝禁锢在高加索巉崖中的一种野蛮人。[①] 拔都西征军在匈牙利的掳掠引起了教会统治集团的警觉与不安。1234 年新当选的教皇因诺曾四世就着手组织两个使团出使蒙古:一个由普兰・迦儿宾出往斡罗思;一个由剌温思(Lawrence of Portugal)出往波斯。

普兰・迦儿宾出生于彼鲁吉亚(Perugia)附近的 Piano di Carpini,并以之而得名。他是圣芳济教派的创始者之一,1222 年曾任撒克逊教区的监护人,1228 年任日耳曼主教,1230 年被派任西班牙主教,1233 年又返任撒克逊主教。在接受教皇委派的东使任务后,他在 1245 年 4 月 16 日带着教皇给贵由汗的书信(参见张星烺《中西交通史资料》第一册,页 182—183),从里昂出发,开始了漫长而艰困的蒙古之行。同行者有在布列思老(Breslau)加入的伯涅的克(Benedict)等。迦儿宾一行经过波希米亚、基辅,横穿南俄草原,觐见拔都于伏尔加河上的斡耳朵。拔都遣他们往见大汗。于是经行康里、乃蛮之地而至蒙古(7 月 22 日),参加了 1246 年秋正在哈剌和林附近举行的选举贵由为大汗的忽里勒台,先后受到脱列哥那皇后和贵由汗的接见。在蒙古逗留四个多月以后,迦儿宾带着贵由给教皇的复信,在 1246 年 11 月 17 日循原道西返。1247 年的后半年抵达里昂。

---

① 布朗(Browne)《波斯文学史》第三卷,页 6。

贵由复信的大旨，在伯涅的克的报导中是这样记载的：

长生天力气里，所有人众之皇帝致大教皇之书信：

既慎思与我言和之后，尔教皇与全体基督教徒众遣使于我。来使之言与信中之意已入圣鉴。如欲修好，尔教皇及所有国王、权要宜速诣朕，以商和款，聆取吾人之答复与旨意。来函所云，谓吾人须受洗而为基督教徒。关于此点，可径言回复：吾人竟不知何由而必须为此。其余所云之尔等惊于屠戮，尤以对基督教徒，其更甚者为对波兰人、莫拉维亚人与匈牙利一事，吾人亦以不知所云见复。然恐尔此行寂然无所闻，故以书答之。

皆因尔等不遵长生天之语言，不从成吉思汗与汗之旨令，而杀戮我使臣，长生天故令吾人摧毁之，并假手于吾人以实行。设非天意，人谁能此？尔西方人众，但尊基督教而卑视其他，尔如之何能知长生天之恩赐？吾人奉事长生天，借其力气，已尽毁自东至西之全部土地，非长生天力气，人其谁能？故尔教皇及诸基督教王子等设欲纳款言和，愿为我毁平堡塞，则亟宜诣我以商和款，示我以求和诚意。倘尔等不从圣言，故违天命，不听忠言，则吾人知尔等确望一战。后果如何，惟天知之。

第一个皇帝成吉思汗，第二窝阔台汗，第三贵由汗。①

传播福音的美妙希望换来的是一纸傲慢的促降文书，迦儿宾的出使无疑是失败了。但对于了解东方来说，它又是成功的。迦儿宾所写的《蒙古历史》一书是对当时蒙古的全面报导，具有巨大的史料价值。

关于剌温思之使波斯，其具体情况我们一无所知。但在《教会编年》(Ecclesiastical Annals) 中提到 1247 年教皇曾任命他为驻小亚细亚的公使。这就使我们推想他曾访问过这一地区。然就在同一年，教皇又任阿色林 (Ascenlin) 或安塞勒木 (Anselm) 出使于驻波斯的蒙古将军拜住，这又说明剌温思可能并未完成 1245 年的出

---

① 《出使蒙古记》，页 83—84。

使任务。阿色林是在 1250 年返回教皇处的，携回了与迦儿宾所带的内容略同的信件。这次旅行的简短叙述，保存在芬遏特的著作《史鉴》中，它源出于使团成员之一、修道士西蒙的报告。

当迦儿宾返抵里昂时，第八次十字军的准备正在进行，法兰克国王路易九世正将东行。同行人员中有修道士威廉·卢不鲁克。由于教皇很担心路易九世的离去而有可能招致弗雷德里克的威胁，因之，在 1248 年初，他派遣迦儿宾及其使蒙的同伴伯涅的克前去巴黎，请求路易九世推迟往圣地的行期。卢不鲁克很可能就是在这时见到迦儿宾，了解了他们使蒙中的见闻。

1248 年 9 月 31 日，路易九世等一行抵达塞浦路斯。三个月之后，圣路易在尼科西亚（Nicosia）接待一个自称是蒙古将军按只吉歹（Eljigidai）①所派遣的使团，使者中有大维特与马克。大维特宣称，蒙古大汗与诸王多人皆受洗礼，且愿助基督教徒收复圣地。因此，有些西方史学家便推测在迦儿宾出使之后，贵由可能已经受洗成为基督教徒。贵由派遣按只吉歹代拜住为小亚细亚的蒙古军统帅正是计划与十字军配合，打击伊斯兰教，收复圣地。②也有人对大维特使团的真伪持怀疑的态度，这当然也不无理由。但圣路易很重视这一使团，厚加接待。1249 年 2 月，圣路易又以安德烈为使，回访贵由。安德烈大概是取道北方大道，经小阿美尼亚、凯撒里亚、额尔疾隆，至梯弗利斯，可能是在木干平原见到蒙古将军按只吉歹。这年秋天，贵由死去。按只吉歹乃遣这一使团东觐。③安德烈绕里海南岸，去河中，循锡尔河而抵赤木邠或塔剌思，由此往东，过垂河与伊犁河，抵叶密力河上之行宫，觐见当时任摄政的海迷失皇后。1251 年 4 月，安德烈返还，向圣路易递交了海迷失的回书。书中同样促其称臣入贡，完全不符遣使的初意。

紧接着，圣路易在凯撒里亚又接见了据说是海迷失所遣、由菲

---

① 《元史·定宗纪》二年八月"命野里知吉带率搠思蛮兵征西"，即此人。他代替拜住镇小亚细亚。
② 瓦尔纳德斯基（Vernadsky）《蒙古与俄国》，页 64。
③ 瓦尔纳德斯基认为这是因为贵由死后，按只吉歹不知道贵由原来的指令是否继续有效，无法作出决定，乃遣使者东觐（页 65）。

利普率领，经由君士坦丁堡来的使团。圣路易款留使团长达一年之久。大概是在这年底，卢不鲁克伴同菲利普使团，由阿克儿乘船，在1252年春抵达君士坦丁堡。卢不鲁克在君士坦丁堡停留到次年5月7日，在完成使蒙的准备后，渡黑海首途。大概是鉴于前此安德烈使蒙的失败，卢不鲁克本人，虽持有圣路易致蒙古大汗的书信，但他一直坚称不是官方的使者，而是一个忠忱于上帝的事业而去往蒙古布道的传教士。

卢不鲁克从克里米亚半岛登陆后前行，在伏尔加河畔觐见了西欧人盛传是基督教徒的蒙古诸王撒里塔（术赤孙、斡里朵子。海顿的报导中也肯定他是基督教徒；而卢不鲁克则认为系无稽之谈）。撒里塔遣其往见拔都，拔都又遣其去蒙古觐见大汗。1253年12月27日，卢不鲁克抵达蒙哥在汪吉河流域的住冬斡耳朵。在稽留五个多月后，卢不鲁克携带着同样傲慢促降的回信，启程回国。他从拔都处折而南向，穿过高加索与小亚细亚，1255年6月抵达塞浦路斯。①

在卢不鲁克逗留哈剌和林期间，发生了由大汗组织的宗教辩论大会。据卢不鲁克的报导，这次会议是在1254年升天节夜祷时举行（3月30日），参加的为基督教徒、伊斯兰教徒和道教徒三方。根据卢不鲁克的主意，"因为伊斯兰教徒同我们一致承认唯一的上帝，所以他们将站在我们一边反对道人。"②制定了一个联合伊斯兰教徒，批驳道教的计划。辩论开始时，"蒙哥派来三位书记作裁判——一为基督教徒，一为伊斯兰教徒，一为道人。声明说：'这是蒙哥的圣旨，没有人敢说它和上帝的命令有什么两样。他下令不得与人争吵诟骂，不得扰乱会议进行，违者处死'"③。然后卢不鲁克自吹他如何就上帝的唯一与全能的性质上对道人进行了论证和驳斥，基督教徒大获全胜。道人们"都静听而无一异辞，然而他们中没有一个人说：'我相信并愿意成为一个基督教徒'"。④ 这里的道

---

① 参考《卢不鲁克东游记》序注；唐森《出使蒙古记》序言。
② 《出使蒙古记》，页191。
③ 同上。
④ 《出使蒙古记》，页194。

人是指全真道。据《至元辨伪录》张伯淳序：在乙卯（1255年）间，道士邱处机、李志常等，毁西京天城夫子庙为文城观，毁灭释伽佛像、白玉观音、舍利宝塔，谋占梵刹四百八十二所。传袭王浮伪语老子八十一化胡图，惑乱臣佐。时少林裕长老率师德诣阙陈奏，先朝蒙哥皇帝玉音宣谕，登殿辩对化胡真伪，圣躬临朝亲证。李志常等义堕辞屈，奉旨焚伪经，罢道士为僧者十七人，还佛寺三十七所。"丙辰（1256年）五月，那摩大师再与少林长老奉福……并上合剌鹘林，预待李志常等共对朝廷，与先生每大行辩论。以七月十六日觐帝于鹘林城南之昔剌行宫……李志常怯不敢去……天子、阿里不哥大王知此道士无理，虽复多语，竟不与言。""帝以诸王大会封赏事殷，僧道对辩之事，且令阿里不哥大王替行。"① 其结果遂有戊午（1258年，宪宗八年）"勒令道士落发，恢复侵寺二百余所，化胡等伪经及雕板，尽令焚毁"之令②。汉文资料都把释道的辩论大会经始于1255年（乙卯，宪宗五年）。但卢不鲁克《行记》则记载1254年已有基督教、伊斯兰教对道教的宗教辩论会，这对研究当时宗教间错综、激烈的斗争无疑是一份极为重要的资料。

另一位与迦儿宾同时访问过蒙古的小阿美尼亚王子桑巴德（Sempad 或 Sinibald），在一封信中大谈了 Tanchat（唐古）、Chata（契丹）境内基督教的盛况，③ 迹近于游谈传说，其可靠性是值得怀疑的。

四　元代基督教的分布

1260年，忽必烈建立元朝，进而完成对南宋的统一。由于中西交通的空前发达，基督教在全国各地的传布也达到了前所未有的繁荣。下面我们根据一些零星的记载，按几大地区分别进行胪列。

---

① 祥迈《至元辨伪录》。
② 陈垣《南宋初河北新道教考》，页57。参见虞集《至温禅师塔铭》，载《道园学古录》卷四八。
③ 《东域记程录丛》第一册，页162注①。

（一）新疆、甘、陕地区

喀失噶尔 据《马可波罗行纪》记载："此地有不少聂思脱里派之基督教徒，有其本教教堂。"（见冯承钧译本上册，页147。以下征引本书材料甚多，故随正文以括号注出，并简称"冯译"）。较早的史料表明：这里设有主教区。1180年总主教厄利扎三世（Elijah III 1176—1190）曾任约翰为喀失噶尔主教，约翰死后，继任者为撒不利硕（Sabrisho）。[1] 在阿木鲁（Amru）所列诸主教区中亦有Chahgar教区之目，[2] 可见景教在此地是颇为盛行的。

鸭儿看州 "亦有聂思脱里派同雅各布派之基督教徒"（冯译，上册，页152）。

哈密 据叙利亚文史料，1266年总主教天合（Dinha）任约翰为哈密主教，则此地亦有主教区之设置。[3]

欣斤塔剌思 "居民有……若干聂思脱里派之基督教徒"（冯译，上册，页197）。

肃州（Suctur）"居民是基督教徒或偶像教徒，并臣属大汗"（冯译，上册，页204）。

甘州（Campicion）"居民是偶像教徒、回教徒及基督教徒。基督教徒在此城中有壮丽教堂三所"（冯译，上册，页208）。据《元史·顺帝纪一》：至元元年三月，中书省臣言："甘肃甘州路十字寺，奉安世祖皇帝母别吉太后于内，请定祭礼。从之。"此别吉（Beki）太后即前述拖雷妻、克烈部人莎儿合黑帖尼。

额里湫（Erginul 凉州）"居民是聂思脱里派之基督教徒，或偶像教徒，或崇拜摩诃末之教徒"（冯译，上册，页260）。

唐古武州 "亦稍有聂思脱里派之基督教徒若干"（冯译，上册，页190）。这里从很早以来就设有大主教区。[4] 当著名的景教徒霞马（Sauma）与马儿古思（MarKus）在1275年左右经此地前往耶

---

[1] 《早期基督教在中亚和远东的传播》，页31—32。
[2] 《东域记程录丛》第三册，页22—24注文。
[3] 《早期基督教在中亚和远东的传播》，页34。
[4] 《东域记程录丛》第三册，页22—24注文。

路撒冷朝圣时，唐古城的全城老幼热烈迎送，并祝福说："让召唤你们从事于服务于他的光荣事业的我主上帝伴随你们，阿门！"①1281年间任唐古特大主教者即伊硕撒不黑剌木（îshô-Sabhram）。②

申州（Singuy）"亦属唐古忒"，居民"亦有基督教徒"（冯译，上册，页260）。

哈剌善 "居民是偶像教徒，然有聂思脱里派之基督教堂三所"（冯译，上册，页262）。

（二）内蒙古、山西及辽东地区

天德 "此州国王出于长老约翰之血统，名阔里吉思"。"治此州者是基督教徒"，"此种持有治权之基督教徒，构成一种阶段，名曰阿儿浑（Argon），犹方伽思木勒（Gasmoul）也。其人较之其他异教徒之人形貌为美，知识为优，因是有权，而善为商贾"（冯译，上册，页265）。马可波罗把长老约翰附会为汪古部首领阿剌兀思的吉忽里，当然是传闻耳食之辞，不可相信。但这种晚出的传说也表明，在克烈部败亡之后，汪古部已取代而成为蒙古诸部中崇奉基督教的部族的最著名者。阿儿浑，《元史》又作"夏水阿剌浑"，③是一种混血儿。克拉普罗特（Klaproth）认为此 Argon 为也里可温（Arkhai'un），即基督教徒之异文。冯承钧亦认为两者之间似不无关系，④玉耳对此是持否定态度的。而且在玉耳译注本中并无阿儿浑为基督教徒之文。⑤伯希和引许有壬《至正集》卷五三《西域使者哈只哈孙碑》肯定阿儿浑人是伊斯兰教徒。喀失噶尔辞典中多次提到在塔剌思与马剌沙兖之间，有一国名 Arru，当即此种阿儿浑人。⑥据《元史》：哈散纳在太宗时，"仍命领阿儿浑军，并回回人匠三千

①　《中国皇帝忽必烈的僧侣们》，页138；《1550年前在中国的基督教》，页100。
②　同上，页159。
③　《元史·世祖纪一》，中统二年八月。夏水，《长春真人西游记》作"下水"，在丰州东三日程。
④　冯译《马可波罗行纪》上册，页269，注2。
⑤　玉耳译《马可波罗行纪》第一卷，页284。
⑥　《马可波罗注》第一卷，页50。

户驻于荨麻林"。① 阿儿浑人既与回回工匠联合编制，其不为基督教徒甚明。玉耳译注本也清楚地说他们是"天德的偶像教徒与马哈木信仰者两个不同人种所自出"。② 但是，尽管我们认为阿儿浑人并不是基督教徒，此地景教势力之大仍是无可怀疑的。

由天德东行七日，"则抵契丹之地。此七日中，见有城堡不少，居民崇拜摩诃末，然亦有偶像教徒及聂思脱里派之基督教徒"（冯译，上册，页266）。当时从大同至宣化一线，有不少色目军士、工匠和商旅、官宦住居在这里。他们中有伊斯兰教徒，也有基督教徒。

东胜（Koshang） 前述之著名景教徒马儿古思即 Koshang 人。据伯希和的意见，在波斯文中 To 与 Qo 很容易混淆，故 Koshang 当即 Tung-shêng（东胜）。③ 马儿古思在1281年曾被选为巴格达的景教总主教，以马亚伯拉罕三世（Mar ahbalaha III）之名著称。

西京（Segin） 据卢不鲁克报导："契丹的十五个城里有景教徒。在西京有主教"。④ 西京（Segin）一般认为就是长安。⑤ 但也有人提出疑问，认为既然当时西安设有主教区，为什么霞马和马儿古思从大都西去朝圣时既没有经过这里，也没有提到过它。元初的西安地区，是安西王的封地。在第二代的安西王阿难答统治时期，这里占优势的是回教，《史集》所记甚明。⑥ 金代的西京是大同。据《元史·地理志一·大同路》："至元二十五年，改西京为大同路。"《世祖纪六》至元十三年六月，"敕西京僧、道、也里可温、答失蛮等有室家者，与民一体输赋"。这是西京有基督教徒的佐证。又《兵志一》：至元四年二月，"除军、站、僧、道、也里可温、答失蛮、儒人等户外，诏遣官金平阳、太原人为军。"可知山西地区均有基督教徒留住。

---

① 《元史·哈散纳传》。荨麻林即后来之洗马林。
② 玉耳译《马可波罗行纪》第一卷，页284。
③ 《1550年前在中国的基督教》，页96，注7。
④ 《出使蒙古记》，页144。
⑤ 《卢不鲁克东游记》，页157—158注2。
⑥ 《成吉思汗的继承者》，页324—325。

辽东　据马可波罗记载：元初封地在辽河上流的宗王乃颜（成吉思汗弟帖木哥斡赤斤之曾孙）"为一受洗之基督教徒，旗帜之上以十字架为徽志"（冯译，中册，页299）。汉文资料中也说乃颜离佛正法。[①] 当然，辽东地区有基督教徒，至少在金初就已开始。元好问撰《恒州刺史马君神道碑》说：马氏"出于花门贵族，宣政之季，与种人居临洮之狄道，盖已莫知所从来矣！金兵略地陕右，尽室迁辽东，因家焉"。[②] 马氏是景教世家。日本学者在鞍山、通肯河等地也发现过十字架的遗物。[③] 这些都说明：在东北地区，基督教传布的范围是颇为广泛的。

（三）北京地区

元代的大都城，西方人习称汗八里（Khan Balik）。"八里"，突厥语义为城，意即"大汗之都城"。大都的基督教有景教与罗马天主教两个教派。景教徒在大都的势力很大。据说他们的数字超过三万，是很富有的人。"他们在风俗、仪式上追随希腊人，不归服于神圣罗马教会，而宗另一枝派。"他们"有漂亮且虔诚地安排的教堂，有十字架和圣像以尊奉上帝和圣灵。他们在所述皇帝之下，把持各类官府，享有很大特权"。[④] 前述之景教徒马儿古思在1280年曾被任为契丹（Katî，即 Kãthay）和汪古（Ông 即 Wâng 或 Huâng）的大主教。[⑤] 霞马原籍为汗八里，其父失班（Shîbân）为景教会之视察员。[⑥]

罗马天主教是在1293年左右由约翰·孟德科儿维诺传入的。他属于公教派（Cathalique），于1246或1247年生于意大利北部的Monte Corvino。他受教皇尼古拉四世的派遣，前来东方。1291年离开伊利汗国的首都大不里士，至欣都，然后涉海来到中国。他在

---

① 赵岩《应昌路曼陀山新建龙兴寺碑》，载《口北三厅志》卷十三。
② 元好问《恒州刺史马君神道碑》，载《元遗山文集》卷二七。
③ 《在中国的景教文献与遗物》，页440—443。
④ 《东域记程录丛》第三册，页101。
⑤ 《中国皇帝忽必烈的僧侣们》，页148。
⑥ 同上，页124。伯希和认为 Ong 即汪古（Ongut）之单数形式。

1305 年寄往西方的第二封信中报告说："我确以教皇陛下的信件入见皇帝本人（即元成宗），促其归依耶稣的罗马教会。但是他已迷信偶像太深，然而对基督教徒很是慷慨。""一种自称为基督教，但行为极端违反基督教义的景教徒在这里势力是如此之盛，以致他们不允许另外一种仪式的基督教徒拥有任何信仰的余地，尽管它是很小的一点。除他们所有的以外，也不许传布其他教义。因为此地从来不曾有任何传道者，甚至是传道者的门徒来过这里。因此，前述的景教徒直接或间接通过贿赂其他人对我进行极其残酷的迫害，宣称我不是由教皇陛下派遣来的，而是一个侦探、魔术师和骗子。不久，他们又假造证据，说是有一个使者给皇帝带来了大量珍宝，但在欣都时我谋杀了他，窃取了他的礼品。这种阴谋继续了五年多。这样，我常被拉去受审，处在耻辱的死亡的危险中。最后蒙上帝的指令，皇帝通过他们中的一些人的供认，了解了我的无辜及我的控告者的本质。他把他们连同妻子儿女放逐了。""直至一年多前，教友阿尔诺德（Arnold）从日耳曼的科罗涅（Cologne）省来到我处。我在作为国王主要住地的汗八里城筑了一所教堂，是六年前建成的。我为它建造了一座塔，里面有三只钟。如我所估计的，迄今我在这里洗度了六千人。如果没有前述的诽谤，我将洗三万人以上，因为我常进行洗度。"孟德科儿维诺还翻译了部分经文，并在教堂里组成四十名儿童的歌唱班。"皇帝陛下很喜欢听他们歌唱"。他还报告说："目前，我正从事建立另一所教堂。这样，孩子们可以分为多处。"① 在他的第三封信中，孟德科儿维诺说："在公历 1305 年这一年，我在大汗陛下的门前开始了新房子的建筑。我们的房子离大汗陛下王宫的大门道外有一投石远的距离。鲁喀隆哥（Lucalonga）的工匠彼得，一个虔诚的基督教徒和大商人，是我从大不里士一道来的同伴。他购置地皮为兴建上述房子之用。为了表示对上帝的眷爱和恩情，他把它给了我。在整个大汗帝国之内是再也找不出这样一个对罗马教堂最适合的处所了。八月初我得到基地，靠所有捐

① 《出使蒙古记》，页 224—227。这封信从大都签发的日期是 1305 年 1 月 8 日。

施人和帮助者的支助,在圣弗兰西斯节已经完成了围墙、房屋、简朴的公厕和可容二百人的礼拜堂。由于冬季臻至,我不能使教堂完工,然而我已经鸠集了木材,如果上帝垂允,我希望能在夏天完工。""从我们的第一所教堂到我后建的第二所教堂,在这广阔的城市内,距离二里半之远。""我们在我们的礼拜堂用常用的曲调庄严地演唱礼拜式,原因是我们没有带注的圣经诗篇。大汗陛下在他的寝室中便可以听到我们的声音。""我在他的宫廷中有一个位置,我有权作为教皇陛下的公使进入。他尊礼我在其他高级教士之上,而不论他们的职衔如何。"①

在孟德科儿维诺的第二封信中,还特别报导了"好王阔里吉思"的情况。"此处有一国王,名阔里吉思,属于基督教一派的景教。他是被称为欣都的长老约翰的家属。在我抵达此间的第一年,他就追随了我。我使其转奉罗马教会的真义,取得了小的僧职,穿着神圣的法衣,尽礼于我的弥撒仪式。因此,另一些景教徒指责他背教。然而,他带来了很大一批他的臣民,归依于罗马真教,筑了一个皇宫般美好的教堂来尊礼上帝、神灵的三位一体和教皇陛下,根据我的名字称之为罗马教堂。这位阔里吉思王作为一个真正的基督教见上帝去了,留下来的子嗣还在摇篮里(下文还提到:"上述王子按照我的名字取名约翰")。如今他九岁了。但是,他的兄弟怙恶不悛,坚持景教的错误,把所有阔里吉思王使之转而归化的人们引入邪道,带回原来的宗派分立论去。由于仅我一人,离不开大汗皇帝,不能去参观那个离此十二日程的教堂。然而,如果能来少数助手和工作人员,我深信一切都会恢复,因为我一直持有死去的阔里吉思王的施予。"② 阔里吉思,《元史》卷一一八有传。他在成宗大德二年(1298)为笃哇所俘,不久被杀,子术安(Shu-an>John)幼,诏以弟术忽难(Shu-hu-nan>Johannes)袭封高唐王。汪古部高唐王(后封赵王)之藩府当在今内蒙百灵庙北之阿伦苏木,亦即元

---

① 《出使蒙古记》,页228—231。这封信署为1306年2月 Quinquagesima 星期日。
② 同上,页225—226。

之德宁路。① 此地所发现的大量景教文物，很早以来便引起了国内外学者的注意。② 解放以后，内蒙古的考古工作者又作了不少工作，取得了可喜的成绩。

大都天主教的大主教区的建立与教徒的迅速增多，是和当时聚集在大都附近的大量西亚、东欧人相联系的。稍后来到大都的彼列格林（Peregrine）的一封信中谈到孟德喀儿维诺大主教时说："因为在前述大主教来到大汗的帝国之前，由于景教徒的力阻，没有一个基督教徒，无论是哪一族人或哪一阶级，能够建立一个不管是如何小的小教堂或十字架。以此之故，他们或被迫而追随宗派分立论及谬误的仪式，或者走上无信仰的道路。但在约翰兄弟来后，赖上帝之助，他不受景教徒之阻，建立了几个教堂。其他仇视宗派分立论的景教徒的基督教民众都追随约翰兄弟。特别是阿美尼亚人，他们现在为自己建造了大的教堂，并打算奉送给他。因此，他常同他们在一起，而把拉丁教堂留给其他教友。同样，这里有一种称为阿兰人的善良基督教徒。他们中的三万人受大国王的供养。这些人和他们的亲属来投约翰兄弟。他为他们宣道并鼓舞他们。"③ 阿兰人在《元史》中通称为阿速（Asu, As 之复数形式，《元史·地理志六·西北地附录》作"阿兰阿思"），其原居地在高加索。蒙古军在 1236—1239 年间征服阿速之地。④ 大批阿速人投降蒙古，组成强劲的阿速军。马可波罗谓："诸阿兰皆是基督教徒。"⑤ 元朝建有右、左卫阿速亲军都指挥使司，是卫戍军的主力。此外，还有大批斡罗思人、钦察人，各组成侍卫军团。他们也是基督教的信奉者。

孟德儿科维诺在信中极力请求罗马教会派遣助手来协助。教皇便在 1307 年 7 月，在任孟德儿科维诺为大都大主教与全东方之总主教之后，派遣了七名教士前来担任副主教。他们是格拉德

---

① 考详拙作《有关西辽史的若干问题》一文，载《中华文史论丛》，1981 年第 3 期。
② 《在中国的景教文献与遗物》，页 423—425。
③ 《出使蒙古记》，页 232—233。
④ 《马可波罗注》，第一册，页 16—18。
⑤ 冯译《马可波罗行纪》中册，页 564。

（Gerard）、彼列格林（Peregrine）、安德烈（Andraw）以及其他四人。其中仅前三人抵达中国（可能在 1313 年），其他四人则在欣都途中为伊斯兰教徒所杀害。1311 年，教皇又曾派彼得 Peter of Florence、汤姆士 Thomas 和约罗米 Jorome 来华，其抵达与否不详。①

据一封署为鼠年六月三十日一些在大都的阿兰人显宦，他们的名字作 Futim Juens、②Caticen Tungii、③Gemboga Evenzi、④Johannes Juckoy、⑤Rubeus Pinzanus，写给教皇的信中，说是八年前，大主教约翰已经死去。⑥ 考彼列格林 1318 年的书信，当时约翰孟德科儿维诺是仍活着的，因此推定此鼠年当即 1336 年（顺帝后至元二年）。由此逆推，大主教约翰之死当在 1328 年（文宗天历元年）。据推测为约翰科拉（John de Cora）约在 1330 年左右写成的《大汗状况书》中提到："这位大主教如上帝所喜爱的那样，晚近已经去世了。很多人，包括基督教徒和偶像教徒都跑来参加葬礼。这些偶像教徒按其习惯穿上丧服，基督教徒和偶像教徒一道虔诚地撕走大主教的衣服，像遗物一样以很大的敬意撕走。"⑦ 在上述阿兰人显宦致教皇的书信中，他们诉说在约翰死后，"我们没有了管理者和精神的安慰者。虽然我们听说您已配备了另一名罗马的使节，但是他迄未抵达"。他们请求教皇为他们派来主教，同时也向元朝皇帝派来使者。⑧ 这里所传的罗马使节，即教皇在 1333 年所任命的第二任大都大主教尼古拉。尼古拉一行抵达了阿力麻里，受到了察哈台汗的

①　《1550 年前在中国的基督教徒》，页 167—168。据安德烈书信，他们到达大都是在 1318 年（《出使蒙古记》页 235—237）。摩勒认为 1318 是 1313 之误（考详摩勒书，页 191—192 注 48）。今按：据彼列格林书信，1318 年时他已出任刺桐主教。而安德烈书信已明言他们抵达大都后，住在那里快五年，始去刺桐，则他抵达大都的时间是 1313 年无疑。

②　此四人伯希和、张星烺已有考订。Futim 当即《元史》卷一三二杭忽思之曾孙福定。

③　疑即《元史》卷一三五口儿吉之孙香山。

④　疑即《元史》卷一二三捏古刺之孙者燕不花。

⑤　疑即《元史》卷一二三捏古刺之嘉晖。

⑥　《1550 年前在中国的基督教徒》，页 252—253。

⑦　《东域记程录丛》，第三册，页 101。

⑧　同上，页 181—183。

优待，但此后则下落无闻。①

阿兰人的书信据说是由一个为元顺帝所派遣、包括法兰克人安德烈等十六人的使团，在 1338 年抵达亚维农，②受到教皇伯涅的克十二世的接待。教皇随即派出使者东来。他们在 1338 年首途，1342 年七月到达上都，途中历访钦察汗国的月即别汗庭与察哈台汗国的都城阿力麻里，在途四年。《元史·顺帝纪三》至正二年七月，"是月，拂朗国贡异马，长一丈一尺三寸，高六尺四寸，身纯黑，后二蹄皆白"，就是记的这回事。关于这匹所谓"天马"，当时文士吟咏甚多。据使团成员之一马利诺里所记：使团在阿力麻里时曾建一教堂，洗礼数人。他们公开和自由地传教，尽管在一年前有一主教和六名小级僧因传布基督而成了光荣的殉道者。③当他们抵达汗八里后，受到大汗的优待。在大都留居三年后，使团经蛮子之地，循海道西归。

马利诺里的记载还说：当他们离去时，皇帝曾要求"我或其他人很快能和一个赋予全权的红衣主教返回来，担任那里的主教"。④足见在约翰之后，大都已没有了继位的主教。约在 1369 年前不久，罗马教廷大概曾有过科思麻思（Cosmas）的任命，因为我们发现这一年曾有过把他从大都主教调任撒莱的命令，并以威廉来接替他的职务。他实际上没有来过大都。

（四）东南及沿海地区

镇江　据至顺《镇江志》：至元十四年，马薛里吉思任镇江府路总管府副达鲁花赤，先后建教堂七所（其一在杭州）。又有名安马吉（古）思者（An Markus）于 1295 年在丹阳馆南建大光明寺，通吴门外有大法兴寺。兹不赘述。马可波罗谓："马薛里吉思者，治理

---

① 《东域纪程录丛》，第三册，页 11—13。《明史·外国传七·拂菻》洪武四年有捏古伦，布莱资须纳德认为此 Nieh-Ku-Lun 即 Nicholas。
② 《东域纪程录丛》，第三册，页 179—180。此人可能即 1313 年来华、曾任刺桐主教者。
③ 同上，页 212。
④ 同上，页 215。

此城三年，其人是一聂思脱里派之基督教徒。当其在职三年中，建此两礼拜堂"（冯译，中册，页560）。在《斡多里克（Odoric）游记》中又载其自行在北上，至Chilenfu（金陵府？），然后沿江至Iamzai城。玉耳以此名当扬州。《游记》说："这里我们小级僧有一所房子，这里还有三所景教堂。"①

杭州　马可波罗谓："城中仅有聂思脱里派基督教徒之礼拜堂一所"（冯译，中册，页574）。斡多里克在记行在时也屡次提到城中的基督教徒。②他还提到"曾在那城的四个我们的修道士劝化了那里的一个权要人物。款留我的房子就是他的"。

泉州（刺桐Zuytun）　泉州是南海交通的重要门户。东来西往的旅行家、商人、教士和使臣络绎不绝。马可波罗、马利诺里、斡多里克和伊本拔都塔（Ibn-Batuta）等在其行纪中都提到过它。马力诺里载：在刺桐"我们小级僧人有三处美好的教堂，极为富实优雅。他们还有一所浴堂，和一所为所有商人存货的栈房（fondaco）"。③泉州建立天主教主教区约在1313年之后，其首任主教为前述的格拉德。在彼列格林的署为1318年1月3日的书信中说到，这时格拉德已经死去，"现在我成了刺桐的主教。在这里，我和三位教友平安而且静谧地供事上帝。这些上帝的奴仆是兄弟彼得（John of Grimaldi）、伊曼纽尔（Emmanuel of Monticwlo）和威图刺（Ventura of Sarezana）"。"在刺桐，我有一座很好的教堂，它是一位阿美尼亚的妇人遗赠给我的。还带有住房。她为我们和如果要来的别人准备了生活的必需物品。在城外的丛林我们有一个美好的处所，我们将建成小室和小教堂。"④彼列格林在1322年死去，其继位者为安德烈。他又在城的附近的丛林里建造了一所优美而合适的教堂。⑤1362年（至正二十二年），刺桐的最后一任主教詹姆思（James of Florence）被杀。⑥

---

① 《斡多里克游记》，《东域纪程录丛》第二册，页209—210。1951年11月，在扬州城南门曾发现1342年的拉丁文墓碑，为元代天主教仅存之珍贵遗物。
② 《东域纪程录丛》，页192—199。
③ 同上，第三册，页229。
④ 《出使蒙古记》页233—234。
⑤ 同上，页236。
⑥ 同上，序言。

温州 《元典章·礼部六·禁也里可温挽先祝赞》载:"温州路有也里可温创立掌教司衙门,招收民户充本教户计,及行将法箓先生诱化,侵夺管领,及于祝圣处祈祷去处,必欲班立于先生之上,动致争竞,将先生人等殴打。"说明温州地区基督教徒的势力很不小,而且在江南诸地原无也里可温教门,近年以来"有一等规避差役之人投充本教户计,遂于各处再设衙门,又将道教法箓先生侵夺管领"。势力一度有所发展。

(五)其他

巴章府(Pazanfu,保州?)"城内尚有若干基督教徒,置有教堂一所"(冯译,中册,页511)。

押赤(Jacin,昆明)"人有数种,有回教徒、偶像教徒及若干聂思脱里派之基督教徒"(冯译,中册,页459)。

此外还有一些基督教徒散居内地。如马祖常一族,世居净州天山;月合乃始迁于汴,至马润又徙光州;①赵世延一族,其先居云中北边,按竺迩镇蜀,因家成都。②至若基督教徒之为宦全国各州县,因而在其所领地区内以势相倡如马薛里吉思辈,当亦非仅有。惜文献埋灭,已无从窥考。

五 政府的管理和待遇

元朝管理基督教的中央机构是崇福司,始立于至元二十六年二月。③《元史·百官志五》:崇福司,秩从二品,掌领马儿、哈昔、列班、也里可温、十字寺祭享等事。马儿(Ma-êrh)即 Mar,景教主教的尊称。哈昔(Kĕu-his)为 Kasisa 之讹,义为长老。列班(lieh-pên)即 Rabban,义为大教师。④仁宗延祐二年,改司为院,省并天下也里可温掌教司七十二所。既云省并,则原设掌教所之多可想而知。

---

① 《元史·马祖常传》。
② 同上,《赵世延传》。
③ 同上,《世祖纪十二》。
④ 《在中国的景教文献与遗物》,页497。

武宗至大四年（1311）十月，中央有关管理宗教的诸司集议，讨论僧道人众的词讼问题。"崇福司官说：'杨暗普奏，也里可温教崇福司管时分，我听得道来，这勾当是大勾当，不曾与省台一处商量。省台必回奏：如今四海之大，也里可温犯的勾当多有，便有一百个官人也管不得。这事断难行，么道说有。'"① 这些都从另一个角度说明了元代基督教传布的广泛。

元朝从忽必烈开始，以八思巴为国师，特别崇信喇嘛教，但并不因此而排斥其他宗教。全真教因与佛教相仇，一度因此遭到打击，但至迟在成宗铁穆耳即位，又同样受到保护。惟有民间流行，带有某种反抗色彩的秘密宗教，则明令禁绝。崇佛而兼容所有其他诸大宗教派别，是元朝统治者对待宗教的基本态度。《至元辨伪录》引蒙哥之言："今先生言道门最高，秀才言儒门第一，迭屑人奉弥失诃，言得生天，达失蛮叫空谢天赐与。细思根本，皆难与佛齐。"帝时举手而喻之曰："譬如五指，皆从掌出。佛门如掌，余皆如指。不观其本，各自夸炫，皆是群盲摸象之说也。"这是僧徒造作之词。马可波罗也记忽必烈的谈话："全世界所崇奉的预言人有四：基督教徒其天主是耶稣基督，回教徒谓是摩诃末，犹太教徒谓是摩西，偶像教徒谓其第一神是释迦牟尼。我对于兹四人皆致敬礼，由是其中在天居高位而最真实者实受我崇奉，求其默佑。然大汗有时露其承认基督教为最真最良之教之意。盖彼曾云：凡非完善之事，此教决不令人为之。"② 马可波罗在这里有意抬高基督教，当然也不是事实。至少从忽必烈以后元朝皇帝主要奉喇嘛教是肯定的。但他们又在诸种宗教面前都表现为诚心信仰这一宗教，这正是对元朝兼容并蓄的宗教政策的生动说明。在元朝的公文里，习惯上都是以和尚、先生（道教徒）、也里可温、答失蛮（伊斯兰教徒）并称，他们都大体上享有同样的特权与优待。

彼列格林书信中曾说："在异教徒中，我们能自由宣道。"③ 安德烈说他抵达大都后，"住在那里快五年。在这期间内，我们从皇帝

① 《通制条格·僧道·词讼》。
② 冯译《马可波罗行纪》，中册，页305—306。
③ 《出使蒙古记》，页233。

那里接受供八人衣食用的 Alafa, 因为 Alafa 是皇帝恩赐给大人们的使者、使节、战士、各色艺人、吟游诗人和各色各样贫民的供应"。① 阿剌伯语 ′alafa 义为粮食。又 ùlùfa 义为军士的薪金、给养。②《元史·世祖纪九》载至元十九年四月, "敕也里可温依僧例给粮"。这里的"粮"就是 álafa。当安德烈出任刺桐主教时, 他说: "我得到允许, 前述的 alafa 或皇帝的施舍将在刺桐付给我。这个城市离汗八里有三月程。我很荣耀地由皇帝委派了八匹马拉的车去往那里", ③ "我们能自由而且安全地传教"。④ 可能出于约翰科拉的《大汗状况书》中也说"大可汗支持在前述王国境内的人归服于神圣罗马教堂的基督教, 令供给他们全部需要。因为他对他们有很大的热忱, 并表示很大的喜爱。当他们请求任何对象以便装饰教堂、十字架和礼拜堂, 尊礼耶稣基督时, 他都慷慨施予。但他希望他们将为他和他的健康祈祷, 特别是在他们的礼拜式中", "这位皇帝当基督教徒需要帮助而有求于他时, 他欣然派人来进行援助"。⑤ 从元朝统治者的观点看, 这些基督教徒的主教们, 同佛教的总慑、僧司一样, 都是属于政府的僧道官, 是统领所属僧众为皇帝告天祝寿的。

六　宗教矛盾与政治斗争

多种宗教的自由传播必然引起彼此间的竞争和排斥。基督教徒在元代属于第二等级的色目人。基督教内部, 如前所述, 也有聂思托利派与罗马公教派的矛盾。但它究竟是同一宗教内的派系之争。在局部地区, 如江南, 基督教也有依仗政治势力、侵犯佛寺和与道徒争竞的事。⑥ 但总的来说, 它的势力既不足以与佛教抗衡,

---

① 《出使蒙古记》, 页 235。
② 《东域纪程录丛》, 第三册, 页 72, 注 1。
③ 《出使蒙古记》, 页 236。
④ 同上, 页 237。
⑤ 《东域纪程录丛》, 第三册, 页 102—103。
⑥ 陈垣《元也里可温考》第十二章也里可温曾被异教摧残之一证、第十一章异教归附也里可温之一斑;《元典章·礼部六·禁也里可温搀先祝赞》。

也远不如道教的人数众多、根基稳固，彼此之间的矛盾并不十分激烈。惟独与伊斯兰教之间，历史上就存在旧嫌；来到中国后，同属于被元朝皇帝倚重的色目人集团，为了排斥异己，邀宠固幸，两者间的争斗便也十分激烈。

中统二年，李璮叛变后，忽必烈增加了对汉人的疑惧心，开始引用色目人为政治帮凶，以达到牵制和防备汉人的目的。从此，回回人阿合马逐渐擅权，朝野侧目。汉人官僚与阿合马为首的回回官僚集团间进行了长期的明争暗斗。基督教徒对回回人的权势过盛也是深怀忌刻的。至元十六年十二月，"八里灰贡海青，回回等所过供食，羊非自杀者不食，百姓苦之。帝曰：'彼吾奴也，饮食敢不随我朝乎？'诏禁之"。①诏文详见《元典章·刑部十九·禁回回抹杀羊做速纳》。这对回回人是很大的打击，基督教徒乘机挤陷。"有爱薛迭屑怯里马赤（'Isā Tarsā Kelemechi）、伊本马阿里（Ibn Ma'ali）和拜答（Baidaq）者，当时之邪恶无行人也，利用此法令而得旨：凡宰羊于家者皆处死。彼等遂以此为口实，大肆勒取人之财货，并引诱穆斯林之驱奴曰：'有能告其主者，我等将纵之为良。'诸奴仆为求放良而诬控其主。爱薛怯里马赤及其恶徒行事一至于此，至使四年之内，诸穆斯林皆不能为其子行割礼。彼等且诬陷神圣之伊斯兰司教赛甫丁（Saif al-Dīn Bākharzi）（愿真主垂怜于彼！）之门徒摩兀刺纳不儿罕丁（Maulānā Burhān al-Dīn Bukhaāri）。彼被遣送往蛮子之地而死。情况之发展致使留居此境之大部分穆斯林人均离契丹而去。于是此国之主要穆斯林人物——巴哈丁（Bahā al-Dīn Qunduzi）、沙的左丞（Shādi Zo-Cheng）、乌马儿（'Umur Qirqizi）、纳速刺丁灭里（Nasir al-Dīn Malik Kāshghari）、忻都左丞（Hiudu-Zo Cheng）及其他贵族——共献大量礼品于丞相（按：指桑哥），故彼奏闻［合罕］云：'所有穆斯林商人均离此而去，穆斯林诸国之商人亦裹足不来，税收（tamghas）不足，珍贵之贡品（Tangsuq）不来，如此已七年矣！皆缘禁宰羊之故。如能解禁，则商贾可至，税入可全矣！寻下允许宰羊之令。此事之外，合罕统治时期，基督教

---

① 《元史·世祖纪七》。

徒表现极大之宗教狂热，反对穆斯林，大加攻击。以《可兰经》中有诗云'尽杀所有多神教徒'，奏闻合罕。合罕大怒。问曰：'彼等自何处知此！'彼等告以乃居于阿八哈汗处之人来信所云。合罕索其信，并召诸达失蛮至，而询其中之年长者不哈丁（Bahā al-Dīn Bahā'i）曰：'《可兰经》中果有此诗句耶？'对曰：'诚然。'合罕问曰：'尔等是否认为《可兰经》为真主之语言！'彼言：'我等认为如此。'合罕乃言曰：'真主既令汝辈尽诛异教徒，则汝等何为不杀之耶！'彼对曰：'时未至，吾曹尚乏此手段也。'合罕盛怒曰：'我犹至少有此手段！'遂令杀彼。丞相异密阿合马（Ahmad）、位亦如丞相之哈的（Cadi）巴哈丁及异密达失蛮（Dashman）以须另有询问为词谏阻。彼等乃召原籍撒麻尔罕之马兀剌纳哈密丁（Maulāhā Hamīd al-Dīn），提出同样之问题。彼言：'诚有是句。'合罕言：'然则何为不杀 [此等人们] ？'彼答曰：'全能之真主曾言杀多神教徒。然如合罕垂允，我愿陈以何者为多神教徒。'合罕曰：'试言之。'哈密丁言：'陛下非多神教徒也。因陛下以真主之名冠诏令之首也。多神教者，乃不承认真主，使真主与诸神朋等而否认真主者也。'此言深契其心，合罕极喜。彼尊礼哈密丁，恩赏有加。在彼之建议下，余人亦得释放。"[①]引文内之爱薛，《元史》卷一三四有传，是当时有名的基督教徒。材料表明，爱薛与阿合马之间的矛盾是尖锐的，这正是基督教与伊斯兰教矛盾的一种表现。至元十九年二月，阿合马被杀。四月，也里可温便取得"依僧例给粮"的优待，无疑是基督教在朝廷上取得的一个胜利。

爱薛在至元二十年副丞相孛罗使伊利汗阿鲁浑，[②]还，"擢秘书监，领崇福使，迁翰林学士承旨，兼修国史"，成为管领基督教徒的中央长官。崇福司之设，表明基督教在元朝与僧道享有同等的优惠地位。在元朝中央，设宣政院，"秩从一品，掌释教僧徒及吐蕃之境而隶治之。"集贤院，"秩从二品，掌提调学校、征求稳逸、召集贤良，凡国子监、玄门道教、阴阳祭祀、占卜祭遁之事悉隶焉。"[③]就

---

① 《成吉思汗的继承者》，页 294—295。
② 程钜夫《拂林忠献王神道碑》，载《雪楼集》卷五。
③ 《元史·百官志三》。

是说，佛、道和基督教都在元朝中央各有专管的机构。相形之下，元律规定："诸哈的大师止令掌教念经；回回人应有刑名、户婚、钱粮、词讼，并从有司问之。"① 表明哈的只是宗教首领，而不是行政组织。其实，这条规定是至大四年仁宗即位后才制定的。② 由这一道命令反证，在至大四年前，回回哈的所也是同样既管理本教事务，又兼领诉讼、户婚的中央机关。

爱薛又是广惠司的长官。广惠司"掌修制御用回回药物及和剂，以疗诸宿卫士及在京孤寒者"。③ 据斡多里克的报导：元朝皇帝的侍御中有基督教徒八人。④

《元史·爱薛传》还说："成宗崩，内旨索星历秘文，爱薛厉色拒之。仁宗时，封秦国公。"成宗死，左丞相阿忽台等潜谋推戴皇后伯要真氏称制，以安西王阿难答继位。但右丞相哈剌哈孙则拥爱育黎拔力八达，发动政变，废皇后伯要真氏，杀阿难答、阿忽台等，尊海山即皇帝位，是为武宗。阿难答是一个狂热的伊斯兰教徒。他从小"被付托与突厥斯单之一穆斯林米黑答儿哈三阿黑塔赤（Mihtar Hasan Aqtachi，阿黑塔赤义为群牧所官）抚育，其妻名祖烈哈（Zu-laikhā），躬以哺乳。以故，伊斯兰之教义深锲其心。彼习《可兰经》，作大食字，书法极优，日恒从事礼拜、敬圣。所属蒙古军十五万，彼使其大部分加入伊斯兰教。"在得悉伊利汗合赞改奉伊斯兰教的鼓舞下，"其信仰亦趋于极至。"成宗也曲加优容。⑤ 阿难答的支持者中，至少伯颜是伊斯兰教徒是肯定的。⑥ 阿难答与阿忽台（族属不明）、八都马辛（从名字上看当为中亚之色目人）、伯颜的结合很可能是以同教为纽带而成的。因此，爱薛进行抵制，无疑也带有宗教矛盾的色彩。

致和元年（1328），泰定帝死去。王禅、倒剌沙等奉皇太子阿剌

---

① 《元史·百官志三》、《刑法志一·职制上》。
② 《通制条格·僧道·词讼》。
③ 《元史·百官志四·太医院》。
④ 《东域纪程录丛》，第二册，页226。
⑤ 《成吉思汗的继承者》，页324。
⑥ 《元史·赛曲赤赡思丁传》。

吉八于上都，燕铁木儿则另奉图帖睦尔于大都，争夺帝位。结果以王禅、倒剌沙的失败而告终。以丞相倒剌沙为首的上都集团主要是回回人。因之，在交战过程中，燕帖木儿与图帖睦尔颁发了一系列取缔伊斯兰教的命令。八月，"罢回回掌教哈的所。"九月，"中书左丞相别不花言：'回回人哈哈的，自至治间贷官钞，违制别往番邦，得宝货无算，法当没官。而倒剌沙私其种人，不许。今请籍其家。'从之。"又谕中外曰："近以奸臣倒剌沙、乌伯都剌，潜通阴谋，变易祖宗成宪。既已明正其罪，凡回回种人不与其事者，其安业勿惧；有因而煽惑其人者，罪之。"① 冯承钧曾研究过这一问题，认为"元代这一次政变，天顺帝一方面的主角，固然是倒沙剌、囊加台、秃坚等三人。图帖睦尔一方面的主角，固然是燕铁木儿。我觉得在另一方面看起来，好像是钦察人与回回人（Sarta'ul）之争。又好像起初蒙古人多帮着回回人，阿速人多帮着燕铁木儿的钦察人（也许斡罗思人也曾参加在内）"。冯先生也指出云南的秃坚，抵抗最久，"我想同回回不无关系。"② 可以补充的是陕西的靖安王阔不花军恐怕也与那里的回回人有关。我们现在尚无明确的记载肯定交战的对方钦察人（包括斡罗斯人）的宗教态度，也不是要把这次争战简单地归为宗教间的分歧。但在回回受到打击的同时，基督教则有所抬头则是事实。其年九月，"又命也里可温于显懿庄圣皇后神御殿作佛事。"十月，"中书省臣言：'野里牙旧以赃罪除名，近复命为太医使，臣等不敢奉诏。'帝曰：'往者勿咎，比兵兴之时，朕已录用，其依朕命行之'"。③ 野里牙（也里牙）便是爱薛的儿子，曾袭封秦国公、崇福使。④ 文宗图帖睦尔的这些措施，无疑是对支持他从倒剌沙集团夺取帝位的基督教徒的赏赐。

也里牙是在天历二年（1329）八月秉承图帖睦尔和燕帖木儿的策划，以太医使的便利，进药毒害明宗的凶手。后至元六年（1340）六月顺帝（明宗之子）在追究这次阴谋时颁诏："文宗稔恶不悛，当

---

① 《元史·赛曲赤赡思丁传》、《文宗纪一》。
② 《元代的几个南家台》，载《西域南海史地考证论著汇辑》，页 206。
③ 《元史·文宗纪一》。
④ 同上，《爱薛传》。

躬迓之际,乃与其臣月鲁不花、也里牙、明里董阿等谋为不轨,使我皇考饮恨上宾。"① 也里牙是在至顺元年(1330)七月"坐怨望、造符录、祭北斗、咒咀事觉"被诛,同案伏诛的还有也里牙的内弟铁木迭儿子锁住和观音奴、乌马儿、孛罗、马儿、也里牙姊阿纳昔木思等。② 前诏说这是因为文宗"内怀愧慊,则杀也里牙以杜口",可能是事实。屠敬山也说:"也里牙,景教徒,必无造符箓、祭北斗事。旧纪云然,定非信谳。盖不便论其本罪,虚构狱辞,以饰观听耳。"③ 也里牙之死与景教之地位是否有所影响,我们已无从确知。单就奉公教派的阿速人来说,在元朝后期,他们的势力似乎尚在不断膨胀,他们不单控制了作为元廷军事主力的左右两阿速卫侍卫亲军,同时也把持了前卫、后卫、中卫和隆镇卫等侍卫亲军的指挥权。在元末农民起义初起时,元廷命来镇压农民军的主要力量便是黑厮、秃赤领率的阿速军。"阿速者,绿睛回回也。""阿速军不习水战,不服水土,病死者过半。"④ 在农民军的坚决打击下,官军实力日形消耗,阿速军团渐被消灭。经过元末农民大起义之后,在中国的基督教又一次趋于泯灭。

(原载《元史论丛》第一辑,中华书局,1982年)

---

① 《元史·文宗纪一》、《顺帝纪三》,参见《张桢传》。
② 同上,《文宗纪三》。
③ 《蒙兀儿史记》卷一一七,《爱薛传》。
④ 权衡《庚申外史》。

元代旅华的西方人

——兼答马可波罗到过中国吗?

近些年,外国同行中又颇有人提出"马可波罗到过中国吗"的疑问,国内外的学者也纷纷作出辩驳。[1] 应该说,这原是一个在不同程度上长期存在争论的问题;也是一个如果再没有新的原始资料发现,恐怕是两造之间都很难提出确证,可以让对方完全信服的问题。原因很简单,无论是怀疑者和肯定者都只能根据《马可波罗行纪》一书所记述的材料立论。而《行纪》一书的确有很多破绽漏洞,个别地方甚至可以肯定有冒伪之处,足以启人产生他是不是真曾亲历中国的怀疑。因此,问题看来远谈不上解决。我是同意马可波罗曾来过中国的。我想,如果进一步弄清楚元朝时期西方人旅华的大环境,或者可以有助我们解释某些怀疑论者看来无法理解的问题。

一

在元代,由西方东迁,旅居在中国的西方人数目是相当多的,远远超过前此的任何时代。他们中有哈剌鲁人、怯失迷儿人、突厥蛮人、伊朗人、阿剌伯人、康里人、钦察人,阿速人(阿兰人)、阿美尼亚人、斡罗思人、犹太人,乃至东欧、西欧、北非人等等。元朝一般把西方所有信仰伊斯兰教的民族都称之为"回回"。对犹太人称"术忽回回",钦察人称"绿睛回回"。甚至对基督教徒爱薛亦以"回回爱薛"称之[2]。对他们总称则为"色目人",义为各色各目人。我

---

① 1995年,英国不列颠图书馆中国部主任弗兰西斯·伍德发表了《马可波罗到过中国吗?》一书,"集前此怀疑和否定马可波罗到过中国论者之大成"(杨志玖语)。志玖先生曾撰文力予反驳。有关这个问题的讨论情况,杨先生的近著《马可波罗在中国》(南开大学出版社,2000年)可供参考。

② 《元史·世祖纪五》至元十年正月。

们很难举出这些东来旅华的西方人的确切数目，不过，从一些零碎的记载便可窥见一斑。

据《至顺镇江志》记载：元末镇江全境侨寓人口共 3 845 户，口 10 555，其中回回户 59，口 374，躯奴 310；也里可温户 23，口 106，躯奴 109。[①] "也里可温"是元时对基督教徒的称呼，曾任镇江府达鲁花赤的薛里吉思，先后在镇江府境建立了教堂 6 所。

据王恽的报告，元初中都路的回回总户数 2 953，"于内多系富商大贾、势要兼并之家"。[②]1318 年，刺桐（泉州）罗马天主教之主教彼烈格林（Peregrine）在给罗马教廷的报告中说：在大都，"有一种称为阿兰人（Alans）的善良基督教徒，他们中的三万人受大国王的供养。这些人和他们的家属来投约翰（John）兄弟。他为他们宣道并鼓舞他们"。[③] 这里的约翰，便是 1923（？）—1328 年间担任天主教大都主教的孟德科儿维诺（John of Monte Corvino）。他在大都建有 2 所教堂（后又增为 3 所）。1305 年他在给教廷的报告中说，他在大都共施洗礼了 6 000 人。

稍后于马可波罗来中国旅行的另一个意大利人奥多里克（odoric of Friuli）在描述行在 Cansay（杭州）时曾说：当时元政府对行在城的户口管理方法为"十或十二家合为一火（fire），纳一火之税。城中现有火为 85 土蛮（Tumans），外加回教徒 4 土蛮，共为 89 土蛮。一土蛮相当于一万火。此外尚有基督教徒、商人及其他人之经行者。"[④] tuman 蒙古语义为"万"。奥多里克关于杭州户籍制度的记载，我们很难用当时城市中所实行的坊巷制度比证疏通。我们在这里引证它，只是在于说明，元朝时期杭州城中回回人数之众无可怀疑。

这些人来华的渠道，除了传统的经商、旅行之外，更主要的是通过降附和俘虏。这是和蒙古的三次大西征直接联系的。

---

① 《至顺镇江志·户口》。
② 王恽《为在都回回户不纳差税事状》，载《秋涧先生大全文集》卷八八。
③ 玉耳（Yule）《东域纪程录丛》（Cathay and the Way Thither）第 3 册；道生（Dawson）《出使蒙古记》（The Mongol Mission）。
④ 《东域纪程录丛》第 2 册。

有关降附的记载，《元史·阿儿思兰传》《赛典赤赡思丁传》《铁哥传》《土土哈传》《杭忽思传》《玉哇失传》《也罕的斤传》《也速䚟儿传》《和尚传》《斡罗思传》《塔里赤传》《失剌拔都儿传》《察罕传》《曲枢传》，等等，都有明白的叙述。[1]这些人率同他的国人、家口、部族、躯奴，随从蒙古军转战四方，立下了很大的战功，迨至东迁中土，都成了高级军将。《元史·兵志一》载，按照元朝的制度，领军的万户、千户，"无大小，皆世其官，独以罪去者则否"。军士则"尝为军者，定入尺籍伍符，不可更易"。"内则枢密院各卫，皆随营地立屯，军食悉仰足焉。外则行省州郡，亦以便利置屯。"军士外出征戍，由万、千户统领；"家在乡里曰奥鲁，州县长官结衔兼奥鲁官以莅之"[2]。军户的居处、管理、服役诸方面，与民户都是分别的。东迁的这些有功的部族和将领，入元以后大多被特别设置单独的兵团，充当拱卫京城北面的卫戍主力。譬如：

西域亲军都指挥使司，成宗元贞元年（1295）置，以迷而的斤为指挥使。

右、左阿速卫亲军都指挥使司，当时称"阿速之军"，"掌宿卫城禁，兼营潮河、苏沽两川屯田。"右阿速卫下辖行军千户所七，把门千户所二；左阿速卫下辖围宿把门千户所十三。从这里，可以看出来这两支部队数目的大概。它们一直是元军的主力，特别是中后期，地位尤为重要。

隆镇卫，它是由钦察、唐兀、贵赤、西域、左右阿速诸卫军三千人及少部分汉军组成，其后又以哈剌鲁军人隶之。镇守南、北口长城诸隘。

康礼卫，"武宗至大三年（1310），定康礼军籍。凡康礼氏之非者，皆别而黜之，验其实，始得入籍。及诸侯王阿只吉、火郎撒所领探马赤属康礼氏者，令枢密院康礼卫遣人乘传，往置籍焉。"[3]

右、左钦察卫，至元中钦察卫初立时，设行军千户十九所，亦

---

[1] 参考白寿彝主编《中国通史》第8卷上册，上海人民出版社，1997年，页284。

[2] 《经世大典序录·军制》《屯田》。

[3] 《元史·兵志二》。

可见其军数之庞大。龙翊侍卫，以左钦察卫唐吉失等九千户组成。

宣忠斡罗思扈卫亲军都指挥使，文宗时将散属的斡罗思人一万，立营于大都之北，给地屯田。诸王勋旧随之皆以所属之斡罗思人进献，编入此军。

京城卫戍军外，又有：

回回炮手军匠上万户府，所属千户所三翼。

哈剌鲁万户府，所属千户所三翼，驻南阳。

蒙古、回回水军万户府。

上述的这些军团，基本上都是由东迁的各个部族分别组成的，屯聚而居，自成一个小社会。

西征中的大批俘虏，①除成了诸王、军将的私属者外，东迁以后，政府所领的也都是采集团的形式安置，从事带有中、西亚特色的手工产品的生产。元代的工匠皆世其业，另立匠户管理，不与民户混同。譬如著名的哈散纳，领阿儿浑军，并回回人匠三千户驻于荨麻林。②有关阿儿浑人，马可波罗在《行纪》曾有专门的记载，说这是一种"有治权的基督教徒，构成一种阶级，名曰阿儿浑，犹言伽思木勒（Gasmoul）也。其人较之其他异教之人形貌为美，知识为优，因是有权，而善为商贾"。③伽思木勒，犹言"杂种"。在工部、将作院、大都留守司等衙门下，都分设许多匠局，其中不少当是从中亚掳发过来的工匠，专门从事其传统的手工特产。如工部所属的撒答剌欺提举司、别失八里局、昭功万户都总使司所领的弘州、荨麻林纳失失局等，顾名思义，都可以肯定其为回回人匠无疑。它们也构成为一些西来人户的聚居区。

与因降附和俘虏而东来的情况不同，商旅却是自愿而来、自由活动的。但是他们的居留处所却是固定的。朱彧《萍州可谈》卷二记宋时"广州蕃坊，海外诸国人聚居，置蕃长一人，管勾蕃坊公事"。元时似乎无蕃坊之制，但外来的商贾为了交通、营运及生活上的便利，自成聚集是自然的事。泉州外商住地多在城之南郊。

---

① 参考《中国通史》第 8 卷上册，页 283。

② 《元史·哈散纳传》。

③ 《马可波罗行纪》上册 73 章，冯承钧译，中华书局，1957 年。

"杭州荐桥侧首，有高楼八间，俗谓之八间楼，皆富实回回所居。"①
奥多里克所记杭州城中回教徒为四火，恐尚在八间楼之外。伊
本·拔都塔记广州城中之一部分即回回人坊②，都可以证明。元时
西方商旅居停中国者，除了人数较之唐宋远为多之外，其经营方面
还有两大特点：一是中宝制度大行。所谓"中宝"，即中买宝物，就
是色目商人勾结朝中的色目权要，以向皇帝呈献海外宝货的形式，
而从政府那里取得数倍、百倍的赏值；权要则从中分取大利。泰定
帝时，"西僧鬻宝，动以数十万锭"。丞相倒剌沙等还奏请对累朝未
酬值者，概予偿付，其数高达40余万锭，"较其元直，利已数倍。
有事经年远者三十万锭，复令给以市舶番货"。③倒剌沙与平章政
事乌伯都剌"皆西域人，西域富贾以其国异石名曰璃者来献，其估
巨万。"④他们之间相互勾结。二是斡脱（ortoq）制度的盛行。"斡
脱"，意为伙伴，即由官府或势要人员出具资本，伙同色目商人营
运，而分取利人。由于有官府或权要的特权庇护，故可以取得持玺
书、佩虎符、乘驿传、豁免商税，甚至巧取豪夺、威迫地方官吏的种
种特权。无论是中宝商人或斡脱商人，他们活动的范围都限于色目
官员的上层圈内，广大汉人厌恶他们，和他们不可能有任何交往。

上述情况表明，在元代，东来的中、西亚人士，基本上都是依
其所属部族或原籍贯集结聚居，在广大汉人社会里，形成大分散、
小集中的局面。他们始终保持自己原有的语言、习俗、宗教信仰、
婚姻、服食，乃至于自有专门的义阡葬域。有变易旧俗者就会"取
摈于同类"。故虽散布各地，"然而求其善变者则无几也。虽居中土
也，服食中土也，而惟其国俗是泥也。"⑤"虽适异域，传子孙，累世
不敢异焉。"⑥

按照蒙古的定制，凡被征服地区或部族首领入朝，在汗廷上的

① 陶宗仪《辍耕录·嘲回回》。
② 《东域纪程录丛》卷四，页122。
③ 《元史·张珪传》。
④ 同上，《宋本传》。
⑤ 许有壬《西域使者哈只哈心碑》，载《至正集》卷五三。
⑥ 吴鉴《重修清净寺碑记》，《泉州宗教石刻》，科学出版社，1957年。

班位规定是先征服者在上，后征服者居下。由此引申其臣民的社会政治地位也等级分明。窝阔台时，一个来自契丹（即汉地）的戏班子表演，其中一幕有各族人的场面，一个契丹人（汉人）在马尾上拖着一个叛乱的穆斯林。窝阔台见了，立令停演，并且说："最贫穷的穆斯林有很多契丹奴隶，而契丹大异密（大官）却连一个穆斯林驱奴也没有。这个原因只能归诸造物主的慈恩，他知道各族的地位和等级。这也和成吉思汗的旧扎撒（法律）相符合。据此，一个穆斯林的命价是四十巴里失（一种银币），一个契丹人的命价是一头驴子。"他严厉地惩处了这种辱弄伊斯兰百姓的行为①。这一蒙古的旧制后来就发展成为元朝政府把全境人民划分为四等级的制度，即第一等为蒙古人，其次为色目人，第三为汉人，即原金朝所属地区的汉族等人，最末一等为南人，即原南宋、最后为元朝平服地区的汉族人。各个等级的人在任官、服役、纳税、刑罚乃至生活行为等各方面都有法律所规定的明确高下分别。色目人在元朝是享有仅次于蒙古人而高于汉人、南人的许多特权的。蒙古统治者这样做，一是充分利用宋金以来南北对立，汉族内部长期分裂的矛盾，以削弱汉族的势力；二是借助于色目人的人才和政治、理财经验，对汉地进行牢固的统治。同时也巧妙地利用色目人来对汉人进行防范、牵制，削弱汉人进行反抗的可能性；又把色目人推到与汉人争权取利斗争的第一线，从而转移广大汉人与蒙古人的民族矛盾。因此，在元代，汉人与色目人，也即是那些东来旅华的西方人之间的矛盾一直是十分尖锐的。有名的刺杀阿合马事件就是汉人与色目人矛盾的显著事例。据说王著刺杀阿合马的喜讯传开，大都市内，"贫人亦莫不典衣歌饮相庆，燕市酒三日俱空"②。汉人对色目人仇恨的程度，从元末农民大起义中浙东的情况也可以窥知。《归田诗话》载："丁鹤年，回回人，至正末，方氏（方国珍）据浙东，深忌色目人，鹤年畏祸，迁徙无常居。有句云：'行踪不异枭东徙，心事惟随雁北飞。'识者怜之。"③在福建，汉人与色目人间的

---

① 《世界征服者史》上册，内蒙古人民出版社，1980年，页243。
② 郑思肖《心史·大义略叙》。
③ 瞿佑《归田诗话》卷下。

仇杀尤为剧烈。① 可以想见，这些东来的色目人，他们本来就"多是富商大贾，兼并势要之家"，"天下名域区邑，必居其津要，专其膏腴"，再加上等级的优势，享受特权。他们又是自成聚落，组成一个单独的社会。因此，他们与周邻的汉人是完全隔绝的。他们对于汉人的情况无从了解，也不屑于了解；同样，汉人对他们的生活情况也始终隔膜。这一点，我们从当时汉人对伊斯兰教和基督教的了解上就可以明显地证明。吴鉴撰《重修清净寺碑记》叙伊斯兰教说："初默德那（Medina）国王别谙拔尔谟罕蓦德，生而神灵，有大德，神服西域，诸国咸称圣人。别谙拔尔，犹华言天使，盖尊而号之也。"其所知仅限于几个伊斯兰教的神职名辞 ②。《心史》则谓："回回事佛，创叫佛楼，甚高峻，时有一人发重誓，登楼上大声叫佛不绝。"陶宗仪记杭州荐桥回回人之婚礼，惟知其"绝与中国殊，虽伯叔姊妹，有所不顾"。③ 可见当时汉人对回回之宗教、礼俗的了解是十分肤浅的。梁相撰《镇江大兴国寺碑》，记基督教则谓："薛迷思贤（Samankend），在中原西北十万余里，乃也里可温行教之地。愚问其所谓教者，云天地有十字寺十二，内一寺，佛殿四柱高四十尺，皆巨木，一柱悬虚尺余，祖师麻儿也里牙灵迹，千五百余岁。今马薛里吉思，是其徒也。教以礼东方为主，与天竺寂灭之教不同。且大明出于东，四时始于东，万物生于东。东属木，主生。故混沌既分，乾坤之所以不息，日月之所以运行，人物之所以蕃盛，一生生之道也，故谓之长生天。十字者，取像人身，揭于屋，绘于殿，冠于首，佩于胸，四方上下，以是为准。薛迷思贤，地名；也里可温，教名也。"④ 身为一府儒学教授的梁相，可算是当时的名流硕学，而他对基督教的了解几近乎瀛海奇谈。出现这类情况无疑是彼此隔绝所造成的。汉人对色目人之了解如此，反过来，色目人对汉人的了解自然也是隔膜的。当然，我这里是就绝大多数自成聚落的色目人而言。对于个别的一些孤身出宦远

① 参见拙著《元代史》，上海人民出版社，1993 年，页 660—661。
② 《泉州宗教石刻》。
③ 《辍耕录·嘲回回》。
④ 《至顺镇江志·僧寺·大兴国寺》。

地、迁转无常的色目官僚之家，他们离开了自己的族属与群体，活动在汉人社会之中，就不可避免地不同程度上"华化"了。特别是科举复行之后，为了能通过考试，步入仕途，他们中的一些人努力学习儒典，接受汉文化。但就色目人的总数而言，这部分人始终是少数。许有壬《西域使者哈只哈心碑》极口称赞东来的那鲁浑氏哈只哈心家族能改变旧俗、攻儒书、习汉礼，是孟子所说的"善变者也"，而慨叹像这样的"善变者则无几"。许有壬是元末的名家，他的话无疑是有充分事实根据的。这就有力地证明，元代的色目人，绝大多数人始终是"惟其国俗是泥"的，勇于"华化"的人只是极少数。

我们再就所谓色目人的内部进一步分析。他们中多数应是伊斯兰教徒，但是基督教也不在少数，此外还有极少数的犹太教徒等。连续的十字军东征，使伊斯兰教与基督教的矛盾达到了空前激烈的程度。他们在东来之后，双方除了传统的宗教敌视之外，又加上为权势而明争暗斗。至元十六年（1279），元朝发生了一桩有趣而轰动的大案子。"八里灰（今贝加尔湖东岸）贡海青（一种猎鹰）回回等所过，供食羊非自杀者不食，百姓苦之，帝曰：'彼吾奴也，饮食敢不随我朝乎？'诏禁之。"①《史集》关于这一事件的记载更清楚："桑哥任维昔儿任内，有群穆斯林商人自豁里、巴儿忽与乞儿吉思前来合罕之庭，以白爪红喙之隼及白鹰为献。合罕厚加恩赏，并赐己案上之食品予之。然彼等不之食。彼询云：'汝等缘何不食？'彼等对曰：'此食物于我辈为不洁。'合罕为此言所激怒，乃下令曰：'嗣后穆斯林及其他奉圣书之人等，除依蒙古风俗宰羊时剖其胸膛外，不得以它法宰羊。有犯者按同法处死，没其妻女、财产，以予告发之人。'有爱薛迭屑怯里马赤（迭屑〈Tarsa〉，波斯人对基督教的称呼；怯里马赤〈Kelemeci〉，蒙古语"译史"）伊本马阿里及拜答黑者，当时之邪恶无行人也，利用此法令而得旨，凡宰羊于家者皆处死。彼等遂以此为借口，多肆勒取人之财货，并引诱穆斯林之奴仆曰：'若有能告其主者，我等将纵之为良。'诸奴仆为

---

① 《元史·世祖纪七》。

求放良而诬控其主。爱薛怯里马赤及其恶徒行事一至于此,致使四年之内,诸穆斯林皆不能为其子行割礼。彼等且诬陷神圣之伊斯兰司教赛甫丁之门徒不儿罕丁,遣送其往蛮子之地而死。情况之发展致使留居此境之大部分穆斯林人均离契丹而去。""此事之外,合罕统治时期,基督教徒表现极大之宗教狂热,反对穆斯林,大加攻击。"① 爱薛,《元史》卷一三四有传,西域弗林人,长期领崇福使,掌西域星历、医药事;擢秘书监、迁翰林学士承旨,兼修国史。其实他主要的职务是宫内怯薛(一种宫廷护卫)的怯里马赤。秘书监、翰林学士云云,便是他在外廷的任官。作为怯薛,他白天任职于外廷,晚上轮值供职于宫内,得接近皇帝。因此,他是当时朝廷上最显赫的基督教徒权要。他同穆斯林权要之间,因宗教与权力争夺而相互倾陷是很自然的。另一个基督教徒权要则要数钦察军团的统领土土哈、床兀儿、燕铁木儿祖孙和他们的家族。泰定帝死,燕铁木儿以所部钦察军团为主力,打败了以丞相回回人倒剌沙为首的上都军,一手扶持文宗,取得帝位,倒剌沙集团势力的基础就是回回人。所以,冯承钧在谈到这次争位战时,曾说:"元代这一次政变,天顺帝一方面的主角,固然是倒剌沙、囊加台,秃坚等三人。图贴睦尔(文宗)一方面的主角,固然是燕铁木儿。我觉得在另一方面看起来,好像是钦察人与回回人之争。又好像起初蒙古人多帮着回回人,阿速人多帮着燕铁木儿的钦察人(也许斡罗思人也曾参加在内)。"② 其实,无论钦察人、阿速人和斡罗思人,他们都是基督教徒。所以这次争位战也明显地带有基督教与伊斯兰教徒相争斗的色彩。有元一代,基督教徒与伊斯兰教徒相互倾轧,彼此势力消长。这两个宗教间的仇视、隔阂,较之当时的民族等级间的仇视、隔阂有过之而无不及,这是无可否认的。

同在基督教徒内部,元以前流行在克烈、汪古等部中的是景教(聂斯脱里派);罗马天主教则把景教斥为宗教分立论者,视同异端。它们间进行排陷的情况,我们从孟德科儿维诺致罗马教皇的

---

① 拙译《成吉思汗的继承者》,天津古籍出版社,1992年,页360—361。
② 《元代的几个南家台》,载《西域南海史地考证论著汇辑》,中华书局,1957年,页206。

信中亦可窥知。他写道：在大都"聂斯脱里派教徒——他们自称为基督教徒，但是他们的行为根本不像是基督教徒的样子——在这些地区的势力发展得如此强大，因此他们不允许奉行另一种宗教仪式的任何基督教徒拥有任何举行礼拜的地方，即使是很小的教堂；也不允许宣讲任何与他们不同的教义。由于从来没有任何使徒和使徒的门徒来过这些地方，因此上面提到的聂斯脱里派教徒们既直接地，又用行贿的办法指使别人对我进行极为残酷的迫害。宣布说：我并不是被教皇陛下派来的，而是一个间谍、魔术师和骗子。后来，他们又伪造了更多的证据，说：教皇派的是另一个使者，携带着赠给皇帝的许多财宝，是我在印度谋杀了他，窃取了他携带的礼物。这个阴谋持续了大约五年之久，因此我常常受到审讯，并且随时有被处死刑而可耻地死去的危险。但是，最后，由于上帝的安排，他们之中有些人供认所有这些都是阴谋，因此皇帝知道了我是无罪的，控我的人是诬告，就把他们连同他们的妻子儿女一道流放出去。""我在那里已为大约六千人施行了洗礼。如果没有上述的造谣中伤，我可能已为三万余人施行了洗礼。"受洗者中，包括"好王阔里吉思"，"他劝导他的大部分人民皈依了真正的罗马天主教"。因此，其他的聂斯脱里派教徒们责备他为叛教。他死后，儿子年幼，他的兄弟们坚持聂斯脱里派的错误，把阔里吉思王劝导改信罗马天主教的人统统诱入邪道，使他回到聂斯脱里派①。此"好王阔里吉思"即《元史》卷一一八之阔里吉思，汪古部人。汪古部很早以来便奉景教。阔里吉思在大德二年（1298 年）被海都俘害，子术安（Jean，即取孟德科儿维诺名字之约翰）年幼，诏以弟术忽南袭高唐王。另一位教士，刺桐主教彼烈格林在致罗马教皇的信件中也说："在上述总主教来到大汗帝国以前，由于聂斯脱里派教徒凭借其权力加以阻挠，不管哪一个民族或哪一个教派的基督教徒都不能在这里建筑一座小礼拜堂（不管它是如何地小）或树立一个十字架。"②这些材料都有力地说明，景教徒与天主教徒之间也是畛域甚

---

① 《出使蒙古记》，中国社会科学出版社，1983 年，页 263—264。
② 同上，页 270。

深的。不过在马可波罗旅华时期,罗马天主教尚未东传,不构成单独的宗教群体。

综上所述,元代旅华的西方人基本上是按民族、宗教自成聚落,分布在全国的某些地区,大分散、小集中,在汉人社会之内形成自己的小绿洲。它们与汉人社会,由于等级、宗教与民族的矛盾,造成彼此隔绝。在这些东来的旅华人内部,同样由于宗教与民族的矛盾,也是互不相容的。把马可波罗放到这样一个大环境来了解,一些问题便可以得到较合理的解释。

二

《马可波罗行纪》有关中国的部分,确有伪冒吹嘘的地方,第145章"襄阳府大城及其被城下炮机夺取之事"① 就是不争的例子。元军陷襄阳,事在1273年(至元十年),而马可波罗抵达元上都,却在1275年。元军攻城,利用了回回炮,造炮者阿老瓦丁、亦思马因,载在《元史》卷二〇三,无可置疑。而《行纪》则掠以为己功,言之娓娓,谎言欺人,这是有目共睹的。在我看来,《行纪》中一些说他是如何受重任、如何受尊宠的记载,大多应该归入这一类,在尚无确证之前,是不值得相信的。因为在元朝,各级官府长官的配置,是以蒙古人为长,总领于上;色目人、汉人为贰,分任实务相互牵制。以地方的府、州为例,蒙古人任达鲁花赤,即府尹;色目人充同知,汉人充总管,共同作为达鲁花赤的副贰,掌管实际的政务活动。蒙古阀阅子弟,目不识丁而袭居首长的固不在少数,然色目人则主要以才能充任。如果连蒙古语和汉语都不通,是决难分任实务而起到监视与牵制汉人的作用的。马可波罗不通汉语,对蒙古语

---

① 《马可波罗行纪》中册,冯承钧译。关于马可波罗的游记,我国解放前先后有过四五个不同的译本。冯译本是其中较好的一种。解放后,又陆续有两种译本行世,皆科马洛夫本,音读讹误,译者显然根本不具备这方面的基本素养。冯译取沙海昂本,并不算好的版本。但沙海昂增附了刺木学本的内容,并做了一些有价值的注;冯承钧在翻译时又对沙氏注文中的错误作了改订,因此它仍然是汉译本中较好的一种。

自称熟悉，不过这是值得怀疑的①。从《行纪》来看，他的主要语言是突厥语和波斯语，而单靠这两种语言，在元朝中想受重任、掌实权是不太可能的。当然，引起聚讼的他曾在扬州统治三年的事，也有可能只是版本问题带来的误解，而并不是马可波罗自己的吹嘘。

《行纪》的中国部分也明显有传闻而严重失误的东西。譬如上册第68章，在叙蒙古王朝的世次时，成吉思汗之后为贵由汗、三拔都汗、四阿剌忽汗、五蒙哥汗、六忽必烈汗。中册第82章又说：忽必烈汗有子22人，长成吉思，"盖追忆鞑靼第一君主成吉思汗而取此名"。都是常识之所不容的讹误。中册第96章又记元中央政府组织，其名曰省（剌木学本又有台，与省并列为两院），名称虽得于仿佛，而一涉及行政组织，则无论是中央或地方，都近于完全无知。一个混迹于元朝官场17年的人，对官制如此缺乏了解显然是不可想象的。

平心而论，在一部空前的带有冒险性的游记中，有夸大或张扬自己的成就与作用之处是不足为怪的；而且，这与全书倾心极口盛赞东方繁荣富庶的整体风格也是一致的。传闻失实乃至记忆失误，对某些事物、事件的失载等，都是可以理解的。至于在汉籍中找不见有关他的材料，这原不值得作为一个问题提出来，因为即使马可波罗曾是忽必烈宫廷中的宠臣，也远不一定必然能有幸见诸史传载籍。《马可波罗行纪》招致人们怀疑其是否到过中国的最大疑点是两条：一是在整个书中几乎看不到半点汉文化的痕迹，更不说有与任何汉人的交往；二是整个记述过于浮泛和一般化，先师邵循正先生说读这本书"总觉得有隔靴搔痒之感"。②隔着一重皮子搔痒，没有切肤之感，但痒是固然存在的。蔡美彪先生说其记述的某些事件往往确有其事而又不尽相同，③说的也是这个意思。这两点都很自

---

① 第138章记伯颜，"先是蛮子国王卜其国运，知其国只能亡于一百眼人之手，其心遂安，盖世上绝无百眼之人，缘其不知此人之名，因而自误"。把"伯颜"音讹与汉语"百眼"混，竟不知伯颜（Bayan，官人）这样一个最简单的蒙古语辞，则马可波罗的蒙语水平，实大可怀疑。

② 《历史与语言》，《元史论丛》第1辑。

③ 《试论马可波罗在中国》，《中国社会科学》1992年第2期。

然地为他是否到过中国蒙上千古疑云,难于驱散。

本文开头就提出把元代旅华的西方人提出来研究,为的就是要弄清当时马可波罗在中国的大环境。这个大环境的特点就是当时旅华的西方人基本上按宗教、民族各成聚落,且互相矛盾,彼此隔绝的。具体到马可波罗,他是来自意大利的罗马天主教徒。他只身东来,必须有所投靠;而在宗教上和他最亲近的恐怕只能是主要由阿速人、钦察人等基督教徒所组成的小群体。这就决定了马可波罗在中国逗留的时间哪怕长达 17 年之久,然而他的人事活动范围却只能很小,因此对汉文化完全隔绝是必然的。这一点,我们从同时代的西欧来华人士所留下的记述中,也同样可以得到证明。孟德科儿维诺是 1293 年左右来华的,在大都留居 35 年,约于 1328 年死在他的大都大主教任上。彼烈格林约在 1313 年抵大都,后长期任刺桐主教,1322 年死去。继任为刺桐主教的是 1313 年与彼烈格林同抵大都的安德鲁。他们都曾长期生活在中国。1342 年又有一个包括有马利诺里(Marignoli)在内的天主教使团从陆路来大都,前后停留了 3 年,再循海道西返。① 前述的 3 位主教都留有给罗马教皇的信件,报告他们在中国传教的情况。马利诺里也有此行的报告。这些材料内容都很简单,而且主要限于宗教活动。所有这些报导在完全看不到汉文化气息上则是毫不例外的。特别应该提到的是约在 1321 年由海道进入中国的意大利旅行家奥多里克,他在遍历辛克兰(Censcalan,广州)、刺桐(Zayton,泉州)、福州(Fuzo)、行在(Cansay,杭州)之后,北到大都,并在这里停居 3 年,然后经过甘肃(Kansan?)、吐蕃西返,留下颇为详细的游记。② 奥多里克的记述,从语态、行文、内容、风格上与《马可波罗行纪》是如此相近,以致如果把它们相互羼杂,几乎没有人能够分辨出来。对于奥多里克,似乎从没有人提出过他是否真来过中国的疑问。这里特别值得指出的是,在奥多里克的游记中,有关汉文化痕迹的缺乏,基

---

① 《东域纪程录丛》第 3 册;《出使蒙古记》。
② 同上,第 2 册。这里我有意不提另一个同样著名的旅行家伊本·拔都塔,他的游记中也有关于中国的记载。但一般人认为,他只到过中国南方,北方的情况显然得之于传闻。

本上与《马可波罗行纪》相同,其隔膜的程度是所差无几的。

至于在描述中国情况时明显的浮泛与一般化,上引诸人与马可波罗都有着同样的症状。甚至在当时一封《索勒塔尼亚(Soltania)大主教所发出之关于大可汗状况书》①中,其所报导的中国状况,也总体上离不开隔靴搔痒和雾里看花的弊病。因此,可以毫不夸张地断言,对汉文化的隔膜与叙述的空泛、一般化是当时西方来华旅游者所作报导的通病。造成这一病症的原因则是元代东来的西方人士居处的特殊形势所造成的。

应该特别指出,马可波罗书中记述的空泛与一般化并不是没有例外的。当事件的发生牵涉与基督教徒有关的问题时,他的记述不但是惊人的准确,而且还能为我们补充一些汉籍失载或载而欠详的材料。

例一是关于那颜叛乱。《行纪》用了五章(76章到79章,又重一章)的篇幅,重彩描述了忽必烈平叛的过程。譬如说:那颜是一个受洗的基督教徒,旗帜之上以十字架为徽记。这是不见于汉籍的。那颜谋叛,西联海都,相约举兵夹攻,夺其国,汉籍中也没有明白的记载;《史集》则明记他曾往与海都及笃哇相结事。② 这对于我们了解当时北方的形势和忽必烈的因应措施有极大的帮助。《行纪》记两军大战之前列阵,"种种乐器之声及歌声群起,缘鞑靼人作战以前,各人习为歌唱,弹两弦乐器,其声颇可悦耳。弹唱久之,迄于鸣鼓之时,两军战争乃起"。一般人读到这段描述,总以为不是儿戏就是天方夜谈。不过,比照一下虞集《道园类稿》卷三七《淮南宪武王庙堂碑》,其中写元军在崖山之战前,张弘范令全军说:"闻吾乐作乃战,违令者斩。""乐作,宋人以为且宴,少懈"。③ 可知阵前奏乐,是蒙古军的惯例。《元史》本纪关于征乃颜之役,但言"车驾驻于大利斡鲁脱之地,获乃颜辎重千余",对擒乃颜并即军前处

---

① 《东域纪程录丛》第3册,页89—103。这份报告书的作者不详,材料则肯定得之于来过中国的人。Soltania在克里米亚南端,即今之Sudak。

② 《成吉思汗的继承者》,页370;《史集》1卷2册,页71。

③ 《经世大典序录·征伐·平宋》记崖山之战,张弘范布置"西北军期吾乐作乃战"。及战,"弘范所乘舰,布障四匝,伏盾作乐,敌疑宴而懈。"(载《元文类》卷四一)

死皆失载。《行纪》则详言乃颜被擒，"命立处死，勿使人见"。"遂将其密裹于一毡中，往来拖拽以至于死，盖大汗不欲天空土地太阳见帝族之血，故处死之法如此。"证以《史集》①，乃颜被立命处死的记载是可信的。用毡裹着犯人震死或沉水死，也正是蒙古处死宗王的特别方式。《行纪》准确地记录了忽必烈此次出征返抵大都，"事在十一月之中"。《元史》本纪载忽必烈在其年六月败乃颜后，七月乙丑，车驾还上都。当时乃颜余党尚未受歼，忽必烈因此在上都较久盘桓，比平时还大都之期要晚些，这也是合理的，足可以补《本纪》之阙。此次出征，忽必烈乘的是象舆，读虞集所撰《上都留守贺公墓志铭》可见。②《行纪》则记临战"大汗既至阜上，坐大木楼，四象承之，楼上树立旗帜，其高各处皆见。"不是身历其境的人，大概是很难作出这种细腻描写的。此外它还准确地记叙了忽必烈的宗教观，可与鲁不鲁克的记载相互印证，这也是汉籍所不见的。

例二是《行纪》第149章"镇巢军"，说的是在伯颜亡宋战争中遣一队阿兰军人往取此城。"诸阿兰皆是基督教徒"，他们入城后纵酒酣睡，如同猪豚，尽被居民杀死。此事之始末，具见《元史》之《世祖纪》、《兵志》、《杭忽思》、《玉哇失》、《昂吉儿》诸传。事情发生在至元十二年（1275）五月前，马可波罗当然只能得之于传闻。然而，正因为这件事情是发生在阿兰族的罗马天主教徒军队身上，所以《行纪》的描述也能如身历其境，其准确生动，连汉籍也无法比拟。这就证明，凡是当时发生的与基督教徒有关的事件，《行纪》所记就出奇地准确和详细；反之，超出这个圈子之外，即使是关于回回人的事件，他的了解仍只能停留在隔靴搔痒的程度。如阿合马事件，尽管特别声明"此种事变经过之时，马可波罗阁下适在其地"，但记述又是似是而非的。从我们现在掌握的资料看，关于这一件事，《元史》、《史集》和《行纪》所载都有其不足或轻轳难通的地方。汉籍的有关材料，明显地有回护、删改的痕迹。③《史集》所

①　《成吉思汗的继承者》，页370。
②　《元文类》卷五三。
③　《元史》于张易无传；虞集的有关记载，明显先后做过删改，试以《道园类稿》同《道园学古录》比较，就可得知。

记，自应有它的权威性①，然所记首事之高平章其人，则无法与汉籍之有关人物勘同。因此，可以肯定，事实的某些真相，我们今天仍有的地方不清楚。《行纪》所记除了我们今天所碰到的版本、音读等难题之外，即使当时事件是发生在回回人中，身处其地的马可波罗，不能准确地了解暴动的实况，也是很自然的事。尽管如此，马可波罗仍注意到暴动的真正原因是忽必烈"所任之长官是鞑靼人，而多为回教徒，待遇契丹人如同奴隶"。也因为"大汗之得契丹地，不由世袭之权，而由兵力，因是疑忌土人，而任命忠于本朝之鞑靼人、回教徒与基督教徒治理"。这种认识，是远高出于当时人的。不是身处其地的人，大概难有如此深刻的认识。

按照蔡美彪先生的推测，马可波罗很可能是一个斡脱商人。②这种可能性是很大的。当时的斡脱商借助于牌符圣旨，驰驿往来，为官府、权要牟取重利，其经营内容与经营方式，都是超出于正常商业活动之外的。因此，他们不需要、也不能深入到普通的汉人社会中去。我想，奥多里克的基本情况也应该大体相似。这就是这两种著名的游记，虽然篇幅有差，但在基本内容、基本风格、基本问题上都比较相近的原因。

（原载《历史研究》2001 年第三期）

---

① 《史集》关于蒙古的材料，多得之于孛罗丞相，孛罗就是在阿合马被杀后，由忽必烈任命返还大都负责处理的重臣。
② 《试论马可波罗在中国》，《中国社会科学》1992 年第 2 期。

第一位访华的法国使者

——威廉·鲁不鲁克

我们中、法两个伟大民族分处在亚、欧两洲，远隔千山万水，但是，早从十三世纪，我们之间就传奇性地开始了直接的、并是带有某种官方性质的交往。著名的卓越旅行家威廉·鲁不鲁克（William Rubruck）以传教士的身份，受法兰西国王圣路易九世的派遣，亲身来到当时的蒙古国汗庭所在的哈剌和林。稍后，在世界的东方，一个出生在中国东胜（？）的景教徒列班骚马受景教东方宗主教亚伯剌罕三世（原名马儿古思，出生在中国大都，1278年与列班骚马结伴西行朝拜圣地，1281年被选任宗主教）和伊利汗阿鲁浑的派遣，作为使者，遍访西欧诸国，受到了法国国王菲利普四世的热情接待。这两件事东西相映，在中法关系和中西文化交流史上，都是乐为人传诵的佳话。

十三世纪是一个中西交通大开的时代。就在这个世纪初，中国历史上的一个北方少数民族蒙古族在蒙古草原上勃焉兴起，在她的杰出领袖成吉思汗的领导下，建立了大蒙古国，随即开始了向南面和西面的征服和扩张。1219-1224年，成吉思汗亲自远征中亚地区；1236-1241年，其孙拔都第二次西征，继凌轹南俄草原之后，兵锋直逼波兰、匈牙利和塞尔维亚，叩响了西欧的门户。与此同时，蒙古军也在不断的南征中，1227年灭亡了西夏，1234年灭亡了金朝，完成了淮河、秦岭以北，包括新疆、西藏、云南在内的大半个中国的统治。

蒙古西征的胜利，震撼了西欧世界，同时也为东西方之间的直接接触敞开了通道。当时的西欧，由教皇以及英法两国国王所领导的、其目的是想从回教徒手中夺回圣地耶路撒冷的十字军东征，正在紧锣密鼓地进行，教皇英诺森四世（Innocent IV）在1245年召开了里昂宗教大会。会上，所谓鞑靼人的威胁也成为大家关注的重大问题。会后，教皇就派遣了圣方济各会修士普兰诺·加宾尼（John of Plano Carpini）为使，前往东方，对蒙古的实际情况，进行侦察，且希望能够诱使蒙古人与罗马教皇联盟，以对付其世敌穆斯林世界。加宾尼历尽千辛万苦，冒险犯难，奇迹般地完成了蒙古之使，为西欧了解蒙古，带回了第一手的资料，写成了《蒙古史》这一珍贵的报导。然而就其出使的另一个招诱蒙古的重要任务而言，却是完全失望，带回的只是一份贵由汗傲慢的促降书。随后几年里，东西之间仍有几次使者的往返（其中有的使者的真实身份尚有疑问），通过他们和其他广泛的渠道，西欧方面了解到在蒙古统治区内，基督教甚为流行，特别是听到蒙古汗庭中一些皇亲、权贵便是基督教徒，大汗对基督教颇示眷注。基于这些情况促使法国国王圣路易四世产生了加强与蒙古联系的热望。在经过充分的准备之后，1252年春，在国王的支持和派遣下，方济各会修士威廉·鲁不鲁克开始了他历时三年半（1252—1255.6）艰苦漫长的东方之使。

威廉·鲁不鲁克出生在法国佛兰德斯（Flanders）地区卡塞尔（Cassel）的鲁不鲁克（Rubruck），因此而得名。他从阿克儿（Acre）的圣路易的行宫首途，抵君士坦丁堡，乘船渡过黑海，到达克里米亚半岛的索勒达牙（Soldaia）。由此进入蒙古人的统治区，穿行南俄草原，在伏尔加河畔觐见威名赫赫的蒙古亲王拔都。拔都遣送他继续东行，大体上循着加宾尼所走过的道路，横贯里海以北的中亚草原，沿塔剌思河（Talas）进入伊犁河谷，踏进了中国新疆的土地。从这里沿着新疆北边，塔尔巴哈台山脉南麓，又进入了今天的蒙古人民共和国。1253年冬，在汪吉河上蒙哥大汗的行帐（斡耳朵）受到了大汗的接见。他接受前此西欧使者失败的教训，一路上小心地坚称自己不是国王的使者，而是一个出于纯宗教目的而来的布道者，顺便捎来了国王致蒙古大汗的友好书信。

冬尽春回，鲁不鲁克随同大汗的行帐北移，1254年4月抵达哈剌和林城。6月，他被允许西返，带回的是一封同样傲慢语气的促降信。鲁不鲁克循原道返抵拔都在伏尔加河上的行帐（撒莱），然后折而向南，穿行高加索、小亚细亚，抵达塞浦鲁斯，完成了这一次艰苦卓绝的传奇旅行。在这里，他把自己此行的亲身见闻，详尽、忠实和生动地写成了一份寄给圣路易四世的全程报告,这就是以《鲁不鲁克东游记》为名的珍贵历史资料。

应该着重指出:鲁不鲁克当时所说的蒙古,指的既是中国历史上的一个北方少数民族,还是当时北半部中国的统治者。稍后,这个蒙古的统治者,到 1278 年便由忽必烈进一步灭亡了南宋王朝,统一了全中国,改国号为"元"。元王朝从来就是中国正统的封建王朝。蒙古族的历史,也是构成中国多民族大家庭历史不可分割的一部分。今天的蒙古人民共和国,是 1924 年才从中国分立出去的,但蒙古族人口的三分之二以上仍居住在我国的内蒙古自治区境内。因此,我们把鲁不鲁克出使蒙古,看成是对中国历史上一个王朝的访问,是完全符合历史真实的。他所有的报导,几乎都可以从汉文史籍中得到可靠的印证。

在这部著名的游记中,鲁不鲁克全面地报导了十三世纪蒙古游牧社会的各个方面。举凡蒙古人的服饰、食饮、住帐、游牧迁徙、狩猎、婚姻、葬丧、迷信、占卜,以及风俗习惯、社会分工、手工制作、司法审判、分封制度、差役负担、奴隶生活等等,都有准确和细致的记述。因此,这部游记和加宾尼的《蒙古史》一样,是一部当时蒙古社会全方位的、详尽的实地调查报告,为我们研究十三世纪时期的蒙古历史,提供了无可比拟的宝贵资料。对于他所经行的中亚其他民族和地区的报导,同样也为我们对了解这些罕为人知的世界增添了新的认识。克里斯托弗·道森(Christopher Dawson)在《出使蒙古记》(The Mongal Mission)一书的序言里,说这部游记,是"整个游记文学中最生动、最动人的游记之一,甚至比他同时代的马可波罗(Marco Polo)或十九世纪的胡克(Huc)和加贝特(Gabet)等人的游记更为直接和令人信服。"是完全符合实际的评价。

鲁不鲁克抵达蒙古时,已是蒙哥大汗即位后的第三年,离开加宾尼出使蒙古,已经过去六年了。其间,蒙古国政治上发生了重大的变故,这就是贵由汗之死和蒙哥汗之代立,大汗的位子,从窝阔台(成吉思汗第三子)系转移到了拖雷(成志思汗第四子)一系的手中,成吉思汗的黄金氏族内部第一次出现了为争夺汗位而相互仇杀的惨剧。这些事实，在汉文资料中，只能够略见梗概，具体的细节，则往往语焉不详，难于考究。鲁不鲁克对于这些，当然也只能得之于传闻，但是，无论如何，它是离事发时间最近的报导，其可信度与权威性都是不容忽视的。譬如不里之死（第 23 章），汉文材料完全不见记载，只有在剌失德丁的《史集》里，我们才得到完全的印证（《成吉思汗的继承者》，页 170）。当蒙哥的即位仪式正在举行中，爆发了由窝阔台后王失烈门、脑忽、脱脱等共谋，以车满载武器前来，图谋叛乱的大案。《元史·宪宗纪》《忙哥撒儿传》以及《史集·蒙哥合罕纪》都有详细的记载，与鲁不鲁克所得到的情况完全相符（第 28 节）。令人颇感兴趣的是他对贵由汗之死的新说法。关于贵由之死，汉文材料中无任何踪迹可寻；《史集·贵由汗纪》也只是记拔都在得到唆鲁禾帖尼（拖雷妻、蒙哥之母）的警告说贵由西巡，宜修备之后，整军以应。然贵由汗在西行中大运已临，溘然长逝。（《成吉思汗的继承者》，页 218）鲁不鲁克既记载了修士安德鲁使蒙时所听到的传说（安德鲁 Andrews of Congjumeau 在 1248 年受法国国王派遣，出使蒙古，时贵由已死，安德鲁在叶密立受到时为摄政的贵由妻斡兀海迷失的接见）："贵由是由于服用了给予他的某些药而死去的，一般怀疑这是拔都干的。""但是，我听到的却是另一个故事。贵由曾经召拔都前来朝见，以对他表示臣服，拔都当即举行了盛大的仪式，启程出发。然而，拔都和他的部下非常害怕，因此派他的一个名叫思梯坎（Stican）的兄弟先行。当思梯坎到达贵由那里，并且正要向他献盏时，发生了争吵，他们两人互相把对方杀死了。"鲁不鲁克本人，还曾在途经思梯坎的寡妇帐幕时，被挽留停居一夜，应邀在她的帐幕里为她祈祷祝福。（第 27 节）这种说法当然也存在矛盾。遍考史籍，拔都并没有一个名叫 Stican 的兄弟，柔克义（William W. Rockhill）认为此 Stican 即 Siban（昔班），拔都的一个兄弟（《鲁勃洛克东游记》英文本，页 163 注 1）后来的翻译者，包括我本人在内，也采用了柔克义的读法。但是何高济先生在他的注文中指出："昔班在贵由死后拔都推选蒙哥时仍然活着，因此这里存在着一些疑问有待解决。"（何译本，注 77）则 Stican 与 Siban 不可能是同一个人。然而，鲁不鲁克亲见过思梯坎的寡妇，并应邀在她的帐幕里停过一夜，为她祝福，言之凿凿，这就不能不引起我们的再思考。

鲁不鲁克关于哈剌和林城市和宫殿的记载是关于这座草原皇都的唯一珍贵史料。他写道："至于说到哈剌和林，我可以告诉您，如果不把大汗的宫殿计算在内，它还不及法兰西的圣但尼（Saint Denis）村大，而圣但尼的修道院的价值，要比那座宫殿大十倍。城里有两个地区，一个是萨拉森人（回回人）区，市场就在这个区里。许多商人聚集在这里，这是由于宫廷总是在它附近，也是由于从各地来的使者很多。另一个是契丹人区，这些契丹人都是工匠。除这些地区外，还有宫廷书记们的若干座巨大的宫殿，十二座属于各种不同民族的异教徒的庙宇，两座伊斯兰教寺院（在寺院里分布着摩诃末的教规），一座基督教徒的教堂（坐落城市的最末端）。城的周围环绕着土墙，并有四个城门。东门出售小米和其他谷物，不过，那里难得有这些谷物出售；西门出售绵羊和山羊；南门出售牛和车辆；北门出售马匹。"（第32节）"蒙哥在哈剌和林有一座巨大的斡耳朵（宫殿），坐落在城墙附近。它的四周围以砖墙，像我们的修道院那样。那里有一座巨大的宫殿，他每年在这座宫殿里举行两次宴会。"（第30节）"那里还有许多很长的像谷仓一样的其他建筑，在这些建筑里，贮藏着他的粮食和财宝。"（第30节）根据汉文资料，这座宫殿就是有名的万安宫。《元史·太宗纪》载：窝阔台在位的第七年（1235年），"城和林，作万安宫。"《史集》则载："彼自契丹发来各色工匠，令于彼大部分时间居住之福地哈剌和林建一高耸之建筑，承以高大之柱，使与如此崇高之国王之决心相一致。每翼之长各为一矢射程所及之距离，中央则立一极高之宫殿，此等建筑皆采取尽可能优美之式样，饰以各种彩画"（《成吉思汗的继承者》，页85）负责和林修建工程的是（今河北省）宣德人刘敏。《元史·刘敏传》："乙未（1235年）城和林，建万安宫。"耶律楚材在他写的《和林城建行宫上梁文》中说："抛梁南，一带南山揖翠岚，创筑和林建宫殿，酂侯功业冠曹参。"（《湛然文集》卷十三）酂侯是西汉建国大功臣萧何的封号，耶律楚材这里是用萧何来赞喻刘敏的功绩。从建城的负责人和所使用的工匠都是汉人来看，当时的哈剌和林城实是一座典型的汉式建筑。据说窝阔台建城后,命令"每日以车自外省发运五百辆满载饮食,以至此间,存储以给分配"(《成吉思汗的继承者》,页89)所谓"外省",指的就是汉地。所以当忽必烈与阿里不哥的汗位争夺战中,"忽必烈合罕乃断绝交通,其地(哈剌和林)遂大困于饥饿。"(《成吉思汗的继承者》,页294)由此可见,十三世纪在漠北草原奇迹般出现的一代名都和林城,从总体上是由汉人经济文化所滋生哺育而成的。当然,其中也融入了中亚乃至西欧的优秀文化,譬如说法兰西文化。鲁不鲁克在叙述蒙哥汗宫帐的陈设时,就曾详细地描述了在宫殿中央,有一株大银树,根部承以四只银狮,树顶是一个手执喇叭的天使,它是一个分贮四种饮料的大酒器,又能鼓风发声,让天使吹响喇叭。这件精美的银器便是由巴黎出生、被俘而来的金匠师傅威廉(William)父子所打造的(第29节、第30节)。当时,被西征的蒙古诸王所俘虏带回的西欧奴隶是为数不少的。不里在字罗的日尔曼人奴隶就有数百。仅在和林,鲁不鲁克所见到法国人就有好几个人。他们都是以手工艺服务于其主人的。

作为一名基督教修士,鲁不鲁克特别关心所经行地区各民族的信仰和宗教情况,并详细地加以描述。南俄草原上的小斡罗思人、希腊人和阿兰人,都是基督教徒,但是遵行着一种荒谬的宗教规律,以为凡喝了忽迷思(酸奶)就不能再是基督教徒(第10节)。景教徒的十字架上不配置被钉的基督像。"因为阿美尼亚人和聂思脱里派(景教)教士羞于看到基督的像被钉在十字架上。"(第29节)伏尔加河上的不里阿尔人是更坚定地固守摩诃末戒律的回教徒(第19节),新疆的畏吾儿地区,景教徒、回教徒与偶像教徒混杂。这里的景教徒"由于教义上的谬误,因此不置备十字架和耶稣基督的像。偶像教徒把头发和胡子都剃光,手持念珠,念着六字真言。庙里挂满用纸写的咒文。"蒙古地区,各种宗教混杂的情况更甚,彼此之间矛盾激烈。契丹境内也有大量景教徒和回教徒。景教徒在西京(今大同)设有主教管辖区。他们的经典使用叙利亚文,鲁不鲁克斥责他们是酗酒、多妻和高利贷者,每星期五吃肉,并且按回教徒的风俗,在那一天举行宴会。他们是"彻底地腐化了","蒙古人自己和甚至是异教徒的道人的生活比起他们来也要纯洁一些。"
（第 26 节）在和林，"那里有一大群基督教徒—匈牙利人、阿兰人、
小斡罗思人、谷儿只人、阿美尼亚人"，然而"景教徒不准许他们进
入这一派的教堂，除非他们经由景教派教徒重新施行洗礼。"（第 30
节）回教徒和基督教徒之间，矛盾更加激烈，以至于当着阿里不哥
（蒙哥之弟）之面，在官庭中便使用最粗野的语言谩骂，还出现回教
徒聚众拦路殴击基督教徒的事件。为此，宫廷发出命令，把基督教
徒的帐幕迁开，使彼此分隔。（第 32 节）

　　鲁不鲁克所称的偶像教徒，主要是指佛教徒和道教徒，虽然蒙
古人也奉用毡制的偶像，但他一般以占卜者来称呼他们。对于汉地
的佛教徒与道教徒的区分，他似乎并不清楚。佛教在当时和林地区
流行的宗派甚多，早在窝阔台时期，克什米儿僧人那摩大师就归顺
蒙古，受到礼待，贵由且亲奉之为师（《元史·铁哥传》）鲁不鲁克
所记在畏吾儿地区所见的偶像徒和在和林宗教辩论会上所遇见的
"畏吾儿教派的一位教士"，都应该属于这一宗派。喇嘛教传入蒙古
大致也是在窝阔台或贵由时期。1247 年，西藏萨思迦教派的班答
弟亲赴和林，觐见贵由。鲁不鲁克所提到的那个自称曾投胎三次的
神童，无疑便是转世的活佛。他还提到一个从契丹来的教士，身穿
一件着色非常好的红色料子衣服，这件衣服是用一种生活在悬崖上
的"具有人类形状"的动物的鲜血染制的（第 29 节）。在元代，只
允许"土钵（Tibet）和尚红衣服"，汉人和尚穿红袈裟是明令禁止的
（《通制条格·汉僧红衣》）。因此他无疑也是一个喇嘛僧。用某种
具有人形的动物的鲜血染红织物，乍看是一个荒诞不经的故事，其
实在汉文古籍里很早就有记载。常璩《华阳国志·南中志·永昌
郡》就有过"猩猩兽，能言，其血可以染朱罽。"以后类似的记载在
唐段成式的《西阳杂俎》、宋人杨亿的《杨文公谈苑》、周密《齐东
野语》等书里都有记载。元马端临《文献通考·四裔考六·哀牢》
里，遍引诸家，详加考证，结论是猩猩能作人言没有根据，"血染朱
罽，偏问胡商，元（原）无此事。"不过后来的著作家，如元末的叶
子奇，仍坚持"狒狒……血可染绯。"（《草木子·杂俎篇》）这就足
证鲁不鲁克的记载，是完全可信的。佛教宗派流行在和林的还有禅

宗的临济与曹洞两宗。金元之际，今北京地区著名的临济宗海云大师，早就受到成吉思汗的尊重；蒙哥汗即位，又"以僧海云掌释教事"（《元史·宪宗纪》），可知他当时在宫廷中是颇具权势的。另一名曹洞宗的嵩山少林寺福裕长老，从窝阔台汗时受诏住持和林兴国寺。蒙哥元年（1251 年）曾被召至漠北行在所，"所居累月，其言上当帝心。"（程钜夫《嵩山少林寺裕和尚碑》，载《雪楼文集》卷八）其后在蒙哥汗庭也相当活跃。鲁不鲁克报导称和林各种民族的异教徒共有庙宇十二座，其中多数当是佛寺，有名可考的除兴国寺外，还有大阁寺，即后来的兴元阁。这座佛寺便是以高阁而著名的。（许有壬《敕赐兴元阁碑》，载《至正集》卷四五）

这些异教徒的寺庙中，有少部分实为道教徒的宫观，当时活跃在和林的是金元之际在中国北方十分流行的全真道。蒙古语 Tuin（道人）实指僧人，而于道教徒则称"先生"。因此，鲁不鲁克游记里的 Tuin（道人），最大的可能性，还是指僧徒、和尚，而不是我们通常意义的道人，即道教徒、道士。柔克义在这个问题上的理解是正确的（《鲁勃洛克东游记》英文本，页 159 注 1）。何高济在翻译此书时，第一次时把 Tuin 译"道人"，后文则音译作"脱因"，且不作任何说明，是欠严肃的。

十分有趣的是鲁不鲁克在游记中还记载有一次由蒙哥派员裁判的宗教辩论大会。这是一次以基督教徒、回教徒等一神教徒为一方，对多神教的 Tuin（道人）的辩论会。鲁不鲁克非常自得地称言是他自告奋勇，充当首席代表，驳斥了道人的多神谬论。这次辩论会是在 1254 年 5 月 30 日在宫庭附近的基督教小教堂内举行的。蒙哥派了一名基督教徒官员、一名回教徒官员和一名"道人"官员莅场担任裁判。辩论的结果，据说是道人被驳斥得无言以对。（第33 节）鲁不鲁克取得完全胜利。

据汉文史料，类似的宗教辩论会，在 1255 年（蒙哥五年，乙卯）、1256 年（蒙哥六年、丙辰）、1257 年（蒙哥七年、丁巳）乃至1281 年（忽必烈至元十八年）都曾举行过。不过，那是佛教徒与全真道之间，因全真道伪撰《老子化胡经》，污辱佛教，并仗势强占僧寺所引起的。这几次辩论会与鲁不鲁克在 1254 年 5 月 30 日所举行的实是全不相干。在汉文史料中，1254 年的这次辩论会也无任何记载。我在翻译道森《出使蒙古记》的注文中，以为这次"辩论会似即诸教联合，共攻全真道之开始。"（页 254 注 136）应该是错误的。由于缺乏相关的任何资料，我们很难对 1254 年的宗教辩论会作出可信的诠释。但是，考虑到当时和林地区各派宗教之间矛盾激烈，并联系到辩论会后的第二天（5 月 31 日），蒙哥便召见了鲁不鲁克和与之辩论的那位道人，公开对自己的宗教观点表态，使我们有理由推测，这很可能是蒙哥为了平息各派宗教间争胜的争吵而采取的一个行动。蒙哥当庭申明：只有萨满教的长生天才是独尊的天帝；其他诸民族的宗教，都是由它所派生的。他形象地说明："正如上帝赐给手以不同的手指一样，同样的，他也赐给人们以不同的方式。"（第 34 节）类似的话，我们在《至元辨伪录》中仍然可以找到。该书记蒙哥之言："今先生言道门最高，秀才人言儒门第一，迭屑（基督教徒）人奉弥失诃，言得生天，达失蛮（回教徒）叫空谢天赐予。细思根本，皆难与佛齐。帝时举手而喻之曰：譬如五指，皆从掌出，佛门如掌，余皆如指，不观其本，各自夸炫，皆是群盲摸象之说也。"（卷三）这个记载出自佛徒之手，其中显有虚捏并夸大蒙哥对佛教尊崇的谎言。其实蒙哥是一个顽固守旧的萨满教徒。《元史》说他"自谓遵祖宗之法，不蹈袭他国所为，然酷信巫觋卜筮之术。"（《宪宗纪赞》）把《至元辨伪录》的这段话与鲁不鲁克相较，证明蒙哥确曾公开申明过这一观点，然而鲁不鲁克所载，比起汉文记载来却更为客观、真实可信。

鲁不鲁克没有进入过长城以南的中国内地，但是游记中也有许多关于中国某些地区和少数民族的报导。他准确地了解从蒙哥行帐所在的汪吉河向东南方去约二十日程便进入契丹境（第 29 节），契丹（Cathay）是当时西方人对北部中国的称呼。契丹之外便是蛮子（Manse）（第 29 节），蛮子或蛮秦是当时西方人对南中国的称呼。大契丹"古代常被称为塞雷斯人（Seres）。他们那里出产最好的丝料，这种绸料依照这个民族的名称被称为塞里克（Seric），而这个民族是由于他们的一个城市的名称而获得塞雷斯这个名称的。"契丹和印度之间，隔着一片海。契丹人是很好的工匠，它的十五个城市都有景教徒。(第 26 节)契丹使用纸币,"他们用一把刷子写字,他们在一个方块中写几个字母,这就形成了一个字。"(第 29 节)"他们的医生对于草药的功效知道得很多,并且从按脉可以非常熟练地作出诊断。"(第 26 节)对于畏吾儿族、藏族、唐兀族、朝鲜族等等也都有记述。因此可以说,无论从哪个角度来看,鲁不鲁克都是第一个多方面正确报导中国的西方旅行家,比起加宾尼来是有过之无不及的。

鲁不鲁克的东方之旅历时三年半之久,这是一段绝非一般人所能忍受和完成的艰困历程。途中的危险和艰难痛苦,确是远远超出人生的极限。他写道:当他进入蒙古人中的时候,"我好像正在进入另一个世界。"(第 1 节)驰行在无尽的草原,奔向一个充满危险而难以预卜的地方去,"我们经受的饥渴、寒冷和疲乏,是没有穷尽的。"(第 22 节)但是更加悲惨的是当进入到居民处时,无厌的勒索、不知羞耻的敲榨和征服者奴视一切的歧视,"则非笔墨所能形容"(第 13 节)。但是鲁不鲁克仍然是义无反顾地一往直前,完成使命。这种坚苦卓绝的勇气、虔诚献身于基督的信仰和忠实效命于自己使命的伟大精神,是永远值得人们敬佩的。作为这部杰出游记的翻译者,我深深地被这种伟大精神所感动。特别是在我读到他在自己正在饥饿折磨的苦难时刻,而又慷慨地把仅存的有限食物分送给穷人时所写下的感受,说:"在那里,我体会到,一个人在贫穷时还从事布施,这是一种何等伟大的牺牲啊!"(第 29 节)这种悲天悯人、舍己忘身的仁者之心,仿佛给我的灵魂带来了强力的震撼。

鲁不鲁克的东游记,在我国已经有过两个译本。1983 年,中国社会科学出版社曾出版了吕浦先生和我合作的道森《出使蒙古记》的译注本。1985 年中华书局又出版了由何高济先生翻译的《鲁布鲁克东行记》,这是从柔克义的《鲁勃洛克东游记》重译的。然而,对这部杰出游记,从翻译到研究,事实上还有不少的工作应该继续作。我寄期望于后来的能者。

金元时期中国的景教

　　有关金元时期中国景教流行的情况，20世纪以来，经过陈垣、伯希和等中外学者卓有成效的挖掘、研究，取得了巨大的成绩。就新汉文史料而言，除非再有像敦煌秘室那样的奇迹出现，恐怕很难有更多资料发现了。当然，考古方面的材料将会是与日俱增，不会有穷尽的。

　　我们很难确切地知道金元时期的景教徒有多少，但它是这一时期一个庞大的社会群体，则是毫无疑问的。它的分布弥漫于中国的广大西北和北方地区，也广泛地错列在东南沿海的许多城市，乃于河南、四川、云南等地的许多地区。它是一个人数足以与佛教徒、道教徒以及在当时盛极一时的回教徒势力相侔的庞大宗教团体。陈垣在他有名的力作《元也里可温考》一文中，引《至顺镇江志·户口》证明元时镇江人口中，每六十三人中，有也里可温一人，"镇江一郡如此，他郡可知。"实际上镇江的也里可温，只不过是侨寓的外来人口。而在中国广大的西北与北方地区，则是这些人聚居之区。金元时期蒙古地区的克烈部，就是奉景教的部族，据1009年大主教阿布的硕（Abdisho）写给总主教约翰的一份报告，便提到有二十万突厥人和蒙古人转奉基督教，这种人名为克烈。汪古部是以奉景教著名的。剌失德丁《史集》说当时它有四千帐。另一个强大的部族乃蛮在很早以来便信奉景教。在新疆地区，唐朝时期西迁的回纥，虽然主要是奉摩尼教，但少数人则奉景教。西辽的统治表现为一种对哈剌汗王朝所推行的伊斯兰教的反动，基督教伴随佛教而得到繁荣，这时的喀失噶尔又出现了基督教主教，楚河流域保存的古基督教铭刻也属于同一时期。在这种形势下，作为西辽属部的畏吾人中，基督教也无疑更兴盛起来。据卢布鲁克的报导，在他前往去蒙古的途中，"所有的城市中，都有基督教徒和伊斯兰教徒。"在金蒙的边界地区，活跃着一群以贸易致富的景教商人，静州的马氏就是著名的例子。金政府所置群牧，也由一些景教徒担负。① 东北地区，在金代也有景教徒迁入。② 早期游牧在三河之源的蒙古族信奉萨满教。然而在成吉思汗统一蒙古诸部时，上述那些世奉景教的汪古、克烈、乃蛮等部族，通过投附、俘获、收养、姻娶等方式，加入到了新成形的大蒙古族队伍中来。入元以后，一些本应属第二等级的色目人（元朝把人分成四等，第一等蒙古人；第二等色目人，意为各种名目的人，指畏吾儿以及回回等由中亚迁入的人；第三等汉人，即原属金统治下的汉族人；最下一等南人，即原南宋属下的江南汉人），也因为想抬高自己的等级而蓄意自混于蒙古。这些人大多原是奉景教的。所以元朝的蒙古人中必定有不少原是景教徒，只是他们的景教身份史书上失载罢了。汉人中有没有景教的信仰者？史无明文。不过，散居在金蒙边界瓯脱之地的少数汉人，由于长期同占人口优势的景教徒杂处，因而习染其风的事，也是情理之常。入元以后，由于政府的优惠，景教同佛、道都拥有免除差役的特权，故江南地区，近年以来，"有一等规避差役之人投充本教（即景教）户计"，这些人则肯定就是汉人中的贫下人户。由此可见金元时期景教徒人数之巨，确是相当庞大的，侨寓和散居在东南沿海与内地的只不过是它的零数。元时僧尼的数字，据至元二十八年（1291）宣政院所呈报，计二十一万三千一百四十八。③ 当然这并不包括西藏的喇嘛教徒在内。道教徒总数大概是三十四万。以上分析表明，当时的景教，确实当是在人数上能与佛道并列的大教派。元朝时在中央设崇福司，秩从二品，掌领马儿（Mar）、哈昔（Keuhsi=Kasisa）、列班（Lieh-Pen=Rabban）、也里可温（ArKhaiun）。在地方则分设掌教所，遍及江南诸地。在举行的为皇帝祝寿的祈祷会上，掌教所甚至与道教徒争班序的高低，发生殴斗，中央曾专门发文，重申"随朝庆贺班次，和尚、先生祝赞之后，方至也里可温人

---

① 《元史·按竺迩传》。

② 元好问《恒州刺史马君神道碑》，载《元遗山先生文集》卷二七。

③ 此盖就政府所籍记之人数而言。在我国，僧尼出家，道徒入道，都只是个人的信仰行为。至若景教则男婴生而受洗，举家举族，世代皆然，故教徒人数较多，是不足怪的。

等。"擅自招收户计也严令禁止。仁宗延祐二年（1315），省天下也里可温掌教司七十二所，所省的数字如此巨大，则原来数字之多，亦可概知。所以当时元朝政府在发布有关宗教的法令中，都是以也里可温与和尚（佛教徒）、先生（道教徒）并提，是完全符合当时的实际形势的。

在这群庞大的景教徒队伍中，从教徒的身世上，大概可以分为两类。一类是至少从辽末金初以来，数世定居在中国的土著民；一类是在元初从西方通过投附、招致或经商旅行的新迁入者。前者是绝大多数，后者只是明显的少数；前者可以以马祖常家族为代表，后者则可以以爱薛家族为代表。

马祖常是元朝中后期著名的文学家，《元史》本传评他"工于文章，务去陈言，专以先秦两汉为法，尤致力于诗，大篇短章，无不可传者。"他也是一个理学的尊奉者，"尝议今国族及诸部，既诵圣贤之书，当知尊诸母以厚彝伦"。这都表明他对汉文化的造诣。马祖常的七世祖和禄深思在辽道宗咸雍（1065—1074 年）间向辽主贡大珠，道宗欲官之，辞不就，请居临洮（今甘肃）之地以畜牧，遂家于临洮之狄道。子贴穆尔越歌，以军功擢马步军指挥使。故其后以马为姓。子索麻也里束，值辽亡，为金兵所掠，尽室迁辽东。金太宗梦见天神，与索麻也里束所进景教神像形似，喜而为作"福田"（佛家语，谓人于应供养者供养之，将能受诸福报），于是把他纵为平民。到马祖常的四世祖骚马也里黜，始迁静州之天山，商贸牧殖，遂为巨富。曾祖马庆祥，通六国语，金泰和（1201—1208 年）中，试补尚书省译史。金卫绍王在静州接受铁木真（成吉思汗）的入贡，就是由他担任翻译的。铁木真多次要求庆祥留事于他，但都为所拒绝。金亡，马庆祥死节，妻儿都被蒙古所掠遣送和林。由于马庆祥曾为成吉思汗所激赏，其子月合乃得为贵由汗擢任，充总漠南财赋、设府燕京的断事官不只儿的助手。1259 年，忽必烈奉蒙汗命南征，月合乃主掌后勤。忽必烈即位，与阿里不哥之战，月合乃出私财市马五百助军，官拜礼部尚书，马氏家族全面接受汉文化，实自月合乃始。所以马祖常自己说："俾其子孙百年之间革其旧俗，而衣冠之传，实肇于我曾祖也。"① 月合乃死，家道中落，甚至住宅也为回回权臣阿合马所横夺②。这一事件大概可以算是元代基督教与回教徒之间不断争斗的一幕。这种争斗几乎贯穿元朝的始终，同时对元朝的政治产生重大的影响。这个问题，在下文中我们还会详加涉及。马祖常的祖父世昌，早卒。父润，沉沦下僚，以文墨入官（小吏），先后在湖广（湖南、湖北），吉州（江西）、两淮（江苏，河南）、太平（江苏）、常州（江苏）、光州（河南）、赣州（福建）等处作小官吏，并定居在光州。马润仕履的地方遍及南方的五个省之地。而类似马润这样的蒙古、色目景教徒为地方官于全国各地者，诚难仆数，只是文献无存，他们的宗教面目我们已无法确知罢了。陈垣《元也里可温考》称：其徒"有孝子，有良医，有名官，有文臣学士，此元代也里可温人物之大概也。《元史》所载，尚有多人，因不明著为也里可温氏，未敢漫为断定"。然以名字推之，如角儿只、捏古刺之名，当亦为也里可温无疑。他的另一个名著《元西域人华化考》中，列色目人在中国习染华风，研讨华学而名著于文献者一百三十二人。听说台湾清华大学教授萧启庆先生又广事搜罗，复增益二百余人。这些人当然是包括所有当时西来的各教派、各地区、各部族在内的，然信仰景教的教徒无疑当是表列中的大多数。

占人口少数，通过投附、招致，或经商旅行东来的也里可温教徒，可以爱薛家族为代表。爱薛家族长期主掌元中央管理基督教事务的崇福司（院），是基督教在政治领域的最高权贵。这个家庭与元皇室内廷也有着密切的联系，多次卷入皇位纷争的中心，产生过重大的政治影响。爱薛是叙利亚的景教徒。据程钜夫撰《拂林忠献王神道碑铭》：爱薛，西域拂林人，即今叙利亚。祖巴阿剌，父博罗穆苏，"于西域诸国语、星历、医药无不研习。"贵由汗在位，有列边阿达，"以本俗教法"受知于大汗，荐其德行才艺，汗乃万里招致。爱薛的父亲以年迈难于行，乃使年轻的爱薛东来，供事汗廷。据姚燧所撰《蒙克特穆尔祖考伊苏（即爱薛）追封秦国康惠公制》可知，

---

① 马祖常《故礼部尚书马公神道碑铭》，载《石田先生文集》卷十三。
② 同上《故显妣梁郡夫人杨氏墓志铭》。

爱薛东来后在汗庭所负担的工作是"托椒房之亲，以为傅父；居画室之馆，以鞠帝姬"。具体地说，就是担任拖雷之正妻，蒙哥、忽必烈、旭烈兀、阿里不哥四子之生母唆鲁禾帖尼别吉的宫中教父。唆鲁禾帖尼是克烈部长王罕之弟札合敢不的女儿，出身景教世族。爱薛很可能就是贵由汗应她的请求，征召东来，充当她的侍卫之臣。蒙古把这种人泛称之曰怯薛（Kesik）。又据姚燧所撰《祖妣克呼氏（即克烈）呼实尼沙赠秦国夫人制》所记，爱薛的妻子也是出身克烈部，身为唆鲁禾帖尼的女侍从，当是唆鲁禾帖尼赐婚于他，可是其宠任的情况。景教徒素以"雕镂诡物，制造奇器，用浮巧为珍玩。以谲怪为异宝"（唐柳泽语）著称的。爱薛家世业"西域星历、医学"，忽必烈即位后不久，就任命他领西域星历、医药二司事；后改广惠司，仍命领之。广惠司的职务是"掌修制御用回回药物及和剂，以疗诸宿卫士及在京孤寒者。"至元二十年，爱薛副丞相孛罗往伊利汗国理算财务（当时忽必烈本人在伊利汗国境内也有属于他个人的属民，正如术赤汗国、伊利汗国在中国也有他们私属的民户一样），还，大得忽必烈嘉许，欲拜平章政事（副宰相之一），固辞，擢秘书监，领总管全国基督教徒的崇福院使，迁翰林学士承旨，兼修国史。应该指出，所有这些官职都只是爱薛在外朝（即政府）的兼官；他最重要、最尊贵的官职还是在宫庭内作为怯薛执事之一的怯里马赤，义即通事，是为皇帝担任口头翻译的人员，因此他最能接近皇帝，地位也最为尊贵。这些职位都是世袭担任的。所以在爱薛死后，他的儿子忙哥贴木儿仍应是怯薛成员的怯里马赤，外廷的职务仍兼职为崇福院使，但官位又升至武宗时新设的尚书省左丞（副宰相之一），尚蒙哥汗之女为妻，[①]成为朝中极盛一时的显贵。仁宗即位，把置尚书省斥为乱国病民的秕政撤消，尚书诸宰执多加罪处死，忙哥贴木儿则仅杖而流于南海。崇福院使的职位则由其弟也里牙继任。也里牙是武、仁、英三朝权相铁木迭儿的女婿，因此他是当时朝中炙手可热的人物。前面我们已经提到元朝时期基督教徒与回教徒长期激烈的矛盾和争斗。早在和林的时代，卢布鲁克

---

① 参考韩儒林《穹庐集·爱薛之再探讨》。

报导，活跃在蒙古宫庭的景教徒与穆斯林，历来相互矛盾歧视。有一次曾当着阿里不哥的面，一位景教修士就无端辱骂阿里不哥身边坐着的两位穆斯林贵族为狗，并且责问阿里不哥："你为什么和他们作伴？"当穆斯林质问他为什么无故侮辱他们时，这位修士犹振振有词地回答："我说的是真理，你们和你们的摩阿末都是下贱的狗。"接着，一群穆斯林在路上邀拦这位修士辩论，甚至于达到用马鞭动武的地步。上文提到的元初回回权臣阿合马横占马月合乃的家宅，也可视为穆斯林对景教徒的仇视。至元十六年，从八里灰（巴儿忽，Bargut）入贡海青鹰的回回商人因拒绝食用采蒙古宰杀羊的方式的羊肉，触怒忽必烈，说："彼吾奴也，饮食敢不随我朝乎？"于是下诏禁回回抹杀羊做速纳。①《史集》记载："有爱薛迭屑怯里马赤（迭屑即基督徒）、伊本马阿里及拜答黑者，当时之邪恶无行人也。利用此法令而得旨，凡宰羊于家者皆处死。彼等遂以此为借口，多肆勒取人之财货。并引诱穆斯林之奴仆曰：'有能告其主者，我等将纵之为良'，诸奴仆为求放良而诬控其主。爱薛怯里马赤及其恶徒行事一至于此，致使四年之内，诸穆斯林皆不能为其子行割礼。彼等且诬陷神圣之伊斯兰司教赛甫丁之门徒不儿罕丁，遣送其往蛮子之地而死。"情况之发展至使留居此境之大部分穆斯林人均离契丹而去。造成一种"所有穆斯林商人均离此而去，穆斯林诸国之商人亦裹足不来，税收不足，珍贵之贡品不至，达七年之久。"②从这一事件中也充分反映了两个教派积怨之深与相互倾陷之激烈程度。了解了这一背景，我们就可以知道《元史·爱薛传》所载"成宗崩，内旨索星历秘文，爱薛厉色拒之"的实际内涵和分量。原来成宗死而无嗣，卜鲁罕皇后伙同左丞相阿忽台以及宰臣伯颜、八都马辛等谋由卜鲁罕垂帘听政，立安西王阿难答为帝，阿难答是元时蒙古诸王中著名的伊斯兰教徒。阴谋拥立他的阿忽台、伯颜也都是伊斯兰权贵。所以景教徒的爱薛抗命中旨，拒绝合作、交出所掌的星历秘文，便是很自然的了。爱肯黎拔力八达（后来的仁宗）扑灭了阿难答、阿忽台等的夺位阴谋后，拥立其兄海山即皇帝位，

---

① 参见《元史·世祖记》、《元典章·刑部十九》。
② 拙译《成吉思汗的继承者》，页 362—363。

是为武宗。武宗以公（爱薛）为忠，爵赏特异，方欲柄用，但在至大改元之年 1307 年（成宗大德十一年）六月他便以八十二岁的高龄死去。① 儿子忙哥帖木儿晋位尚书左丞，便是武宗对爱薛忠忱的赏赐。仁宗即位，即使忙哥帖木儿因附从设尚书省乱政而被杖流，其弟也里牙仍袭长崇福院使，也里牙迁以赃罪除名。泰定帝死后发生了两都（大都、上都）争位之战，在上都拥立泰定帝幼子的，政府把他们按部族组成兵团或工场、匠局，专充军役或进行有原部族特点的手工艺生产。以基督教徒军将的胜利这部分人有可能在孟帖哥儿维诺的教化下，改宗了罗马天主教。② 因阿剌吉八的主力是以丞相倒剌沙为首的回回官僚；在大都拥立文宗图帖睦尔的主力则主要是燕铁木儿所领的钦察军将。钦察、阿速、康里、斡罗斯诸部，当是奉东正教的。他们都是蒙古西征，通过投降、归附、俘虏，被驱使、征发到中国来，此两都之战，实际上是元廷中基督教徒军将与回回教徒权贵的较量。两都争位之战结束，图帖睦尔即位，是为文宗。也里牙在这场争位中扮演了什么角色？史无明文。但他在战争中便被文宗复命为太医使，且成了文宗的一名亲信。当时文宗的哥哥和世㻋亡命在阿尔泰以西。他应是皇位的首选人物。图帖睦尔在即位时就假意申明，这只是他在长兄和世㻋缺席的情况下从权的举动，"当谨俟大兄之至，以伸朕固让之心"。他骗得和世㻋兴冲冲的东归即位，在将抵上都的前夕，图帖睦尔、燕帖木儿就假手也里牙进药，把和世㻋毒死。图帖睦尔又重新即位为帝。也里牙能够参与文宗这种险毒不可告人的弑杀阴谋，应该说他们间的关系非同一般。但是在一年之后（至顺元年，1330 年）故丞相铁木迭儿子锁住，与其弟观音奴、姊夫太医使野里牙坐怨望造符录、祭北斗、咒咀，事觉，诏中书鞫之。事连前刑部尚书乌马儿、前御史大夫孛罗、上都留守马儿及野里牙姊阿纳昔木思等俱伏诛。爱薛家族至此覆

---

① 标点本《元史·爱薛传》作"仁宗时，封秦国公。卒，追封太师"，云云，标点错误。"卒"字后不当加逗号。我这里是据程钜夫撰神道碑，即《元史》本传之所本者。

② 他们中的显贵，在顺帝时曾致书罗马教皇，请求派来主教。于是而有马利诺里使团来中国之举，当即是他们已改宗罗马天主教的证明。

败。顺帝后至元六年（1340）六月，追究文宗毒杀他父亲和世㻋的罪行，发布的诏文说文宗杀也里牙是"内怀愧慊"，故杀之以灭口。不过这个案子杀戮的人甚多，似乎很难把这么多人都卷入弑杀的密谋来解释，然其中真相，已再无可证验了。

一种是生在叙利亚，仍维持着正统原旨而在元初新来到中国的景教徒，另一种则是辗转流离，间关万里，二三百年前即已飘泊到中国的西北与西部蒙古高原，并长期在这里生息的景教徒，两种人奉同一宗教，维持某些共同的基本教义。但在种族、文化、生活条件、风俗习惯，乃至某些教义、教规方面，发展的差异极大，是完全可以想象的。卢布鲁克描述当时新疆一带的景教徒，说："在那里的聂斯脱里派教徒什么也不懂，他们说的祷告词，他们拥有的宗教经典，都是用叙利亚文，可是他们并不懂这种语言，因此他们只好像我们的不懂语法的修士们那样唱歌。这种情况说明了这样的事实：他们是彻底地腐化了。首先，他们是高利贷者和醉汉，而且他们中某些同鞑靼人住在一起的人甚至有几个妻子，像鞑靼人一样。当他们进一座教堂时，他们洗他们的下身，像萨拉森人一样。他们每逢星期五吃肉，并且按照萨拉森人的风俗，在那一天举行宴会。"

"主教很少访问这些地区，他五十年内几乎不来一次。当他来的时候，他们使所有的小男孩（甚至连躺在摇篮里的男孩也包括在内）都被任命为教士，因此几乎他们所有的男子都是教士。他们长大以后都结婚，这显然是违反神父们的法令的。他们是重婚者，因为他们的第一个妻子死去时，他们又另娶一个。他们又都是买卖圣职者，如果没有报酬，就不行圣礼。"

"他们对他们的妻子和小孩照顾得很好，因而他们对于赚钱比对传教更为注意。因此，发生了这样的事情：当他们之中的任何人教育蒙古贵族的子弟时，虽然他们教这些子弟读福音书和基督教的文件，然而由于他们的邪恶生活和贪婪，他们反而使这些子弟疏远了基督教。因为，蒙古人自己和甚至是异教徒道人的生活比起他们来也要纯洁一些。"① 卢布鲁克痛斥这里的景教徒是腐化，堕落，其

---

① 　道森《出使蒙古记》，页 162—163。

实，这正是他们在东拓的艰难历程以及东来到陌生环境里，为了生存和发展，不能不改变和放弃某些旧俗，而创造并借用某些新规的必然结果。据《至顺镇江志·僧寺》所载梁相所撰《景教大兴国寺碑》，其略曰："薛迷思贤，在中原西北十万余里，乃也里可温行教之地。愚问其所习教者，云天地有十字寺十二，内一寺，佛殿四柱高四十尺，皆巨木，一柱悬虚尺余。祖师麻儿也里牙灵迹，千五百余岁，今马薛里吉思是其徒也。教以礼东方为主，与天竺寂灭之教不同。且大明出于东，四时始于东，万物生于东。东属木主生，故混沌既分，乾坤之所以不息，日月之所以运行，人物之所以蕃盛，一生生之道也。故谓之长生天。十字者，取像人身，揭于屋，绘于殿，冠于首，佩于胸，四方上下，以是为准。"从这篇碑文看，这位在镇江创建了七座景教寺院、充本路总管府副达鲁花赤（副府尹）、钦受宣命虎符、怀远大将军的薛里吉思，对景教的教旨、源流，似已懵然无知，所保持的只是其祖先东来之先所自的撒马尔干，以及在那个地方流传甚广的悬柱灵迹。《马可波罗行纪》中也有过这一神话的记载。其余的有关教理，简直是中国传统儒、佛、道以及蒙古萨满教的大杂烩。景教主张"东礼"，梁相即以之与道教附会。道家五行相生，东方甲乙木。《书·尧典》："平秩东作。"孔安国传："岁起于东而始就耕，谓之东作。"生生，即相生不绝之意。《庄子·大宗师》："生生者不生。"释文引崔注："常营其生为生生。"《礼记·月令》："某日立春，盛德在木。"至若"长生天"，则是蒙古萨满教的至高尊神，蒙语作腾格里（Tengri）对于十字架之义云何？他们似乎也只是"取象人身"，以通"四方上下"的寓义。我想，这些经义，从一个正统的叙利亚景教士爱薛看来，他们必当认定是景教的异端无疑了。从辽后期已生息在中国西北、蒙古与宋辽、宋金边境地区的景教徒，长期以来，与宋、辽、金通过贸易互市，朝贡受封，充军任役，乃至于婚姻交通等途径，对于以汉文化为主体，而经过长时期汉族与周邻少数民族相互联合发展所成形更加包容博大、色彩纷呈的华文化，当时必然在不同程度上有所接受，有所了解。入元以后，他们接受"华学"（元人苏天爵语）当然比新从西方迁入的景教徒快和容易，这也是不言自明的道理。因此，在论及他们中的"华化"（陈垣语）时，必须注意其差别。看不到差别，简单的一以概之，是不妥当的。

更进一步来看，元时景教以外的其他宗教，部族人等，在"华化"问题上，也因为教派的不同，来华后居处环境、所操职业等情况互异，其进程、其程度也必须作具体的分析。以伊斯兰教为例：他们在辽金时期已广泛地分布在我国的西北地区。元初，蒙古西征，被裹胁、收编、俘虏来到中国更不在少数。但它的教规、教俗远较景教封闭保守和严格，这同景教在这些方面的"机会主义"态度（朱谦之语）大有不同，他来到中国后居处也多大分散、小集中，自成一个固守回教，语言、风俗、生活习惯乃至婚媾，都保持传统的群体，他们的"华化"比起景教徒来似乎更多一些保守。许有壬《至正集·西域使者哈只哈心碑》叙阿鲁浑氏哈只哈心家族东来中国后的变化时，说：蒙古西征，"西域最先内附，故其国人柄用尤多。大贾擅水陆利，天下名城巨邑，必居其津要，专其膏腴。然而求其善变者则无几也。居中土也，服食中土也，而惟其国俗是泥也。"有变旧俗者，"必取摈于同类"。阿鲁浑是伊斯兰教徒。这就充分说明元代回教徒的变俗华化，是教规所不许，同类所取摈，和长久以来东传过程中，随俗变易，以图自存的景教徒大不相同。

总之，我的意思是不要仍停留在陈垣时代的把元代西域人的"华化"笼统地一锅煮。陈垣在这个问题上勇于开创，筚路蓝缕，功在史林，是不可磨抹的。但是在近百年后的今天，经过中外许多名家的发掘研究，我们应该在分析整理上更有所进步。就各个教派，各个部族，乃至结合某个人的仕履、行踪，具体地进行一些研究，我想，这也许是推进这一学科前进一步的可行途径。

另外，我也注意到一个尚未引起人们注意的问题，就是景教在元代中西文化交流中的作用。元朝人把穆斯林称作"回回"。这个词使用得很泛，阿速人称"绿睛回回"，犹太人称"术忽回回"，似乎也把来自叙利亚的景教徒概以回回相称。所以爱薛所领广惠司所掌，说成是专制御用回回药物及和剂。研究元代中西文化交流的先生们，都非常注意有关回回医药和回回天文东传的情况，但它们都是阿剌伯系统的科学。然而，在这之外，在元时还有由景教徒爱薛所长期领导的星历、医药两个机关。我们知道，叙利亚的景教文化，直接源自希腊。因此，我在这里提出来，元代的中西文化交流中，除了伊斯兰文化之外，还有一个由景教徒为中介，间接传入中国的希腊文化，绝不能认为是毫无根据的。爱薛的父祖，世代精于星历、医药；爱薛来中国后，也以此而受知于元朝皇帝；子也里牙，充太医院使。这都明显地表明，他们都是希腊系统的天文、医药专家。不过爱薛父子均限于执事内廷，因此，这些科学影响对社会的可能性比较少。但无论如何，这是一个人们迄今还没注意到的重大问题，很值得专家们注意。景教徒历史上均以擅制奇巧而著名。盖山林先生就 1936 年法人马定所发现的元《耶律公神道碑》作考。墓主耶律子成主管也里可温，为王太后作漏门，是一种计时的滴漏无疑，"水火筹箭，毫厘不差。"在古代汉人看来，这也是淫巧奇器。《元史》记元顺帝在宫中，自制龙舟，设备奇巧，行时船身的龙首、眼口、爪尾皆动。又自制宫漏，有神人自动报时，飞仙、龙凤按时飞舞。"其精巧绝出，人谓前代所鲜有。"这些是不是工艺精巧的景教徒所制，我们已无法确证。但是我怀疑这些便是执事宫庭的景教徒所作，这应该也不失为一个十分耐人寻味的猜测。唐玄宗时，传教长安的景教僧大德及烈，进奇器以谋宫庭之宠。这是有籍可考的。

（原载 Institut Monumenta Serica：*Jingjiao*，
The Church of the East in China and Central Asia）

札记二篇

一 "色目"说

"色目"一词，至少从初唐以来已累见于官私文献，意为各色名目。《礼记·王制》孔颖达疏："凡执技以事上者，祝、史、射、御、医、卜及百工。"注：言技谓此七者。《正义》曰："七者谓祝一、史二、射三、御四、医五、卜六、百工七。射、御，前《经》以显，此重云者，上论所试之时，此论与祝、史、医、卜并列，见其色目。"《唐律疏议·户婚中·诸许嫁女》："疏议曰：养，谓非己所生；庶，谓非嫡子及庶孽之类。以其色目非一，故云'之类'。"又《诈伪·诸妄认良人为奴婢部曲妻妾子孙者》："答曰：随身之与部曲，色目略同，亦同妄认部曲之罪。"《唐会要·待制官》："显庆四年（659）二月二十八日，引诸色目举人谒见，下诏策问之。"此皆用之于人之种类。又同书《租税》引建中元年（780）诏文："其比来征科色目，一切停罢。"《资治通鉴·唐德宗建中元年》记其事，亦谓至德兵起，赋敛无常，诸司"各随意增科，自立色目，新故相仍，不知纪极。"至是，始用杨炎议行两税，"比来新旧征科色目，一切罢之。"此则赋税之名目。《楞严经》："是故十方一切如来，色目行淫，同名欲火。"此泛指一切人欲。可知"色目"一词，涵用极广。《正脉疏》所谓："色目者，犹言名色、名目也。"则明与"诸色"一词语意全同。

在宋代，这个词继续广泛使用。譬如孟元老《东京梦华录·民俗》记汴京市民，"其士农工商诸行百户，衣装各有本色。不敢越外。"故"街市行人，便认得是何色目。"沈括《梦溪笔谈·器用》记郓州发掘一甚大之铜弩机，其上刻文曰"臂师虞士，耳师张柔"。作者云："史传无此色目人，不知何代物也。"罗大经《鹤林玉露》卷七记经总钱："军兴，议者再请施行，色目寖广，视宣和有加焉。以迄于今，为州县大患。"蔡絛《铁围山丛谈》卷六记建溪进贡之龙茶，有"北苑龙焙"、"正焙"、"龙焙"、"密云龙"、"瑞云翔龙"等名目。"其后佑陵雅好尚，故大观初龙焙于岁贡色目外，仍进御苑玉芽、万寿龙芽。"王大成《野老纪闻》载：陈长方读史"每看一传，先定此人是何色目人，或道义，或才德。"《靖康稗史笺证·宋俘记》载金虏宋帝及官人、宗室北去，其中"贵戚男妇五千余人，诸色目三千余人，教坊三千余人。"此皆其类。蒙思明《元代社会阶级制度》引《南部新书》："大中以来，礼部发榜，岁取三二人姓氏稀僻者，谓之'色目人'，亦谓曰榜花。"又徐梦莘《三朝北盟会编》引《北征纪实》："粘罕遣使谓贯曰：'海上元约，不得存天祚，彼此得，则杀之。今中国违约招徕之，今又藏匿，我必要也。'贯拒以无有，即又遣使迫促，语大不逊，贯不得已，遣诸将出境上，曰：'遇有异色目人，不问便杀，以首授使臣。'然金人俄自得之，事乃息。"① 而谓"则'色目'与人连为一辞，而以指稀僻不常见之人……皆指与己不类之异族人而已。"我在拙作《元代史》一书中引建炎二年（1128）十月"丙子，诏令：到部官自陈有无系讨论之人（指崇、观以来夤缘滥进官员），仍给除名罪。如系前项色目人，并令吏部审量取旨。"② 指出这里所指显非异族，③ 只是"异色目人"一词，才有可能包含异族的意思。不过，《南部新书》所记，反映出早在宋初以来，"色目人"已作为一个专名词出现，指的是姓氏生僻的所谓"杂姓"人物。

元初，"色目"一词作为形容词使用普遍。如《元史·宪宗纪》：二年，以"孛鲁合掌必阇赤写发宣诏及诸色目官职。"王恽《乌台笔补·论怯薛歹加散官事状》："今后合无将内外一切近侍环卫等官，据见掌职事，依验色目，普加散官。"④ 又《玉堂嘉话》："编修且要二员，直须选择魏太初、周干臣云云，本把合用儒人兼管，不宜用他色目。"⑤《元典章·吏部五·解由体式》："本官年甲若干，是何色目人氏。"又同书《吏部六·儒吏》："正犯人招款：一名某，见年若

① 又见《续资治通鉴长编拾补》卷四九。
② 李心传《建炎以来系年要录·建炎二年十月》。
③ 《元代史》，页292。
④ 载《秋涧先生大全文集》卷八四。
⑤ 同上，卷一百。

干，本贯某处附籍，是何色目人氏。"在这里，"色目"是与"名色"通用的。

"色目"作为中亚胡人之专名究竟始于什么时候？疑点仍然很多。沈仲伟《刑统赋疏》载：至元八年《条画》："诸色目人同类自相昏姻者，各从本俗法。"① 然此条律文在《元典章·户部四·嫁娶聘财体例》中作"诸色人"，而无"目"字。沈书成在元末，后于《元典章》，所以把"色目人"始见定在至元八年难于成立。

蒙思明在《元代社会阶级制度》认为始见是在至元十五年。《元典章·礼部三·禁约焚尸》："礼部议得：四方之民，风俗不一，若便一体禁约，似有未尽。参详：比及通行定夺以来，除从军应役，并远方客旅诸色目人，许从本俗不须禁约外，据土著汉人，拟合禁止。"这里的"诸色目人"，是泛指区别于"土著汉人"以上的羁旅行役之人。军人商旅自不乏汉人，故此处的"诸色目人"，恐仍是各种人之意，迨与《元史·宪宗纪》二年之文义同。很难认为它已经形成固定的法律概念。故《元典章·兵部二·达鲁花赤提调军器属》中所引至元二十二年五月十五日奏文中，仍将畏吾儿、回回色目官人每并举。这段引文在蒙思明的书中将"回回"与"色目官人每"分断②，似恐欠妥，然其明指当时"初未有法定明文，称何种族人为色目也"则是十分正确的。这里的"色目"，其义迨与《南部新书》所使用的相同，用于指一些生僻的种族人等。考之《元史》，以"色目人"明指中亚诸部人，恐当以至元二十三年为始见。史载其年四月，"增置行台色目御史员数。"六月，"括诸路马，凡色目人有马者三取其二，汉民悉入官，敢匿与互市者罪之。"在这以前，这个词是例皆以"回回"或"回回及畏吾儿"的称呼出现的。这里，附带涉及一个四等人制度形成的问题。南宋未征服以前，事实上已存在一个蒙古人、回回人与汉人三种人在政治地位上不同待遇的状况。蒙古人当然是高出一等，回回人与汉人的差别仍不见于令甲，但无形中已存在。中统初元，在忽必烈的朝堂中，汉人占有明显的优势。李

① 《元代法律资料辑存》，页 171。
② 《元代社会阶级制度》，页 32 注 171。

瓒叛乱之后，回回的势力上升。大体形成回回人与汉人官僚相互制衡，而蒙古贵官则居高操纵的均势局面。至元二年二月，规定"以蒙古人充各路达鲁花赤，汉人充总管，回回人充同知，永为定制。"就是这种均势制衡的政治指导思想的典型反映。但是这种思想的深处，隐藏的是蒙古统治者对汉人的疑虑加深，而对回回人牵制作用的依重。特别是平李瓒以后所采取的一系列重大措施，如削弱私家的权力，在地方上实行民兵分治，罢诸路世侯，在汉军万户中易将而领，置万户府监战，取消汉人官僚的封邑等项，无不是直接指向汉人官僚的。至元五年三月，且明令"罢诸路女直、契丹、汉人为达鲁花赤者，回回、畏兀人、乃蛮、唐兀人仍旧。"则已明显地露出来种族歧视的用心。随着阿合马的专权，政治天秤日益向回回人倾斜，汉、回两种族官僚集团的矛盾与倾轧也益演益剧。至元十九年，终于爆发王著刺杀阿合马事件。接着，在太子真金支持下的和礼霍孙政府清洗阿合马党羽，回回官僚集团受到裁抑，汉人则有所抬头。很快由于忽必烈不满其继续积极采行汉法的路线而尽撤诸宰执，开始由桑哥实际专政，汉人官僚又遭到沉重打击。这时，南宋早已被征服。忽必烈一则出于安抚江南人民的反蒙情绪，再则用以抑制北方汉人，而独排众议，强调"自今省、部、台院，必参用南人"，即江南士人。并特别招致叶李、赵孟頫等一批南士，超拔他们，参与政务。汉人和所谓"新附人"的政治待遇是相同的。① 桑哥倒台后，附从桑哥的南士也跟着倒霉。大概也就从这时候起，北方汉人，在朝中的地位又有所恢复，然终不足与回回人抗衡；而江南人的地位，依照蒙古传统最迟被征服者其地位愈低下的惯例，被视为当然的列为最下等级。虽然同是汉族，由于历史上长期南北地域上的分别，特别是宋金以来长期南北分裂对峙所加深了的成见，北方汉人与江南汉人原是相互歧视的。南宋人对所谓"北人"或"归正人"充满鄙视，忽必烈的刻意利用，又增加了彼此的不满，四等级的划分因而在实际上形成。等到成宗即位后，这种等级的差别便在政治、经济、社会、文化等诸方面，从法令上承认与表现出来。

① 《元史·世祖纪十》至元二十二年五月丁亥。

我们至今还不了解用"色目人"来代替"回回"人这一名称的具体细节。大概是因为处在蒙古与汉人之间的第二等级者，种姓太繁，本非回回这一名称所能包括，因而借用了这个可训为"各色目人"之义的通行辞汇，逐至于约定俗成。由于人分四等本没有一个正式的法令，色目人的内涵更没有一个明白的规定，所以直到大德十一年，山东宣慰司与大都路真定、隆兴、河间、广平等路都提出"何等为色目人"的请示。中央的回答也采排除法，"除汉儿、高丽、蛮子人外，俱系色目人。"① 这是元廷对色目人并无明文界定的确证。直到延祐四年（1317）三月，济宁路还提出"女真同与不同色目"的疑问。中央的答复是根据至元六年三月"罢诸路女真、契丹、汉人为达鲁花赤者，回回、畏兀、乃蛮、唐兀人仍旧"的精神，比定女真当以汉人处理。② 蒙思明所说"此色目一辞之用以代表西域及欧洲各等种族者，乃由习惯之运用，非由文法之规定之明验也。然自延祐而后，色目一辞之内容，似已日益确定；盖此后色目一词之运用已极普遍，公文命令中之列举氏族者已极稀。此可由《元史》及《元典章》中取得证明者也。"③ 这是正确的。

由于等级差异而待遇不同，故当时人多冒滥。欧阳玄在一次策试的命题中就有："今之女真、河西，明有著令而自混色目；北庭族属，邻于近似而均视蒙古。"④ 而到了元亡之后，蒙古和色目人又改名换姓，混迹汉人。丘浚《内夏外域之限一》说："国初平定，凡蒙古、色目人散处诸州者，多已更姓易名，杂处民间。"⑤

迨至明朝，义同名色的"色目"与专名词的"色目人"仍被沿用。《明史》记选举，"凡大选，曰色目，曰状貌，曰才行，曰封赠。"⑥ 英宗时，甘肃缺总兵官，或有荐吴瑾者。王翱亟以为不可，谏阻曰："吴瑾是色目人，甘肃地近西域，多回回杂处，岂不笑我中

① 《元典章·刑部十一·流远出军地面》。
② 同上，《女真作贼刺字》。此处作至元六年，据本纪，当为五年之误。
③ 《元代社会阶级制度》，页33。
④ 欧阳玄《士君子所当讲者其参酌古今以对毋泛毋略》，载《圭斋集》卷一二。
⑤ 《经世文编》卷七三。
⑥ 《明史·选举志三》。

国乏人?"①世宗时,甘肃巡抚赵载奏:"通事宜用汉人,毋专用色目人。"②武宗时,回回人于永,尝说武宗:"回回女姣丽,勒都督昌佐进其女乐。"又请尽召色目侯伯家女妇入宫,中外切齿。③这段文字在《万历野获编》里,却作"回回人于永上言:高丽女白皙而美,大胜中国。因并取色目侯伯及达官女入内。"④考《武宗外纪》,"高丽女"实"回回女"之讹。高丽不在色目人之列,在元代是已很明确的。

二 "南人"与"北人"

半个多世纪以前,史学家吴晗写过一篇《南人与北人》的小文章,发表在《禹贡》第五卷第一期上(收载《吴晗史学论著选集》第一卷)。近来,我在读史时也频频接触到有关"南人"、"北人"的记载,似乎尚有点余意可申。爰缀成篇,俾就正于诸同好。⑤

南北本是一个相对的地理概念。习惯上我国以秦岭—淮河分划为南北方。但在历史上,南北方的分划,往往依其具体环境的不同,所指互异。《论语·子路》:"子曰:南人有言曰:人而无恒,不可以作巫医。善夫!"朱注:"南人,南国之人。"《中庸》:"子路问强。子曰:南方之强与?北方之强与?抑而强与?宽柔以教,不报无道,南方之强也,君子居之。衽金革,死而不厌,北方之强也,而强者居之。"胡适解说:"当时所谓'南人',与后世所谓'南人'不同。春秋时代的楚与吴,虽然更南了,但他们在北方人的眼里还都是'南蛮',够不上那柔道的文化。古代人所谓'南人'似乎都是指大河以南的宋国、鲁国。"⑥迟至战国时代,孟子还把楚地人讥斥为"南蛮鴃舌之人"。三国时,诸葛亮南征,被七擒七纵后的蛮人孟

① 焦竑《玉堂丛语》卷三;又陆深《溪山余话》。
② 《明会要·礼十·蕃使入贡》。
③ 谈迁《国榷·武宗·正德二年九月》。
④ 沈德符《野获编·帝王娶外国女》。
⑤ 为免重复,吴文已引资料,尽可能避免。
⑥ 胡适《说儒》。

获，心服愿降说："公，天威也，南人不复反矣！"这都是方位的对称，大概还并没有什么固定确实的含义。

南北朝对峙时期，"北人"、"南人"始不仅有其地理畛域上的含义，而且也开始有了政治的与种族的含义。《资治通鉴·晋安帝隆安二年》：398年，后燕"太原王奇举兵建安，南、北之人翕然从之。"胡注："南人，谓自中原来者；北人，则鲜卑也。"又494年，北魏孝文帝谓陆睿云："北人每言，北俗质鲁，何由知书。"①496年，"魏主下诏，以为：北人谓土为拓，后为跋。"②同年，魏主召见任城王澄，谓："今迁都甫尔，北人恋旧，南北纷扰，朕洛阳不立也。"③此鲜卑自称北人之证。521年，哌哒大破柔然后，"柔然余众数万相帅迎阿那瓌，阿那瓌表称：'本国大乱，姓姓别居，迭相抄掠。当今北人鹄望待拯，迄依前恩，给臣精兵一万，送臣碛北，抚定荒民。'"④则柔然亦自称北人，以其在北魏之北也。528年，魏北道行台杨津守定州城，居鲜于修礼、杜洛周之间。"贼党有应津者，遗津书曰：'贼所围城，正为取北人耳。城中北人，宜尽杀之，不然，必为患。'津悉收北人内子城中而不杀，众无不感其仁。"⑤此"北人"则恐系六镇杂胡的泛称。这些胡人居地在中原之北，故中原汉人以"北人"目之。然自南朝人的观点言，凡属北朝所领的汉人，也都称之为北人，反之北朝对南朝所属，则称之为南人。彼此之间，各怀畛域。杜预的后裔坦，居关中。刘裕灭后秦，"坦兄弟从高祖过江。时江东王、谢诸族方盛，北人晚渡者，朝廷悉以伧荒遇之，虽复人才可施，皆不得践清涂。"胡注："南人呼北人为伧、荒，言其自荒外来也。"⑥529年梁陈庆之伐北魏。"庆之自魏还，特重北人，朱异怪而问之，庆之曰：'吾始以为大江以北皆戎狄之乡，比至洛阳，乃知衣冠人物尽在中原，非江东所及也，奈何轻之。'"⑦这都比较

① 《资治通鉴·齐高宗建武元年》。
② 同上，《齐明帝建武三年》。
③ 同上。
④ 同上，《梁武帝普通二年》。
⑤ 同上，《梁武帝大通二年》。
⑥ 同上，《宋文帝元嘉二十三年》。
⑦ 同上，《梁武帝中大通元年》。

典型的反映了江南士族的心态。他们认为南朝比起北朝来，在文化上要高得多。北朝人则多以战胜者的姿态，鄙薄南朝的偏安。494年韩显宗上言魏孝文帝："南人昔有淮北之地，自比中华，侨置郡县，自归附圣化，仍而不改，名实交错，文书难辨。宜依地理旧名，一皆厘革。"①494年，"魏主如信都，诏曰：'比闻缘边之蛮，多窃掠南土，使父子乖离，室家分绝。朕方荡壹区宇，子育万姓，若苟如此，南人岂知朝德哉！可诏荆、郢、东荆三州，禁勒蛮民，勿有侵暴。'"②直到隋末，南、北人间的畛域之见，仍可以约略窥见。炀帝南巡江都，因见中原已乱，无心北归，欲都丹阳。虎贲郎将扶风司马德戡谋为乱，"使许弘仁、张恺入备身府，告所识者云：'陛下闻骁果欲叛，多酝毒酒，欲因享会，尽鸩杀之，独与南人留此。'"

　　吴晗的短文中曾引《南史·张绪传》、《沈文季传》两条材料。这在宋人王楙的《野客丛书》中以"不用南人为相"为题，早经揭出。其记云："祖宗朝不用南人为相，仆尝求之古矣！亦有是说，观《南史》云云。"③实则这两材料，命义是有不同的。《张绪传》所载，反映了北朝对南士的轻视，认为宰相不当用南士；《沈文季传》所记，则意谓南风久已不竞，故南士之为仆射者，久乏其人。两者不可混为一谈。迨至北宋初，又有太祖定制，不得以南人为相的记载。吴晗文引释文莹《道山清话》谓："太祖常有言不用南人为相，国史皆载，陶穀《开基万年录》、《开宝史谱》考言之甚详：云太祖亲写南人不得坐吾此堂，刻石政事堂上。"今按：《道山清话》一卷，不著撰人姓名，《四库全书总目提要》考之甚详。而释文莹所撰者则为《湘山野录》与《玉壶野史》。上引的那段材料是出自撰人不详的《道山清话》。原文是这样："太祖尝有言，不用南人为相。《实录》、《国史》皆载，陶穀《开基万年录》、《开宝史谱》言之甚详，皆言太祖亲写南人不得坐吾此堂，刻石政事堂上。或云自王文穆大拜后，吏辈故坏壁，因移石于他处，寖不知所在。既而王安石、章惇相继用事，为人窃去。如前两书今馆中有其名而无其书也。顷时尚

---

① 《资治通鉴·齐明帝建武元年》。
② 同上。
③ 《野客丛书·不用南人为相》。

见其他小说往往互见，今皆为人节略去，人少有知者；知亦不敢言矣！""文穆"是王钦若的谥号。钦若是临江军新喻人。同样的记载，亦见于邵伯温所著《邵氏闻见录》，云："祖宗开国所用将相皆北人，太祖刻石禁中曰：后世子孙无用南士作相、内臣主兵。至真宗朝始用闽人，其刻不存矣！"① 又记治平间，邵康节"与客散步天津桥上，闻杜鹃声，惨然不乐。客问其故，则曰：洛阳旧无杜鹃，今始至，有所主。客曰：何也？康节先公曰：不三五年，上用南士为相，多用南人，专务变更，天下自此多事矣！"② 宋太祖刻碑定制不得相南人的记载，固然还值得深讨，然其时北人歧视南人的事实则是可以肯定的。迄于五代、宋初，中国的经济、政治、文化重心，都在中原地区。仅就宰相籍贯言之，据钱穆所考，"唐宰相世系多在北方。唐宰相世系表：三百六十九人，九十八族。十九皆为北人。宋中叶以后，南人便多，北人便少。"③ 从北宋中期开始，经济重心南移，南方在政治、文化上的地位也便随之转盛。史称江南地区到元丰中，比往古极盛之时，县邑之增几至三倍，民户之增几至十倍，财货之增几至数十百倍。至于庠序之兴，人才之盛，地气天灵，巍巍赫赫，往古中原极盛之时，有所不逮。④ 随着这种形势的发展，南人的形象当然有了很大的提高。《宋史·晏殊传》：抚州临川人晏殊以神童荐，廷试进士，援笔立成。"帝嘉赏，赐同进士出身。宰相寇准曰：殊，江外人。帝顾曰：张九龄非江外人邪！"进行驳斥。不过，北宋时期北人的概念往往专指辽统治下的幽燕汉人，⑤ 和我们习惯上理解的以长淮分划南北并不一样。

驯至南宋，情况更有所变化。南宋与金划淮相峙。双方都奉行所谓"南自南，北自北"的政策。金以此巩固对北中国的割据；南宋则以此偷取江南半壁的苟安，然而却又以中原汉人王朝的正统自居，对沦于金"虏"之下的北方，转取藐视。"每见自北来归者，辄

---

① 《邵氏闻见录》卷一；赵彦卫《云麓漫钞》卷四所记略同。
② 同上，卷一九。
③ 《国史大纲》下册，页 523。
④ 《山堂考索续集·财用门·东南县邑民财》。
⑤ 《独醒杂志·种师道罢兵柄谢表》。

称北人。"①其至称为"归正人"、"归明人"等侮辱性称呼。陆游记："南朝谓北人曰伧父，或谓之虏父。南齐王洪轨，上谷人，事齐高帝，为青冀两州刺史，励清节，州人呼为虏父使君。今蜀人谓中原人为虏子。东坡诗'久客厌虏馔'，是也，因目北人仕蜀者为虏官。晁子止为三荣守，民有讼资官县尉者，曰：县尉虏官，不通民情。子止为穷治之，果负冤。民既得直，拜谢而去。子止笑谕之曰："我亦虏官也，汝勿谓虏官不通民情。闻者皆笑。"②又记陈康伯语："康伯往年使虏，有李愈少卿者，来迓客，自言汉儿也。云：女真、契丹、奚皆同朝，只汉儿不好，北人指曰汉儿，南人却骂作番人。"③这里的"北人"是指女真人，而北方的汉人却被侮辱性地称作了"虏人"、"番人"，可见当时畛域之见极深。以上所举的都是南人对北人的歧视。至若从女真人的习惯言，"则以先取辽地人为汉人，继取宋河南、山东人为南人。"④金初曾分设南北选，以取进士。金世宗语贺扬庭，对南人颇为欣赏。他说："南人犷直敢为，汉人性奸，临事多避难，异时南人不习词赋，故中第者少；近年河南、山东人中第者多，殆胜汉人为官。"⑤当时，河南、山东的文化高出于久隔辽属的燕蓟，这是不足怪的。

元统一中国，实行蒙古、色目、汉人、南人四等级制，这是大家所熟悉的。有关其民族歧视政策，亦无烦赘述。元以先取金地人为汉人，继取南宋人为南人。对南人，也称宋人、新附人。在蒙古语中，汉人通作契丹（Kitan），南人作蛮子（Manzi）、南家思（Nangiyas）。至若"北人"之称，则多指蒙古。周密所记："南人不信北方有千人之帐，北人不信南人有万斛之舟。"⑥汪元量诗："南人堕泪北人笑，臣甫低头拜杜鹃。"⑦他如《草木子》所记，莫不皆然。惟元代南人之称，与金在性质多不同。一、它在元代是一个法定的

① 魏了翁《榜谕北军》，载《鹤山大全》卷二七。
② 《老学庵笔记》卷九。
③ 同上，卷六。
④ 赵翼《廿二史札记》卷二八《金元俱有汉人南人之名》。
⑤ 《金史·贺扬廷传》。
⑥ 洪迈《容斋四笔·南舟北帐》。
⑦ 陶宗仪《辍耕录·汪水云》。

政治概念。二、有确定的地域范围，即元之江浙、湖广、江西三行省及河南行省的江北、淮南诸路。三、它是四等人中最低的，因而备受所有人、包括北方汉人的歧视。"南北之士，亦自町畦以相訾，甚若晋之与秦，不可与同中国。"① 南人"列姓名于新附而冒不识体例之讥"。② 南人求仕来大都的，"目为腊鸡，至以相訾诟。盖腊鸡为南方馈北人之物也。"③ 这种情况，无疑大大加剧了南北方之观念对立，夷陵及于明代而长久不绝。

明代南北人间的畦畛，不唯有长期隔绝与对立所造的观念因素，同时，在文化上、经济生活上，两方间的差异也很显然。《日知录·北卷》："今制，科场分南卷、北卷、中卷，此调停之术，而非造就之方。夫北人自宋时即云：京东西、河北、河东、陕西五路举人，拙于文辞声律。文学一事，不及南人久矣！今南人教小学，先令属对，犹是唐宋以来相传旧法。北人全不为此，故求其习比偶、调平仄者，千室之邑，几无一二人。而八股之外，一无所通者比比也。愚幼时《四书》本经俱读全注，后见庸师窳生，欲速其成，多为删抹；而北方则有全不读者。欲令如前代之人参伍诸家之注疏而通其得失，固数百年不得一人，且不知十三经注疏为何物也。间有一二《五经》刻本，亦多脱文误字，而人亦不能辨。此古书善本绝不至于北方，而蔡虚斋、林次崖诸经学训诂之儒皆出于南方也。故今日北方有二患，一曰地荒，二曰人荒。"顾炎武所记明末情况尚且如此，则明初自可概知。故此种矛盾，在洪武三十年的科举考试中就明显的暴露出来。榜发，一榜皆南人，舆论哗然。朱元璋为了安抚北人，重开考试，"得韩克忠以下，皆北人。"④ 洪熙元年，仁宗与杨士奇等议，分南北卷取士。所取南六北四。正统元年，复定会试分南、北、中卷，以百人为率，南取五十五名，北取三十五名，中取十名，以求得平衡。⑤ 在这种情况下，官僚之间，南北之间的磨

---

① 余阙《杨显民诗集序》，载《青阳集》卷四。
② 程文海《通南北之选》，载《雪楼文集》卷一〇。
③ 叶子奇《草木子·克谨篇》。
④ 《皇明纪略》、《明史·刘三吾传》、赵翼《陔余丛考·科举分南北》。
⑤ 《明会要·选举一》。

擦也就势所必然。当时人认为：南人善文，北士厚重。英宗明显地偏袒北人，他命令李贤在选取庶吉士时，"尽用北人，南人必若彭时者方可。"① 他对岳正说："尔年正强仕，吾北人，又吾所取士，今用尔内阁，其尽力辅朕。"② 王翱"性不喜南士。英宗尝言：'北人文雅不及南人，顾质直雄伟，缓急当得力。'翱由是益多引北人。"③ 由李贤所汲引的庶吉士、同乡焦芳，武宗时入阁辅政，"深恶南人，每退一南人，辄喜。虽论古人，亦必诋南而誉北，尝作《南人不可为相图》进瑾（刘瑾）。其总裁《孝宗实录》，若何乔新、彭韶、谢迁皆肆诬诋。"④ 南北对立一直是明代官僚间的一股伏流。在《日知录》中，顾炎武还再三强调南北风气上的差异。如："江南之士，轻薄奢淫，梁、陈诸帝之遗风也。河北之人，斗狠劫杀，安、史诸凶之余化也。"又"饱食终日，无所用心，难矣哉！今日北方之学者是也；群居终日，言不及义，好行小惠，难矣哉！今日南方之学者是也。"又"南方士大夫晚年多好学佛，北方士大夫晚年多好学仙。"⑤ 这些差异，从根本上讲，是由经济、文化的发展所决定的；而历史上的政治因素又加深了彼此间的隔阂与成见。因此，它即使在统一的王朝内，也是客观存在的。

（原载《元史论丛》第六辑，中华书局，1997 年）

---

① 《明史·彭时传》。
② 同上，《岳正传》。
③ 同上，《王翱传》；姚夔《王翱行状》，载《姚文敏公遗稿》卷九。
④ 《明史·焦芳传》。
⑤ 顾炎武《日知录·世风》。

蒙古与蒙古山

　　两《唐书》载蒙兀室韦居地在望（室）建河（即额尔古纳河）下流，剌失德丁《史集》亦记蒙古源出于额尔古涅–昆之地，中外记载，若合符契。蒙古族源自额尔古纳河畔大兴安岭北端之蒙兀室韦部落，殆成定论。唯有关此方面之详，仍是问题甚多，难于解决。就中关于蒙古山之记载，颇值得注意，爰申鄙见，以求正于大方。

　　蒙古山之记载，彭大雅《黑鞑事略》尝及之，谓其在沙漠之地。比较确切记载它的是叶隆礼的《契丹国志》，书中之《契丹地理之图》在北海之西、上京之北、于厥之东有蒙古山，山旁以黑文标蒙古族。陈元靓《事林广记·地契类》表辽阳界东木叶山中为蒙古山，西祖山，再西为达旦。又张穆《蒙古游牧记·巴林旗》引《辽史·地理志》谓：上京临潢府，太祖取天梯、蒙国、别鲁三山之势，城上京。然百衲本《辽史》则说："天梯、别鲁等三山"，而阙蒙国。张穆所记，当别有所本。要之，蒙古山之说，在南宋人当普遍流传，故为叶、彭诸人所共知。从《契丹地理之图》所载蒙古山处于厥之东来推测，其大致位置正在额尔古纳河畔之大兴安岭地区。在蒙古族源之域而有蒙古山，这是历史上颇为常见的事实。不过，这对于"蒙古"一词的原意是什么？究竟是族以山名、还是山以族名？都还是不能得到解释。

　　这里有一个关于《契丹国志》所记蒙古材料的可靠性问题。细绎所有南宋人关于蒙古史料的记载，《契丹国志》与《系年要录》、《大金国志》等在成书时间上虽大体相近，但资料来源与所记蒙古之方位，时代及其社会状况皆有明显的不同。

　　王国维疑《契丹国志·四至邻国地理远近》所记蒙古资料当出赵志忠《阴山杂录》诸书，虽不能尽信，但他肯定来源于北宋的记载，较之南宋人的其他有关蒙古资料为早，却是有卓见的。北宋人关于蒙古有没有记载？这是饶有兴趣的问题。王栐《燕翼诒谋录》卷四："唐有《王会图》，皇朝亦有《四夷述职图》。大中祥符八年（1009）九月，直史馆张复上言：'乞纂朝贡诸国衣冠，画其形状，录其风俗，以备史官广记。'从之。是时外夷来朝者，惟有高丽、西夷、注辇、占城、三佛齐、蒙国、达靼、女真而已，不若唐之盛也。"王林虽南宋中人，然其所述："无非考之国史、实录、宝训、圣政等书。凡稗官小说，悉弃不取。"（自序）《四夷述职图》之修纂，详具《续资治通鉴长编》卷八五，久逸，难考其详。此处之"蒙国"，显为"蒙古"之异译。王林这一说法，如果确有根据，则北宋前期，蒙古曾入贡于北宋，北宋政府亦有关于她的资料保存。《契丹国志》所载，虽不能肯定其即《述职图》所出，然亦决非道听流言。由此可证，《契丹国志》中有关蒙古之记载，虽难测北宋人记载之旧貌，然亦吉光片羽，弥足见珍。惟今本《宋会要·蕃夷七》、《玉海》、《山堂考索》中却不见有蒙古入贡的记载，岂传抄脱漏耶？宋人材料，汗牛充栋。此一时期，在蒙古史上则几成空白。果能潜心搜索，专力爬梳，或可有所收益也。

蒙古山的记载使我们很容易联想起在族源上与蒙古相近的乌桓、鲜卑。后二者历史上都与所谓乌桓山、鲜卑山密切相关。试以蒙古与拓跋鲜卑比较，他们都源自大兴安岭北端之同名山中，其始祖都是兵后逃亡到这里的幸存者，拓跋鲜卑通过"推演"（义为"钻研"）而得南迁，蒙古则依靠凿山锻铁而得向外发展。其中的相似之处，显非出于偶然。有关蒙古族源的传说，《元朝秘史》则倡苍狼白鹿之说，这明显的来自突厥影响。而《史集》所记，则近似于东胡诸部的传说。这种传说在蒙古人中无疑比狼鹿说要更古老。然何以狼鹿说在蒙古本土流行，而东胡旧说则在中亚得到保存？很值得研究。

据《史集》，十三世纪的蒙古人对他们始源于额尔古纳河上是清楚的。元武宗致大元年（1308）四月曾封蒙山神为嘉慧昭应王。江西有蒙山，以产银著；晋北之蒙山，始见《晋书》；其他同名者，在历代史籍中不下五六个。它们都没特殊的灵异能邀崇封。此蒙山是否与蒙古山有关，则难说了。

（1987年9月26日在内蒙古大学蒙古史讨论会上宣读）

金和南宋初有关蒙古史料之考证

　　上个世纪二十年代，王国维就宋辽金时期的蒙古史料进行了发掘、搜集、整理和研究，作出了很大的成绩，筚路蓝缕，功在史林。不过其中也存在一些问题，比如说，工作比较粗糙，已早为前贤所指出。这里，我想再就有关南宋初期的几则蒙古史料进行讨论。

　　在《南宋人所传蒙古史料》一文中，王国维断定宋人习引之王大观《行程录》与李大谅《征蒙记》二书，"乃全与史实不合，盖宋南渡初叶人所伪作而托之金人者"，"其书既为南人所伪记，则其中所载蒙古事，自无史学上的价值，由是蒙古史中不能不删去最古之一大事项"。这个结论推倒了这些南宋所存有关蒙古早期的史料的全部价值，我以为是过为已甚的，值得我们重新进行审视。

　　元修的《金史》，关于早期蒙古诸部的材料极少。我们无法了解金人所有官牒（实录、功臣传等）中有关这方面的实际面目。但元修三史时，因有意避讳而肆予删削、改篡则是人所共知的。譬如讳鞑靼之称而尽行削易就是明显的例子。王国维在《鞑靼考》一文中也已经指明，《宋史·宋琪传》、《于阗传》、《拂林传》都证明这一点。苏天爵《滋溪文稿·三史质疑》谓"金儒士蔡珪、郑子耼、翟永固、赵可、王庭筠、赵讽皆有文集行世，兵后往往不存。若赵秉文文集，乃国初刻本，亦多回护，民间恐有别本。"[1] 私家的文集尚且如此，官牒中的有意回护，自可概知。最显眼的例子可以举1209年成吉思汗入贡于金的事实。《元史·太祖纪》载："初，帝贡岁币于金，金主使卫王永济受贡于静州，帝见永济不为礼。允济归，欲请兵攻之。会金主璟殂，允济嗣位，有诏至国，传言当拜受。帝问金使曰：'新君为谁？'金使曰：'卫王也。'帝遽南面唾曰：'我谓中原皇帝是天上人做，此等庸懦亦为之耶！何以拜为！'即乘马北去。

---

① 苏天爵《滋溪文稿》卷二五。

金使还，允济益怒，欲俟帝再入贡，就进场害之。帝知之，遂与金绝。"这段材料在宋人文籍都有记载，如《建炎以来系年要录》、《两朝纲目备要》、《宋史全文》等。金制：北部入贡，不令入境，遣大臣于界上受之。① 卫绍王于泰和七年（1207）二月充武定军节度使兼奉圣州管内观察使，八年十一月还朝。静州属县天山，设有榷场，为蒙古等北部与金交通的要道。德兴府近静州，故成吉思汗入贡于静州，朝廷即以卫绍王就近受之。时，成吉思汗已统一蒙古草原诸部，志骄气满，自是情理中的事。大安元年（1209），卫绍王继章宗即皇帝位。复遣使于成吉思汗，此使者即《金史·忠义传》之马庆祥。《金史·章宗纪》、《卫绍王纪》对于这一重要史实没有半个字涉及。元好问《遗山先生文集》卷二七《恒州刺史马君神道碑》、黄溍《金华黄先生文集》卷四三《马氏世谱》及《金史·忠义传·马庆祥》或详或简的记载这件事，但颠倒主附，成了卫绍王始通问于成吉思汗云云，似乎是金朝在向蒙古进贡。其后成吉思汗又遣使来，"多所征索"，其中也包括指名索取的马庆祥其人，其气焰之骄横，溢于言表。卫绍王当然很难忍受，可见金蒙之战，已必难避免。但《金史·卫绍王纪》仅在大安二年九月丙午，没头没脑地记载："京师戒严"及"是岁，禁百姓不得传说边事。"这无论如何都不能用记注亡失为理由来解释。因为这即使是当时官牒不存，修三史的人也不会发昏无知到连这样的史实都不道的。

我们现在再来详细讨论被王国维所考定为伪造无据的几则宋人关于早期蒙古的史料。

其一：《建炎以来系年要录·绍兴五年十二月》（金天会十三年，1135 年）是冬，金主亶以蒙古叛，遣领三省事宋国王宗盘提兵破之。蒙古者，在女真之东北，在唐为蒙兀部。其人劲悍善战，夜中能视，以鲛鱼皮为甲，可捍流矢。（原注：以张汇《金虏节要》、洪皓《纪闻》、王大观《行程录》参修。《蒙古编年》谓之萌古子，《纪闻》谓之盲骨子。今从《行程录》，特蒙古字原本错讹，今改正。其

---

① 参见《金史·李愈传》、《内族襄传》、《世戚传·乌古伦元忠》；又见《蒙鞑备录》。

所列异同，姑从其旧）

查《金史·熙宗纪》，其年十一月，但著"以尚书令宋国王宗盘为太师。"《宗盘传》亦著"熙宗即位，为尚书令，封宋国王，未几拜太师，与宗干、宗翰并领三省事。"看不到丝毫有关伐蒙古之役。宋人的这段记载，疑若"无根"。然参以吉林出土的完颜希尹神道碑①，则事实灼然，无可疑议。碑云："萌古斯扰边，王偕太师宗盘奉诏往征之。□□其□落□□□□□□以□□□入而奏捷。初，陛辞日，太傅□□王曰：若获畜牧，当留备边用。王谓是诏意，遵之。宗盘悉以所获□赏军士，又有不钧，太傅以为非是。宗盘闻之□王，以王为矫诏，辩于帝前。"太傅即宗干。《金史·完颜希尹传》里，也不见其曾与征蒙古的记载。如果没有这块碑文的出土，则这一年中蒙古叛扰的史实便将找不出有力的佐证，南宋的这一记载就可以以核之《金史》，无根无据而轻易地将其抹煞。有了这条材料，我们再来读《大金国志》的记载："大金初起，帝假兵于彼，其后得国，不偿元约。故彼有怨言。宗盘乘其不备而攻之，由是失盲骨子之附，而诸部离心矣！"②就可以确切地知道，金、蒙交恶是始于1135年，而且从"大金初起，曾假兵于彼"这一说法里，我们再读《三朝北盟会编》卷九九引范仲熊《北记》，其中说：女真犯北宋，"比中随国相来者，有辖靼家、有奚家、有黑水家、有小葫芦家、有契丹家、有党项家、有黠戛斯家、有大石家、有回鹘家、有室韦家、有汉儿家。共不得见数目。"这里的室韦，当即是蒙古部，世目为蒙兀室韦者。表明1125年女真亡北宋之役，确有蒙古参加，这就把蒙古最早步入中国历史的前台而为文献所准确记载的记录，推到了1125年女真亡北宋。如果没有南宋人的记载，我们就完全无法了解这桩重大的公案。这在蒙古史上不能不说是意义重大的发现。

其二：《建炎以来系年要录·绍兴九年十一月》（金天眷二年，1139年）"女真万户呼沙呼北攻蒙古部，粮尽而还。蒙古追袭之，至上京之西北，大败其众于海岭。"

---

① 《吉林通志》卷一二〇。
② 《大金国志·熙宗纪一》天会十三年。

天眷间蒙古扰边一事，李大谅《征蒙记》也有记载，这段材料见《建炎以来系年要录·绍兴九年秋七月》（李大谅《征蒙记》云，天眷元年），其文云："是时，成父在中山府，谓大谅曰：今北人猖獗，非吾所忧。"这条材料同出于王国维所断为宋人伪造的书籍，当然不能把来作为有力的佐证。然《金史·乌林答晖传》有天眷初"迁明威将军，从宗弼北征，迁广威将军"，考《金史·熙宗纪》及《宗弼传》，天会十五年（1137）十月，宗弼为右副元帅封沈（潘）王。天眷元年，挞揽、宗盘执意以河南之地割赐于宋，八月，诏遣张通古等奉使江南。宗弼自军中入朝，拜都元帅。九月，置行台于燕京。二年七月，进封宗弼为越国王。三年正月，以宗弼领行台尚书省事，都元帅如故。遂议南伐。五月，诏元帅府复取河南、陕西地。据此，宗弼之北征必在天眷元年八月至二年七月之间。天眷初宗弼无伐宋的事实，这就排除"北征"是"南征"误植的可能。从宗弼亲自出师北征与乌林达从征迁官来看，《征蒙记》所说的"北人猖獗"，断非游谈的夸大。《系年要录》谓万户呼沙呼征蒙，也不可完全以游谈、伪造视之。

其三：关于皇统间的金蒙战事。《建炎以来系年要录·绍兴十三年三月》（皇统三年，1143年），蒙古复叛，金主宣命将讨之。初，鲁国王既诛，其子星哈都郎中者率其父故部曲以叛，与蒙古通，蒙古于是强取二十余团寨，金人不能制。（原注：此据王大观《行程录》。按《松漠纪闻》：达赉长子大伊玛被因，遇赦得出。次子勋，今为平章。皓以今年六月归，乃不见此事，未知孰的。今姑附见以俟考）

又《旧闻证误》卷四："皇统四年秋，元帅遣使报监军（原注：时监军者讨蒙古）曰：南宋以重兵逼胁，和约大定，除措施备御，早晚将兵到矣。至次年冬十月，元帅亲统十万众水陆并进。（原注：出王大观《行程录》。皇统四年甲子，本朝绍兴十四年也。前二年已分划地界矣。不知兀术何以历二年加兵于蒙古，恐必有误）"

又《大金国志·熙宗纪四》："皇统五年，时有蒙兀之扰，又有旱荒之忧，民不聊生甚矣。"

又《建炎以来系年要录·绍兴十六年八月》（皇统六年）"金都

元帅宗弼之未卒也,自将中原所教神臂弓弩手八万讨蒙古,因连年不能克。是月,遣领汴京行台尚书事萧博硕诺与蒙古议和,割西平河以北二十七团寨与之,岁遗牛羊米豆,且命册其酋鄂伦贝勒为蒙古国主。蒙人不肯。(原注:此据王大观《行程录》)"

又同上书《绍兴十七年三月》,"金人与蒙古始和,岁遗牛羊米豆绵绢之属甚厚。于是蒙古鄂伦贝勒乃自称祖元皇帝,改元天兴。金人用兵连年,卒不能讨,但遣精兵分据要害而还。(原注:此据王大观《行程录》,案录称岁遗牛羊各五十万口,米豆共五十万斛,绢三十万匹,绵三十万两,恐未如此之多。今削出其数,第云甚厚,更俟详考)"

又《旧闻证误》卷四:"皇统七年春三月,国使还,蒙古许依所割地分,牛羊倍增,金国许赐牛羊各二十五万口,今又倍之。每岁仍赂绢三十万匹,绵三十万两,许从和约。(原注:阙书名,当出王大观《行程录》。案本朝岁赂北人银绢共二十五万匹两,而北人遗蒙古乃又过之,恐未必然)"

王国维以:一、征蒙本事之无根也;二、宗弼卒年之歧误也;三、人名、官名之附会也三事,举皇统时期并前引天会末、天眷中所有征蒙事实全予否定,而批驳的重点则集中在皇统时之事实。《行程录》的记载明显有夸大失实,李心传等人当时就已经指明。如关于输蒙之财物,就明确地提出了怀疑,并在转引时作了修改。有的事实,不同著作中报导也显有抵牾。如洪皓所记挞懒之子,就与《行程录》不同。但《金史》的记载又与洪皓的报导互异。据《金史》,挞懒二子:斡带、乌达补,并以谋反南去,被诛于祁州。可知王大观、洪皓在这个问题上都有传闻失误。然洪皓在绍兴十二年八月谏高宗勿放归赵彬等三十人家属时,就明谓:"彼方困于蒙兀,姑示强以尝中国,若遽从之,谓秦无人,益轻我耳!"①《鄱阳集》卷四《乞不发遣赵彬等家属札子》则作"金国已为蒙兀所败,屯田拒守,进退不可"。这与王大观所记皇统时期蒙古叛金却是完全

———————

① 《宋史·洪皓传》。《传》本于《盘洲文集》卷七四《忠宣公行状》。王国维《萌古考》引这段资料,亦谓"可知金皇统间,蒙古实有寇金之事,但不致如《行程录》、《征蒙记》之所载耳!"

一致的。《金史·熙宗纪》和《宗弼传》虽然在这个问题已无踪迹可寻，但在多处地方，我们还可以找到有关的记载。《金史·耶律怀义传》："天眷初，为太原尹，治有能声。改中京留守，从宗弼过乌纳水，还中京，以老乞致仕，不许。"治而有能声，决非一蹴可几，故其因功迁中京留守，当在皇统时期。乌纳水，名见《辽史·道宗纪》寿昌二年九月丙午，"徙鸟古、敌烈于乌纳水，以扼北边之冲。"又《金史·忠义传·粘割韩奴》："八年，遣耶律余睹、石家奴、拔离速追讨大石，征兵诸部，诸部不从，石家奴至兀纳水而还。"又《石家奴传》："契丹大石出奔，以余睹为元帅，石家奴为副，袭诸部族以还。"兀纳水为交通草原之要冲，箭内亘推定为今洮南县与西剌木伦河中间之某河，①宗弼以都元帅之重，亲涉兀纳水，此北边形势严重之明证。又《内族襄传》："父阿鲁带，皇统初，北伐有功，拜参知政事。"又《移剌温传》："宗弼巡边，温从军，不之官"《縠英传》："从宗弼巡边。"这些都足证天眷、皇统初，宗弼北巡，确是无可怀疑的事实。这时，金方对蒙古仍保持进攻的姿态。参以《完颜守贞传》：承安四年，章宗以"今方南议塞河，而复用兵于北，可乎？"询之于完颜守贞时。守贞曰："彼累突轶吾圉，今一惩之后，当不复来，明年可以见矣！""上因论守御之法，守贞曰：惟有皇统以前故事，舍此无法耳！"通观守贞的语气，就是力主要采皇统以前的强力态势，对蒙古进行打击。皇统媾和，金开始由积极进攻转入了消极的和议。然皇统时期，宗弼确不止一次曾对蒙古用兵。王大观等的记载，决非全无事实的捏造。当然，作为北宋遗民，出于激发国人抗金的信心和勇气的政治需要，对金北方的受扰形势有所夸大，这是可以理解的。另一方面，他们对金的了解，即使如洪皓那样的经历，亦难免于有传闻失实之处，这也是情理之常。抓住一点而全面否定，也不是一种科学的态度。而且，应该特别指出，有关这方面的宋人记载，实际上在《金史》里虽然经过删削，仍是有证据可寻的。我们前面所举的材料，都提供了可供进一步研究的证据。王国维完全无视这些，在这个问题上态度显然也是过于主观和粗糙的。

---

① 《鞑靼考》。

这里还有一个蒙古曾建元称帝的问题。《建炎以来系年要录·绍兴十六年八月》、《绍兴十七年三月》两引《行程录》，前者谓金册其酋鄂伦贝勒为蒙古国主，蒙人不受；后者则作鄂伦贝勒乃自称祖元皇帝，改元天兴。"贝勒"（《金史》作勃极烈）是女真的官称，金廷以之封赐蒙古部酋是完全可能的。犹之乎太师（辽人呼节度使为太师，或译为大石）、详稳（金边戍之官称，通译作"想昆"、"桑昆"）、王（音译作汪，如汪罕）等称号，在北部中流行，是并不奇怪的。这些官号，有的是辽、金朝廷所封；有的也可以是这些强大的酋领据势自拥。因此，金初叛金而频扰北边的蒙古诸部，其中某一个酋领有过建元称号的事，也决不是不可能的。屠敬山以此鄂伦贝勒比定为成吉思汗三世祖忽图剌汗，当然只是一种推测。

综上所述，南宋初的有关蒙古史料，在某些情节上有传闻失误、有存心夸张之处，但大体上来说，绝不能认为是向隅虚构。应该看到，《金史》本身就有许多弱点。譬如说：元修《金史》，熙宗朝原无实录可稽。对蒙古问题有意避讳，对有关材料进行过删削，也是事实。因此，来自宋人的记载，哪怕是真伪混杂，瑕瑜互见，然吉光片羽，也是弥足珍贵，绝不能轻易地一概否定它。

（2008 年在昆明庆祝方龄贵先生八十大寿学术讨论会上宣读）

鞑靼杂考

鞑靼是我国历史上著名的北方部族之一,九世纪中叶回鹘败散之后,浸浸成为雄踞蒙古草原的强大势力,与契丹互争雄长。[1] 随着蒙古的西征,Tatar 之称遂远及于中亚与欧洲,[2] 迄今犹可见其影响。对于这样一个在历史上有着重要地位的部族,中外的历史学家都很注意研究,作出过不少成绩。但是问题仍然很多,有待解决。本文是在进一步搜罗史料的基础上,希图对有关的一些问题,杂加考证,探讨一些有争议之点。由于问题复杂,水平有限,错误之处,希望同志们不吝教正。

一　阻卜与达旦

《辽史》中的阻卜即达旦,最早是由清人高宝铨提出来的。[3] 王国维作《鞑靼考》,初步就这一问题作了论证。[4] 后来,蔡美彪同志曾就辽陵石刻对这一论点作过补充证明。[5] 但在王国维的文章发表时,曾受到徐炳昶的反驳,[6] 王静如也另持异议。[7] 议论莫衷一是。

王国维的《鞑靼考》作得很粗率,关于“阻卜”一名来源的假设几近于臆造,难于置信。在这一点上,徐炳昶的批评是正确的。但王国维所主张的阻卜即鞑靼的结论却是正确的。徐炳昶反驳王国维的理由虽不少,有一些我们将在后面涉及,这里主要讨论他所提出的以下两点:

---

① 王清明《挥麈前录》卷四,王延德《使高昌记》。
② 柔克义(Rockhill)译注《鲁勃洛克东游记》导言(英文本)。
③ 《元朝秘史》李注补正卷二。
④ 《观堂集林》卷一三。
⑤ 《辽金石刻中的鞑靼》,《国学季刊》第 7 卷第三号。
⑥ 《阻卜非鞑靼辩》,《女师大学术季刊》1930 年第一期。
⑦ 《阻卜鞑靼》,《史语所集刊》第二本。

其一:《辽史·太祖纪上》神册三年(918)二月,并见达旦与阻卜来贡,明见其各为一部。

其二:同书《萧图玉传》:阻卜围可敦城,事在开泰元年(1012),而《圣宗纪六》达旦国兵围镇州则系于开泰二年。二者不能视为一事,因此断言阻卜非达旦。其实徐炳昶的理由是似是而非的。

关于第一点,应该指出,当时的阻卜分部是颇多的。《辽史·百官志二》北面属国官:阻卜国大王府下有阻卜扎剌部节度使司、阻卜诸部节度使司,及阻卜别部节度使司。此外又有西阻卜、北阻卜、西北阻卜等部族。在部族之内又有分部。同书《文学传上·萧韩家奴》:"阻卜诸部,自来有之。曩时北至胪朐河,南至边境,人多散居,无所统一,惟往来抄掠。及太祖西征,至于流沙,阻卜望风悉降。"著名的伊利汗国蒙古史学者剌失德丁的《史集》一书记载塔塔儿部,谓当时草原诸部因慕其势力强盛,故皆以自称塔塔儿为荣耀。[1] 这都是阻卜分部实繁的证明。考《辽史》所记,一年之内,阻卜入贡,再三再四,明显的不是一部数贡或一事数书。如《圣宗纪八》太平八年(1028)九月,"癸丑,阻卜别部长胡懒来降";乙卯,复有"阻卜长春古来降"。分部不同,故一月而两来降,我们不可以执此而否定彼。同样的道理,一月而阻卜、达旦两贡,并不能作为阻卜必非达旦的证据。

第二点,《圣宗纪六》开泰二年正月,达旦国兵围镇州。本纪但泛言"是月",未举其确切之日期。详考《萧图玉传》:阻卜石烈太师阿里底杀其节度使,西奔窝鲁朵城,事在开泰元年七月。据本纪,其年十月甲辰,西北招讨使萧图玉奏:七部太师阿里底,因其部民之怨,杀本部节度使霸暗,并屠其家以叛。其年闰十月。为了镇压阿里底之叛乱,萧图玉追击至于可敦城。可敦城即辽之镇川。同时与萧图玉进军可敦城的还有萧孝穆。本传谓:"冬,进军可敦城,阻卜结五群牧长查剌阿睹等,谋中外相应,孝穆悉诛之。乃严备御以待,余党遂溃。"而《萧图玉传》则谓:"已而阻卜复叛,围图

---

① 《史集》(俄译本)卷1,第一分册,页102。

玉于可敦城，势甚张。图玉使诸军齐射却之，屯于窝鲁朵城。"两传所记都说明其年冬辽军受围于镇州可敦城，形势危急。于是圣宗复使北枢密院耶律化哥不顾隆冬远道，火速驰援。《化哥传》于此役记载欠详，但云："开泰元年伐阻卜，阻卜弃辎重遁走，俘获甚多。"然《圣宗纪六》则载开泰二年正月丁未，"北院枢密使耶律化哥封豳王"。三月壬辰朔，"化哥以西北路略平，留兵戍镇州，赴行在"。以此推之，镇州之围，始于开泰元年之冬月，其解围则在二年正月初。化哥豳王之封，无疑即破阻卜，解镇州围之封赏。然则《萧图玉传》之阻卜围可敦城与《圣宗纪》之达旦国兵围镇州，实为一事。萧传所记是被围之始，故记其事在开泰元年冬；本纪则书其解围之捷，故系于二年正月。由于围城的达旦兵是在化哥之师抵达镇州之先，也许就是听到化哥大军前来的消息即自行引去，化哥无明显战功可言，故本传对此记载很简略；本纪也仅以"是月"州军坚守，达旦寻引去而泛叙之。至于二年五月以后化哥之再度出师，追击阻卜，已远在镇州以外，具见《耶律世良传》。徐炳昶不详察史实的原委，断发生在开泰元年、二年之交的镇州可敦城一役为二事，是没有道理的。

二　辽人所记之鞑靼

在《辽史》中，"达旦"一名凡三见。《辽史》之外，由于所保留下来的辽人文字材料极少，仅在已发见的石刻中有两处提到鞑靼。

材料之一是辽陵出土的道宗哀册。册文有："蠢尔鞑靼，自取凶灭。扰我边陲，萃其巢穴。上将既行，奇兵用设。即戮渠魁，群党归恍。"[①] 蔡美彪同志早有专文指出，此处之"渠魁"，即大安八年（1092）称叛之阻卜磨古斯，证明鞑靼即阻卜。这是很精当的。冯承钧曾推想"阻卜"一词是契丹语，"或为漠北诸强大部落之总

---

① 《辽陵金石录》卷二。

称"。① 现在识认契丹文这一工作已经有了相当进展，如果能够在道宗哀册的契丹文里辨认有"阻卜"字音，那么，契丹所称之"阻卜"即汉人所称之"鞑靼"就可以确定无疑了。

材料之二为《韩橁墓志铭》，兴宗重熙六年（1037）李万撰。② 韩橁，字正声，知古之曾孙，圣宗朝奉使沙州，册其主帅曹恭顺为燉煌王。铭文称此行"路歧万里，砂碛百程。地乏长河，野无丰草。过可敦之界，深入达妭，□囊告空，糇粮不继"。考《辽史·圣宗纪七》：开泰九年七月，"甲寅，遣使赐沙州回鹘燉煌郡王曹顺衣物"，此即韩橁之使无疑。

此处之可敦即可敦城。关于可敦城之记载甚多，大率分指两处。其一即《辽史·地理志一》"边防城"之"镇州建安军节度，本古可敦城"。同卷又列有河董城，"本回鹘可敦城，语讹为河董城，久废，辽人完之，以防边患"。这两条所指系一地而重出。箭内亘确定其在鄂尔浑河畔，乌盖泊西。③ 证以元代中外记载，似为可信。④ 此镇州可敦城为辽西北之前沿重镇。《辽史·地理志一》虽谓镇州之设，"专掉御室韦、羽厥等国"，而不明言所以防阻卜或鞑靼。然考之《萧挞凛传》，镇、防、维三城之设，主要就是对付阻卜。宋人记载也明谓萧挞凛之北戍驴朐河是"西捍达靼"。⑤ 可敦城之西南即为阻卜，观天赞三年（924）阿保机西征，自古回鹘城"遣骑攻阻卜"，"略地西南"；以及道宗大安八年（1092）磨古斯叛，"诒降，挞不也逆于镇州西南砂碛间"，被杀，自可证明。另一个可敦城为唐之横塞军，在中受降城西北五百余里之木剌山，⑥ 于辽属西京道云内州，当在今内蒙乌剌特中后旗境，以久废，故辽以来已不见著录。从韩橁墓铭所记旅途情况看，所谓"可敦"，无疑是镇州可敦

① 《西域南海史地考证论著汇辑·辽金北边部族考》。
② 《辽文汇》卷六。
③ 《兀良哈及鞑靼考》附录《可敦城考》。
④ 张德辉《边堠行记》；耶律铸《双溪醉饮集》；术外尼《世界征服者史》（英译本）。
⑤ 《续资治通鉴长编》卷五五；《宋会要辑稿·蕃夷一·辽》；余靖《武经总要前集》卷二二。
⑥ 《新唐书·地理志》。

城。出可敦城而深入之“达妬”，也无疑就是达靼。

但是，达妬与鞑靼在音读上有异。鞑靼在鄂尔浑突厥文碑读Tartar。汉文史籍中有达怛、达靼、达坦、塔靼、达打、挞笪、塔塔、哒（口）诸译。① 在西方史料中，George Acropolita在其编年史中则为Tachari或Tocharioi，在一处引文中他又使用了Tatars这一名称。Pachymeres常常称此种人为Tachari，而一处地方却使用Muguls这一名称。十三世纪西欧著作家中拉丁文一律作Tartari，法文作Tartarins。署为1243年的Ivo of Narbonne的信中则作Tatar或Tattar。②《元朝秘史》音译作“塔塔儿”。所有这些音读大体上是相同的，T与ch的变化亦有例可寻。③ 汉文音译中关于Tatar之异书，就我所知至少还有三种。一为《宋朝事实》卷十二：“达靼”，注云：“东方靺鞨之别部，音讹谓之达世。”今本《宋朝事实》系清人自《永乐大典》录出。把这段注文与《五代史记》鞑靼传比较，可以肯定“世”为“旦”之误书。二为《册府元龟·外臣部》之“达勒”。这个问题，我们将在下一节专门讨论。三即上文之“达妬”。“妬”，《广韵》作当故切。鞑靼（Tatar）为什么读作da-du，原因仍不清楚。由于我们对契丹语不了解，其读音的规律与变化尚不清楚。中外学者多主张契丹语同蒙古语相近。在蒙古语中，每一个词的重音在首音节，故第二音节的韵母往往有因轻略而发生变化。如伊利汗著名的阿巴合（Abaqa）汗，《元史》又作阿不哥（A-pu-ko）与阿不合（A-pu-ha）。类似的现象，似乎亦见于契丹语中。耶律（yeh-lü）又作移剌（I-la）；其复数形式益律子（I-lü-tzŭ）又作亦剌思（I-la-ssŭ）。这里第二音节之元音a与ü有对应发生音变的现象。“达妬”是不是因为契丹语在读Tatar一词由于上述原因而产生的变例呢？这就只能请语言学家来确定了。

---

① 《宋大诏令集》卷二一三，赐李宪诏：“令今来先发出去哒回鹘四部首领。”“哒”即鞑靼，哒后当有脱字，参考《续资治通鉴长编》卷三四一元丰六年十二月癸酉可知。

② 《鲁勃洛克东游记》（英文本），页113注1。

③ 如突厥文之Ot-tägin>蒙古文之Ot-chigin。

三 关于术不姑

《辽史·百官志二》"北面边防官序"："北邻沮卜、术不姑，大国以十数。""北面属国官"条下亦载："术不姑国大王府。亦曰述不姑，又有直不姑。""又有"颇疑为"又曰"之误。《辽史》关于术不姑的记载不多，所可知者：术不姑分三部，会同以前列为属国，以后则入属部。其住地在辽与西方交通之要道上，有时来近地（又作近淀）游牧。

术不姑即阻卜之异译，国内外学者早就提出来过。术不姑（Shu-pu-ku）与阻卜（Tsu-pu）音近，这是颇清楚的。但仍有一些问题值得进一步探讨。

《辽史·太祖纪上》六年七月，"丙午，亲征术不姑，降之，俘获以数万计"。而同书《兵卫志上》又有太祖六年，"秋，亲征背阴国，俘获数万计"。这两段资料，时间同，事实同，行文亦同，明显的是同记一事。可证术不姑亦即所谓背阴国。

考"背阴"之名，亦见《册府元龟·外臣部·降服》：后唐庄宗同光二年六月，云州节度使李敬文奏："达勒首领涝撒于于越族帐，先在碛北，去年契丹攻破背阴达勒，因而掩击。涝撒于于越率领步（部）族羊马三万，逃遁来降，已到金月南界。今差使蒙越到州，便令入奏。"这段事实亦见《旧五代史·唐书·庄宗纪六》，其文云："同光三年（925）六月癸亥，云州上言：去年契丹从碛北归帐达靼，因相掩击，其首领于越族帐自碛北以部族羊马三万来降，已到南界。今差使人来，赴阙奏事。"但两者时间抵牾。考《辽史》，天赞二年，阿保机方有事于南面，没有在碛北用兵的迹象。天赞三年（即同光二年）六月，大举西征吐浑、党项、阻卜等部。九月，次古回鹘城。丙午，遣骑攻阻卜，略地西南。上引李敬文奏谓去年契丹破背阴达勒，明为追叙，则于越族帐之至南界，差人入奏，乃同光三年事，当从《旧五代史》所记。唯其年六月无癸亥，《旧史》于干支亦有失检，行文亦因删节而欠通。

综考上引《辽史》、《册府元龟》与《旧五代史》所记，可知"术不姑"即"背阴国",亦可称为"背阴达勒";而"达勒"也即是鞑靼。此术不姑以"背阴达勒"之专名以区别于其他诸部阻卜。《辽史·萧韩家奴传》:"及太祖西征,至于流沙,阻卜望风悉降,西域诸国皆愿入贡。因迁种落,内置三部,以益吾国。不营城邑,不置戍兵,阻卜屡世不敢为寇。"此内置之三部阻卜,我怀疑就是术不姑三部。这大概就是术不姑三部在天显八年前《辽史》列入属国表,而尔后则入部族表的原因。

Tatar 为什么又译作达勒(dal-Tatal)?这又是语言学上的难题。汉语鞑靼对音应当是 datar,这是因为汉语常把突厥语的清音写成浊齿音,所以习见之达干、达刺罕(Tarqan)成了 darqan。但"旦"、"坦"(Tan)皆以 n 收声。伯希和曾指出:"汉字用 -n 收声字译写外国 -r 收声音,只能在纪元初数世纪中有其事,而在隋唐时这种译法几已抛弃。当时的收声 d(dh),在中国北方实在已经转变为 -r。"[1]不过当时"塔坦"的写法确实存在,故前人有主张以达靼对柔然之"大檀"者。中古译音里尾音 -n 变作 -l 的例子有过,但如 Tatar 之尾音 -r 转为 -l 者却不经见。这个问题只好求正于语言学家。但"勒"与"靼"形近,是否为一简单的刊误,也是或可考虑的问题。

至于术不姑的住地,从上引《辽史》天赞三年阿保机的进军路线看,应在可敦城之西南。李敬文奏称阿保机是先攻破术不姑,进而掩击涝撒于越达靼。于越(Iya)是突厥的尊号,贵人之义。王延德《使高昌记》中有达干于越王子族。过此族则为拽利王子族,其居地为合罗川,亦即前文所论之辽镇州可敦城地区。此术不姑与拽利王子族是否有关,固无法断定,但术不姑住地在古和林川之西南近地,似无问题。

唐长孺先生曾以苏轼《请修弓箭社第二状》(载《东坡奏议》卷十四)之"术保"即阻卜。[2]这基本上是正确的。但是更精确一点,我以为术保(Shu-bo)当指术不姑,亦即《宋朝事实》卷二十所列之"珠尔布固番"(似为清人改译)。《东坡奏议》中既列达靼,又及术保;

---

① 《库蛮》注十四,见《西域南海史地考证译丛续编》。
② 《记阻卜之异议》,《大公报·文史周刊》第二七期。

《宋朝事实》所列契丹西邻诸国既有珠尔布固，又有达靼国。这是同《辽史》既有阻卜，又专列术不姑；《册府元龟》既有达勒，又有背阴达勒，都是用意相同的。一为统称，一为专部，彼此是不矛盾的。

四 关于"九姓达靼"

九姓达靼（Tokuz Tatar）初见于732年之鄂尔浑突厥苾伽可汗碑。747年之回纥毗伽可汗碑亦记其战事，然地望难于确考。《辽史·圣宗纪五》统和二十三年（1005）有"达旦国九部遣使来聘"，亦语焉不详。惟北宋太平兴国六年（981）王延德使高昌，亲历达于于越王子族，明言此为九姓达靼之尤尊者。次历拽利王子族，有合罗川，唐回鹘公主之所居。九姓达靼之住地，始可得大致推定。然有关王延德所记，误解仍多，不能不稍加辩说。

王延德之使，发自夏州（今陕西横山县境），至于伊州（今新疆哈密）。关于其所经行的路线，历来就有争议。近人仍多持此行系穿行乌兰布和沙漠之说，[1] 并以合罗川当额济纳河。[2]

合罗川之名，始见李德裕《会昌一品制集》。其中《代刘沔与回鹘宰相书》云："纥扢斯移就合罗川，居回鹘故国。"又《与黠戛斯可汗书》："又闻合罗川牙帐未尽毁除，……速要平其区落，无使孑遗。"唐回鹘旧国在鄂尔浑河之地，即前文所引《辽史》之古回鹘可敦城地区，亦即元人之所谓和林川，此处之"川"，蒙语作 cöl，义为平川，与河流无涉。合罗川与和林川二名在语源上有什么关系，还需要进一步的论证。伯希和提出：和林一名，源自突厥语之 qorum，义为团岩。[3] 就是说，和林是从山得名。证以蒙古早期的材料，这种意见是比较可靠的。[4] 唐人译 qorum 似可通"合罗"。但无论如何，唐之合罗川即元之和林川是明白无误的，决不能置于额济纳河上。王延德此行，顺出使高昌之便，本有联系党项、达靼诸部，以

① 侯仁之等《乌兰布和沙漠以北的汉代垦区》，《治沙研究》1965年第七期。
② 冯家升等《维吾尔族史料简编（上）》，页47。
③ 《马可波罗注》（英文本）第一册，Caracorum 条。
④ 参见术外尼《世界征服者史》（英文本）及《史集》第二册（俄译本）。后者又有英译单行本，题为《成吉思汗的继承者》，Boyle 译注。

削弱契丹之任务。观其返还时，除高昌外，达靼诸部亦派有谢恩使团同行，即可想知。由此看来，王延德此行在西北渡黄河之后，先至回鹘旧地之合罗川地区，然后折而西南，至于伊州。岑仲勉考定为一个三角形的行程，当得其实。①

《使高昌记》中谓达干于越王子族为九姓达靼中之尤尊者，而全程所记又恰为九族，遂启大多数中外学者之疑，以为所记之九族即鞑靼九部。② 这是误解。《记》中都啰啰族，在今伊克昭盟砂碛之中，茅家喝子族在黄河之南岸，茅女王子开道族在黄河之北、六窠砂之西南。这三部肯定不可能是达靼。《宋会要辑稿·蕃夷四·回鹘》："端拱元年九月，回鹘都督石仁政、么啰王子、邈拏王子、越黜黄水州巡检四族，并居贺兰山下，无所纥属。诸部入贡，多由其地。"沈曾植曾经指出此邈拏王子即茅女王子，并断言延德所经诸部大略皆回鹘。③ 沈曾植的意见有正确部分，但也不可一律。伊盟境内之二部，最大可能为党项族。太子大虫族亦即后唐天成四年（929）及长兴三年（932）康福与药彦稠所破之党项大虫族。④ 大抵当时之九姓达靼之分布，远在阴山之外，山南则并无达靼活动。《宋会要辑稿·方域二一·丰州》："真宗咸平六年正月，诏赐丰州龙移昧乞族。真宗屡睹边奏云，迁贼屡为龙移昧乞所败。此族在黄河北，数万帐。东接契丹，北接达靼，南至河，与大梁、小梁相连。或号庄郎昧克，并语讹耳。常以马附藏才入贡。"（《续资治通鉴长编》卷五四略同）大梁、小梁，亦作大凉、小凉，在灵州河外贺兰山中，系党项族。藏才族位黄河北岸，黑山前后。⑤ 黑山当即今狼山。龙移昧乞族则在狼山之北。⑥ "广袤数千里"之龙移昧乞族之外始为九族鞑靼。此九姓鞑靼与后来居阴山之后，被称为白达达，系出沙

---

① 《中山大学学报》1957 年第三期：《达旦问题》，是。

② 王国维、箭内亘、岑仲勉都是如此。

③ 《海日楼札丛》卷二。

④ 《旧五代史·唐书·明宗纪六》、《唐书·明宗纪九》。又《安重荣传》有山前后伊利越利族，《新五代史》作逸越利族，疑即拽利王子族，族属不明。

⑤ 《续资治通鉴长编》卷二四，宝元二年八月；《宋会要辑稿·兵二四·马政六》。

⑥ 《宋史·外国传七·党项》。

陀的汪古部，毫不相干。因此，王延德所记九族，至少上述太子大虫族等数部不可能是达靼，这是很明显的。

由内地道出和林地区而至新疆，在河西走廊交通受阻的情况下，本是一条便捷的通道。《新唐书·沙陀传》《突厥传》："至德、宝应间，中国多故，北庭、西州闭不通，朝奏使皆道出回鹘。"《资治通鉴·唐德宗贞元五年》："先是，安西、北庭皆假道于回鹘以奏事。"胡注云："为吐蕃所隔，河、陇之路不可由也。故假道于回鹘以入奏。"《册府元龟·外臣部·备御七》："会昌三年（843）二月，赵番奏，黠戛斯攻安西。北庭都护宜出师应援。李德裕奏曰：……自艰难以来，河陇尽陷吐蕃。若通安西、北庭，须取回鹘路。"宋初，沙州为曹氏据有，甘州有回鹘夜落纥，凉州有吐蕃折逋葛支，其他小部亦繁。王延德之道出回鹘旧地，虽有联络达靼之任务，但也是因为河陇通道为这些封建主阻隔，必须绕行。故当时高昌入贡于宋，始终是循王延德所由之道。太平兴国八年的"塔坦国"使者唐特墨、高昌使者安骨卢，很可能就是随王延德返还之谢恩使。当他们回去时，"骨卢复道夏州以还；特墨请道灵州，且言其国王欲观山川迂直，择便路入贡，诏许之"。① 可知道出夏州，在当时是使高昌的正道。至于九姓达靼之通中原，在唐末、五代，一般是入自云州；宋初因契丹之阻，改由夏州。② 嗣后辽圣宗境土西拓，西夏勃兴，此九姓达靼入贡北宋之记载遂告断绝。除熙宁、元丰年间一度提出联达靼的计划外，已再不见入贡的记载。元丰中，庞元英任主客郎中，所记之诸蕃国中无达靼的名字③，说明北宋人对它已很隔膜了。

五 伊州东达靼

元丰初，拂菻及于阗使者入贡于北宋，久已无闻的达靼问题又一度被提出来。

《宋会要辑稿·蕃夷四·拂菻国》：元丰四年（1081）十月六日，

---

① 《续资治通鉴长编》卷二四。
② 北宋初达旦入贡凡四见，乾德四年、开宝二年、太平兴国六年、八年。
③ 庞元英《文昌杂录》。

拂菻国贡方物。大首领你厮都令厮孟判述其行程："又东至西大石，及于阗王所居新福州，次至旧于阗，次至约昌城，乃于阗界，次东至黄头回纥，又东至达靼，次至种榅，又至董毡所居，次至林擒城，又东至青唐，乃至中国界。"又《续资治通鉴长编》卷三三五："元丰六年五月丙子朔，于阗贡方物，见于延和殿。上问曰：'离本国几何时？'曰：'四年。''在道几何时？'曰：'二年。''从何国？'曰：'道由黄头回纥、草头达靼、董毡等国。'又问曰：'留董毡几何时？'曰：'一年。'问：'达靼有无酋领部落？'曰：'以乏草粟故，经由其地，皆散居也。'上顾谓枢密院都承旨张诚一曰：'达靼在唐与河西、天德为邻。今河西、天德隔在北境，自太祖朝尝入贡，后道路阻隔，贡奉遂绝。'又问：'尝与夏国战者，岂此达靼乎？'曰：'达靼与李氏世仇也。'又问：'道由诸国，有无抄略？'曰：'惟惧契丹耳！'又问：'所经由去契丹几何里？'曰：'千余里。'己卯，诏于阗国人首领画到达靼诸国距汉境远近图，降付李宪。以尝有朝旨，委李宪遣人假道董毡使达靼故也。"其年，鞑靼使者在董毡所遣首领李察尔节（清人改译）伴引下入朝于宋。神宗了解到"鞑靼之俗，犷悍喜斗，轻死好利，素不为夏人所屈"，"人马犷悍过于西戎"，[1] 于是计划连结盘踞在今青海东北之藏族首领董毡、阿里骨以及回纥、达靼，使三国人马并攻西夏之背，并派遣皇甫旦前往招谕。但皇甫旦受阻未达，事情没有结果。这部达靼究竟在哪里？岑仲勉认为此即上述之九姓达靼，[2] 冯家升等则认为"似当在甘肃"，[3] 但都没有详细的论证。我以为都是不确切的。

前引《长编》卷三三五元丰六年于阗使者入朝，神宗令其画到达靼诸国距汉境远近图。接着在一份与李宪的诏书中就说到："回鹘与吐蕃，近世以来，代为亲家。而回鹘东境与鞑靼相连。"[4] 因此，考定此达靼之位置当先考定当时回鹘之所在地。

回鹘在 840 年为黠戛斯攻破，部众西奔，"族种散处，故甘州有

---

① 《续资治通鉴长编》卷三四六，元丰七年六月己巳。
② 《达旦问题》。
③ 《维吾尔族史料简编（上）》，页 47。
④ 《续资治通鉴长编》卷三四六，元丰七年六月己巳。

可汗王，西州有克韩王，新复州有黑韩王"，① 即历史上所谓之甘州回鹘、高昌回鹘与于阗回鹘。甘州回鹘在宋初频年入贡。其后西夏勃兴。天圣六年（1028），德明遣子元昊攻甘州，袭破回鹘夜洛隔可汗王。② 甘州回鹘作为一个割据势力从此消失。同时候的沙州属曹氏统治，臣服于甘州回鹘而始终保持相对的独立。③ 元昊即皇帝位后，积极向西扩展境土，广运二年（1035），大破唃厮啰，遂取瓜、沙、肃三州。但这以后沙州政权仍继续维持至少近二十年，其统治权也似乎已从曹氏他移。庆历二年（1042）的一次入贡自称为"沙州北亭可汗"，表明了这一政权的完全回鹘化。但从淳祐十年（1250）最后一次来贡之后，此部沙州回鹘亦从此绝韦。④《宋会要辑稿·蕃夷四·回鹘》，以及《宋史》回鹘传所记的是甘州回鹘，时间一直记到宋仁宗天圣的时候，也就是迄于甘州回鹘的灭亡。四十多年之后，神宗初，北宋又同回鹘发生联系。对此部回鹘，《会要》明记"回鹘国可汗"，而与上文之"甘州可汗"相区别，显见此二者并非一部。《宋史》回鹘传是抄撮《会要》的材料而成的，但在熙宁元年（1068）一条中轻率地删去"回鹘国可汗"这一主词，态度是很不严肃的。

神宗时来贡之"回鹘国"既非甘州回鹘，亦非沙州回鹘，联系到元丰四年拂菻使者、六年于阗使者关于旅程的报告，此"回鹘国"无疑就是所谓的"黄头回纥"。为了确定此黄头回纥的位置，我们具体来研究拂菻使者的旅行线。

拂菻（Farang），历史上习指东罗马。"大石"即当时的黑衣大食朝。使者由阿富汗进入于阗。于阗在唐末属李氏，此即所谓旧于阗。十一世纪初回鹘哈剌汗朝（Karakhanids）征服其地，其王称黑韩王，"黑韩盖可汗之讹也"。新福州，又作新复州，当系黑韩王之新都。于阗东界为约昌。由此而东则为黄头回纥。突厥语黄作 Sarai，故黄头回纥即元代习见撒里畏吾（见《元史·文宗纪》天

---

① 《宋会要辑稿·蕃夷四·回鹘》。
② 《宋史·外国传一·夏国上》。
③ 《宋会要辑稿·蕃夷四·回鹘》。
④ 同上，《蕃夷五·瓜沙二州》。

顺二年八月、《顺帝纪一》至元元年六月及《速不台传》)。据《明史·西域传二》:"安定卫,距甘州西南一千五百里,汉为婼羌,唐为吐蕃地","其地本名撒里畏吾儿,广袤千里,东近罕东,北迩沙州,南接西番"。然则此黄头回鹘地在今青海省之西北部。达靼与黄头回鹘邻接。由达靼而入种榅。种榅是"仲云"之异译。① 高居诲《使于阗记》:"沙州西曰仲云,其牙帐居胡卢碛。云'仲云'者,小月氏之遗种也。"② 胡卢碛,《记》中指明即汉明帝征匈奴时屯田之所。汉之伊胡卢即今哈密附近之伊吾县。③ 然属于小月氏部后裔之诸羌,在祁连山南山中为数甚多,④ 故疑此拂菻使者所记之"种榅"当指祁连山南者。由种榅至董毡之所居,即今青海省东北部临夏市之河北地方。青唐城在湟水之南,"城之西青唐水,注宗河",当即今西宁县治。林擒城(又作林金)在青唐西四十里。从这里西行,"逾两月,即可入回纥,于阗界"。⑤ 由青唐便可入北宋境。当时,河西走廊为西夏踞有,故北宋后期与新疆之交通必取青海之北部。但于阗使者明言因途中乏水草故,才绕出达靼,可见在正常情况下,是可以由黄头回纥而直接入山南小月氏之地,不必经行此草头达靼的。所以我把它拟定在伊州东之新甘交界地区。这应该就是当时达靼分布最西的一部。

由青海北部出南疆并不是一条陌生的通道。六世纪时,宋云、慧生西游印度时就是从这里通过的。他们从赤岭入吐谷浑,再至鄯善。⑥ 赤岭,据《新唐书·地理志》,在西宁丹噶尔西南百三十里,⑦ 正是后来唃厮罗所控制的地区。

---

① 另有"温"(《魏书·康国传》)、"众熨"(王延德《使高昌记》)诸译。
② 《新五代史·四夷附录三》。
③ 《后汉书·西域传》注。
④ 《汉书·西域传上·大月氏国》注。阚骃《十三州志》:"西平、张掖之间,大月氏之别小月氏国。"高居诲《使于阗记》:祁连山"南山百余里,汉小月氏之故地也"。
⑤ 李远《青塘录》。
⑥ 杨衒之《洛阳伽蓝记》卷五。
⑦ 丁谦《宋云求经记地理考证》,载《浙江图书馆丛书》第二集。《资治通鉴·梁武帝普通三年》胡注:"赤岭在唐鄯州鄯城县西二百余里。"

这里，附带要提出关于撒里畏吾儿的一点推测。甘州回鹘败亡后，余众西走沙州，①大概这就是沙州政权进一步回鹘化的原因。西夏既并瓜、沙，河西回鹘只好进一步撤至青海之西北角，这就是后来的撒里畏吾儿。至于为什么以黄为称，就不得而知了。

六 所谓"兴安岭西达靼"

鄂尔浑突厥碑文中除上引之九姓达靼（Tokuz Tatar）外，又两见卅姓达靼（Otuz Tatar），并把它列在黠戛斯、骨利干之后，契丹、地豆于（白霫）之前。②箭内亘《达靼考》以黠戛斯在突厥之西北，骨利干在其北，而契丹与地豆于皆在其东之周环顺序，推定卅姓达靼在突厥之东北，③大致是可信的。但他进一步称此部为"兴安岭西达靼"，并与敌烈视同一部，又考乌古即弘吉剌等。其说漏洞百出，有必要详加讨论。

《辽史》之乌古，又作于厥、乌古里、于骨里、于厥律、于厥里。与乌古关系密切之姊妹部族为敌烈，亦有敌烈德、迪烈得诸译。它们的活动在今呼伦贝尔湖及克鲁伦河之下流。乌古居敌烈之东。故神册中阿保机北伐，但及乌古，不言敌烈。《萧迂鲁传》：咸雍九年，"敌烈叛，都监耶律独迭以兵少不战，屯胪朐河"。此为敌烈居克鲁伦河之确证。《萧挞凛传》：统和十五年，"敌烈部人杀详稳而叛，遁于西北荒，挞凛将轻骑逐之，因讨阻卜之未附者"。可知阻卜更在敌烈之外，去兴安岭西已绝远。证以《契丹国志》四至邻国地理远近："正北为蒙古里国，又次北为于厥国，又次北西至鳖古里国，又西北□□□□，又次北近西至达打国。"此处正北之蒙古里即《唐书》之蒙兀，在额尔古纳河上，而达打则远在西北。其不近兴安岭西甚明。

箭内亘把敌烈当《契丹国志》之达打、《元朝秘史》之塔塔儿，

---

① 魏泰《东轩笔录》卷三。
② 岑仲勉《突厥集史》下册卷十六《阙特勤碑》、《毗伽可汗碑》。
③ 《兀良哈及鞑靼考下》。

即认敌烈为卅姓鞑靼（也就是他所说的兴安岭西鞑靼），同时又把乌古当《秘史》之弘吉剌部，是从对音和居地两方面来证明的。

首先，我们来审查对音方面的问题。元初塔塔儿（Tatar），《史集》与《元朝秘史》都有较详细之记载。其分部为：

俄译本《史集》列六部 ①		《元朝秘史》列七部	
тутукулиут	（秃秃忽里兀惕）	Tuta'ut	都塔兀惕
Алчй	（阿勒赤）	Alči	阿勒赤
Чаган	（察罕）	čagan	察罕
куин	（忽因）	Juin	主因
Баркуй	（巴儿忽）		
Терат	（帖剌惕）		
		Biru'ut	备鲁兀惕
		Alugai	阿鲁孩
		Airi'ut	阿亦里兀惕

箭内亘认为《史集》之 Терат 与"敌烈"音近，其为一部，"盖无论何人，不能否认"。"但当比定时稍觉不安者，即 Rashid 之原书，果有 Tereiti 与否，尚难决定耳"。《史集》稿本，极为混乱，而书中之 Терат 一名，正是十分混乱的一个。据俄译本的校注所列就有 Нрāйт 和 трāт 两种不同的写法。蒙古人习惯于在一个族名后缀 тай（台、歹、䚟），作为男性人名；后缀 чин（真），作为女性人名。而关于 Тератай，其他稿本则有 трāу̀тйн，трāу̀т?н，Трāу̀тй，?рāвтйн，нрāтй 等写法。关于 Тераузин 则有 Нрвā?джйн，тỳвāч?н，Т?вāхйн，Нарāджйн 等写法。② 因此 Терат 一名如果没有科学的校勘，就不可能充作比定的可靠基础。至于乌古 Wü-kü（于厥里 Yü-chüeh-li = Ügüri）与弘吉剌 Ońgirat 在对音上"本有若干相异之处"，

① 《史集》（俄译本）第一卷第一册，页103。
② 同上（俄译本）第一卷第一册，页103注六、八、九。

箭内亘也不能从语音学上说明相通的可信理由。据《史集》：弘吉刺之近亲分枝尚有 Икирас（亦乞列思），Олкунут（斡勒忽［讷］兀惕），Каранут（哈刺讷惕），Кунклиут（晃豁里兀惕）及由后者析出之 Куралас（忽刺拉思）。① 这些名字也与乌古无任何可通之处。

其次，从居地上说，乌古、敌烈两部在辽金时期有过三次大规模的迁徙。辽道宗寿昌二年（1096），徙乌古、敌烈于乌纳水，以扼北边之冲。② 金天会初，此两部之一部分继续效忠耶律大石于可敦城，其后，西迁中亚；其余部则降于金泰州都统习古乃。习古乃以庞葛城分赐两部及契丹人，"其未垦者任力占射"。③ 庞葛城，据《黑龙江稿》即卜魁城，今之齐齐哈尔。王国维考定金之乌古、敌烈（石垒）部，其地在兴安岭东，蒲与路之西，泰州之北。④ 嗣后兴安岭西、呼伦贝尔地区更不载有此两部之活动。因此，箭内亘之地理考证颇嫌于刻舟寻剑。《元史·石抹也先传》谓其为辽人，然同书重出之《石抹阿辛传》即石抹也先其人，则谓迪列乣人，此迪烈无疑即敌烈，元人已以辽人视之，其非克烈诸部，似可肯定。

金初乌古、敌烈经过迁徙而削弱之后，塔塔儿与弘吉刺部等代而盘踞呼伦贝尔地区。《史集》说：塔塔儿曾与朵儿边、撒勒只兀惕、合答斤原居于某河之下游，此河汇为安哥拉沐涟，⑤ 则此河为色楞格河无疑。塔塔儿之一部名巴儿忽，当即以著名的巴儿忽真隘得名。然则早期的塔塔儿，正是在克鲁伦河之外，贝加尔湖以东之地游猎，与《辽史》之北阻卜大体相当。其后，除朵儿边仍留旧地外，其他三部向东南迁徙，入居呼伦贝尔地区。《金史·宗浩传》记其时活动在这一地区之北边部族有合底忻，即合塔斤，山只昆，即撒勒只兀惕，必列土（迪烈土）即属塔塔儿之备鲁兀惕。这大概是无疑义的。

---

① 《史集》（俄译本）第一卷第一册，页 161。
② 名见《金史·耶律怀义传》《粘割韩奴传》。箭内亘推定为今洮南县与西刺木河沦中间之某河，恐不可信。
③ 《金史·婆卢火传》《习古迺传》。
④ 王国维《金界壕考》，载《观堂集林》卷一五。
⑤ 《史集》（俄译本）第一卷第一册，页 101。

据《金史·章宗纪》：明昌五年（1194）九月下令征集诸军，俟来春调发。"仍令诸路并北阻卜以六年夏会兵临潢"。六年夹谷清臣栲栳泺之役，北阻卜是奉调助战的。在战争中，"属部斜出掩其所获羊马资物以归。清臣遣人责其赎罚，北阻卜由此叛去，大侵掠"。① 夹谷清臣以处置不当而罢军，由完颜襄代领行省事，于是在承安元年（1196）三至六月而有著名的斡里扎河之役，② 追击此叛去之北阻卜。然《襄传》但称"阻卜"，《秘史》则明载为"塔塔儿"。可知《金史》之"阻卜"与"北阻卜"实为一部，③ 即辽时称为北阻卜、游牧于克鲁伦河以外而于金初来徙于呼伦贝尔地区者。元之塔塔儿即卅姓鞑靼之后，似乎是可以肯定的。

（原载《文史》1980 年第八辑）

---

① 《金史·夹谷清臣传》。
② 《金史·内族襄传》；《元朝秘史》，页 133、134。
③ 冯承钧谓金之阻卜为塔塔儿，北阻卜为克烈、主儿勤、乞颜（《西域南海史地考证论著汇辑》页 194），实误。

有关达靼族属的若干问题

关于达靼的族属，最早提到它的是北宋初的宋白。《资治通鉴·唐僖宗广明元年（880年）》七月"李琢、赫连铎进攻蔚州，李国昌战败，部众皆溃，独与克用及宗族北入达靼"胡注引宋白曰："达靼者，本东北方之夷，盖靺鞨之部也。贞元、元和之后，奚、契丹渐盛，多为攻劫，部众分散，或投属契丹，或依于勃海，渐流徙于阴山。其俗语讹，因谓之达靼。"稍后的欧阳修在《新五代史·四夷附录三·达靼》中说："达靼，靺鞨之遗种，本在奚、契丹之东北，后为契丹所攻，而部族分散，或属契丹，或属渤海，别部散居阴山者，自号达靼，当唐末，以名见中国。"司马光《资治通鉴·唐僖宗广明元年》中也记："达靼本靺鞨之别部也，居于阴山。"上引三大家，于达靼族属，言之凿凿。宋、元诸家，例多从之。方勺《泊宅篇》卷一〇引富弼语，直谓"黑水达靼"。李心传《建炎以来朝野杂记》谓："达靼者之先与女真同种，盖皆靺鞨之后也。其国在元魏、齐、周之时称勿吉，至隋称靺鞨。其地直长安东北六千里，东濒海。离为数十部，部有黑水、白山等名。白山本臣高丽，唐灭高丽，其遗人并入渤海，惟黑水完强。及渤海盛，靺鞨皆役属之。后为奚、契丹所攻，部族分散，其居混同江之上者曰女真，乃黑水遗种也。其居阴山者，自唐末、五代常通中国。"①《两朝纲目录要》②、《大金国志》行文皆同。王应麟《玉海》、李攸《宋朝事实》、黄震《古今纪要逸编》、郑所南《心史》、梁寅《石门集》皆称其本靺鞨部。熟谙东北夷情的洪迈也同意宋白的"其俗语讹，因谓之达靼"的说法，说："蕃语以华言译之，皆得其近似耳！天竺语转而为捐笃、身毒；秃发语转而为吐蕃。达靼乃靺鞨也"。③所有这些说法，矛盾、桎碍之点

---

① 乙集卷十九《达靼款塞》。
② 《永乐大典》册一二九六三，嘉定四年。
③ 《资治通鉴·唐僖宗广明元年》七月胡注引。

甚多，已难于取证，然其基本点达靼出靺鞨，则除赵珙之外，均无异词①。

晚近的史家对千年之前，以宋白、欧阳修、司马光为代表的"达靼出靺鞨说"则采取了根本的否定。较早之吴廷燮就倡阻卜、靺鞨恐悉室韦之种类。日本的岩佑氏、我国的王静如都认为九姓靺鞨殆即九姓室韦。方壮猷认为达靼即柔然之大檀，突厥灭柔然，柔然余众奔室韦，两部混合，其自称曰室韦；然突厥人"对之则或称之为大檀室韦（即大室韦），或仍单称之曰大檀。音讹而为檀檀，又讹而为达怛"。②岑仲勉晚年的著作与上引诸家的结论有同有不同，认为"达靼"一词，语源于突厥语的 tāt 犹"突厥地方所包含之外族"。故同名达怛者，如果其冠称不同，即不定为同种。他认为三十姓靺鞨才是指室韦。至若九姓靺鞨，"原与沙陀有种落关系"，殆为突厥种。岑仲勉明指《新五代史》"显误混靺鞨与西边之达旦为一部"，又责其臆改宋白之文。对宋白的说法也从初起地、种族、徙阴山、名称四点进行了驳斥③。亦邻真在他的代表作《中国北方民族与蒙古族族源》④中指达怛是靺鞨说是"常识所不容"。他认为："我们有理由把这两个名称连起来使用，称为室韦–达怛人，他们是原蒙古人。"韩儒林主编的《元朝史》在叙述蒙古的族源时，就是接受"室韦–达怛人"这一创说立论的。

我从开始研究蒙古史时起，对于靺鞨的族属问题，也一直犹疑难决。宋白的说法，确是疑点很多，它的原来居地究竟是东北方哪里？什么时候、取什么路线而远徙于阴山？这个靺鞨分部的原来的名字是什么？怎么样因"语讹"而被称为达靼？这些恐怕都是无文献可征，将永远难于确切回答的问题。然而，关于达靼是靺鞨这一基本点，似乎又不可能简单予以否定。理由至少可举出以下三点。

---

① 赵珙《蒙靼备录》谓达靼出沙陀突厥，其详见下文。
② 方壮猷《靺鞨起源考》，《国立北京大学国学季刊》3 卷 2 号，1932 年 6 月。
③ 岑仲勉《达怛问题》，《中山大学学报》1957 年第 3 期。
④ 《内蒙古大学学报》1979 年第 3、4 期合刊。

首先是关于作者宋白的问题。宋白,《宋史·文苑传一》有传,字太素,大名人,生当后唐亡国之年(935年),死于北宋真宗大中祥符五年(1012),享年七十七。太祖建隆二年(961)举进士第,累官礼部侍郎、修国史,户部侍郎兼秘书监,吏部侍郎、判昭文馆,刑部尚书、集贤院学士判院事。曾预修《太宗实录》,又与李昉同纂《文苑英华》,还奉敕编成《续通典》。史称其"学问宏博","聚书数万卷,图画亦多奇古者"。"尝类故事千余门,号《建章集》,唐贤编集遗落者,白多缵缀之。"所著有文集百卷、《续通典》二百卷,① 皆佚。然胡三省注《资治通鉴》时,曾大量引用宋说,有关达靼的这段论述,很可能就是从他的《续通典》中摘引而来。可证宋白其人,并非俗儒之昧于掌故者,达靼系靺鞨之说,亦当非讹传耳食之游谈。岑仲勉指"宋云'盖靺鞨之部',乃存疑之言。""盖"在古文中作传疑之词,但也在原因子句中作发语词使用,有溯源推因之义。细味宋文,此处所表述的正就是这一层意思。

其次,就唐末至宋初所保存的有关达靼活动的资料来看。与一般频年入贡的边部有所不同,达靼部不但先后有过较大规模部众诣边入附,而且曾多次作为一股势力,附从北方的封建军阀,角逐中原。唐懿宗咸通九年(868),庞勋起义,返师河南。唐政府以康承训为义成节度使、徐州行营都招讨使进讨。承训奏乞以沙陀三部落使朱邪赤心及吐(谷)浑、达靼、契苾酋长各帅其众以自随,遂平之。② 朱邪赤心以功赐姓李,名国昌,拜振武军节度使。僖宗广明元年(880),李国昌和他的儿子李克用为李琢、赫连铎所逼,北走砂碛,依居于达靼部。黄巢攻破长安,僖宗诏赦李国昌,使讨贼自赎。克用于是"募达靼万人",③ 南下太原。嗣后李克用参与平定黄巢,与后梁朱温逐鹿中原,至李存勖灭后梁,建立后唐,其所藉之

① 《宋史·艺文志》。《四库提要》引陈振孙《书录解题》谓白以咸平三年(1000)奉诏编纂《续通典》,四年九月书成。起唐至德初,迄后周显德末。胡三省注《通鉴》大量引用其书,卷二八二明言其书,可证当时这本书仍存。

② 《新唐书·康承训传》;《资治通鉴·唐懿宗咸通九年》。

③ 同上,《沙陀传》。

军队主力，一直是由所谓"北边五部之众"①组成的。五部当即沙陀三部、吐（谷）浑（或作"退浑"，《通鉴·后晋高祖天福五年》胡注引宋白曰："吐谷浑，谓之退浑，盖语急而然。"）、达靼、契苾、奚。它们当时都被称为"杂虏"，傍塞而居，与汉地原保有密切的联系。这部分达靼人成了后唐的新贵，他们大概留居内地，人数也一定是不少的。后唐明宗天成三年（928），明宗讨王都于定州，王都诱契丹入寇，明宗诏达靼入契丹界以张军势，乃遣宿州刺史薛敬忠以所获契丹团牌二百五十及弓箭数百赐云州生界达靼。这表明后唐与达靼间紧密的役属关系。后晋时期，驻守代北的安重荣在天福六年（941）杀掉了契丹的使者，并移檄诸道讨石敬瑭，檄文云"与吐谷浑、达靼、契苾同起兵"。然达靼诸军莫之赴，重荣以此失败。②除此之外，达靼还有两次规模较大的移民入塞。一次是在后唐同光三年（925），"云州节度使李敬文奏：达勒首领涝撒于于越族帐先在碛北，去年契丹攻破背阴达勒，因相掩击。涝撒于于越率领步（部）族羊马三万逃遁来降，已到金月南界。"③另一次是长兴三年（932），首领颉哥率其族四百余人来附。④所有这些材料，都说明在从唐末到宋初间，达靼人是曾深入内地，与中原王朝保持着极密切关系。因此，当时社会上对他们的了解也应是比较多的。处在蒙昧时期的北边部族尚无文字，关于其族属、世次、发源地与迁徙过程等等，都只能依靠口耳相传。由于语言的隔阂，年岁的久远，乃至于掺杂入神话的成分，使这些传说既无法稽考，也难于尽信。但其中族属这一点，却是部人内部，尊崇惟谨；部族之间，也是区别森严的。因此，可以肯定地说，宋初社会上对达靼人的族属，绝不是什么秘闻，至少在中国北方人中，有关达靼军的情况，犹可得之于亲受其威胁的父老。而入居内地的达靼人子孙，也应仍为世人所共知。《旧五代史·晋书》有白奉进者，"父曰达子，世居朔野，以弋猎

①　《旧五代史·唐书·武皇纪上》。
②　《资治通鉴》卷二八二。
③　《册府元龟·外臣部·降服》、《旧五代史·唐书·庄宗纪六》。有关年代与"达勒"之名，考具本书《鞑靼杂考》。
④　《新五代史·四夷附录·达靼》。

为事。"我怀疑他便是达靼人。

第三，就我所见到的资料，鞑靼部在北宋初仍和中原王朝保持朝贡关系。《山堂考索·财赋门·夷方贡》载："宋朝太祖乾德四年（966）六月甲寅，其国天王娘子及宰相违于无越来贡。太宗兴国六年（981）八月来贡。"该书在所列"鞑靼国"一目下，说明："本东方鞑靼之别部，音讹谓之鞑靼"。可以肯定，前一个"鞑靼"原是"鞑靼"之刊误。《续资治通鉴长编》除记有乾德四年之贡外，还记有开宝二年（969）"达坦国天王娘子之子策卜迪来贡"。《宋会要辑稿·蕃夷四·高昌下》也载"其使安骨卢与达靼使来贡"。据《长编》，鞑靼使者名唐特墨。当他们返还时，"骨卢复道夏州以还，特墨请道灵州，且言其国王欲观山川迂直，择便路入贡。诏许之。"① 有关鞑靼入贡北宋的记载，亦见于《玉海》、《宋朝事实》诸书。

总之，从当时达靼的活动与宋白的地位而言，这个部族源自鞑靼似乎应是当时社会的通识，宋白既不是道听途说的满足者，欧阳修、司马光也不是盲目抄袭的誊文公。我这样说，决不是乐于抱残守缺，食古不化，而只是认为，宋说无论如何是值得认真对待的。要推倒它必须要有足够的证据，创一个新说来代替它更应该慎之又慎。

主张达靼出室韦的主要证据有两点。一是李德裕《赐回鹘嗢没斯特勒（勤）等诏书》："秋热，卿及诸部下诸官并左厢阿波兀等部落黑车子达怛等比平安好。"方壮猷以"黑车子达怛"连读，并拟之当《辽史·兵卫志·属国军》之"黑车子室韦"，认为即"同一国名之二称"。然室韦与阻卜、亦即达靼，在《辽史》中是区分得很清楚的。《属国军》所列，既有"阻卜"，又分别"黑车子室韦"、"黄室韦"、"小黄室韦"、"大黄室韦"四种室韦分部。《百官志·北面属国官》所列，既有"阻卜国大王府"（所统有阻卜扎剌部节度使司、阻卜诸部节度使司、阻卜别部节度使司）、"西阻卜国大王府"、"北阻卜国大王府"、"西北阻卜国大王府"、"术不姑国大王府"；又有"室韦国王府"、"黑车子室韦国王府"。完全得不出"黑车子室韦"即达

---

① 《续资治通鉴长编》卷二四。

靼的结论。王国维作过《黑车子室韦考》，精到地指明"黑车子殆即和解室韦之异名"。他是把李德裕致回鹘书中的"黑车子达恒"分读为二部，推定它他居地相近，同属回鹘左厢部落。[①]看起来，王国维的句读比方壮猷是更为近实的。

方壮猷的证据之二是《三朝北盟会编》所引史愿《亡辽录》所记："保大四年（1124），天祚得大石林牙，又得阴山鞑靼毛割石兵，自谓得天助，谋出兵收复燕云。"《辽史·天祚纪三》云："天祚既得林牙耶律大石兵归，又得阴山室韦谟葛石兵，自谓得天助，再谋出兵复收燕云。"《契丹国志·天祚皇帝下》则作："天祚得耶律大石林牙兵归，又得阴山室韦毛割石兵，自谓天助中兴，再谋出兵收复燕云。"他认为这里，"阴山鞑靼毛割石"与"阴山室韦谟葛石"互用，"此达靼与室韦混称之一显例"。从词面上讲，方说也许是无可指责的，但事实却并不这样简单。

达靼这一名字，初见于汉籍，只是从上引李德裕《会昌一品集》卷五《赐回鹘嗢没斯特勒（勤）等诏书》、卷八《代刘沔与回鹘宰相书意》中首次见到（唐武宗会昌二年〈842〉）。近代发现的两种突厥碑文则分别记有 Otuz Tatar（三十姓达靼）、Toquz-Tatar（九姓达靼），时间上溯到了玄宗开元二十年（732）。由于碑文语焉不详，诸家对此达靼之研究很难得到要领。一般来讲，唐朝政府对漠北诸部的了解是并不陌生的。它对所有漠北的强部都迫于实际需要加以羁縻和利用，所有漠北诸部在相互竞争中亦以与唐政府发展交通为自强制敌的要图。由此似可推知，当时的达靼部还只是一个由突厥牢固控制的小部落，故于唐人文献中无可稽考。有一点，无论如何可以肯定，达靼这一名字，当时确实是一个部族的专名。这个部族在 840 年回鹘破亡之后，乘虚强大起来，成为一个崛起在漠北、与当时在东南方浸浸壮大起来的契丹互争雄长的势力。王延德《使高昌记》所云："契丹旧为回纥牧羊，达恒旧为回纥牧牛。回纥去甘州，契丹、达恒遂各争长攻战。"所反映的就是这一历史内容。辽代的达靼，索之于《辽史》，多作"阻卜"，分部有阻卜、西阻卜、北阴

---

① 《观堂集林》卷一四。

卜、西北阻卜、姑不固之名，然多是确定的部族；北宋人所了解的
达靼，亦为特定部族之专名。辽道宗的后期，达靼（阻卜）诸部频
年叛乱。大安八年（1092）北阻卜酋长磨古斯杀金吾吐古斯以叛，
二室韦曳剌与六院部特满、群牧官分俱陷，漠北大震。辽累遣大军
进击，寿昌六年（1100）始告平定。由于国力衰弱，辽无力对漠北
进行控御，所以开始将边防内缩。寿昌二年九月，徙乌古、敌烈部
于乌纳水，以扼北边之冲。四年正月，徙阻卜等贫民于山前，都是
从漠北收缩的例证。随之，女真亡辽。这一历史性的事件必然地
引起漠北部族政治形势图的重新编绘。其中盛极一时的就是长期
来已构成辽重大威胁的阻卜（达靼）诸部。譬如，进据肥美的呼伦
池、贝尔池一带草原的，便是曾经叛辽而引起辽在漠北统治彻底动
摇的北阻卜，它在《元史》里便是以塔塔儿而著名的强大部族①。
另外一些阻卜（达靼）分部、别部迁徙、嬗变的情况我们虽不清楚，
但它们在脱离了辽的控御后据地自雄的情况，肯定是一度发生过
的②。剌失德丁在提及塔塔儿人的历史时，说："他们在远古的大部
分时间内，就［已经］是大部分［蒙古］部落和地区的征服者和统治
者，［以其］伟大、强盛和充分受尊敬［而出类拔萃］。""由于［他们］
极其伟大和受尊敬的地位，其他突厥部落，尽管种类和名称各不相
同，也逐渐以他们的名字著称，全都被称为塔塔儿［鞑靼］。"③这
正是说明，在辽末至金末这段时期里，在漠北称雄的是一些达靼部
落。只是从这个时候起，"达靼"这个名字，逐渐脱离了本来专部的
性质，开始成了包容草原甚多部族的统称，进而变化成为漠北诸部
的泛称。这种状况的发生，一方面是由于上述的客观实际；另一方
面，也还由于金在政策、疆域上的变化，它对漠北诸部的了解与记
录，已远非辽比。至于隔在南中国的南宋，所知就更为模糊。习惯
上，他们已或迟或早，把金朝的北方诸部泛称为鞑人、鞑靼，而以
"生"、"熟"、"黑"、"白"等词来区分他们去境远近与开化程度。这
是大家都知道的。

---

① 参看本书拙作《鞑靼杂考》。
② 附天祚帝抗金之阴山鞑靼即其一部。
③ 《史集》第一卷第一分册，商务印书馆 1983 年版，页 166。

上文关于辽天祚帝与大石林牙引达靼兵南攻，谋复燕云的事实，除方壮猷所引《亡辽录》、《契丹国志》、《辽史·天祚纪》的三条材料外，在其他的史籍里，也多记载。为便于讨论，我把它们尽可能地加以胪列。

（1）《三朝北盟会编》卷二一引马扩《茅斋自序》："天祚驱达靼众三万余骑，乘粘罕归国，山后空虚，直抵云中府。"

（2）同上引《北征纪实》："遂以宣和六年之冬末，领契丹、鞑靼众五万人骑，并掳其后妃、二子秦、赵王及宗室南来，如履无人之境。"

（3）《东都事略》卷一二四附录二："延禧得大石林牙七千余骑，又阴结鞑靼毛褐室韦三万骑助之，延禧谓中兴有日，欲捣山后之虚，复燕云地。"

（4）《释氏稽古略》卷四："辽甲辰秋七月，天祚率鞑靼诸军五万，携其后妃、二子曰秦王、赵王及宗属南来，越渔阳岭。"

（5）《续资治通鉴长编纪事本末》卷一四三："遂领所得契丹、鞑靼等众，并携其后妃二子秦、赵王及宗属南来，如入无人之境。"

（4）、（5）两条，从行文上看，明显的是出于（2）。值得讨论的是《辽史·天祚纪三》的"阴山室韦谟葛失"、《契丹国志》的"阴山室韦毛割石"和《东都事略》的"鞑靼毛褐室韦"这三种提法。"谟褐失"即"毛割石"也即是"毛褐"，《长编纪事本末》作"毛揭室"，《金史·太祖纪》则作"谋葛失"。"谟褐失"在《辽史·天祚纪》中虽含糊地称之为"北部"，但从下文"为金人败于洪灰水，擒其子陀古及其属阿敌音"。《金史·太祖纪》亦作"谋葛失遣其子菹泥刮失贡方物"。以文义度之，明系人名，是阴山达靼部的酋豪。《续资治通鉴长编拾补》卷四六、《续通鉴长编纪事本末》卷一四三引兀室、杨璞致宋使赵良嗣语时，就明确肯定："毛褐室，谓鞑靼也。"至若当时的蒙古，《三朝北盟会编》卷九引赵良嗣《燕云奉使录》作"萌古子"；卷二一《亡辽录》作"蒙骨"，不应该两相混淆。这时的"室韦"与鞑靼各为其部，当时一些人是区分很清楚的。《三朝北盟会编》卷九九引范仲熊《北记》："丙午岁十一月，粘罕陷怀州，杀霍安国。范仲熊贷命，令往郑州养济，途中与燕人同行。因问此中来者是几国人？共有多少兵马？其番人答言：此中随国相来者，有达靼家、有奚家、有黑水家、有小葫芦家、有契丹家、有党项家、有黠戛斯家、有大石家、有回鹘家、有室韦家、有汉儿家，共不见得数目。"这里，达靼与室韦并提。准此，上引《辽史》与《契丹国志》的两则材料，"室韦"与"谟曷失"当分断为两部。由于"室韦"之名，到辽末金初，已逐渐从文献中消失，辽人对它是仍清楚的，所以在叙述这次行动中，详列了"阴山室韦、谟曷石兵"。在宋人的记载中，则多略"室韦"而专著"阴山达靼毛割石"或"达怛"，惟《东都事略》则作"阴山鞑靼毛褐室韦"。这里可能在"褐"下脱复出之"室"字。然则《辽史·天祚纪》之"阴山室韦谟曷石"，在《东都事笔》中成了"鞑靼毛褐［室］室韦"，两名先后倒置，这就进一步证明，"谟曷石"或"达靼谟曷石"与"室韦"是并列的两部，不应该混为一名。

以上，我们就方壮猷所提出的"阴山达靼与阴山室韦混称"、"黑车子达靼与黑车子室韦混称"两个论断进行辩驳，证明了"达靼与室韦混称"，还并不"是可信之史实"。至若王静如所提出的："九姓鞑靼盖即九姓室韦"之说，岑仲勉曾设六点以质疑。[①]箭内亘三十姓鞑靼即"兴安岭西达靼"，我也曾在《鞑靼杂考》一文中进行过辩论。要把它们逐一等同起来，至少迄今尚无明证，至此，我们就不能不遗憾地认为，亦邻真所创设的"室韦–鞑靼人"这一概念是并无实据的成见，是不值得盲目相信的。

室韦说之外，还有以达靼源出于突厥者。南宋末的赵珙，出使蒙古，撰《蒙鞑备录》，其记"立国"云："鞑靼始起，地处契丹之西北，族出沙陀别种，故于历代无闻焉。其种有三：曰黑、曰白、曰生。所谓白鞑靼者，容貌稍细，为人恭谨而孝。遇父母之丧，则劙其面而哭。尝与之联辔，每见貌不丑恶而腮面有刀痕者，问曰：白鞑靼否？曰：然。凡掠中国子女，教成却弱之。与人交，言有情。今彼部族之后，其国乃鞑主成吉思之公主必姬权管事。近者入聘于我宋使速不罕者，乃白鞑靼也。……所谓生鞑靼者，其贫且拙，且

───────────────

① 《突厥集史》上册，中华书局1958年版，页475。王静如文载《辅仁学志》第七卷。

无能为，但知乘马随众而已。今成吉思皇帝及将相大臣皆黑鞑靼也。大抵鞑人身不甚长，最长不过五尺二三，亦无肥厚；其面横阔而上下促；有颧骨，眼无上纹，发须绝少，形状颇丑。"如前所述，"鞑靼"一词在南宋人中，已转变成为漠南北民族的泛称。李心传所谓"近汉地者谓之熟鞑靼"，"远者谓之生鞑靼"，此处之"白鞑靼"，则阴山后之汪古部之专称也，前人考之详矣！元代汪古部的统治者"自称晋王克用裔孙"①。李克用所部沙陀，《新唐书·沙陀传》谓"西突厥别部处月种也"，"处月居金娑山之阳，蒲类之东，有大碛，名沙陀，故号沙陀突厥。"此部辗转东迁经过，史书斑斑可考。唐中后期，其首领朱邪执宜始居晋北神武川之黄花堆。以其素骁勇，为九姓、六州胡所畏服，文宗任之为阴山都督，代北行营招抚使②。朱邪执宜便是李克用的祖父。沙陀与达靼，在唐末五代的记载中是判然有别、不可混淆的，上文已有详述，无烦赘复。于此足见南宋之"达靼"，确已早失初涵，流于泛滥。因此，赵珙的达靼源自突厥说明显地不确切，无烦多论。附带指出一点，赵珙以劙面为沙陀突厥之特征，也是不确切的。突厥风俗："有死者，停尸于帐，子孙及诸亲属男女，各杀羊马，陈于帐前，以刀劙面且哭，血泪俱流，如此者七度乃止。"③然此风流行极广，非独突厥为然。回鹘毗伽阙可汗死，唐下嫁之宁国公主"亦为之劙面而哭"。④证明回鹘同有此风俗。唐太宗死，"四夷入仕来朝者皆恸哭，剪发、劙面、割耳，流血洒地"。玄宗死，蕃官劙面、割耳者四百余人。来俊臣诬斛瑟罗反，诸酋长诣阙割耳、劙面诉冤者数千人。天宝十载，朝命高仙芝为河西节度使，代安思顺。思顺讽群胡割耳、劙面请留己。可见此风实当时"群胡"之共俗，既以表情之哀恸，亦以表情之急切，甚至吐蕃也流行。会昌二年（842），吐蕃酋长达磨死，其佞臣立达磨妃兄之子代为赞普。首相结都那见之不拜，愤然拔刀劙面，恸哭

---

① 姚燧《河内李氏先德碣铭》，载《元文类》卷五五。
② 《资治通鉴·唐文宗太和四年》。这里的"九姓"，很可能就是王延德所称之"九姓鞑靼"。
③ 《通典·边防十三·突厥上》。
④ 《资治通鉴·唐肃宗乾元二年》。

而去①。此种风俗，亦可上溯至元魏、匈奴时代。《文选》卷五一王褒《四子讲德论》李注引《音义》："匈奴刀刻其面。"孝明帝正光元年（520），杀河清文献王怿，"胡夷为之劙面者数百人"。②《后汉书·耿秉传》：秉卒，匈奴举国号哭，至梨面流血者。梨、劙，古字通。足见劙面风俗在两汉至唐时期，曾广泛流行在漠北至吐蕃诸少数民族中。但蒙古人则不见有奉行此种风俗的记载。到元代已再见不到这种风俗，岂白鞑靼为最后奉行之一部族耶？

晚近研究鞑靼之最见功力者推岑仲勉，他搜集了几乎所有关于鞑靼之资料，分别论述了诸以鞑靼为名的各部，推定达旦之名，乃源出于突厥语之 tāt，"犹突厥地方所包含之外族"，犹汉文之"蕃"，故达旦之名，可通用于不同的异族，包括沙陀突厥，也包括室韦，以及于明显地与靺鞨同源之"水鞑靼"。③但他明显地是把后期"达旦名义之应用者"与早期一部专名之达靼混为一谈。鄂尔浑碑文中，突厥遍举其外族莫离人、中国人、吐蕃人、Apar 人、Apurum人、黠戛斯人、三姓骨利干人、契丹人、Tatabe 人、骨利干人、乌护人，何独于 Tatar 人则独以"突厥地方所包之外族"即蕃族称之？达怛既为突厥之外族，则自有其本身之族属，又何可以置《新五代史》所记于不顾，采刻舟寻剑之态度，而断言"显误混靺鞨与西边之达旦为一部"？足见达怛源于突厥文之 Tāt，也不过是姑具一说而已，问题同样得不到圆满的解决。同样，Howorth 据 Wolff 之说，认为 Tatar 之名源出于通古斯语 tartar 或 tata，义为"拖"、"推"，疑其相当于我们所说的"游牧民"（nomad）；一些早期的西方学者则认为这一名字源于流经其最早居地的一河流名 Tar 或 Tartar 者。另一些人推想为得其名于其国境之一岛名 Taraconta，还有人推想系得名于"Tharsi 之广袤国土"。④方壮猷则倡鞑靼为柔然大檀之异译。类似的推测，如沈曾植谓阻卜汉义为"流沙"、"沙洲"、"沙滩"。王静如谓阻卜源出于藏语 Sogpo（蒙古），余大钧谓阻卜为蒙语主不儿

---

① 《资治通鉴·唐武宗会昌二年》。
② 《资治通鉴·梁武帝普通元年》。
③ 《达怛问题》，《中山大学学报》1957 年第 3 期。
④ Journey of Willian Rubruck，页 113 注 1。

（djübür，川，即原野）之异议。族名所自得，诚如恩格斯所云："部落的名称，在大多数场合之下，似乎是偶然发生的，而不是自觉地选择的。随着时代的进展，往往有这种情况发生，即邻近部落给一个部落取的名字，与该部落给自己取的名字不同，如克勒特人给德意志人所取的他们最初的历史的总称为'日耳曼人'一样。"[①] 要在这种偶然的情况中作出正确的推测，是太不容易了。更何况是在"语讹"而称鞑靼的迷雾中，就是正常的推理也恐怕难免于失真了。

所有这些纷纭众说，都对来源于对欧阳修"鞑靼，靺鞨之遗种"一说的不屑置信。我以为，今人的常识有许多地方肯定高出千年以前的宋白、欧阳修，但对于鞑靼的常识，却又肯定很难超出与鞑靼人先后同时的宋白、欧阳修。今人关于鞑靼族属的论证皆纰缪四出，难成定论就是证明。在这样情况下，与其抹杀古人而强创新说，还不如姑从古说，并从中窥探消息，找寻启示。

古代中国北方，包括东北民族，在唐、宋以前，其分布地图大致可描述为在漠南北是突厥种，大兴安岭地区南及辽西是东胡种，长白山及其迤东则为通古斯。突厥是纯粹的游牧民，东胡最早是半定居的森林狩猎民，通古斯则是营定居的渔猎民，兼有少量的农业。东胡与突厥的混杂、融合是常见的历史事实。但是，关于通古斯部，传统的理解，除了它与南面的中原王朝、东邻的高丽之外，其与西邻的关系，则因为文献不足征，很少涉及，也不被人们所注意。事实上，它们间的关系也应该是很密切的。以黑水靺鞨而论，它同时臣附于隋、唐和突厥。"其酋曰大莫拂瞒咄"。此"莫拂瞒咄"，显即室韦之"莫贺咄"，即 baqatur，是突厥官名。《新唐书·北狄传·渤海》中，武艺云："黑水始假道于我与唐通，异时请吐屯于突厥，皆先告我"云云，明证其曾充突厥之属部。畜豕是通古斯的一个特征。与靺鞨紧为西邻的室韦畜豕的习惯，当是从靺鞨人那里学来的。《隋书》记室韦"造酒、食啖与靺鞨同俗"，《北史》则作"与靺鞨同俗"，《通典》作"造酒、食啖、言语与靺鞨同俗"，《唐会要》作"语言与靺鞨相通"，《新唐书》作"其语言，靺鞨也。"过去，我

---

① 《家庭、私有制和国家的起源》，页87。

也认为这些文字是对《魏书·失韦传》的"不严肃的率尔增删,是不可信的"。① 现在看来,这种否定是过于自信了。《旧唐书·北狄传·乌罗浑国》,东与靺鞨邻,西与突厥邻,"风俗与靺鞨同。"(《通典》文同)乌罗浑,即《新唐书·北狄传·室韦》所记室韦分部之一的乌罗护,《魏书》作"乌洛侯"。此部之最早居地当在呼伦贝尔湖区,"其土下湿,多雾气而寒"。迨至唐代,已明显南移,参考王国维《黑车子室韦考》可知。② 这里,我们看到,在乌罗浑居地南移中,同时又有了风俗靺鞨化的过程。《通典》记契丹,亦有"其俗颇与靺鞨同"语。这都说明,在东胡部族中,除突厥影响之外,其东邻靺鞨所给予的通古斯文化影响,同样是巨大的。靺鞨的遗人,在中国历史上曾经有过两次巨大的历史爆发,一是女真人建立金朝,一是满洲人建立清朝。固然此种营定居的渔猎兼农业民迁徙的可能性较游牧民小,但也绝不能排除在特殊情况下,如战争、征服等而造成一些部族的被迫迁移。西方学者中,如沙畹引 Théophylacte 说:"昔视真阿哇尔(Avares)为粟特(Scythe)诸民族中之第一民族,此族败于突厥以后,其余众或避于 Taugast 城居民之中,或逃于 MouKri 民族之内。案:Taugast 或 Tangate 乃突厥称华人之称;至若 MouKri,似即中国载籍所称之勿吉或靺鞨。"③ 据此,他们主张鞑靼不出于靺鞨,而认为是"六世纪中叶逃于靺鞨的一部分柔然的后人,等到契丹破灭靺鞨之时,重新与靺鞨分开。"④ 这种弥缝假设的背后,也是不承认历史上有靺鞨之一部西迁漠南北,并且一度强大的可能性。我曾经也是宋白说的怀疑者,但在考察了迄今所有的新说以后,觉得并没有任何说法有足够的证据使我信服。于是我转而暂时成为宋白说的追随者,并且试图从中再找到一些新的启示,进行新的探索。这就是撰写这篇短文的用意。

（原载《历史研究》1995 年第六期）

---

① 《元代史》,上海人民出版社 1993 年版,页 11。
② 《唐会要》谓此部居磨盖独山北、啜河之侧。啜河当即今淖尔河。
③ 《西突厥史料》,中华书局 1958 年版,页 204、220。
④ 伯希和《库蛮》,载《西域南海史地考证译丛续编》,商务印书馆 1934 年版。

《辽史》鞑靼辑考

　　《辽史》中的阻卜即鞑靼，最早是由高宝铨提出的。①后来王国维又加以论证。②王国维的文章发表后，徐炳昶、王静如即表示异议③。这以后，专门就这个问题进行讨论的还有方壮猷、蔡美彪和岑仲勉④等，基本赞同王说的人看来占多数。我是同意阻卜即鞑靼这一说的。然而我编写这本资料集，主要目的还在于提供一些有关辽金时代蒙古地区的资料，供研究蒙古史的同志利用参考。这样的工作前人本来已经做过，但它们各有所失：王国维的《鞑靼年表》粗率遗漏。在这一点上，徐炳昶对它的批评是有道理的。徐炳昶自己也作过《阻卜年表》，但他是视阻卜与鞑靼为异部而把署为鞑靼的史料全部摒除在外。因此，他的年表是不完的。⑤我的工作是在王国维的基础上，尽可能搜罗史料，分类排比，并略加考证。如果这份东西能够给搞鞑靼、蒙古史的同志在研究中减省一部分翻检之劳，那么，我的劳动就不算白费了。

1964 年于内蒙初稿
1998 年 12 月定稿

---

① 《元朝秘史李注补正》卷二。
② 《观堂集林》卷十三《鞑靼考》。
③ 徐炳昶《阻卜非鞑靼辩》，《女师大学术季刊》，1930 年第一期；王静如《阻卜与鞑靼》，《史语所集刊》第二本。
④ 方壮猷《鞑靼起源考》，《国学季刊》三卷二期。
　　蔡美彪《辽金石刻中的鞑靼》，《国学季刊》第七卷三号。
　　岑仲勉《达怛问题》，《中山大学学报》，1957 年第 3 期。
⑤ 载《女师大学术季刊》，1930 年第二期。

第一部分　鞑靼综录

《资治通鉴·唐僖宗广明元年（880）》（七月）"李琢、赫连铎进攻蔚州，李国昌战败，部众皆溃，独与克用及宗族北入鞑靼"胡注引宋白曰："达靼者，本东北方之夷，盖靺鞨之部也。贞元、元和之后，奚、契丹渐盛，多为攻劫，部众分散，或投属契丹，或依于渤海，渐流徙于阴山，其俗语讹，因谓之达靼。唐咸通末，有首领每相温、于越相温部帐于漠南，随草畜牧。李克用为吐浑所困，尝往依焉。达靼善待之。及授雁门节度使，二相温帅族帐以从。克用收复长安，逐黄巢于河南，皆从战有功，由是俾牙于云代之间，恣其畜牧。"

同上，《唐僖宗广明元年》（七月）"鞑靼本靺鞨之别部也，居于阴山"胡注引欧阳修曰："靺鞨本在奚、契丹东北，后为契丹所攻，部族分散，居阴山者自号达靼。"洪景卢曰："蕃语以华言译之，皆得其近似耳。天竺，语转而为捐笃、身毒；秃发，语转而为吐蕃。达靼，乃靺鞨也。"

《五代史记·四夷附录三》　达靼，靺鞨之遗种，本在奚、契丹之东北，后为契丹所攻，而部族分散，或属契丹，或属渤海；别部散居阴山者自号达靼。当唐末以名见中国，有每相温，于越相温。咸通中，从朱邪赤心讨庞勋。其后李国昌、克用父子为赫连铎等所败，尝亡入达靼。后从克用入关破黄巢，由是居云代之间。其俗善骑射，畜多驼马，其君长、部族名字不可究见，惟其尝通于中国者可见云。同光中，都督折文通（［按］《册府元龟》作"通"）数自河西来贡驼马。明宗讨王都于定州（［按］事在天成三年〈928〉），都诱契丹入寇，明宗诏达靼入契丹界以张军势，遣宿州刺史薛敬忠以所获契丹团牌二百五十及弓箭数百，赐云州界达靼。盖唐尝役属之。长兴三年（932），首领颉哥率其族四百余人来附。讫于显德，常来不绝。（［按］相温为将军〈sangun〉之音译，金作详稳）

《宋朝事实·仪注二》 达靼（原注：东方靺鞨之别部，音讹谓之达世）。

[按]：达世（Tat-shih）之称，诸书所不见。今本《宋朝事实》系清人自《永乐大典》辑出，"世"恐为"旦"之抄误。

《玉海》卷一五四注 本北方靺鞨之别部，唐李克用镇雁门，以其族归附。

[按]：《玉海》刻本阙部名，以所列入贡之年代推之当为鞑靼无疑。

《建炎以来系年要录》卷一三三 塔坦者，在金国之西北。其近汉地谓之熟塔坦，食其粳稻；其远者谓之生塔坦，止以射猎为生。性勇悍，然地不生铁，故矢镞但以骨为之。

《建炎以来朝野杂记乙集·达靼款塞》 达靼者之先与女真同种，盖皆靺鞨之后也。其国在元魏、齐、周之时称勿吉，至隋称靺鞨。其地直长安东北六千里，东濒海。离为数十部，部有黑水、白山等名。白山本臣高丽。唐灭高丽，其遗人并入渤海，惟黑水完疆。及渤海盛，靺鞨皆役属之。后为奚、契丹所攻，部族分散，其居混同江之上者曰女直（原注：混同江即鸭绿水也），乃黑水遗种也。其居阴山者，自号为鞑靼，唐末五代常通中国。太祖、太宗朝各再入贡，皆取道灵武而来。及继迁叛命，遂绝不通，因为契丹所服役。神宗尝欲自青唐假道以招之，然卒不能达也。鞑靼之人皆勇悍善战。近汉地者谓之熟鞑靼，能种秫穄，以平底瓦釜煮而食之。远者谓之生鞑靼，止以射猎为生。无器甲，矢用骨镞而已，盖以地不产铁故也。契丹虽通其和市而铁禁甚严。及金人得河东，废夹锡钱；执刘豫，又废铁钱，由是秦晋铁钱皆归鞑靼得之，遂大作军器而国以益强。方金人盛时，鞑靼岁时入贡，金人置东北招讨使以统隶之。卫王既立，忒没真始叛，自称成吉思皇帝。山东河西皆为所践而不能有也。

同上。　鞑靼之境，东接临潢府，西与夏国为邻，南距静州，北抵大人国，无城池屋宇，但为毡帐，择便利水草而居焉。无耕织，制皮为裘；以牛羊为粮。人皆犷狠，坚忍嗜杀。不知岁月，以草青一度为一岁。亦无文字，每调发军马，即结草为约，使人传达，急于星火；或破木为契，上刻数划，各收其半，遇发军，以木契合同为验。所谓生鞑靼者，又有白、黑之别。今忒没真乃黑鞑靼也。

《永乐大典》册 12963 引《两朝纲目录要》　嘉定四年（1211），鞑靼之先与女真同种，盖皆靺鞨之后也。其国在元魏、齐、周之时称勿吉，至隋称靺鞨。地直长安东北六千里，东濒海，离为数十部，部有黑水、白山等名。白山本臣高丽。唐灭高丽，其遗人并入渤海；惟黑水完强。及渤海盛，靺鞨皆役属之。后为奚、契丹所攻，部族分散，其居混同江之上者曰女真（原注：混同江即鸭绿江），乃黑水遗种；其居阴山者自号为鞑靼。唐末五代常通中国，太祖、太宗朝各再入贡，皆取道灵武而来。及李继迁叛命，遂绝不通，因为契丹所服役。神宗尝欲自青唐假道以招之，然卒不能达也。鞑靼之人皆勇悍善战。其近汉地者谓之熟鞑靼，尚能种秫稷，以平底瓦釜煮而食之。其远者谓之生鞑靼，止以射猎为生，无器甲，矢用骨簇而已，盖以地不产铁故也。契丹虽通其和市，而铁禁甚严。及金人得河东、废夹锡钱，执刘豫、又废铁钱，由是秦晋铁钱皆归鞑靼。鞑靼得之，遂大作军器，而国以益强。方金人盛时，鞑靼岁时入贡，金人置东北招讨使以统隶之。卫王既立，鞑靼忒没真始叛，自称成吉思皇帝，山东、两河皆为所践而不能有也。

《大金国志·东海郡侯上》　鞑靼之先与女真同类，盖皆靺鞨之后也。其国在元魏、齐、周之时称勿吉，至隋称靺鞨，地直长安东北六千里，东濒海，离为数十部，有黑水、白山等名。白山本名高丽，唐灭高丽，其遗人并入渤海。惟黑水完强。及渤海盛，靺鞨皆役属之。后为奚契丹所攻，部族分散。其居混同江之上初名女真（原注：混同江即鸭绿水之源，盖古肃慎之源也），乃黑水遗种。其居阴山者自号为鞑靼，唐末五代常通中国，宋初各再入贡。鞑靼之人皆勇悍善战，其近汉地者谓之熟鞑靼，尚能种秫稷，以平底瓦釜煮而食之。其远者谓之生鞑靼，止以射猎为生，无器甲，矢用骨簇而已，盖以地不产铁故也。契丹虽通其和市，而铁禁甚严。及金人得河东，废夹锡钱；执刘豫，又废铁钱。由是秦晋铁钱皆归鞑靼，鞑靼得之遂大作军器，而国以益强。方金国盛时，鞑靼岁时入贡，卫王既立，鞑靼主忒没真始称成吉思皇帝，山东、两河皆为大朝收附矣。

《古今纪要逸编》 初，鞑靼与女真同种，皆靺鞨之后。其居混同江之上者曰女真，其居阴山之北者曰鞑靼。鞑靼之近汉、尚能火食者曰熟鞑靼；其远于汉、惟事射猎以为食、逐水草以为居、视草青为一岁者曰生鞑靼。生鞑靼有二：曰黑、曰白，而今盛者曰黑鞑靼。黑、白初皆事女真。黑鞑靼至忒没真叛之，自称成吉思皇帝。又有蒙古国者，在女真东北，金亮时与鞑靼并为边患。至我嘉定四年，鞑靼始并其名号，称大蒙古国，鞑靼于是始大，而忒没真为鞑靼始兴之主。

《心史·大义略叙》 鞑靼本靺鞨部。唐灭高丽，靺鞨四散遁走，遗种奔逃阴山北曰鞑靼。女真西北有蒙国，唐蒙兀部，其人不火食，生啖兽肉，兀术欲灭之，不克。后蒙人掳取金人子女，生子孙渐不类家人，渐能火食，忽来与鞑靼通好，合为一，鞑靼即假号曰蒙国，乃攻金。旧传鞑靼旧界东接临潢府，西接西夏，南接静州，北接大人国。鞑靼有数种：黑鞑靼、白鞑靼、熟鞑靼、生鞑靼。忒没真则黑鞑靼也。

梁寅《石门集》九史二 元之先起于北方，在唐谓之靺鞨，后谓之鞑靼……君子曰：元之有天下，殊方绝域，靡不臣服，舆图之广，亘古所无。而世祖之定法也，本之以宽仁，加之以周密，继继承承，勿替引之，宜无弊也，然立贤无方，学古八官。礼义廉耻，国之四维，治道之要也。世祖之约不以汉人为相，故为相者皆国族。而又不置谏官。使忠直路塞，文学之士，虽世世不乏，而沉于下僚，莫究其用。所赖以为用者，惟吏师而已。其为法如是，是以朝皆苟且之政，而士无謇谔之风，官有贪婪之实，而吏多欺诳之文，将欲求保万邦，比隆三代，无乃未之思乎。

《蒙鞑备录·立国》 鞑靼始起，地处契丹之西北，族出于沙陀别种，故于历代无闻焉。其种有三，曰黑，曰白，曰生。所谓白鞑靼者，颜貌稍细，为人恭谨而孝，遇父母之丧，则剺其面而哭。尝与之联辔，每见貌不丑恶、腮面有刀痕者，问曰：白鞑靼否？曰：然。凡掠中国子女，教成却弱之。与人交，言有情。今彼部族之后，其国乃鞑主成吉思之公主必姬权管国事。近者入聘于我宋副使速不罕者，乃白鞑靼也。每联辔间，速不罕未尝不以好语相陪奉慰劳，且曰：辛苦，无管待，千万勿怪。所谓生鞑靼者，甚贫且拙，且无能为，但知乘马随众而已。今成吉思皇帝及将相大臣皆黑鞑靼也。大抵鞑人身不甚长，最长不过五尺二三，亦无肥厚者，其面横阔而上下促，有颧骨，眼无上纹，发须绝少，形状颇丑。

《契丹国志·四至邻国地理远近》 又次北西至鳖古里国，又西北□□□□（《永乐大典》第5252无以上七字），又次北近西至达打国，各无君长。每部族多者二三百家，少者五七十家，以部族内最富豪者为首领。不常厥居，逐水草，以弋猎为业。其妇人皆精于骑射。与契丹争战，前后契丹屡为国人所败，契丹主命亲近为西北路兵马都统，率蕃部兵马十余万防讨，亦制御不下。自契丹建国已来，惟此三国（《永乐大典》作"二国"）为害，无奈何，蕃兵困乏，契丹常为所攻；如暂安静，以牛羊驼马皮毛为交易。不过半年，又却为盗。东南至上京六千余里。

［按］：《金史》天辅三年（1119）有"鳖古"，《兵志》作"鳖古"，《忽得传》谓从鳖古河得名，世纪又有鳖故德，似同指一名，当即《辽史》之鼻古德。盖 m 与 b 之音易混淆也。

《辽史·文学传上·萧韩家奴》 阻卜诸部，自来有之。曩时北至胪朐河，南至边境，人多散居，无所统一，惟往来抄掠。及太祖西征，至于流沙，阻卜望风悉降；西域诸国皆愿入贡，内迁种落内置三部，以益吾国，不营城邑，不置戍兵，阻卜累世不敢为寇。

《新唐书·地理志七下》引贾耽《四夷通道》　中受降城正北如东八十里有呼延谷。谷南口有呼延栅，谷北口有归唐栅，车道也，入回鹘使所经。又五百里至鸊鹈泉，又十里入碛，经麚鹿山、鹿耳山、错甲山，八百里至山燕子井。又西北经密粟山、达旦泊、野马泊、可汗泉、横岭、绵泉、镜泊，七百里至回鹘衙帐。

［按］：王国维《鞑靼考》谓达旦泊在回鹘牙帐东南数百里，疑以鞑靼人所居得名。果若是，则九姓鞑靼于唐中时已住居此境。

《挥麈前录》卷四　太平兴国六年（981）五月，诏遣供奉官王延德、殿前承旨白勋使高昌。雍熙元年（984）四月，延德等叙其行程来上云：初自夏州历玉亭镇，次历黄羊平，其地平而产黄羊，度沙碛，无水，行人皆载水。凡二日，次都啰啰族，汉使过者遗以财货，谓之打当。次历茅家喝子族，临黄河，以羊皮为囊，吹气实之，浮于水，或以橐驼牵木筏而度。次历茅女王子开道族，行入六窠砂，砂深三尺，马不能行，行者皆乘橐驼，不育五谷，砂中生草，名登相，收之以食。次历楼子山，无居人，行砂碛中，以日为占，旦则背日，暮则向日，日下则止，又行望月亦如之。次历卧羊梁劲特族，地有都督山，唐回鹘之地。次历太子大虫族，接契丹界。人衣尚锦绵，器用金银，马乳酿酒，饮之亦醉。次历屋地目族，盖达于于越王子之子。次至达于于越王子族，此九族达靼中尤尊者。次历拽利王子族，有合罗川，唐回鹘公主所居之地，城基尚在，有汤泉池。传曰：契丹旧为回纥牧羊，达靼旧为回纥牧牛，回纥徙甘州，契丹、鞑靼遂各争长攻战。次历阿墩族，经马鬃山、望乡岭，岭上石庵，有李陵题字处。次历格啰美源，西方百川所会，极望无际，鸥鹭凫雁之类甚众，次至托边城，亦名李仆射城，城中首领号通天王。次历小石州，次历伊州，州将陈氏，其先自唐开元二年领州凡数十世，唐时诏敕尚在……次历益都，次历纳职城，在大患鬼魅碛之东南，望玉门关甚近，地无水草，载粮以行，凡三日至思谷，曰避风驿，本俗法试出诏押御风，御风乃息。凡八日至泽田寺。高昌闻使至，遣人来迎。次历宝庄，又历六钟，乃至高昌，高昌即西州也……

亦闻有契丹使来，唇缺，以银叶蔽之，谓其王曰：闻汉遣使入鞑靼而道出王境，诱王窥边，宜早送至鞑靼，无使久留……

自六年五月离京师，七年四月至高昌，所历以诏赐诸蕃君长袭衣金带赠帛。八年春与其谢恩使凡百余人复循旧路而还，雍熙元年四月至京师。延德初至鞑靼之境，颇见晋末陷虏者之子孙，咸相率遮迎，献饮食，问其乡里亲戚，意甚凄感，留旬日不得去。

《续资治通鉴长编》卷五四　咸平六年（1003）正月丙午，遣使赍诏赐丰州隆伊、美克族。先是上谓知枢密院王继英等曰："累睹边奏，言迁贼屡为隆伊、美克所败。今丰州推官张仁珪与藏才族蕃官策木多在京，或知其事，可访之。"继英等即召问仁珪、策木多等。仁珪等言："隆伊美克，一云庄郎美克，其地在黄河北，广袤数千里，族帐东接契丹，北邻鞑靼，南至河，西连大梁、小梁族，素不与迁贼合。迁贼每举，辄为所败，常以马附藏才入贡。"

［按］：宋之丰州在今府谷北。

《辽文汇》卷六《韩橁神道碑》　明年，奉使沙州，册主帅曹恭顺为敦煌王，路歧万里，砂碛百程；地乏长河，野无丰草。过可敦之界，深入达妒，□囊告空，糇粮不继。诏赐食羊三百口，援兵百人，都护行李，直度大荒。指日望星，栉风沐雨。邮亭杳绝，萧条但听于鸡鸣；关塞莫分，块潒宁知于狼望。旧疹复作，以马为舆。适及岩泉，立傅（传）王命，在腹之瘕倏然破堕，公亦仆地，至夕乃苏，其疾顿愈。议者谓公忠劳所感，神之佑也。东归之次，践历扰攘，童仆宵征，曾无致寇；骖骈凤驾，殊不畏危。轶绝漠之阻修，越穷方之辽敻，肃将土贡，入奉宸严。

［按］：碑重熙六年（1037）李万撰。韩橁，字正声，知古之曾孙，《辽史》无传。韩橁之使敦煌，从前后文推之，事在圣宗开泰、太平年间。考《辽史·圣宗纪》：开泰八年（1019）正月，"封沙州节度使曹顺为敦煌郡王"，此即橁之使也。

《宋会要辑稿·方域二一·丰州》 真宗咸平六年正月,诏赐丰州龙移昧乞族,真宗屡睹边奏云:迁贼屡为龙移昧乞族所败。此族在黄河北,数万帐,东接契丹,北接达靼,南至河,与大梁、小梁相连,或号庄郎昧克,并语讹耳。常以马附藏才入贡。

[按]:《宋史·外国传七·党项传》:咸平五年以黑山北庄郎族龙移为安远大将军,昧克为怀化将军。《续资治通鉴长编》卷二四宝元二年(1039)八月,张崇俊言:藏擦勒(即藏才)凡三十八族,在黑山前后。《宋会要辑稿·兵政二四·马政》,大中祥符六年(1013)十一月代州铃辖韩宋英等言,藏才番部元在黄河北黑山后(P7184)。《宋会要辑稿》"丰州"条亦明言黑山在黄河北。大梁、小梁,《宋史·党项传》作大凉、小凉,二族居贺兰山。《宋会要》卷6625方域:"帝曰:灵州河外贺兰山则有小凉、大凉,部族甚盛。"黑山即阴山,龙移昧克西接贺兰山,东邻契丹,南傍黄河,而又称在黑山北,其地迨今内蒙杭锦后旗之地。过此而北,则为鞑靼。此即世传之阴山鞑靼,王延德之所经行也。(注:《金史·移剌成传》有庄郎族在积石,相去太远,恐为同名之另一族。)

《宋会要辑稿·蕃夷四·拂菻》 神宗元丰四年(1082)十月六日,拂菻国贡方物。大首领你厮都令厮孟判言:其国东南至灭力沙,北至大海,皆四十程。又东至西大石及于阗王所居新福州,次至旧于阗,次至约昌城,乃于阗界。次东至黄头回纥,又东至达靼,次至种榅,又至董毡所居,次至林檎城,又东至青唐,乃至中国界。

[按]:李远《青塘录》:青塘城,枕湟水之南,广二十里,旁开八门。中有隔城,伪主居,城门设谯机二重,谯楼后设中门,后设仪门,门之东,契丹公主所居也。西为绝及,夏国公主所居也……城之西有青唐水注宗河……自青唐西行四十里至林金城,去青海善马三日可到……海西地皆平衍,无垄断,其人逐善水草以牧放射猎为生,多不粒食,至此百铁堠高丈余。羌人云:此以识界。自铁堠西皆黄沙,无人居,西行逾两月即入回纥于阗界。

《续资治通鉴长编》卷三三五 元丰六年五月丙子朔,于阗贡方物，见于延和殿。上问曰：离本国几何时？曰：四年。在道几何时？曰：二年。从何国？曰：道由黄头回纥、草头鞑靼、董毡等国。又问曰：留董毡几何时？曰：一年。问：鞑靼有无头领部落？曰：以乏草粟故，经由其地，皆散居也。上顾谓枢密院都承旨张诚一曰：鞑靼在唐，与河西、天德为邻。今河西、天德隔在北境，自太祖朝尝入贡，后道路阻隔，贡奉遂绝。又问：尝与夏国战者，岂此鞑靼乎？曰：鞑靼与李氏世仇也。又问：道由诸国，有无抄略？曰：惟惧契丹耳！又问：所经由去契丹几何里？曰千余里。己卯，诏于阗国人首领画到鞑靼诸国距汉境远近图，降付李宪。以尝有朝旨，委李宪遣人假道董毡使鞑靼故也。

《宋会要辑稿·蕃夷四·于阗》 神宗元丰六年五月一日，于阗贡方物，见于延和殿。上问曰：离本国几何？曰：四年。在道几何时？曰：二年。从何国？曰：道由黄头回纥、草头鞑靼，董毡等国。又问留董毡几何时？曰：一年。鞑靼有无首领部落？曰：以乏草粟，故经由其地，皆散居也。又问道由诸国有无抄略？曰：惟惧契丹耳。又问所经由去契丹几何里？曰千余里。四日，诏于阗国大首领画到鞑靼诸国距汉境远近图，降付李宪。尝有朝旨，委宪遣人假道董毡使鞑靼故也。

《宋朝事实·经略幽燕》（契丹）其他方兵旅，大约计之，未必满三十万，然分守诸州及河东、河北接界州县，又东屯女罗、女真、新罗、百济、野人国、狗国、灰国、黑水国，西屯珠尔布固番、游猎国、沃济国、室韦国、托欢番、舒噜国、党项部族番、鞑靼国、川瓜（按：疑为瓜州之倒误）、沙州、土番、遇野国土番、夹山土番、西番诸处。

［按］：今本《宋朝事实》系清人自《永乐大典》辑出，部族名、人名、地名多有改译。"珠尔布固"，明显的是"述不姑"的改译，以东地接镇州，故于西邻首之。此鞑靼列瓜州与党项之间，正可补证于阗使者在所经之草头鞑靼在新甘之交。

余靖《契丹官仪》（《武溪集》卷十八） 西北路招讨掌挞笪等

边事。

[按]：挞笪即鞑靼之异书。挞，余靖同书"挞领相公"下注云：辽人呼挞字如吞字，入声。

《契丹国志·控制诸国》 西路控制沙漠之北。置西路都招讨司、奥隗部族卫，驴驹河统军司、倒挞岭俞，镇抚鞑靼、蒙骨、迪烈诸军。

《宋会要辑稿·兵十七·归明》 乾道九年（1173）三月，萧鹇已言：归正官郭乐、高不迭二人，其郭乐元系契丹官诸卫小将军，管西路鞑靼部。

《东坡奏议·乞增修弓箭社条约状二》 大抵北虏近岁多为小国鞑靼、术保之类所叛。

《宋朝事实类苑·安边御寇四》 予尝使契丹，接伴使萧庆尝谓予言，达怛人不粒食，家养牝牛一二，饮其乳，亦不食肉，煮汁而饮之，肠如筋，虽中箭不死。

方勺《泊宅编》卷十 富韩公曰：契丹正强盛，奚、霤、渤海、党项、高丽、女真、新罗、黑水鞑靼、回鹘、元昊凡十国皆役服之。

路振《九国志》契丹……至阿保机并而为一，鞑靼、室韦、女真皆役属之。

《武经总要前集·边防·上京四面诸州》庆州 契丹旧邑，号黑河州，置州在黑山之阳，北至黑山三十里，东自金河馆至曼头山，西鞑靼国界，南至潢水二十里，北至室韦国七百里，东南至上京二百五十里。

同上《边防·番界有名山川》 狗泊，西鸳鸯泊，北鞑靼国界，东南炭山。

[按]:《辽文汇》卷十二,《刘经伴宋使谈程》:炭山即黑山也。《清一统志》卷四〇七:庆州古城在巴林右翼西北一百三十里,城在喀喇木伦旁,蒙古名插汉城,周围五里,喀喇木伦即黑河。黑山在城东北三十里。据闵宣化所考,黑河,今名白水,庆州城址在白塔子,黑山即赛音阿拉。

沈括《梦溪笔谈·杂志一》 山(黑山)西别是一族,尤为劲悍,唯啖生肉血,不火食,胡人谓之山西族。北与黑水胡、南与鞑靼接境。

洪适《先君行状》(《盘洲文集》卷七四) 道达靼帐,其酋闻洪尚书名,争邀入穹庐;其妻女胡舞,举浑脱酒以劝。

[按]:洪皓此行,系由冷山赴燕京。据《松漠纪闻》:冷山距宁江州百七十里。《夷坚甲志》卷一冷山龙则云:去金所都五百里。

《释氏稽古略》卷四引《宋鉴》:鞑靼国宪宗皇帝,鞑靼国薛禅皇帝,又引《续宋通鉴》:鞑靼国改至元年,鞑靼国改国号大元。

《东斋纪事》附录 予尝使契丹,接伴使萧庆者谓予言:达怛人不粒食;家养牝牛一二(《辽史拾遗》作“马”),饮其乳,亦不食其肉;粪(《宋朝事实类苑》作“煮”)汁而饮之,肠如筋,虽中箭不死。

江休复《江邻几杂志》 虏使云:鞑靼界上围猎中,获一野人,披鹿皮,走及奔鹿。

《旧五代史·唐书·武皇纪上》 武皇为云中牙将……又尝与鞑靼部人角胜,鞑靼指双雕于空,曰:公能一发中否? 武皇即弯弧发矢,连贯双雕,边人拜服。

王林《燕翼诒谋录》大中祥符八年九月直史馆张复上言:乞篡

朝贡诸国衣冠,画其形状,录其风俗以备史官广记,从之。是时外夷来朝者惟有高丽、西夏、注辇、占城、三佛齐、蒙国、鞑靼、女真而已,不若唐之盛也。

[按]:此蒙国当即蒙古无疑,当是唐书之后最早见于汉籍者。

《契丹国志·四至邻国地理远近》 达打国……各无君长,每部族多者二三百家,少者五七十家,以部族内最豪富者为首领。不常厥居,逐水草以弋猎为业。其妇人皆精于骑射……以牛羊驼马皮毛为交易……

[按]:《辽史·道宗纪》寿昌四年正月,"徙阻卜等贫民于山前"。阻卜诸部,辽代虽发展各有高低,但其中有的已有明显的贫富分化则可肯定。

《武经总要前集·边防·北番地里》 光启中,中原多故,北边无备,其王钦德稍蚕食鞑靼、奚、室韦之属,咸被驱役,族帐寝盛。

《旧五代史·外国传一·契丹》 契丹遂蚕食诸部,鞑靼、奚、室韦之属,咸被驱役。

《宋会要辑稿·蕃夷一·契丹》 宋琪上疏献十策:……复有近界鞑靼、尉厥里、室韦、女真、党项亦被胁属,每部不过千余骑。

[按]:此条亦见《长编》雍熙三年二月纪事。《宋史·宋琪传》亦录《十策》全文。然删出"鞑靼"二字,盖讳之也。

《宋史·外国传一·西夏上》 (元昊)即皇帝位,时年三十……明年,遣使上表曰:"……臣偶以狂斐,制小蕃文字,改大汉衣冠。衣冠既就,文字既行,礼乐既张,器用既备,吐蕃、塔塔、张掖、交河,莫不从伏……"。

《三朝北盟会编》卷二一引《亡辽录》 如沙漠之北,则置西北路招讨府。奥隈、乌隈部族衙,卢沟河统军司,倒挞岭衙,镇摄鞑靼，蒙骨、迪烈诸国。

《续资治通鉴长编》卷一五〇　庆历四年（1044）六月富弼疏：今契丹自尽服诸番如元昊、回鹘、高丽、女真、渤海、乌舍、铁勒、黑水靺鞨、室韦、塔坦、步奚等，弱者尽有其土，强者止纳其贡赋。

张方平《请延召近臣访议边事疏》（《乐全集》卷二二）　北方诸戎羁从于敌者如步奚、高丽、塔坦、常内怀不服。

《续资治通鉴长编》卷一九一　嘉祐五年（1060）五月，郭谘上平燕议：契丹疆土虽广，人马至少。傥或南牧，必率高丽、渤海、达靼、黑水女真、室韦等国令战。

李心传《旧闻证误》卷二　熙宁八年（1075）三月庚子，辽主再使（萧）禧来聘……（吕大忠）又言：辽人利吾金帛，兵弱而惰，城池、器械不精，民苦虐政，又虑西夏、鞑靼乘之，其不可动者五。请姑以五寨及治平中所侵十五铺予之，安石不从。

邵伯温《河南邵氏闻见前录》卷四　熙宁七年富弼疏：契丹一种，势力素强。又有夏国、角厮罗（《宋朝事实类苑》卷五四引《渑水燕谈》"吐蕃呼佛曰唃，加厮罗，译为儿子二字"）、高丽、黑水女真、鞑靼诸番为之党援，其势必难殄灭。

《儒林公议》（契丹）其邻国曰渤海、女真、室韦、鞑靼、奚、霫之类，皆君奉之。

洪皓《松漠纪闻》（回鹘）又善捻金线，别作一等，皆织花树，用粉缴，经岁则不佳，唯以打换达靼。

《心史·大义略序》女真西北有蒙国，唐蒙兀部……忽来与鞑靼通好，合为一，即假号曰蒙古国。

第二部分　鞑靼史料系年

732 年　壬申　唐玄宗开元二十年。

突厥文厥特勤碑

其亲来视葬礼参与哭吊者，由东方即日出之方来有远隔之莫离族 Bökli？唐人、吐蕃人、apar？人、Apurun（？拂菻）人、黠戛斯人、Qirqig、三姓骨利干人、Üč-Quriqan 人、三十姓鞑靼人 Otuz-Tatar、契丹人 Qitai、地豆于人、Tatabi——来与丧葬的民族，其多如此。

南边唐人，本吾仇敌，北方则 Baz 可汗及九姓乌护族本吾仇敌，黠戛斯、骨利干、三十姓鞑靼、契丹及地豆于——皆向来敌视吾人者也。

747 年　丁亥　天宝六载

突厥文回纥毗伽可汗碑。

在 Bükägük 旁我追及彼等，当晚间阳光沉落，我便作战，胜之。昼间，——讵至夜又复集合。在 Bükägük 地方，无复有八姓乌护（Süz Oghuz）与九姓鞑靼（Toquz Tatar）之残留矣。……迄五月时，彼辈始来随我。八姓乌获与九姓鞑靼都全数来了。由是自仙娥 Sälägä 河之西，Yilunqol 之南，直至 Šip-baš，都驻有我之军队。……八月二日，在 Biyiltia 湖，我渡哈瑞河，Qasuy，战事便开始，胜之。由此，我尾击其后。同月十五日，在 Kägrä 及三 Birkü 旁，我与鞑靼作遭遇战，溃之。降者一半，其余一半来到……此战后，我乃转回休息，我在于都斤 Ötükän 山旁过冬。（——为原碑文残渫，……为稿抄时删摘）

（天宝九载）作此既毕，我便于虎年往征 Čik 人，二十四日，我在剑 Käm 河作战，同……我于此令人修葺我之伟丽帐殿，我令人树立界石，我并在其地度夏。我既定界限，又令人编制皇室徽号及我之手泽。作此后，我于同年之秋出发东境，我令人向鞑靼宣谕我之旨意。

842 年　壬戌　唐会昌二年

《资治通鉴·唐武宗会昌二年》黠戛斯遣将军踏布合祖等至天德军……又言："将徙就合罗川,居回鹘故国,兼已得安西、北庭、鞑靼等五部落"胡注引李心传曰:鞑靼之先与女真同种,靺鞨之后也。靺鞨本臣高丽,唐灭高丽,其遗人并入渤海,惟黑水完疆。及渤海盛,靺鞨皆役属。后为奚,契丹所攻,部族分散。其居混同江之上者曰女真,乃黑水遗种也。其居阴山者,自号为鞑靼。鞑靼之人皆勇悍善战,其近汉地者谓之熟鞑靼,尚能种秋穄,以平底瓦釜煮而食之。其远者谓之生鞑靼,以射猪为生,无器甲,矢贯骨镞而已。余谓李心传蜀人也,安能知直北事,特以所传闻书之。

李德裕《会昌一品集》卷五 《赐回鹘嗢没斯特勒等诏书》:秋热,卿及部下诸官并左厢阿波兀等部落黑车子达怛等平安好。

同上,卷八《代刘沔与回鹘宰相书意》 又踏布祖合云:纥扢斯即移就合罗川,居回鹘旧国,兼以得安西、北庭、达靼等五部落。

868 年　戊子　唐咸通九年

《五代史记》卷七四鞑靼　咸通中,从朱邪赤心讨庞勋。

[按]:《新唐书·懿宗纪》,事在咸通九年十一月。

《资治通鉴·唐懿宗咸通九年》(十一月) 诏以右金吾大将军康承训为义成节度使、徐州行营都招讨使,神武大将军王晏权为徐州北面行营招讨使,羽林将军戴可师为徐州南面行营招讨使,大发诸道兵以隶三帅。承训奏乞沙陀三部落使朱邪赤心及吐谷浑、达靼、契苾酋长各帅其众以自随,诏许之。

880 年　庚子　唐广明元年

《新唐书·沙陀传》 广明元年,以李琢为蔚朔招讨都统……琢攻蔚州,国昌败,与克用举宗奔鞑靼,铎密界酋长图之。克用得其计,因豪杰大会驰射,百步外,针芒木叶莫不中,部人大惊,即倡言:"今黄巢北寇,为中原患,一日天子赦我,愿与公等南向定天下,庸能终老沙碛哉!"鞑靼知不留,乃止。

孙光宪《北梦琐言》卷十七　夫人曰："……王顷岁避难鞑靼，几遭陷害，赖遇朝廷多事，方得复归。"

《资治通鉴·唐文宗太和四年》　柳公绰以沙陀酋长朱邪执宜捍北边，自是杂虏不敢犯塞。杂虏，胡注为退浑（即吐谷浑，见《通鉴》卷二八二胡注）、回鹘、鞑靼、奚、室韦之属。

《旧五代史·唐书·武宗纪上》　又尝与鞑靼部人角胜，鞑靼指双雕于空曰：公能一发中否？武皇即弯弧发矢，连贯双雕，边人拜服。

《新五代史·后唐庄宗纪上》　广明元年，招讨使李琢会幽州李可举、云州赫连铎击沙陀……沙陀大溃，克用父子亡入鞑靼。……其在鞑靼，久之，郁郁不得志；又常惧其图已，因时时从其群豪射猎，或挂针于木，或立马鞭百步，射之辄中，群豪皆服以为神。

《五代史钞》卷二　广明元年招讨使李琢会幽州李可举、云州赫连铎击沙陀，克用与可举相拒雄武军。其叔父友金以蔚朔州降于琢，克用闻之遽还，可举追至乐儿岭，大败之。琢军夹击，又败之于蔚州，沙陀大溃。克用父子亡入鞑靼。克用少骁勇，军中号曰李鸦儿，其一目眇。及其贵也，又号独眼龙，其威名盖于代北。其在鞑靼久之，郁郁不得志。又常惧其图已，因时时从其群豪射猎，或挂针于木，或立马鞭百步，射之辄中。众豪皆服以为神。（后文天复元年之败，梁围太原，克用大惧，谋出奔云州，又欲奔匈奴）

《旧五代史·唐书·武皇纪上》　广明元年六月，李琢引大军攻蔚州，献祖战不利，乃率其族奔于达靼部。居数月，吐浑赫连铎密遣人赂达靼，以离间献祖，既而渐生猜阻。武皇知之，每召其豪右射猎于野，或与之百步驰射马鞭，或以悬针、树叶为的，中之如神。由是部人心伏，不敢窃发。俄而黄巢自江淮北渡，武皇推牛醩酒，飨其酋首。酒酣，谕之曰："予父子为贼臣馋间，报国无由。今闻黄巢北犯江淮，必为中原之患；一日天子赦宥，有诏征兵，仆与公等向南而定天下，是予心也。人生世间，光景几何，曷能终老沙堆中哉？公等勉之。"达靼知无留意，皆释然无间。

《旧唐书·僖宗纪》　广明元年六月，代北行营招讨使李琢、幽州节度使李可举、吐浑首领赫连铎等军讨李克用于云州。七月，沙陀三部落李友金等开门迎天军，克用闻之，亟来赴援，为李可举之兵追击，大败于药儿岭。李琢、赫连铎又击败于蔚州，降文达。李克用部下皆溃，独与国昌及诸兄弟北入达靼部。

《资治通鉴·唐僖宗广明元年》 七月，李琢、赫连铎进攻蔚州，李国昌战败，部众皆溃，独与克用及宗族北入达靼。

同上，广明元年七月，达靼本靺鞨之别部也，居于阴山。后数月，赫连铎阴赂达靼，使取李国昌父子。李克用知之，时与其豪帅游猎，置马鞭、木叶或悬针射之，无不中，豪帅心服。又置酒与饮，酒酣，克用言曰：吾得罪天子，愿效忠而不得。今闻黄巢北来，必为中原患；一旦天子若赦吾罪，得与公辈南向共立大功，不亦快乎！人生几何，谁能老死沙碛邪！达靼知无留意，乃止。

《新唐书·沙陀传》 巢攻潼关，入京师，诏河东监军陈景思发代北军。时沙陀都督李友金屯兴唐军，萨葛首领米海万、安庆都督史敬存屯感义军，克用客塞下，众数千无所属。景思闻天子西，乃与友金料骑五千入居绛。兵擅劫帑自私。还代州，益募士三万屯崞西。士嚣纵，友金不能制。谋曰：今合大众，不得威名宿将，且无功。吾兄司徒父子，材而雄，众所推畏，比得罪于朝，侨戍北部不敢还。今若召之使将兵，代北豪英，一呼可集，整行伍，鼓而南，贼不足平也。景思曰：善。乃丐赦国昌，使讨贼赎罪。有诏拜克用代州刺史、忻州兵马留后，促本军讨贼。克用募达靼万人，趋代州，将南道太原，节度使郑从谠塞石岭关，不得前。克用儳道至太原，营城下五日，邀粮赀。从谠不答，乃大略还屯代州。

881年 辛丑 唐中和元年

《旧五代史·唐书·武皇纪上》 中和元年，天子乃以武皇为雁门节度使，仍令以本军讨贼。李友金发五百骑赍诏召武皇于达靼，武皇即率达靼诸部万人趋雁门。五月，整兵二万，南向京师。太原郑从谠以兵守石岭关，武皇乃引军出他道，至太原城下，会大雨，班师于雁门。

《旧唐书·僖宗纪》 中和元年二月，陈景思请赦李国昌父子，令讨贼以赎罪，从之。三月，陈景思赍诏入达靼，召李克用军屯蔚州。

《资治通鉴·唐僖宗中和元年》 三月，（李）友金乃说陈景思曰：今虽有众数万，苟无威信之将以统之，终无成功。吾兄司徒父子勇略过人，为众所服。骠骑诚能奏天子赦其罪，召以为帅，则代北之人一麾响应，狂贼不足平也。景思以为然，遣使诣行在言之，诏如所请。友金以五百骑兵赍诏诣达靼迎之。李克用帅达靼诸部万人赴之。

《新五代史·后唐庄宗纪上》 中和元年，代北军起，使陈景思发沙陀先所降者，与吐浑、安庆等万人赴京师。行至绛州，沙陀军乱，大掠而还。景思念沙陀非克用不可将，乃以诏书召克用于达靼，承制以为代州刺史、雁门以北行营节度使。

《五代史钞》卷二二 中和元年，代北军起，使陈景思发沙陀先所降与吐浑、安庆等万人赴京师。行至绛州，沙陀军乱，大掠而还。景思念沙陀非克用不可将，乃以诏书召克用于靼鞑，承制以为代州刺史、雁门以北行营节度使，率番汉万人出石岭关。

《册府元龟·外臣部总序》（契丹）昭宗天祐四年，寇云中，后唐武皇帝与之连和，又吐浑数叛，旋亦归附。达靼亦依于武皇。

882 年　壬寅　唐中和二年

《旧五代史·唐书·武皇纪上》 中和二年八月，献祖自达靼部率其族归代州。十月，武皇率忻、代、蔚、朔、达靼之军三万五千骑赴难于京师。

《资治通鉴·唐懿宗咸通九年》 朱邪赤心讨庞勋，乞以达旦、契苾部自随。

《新唐书·沙陀传》 中和二年，蔚州刺史苏佑会赫连铎兵将攻代州。克用率骑五百先袭蔚州，下之。佑屯美女谷，铎与幽州李可举众七万攻蔚州，谯栅相属。克用直捣营，入蔚州，燔府库，弃而去，屯雁门。国昌自达靼率兵归代州，扰汾、并、楼烦，不释铠。帝诏克用还军朔州。于是义武节度使王处存、河中节度使王重荣传诏招克用同讨巢。克用喜，即大阅雁门，得忻、代、蔚、朔、达靼众三万、骑五千而南。

《资治通鉴·唐僖宗中和二年》 八月，李国昌自达靼帅本族迁于代州。

《旧五代史·唐书·克宁传》 后从达靼入关逐黄巢,凡征行无不卫从。

《五代史记·克宁传》 太祖与赫连铎、李可举战云蔚间,后奔达靼,入破黄巢,克宁未尝不行。

同上,《唐君立传》 及献祖入达靼,君立保感义军。

同上,《薛志勤传》 乾符中,与康君立共推武皇定云州,以功授右牙都校,从入达靼。

902 年　壬戌　唐天复二年

《新唐书·沙陀传》 天复二年,(梁)友宁长驱略汾、慈、隰州,皆下,逐围太原,攻西门,德威、嗣昭循山掣余众得归。克用大恐,身荷版筑,率士拒守。阴与嗣昭、德威谋奔云州。李存信曰:不如依北蕃。克用妻刘语克用曰:闻王欲委城入蕃,审乎? 计谁出? 曰:存信等为此。刘曰:彼牧羊奴,安辩远计! 王常笑王行瑜失城走而死,若何效之? 且王顷居达靼,危不免。必一朝去此,祸不旋踵,渠能及北虏哉? 克用悟,乃止。

《旧五代史·唐书·武皇纪下》 天复二年三月,汴军攻城日急,武皇召李嗣昭、周德威等谋将出奔云州,嗣昭以为不可,李存信坚请且入北蕃,续图进取。嗣昭等固争之,太妃刘氏亦极言于内,乃止。

《太平广记》卷二七一引孙光宪《北梦琐言》 天复中,周德威为汴军所败,三军溃散。汴军乘我太祖危惧,与德威议保云州……刘后曰:……王顷岁避难达靼,几遭杀害,赖遇朝廷多事,方得复归。

《新五代史·唐太祖正室刘氏传》 大将李存信等劝太祖亡入北边,收兵以图再举,太祖然之。入以语夫人,夫人问谁为此谋者,曰:存信也。夫人曰:……昔公亡在达靼,几不能自脱,赖天下多故,乃得南归……

(《新五代史·义儿传·李嗣昭》则云李存信等劝太祖奔于契丹,嗣昭力争以为不可。赖刘太妃亦言之,乃止)

《旧五代史·晋书二一·白奉进传》 白奉进，字德升，云州清塞军人也，父曰达子，世居朔野，以弋猎为事，奉进少善骑射，后唐武皇镇太原，奉进谒于军门，以求自效，武皇纳于麾下。

907年 丁卯 唐天祐四年 后梁开平元年

《册府元龟·外臣部总序》 僖宗光启中，契丹王习尔稍强盛，时中原多故，故习尔逐役属达靼，奚、室韦等诸部入寇。其后为幽州刘守光所破，十年不敢犯塞。昭宗天祐四年，寇云中，后唐武皇帝与之连和，又吐浑数叛，旋亦归服；达靼亦依于武皇。

《资治通鉴·后梁太祖开平元年》 及阿保机为王，尤雄勇，五姓奚及七姓室韦（胡注：室韦本有二十余部，其近契丹者七姓），达靼咸役属之。

912年 壬申 辽太祖六年 后梁乾化二年

《辽史·太祖纪上》 六年七月丙午，亲征术不姑，降之，俘获以数万计。

同上，《兵卫志上》 （太祖六年）秋，亲征背阴国，俘获数万计。

［按］：术不姑，据《辽史·百官志三·北面属国官》："术不姑国大王府，亦曰述不姑，又有直不姑。""直不姑"之名，不另见于《辽史》，颇疑"有"为"曰"之刊误。"直"与"术"、"述"音近，"直不姑"即"术不姑"也。术不姑（Shu Pu Ku）与阻卜（Tsu Pu）音近，前人已疑"术不姑"即"阻卜"之异译，是。上引《辽史·太祖纪上》及《兵卫志》所记，时间相同，行文亦近似，所指显为一事。由是知，"背阴国"者，又为阻卜（术不姑）之异称。考"背阴"之名，亦见《册府元龟·外臣部二二·降附》唐同光二年纪事，作"背阴鞑勒"。以《册府元龟》记事与《旧五代史·唐书·庄宗纪六》，同光三年六月癸亥纪事参校，二者所记虽各有参误，然可确知所谓"背阴鞑勒"者即为鞑靼。把鞑靼写作"鞑勒"，岑仲勉曾认为收尾音 n 在唐宋时尝通译为 L 音，但也有可能是简单的刊误。然则无论是《辽史·太祖纪上》的"术不姑"，《兵卫志上》的"背阴国"，《旧

五代史·唐书六》同光三年的"达靼",《册府元龟》册九七七同光二年六月李敬文奏的"背阴达勒",指的都是同一部。可见《辽史》之术不姑,即宋人通称的达靼,而背阴则疑为此部达靼的专名。阻卜即达靼,于此更得一证。

至于述不姑的牧地,从当时形势考察,太祖新兴,契丹北有乌古,西南则突厥、吐浑、党项、小蕃、沙陀诸部(唐人之所谓"杂房")均未臣服,此部述不姑与契丹邻近,可以断言;且其为契丹破后,即逾沙碛而至云州,显系李克用广明元年北去时所依之达靼。然则术不姑之最初牧地当在今内蒙古乌盟北部。《圣宗纪》统和三年速撒奏:术不姑诸部至近淀(部族表作"近地"),也证明此部与契丹相邻。

据《辽史》所载:此部分为三部(《部族表》会同三年)。天显八年(933)七月、十月、十二年九月,入贡于辽。其中两次列于《属国表》。然会同三年(940)九月、四年十一月、统和六年(988)八月、重熙十年十二月四次入贡,则多另入部族表,与其他阻卜诸部入贡皆入《属国表》者有别,反映了会同以后,此部阻卜已直接役属于辽,与其他阻卜地处荒远,叛服不常者不同。《辽史·文学传上·萧韩家奴》:太祖西征,阻卜降款,内迁其种落置三部。疑即此术不姑三部。

918 年　戊寅　辽神册三年　后梁贞明四年

《辽史·太祖纪上》　神册三年二月,达旦国来聘;癸亥,阻卜遣使来贡(阻卜入贡亦见《属国表》)。

［按］:《辽史》中"达旦"一名仅三见,卷一神册三年二月;卷十四统和二十三年六月;卷十五开泰二年正月。

924 年　甲申　辽天赞三年　后唐同光二年

《辽史·太祖纪下》　天赞三年六月乙酉,大举征吐浑、党项、阻卜等部(亦见《属国表》)。九月丙申,朔,次古回鹘城,勒石纪功。庚子,拜日于蹛林。丙午,遣骑攻阻卜。南府宰相苏、南院夷离堇迭里略地西南。乙卯,苏等献俘。丁巳,凿金河水取乌山石辇至潢河木叶山，以示山川朝海宗岳之意。癸亥，大食国来贡。甲子，诏礲辟遏可汗故碑，以契丹、突厥、汉字纪其功（《属国表》九月攻阻卜）。

925年 乙酉 辽天赞四年 后唐同光三年

《册府元龟·外臣部二二·降附》 后唐庄宗同光二年六月，云州节度使李敬文奏：达勒首领涝撒于于越族帐先在碛北，去年契丹攻破背阴达勒，因相掩击。涝撒于于越率领步族羊马三万逃遁来降，已到金月南界，今差使蒙越到州，便令入奏。

《旧五代史·唐书·庄宗纪六》 同光三年六月癸亥，云州上言，去年契丹从碛北归帐，达靼因相掩击，其首领裕悦（于越）族帐自碛北以部族羊马三万来降，已到南界，今差使人来赴阙奏事。

［按］：上两书所纪年各异，今从《旧五代史》，以同光二年六月无癸亥，故疑《元龟》有抄误。

《辽史·文学传上·萧韩家奴》 阻卜诸部，自来有之。曩时北至胪朐河，南至边境，人多散居，无所统一，惟往来抄掠。及太祖西征，至于流沙，阻卜望风悉降；西域诸国皆愿入贡。因迁种落内置三部，以益吾国。不营城邑，不置戍兵，阻卜屡世不敢为寇。

［按］：《辽史·耶律斜涅赤传》：帝西征，至流沙，威声大振，诸夷溃散，乃令斜涅赤抚集之。当指此。

《武经总要前集·边防·北番地里》 （契丹）光启中，中原多故，北边无备，其王钦德稍蚕食达靼、奚、室韦之属，咸被驱役，族帐浸盛。天祐末，遂僭号。钦德政衰，别部酋长阿保机强大……今契丹尽有奚、达靼、室韦、渤海、扶余及中国十八州之地。

《旧五代史·外国传一·契丹》 光启中，其王沁丹者乘中原多故，北边无备，遂蚕食诸部。达靼、奚、室韦之属咸被驱役，族帐浸盛，有时入寇。

《册府元龟·外臣部十七·朝贡五》 同光三年二月，河西郡族折文通贡驼马。

926年 丙戌 辽天显元年 后唐天成元年

《册府元龟·外臣部十七·朝贡五》 同光四年正月，达怛都督折文通贡驼马。

［按］：折文通，前文同光三年二月作河西郡族，此谓达怛都督，或谓党项（见929年条）。岑仲勉《达怛问题》引《折嗣祚神道碑》云：折氏大魏之苗裔，宇文之别绪。则折氏系出鲜卑而非突厥。河西郡族及党项云者，指折之本贯，而达怛云者，即指其居官。

928年　戊子　辽天显三年　后唐天成三年

《旧五代史·唐书·明宗纪五》 天成三年四月乙酉，达靼遣使朝贡（《新五代史·后唐明宗纪》同）。

《册府元龟·外臣部十七·朝贡五》 天成三年四月达怛使人朝贡。

《五代史记》卷七四达靼　明宗讨王都于定州，都诱契丹入寇。明宗诏达靼入契丹界以张军势，遣宿州刺史薛敬忠以所获契丹团牌二百五十及弓箭数百赐云州生界达靼。迄于显德，常来不绝。

［按］：据《旧五代史》，王都之叛事在天成三年四月。明年二月事平。

929年　己丑　辽天显四年　后唐天成四年

《册府元龟·外臣部十七·朝贡五》 天成四年九月，党项折文通进马。十月，达怛首领张十三朝，党项首领来有行进马四十匹。

《旧五代史·唐书·明宗纪六》，天成四年八月丙寅，达靼来朝贡。

930年　庚寅　辽天显五年　后唐长兴元年

《册府元龟·外臣部二二·降附》 长兴元年六月，达怛三十帐内附。

931年　辛卯　辽天显六年　后唐长兴二年

《册府元龟·外臣部十七·朝贡五》 长兴二年正月，达怛列六萨娘居等进马。十一月，党项、达靼、阿属朱并来朝贡。

《新五代史·后唐明宗纪》 长兴二年正月庚辰,达靼使列六萨娘居来。

932 年 壬辰 辽天显七年 后唐长兴三年

《册府元龟·外臣部十七·朝贡五》 长兴三年三月,达怛尝葛苏进马十匹及方物。

同上,《外臣部二二·降附》 长兴三年五月,达怛首领颉哥已下四百人内附。

《五代史记·唐昭宗纪》 长兴三年六月,达靼首领颉哥率其族来附。

《五代史记·四夷附录三·鞑靼》 长兴三年,首领颉哥率其族四百余人来附。

《辽史·太宗纪上》 天显七年九月庚子,阻卜来贡。十一月丁未,阻卜贡海东青鹘三十连(此条亦见《属国表》)。

933 年 癸巳 辽天显八年 后唐长兴四年

《辽史·太宗纪上》 天显八年二月辛亥,吐谷浑、阻卜来贡(《属国表》同)。六月甲寅,阻卜来贡(《属国表》同)。七月丁亥,铁骊、女真、阻卜来贡(《属国表》又有术不姑来贡)。十月乙巳,阻卜来贡(《属国表》又有术不姑来贡)。

934 年 甲午 辽天显九年 后唐应顺元年(清泰元年)

《册府元龟·外臣部四四·互市》 应顺元年二月,云州上言,鞑靼胡禄末族帐到州界市易。

同上,《外臣部十七·朝贡五》 清泰元年,北京言,契丹遣使达怛朝贡,部送京师,是月,达怛首领没于越等入朝贡羊马。

同上,《外臣部十五·朝贡三》 后唐废帝清泰元年八月,青州言……北京言契丹遣使达怛朝贡,部送京师。

935 年 乙未 辽天显十年 后唐清泰二年

《册府元龟·帝王部一七〇·来远》 清泰二年六月,诏北面总管：沿边马军会于代州，指挥达怛于六州界安置，仍少月粮。

《旧五代史·唐书·末帝纪中》 清泰二年八月丁亥，太原奏达怛部族于灵邱安置。

939年　己亥　辽会同二年　后晋天福四年

《辽史·太宗纪下》 会同二年九月甲戌，阻卜阿离底来贡（《属国表》无"阿离底"三字）。

940年　庚子　辽会同三年　后晋天福五年

《辽史·太宗纪下》 会同三年八月庚子，阻卜来贡。乙巳，阻卜、黑车子室韦、赁烈等国来贡。甲寅，阻卜来贡（《属国表》本年八月三见阻卜来贡）。

同上，《部族表》 会同三年九月，术不姑三部人来贡。

941年　辛丑　辽会同四年　后晋天福六年

《辽史·太宗纪下》 会同四年十一月庚午，阻卜来贡（《属国表》同）。

同上，《部族表》 会同四年十一月，术不姑来贡。

《资治通鉴·后晋高祖天福六年》 始，安重荣移檄诸道，云与吐谷浑、达怛、契苾同起兵，既而承福降知远，达怛、契苾亦莫之赴，重荣势大沮。

942年　壬寅　辽会同五年　后晋天福七年

《辽史·太宗纪下》 会同五年七月辛卯，阻卜来贡（《属国表》同）。八月辛酉，阻卜贡方物。

同上，《属国表》 会同五年六月，阻卜贡方物。

同上，《部族表》 会同五年七月，术不姑来贡。

946年　丙午　辽会同九年　后晋开运三年

《辽史·太宗纪下》 会同九年七月乙卯，以阻卜酋长曷剌为本部夷离堇。

950 年　庚戌　辽天禄四年　后汉乾祐三年

《五代史记·后汉隐帝纪》　乾祐三年秋八月，达靼来附。

958 年　戊午　辽应历八年　后周显德五年

《五代史记·后周世宗纪》　显德五年四月壬申，回鹘、鞑靼遣使来。

《册府元龟·外臣部二一·褒异三》　显德五年甲午，诏赐回鹘、达怛国信物有差。

966 年　丙寅　宋太祖乾德四年　辽穆宗应历十六年

《续资治通鉴长编》卷七　乾德四年夏六月甲寅，于塔坦国天王娘子及宰相允越皆遣使来修贡。(原注:《国史》及《会要》俱称四年夏，因附此，新、旧录无之)

《宋朝事实·仪注二》　鞑靼，乾德四年贡方物。

《玉海》卷一五四　乾德四年□□来贡，开宝二年(969)，太平兴国六年(981)、八年来贡。本东北方靺鞨之别部，唐李克用镇雁门，以其族归附。

［按］:原卷阙名，以所列来贡年次及注文所云，明为鞑靼无疑。

969 年　己巳　宋太祖开宝二年　辽景宗保宁元年

《续资治通鉴长编》卷一○　开宝二年，塔坦国天王娘子之子策卜迪来贡(原注:《会要》不记其时)。

979 年　己卯　宋太宗太平兴国四年　辽景宗乾亨元年

《辽史·景宗纪下》　乾亨元年八月壬子，阻卜惕隐曷鲁、夷离堇阿里睹等来朝。

981 年　辛巳　宋太宗太平兴国六年　辽景宗乾亨三年

《宋会要辑稿·蕃夷七·历代朝贡》引《山堂考索》　是年(太平兴国六年)八月，鞑靼国来贡。

982 年　壬午　辽乾亨四年　宋太平兴国七年

《辽史·圣宗纪一》　乾亨四年十二月戊午,耶律速撒讨阻卜(《属国表》不著耶律速撒)。

983 年　癸未　辽统和元年　宋太平兴国八年

《辽史·圣宗纪一》　统和元年正月辛巳,速撒献阻卜俘。乙酉,以速撒破阻卜,下诏褒美,仍谕与大汉讨党项诸部。

同上,《属国表》　统和元年正月,党项十五部寇边,西南面招讨使韩德威破之。破阻卜。韩德威讨党项诸部。

《续资治通鉴长编》卷二四　太平兴国八年,塔坦国遣使唐特墨与高昌国使安骨卢俱入贡。骨卢复道夏州以还;特墨请道灵州,且言其国王欲观山川迂直,择便路入贡。诏许之。

《宋会要辑稿·蕃夷四·高昌》(太平兴国)八年,其使安首卢与达靼使来贡。

[按]:此当即随王延德回之谢恩使。安骨卢复道夏州,即遁延德旧道以返。

984 年　甲申　辽统和二年　宋雍熙元年

《辽史·圣宗纪一》　统和二年十一月,速撒等讨阻卜,杀其酋长挞剌于(《属国表》同)。"于",或当作"干","挞剌干"即 taragan 也。

985 年　乙酉　辽统和三年　宋雍熙二年

《辽史·圣宗纪一》　统和三年九月己亥,速撒奏:术不姑诸部至近淀(部族表作近地),夷离董易鲁姑请行俘掠。上曰:诸部于国无恶,何故俘掠,徒生事耶! 不允。

同上,《萧排押传》　统和初,为左皮室详稳,讨阻卜有功。

986 年　丙戌　辽统和四年　宋雍熙三年

《辽史·圣宗纪一》　统和四年十月丙申,朔,党项、阻卜遣使来贡（《属国表》同）。

《系年要录·鞑靼款塞》 其居阴山者自唐末五代尝通中国，太祖、太宗朝各再入贡，皆取道灵武而来。及继迁叛命，遂绝不通，因为契丹所服役。神宗尝欲自青唐假道以招之，然卒不能达也。

988 年　戊子　辽统和六年　宋端拱元年

《辽史·圣宗纪三》 统和六年八月丙申，化哥与术不姑、春古里来贡。

990 年　庚寅　辽统和八年　宋淳化元年

《辽史·圣宗纪四》 统和八年十月己酉，阻卜等遣使来贡（《属国表》同）。

994 年　甲午　辽统和十二年　宋淳化五年

《辽史·圣宗纪四》 统和十二年八月庚辰，朔，诏皇太妃领西北路乌古等部兵及永兴宫分军抚定西边，以萧挞凛督其军事。九月癸酉，阻卜等来贡（《属国表》：九月阻卜来贡）。

同上，《萧挞凛传》 （统和）十二年，夏人梗边，皇太妃受命总乌古及永兴宫分军讨之，挞凛为阻卜都详稳，凡军中号令，太妃并委挞凛。

《续资治通鉴长编》卷五五　真宗咸平六年七月，契丹供奉官李信来归，言戎主母后“萧氏有姊二人，长适齐王，王死，自称齐妃，领兵三万屯西鄙胪驹儿河……使西捍塔鞑，尽降之。”

《宋会要辑稿·蕃夷一·契丹》 萧氏二妹，长适齐王，伪称太后，未曾封册，王死，自称齐妃，领兵三万屯西鄙胪驹儿河，西捍鞑靼，尽降之。

《武经总要前集·边防·番界有名山川》 胪驹儿河，源出塞外，在契丹国西北，契丹命齐王妃与挞览捍达靼即此也。

《契丹国志·后妃传·景宗萧皇后》 后有姊二人，长适齐王，王死，自称齐妃，领兵三万屯西鄙胪驹儿河，尝阅马，挞览阿钵……请于后，愿为夫。后许之，使西讨达靼，尽降之。

　　[按]:《辽史·地理志一·边防城》:镇州建安军节度,本古可敦城。王国维考证《辽史》之可敦城即镇州。宋人文献谓萧妃,达览西御达靼,而《辽史》则云挞凛为阻卜都详稳。则宋人之达靼即《辽史》之阻卜,可以无疑。

996 年　丙申　辽统和十四年　宋至道二年

《宋会要辑稿·蕃夷四·回鹘》　至道上(二年或三年之抄误)十月,甘州可汗附达靼国贡方物,因上言愿与达靼同率兵助讨李继迁,优诏答之。

　　[按]:时河西走廊因李继迁隔绝,故甘州回鹘入贡必经由鞑靼,犹宋之使高昌必绕行漠北。嗣后圣宗开拓西疆,"拓土既远,降服亦众。"《辽史·文学传·萧韩家奴》,西夏之势力亦大为扩张,于是假漠北以通新疆之贡道断绝,漠北、阴山之鞑靼从此亦不与宋交通。此后约八十余年,宋神宗元丰中所称之鞑靼,远在新疆,与前此之达怛已异部矣。

997 年　丁酉　辽统和十五年　宋至道三年

《辽史·圣宗纪四》　统和十五年九月戊子,萧挞凛奏讨阻卜捷(《属国表》同)。

　　同上,《萧挞凛传》(统和)十五年,敌烈部人杀详稳而叛,遁于西北荒,挞凛将轻骑逐之,因讨阻卜之未服考。诸番岁贡方物充于国,自后往来若一家焉。

　　同上,《兵卫志下·属国军》　阻卜(五十九部之一)。

　　同上,《百官志二·北面属国官》

　　　　阻卜国大王府

　　　　　　阻卜扎剌部节度使司

　　　　　　阻卜诸部节度使司,圣宗统和二十九年置

　　　　　　阻卜别部节度使司

　　　　西阻卜国大王府

　　　　北阻卜国大王府

　　　　西北阻卜国大王府

术不姑国大王府，亦曰述不姑，又有直不姑

［按］：冯承钧谓，扎剌即《元史》之扎剌亦儿（《辽金北边部族考》）。

1000 年　庚子　辽统和十八年　宋咸平三年

《辽史·圣宗纪五》　统和十八年六月，阻卜叛酋鹋磹之弟铁敕不率部众来附。鹋磹无所归，遂降。诏诛之（《属国表》同）。

1003 年　癸卯　辽统和二十一年　宋咸平六年

《辽史·圣宗纪五》　统和二十一年六月乙酉，阻卜铁剌里率诸部来降（《属国表》同）。是月修可敦城。秋七月庚戌，阻卜来贡（《属国表》作"阻卜铁剌里来朝"）。八月乙酉，阻卜铁剌里来朝（《属国表》无"铁剌里"之名）。

同上，《萧挞凛传》　挞凛以诸部叛服不常，上表乞建三城以绝边患。从之。

同上，《圣宗纪五》　统和二十二年六月戊子，以可敦城为镇州，军曰建安。

同上，《地理志一·边防城》　镇州，建安军，节度。本古可敦城，统和二十二年皇太妃奏置，选诸部族二万余骑充屯军，专捍御室韦、羽厥等国，凡有征讨，不得抽移。渤海、女直、汉人配流之家七百余户分居镇、防、维三州。东南至上京三千余里。

维州，刺史。

防州，刺史。

同上，《文学传·萧韩家奴》　统和间，皇太妃出师西域，拓土既远，降附亦众，自后一部或叛，邻部讨之，使同力相制，正得驭远人之道。及城可敦，开境数千里，西北之民徭役日增，生业日殚。警急既不能救，叛复亦复不恒。空有广地之名，而无得地之实。

同上，《耶律唐古传》　先是筑可敦城以镇西域诸部，纵民畜牧，反招寇掠。重熙四年上疏曰：自建可敦城以来，西番数为边患，每烦远戍。岁月既久，国力耗竭。不若复守故疆，省罢戍役。不报。

同上，《文学传·耶律昭》　流西北部，会萧挞凛为西北路招讨使，爱之，奏免其役，礼致门下。欲召用，以疾辞。挞凛问曰：今军旅甫罢，三边晏然，惟阻卜伺隙而动，讨之则路远难至，纵之则边民被掠，增戍兵则馈饷不给，欲苟一时之安，不能终保无变，计将安出？昭以书答曰……夫西北诸部，每当农时，一夫为侦候，一夫治公田，二夫给糺官之役，大率四丁无一室处，刍牧之事，仰给妻孥。一遭寇掠，贫穷立至。春夏赈恤，吏多杂以糠粃，重以掊克，不过数月，又复告困。

1004 年　甲辰　辽统和二十二年　宋景德元年

《辽史·圣宗纪五》　统和二十二年八月庚申，阻卜酋铁剌里来朝。戊辰，铁剌里求婚，不许（《属国表》作"许之"）。

1005 年　乙巳　辽统和二十三年　宋景德二年

《辽史·圣宗纪五》　统和二十三年六月甲午，阻卜酋铁剌里遣使贺与宋和（《属国表》同）。己亥，达旦国九部遣使来聘。

［按］：此言九部，与九姓鞑靼或为一事。

1007 年　丁未　辽统和二十五年　宋景德四年

《辽史·圣宗纪五》　统和二十五年九月，西北路招讨使萧图王讨阻卜，破之（《属国表》作"叛命阻卜"）。

1009 年　己酉　辽统和二十七年　宋大中祥符四年

《燕翼诒谋录》卷四　直史馆张复上言：乞撰四夷述职图。是时四夷来朝者惟高丽、西夏、注輦、占城、三佛齐、蒙国、达靼、女真而已。

［按］：宋文献最早见"蒙国"。

1011 年　辛亥　辽统和二十九年　宋大中祥符四年

《辽史·圣宗纪五》　统和二十九年六月丁巳，诏西北路招讨使驸马都尉萧图玉安抚西鄙，置阻卜诸路节度使（《属国表》置阻卜诸部）。

同上,《萧图玉传》（图玉）上言曰：阻卜今已服化,宜各分部治以节度使。上从之。自后节度使往往非材,部民怨而思叛。

1012 年　壬子　辽开泰元年　宋大中祥符五年

《辽史·圣宗纪五》　开泰元年十月甲辰,西北招讨使萧图玉奏：七部太师阿里底,因其部民之怨,杀本部节度使霸暗,并屠其家以叛。阻卜执阿里底以献,而沿边诸部皆叛。

同上,《萧孝穆传》　开泰元年,遥授建雄军节度使,加检校太保。是年,术烈等变,孝穆击走之。冬,进军可敦城,阻卜结五群牧长查剌阿睹等谋中外相应,孝穆悉诛之。乃严备御以待,余党遂溃。

同上,《耶律化哥传》　开泰元年,伐阻卜,阻卜弃辎重遁走,俘获甚多。

同上,《萧图玉传》　开泰元年十一月,石烈太师阿里底杀其节度使,西奔窝鲁朵城,盖古所谓龙庭单于城也。已而,阻卜复叛,围图玉于可敦城,势甚张。图玉使诸军齐射却之,屯于窝鲁朵城。明年,北院枢密使耶律化哥引兵来救,图玉遣人诱诸部皆降。

1013 年　癸丑　辽开泰二年　宋大中祥符六年

《辽史·圣宗纪六》　开泰二年正月,达旦国兵围镇州,州军坚守,寻引去。三月壬辰朔,化哥以西北路略平,留兵戍镇州赴行在。五月辛卯朔,复令化哥等西讨。七月己酉,化哥等破阻卜酋长乌八之众(《属国表》载此条)。

同上,《耶律化哥传》　后边吏奏自化哥还阙,粮乏马弱,势不可守。上复遣化哥经略西境。化哥与边将深入,闻蕃部逆命,居翼只水。化哥徐以兵进,敌望风奔溃,获羊马及辎重。路由白拔烈,遇阿萨兰回鹘掠之。

同上,《耶律世良传》（开泰初)时边部拒命,诏北院枢密使耶律化哥将兵,以世良为都监往御之。明年,化哥还,将罢兵,世良上书曰：化哥以为无事而还,不思师老粮乏,敌人已去,焉能久守；若益兵,可克也。帝即令化哥益兵与世良追之,至安真河,大破而还。自是边境以宁。

同上，《耶律铎轸传》 开泰二年，进讨阻卜，克之。

[按]：《萧图玉传》：开泰元年，阿里底叛，已而，阻卜围图玉于可敦城。明年，化哥以兵来救，三月初一化哥罢兵返行在。然则可敦城之围事在元年年底，不然，救兵如救火，何能宕至明年。且化哥远道驰援，三月初一已返行在；则化哥来时，镇州之围已解，阻卜已远遁翼只水。依此推之，围城之役，当在开泰元年年底。然则《本纪》记事在开泰二年正月，《萧图玉传》作元年，或取其解围之日，或取其受围之始，各得其是。不得仅据字面而指为抵牾。

1014 年　甲寅　辽开泰三年　宋大中祥符七年

《辽史·圣宗纪六》 开泰三年正月己丑，阻卜酋长乌八来朝，封为王（《属国表》同）。

1015 年　己卯　辽开泰四年　宋大中祥符八年

《辽史·圣宗纪六》 开泰四年四月丙寅，耶律世良等上破阻卜俘获数（《属国表》作"三月耶律世良等破阻卜，上俘获之数"）。

1016 年　丙辰　辽开泰五年　宋大中祥符九年

《辽史·圣宗纪六》 开泰五年二月己卯，阻卜长来朝（《属国表》同）。

1018 年　戊午　辽开泰七年　宋天禧二年

《辽史·萧普达传》（开泰）七年，敌烈部叛，讨平之。徙乌古、敌烈部都监，遣敌烈骑卒取北阻卜名马以献，赐诏褒奖。

1019 年　己未　辽开泰八年　宋天禧三年

《辽史·圣宗纪七》 开泰八年七月癸亥，诏阻卜依旧岁贡马千七百，驼四百四十，貂鼠皮万，青鼠皮二万五千（《属国表》不及数字）。

[按]：既云依旧岁，则上引数字当为阻卜岁贡之数，辽中央对

阻卜诸部之剥削，不为不重矣。

1021年　辛酉　辽太平元年　宋天禧五年
《辽史·圣宗纪七》　太平元年七月乙亥，阻卜来贡（《属国表》作"阻卜扎刺部来贡"）。

1026年　丙寅　辽太平六年　宋天圣三年
《辽史·圣宗纪八》　太平六年三月，阻卜来侵，西北路招讨使萧惠破之。八月萧惠攻甘州，不克，师还。自是阻卜诸部皆叛，辽军与战，皆为所败。监军涅里古、国舅帐太保曷不吕死之。诏遣惕隐耶律洪古、林牙化哥等将兵讨之（《属国表》并同）。
同上，《部族表》（太平）六年九月，术不姑诸部皆叛。
同上，《萧惠传》　太平六年讨回鹘阿萨兰部，征兵诸路，独阻卜酋长直剌后期，立斩以徇。进至甘州，攻围三日，不克而还。时直剌之子聚兵来袭，阻卜酋长乌八密以告，惠未之信。会西阻卜叛，袭三剋军，都监涅鲁古、突举部节度使谐理、阿不吕等将兵三千来救，遇敌于可敦城西南，谐理、阿不吕战殁，士卒溃散。惠仓卒列阵，敌出不意攻我营，众请乘时奋击，惠以我军疲敝，未可用，弗听。乌八请以夜砍营，惠又不许。阻卜归，惠乃设伏兵击之。前锋始交，敌败走。惠为招讨累年，屡遭侵掠，士马疲困。
同上，《耶律谐理传》（太平）六年，从萧惠攻甘州，不克。会阻卜攻围三剋军，谐理与都监耶律涅鲁古往救，至可敦城西南，遇敌不能阵，中流矢卒。
同上，《耶律弘古传》（太平）六年，讨阻卜有功。

1027年　丁卯　辽太平七年　宋天圣五年
《辽史·圣宗纪八》　太平七年六月癸巳，诏萧惠再讨阻卜（《属国表》同）。

1028年　戊辰　辽太平八年　宋天圣六年
《辽史·圣宗纪八》　太平八年九月癸丑，阻卜别部长胡懒来降。乙卯，阻卜长春古来降。

1037年　丁丑　辽重熙六年　宋景祐四年
《辽史·兴宗纪一》　重熙六年十一月乙亥，朔，阻卜酋长来贡（《属国表》同）。
同上，《萧蒲奴传》　重熙六年，改北阻卜副部署。

1038年　戊寅　辽重熙七年　宋宝元元年
《辽史·兴宗纪一》　重熙七年七月乙己，阻卜酋长屯秃古斯来朝（《属国表》同）。

1041年　辛巳　辽重熙十年　宋庆历元年
《辽史·兴宗纪二》　重熙十年十二月乙未，置挞术不姑酋长。
［按］：挞术不姑部，或取术不姑部人新设之部，因附录之。
同上，《部族表》　重熙十年十二月，术不姑酋长来贡。

1043年　癸未　辽重熙十二年　宋庆历三年
《辽史·兴宗纪二》　重熙十二年六月辛亥，阻卜大王屯秃古斯弟太尉撒曷里来朝。八月甲子，阻卜来贡（《属国表》并同）。

1044年　癸未　辽重熙十三年　宋庆历四年
《辽史·兴宗纪二》　重熙十三年六月甲午，阻卜酋长乌八遣其子执元昊所遣来援使窥邑改来，乞以兵助战，从之（《属国表》同）。
同上，《西夏传》　十三年四月党项及山西部节度使屈列以五部叛入西夏，诏征诸道兵讨之。六月，阻卜子乌八执元昊。

1045年　乙酉　辽重熙十四年　宋庆历五年
《辽史·兴宗纪二》　重熙十四年闰五月己卯，阻卜大王屯秃古斯率诸酋长来朝（《属国表》作"六月"）。

1047年　丁亥　辽重熙十六年　宋庆历七年

《辽史·兴宗纪三》 重熙十六年六月丁巳,阻卜大王屯秃古斯来朝,献方物(《属国表》同)。

1048 年 戊子 辽重熙十七年 宋庆历八年

《辽史·兴宗纪三》 重熙十七年六月庚辰,阻卜献马驼二万(《属国表》同)。

［按］:《辽史·食货志下》:咸雍五年,萧陶隗上言,有云阻卜岁贡马二万匹。贡马二万,疑即自本年始。与开泰八年阻卜之贡数比较,马驼之数大增,而损其貂鼠皮、青鼠皮等名目。

1049 年 己丑 辽重熙十八年 宋皇祐元年

《辽史·兴宗纪三》 重熙十八年六月庚辰,阻卜来贡马驼珍玩(《属国表》同)。十月,北道行军都统耶律敌鲁古率阻卜诸军至贺兰山,获李元昊妻及其官僚家属,遇夏人三千来战,殪之;乌古、敌烈部都详稳萧慈氏奴、南克耶律斡里死焉。

［按］:据《长编》卷一六八 契丹使者耶律益古言,契丹主三路进讨(西夏),契丹主出中路,大捷。北路兵至西凉府,获羊百万,橐驼二十万,牛五百,俘老幼甚众。惟南路小失利。北路当即耶律敌鲁古所部。南路为萧惠部。《本纪》但记亲征,未言另有中路。

《辽史·西夏传》 十八年七月,亲征。八月,渡河,夏人遁。九月,萧惠为夏人所败。十月,招讨耶律敌古率阻卜军至贺兰山,获元昊妻及其官属。遇其军三千来拒,殪之。详稳萧慈氏奴,南克耶律斡里殁于阵。

1050 年 庚寅 辽重熙十九年 宋皇祐二年

《辽史·兴宗纪三》 重熙十九年正月庚子,耶律敌鲁古复封漆水郡王,诸将校及阻卜等部酋长各进爵有差。七月乙未,阻卜长豁得剌弟斡得来朝,加太尉,遣之(《属国表》同)。八月丁卯,阻卜酋长喘只葛拔里斯来朝(《属国表》同)。十一月甲午,阻卜酋长豁得剌遣使来贡(《属国表》同)。

1053 年　癸巳　辽重熙二十二年　宋皇祐五年

《辽史·兴宗纪三》　重熙二十二年七月己酉,阻卜大王屯秃古斯率诸部长献马驼(《属国表》同)。

1054 年　甲午　辽重熙二十三年　宋至和元年

《辽史·兴宗纪三》　重熙二十三年十一月乙丑,阻卜部长来贡(《属国表》同)。

1056 年　丙申　辽清宁二年　宋嘉祐元年

《辽史·道宗纪一》　清宁二年六月辛丑,阻卜酋长来朝,贡方物(《属国表》同)。

1066 年　丙午　辽咸雍二年　宋治平三年

《辽史·道宗纪二》　咸雍二年六月甲辰,阻卜来贡(《属国表》同)。

1069 年　己酉　辽咸雍五年　宋熙宁二年

《辽史·道宗纪二》　咸雍五年正月,阻卜叛,以晋王仁先为西北路招讨使,领禁军讨之。九月戊辰,仁先遣人奏阻卜捷(《属国表》作“三月,叛”)。

同上,《耶律仁先传》　阻卜塔里干叛命,仁先为西北路招讨使,锡鹰纽印及剑。上谕曰:卿去朝廷远,每俟奏行,恐失机会,可便宜从事。仁先严斥堠,扼敌冲,怀柔服从,庶事整饬。塔里干复来寇,仁先逆击,追杀八十余里;大军继之,又败之。别部把里斯秃没等来救,见其屡挫,不敢战而降,北边遂安。(《全辽文》卷八《耶律仁先墓志》略同。)

同上,《萧岩寿传》　咸雍四年,从耶律仁先伐阻卜,破之。有诏留屯,亡归者众。

同上,《萧迂鲁传》　(咸雍)五年,阻卜叛,为行军都监;击败之,俘获甚众。初,军出只给五月粮,过期粮乏,士卒往往叛归。

迁鲁坐失计免官,降戍西北部,未行,会北部兵起,迁鲁将乌古、敌烈兵击败之,每战以身先,由是释前罪。

[按]:《萧岩寿传》记四年讨阻卜,当为"五年"之误。

1070 年　庚戌　辽咸雍六年　宋熙宁三年

《辽史·道宗纪二》 咸雍六年二月丙寅,阻卜来朝,贡方物。四月癸未,西北路招讨司以所降阻卜酋长至行在。六月辛巳,阻卜来朝(《属国表》六月作"七月",余条均同)。十月壬申,西北路招讨司擒阻卜酋长来献(《属国表》此条下又载"以所降阻卜酋长图木同刮来")。十一月乙卯,禁鬻生熟铁于回鹘、阻卜等界。

李心传《建炎以来朝野杂记》乙集卷十九 《鞑靼款塞》,(鞑靼)远者只以射猎为生,无器甲,矢用骨镞而已,盖其地不产铁故也。契丹虽通其和市,而铁禁甚严。

1072 年　壬子辽咸雍八年　宋熙宁五年

《辽史·道宗纪三》 正月,乌古敌烈部详稳耶律巢等奏克北边捷,以战多杀人,饭僧南京、中京。二月,以讨北部功,乌古敌烈部详稳耶律巢知北院大王事。

1073 年　癸丑　辽咸雍九年　宋熙宁六年

《辽史·萧迁鲁传》(咸雍九年)时敌烈方为边患,而阻卜相继寇掠,边人以故疲惫。

同上,《道宗纪三》 七月戊申,乌古敌烈统军言:八石烈敌烈人杀其节度使以叛。己酉,诏隗乌古部军分道击之。

1074 年　甲寅　辽咸雍十年　宋熙宁七年

《辽史·道宗纪三》 咸雍十年二月戊子,阻卜来贡(《属国表》作"阻卜诸酋长来贡")。

1078 年　戊午　辽太康四年　宋元丰元年

《辽史·道宗纪三》 太康四年六月甲寅,阻卜诸酋长进良马

（《属国表》同，又另条载阻卜酋长来贡）。

同上，《萧迂鲁传》 太康初，阻卜叛。迁西北招讨都监，从都统耶律赵三征讨有功，改南京统军都监黄皮室详稳。

同上，《耶律那也传》 太康中，西北诸部扰边，议欲往讨，帝以为非赵三不可，遂拜西北路招讨使兼行军都统，平之。

［按］：考《本纪》太康时不见有阻卜为患，且赵三之讨阻卜，一云太康之初，一云太康中，未审孰是。赵三，那也之季父。

同上，《耶律大悲奴传》 太康中，历永兴、建昌宫使、右皮室详稳，会阻卜叛，奉诏招降之。

1079 年　己未　辽太康五年　宋元丰二年

《辽史·道宗纪四》 太康五年六月辛亥，阻卜来贡（《属国表》作"阻卜酋长来贡"）。

1080 年　庚申　辽太康六年　宋元丰三年

《辽史·耶律挞不也传》 太康六年，授西南路招讨使，率诸部酋长入朝，加兼侍中。

1081 年　辛酉　辽太康七年　宋元丰四年

《辽史·道宗纪四》 太康七年六月丙寅，阻卜余古赧来贡（《属国表》作"阻卜与余古赧来贡"）。

1082 年　壬戌　辽太康八年　宋元丰五年

《辽史·道宗纪四》 太康八年六月乙丑，阻卜长来贡（《属国表》作"阻卜酋长来贡"）。

1083 年　亥癸　辽太康九年　宋元丰六年

《辽史·道宗纪四》 太康九年闰六月丁亥，阻卜来贡（《属国表》作"阻卜酋长来贡"）。

《续资治通鉴长编》卷三四一　元丰六年十二月癸酉，诏李宪：夏人已肆陆梁，时贡不至。近赍书赐董毡（按：即董毡）、鄂特凌古

（按：即阿里骨）诏敕书，尔宜深加体量。如董戬委未与夏贼打和，即诏书国信物色，令今来先发去鞑靼（按《宋大诏令集》卷二一三，鞑作哒，缺靼字）、回鹘四部首领，赐与董戬、鄂特凌古，并委曲晓谕，早令遣四部首领归族下，点集兵马，前去御贼。候大段立功，斩到贼首万数已上，至时亦有恩命与董戬、鄂特凌古。余更缕细开谕之，勿令信贼诈诞，以坏汉蕃两家深重咒誓。仍誓（赐）董戬杂花晕锦、旋栏金束带、银器、衣着等有差。乙亥，补回鹘、鞑靼首领五人并为军主，岁支大彩二十匹。枢密院言：准诏：董戬所遣引伴回鹘、鞑靼首领李察尔节可迁一资。李察尔节见为都军主，蕃官职次以上无可转。诏都军主上增置副都指挥使、都指挥使两阶。丙子，董戬、回鹘、鞑靼进奉人辞。上顾回鹘首领曰：汝等种落生齿凡几何？对曰：约及三十余万。壮丁用者几何？曰：约二十万余。

　　［按］：其时神宗方图开熙河。早在元丰四年拂菻使者来贡，宋人始知西夏之后方尚有鞑靼一部。元丰六年，于阗使者来朝，神宗从使者口中了解到鞑靼与李氏世仇，因委李宪与吐蕃族的董毡、鞑靼及甘、沙之回鹘联系，合兵攻夏。

1084年　甲子　辽太康十年　宋元丰七年

　　《辽史·道宗纪四》　太康十年五月乙丑，阻卜来贡（《属国表》作"阻卜诸酋长来贡"）。

　　《续资治通鉴长编》卷三四六　元丰七年六月己巳，朔，诏御史中丞、侍御史、殿中侍御史就台劾右班殿直皇甫旦，仍令中书舍人蔡京、右司员外郎路昌衡同治。上初手诏李宪曰：回鹘与吐蕃，近世以来，代为亲家，而回鹘东境与鞑靼相连。近日诸路探报，多称夏人苦被侵扰。若因二国姻亲之故，乘汉蕃连和之际，假道通信，厚以金帛抚结，俾为我用，则亦可争张彼之兵力，不得悉众南下，不为无助。况闻鞑靼之俗，犷悍喜斗，轻死好利，素不为夏人所屈，若不吝金缯，厚加恩意，势或可动。尔宜选择深晓蕃情及善羌语使臣三两人，计会鄂特凌古，令选遣二三亲信首领同谕彼，令多发劲兵，深入夏境讨之，仍邀彼首领入汉受赏。宜详度以闻。又诏曰：昔吐蕃当唐至德以后，其强若不可向迩，以蜀地远绝，其民绵懦，疑无可经营之理。而韦皋在成都乃能以知睽南诏之好，使离彼亲我，卒收功西境，东得城盐之利，吐蕃缘此其势日蹙。况今鞑靼之强，仇彼如此，与毕（异）牟寻岂同日语哉！宜力经营之。宪奏：自古控驭戎夷，使其左枝右梧，为备不暇，盖由首先结其旁国，绝其外交。然后连横之势常在中国，彼有犄角之患。昔南诏之盛，韦皋驭得其术，故西复巂州，自是吐蕃日加穷蹙。以今夏贼之强，固未逮吐蕃，以青唐、回鹘、鞑靼连横之势，岂易枝梧。况鞑靼人马犷悍，过于西戎；兼于夏人仇怨已深，万一使为我用，不独争张夏人兵力，不得悉众南下，兼可以伺其间隙，使为捣虚之计。如去岁举国啸聚于天都，则河西贼众为之一空。若以青唐、回鹘、鞑靼三国人马并攻其背，就使未能远趋贺兰，其甘、凉、瓜、沙必可荡尽。臣仰奉睿训，审究利害，惟患将命未有可副遣使之人。缘深入绝城，经涉三国，万一疏虞，适以为累。夙夜思虑，致力经营。于是宪选旦押回鹘、鞑靼首领赴阙。上复命赍诏还谕董毡、鄂凌特古出兵。宪患事不出已，使其属钟傅、李宗作奏，言旦难以集事，必无可为之理，与初奏不同。旦入蕃，为首领经沁伊达木凌节萨卜塞置木沁等所绐，止冢山寺不得前，又妄奏获贼功状。上察之，故命追旦等付狱。

《宋会要辑稿·蕃夷四·回鹘》 元丰七年六月一日，诏就台劾右班殿直皇甫旦。上初诏李宪择使臣计会阿里骨，同谕回鹘、达靼，令发兵深入夏境。宪选旦押回鹘、达靼首领赴阙，命赍诏还谕董毡、阿里骨出兵，旦入蕃，不得前，又妄奏获贼功状，故命追旦等赴狱。

《续资治通鉴长编》卷三四七 元丰七年七月戊申，诏入内内侍省东头供奉官麦文炳冲替。以管押回鹘、鞑靼蕃部到熙河，令人于蕃界内市快行马等，故责之。

《长编纪事本末》卷六八 取洮河兰会下，杨仲良按：新录李宪传：初诏宪间谕阿里骨结回鹘、达靼以挠夏人。继而宪选右班殿直皇甫旦押二国首领赴阙复命，赍诏谕董毡、阿里骨出兵。宪患事不出已，奏旦难以集事，必无可为之理，与初奏不同。旦入番为青宜等所遏，止冢山寺不得前；又妄奏获贼功。上察之，命追旦付台狱，遣御史就劾宪，狱具，罢内省职事，降永兴军路都总管。

1086年　丙寅　辽大安二年　宋元祐元年

《辽史·道宗纪四》　大安二年六月丙申，阻卜来朝（《属国表》同）。乙巳，阻卜酋长余古赧及爱的来朝，诏燕国王延禧相结为友。

1089年　己巳　辽大安五年　宋元祐四年

《辽史·道宗纪五》　大安五年五月己丑，以阻卜磨古斯为诸部长。

1092年　壬申　辽大安八年　宋元祐七年

《续资治通鉴长编》卷四七一　元祐七年三月丙戌，环庆路经略使章楶奏：（七年三月三日）本司勘会，往年十二月内，有投来河东陷蕃妇人阿声称，听得西界人说，首领庆鼎察香道：有塔坦国人马于八月内出来，打劫了西界贺兰山后面娄博贝监军司界住坐人口孳畜。已具状闻奏讫。续据西界投来蕃部苏尼通说称，塔坦国人马入西界右厢，打劫了人口孳畜，不知数目。本司未敢全信。今又据捉到西界首领伊特香通说，于去年闰月内，梁叶普统领人马赴麟府路作过去来，至当月尽间到达尔结罗，有带银牌天使报梁叶普来称，塔坦国人马入西界娄博贝打劫了人户一千余户，牛羊孳畜不知数目。其带牌天使当时却回去，伊特香即不知梁叶普指挥事理。本司看详，逐人通说并各符合。夏国叛命，违天逆理，宜取诛灭。其西南则有邈川，东北则有塔坦，皆其邻国，今不能和辑而并边侵扰，此盖天人共所不容之效也。兼勘会宝元、康定之间，元昊犯顺，亦尝遣使唃氏，当时颇得其用。盖以远人攻远人，古人之上策。今邈川既已怀服朝廷威德，可使为用，而塔坦独以隔远，未知向化之路，今若于河东或邈川界求间道遣使至塔坦，陈述大宋威德，因以金帛爵命抚之，使出兵攻扰夏国，以与邈川相为犄角，则蕞尔之国，三处被患，腹背受敌。彼知国中内外多事，宜亦自折，可使不日请命，此困贼之一端也。

《辽史·道宗纪五》　大安八年正月乙未，阻卜诸长来降。四月乙卯，阻卜长来贡。十月辛酉，阻卜磨古斯杀金吾吐古斯以叛，遣奚六部秃里耶律郭三发诸蕃部兵讨之（《属国表》并同，"十月"条亦见《部族表》）。

1093 年　癸酉　辽大安九年　宋元祐八年

《辽史·道宗纪五》　大安九年二月，磨古斯来侵（《属国表》作"正月"）。三月西北路招讨使耶律何鲁扫古追磨古斯还，都监萧张九遇贼，与战，不利。二室韦曳剌、北王府特满、群牧宫分等军多陷没。十月庚戌，有司奏，磨古斯诣西北路招讨使耶律挞不也伪降，既而乘虚来袭，挞不也死之。阻卜乌古礼（扎）叛。丙辰，有司奏，阻卜长辖底掠西路群牧。癸亥，乌古敌烈统军使萧朽哥奏讨阻卜等部捷。十一月辛巳，特抹等奏讨阻卜捷（"十月癸亥"条见《部族表》，除"十一月辛巳"条外余并见《属国表》）。

《辽史·耶律何鲁扫古传》　（大安）八年，知西北路招讨使事，时边部耶都刮等来侵，何鲁扫古诱北阻卜酋豪磨古斯攻之，俘获甚众，以功加左仆射。复讨耶睹刮等，误击磨古斯，北阻卜由是叛命。遣都监张九讨之，不克，二室韦与六院部特满、群牧宫分俱陷于敌。

《辽史·耶律特磨传》　大安四年为倒塌岭节度使。顷之，为禁军都监。是冬，讨磨古斯，斩首二千余级。十年复讨之。既捷，授南院宣徽使。

［按］：特磨，当即《道宗纪五》大安九年十一月之"特抹"。

同上，《耶律挞不也传》　自萧敌禄为招讨之后，朝廷务姑息，多择柔愿者用之，诸部渐至跋扈。挞不也含容尤甚，边防益废。寻改西南面招讨使，阻卜酋长磨古斯来侵，西北路招讨使何鲁扫古战不利，诏挞不也代之。磨古斯之为酋长，由挞不也所荐，至是遣人诱致之。磨古斯绐降，挞不也逆于镇州西南沙碛间，禁士卒无得妄动。敌至，裨将耶律绾斯、徐烈见其势锐，不及战而走，遂被害。

苏轼《请修弓箭社第二状》（《东坡奏议》卷十四）　大抵北虏近岁多为小国达靼、术保之类所叛，破军杀将非一。近据北人契丹四哥探报，北界为差发兵马及人户家丁往招州以来收杀术保等国。

［按］：术保，唐长孺谓即阻卜的异译。是。

1094 年　甲戌　辽大安十年　宋绍圣元年

《辽史·道宗纪五》　大安十年正月戊子，乌古扎等来降（《属国表》同）。二月甲辰，以破阻卜赏有功者。四月庚戌，以知北院枢密使耶律斡特剌为都统，夷离毕耶律秃朵为副统、龙虎卫上将军耶律胡吕都监讨磨古斯，遣积庆官使萧乣里监战。七月，阻卜等寇倒塌岭，尽掠西路群牧马去。东北路统军使耶律石柳以兵追及，尽获所掠而还（《属国表》同）。九月，斡特剌破磨古斯。十月癸巳，西北路统军司获阻卜长拍撒葛蒲鲁等来献（《属国表》同）。十一月乙巳，惕德、铜刮、阻卜、的烈等来降（《属国表》同）。十二月戊子，西北路统军司奏讨磨古斯捷（《属国表》同）。

同上，《耶律那也传》　大安九年，为倒塌岭节度使。明年，冬，以北阻卜长磨古斯叛，与招讨都监耶律胡吕率精骑二千往讨，破之。

1095 年　乙亥　辽寿昌元年　宋绍圣二年

《辽史·道宗纪六》　寿昌元年六月癸巳，阻卜长杳里底及图木葛来贡（《属国表》作"秃里底"）。七月庚子，阻卜长猛达斯等来贡。甲寅，斡特剌奏磨古斯捷（"庚子"条见《属国表》，"甲寅"条见《部族表》）。

1096 年　丙子　辽寿昌二年　宋绍圣三年

《辽史·道宗纪六》　寿昌二年七月甲午，阻卜来贡（《属国表》同）。九月，丙午，徙乌古、敌烈部于乌纳水，以扼北边之冲。

1097 年　丁丑　辽寿昌三年　宋绍圣四年

《辽史·道宗纪六》　寿昌三年二月丙午，阻卜长猛撒葛、粘八葛长秃骨撒、梅里急长忽鲁八等请复旧地、贡方物，从之（《属国表》无"从之"二字）。五月癸亥，斡特剌讨阻卜，破之（《属国表》同）。

［按：梅里急，当即《蒙古秘史》的蔑儿乞惕部。

1098 年　戊寅　辽寿昌四年　宋元符元年

《辽史·道宗纪六》　寿昌四年正月己巳，徙阻卜等贫民山前。

［按］：阻卜诸部当时既有贫民，可见其时阶级分化已经发生。

1099 年　己卯　辽寿昌五年　宋元符二年

《辽史·道宗纪六》　寿昌五年六月戊戌，阻卜来贡（《属国表》同）。

1100 年　庚辰　辽寿昌六年　宋元符三年

《辽史·道宗纪六》　寿昌六年正月辛卯，斡特剌执磨古斯来献。二月己酉，磔磨古斯于市。六月癸丑，阻卜长来贡（《属国表》同）。

同上，《耶律斡特剌传》　北阻卜酋长磨古斯叛，斡特剌率兵进讨，会天大雪，败磨古斯四别部，斩首千余级……五年，复为西北路招讨使，讨耶睹括部，俘斩甚众，获马驼牛羊各数万。明年，擒磨古斯。

［按］：冯承钧《辽金北边部族考》谓磨古斯即《史集》所记克烈亦惕部王罕祖马儿古思（Marcus），从而断言克烈亦惕部为阻卜之一种。恐难必是。

《辽陵金石录》卷二《道宗哀册》　蠢尔鞑靼，自取凶灭，扰我边陲，萃其巢穴。上将既行。奇兵用设，即戮渠魁，群党归恍（悦）。

［按］：汉文哀册，乾道元年耶律俨撰。文中既特别颂扬了道宗败鞑靼扰边之师，可知此一战役是道宗朝的大事，《辽史》中当然不容不载。考《辽史·道宗纪》北部抗辽的事，在咸雍五年有阻卜之乱，辽以晋王仁先为西北路招讨使，领禁军讨平之。咸雍八年春，北边有战事，唯不得其详，但似乎也并不是什么大战役。咸雍九年七月，八石烈人杀其节度使以叛，寻为隗乌古部军镇压。以上数役，规模不大。其最大者为大安八年阻卜磨古斯的反叛。这次战争迁延九年，西北边部大为震动。至寿昌六年，斡特剌始破磨古斯擒之。通观《道宗本纪》，曾无只语道及鞑靼扰边。但是，在另一方面，破阻卜磨古斯之役，为道宗朝北方的重大战役，哀册既然谈到

道宗在北边之武功,断然不能不会拿来颂扬。把这两种记载拿来比较,可以肯定哀册中的鞑靼就是本纪中的阻卜。哀册中所说的上将,即耶律斡特剌;所说渠魁,即磨古斯。蔡美彪先生《辽金石刻中之"鞑靼"》一文曾详及之,可参考。

1101 年　辛巳　辽乾统元年　宋建中靖国元年

《辽史·天祚纪一》　乾统元年七月癸亥,阻卜、铁骊来贡(《属国表》同)。

同上,《萧夺剌传》　乾统元年,以久练边事,复为西北路招讨使。北阻卜耶睹刮率邻部来侵,夺剌逆击,追奔数十里。

1102 年　壬午　辽乾统二年　宋崇宁元年

《辽史·天祚纪一》　乾统二年七月,阻卜来侵,斡特剌等战败之(《属国表》同)。

同上,《萧夺剌传》　(乾统)二年,乘耶睹刮无备,以轻骑袭之,获马万五千匹,牛羊称是。

1106 年　丙戌　辽乾统六年　宋崇宁五年

《辽史·天祚纪一》　乾统六年七月癸巳,阻卜来贡(《属国表》同)。

同上,《耶律适禄传》　乾统中,从伐阻卜有功,加奉宸历护卫太保。

1110 年　庚寅　辽乾统十年　宋大观四年

《辽史·天祚纪一》　乾统十年六月甲午,阻卜来贡(《属国表》同)。

1112 年　壬辰　辽天庆二年　宋政和二年

《辽史·天祚纪一》　天庆二年六月甲辰,阻卜来贡(《属国表》同)。

1119年　己亥　辽天庆九年　宋宣和元年

《辽史·天祚纪二》　天庆九年五月，阻卜补疏只等叛，执招讨使耶律斡里朵，都监萧斜里得死之（《属国表》无"执招讨使"下二句）。

1122年　壬寅　辽保大二年　金天辅六年　宋宣和四年

《辽史·天祚纪三》　四月，（金）已取西京，沙漠以南部族皆降。上遂遁于讹莎烈。时北部谟葛失赆马驼。六月，谟葛失以兵来援，为金人败于洪灰水，擒其子陀古及其属阿敌音。

《金史·太祖纪》　四月，是时，山西城邑诸部虽降，人心未固，辽主走保阴山。五月，谋葛失遣其子菹泥刮失贡方物。

1123年　癸卯　辽保大三年　金天会元年　宋宣和五年

《续资治通鉴长编拾补》卷四六　三月，（马扩至燕京）兀室、杨璞到馆，云：西京路疆土，据诸郎君言，初得之时，城中再叛，攻近四十日方下。士卒死伤极众，实为艰辛。又非元约当割。若我家不取，待分与河西、毛揭室家，必得厚饷。河西，谓夏国；毛揭石，谓鞑靼也。

1124年　甲辰　辽保大四年　金天会二年　宋宣和六年

《辽史·天祚纪三》　四年春正月，上趋都统马哥军，金人来攻，弃营北遁，马哥被执，谟葛失来迎，赆马驼羊，又率部人防卫。时侍从乏粮数日，以衣易羊。至乌古、敌烈部、封谟葛失为神于越王。七月，天祚既得林牙耶律大石兵归，又得阴山室韦谟葛失兵，自谓天助，再谋出兵，收复燕云。大石林牙力谏曰……当养兵待时而动，不可轻举，不从。大石遂杀乙薛及坡里括，置北、南面官属，自立为王，率所部西去。

《三朝北盟会编》卷二一引史愿《亡辽录》　保大四年，（天祚）得大石林牙兵归，又得阴山鞑靼毛割失兵，自谓天助，谋出兵收复燕云。

同上，卷二一引马扩《茅斋自叙》　天祚驱达靼众三万余骑，乘粘罕归国，山后空虚，直抵云中府袭击，兀室率蔚、应、奉圣州、云中汉儿乡兵为前驱。女真以军马千骑伏于山谷间，出鞑靼军之后，鞑靼溃乱，大败。

同上，卷二一引《北征纪实》 遂以宣和六年之冬末领契丹鞑靼众五万人骑，并携其后妃二子秦赵王及宗属南来，如履无人之境。及才过云中，则兀室忽以大兵遮其归路，又报粘罕适已回云中，故为其追袭，一击而天祚之众大溃，势不得还，且谓中国必不可仗也，乃亟走小骨碌帐。

《契丹国志》卷十二 是秋，天祚得耶律大石林牙兵归，又得阴山室韦毛割石兵，自谓天助中兴，再谋出兵收复燕、云……天祚遂强率诸军出夹山，下渔阳岭，取天德军、东胜、宁边、云内等州，南下武州，遇金人兀室，战于奄曷下水。兀室帅山西汉儿乡兵为前驱，以女真千余骑伏山间，出室韦毛割石兵后，毛割石兵顾之大惊，皆溃。天祚奔窜入阴夹山，金人以力不能入，恨其不出，谓出必得之。天祚亦畏粘罕兵在云中，故不敢出。至是闻粘罕归国，以兀室代戍云中，乃率鞑靼诸军五万，并携其后妃、二子秦王、赵王及宗属南来。大石林牙谏之，不听，遂越渔阳岭，而粘罕已回云中，复奔山金司，与小胡鲁谋归南宋，又恐不可仗，乃谋奔夏国。计未决，小胡鲁密遣人遽报粘罕，粘罕先遣近贵谕降，未复；而金使娄宿驰骑而至，跪于天祚前曰：奴婢不佞，乃以介胄犯皇帝天威，死有余罪。因捧觞而进，遂俘以还。

《大金国志》卷三 先是辽主天祚帝窜入阴夹山，国兵以力不能入，恨其不出，谓出必得之。天祚亦畏粘罕兵在云中，故不敢出。至是，闻粘罕归国，以兀室代戍云中，乃率鞑靼诸军五万，并携其后妃暨二子秦王、赵王及宗属南来，大石林牙谏之，不听，遂越渔阳岭。而粘罕已回云中，故为国兵所败，又畏中国不可仗，乃谋奔西夏。未至，国兵擒之，削封海滨王，送长白山东，筑城居之，逾年而卒。

（辽主）既而西走云中，至于夹山，以保四部族衙。武元及粘罕、兀室以契丹叛臣余睹为向导，自中京由平地松林径趋云中路以追之，后于山金司获天祚。

《东都事略》卷一二四附录二《契丹》（耶律）延禧得大石林牙七千余骑，又阴结鞑靼毛褐室韦三万骑助之，延禧谓中兴有日，欲捣山后之虚，复燕云地。

《续资治通鉴长编记事本末》卷一四三　宣和五年二月，兀室、杨璞到馆云：西京路疆土，据诸郎君言：初得之时，城中再叛，攻近四十日方下，士卒死伤极众，实为艰辛。又非原约当割。若我家不取，待分与河西、毛揭室家，必得厚饷。河西，谓夏国；毛揭室，谓鞑靼也。

《三朝北盟会编》卷九引赵良嗣《燕云奉使录》　良嗣问金史乌歇等曰：闻契丹旧酋走入夏国，借得人马过黄河，夺了西京以西州县，占了地土不少，不知来时知子细否？使副对曰：来时听得契丹旧酋在沙漠，已曾遣人马追赶，终须捉得。兼沙漠之间是鞑靼、萌古子地分，两国君长并已降拜了本国，却走哪里去！国书中已载矣。

《释氏稽古略》卷四一　辽甲辰秋七月，天祚帝牵鞑靼诸军五万，其后妃、二子曰秦王、赵王及宗属南来，越渔阳岭。金人粘罕回军云中，天祚复奔夹山。

《续资治通鉴长编拾补》卷四五引《燕云奉使录》　使副答曰：来时听得契丹旧酋在沙漠，已曾遣人马追赶，次第终须捉得。兼沙漠之间，系是鞑靼、萷古子地分，此两国君长并已拜降了本国，待是走那里去？

《辽史·天祚纪四》　保大四年（大石）自立为王，率铁骑二百宵遁，北行三日，过黑水，见白达达详稳床古儿。床古儿献马四百，驼二十，羊若干。西至可敦城，驻北庭都护府。会威武、崇德、会蕃、新、大林、紫河、驼等七州及大黄室韦、敌剌、王纪剌、茶赤剌、也喜、鼻古德、尼剌、达剌乖、达密里、密儿纪、合主、乌古里、阻卜、普速完、唐古、忽母思、奚的、纠而毕十八部……遂得精兵万余，置官吏、立排甲、具器仗。

《契丹国志》卷十九　投鞑靼，鞑靼先受悟室之命，其首领诈出迎，具食帐中，潜以兵围之。鞑靼善射，无衣甲，余睹出敌，不胜，父子皆死。

1125 年 乙巳 辽保大五年 金天会三年 宋宣和七年

《续资治通鉴长编拾补》卷四九 七月，故辽国主天祚，为金人所擒。（始天祚亡入夹山）适畏黏罕据云中，屯兵以抗其前，故不敢出。及约期之际也，忽报国相归金国禀议，以兀室代云中元帅职而去。天祚用是益坦然，遂领所得契丹、鞑靼等众，并携其后妃二子秦、赵王及亲属南来，如入无人之境。及才过云中，则兀室忽以大兵遮其归路，又报黏罕适以已回云中矣，故为其追袭，一击，而天祚之众溃，势不能还，且畏中国不可仗，乃驱走小骨碌帐中。

《金史·太宗纪》 二月壬戌，娄室获辽主于余都谷。丁卯，以庞葛城地分授所徙乌虎里、迪烈二部及契丹民。三月，以谋葛失来附，请授印绶。

《续资治通鉴长编拾补》卷四九引《契丹国志》 天祚入夹山，金人以力不能入，恨其不出，谓出必得之。天祚亦畏粘罕兵在云中，故不敢出。至是，闻粘罕归国，以兀室代戍云中，乃率鞑靼诸军五万，并携其后妃、二子秦王、赵王及宗属南来。大石林牙谏之，不听，遂越渔阳岭，而粘罕已回云中，乃复奔山金司，与小胡鲁谋归南宋。又恐不可仗，乃谋奔夏。计未定，小胡鲁密遣人递报粘罕。先遣近贵谕降；未复，而娄宿驰至，遂俘以还。

（《续资治通鉴长编拾补》卷四九引《续宋编年资治通鉴》所记同，不赘录）

《续资治通鉴长编拾补》卷四九引《亡辽录》 天祚入夹山四部族卫。保大四年得大石林牙兵归，又得阴山鞑靼毛割石兵，自谓天助，谋出兵收复燕云……遂率诸军乘粘罕之归，出夹山，下渔阳岭，取天德军，东胜、宁边、云内等州，南下武州。遇金人战于辽遏水，复溃还，奔山金司，小胡鲁密遣人报粘罕，以五百骑劫迁去。

同书，引《茅斋自叙》 天祚驱鞑靼众三万余骑，乘粘罕归国，山后空虚，直抵云中府袭。兀室率蔚、应、奉圣州、云中汉儿乡兵为前驱，女真以军马千余伏山谷间，出鞑靼军后。鞑靼溃乱，大败。天祚南走。

1126 年　丙午　金天会四年　宋靖康元年

《三朝北盟会编》卷九九引范仲熊《北记》　丙午岁十一月，粘罕陷怀州，杀霍安国，范仲熊贷命令往郑州养济，途中与燕人同行，因问此中来者是几国人？共有多少兵马？其番人答言：此中随国相来者有鞑靼家，有奚家，有黑水家，有小葫芦家（即小勃律），有契丹家，有党项家，有黠戛斯家，有大石家，有回鹘家，有室韦家，有汉儿家，共不见得数目。

1127 年　丁未　金天会五年　宋建炎元年

《三朝北盟会编》卷一一〇引傅雱《建炎通问录》　当日，鞑靼国献羊，黑水国献马，两国人使，同时在帅府前伺候引见。

［按］：傅雱以建炎元年使云中，见粘罕。

《建炎以来系年要录》卷一八一　归朝官李宗闵上书，盖闻金人之马皆塔坦所入，冀北虽号产马之地，自兴兵以来，所养至少。金人置榷于白水，与塔坦贸易。丁未岁，塔坦之马不入金国，而又通好于达锡林牙。金人即遣使问罪。塔坦使其子来云中问过，金人羁留不得还。

［按］：李宗闵此奏上于绍兴二十九年四月。白水，当即白水泺，亦即察罕脑儿。《金史·地理志》"桓州有白泺"，即指此。

1128 年　戊申　金天会六年　建炎二年

《建炎以来系年要录》卷一八一　绍兴二十九年四月，归朝官李宗闵上书……戊申岁，伊都金吾出师攻达锡林牙，使塔坦助兵为响导，许归太子。已而伊都败师，欲结连谋叛，事泄，亡入塔坦，太子卒不遣还。自是太子郁结成疾，并其母死于云中。塔坦之恨，深入骨髓。

1132 年　壬子　金天会十年　宋绍兴二年

《建炎以来系年要录》卷五八　绍兴二年，是秋，金主晟如燕山，左副元帅宗维，右副元帅宗辅，右监军希尹、左都监宗弼皆会。留右都监耶律伊都守大同府，左监军昌守祁州。伊都久不迁，颇怨望，遂与燕山统军稿里谋为变，尽约燕云之郡守契丹、汉儿，令悉诛女真之在官、在军者。天德知军伪许之，遣其妻来告。时希尹微闻其事而未信，偶猎居庸关上，遇驰书者，觉而获之。宗维族稿里，命希尹诛伊都于大同。伊都微觉，父子以游猎为名，遁入夏国。夏人问有兵几何？云：亲兵二三百。遂不纳。乃奔塔坦。塔坦先受希尹之命，其首领诈出迎，具食帐中，潜兵以围之。塔坦善射，无衣甲。伊都出敌不胜，父子皆死。

《松漠纪闻》卷上　余都姑之降，金人以为西军大监军，久不迁，常鞅鞅。其军合董也，失其金牌。金人疑其与林牙暗合，遂质其妻子。余都姑有叛心。明年九月，约燕京统军反。统军之兵皆契丹人。余都姑谋诛西军之在云中者，尽约云中、河东、河北、燕京郡守之契丹、汉儿令诛女真之在官在军者。天德知军伪许之，遣其妻来告……悟室即回燕，统军来谒，缚而诛之。又二日至云中。余都姑微觉，父子以游猎为名，遁入夏国。夏人问有兵几何？云亲兵三二百。遂不纳。投达靼，达靼先受悟室之命，其首领诈出迎，具食帐中，潜以兵围之。达靼善射，无衣甲。余都出敌，不胜，父子皆死。凡预谋者悉诛，契丹之黠、汉儿之有声者皆不免。

《契丹国志》卷十九　余睹微觉，父子以游猎为名，遁入夏国，夏人问有兵几何？云：亲兵二三百。遂不纳。投达靼，达靼先受悟室命，其首领诈出迎，具食帐中，潜以兵围之。达靼善射，无衣甲。余睹出敌不胜，父子皆死。

《完颜希尹神道碑》(《吉林通志》卷一二〇)　王偕宗翰如燕，就右副元帅□议再□南伐。前重九二日，王往缙山阅马，道见骑者二人，物色颇异。诘之，战惧失次。搜衣领中，得元帅都监耶律余笃反书；约燕京统军使高六邀□元帅九日出猎，因伏兵举事。王驰报二帅，遂执高六鞫之，辞伏。王驰驿一日而至西京，穷治反者，无远近悉捕诛之。遣兵追捕，余笃已□□□□□为鞑靼所杀，函首以献。

《大金国志》卷七　兀室猎居庸关，遇驰递者，得余睹反状，族诛契丹统军稿里，元帅府诸将分捕余睹叛党。仍令诸路尽杀契丹，诸路大乱，月余方止。河北八馆五百户、山金司乙室王府、南北王府、四部族衙、诸契丹相温酋首率众蜂起，亡入夏国，及北犇沙漠。

契丹附大金者，由此一乱，几成灰烬。兀室至云中，余睹微觉，父子以游猎为名，遁入夏国。夏人问以兵几何？云：亲兵三二百。遂不纳。投鞑靼，鞑靼先受悟室之命，其首领诈出迎，具食帐中，密以兵围之。鞑靼善射，余睹出敌不胜，父子皆死。

[按]：元修三史讳言"鞑靼"，王国维、蔡美彪均言及之，兹就宋金史所见补充如次：端拱二年，宋琪上防辽十策。据《宋会要·蕃夷一》："……复有近界鞑靼、尉厥里、室韦、女真、党项，亦被胁服，每部不过千余骑。"《宋史·宋琪传》删"达靼"二字，此其一。其二：《宋会要·蕃夷四·于阗》记元丰六年五月神宗询于阗使者："从何国？曰：道由黄头回纥、草头鞑靼、董毡等国。"《宋史·于阗传》则仅言"历黄头回纥、青唐"（按青唐系董毡之所居）。其三：以《宋会要·蕃夷四》所记的拂菻与《宋史》之《拂菻传》比较，其中"达靼"二字亦被删除。《金史》和金人文集中均不见"鞑靼"，然"鞑靼"之称在当时确系通行。如贞祐四年东京总管府奉圣旨致高丽国王移牒中有："昔有鞑靼，持凶入京，已与大军年前讲好去讫"；又有云："鞑靼兵来攻大夫营，乘间入城，然已杀尽。"（均见《高丽史》卷二十二"高宗三年"）赵珙《蒙鞑备录》记章宗当时童谣："鞑靼来，鞑靼去，赶得官家没处去。"可知上自官方文献，下至俚俗民谣，均称北部为鞑靼。然《金史》中绝无鞑靼的记录。其有意删去"鞑靼"之例，亦可于与宋人记载比较中烁然自见。如：明初人陈桱作《通鉴续编》，《四库提要》说"桱祖著，宋时以秘史少监知台州，尝作书名《历代纪统》。其父泌为校官，又续有所撰，世传史学。"由此可知，《续编》虽成于明初，然其所记金元之际事，皆有所本。书中嘉定四年十一月载金徒单镒上言："自国家与达旦交兵以来，彼聚而行，我散而守……"然《金史·徒单镒传》则作："自用兵以来，彼聚而行，我散而守……"。《续编》嘉定五年三月胡沙虎欲屯南口，上言："达旦兵来，必不能支。"六年八月记胡沙虎行弑逆，"自将一军由通玄门入，恐城中兵出拒，先遣一骑驰抵东华门，大呼曰：达旦至北关，已接战矣"。而《金史·胡沙虎传》前一"达旦"则改作"大兵"，后一"达旦"则改作"大军"。此皆有意删改，非可以另以他故所能解释者。

1136 年　丙辰　金天会十四年　宋绍兴六年
《中兴小纪》卷二〇　夏国马多为鞑靼所盗。是岁，夏国兴兵
自河清军渡河，由云中径之鞑靼取马而归，往来皆不假于金国。

1137 年　丁巳　金天会十五年　宋绍兴七年
《三朝北盟会编》卷七八　上张相公（浚）言：又况金人北有黑
水鞑靼、契丹，西有西夏、吐蕃、回鹘，东有高丽国，南有大宋，边
面既广，怨愤日深。

《大金国志》卷九　（金天会十五年，宋绍兴七年）冬，夏国兴
兵，自河清军渡河，由云中府路天德军界取所亡马于鞑靼，既而得
回，往返并不假道金国，亦莫问罪。

1138 年　戊午　金天眷元年　宋绍兴八年
《三朝北盟会编》卷二二一引洪皓《行状》　既而莫公将北来议
不合，囚涿州，事复变，道鞑靼帐，其酋长闻洪尚书名，争邀入穹
庐，出妻女胡舞，举浑脱酒以劝。到燕一月，越王兀术族悟室党。

1139 年　己未　金天眷二年　宋绍兴九年
《建炎以来系年要录》卷一三三　女真万户呼沙呼北攻蒙古部，
粮尽而还。蒙古追袭之，至上京之西，大败其众于海岭。金主宣以
其叔呼剌美为招讨使，提点夏国、塔坦两国市场。

1147 年　丁卯　金皇统七年　宋绍兴十七年
《建炎以来朝野杂记乙集》卷十九《鞑靼款塞》　又有蒙国者，在
女真之东北，唐谓之蒙兀部，金人谓之蒙兀，亦谓之萌骨。人不火
食，夜中能视，以鲛鱼皮为甲，可捍流矢。自绍兴初始叛，都元帅宗
弼用兵连年，卒不能讨，但分兵据守其要害，反厚贿之。其酋亦僭称
祖元皇帝。至金亮之时，并为边患，其由来亦久矣。蒙人既侵金国，
得其契丹、汉儿妇女而妻妾之，自是生子不全类蒙人，而渐有火食。
至是鞑靼乃自号大蒙古国，边吏因以蒙鞑称之。然二国居东西两方
相望几数千里，不知何以合为一名也。盖金国盛时，置东北招讨司

以捍御蒙兀、高丽，西南招讨司以统隶辖鞑、西夏。蒙兀所据，盖吴乞买创业时二十七团寨。而辖境东接临潢府，西与夏国为邻，南距静州，北抵大人国，无城池屋宇，但为毡帐，择便利水草而居焉；无耕织，制皮为裘，以牛羊为粮。人皆狡狯，坚忍嗜杀；不知岁月，以草青一度为一岁，亦无文字。每调发军马，即结草为约，使人传达，急于星火；或破木为契，上刻数划，各收其半，遇发军，以木契合同为验。所谓生辖鞑者，又有白黑之别。今忒没真乃黑辖鞑也。

1150 年　庚午　金天德二年　宋绍兴二十年

《大金国志》卷十三　（春）除故卢马镇夏国辖鞑沿边招讨，提点两国市场，市场在云中西北，过腰带山、石楞坡，天德、云内、银瓮口数处有之。契丹时亦置市场，唯铁禁甚严，禁不得挟带交易。至大金则不然，唯利是视，铁禁遂弛。又宋时河东素使夹锡铁钱地分，自为大金国得之，不用铁钱，尽构之入官，官中每铁钱两贯伍佰作一秤，每秤以铜钱五百五十贷于民间。北地贵铁，百姓多由火山军武州八馆之天德、云内货铁于北方。今河东铁钱殆尽。自废豫后，至于陕西铁钱亦流而过北矣。北方得之，多作军器，甚而有以坚甲利兵与之回易者，爪牙既成，始不易制矣。

1161 年　辛巳　金大定元年　宋绍兴三十一年

《三朝北盟会编》卷二二九　（正隆六年）七月二十一日，金遣翰林学士韩汝嘉与国信使副徐嚞、张擒宣谕公文曰：向来北边有蒙古、辖鞑等，从东昏王数犯边境。自朕即位，久已宁息。近准边将屡申，此辈又复作过，比之以前，保聚尤甚，众至数十万。或说仍与西夏通好，镇戍突厥、奚、契丹人等，方不能加，曾至失利，若不即行诛灭，恐致滋蔓。

1168 年　戊子　金大定八年　宋乾道四年

《金史·世宗纪上》　十二月戊子，朔，遣武定军节度使移剌按等招谕阻䪁。

1172年　壬辰　金大定十二年　宋乾道八年

《金史·世宗纪中》（大定十二年四月）丁巳，西北路纳合七斤等谋反，伏诛。丁卯，阻䪁来贡。

［按］:《蒙鞑备录》:"金虏大定间，燕京及契丹地有谣言云:鞑靼来，鞑靼去，赶得官家没去处。葛酋宛转闻之，惊曰:是必鞑人为我国患，乃下令极于穷荒，出兵剿之，每三岁遣兵向北剿杀，谓之'减丁'。迄今中原人尽能记之曰:二十年前，山东、河北谁家不买鞑人为小奴婢，皆诸军掠来者。"以《世宗纪》、《李石传》及《北行日录》考之，大定五年至十二年间，北方边患固未尝少止。然自十二年阻䪁来贡之后，终大定之世，北边不再见有大规模的边事。"减丁"的记载，在《金史》中找不见任何佐证；且所记世宗闻童谣而用兵北方，亦大不近情理，盖赵珙得之于传闻，实不足为据。又《心史·大义略叙》:"昔金人盛时，鞑虽小夷，粘罕、兀术辈常虑其有难制之状，三年一征，五年一徙，用蒿指之法，厄其生聚。蒿者，言若刈蒿也，去其拇指，则丁壮无用。后金酋雍立，仁慈，恕鞑旧罪，免征徙蒿指之说，时思乃祖旧恨，但望北射三箭，泄余愤。如是十九年，鞑人孳育，丁壮甚盛。"此说较之《蒙鞑备忘》更增五年一徙及蒿指之法，益难置信。大抵金于北边诸部族征求诛伐，虽时不免有之，至若三年一征，五年一徙，事实上亦无此必要，盖传闻敷衍之词也。

1190年　庚戌　金明昌元年　宋绍熙元年

《金史·夹谷清臣传》　明昌元年，初议出师，以本职充东北路兵马都统制使，既而诏止之。

同上《完颜安国传》　时北阻䪁迫近塞垣，邻部欲立功以夸闻上国，议邀安国俱行讨之。安国以未奉诏为辞。

1194年　甲寅　金明昌五年　宋绍熙五年

《金史·章宗纪二》（明昌五年二月）己酉，宰臣请罢北边屯驻军马，不允。癸丑，命宣徽使移剌敏、户部主事赤盏实理哥相视北边营屯，经划长久之计。四月辛卯，幸景明宫，董师中，贾守谦、路铎先后凡两上封事，切谏不报，八月辛亥，至自景明宫。九月戊寅，敕尚书省集百官议备边事。甲申，命上京等九路并诸抹及纠等处选军三万，俟来春调发。仍命诸路并北阻𪚨以六年夏会兵临潢。

《大金国志》卷十九　正月，大通节度使爱王大辨据五国城叛。三月大起河东陕西路签军一十五万，上京路签军五万，命东安王瑜、完颜进等分路攻讨。约会于五国城。爱王闻大兵至，忧惧不知所出。掌书记何大雅说爱王曰：主上以君讨臣，今兹之来，头势甚重，万一战而不捷，后将谁继。不若求援于大朝为讨之。爱王许诺，遣大雅往聘，约以其子雄为质，破国之后，军储金帛。惟其所取。许之。五月……至平天漠而大朝将兵已至……乘胜袭逐至和龙东津。

1195 年　乙卯　金明昌六年　宋庆元元年

《金史·章宗纪三》　明昌六年三月戊戌，以北边粮运，括群牧所、三招讨司、猛安、谋克、随纠及迭剌、唐古部、诸抹、西京、太原官民驼五千充之，惟民以驼载为业者勿括。以银五十万两，钱二十三万六千九百贯，以备支给。银五万两，金盂二千八百两，金牌百两，银盂八千两、绢五万匹、杂彩千端、衣四百四十六袭，以备赏劳。五月辛卯以出师遣礼部尚书张暐，告于庙社。庚戌，令左丞相夹谷清臣行省于临潢府。六月辛巳，左丞相清臣遣使来献捷。八月壬申，行省都事独吉永中来报捷。十月乙亥，命尚书左丞夹谷衡行省于抚州，命选亲军、武卫军各五百人以从，仍给钱五千万。十一月戊子，左丞相夹谷清臣罢，右丞相襄代领行省事。甲辰，报败敌于望云。十二月乙卯，招抚北边军民。是月，右丞相襄率驸马都尉仆散揆等进军大盐泺，分兵攻取诸营。

同上，《夹谷清臣传》（明昌）六年，迁仪同三司，进拜左丞相，改封密。受命出师，行尚书省事于临潢府。清臣遣人侦知虚实，以轻骑八千命宣徽使移剌敏为都统，左卫将军充、招讨使完颜安国为左右翼，分领前队；自选精兵一万以当后队。进至合勒河，前队敏等于栲栳泺攻营十四，下之，回迎大军，属部斜出掩其所获羊马资物以归。清臣遣人责其赇罚，北阻𪚨由此叛去，大侵掠。上遣责清臣，命右丞相襄代之……初，议征讨，清臣主其事。既而领军出征，虽屡获捷而贪小利，遂至北边不宁者数岁，天下尤之。

同上，《完颜安国传》 六年，左丞相夹谷清臣出兵，以安国为先锋都统。适临潢、泰州属部叛，安国先讨定之，以功迁本路招讨使兼威远军节度使。

同上，《瑶里孛迭传》（明昌）六年正月，北边有警，聚兵围庆州急，孛迭率本路军往救，敌解去，州竟无患。

同上，《伯德梅和尚传》（明昌）六年，移镇崇义军，时有事北边，左丞相夹谷清臣行省于临潢，檄为副统。会敌入临潢，梅和尚暨护卫辟合土等领军逆击之。敌积阵以待。梅和尚直捣其阵，杀伤甚众。敌知孤军无继，聚兵围之……为流矢所中，死。

［按］：王国维《萌古考》谓栲栳泺即《秘史》之阔连海子，今之呼伦池；合勒河即《秘史》之合勒合河，今之喀尔喀河。此役清臣进攻呼伦池东畔，其地世为合答斤、撒勒只兀惕二部所居。宗皓传所云：连岁扰边皆合底忻、山只昆，二部为之者，于此传得证。

1196 年　丙辰　金承安元年　宋庆元二年

《金史·章宗纪二》 承安元年正月甲申，大盐泺群牧使移剌睹等为广吉剌部兵所败，死之。二月丁卯，右丞相襄、左丞衡至自军中，己巳，复命还军。七月乙酉，命有司收瘗西北路阵亡骸骨。九月辛巳，以右丞相襄为左丞相，监修国史，封常山郡王。癸未，都人进酒三千一百瓶，诏以赐北边军吏。辛丑，西南路招讨使仆散揆至自军。十月丙午，诏选亲军八百人戍抚州。庚戌，命左丞相襄行省于北京，签书枢密院事完颜匡行院于抚州。十一月庚寅，特满群牧契丹陁锁、德寿反，泰州军击败之。十二月己酉，遣提点太医近侍局使李仁惠赐北边将士，授官者万一千人，授赏者几二万人。凡用银二十万两，绢五万匹，钱三十二万贯。

同上，《纳坦谋嘉传》 承安元年契丹陀锁寇掠韩州、信州。

同上，《内族襄传》 时左丞相夹谷清臣北御边，措置乖方。属边事急，命襄代将其众，佩金牌便宜从事……时胡匹纥亦叛，啸聚北京、临潢之间。襄至，遣人招之，即降，遂屯临潢。顷之，出师大盐泺，复遣右将军完颜充进军斡鲁速城，欲屯守，俟隙进兵，绘图以闻。议者异同，即召面论，厚赐遣还。未几，遣西北路招讨使完颜安国等趋多泉子。密诏进讨。乃命支军出东道，襄由西道。而东军至龙驹河为阻𩁹所围，三日不得出，求援甚急。或请俟诸军集乃发，襄曰：我军被围数日，驰救之犹恐不及，岂可后时。即鸣鼓夜发。或请先遣人报围中，使知援至。襄曰：所遣者傥为敌得，使知我兵寡而粮在后，则吾事败矣！乃益疾驰。迟明，距敌近，众请少憩。襄曰：吾所以乘夜疾驰者，欲掩其不备耳！缓则不及。向晨压敌，突击之；围中将士亦鼓噪出，大战，获舆帐牛羊。众皆奔斡里札河，遣安国追蹑之，众散走。会大雨，冻死者十八九，降其部长，遂勒勋九峰石壁……九月，赴阙，拜左丞相，监修国史，封常山郡王……十月，阻𩁹复叛，襄出屯北京。会群牧契丹德寿、陁锁等据信州叛，伪建元曰身圣，众号数十万，远近震骇……临潢总管乌古论道远、咸平总管蒲察守纯分道进讨，擒德寿等送京师……方德寿之叛，诸乣亦剽掠为民患，襄虑其与之合，乃移诸乣居之近京地，抚慰之。或曰：乣人与北俗无异，今置内地，或生变奈何？襄笑曰：乣虽杂类，亦我之边民，若抚以恩，焉能无感。我在此，必不敢。后果无患。

同上，《完颜安国传》　承安元年，大盐泺之战，杀获甚众。诏赐金币。既而右丞相襄总大军进，安国为两路都统，大捷于多泉子。襄遣安国追敌，金言粮道不继，不可行也。安国曰：人得一羊，可食十余日，不如驱羊以袭之便，遂从其计。安国统所部万人疾驱以薄之，降其部长。

同上，《瑶里孛迭传》　承安元年，丞相襄北伐，孛迭为先锋副统，进军至龙驹河，受围，会襄引大军至得解。后授镇宁军节度使，以六群牧人叛，改宁昌军，孛迭为都统，领步骑万次懿州。敌数万来逆战，兵势甚张，孛迭亲临阵，奋力鏖击，却之。

《元朝秘史》卷四　大金国塔塔儿蔑古真薛兀勒图等不从他命，教王京丞相领军来剿捕，逆着浯勒扎河将蔑古真薛兀勒图袭着来……太祖遂与脱斡邻勒引军顺浯勒扎河与王京夹攻塔塔儿。时，塔塔儿在忽速秃失秃延地面立了寨子，被太祖、脱斡邻勒攻破，将塔塔儿蔑古真薛兀勒图杀了。金国的王京……大欢喜了，与太祖扎兀（惕）忽里的名分，脱斡邻（勒）王的名分。王京又对太祖说，杀了蔑古真等，好生得你济，我回去金国皇帝行奏知，再大的名分招讨官教你做者。

《元史·太祖纪》 塔塔儿部长蔑兀真笑里徒背金约，金主遣丞相完颜襄帅兵逐之北走。帝闻之，发近兵自斡难河迎击，仍谕薛彻别吉帅部人来助，候六日不至，帝自与战，杀蔑兀真笑徒，尽掳其辎重。

《圣武亲征录》 塔塔儿部长蔑兀真笑里徒背金约，金主遣丞相完颜襄帅兵逐塔塔儿北走。上闻之，遂起近兵，发自斡难河逆讨之……与战纳剌秃失图、忽剌秃失图之野，尽掳其车马粮穰，杀蔑古真笑里徒……金主因我灭塔塔儿，就拜上为察兀忽鲁，亦册克烈部长脱邻为王。

《金史·完颜匡传》 初，匡行院于抚州，障葛将攻边境，会西南路通事黄掴按出使乌都椀部，知其谋，奔告行院为之备，迎击障葛，败其兵。

［按］：完颜匡败障葛事，他无可考。匡以元年十月行院于抚州，三年入守尚书右丞。以《传》之"初，匡行院于抚州"观之，迨元年事无疑。完颜襄攻塔塔儿之役，襄以二月丁卯至自军中，己巳返军；七月乃有收瘗西北路阵亡骸骨之命。九月，襄赴阙受封，则战事当在四五月间。襄《传》之斡里扎河，《秘史》作浯勒扎河，即今外蒙古的乌力吉河。金之漠北诸部，多受金朝之册封。《元史译文证补》卷一："乃蛮主亦难赤汗先卒，二子曰太阳汗，曰不亦鲁黑汗。太阳汗名太亦布哈，受金封爵为大王，故曰大王汗，蒙兀人讹为太阳汗"。《史集》俄译本则云封为"儿王"（Aǔ-BaH，《史集》俄译本第一卷第一分册译为 сынHxaHa 儿王）

《大金国志》卷十九 完颜伟上疏谏，在都堂慷慨谓右谏议郑遂良等曰：……忠烈王临终以夏人蒙人为忧，遗奏极切。

（伟，忠烈王兀术之次子也）

1197 年 丁巳 金承安二年 宋庆元三年

《金史·章宗纪二》 承安二年三月壬午，命尚书户部侍郎温昉佩金符行六部尚书于抚州。丁酉，以参知政事裔代左丞相襄行省于北京。四月甲子，尚书省奏比岁北边调度颇多，请降僧道空名度牒紫褐师号以助军储，从之。五月丁酉，北京行省参知政事裔移驻临潢府。庚辰，升抚州为镇宁军。丁亥，左丞相襄诣临潢府。八月辛巳，以边事未宁，诏集六品以上官于尚书省，问攻守之计。凡中外臣僚，不以职位高下，或有方略材武，或长于调度，各举三五人以备选用，无有顾望，不尽所怀，期五日封章以进。议者凡八十四人，言攻者五，守者四十六，且攻且守者三十三，召对睿思殿，论难久之。九月壬寅，遣官分诣上京、东京、北京、咸平、临潢、西京等路招募汉军，不足则签补之。辛酉，以枢密使、兼平章政事襄知大兴府事。胥持国为枢密副使、权参知政事、行省于北京。十月壬辰，奖谕西南路招讨使仆散揆等有功将士。十一月庚申，北京留守裔以行省失耿杖一百，除名；右谏议大夫纳兰昉杖九十，削官二阶，罢之。

同上，《内族襄传》 诏参知政事裔代领其众……北部复叛，裔战失律，复命襄为左副元帅莅师……时议北讨，襄奏遣同判大睦亲府事宗皓出军泰州，又请左丞衡于抚州行枢密院，出军西北路以邀阻鞑，而自帅兵出临潢。上从其策。

同上，《宗皓传》 北方有警，命宗皓佩金虎符驻泰州，便宜从事。朝廷发上京等路军万人以戍，宗皓以粮储未备，且度敌未敢动，遂分其军就食隆肇间。是冬果无警。

同上，《夹谷衡传》 承安二年，出为上京留守，寻改枢密副使，行院规画边事。

同上，《瑶里孛迭传》 承安二年，乣军千余出没剽掠锦、懿间，孛迭追败之，复获所掠，悉还本户。

同上，《完颜安国传》 承安二年，以营边堡功召签枢密院事，赐虎符，还边，得以便宜从事。时并塞诸部降，谕使输贡如初。

同上，《独吉思忠传》 承安三年，除兴平军节度使，改西北路招讨使。初，大定间修筑西北屯戍，西自坦舌，东至胡烈么，几六百里，中间堡障工役促迫，虽有墙隍，无女墙副堤。思忠增缮，用工七十五万，止用屯戍军卒，役不及民。（据《本纪》当列"承安五年"）

1198 年　戊午　金承安三年　宋庆元四年

《金史·章宗纪三》　承安三年二月丙戌，斜出内附。八月庚辰，以护卫石和尚为押军万户，率亲军八百人，武卫军千六百人戍西北路。十月癸未，行枢密院言：斜出等请开榷场于辖里袅，从之。十一月丁丑，枢密使兼平章政事襄至自军。戊申，诏奖谕枢密副使夹谷衡以下将士。辛亥，以边事定，诏中外减死罪，徒以下释之，赐左丞相襄以下将士金币有差。

同上，《食货志五·榷场》（承安）三年九月行枢密院奏，斜出等告开榷场，拟于辖里尼要安置，许自今年十一月贸易。寻定制，随路榷场若以钱入外界、与外人交易者，徒五年，三斤以上死。

同上，《宗浩传》　北部广吉剌者尤桀骜，屡胁诸部入塞，宗浩请乘其春暮马弱击之。时阻䪁亦叛，内族襄行省事于北京，诏议其事。襄以谓若攻破广吉剌，则阻䪁无东顾忧，不若留之以牵其势。宗浩奏：国家以堂堂之势，不能扫灭小部，顾欲藉彼为捍乎？臣请先破广吉剌，然后提兵北灭阻䪁。章再上，从之……宗浩觇知合底忻与婆速火等相结，广吉剌之势必分，彼既畏我见讨而复掣肘仇敌，则理必求降，可呼致也。因遣主簿撒领军二百为先锋，戒之曰：若广吉剌降，可就征其兵以图合底忻，仍侦余部所在，速使来报，大军当进，与汝击破之必矣。合底忻者，与山只昆皆北方别部，恃强中立，无所羁属，往来阻䪁、广吉剌间，连岁扰边，皆二部为之也。撒入敌境，广吉剌果降，遂征其兵万四千骑，驰报以待。宗浩北进，令人赍三十日粮，报撒会于移米河共击敌，而所遣人误入婆速火部，由是东军失期。宗浩前军至忒里葛山，遇山只昆所统石鲁、浑滩两部，击走之，斩首千二百级，俘生口、车、畜甚众。进至呼歇水，敌势大慑。于是合底忻部长白古带，山只昆部长胡必剌及婆速火所遣和火者皆乞降。宗浩承诏，谕而释之。胡必剌因言：所部迪列土近在移米河，不肯偕降，乞讨之。乃移军趋移米，与迪烈土遇，击之，斩首三百级，赴水死者十四五，获牛羊万二千，车帐称是。合底忻等恐大军至，西渡移米，弃辎重遁走。撒与广吉剌部长忒里虎追蹑及之，于窊里不水纵击大破之。婆速火九部斩首、溺水死者四千五百余人，获驼马牛羊不可胜计。军还，婆速火乞内属，并请置吏。上优诏褒谕，迁光禄大夫，以所获马六千置牧以处之。

同上，《内族襄传》 斜出部族诣抚州降，上专使问襄。襄以为受之便。赐宝剑，诏度宜穷讨。乃命士自赍粮，以省挽运，进屯于泅移剌烈乌满扫等山以逼之；因请就用步卒穿壕筑障，起临潢左界北京路以为阻塞。言者多异同，诏问方略。襄曰：今兹之费虽百万贯，然功一成，则边防固而戍兵可减半，岁省三百万贯，且宽民转输之力，实为永利。诏可。襄亲督视之，军民并役，又募饥民以雇即事，五旬而毕。于是西北、西南路亦治塞如所请。无何，泰州军与敌接战，宗皓督其后，杀获过千，诸部相率送款，襄纳之。自是北陲遂定。

同上，《夹谷衡传》 承安二年，出为上京留守，寻改枢密副使。行院规划边事，三年，以修完封界赐诏褒谕。

同上，《瑶里孛迭传》 三年，从同判大睦亲府事宗浩为左翼都统，战移密河，胜；战骨堡子西，杀获甚众。

［按］：移密河即今伊敏河，呼歇水即辉河。广吉剌即元之弘吉剌，合底忻即合答斤，山只昆即撒勒只兀。王国维《蒙古考》谓忒里虎即《秘史》卷四之翁吉剌敦迭儿格克，卷六帖儿克等翁吉剌、《亲征录》之翁吉剌酋长帖木哥。婆速火即弘吉剌之孛思忽儿。婆速火所遣火者即特薛禅之子、按陈那颜之弟火忽。迪烈土即别勒古纳惕。屠寄谓斜出即《秘史》之主儿乞部撒察别乞（《蒙兀儿史记》卷二）。辖里么，屠氏谓即《金史》地理志之胡烈儿，地在抚州北。王氏则谓为食货志之辖里尼要。尼要，《金史国语解》谓水匄也。辖里尼要乃达里泊南之活来库勒，未审孰是。1195年栲栳泺之役，1196年斡里札河之役，1198年移米河之役，金予东蒙之塔塔儿部、合底斤部，撒勒只兀惕部以沉重打击，解除了成吉思汗东边的威胁，使他有可能联合王罕兵西败乃蛮与蔑儿乞部，增强势力。同时，三次战役的结果，金朝本身也疲弊不堪，再无力对北方进行攻击。这样，就为成吉思汗统一蒙古诸部准备了条件。

行纪笺注八种

目　录

高居诲《于阗行纪》笺注
据《新五代史·四夷传附录三·于阗》

晋天福三年（938年），于阗国王李圣天遣使者马继荣来贡红盐、郁金、牦牛尾、玉、氎等。晋遣供奉官张匡邺假鸿胪卿、彰武军节度判官高居诲为判官，册圣天为大宝于阗国王。

石晋高祖天福三年，《旧五代史·晋书·高祖纪三》十月，于阗国王李圣天册封为大宝于阗国王。《册府元龟·外臣部·册封三》：晋高祖 天福三年十月，制曰：于阗国王李圣天，境控西陲，心驰北阙。顷属前朝多事，久阻来庭。今当宝历开基，乃勤述职。请备属籍，宜降册封，将引来远之恩，俾乎无为之化。宜册封为大宝于阗国王。仍令所司择日备礼册命，以供奉官张匡邺充使。

是岁冬十二月，匡邺等自灵州行，二岁至于阗，至七年冬乃还。而居海颇记其往复所见山川诸国，而不能道圣天世次也。

于阗之名，汉张骞通西域，始昉见于汉籍，《史记》作于阗，《汉书》作于寘，《大唐西域记》作瞿萨旦那，其注云：唐言地乳，即其俗之雅言也。俗谓之涣那，匈奴谓之于遁，诸胡谓之豁旦，印度谓之屈丹。元代有五端、兀丹、斡端、忽炭诸译。东汉建武末，其王曰俞林，为莎车王贤所攻，徙为骊归王，以其弟君得为于阗王。明帝永平中，其种人都末杀君得；大人休莫霸又杀都末，自立为于阗王。死，兄子广得立，击虏莎车王贤以归杀之。（《梁书·于阗传》）顺帝永建六年，其王放前遣子入贡。元嘉初，有王名建，因构弥王成国构谗，敦煌太守马达使长史王敬执斩之。国人立建子安国为王。北魏真君中，世祖诏高凉王那击吐谷浑慕利延。慕利延惧，驱其部落渡流沙。那进军急追之，慕利延遂西入于阗，杀其王。显祖末，蠕蠕寇于阗，于阗遣使素目伽上表称奴，求救。其王名中于王秋仁。《隋书》称王姓王，字卑示闭练（《北史》作"早示门练"）。《唐书》谓其先臣于西突厥，其王姓尉迟氏，名"屈密"（《新唐书》作"屋密"）。贞观中，其王伏阇信入朝。高宗时，授右骁卫大将军；其子叶护玷为右骁卫将军。垂拱初，其王伏者雄入朝，卒，则天封其子璥为于阗国王。开元十六年（728），复册尉迟伏师（《新唐书》作"伏师战"）为于阗国王。死，伏阇达嗣。死，尉迟珪嗣。珪死，子胜立。《唐书·尉迟胜传》称其本于阗王珪之长子，少嗣位。天宝中来朝，至德初，闻安禄山反，乃命弟曜行国事，自率兵赴难。后胜留京师，以本国授曜。此于阗王系世次之可考者。至若李氏的代尉迟，当在中唐以后，不得其详。冯承钧《西域地名》：于阗古都《前汉书》之西域，《新唐书》之西山城，经格勒纳尔及斯坦因之调查，在今县治西，Borazan 回庄之约特干（Yotkan）村地方。关于于阗（Khotan）之语源，伯希和《马可波罗注》有详考。清人满洲八十一《新疆纪略》、祁韵士《西域释地》均谓回民呼汉人为"赫探"、"黑台"，音讹而为"和阗"。盖两氏所引之"赫探"、"黑台"，实"契丹"之音讹，与和阗渺不相干也。

居诲记曰：自灵州过黄河，

魏王泰《括地志》：灵州，初在河北胡城，大统六年（540）于梁园复筑城以为州，即今州城是也。《新唐书·地理志一·灵州大都督府》，隋灵武郡。武德元年（618）改为灵州总管府。贞观四年（630）置灵州都督府。肃宗即位灵武，升为大都督府。宋初陷于夏，改为翔庆军。晋之灵州，在今灵武县西南。

行三十里，始涉沙入党项界，曰细腰沙，神树沙。

《宋会要辑稿·蕃夷四·回鹘》：端拱元年（988）九月，回鹘都督石仁政、么啰王子、邈拏王子，越黜黄水州巡检四族，并居贺兰山下，无所统属。诸部入贡，多由其地。么啰王子自云：向为灵州冯晖阻绝，由是不通贡奉。今有内附意。各以锦袍银带赐之。此四部居地，当在灵州以西、贺兰山南段之地，西向通道之要冲也。更西即今腾格里沙漠。

至三公沙，宿月支都督帐。

《史记·大宛传》：始月支居敦煌、祁连间，及为匈奴所败，乃远去。过宛，西击大夏而臣之，遂都妫水北，为王庭。其余小众不能去者，保南山羌，号小月氏。《后汉书·西羌传》：湟中月氏胡，其先大月氏之别也。旧在张掖、酒泉地。月氏王为匈奴冒顿所杀，余种分散，西逾葱岭；其羸弱者南入山阻，依诸羌居止，遂与共婚姻。

及骠骑将军霍去病破匈奴，取西河地，开湟中，于是月氏来降，与汉人错居。虽依附县官，而首施两端。其随汉兵战斗，随势强弱。被服、饮食、言语略与羌同，亦以父名母姓为种。其大种有七，胜兵合九千余人，分在湟中及令居。又数百户在张掖，号曰义从胡。又《魏书》载小月氏国，都富楼沙城。其王本大月氏王寄多罗子也。寄多罗为匈奴所逐西徙后，令其子守此城，因号小月氏焉。在波路西南，去代一万六千六百里。先居西平、张掖之间，被服颇与羌同。其俗以金银钱为货，随畜牧移徙亦类匈奴。此路波在阿钩羌西北，阿钩羌则在莎车西南。则此小月氏部当在南疆之地。唐之羁縻州有月氏都督府，以吐火罗叶护河缓城置，领州三十五，中有富楼州，即此富楼沙城无疑。至若此阿拉善左旗境之月氏，则不见记载。据《新唐书·元载传》，初，四镇北庭行营节度使寄治泾州。岂所谓月氏都督帐乃其属府欤？

自此沙行四百余里，至黑堡沙，沙尤广，遂登沙岭。沙岭，党项牙帐也。其酋曰捻崖天子。

《唐书》：党项羌，西羌之别种也。

渡白亭河，至凉州。

凉州，今甘肃武威县。《新唐书·地理志四·凉州武威郡》属县五。有白亭军，本白亭守捉，天宝十四载（755）为军。杜佑云：白亭守捉在凉州城西北五百里。阚骃《十三州志》：会水，一名白亭海，众羌之水所会，故曰会水。北有白亭，因谓之白亭水也。《前汉书》注引此云：会水县，众水所会，故曰会水。《元和郡县志》：白亭军在姑臧县北三百里，马城河东岸，天宝十载，哥舒翰置军，因白亭海为名。又《旧唐书·郭元振传》：大足元年（701），元振迁凉州都督。先是凉州封界南北不过四百里，元振始于南境破口置和戎城，北界碛中置白亭军，控其要路，乃拓州境一千五百。自是寇虏不复更至城下。

自凉州西行五百里至甘州。甘州，回鹘牙也。

甘州，今甘肃张掖。唐会昌中，回鹘为黠戛斯所破。其相驱职拥外甥将庞勒西奔安西。既而南走依边之乌介可汗，为唐将张仲武所破，庞勒乃自称可汗，居甘、沙、西州之地。唐封仁裕为顺化可汗，晋天福中改册为奉化可汗。

其南，山百余里，汉小月氏之故地也，

阚骃《十三州志》：西平、张掖之间，大月氏之别小月氏国。又魏王泰《括地志》下：凉、甘、肃、沙等州地，本月氏国。

有别族，号鹿角山沙陀，云：朱邪氏之遗族也。

沙陀，西突厥别部处月种也。处月居金娑山之阳，蒲类之东，有大碛，名沙陀，故号沙陀突厥。唐至德、宝应间，北庭、西州，道闭不通。沙陀苦回纥侵渔，其七千帐附于吐蕃，吐蕃徙其部于甘州。回纥取凉州，吐蕃疑沙陀持两端，议欲徙之河外。朱邪尽忠乃率部循乌德鞬山东走灵州。此鹿角山沙陀则其遗留者。

自甘州西，始涉碛，碛无水，载水以行。甘州人教晋使者作马蹄木涩。木涩四窍，马蹄亦凿四窍而缀之。驼蹄则包以牦皮乃可行。

涩，不滑也。《黑鞑事略》：蹄锲薄而怯石者，叶以铁，或以板，谓之脚涩。又《元文类·经世大典叙录·军器》：军需有马脚涩。

西北五百里至肃州，渡金河。

肃州，今甘肃酒泉，金河当即今之北大河。

西百里出天门关。

陶保廉《辛卯侍行记》：天门关其故址盖在（嘉峪）关外黑山湖，左右大道旧在黑山下也。（卷五）《古西行记》注：古黑山湖在今甘肃嘉峪关市西，已涸。其东北有黑山湖水库。

又西百里，出玉门关。

《史记·大宛传》集解引韦昭曰：玉门关在龙勒界。又《索隐》引韦昭曰：玉门，县名，在酒泉。又有玉关，在龙勒也。《正义》引《括地志》云：沙州龙勒山在县南百六十五里。玉门关在县西北百一十八里。阚骃《十三州志》：玉门县，置长三百里石门周匝山间，裁经二十里，众泉流入延兴。汉罢玉门关屯，徙其人于此，故曰玉门县。《元和郡县志》：玉门县，东至肃州二百二十里。汉罢玉门关屯戍，徙其人于此，因以县名。

经吐蕃界，吐蕃男子冠中国帽，妇人辫发，戴瑟瑟珠，云珠之好者，一珠易一良马。

《新唐书·吐蕃传》：妇人辫发而蒙之。其官之章服，最上瑟瑟，金次之，金涂银又次之，银次之，最下至铜止，差大小缀臂前以辨贵贱。

西至瓜州、沙州，二州多中国人。闻晋使来，其刺史曹元深等郊迎，问使者天子起居。

梁载言《十道志》上：瓜州晋武郡，《禹贡》雍州之域，古西戎地。战国时，乌孙、月氏居焉。汉初为匈奴右地，后为武威、酒泉二郡。唐之瓜州在今甘肃安西东。沙州敦煌郡，《禹贡》雍州之域，古西戎地，秦属西戎，汉置敦煌郡，在今甘肃敦煌西。《宋会要辑稿·蕃夷五·瓜沙二州》：瓜沙二州本敦煌故地，自唐天宝末陷于西戎。大中五年（851），刺史张义潮以州归顺，诏建沙州为归义军，以义潮为节度使；州人曹义全为长史。义潮卒，义全遂领州务。义全卒，子元忠嗣。周显德二年（955）来贡，自称留后。世宗命以节度使检校太尉、同中书门下平章事，铸印赐之。据《宋史》所载，沙州在义潮入朝后，其从子惟深领州事。至朱梁时，张氏后绝，州人推长史曹义金为帅。《新五代史》载：义金卒于晋天福五年，子元德立。天福七年，沙州曹元忠，瓜州曹元深皆遣使来朝。

瓜州南十里鸣沙山，云冬夏殷殷有声如雷，云《禹贡》流沙也。

《水经注》：敦煌县七里有鸣沙山，一名神沙山。《一统志》：鸣沙山在敦煌县南三十里。即今敦煌千佛洞。洞366年沙门某者始造。《沙州志》残卷：（上阙）烽，又西北流七十里至山阙烽，水东即是鸣沙流山。其山流动无定，峰岫不恒，俄然深谷为陵，高崖为谷；或峰危似削，孤岫如画，夕疑无地，朝以干霄。中有井泉，沙至不掩。马驰人践，其声若雷。《新唐书·地理志》：鸣沙山，一名沙角山，又名神沙山，在县七里。

又东南十里三危山，云三苗之所窜也。

《后汉书》李注：三危山在今沙州敦煌县东南，山有三峰，故曰三危也。又同书《西羌传》谓：西羌之本出自三危，姜姓之别也。其国近南岳，及舜流四凶，徙之三危河关之西南，羌地是也。《括地志》上：三危山有峰，故曰三危，俗亦云卑羽山，在沙州敦煌县东南三十里。

其西，渡都乡河，曰阳关。

《沙州志》残卷：州西北又分一渠，名都乡渠。又同书补目：七所渠，其四列都乡渠。《沙州图经》：七所渠之第四所为都乡渠。右源在州西南一十八里甘泉水马圈堰，下流，造堰拥水，口里，高八尺，阔四尺。诸乡共造，因号都乡。《史记》正义引《括地志》：阳关在寿昌县西六里。《肃州志》云：敦煌县西南一百五十余里有废阳关是也。王念孙《汉书注》引戴震《水地志》云：玉门关在故寿昌县西百一十八里，阳关在县西六里。寿昌本汉龙勒县地。徐松谓阳关在南，玉门在北，大率出南、北道者分由之。居诲此行出玉门关而西，若鸣沙、三危山、阳关诸处，皆非亲历也。

沙州西曰仲云，其牙帐居胡卢碛。云仲云者，小月氏之遗种也。其人勇而好战，瓜、沙之人皆惮之。胡卢碛，汉明帝时征匈奴，屯田于吾卢，盖其地也。

《后汉书·西域传》：永平十六年（73），明帝乃命将帅北征匈奴，取伊吾卢地，置宜禾都督以屯田。王注：在今伊州伊吾县。《集解》引惠栋曰：欧阳忞云：西州伊吾县本匈奴地，曰伊吾庐，在敦煌之北，大碛之外。先谦曰：《一统志》：晋立伊吾都尉，为伊吾郡，唐置伊州，附廓伊吾县。今新疆省哈密厅。按：汉之伊吾城，在哈密西三十里。《通典·边防五·葱茈羌》：敦煌西西域之南山中，从婼羌西至葱岭数千里，有月氏余种葱茈羌、白马羌、黄牛羌，各有酋豪。北与诸国接，不知其道里广狭。《汉书·西域传》注引《赵充国传》云：婼，月氏。《论衡》云：婼羌当在今阳关之西，小宛之东，今沦为戈壁。又《赵充国传》：狼河小月氏种，在阳关西南。盖月氏西迁之后，其遗种犹广泛分布于湟中、南山，且遍及南疆之地，与羌部混杂、融合，所谓婼羌者，盖以此部当时为诸羌首帅，故诸羌部皆以婼羌目之。《韦元成传》谓起敦煌、酒泉、张掖，以鬲婼羌，裂匈奴之右臂。此处于诸多羌部，单举婼羌，知其独异诸部也。当时之羌与小月氏，已无所分别。又据《魏书·康国传》：其王本姓温，月支人也。旧居祁连北之昭武城。温即仲云之音省。王延德《行纪》作众戮，《宋会要辑稿·蕃夷四·拂菻》作种温，皆仲云之异译。

地无水而尝寒多雪。每天暖雪销，乃得水。匡邺等西行入仲云界，至大屯城。

《新唐书·地理志》西州交河郡属县蒲昌，西有七屯城、弩支城，有石城镇，播仙镇。又《四夷通道》：自蒲昌海南岸西经七屯城，汉伊修城也。又西八十里至石城镇，海楼兰国也。蒲昌海即今罗布泊，楼兰遗迹在泊之西南。岑仲勉《中外史地考证》下册页627谓"七屯"为"古屯"之讹，此大屯亦即古屯，当是。又魏王泰《括地志》下：蒲昌海，一名泑泽，一名盐泽，亦名辅日海，亦名穿兰，亦名临海，在沙州西南。

仲云遣宰相四人，都督三十七人候晋使者，匡邺等以诏书慰谕之，皆东向拜。自仲云界西始涉醶碛，无水，掘地得湿沙，人置之胸以止渴。

楼兰遗迹之西即为塔里木盆地。

又西，渡陷河，伐柽置冰上乃渡，不然则陷。

即塔里木河，《唐书》作且末河，今车尔臣河（Charchin daria）。

又西至绀州。绀州，于阗所置也，在沙州西南，云去京师九千五百里矣。

贾耽《四夷通道》：又西，经移杜堡、彭怀堡、坎城守捉，三百里至于阗。坎城即绀城。斯坦因以为即《史记》之扜罙、《汉书》之扜弥、《后汉书》之构弥、《洛阳伽蓝记》之捍么、《大唐西域记》之媲摩。其地在今和阗东三百里之 Gulakhma 之北 Uzun tati。

又行二日至安军州，遂至于阗。

《四夷通道》：又一路自沙州寿昌县西十里至阳关故城，又西至蒲昌海南岸千里。自蒲昌海南岸，西经七屯城，汉伊修城也。又西八十里至石城镇，汉楼兰国也，亦名鄯善，在蒲昌海南三百里，康艳典为镇使以通西域者。又西，二百里至新城，亦谓之弩支城，艳典所筑。又西，经特勒（勤）井，渡且末河，五百里至播仙镇，故且末城也，高宗上元中更名。又西，经悉利支井、祆井、勿遮水，五百里至于阗东兰城守提。又，西经移杜堡、彭怀堡、坎城守捉，三百里至于阗。此行除沙州至七屯城一段，与居诲所记各异，盖居诲乃西北出玉门关，至伊州境，然后折而西南。七屯城以后行程，当大体与此相同，然唐后割据荒乱，已远失旧貌矣。

圣天衣冠如中国，其殿皆东向，曰金册殿。有楼，曰凤楼。

《宋云行纪》：于阗国，王头着金冠似鸡帻，头后垂二尺生绢，广五寸，以为饰，沙畹《行纪笺注》谓于阗古都在今和阗县治额里济（Ilchi）西七英里 Borazan 区中之 Yotken 村，则处于玉珑哈什、哈喇哈什二河之间。

以蒲桃为酒，又有紫酒、青酒，不知其所酿，而味尤美。其食，粳沃以蜜，粟沃以酪。其衣，布帛。有园圃花木。俗善鬼神而好佛。圣天居处常以紫衣僧五十人列侍。其年号：同庆二十九年。

《北史·于阗传》：自高昌以西诸国人等，深目高鼻，唯此一国貌不甚胡，颇类华夏。《宋云行纪》记于阗国"威仪有鼓角金钲、弓箭一具、戟二枝、槊五张，左右带刀不过百人。其俗妇人袴衫束带，乘马驰走，与丈夫无异。死者以火焚烧，收骨葬之，上起浮图。居丧者剪发劈面为哀戚，发长四寸，即就平常。唯王死不烧，置之棺中，送葬于野，立庙祭祀，以时思之。"《大唐西域记·瞿萨旦那国》载：瞿萨旦那国周四千余里，沙碛大半，壤土隘狭，宜谷稼，多众果。出氍毹细毡，工纺绩絁紬。又产白玉、黢玉。气序和畅，飘风飞埃。俗知礼义，人性温恭，好学典艺，博达伎能。众庶富乐，编户安业。国尚乐音，人好歌舞。少服毛褐毡裘，多衣绁紬白氎。仪形有礼，风则有纪。文字宪章，聿遵印度，微改体势，粗有沿革。语异诸国，崇尚佛法，伽蓝百有余所，僧徒五千余人，并多习学大乘法教。《册府元龟·外臣部五·土风二》记于阗：多玉石。又云地多有水潦沙石，气温宜稻麦、蒲桃。有水，出玉，名曰玉河。国人善铸铜器，其冶曰西山城。有屋室市井，果蓏菜蔬，与中国等。尤信佛法。王所居室加以朱画，王冠金帻如金胡公帽，与妻并坐接客。国中妇人皆辫发，衣裘袴。其人恭敬，相见则跪。其跪则一膝至地。书则以木为笔扎，以玉为印。国人得书，戴于首而后开札。俗无礼义，多贼盗淫纵。土多麻麦粟稻五果，多园林。此李氏政权大概维持到十一世纪初，与宋保持经常的朝贡关系。宋人称之为黑韩王，盖可汗王之讹译也。其后始为哈喇汗国所灭。

其国东南曰银州、卢州、湄州，其南千三百里曰玉州，云汉张骞所穷河源出于阗而山多玉者，此山也。其河源所出，至于阗分为三：东曰白玉河，西曰绿玉河，又西曰乌玉河。三河皆有玉而色异。每岁秋水涸，国王捞玉于河，然后国人得捞玉。

《西域水道记》引张匡邺《行程纪》云：白玉河在城东三十里，绿玉河在城西二十里，乌玉河在绿玉河西七里，其源虽一，其玉随地而变。据斯以言，白者玉陇，绿者哈喇，乌者为皂洼勒。军台东之皂洼勒河未闻出玉，差为异矣。汉使穷河源，河源出于阗，东潜地行为盐泽，又潜行南出积石为河，《史记·大宛传》传云如此。

自灵州渡黄河至于阗，往往见吐蕃族帐。而于阗常与吐蕃相攻劫。匡邺等至于阗，圣天颇责诮之，以邀誓约。匡邺等还，圣天又遣都督刘再升献玉千斤及玉印、降魔杵等。

王延德《西州程纪》笺注
据王明清《挥麈录前录》卷四

太平兴国六年（981）五月，诏遣供奉官王延德、殿前承旨白勋使高昌。雍熙元年（984）四月，延德等叙其行程来上，云：

《宋史·王延德传》，延德，大名人。太平兴国六年会高昌国遣使朝贡，太宗遣延德与白尚勋为使报聘。以其年五月甲寅发京师（《长编》卷二二），雍熙元年四月，至高昌（《长编》卷二五）。二年使还，撰《西州程纪》。

初，自夏州历玉亭镇，

今陕西横山县西。

次历黄羊平，其地平而产黄羊。度沙碛，无水，行人皆载水。凡二日，次都啰啰族。汉使过者，遗以财货，谓之"打当"。

《长编》卷三五，太宗淳化五年（994）正月，宋琪上书："灵武路自通远军入青岗峡五百里，皆蕃部熟户，向来人使商旅经由，并在部族安泊，所求赂遗无几，谓之打当，亦如汉界逆旅之家宿食之直也。"

次历茅家喝子族，临黄河，以羊皮为囊，吹气实之，浮于水；或以囊驼牵木栿而度。

囊驼疑橐驼之伪。侯仁之、俞伟超、李宝田合撰《乌兰布和沙漠以北的汉代垦区》谓："由陕西向西北之黄河、必先绕过桌子山及其向北方延续的山岭，这样就自然到达了现今磴口以北地区。磴口以北渡口堂附近是渡黄河最方便的地方。"此都啰啰族与茅家喝子族在伊克昭盟砂碛中，其为党项无疑。宋初党项部族分布甚广，宋琪云："大约党项、吐蕃，风俗相类，其帐族有生熟户。接连汉界，入州城者，谓之熟户；居深山僻远、横遏寇略者，谓之生户。其俗多有世仇，不相往来。遇有战斗，则同恶相济，传箭相率，其从如流。虽各有鞍甲，无魁首统摄，并皆散漫山川，居常不以为患。党项界东自河西、银、夏，西至灵、盐，南距鄜、延，北连丰、会。厥土多荒隙，是前汉呼韩邪所处河南之地。幅员千里，从银、夏泊青、白两池，地惟砂碛，俗谓平地拓跋，盖蕃姓也。自鄜延以北，地多土山柏林，谓之南山叶勒，盖寇族之号也。"

次历茅女王子开道族，行入六窠砂，砂深三尺，马不能行，行者皆乘橐驼。不育五谷，砂中生草名"登相"，收之以食。

登相（Agriophyllum arenarium）为砂生植物，属藜科，俗称沙米。其特点是生长在新沙上，在强烈生草化的、生有沙蒿和禾本科草类的沙地上则不能生长，故有"流沙上的先锋植物"之称。茅女王子开道族，沈曾植考为《宋会要辑稿·蕃夷四·回鹘》之邈拏王子族，名近，或然。

次历楼子山，无居人。行砂碛中，以日为占，旦则背日，暮则向日，日下则止。又行望月亦如之。次历卧羊梁劾特族，地有都督山，唐回鹘之地。

岑仲勉《达旦问题》（载《中山大学学报》1957年第三期）以"羊"为衍文，而以卧梁劾特族当《元朝秘史》之兀良哈（Urianqan）之复数形式兀良哈特（Urianqait）。蒙古初期之兀良哈，据《史集》有两种：一为蒙古部，系出乞颜部；一为林中百姓（参考《史集》第一卷第一册，页255、202）。林中百姓之兀良哈，生活在贝加尔湖东之巴儿忽真脱窟木（脱窟木（töküm），义为山隘），至于出自乞颜之兀良哈，其居地似亦与之相近，与延德之行途渺不相干。都督山之名，不见于它书。然《程记》谓为回鹘之地。《新唐书·回鹘传》谓回纥自骨力裴罗称嗢咄禄毗伽可汗，南居突厥故地，徙牙乌德鞬山、昆河之间。乌德鞬山（ütükän或ötükän）即《北史·突厥传》之

都斤山。汉籍有郁都军山、乞都军山诸译，系杭爱山之一枝。都督
或即此郁都军、乞都军之传讹。此种推测，虽无法肯定，然以其为
唐回鹘地推之，其地在杭爱山与鄂尔浑上流一带，似可无疑。余谓
"梁"者，山梁也。卧羊梁，汉人之所称也。

次历太子大虫族，接契丹界，人衣尚锦绵，器用金银，马乳酿
酒，饮之亦醉。

《旧五代史·唐书·明宗纪六》天成四年（928）十二月丁酉，
灵武康福奏：破野利、大虫两族三百余帐于方渠，获牛羊三万。以
地理观之，此大虫殆为一族无疑。至如《宋史·宋执中传》之泾原
康灭臧大虫族，当在今甘肃境，渺不相涉矣。契丹界，即辽镇州之
西界。镇州有可敦城，王国维考云即张德辉《岭北行纪》所载土拉
河第一次折而北流之契丹古城，为辽捍御西缘、统治蒙古草原诸部
之重镇。可敦城之西南即为达靼之地。《辽文汇》卷六李万撰《韩橁
神道碑》载韩于开泰八年（1019）西使敦煌，"过可敦之界，深入达
妭，□囊告空，糇粮不继。诏赐食羊三百口，援兵百人，都护行李，
直度大荒。"此达妭当即达旦之异译。

次历屋地目族，盖达于于越王子之子。次历达于于越王子族，
此九族达靼中尤尊者。

"达于"，为"达干"之讹。达干，突厥语 tarqan，即《元史》之
达剌罕，尊号也。《辍耕录》所谓"一国之长，得自由之意。""于越"，
突厥语，义为贵人。《旧五代史·唐书·庄宗纪六》：同光三年六月
癸亥，"云州上言，去年契丹从碛北归帐，达靼因相掩击，其首领于
越族帐自碛北以部族羊马三万来降，已到南界，今差使人来赴阙奏
事。"即此于越王子族无疑。九姓达靼之名，昉见732年鄂尔浑突
厥碑文，作 Toquz tatar。747年之回纥毗伽可汗碑亦叙其与九姓达
靼之争战事，云："八月十五日，在 Käyrä 及 Birkü 傍，我与达靼作
遭遇战，降者一半，其余一半来到□□□。此战后，我乃转回休息。
我在于都斤（ötükän）山旁过冬。"观此，可知九姓达靼居地去于都
斤山不远，与《程纪》所记之地望大体相近。有关达靼诸问题，参
见拙稿《辽史达靼史料辑考》及其专论，此不赘。抑又有论者，从
来之释王延德《程纪》者，均以为此记中所叙之都啰啰族、茅家啁

子族、茅女王子开道族、卧羊梁劾特族、太子大虫族及屋地目族、达干于越王子族与后文之拽利王子族、阿墩族共九族即为所谓九姓达靼。然黄河南之都啰啰族与茅家喝子族乃党项。渡河入碛所历之茅女王子开道族、卧羊梁劾特族、太子大虫族是否达靼,亦无明证。恐难以《程纪》所举九部其数偶同,即皆以达靼概之。延德此行,自夏州北行,于碛口方向过黄河,继续北行,经唐回纥地,再折而西,以至高昌。故岑仲勉考订其为一个三角形的行程。此固如李德裕所云:“自艰难以来,河陇尽陷吐蕃,若通安西、北庭,须取回鹘路。”(《册府元龟·外臣部三九·备御七》)然亦有可能是利用此行之便,兼以招抚达靼。其所以不惜周折而至于越王子族者,以其为达靼九姓之至尊者。此部款服,则其他八部皆相率来宾,亦不待必遍历其余八部之地也。

次历拽利王子族,有合罗川,唐回鹘公主所居之地,城基尚在,有汤泉池。

《旧五代史·晋书二四·安重荣传》天福中,重荣上表,云“又准沿河党项及山前、山后、逸利、越利诸族”,此逸利即拽利无疑。合罗川,唐回鹘旧居之地。“川”,平川也,蒙语作 Cöl。李德裕《会昌一品集·代刘沔与回鹘宰相书》:“闻纥戛斯移就合罗川,居回鹘旧国。”又《与黠戛斯可汗书》:“又闻合罗川牙帐未尽毁除……速要平其区落,无使孑遗。”唐回鹘旧国在鄂尔浑河之地,亦即《程纪》前文所谓“地有都督山者”。元则称之为和林川。此有名之回鹘公主城,术外尼《世界征服者史》中亦有记载:“斡儿寒河岸尚有一座城池和一座宫殿的遗址,城名是斡耳朵八里(Ordu-Baligh),虽然它今天叫作马兀八里(Ma'u-Baligh)。宫殿废墟外,对着大门,有些刻着文字的石头,我们亲眼得见。合罕在位时,曾将这些石头移起,发现一口井,井内有块刻有铭文的大石碑。”马兀八里(Ma'u Baligh),义为恶或坏城。缘蒙古人于曾有灶火之人居地,皆以为可招恶运而废弃不用,故以恶或坏城称之。此城在耶律铸《双溪醉隐集》中亦有记载。元之和林一名,术外尼谓斡儿寒河“发源于他们所称为哈剌和林(Qara Qorum)之山中,合罕近日所建之城即以此山而得名。”(卷上,页54)哈剌,蒙语义为黑;Qorum,义为团岩,故伯希和力主哈剌和林乃从山得名。然欧阳玄《圭斋文集·高昌偰氏家传》："回鹘……其地本在哈剌和林，即今之和宁路也。有三水焉，一并城南山东北流，曰斡耳汗；一经城西北流，曰和林河；一发西北东流，曰忽尔班达弥尔。三水距城北三十里合流，曰偰辇杰河。"《元史·地理志》亦载："和林以西有哈剌和林河，因以名城。"一谓从山得名，一谓从河，其说固不同，然山、水皆名和林，则为不争之事实，至于究竟是山以水名，抑或水以山名，则恐难断定。Qorum 在汉语音译中无 r 声母，中古汉语亦无 -um、-om 字尾，故音译为 ho-lin（和林），犹 Qurumshi（忽林池，人名，合丹之子）正译之当作忽鲁木失也。则合罗川与和林川二名，在勘同上犹尚难确论。然其同指一地，则无可疑。冯家升等所编《维吾儿族史资料》以额济纳之弱水当之；杨建新等所编《古西行记》亦谓为今甘肃金塔县北部川地，殆皆以延德此行必取直西行而臆度者也。

传曰：契丹旧为回纥牧羊，达靼旧为回纥牧牛，回纥徙甘州，契丹、达靼遂各争长攻战。次历阿墩族。

岑仲勉谓阿墩即突厥语 Altun 之音译，义为金，然 atun 与 Altan 不叶，恐难必是。

经马鬃山。

今甘肃西北、甘、新与内外蒙古交界处有马鬃山，由此则进入新疆境矣。

望乡岭，岭上有石庵，有李陵题字处。次历格啰美源，西方百川所会，极望无际，鸥鹭凫雁之类甚众。

今甘肃、新疆交界处之诸地，名吉勒达泉、镜儿泉、鸭子泉、梧桐大泉。又与外蒙交界处有托罗音泉、沙热胡拉苏湟泉、那然色伯苏图泉之地。

次至托边城，亦名李仆射城，城中首领号通天王。

岑仲勉以托边对《元朝秘史》之 Tübügän 土别干、土别延（《元史·完泽传》）、秃伯（《元史·萧乃台传》）。土别延为克烈之分部，古史北部音近、音合者多有其例，如无其他佐证，存疑可也。

次历小石州。

《元经世大典图》哈密之东有 Ta-shi-Ba-Li, Tashbalik 突厥语义为"石城",即此。

次历伊州,州将陈氏。其先自唐开元二年（714），领州凡数十世,唐时诏敕尚在。

《新唐书·地理志》：伊州伊吾郡下,本西伊州,贞观六年（932）更名。属县三：伊吾、怀远、纳职,治哈密。

地有野蚕,生苦参上,可为绵帛。有羊,尾大而不能走,尾重者三斤,小者一斤,肉如熊,白而甚美。又有砺石,剖之得宾铁,谓之吃铁石。又生胡桐树,经雨即生胡桐律。

《新唐书·地理志》：伊州土产有香枣、阴牙角、胡桐律。《汉书·西域传上·鄯善》注引师古曰：胡桐亦似桐,不类桑也。虫食其树而沫出下流者,俗名曰胡桐泪,言似眼泪也。可以汗金银也,今工匠皆用之。流俗语讹,呼泪为律。满洲七十一《回疆风土记》载：胡桐"夏月炎蒸,其津液自树杪流出,凝如琥珀者,为胡桐泪；自树身流出,色白如粉者,名胡桐霙。"《政和证类本草》亦载,可参改。

次历益都,

丁谦谓此为伊州属县怀远之改名,《古西行记》注：在今哈密西二堡附近。

次历纳职城,

《新唐书·地理志》伊吾属县纳职,贞观四年于鄯善胡所筑之城置纳职县。城在哈密之西南。《元和郡县志》称城为鄯善人所立,胡人谓鄯善为纳职,故名县焉。东北至伊州一百二十里。斯坦因所获唐光启元年（885）写本地理 Bsos, 1932, Vol V1, part 4 记：右唐初有土人鄯伏陁,属东突厥,以征税繁重,率城人入碛,奔鄯善,至,并吐浑居住。历焉者,又投高昌,不安而归。胡人呼鄯善为纳职,既从鄯善而归,遂以为号焉。

在大患鬼魅碛之东南,望玉门关甚近。地无水草,载粮以行。

《北史·高昌传》：自敦煌向其国,多沙碛,茫然无有蹊径。欲往者寻其人畜骸骨而去。路中或闻歌哭声,行人寻之,多致亡失,盖鬼魅魍魉也。故商客往来多取伊吾路。据王国维考：此大患鬼魅碛即唐初之莫贺延碛（《九姓回鹘可汗碑跋》,载《观堂集林》卷

二〇）

凡三日，至思谷，曰避风驿。本俗法试出诏押御风，御风乃息。

洪亮吉《塞外纪闻》：辟展，在哈密西七百七十里，其城北即天山。山东北有风穴，故数里内多怪风。今考《晋书·吕光载纪》：大安二年（387），光遣房晷至晋昌祀风穴。据此，则今辟展即十六国时晋昌。又有高梧、伊吾二关，知今哈密亦当属晋昌也。

凡八日，至泽田寺。

程溯洛《〈宋史·高昌传〉笺证》（载《文史》第三十二辑）谓今属新疆鄯善县，地在县治东北之七里台。

高昌闻使至，遣人来迎。次历宝庄，

冯承钧《西域地名》云今新疆鄯善县治，唐之蒲昌县。诸书又有白棘城、白力城、必残、北昌、辟展诸称。又有作白刀、白刃者，疑白力之讹写也。（页75）

又历六钟，

即《后汉书·西域传·车师》西域长史所居之柳中，即今新疆鄯善县治西南之鲁克沁。诸书有鲁古尘、鲁陈、柳陈、鲁珍城儿、柳城、鲁城、鲁克察克、鲁克沁、鲁古沁、陆布沁、鲁布沁诸称。（《西域地名》页60）

乃至高昌。高昌即西州也。

《北史·高昌传》："高昌者车师前王之故地，汉之前部地也。""或云：昔汉武遣兵西讨，师旅困顿，其中尤困者因住焉。地势高敞，人庶昌盛，因名高昌。亦云：其地有汉时高昌垒，故以为国号。"汉之西域长史及戊己校尉并居于此。晋以其地为高昌郡。张轨、吕光、沮渠蒙逊据河西，皆置太守以领之。北魏太武时，有阚爽者自为高昌太守。真君中，爽为沮渠无讳所袭，夺而据之。无讳死，弟安周代立。二主凡十八年（442—460），和平元年（460）为蠕蠕所并，以阚伯周为高昌王，其称王自此始。阚氏凡三王，卅一年（460—491），为高车所灭，张孟明继立，五年，为国人所杀（491—496），马儒继立，三年，亦为国人所杀（496—499）。麹嘉代立，凡十王，传141年（497—640）。唐太宗贞观十年，以高昌不臣，令侯君集伐之。其王智盛降，以其地置西州，属五县：以交河城为交河县，始昌城为天山县，田北城为柳中县，东镇城为蒲昌县，高昌城为高昌县。安史之乱后，复自为国，《宋史》称西州回鹘。《册府元龟·外臣部三·国邑二》：高昌共有城十六（或作八）。《新唐书》作二十一城，置四十六镇，交河、田地、高宁、临州、横截、柳婆、洿林、新兴、䣥宁、始昌、笃进、白刀等，皆其镇名。高昌城即今吐鲁番县属之哈剌和卓城（Karakhoja），亦称亦都护城（Idikut-sahri）。

其地南距于阗，西南距大石波斯，西距西天、步露沙、雪山、葱岭皆数千里。

大石，即大食（Tazi 或 Tãyík）之音译。多桑《蒙古史》：昔日西利来人大致名阿剌伯人曰 Tayoyé，此多数也，单数则作 Tayoyo。并曾特以是称名西利亚沙漠中最重要之阿剌伯游牧部落曰 Tayi 者。古 Chaldéens 人则名之曰 Tiyia，古波斯人曰 Tazi，阿美尼亚人曰 Dadjik。迨至信奉伊斯兰教之阿剌伯人侵略波斯、河中两地以后，细浑河东之突厥人则称此种地域为大食之国，质言之，阿剌伯人之国也。蒙古人又仿突厥之例，名穆斯林曰 Tadjik 或 Tazik。故在此时之史籍中，常用此名与突厥相对，不问其人为突厥、为波斯、为阿剌伯，只须其为城乡之穆斯林，一概名之曰大食。至若突厥、鞑靼种之游牧部落，则一概名之曰突厥。成吉思汗与蒙古人自称曰突厥者，盖具有此概意之突厥也。（下册，页 97 注）步露沙，《新疆简史》认为可能指八剌沙衮（页 180）。

地无雨雪而极热。每盛暑，人皆穿地为穴以处。飞鸟群萃河滨，或起飞，即为日气所烁，堕而伤翼。屋室覆以白垩。开宝二年，雨及五寸，即庐舍多坏。有水出金岭，导之周绕国城，以溉田园，作水碾。

金岭，即今博克达山 Bokdo ola。汉籍有金娑岭、金娑山、金沙岭、金山诸译。唐置金岭城，以西州为金山都督府。此金山又泛称天山。《隋书·高昌传》谓其北有赤石山，山北七十里有贪汗山。皆其支脉也。有交河，源出天山，故高昌亦称交河。

地产五谷，惟无荞麦。

《隋书·高昌传》：地多石碛，气候温暖，谷麦再熟。

贵人食马，余食牛及凫雁，乐多箜篌。出貂鼠、白氎、绣文花蕊布。

《通典·边防七·车师》：又有草实如茧，中丝如细纑，名为白叠子，国人取织以为布，交市用焉。白叠子之名，初见《梁书·诸夷传》。棉花分海陆两道传中国，可知高昌始有棉花，当在唐时。

俗多骑射。妇人戴油帽，谓之苏幕遮。

《一切经音义》卷四一：苏莫遮冒："小儿及蛮夷头衣也。此戏本出西龟兹国，至今犹有此曲。""或作兽面，或像鬼神，假作种种面具形状，或以泥水沾洒行人，或持羂索搭钩捉人为戏。每年七月初公行此戏，七日乃停。土俗相传，云常以此法攘厌，驱赶罗刹恶鬼食啖人民之灾也。"张说诗："摩遮本出海西湖，琉璃宝服紫髯胡。""绣装帕额宝花冠，夷歌骑舞借人看。"《新唐书·宋务光传》附吕元泰上书言时政"比见坊邑相率为浑脱队，骏马胡服，名曰苏莫遮，旗鼓相当，军阵势也；腾逐喧噪，战争象也；锦绣夸竞，害女工也；督敛贫弱，伤政体也；胡服相欢，非雅乐也；浑脱为号，非美名也。安可以礼义之朝，法胡虏之俗？"《书》：'曰谋，时寒若。'何必裸形体，灌衢路，鼓舞跳跃而索寒焉。"时，睿宗诏作乞寒胡戏，故吕元泰上书谏之。可知苏莫遮本胡俗之游艺，后转而专指胡式之妇孺油帽。

用开元七年历，以三月九日为寒食。余二社、冬至亦然。以银或输为筒，贮水激以相射，或以水交泼为戏，谓之压阳气去病。好游赏，行者必抱乐器。佛寺五十余区，皆唐朝所赐额。寺中有《大藏经》、《唐韵》、《玉篇》、《经音》等。居民春月多游，群聚邀乐于其间。游者马上持弓矢射诸物，谓之禳灾。有敕书楼，藏唐太宗、明皇御札诏敕，缄锁甚谨。后有摩尼寺、波斯僧，各持其法，佛经所谓外道者也。

摩尼教（Manichaeism），波斯人摩尼（Mani）（217—277）所创，倡二宗（明、暗）三际（过去、现在、未来）之说，故称明教。波斯僧即祆教，即拜火教（Zoroastrianism），公元前五六百年波斯人Zoroaster所创，倡善恶二元之说，以火表至善之神。226年波斯萨珊王朝奉为国教。南梁、北魏间传入中国。625年大食灭波斯，祆教徒东亡者遂众,唐之两京及今蒙、新诸地袄祠甚众。

统有南突厥、北突厥、大众熨、小众熨。

即高居诲《使于阗行纪》之仲云。

样磨、

即唐史之三姓咽面,主要分布在喀什噶尔一带。Mahammand-I Aufi 之《逸事集》载:Khirkhiz(Kirghiz,吉尔乞思)人在 Kimak 人的北边,Yaghma(咽面)人与 Kharlukh(Qarluq,葛逻禄)人的西边。此部为九姓乌古斯(回鹘)之一部,在九姓乌古斯人战胜葛逻禄之后,占据了喀什噶尔。Hudūd-al-'Alam:"论 Yaghmā 之境及其城市"一节:其东为脱古斯古思人之地,南为 Khūland-ghūn 河,此河注入库车河(Kuchā)。西邻哈剌鲁之边。境内稍有农业,多产毛皮,猎物甚繁,其富以马羊。其民坚强好战,饶有军器。其王系出脱古斯古思人。此咽面人有部族甚伙。据云:部族之知名者几一千七百。国人无贵贱皆敬其王。B. Lāq(B. Lāqiyān)亦为咽面人之一部而与脱古斯思人混合者。其境鲜有村庄。其地有 Kāshgher、ARTUJ、KHiRM. Ki.

割禄、

Kurlouk(葛逻禄)。《新唐书·回鹘传下·葛逻禄》:本突厥诸族,在北庭西北、金山之西,跨仆固振水,包多怛岭,与车鼻部接。有三族:一、谋落,或为谋剌;二、炽俟,或为婆匐;三、踏实力。中唐以后,此部浸兴,与回鹘争强,徙十姓可汗故地,尽有碎叶、怛逻斯诸城。Hudūd al-'Alam《论 Khallukh 境及其城镇》:东为吐蕃之一部分与咽面及脱古斯古思人,南为咽面之一部分及河中之境,西为 Ghūz 之地,北为 Tūkhs,Chigil 与脱古斯古思之地。此为繁盛之地区,乃突厥地之佳境。有流水和适度之天气。各种毛皮来自此地。Khallukh 人邻(文明之)民族,性欢好和气。古昔 Khallukh 国王称 Jabghūy 或 Yabghū(叶护)。境内有市镇村庄。部分 Khallukh 人为猎人,部分为农民,部分则为牧民。其富以羊马及各种皮毛。民俗好战,善侵掠。

黠戛司、

《新唐书·回鹘传下·黠戛斯》,古坚昆国也。地当伊吾之西,焉耆北，白山之旁。或曰居勿、曰结骨。其种杂丁零，乃匈奴西鄙也。Hudud al Alām："乞尔吉思（Khirkhiz）之境"东为中国与大洋，南为脱古斯古思之边与哈剌鲁（Khallukh）之一部分，西为 Kimāk 地之一部分，[北为]无人居之北地之[一部分]。其国[远离在外]之一部分无居民，此为北方无人居之地，以严寒故，人不能居也。由此境运来大量麝香、皮毛、Khedang 木、Khalanj 木及 Khutū 制之刀柄。其王称乞尔吉思可汗。其民具兽性，粗鄙之脸孔，少发。彼等残忍不法，善战斗，方与邻境诸民族争战。其富为乞尔吉思货物、羊、牛、马。逐水草天候而行。敬火、焚尸。居以毡帐，乃猎民食兽者。

末蛮、格哆族、预龙族之名甚众。

皆无可考。

国中无贫民，绝食者共振之。人多寿考，率百余岁，绝无夭死。时四月，狮子王避暑于北庭，

突厥语 Arslan 义为狮子。《宋史·高昌传》：太平兴国六年，其王始称西州外生师子王阿厮兰汗。

以其舅阿多于越守国。先遣人致意于延德曰：我，王舅也。使者拜我乎？延德曰：持朝命而来，礼不当拜。复问曰：见王拜乎？延德曰：礼亦不当拜。阿多于越复数日始出相见，然其礼颇恭。狮子王邀延德至其北庭。历交河州，

《新唐书·地理志四》：西州属县交河。今吐鲁番西北有交河古城。

凡六日，至金岭口，宝货所出。

《新唐书·地理志四·西州交河郡》：交河，自县北八十里有龙泉馆，又北入谷百三十里，经柳谷，渡金沙岭，百六十里，经石会汉戍，至北庭都护府城。

又两日，至汉家寨。又五日，上金岭，温岭，即多雨雪，上有龙王刻石，记云：小雪山也。岭上有积雪，行人皆服毛罽。度岭一日，至北庭。

《新唐书·地理志四》：北庭大都护府，本庭州，贞观十四年平高昌，以西突厥泥伏沙钵罗叶护阿史那贺鲁部落置，并置蒲昌县。

寻废。显庆三年复置，长安二年为北庭都护府。属县三：金满、轮台、蒲类。金满在流沙川北。《旧唐书·地理志三》谓本前汉乌孙部旧地，后汉车师后王庭。胡故庭有五城，俗号五城之地。突厥语作Beshbalik（别失八里）。Besh 义为五，balik 乃城也。其城在今济本萨尔县治北之后堡子北之破城子。流沙川即济木萨尔川也。

憩高台寺。其王烹羊马以具膳，尤丰洁。地多马，王及王后、太子各养马，牧放于平川中，弥亘百余里，以毛色分别为群，莫知其数。北廷川长广数千里，

即济木萨尔川。

鹰鹞雕鹘之所生。多美草，下生花砂鼠，大如鼷，鸷禽捕食之。其王遣人来言，择日以见使者，愿勿讶其淹久。至七日，见其王及王子。侍者皆东向，拜受赐。旁有持磬者，击以节，拜，王闻磬声乃拜。既而王之儿女亲属皆出罗拜以受赐。遂张乐饮燕，为优戏，至暮。明日，泛舟于池中。池四面作鼓乐。又明日，游佛寺。曰应运泰宁之寺，贞观十四年造。北庭山中出硇砂。山中常有烟气涌起，而无云雾；且又光焰若炬，照见禽鼠皆赤。采硇砂者着木底鞋，若皮为底者即焦。下有穴，生清泥，出穴外即变为砂石，土人取以治皮。

《新唐书·地理志四·安西大都护府》土贡硇砂。硇砂为氯化铵之天然矿物。《本草纲目》称：性毒，服之使人硇乱，故曰硇砂。

城中多楼台草木，人白皙端正，惟工巧，善治金银铜铁为器及攻玉。善马直绢一匹，其驽马充食者才直一文。贫者皆食肉。西抵安西，即唐之西境。

唐安西大都护府，初治西州。显庆二年（657）平贺鲁，析其地置蒙池、昆陵二都护府，分种落列置州县，西尽波斯国，皆隶安西，又徙治高昌故地。三年，徙治龟兹都督府，而故府复为西州。咸亨元年（670），吐蕃陷都护府。长寿二年（693）收复安西四镇。至德元载（756）更名镇西，后复为安西。龟兹，即今之库东县。

七月，令延德先还其国，其王始至。亦闻有契丹使来。唇缺，以银叶蔽之。谓其王曰：闻汉遣使入达靼而道出王境，诱王窥边，宜早送至达靼，无使久留。因云：高敞本汉土，汉使来觇视封域，

将有异图，王当察之。延德侦知其语，因谓王曰：犬戎素不顺中国，今乃反间，我欲杀之。王固劝，乃止。自六年五月离京师，七年四月至高昌，所历以诏赐诸蕃君长袭衣、金带、缯帛。

可知延德此行，遍历诸蕃，实有借机招抚之任务也。

八年春，与其谢恩使凡百余人，复循旧路而还。

《续资治通鉴长编》卷二四，太平兴国八年，塔坦国遣使唐特墨与高昌国使安骨卢俱入贡，骨卢复道夏州以还。特墨请道灵州，且言其国王欲观山川迂直，择便路入贡。诏许之。《宋会要辑稿·蕃夷四·高昌》亦记太平兴国八年其使安首卢与达靼使来贡。

雍熙元年（984）四月至京师。延德初至达靼之境，颇见晋末陷虏者之子孙咸相率遮迎，献饮食，问其乡里亲戚，意甚凄感，留旬日，不得去。延德之自叙云。此虽载于国史，而世莫熟知，用书于编，以俟通道九夷八蛮将使指者，或取诸此焉。

"延德之自叙云"以下，盖王明清语。

耶律楚材《西游录》笺注
据日本宫内寮藏元本

序

古君子南逾大岭，西出阳关，虽壮夫志士，不无销黯。予奉诏西行数万里，确乎不动心者，无他，术焉，盖汪洋法海涵养之效也。故述辩邪论以斥糠孽者，少答佛恩。

《文集》卷八《辩邪论序》：夫圣人设教立化，虽权实不同，会归其极，莫不得中。凡流下士，唯务求奇好异，以眩耳目。噫！中庸之为德也民鲜久矣者，良以此夫？吾夫子云：中人以下，不可语上也。老氏亦谓：下士闻道大笑之。释典云：无为小乘人而说大乘法。三圣之说不谋而同者何哉？盖道者易知易行，非掀天拆地翻海移山之诡诞也，所以难信难行耳。举世好乎异，罔执厥中；举世求乎难，弗行厥易，致使异端邪说，乱雅夺朱而人莫能辩，悲夫！吾儒独知杨墨为儒者患，辩之不已，而不知糠孽为佛教之患。甚矣！不辩犹可，而况从而和之，或为碑以纪其事，或为赋以护其恶。噫！天下之恶，一也。何为患于我而独能辩之，为患于彼而不辩，反且羽翼之，使得遂其奸恶，岂吾夫子忠恕之道哉！党恶佑奸，坏风伤教，千载之下，罪有所归。彼数君子曾不扪心而静思及此也邪！予旅食西域且十年矣，中原勤（动）静，寂然无闻。迩有永安二三友以北京讲主所著《糠孽教民十无益论》见寄，且嘱予为序。予再四绎之，辩而不怒，论而不缦，皆以圣教为据，善则善矣！然予辞而不序焉。予以谓昔访万松老师，以问糠孽邪正之道。万松以予酷好属文，因作《糠禅赋》见示。予请广其传，万松不可。予强为序引以行之，至今庸民俗士，谤归于万松，予甚悔之。今更为此序，则又归贻谤于讲古者也。谨以万松讲主之余意，借儒述（术）以为比，述辩邪论以行世。有谤者予自当之，安可使流言餂谤污玷山林之士哉！后世博雅君子有知我者，必不以予为嗫嚅云。乙酉日南至湛然居士漆水移剌楚材晋卿叙于西域瀚海军之高昌城。糠孽即糠禅，金元之际所兴起之佛教异端。《文集》卷六《寄德明》："弥勒下生何太早，莫随邪见说无因。"注云：《楞严经》第十卷云：未来世有人啖糠愚痴种，无因而非见，破坏世间人，故有是句。敦煌出降魔变文云：外道之徒总是糠，大风一起无收掇。《文集》卷八《寄赵元帅书》：夫糠孽，乃释教之外道也，此曹毁像谤法，斥僧灭教，弃布施之方，杜忏悔之路，不救疾苦，败坏孝风，实伤教化之甚者也。昔刘纸衣扇伪说以惑众，迄今百年。金世宗大定二十八年（1188）十月，有糠禅、瓢禅之禁。然其教在金末燕京地曾大为风行。《湛然文集》卷十三《糠孽教民十无益论序》谓当时"儒之信糠者，止三子而已矣；市井工商之徒信糠者十居四五。"入元，糠禅以头陀教之名，仍在大都流传，宫中妇女亦多奉信者。《可闲老人集·辇下曲》："肩垂绿发事糠禅，淡扫娥眉自可怜。出入内门妆饰甚，满宫争迓女神仙。"

戊子，驿传来京。

1228 年，时拖雷监国。宋子贞所撰《神道碑》记："其后燕京多盗，至驾车行劫，有司不能禁。时睿宗监国，命中使偕公驰传往治。"

里人问异域事，虑烦应对，遂著《西游录》以见予志。其间颇涉三圣人教正邪之辩。有讥予之好辩者，予应之曰：鲁语有云：必也正名乎！又云：思无邪。是正邪之辩不可废也。夫杨朱、墨翟、田骈、许行之术，孔子之邪也。西域九十六种，此方、毗卢、糠、瓢、白莲、香会之徒，释氏之邪也。

白莲教，南宋绍兴初吴郡延祥院沙门茅子元首倡。子元作《园融四土图》，制晨朝礼忏文及四句歌偈，主张佛声五念之说。其徒"谨葱乳，不杀，不饮酒，号白莲菜。受其邪教者谓之传道，与之通淫者谓之佛法。""愚夫愚妇，转相诳惑。聚落田里，皆乐其妄。"（《佛祖统纪》卷四七）宗鉴《释门正统》卷四又称其为"茹茅阇黎菜"。"菜"通"斋"。又云："后有小茅阇黎复收余党，但其见解不及子元；又白衣展转传授，不无讹谬，惟谨护生一戒耳。"（同上，卷四）此类异端，与佛教之白云宗皆菜食，其区别"特以妻子有无为异"（卷四）。志盘《佛祖统纪》亦谓"白云之徒，几与白莲混，特以无妻子为异耳。"（卷四六）有关糠禅，见拙著《元史》，不赘。

全真、大道、混元、太一，主张左道之术，老氏之邪也。至于黄白金丹，引导服饵之属，是皆方技之异端，亦非伯阳之正道。

即魏伯阳。

畴昔禁断，明著常典。

参见陈垣《南宋初河北新道教考·官府之猜疑第九》。

第以国家创业，崇尚宽仁，是致伪妄滋彰，未及辩正耳！古者嬴秦燔经坑儒，唐之韩氏排斥释老，辩之邪也。孟子辟杨墨，予之黜糠丘，辩之正也。予将刊行之，虽三圣人复生，必不易此说矣。己丑元日湛然居士湛水移剌楚材晋卿叙。

《西游录》

戊寅之春，三月既望，诏征湛然居士扈从西游。

1218年，成吉思汗十三年。楚材以1215年燕京陷没后受征召，"处之左右，以备咨访。"实则所任唯龟蓍巫卜而已。《湛然文集》卷八《西征进庚午元历表》："待罪清台五载，徒旷著龟之任。"又卷十二《怀古一百韵》："自天明下诏，知我素通蓍。"宋子贞撰《中书令耶律公神道碑》多载西征时龟卜之事，"每将出征，必令公预卜吉凶；上亦烧羊髀骨以符之"。可知其时楚材实不与军政事也。

迨天兵旋斾，

成吉思汗以 1219 年西征，1223 年返师，昱年春抵其大斡尔朵。

丁亥之冬，奉诏搜索经籍，驰驿来燕。

1227 年，时成吉思汗已死，皇子拖雷监国。碑云以燕多盗，遣之偕中使驰传往治。而《录》谓搜索经籍，则所指非一事，序文谓戊子驿传来京，《湛然文集》卷四《己丑过鸡鸣山》："三年四度过鸡鸣，我仆徘徊马倦登。"鸡鸣山为漠北来往燕京必由之道，则自丁亥至己丑三年之中，楚材曾两度被遣至燕。碑所载者当在次年戊子（1228）。考成吉思汗攻西夏，楚材初曾扈从。丙戌冬下灵武，唯取大黄，及遗书。其后之活动传无记载，然郁郁不得志，显被谗谮。《文集》卷三《再用韵自叹行藏》："箕裘家世忝先君，惭愧飘萧两鬓尘。自古山河归圣主，从今廊庙弃愚臣。常思卧隐云乡外，肯效行吟泽国滨。驿使不来人已老，江南谁寄一枝春。"此诗与《过夏国新安县》（时丁亥九月望也）、《过青冢用先君文献公韵》、《过青冢次贾搏霄韵》、《再用韵以美搏霄之德》、《再用前韵感古》、《再用韵唱玄》等篇皆为 1227 年秋淹留云中所作，在受命至燕京收经籍之前。其后之《过白登》、《过天城》、《过武川》诸篇则受命后至燕途中所作。词意衰颓，足见其心情之沉重。要之，在成吉思汗时期，耶律楚材始终不曾受重用。迨窝阔台即位，始以理中原财赋而结知，然亦仅用事诸怯薛之一。《元史·太宗纪》三年，"秋八月，幸云中，始立中书省，改侍从官名，以耶律楚材为中书令、粘合重山为左丞相、镇海为右丞相。"所谓"改侍从官名"者，即改怯薛之必阇亦、怯里马赤为中书令、左右丞相之名，实则其所理者仅汉民财赋事，蒙古皇帝亦不谙何为所谓中书省也。

既已拂更，有客惠然而来，率尔而问曰：居士之西游也，不知其几千里邪。西游之事，可得闻乎？居士曰：始予发永安，

《金史·地理志上》：大兴府，上。晋幽州，辽会同元年（938），升为南京，府曰幽都，仍号卢龙军。开泰元年（1012），更名永安析津府。

过居庸，

王恽《中堂事记》：世传始皇北筑时，居庸徙于此，故名。两山

巉绝，中若铁峡。少陵云"硖形藏堂隍，壁色立积铁"者，盖写真也。控扼南北，实为古今巨防。

历武川，出云中之右，抵天山之北，涉大碛，逾沙漠，未浃十旬，已达行山（在）。

程大昌《北边备对》："大漠，言沙碛广漠，望之漠漠然。汉以后史家变称为碛。碛者，积沙也，其义一也。"《太平寰宇记》卷四九引《冀州图经》云：自周秦汉魏以来，出师北伐，唯有三道。中道北发太原，经雁门、马邑、云中，出五原塞，直向龙城。又《入塞图》：又一道，从平城西北行五百里，至云中，又西北五十里至五原，又西北行二百五十里至沃野镇，又西北行二百五十里至高阙，又西北行二百五十里至郎君戍，又西北行三千里至燕然山，又北行千里至瀚海。张相文《南园丛稿》卷一《西游录今释》则谓：由云中出塞凡二路。一西行出杀虎口，经托县、萨拉齐、包头，循坤都伦河谷，越大漠，达三音诺颜牧地，此西路也。一北行出得胜口，经丰镇、归化城、吴公埧，越大漠，达车臣汗牧地，此东路也。此处之西路，即上引《冀州图经》之中路。天山，即今大青山。元人有称新疆之天山为阴山，而称塞外之阴山为天山者。

山川相缪，郁乎苍苍。车张如云，将士如雨。马牛被野，兵甲赫天，烟火相望，连营万里，千古之盛，未尝有也。

《史集》载，1219年夏，成吉思汗驻牧于也儿的失河源。《圣武亲征录》亦云，庚辰，上至也儿的失河住夏。事实皆同，唯《亲征录》之庚辰为1220年，实误。《长春真人西游记》载：刘仲禄以1219年往征邱长春，"钦奉君命，敢不竭力。"仲禄今年五月在乃满国兀里朵。《辍耕录》所载征长春诏书，亦署五月初一日。是知其时成吉思汗方驻也儿的失河源之乃蛮斡耳朵故地。王国维注《西游录》云：乃满兀里朵，谓乃满太阳可汗之故宫，当在金山左右。

越明年，天兵大举西伐，道过金山，时方盛夏，（山）峰飞雪，积冰千尺许。上命斫冰为道以度师。金山之泉，无虑千百。松桧参天，花草弥谷。从山颠望之，群峰竞秀，乱壑争流，真雄观也。自金山而西，水皆西流入于西海。噫！天之限东西者乎！

《中世纪探讨》第一卷，页14注五：由科不多西通北疆有三途。

一为自科不多西北，取道 Terekty 和 Urmogaity 之隘道，至黑也儿的失河之支流 Kran 之源。此为一捷径。然一年内仅部分时期可以骑行。二为自科不多南行，在 Ulan deban 逾阿尔泰山，至布尔根河，然后沿乌伦古河，至今福海。此道较前者易于通行，然亦多艰阻。三为自科不多东南经 Dabansten deban 逾金山，此为政府之邮道，经年可以通车。金山，《后汉书》作金微山，《唐书》作金山，《元史》之阿勒台山（Altan），今之阿尔泰山也。然《元朝秘史》与《史集》均用之以称位西部蒙古之南阿尔泰。《史集》并称此为乃蛮界。西海，或为黑也儿的失河所注之柴桑泊，也儿的失河之所自出；然亦得为乌伦古河所注之布伦托海。成吉思汗以大军西行，不可能取道黑也儿的失河之隘道，故此西海为布伦托海之可能要更大些。《湛然居士文集》卷一《过金山用人韵》有"雪压山峰八月寒，羊肠樵道曲盘盘。千岩竞秀清人思，万壑争流壮我观。山腹云开岚色润，松颠风起雨声干。光风满贮诗囊去，一度思山一度看。"又卷七《过金山和人韵三绝》有"金山突兀翠霞高"云云。《文集》中之和人韵云者，皆和丘处机原韵也。

金山之南隅有回鹘城，名曰别石把。

即别失八里（Beshbalik）。

有唐碑，所谓瀚海军者也。瀚海去城西北数百里，海中有屿，屿上皆禽鸟所落羽毛也。城之西二百里有轮台县，唐碑在焉。

耶律铸《双溪醉隐集》卷五《庭州诗》注：庭州，北庭都护府也，轮台隶焉。后汉车师后王故庭有五城，俗号五城之地，今即其俗谓之伯什巴里。盖突厥语也。伯什，华言五也；巴里，华言城也。《汉书》《后汉书》记车师后国，谓王治务涂谷。杜佑云：即金蒲城，今北庭蒲类县也。《西域图考》记其处为今济木萨地，其古城在今保惠城北二十里。亦名金满城，唐北庭都护府治也。《唐书·地理志》北庭都护府，贞观十四年侯君集讨高昌，西突厥屯兵于浮图城，与高昌相响应。及高昌平，二十四年四月，西突厥泥伏沙钵罗、叶护阿史那贺鲁率众内附，乃置廷州，处叶护部落。长安二年，改为北庭都护府。瀚海军，开元中盖嘉运所置，在北庭都护府城内。古之瀚海，皆指沙漠，与此颇异。轮台，取汉轮台为名。《元和郡县志》载轮台县在庭州西四十二里。《太平寰宇志》则谓东至州四百二十里。《西游记》则云三百余里。轮台遗址在今新疆轮台县之 Bugur，则《寰宇记》所载之四百余里稍近之。别失八里之唐碑，《西游记》载景龙三年，杨公何为大都督，有惠政，诸夷诚服，且惠及后人，于今赖之。有龙兴西寺二石刻在，功德焕然可观。

城之南五百里有和州，唐之高昌也，亦名伊州。

高昌，《汉书·车师传》之高昌壁。《后汉书》：自敦煌西出玉门、阳关，涉鄯善，北通伊吾千余里。自伊吾北通车师前部高昌壁千二百里，自高昌壁北通后部金满城五百里，此其西域之门户也。《一统志》：晋张骏置高昌郡，蠕蠕以阚伯周为高昌王，至麴伯雅灭于唐，以为西州。《唐书·地理志》：高昌，汉车师前王之庭，汉元帝置戊己校尉于此，以其地形高敞，故名高昌。其故垒有八城。张骏置高昌郡，后魏因之。魏末为蠕蠕所据，后麴嘉称高昌王于此数代。贞观十四年讨平之，以其地为西州。其高昌国境东西八百里，南北五百里，寻置都督府，又改为金山都督府。唐末迄于宋，为回鹘所据，其王始称西州外生师子王阿厮兰。《元史》称高昌国王亦都护。有合剌火者，哈剌霍州，哈剌火州、哈剌禾州诸译。欧阳玄《高昌偰氏家传》：高昌，今哈剌和绰也。突厥文作 Qoco（Khoco），即今吐鲁番所属之哈剌和卓城（Karakhoja），亦称都护城（Idikut-Sahri），俗称 Dakianus Shahri。

高昌之西三四千里有五端城，即唐之于阗国也。出乌白玉之二河在焉。

详高居诲《于阗行纪》。

既过瀚海军，千余里有不剌城，附庸之邑三五。

即常仁卿《西使记》之孛罗城。

不剌之南有阴山，东西千里，南北二百里，其山之顶有圆池，周围七八十里许。

此山即今之塔尔奇伊陵山，池即赛里木湖，即邱长春所名的天池。《文集》卷二《过阴山和人韵》四首、《再用前韵》一首皆叙其事，时 1219 年旧历之九月，望。卷三《过夏国新安县》一首云："昔年今日度松关（原注西域阴山有散关），车马崎岖行路难。瀚海潮喷千浪白，天山风吼万林丹。气当霜降十分爽，月比中秋一倍寒，回首三秋成一梦，梦中不觉到新安。"其题注云："时丁亥九月望也。"松关即此阴山道上，或即《西使记》之铁木儿忏察。

既过圆池南下，皆林檎木，树阴翁翳，不露日色。

张相文《西游记今释》：沿赛拉木池南下，为塔勒奇山谷，今谓之果子沟，以其地多果树也。今峡中尚有三十二桥，即成吉思汗西征时命二太子凿石通道所为四十八桥遗迹也。

既出阴山，有阿里马城。西人目林檎曰阿里马，附廓皆林檎园圃，由此名焉。

即《西使记》阿里麻里（Almalik），详后。林檎 Pirus malus, var. tomentosa。《辞海》：落叶乔木，干高丈余，叶卵形而尖，缘边有毛状锯凿，花冠五瓣，色白，带有红晕，萼亦五片，集合为圆筒形。花后结实，形圆，直径约寸许，夏末成熟，味甘而带酸，名见《本草》。苏颂曰："林檎有甘酸二种，甘者早熟，酸者熟差晚。"李时珍曰："林檎即奈之小而圆者，味酢者即捺子也。其类有金林檎、红林檎、水林檎、蜜林檎、黑林檎，皆以色味立名。"按《学圃余疏》谓今之花红即古林檎，又北方称为沙果者，亦即此物。

附庸城邑八九，多蒲桃梨果。播种五谷，一如中原。又西有大河曰亦列，

即伊犁河，《汉书》作伊列水，《唐书》作伊丽水，亦曰帝帝河。

河之西有城曰虎司窝鲁朵，即西辽之都也，附庸城邑数十。

详《西使记》。

又西数百里，有塔剌思城。

今哈萨克斯坦之 Jambul，详《西使记》。

又西南四百余里有苦盏城、

即 Khojend，《新唐书·西域传》作俱战提，《元史》有忽毡、忽禅、忽缠诸译。

八普城、

即 Pap。《元史·地理志六·西北地附录》作巴补。《经世大典图》著其在 Kasan 之南。据 Sultan Baber，此城在 Akhsy 河之附近。

可伞城、

Kasan,《新唐书》作渴塞,《元史·地理志六·西北地附录》作柯散,位 Namangan 西北之同名小河上。古昔为 Ferghana 之都会。《元史·曷思麦里传》:"为谷则斡儿朵所属可散八思哈长官,太祖西征,曷思麦里率可散等城酋长逆降。"

芭榄城。

当即 Kandi-badam,义为杏城。据 Baber,此城以产扁杏著。位 Khojend 之东。

苦盏多石榴,其大如拱,甘而差酸,凡三五枚绞汁得盂许,渴中之尤物也。芭榄城邑皆芭榄园,故以名焉。芭榄花如杏而微淡,叶如桃而差小,每冬季而华,夏盛而实,状类匾桃,肉不堪食,唯取其核。

《曲洧旧闻》卷四:巴榄子,如杏核,色白,褊而长,产自西番,比年近畿人种之,亦生树似樱桃,枝小而极低。《文集》卷五《赠蒲察元帅》七首:花开芭榄芙蓉淡。又,卷六《戏作》二首:芭榄花开紫雪香。

八普城西瓜大者五十斤许,长者仅负二枚,其味甘凉可爱。又西(苦)盏之西北五百里有讹打剌城,附庸城十数,此城渠酋尝杀大朝使命数人、贾人百数,尽有其财货,西伐之意始由此耳。

据术外尼的记载,成吉思汗在统一蒙古并把其领土扩展至 Semiryechye,中亚商人 Ahmad of Khojend,Emir Husain 之子及 Ahmad Balchikh 等三人贩货来到蒙古,受到了成吉思汗的礼待。在商人返回时,按 Nasawi 的记载,成吉思汗派遣了 Ali-Khwā jah of Bakhara,Yūsuf Kankā of Utrārī 为首的使团,1218 年春在河中受到花剌子模沙摩诃末的接见。并在同时或稍后派遣了 Omar-Khwāyah Utrari,Hammāl Marāghi,Fakhr ad-Din Bukhari 和 Amin ad-Din harawi 为首,为数达 450 人的商队。商队在到达 Utrari 后为守将 Inālchik(Qāyir-Kān)所杀。成吉思汗于是以之为借口大举西征。Utrari,《元史·太祖纪》作讹答剌,《秘史》作兀答剌儿,《元史·地理志六·西北地附录》作兀提剌耳。据 P. Lerch: Archeal Journey to Turkestan:讹答剌城在锡尔河支流 Arys 河口。Inālchik 即哈只儿只兰秃。

讹打剌之西千里余,有大城曰寻斯干。寻思干者,西人云肥也，以地土肥饶故名之。西辽名是城曰河中府，以濒河故也。

Semiz，突厥语义为肥。《湛然居士文集》卷十二《怀古一百韵寄张敏之》注云：寻罳虔，西域城名，西人云寻罳，肥也；虔，城也，通谓之肥城。河中府为阿剌伯语 Beïn naharein 之义译。

寻斯干甚富庶，用金铜钱，无孔郭，百物皆以权平之。

《文集》卷六《西域河中十咏》：强策浑心竹，难穿无眼钱。注云：其金铜牙钱无孔郭。又，卷十二《赠高善长一百韵》：钱货无孔郭，卖饭称斤量。又《西域河中十咏》：食饭秤斤卖，金银用麦分。《西游记》市用金钱无轮孔，两面凿回纥字。

环郭数十里皆园林也，家必有园，园必成趣，率飞渠走泉，方池圆沼，柏柳相接，桃李连延，亦一时之胜概也。

《文集》卷十二《怀古一百韵寄张敏之》：春色多红树，秋波捴绿陂。注云：西域风俗，家必有园，园必成趣，多有方池圆沼。《西游记》：郭西随处有台池楼阁，间以蔬圃，园林相接百余里，虽中原莫能过。

瓜大者如马首许，长可以容狐。

《文集》卷六《西域河中十咏》：饱啖鸡舌肉，分餐马首瓜。注云：土产瓜，大如马首。卷十二《赠高善长一百韵》：甘瓜如马首，大者狐可藏。又：西瓜大如鼎，半枚已满筐。

八谷中无黍糯大豆，余皆有之。盛夏无雨，引河以激，率二亩收锺许。

《文集》卷六《西域河中十咏》：六月常无雨，三冬却有雷。

酿以蒲桃，味如中山九酝。颇有桑，鲜能蚕者，故丝茧绝难丝，皆服屈眴。

阿剌伯语 Kassam，义即棉布。《文集》卷五《乞扇》：屈眴园裁白玉盘，幽人自翦素琅玕。又卷六《戏作》二首：屈眴轻衫裁鸭绿，葡萄新酒泛鹅黄。《五灯会元》：达摩法衣以木棉之心织成，西域名曰屈眴。

土人以白衣为吉色，以青衣为丧服，故皆衣白。寻斯干之西六七百里有蒲华城，土产更饶，城邑稍多寻斯干，乃谋速鲁蛮种落，梭里檀所都者也。

蒲华即不花剌。《魏书》卷一○二作忸密（Nūmij），突厥碑文作 Buqaraq，《西域记》作搏喝，《新唐书》作布豁、捕豁，《秘史》作 Buqar，《元史》作卜哈儿、孛哈里、不花剌。《文集》卷六《西域蒲华城赠蒲察元帅》：骚人岁杪到君家，土屋萧疏一饼茶。不花剌之陷在 1220 年三月；Ibu-al，Athir 作 1220 年 2 月 10 日。楚材至不花剌当在其年岁杪。《世界征服者传》：Bokara 之名出于 Bokhar，火袄教慕闍 magian 语义为学问中心。此名与畏吾儿及契丹偶像教徒（佛教）所称之寺宇 Bokhar（Barhār 沿自梵语之 Vihāra "佛寺"）名称完全相类。然在此城建立之时，实名 Bumijkath "（册一，页 98）" Bumijkath，古粟特（Soghdian）义为都城。不花剌在地理家本哈兀哈勒时代，内城周围约方一程，外有罗城，周围有十二程。堡垒园囿村庄并在其中。此地理家云：宰利（Sagd）水经其附廓，堡与城接，城外之地虽甚饶沃，然居民甚众，所产不足供其食也（多桑《蒙古史》）。关于不花剌城的历史，可参考《The History of Bukhara》及伊斯兰百科全书 Bukhārā 条（页 1293—1296）。谋速鲁蛮（Mussulman），《元史》通译为木速蛮，即回回也。此算端 Sultan 即花剌子模沙摩阿末。

蒲华，苦盏、讹打剌城皆隶焉。蒲华之西有大河，名曰阿谋，深广稍劣黄河，西入于大海。

即阿母河，入里海。据 P. Lerch 的研究，阿母河在古代入花剌子模海 Aral，其间显有多次改道。Mas'udi（9—10 C）、Abulfeda（13—14 C）皆明言此水注入花剌子模海。然死于 1450 年之 Arahshah 则谓其注入里海。17 C 世纪前期之 Abulghazi 谓其改道入 Aral 海在 1575 年。

是河之西有五哩犍城，梭里檀之母后所居者也，

即 Urgenj，《汉书》作奥犍城，康居小王所治。《元史》作玉龙杰赤。《秘史》作兀龙格赤，花剌子模 Khwarism 之都城。《新唐书·西域传》：火寻，或曰货利习弥，曰过利，居乌浒水之阳，乃康居小王奥犍城故地。此母后即秃儿罕可敦，当时城夹阿母河两岸，有桥相连，古玉龙杰赤 Kunia Urghendj 在新玉龙杰赤 Yeni Urghendj 西北九十七里。

富庶又盛于蒲华。又西濒大河有斑城者，颇富盛。

Bahlika《圣武亲征录》作班勒纥，《元史·太祖纪》《察罕传》作板勒纥，《西游记》作班里，《元史·速不台传》作巴里黑，《明史》作把力黑。此即《北史》大月氏西徙之国都薄罗。《大唐西域记》作缚喝国，《慈恩寺传》作缚喝罗。Balkh 则在今 Afghanistan。

又西有搏城者，亦壮丽，城中多漆器，皆长安题识。

《西游记》：中秋抵河（阿母河）上，其势若黄河，西北流，乘舟以济，宿其南岸，西有山寨名团八剌，疑即此搏城。Bretschneider 认为即 Kerduan（卷一页 93，注 240）。

自此而西，直抵黑色印度城，其国人亦有文字，与佛国字体声音不同。国中佛像甚多。国人不屠牛羊，但饮其乳。风俗夫先亡者其室家同茶毗之。

《大鉴清规》：入灭第三日茶毗。茶毗，亦作阇维，义为焚烧。

询诘佛国，反指东南隅。校之以理，此国非正北印度，乃印度北鄙之边民也。土人不识雪，岁二获麦，盛夏置锡器于沙中，寻即镕铄。马粪堕地为之沸溢。月光射人如中原之夏日，遇夜，人辄避暑于月之阴。此国之南有大河，阔如黄河，冷于冰雪，湍流猛峻，从此微西而来，注于正南，稍东而去，以意测之，必注入南海也。

即 Indus 河，印度河。

又土多甘蔗，广如禾黍，土人绞取其液，酿之为酒，熬之成糖。

《文集》卷十二《赠高善长》：可爱白沙糖。陆游《老学庵笔记》卷六：沙糖，唐太宗时外国始贡至，唐以前书传言糖多作糟。北宋末王灼著《霜糖谱》，载糖霜亦名糖冰，唐大历间有僧曰邹和尚者授人窨蔗糖为霜，其利十倍。

黑色印度之西北有可弗义国。

《元史·郭宝玉传》作可弗义，即 Kipchak（钦察），《黑鞑事略》作克鼻稍。

数千里皆平川，无复丘垤，吁，可怪也，不立城邑，民多羊马，以蜜为酿，味与中原不殊。此国昼长夜促，羊脾适熟，日已复出矣，正符《唐史》所载骨利干国事，但国名不同耳，岂非岁远时久，语音讹舛邪。

《新唐书·回纥传下》：骨利干，处瀚海北，又北度海则昼长夜短，日入烹羊胛，熟，东方已明，盖近日出处也。

寻斯干去中原几二万里，印度国去寻斯干又等，可弗义国去印度国亦等，虽萦迂曲折，不为不远矣！不知其几万里也。岁在涒滩。

太岁在申曰涒滩，此谓甲申1224年。是年春，成吉思汗发自Qulan-Bashi，返其大斡尔朵。

天兵振旅，以西夏失信背盟。丙戌之春二月，六师迭进，一鼓而下之。

1226年，成吉思汗二十一年，《元史》春正月，帝以西夏纳仇人赤腾喝翔昆及不遣质子，自将伐之。

独夫就戮，万姓怀安。

西夏之亡，事在1227年丁亥，成吉思汗二十二年，

沙州、瓜州，汉所置也，肃州即鄯善也，甘州即张掖也，灵州即灵武也。噫！天涯海角，人所不到，亦一段奇事。予之西游也，所见大略如此。客曰：子之西游之事，已闻命矣！仆闻之：居移气，养移体。故古人有登泰山观沧海以自大其志者，亦有怯夫懦士涉险难罹忧患而自沮其志者。今子西行万里，升金山，瞰瀚海，逾昆仑，穷西极，岂无有自大其志者欤？从军旅，涉砂碛，行役所困，暴露所苦，岂无有自沮其志者欤？二者必有一于是，子请言之。居士曰：大丈夫立志已决，若山岳之不可移也，安能随时而俯仰，触物而低昂哉，予之志自大自沮者不知也。客曰：仆与君定友积有年矣！知仆者莫如君，知子者莫如我。君幼而学儒，晚而喜佛，

《文集》卷十二《为子铸作诗》三十韵：十三学诗书，二十应制策。禅理穷毕竟，方年二十七。

常谓以吾夫子之道治天下，以吾佛之教治一心，天下之能事毕矣，盟犹在耳，皎如星日，昔丘公之北行也，

长春真人丘处机。《辍耕录·丘真人》：大宗师长春真人，姓丘氏，名处机，字通密，号长春子，登州栖霞县滨都里人也。祖父业农，世称善门。金皇统戊辰（1148）正月十九日生，生而聪敏，有日者相之曰，此子当为神仙宗伯。大定丙戌（1166），年十九，辞亲居昆仑山，依道者修真。丁亥，谒重阳全真开化王真君嘉于海宁，请

为弟子。戊申，召见阙下，随还终南山，贞祐乙亥，太祖平燕京，金主奔汴。丙子复召，不起。己卯，居莱州，时齐鲁入宋，宋遣使来召，亦不起。是年五月，太祖自乃蛮国遣近侍刘仲禄持手诏致聘。

子赞行之；独吾夫子之教，吾佛之道，置而不问，子岂非自沮其志乎？居士曰：余以为国朝开创之际，庶政方殷，而又用兵西域，未暇修文崇善。三圣人教皆有益于世者。尝读《道德》二篇，深有起予之叹。欲致吾君高蹈羲皇之迹，此所以赞行之意也。亦将使为儒佛之先容耳，非志沮而忘本也。客曰：丘公进见之所由然，可得闻欤？居士曰：昔刘姓而温名者，以医求进。渠谓丘公行年三百，有保养长生之秘术，乃奏举之。

《顺天府志》(缪荃孙自《永乐大典》辑出残卷)卷十"名宦"：刘便宜名仲禄者，其先马邑人。天兵南下，建策于上。因而获宠用。有孙为名臣，有祠在白马神祠之东，有公之故宅也。《至元辩伪录》：道士邱处机，继唱全真，本无道求，有刘温字仲禄者，作鸣镝幸于太祖，首倡僻说，阿意甘言，以医药进于上，言邱公行年三百余岁，有保养长生之术，乃奏举之。《西游记》：居无何，成吉思皇帝遣侍臣刘仲禄悬虎头金牌，其文曰如朕亲行，便宜行事；及蒙古人二十辈传旨敦请。又《元史·河渠志》有刘仲禄，即其人。

诏下征至德兴，丘公上表云：形容枯槁，切恐中途不达，愿且于德兴盘桓。

丘处机至燕，惮于西行，又刘仲禄欲以所选处女偕行，处机难之。仲禄乃命曷剌驰奏，处机亦遣人奉表，表文有：风尘澒洞，天气苍黄，老弱不堪，窃恐中途不能到得。又云：惟处机虚得其名，颜色憔悴，形容枯槁。又云：不若且在燕京德兴府等处盘桓住坐。见《辍耕录·丘真人》。

表既上，朝廷以丘公惮于北行，命仆草诏，温言答之，欲其速至也。

此诏书见《长春真人西游记》附录：成吉思皇帝敕真人邱师：省所奏，应诏而来者备悉，惟师道逾三子，德重多方。命臣奉厥玄纁，驰传访诸沧海。时与愿适，天不人违。两朝屡诏而弗行，单使一邀而肯起。谓朕天启，所以身归。不辞暴露于风霜，自愿跋涉于沙碛。书章来上，喜慰何言。军国之事，非朕所期，道德之心，诚云可尚。朕以彼酋不逊，我伐用张；军旅试临，边陲底定。来从去背，实力率之故然；久逸暂劳，冀心服而后已。是用载扬威德，略驻车途。重念云轩既发于蓬莱，鹤驭可游于天竺。达摩东迈，元印法以传心，老氏西行，或化胡而成道。顾川途之虽阔，瞻几杖以非遥。爰答来章，可明朕意。秋暑，师比平安好，指不多及。

既至行在，丘公数拜致敬，然后入见。

《西游记》至邪米思干大城之北，太师移剌国公及蒙古、回纥帅首载酒郊迎。明楚材亦居于此。

奉诏且令寻斯干城居。

时成吉旦汗驻跸大雪山东南，雪积山门百余里，深不可行，故令暂居寻斯干以越冬。

此丘公进见之所由也。客曰：君与丘公相待之事，可得闻欤？居士曰：丘公之达西域也，仆以宾主礼待之。居无几，丘公从容说余曰：久闻湛然尊崇释教，夫释道二教，素相攻嫉，政恐湛然不相契合，岂意厚待如此，真通方之士也。仆应之曰：三圣人教行于中国，岁远日深矣，其教门施设、尊卑之分，汉唐以来固有定论，岂待庸人俗士强为其高下乎？厥后彼之门人有讽予奉道名于丘公者，仆应之曰：予幼而习儒，老而奉释，安有降于乔木入于幽谷者乎？其议遂寝。予久去燕，然知音者鲜，特与丘公联句和诗，焚香煮茗，春游邃圃，夜话寒斋，此其常也。尔后时复书简往来者，人不能无情也。待以礼貌者，人而无礼，非所宜为也。客曰：丘公进奏谈道之语，可得闻欤？居士曰：壬午之冬十月，

1222年，成吉思汗十七年，王国维《西游记注》：谓《文正集》中诗用长春韵者凡四十四首，至二月望游郭西后，诸诗遂不复和，盖三月上旬长春已赴大雪山，楚材亦已解俘赴塔剌思，无一面之机，故尔！

上召丘公以问长生之道，所对皆平平之语。

袁桷《清容居士集》卷十九《野月观记》：养生说有二焉。北祖全真，其学，首以耐劳苦，力耕作，故凡居处服食，非其所自为不敢享。蓬垢蔬粝，绝忧患慕羡，人所不堪者能安之。调伏摄持，将以

服其性，死生寿夭，泊然无系念，骎骎乎竺干氏之学矣，东南师魏伯阳，其传以不死为宗，本于黄帝韬精练形，御六气以游乎万物之表。

言及精神气之事，又举林灵素梦中挈宋徽宗神游霄宫等语，此丘公传道之极致也。

《元史·丘处机传》：太祖时方西征，日事攻战。处机每言欲一天下者，必在乎不嗜杀人。及问为治之方，则对以敬天爱民为本。问长生久视之道，则告以清心寡欲为安。《西游记》：上温颜以听，命左右录之，仍敕志以汉字，意示不忘。谓左右曰：神仙三说养生之道，我甚入心，使勿泄于外。自是扈从而东，时敷奏道化。

客曰：丘公与子游者久，亦有异闻乎。居士曰：丘公尝举渠师王害风出神入梦，为毕竟事。

全真教创始者王喆，字知明，咸阳人。金初人，少事进士业，天眷间，改应武举，一无所成，于是醴酒狂言，往返齐梁间，人称王害风，别号重阳子，大定七年至海宁州，马钰夫归师事之，筑室其南园，题曰全真庵，"四方学者咸集，自是凡宗其道者皆号全真道士"（宋濂《宋文宪公文集》卷三九徐刻八篇《跋长春子手帖》）。全真之为言，"屏去妄幻，独全其真者，神仙也"（《全真祖教碑》，《金石萃编》卷一八五）。其徒苦行自立，结茅以居，辟谷以供来者，其徒苦行自力，结茅以居，辟谷以供来者，故道院所在，至者如归，虽岁饥资用乏绝而无所吝（《园明李先生墓表》，《元遗山文集》卷三一）。行者沿途丐食，虽腐败委弃蝇蚋之余，食之不少厌。不置庐舍，为定居计，城市道塗（途），遇昏莫即止。风雨寒暑不恤也。又尝禁睡眠，谓之练阴魔。诸人有肋不沾席者数十年，遇夜则通夕疾走，日以为常（《紫虚大师于公墓表》，同上卷三一）。以苦行折其强梗骄吝之气（《提点彰德路道教事寂然子霍君道行碣》，《秋涧大全文集》卷六一）。其教义兼取佛老。憔悴寒饿，痛自黥劓若枯头陀。然其有所得也，树林水鸟竹木瓦石之所感触，则能事颖脱律，自介心光，晔然普照六合，亦与道陀得道者无异。（同上）盖其教取儒佛而入于道者也。故曰：其谦逊似儒，其坚苦似墨，其修习似禅，其块然无营，又似乎为浑沌氏之术者（《太古观记》，《元遗山文集》卷三五）。既本于渊静之说而无黄冠襐襘之妄，参以定禅之习而无头陀缚律之苦。耕田凿井，从身以自养，推有余以及之人（同上，引《紫虚观记》）以故堕窳之人，翕然从之。南际淮，北至沙漠，西至秦，东向海，山林城市，庐舍相望，仟陌为偶，甲乙授受，牢不可破。上之人亦惧有张角五斗之变（同上）。《金史·章宗纪》明昌元年（1190）十一月以惑众乱民禁罢全真及五行昆卢。可知全真教之初创，与宋金之际出现的弥勒、白莲、糠禅一样同为宗教异端。虽经禁绝，但奉者日多，至金末元初，由于全真一度因丘处机之进谒成吉思汗而获有特权，故"蚩蚩之氓，靡所趣向，为之教者独是家而已，今河朔之民，什二为所陷没。"

又举渠之法兄马公常云：屡蒙圣贤提将真性，邀游异域。

王喆弟子七人：海宁州人马珏，号丹阳子；东牟人谭玉，名处端，号长真子；登州栖霞人邱处机，号长春子；莱州人刘处元，字通妙，号长生子；东牟人王处一，号玉阳子；广宁人郝大通，号太古。马珏之妻孙不二，号顺德，世称孙仙姑。此七大弟子号为七真。

又云：禅家恶梦境，岂知福力薄劣者好梦不能致也。此为彼宗之深谈也。识者闻之，未尝不绝倒也。客曰：予尝读《磻溪集》，

丘处机有《磻溪集》行世。《西游记》：未冠出家，师事重阳真人而住磻溪（在凤翔）龙门十有三年，真积力久，学道乃成，暮年还海上。魏初《青崖集》卷三《重修磻溪长春成道宫记》：磻溪，祖师炼化之迹。

有云：丘公日记数千言，果有是事不？居士曰：彼之强记，予不知也。尝假宋《播芳文粹》于余，

圣宋名贤五百家《播芳大全文集》一百卷，衢山精舍叶棻子实编，富学堂魏齐贤、仲贤校正。

一日谓仆曰：有一二语欲与湛然商榷：夫古人之文章愈深则人愈难知耳。《播芳》中黄鲁直所著《观音赞》有云："通身是眼，不见自己。欲识自己，频掣驴耳。"此何等语邪？予默而不答。予私谓人曰：山语脱白衲，僧已知落处。渠未窥祖道之藩篱，况其堂奥乎？予自此面待而心轻之。客曰：公与丘公亦有所许可乎？居士曰：论谈之初，酬咏之际，稍尝面许，交游既深，穷其底蕴，予不许丘公之事凡有十焉。初进见，诏询其甲子，伪云不知。安有明哲之士，不知甲子者乎？此其一也。对上以徽宗梦游神霄之事，此其二

也。自谓出神入梦，为彼宗之极理，此其三也。又云圣贤提真性遨游异域，自爱梦境，此其四也。不识鲁直赞意，此其五也。西穷昧谷，梵僧或修善之士皆免赋役，丘公之燕，独请蠲道人差役，言不及僧，上虽许免役，仍令诏出之后，不得再度。渠辄违诏，广度徒众，此其六也。

《至元辩伪录》卷三：壬午八月后旬，邱公复至行宫，凡有所对，皆平平之语，无可采听。问其年甲多少，伪云不知考。问神仙之要，唯论固精养气，出神入梦，以为道之极致。美林灵素之神游，爱王害风之入梦，又举马丹阳恒云：屡蒙圣贤提将真性遨游异域，又非禅家多恶梦境，盖由福薄不能致好梦也。《西游记》：上闻通事阿里鲜曰：汉地神仙弟子多少？对曰：甚众。神仙来时，德兴府龙阳观中尝见官司催督差发。上曰：应于门下人悉令蠲免，仍赐圣旨文字一通，且用御宝。其圣旨云：成吉思皇帝圣旨，道与诸处官员每：邱神仙应有底修行底院舍等，系逐日念诵经文告天底人每与皇帝祝寿万万岁者。所据大小差发、赋税都休教著者。据邱神仙底应系出家门人等，随处院舍都教免了差发税赋者。其外推出家隐占差发底人每，告到官司，治罪断案主者。奉到如此，不得违错，须至给付照用者。右付邱神仙门下收执，照使所据神仙应系出家人精严住持院子的人，并免差发税赋。准此。癸未羊年三月□御宝□日。此 1223 年长春辞东归时所付。另癸未九月二十四日、癸未十一月十五日圣旨两通，均系长春东归后传付，见《西游记》附录。

又进表乞符印，自出师号，私给观额，古昔未有之事，辄欲施行，此其七也。

《西游记》：自师之复来，诸方道侣云集，邪说日寝，京人翕然归慕，若户晓家谕，教门四辟，百倍往昔。既归天长，远方道人继来求法名者日益众。

又道徒以驰驿故，告给牌符。王道人者，驺从数十人，悬牌驰骋于诸州，欲通管僧尼。丘公又欲追摄海山玄老，妄加毁拆，此其八也。

《至元辩伪录》卷三：邱后至京师，道徒王伯平驺从数十，悬牌出入，驰驿诸州，便欲通管僧尼。邱公自往蓟州，特开圣旨，抑欲追摄甘泉本无玄和尚，望其屈节，竟不能行。又云：初盘山中盘法兴寺，亥子年间，天兵始过，罕有僧人。海山本无老师之嗣振公长老，首居上方，橡栗充粮，以度朝夕。全真之徒，挟邱公之力，谋占中盘，乃就振公假言借住。振公以为道人栖宿，犹胜荒凉，且令权止占。居既久，遂规永定。王道政、陈知观、吴先生等乃改拆殿宇，打毁佛像。又冒奏国母太后娘娘立碑改额为栖霞观。

又天城毁夫子庙为道观及毁拆佛像，夺种田圃，改寺院为庵观者甚多。以景州毁像夺寺之事，致书于从乐居士，润过饰非，天地所不容，此其九也。

《文集》卷六《过太原南阳镇题紫虚观壁》三首之三：三教根源本自同，愚人迷执强西东；南阳笑倒知音士，反改莲宫作道宫。注云：紫薇观旧佛寺也。村人改佛像为道像，故有是句。《至元辩伪录》张序：乙卯间，道士邱处机、李志常等毁西京天城夫子庙为文城观。毁灭释迦佛像白玉观音舍利宝塔，谋占梵刹四百八十二所。又《至元辩伪录》：中统二年圣旨：马儿年，和尚先生每持论经文，问倒先生每的上头，十七个先生每根底教做了和尚也，已前，属和尚每底先生每占了的四百八十二处寺院内二百三十七处与了来。可知当时占佛寺为道观，竟成风气，自此佛道相互攻讦，遂有辩论及焚经之命，一时全真颇受打击。

又顺世之际，据厕而终，其徒饰辞以为祈福，此其十也。

《至元辩伪录》卷三：邱后毒痢发作，卧于厕中，经停七日，弟子移之而不肯动，疲困赢极，乃诈之曰：且匿之，与寝何异哉。又经二日，竟据厕而卒。

客曰：予闻诸行路之人有议子者，以为匿怨而友其人，孔子耻之。君胡为面许而心非也？君子成人之美，不成人之恶，何先赞而后嫉也？君子之于友也，当死生待之如一，何誉之于生前，而毁之于死后也？子亦有所说乎？居士曰：予与丘公，友其身也，而不友其心也；许其诗也，非许其理也。奏对之际，难见瑕玭。以彼我之教异，若攻之则成是非，故心非而窃笑之。丘公初谓三圣教同，安有分别。自云军国之事，非己所能。道德之心，令人戒欲。三圣人教，弛而复张，固仆之愿也。予闻此安得不赞之乎？迄后食言偏党，毁像夺田，改寺为观，改宣圣庙为道庵，有摈斥二教之志。虽曰君子掩恶扬善，此非予所能掩也。予见此安得不嫉之乎？彼欲以道德匡时救世，予亲闻之；渠犹未死，安得不誉之于生前乎？间阔以来，为兹不轨数事，常欲面折其非，职守所拘，不获一见，今被命而来，渠已弃世，安得不毁之于死后乎？客曰：予闻诸行路之人云：丘公惜罪福者也。蠲免道人苦役，本非丘公意，乃其徒所为耳。居士曰：昔徙诃中之豪民子弟四百余人，屯田于塔刺思城，奉朝命委予权统之。

此事不见于本传。

予既还行在，闻之于舆人云：丘公将行，朝辞毕，遣人奏告云：但修善出家人，乞免差役。时典诰命者他适，令道人自填诏旨，遂止书道人免役之语，当时咸谓既云修善出家人，僧道举在是矣！后数年方知止书道人，不及僧也。由是众皆议丘之不公也。今子所闻之语，必出自党于丘公者，以此为之辞耳，若果惜罪福，不欲免道人役，当日胡不封还诏旨，若然则愈为光矣！此饰非之语耳！何足信邪！客曰：予闻诸行路之人云：其剽夺寺院，毁撤佛像之事，皆左右蒙蔽所致，丘公实不知也。居士曰：若丘公果不知此事，予闻丘公之归也，尝宿于天成之文成观，县学碑石犹在，何为不责改观之道人也。

《金史·地理志》：大同府属县天城。

又去岁致手书于从乐居士云：近有景州佛寺，村民施与道士居止，今已建立道像。旧僧构会有司，欲为改正，今后再有似此事，请为约束。予见收此书，令将勒石永垂后世，庶使明眼人鉴其是非耳！客曰：予闻诸行路之人云：其乞牌符事亦非丘意。居士曰：若果非丘意，王道人既归，宜将牌符封还。若果为驰驿事而请，遇遣使时即当悬带，传闻王道人悬牌跃马，驺从数十人，横行诸州中，又安知非丘之意乎？客曰：予闻诸行路之人云：今之出家人率多避役苟食者，若削发则难于归俗，故为僧者少，入道者多。兵火以来，精舍寺场率为摧坏。若道士不居占，亦为势家所有，或撤毁以为薪，又何益焉？居士曰：聪明特达之士，必不为此，脱有为此者，必愚人鄙士乎！又何怪焉？既号出家士，反为小人之事，改寺毁像，所以君子责备贤者也。此曹始居无像之院，后毁有像之寺；初夺山林之精舍,岂无冀觎城郭之伽蓝乎。从远至近,从少至多,深存奄有之志,亦所图不浅矣,设有故坟宿冢,人爱其山岗之雄丽,林麓之秀茂,乃曰:此冢我不发,则后亦有人发;我将出其骸骨弃诸沟壑而瘗我之父母焉,较之于人情以谓如何耳?古人美六月衣羊裘而不拾遗金者,既为道人,忍做豪夺之事乎?此曹首以修葺寺舍救护圣像为辞,居既久,渐毁尊像,寻改额名,有磨灭佛教之意。其修护寺舍而不废其名,不毁其像,真谓举坠修废也。若或革名改像,所以兴之乎?所以废之乎,果欲弘扬本教,固当选地结缘,创建宫观,不为道门之光乎?大丈夫窃人之宇舍,毁人之祖宗以为己能,何异鼠窃狗盗邪!所谓因人成事者也,岂不羞哉?兵火之事,代代有之,自汉历唐,降及辽宋,代谢之际,干戈继作,未尝有改寺为观之事。渠蔑视朝廷,而敢为此,昔林灵素托神怪诈力思用于宋,可谓元恶大憝矣,尚未敢革寺名为观名,改佛像为道像,今则此曹所为,过林灵素远矣,岂非神明震怒而促丘之寿乎?客曰:予闻之,多易者必多难。又闻之,君子作事谋始。君之择交,何其易也?君之作事,何谋始之不慎也?今则此曹毁撤庙貌,改建精蓝,白衣之会,殆遍天下,

《元史·刑法志》:诸以白衣善友为名聚众结社者,禁之。洪迈《夷坚志》载摩尼教(吃菜事魔)"妇人黑冠,白服,称为明教会。所事佛衣白,引经中所谓白佛⋯⋯"。故一般称白衣会即指明教。然此处所指实为全真,则全真法会,亦衣白也。

皆君启之也!御之不示难乎?无乃为害于终乎?居士曰:吾过矣!吾过矣!虽然,仆闻之,夫物速成则疾亡,晚就则善终。昔佛教西来,迄今二千余载,历代奉行,罔不致敬。高僧奇士,比比而出焉。为国师者,不可胜数。近世圆通和尚为三朝国师,

《燕京崇寿禅院故园通大师朗公碑路》(《湛然居士集》卷八):师讳祖朗,姓李氏,"前后辅翼丛林,不惮艰苦。让功责已,潜德密行,不可概举""以壬午之仲冬十月四日示寂。"

皆未尝有改道观为佛寺者。是以佛祖之道,根深蒂固,确乎其不可拔也。若释得志以夺道观,道观得权而毁佛寺,则斗竞之风无日而息矣!今此曹攘人之居,毁佛之像,游手之人,归者如市,不分臧否,一概收之,观不攻而自败耳!夫林泉之士,不与物竞,人

且不容；况自专符印，抑有司之权，夺有司之民，岂能见容于世乎？仆又闻之，好胜者必遇其敌。三圣人之教，鼎峙于世，不相凌夺，各安攸居，斯可矣！今夺寺毁像，佛之子孙，养拙守愚，懦于斗争者固有之矣，脱有豪迈者不惜身命，护持佛法，或固争之于有司，或坚请之乎于朝廷，稽古考例，其罪无所逃矣！夫三尺法皆殷周之淳政，汉魏之徽猷，隋唐之旧书，辽宋之遗典，非一代之法也，实万代之法也。时君世主，皆则而用之，犹大匠之规矩然，莫或可废也。杂律有毁像之严刑，敕条载禁邪之明诫，夫岂待公之喋喋也。语未已，客勃然而怒曰：且曲突徙薪与焦头烂额者，孰愈？弗能辩奸于未兆，消祸于未萌者，君之过也，何得文过饰非欤？予谓：赞成丘公者，欲为儒佛之先容耳！今毁宣圣之庙，抑释迦之像，得非为害于儒佛乎？子又谓国朝开创之始，庶政方殷，未暇修文崇善，是何言欤？是何言欤！昔子路问政孔子，谓不得已而去兵去食。自古皆有死，民无信不立。是知善道为政之要耳。予虽中材，误蒙见知，位居要地，首赞朝廷，行文教，施善道，使流风行政，高跨前古，然后无施不可矣！子意以为生民未艾，且俟小康始行文教，予谓大不然。甚哉！生民之难治也！速于为恶，缓于从善，急导之以善道，犹恐不悛其恶，何况迁延而有所需者乎？速以能仁，不杀不欺，不盗不淫，因果之诫。化其心以老氏慈俭自然之道，化其迹以吾夫子君君、臣臣、父父、子子之名教化其身，使三圣人之道若权衡然行之于世，则民之归化将若草之靡风，水之走下矣！然后上策于朝廷，请定制度、议礼乐、立宗庙、建宫室、创学校、设科举、拔隐逸、访遗老、举贤良、术方正、劝农桑、抑游惰、省刑罚、薄赋敛、尚名节、斥纵横、去冗员、黜酷吏、崇孝悌、赈困穷，若然则指太平若运掌之易也。君舍此而不为，恬然自适，袖手而待小康，亦何异思济江淮而弃舟楫，将救饥寒而捐谷帛者乎，予不知其可也。客乃拂袖而兴，策笻而行，隐而不出。居士怳然若有所失者数日，寻以问答之辞录诸简册，以为铭盘之诫云。

戊子清明日湛然居士漆水楚材晋卿题

燕京中书侍郎宅刊行

刘祁《北使记》笺注

据武进莩园影印钱馨宝手钞本

兴定四年（1220）七月，诏遣礼部侍郎乌古孙仲端使于北朝，翰林待制安延珍副之。

《金史·宣宗纪》兴定四年七月，以乌古孙仲端等使大元。仲端，《金史·忠义传四》有传，谓其奉使乞和于元，谒太师国王木华黎，木华黎使往觐见在西征中的成吉思汗，而副使安庭珍则留止焉。仲端涉流沙，逾葱岭，至西域，见成吉思汗，致其使事，明年十二月还至。《元史·太祖纪》载乌古孙仲端两使蒙古，一系成吉思汗十六年（1221）："夏四月，驻跸铁门关，金主遣乌古孙仲端奉国书请和，称帝为兄，不允。"一系十七年，"秋，金复遣乌古孙仲端来请和，见帝于回鹘国。"《元史·太祖纪》关于西征纪事，系掇取两种原始资料，拼凑而成，而两种资料所记之年代，则相差一年，故成形多处一事两书之现象。征之《金史》本传，仲端实无两次出使蒙古也。

至五年十月复命。

《金史·忠义传四》：兴定五年十二月，礼部侍郎乌古孙仲端、翰林待制安延珍使北还，各迁一阶。

乌古孙谓余曰：

余，刘祁自谓也。刘祁，字京叔，号神州遯士，浑源人，所著有《归潜志》。其身世详王恽《浑源刘氏世德碑》（《秋涧先生大全文集》卷五八）。《碑阴先友记》（同书，卷五九）称其资性纯粹，早以文章擅名。

仆身使万里，亘天之西，其所游历甚异，喜事者不可不知也。公其记之。自四年冬十二月初出北界，行西北向，地浸高，并夏国前七八千里。山之东水亦东，山之西水亦西，地浸下。又前四五千里，地甚澳。历城百余，皆非汉名，访其人，云有磨里奚、

布莱须特列资《中世纪探讨》认为可能即蔑儿乞，王国维亦以为然。当是。

磨可里、

从读音上看，磨可里较大的可能当即 Mekrit，汉译作灭乞里。此名多见于《元史》，如《世祖纪》至元十八年八月，"赐欢只兀部及灭乞里等羊马价"。二十七年十二月，"不耳答失所部灭乞里饥，给九十日粮"。又《脱力世官传》："脱力世官，畏吾人也。祖八思忽都探花爱忽赤，国初领畏吾、阿剌温、灭乞里、八思四部。"《史集》记蔑儿乞部时则谓："他们也被称为兀都亦惕（Ygyur），虽然某些蒙古人称蔑儿乞惕人为蔑克里特（Mekpur），但这两个名称的意义完全相同。"（第一卷第一册，页114）。许有壬《阿塔海牙神道碑铭》（《至正集》卷四九）亦载："当太祖皇帝肇造区宇，国主邑都护发兵攻金，斩其长吏。闻灭乞里有异，遣将命谐察鲁四人驰告行在具款。"这里所说的"灭里乞有异"，即蔑儿乞部首领脱脱，时溃败西亡于也儿的石河上者。则灭里乞即蔑儿乞部之异称，实无疑义。仲端不明实际，故两录之。

纥里迄斯、

唐之黠戛斯，元之吉利吉思。

乃蛮、

元有乃马、乃蛮、耐满诸译。

航里、

即康。《金华黄先生文集》卷二八《敕赐康里氏先茔碑》："康里，古高车国也。"元初康里在里海以北草原。

瑰古、

即畏吾儿（Vigur）。

途马、

王国维谓秃马惕，是。

合鲁。

王国维谓即葛罗禄。元有合儿鲁兀、柯耳鲁、哈剌鲁、匣剌鲁诸译。此部本突厥诸部，唐时处北庭西北，金山之西，后继回鹘兴起，尽有碎叶、怛逻斯诸地。

又几万里至回纥国之益离城，即回纥王所都。

元有亦列、亦剌诸译，今伊犁。此回纥王当为其时据阿为麻里一带之斡匝儿 Qzar。他本是一个盗匪，进而割据一方。由于受到被成吉思汗驱赶西亡的乃蛮部屈出律之威胁，乃遣使降于成吉思汗，并亲身入觐。旋为屈出律所杀害。其子昔格纳黑的斤（Siqnaq Tigin）嗣，尚术赤女。仍领阿力麻里。1253—1254 年死。

时已四月上旬矣。大契丹大石者，在回纥中，昔大石林牙，辽族也。太祖爱其俊辩，赐之妻，而阴蓄异志，因从西征，挈其孥亡入山后，鸠集群丑，经西北，逐水草，居行数载，抵阴山，雪石不得前，乃屏车以驼负辎重入回鹘，攘其地而国焉。日益强，僭号德宗，立三十余年死。其子袭号仁宗，死。其女弟甘氏摄政，奸杀其夫，国乱，诛。仁宗者次子立。以用非其人，政荒，为回纥所灭。

耶律大石以 1124 年降金，旋得亡归，然天祚帝责其曾私立耶律淳于南京，大石不自安，乃率骑北走，自立为王。居漠北数年，恢复无望，乃于 1131 年率部西迁，两道倍进，败忽尔珊于寻斯干，复进师起儿漫。1132 年二月即位于起儿漫，称葛儿罕。改元延庆。三年班师东归，马行二十日行得善地，遂建都城。号虎思斡耳朵，改元康国。1143 年，大石死，庙号德宗，子夷列幼，皇后塔不烟称制，在位七年。夷列即位，在位十三年，死，庙号仁宗。子年幼，以女弟普速完权国称制。普速完与夫弟私通而杀附马萧朵鲁不。其父萧斡里剌杀普速完而立仁宗次子直鲁古，在位三十四年而为乃蛮王子屈出律所灭。西辽亡。考具拙作《关于西辽史的几个问题》，不赘。

今其国人无几，衣服悉回纥也。其回纥国地广袤，际西不见疆畛，四五月百草枯如冬。其山伏暑有蓄雪。日出而燠，日入而寒，至六月衾犹绵。夏不雨，迨秋而雨，百草始萌，及冬川野如春，卉木再华。其人种类甚众，其须髯拳如毛，而缁黄浅深不一。面惟见眼鼻。其嗜好亦异。有没速鲁蛮回纥者，性残忍，肉又（必）手杀而噉，虽斋亦酒脯自若。

Mussulman，回教徒之谓也，元代有木速蛮、谋速鲁蛮、铺速满、普速蛮诸译。《元史·世祖纪》至元十六年十二月，"八里灰贡海青回回等所过供食羊，非自杀者不食，百姓苦之。"《元典章·刑部十九·禁回回抹杀羊做速纳》亦详记其事。"速纳"（sunat-suneh）

义为宗教中之条例。

有遗里诸回纥者，颇柔儒，不喜杀，遇斋则不肉食。

遗里（Heri），元人有也里、亦鲁、野里诸译。《明史》作哈烈。今阿富汗西北境之赫拉特。

有印都回纥者，色黑而性愿。

印都 India，即印度。《西域记》："天竺之称，异议纠纷，旧云身笃，或曰贤豆，今从正音，宜云印度。"

其国王阇侍，选印度中之黔而陋者，火漫其面焉。其国人皆邑居，无村落，覆土而屋，梁柱、檐楹皆雕木，窗牖瓶器皆白琉璃。金银珠玉布帛丝枲极广，弓矢车服甲仗器皿甚异。甃甓为桥，舟如梭。然惟桑五谷颇类中国。种树亦人力，其盐产于山，酿蒲萄为酒。瓜有重六十斤者，海棠色殊佳，有葱蒜，美而香。其兽则驼而孤峰，牛有□脊，羊而大尾。又有狮、象、孔雀、水牛、野驴，有蛇四跗。有恶虫，状如蜘蛛，中人必号而死。

此四足蛇可能即 chameleons。恶虫，《西域闻见录》作八足虫，《回疆风土记》作八×虫。《明史·西域传·赛蓝》云：夏秋间草中生黑小蜘蛛，人被螫，遍体痛不可耐。必以薄荷枝扫痛处，又用羊肝擦之，诵经一昼夜，痛方止，体肤尽蜕。六畜被伤者多死。

自余草木鱼虫，千态万状，俱非中国所有。山曰塔必斯罕者，方五六十里，葱翠如屏，桧木成林，山足而泉。其俗衣缟素，衽无左右，腰必带。其衣衾茵幙，悉羊毳也。其毳殖于地。

即当时俗传之垅种羊。《通典·边防九·大秦》：有羊羔，自然生于土中，候其欲萌，筑墙院之，恐为兽所食也。其脐与地连，割之绝则死。击物惊之，乃惊鸣遂绝，逐水草无群。此种传说，元人犹累及之。耶律楚材诗："无衣垅种羊。"吴莱诗《西域种羊皮书褥歌寄李仲羽》有"土城留种羊胫骨"句。《乐郊私语》记楚石大师则谓以皮骨种。此皆棉花之自西北传入初之讹传。

其食则胡饼、汤饼而鱼肉焉。其妇人衣白，面亦衣，止外其目。间有髯者，并业歌舞音乐。其织纴裁缝皆男子为之，亦有倡优百戏。其书契约束并回纥字，笔苇其管，言语不与中国通。人死不焚，葬无棺椁，比敛必西其首。其僧皆发，寺无绘塑，经语亦不通，惟河、沙州寺像如中国，诵汉字佛书。

仲端以 1221 年 10 月复命。据《长春真人西游记》：使者曰：自七月十二日辞朝，帝将兵追算端汗至印度。则仲端之入觐成吉思汗当在印度，故其所纪于印度独详。

予曰：嘻，异哉，公之行也。昔张骞、苏武衔汉命使绝域，皆历年始归，其艰难困苦，仅以身免。而公以苍生之命，挺身入不测之敌，万里沙漠，嘻笑而还，气宇恢然，殊不见哀悴忧戚之态。盖其忠义之气素贮乎胸中，故践夷貊间若不出闺闼然。身名偕完，森动当世，懔乎真烈丈夫哉！视彼二子亦无愧，故予乐为之书，以备他日史官采云。

刘祁《归潜志》卷六：乌古孙参政仲端，字子正，女直进士也，为人谨厚，莅官以宽静称。兴定间由礼部侍郎使北朝，从入西域，二年始归。为陈州防御使，迁御史中丞，为参知政事，人望甚隆。天兴东狩，罢为翰林学士承旨。知时事不可为，家居一室，陈平生玩好，日与夫人宴饮为乐。癸巳正月下旬，忽闭户自缢，其夫人亦从死。明日崔立之变，若先知者。金国亡，大臣中全节义者一人。公使归时，备谈西北所见，属赵闲闲记之，赵以之属屏山，屏山以属余。余为录其事，赵书以石，迄今传世间也。

刘郁《西使记》笺注
据明刊《秋涧先生大全文集》卷九四《玉堂嘉话》二

壬子岁，皇弟旭烈统诸军奉诏西征，

《元史·宪宗纪》二年秋七月以旭烈征西域素丹诸国。三年夏六月命诸王旭烈兀及兀良哈台等帅师征西域哈里发、八哈塔等国。据《世界征服者传》旭烈兀西征事，决于 1251 年之库里尔台。1252 年 7 月以怯的不花为先行。1253 年 5 月 2 日旭烈兀自帝所返其斡里朵，发师西征。

凡六年，拓境几万里。

旭烈兀以 1256 年降木乃奚，1258 年攻黑衣大石，陷报达，复攻大马士革，西侵埃及，军败。恰蒙哥死讯至，乃返师，建伊利汗国。

己未正月甲子，常德，字仁卿，驰驲西觐。

己未，1259 年，宪宗九年也。常德，字仁卿，祖籍代州崞县，高祖宗亮，寓居平山，遂占籍焉。父用晦，真定府学教授。见王恽《真定府学教授常君墓铭》(《元遗山集》卷二四)。常德官彰德府宣课使。《题常仁卿运使西觐纪行诗二律》(《秋涧先生大全文集》卷十二)，首章云：九万鹏搏翼，孤忠驾使轺。功名元有数，风雪不知遥，抵北逾鳌极，维南望斗杓。胡生摇健笔，且莫诧东辽。注：《五代史》有《胡峤陷虏记》，其次章云：三策条民便，逾年致节旄。梦惊羊胛日，险历幻人刀。碧碗昆坚异，黄金甲第高。白头书卷里，留滞敢辞劳。又《元史·世祖纪》至元十一年(1274)三月及《博罗欢传》均有常德，当即其人。丁谦则以常德乃刘郁之本名，仁卿其字，混刘郁与常德为一人，丁谦注书，粗率如此。

自和林出兀孙中。

《史集》"太宗纪"秋狩之地有兀孙豁勒，cul，川也；乌斯，或即水。

西北行二百余里，地渐高，入站，经翰海，地极高寒，虽酷暑雪不消，山石皆松文。

丁谦本作"八站经翰海"。后文称今之所谓瀚海，即古金山。元人作杭海、康孩、沆海。文廷式《纯常子枝语》卷二云：杭爱实瀚海之对音。Khangai，之 gai 对"海"，元人资料中例甚多。此处之翰海与《西游录》之所谓翰海，所指各异。

西南七日，过瀚海，行三百里，地渐下，有河阔数里，曰昏木辇，夏涨，以舟楫济。数日，过龙骨河。

昏木辇，Qum-mu-lien。木辇，蒙古语，义为河。龙骨河，即今之乌伦古河 Arungu，丁谦认为此昏木辇即龙骨河上源之布尔干河，以行程数日计之，大抵符合。

复西北行，与别失八里南以相直，近五百里。

别失(besh)，突厥语，义为五；bulik，义为城，犹言五城。唐为金满县。洪亮吉《塞外纪闻》金满，《新唐书·地理志》等皆讹作金蒲，近古城内掘得旧碑正作金满，"蒲"、"满"字形相近而误。《旧唐书·地理志》：金满，流沙州北，前汉乌孙部旧地，方五千里，后汉车师后王庭。胡故庭有五城，俗号五城之地。唐置北庭都护府庭州及瀚海军于此。欧阳玄《高昌偰氏家传》(《圭斋文集》卷十二)"北庭者今别失八里城"，即今新疆之吉木萨尔南后堡子之北。《西游录》作"别石把"；《西游记》作"鳖思马大城"，云"此大唐时北庭端府"。

多汉民。

《西游记》："时回纥王部族劝葡萄酒，供以异花杂果名香，且列侏儒伎乐，皆中州人。"

有二麦黍谷，河西注潴为海约千余里，曰乞则里八寺，多鱼，可食，有碾硙，亦以水激之。

乞则里八寺即 Kigil bush 之对音，即乌伦古河所注之布伦托海。《秘史》卷六："成吉思追不亦鲁黑，至乞湿泐巴失海子行，不亦鲁黑遂穷促了。"《亲征录》作"黑辛八石之野"，又《元史·郭德海传》则作"乞则里八海"。

行渐西，有城曰业瞒。

业瞒（Email），《元史》叶密立，《耶律希亮传》作叶密里，《地理志·西北地附录》作也迷失，"乃定宗潜邸汤沐之邑"。普兰迦儿宾《蒙古历史》作 Omyl，谓其为窝阔台所筑之新城，然据《世界征服者传》此城系西辽西征中所筑。城在同名之 Imyl 河上，即今新疆之额敏县。Imyl 河，入 Aral 湖。

又西南行，过孛罗城。

孛罗城即术外尼《世界征服者传》(英译本) 卷 1 页 74 之 Pūlād（Fūlād）。Pūlād，波斯语，义为钢。布莱资须纳德《中世纪探讨》卷 2 页 42 云此城离塞兰湖（L. Sairam，即今之赛里木湖）不远，可能是在注入艾比湖（Ebinor）之博乐塔拉河（Borotal）之流域。《鲁布鲁克行纪》作 Bolat，谓其东出 Talas 城一月程。蒙哥曾在拔都之允许下，收不里之条顿奴隶迁于此掘金和制造兵器（柔克义译注本《鲁勃洛克东游记》页 137），《西游录》作"不剌城"、《元史·耶律希亮传》作"不剌"。

所种皆麦稻，山多柏，不能株，络石而长。城居肆闾，间错土屋，窗户皆琉璃。城北有海铁山，风出往往吹行人堕海中。

《史记·大宛列传》正义引康氏《外国传》:(大秦)其国城郭皆青水精为础及五色水精为壁。万震《南州志》:大家屋舍以珊瑚为柱,琉璃为墙壁,水精为础焉。普兰迦儿宾《蒙古历史》叙其行程云:离 Omyl 之后,"我们发现一个不大的湖,因为我们不曾询及,故不知其名。这个湖的岸畔有座小山,据说那里是一个山口,冬天从那里刮出来这样大的风暴,以致行人很难和冒着大危险通过这里。然而在夏天,人们虽然常常听到风声,但据居民告诉我们,从山口仅刮来很小的风"。《鲁布鲁克行记》亦载:"由此(离海押立不远之景教徒村)前行三天,我们行抵那一省之本部,它在前述之海之源头,汹涌如大洋,我们见到湖中有大岛,在东南面敞着一个高山延亘成的山谷,那里的山中可以看到另一个大海,有一条河从那个海通前述之第一个海。从那个山谷里几乎不断地刮着如此大的风,以致过往的行人带着很大的危险,因为风会把他们刮到海中"(同上,页 160)。这里所说的第一个海即 Ala Kul(阿拉湖),其东南者即艾比湖(Ebi nor),两湖相出 95 俄里,一个宽而直的峡谷把两湖分开,但北注阿拉湖之溪流不是来自艾比湖。柔克义认为普兰迦儿宾的记载有错误。因为阿拉湖在 Omyl 之西,作者在东行途中不可能先经 Omyl,然后过阿拉湖,这段叙述当是回程的记忆。

西南行二十里,有关,曰铁木儿忏察。守关者皆汉民,关径崎岖似栈道。

Wylie 认为铁木儿忏察 Tie-mu-rh-ts'an chá 为蒙语之 temor cham(iron road)或 temor cham chabsar(iaon roadway)按:此铁木儿忏察即《史集》"忽必烈汗纪"之铁门关 Tumyp-Kaxalka(蒙语:Tämür-qalaǧa),阿鲁浑于 Pulad 城附近之速惕湖,既败阿里不哥军,杀哈刺不花,返军伊犁,不复设备。阿速带突以后军至,潜逾铁门关,直指阿力麻里之地,攻取阿鲁浑之兀鲁思。此铁门关当在今塔勒奇山谷。王国维谓此铁木儿忏察即耶律楚材《过夏国新安》(《湛然文集》卷三)一首所云之松关,注云西域阴山有松关。《西游记》叙其程云:"又五日,宿阴山北,诘朝南行,长坂七八十里,抵暮乃宿,天甚寒,且无水,晨起,西南行约三十里,忽有大池,方园几二百里。雪峰环之,倒影池中,师名之日天池。沿池正南下,左右峰峦

峭拔；松桦阴森，高逾百尺，自巅及麓，何啻万株。众流入峡，奔腾
汹涌，曲折弯环，可六七十里。二太子扈从西征，始凿石理道，刊
木为四十八桥，桥可并车。薄暮，宿峡中，翌日方出。"《过阴山和
人韵》（《湛然文集》卷二）："阴山千里横东西，秋声浩浩鸣秋溪，猿
猱鸿鹄不能过，天兵百万驰霜蹄。万顷松风落松子，郁郁苍苍映流
水。天丁何事夸神威，天台罗浮移到此。云霞掩翳山重重，峰峦突
兀何雄雄，古来天险阻西域，人烟不与中原通。细路萦纡斜复直，
山角摩天不盈尺，溪风萧萧溪水寒，花落空山人影寂。四十八桥横
雁行，胜游奇观真非常。临高俯视千万仞，令人凛凛生恐惶。百里
镜湖山顶上，旦暮云烟浮气象。山南山北多幽绝，几派风泉练千
丈。大河西注波无穷，千溪万壑皆会同。君成绮语壮奇诞，造物缩
手神天功。山高四更才吐月，八月山峰半埋雪。遥思山外屯边兵，
西风冷彻征衣铁。"元人称天山为阴山，此处所指为今塔尔奇伊陵
山，天池即赛里木湖。洪亮吉《塞外纪闻》果子沟，山径极险，南北
并高峰峻岭，中辟一道，劣仅通人，雪深时往往连人及骑陷入雪中，
至三四月路开，台员即络续报雪中检出人马尸骨。

出关至阿里麻里城。

城在今新疆伊宁县境。岑仲勉谓阿里麻里城址即《水道记》四
所载塔勒奇城正北五里许之废城（《蒙古史札记》，载《史语所集
刊》）。Almalïg，义为苹果园，《西游记》：土人呼果为阿里马，盖多
果实，以是名其城。《西游录》：西人目林檎为阿里马，附廓皆林檎
园，故名。Barthold 谓此城为 Uzār 或 Būzār 所建。Uzār 事迹见《世
界征服者传》（英译本）卷一，页 75—76。

市井皆流水交贯。有诸果，惟瓜、葡萄、石榴最佳。回纥与汉
民杂居，其俗渐染，颇似中国，又南有赤木儿城，

《西游记》由阿里马而西至大石林牙之间有小城，当即此。

居民多并汾人。有兽似虎，毛厚，金色无文，善伤人。有虫如
蛛，毒中人则烦渴，饮水立死，惟过醉葡萄酒，吐则解。有嗏酒。
字罗城以西，金银铜为钱，有文而无孔方。

《西域河中十咏》之八（《湛然文集》卷六）有"强策浑心竹，
难穿无眼钱"句，注云：其金铜牙钱无孔郭。又卷十二《赠高善长

一百韵》有"钱货无孔郭，卖馎称斤量"句。

至麻阿中以马捧拖床递铺，负重而行疾，或曰乞里乞四易马以犬。

麻阿，无疑即 Magas 之对音，蒙古语无"g"的音，故读作 Ma'as。Magas 即《秘史》之 Meget，《元史·太宗纪》十一年之蔑怯思，卷一二二作麦各思，卷一三二作麦多思，卷一二八作麦怯斯，皆 Mäkäs 之异译。为阿兰之都城。乞里乞四即 Kirghiz。《元史·地理志·西北地附录》作吉利吉思。

二月二十四日过亦堵，两山间土平民夥，沟洫映带，多故垒坏垣。问之，盖契丹故居也。

亦堵，学津讨源本作六？，而《鲁不鲁克行纪》作 Equius。王国维《西辽都城虎思斡耳朵考》谓："亦堵者，盖讹夷朵之略。"然亦堵（yi-tu）之与斡耳朵（orda）差异甚大，恐难略通。虎思斡尔耳地在今苏联托克马克（Tokmak）之东四十里，《唐书》作裴罗将军城。贾耽《四夷路程》："八十里至裴罗将军城，又西四十里至碎叶城，城北有碎叶水。"碎叶水即今 Chu（楚河），后文作亦河，碎叶城即今之 Tokmak。则裴罗将军城在 Tokmak 东四十里，确然无误，西域则称为八喇沙衮 Balasagun，伯希和疑此为 Sogdian（粟特）名字（《马可波罗注》卷一页 224 "catai"条）。大石西征，以延庆三年（1134），班师东归，马行二十日，得善地，遂建都城，号虎思斡耳朵，即八喇沙衮也，虎思斡耳朵名见《辽史》。《金史》作骨斯讹鲁朵，《西游录》作虎思窝鲁朵，《元史》作谷则斡儿朵，皆 Quz-ordo 或 ruz-ordo 之音译。蒙语之 ordo 源自突厥语之 ordu，义为"营帐"、"宫帐"。"虎思"，《辽史语解》释义为"有力"，布莱资须纳德认为与满洲语 husun 同源。然虎斯斡耳朵名见西辽前，非契丹语，故伯希和谓突厥语"有力量"作 küč，蒙语则作 Küčün。Quz-ordo，或者勿宁说"Quy-ordu 之名至少在黑契丹抵达以前半世纪时即已存在。1076 年 Kāšrari 已著有 Kuz-ordo 之名，又作 Kuy-ULush。它是 Balāsārūn 之突厥名字（可能为粟特（Sogdian）名）。是哈剌汗国（Qarakhanids）在 Ču 河上之都城。"（《马可波罗注》册一页 224）。术外尼谓此城为回鹘 Buqu 汗西征时所建（P58）。据《伊斯兰百科

《全书》页 987 "Balāsāghūn" 条：谓其地即今之 Kirghizia。

计其地去和林万五千里。而近有河曰亦，运流汹汹东注，土人云此黄河也。

当为楚河，东注伊克塞湖 Issik kul，《隋书》《新唐书》作碎叶川、细叶川，《西域记》作素叶水，《秘史》作垂河，《西游记》作吹没辇。此句通以"亦运"连读，误，今从王国维。

二十八日过塔剌寺。

此城位答剌速河（Talas）上。因河而得名。《汉书·陈汤传》作都赖水、郅支城。《西域记》作呾逻私，《经行记》、贾耽《四夷路程》作怛罗斯，《新唐书》作口？罗私、怛逻斯，《元史》作答剌速。此城后称 Aulie-Ata，今作 Jambul。Talas 河最后隐于 Muyum kum 沙地。《拜占庭编年史》中载 569 年皇帝 Justin 遣使至中亚突厥汗之记载中初见 Talas。Ibnkhurdadbih（9 世纪）与 Ibn Hankal（10 世纪）皆称 Talas 是回教徒与突厥人间之重要交易中心。

三月一日过赛蓝城，有浮图，诸回纥祈拜之所。

此赛蓝城（Sairam）与我国新疆之赛里木湖及拜城县所属之赛蓝（《元史》作唆迷国）名同，然东西异地。Sairam 是哈萨克斯坦（Kayakhstan）的一个小村，位塔什干（Tashkent）之东北 Chimkent 东 65 公里处（《世界征服者传》卷二，页 396 注 8）《史集》卷一第一分册，页 132 记合里—赛蓝（qārī sīrm）"古老而且非常大，见过这座城的人们说，它从头到尾需走一天的路程。城中有四十座大门。现在那里住着突厥伊斯兰教徒。它归海都所有，为宽彻 Qǔnji 兀鲁思分地。他的后裔据有的地方在附近。《明史·西域传》：赛蓝在达失干之东，西去撒马儿罕千余里，有城郭，周三四里。

三日过别石兰，诸回纥贸易如上巳节。四日过忽章河，渡船如弓鞋然。

忽章河即 Sirdaria（锡尔河），大食语名为 Sihun，阿剌伯人通常称 sihun 为 nahar khodjend，即忽毡（khodgend）之河，故名。此河古称 Yaxartes，《隋书》《新唐书》曰药杀水，《慈恩寺传》作叶叶河，Yapyap 突厥语川流之意。此别石兰城在锡尔河北一日程地，系塔剌寺通撒马干通道所经，当去今塔什干不远。Bretchneider 说此处有音误，疑其即塔什干。

土人云：河源出南大山，地多产玉。疑为昆仑山。

锡尔河上源称纳伦河，《新唐书·西域传·石国》："西南有药杀水，入中国谓之真珠河，亦曰质河。"

以西多龟蛇，行相杂，邮亭客舍，煖如浴室。门户皆以琉璃饰之。民赋岁止输金钱十文，然贫富有差。

《元史·太宗纪》："西域人以丁计，出赋调，麻合没的滑剌西迷主之。"剌失丁谓，1251 年蒙哥令波斯之贫者纳 1 元，而富者则为 10 元。据多桑《蒙古史》卷二，页 45 "蒙哥即帝位，命波斯诸长吏分别陈述其弊。诸人皆以为民困乃因税重，应采牙剌洼赤前在西域河中所定按贫富分别计丁出赋，而蠲免其他一切课税之法。帝报可。"《西域河中十咏》（《湛然文集》卷六）亦有"酿春无输课，耕田不纳租"句，知西域赋税，但人身丁。

八日捝思干，城大而民繁。（库本，学津本"八日"下有"过"字）

Samarqand，《元史》作寻思干、薛速思干（Semescant）、撒麻耳干，《魏书》作悉万斤，《隋书》作康国，《西域记》作飒秣建，《新唐书》又作萨末鞬，《西游录》："寻斯干者，西人云肥也，以土地肥饶，故名。"《怀古一百韵寄张敏之》（《湛然文集》卷十二）注云："寻罳虔，西域城名，西人云寻罳，肥也；虔，城也，通谓之肥城。"

时群花正坼，花惟梨、蔷薇、玫瑰如中国，余多不能名。（库本"中国"作国中）

隅城之西，所植皆葡萄粳稻。有麦亦秋种。其乃满地产药十数种，皆中国所无，药物疗疾甚效。（学津本无"其乃"二字）

曰阿只儿，

Bretehneidar 作阿儿只。

状如苦参，治马鼠疮。妇人损胎及打扑内损，用豆许咽之自消。曰阿息儿，状如地骨皮，治妇人产衣不下，又治金疮浓不出，嚼碎傅疮上即出。曰奴哥撒八，形似桔梗，治金疮及肠与筋断者，嚼碎傅之自续。余不能尽录。十四日过暗不河。

即 Amudaria（阿母河），古称 oxus，《史记》、《汉书》作妫水，《魏书》作乌许水，《隋书》、新旧《唐书》作乌浒水，《西域记》则作缚刍，乃伊兰语 Vaksa 之对音，《秘史》作阿梅，《元史》作暗木、阿母。

夏不雨，秋则雨溉田。以西，地多蝗，有飞鸟食之。

Pastor roseus 喜食蝗。《西域河中十咏》（《湛然文集》卷六）：六月常无雨，三冬却有雷。

十九日过里丑城，其地有桑枣，征西奥鲁屯驻于此。

里丑城，无可考，1255 年冬旭烈兀西征，渡阿母河，次 Shafurqan 草地。多桑书作 Schoubaurgan 黍布干，以连续七昼夜风雪，阻行，故留此越冬。Shafūrgān 或 Shabūrgān 即今阿富汗斯坦 Afghanistan 北之 Shibarkhan。巴里黑 Balkh 西 53 公里。常德穿越锡尔与阿母两河间地计程十日，渡阿母河至里丑城计五日程，此里丑城与 Shafūrgān 草地道里略当，则此城为 Shafūrqān 草地之一小镇无疑。

二十六日过马兰城。

马兰城，古称 Muru，Maru，《后汉书·安息传》作木鹿城，《隋书》作穆国，《新唐书大食传》作木鹿，《元史》作麻里兀、马鲁，麻里兀即 Merv 之对音。今作 Marï。当时有二马鲁，一作 Meru Shahidjan，一作 Meru-al-Rud，均位于 Meru-rud 河上。《元史·太祖纪》十六年皇子拖雷克马鲁察叶可、马鲁、昔剌思等城，前者即 Meruchak，后者即 Meru-al-Rud。

又过纳商城，草皆苜蓿，藩篱以柏。

即 Nishapur，《元史》有你沙不儿、乃沙不耳、匿察兀儿诸译。

二十九日殢扫儿城，山皆盐，如水晶状。（学津本日下有"过"字）

"殢"，《广韵》：呼计切，义同。《集韵》丛大计切，音第，义同。殢扫儿（Ti-sao-er），Bretchneider 谓亦可读作 Hi-sao-rh。可能即你沙不儿西之 Sebzivar。

近西南六七里新得国曰木乃奚。

"七"下疑有脱字。Mulūhidah，《元史》作木剌夷、木罗夷、末来、没里奚、木乃兮诸译《圣武亲征录》作木剌夷，《辍耕录》作木乃伊，鲁不鲁克作 Mulihet，即马可波罗所记之山老，Mulette，Malhed 义为外道，正统回教徒对异端亦思马因（Ismailians）派之称呼，多桑云："犹言迷途之人也。"

牛皆驼峰黑色，地无水，土人隔山岭凿井，相沿数十里下通流以溉田。所属山城三百六十，已而皆下，惟担寒西一山城名乞都不，孤峰峻绝，不能矢石。

担寒，《元史·郭侃传》作担寒山，系 Tālaqan 之对音。Talaqan 有好几个，一为《马可波罗行记》之 Talaqan，即今阿富汗 Badakhshan 省之 Talikhan 区与市；一为成吉思汗所下之 Talaqan，处 meru 与 Balkh 之间。此 talaqan 则在可疾云 Qazvin 附近。乞都不，《郭侃传》作乞都卜，皆 Girdkoh 之对音，即《元史·宪宗纪》二年之吉儿都怯寨。此言"园山"，地在 Damghan 城西约十八公里。

丙辰年，

1256 年，宪宗六年。

王师至城下，城绝高嶮，仰视之帽为坠。诸道并进，敌大惊，令相大者纳失儿来纳款。

"大者"为"火者"之讹，《郭侃传》作"卜者"。此 Hōjah-Nasir 即亦思马因之名臣兼天文学者 Nasiru-d-Din Aṭ-ṭūsi。其年十月旭烈兀四道进军，十一月鲁克那丁（Rukn-d-Din）请降，先令其子与 Násiru-'d-Din 纳款。

已而兀鲁兀乃算滩出降。算滩，犹言国王也。

即鲁克那丁（Rukn-'d-Din），蒙语在"R"首音的发音时常以第一音节之韵母置于前，故读为 u-ru-wu-nai（Rukn-id-Din）。算滩即 Sultan（苏丹），算端之异译。

其父领兵别据山城，令其子取之，七日而陷。

'Ala'u-d-Din Muhammad 为木乃奚十七代主，生于 1212 年，1221 年 11 月嗣父位。Rukn-'d-Din 之父阿老瓦丁（'Alā-ad-Din）死于 1225 年底，此盖传闻失误，缘鲁克那丁降时，其他四十余堡尚阻险拒敌，其中包括其故都阿剌模忒（Alamūt）（名见《元史·地理志·西北地附录》），旭烈兀遣鲁克那丁亲谕降之。

金宝物甚多，一带有值银千笏者。其国兵皆刺客。俗见男子勇壮者，以利诱之，令手刃父兄，然后充兵。醉酒扶入窟室，娱以音乐、美女，纵其欲，数日复置故处。既醒，问其所见，教之能为刺客，死则享福如此。因授以经咒日诵，盖使蛊其心志，死无悔也。令潜使未服之国，必刺其主而后已，虽妇人亦然。

亦思马因派教徒以刺客暗杀著名于当时，此种训练刺客之方法，亦见于马可波罗之记载，足见其流传甚广。

其木乃奚在西域中最为凶悍，威胁邻国，霸四十余年。王师既克，诛之无遗类。

亦思马因派自 1090 年哈散撒巴（Hassan Sabbah）据 Alamut，势力日盛，迄于亡，此言霸四十余年恐为"百四十余年"之脱误。

四月六日过讫立儿城。

讫立儿城无可改。

所产蛇皆四跗，长五尺余，首黑身黄皮，如鲨鱼，口吐紫艳，过阿剌丁城。

《西游记》又见蜥蜴，皆长三尺许，色青。

祸咱答儿人被发，率以红帕首，衣青，如鬼然。

祸咱答儿，即祸梣答而（mazandaram）。

王师自入西域，降者几三十国。有佛国名乞石迷西，在印度西北，盖传释迦氏衣钵者。其人仪状甚古，如世所绘达摩像，不茹晕酒，日啖粳一合。所谈皆佛法禅定，至暮方语。

Kashmir，从汉代开始即以罽宾之名为我国所知。《西域记》作迦湿弥罗，《新唐书》作个失蜜，《元史》作怯失米儿、迦叶弥儿，《秘史》Kāšimir。

丁巳岁取报达国，南北二千里，其主曰合里法，其城有东西，城中有大河，西城无壁垒，东城固之以甓，绘其上甚盛。

Bagdad，762 年黑衣大食哈里发 Al Manssour 初建都于达曷水西岸，数年以后又在东岸建新报达城，旧城遂成附廓。《四夷路程》作缚达，周出非《岭外代答》、赵汝括《诸蕃书》作白达，《元史》作八哈塔、八吉打，《秘史》作巴黑塔（Baqtat）。1258 年 2 月 5 日为蒙古攻陷，Calif，《元史》作哈里发，阿剌伯语义为副官、继承者、代理人，其时 Calif 名谟斯塔辛（Mustansin）。

王师至城下，一交战，破胜兵四十余万。西城陷，皆尽屠其民，寻围东城，六日而破，死者以数十万。合里法以舸走，获焉。其国俗富庶为西域冠，宫殿皆以沈檀、乌木、降真为之，壁皆以黑白玉为之，金珠珍贝不可胜计。其妃后皆汉人。所产大珠曰太岁、强、兰石、瑟瑟、金刚钻之类。带有值千金者。其国六百余年，传四十年（库本作四十世，学津本作四十主），至合里法则亡。人物颇秀于诸国，所产马名脱必察。合里法不悦，以橙浆和糖为饮，琵琶三十六弦，初合里法患头痛，医不能，一伶人作新琵琶七十二弦，听之立解。土人相传：报达诸胡之祖，故诸胡皆臣服。

多桑《蒙古史》：哈里发为穆斯林最高首领，视诸奉正教之君主如同其委任之人，报达为上邦，诸国为藩国，诸国君长不论其号为算端，为蔑力，抑为阿塔毕者，即位之时，皆应通知哈里发请求册封（册二页73）。脱必察，大西马，一种长颈的土库蛮马。《元朝秘史》载：绰儿马罕曾以 Tobichant 及其他物品奉窝阔台。《中堂纪事》记有回纥赟栗色宛马八拜，玉面鹿身，耸立如画，即此。

报达之西，马行二十日有天房，内有天使神，胡之祖弅所也。师名癖颜八儿。房中悬钱绠，以手扪之，心诚者可及，不诚者竟不得扪。经文甚多，皆癖颜八儿所作，辖大城数十，其民富实。

天房，即回教圣地麦加（Mekka），《岭外代卷》作默伽、麻嘉，《诸蕃志》作麻嘉，《岛夷志略》作天堂（注云古名筠冲，然不知出自何典），《星槎胜览》作天方，布莱资须纳德谓天房，天堂皆指默加之大礼拜寺与 Ka'bah 广场，又称为 Bäitullah 者，义为"上帝之居"。波斯语 Peighember，癖颜八儿，《元史·赛典赤瞻思丁传》作别庵伯尔、泉州《重修清净寺碑记》作别谙拔尔。"别谙拔尔，犹华言天使，盖尊而号之也。"（《泉州宗教石刻》）

西有密乞儿国，尤富，地产金，人夜视有光处，志之以灰，翼日发之，有大如枣者，至服（报）达六千余里，国西即海。

Miśr 即埃及，《岭外代答》《诸蕃志》作勿斯里、蜜徐篱，《元史·郭侃传》作密昔儿。《传》又谓有密昔儿算端可乃，当为可刀或可朵 Qotuz 之误，然 qotuz 实未降于蒙古，当时蒙古军亦仅及于巴勒斯坦和叙利亚之东界，而未及埃及境。《郭侃传》夸大事实，张扬己功，多不足信。

中国古称 Arah 为大食（Ta-shih），义净作多氏，为波斯语 Tāzī

（沿白阿剌伯部族名 Tai）或另一波斯语 Tājik。伯希和倾向于前者（Notes on MascoPato I.45）。1076 年撰之 Kāšgari 字典谓 Täzik 为波斯，而 Tazi 则为阿剌伯之专称，迄 14 C 初犹然。

海西有富浪国，妇人衣冠如世所画菩萨状，男子胡服，皆善，寝不去衣，虽夫妇亦异处。有大鸟，驼蹄苍色，鼓翅而行，高丈余，食火，其卵如升许。

《魏书·波斯传》：有鸟形如橐驼，有两翼，飞而不能高，食草与肉，亦能噉火。富浪或以为 Farang，波斯语地中海东岸欧洲人之称，富浪（Fu-lang）即 Franks（法兰克），《元史》作佛朗，《中堂纪事》中作发郎。

其失罗子国出珍珠，其王名袄思阿塔卑。云：西南海也，采珠盛以革囊，止露两手，腰絚石坠入海，手取蛤并泥沙贮于囊中，遇恶虫以醋噀之即去。既得蛤满囊，撼絚，舟人引出之，往往有死者。

《哈剌哈只神碑》（《至正集》卷五三）阿特伯失剌子举国降服。

Shiraz, Fars 之首都，《元史·地理志·西北地附录》作泄剌失，《郭侃传》作石罗子。袄思阿塔卑，《郭侃传》作换斯阿塔毕。蒙古入侵时，Fars 自成一国 Atabeg Abubekr 降成吉思汗，其子 SaadII 与旭烈兀军中。死后 Mahomet 为 Atabeg，为其兄弟 Seldjuk 篡夺。旭烈兀遣军杀之。以旭烈兀子妇、法而思 Atabeg 公主 Aish 可敦继位。

印毒国去中国最近，军民一千二百万户，所出细药大胡桃，珠宝，乌木，鸡舌，宾铁诸物。国中悬大钟，有诉者击之，司钟者纪其事，及时王官亦纪其名，以防奸欺。民居以蒲为屋，夏大热，人处水中。己未年七月兀林国阿早丁算滩来降，城大小一百二十，民一百七十万，山产银。

《郭侃传》作兀林算滩阿必丁。

黑契丹国名乞里弯，王名忽教马丁算滩，闻王大贤亦来降。

Kerman 作起漫，其后有突厥统将博剌克哈吉伯 Borac-hadjib，初仕西辽，后降花剌子模，其后成吉思汗西征，灭花剌子模，博剌克遂据克瓦昔儿，自为其主，渐及起而漫全境，称哈剌契丹。历国八十六年，迄于 1309 年。此算端当为 1234—1258 在位之 Quth-ud-Din。

其拔里寺大城，狮子雄者鬃尾如缨拂，伤人，吼则声从腹中出，马闻之怖，溺血。狼有鬃，孔雀如中国画者，惟尾在翅内，每日中振羽。香猫似土豹，粪溺皆香麝如。鹦鹉多五色。风驼急使乘日五千里。鹁鸽传，日亦千里。珊瑚出西南海，取以铁网，高有至三尺者。

拔里寺即 Bardasir 或 Juvāshīr（Guvāshīr），为起儿漫都城之古名。

兰赤生西南海山石中。

陶宗仪《辍耕录》卷七　回回石头：剌，淡红色骄。即此兰赤 Ladjaverd。《元史·宋本传》：西域富商以其曰瓓者来献，其估钜万。

有五色鸭思，价最高。

（阿剌伯语 yashm 或 yashh，〈zasper〉有黄、红、绿、黑、棕诸色，《尚文传》作押忽大珠）《元诗纪事》七十柯九思官词，自注：御服多以大珠盘龙形，嵌以奇珍曰鸦忽。曰喇者出自西域，有直数十万锭者。

金刚钻出印毒，以肉投大涧底，飞鸟食其肉，粪中得之。撒八儿出西海中，盖璕玞之遗精，蛟鱼食之，吐出，年深结为。价如金，其假者即犀牛粪为之也。

撒八儿指龙脑、龙涎香 ambargris。伯希和谓此 sa-pa-êrh 当为 an（俺？）-pa-êrh 之讹。《明史》作俺八儿。An-pa-êrh 即 anhor=amhergris（《马可波罗注》册一，页33—34）。龙脑初见于段成式《酉阳杂俎》，作阿末，产拔拔力国。

骨笃犀，大蛇之角也，解诸毒。

周密《云烟过眼录》伯几云：骨咄犀，乃蛇角也，其性至毒而能解毒，慎懋官《华夷鸟兽考》：骨咄犀，其性至毒而能解毒，盖以毒攻毒也，故曰蛊毒犀，《唐书》有古都国，必其所广，今人讹为骨咄耳。

龙种马出西海中，有鳞角，牡马有驹，不敢同牧，骝马引入海，不复出。阜雕一产三孵，内一大者，灰色而毛短，随母影而走，所逐禽无不获者。垅种羊出西海，羊脐种土中，溉以水，闻雷而生，脐系地中，及长，惊以木，脐断啮草，至秋可食，脐内复有种。

《西域河中杂咏》(《湛然文集》卷六)有"无衣垅种羊"句，又《赠高善长一百韵》(卷十二)有"西方好风土，大率无蚕桑。家家植木棉，是为垅种羊"。《史记·大宛列传》正义引宋膺《异物志》：大秦之北，附庸小邑有羊羔自然生于土中，候其欲萌，筑墙绕之，恐为兽所食。其脐与地连，割绝则死。击物惊之遂绝，则逐水草为群。新旧《唐书》及《唐会要》均袭其说。

又一胡妇解马语，即知吉凶，甚验。其怪异等事不可殚记，往返凡一十四月。郁叹曰：西域之开，始自张骞，其土地山川固在也，然世代浸远，国号变异，事亦难考，今之所说瀚海者，即古金山也。印毒者，即汉身毒也。曰驼鸟者，即安息所产大马爵也，

《新唐书·吐火罗传》：永徽元年 (650)献大鸟，高七尺，色黑，足类橐驼，翅而行，日三百里，能啖铁，俗谓驼鸟。《汉书·西域传》，安息国，有大马爵。师古注引《广志》云：大爵，颈及膺身，蹄似橐驼，色苍，举头高八九尺，张翅丈余，食大麦。《通典·边防九·吐火罗国》，高宗永徽初遣使献大马爵，高七尺，足如驼，鼓翅而行日三百里。能啖铁，夷俗谓之驼鸟。

密昔儿即唐拂菻地也。观其土产风俗可知已。又《新唐(书)》载拂菻去京师四万里，在西海上，所产珍异之物与今日地里正同，盖无疑也。中统四年 (1263)三月浑源刘郁记。

刘郁，刘祁之弟。王恽《浑源刘氏世德碑》(《秋涧先生文集大全》卷五八)：郁，字文季，亦名士，中统元年 (1260)，肇建中省，辟左右司都事，出尹新河，召拜监察御史。能文辞，工书翰，别号归愚，卒年六十一。赵秉文《故叶令刘君遗爱碑》(《闲闲文集》卷十二)有"二千耶既秀而文"。《元遗山诗集笺注·归潜堂诗》云："南山老桂几枝分，输墨风流属两君"，即指京叔昆仲也。当时又有真定刘郁，字仲文，祁州蒲阴人。祁州属真定路，故称。中统元年曾被征赴阙，仕至将仕郎，其行事见刘因《刘仲文挽章》(《静修文集》卷十五)。《四库提要》误二刘郁为一，金应熙《读刘郁〈西使记〉札记》详为驳正，见《政治历史学报》第二期 (岭南大学政治学会出版)。

张德辉《纪行》笺注

据《玉堂嘉话》本

岁丁未夏六月初吉，赴召北上。

1247 年，贵由二年。元好问《令旨重修真定庙学记》（《遗山文集》卷三一）：王以丁未之五月召真定总府参佐张德辉北上，德辉既进见，王从容问及镇府庙学今废兴如何。《元史》本传：丁未，世祖在潜邸，召见，问曰：孔子殁已久，今其性安在？对曰：圣人与天地终始，无往不在，殿下能行圣人之道，性即在是矣。又问：或云，辽以释废，金以儒亡，有诸？对曰：辽事臣未周知，金季乃所亲睹，宰执中虽用一二儒臣，余皆武弁世爵，及论军国大事，又不使与闻，大抵以儒进者三十之一。国之存亡，自有任其责者，儒何咎焉。世祖然之，因问德辉曰：祖宗法度具在而未尽设施者甚多，将如之何？德辉指银盘喻曰：创业之主，如制此器，精选白银、良匠规而行之，畀付后人，传之无穷，当求谨厚者司掌，乃永为宝用，否则不惟缺坏，亦恐有窃而去之者矣。世祖良久曰：此正吾心所不忘也。又访中国人材，德辉举魏璠、元裕、李冶等二十余人。又问农家作劳，何衣食之不赡？德辉对曰：农桑天下之本，衣食之所从出者也。男耕女织，终岁勤苦，择其精者输之官，粗者将以仰事俯育，而亲民之吏复横敛以尽之，则民鲜有不冻馁者矣。又据《名臣事略》：戊申春，公释奠致胙于王，王曰：孔子庙食之礼何居？对曰：孔子万代王者师，有国者尊之，则严其庙貌，修其时祀，其崇与否，于圣人无所损益，但以见时君尊师重道之心耳。王曰：自今而后，此礼勿废。王又问曰：今之典兵与宰民者，为害孰甚？公曰：典兵者军无纪律，专事残暴，所得不偿其实，害固为重；若司民者头会箕敛，以毒天下，使祖宗之民如蹈水火，蠹亦非细。王默然良久，曰：然则奈何？公曰：莫若更选。族人之贤如口温不花者，使主兵柄；勋旧如忽都虎者，使主民政，则天下皆受其赐矣。其年夏，公得告将还，因荐白文举、郑显之、赵元德、李进之、高鸣、李盘、李涛数人。陛辞，又陈孝侍亲，友兄弟，择人材，察下情，贵兼听，亲君子，信赏罚，节用度，规戒于王。公在朔庭期年，每进见延访，圣贤道德之奥，修身治国之方，古今治乱之由，详明切直，多所开悟。故呼字赐坐，赏赐之礼殊渥。

发自镇阳。

《元史·地理志》：唐恒山郡，又改镇州，宋为真定府。今正定。

信宿过中山，

《元史·地理志》：唐定州，宋为中山郡，金为中山府。今定县。

时积阴不晴，有顷开霁，西望恒山之绝顶（所谓神峰者），耸拔若青盖然。自余诸峰，历历可数。

恒山绵亘于保定西，主峰为曲阳西北之大茂山。《读史方舆纪要》卷十四：大茂山，即恒山之岭，一名神尖山。

因顾谓同侣曰：吾辈此行，其速返乎！此退之衡山之祥也。翌日，出保塞，过徐河桥，

《金史·地理志》：保州清苑县，倚，宋名保塞。高阳县有徐河。《读史方舆纪要》卷十二：安肃县，徐水在县南四十里，与清苑分界上有桥，当即此。

西望琅山，森若列戟，而葱翠可挹。

《谈史方舆纪要》卷十二，清苑县有郎山，又作狼山。王恽《琅山诗》（《秋涧先生大全文集》卷五）："或云琅为郎，说是郎君石。物类无不偶，远与巫峡匹。"

已而由良门，定兴，抵涿郡。

定兴，金属涿州，元改隶易州。

东望楼桑蜀先主庙，

吕颐浩《燕魏杂记》：涿州西南二十里有蜀先主庙。揭傒斯《赐汉昭烈帝庙碑》（《揭傒斯全集》卷七）：昭烈、关将军皆涿人，今州南十里楼桑村，即昭烈故宅。

经良乡，度泸沟桥，以达于燕。

《金史·河渠志》卢沟河：章宗大定二十九年（1189）六月，复以涉者病河流湍急，诏令造舟。既而更命建石桥。明昌三年三月，成，敕命名曰广利。

居旬日而行，北过双塔堡、新店驿，入南口，度居庸关。

《中堂事记》：晚宿南口新店，距海店七十里。《扈从北行前纪》：龙虎台，昌平境，又名新店，距京师仅百里。《昌平山水记》：沙河店，北有水，出昌平州西南四家庄，迳双塔村东流为北沙河。居庸关，世传秦始皇北筑长城时居庸徒于此，故名。

出关之北口，则西行，经榆林驿、雷家店，及于怀来县。

《金史·地理志》德兴府属县妫州；辽可汗州清平军，本晋妫州。会同元年（938），辽太祖尝名可汗州，县旧曰怀戎，更名怀来，明昌六年（1195）改名妫川。据王恽所记，怀来南距北口五十三里。

县之东有桥，中横木，而上下皆石。桥之西有居人聚落，而县郭芜没。西过鸡鸣山之阳，

郎蔚之《隋州郡图经》：鸣鸡山，在怀戎县东北，本名磨笄山。昔赵襄子杀代王，其夫人曰：代以亡矣！吾将何归，遂磨笄于山而自杀。代人怜之，为立祠，因以名其山为磨笄山。每夜有野鸡鸣于祠屋上，故亦名鸣鸡山。《金史·地理志》：德兴府，德兴县，倚，有鸡鸣山。《中堂纪事》：鸡鸣山者，昔唐太宗东征，至其下，闻鸡鸣，故名。东南距怀来七十里而远。钱良铎《出塞纪略》：自保安州二里至鸡鸣山，又五里至下花园，又十里至上花园。

有邸舍，曰平舆，其巅建僧舍焉。循山之西而北，沿桑干河以上，河有石桥。由桥而西，乃德兴府道也。北过一邸曰定防水，经石梯子，至宣德州。复西北行，过沙岭子口，及宣平县驿，

《金史·地理志》宣德州属县宣平，承安二年（1197）以大新镇置。以北边用兵尝驻此地。沙岭子口，今仍名。

出德胜口，抵扼胡岭。

《金史·地理志》：德胜口作得胜口，属抚州柔远县，旧名北望淀，大定二十年更名得胜口。扼胡岭，《辽史》作野狐岭。

下有驿曰字落。自是以北诸驿，皆蒙古部族所分主也。每驿各以主者之名名之。

此字落即字罗。刺失德丁《集史》忽必烈汗纪：阿合马留守大都，高平章欲杀之，阿合马夜取御厩健马北走开平，至五程远之地，大食称此村曰ЧYL，亦称为赛典赤瞻思丁之驿站。可参考。

始见毳幕毡车，逐水草畜牧而已，非复中原之风土矣，寻过抚

州，惟荒城在焉。北入昌州，居民仅百家，中有廨舍，乃国王所建也，亦有仓廪，隶州之盐司。州之东有盐池，周广可百里，土人谓之狗泊，以其形似故也。

杨奂《抚州诗》：北界连南界，昌州又抚州，月明鱼泊夜，云冷鼠山秋。《金史·地理志》抚州，下，镇宁军节度使，辽秦国大长公主建为州。章宗明昌三年复置刺史，为桓州支郡，治柔远。明昌四年置司候司。承安二年升为节镇，军名镇宁，拨西北路招讨司所管梅坚必剌、王敦必剌、拿怜术花、速宋葛斜忒浑四猛安隶之。《一统志》：兴和故城在太仆寺左翼牧厂西南二十里，南至张家口百里。《口北三厅志》卷三古迹记其城周四里余，门四，俗称喀喇巴尔哈孙，义为黑城。《元史·世祖纪一》丙辰冬，忽必烈驻于合剌八剌合孙之地，当即此，按《金史·地理志》：柔远县大安十年置于燕子城，而抚州治柔远，则此抚州城即世传之燕子城。邱长春雪山诗有句云：发轫初来燕子城。其自注云抚州是也。

昌州，《金史·地理志》：明昌七年以狗泺复置，隶抚州。按：昌州，元初隶宣德府，中统三年（1262）隶兴和路，延祐六年（1319）改宝昌州。王声玲《塞外闻见录》太仆寺两翼牧厂今已设治，左翼牧厂厢黄旗，有庆国禅寺基址存残碑片，石上有"元致和元"年及"兴和路宝昌州"等字，遂沿旧称定名为宝昌设治局。则古之昌州城当在今定昌镇之附近。

州之北，行百余里，有故垒隐然，连亘山谷。垒南有小废城，问之居者，云：此前朝所筑堡障也。城有戍者之所居。自堡障行四驿始入沙沱，际陀所及，无块石寸壤，远而望之，若冈陵丘阜然，既至则皆积沙也。所宜之木，榆柳而已，又皆樗散而丛生。其水尽咸卤也。凡经六驿而出陀，复西北行一驿，过鱼儿泊，泊有二焉。周广百余里，中有陆道，达于南北。

耶律铸《双溪醉隐集·涿邪山》诗注：即今华夏犹呼沙漠为沙陀。《西游记》：出明昌界，又行六七日，忽入大沙陀。其碛有矮榆，大者合抱，东北行千里外无沙处，绝无树林。鱼儿泊，即今之达里诺尔、《元史·特薛禅传》之答儿海子，其西者即今虻牛泡子，旧作冈爱泊。

泊之东涯有公主离宫，宫之外垣，高丈余，方广二里许，中建寝殿，夹以二室，背以龟轩，旁列两庑，前峙眺楼，登之颇快目力。

《元史·特薛禅传》：甲戌，太祖在迭蔑可儿，谕按陈曰：可木儿温都儿、答儿脑儿、迭蔑可儿之地，汝则居之。又至元七年（1270）斡罗陈万户及其妃囊加真公主请于朝曰：本藩所受农土，在上都东北三百里，答儿海子，是实本藩驻夏之地，可建城邑以居。帝从之。遂名其地为应昌，城址在达里诺尔西南约二公里。

宫之东有民匠杂居，稍成聚落，中有一楼，榜曰迎晖。

《西游记》：至鱼儿泺，始有人烟聚落，多以耕钓为业。

自泊之西北行四驿，有长城颓址，望之，绵延不尽，亦前朝所筑之外堡也。

1973 年夏，内大蒙古史研究室前往锡盟正蓝旗汉克拉公社劳动并进行历史调查，访求得该社之红旗大队有边墙遗迹，绵亘三四十里，墙内侧有小土城，方不足一里。此类小城，自军马场九连至汉克拉胜利大队亦有发现，约可连结为东北自达里泊，西南至那日图公社走向之一直线，此即张德辉所记之金外堡无疑。又据我们在达里泊之调查，泊之北亦有同样之边墙与土城遗迹。然下文张德辉所记鱼儿泊西北行四驿又有边堡。此边堡当在今阿巴嘎旗境内。前年吉发习同志去阿旗发掘，尚及见之，与达尔泊之北者显然不是一事。金大定中，曾以西南面北边堡之某些段落迫近内城，故移于极边安置。颇疑达里泊之北者为金初旧物，而阿旗所见则为大定中之新建。观此，则金初盛时之疆域可得而知。迄其季世，国势凌夷，外堡不守，另兴界壕之役。

《金史·移剌按答传》：完颜守道经略北方，摄咸平路屯军都统，入为兵部侍郎，徙西北西南两路旧设堡戍迫近内城者于极边安置，仍与泰州、临潢边堡相接。按，完颜守道经略北方，事在大定初，其时契丹窝斡余党不靖，守道薮平之。泰州临潢接境边堡之设，事在大定五年正月，按答以经营西北、西南外堡有功授武定军节度，寻以招谕阻卜有功（大定八年十二月）而迁东北路招讨使。则此外堡之设当在大定七年之交无疑。《世宗纪》大定七年七月，遣秘书监移剌子敬经略北边，即指此。外堡既成，于是徙西北招讨司于界上，治蕃部事，其都监则仍治燕子城，领猛安谋克事（《移剌子敬》传）。

自外堡行一十五驿抵一河，深广约什滹沱之三，北语云翕陆连，汉言驴驹河也。

汉武帝太初三年（前102）遣光禄勋徐自为出五原塞数百里，远者千余里，筑城障列亭，西北至庐朐。师古曰：庐朐，山名。杜佑曰：庐朐，在麟州银城县北，犹谓之光禄塞，银城，汉圁阴县地。此处所指即Herülün河，汉译为克鲁伦河，又作胪朐、龙驹、龙居、庐朐、陆局、泸沟、闾居，皆驴驹之异称；怯绿连、怯绿怜、怯吕连、怯鲁连、翕陆连，皆克鲁伦之异译，女真语呼为喝必剌。

夹岸多丛柳，其水东注，甚湍猛。居人云，中有鱼，长可三四尺，春夏及秋捕之，皆不能得，至冬可凿冰而捕也。濒河之民杂以蕃汉，稍有居室，皆以土冒之。亦颇有种艺，麻麦而已。河之北有大山，曰窟速吾，汉言黑山也。自一舍外望之，黯然若有茂林者，迫而视之，皆苍石也，盖常有阴霭之气复其上焉。

此窟速吾当即金幼孜《北征录》所记之白云山，山有云气，故名之。永乐北征，自宣化经察罕脑儿北上，大体上是循北京至乌兰巴托之商道，其抵克鲁伦河南岸，当在河水由南向折而东北东流之大弯曲地，则此山为巴颜乌拉山之南端。沈子敦曰：驿路本由鱼儿泺西北行，径抵胪朐河曲，当黑山之阳，张参议所行是也。

自黑山之阳西南行九驿，复临一河，深广如翕陆连三之一，鱼之大若水之，捕法亦如之。其水始西流，深急不可涉，北语云浑独剌，汉言兔儿也。

浑独剌，（《元秘史》，李注补正）谓，当作独浑拉。gun浑，姚从吾谓当为蒙语之"深"，是。

Tula河汉译作独乐、土拉、秃忽剌。

遵河而西行一驿，有契丹所筑故城，可方三里，背山面水，自是水北流矣。

此辽城在土拉河西流北折之南岸，王国维谓当为辽防维二州之一。

由故城西北行三驿，过毕里纥都，乃弓匠积养之地。

　　胡祇遹《德兴燕京太原人匠达噜噶齐王公神道碑》(《紫山大全》卷十六）：丁丑冬，太祖巡狩于图剌河，匠官史大使帅群公恳诉于公曰：吾侪小人，以绝食而殍者已十七八，存者亦将垂死，微公其谁救之。公即言于上，凡所获猎兽尽以给饿者，继赐以羊牛，又弛塔拉布哈松实之禁，得采食。用是困者起，瘠者肥，免于沟壑者不知其几。此工匠生活之大概。

　　又经一驿，过大泽泊，周广约六七十里，水极澄澈，北语谓吾误竭脑儿。自泊之南而西，分道入和林城，相去约百余里。

　　即乌盖泊（Ugai）。屠寄曰：吾误竭即兀忽可之异译，义谓大。旧纪作阿鲁兀忽可吾行宫（《太宗纪》），译音差误。

　　泊之正西有小故城，亦契丹所筑也。

　　此契丹城在乌盖泊正西，王国维则谓当指泊西南之达拉尔和哈剌巴尔噶逊城（哈剌巴尔噶逊，义为黑城），即《辽史》之斡窝鲁朵城，古所谓之龙庭单于城，有突厥苾伽可汗碑及回鹘可汗碑，当是突厥、回鹘故都，故得窝鲁朵之名，此城辽时谓之古回鹘城，又谓之卜古罕城，以回鹘始祖之名名之也；元人谓之苾伽可汗城，以突厥末主之名名之也。耶律双溪谓和林西北七十里有苾伽可汗宫城，又《双溪醉隐集》：有取和林、下龙庭二诗。自注云：龙庭，和林西北地也，亦即指此城。据术外尼所纪（英译本卷一，页 54）：ordu-Baligh 城在阿尔浑河上，近 Qara-Qorum 城，突厥残碑尚存，蒙古称之曰 Ma'u-Baligh。ma'u，蒙古语义为"坏"。然古回鹘城在和林西北七十里，恐与此乌盖泊正西之契丹小故城异地。

　　由城四望，地甚平旷，可百里外皆有山，山之阴多松林，濒水则青杨丛柳而已。中即和林川也。

　　和林川，据 F. Paderin 与 Michell 之勘察，此平原名 Toglokho Tologai，周围环以矮山，东西约长五十英里，阔二十五至三十五英里。鄂尔浑河穿流此谷，Ugai 泊在平川北方之近山处，东西长八里，阔如之。泊水经纳林 Narin 川入河，Paderin 谓 Ugai 泊西北端有一堡，内有佛寺，即呼图克图所住地。此小堡建筑可观，寺基之质料欵式，均与契丹小故城（在土拉河西及 Khadassan 与 Karukha 之间者）之废迹相同。岑仲勉谓：额归泊（在鄂尔昆河东三里）水自西南流出，与自南来之科克申鄂尔昆河（Kokshin orkhon）合，称 Hola 河。Hola 即唐代"合罗之遗音。《家传》所谓一经城西北流曰和林河者是也。此河之东为宫城废墟所在，故李德裕文有纥扢斯即移就合罗川居回鹘旧国之语。Hola 河再西流与鄂尔昆河合。《家传》所谓一并城南山东北流曰斡尔汗者是也。"（《中外史地改证》上册，页 82）。岑氏此段考证。甚为精辟。按欧阳玄《高昌偰氏家传》（《圭斋文集》卷十一）：回纥之先本在哈剌和林，即今之和宁路也。有三水焉，一并城南山东北流，曰斡耳汗，一经城西北流曰和林，一发西北东流曰忽尔斑达弥尔。三水距城北三十里合流曰偰辇杰河。回纥有普鞠可汗者，实始居之。后徙居北庭。北庭者，今之别失八里城也。忽尔斑达弥尔即今塔米尔河。忽尔斑者，犹言"三"，谓其三源也。斡耳汗即今鄂尔浑河，偰辇杰即色楞格河，以传中之城当额尔德尼昭之和林城，则左支右绌，无法通讲，以之当乌盖泊西南之回纥旧城，则顺理成章。然岑氏执《元史·地理志》和林以西有哈剌和林河因以名城之说，故于哈剌和林名称之所自，仍无解释。位今额尔德尼昭之哈剌和林何以以其不相涉之 Hala 水为名，恐难以"各处河流往往互受通称最难严别"为理由。且哈剌和林之名据西方记载当作 Qara-qorum。汉译和林（Ho-lin），这是因为汉语无"R"，中古汉语无 um 和 om 字尾。伯希和谓 qara-qorum 这名回纥初期已存在，无疑是突厥语。突厥语 qorum 义为园石。Qara-qorum 即黑色之园石。《元史·巴而术阿而忒的斤传》："先世居畏吾儿之地，有和林山，二水出焉，曰秃忽剌。曰薛灵哥。"术外尼所记大略相同（卷一，页 54），传说畏吾儿先世居鄂尔浑 orqon 河畔。此河源出彼等称为 Qara-Qorum 之山。今日合罕所筑之城，即沿以为名。又页 236，术外尼亦谓合罕筑和林城于 orgon 河与 Qara-Qorum 山之地。剌失德丁亦载合罕所筑之城以 Qara-Qorum 山得名，中外史料均谓从山得名，则和林 Qorum 与合罗 Hola 语义不同，所指异处。行纪以 Hola 川（合罗川）误作 Ho-lin 川（和林川），遂启后人和林以水为名之误，不可不详为之辩。方观承（清）《从军杂记》：厄尔得尼昭，在喀尔喀王策令部内。厄尔德尼，宝也，招乃"招提"省文。地产金银，故称宝寺。寺前有元至正梵书碑文，犹可辨。

居人多事耕稼，悉引水灌之，间亦有蔬圃，时孟秋下旬，穈麦皆槁，问之田者，云：已三霜矣。由川之西北行一驿，过马头山，居者云：上有大马首，故名之。

此马头山当在和林川（合罗川）之北端，Michell 虽称此平原为 Toglokh、Tologai，然 Paderin 则云近北处谷名 Toglokho。tologai。Tologai 蒙语义为头，Toglokho 则义为玩具。颇疑此 Toglokho tologai 即马头（Morin tologai）山。

自马头山之阴转而复西南行，过忽兰赤斤，乃奉部曲民匠种艺之所，

忽兰赤斤，后文自注云：山名，以其形似红耳也。盖 Ulan Chiki（n）之音译。

有水曰塌米河注之。

即今之塔米尔河。

东北又经一驿过石堆，石堆在驿道旁，高五尺许，下周四十余步，正方而隅，巍然特立于平地，形甚奇峻，遥望之若大堆然，由是名焉。自堆之西南行三驿，过一河曰唐古，以其源出于西夏故也。其水亦东北流。

自乌盖泊沿驿道西行塔米尔河之外，即西北流之哈内河，由此以西即入高地，与《纪行》所述西岸有峻岭者合，出乌盖为五驿，距离亦略当。其名为唐古，源出西夏之说，恐为耳食之词。《西游记》：山路盘曲，西北约百余里，既而复西北始见平地，有石河长五十余里。此石河当即行纪之唐古河。王国维《西游记注》疑即察罕鄂伦河。堆，封土为坛，所以计里也。姚从吾云即草原之鄂博。

水之西有峻岭，岭之石皆铁也。岭阴多松林，其阳帐殿在焉，乃避夏之所也。

《西游记》：岸深十余丈，其水清冷可爱，声如鸣玉，峭壁之间有大葱，高三四尺。涧上有松，高十余丈。西山连绵，上有乔松郁然。

迨中秋后始启行，东由驿道过石堆子，至忽兰赤斤（原注：山名，以其形似红耳也），东北迤逦入陀山。自是且行且止，行不过一舍，止不过信宿，所过无名山大川，不可殚纪。至重九日，王师麾下会于大矛（牙）帐，洒白马潼，修时祀也。

《史记·匈奴传》："五月大会茏城，祭其先天地鬼神。秋，马肥，大会蹛林，课校人畜计。"可知蒙古春秋二祭之制度由来古远。蒙古人谓春祭为 ürüs sara（义为兀鲁思月），秋祭曰 čagan sara（义为白月，然其原义当为奶酪月）。蒙古供神祀天诸节日，诸书多有记载。《中堂纪事》载阴历四月八日，忽必烈郊祭，洒马潼于桓州西北郊，皇族之外，皆不得予，礼也。威廉·卢不鲁克记有五月之第九天以马奶酹地，谓其日得尝新马奶，二书所记当为同一节日。马可波罗则记有八月二十八日之祀，当即此重九之祀。

其什器皆用禾桦，不以金银为饰，尚质也。十月中旬方至一山崦间避冬。林木甚盛，水皆坚凝，人竞积薪储水，以为御寒之计。

《元史·定宗纪》惟记其元年丙午冬猎黄羊于野马川。"禾桦"，别本作"白桦"。

其服非毳革则不可，食则以膻肉为常，粒米为珍。

《西游记》：黍米斗，白金十两，满五十两可易麦八十斤。盖麦出阴山之后，二千余里。西域贾胡以橐驼运至也。

比岁除日，辄迁帐易地，以为贺正之所。日大宴所部于帐前，自王以下，皆衣纯白裘。三日后方诣大牙帐，致贺礼也。

马可波罗记忽必烈新年庆节云：是日依俗大汗及其一切臣民皆衣白袍，至使男女老少衣皆白色，盖其似以白衣为吉，所以元旦服之，俾此新年全年获福。此种节日服装谓之只孙服，蒙语只孙（jisun）义为颜色。

正月晦，复西南行，二月中旬于忽兰赤斤。东行迄马头山而止，趁春水飞放故也。四月九日率麾下复会于大牙帐，洒白马潼，什器亦如之。每岁惟重九、四月九凡致祭者再，其余节日则否，自是日始回，复由驿道西南往避夏所也。

大牙帐当指 Qara-Qorum。术外尼叙窝阔台之住所时，谓合罕在 orqon 水与 Qara-Qorum 山之地旧 ordu-Baligh 之地筑哈剌和林城，每年当太阳进入羊座及进入金星座时，两次在这里举行为期一月之宴会。

大率遇夏则就高寒之地，至冬则趋阳暖薪木易得之处以避之，过此以往则今日行而明日留，逐水草便畜牧而已。此风土之所宜，习俗之大略也。

卢不鲁克云：冬天他们下到南方温暖之地，夏天则上达北方凉爽之处。（Rockhill 柔克义译注本，页53）。《大元国故卫辉路监郡塔必公神道碑》（《秋涧大全》卷五一）：辉营帐千屯，分牧共西，夏则避炎潆顶，冬则迎燠山阳。

仆自始至迨归，游于王庭者凡十阅月，每遇燕见，必以礼接之。至于供帐衾褥、衣服食饮、药饵，无一不致其曲，则眷顾之诚可知矣，自度衰朽不才，其何以得此哉。原王之意，出于好善忘势，为吾夫子之道而设，抑欲以致天下之贤士也。德辉何足以当之，后必有贤于隗者至焉。因纪行李之本末，故备志之。戊申夏六月望日太原张德辉谨志。

周伯琦《扈从北行前纪》笺注

至正十二年（1352）四月，伯琦由翰林直学士兵部侍郎拜监察御史。

《元史》本传：十二年，有旨令南士皆得居省、台，周伯琦兵部侍郎，遂与贡师泰同擢监察御史。

视事之三日，大驾北巡上京，例当扈从。

《经世大典序录·礼典·行幸》：世祖皇帝定两都以受朝贡，备万乘以息勤劳，次舍有恒处，车庐有恒治，春秋有恒时，游畋有度，燕享有节，有司以时供具而法寓焉。《草木子·杂制》：元世祖定大兴府为大都，开平府为上都。每年四月，迤北草青，则驾幸上都以避暑，颁赐于其宗戚；马亦就水草。八月草将枯，则驾回大都，自后官里岁以为常。

启程至大口，留信宿。

《纪行诗注》：其地在三大疟，土人谓之三疟疸。距都门北二十里。

历皇后店、阜角，至龙虎台，皆纳钵，犹言顿宿也。龙虎台，昌平境，又名新店，距京师仅百里。

新店，又作辛店。《昌平县新治记》（《雪楼文集》卷九）：皇庆二年（1313）冬十月己卯，诏徙治县西南五里辛店，以便吏民之供顿。《元史·仁宗纪》：皇庆二年十月，徙昌平县治于新店。《纪行诗注》：龙虎台在昌平境北，距居庸关二十五里。

五月一日，过居庸关而北，遂至东路。

《太原王守诚题上京纪行诗后》（《纯白斋类稿》卷二）：大驾北巡，与扈从之臣同发者，自黑峪道达开平为东道。朝官分曹之后行者，由桑干岭、龙门山以往为西道。皆出居庸关日北始分，至牛头群驿乃合，各经五六百里。其山川奇险，不相上下，而东道水草茂美，牧畜尤便，故大驾多行。执书载笔之士，或未及历览也。东道经行，自大都至上都，车站（帖里站）十二，顺次为南口牛站、北口牛站、土墓牛站、枪竿岭、雕窝站、虾蟇岭、赤城、日察儿八眼、撒赤古、桓州、孛老、宣平（见《站赤》中统四年四月二十八日圣旨）。马站顺次为昌平、榆林、洪赞、雕窝、赤城、龙门、独石、失八儿秃、昔宝赤、李陵台、桓州，凡十一站（或作十二站，袁桷诗："行近开平十二驿，眼望南雁传乡书"）。

至瓮山，明日至车坊，在缙山县之东，沃野宜粟，岁供内膳。

《纪行》诗：车坊尚平地，近岭昼生寒，拔地数千丈，凌空十八盘。《题滦阳胡氏雪溪卷》（《道园学古录》卷二）："出居庸未尽，东折入马家瓮，望缙山，度龙门百折之水，登色泽岭，过黑谷，至于沙岭乃还。道中奇峰秀石，杂以佳木香草，辇道行其中。"

又明日，入黑峪。过色泽岭，高峻曲折，凡十八盘。遂历龙门及黑店头，过黄土岭，至程子头。又过磨儿岭，至颉家营，历白塔儿，至沙岭。自车坊黑谷至此凡三百一十里，皆深林复谷，邨邬僻处。山路将尽，两山高耸如洞门，尤多巨石。近沙岭，则土山连亘，地皆白沙，深没马足。过山则朔漠平川如掌，天气陟凉，风物大不同矣。

《纪行》诗《沙岭二首》："土风多国语，闾井异寻常"；"晴川平似掌，地势与天宽"。

遂历黑嘴儿，至失儿儿秃，地多泥淖，又名牛群头。其地有驿，有邮亭，有巡检司，阛阓甚盛。

Šibar，蒙语，义为泥土。失儿儿秃（Šibartu）者有泥泞之谓。

《纪行》诗：岭西通驿传，山尽见邮亭，万灶闾阎聚，千辕骠骑营。《宿牛群头》(《纯白斋类稿》卷十五)：荞麦花开草木枯，沙头两过苫蘑菇。牧童拾得满筐子，卖与行人供晚厨。

驿路至此相合，北皆刍牧之地，无树木，遍地地椒、野茴香、葱韭，芳气袭人。草多异花，五色，有名金莲花者，似荷而黄。至察罕脑儿，犹汉言白海也。水泺深不可测，气皆白雾。其地有行在，宫曰亨嘉殿，阙庭如上京而杀焉。置云需总管府以掌之。

《金史·地理志》：桓州有白泺，国言勺赤勒。《元史·世祖纪》：至元十七年(1280)五月，作行宫于察罕脑儿。又《百官志》：云需总管府，掌守护察罕脑儿行宫及行宫供办之事。又《拜住传》：从幸上都，次察罕脑儿，以行宫亨丽殿制度卑隘，欲更广之。奏曰：此地苦寒，入夏始种粟黍。陛下初登大宝，不求民瘼而剧兴大役，以妨农务，恐失民望。从之。王恽《中堂纪事》上：停午，至察罕脑儿，时行官在此……按地志滦野，盖金人驻夏金莲凉陉一带，辽人曰王国崖者是也。至元二十七年，是岁作佛事于察罕脑儿圣寿万安寺。《纪行》诗：凉亭临白海，行内壮黄图。《近光集》上京西百五十里有西凉亭。

沙井甘洁，酿酒以供上用。又作土屋养鹰，名鹰房，驻骅于是，秋必较猎焉。此去纳钵曰郑谷店、曰明安驿、曰泥河儿、曰李陵台驿、双庙儿，遂至桓州，曰六十里店，即乌桓地也。前至南坡店，去上京一舍耳。

《纪行》诗：南坡延胜概，一舍抵开平。《辍耕录》卷一贵由赤。若上都则自泥河儿起程，越三时走一百八十里，直抵御前。《大清一统志》：上京之地清时名巴哈呼尔虎(Bara-hurhu)，义为小围场。然蒙民俗呼其地作 ja'u-naiman-Sümä，义为百零八庙。

以是月十九日抵上京，历纳钵凡十有八，为里七百五十有奇，为日二十四。

清徐寀《塞程别纪》(载《小方壶斋舆地丛书》第二帙)记上京遗址云："城本名图尔根伊查里。其内官殿烬基犹存，旁有龙光寺石碑，土人呼为一百单八庙。城南河水通石匣。"

大抵两都相望，不满千里，往来者有四道：曰驿路、曰东路二、曰西路。东路二者，一由黑谷，一由古北口。古北口路东道御史按行处也,伯琦往来分署上京,但由驿路而已,黑谷辇路未之前行。因丞法曹,肃清毂下,遂得见所未见,实为旷遇云。

《道园学古录》卷二:题滦阳胡氏雪溪卷:"被召,出居庸未尽,东折入马家壅,望缙山,度龙门百折之水,登色泽岭,过黑谷,至于沙岭乃还"。杨允孚《滦京什咏》:自榆林历黑围,过尖帽山李陵台至察罕脑儿,始合辙焉。

周伯琦《扈从北行后纪》笺注

车驾既幸上都,以六月十四日大宴宗亲世臣环卫官于西内棕殿,凡三日。七月九日,望祭园陵竣事,属车辕皆南向,彝典也。遂以二十二日发上都而南,宿六十里店纳钵,越三日,至察罕脑儿。由此转西,至怀秃脑儿,犹汉言后海也。有大海在纳钵后,故云。

杨允孚《滦京什咏》三十八首:"北极修门不暂开","圣驾棕毛殿里回"。自注云:"棕毛殿右大斡儿朵"。周伯琦《近光集》:国朝岁以七月七日或九日,天子与后素服望北方陵园,奠马潼,执事者皆世臣子弟。是日择日南行。《纪行诗》:侵晨离白海,辇路转西迈。

曰平陀儿,曰石顶河儿,土人名为鸳鸯泺。其地南北皆水,水禽集育其中,国语名其地曰遮里哈剌纳钵,犹汉言远望则黑也。

《金史·地理志》抚州柔远县有昂吉里,又名鸳鸯泺。张昱《可闲老人集》:上都半道次榆林,是处鸳鸯野泺深。《纪行诗》:鸳鸯泺:原隰多种艺,农蹊犬牙错,场圃盈粟麦,边稼喜秋获。方观承(清)《从军杂记》:张家口外百余里,两泉起处,为鸳鸯泊,分流至口,会入洋河。今名为固里淖。

两水之间,垠土隆阜,诸部与汉人杂处,因商而致富者甚多。自察罕脑儿至此百余里,皆云需府境也。界是而南,则属兴和路矣。纳钵曰苦水河儿、曰回回柴,国语名忽鲁秃,汉言有水泺也。隶属州保昌,曰忽察秃,犹汉言有山羊处也。地饶水草,野兽兔最多。又西二十里为兴和路,世祖所创置也。岁北巡,东出西还,故置有司为供亿之所。城郭周完,阛阓丛夥,河东宪司所按部也。西抵太原千余里,郡多太原人。路置二监一守,余同他上郡。东界则宣德府境，上都属郡也。

《元史·地理志》：兴和路，唐属新州，金置柔远镇，后升为县，又升抚州。中统三年（962）以郡为内辅，升隆兴路总管府，建行宫。史称其地有枢光殿，武宗即位建为中都。仁宗嗣位，以为苛政害民而罢之。皇庆元年（1312），改隆兴路为兴和路。明初置兴和守御千户所，永乐二十年移宣府前卫，兴和遂废。《大清一统志》：旧志兴和在宣府北二百余里，膳房堡边外之通道，宣府之外藩也，俗称曰喀喇巴尔哈孙，周六里余，门四。按金元之抚州即所谓燕子城。《金史·地理志》：柔远县大定十年置于燕子城。《长春真人西游记》雪山诗有云：发轫初来燕子城。自注云：抚州是也。

府之西北名新城，武宗筑行宫其地，故又名中都。今多圮毁，大驾久不临矣。

《清一统志》：沙城在兴和北十里。金幼孜《北征录》：初七日早发兴和，行数里，有故城名沙城。上曰：沙城即元中都。按《元史·武宗纪》大德十一年（1307）六月建行宫于旺兀察都之地，立宫阙，为中都。《口北三厅志》：谓此城俗称插汉巴尔哈逊，周四里，四门。并引《燕云奉使录》及《金史》而证旺兀察都即旺国崖。所论甚确，然谓其即为昌州故城，则纯属臆测。昌州在抚州北，读张德辉行纪及杨奂诗可知，盖今宝昌地。此新城在抚州北十里，迫近如此，决无为昌州之理。又《三厅志·山川》炭山条疑此即辽之北羊城。考《金史·地理志》柔远县有北羊城，金于燕子城与北羊城之间置榷场。又《辽史》太祖三年置羊城于炭山之北以通市易，亦难必是。

此沙城当即《金史》之乌沙堡，金筑以防蒙古，者别破之，故抚州不守。屠敬山谓武宗因乌沙堡遗址而筑中都（《蒙兀儿史记》），是。旺兀察都（onggacha-tu），义为有沼池处。箭内亘《元朝斡耳朵考》谓此即今昂古里湖东之白城子。《皇帝尊号玉册文》（《牧庵集》卷一）：还跸龙兴，徘徊太祖，龙旗九斿，戮金于斯，肇基帝业，为城中都。屠敬山《蒙兀儿史记》卷十谓即指野狐岭败金之役，以证旺兀察都之地即兴隆。是。《石天应孙安琬传》：授大同等处万户，领江左新附卒万人，屯田红城。大德元年十一月徙大同路军储所于红城。延祐七年（1320）六月改红城中都威卫为忠诩侍卫亲军。中都有昆刚殿（泰定纪至诏四年十一月）。

由兴和行三十里过野狐岭，岭上为纳钵地，高风甚寒，东西盘折而下平地，天气即暄，无不减衣者。

野狐岭，名见《辽史》，史籍中又有拖胡岭、辞乡岭之称，历来为漠北通往华北的直捷通道。过此则循妫河河谷直逼居庸关，威胁北京矣。

前至得胜口，宣平县境也。有御花园，杂植诸果，中置行宫。南至县十五里。去邑三十里有山出玛瑙石。又前沙岭五十里至顺宁府，本宣德府也，因地震改名。南过坳儿岭，下临深涧，其流为浑河。岭头参亘四十里，至鸡鸣山，叠嶂排空，绵亘二十余里。

《黄金华集》二四，《德卿神道碑》：沙岭至上京十一纳钵所。

又南二十里乃平地，曰雷家驿，驿之西北十里纳钵曰丰乐。二十里至阻车纳钵，又二十里至统幕，则与中路驿程相合。而南历狼居胥山至怀来县，四山环抱，中有水名妫川，县南二里纳钵也。

钱良择《出塞纪略》：（怀来）十五里至狼山，又十五里，屯土木堡。此狼山当即狼居胥山。钱文又记：按怀来即北齐之北燕州也，唐改称妫州，五代时石晋割赂契丹，又改称可汗州。金废其州。至明初改置怀来卫。靖难兵起，成祖谓怀来卫未下，居庸有必争之理，遂拔怀来而守之。山后诸州，以次降附，于是北平之肩背益固。

陈孚《统幕》诗："不知何代开军府，犹有当年统幕名。"《元诗纪事》卷九引《叩舷凭轼录》：统幕之地，在北直隶隆庆州西南八十里，相传辽主游幸，尝张大幕于此，因名统幕，俗讹为土幕，又名土墓，又名土木，皆讹也。然王恽《中堂事记》则云：询其名，土人云：店北旧有统军墓，故称。

凡官署留京师者，皆盛具牲酒于此候迎大驾，仍张大宴，庆北还也。南则榆林驿，即《卫青传》榆溪旧塞。自怀来行五十五里，至妫头。又十里入居庸关，以至于大口。遂以八月十三日至京师。凡纳钵二十有四，为里一千九十有五。此辇路西还之所经也。国制：凡官署之幕职椽曹当扈从者，东西出还，甲乙番次。惟监察御史扈从与国人世臣环卫者同，东西之行得兼历而悉览焉。

元史北方部族表

　　题记：明修《元史》，无《部族表》。其后钱大昕作《元史氏族表》二卷。屠寄《蒙兀儿史记》有《蒙兀儿氏族表》、《色目氏族表》之作；柯劭忞《新元史》有《氏族表》二卷之作，用力皆在详少数部族之世次，而不及全数之搜罗。爰仿《辽史》，作《元史北方部族表》，尽列其时活动在北方之诸部族而稍作考证说明，治元史者或亦有助焉。

目　　录

序号	部族拉丁文转写名	部族汉文译名
1.	Abügäjin	额不格真
2.	Adarjin	阿答儿斤、合答斤、哈答斤、阿答里急
3.	Agaj-ari	阿合赤-额里、林木中百姓
4.	Airi'ut	阿亦里兀惕
5.	Alan	阿兰、阿速惕
6.	Albat	阿勒巴惕
7.	Alči Tatar	阿勒赤塔塔儿、按赤塔塔儿
8.	Altan Tatar	按摊脱脱里、按滩塔塔儿
9.	Alugai Tatar	阿鲁孩塔塔儿、阿鲁威
10.	Ärdämtü Barula	额儿点图巴鲁剌
11.	Aritiyir	阿里替也儿
12.	Arqon	阿儿浑、阿剌浑、阿鲁浑
13.	Arulat	阿鲁剌惕、阿尔剌、阿儿剌、阿鲁纳、阿而剌
14.	Asut	阿速惕、阿思、阿宿
15.	Ba'arin	巴阿怜、八邻、把邻、霸邻
16.	Ba'it	巴亦惕、林木中百姓

续　表

序号	部族拉丁文转写名	部族汉文译名
17.	Bajigi	巴只吉、林木中百姓
18.	Bäkrin	别克邻、篾克邻
19.	Bälgünüt	别勒古讷惕
20.	Barču'u	播而祝吾
21.	Barqun	巴儿浑、八剌忽、巴儿忽、八里灰
22.	Barulas	巴鲁剌思
23.	Bashgirt	巴只吉惕
24.	Bäsüt	别速惕
25.	Baya'ut	巴牙兀惕、伯岳吾、伯牙吾台、伯牙兀、者台、客赫邻-巴牙兀惕
26.	Baya'ut-Doqolat	巴牙兀惕-朵豁剌惕
27.	Baya'ut-Qoralas	巴牙兀惕-豁剌剌思
28.	Beg Tigin	别帖斤
29.	Biru'ut Tatar	备鲁兀惕塔塔儿、不鲁恢
30.	Bolar	孛剌儿
31.	Borjigin	孛儿只斤
32.	Bosqur	孛思忽儿
33.	Brutači	不鲁塔赤
34.	Budat（Buda'at）	不答惕
35.	Bügünü'üt	不古讷兀惕
36.	Bulqajin	不剌合臣
37.	Burinčin Dörbän	卜领勤多礼伯台
38.	Buriyat	不里牙惕
39.	Buruqai Tatar	不鲁恢塔塔儿
40.	Čagan jalair	察罕扎剌亦儿、察哈扎剌亦儿
41.	Čagan Tatar	察罕塔塔儿
42.	Čangsi'ut	敞失兀惕

序号	部族拉丁文转写名	部族汉文译名
43.	Čä'ütäi	彻兀台
44.	Čara'un	察剌温
45.	Čatai	察台
46.	Činos	赤那思、直拏斯
47.	Comans	库蛮
48.	Čul'ul	出勒兀勒
49.	Därlkin	迭儿列斤
50.	Dolungit	朵郎吉惕、朵笼吉儿歹
51.	Doqalat	朵黑剌惕、朵豁兰、朵忽阑
52.	Dörbän	朵儿边、朵鲁班、秃鲁班、多礼伯台、度里班、都鲁班
53.	Dusla	笃思剌
54.	Elbärli Baya'ut	玉耳别里巴牙兀惕
55.	Eji'ü	厄知兀
56.	Eljigit	燕只吉歹、额勒只斤、燕只吉台、燕只吉觰、衍只吉
57.	Gändü Čina	坚都赤那
58.	Gänigäs	格泥格思
59.	Gaths	哈希、哈昔
60.	Härtkän	哈儿帖干、赫儿帖干
61.	Hoi-yin-irgän	槐因亦儿坚、林中百姓、火因亦儿坚
62.	Holi	和利
63.	Husin	许慎、许兀慎、旭申、忽申
64.	Iberians	亦比里
65.	Ikiräs	亦乞列思、亦乞烈、亦乞剌、亦启烈、亦其列斯、亦怯烈
66.	Ildürkin	亦勒都儿勤
67.	Jädärän、Jajirat	扎答阑、扎只剌惕

序号	部族拉丁文转写名	部族汉文译名
68.	Jala'ir	扎剌亦儿、押剌伊而、扎剌尔、扎剌而、扎剌儿、扎剌台、扎剌儿台
69.	Jarči'ut-Adanqan	扎儿赤兀惕阿当罕、统吉里忽鲁
70.	Jat	札惕、乣
71.	Jä'üräit	沼兀列亦惕、照烈、昭列、召列台
72.	Jiadai Baya'ut	者台巴牙兀惕
73.	Jiū'n	只温
74.	Jirqin	只儿斤、朱力斤、只儿吉
75.	Ju'in Tatar	主因塔塔儿
76.	Jungqurqin	准忽儿斤
77.	Jürkin	主儿勤、主儿斤、禹儿勤、朱力斤
78.	Ju'untai	酎温台
79.	Kähälin Baya'ut	客赫邻巴牙兀惕
80.	Käkümän	客库蛮
81.	Kärä'it	克烈亦惕，怯烈、客列亦惕、怯里亦、凯烈、怯烈台、克烈夷、杰列宜
82.	Kärämüjin	客列木臣
83.	Kästi'in	客思的音
84.	Khazar	可萨、阿萨、曷萨
85.	Kinkit	轻吉惕
86.	Kirgisüt	乞儿吉速惕、乞力吉思、乞儿吉思、吉力吉思、乞里乞四、乞里吉思、吉利吉思、纥里迄斯、黠戛斯
87.	Kiširitai	乞失里台
88.	Kiyät	乞牙惕（单数 Kiyän，乞颜）
89.	Kiyät-Börjigin	乞牙惕–孛儿只斤
90.	Kiyät-Jürkin	乞牙惕–主儿勤
91.	Knbüt	坚不惕

序号	部族拉丁文转写名	部族汉文译名
92.	Küčügür	古出古儿
93.	Kürkin	古儿勤
94.	Kürlä'üt	古儿列兀惕
95.	Ma'aliq Baya'ut	马阿里黑-巴牙兀惕
96.	Mäkrit	蔑克里惕
97.	Märkit	蔑儿乞惕、篾里乞、篾里期、灭里乞、篾力乞、麦里吉、篾吉吉、默而吉、迈礼吉
98.	Mongqut	忙兀惕
99.	Mūdān	木丹、麦古丹（？）
100.	Nägüs	捏古思（复数 Nä'üt 捏兀惕）
101.	Naiman	乃蛮、乃马、乃满、奈蛮、耐满
102.	Ničügüt	你出古惕
103.	Nilkän	尼勒干
104.	Nir Hai-yin	你儿槐因、槐因亦儿坚
105.	Nirkin	溺儿斤
106.	Nirun	尼伦
107.	Nohaiyiluzi	那海益律子
108.	Nohaqor	那哈合儿
109.	Nöyäkin	那牙勤、那也勤、那亦勤
110.	Nunjin	嫩真、温真
111.	Oirat	斡赤剌惕、猥剌、外剌、斡耳那、歪剌、斡鲁剌台、卫剌特、瓦剌
112.	Olqunu'ut	斡勒忽讷兀惕
113.	Ongut	汪古、王孤、雍古、汪骨、旺古、瓮古、白达达
114.	Orna'ut	斡罗纳兀惕、斡鲁纳台、斡剌纳儿、斡耳那、斡罗那
115.	Orna'ut Kälknüt	斡罗纳兀惕-克里克讷惕
116.	Parossites	巴罗昔惕

续　表

序号	部族拉丁文转写名	部族汉文译名
117.	Qa'as	合阿思
118.	Qabqanas	合卜合纳思、憾合纳思
119.	Qabturqas	合卜秃儿合思
120.	Qadagin	合答斤、合塔斤、合底忻
121.	Qangli	康里、抗里、杭里、航里、康礼
122.	Qaraj	合剌赤
123.	Qārānūt	合剌讷惕
124.	Qardagit	合儿答乞惕、合儿塔阿惕
125.	Qarliuquntai	哈儿柳温台
126.	Qarlu'ut（karluk）	合儿鲁兀惕、哈剌鲁、合鲁、哈鲁、柯耳鲁、匣剌鲁、葛逻禄、罕禄鲁、割禄
127.	Qarqas	合儿合思
128.	Qasin	合申、河西
129.	Qimčaq	钦察、钦叉、可弗叉、克鼻稍、乞卜察兀
130.	Qingqi'at	轻吉牙惕、共吉牙
131.	Qojul	火朱勒
132.	Qonji'ut	欢只兀惕
133.	Qongirat	弘吉剌惕、翁吉剌、翁吉烈、宏吉烈、瓮吉剌、晃吉剌、雍吉里、广吉剌、光吉剌
134.	Qongqatan	晃豁坛、晃火摊、晃火滩、黄忽答
135.	Qori	豁里
136.	Qori-sirämün	火力失烈门
137.	Qorilar	豁里剌儿
138.	Qorolas	豁罗剌思、火鲁剌、火鲁剌思、火罗剌思、斡耳那
139.	Qumsa'ut	昆木撒兀惕
140.	Qūngli'ūt	弘里兀惕
141.	Qunqasa'ut	弘合撒兀惕

序号	部族拉丁文转写名	部族汉文译名
142.	Qurqan	火鲁罕
143.	Rajun	剌准
144.	Russ	斡罗思、罗斯、斡鲁思、兀鲁思、阿罗思、斡罗斯、兀罗思
145.	Salji'ut	撒勒只兀惕、珊竹、散竹台、散只兀、珊竹带、散术台
146.	Samoyedes	萨莫耶德
147.	Saqartu	撒哈儿秃
148.	Saqo'it	撒合亦惕，撒合夷
149.	Särkäsüt	薛儿客速惕、撒儿怯思、撒耳柯思、撒里哥思
150.	Säsüt	薛速惕
151.	Sibir	失必儿、林木中百姓
152.	Sicci	昔克赤
153.	Šiju'ut	失主兀惕
154.	Sinqut	申忽惕
155.	Suevi	速维
156.	Šui Tatar	水达达、斛速益律子
157.	Sūkān	雪干
158.	Sulatai	速剌歹
159.	Suldus	速勒都思、逊都思、逊笃思、孙都思
160.	Sünit	雪你惕、薛亦
161.	Suqanut	速合讷惕、速客讷惕
162.	Suyaotai	速要歹
163.	Taiči'ut	泰亦赤兀惕、泰赤乌、太赤兀里
164.	Taiču'utu	太丑兀秃
165.	Tälänküt	帖良古惕、多览葛
166.	Tangut	唐兀、唐古、西夏

续　表

序号	部族拉丁文转写名	部族汉文译名
167.	Tänläk	田列克、林木中百姓
168.	T（a）rat	帖烈惕
169.	Tarqut	塔儿忽惕
170.	Tas	塔思、林木中百姓
171.	Tatar	塔塔儿、达达儿、答答里带、答答带、脱脱里、达靼、阻卜、阻鞑
172.	Tödögän Barula	脱朵延巴鲁剌
173.	Tögäläs	脱额列思、朵忽兰、林木中百姓
174.	Tolangit	朵郎吉惕
175.	Tonqa'it	董合亦惕、董哀
176.	Toqora'u	脱和剌吾
177.	Toqtori	脱脱里
178.	Toqura'un	脱忽剌温
179.	Tori	秃里
180.	Tübägän	土别干、土别燕、秃别干、秃伯、土伯夷、土满、土别兀惕、土绵土别干
181.	Tübä'üt	土别兀惕
182.	Tualas	秃阿剌思
183.	Tumat	秃满，秃马惕、途马、吐麻
184.	Tuqas	秃合思、林木中百姓
185.	Tubas	秃巴思、林木中百姓
186.	Tudaqlin	秃答黑邻
187.	Tuta'ut Tatar	都塔兀惕塔塔儿
188.	Ubčiqtai	兀卜赤黑台
189.	Üčügän Barulas	乌出干巴鲁剌思、小巴鲁剌思
190.	Uduyi'ut	兀都亦兀惕、兀都夷
191.	Ugai-Käräjü	兀孩-客列术

序号	部族拉丁文转写名	部族汉文译名
192.	Uigur	畏吾儿、伟吾、秃兀、伟吾而、畏午儿、委吾、瑰古、畏兀儿
193.	Uimaqut	畏马忽惕
194.	Ülügčin Čino	兀鲁克臣赤那、玉烈贞-赤纳
195.	Uranqan	兀良哈、兀良罕、兀良、兀里羊罕、兀里养哈觯
196.	Urasut	兀剌速惕、林木中百姓
197.	Urotai	兀罗带、兀罗觯
198.	Uru'ut	兀鲁兀惕
199.	Usurji	兀速儿吉
200.	Utisa'utai	兀惕撒兀带
201.	Uwas	兀洼思、兀花思
202.	Yäkä Barulas	大巴鲁剌思
203.	Yaorikin	岳里斤
204.	Yat	牙惕
205.	Yat-Inal	野牒亦纳里、林木中百姓

1. Abügäjin　额不格真

《秘史》第 166 节旁译明作"种人"。此部与 Nöyäkin 那牙勤、Qarda'at（Qardakit）合儿塔阿惕赞桑昆进掠铁木真。Abuga，蒙语义为老人。总译于此句作"额不格真合儿塔阿惕说"云云，则可理解为"合儿塔阿惕老人说"云云。然旁译以 Abügäjin、Nöyäkin、Qarda'at 三种人并列，总译则漏译 Nöyäkin，明有失。达木丁苏隆译《蒙古秘史》复译为"合剌乞塔惕人额不格真那牙勤说"云云，以 Qarda'at、Qardakitai 径作 Qarakitan。哈剌乞塔惕即哈剌契丹，亦恐不可从。（谢再善译本页 140）方龄贵《元朝秘史通检》于 Abügäjn 并录《人名通检》与《种姓名通检》中，亦难确证是非之慎重态度也。

2. Adarjin　阿答儿斤

元有合答斤、哈答斤、阿儿答斤、阿答里急诸译。《秘史》第 46

节："合赤温的儿子，名阿答儿乞歹，兄弟中间好间谍，就做了阿答儿斤姓氏。"蒙语 adaruqči，旁译作"间谍"。《元史·宗室世系表》亦载"葛赤浑，今阿答里急，其子孙也"。葛赤浑，即合赤温。可知此部系出尼伦。成吉思汗首先分封，"将三千巴阿里种，又添塔该、阿失黑二人管的阿答儿乞种等百姓，凑成一万，你做万户管者。"（第207节）考音译原文作"阿答儿乞的赤那思、脱斡劣思、帖良古惕共做万满者。"则其时此部分三部，其部领为塔该与阿失黑。

3. Agaj-ari　阿合赤-额里

《史集》云："乌古思诸部来到这些地区时，其中一部在森林里有营地（禹儿惕），便被称作这个名称，阿合赤-额里，意即森林人；犹如有些蒙古部落，其禹儿惕在森林附近，便被称为槐因-亦儿坚，即森林部落。"（第一卷第一分册，页138）则 Agaj-ari 乃突厥语林木中百姓之称呼，而 Hai-yin-irgän（ä = e）则蒙古之称林木中百姓也。

4. Airi'ut　阿亦里兀惕

《秘史》第53节旁译种姓，居捕鱼儿海（今呼伦池）与阔连海子（今贝尔湖）间的兀儿失温河之地，《秘史》此处原文作"阿亦里兀惕　备鲁兀惕　塔塔儿百姓行"，此阿亦里兀惕与备鲁兀惕皆塔塔儿分部之名。

5. Alan　阿兰

见14"阿速惕（Asut）"条。

6. Albat　阿勒巴惕

《史集》谓克烈分部之一（第一卷第一分册，页211）。

7. Alči Tatar　阿勒赤塔塔儿

又作按赤塔塔儿（Alčin>Ančin），为塔塔儿分部之一。此部与察罕塔塔儿、都塔兀惕塔塔儿、阿鲁孩塔塔儿在1202年为铁木真所灭（《秘史》第153节），其遗种仍以蒙古按赤歹氏为名，多有大功著者，如《元史》卷一三四之阔里吉思。《史集》载阿勒赤塔塔儿有七十个宗支（第一卷第一分册，页182）。Tatar 在辽称阻卜，金称阻䪬，长期横据漠北。其酋领皆以雄豪自成部族，兴灭无常，故其名号实难列举。这种现象，从《秘史》所记蒙古尼伦部之分衍情况，自可概知。

8. Altan Tatar　按摊脱脱里

名见《元史·阔阔不花传》："阔阔不花者，按摊脱脱里氏。"

9. Alugai Tatar　阿鲁孩塔塔儿

此部于 1202 年与察罕塔塔儿、阿勒赤塔塔儿、都塔兀惕塔塔儿同为铁木真所灭。惟《史集》所记塔塔儿六部无此名。柳贯《元故海道都漕运副万户咬童公遗爱颂并序》(《柳待制文集》卷九) 有阿鲁威氏，或其异译。

10. Ärdämtü Barula　额儿点图巴鲁剌

《秘史》第 46 节：篾年土敦子"合出剌的子，也吃茶饭猛，唤作大巴鲁剌，小巴鲁剌、额儿点图巴鲁剌、脱朵延巴鲁剌。"

11. Aritiyir　阿里替也儿

《元史·太祖纪》成吉思汗二年，"是岁，遣按弹、不兀剌二人使乞力吉思，既而野牒亦纳里部、阿里替也儿部皆遣使来献名鹰。"则此部居地在吉尔吉思之野。

12. Arqon　阿儿浑

《元史·世祖纪一》作"夏水阿剌浑"。《彻里帖木儿传》作"阿鲁温"。马可波罗记此部混同汪古部，称其为"有治权"的基督教徒，阿儿浑"犹言伽思木勒 (Gasmoul) 也"。其人较之其他异教之人形貌为美，知识为优，因是有权，而善为商贾 (冯承钧译本上册，页 265)。颇节引 Du Cange 说：Gasmoul 义为杂种。Klaproth 认为 Arqon 为 Arkhai'un (也里可温) 之异文。伯希和引许有壬《至正集·西域使者哈只哈孙碑》肯定此种人为伊斯兰教徒。《元史·哈散纳传》记其领"阿儿浑军，并回回人匠三千户驻于荨麻林。"亦证其为伊斯兰教徒甚明。杨志玖《元代的阿儿浑人》详为疏证，可参考。《至顺镇江志》卷一七《广平翼千户所·达鲁花赤》："亦剌马丹，阿剌温人。"当即此阿儿浑。

13. Arulat　阿鲁剌惕

元有阿儿剌、阿尔剌、阿鲁纳、阿而剌诸译。海都子抄真斡儿帖该子阿鲁剌惕所部 (《秘史》第 47 节)。《史集》云："这个词意谓这个人孝顺父母。"并把这个部名标为 Arlāt (第一卷第一分册，页 276)，即《元史·博尔术传》之阿儿剌。然《史集》谓晃豁台、阿鲁

427

剌惕、斡罗纳兀惕-乞里克讷惕为斡罗讷兀惕部落之三兄弟,拆为三分部,"形成了几个单独的部落,并各按各部落所从出的那个人的名字获得了名号。"(同上,页272)与《秘史》所记互异。阎复撰《太师广平贞宪王碑》明载其系出孛端察儿,则《史集》之误无疑。

14. Asut 阿速惕

As(阿思),其复数形式作 Asut。元有阿兰、阿思、阿宿诸译。他们是现居高加索的 Ossets 人的先民。加宾尼与鲁不鲁乞均指出 Asut 即 Alan。这是一种操伊兰语的民族,最初居地在咸海以北,公元1世纪或稍后西迁至顿河盆地。按《希腊古地志》载:昔有 Aorsi-Alani 民族,至中世纪时惟称 Alani。在汉译中,奄蔡、温那沙、阖苏、阿思、阿速、阿宿,似皆为 Aorsi 之对音。

15. Ba'arin 巴阿怜

元有八邻、把怜、霸邻诸译。《秘史》第41节:"那妇人孛端察儿根前,再生一个儿子,名巴阿里歹,后来做了巴阿邻人氏的祖。"《史集》则云:"这个八邻部落与朵儿边部相近,同出于一源。""最初有兄弟三人,上述三支(朵儿边、巴阿怜、速合讷惕)即由他们分出"(第一卷第一分册,页306),与《秘史》异。巴阿怜部分部,见于记载的有篾年巴阿怜(Mänän Ba'arin),你出古惕巴阿怜(Ničü-güt Ba'arin)。又同书页302列有八邻-亦邻古惕(Ba'arin-ailinkut),当即 Ba'arin 之别称。

16. Ba'it 巴亦惕

属林木中百姓,1207年为术赤所招服,见《秘史》第239节。屠寄《蒙兀儿史记·成吉思汗纪二下》注云:"寄按:疑即巴牙兀歹"。显为无据。又《氏族表第四之二》:"巴亦惕,突厥语富曰巴亦,即巴颜异文,薛凉格河上有古匈奴龙庭,唐称富贵城,部族居此得名。"亦近妄测。

17. Bajigi 巴只吉

属林木中百姓,1207年与巴亦惕等皆为术赤所招服,见《秘史》第239节。屠寄云:"巴只吉,数之七也,居地未详"。(《蒙兀儿史记·氏族表第四之二》)又同书《成吉思汗纪二下》注云,术赤当时所招服者,"自失必儿至塔思,凡七部,又疑此巴只吉惕四字指以上七部族而言。"可参考。

18. Bäkrin　别克邻

《史集》："他们又称篾克邻（m〈a〉krin）部，他们的营地在畏兀儿斯坦的险峻岭中。他们既非蒙古人，又不是畏兀儿人。"（第一卷第一分册，页 244）又，"别克邻人（b〈a〉krin）也被称为篾克邻（m〈a〉krin）。"（同上，页 186）而"部分蒙古人称篾儿乞惕人为篾克里惕人（m〈a〉krit），但两者的含义是一样的"。

19. Bälgünüt　别勒古讷惕

《秘史》第 23 节、42 节：朵奔篾儿干五子，长别勒古讷台"做了别勒古讷惕姓氏"。

20. Barču'u　播而祝吾

捏古思分部，见虞集《靖州路总管捏古台公墓志铭》，载《道园类稿》卷四六。

21. Barqun　巴儿浑

元有八剌忽、巴儿忽、八里灰诸译。此部居贝加尔湖东北巴尔古津河流域。《史集》："他们被称为巴儿忽惕，是由于他们的营地和住所位于薛灵哥河彼岸，在住有蒙古人并被称为巴儿忽真-脱窟木（b〈a〉rğūjin-tūkūm）地区的极边。"（第一卷第一分册，页 198）脱窟木，隘也。此部亦目为林木中百姓，1207 年为术赤所招服。今巴尔虎之所自。《元史·俺木海传》作八剌忽觯。

22. Barulas　巴鲁剌思

《秘史》第 46 节：篾年土敦子合赤兀，合赤兀子巴鲁剌台。"因他生的身子大，吃茶饭猛的上头，就做了巴鲁剌思姓氏。"

23. Bashgirt　巴只吉惕

加宾尼《蒙古史》作 Baschart，鲁不鲁乞《鲁不鲁乞东游记》作 Pascatur。当时的穆斯林作家作 Bashguird。它是今 Bashkirs 之先民。居地在乌拉尔山麓。

24. Bäsüt　别速惕

《秘史》第 47 节："察剌孩领忽收嫂为妻，又生一子，名别速台，就做了别速惕姓氏。"《史集》则谓："这一支出自屯不乃汗第九子，弟兄中最小的乞塔台（Kh〈i〉t〈a〉tāi）。"（第一卷第一分册，

页316）又"第九子乞塔台，又名拙赤-纳忽，别速惕部出自他的氏族。"（第一卷第二册，页37）

25. Baya'ut　巴牙兀惕

元有伯岳吾、伯牙吾台、伯牙兀诸译。《史集》记巴牙兀惕部落："这个部落有若干分支，但［其中］著名的有两个分支：一支为者台，它又被称为巴牙兀惕；另一支为客赫邻（k⟨a⟩h⟨a⟩人）-巴牙兀惕。者台是蒙古斯坦的一个河谷，因为他们的营地曾在那里，所以他们与这个地方有了关系，［河谷名称］成了他们的专有名词。而住在草原上那些人，则被称为客赫邻-巴牙兀惕。他们的禹儿惕在薛灵哥河沿岸。"（第一卷第一册，页287）此部在汪古儿领导下，曾与十三翼之战。成吉思汗分封，汪古儿请收集分散在各部中的"巴牙兀惕姓的兄弟每"，组成千户。（《秘史》第213节）为了酬谢十三翼之战的战功，成吉思汗命令将这个部落称为斡脱古，并赋予从成吉思汗氏族中聘取姑娘的权利。（《史集》第一卷第一分册，页288）此部的起源，据《史集》所记：塔马察"四个儿子中最小的那个的后裔［有一个］名叫秃伦-撒合勒的人，有一次杀死了一头马鹿。巴牙兀惕部有一个名叫巴牙里黑的人，带来自己的儿子卖给了他，换了些马鹿肉。由于他［秃伦］是阿阑-豁阿丈夫的亲族，他又将这个孩子送给了阿阑-豁阿。巴牙兀惕部的大多数人就是这个孩子的后裔，他们是成吉思汗兀鲁黑的奴隶。"（第一卷第二分册，页7）《秘史》第14—15节则谓朵奔篾儿干将鹿肉向一个马阿里黑牙兀歹人换了他的儿子。大抵巴牙兀部原为一个古老的部族，韩儒林考伯牙兀台氏，举其有钦察、康里、蒙古之三种伯牙吾台（《穹庐集·西北地理札记》，页80）。上文所及，仅限于蒙古者也。

26. Baya'ut-Doqolat　巴牙兀惕-朵豁剌惕

见《史集》第一卷第二册，页26、27。无可考，或为巴牙兀惕之全称。

27. Baya'ut-Qoralas　巴牙兀惕-豁剌剌思

见《史集》第一卷第二册，页45。无可考。

28. Beg Tigin　别帖斤

《史集》："与乃蛮人相近，禹儿惕与他们毗邻的诸部落中，有一个别帖斤部落。"（第一卷第一分册，页229）此名诸本拼写互异，它无可考。

29. Biru'ut Tatar　备鲁兀惕塔塔儿

《秘史》第53节："捕鱼儿海子、阔连海子，两个海子中间的河名兀儿失温，那河边住的塔塔儿一种人。"然音译则列"阿亦里兀惕"、"备鲁兀惕"两种姓名，可知其为当时塔塔儿六分部之一。《史集》记塔塔儿六部，其中有brqui，译本作"不鲁恢"（第一卷第一分册，页167），或即此备鲁兀惕。

30. Bolar　孛剌儿（＝Bulghar　不里阿耳）

《秘史》第262节：此部居伏尔加河上，1236年为拔都所征服。

31. Borjigin　孛儿只斤

《元史·太祖纪》载：成吉思汗十世祖孛端叉儿，系其母阿兰果火寡居，"夜寝帐中，梦白光自天窗中入，化为金色神人，来趋卧榻。阿兰惊觉，遂有娠。"《史集》记：孛端察儿是"当时许多蒙古部落的首领和君主。"（第一卷第二分册，页15）孛儿只斤即其所部。"孛儿只斤在突厥语中，［意谓］蓝眼睛的人。"（第一卷第一分册，页254）

32. Bosqur　孛思忽儿

弘吉剌分部，特薛禅所部。《元史·特薛禅传》："特薛禅，姓孛思忽儿，弘吉剌氏。"

33. Brutači　不鲁塔赤

沙斯契娜译《加宾尼、鲁不鲁克东方诸国游记》认为可能即Бyrac 不尔塔斯人。加宾尼谓他们是犹太人。不尔塔斯人居住在伏尔加河右岸，臣属于可萨人。

34. Budat（Buda'at）　不答惕

《史集》："这个部落是从屯不乃汗的第五个儿子巴惕-古勒乞（bat-k〈u〉lki）的后裔分支而成的。"（第一卷第一分册，页316）《元史·宗室世系表》亦云：敦必乃子哈剌喇歹，"今博歹阿替，其子孙也。"然《秘史》第46节则云：篾儿土敦子合阑歹，他的"儿子争粥饭无上下，因此就做了不答安惕姓氏"。

35. **Bügünü'üt** 不古讷兀惕

《秘史》第 18、23 节：朵奔篾儿干子不古讷台做了不古讷兀惕姓氏。

36. **Bulqajin** 不剌合臣

《史集》记其居地在巴儿忽真，近乞儿吉思的极边上。(第一卷第一分册，页 201)

37. **Burinčin Dörbän** 卜领勤多礼伯台

《元史·月鲁帖木儿传》有卜领勤多礼伯台氏，当为朵儿边之分部。屠寄谓"勤"为"勒"之误，"卜领勒，突厥语城，如云城居之朵儿别族对游牧之朵儿别族言之也。"(《蒙兀儿史记·宗族世系表第四之二·蒙兀氏族下》)亦聊备一说。

38. **Buriyat** 不里牙惕

居地与巴儿浑近，属林木中百姓(《秘史》第 239 节)，今布里亚特一名所自。

39. **Buruqai Tatar** 不鲁恢塔塔儿

《史集》(第一卷第一分册，页 167)所记塔塔儿六分部之一。然 buqūi 诸本另作 yūqūi, nrqūi，则 Buruqai 之名尚难一定。塔塔儿(鞑靼)，辽、金以来部族之枝分蔓衍，其名号实纷繁难数，故此不鲁恢与上文之备鲁兀惕是否有关，疑以两存。

40. **Čagan Jalair** 察罕扎剌亦儿

《元史·忙哥撒儿传》：察哈扎剌儿氏。据《史集》，扎剌亦儿分衍为十个分部，忙哥撒儿系出分部之一的札惕(《史集》第一卷第一分册，页 149、154)。则札惕亦名察罕扎剌亦儿欤？参见本表 70 "扎惕"条。

41. **Čagan Tatar** 察罕塔塔儿

塔塔儿六部之一。(《史集》第一卷第一分册，页 167)居答阑捏木儿格斯之地，1202 年铁木真剿灭之。

42. **Čangsi'ut** 敞失兀惕

合不勒子把儿坛把阿秃儿长子蒙格秃乞颜，《史集》："他有许多儿子，他的继承者和嗣位者为敞失兀惕。"(第一卷第二分册，页 59)后分衍为五姓。成吉思汗时代，其首领为著名的厨子汪古儿。

（《秘史》第 213 节）

43. Čä'ütäi 彻兀台

《元史·麦里传》载彻兀台氏，它无可考。

44. Čara'un 察剌温

《至顺镇江志》卷十六《达鲁花赤》："苍博都察，察剌温人。"

45. Čatai 察台

钱大昕《元史氏族表》有察台氏（页 49），不知所本。

46. Činos 赤那思

《史集》：察剌合-领昆在兄伯升豁儿死后，"按照习惯娶了嫂子，她为他生了两个儿子，一个名叫坚都-赤那（《亲征录》作建都赤纳），另一个叫兀鲁克臣-赤那（《亲征录》作玉烈贞赤纳）。因此，从他的氏族中分出了由这两个儿子形成的另两个部落。它们被称为赤那思部落，而赤那思为赤那［一词］的复数。坚都-赤那这个名字是公狼的意思，兀鲁克臣-赤那是母狼的意思。""赤那思部又称捏古思部。这个捏古思部并非那个古老的捏古思部。除名称相同外，它们既无任何共同之处，也无任何关系。"（第一卷第二分册，页 28—29）又据同书《海都汗及其妻图像及其诸子分支表》亦载察剌合娶嫂［为妻］，他和她生下两个儿子：一个名坚都-赤那，另一个名兀鲁克臣-赤那。（第一卷第二分册，页 31）又"尼伦部落有一个分支，也被称作捏古思，它源出于察剌合-领昆的两个儿子坚都-赤那和兀鲁克臣-赤那。察剌合-领昆曾娶其兄屯必乃汗的妻子——哈敦，从她出生了这两个儿子。他们的后裔和氏族被称为赤那，又称为捏古思。"（第一卷第一分册，页 254—55。页 301 所记略同）1206 年成吉思汗分封，以塔孩、阿失黑所领阿答儿斤、赤那思、脱斡劣思、帖良古惕共为万户，授豁儿赤管领。（《秘史》第 207 节）《元史·宗室世系表上》载"直拏斯"，当即赤那思的异译。屠寄《蒙兀儿史记·宗族世系表第四之一·蒙兀氏族上》考赤那思部，谓其居地因有捏兀歹豁罗罕水绕其游牧地，故又称捏古台氏。小水曰豁罗罕。其夹注云："阔连海子之北，近边有老林，曰捏古台沃沮，有小水流出，潴于□，曰绰诺西巴尔达胡，译言狼湿地有。即《秘史》所谓赤那思大王每地面也。此小水既自捏古台沃沮流出，故又纳捏兀歹豁罗罕之称。观寄《黑龙江新测图》，自明其地形及命名之故。捏古台氏既出察刺孩领忽之后，自是尼伦派。《部族考》无捏古台而有忽而罕。其实忽而罕即豁罗罕之异译。而《考》乃与撒合亦惕并举，指为白塔塔部族，其误一也。捏古台本赤那思之异称，本一氏也。《秘史》乃以捏兀歹人察合安兀洼被杀于扎木合者为赤那思大王每之一，足证捏兀歹即赤那思，而《部族考》乃以忽而罕与赤那思离而为二，其误二也。柯侍讲既沿《部族考》之误，分只讷所忽而罕为二矣，又采钱表别出捏古台，是一氏误分为三。今不惜费词而详辨之，恐后来沿误不已耳。" 敬山以亲身勘测，于元代蒙古地理，颇有发明。至若捏古思本有二部，以不及见《史集》全文，亦时代之所限制也。

47. Comans　库蛮

库蛮一词在中世纪西方旅行家和编年史家中通常作钦察 Činčaq 的同义词。俄罗斯编年史则作 Palovcy。伯希和有《库蛮》考。(《西域南海史地考证译丛》)

48. Čul'ul　出勒兀勒

篾儿乞分部之一。察哈台骂术赤是篾儿乞出勒兀勒的杂种。缘孛儿帖曾被篾儿乞人俘虏、有孕归来、遂生术赤故也。(《秘史》第 254 节)

49. Därlkin　迭儿列斤

《史集》："这些蒙古部落包括两部分：迭儿列勤(D⟨a⟩rl⟨a⟩kin)蒙古和尼伦(nirü'⟨u⟩n)蒙古。迭儿列勤蒙古指一般蒙古人，而尼伦[蒙古]则指出自贞洁之腰，即出自阿阑-豁阿之腰和氏族者，此传说在蒙古人中间尽人皆知，广为流传。"(第一卷第一分册，页 249)《史集》中所列迭儿列勤蒙古诸部，计：兀良哈惕、弘吉剌惕、斡罗纳兀惕、许慎、速勒都思、亦勒都儿勤、巴牙兀惕、轻吉惕等。

50. Dolungit　朵郎吉惕

扎剌亦儿分部之一(《史集》第一卷第一分册，页 149)。《元史·太祖纪》记铁木真势力寝兴，"若朵郎吉、若扎剌儿、若忙兀诸部，皆慕义来降。"以朵郎吉与扎剌儿并列，各为一部，然《圣武亲征录》则作"朵郎吉扎剌儿",殆得其实。《秘史》第 260 节记朵郎吉作朵笼吉儿歹（Dolunggirt），"儿"衍。

51. Doqalat　朵黑剌惕

《秘史》第 46 节："纳臣把阿秃儿自娶的妇人，又生二子，一名失主兀歹，一名朵豁剌歹。"《史集》则记屯必乃汗第八子名不鲁勒扎-朵豁剌，又作不亦兀勒木儿-朵豁兰。（第一卷第二分册，页 36、39）《亲征录》朵忽阑在十三翼之战中属斡赤斤所领第九翼。

52. Dörbän　朵儿边

元有朵鲁班、秃鲁班、多礼伯台、度里班、都鲁班诸译。《秘史》第 11 节："朵奔篾儿干的哥哥都蛙锁豁儿，有四子。同住的中间，都蛙锁豁儿死了。他的四个孩儿，将叔叔朵奔篾儿干不做叔叔般看待，撇下了他，自分离起去了，做了朵儿边姓。"《史集》则谓塔马察有五子，长子豁里察儿篾尔干。"据传：仿佛他的其余四个儿子"渡过一条河，进入别的地区。"据说，朵儿边部就起源于他们的氏族。因为'朵儿边'是四的意思。"（第一卷第二分册，页 7）又云：此部与八邻部相近，"它们同出于一源"。（第一卷第一分册，页 306）

53. Dusla　笃思剌

《中书右丞相赠孚道志仁清君一德功臣太师开府仪同三司上柱国追封郓王谥文忠神道碑》（《金华黄先生文集》卷二四）：其母笃思剌氏。

54. Elbärli Baya'ut　玉耳别里巴牙兀惕

《元史·和尚传》："玉耳别里伯牙吾台氏"。据冯承钧《西域地名》："玉理伯里山当在乌拉尔河和伏尔加河下游入里海之处。"（页 25）可知其地亦有巴牙兀惕人分布。

55. Eji'ü　厄知兀

捏兀歹四氏族之一，见《道园类稿》卷四六《靖州路总管捏古歹公墓志铭》。

56. Eljigit　燕只吉歹

元有燕只吉台、燕只吉觯、衍只吉、额勒只斤诸译，此皆 L 转读为 N 之例。《史集》记金器中所生之三子，其三秃速不-答兀忒，有子：合剌讷惕、弘里兀惕，弘里兀惕生子迷薛儿-玉鲁，生一子豁罗刺思，又一子为乞台（契丹）妇人所生，名额勒只斤（Ailjikin）。"所有的［额勒只斤人］都出自他这一系。"（《史集》第一卷第一分册，页268）此部与巴尔忽惕过去和现在都有友谊，他们自命为"有亲属关系，并为一体，尽管他们并非出自他们的支系。由此之故，他们互相嫁娶姑娘。"（同上，第一卷第一分册，页199）同书页302作"额勒只惕"。惕即额勒只斤之复数词尾。此子之名额勒只斤，"因为驴被称为额勒只客。而那妇人是骑着驴来的。"（同上，页271）

57. Gändü Čina　坚都赤那

赤那思分部。见《史集》第一卷第一分册，页301。

58. Gänigäs　格泥格思

《秘史》第47节：抄真斡儿帖该生六子，其六名格泥格思，就作了格泥格思姓氏。

59. Gaths　哈希

柔克义《鲁勃洛克东游记》认为当系谷儿只之Kakhethi人。加宾尼列蒙古征服诸部有（Gassi）哈昔，当即此部。

60. Härtkän　哈儿帖干

《史集》：此部与昔只兀惕皆"出自海都汗的幼子，伯升豁儿和察剌合-领昆的弟弟抄真。"（第一卷第一分册，页300）又，"察剌合-领昆幼子名叫抄真，他的后裔形成了赫儿帖干、昔只兀惕两部落。"（同上，第一卷第二分册，页23）

61. Hoi-yin-irgän　槐因亦儿坚

《秘史》第239节：旁译为"林的百姓"，种姓繁多，此为林木中百姓之通称。《圣武亲征录》作火因亦儿坚。

62. Holi　和利

乃蛮之分支，见《安默庵先生文集》卷四《御史和利公名字序》。

63. Husin　许慎

见《史集》第一卷第一分册，页280。《元史·博尔忽传》："博尔忽，许兀慎氏。"元有旭申、忽申诸译。

64. Iberians（=Hyberia）　亦比里

据加宾尼《蒙古史》，此系高加索与阿美尼亚之间莫斯赫山之居民。加宾尼《蒙古史》与《鲁不鲁乞东游记》皆记即谷儿只（Gergian）人之异称。

65. Ikiräs　亦乞列思

元有亦乞列思、亦乞烈、亦乞剌、亦启烈、亦其列斯、亦怯烈诸译。此部系出自金器之三子中之第二子名忽拜-失列，有二子，衍分为亦乞烈思与斡勒忽讷惕。(《史集》第一卷第一分册，页262）

66. Ildürkin　亦勒都儿勤

《史集》："这个部落是速勒都思部落的一个分支。"（第一卷第一分册，页286）

67. jädärän > jajirat　扎答阑 > 扎只剌惕

《秘史》第40节：孛端察儿俘取了扎儿赤兀惕阿当罕兀良哈真的怀孕妇女为妻，"生了一个儿子，名字唤作扎只剌歹。后来扎答剌的人氏，他便是他祖。"蒙语扎惕意为外人。周清澍谓："扎答阑的复数是扎答剌惕，音变为扎只剌惕，故此部又有扎只剌之名。"（《中国历史大辞典·辽金元史分册》，页105）《元史·宗室世系表》引《十祖世系录》："始祖孛端叉儿收统急里忽鲁人氏民户时，尝得一怀妊妇人，曰插只来，纳之，其所生遗腹儿，因其母名曰插只来。自后别为一种，亦号达靼。今以非始祖亲子，故不列之世表。"又《史集》云：扎只剌惕又称照烈惕部，出自屯必乃之第七子都儿伯颜。（第一卷第一分册，页311），殊难索解。

68. Jala'ir　扎剌亦儿

元有押剌伊而、扎剌尔、扎剌而、扎剌儿、扎剌台、扎剌儿台诸译。此部为成吉思汗远祖海都所征服，成为他的俘虏和奴隶。"[这些俘虏和奴隶]，祖祖辈辈世代相传，最后传给了成吉思汗。因此，这个部落是他的斡脱古-孛斡勒。"（《史集》第一卷第一分册，页149）斡脱古-孛斡勒，意即世仆。此部之禹儿惕为哈剌和林的合迪马，分为十大支。Jāt 扎惕、Toqura'u 脱忽剌温、Qungqasa'ut 弘合撒兀惕、Qumsa'ut 昆木撒兀惕、Yat 牙惕、Nilkän 尼勒干、Kürkin 古儿勤、Tolangit 朵郎吉惕、Tori 秃里、Sinqut 申忽惕（据俄译本第一卷第一分册，页93）俄译本是几个版本的集校本，对每个名词都有所采择取舍。余大钧、周建奇先生据俄译本汉译时，又往往另有采择，然亦难必是。此处十枝之名，是我径从俄译本音译过来的，故与汉译本稍异。又《元史·忙哥撒儿传》复有"察哈扎剌儿"之称。察罕，意为白。汉籍之载北边民族，有生熟黑白之分。近汉地者谓之熟、白，较原始落后者谓之黑、生。此白察罕殆近边而文化较高之扎剌亦儿部之谓欤？

69. Jarči'ut-Adanqan　扎儿赤兀惕阿当罕

孛端察儿所掳有孕妇人之氏族，出兀良合部。《元史·宗室世系表》引《十祖世系录》作统急里忽鲁人氏。按统急里，小河名，《秘史》第30节作"统格黎克豁罗罕"。忽鲁豁罗罕，意即小河。

70. Jat　扎惕

扎剌亦儿分部。木华黎、忙哥撒儿皆系出此部。《元史·忙哥撒儿传》称其源出察罕扎剌亦儿，亦即白扎剌亦儿，则扎惕＝察罕扎剌亦儿无疑。因疑此 Jat 系 Ja'ut 之音省。Ja'u 扎兀是金对沿北边诸部族的统称，Ja'ut 为其复数形式。《金史·地理志·详稳九处》则作"纠"。计有咩纠、唐古纠、移剌纠、木典纠、骨典纠、失鲁纠、苏谟典纠、胡都纠、霞马纠（豁木纠）、萌古纠、迭鲁纠撒纠、胡疋纠、东占纠、唐古乙剌纠等。《金史·完颜襄传》谓纠人与北边诸部同俗而属于金，故曰杂类。屠寄《蒙兀儿史记·蒙兀氏族表下》列扎剌亦儿十部，以"扎惕"为"察哈惕"。注云："亦曰朱邪惕，以居近沙陀，故称。"扎惕与 Čagan 音迥不相侔。敬山昧于审音，多类此。

71. Jä'üräit　沼兀列亦惕部

元有照列部、昭列部、召列台诸译。《秘史》第43、44节："那合必赤的母，从嫁来的妇人，孛端察儿做了妾，生了个儿子，名沼兀列歹。孛端察儿在时，将他作儿，祭祀时同祭祀有来。孛端察儿殁了后，把林失亦剌秃合必赤，将沼兀列歹不做兄弟相待，说道：在家常川有阿当合兀良合歹人氏的人往来，莫敢是他的儿子？祭祀时逐出去了，后来做了沼兀列亦惕姓氏。"《史集》记照列惕部落"出自屯必乃合罕的第七个儿子都儿伯颜的氏族，他们又称为札只剌惕。"（第一卷第一分册，页311）参见67"札只剌惕"条。此部当铁木真新起时，属泰亦赤乌部，其居地与铁木真近，叛泰亦赤乌部而归铁木真，遂为泰亦赤乌部所灭。

72. Jiadai Baya'ut　者台巴牙兀惕

此巴牙兀惕以居者台河谷而得名。者台,《史集》注云:"即今吉达河,为今色楞格河的一条左岸支流。"(第一卷第一分册,页287)

73. Jiū'n　只温

蔑儿乞四分支之一。见《史集》第一卷第一分册,页186。

74. Jirqin　只儿斤

克列部中"受尊敬的英雄部落"(《史集》第一卷第一分册,页209),是"王汗最好的军队客烈亦惕部的分支。"(第一卷第二分册,页171)《元史·太祖纪》作"朱力斤"。此部矢忠王罕,当其败亡前夕,犹力战三日,掩护王罕撤逃,然后降于铁木真。铁木真对此忠诚表现大为嘉奖。其部众被封与忽亦勒答儿之寡妻为奴。(《秘史》第185节)有朱力斤、只儿吉诸译。此部之禹儿惕在合刺温–只敦和赤乞儿–主勒古儿。(第一卷第一分册,页208)

75. Ju'in Tatar　主因塔塔儿

《秘史》第53节:"塔塔儿　主因亦儿坚。"旁译作:"种名种姓百姓"则"主因"亦为部族名,系塔塔儿之一支。又第266节:"乞塔惕　亦儿格讷　主亦泥"旁译:"契丹百姓的种名行。"总译此段全文:成吉思汗对字斡儿出、木华黎说:"金国的百姓不曾分与您,如今有金国的主因种,你二人均分。"方龄贵《元朝秘史通检》不录,失之矣。

76. Jungqurqin　准忽儿斤

Kunla'ut 古儿列兀惕之专门称号。

77. Jürkin　主儿勤

《元史·太祖纪》作朱力斤。又有主儿斤、禹儿勤诸译。《秘史》第49节:合不勒子斡勤巴儿合黑,子忽秃黑秃主儿赤,子二人:薛扯别乞、台出,"他每做了主儿乞姓氏。"《元史·宗室世系表》:"敦必乃孙,寠斤八剌哈哈,今岳里斤,其子孙也。"关于主儿勤的组成,《秘史》第139节特别指出:"主儿勤种的缘故:初,合不勒皇帝有七子,长名斡勤巴剌合。合不勒因其最长,于百姓内选拣有胆量,有气力,刚勇能射弓的人随从他,但有去处皆攻破,无人能敌。

故名主儿勤。"《史集》云："斡勤"是姑娘的意思，斡勤巴儿合黑美容仪，故云。此部又作乞牙惕-禹儿勤。(第一卷第二分册，页 40)此 jürkin 与 jirqin 在语音上是否有关，殊难肯定，当待教于高明。

78. Ju'untai　酎温台

见许有壬《赠金太常礼仪院事薯克笃公神道碑》(《至正集》卷五六)、《故谏议大夫江西等处榷茶都转运使万公神道碑》(卷五七)。

79. Kähälin Baya'ut　客赫邻　巴牙兀惕

巴牙兀惕人之居地在草原者，则称为客赫邻巴牙兀惕。他们的禹儿惕在薛灵哥河沿岸。(《史集》第一卷第一分册，页 287)

80. Käkümän　客库蛮

《史集》谓传说此部与晃豁台、雪你惕、合儿合思、八鲁剌思、八邻-亦邻古惕、额勒只惕、兀鲁惕、忙忽惕、斡罗纳兀惕、阿鲁剌惕、别速惕等部"自古以来彼此即为亲属并同出一源。"(第一卷第一分册，页 301—302)

81. Kärä'it　克烈亦惕

元有怯烈、客列亦惕、怯里亦、凯烈、怯烈台、克烈夷、杰列宜等译。此部在 12 世纪中与塔塔儿、乃蛮、蒙古同为草原之强大部族，其居地在斡难与怯绿连二河流域。《史集》云："据说古代有个君王，他有七个儿子，肤色全都是黑黑的。因此之故，他们被称为客列亦惕。后来，这些儿子的各后裔分支逐渐获得了专门名号。到了最后，客列亦惕便用来称呼其中有一个君主的那个［部落］分支了。"(第一卷第一分册，页 209)其分部之可考者：只儿斤（Jirqin）、董合亦惕（Tonqait）、撒合亦惕（Saqo'it）、土别兀惕（Tübä'ut）、阿勒巴惕（Albat）。土别兀惕，俄译者注云："C. L 本，贝书作 tūbāūt；P.B 本作 t(？)ū(？)āūt。但在我们的原文（据 A 本）——标有元音符点——以及上列诸本，这个词其实应该读作 Tūmāwūt。[《秘史》作土别干，《元史》作土别燕。]"(同书，页 210)又，同书在记昔班勒异密时，亦记他是 Tumait 部人。(页 232)b 与 m 在发音上常相近互用。此处之 Tumait，实当从汉籍作 Tubeut。见于《秘史》之分部，除土别干、只儿斤、董合亦惕之外，第 187 节有"汪豁只"，总译作

"客列亦惕汪豁真姓的人"，则其亦为克烈部之分枝无疑。克烈部首领脱里，以斡里扎之役助金丞相完颜襄大破塔塔儿有功，受封为王，"番言音重，故称王为汪罕。"《元史·地理志六·西北地附录》载，或云汪罕始居地在吉利吉思，岂克烈部亦古昔发源于此而南迁者欤？

82. Kärämüjin　客列木臣

《史集》载此部与不剌合臣同住在巴尔忽真-脱窟木地区，靠近乞儿吉思人地区的极边上。（第一卷第一分册，页 201）

83. Kästi'in　客思的音

林木中部落，《亲征录》作"克失的迷"。《史集》作"客思的迷"。（第一卷第一分册，页 201）

84. Khazar　可萨

突厥之一部。其居地在伏尔加河下流及伏尔加-顿河间之草原。汉译有阿萨、曷萨。迦宾尼称其人奉基督教。

85. Kinkit　轻吉惕

迭儿列斤蒙古部族，名见《史集》第一卷第一分册，页 290。

86. Kirgisüt　乞儿吉速惕

《秘史》第 239 节作秃绵乞儿吉速惕。秃绵意为万，犹言众多。元有乞力吉思、乞儿吉思、吉力吉思、乞里乞四、乞里吉思、纥里迄斯、吉利吉思诸译。属突厥种，居地在叶尼塞河一带。即《唐史》的黠戛斯。

87. Kiširitai　乞失里台

系出斡罗纳氏（Qorolas），乞失里黑之后，因以乞失里台（Kiširitai）为氏，居曹州济阳县，见《元统进士题名录》所载朵列图家世。

88. Kiyät　乞牙惕

Kiyät 为 Kiyän（乞颜）之复数形式。传说乞颜为蒙古部始祖之一。《史集》载：初，蒙古部为被别一部落所征服，仅存二人，亡匿于额儿古涅昆，意即额儿古纳河上之峻岭。这两个人的名字为捏古思和乞颜。（第一卷第一分册，页 251）《元史·太祖纪》铁木真，"姓奇渥温氏，蒙古部人。"奇渥温即乞颜也。迨合必烈时，"乞牙惕又成了他们的称号。"其后，"乞牙惕-孛儿只斤成了成吉思汗之父也速该把阿秃儿子孙的称号。"(《史集》第一卷第一分册，页253)

89. Kiyät-Borjigin 乞牙惕-孛儿只斤

成吉思汗之父也速该把阿秃儿所部。孛儿只斤，意为蓝眼睛。(《史集》第一卷第二分册，页61)

90. Kiyät Jürkin 乞牙惕-主儿勤

即主儿勤，见77"主儿勤"条。

91. Knbüt 坚不惕

《史集》载扎剌亦儿人杀莫挐伦及其九子中之八子，惟幼子海都"在坚不兀惕部落做女婿作客"，得免于难。(第一卷第二分册，页19)《元史·太祖纪》记押剌亦儿之杀莫挐伦也，灭其家，惟长孙海都匿免，又第七子纳真，赘于八剌忽民家为婿，亦不及难。可知此坚不惕部住地在巴尔忽真之地。Cl本作ksüt。

92. Küčügür 古出古儿

乃蛮之分支。阿里不哥有一妻，系出乃蛮部之古出古儿氏。(《成吉思汗的继承者》，页386)

93. kürkin 古儿勤

扎剌亦儿分部。见《史集》第一卷第一分册，页149。

94. Kürlä'üt 古儿列兀惕

《史集》载："这个部落与弘吉剌惕、额勒只斤和巴儿忽惕部落彼此相近并联合在一起；他们的印记全都是同一个；他们履行血亲关系的义务，并互相[娶]儿媳和[找]女婿。"(第一卷第一分册，页190)又云："这个部落的各氏族，过去和现在都有下列专门的称号：准忽儿斤(Jūnkqūiqīn)和畏马忽惕(Uimaqut)。"(同上，页192)

95. Ma'aliq Baya'ut 马阿里黑-巴牙兀惕

此部之穷人以幼子换取朵奔篾儿干之鹿肉，朵奔篾儿干"将那人的儿子，换去家里做使唤的了。"(《秘史》第16节)其后裔助铁木真参加十三翼之战，以功被赐称斡脱古·孛斡勒。

96. Mäkrit 蔑克里惕

《史集》(第一卷第一分册，页186)谓此系部分蒙古人对蔑儿乞惕人的称呼。《马可波罗行纪》第一卷第七〇章记此部云："巴儿忽平原，居民名称蔑克里惕（Mekrites），是为一种蛮野部族，恃其牲畜为活，风习与鞑靼人同，隶属大汗。其人无麦无酒，夏日猎取鸟兽甚夥，然冬日严寒则无所得。"此部名亦见《元史·世祖纪》至元十八年八月及至元二十七年十二月及《脱力世官传》。又许有壬《大元赠光禄大夫江浙等处行中书省平章政事柱国追封赵国公阿塔海牙神道碑铭》（《至正集》卷四九）直书蔑儿乞部为灭乞里，与《史集》所述正合。

97. Märkit　篾儿乞惕

元有篾里乞、篾里期、灭里乞、篾力乞、麦里吉、篾里吉、默而吉、迈礼吉诸译。《史集》（第一卷第一分册，页186）云："他们又被称为兀都亦兀惕部（aüdüiüt），尽管部分蒙古人称蔑儿乞惕人为蔑克里惕人，但两者的含义是一样的。"《辽史》中之"梅里急"、"密儿纪"当即此部。其牧地在薛灵哥河下流。《史集》第一卷第一分册页186载其分支有四：兀合思（aüifz）、木丹（mūdān）、秃答黑邻（Tūdāqlin）、只温（jiū'n）。又有剌准一名（第一卷第二分册，页206）。蔑儿乞部是当时草原上强大而好战的部族。《秘史》第102节所载：则有兀洼思（Uwas）、兀都亦惕（udu'it）、合阿惕（Qo'at）三姓蔑儿乞人。兀都亦兀惕（üdüiüt），明即兀都亦惕（udu'it），兀合思（aüifz）即兀洼思。屠《史》则列蔑儿乞六分部：兀都亦惕、兀洼思、合阿惕、麦古丹、脱里字斤、察浑。脱里字斤，王国维校《亲征录》则作脱脱里、掌斤二名。脱脱里疑即秃答黑邻之音差。掌斤疑与剌准有关。察浑之名，则见《元史·牙忽都传》。

98. Mongqut　忙兀惕

《秘史》第76节："纳臣把阿秃儿生二子，一名兀鲁歹，一名忙忽台，就作了兀鲁兀惕、忙忽惕二姓氏。"《史集》则云：屯必乃汗的九个儿子中，长子名扎黑速，从他的诸子产生三个分支：一支为那牙勤部，另一支为兀鲁兀惕部，第三支为忙兀惕部。（第一卷第一分册，页301）以《元史·术赤台传》、《畏答儿传》证之，《史集》误。

99. Mūdān　木丹

蔑儿乞惕分部。《亲征录》有麦古丹，音近。

100. Nägüs　捏古思　捏兀惕（Nä'üt）

捏古思是传说中的蒙古人始祖之一。（《史集》第一卷第一分册，页 251）《亲征录》十三翼之战中，第九翼有捏古思。《史集》又云：赤那思部又称捏古思部，除名字相同外，这个捏古思部与那个古老的捏古思部无任何共同之处。（第一卷第二分册，页 28—29）此部元时属伯帖木儿所领。（《元史·伯帖木儿传》）Nä'üt（捏兀歹）为 Nägüs 之复数形式。《靖州路总管捏古台公墓志铭》（《适园类稿》卷四六）："捏古台之人，其族四：曰播而祝吾（Barcu'u）、曰厄知吾（Eji'u）、曰脱和剌吾（Toqora'u）、曰撒哈儿秃（Saqaitu）。"惟《亲征录》在捏古思后复有火鲁罕。《史集》记十三翼之战则二名连读，作捏古思-火儿罕（第一卷第二分册，页 113）韩儒林《成吉思汗十三翼考》（《穹庐集》页 11）则称火鲁罕乃部名。《史集》（第一卷第一分册，页 205）明有记载，则两名实不可连读。

101. Naiman　乃蛮

元有乃马、乃满、奈蛮、耐满诸译。其牧地在阿尔泰山一带。此部是当时最强大的部族之一，其长为亦难赤·必勒格·不古汗。"亦难赤一词意为信仰，必勒格为尊号，[意为]伟大的，不古汗是古代一个伟大的君主，畏兀儿人和许多[其他]部落都带着高度的敬意[怀念]他，并说他是从一棵树中诞生的。"（《史集》第一卷第一分册，页 227）。这个部落已具有比较发达的政权组织，使用金印，"出纳钱谷、委任人材，一切事皆用之，以为信验。"行用畏吾儿语。（《元史·塔塔儿统阿传》）亦难赤之后，二子分立，长子拜不花，受金爵为王，"因为无人懂得乞台（契丹）词汇，所以拜不花被称为太阳汗。"（《史集》第一卷第一分册，页 228）其居地靠近平原。弟不亦鲁黑汗，则分据山间。均为成吉思汗所灭。其分支之可知者：古出古儿 Kücügür（《成吉思汗的继承者》页 386）、和利氏（《御史和利公名字序》，载《安默庵先生文集》卷四）、兀惕撒兀带（《史集》第一卷第二分册，页 71）。乃蛮为突厥种。《元史·地理志六、西北地附录》称相传乃满族始居吉利吉思，其南迁究在何时，已不可考。乃蛮（Naiman）一词，有谓源自蒙古语之"八"，柔克义则谓源自突厥语之"光明"。

102. Ničügüt 你出古惕

巴阿怜部分部。《秘史》第 149 节 "你出古惕 巴阿里讷",旁译 "种的"。

103. Nilkän 尼勒干

扎剌儿分部。见《史集》第一卷第一分册,页 93。

104. Nir Hai-yin 你儿槐因

《史集》:把儿坛把阿秃儿第二子捏坤太师 "其后裔形成为你儿-槐因部落,在成吉思汗时代,由于他们背叛了[他],离开他归附于泰亦赤兀惕人,进了森林里,因此,他们又被称作槐因亦儿坚。"(第一卷第二分册,页 59)

105. Nirkin 溺儿斤

《元史·太祖纪》《亲征录》均谓为弘吉剌部别部。

106. Nirun 尼伦

阿阑豁阿感神光而生三子:不忽合答吉、不合秃撒勒只、孛端察儿。"凡起源于这三个儿子的氏族和后裔者,被称为'尼伦',意为'腰'。这是隐指贞洁的腰,因为他们是感光受胎的。"(《史集》第一卷第一分册,页 291)《史集》所列尼伦蒙古计合塔斤、撒勒只兀惕、泰亦赤兀惕、赫儿帖干、昔只兀惕、赤那思、那牙勤、兀鲁兀惕、忙兀惕、朵儿边、八邻、八鲁剌思、合答儿斤、照烈惕、不答惕、朵豁剌惕、别速惕、雪干、轻牙吉惕等。

107. Nohai yiluzi 那海益律子

《黑鞑事略》云:"即狗国也。男子面目拳块,而乳有毛,走可及奔马。女子姝丽。鞑攻之而不能胜。"

108. Nohaqor 那哈合儿

《元史·宗室世系表》:敦不乃长子葛术虎,"今那哈合儿,其子孙也。"《表》载敦不乃六子:葛术虎,其后为那哈合儿;葛忽剌急哩担,其后为大八鲁剌斯;合产,其后为小八鲁剌斯;哈剌喇歹,其后为博歹阿替;葛赤浑,其后为阿答里急;葛不律寒,有子七人。然《史集》则云有子九人;扎黑速、八林-失儿-不合-不术、合出里、掯-合赤温、巴惕-古勒乞、合不勒、兀都儿-伯颜、不鲁勒扎儿、乞塔台。(第一卷第二分册,页 35—36)

109. Nöyäkin　那牙勤

《元史》有那也勤、那亦勤之异译,《史集》:"屯必乃汗的九个儿子中,长子名为扎黑速,从他的诸子产生出三个分支:一支称为那牙勤部,另一支为兀鲁惕部,第三支为忙忽惕部。"(第一卷第一分册,页301)然《秘史》第46节则云:蔑年土敦生七子,一名合臣。"合臣的子名那牙吉歹,那牙吉歹因他性儿好装官人模样,就做了那牙勤姓氏。"元有那也勤、那亦勤诸译。扎黑速,又名牙黑失。(《史集》第一卷第二分册,页35)《元史·宗室世系表》则载屯不乃六子,长为葛术虎,今那哈合儿其子孙也。

110. Nunjin　嫩真

《史集》:嫩真是乞里克讷惕部落的一个分枝。(第一卷第一分册,页280)乞里克讷惕,即斡罗纳兀惕–乞里克讷惕。王国维谓《亲征录》之嫩真,即《秘史》第122节之温真。《秘史》温真旁译为人名,实误。韩儒林云:"嫩nun与温un之蒙文写法,所差仅一音点耳。盖明初翻译《元朝秘史》,所据抄本,已误嫩真为温真也。"(《穹庐集·成吉思汗十三翼考》页12)

111. Oirat　斡亦剌惕

元有猥剌、外剌、斡耳那、歪剌、斡鲁剌台诸译。其居地在谦河上流之八水流域。《蒙兀儿史记·蒙兀氏族表下》载:分五族:阿里黑兀孙、赛因惕、阿富、兀泷古儿真、察罕。《史集》则但言其分为许多支,名称皆阙。(第一卷第一分册,页193)明之瓦剌、清之卫剌特,皆即此部。

112. Olqunu'ut　斡勒忽讷兀惕

与弘吉剌部同源出金器中之第二子忽拜失列生二子:长亦乞剌思、次斡勒忽讷惕。成吉思汗的母亲诃额伦就是系出斡勒忽讷氏。(《秘史》第54节)

113. Ongut　汪古

元有王孤、雍古、汪骨、旺古、瓮古诸译。亦称为白达达。乞台(契丹)君主们"[为了]保卫自己的国家以防御蒙古、客列亦惕、乃蛮以及附近地区的游牧人,筑了一道城墙","起初,这城墙被托付给汪古惕部,责成他们守卫城墙"。(《史集》第一卷第一分册,页

229、230）其牧地在阴山山后，人数达四千帐幕。汪古部投服成吉思汗，使蒙古军能顺利突破金的阴山防线。汪古自称为沙陀雁门节度使李克用之后。周清澍考汪古部族源，谓"属于突厥语族的汪古人，是由回鹘败亡漠南时被唐朝驱散后留在阴山一带的余部、唐末由雁北北上的沙陀人、金初释放的回鹘俘虏等所组成，可能还加入了其他各种民族成分。但应以回鹘可汗统治下所掳突厥语的部落的遗裔占主要地位。"（《汪古部的族源》，载《文史》第十辑，页116）

114. Orna'ut　斡罗纳兀惕

《史集》L.C本作 aūrnāūt，此斡罗纳兀惕"分出了三个分支：晃豁坛（qūnkqtān）、阿鲁剌惕（ārlāt）、和斡罗纳兀惕–乞里克讷惕（klknūt），这些名称最初是三个兄弟的名字，从［他们］每个人分出了一个分支，他们的氏族［兀鲁黑］人数渐众，形成了几个单独的部落，并各按各部落所从出的那个人的名字获得了名号。"（第一卷第一分册，页272）《秘史》第47节则谓抄真斡儿帖该生六子，一名斡罗纳儿、一名晃豁坛、一名阿鲁剌惕、一名雪你惕、一名合卜秃儿合思、一名格泥格思，就做了这六等姓氏。《元史·怀都传》："怀都，斡鲁纳台氏。"《哈剌哈孙传》则作"斡剌纳儿"，《怯怯里传》作"斡耳那氏"，《元文类》卷二五《丞相顺德忠献王碑》作"斡罗那"。

115. Orna'ut　Kälknüt　斡罗纳兀惕–克里克讷惕

《秘史》谓为斡罗纳兀惕三分支之一。此子"是个斜眼，故被称作这个名字"。著名的两答剌罕巴歹、乞失里黑就是此部人。（《史集》第一卷第一分册，页279）《元史·哈剌哈孙传》："哈剌哈孙，斡剌纳儿氏。"

116. Parossites　巴罗昔惕

阿剌伯与西欧中世纪的作家，把居住在维亚特卡河流域及伏尔加河不里阿耳以北其他地区之 Пермяки 与 Вотаки 等芬系部落通称为巴罗昔惕人。

117. Qa'as　合阿思

篾儿乞分部。《秘史》第102节有合阿惕蔑儿乞。

118. Qabqanas　合卜合纳思

《亲征录》作"憾合纳思"，盖 b 与 m，译例常通故然。此部居谦河之源，系林木中百姓。《秘史》第 239 节作康合思（Qangqas）。《元史·地理志六·西北地附录》："撼合纳，犹言布囊也，盖口小腹巨，地形类此，因以为名。在乌斯东，谦河之源所从出也。其境上惟有二山口可出入，山水林樾，险阻为甚。野兽多而畜字少，贫民无恒产者，皆以桦皮作庐帐，以白鹿负其行装，取鹿乳，采松实及劚山丹、芍药等根为食，冬月亦乘木马出猎。"

119. Qabturqas　合卜秃儿合思

《秘史》第 47 节：抄真斡儿帖该生六子，其五合卜秃儿合思，属蒙古尼伦部。《史集》则谓此部由雪你惕分出，并将雪你惕列为"现今称为蒙古的突厥诸部落。"（第一卷第一分册，页 92）

120. Qadagin　合答斤

又译合塔斤、合底忻。《秘史》第 17、42 节，阿阑豁阿在其夫朵奔蔑儿干死后，复生三子：不忽合答吉、不合秃撒勒只、孛端察儿。其后，不忽合答吉作了合塔斤姓氏。《金史·宗皓传》作"合底忻"。《史集》云："这个部落为尼伦部落，它是从阿阑豁阿的长子不浑-合塔乞分支出来的。"（第一卷第一分册，页 292）与撒勒只兀惕部同为与孛儿只斤部皇族同源的亲属部族。元人文献称其为帝之同姓。

121. Qangli　康里

元有抗里、航里、杭里、康礼诸译。《史集》云：突厥语称车子为康里。以其使用车子载运战利品，与他们用牲畜驮载者异，故名。（第一卷第一分册，页 137）其居地在乌拉尔河之东、咸海之北，为突厥族之一支。《元史·不忽木传》："康里，即汉高车国也。"

122. Qaraj　合剌赤

《史集》载乌古思出征亦思法杭，"因为不容许任何人以任何借口落后"，对一个男人大发雷霆说："合勒-阿赤"，意即"挨饿去吧！"因此，他的氏族就被称为合剌赤。（第一卷第一分册，页 138）

123. Qārānūt　合剌讷惕

传说金器里所生三兄弟，其三为秃速不-答兀式，他生二子，长合剌讷惕，次弘里兀惕 Qūnkliūt。（《史集》第一卷第一分册，页 263）

124. Qardagit　合儿答乞惕

名见《秘史》第 166 节；又作合儿塔阿惕（Qarta'at）。方龄贵《元朝秘史通检》谓：或以为人名，故并见人名通检。

125. Qarliuquntai　哈儿柳温台

沼列亦惕人合里兀答儿（《元朝秘史》第 183 节）之后，徙许州长葛县，别为哈儿柳温台氏。见《蒙兀儿史记·宗族世系表二·蒙兀氏族上》。

126. Qarlu'ut（Karluk）　合儿鲁兀惕

元有哈剌鲁、合鲁、哈鲁、柯耳鲁、匣剌鲁诸译，即唐之葛逻禄。《史集》云：乌古斯出征归，几个家族因雪落后，"他便给这几个家族起名为哈剌鲁，意即'有雪者'、'雪人'。"（第一卷第一分册，页 137—138）

127. Qarqas　合儿合思

名见《史集》第一卷第一分册，页 301—302。根据传说，合儿合思与晃豁坛、雪你惕、八鲁剌思、八邻-亦邻古惕、额勒只惕、客窟蛮、兀鲁惕、忙兀惕、斡罗纳兀惕、阿鲁剌惕、别速惕"自古以来彼此即为亲属并同出一源。"此说矛盾甚多，难以考证。

128. Qasin　合申

即河西之音译，蒙古对西夏的称呼。窝阔台有子合失，"彼降生时，成吉思汗方征服河西（Qashi），即今之唐兀惕（Tangqut），遂名为合失。彼因纵酒过度而殇于青年。时，其父犹存，'河西'一名遂成禁讳。故此国改称为唐兀惕。"（《成吉思汗的继承者》页 31）

129. Qimčaq　钦察

《史集》云，钦察一词，是由"合不黑"（q〈a〉būq）一词派生出来，突厥语"空心树"之谓，该部之始，源于一个在空心树中降生的孩子，故云。（第一卷第一分册，页 137）元有可弗叉、钦叉、克鼻稍、乞卜察兀诸译。b 与 m，音值相近，常互用，故 Qimcaq 常读为Qibcaq。《元史·土土哈传》："其先本武平北折连川按答罕山部族，自曲出徙居西北玉里伯里山，因以为氏，号其国曰钦察。"《元朝名臣事略》卷三《枢密句容武毅王》：玉里伯里山，"襟带二河，左曰押赤，右曰也的里。"押赤即《秘史》之扎牙黑，加宾尼作 Yaik，鲁不鲁克作 Iagat，即乌拉尔河（Ural）。Etil《秘史》作亦的勒、阿的勒、勒只勒。《元史·速不台传》作也只里，即伏尔加河。

130. Qingqi'at　轻吉牙惕

《亲征录》作共吉牙部，与十三翼之战。《史集》谓其属尼伦诸部。（第一卷第一分册，页322）

131. Qojul　火朱勒

名见《亲征录》：戊寅，成吉思汗封木华黎为国王，"率王孤部万骑、火朱勒部千骑、兀鲁部四千骑、忙兀部将木哥汉扎千骑、弘吉剌部按赤那颜三千骑、亦乞剌部孛徒二千骑、扎剌儿部及带孙等二千骑，同北京诸部乌叶儿元帅、秃花元帅所将汉兵及扎剌儿部所将契丹兵南伐金国。"

132. Qonji'ut　欢只兀惕

《元史·世祖纪八》至元十八年八月赐欢只兀部及灭乞里等羊马。

133. Qongirat　弘吉剌惕

元有翁吉剌、翁吉烈、宏吉烈、瓮吉剌、晃吉剌、雍吉里诸译。《金史》有广吉剌、光吉剌之译。其居地在额尔古纳河上流。《史集》谓"这个部落出自曾经遁入额儿古涅-昆的那两个人的氏族。"然其未经商议，即自行走出峡谷，因踏坏炉灶，故造成足疾。（第一卷第一分册，页261）又云："据说：他们（弘吉剌惕人）的起源如下：从一个金器里，生出了三个儿子。"长子主儿鲁黑篾儿干，他是现今弘吉剌惕所属诸部落的祖先。第二子忽拜-失列，他有两个儿子：亦乞剌思和斡勒忽讷惕。第三子秃速不-答兀，他有两个儿子：合剌讷惕和弘里兀惕。（同上，页262—3）波伊勒《世界征服者史》注谓qongirat一词"事实上，它来源于志费尼采用的形式，此形多半又可解释为一个假设的语源：突厥语 qonghur '褐色的'、'栗色的'，又以 at 作 '马'。"（上册，页43注⑮）穿凿过甚，恐不可从。其分部之可考者：孛思忽儿。《元史·特薛禅传》："特薛禅，姓孛思忽儿，弘吉剌氏。"溺儿斤，《元史·太祖纪》："帝既遣使于汪罕，遂进兵虏弘吉剌别部溺儿斤以行。"又《金史》之婆速火，据王国维《亲征录》所考，亦或为其分部。

134. Qongqatan　晃豁坛

元有晃火摊、晃火滩、黄忽答诸译。《秘史》第47节称系抄真斡儿帖该子晃豁台之后。然《史集》则谓豁罗纳兀惕分出三支：晃豁坛、斡罗纳兀惕－乞里克讷惕与阿鲁剌惕。（第一卷第一分册，页272）。"晃豁坛"，意为大鼻子。

135. Qori　豁里

《史集》云：巴儿忽惕、豁里、和秃剌思部落"彼此接近，他们被称为巴儿忽惕，是由于他们的营地和住所位于薛灵哥河彼岸，在住有蒙古人并被称为巴儿忽真－脱窟木地区的极边。""秃马惕部落也是从他们中间分出来的。"（第一卷第一分册，页198）《秘史》第8节则以豁里秃马惕连称。

136. Qori-sirämün　火力失烈门

名见《元史·太祖纪》，汪罕所部。

137. Qorilar　豁里剌儿

《秘史》第8节："豁里剌儿台篾儿干起来的缘故，为豁里秃马敦地面貂鼠青鼠野物，被自火里禁约、不得打捕的上头烦恼了，听得不儿罕山野物广有，全家起来，投奔不儿罕山的主人名哂赤伯颜，因此就作了豁里剌儿姓。"阿阑豁阿即系出此部。"豁里剌"，意为禁约。

138. Qorolas　豁罗剌思

另译作火鲁剌思、火鲁剌、火罗剌思。据《史集》由金器中所生之第三子秃速不－答兀忒子弘里兀惕，"曾娶父亲之妻，她给他生过一个名叫速薛儿－玉鲁的儿子。他也娶父亲之妻，她给他生了一个名叫豁罗剌思的儿子。豁罗剌思所有诸部都出自他的氏族。"（第一卷第一分册，页268）《元史·怯怯里传》斡耳那氏，疑即此。

139. Qumsa'ut　昆木撒兀惕

扎剌亦儿分部。《史集》俄译本作Кумсаут。中译本则作古篾兀惕（Kümä'üt），其注云："S本作Kūmāūt。［集校本及B本作Kūmsāūt，俄译作Кумсаут］。"（第一卷第一分册，页149）

140. Qüngli'üt　弘里兀惕

据《史集》，由金器中所生之第三子秃速不－答兀，生二子：合

刺讷惕、弘里兀惕。（《史集》第一卷第一分册，页 262—263）

141. Qunqasa'ut　弘合撒兀惕

扎剌亦儿分部。（《史集》俄译本第一卷第一分册，页 93）

142. Qurqan　火鲁罕

《亲征录》记十三翼之战第九翼有"捏古思火鲁罕。"《史集》同一记载则以二名连读作捏古思-火儿罕。（第一卷第二分册，页 113）然韩儒林《成吉思汗十三翼考》则称"今据《部族志》考之，知其确为部族名，而非人名，盖《部族志》设有专节，叙述此部，不仅在第九翼中火鲁罕与其他三部族并列也。"（《穹庐集》页 11）今按："火儿罕部落"之名载在《史集》第一卷第一分册，页 205。韩说是。

143. Rajun　剌准

篾儿乞分部。见《史集》第一卷第二分册，页 206。

144. Russ　斡罗思

元有斡鲁思、兀鲁思、阿罗思、斡罗斯、兀罗思、罗斯诸译。今作俄罗斯。Russ 在蒙古语中首音 r 前恒再冠以它所后接之元音，故读作 oross（斡罗思）。

145. Salji'ut　撒勒只兀惕

元有珊竹、散竹台、散只兀、珊竹带、散术台诸译。据《秘史》第 42 节，为朵奔篾儿干子不忽秃撒勒只之后。《金史》之山只昆当即此部无疑。郑玉《徽泰万户府达鲁花赤珊竹遗爱碑》："按蒙古氏族珊竹台，亦曰撒术穉，其先盖与国家同出，视诸臣族为最贵。"（《师山集》卷六）

146. Sam Oyedes　萨莫耶德

中世纪穆斯林作家称之为"黑暗之国"。加宾尼记这些人完全依靠打猎为生，甚至他们的帐幕和衣服都是兽皮制成。马可波罗亦记钦察之"境外偏北有一州名称黑暗，盖其地终年阴黑，无日月星光，常年如是，与吾辈之黄昏同。居民无君主，生活如同禽兽而不隶属于何人。"（《行纪》二一三章，页 503）

147. Saqartu　撒哈儿秃

捏古歹分部。见虞集《靖州总管捏古歹公墓志铭》，载《道园类稿》卷四六。

148. Saqo'it　撒合亦惕

此部与克烈分部同名,《史集》著录于森林中百姓之列,谓"当成吉思汗与泰亦赤兀惕部落发生纷争之时,这个部落归附了成吉思汗,[从而]扩大了他的军队。"(第一卷第一分册,页205)《亲征录》作撒合夷。

149. Särkäsüt　薛儿客速惕

元有撒儿怯思、撒耳柯思、撒里哥思诸译。加宾尼《蒙古史》作 Kergis(=突厥语 cärkäs),是中世纪 Circassians 之称呼。它是生活在高加索的一个民族。

150. Säsüt　薛速惕

名见《秘史》第 270 节。加宾尼《蒙古史》作 Saxi,柔克义译《鲁勃洛克东游记》认为即克里米亚之哥特人 Goths。

151. Sibir　失必儿

属林木中百姓。

152. Sicci　昔克赤

薛儿客速人之西支(见加宾尼《蒙古史》)。希腊人称西部之薛儿克速人为 Zygi、Zygoi。《鲁不鲁乞东游记》作 Ziquia。

153. Šiju'ut　失主兀惕

据《秘史》第 46 节:合必赤子篾年土敦,生七子,其七纳臣把阿秃儿。"纳臣把阿秃儿生二子,一名兀鲁兀歹,一名忙忽台。就作了兀鲁兀惕、忙忽惕二姓氏。纳臣把秃儿自娶的妇人又生二子:一名失主兀歹,一名朵豁剌歹。"然《史集》则云:"赫儿帖干和昔只兀惕,他们出自海都的幼(儿)子:伯升豁儿和察剌合-领昆的弟弟抄真。"(第一卷第一分册,页300)《史集》所记,与《元史·宗室世系表》合。《表》载海都三子,其三獠忽真兀(秃)儿迭葛(即抄真斡儿帖该),今昔只兀剌其子孙也。

154. Sinqut　申忽惕

扎剌亦儿分部。见《史集》俄译本第一卷第一分册,页 93。

155. Suevi　速维

柔克义译《鲁勃洛克东游记》谓即普林尼(Pliny)所记的

速安人（Suanians）、斯特累波的索安人（Soanes）。他们是一种 Karthwelian 种的民族，迄今仍住在古代居住的西高加索，即今之 Сбаны。

156. Šui Tatar　水达达

《黑鞑事略》记蒙古四邻："西南曰斛速益律子。"注："水鞑靼也。"Husu 即蒙古语之 usu，义为水。益律子，《元史·武宗记二》至大二年九月作"亦剌思"。《辽史·百官志二》作"述律子"。《元史·地理志二》记合兰府水达达等路"其居民皆水达达、女直之人"，"无市井城郭，逐水草为居，以射猎为业。"又《史集》塔塔儿部落：昂可剌沐涟河，"这条河非常大，河上住着被称为兀速秃－忙浑（Aūsūtū-m（a）nkqūn）的蒙古部落"。（第一卷第一分册，页 165）"兀速秃"，意为有水的。此部或与《元史·地理志二·辽阳等处行中书省》肇州所载之兀速有关。

157. Sūkān　雪干

《史集》云："他们也属于尼伦诸部落之列。"（第一卷第一分册，页 322）。《亲征录》载雪干曾与十三翼之战。

158. Sulatai　速剌歹

《至顺镇江志》卷十七《顺德翼下千户》："石抹囊加歹，速剌歹。"

159. Suldus　速勒都思

元有逊都思、逊笃思、孙都思诸译。《秘史》第 82—85 节铁木真为泰亦赤兀惕所俘，就是经过速勒都孙姓氏锁儿罕失剌的救护，才得以脱险。

160. Sünit　雪你惕

《秘史》第 47 节：抄真斡儿帖该生六子，其一名雪你惕。然《史集》第一卷第一分册第二编列雪你惕为"现今称为蒙古的突厥诸部落"，并谓由此部而分出合卜秃儿合思部。而《秘史》第 47 节则记合卜秃儿合思亦抄真之子。《元史·哈八儿赤传》之薛亦氏，当即"雪你惕"之异译。

161. Suqanut　速合讷惕

《史集》：速合讷惕部也是从八邻部分出的。（第一卷第一分册，页306）此词在蒙古语中为柽柳，因为此子为女奴所生，初弃于柽柳丛中，故名。（同上，页308）又《秘史》第120节有"速客客"，旁译作人名，似为种名之误，屠氏《蒙兀儿史记·蒙兀氏族表上》谓"客"字衍，复原为"速客讷惕氏"，则即此速合讷惕也。

162. Suyaotai　速要歹

《至顺镇江志》卷十七《济南翼下千户所·达鲁花赤》：忽都牙歹，速要歹人。

163. Taiči'ut　泰亦赤兀惕

《秘史》第47节："想昆必勒格生子俺巴孩，就作了泰亦赤兀惕姓氏。"《元史·太祖纪》作"泰赤乌部"，又有作"太赤兀里"。《史集》据藏在"帝室金库里、由大异密保管的名为阿勒坛-迭卜帖儿的史册里记载如下：泰亦赤兀惕诸部落起源于土敦-篾年之孙、海都汗之子察剌合-领昆的氏族。"（第一卷第二分册，页16）又，"在蒙古人的某些编年史抄本中所述如下：泰亦赤兀惕部落起源于土敦-篾年次子纳臣，分衍为若干支。"（第一卷第一分册，页294）"海都汗有三个儿子，长子名为伯升豁儿，成吉思汗祖先的一支出自他；第三子名为抄真，赫儿帖干和昔只兀惕两部落出自他的氏族；仲子名为察剌合-领昆，所有泰亦赤兀惕各部落都出自他。"（同上，页295）

164. Taiču'utu　大丑兀秃

《元史·宗室世系表》：察剌哈宁昆子，直挈斯，"今大丑兀秃，其子孙也"。则此部与赤那思有关。当为泰赤兀惕之异译。

165. Tälänküt　帖良古惕

属林木中百姓。《史集》谓其类似于蒙古人（第一卷第一分册，页201），此部与客思的迷的居地，"[位于]乞儿吉思人的彼方约一个月的途程处"。此名无疑即唐之多览葛。贞观二十一年（647），唐为设燕然都护府治之。又据《秘史》第207节，似阿答儿斤亦有分部名帖良古惕，可参考。

166. Tangut　唐兀　唐古　西夏

参见128."合申（Qasin）"条。

167. Tänläk　田列克

林木中百姓。见《秘史》第239节。

168. T(a)rat　帖烈惕

塔塔儿分部,见《史集》第一卷第一分册,页167。

169. Tarqut　塔儿忽惕

《秘史》第120、213节均载"塔奔　塔儿忽惕",即五姓塔儿忽惕。缘阔阔海子之会,塔儿忽惕族人合答安答勒都儿罕等五兄弟来附于铁木真,故云。《史集》列此部为现今称为"蒙古的突厥诸部落"。(第一卷第一分册,页148)

170. Tas　塔思

属林木中百姓。见《秘史》第239节。

171. Tatar　塔塔儿

元有达达儿、答答里带、答答带、脱脱里诸译。即古之鞑靼、阻卜、阻鞁。其居地在捕鱼儿海,即今贝尔池。役属于金,部落共有七万户。据《史集》,其分部有六:秃秃黑里兀惕塔塔儿、阿勒亦塔塔儿、察罕塔塔儿、奎因塔塔儿、帖烈惕塔塔儿、不鲁恢塔塔儿。其中秃秃黑里兀惕部是所有塔塔儿部落中最受尊敬者。(第一卷第一分册,页167)见于《秘史》之分部凡七:阿勒赤塔塔儿、察罕塔塔儿、都塔兀惕塔塔儿、阿鲁孩塔塔儿、(并见第153节)主因塔塔儿、阿亦里兀惕塔塔儿、备鲁兀惕塔塔儿。(第53节)《秘史》之都塔兀惕,无疑即《史集》之秃秃黑里兀惕。此外,《元史·脱因纳传》有答答叉,不得其详,无可考究。《史集》载撒里黑汗之言,"阿勒赤塔塔儿人中有七十个宗支"(第一卷第一分册,页182),亦见其宗支之繁,然史籍失载者多矣。

172. Tödögän　Barula　脱朵延巴鲁剌

《秘史》第46节:篾年土敦子"合出剌的子,也吃茶饭猛,唤作大巴鲁剌、小巴鲁剌、额儿点图巴鲁剌、脱朵延巴鲁剌"。

173. Tögäläs　脱额列思

属林木中百姓,见《秘史》第239节。又阿答儿斤三部:赤那思、脱斡劣思、帖良古惕。按,《秘史》第46节:纳臣有子曰朵斡剌歹。当与林木中百姓为另部。洪钧云:《亲征录》十三翼之战,有朵忽兰与焉,当即此子之后。

174. Tolangit　朵郎吉惕

扎剌亦儿分部,见《元史·太祖纪》。

175. Tonqa'it　董合亦惕

克烈分部之一。《秘史》第171节亦作"斡栾·董合亦惕"。"斡栾",第150节旁译为"多"。《元史·太祖纪》作"董哀部",《亲征录》同。

176. Toqora'u　脱和剌吾

捏古思分部,见虞集《靖州总管捏古台公墓志铭》,载《道园类稿》卷四六。

177. Toqtori　脱脱里

《亲征录》记篾儿乞分部有脱里孛斤。王国维校断为脱脱里、掌斤二名。《元史·布智儿传》有蒙古脱脱里台氏,《阔阔不花传》有按滩脱脱里氏,《孛儿速传》有脱脱忒氏,未审其详,留以待考。又《至顺镇江志》卷十六《丹徒县达鲁花赤》:"哲里野台,字子正,蒙古脱托历人。"

178. Toqura'un　脱忽剌温

扎剌亦儿分部。据《史集》俄译本第一卷第一分册,页93。

179. Tori　秃里

扎剌亦儿分部。《金史·百官志三》:秃里,"掌部落词讼、防察违背等事"。扎剌亦儿部近边,秃里岂其任官之称耶?又《元史·探马赤传》有秃立不带人,未审即为此部否?

180. Tübägän　土别干

《史集》第一卷第一分册,页210作土别兀惕(Tübä'üt)。《秘史》第170节作土绵土别干(Tümän-Tübägän)。Tümän意为万,言其众多也。元有土别燕、秃别干、秃伯、土满、土伯夷诸译。

181. Tübä'üt　土别兀惕

克烈部之一支。《史集》第一卷第一分册,页210。

182. Tualas　秃阿剌思

《史集》云系巴儿忽惕的一个分支。(第一卷第一分册,页200)

183. Tumat　秃满

《亲征录》作吐麻。《北使记》作途马。《秘史》第240节作秃马惕。《史集》云：其居地近巴儿忽真隘，"她也是从巴儿忽惕人的亲属和支系分出来的。"（第一卷第一分册，页200）即今土默特一词之所自。

184. Tuqas　秃合思

林木中百姓。见《秘史》第239节。

185. Tubas　秃巴思

属林木中百姓。见《秘史》第239节。

186. Tudaqlin　秃答黑邻

蔑儿乞惕分部。虞集《广东道宣慰使都元帅僧家讷生祠记》（载《道园类稿》卷二六）有蒙古侊澘沃鳞氏。

187. Tuta'ut　Tatar　都塔兀惕塔塔儿

《秘史》第153节：塔塔儿部分部之一。

188. Ubčiqtai　兀卜赤黑台

名见《秘史》第160节，隶属王罕。

189. Üčügän　Barulas　小巴鲁剌

《秘史》第46节：篾年土敦子"合出剌的子，也吃茶饭猛，唤做大巴鲁剌、小巴鲁剌、额儿点图巴鲁剌、脱朵延巴鲁剌。"《元史·宗室世系表》则谓敦必乃子合产，今小八鲁剌斯，其子孙也。"üčügän，《秘史》旁译为"小"。

190. Uduyi'ut　兀都亦兀惕

《史集》（第一卷第一分册，页186）谓此为蔑儿乞部的另一称呼。《亲征录》作兀都夷。《史集》通以兀都亦兀惕-蔑儿乞惕部连称。然《秘史》第102节叙三姓蔑儿乞人突袭铁木真中，把兀都亦兀惕列为蔑儿乞人之一部名。可知《史集》所记又名云云者，以此兀都亦兀惕为蔑儿乞人中最强大部族，故人们恒以兀都亦兀惕与蔑儿乞连称或代称之。

191. Ugai-Käräjü　兀孩-客列术

为斡亦剌惕部之一分支。《史集》：九河流入薛灵哥河，此分支之一千人守护着这个营地。（第一卷第一分册，页288）

192. Uigur　畏吾儿

元有伟吾、秃兀、伟吾而、畏兀儿、畏午儿、委吾、瑰古诸译。

《史集》谓："这是一个突厥字，用波斯语来说，它的含义为'他和我们合并，并协助我们'。"（第一卷第一分册，页136）"这个词是突厥语联合和帮助的意思。"（同上）《史集》记古畏吾儿（回纥）居和林川之九水、十水流域，沿十水居者称温-畏兀儿、沿九水居者称脱忽思畏兀儿。又云畔十水之前三水居者有九个部落，其次四河则有五个部落，畔第九河居者称为隆，畔第十河居者为合马黑-额的古思。此外，"就在同一区域内还有122个部落，但其名不详。"（第一卷第一分册，页240—241）此皆回纥未西迁时的分布，传说保存，可供治唐史及回纥史者研究。

193. Uimaqut　畏马忽惕

Kurla'ut 古儿列兀惕之又一专门称号。见《史集》第一卷第一分册，页191。

194. Ülügčin Čino　兀鲁克臣赤那

赤那思分部。《亲征录》作玉烈贞-赤纳。

195. Uranqan　兀良哈

有两种。一为森林兀良哈部落。（《史集》第一卷第一分册，页202）他们贱视游牧人，从不走出森林。另一种出自乞颜与捏古思的氏族，居巴儿忽真隰，属迭儿列斤蒙古。（第一卷第一分册，页255）元有兀良罕、兀良、兀里羊罕、兀里养哈縡诸译。《秘史》第38、44节皆作"阿当罕兀良哈"，方龄贵《元朝秘史通检》两名分读，单列"阿当罕"为一种，则阿当罕为兀良合之分部，亦具一说。

196. Urasut　兀剌速惕

林木中百姓，见《史集》第一卷第一分册，页201。《亲征录》载乌思（王国维校注本，页92a）疑即 Urasut 之音省。《元史·地理志六·西北地附录》乌斯在谦河之北。洪钧云："俄图，叶尼塞河上游有乌斯河，东来入之。河滨有二村，曰上乌萨、下乌萨，皆为乌斯之音转。《元史》谓乌斯因水得名，在谦河之北，说合。"（《元史译文证补》卷二六下，页12）《黑鞑事略》列残虐诸国有云："正北曰达塔，即兀鲁速之种。"此兀剌速、兀鲁速关系究竟如何？殊难置论。王国维笺证："此又关塔塔儿种族之一异说，与《五代史》谓鞑靼出于靺鞨、《蒙达备录》谓出于沙陀者不同。"后之治鞑靼史者当留意焉。又刘郁《西使记》记其历程，有"自和林出兀孙中"。《史集》记窝阔台秋狩之地有兀孙豁勒，皆与乌思音同。盖蒙语乌斯义为水。然谓 Urasut 即与乌斯之音省，亦觉勉强，姑存疑以待能者。

197. Urotai　兀罗带

《元史·忽都传》："忽都，蒙古兀罗带氏。"《至顺镇江志》卷十四《总管兼管内劝农事》："脱因，号林庵，蒙古兀罗觪人。"

198. Uru'ut　兀鲁兀惕

《秘史》第46节："纳臣把阿秃儿二子：一名兀鲁兀歹，一名忙忽台，就作了兀鲁兀惕、忙忽惕二姓氏。"《史集》则云：屯不乃子札黑速，从他的诸子中生出三个分支：那牙勒、兀鲁惕、忙忽惕。(第一卷第一分册，页301)考《元史·术赤台传》《畏答儿传》，皆云其先剌真八都儿，则《史集》之误明矣。又《元史·宗室世系表》："纳真，今兀察兀秃，其子孙也。"疑"察"为"鲁"之误。

199. Usurji　兀速儿吉

《元史·曷剌传》：曷剌，兀速儿吉氏。

200. Utisa'utai　兀惕撒兀带

乃蛮之分支，见《史集》第一卷第二分册，页71。

201. Uwas　兀洼思

蔑儿乞惕分部。见《史集》第一卷第二分册，页89。《亲征录》作兀花思。

202. Yäkä　Barulas　大巴鲁剌

《秘史》第46节：篾年土敦子"合出剌的子，也吃茶饭猛，唤做大巴鲁剌、小巴鲁剌、额儿点图巴鲁剌、脱朵延巴鲁剌。"《元史·宗室世系表》则谓敦必乃子葛忽剌急哩担，今大八鲁剌斯，其子孙也。"Yäkä，蒙语"大"也。

203. Yaorikin　岳里斤

《元史·宗室世系表》：葛不律寒子寠斤八剌哈哈，今岳里斤，其子孙也。《秘史》第48—49节：合不勒生七子，长即斡勒巴儿合，"斡勒巴儿合黑的子，名忽秃黑秃主儿乞，忽秃黑秃主儿乞生二子，一名薛扯别乞，一名台出，他们做了主儿乞姓氏"。则此岳里斤显与主儿乞有关。突厥语中，Y 与 J 常互用，故主儿勤，亦又写作

Yuikin。聊充一说,存以待考。

204. Yat 牙惕

扎剌亦儿分部,见《史集》俄译本第一卷第一分册,页93。

205. Yat-Inal 野牒亦纳里

林木中百姓,居乞力吉思之地,见《元史·太祖纪》二年。

（原载《中华文史论丛》2010年第一期）

"海都遣使"小考

　　《元史·高智耀传》载："擢西夏中兴等路提刑按察使。会西北藩王遣使入朝，谓：'本朝旧俗与汉法异，今留汉地，建都邑城郭，仪文制度，遵用汉法，其故如何？'帝求报聘之使以析其问，智耀入见，请行。帝问所答，画一敷对，称旨，即日遣就道。至上京，病卒。"这段材料表明西北宗王中的保守势力，反对忽必烈改行汉法，常为治元史者所引用。此"西北藩王"为谁？在什么情况下而遣此次责难之使？似仍值得进一步深究。据同《传》：子睿，其父死时，年十六，忽必烈授为符宝郎。高睿以延祐元年（1314）死，得年六十六，据此逆推其生年为1249年，十六岁时为1264年（至元元年）。是则高智耀之使西北藩王及其死年当在至元元年。但这一说法又明显地与《高智耀传》相矛盾。《传》云："至元五年立御史台，用其议也。擢西夏中兴等路提刑按察使。"岂有至元元年已死之人而有五年之建议及尔后之受任？故智耀之死年惟有就西夏中兴等路按察使之任命求之。考提刑按察司之设，事在至元六年正月，"二月壬午，以立四道提刑按察司诏谕诸路。"据《元史·百官志》，此四道为山东东西道、河东陕西道、山北东北道、河北河南道。《元史》中不详西夏中兴道提刑按察司之始设于何年，惟《本纪》至元七年闰十月有谕西夏提刑按察司、管民官禁僧徒冒据民田之诏，十二年改名为陇右河西道提刑按察司。然考《大元官制杂记》，西夏中兴等路提刑按察司之设在至元六年，殆继四路之后所添设者。智耀为河西望族，在建立御史台中建议有功，故在西夏中兴等路提刑按察司创设后首任是职，是完全可能的。王恽《乌台笔补》有《弹西夏中兴路按察使高智耀不当状》，云："高智耀资性罢软，不闻有为，事佛敬僧，乃其所乐，迹其心行，一有发僧耳！"故河西之民，"初闻智耀来官，已为望风轻易，故理任以来，所行奄阻，略不见惮。"《乌台笔补》所涉，皆至元五年至八年四月王恽任监察御史时事。从劾状的"理任以来"云云看，高智耀在任已有一段时间。由此可以推断，王恽此状当是翌年、即至元七年间事。其年闰十月禁僧徒冒据民田之诏当即王恽劾奏后所作决定。高智耀亦当在此前后被召（或解职）晋京。本传谓其入见后即请出使西北，才至上京病死，则其时间当即至元七年之冬末。其年高睿年十六，则其生年实 1255 年。高睿得年六十有六，死年实延祐七年。可证本传"延祐元年卒"之"元"字实"七"之讹。考至元六年中，窝阔台汗国海都与察合台汗国八剌，纠合党附于他们的西北诸宗王，大会于塔剌思河上。与会者宣誓，保持蒙古的游牧生活及其传统的习惯，且分划河中地区的权益。这是一个以海都为首的西北诸王保守势力的大联盟，其主要矛头是指向作为大汗的忽必烈的。其遣使责问忽必烈何故"留汉地，建城邑城郭，仪文制度，遵用汉法"，亦事理之当然。使者跋涉来大都，自是至元七年间事。然则《传》之所谓"西北藩王"即海都、八剌，似可无疑。

（原载《元史论丛》第四辑，中华书局，1982 年）

《元史》序言

一

　　1982 年冬，在草我所撰《蒙古选汗仪制与元朝皇位继承问题》一文的结尾中这样写道：这篇文章的目的，"是取皇位继承这一关系当时大局的问题，来看看蒙古的旧俗如何？入元以后有了些什么变化？对内地有哪些作用和影响？我深深地感觉到，如果要了解元朝各种制度的特点，并全面估计元朝在中国后期封建社会发展中的地位，便很需要把它的各种制度，逐个方面、逐个问题，从蒙汉两种文化各自的特质，以及它们的相互吸收和融合、对立和排斥的全部发展过程，作深入的剖析。否则，我们就很难把当前的元史研究再向前推进一大步。这也就是我的方向和愿望"。(《元史论丛》第三辑，页 46）从某种意义上讲，我写这部《元史》，就是实现这一方向与愿望的尝试。当然，限于体例，在这本书里，一些问题我不可能像写专题论文那样充分地展开。

　　人们习惯地把历史比作一条汹涌曲折的长河。这条河源远流长，因为它是汇合其流程内所有的支流而成的。所谓河海不择细流所以成其大。中国的历史长河，便是融会了所有中国各民族——无论是历史上的或现存的——历史文化所组成的。两条巨大的江流在它们的交汇处合流，相互激荡、扭转，进而混合、交流，最后融成一体，浩荡东去，为大自然增添了奇异的景观，而且往往因此改变下流的环境。这在自然界是常见的现象。元朝的历史也很像是这样。蒙古民族如同一股湍急的山洪，不，应该说是巨大的泥石流，从漠北草原上，汹涌地冲向内地，与颇趋沉寂的汉文化主流（包括已趋汉化的女真文化）相碰撞、搏击、渗透、交融。终于一个制度上糅合汉蒙传统文化的元王朝建立了起来，完成了全国空前规模的大统一。试想，这是一幅何等惊心动魄而有丰富多彩的历史画卷！

中国封建社会到宋朝已进入成熟的后期。在经济结构上，土地租佃制度充分发展，商品经济前所未有地繁荣。在政治制度上，伴随着中央集权制的增强，封建地主阶级的民主制度也达到了新的高峰。而就在这时，一个僻处白山黑水之间的、初跨入文明门槛的女真族征服了江淮以北的半个中国，把宋室逼迁至江南一隅。金朝初期，金统治者在中原地区扶立傀儡政权，进行间接统治。这无疑对两种文化的冲撞起了一定的缓冲作用。1137 年，金熙宗废除伪齐，积极采行汉法。显然，半定居半渔猎而兼营农业的女真人，在接受汉文化上是比较迅速的。1149 年，海陵王完颜亮夺取了帝位，尽诛宗室中的反对派，将上京宫殿夷为平地，迁都中都（今北京）。这些措施在客观上为积极推行汉法铺平了道路。内迁女真的汉化，从中央的政治建制到猛安谋克人户的风习，都很快先后完成。他们"自幼惟习汉人风俗，不知女真纯实之风，至于文字语言，或不通晓"；"燕饮音乐，皆习汉风"；[1] 宫廷丧礼，"并用汉仪"；[2] 百姓"改称汉姓，学南人衣装"。[3] 金世宗的后期，频频提倡保存女真旧风俗，学习女真语，企图阻止这一趋势，但事实上没有奏效。当时人便有"猛安人与汉户，今皆一家，彼耕此种，皆是国人"之认识。[4] 蒙古统治时期，内迁的女真人与北方汉人已无分别。当然，我们也完全不应该忽视，随着女真族的入主中原，它的一些落后的制度，也对中原的社会状况带来了不同程度的影响。譬如说驱口制度，这对于宋朝奴婢已趋向于雇佣取给的现象，无疑造成了明显的逆转。

相形之下，蒙古从征服到采行汉法的过程则是时间长得多，在程度上也远为保守。原因当然是多方面的。首先是游牧文化与农业定居文化的对立。这一点，我们从窝阔台时的近臣别迭等言"虽得汉人亦无所用，可悉空其人以为牧地"的说法就可以看出。其次，蒙古的征服地区广及于中亚，当前四汗时期，在蒙古汗廷任政

---

① 《金史·世宗纪中》大定十三年三月。
② 同上，《世宗纪下》大定二十五年六月。
③ 同上，《世宗纪下》大定二十七年十二月。
④ 同上，《唐括安礼传》。

务、受亲信的主要是在文化上与蒙古比较接近的畏吾尔，及东来以商贩闻名的回回等人。窝阔台末年，中亚的塔剌必起镇压后，蒙古统治者明显地采取了对被征服民族的官员易地而任用的方针。牙老瓦赤等回回人被派到燕京来，主管汉民公事。耶律楚材也受到奥都剌合蛮的排挤。第三，当时的蒙古汗国建都在和林，远离汉地，只能遥控亚欧广大地区。在耶律楚材的主持下，蒙古在华北地区建立了一些便于统治汉人的制度，但这只是地区性的，就蒙古汗廷而言，这时并不存在采行汉法的需要与条件。采行汉法只是在忽必烈建立新王朝之后才开始的。即使在忽必烈时期，采行汉法仍然是有限度地进行的。这除了出于蒙古统治者本能的民族偏见与歧视等因素之外，更重要的是有女真人汉化的前车之鉴。这个危险，金世宗早已有所认识。忽必烈是以大定之政作为政治楷模的，他当然不愿意自己再蹈海陵王全面汉化的覆辙。此外，忽必烈和后来的元朝皇帝，名义上是所有蒙古汗国的大汗，在他们的后面，还有一批分踞草地、习惯游牧生活、主张坚持蒙古旧俗，反对"留汉地，建都邑城郭，仪文制度，尊用汉法"的漠北诸王。他们的态度，对忽必烈采行汉法无疑也是一个巨大的牵制。这些都是导致忽必烈在采行汉法上既有限度，而且很快从积极改革转而为消极保守的内在原因。

建国初期，一些史学家把元朝说成是黑暗时代。产生这种说法的原因是复杂的，其中主要的一点，是对它在采行汉法方面的作用缺乏足够的估计。其后，这一说法遭到摒弃。根据马克思、恩格斯"野蛮的征服者总是被那些他们所征服的民族的较高文明所征服"这一论断，元史学家们充分肯定了元朝的历史作用，但对于在元代，一些蒙古旧习被继续保留下来，牵制汉法，使社会性质的某些方面产生逆转的问题，在一定程度上有所忽略。我们以为，这也同样妨碍我们全面、正确地认识元代的历史地位和作用。

毫无疑问，元朝统一全国的伟大历史功绩是肯定的。这一点事实上已为元史界所公认。我在1985年第3期《文史知识》上，曾以《元朝的统一在中国历史上的意义》为题，作了通俗的说明。我把它对中国历史和中华民族的发展的重大意义归纳为如下四点：第一，元朝的大统一初步奠定了中国疆域的规模；第二，大统一为南北方经济的恢复、交流和进一步发展准备了条件；第三，它在中华民族大家庭的发展上，占有尤其重要的地位；第四，推动了科学文化的发展。此外，在促进中外文化交流方面也产生过巨大的作用。详细的内容，在本书的有关章节中有所涉及。但我在那篇短文中也着重指出，这只是问题的一个方面。同时，元朝还有它的消极方面。它主要的问题还不仅是一般大家都经常提及的战争破坏与民族压迫政策，因为战争的破坏毕竟只是在一些地区（如北方地区），民族压迫政策充其量也只是在元朝的近百年统治期内起消极作用的因素。在我看来，更主要的问题还在于在政治社会领域中由蒙古统治者所带来的某些落后的影响，它们相对宋代而言，实质上是一种逆转。这种逆转不单在元朝一代起作用，并且还作为一种历史的因袭，为后来的明朝所继承。它们对于中国封建社会后期的发展进程，影响更为持久和巨大。譬如说，世袭的军户和匠户制度、驱奴制度、诸王分封制度、以军户为基础的军事制度等等。还有许多制度，它们是由元朝统治者所确立或强化，而为明代所继承，其作用十分深远。如专制皇权的加强，行省制度以及理学统治地位的确立，等等。这都是研究我国封建社会后期制度史中十分引人注目的重大课题。明代的政治制度，基本上承袭元朝，而元朝的这一套制度则是蒙古旧制与金制的拼凑。至于经济的发展，从两宋到明末形成明显的马鞍形，这是不言而喻的。从这里，我就很容易看出元代在中国封建社会后期发展中的重要地位。这种重要地位是由巨大的积极因素与消极因素共同促成的，忽略哪一个方面都将是不全面、不符合历史实际的。基于这样一种认识，所以，在本书里我比较着重于制度的叙述。对于它们，我总是企图从蒙汉两种文化各自的特质，以及它们相互吸收和融合、对立和排斥的全过程着眼来进行考察研究的。由于水平有限，实际的效果往往并不尽如人意。好在作为一部断代史，本不可能专题深入。只要我的上述一些看法能够有一点参考价值，而我的叙述又能让人们对元朝有一个较全面的认识，我暂时也就可以心满意足了。

二

在写这部书的过程中，我最感到头痛和不好处理的是人名、地名的音译。这个问题经常使读元史的人眼花缭乱而望书却步。魏源曾统计过，元人史料中同名为帖木儿（Temür）的便有一百二十四人，名不花（Buqa）的八十人。同一个 Temür，汉语音译有帖木儿、铁木而、铁穆耳、帖睦尔、忒木儿、帖睦迩等许多种；Buqa 译作不花、孛花、卜花、普化、溥化、普化等多种。当时译音无功令可循，所谓"译音无定字"；加上南北方言互殊，中古音和今音间又有了变化，这就更增加了译音上的混乱，使我在恢复其原形的工作上产生困难。不单此也，当时的蒙语也很不规范，读法就有差别。比如旭烈兀的继承者阿八哈（Abara），同在《元史》里又有作阿不哥、阿不合。又如：《元朝秘史》里的阿勒台（Altan）其名，《元史》里则作按台、按摊。除了蒙古语外，《元史》中还有大量突厥、波斯等许多民族的名词，对于它们，往往只有能通这种民族语言的专家才能辨识。还有一种情况，同是一个名词，不同的民族的称呼往往各不一样。比如，新疆的和阗（今和田）又作于阗，蒙古语称斡端，波斯语则作忽炭。总之，它涉及的内容本十分复杂，译写的方法又无章可循，自然就形成这种纷繁杂乱的现象，一直使人难以措手。然而，尽管纷繁杂乱，元朝史料中的译音，大体有以下三个系统。

第一种是见诸明修《元史》（取材于《实录》及家传），以及所有元人著作中的元朝时期的音译，我姑称之为元代音译。我把它们归之为一个系统，仅仅是因为它们是当代的音译。总体上，它们更吻合元人的读音，更接近所谓"名从主人"的原则。而在事实上，它们的状况，正是我在前面所形容的纷繁杂乱。然而，在一般情况下，熟悉汉语并对蒙古语、波斯语等有所了解的人，是不难通过汉字音译正确地恢复其原形的。问题在于，还必须掌握一些变例：

蒙古文来源于畏吾儿文，在蒙古语族语言中的 -q（kh）-, -r

（gh）- 往往不发声，变成一个分音符号—'—。如突厥语的 baqatur，《唐书》里作贺弗。《元朝秘史》则读为把阿秃儿 ba'atur，元人读作拔都儿 ba'tur。Bulghar 读成了不里阿尔 Bul'ar。

字母中凡第一个辅音是 h 的，概不发音。如怯薛中的殿前带刀者 huldüči 读为云都赤，《元朝秘史》旁译中，huldü 作兀勒都。

字尾为 n 的，在读音时往往省略。如按陈（Alčin）也可以称阿勒赤（Alči）；达鲁花臣（daruqačin）通常都作达鲁花赤（daruqači）。

Y 与 j 两个字母常常互用。如突厥语"站"作 yam，蒙古语则作 jam；有名的札剌亦儿部（Jal a'ir），《元史》里也作押剌亦而（yal a'ir）。

字母 m 与 b 也常互用。如乞卜察克（Qibčaq）又作钦察（Qimčaq）；哈卜哈纳思（Qabqanas）又作憨哈纳思（Qamqanas）。

清、浊音 d、t 也往往互用。如答剌罕（darqan），在《北史·蠕蠕传》作塔寒，《唐书》中作达干（tarqan）；T a'ir 作答亦儿、塔亦儿。

一个字的第一个字母为 r 时，其发音则在它的前面再冠上它所后接的元音。如 Ros 读作斡罗思（Oros）；Rinčinpal 读作懿璘质班（Irinčinpal）。拔都在西征俄罗斯时残破了名城 Raizan，蒙古人读起这个地名来作也烈赞（Eraizan）。屠寄的《蒙兀儿史记》认为 Raizan 只能译作烈也赞，表面看来很正确，实际上是违反元时译例的。

字母—l 在元音后多读为—n。如 Altan 之读作按摊，sultan 之读作算端，Jalaldin 之读作扎阑丁。

字尾—a，—ai，—an 常常可以互用。如怯薛台（Kašiktai）、怯薛丹（Kašiktan）。

当然，这样的变例还有一些。造成这些现象的原因，有的有语言学上的根据，有的则出于约定俗成。比如说波斯语 Abu Said，元人译作不赛因；Abu Bakr 译作不别。首音 A 似乎是可以省略的。Said 却读作赛音，《明史》里则作撒因，d 变成了 n。究竟根据什么？则不得而解了。因此，掌握它们，除了多看、熟悉以外，可能别无良法。不掌握这些变例，读《元史》就会横生许多困难。譬如，在讹答剌城杀死蒙古使者，遂致引发成吉思汗西征的花剌子模将军哈亦儿汗，其名为亦难赤或亦纳勒出黑（Inälchak、yinalčuq）。但《元史·太祖纪》却成了哈只儿只兰秃。只兰秃（Jinaltuq）这一读法乍看与亦纳勒出黑简直是两个人名。其实，根据变例：j>y，—l 转读为—n，蒙古语尾 tuq 代替了突厥语语尾 Čuq。这其实都是有译例可循的。

第二种即所谓洪武译音，是明初朱元璋为了编行蒙语教材，培养翻译人员而任命翰林侍讲火原洁、编修马沙亦黑等编行《华夷译语》时所使用的音译办法。他们曾"取《元秘史》参考，纽切其字，谐其声音"（《明太祖实录》）。依靠以汉字译音而保存下来的《元朝秘史》，是研究早期蒙古历史、语言与文学的重要文献。其译音的办法也是极为严谨的，而且对标音的汉字，有的还特别加上偏旁，以表示原事物的性质。山名的对音皆从山，如不峏罕山；水名从水，如腾汲吉水。其中的"峏"字完全是新创；"汲"也是有意的使用。其他如与口有关者从口、从食、从言、从齿；与足有关者从足、从辵、从走；与衣有关者从衣、从系、从巾；器物从金、从皿，等等。都是既标出其读音，又示意其属性。已故的陈恒先生曾对此作了很好的发明。从其译例方面，还可以归纳如下几点：

1. 所有元音的音标是：

阳性元音　　a 阿　　　　o 斡　　u 兀

阴性元音　　ä（e）额　　　ö 斡　　ü 兀

中性元音　　i 亦

众所周知，根据蒙古语的元音和谐律，在任何一个蒙古语字里，其元音或者一律为阳性，或者为阴性，是不容羼杂的。中性则可通用在阳性或阴性字里。

2. 凡有辅音 q 的字，其元音都只能是阳性；有 k 者则都是阴性。

3. 当时汉语中没有与 q 音对应的字，故只有用 h 的音来标示。为了区别于 ha 合，故在 qa 的标音"合"字的左上角注上一个小"中"字，其形式为"ᶜʰ合"。碰到左上角有小"中"字的标音，我们便可确定它的辅音是 q。

4. 凡对音汉字之左下方标有"舌"字者，表示其辅音为 r。

5. 凡对音汉字之右下方标有小"黑"字者，表示其后有辅

音 -q; 有"克"字者表示有辅音 -k; 有"惕"字者表示有辅音 -t; 有"勒"字者表示有辅音 -l, 有"木"字者表示有辅音 -m。

6. 辅音 n 所构成之诸音节, 其对音为

na	纳	no	那	nu	讷
nä	捏	nö	（那）	nü	奴

了解了这些, 我们就比较容易把《元秘史》的标音复原其蒙文原形。不过, 由于这本书长期来辗转传抄, 鲁鱼亥豕之处不少。现存的三种版本(《四部丛刊》本、《叶德辉刻本》、《莫斯科影印本》即韩泰华藏本)都在不同程度上存在错误。13 世纪的早期蒙古文, 到今天已有很多变化。因此, 要正确复原并重新翻译, 也并不是件容易事。而且,《元朝秘史》所保存的洪武译音, 虽然严谨规范, 但它毕竟是用明初的音读来标注的, 与元代已有某些变化。比如元代称宫廷宿卫与执事人员为"怯薛"(kä- säk= käšik),《元朝秘史》则将它准确地标为"克失克", 但这已不是元朝的读法。元朝人也把 kä(克)读为"怯", 故克烈部(Kärä'it)也称为怯烈。ši(失)的读音在元代蒙古文中尚未流行, 故读如薛(sä)。从严格的意义上要求, 我们当然仍应以元代的音读为准。

第三种即所谓乾隆译音, 是清乾隆皇帝修《四库全书》时, 对辽、金、元三史及部分著作的译名的改译。编定《辽、金、元三史国语解》的文人, 根本不具备语言学的必要修养。根据乾隆的旨意, 他们以索伦语正《辽史》, 以满洲语正《金史》, 以蒙古语正《元史》, 企图"使音训皆得其真"。他们完全不懂得, 契丹语不同于索伦语; 当时的满洲语、蒙古语也有了明显的变化, 不全同于金代的女真语及元代的蒙古语。而且,《元史》中还杂有大量中亚诸族的语言。他们这样做的结果, 不单使音失其准, 训失其真, 而且使有的文献原貌丧失, 几乎无法利用。比如, 他们把俄罗斯王公密赤思老(Mstislav)改译为穆尔奇扎尔, 将孛兰奚(相当于汉语的"阑遗", 即遗失之意)改译为布呼齐, 注云: "吹海螺人也。"被改译的元人文集中, 有著名的《元朝名臣事略》一书。解放前, 史学研究者们只能接触到乾隆的改译本。其中叙土土哈之先, 居玉理伯里山, "襟带二河。左约罗, 右曰伊苏"。这就使再大的学问家也无法

推定这两条河在哪里。根据解放后中华书局影印的原本，"约罗"原作"押赤"，《元朝秘史》作扎牙黑；"伊苏"原作"也的里"，参考西方史料，明眼人一望就知，前者是今乌拉尔河，后者即伏尔加河。这种改译简直是胡译，同他们对许多史籍进行篡改、删削和销毁的做法一样，只能认为是一种文化犯罪。所以在研究辽、金、元三史时，我们一般很忌讳使用乾隆改译本，只是在原书已佚的情况下，才不得已引用它。

以上表述，是因为谈到《元史》人名、地名的音译时，顺便就这方面的常识作点介绍。具体到本书时，我在译名上基本是依据《元史》。但《元史》中写法也常有几种。在这种情况下，我大体上是有本传者，取本传的写法；没有本传的，则择其流传较多者。也有的选择纯是习惯和偏好，实在定不出一个标准来。还有，在叙述蒙古初期时，因其唯一的、详尽的文献，首推《元朝秘史》，我常常大段加以引用。其中的译名与《元史》及元人文献自然不同。比如：成吉思汗的名字，《元史》作铁木真，《秘史》作帖木真。我在行文中采"铁木真"这一译法，但在引用《秘史》时，却只能照用"帖木真"，而无法改写。又如：忙兀部首领畏答儿，他在《元史》里是有传的。但在《元朝秘史》中，却译作忽亦勒答儿。我在不能改动《秘史》引文的情况下，只好在全书中一律以忽亦勒答儿称之，免使读者误认为他们是指不同的两人，因而产生混乱。类似的例子还有一些。总之，在元代译音与洪武译音这两套系统的使用上，虽基本上是以前者为准，但迁就的事是常有的。总的目的与要求是，要让一个人名或地名，只能以一种写法在本书里出现。在初见的时候，我也尽可能注上罗马字拼音，这对于读者或许有所帮助。

三

最后还有一个年代的写法问题，我也不能不在这里简单申明。按照我国史学界通行的办法，年代用公元，而月日则用旧历，混合使用。这是一个明白而又简便的办法，我在本书中也使用了这个办法。但是，元史与其他断代史相比又有特殊之处。比如说，蒙古军的三次西征，我所根据的材料，原是按回历记载的。西方学者翻译和研究这些著作时，都折合成了公历的月日。我在写作时便是利用了他们的这些成果，同时也认为没有必要再把它折合成旧历的月日，强求与本书的其他章节相一致。为了区别，凡是公历的月日，我都用阿拉伯数字来表示，并在相应的章节中加注，作特别说明。这也是不得已而为之的简便处理办法，希望读者能够谅解。书中引用的资料，一般情况，我都注明出处的。但为了避免注码太多，当引用《元史》本纪，已明著事件年月，或者涉及个人，而《元史》里有本传可稽者，一般不再注明出处。这也是不得已的办法。至于看法不正确，引用或理解史料有错误或疏漏，则均属水平问题，唯望读者和专家们不吝赐教，以利改正、提高。幸甚、幸甚。

读《史集》第二卷札记

——为纪念心恒师而作

　　剌失德丁的《史集》一书，在蒙古史、元史中的重要地位，是众人皆知的。最早把《史集》的第二卷从波斯文翻译成中文的便是心恒师。早在三十年代中，他便根据布洛舍本对全书进行过翻译，不幸的是这份稿子却在抗日战争开始、心恒师南迁的途中随同行李箱尽数遗失。解放前夕，他又着手重新翻译，其中的一部分发表在第一期《清华学报》上。由于当时正是解放军围困北平、学校的环境很不安定；解放以后，心恒师的主要精力放在中国近代史研究上，因此，这一工作并没有继续下来。

　　1956年我从北京大学历史系毕业，留任助教，从心恒师学习蒙古史和元史。在中关园的他的那间简朴的书斋兼会客室里，依着沙发，他用小瑜习字的小黑板，谆谆为我讲授蒙古史的对音常识，启发我进入这一学术殿堂的门槛。此情此景，是我永生也无法忘怀的。1960年，我们得到了苏联维尔霍夫斯基合校的俄译本。心恒师找出了他的一些零碎的存稿，其中包括《铁穆耳汗纪》的前半部，以及《窝阔台合罕纪》、《察合台汗纪》的发端部分，令我根据俄译本先就《忽必烈合汗纪》与《铁穆耳汗纪》接着他的稿子，继续进行翻译，然后再由他根据波斯文进行校订；进一步再及于其他部分，使这本书能够有我们自己的译本。我遵命续译成了忽必烈与铁穆耳两章，交给了他。他请张广达同志进行校正。由于大家所知道的原因，这以后我被调往内蒙古，两地分隔，各自在洪水般的政潮中挣扎，已无暇顾及这部稿子。1973年，我们又因标点《元史》而有幸重聚。这是四月的末尾，心恒师扶病也来到了中华书局，我们俩同住在一个房间里。几乎是昼夜不停息的严重哮喘苦苦地折磨着他，但是只要稍稍平息他便操起笔来，伏案工作。夜深人静的时候，他似乎喘得更加厉害，甚至类乎抽搐。只有靠频繁喷吸药雾才得到暂时的缓解。还并不经世的我，既紧张，又害怕。劝他回家休养，他总是说："不要紧，春末空气里花粉之类带刺激成分的东西多，过了这个季节就好了。"整整一个星期，我总是和衣而睡。当一阵似乎令人窒息的哮喘声把我从极度的困睡中惊醒时，我赶快爬起来，给他倒杯开水，捶捶背部。星期六的中午，食堂吃韭菜饺子，我不喜欢韭菜，便约着清澍，也许还有林沉到外边用膳去了。回书局已较晚，书局的同志告诉我们，由于韭菜气味的刺激，心恒师哮喘益剧，他们已派车把他送回家去了。谁知这便是一次生死永诀，星期二就传来了他不幸逝世的噩耗。清澍、林沉和我赶往探视时，心恒师已安详地躺在北医三院的太平间。

为了纪念，也为了完成他的遗愿，我又找出了搁置十数年的翻译稿。这时，波义耳题为《成吉思汗的继承者们》的英译稿已经出版。考虑到俄译本的翻译工作，当时在内蒙古大学的周建奇、余大钧两同志早已着手进行，因此，我便改用波义耳的英译本重译。其体例、行文则一踵心恒师之旧。这个工作是在1983年夏两易其稿之后完成的，都33万余字，其中译文与笺释参半。我把它当成对心恒师逝世十周年的纪念。遗憾的是因为书里文字和符号杂出，无论是出版社与印刷厂都不愿接纳，所以至今仍只堪覆瓮 ①。欣慰的是周、余二同志的俄文重译本已在1985年出版。《史集》的全部三卷今天早已出齐，可以作为全璧供我们研究利用了。

迄今为止，《史集》第二卷已出版了俄、英、中三个译本。俄译本是以七个最古老的抄本为根据的波斯原文集校稿译出的。其中主要是藏于苏联塔什干国立公共图书馆的一个约成于十四世纪初的抄本，和另一个署回历717年（1317年，即剌失德丁死前一年）8月的伊斯坦布尔抄本。前者在一些蒙古与突厥语的人名、地名等专有名词上保持得比较精确，但有些字元音点讹乱。后者与塔什干本十分相近，但书写草率，讹误较多。集校者明显地在历史方面的素养不足，对于汉语及汉文资料则完全不能直接利用。因此，他在取舍上往往不能作出正确的选择。比如，俄译本第68页载：回历702

---

① 该稿在1992年自费以天津古籍出版社挂名出版。

年，钦察兀鲁思的伯颜遣使于伊利兀鲁思，使者之一为 йисут 部之 тука-тимур。йисут 一词，显为 Бисут 即别速惕（部族名）之误。据《元朝秘史》第 47 页："察剌孩领忽收嫂为妻，又生一子，名别速台，就做了别速惕姓氏。"别速部（Besüt）之名，屡见于《元史》，然 йисут 一词，在元朝文献中是找不到根据的。这明显的是第一个字母波斯文音点脱误所致。这个错误从俄译《史集》第一卷《部族志》一直沿误于全书。其实，根据第一卷第一册第 193 页注二所列，除贝勒津木作 йсут 外，还有三个抄本作 Besüt，本来是不错的。中译本第 119 页把它径译为"别速惕氏秃花帖木儿"，也是完全正确的。类似的例子如俄译本第 66 页的 кублук，注十四中对这一人名共列有四种写法。波义耳英译本则取第三种写法，读作 küilük，我以为这个选择是正确的。它应该便是《元史》里的"贵裕"一名。кублук（中译作古卜鲁克）的读法，至少是不见于元人文献的。值得称赞的是俄译本对所有不同版本的拼写法，都忠实地具录在脚注中，这对我们无缘接触所有珍贵抄本的研究者，确是最好的帮助。

1970 年由著名的波斯语学者波义耳所译的《成吉思汗的继承者们》一书，是他在继其不朽译作《世界征服者史》之后的又一力作。他是取编辑在《吉布纪念丛书》里的布洛舍刊本作底本英译的。这个本子不算好，但也有其优长。比如：它没有俄译本第 16 页（中译本第 19—20 页）关于海都之死及其葬地的一长段。但在察合台世系中，子八人，俄译本仅载有其长三之世次，而第四子至第八子均缺佚。英译本则八子皆有详细记载（前三子之长序与俄译本亦异）。至于其他差异、缺略以及名词的拼写不同等方面，两种文本所在皆是，不胜枚举，布洛舍本在某些地方也并不是全无可取的。对于它们，如果没有足够的旁证，往往很难简单地判明其是非。比如：窝阔台第三子阔出，英译本载："此子仪容聪慧，有福相，蒙哥合罕希以彼为继承者，然彼死于［蒙哥合罕］在世时"。（页 21）。阔出，在《元史》里也作曲出，《太宗纪》明记其薨于八年（1236 年十月）。此处之蒙哥合罕也明系窝阔台合罕之讹。俄文本在这里便是正确的（页 11）。又如，俄、英二本皆载拔都有四子：长撒里塔、无子，次秃罕，三额不干。此前三人二本所记皆同。唯第四子则英本作 Shinggüm，俄本则作 улакчи（兀剌赤）。波义耳在注文中已经指出：“撒里塔至少有两个儿子，其一名 Vlaghchi（兀剌赤），嗣彼为金帐汗国的统治者。”（第 108 页注五六）这说明俄本的记载也同样并不可靠。但总的来说，俄本比较好是肯定的。波义耳在英译中是认真地借鉴并利用了俄译本的优长的。他也为本书作了许多很有价值的注释。他的最大短处是不谙汉文，仅有的一点汉文史料知识都是依靠通讯的方式，从克立甫教授与罗意果教授那里得来。因此，有的地方难免产生常识性的错误。比如第 33 页注 100：以满洲（Manchuria）来注主儿扯（Jüycha），就是明显地欠妥的。在《元朝秘史》里，主舌儿扯（Jücha），旁译为女真，《辽史拾遗》卷十八引《北风巧扬沙录》“金国本名朱里真，音论为女真，或曰虑真；避契丹兴宗宗真名又曰女直。”满洲与女真是不容混而为一的。蒙哥有后名出卑，1258 年曾伴蒙哥南征，《元史·后妃表》明载此出卑三皇后“岁己未，从宪宗南伐。七月，宪宗崩。九月八日，后亦薨于六盘”。波义耳在第 228 页注一二六中，竟认为此出卑即忽必烈的长皇后察必。这便简直成了所谓乱点鸳鸯谱了。

中译本是俄译本的重译。但周、余两同志在翻译中又充分利用了波义耳英译本的成果，有些俄译本有误的地方照英译本径改；凡为俄译本所缺佚或与英译本有歧异的地方，则或作为正文补入；或以汉译者注的方式在脚注中作出补译和说明。因此，它可以视为一个俄英两本的汇译本。有的地方，他们也增入简单的注释，对某些俄译本的讹误及某些词语的文意作出说明。应该说，能够充分利用汉文资料，应是汉译本的最大的优势与特长。周、余两同志是在不少地方发挥了这一优势与特长的。但也仍有一些明显的不足。比如，中译本第 268 页记偕蒙哥南征的有速不台之一子，然不著其名。英译本第 225 页明记此人名阔阔出（Kökechü）。这基本上是正确的。阔阔出之名，虽不见于《元史》速不台本传及王恽所撰《家传》，然《世祖纪》中统三年（1262）九月癸酉：“都元帅阔阔带卒于军，以其兄阿术代之。”可证此阔阔出（或作阔阔带，尾音节当有一误）乃速不台之孙，兀良哈台之次子。《史集》谓速不台子，实是“孙”之误。中译本在注文中，轻率地沿袭俄译本（第 146 页注四五）之误。认为此人乃兀良哈台。曾不思此时兀良哈台正督师云南，奉诏北上，期会师于长沙。他怎么可能扈从蒙哥入川呢？

至于我，由于不懂波斯文，能够在这方面有点发言权的也仅仅只限于汉文资料的译释。下面，我想就诸译本中一些可供讨论的地方，或略抒浅见，或提供一些补证资料，以就教于国内外诸方家。

（1）浑罕（中译本，页32），俄译本作 кумкан（页20）、英译本作 Qunqan（页32）。波义耳注："无可考，此事件亦未见其他资料叙及。"这一段的全文是：窝阔台即位之前，"方成吉思汗死去之年，诸宗王与异密之留于成吉思汗之斡耳朵者共商，遣成吉思汗之侄按吉歹那颜与合罕之子贵由，前往浑罕之国境，以便征取之。"贵由即位以前参加的对外征讨，除随拔都西征外，便是对辽东蒲鲜万奴的平定。《元史·定宗纪》载："太宗尝令诸王按只带伐金，帝以皇子从、掳其亲王以归。"《太宗纪》明载：五年二月，"诏诸王议伐万奴，遂令皇子贵由及诸王按赤带将左翼军讨之。"此 кумкан 即万奴，大致是不成问题的。有关此役之记载，并见于《元史·兀良合台传》、《塔思传》等，惟干支殊多不同，大抵应以太宗五年癸巳（1233）为是。万奴僭号于开元，称天王。《元朝秘史》第253节记合撒儿在1214年奉成吉思汗之命，出辽西，降大宁，"至女真，其主亦降"。据音译，其主名"夫ㄓ合讷"（Vuqanu）。我认为此 Vuqanu 便是《史集》的 Qunqan。万奴正是1215年投降蒙古的。

（2）"忽兰·迭客列腾，即穿红'迭客列'的人"（中译本，页34），俄本作 Хулан Декелзмзн（页21）。波义耳在注文（页34注108）已经指出此种称呼见于《元朝秘史》第251节：成吉思汗攻居庸关，金主令"以忽剌安迭格列军人做头锋把住关"。hulan degelen 旁译作"种"，实义为穿红衣者，即红袄军。嗣后，金室南迁，起义军纷起，"自杨安儿、刘二祖败后，河北残破，干戈相寻，其党往往复相团结，所在寇掠，皆衣红衲袄以相识别，号红袄贼。"（《金史·仆散安贞传》）。此处所记，应即活动在山西境内之红袄军。

（3）中译本第36页康里巫师以石头祷雨，即以扎答（Jada）祷雨的记载，最早见于汉籍的是《黑鞑事略》："无雪则磨石而祷天。"陶宗仪《辍耕录·祷雨》："往往见蒙古人之祷雨者，非若方士然，至于印令、旗剑、符图、气诀之类，一无所用。惟取净水一盆，浸石子数枚而已，其大者若鸡卵，小者不等。然后默持密咒，将石子淘漉玩弄。如此良久，辄有雨。岂其静定之功已成，特假此以愚人耶？抑果异物耶？石子名曰鲊答，乃走兽腹中所产，独牛马者最妙，恐亦是牛黄狗宝之属耳。"杨瑀《山居新语》所记略同。方观承《松漠草诗注》谓："楂达生驼羊腹中，园者如卵，扁如虎胫，在肾似鹦鹉咀者为良。色有黄、白。驼、羊有此则渐羸瘁，生刨得者尤灵。"蒙古语 Jada，在突厥语中则称 yedeh Tash。《四夷广记·哈密》载："扎丹，小圆石，回夷能用作云、雨、霜、雪。"扎丹，即 yedeh 之音译也。

（4）在中译本中，Xumaǐ 一词，音译为"乞台"而不用固有的"契丹"这一称呼，我以为这完全是不必要的生造硬译。除了使不懂俄语的读者徒增疑惑外，我看不出来这种音译更有什么益处。俄语 тай = Tai，在对音上，正译固然是"台"，然 Tai 又往往可读作 Tan。比如 Altai 阿尔泰又可作 Altan（按滩）。因此把 Xumaǐ 译作契丹，绝不是违反译例的。

（5）英译本第 63 页 Örmügetü，波义耳注云：此名仅见于《黄金史》Altan-Tobči，云系贵由汗位之所。其地在和林东南鄂尔浑河与霍申河 Khöngshin Gol 之间的山地。按：Örmügetü 之名屡见于《元史·宪宗纪》，作月儿灭怯土、欲儿陌哥都。据加宾尼《蒙古史》，著名的昔剌斡耳朵就是建在这里，贵由的即位典礼便在这里举行（《出使蒙古记》，页 61）。其地距和林仅半日路程（同上，页 6）。蒙古人民共和国的考古工作者认为在额德尔河上的一处遗址，可能便是昔剌斡耳朵之所在。

（6）中译本第 70 页，"秋天，他（窝阔台）驻留于距哈剌和林四天行路的古薛纳兀儿（куше-нор）。"此 куше-нор，波义耳译作 köke-иа'ur。注云："此名之前部分，布洛舍本作 кWŠн，俄译本作 кWŠн。阔阔脑浯儿（青湖）——不能与《秘史》第 89 节之阔阔脑浯儿混淆，该湖位克鲁伦河大转折处之桑沽儿 Sengkür，更不是青海的青海湖，那里在十三世纪仍无蒙古人活动——在下文（页 180）作为贵由即位诸王聚会之地被提到，可能它处在月儿灭怯土之极南之地。"应该指出俄译本第 118 页在叙及贵由即位时说:"他们全都聚集在……纳兀儿地方"。其阙文汉译径为"在阔阔纳兀儿地方"（页 215）。我以为，波义耳和汉译本不取 këse 而取 köke 是可取的。此阔阔脑涐儿即《元史·宪宗纪》四年之"颗颗脑儿"。波义耳推定它在月儿灭怯土之南，也是可信的。至若古薛纳兀儿，名见《秘史》第 177 节（作古泄兀儿海子）。《史集》第一卷第二册，页 147 载：王罕出走突厥斯坦，穷蹙亡归，"龙年［1196 年］春，来到了距成吉思汗禹儿惕不远的古泄兀儿湖地方。"其时铁木真的禹儿惕在三河之源的肯特山地，与此处所记"距哈剌和林四天行路"的地望显然不合。因此，俄、中译本在处理这一名词上，采古薛纳兀儿一名，是值得考虑的。

（7）中译本第 71 页"秃思忽八里"，俄本原误作 Typry，中译本据波义耳的注文作了改正。并指出此即《元史·太宗纪》、《地理志·岭北行省》之"图苏湖城"，《圣武亲征录》之"秃思忽"，这是对的。这一词源于突厥语 Tuzghu，义为"供过住行者之食物"。据《元史·耶律希亮传》，希亮出生于"和林南之凉楼，曰秃忽思，六皇后遂以其地名之"。秃忽思一名，亦见《元史·世祖纪》至元五年十月，"敕以臣秃忽思等录《毛诗》、《孟子》、《论语》"。此人无疑也就是耶律希亮。根据 Tuzghu 的读音，可知"秃忽思"乃"秃思忽"之倒误。图苏湖城亦俗称"凉亭"。这对我们校正《元史》是一个帮助。

（8）中译本第 71 页"只喜克"（jyhk），英译本第 64 页作 jihik，注云：此词它不经见。今按：据耶律铸《大猎诗》注："禁地围场自和林南越沙地，皆浚以堑，上罗以绳，名曰扎什实，古之虎落也。"（《双溪醉隐集》卷六）此"扎什实"无疑即 jihik。关于它的详细描述，可参考《黑鞑事略》。

（9）英译本第 146 页"太原府之卤获物入属察合台"。又第 165 页"契丹之一大城市，蒙古称之为察罕巴剌哈孙之真定府之卤获物入属拖雷汗。"此处之卤获物 plunder 在俄本里作 arap-тумар（页 94、108）。中译作"阿合儿一秃马儿"（页 173、198）。这个名词见于王恽《中堂事记》（《秋涧先生大全文集》卷八十），其中在

"诸投下五户丝料"下夹注云："译语曰阿合塔木儿。"显然，五户丝料不可能是阿合塔木儿一词本来的意义，但它对我们理解五户丝制的性质，是很好的启发。

（10）中译本第260页"脱因"туин，俄本注："即佛僧（蒙古语тойн）。"（页142）波义耳亦注 toyïn 即汉语"道人"，乃"佛教僧"。按叶梦得《石林燕语》："晋宋间佛教初行，未有僧称，通曰道人。"其后，道人已渐衍成奉道教者之称呼。蒙古国时期，一些西方著作以"道人"泛称所有偶像教徒者固有之。然在汉籍中，"道人"与奉佛教之"僧人"、"和尚"是区别清楚的。当时的道人主要指全真道士。

（11）中译本第269页标题有"围攻鄂州 Явчу"，英译本则怀疑此段文字乃是忽必烈征云南之记载而误植于此，故以 yauju 对云南之姚州（yao chou），即马可波罗之 yau ch'ih，今之昆明。我意此 yauju 为岳州。1259年忽必烈取代塔察儿率东师进围鄂州时，曾遣大将霸都鲁以舟师趋岳州，以迎接自云南北上之兀良哈台军。时，兀良哈台军已抵潭州城下。元将铁迈赤将练卒千人，铁骑三千迎之与岳州（《元史·铁蔑赤传》）。俄译本，下文之鄂州皆讹作 учу（页148）уджу（页157），亦明见此 Явчу 与之有别，不应与鄂州混淆。

（12）中译本第289页"他（按：指忽必烈）用树皮和榆树皮合在一起做成了［木筏］"渡过了长江。这段话英译本则作"利用以桦树皮做成的符咒"渡过了长江。波义耳认为这明显地是安慰水神的一种巫术（页248）。在本书的序言中（页12），波义耳还特别提到了这一点。就我所知，类似的记载，亦见于金幼孜的《北征录》："因渡河（指克鲁伦河），得一木板，上有虏字，就以进。上命译史读之，乃祷雨之言也。虏谓之轧答，华言云诅风雨。盖虏中有此术也。"金幼孜以此与扎答相混，是不正确的。而蒙古人中以桦皮书咒语行萨满巫术，于此亦可得一证。

（13）中译本第318页"三哥把阿秃儿"，即史天泽，这是无疑问的。据王恽《忠武史公家传》（《秋涧先生大全文集》卷四八）史秉直三子，长天倪，次天安，天泽行三，故称"三哥"。《元史·兵志二·宿卫》中统元年四月，"谕随路管军万户，有旧从万户三哥西征军人"云云，可知"三哥"这一称呼在当时是广为流传的。

（14）中译本第 319 页载忽必烈平南宋中，曾简罪囚为军。波义耳在序言中表示颇难置信。我们在《元史》中找不到忽必烈平南宋时纵囚为兵的记载，然在《宋季三朝政要》卷一里明载有"八都鲁者，皆死囚为之，攻城以自赎。"以罪徒、重囚充军伐日本、占城、缅国之记载，屡见《元史·世祖纪》至元十九年十一月，二十年三月、五月。可证以罪囚为军伐宋，确不是无据的游谈。

（15）中译本第 323 页叙及运河上的起重设施，"无论它有多少货物，无论它有多么重，都是连船带货一起，有铰链举起来，放到坝的另一面的水上。"这是很有趣的记载。考揭傒斯《建都水分监记》（《揭傒斯全集》文集卷五）："地高平则水疾泄，故为堨以蓄之，水积则立机引绳以挽其舟之上下，谓之坝。地下迤则水疾涸，故为防以节之，水溢则绳起悬板以通其舟之往来，谓之牐。皆置吏以司其飞挽启闭之节。"从这里，我们可以看出，剌失德丁所记元朝情况，很多地方是相当准确的。

（16）中译本第 324 页，"大都的城墙是用土筑的"。这也是正确的。《元史·王伯胜传》："初，大都土城，岁必衣苇以御雨，日久土益坚，劳费益甚。"又张昱《辇下曲》（《可闲老人集》卷二）："大都周遭十一门，草苫土筑哪吒城，谶言若以砖石裹，长似天王衣甲兵。"

（17）中译本第 328 页"首席平章被称为'肃平章'，意即'平章之中的拔尖者'"。Су-пин-зжан 的正确翻译是"首平章"，即平章中之居首席者。《元史·搠思监传》："进为首平章。"又《铁木儿塔识传》："迁平章政事，位居第一。"同卷《太平传》："任平章，班同列上。"又《仁宗纪》延祐元年正月，"敕各省平章为首者。"《顺帝纪》至正二十二年三月，"命孛罗贴木儿为平章，位第一。"这些都证明：Су-пин-зжан 是"首平章"。这一例子表明：在《史集》的翻译中，如果没有必要的考证，率尔操觚，勉强以同音的字对译，则谬以千里，风马牛不相及矣！

（18）中译本第 339 页记瀛国公曾尚公主。这不见于《元史》，然在明人笔记中，此说则广泛流行。《寰宇通志》载明初余应诗：

"皇宋第十六飞龙,元朝降封瀛国公。元君诏公尚公主,时蒙赐宴明光宫。"袁忠彻《符台外集》更载"瀛国后罕禄鲁氏,郡王阿见(儿)厮兰之裔孙也。"(见叶盛《水东日记》卷四十)田汝成《西湖游览志余》卷二亦谓赵降元,"封瀛国公,尚宫主。"证以剌失德丁所记,则明人所称元顺帝系赵显之子说,固系小说家之游谈,然其尚公主一事,当为实有。否则,何以中西史料竟不谋而合耶?

以上,我拉拉杂杂地写了这一些,不过是一些随手拈来的例子,全书中可讨论的问题几乎是所在皆有。我这样做并不是摘疵于人。我只想说明:第一,翻译《史集》一书难度之大,的确是非寻常著作可比。除了通波斯文,并具有丰富的蒙古史知识外,熟悉汉文史料,也是一个重要的条件。第二是在翻译中笺证的工作十分重要。几乎所有书中的词语、事件和专有名词等等,如果不经过严格的考证、笺释,我们就很难对这一名著充分利用,甚至导致曲解、误解。而要作好这一工作,除了熟悉中外史料之外,还必须要有通晓多种语言、具有语音和比较语言等多种常识。这样的人才在我们今天的队伍里暂时还没有涌现。这使我更加怀念我不幸早逝的恩师。

(载张寄谦编《素馨集》,北京大学出版社,1999年)

《成吉思汗的继承者》序

　　这本书，在某种意义上讲，是我对邵心恒循正先生遗命的执行。

　　邵先生早在抗日战争前就翻译过这本书，不幸在南走时稿子丢失。1948年顷，他又根据布洛歇（Blochet）刊本翻译和注释了《忽必烈汗纪》的一部分，发表在第一期的《清华学报》上；《铁穆耳汗纪》也完成了前一半，没有发表。1959年，当时我正从先生学蒙古史、元史。他让我用俄译本把这两部分译全，打算再由他校正、注释，作单行本出版，并进一步完成全书的译释工作。我遵教完成了前述的两个部分。稿子交先生之后，形势已有了很大的变化，我被调往内蒙古历史研究所工作；他也一直没有机会来理落这件事情。这样一拖就是十数年。1973年4月，先生不幸离开人世，我的那份稿子也就永远不可能向他就正了。

　　关于剌失德丁《史集》一书的巨大价值，大家都是很清楚的，用不着我再费辞。这本书长期来在我国都不能见到它的全貌。清朝末年的洪钧，作《元史译文证补》，利用过贝烈津（Berezin）和埃德曼（Erdmamn）所翻译的《史集》第一卷"部族志"与"成吉思汗纪"部分。1933年冯承钧翻译了多桑的名著《蒙古史》，这部书主要便是大量利用《史集》和其他中亚的原始资料写成的。同一时期，张星烺辑《中西交通史料汇编》，也翻译了玉耳（Yule）在《东域纪程录丛》（Cathay and The Way Thither）里所译的《忽必烈汗纪》片断。这些翻译，都只是一些片断，音读上讹错很多。尽管它们的刊出对中国的元史、蒙古史学界，确曾大大开拓了当时人的眼界，但是在这样一个基础上来搞研究当然是困难的。因此，长时期来，大家都热望把这部重要的波斯史籍，完整地、较准确地翻译过来。

　　当然，这绝不是一件轻而易举的工作。《史集》是用古波斯文、阿拉伯文写成的。由于它在内容、语言、文字、版本以及收藏等方

484

面特殊的复杂性，给我们对这部书的校勘、整理、翻译、注释等工作，都带来了许多实际困难。一个人如果不是在客观的物质条件基本具备的情况下，自己又广通汉蒙和中亚西欧的多种语言，并具备必要的元史与蒙古史素养，是很难于胜任这一工作的。这无疑便是百多年来，这部书在世界各国里翻译和研究进展迟缓的原因。我清楚地知道自己在许多方面都不具备翻译、整理这部书的必要素养和条件，也清楚地知道转译这一类的工作是往往费力而又难于讨好的事。但由我们自己直接来整理、校勘、翻译《史集》这一名著还必不可免地需过一段时间。因此为了满足当前的急需，转译它无疑还是很有必要的。

如前所述，最早我是根据俄译本转译的。1971年波义耳John.·A·Boyle的英译本《成吉思汗的继承者》出版后，我又改用英译本转译。英译本是取布洛歇本作底本的，不能尽如人意。俄译本所依据底本（塔什干本与伊斯坦布尔本）则是公认的较好稿本，此外它又参考了列宁格勒萨尔特科夫谢德林图书馆藏本、不列颠本、德黑兰本、巴黎抄本、东方研究所抄本以及布洛歇本等多种版本，作为汇校本翻译出版。它的出版本身无疑是蒙古史学界的一个很大的成绩。然而，问题也仍然大量存在。在所保存的内容上，塔什干本记载有关于窝阔台的葬地，特别是它较好地保存了一些蒙古和突厥的人名、地名，这是布洛歇本所没有和欠缺的。但是，反过来也有布洛歇本有、而俄译本却是阙漏的。察合台有八个儿子，俄译本除长子木秃干（Мутугэн）这一支的子孙世系有详细记载外，其他七子：Муджяя（当作莫赤也别，因波斯文的音点讹误所致）、Бедекеши（别勒格失）、сарабан（撒儿班）、Есу-Мункэ（也连蒙哥）、пайдар（拜答儿）、——、——（阙，布洛歇本作合答海 QDATY 与拜住 BAYČW）则都没有叙及，而这在布洛歇本里却可得到完满的补足。有些地方，是俄文翻译时的问题。波义耳在《克烈部的冬夏营地》一文中，曾经指出：在俄译本第一卷第一册第126页里，赫塔古洛夫（Khetagurov）的译文是：王罕的夏营地凡三处：Талан-гусзур, дабан 与 Наур。波义耳则认为，原稿本此处的三名本应竖读，而不是横读。它们实际上指的是两处，即 Таландабан 与 гусзур-Наур。前者即《元史·太宗纪》六年之达兰达葩，其义为"七十山口"。后者即《元朝秘史》第151、177节之"古泄兀儿海子"，蒙古语 Наур 海子（湖）汉语音译为"脑儿"或"纳兀儿"。克烈部左翼之各营地俄译本列了八个地名，波义耳则认为，实为四处。如 Айджцз 与 Кутукзн 二字，显应连读，实即 Abj i'a-Köteger 之讹。此名见于《元朝秘史》第187、191节，作"阿卜只阿阔迭格儿"。[①] 有关蒙古、突厥的人名、地名保存较好，本是塔什干本的最大优点。但是在俄译本中，对于大量疑而难决的词，译者多数是采正文中付阙，而用脚注的形式，详列诸本异同。在我们所涉及的第二卷维尔霍夫斯基（Верховский）的译本中尤多这类现象。俄译本的前言中，苏联学者们已申明，这些脚注"除异读和音读之外，一般只提供了正文所必需的解释"，"并非代替考释"，注释的工作要等到三卷出完后再行刊出。[②] 这种详列异同的脚注方式表现了译者的谨慎，为不能接触各种稿本的读者提供了极大的方便。这是值得赞扬的。但是，也有不少地方，抄胥致误，鱼鲁亥豕，而且有的地方明显的是俄译者取舍无方，这就不能不大大限制了俄译本的水平。

波义耳的这个译本，与俄译第二卷的译本比较起来，有它的一些优点。第一，在内容上比较全。它虽然以布洛歇本为底本，但把塔什干本具有的段落以注的形式采译了过来。在人名、地名的音读方面充分利用了俄译本的成果。第二，他在翻译术外尼《世界征服者史》的基础上，充分地利用了西方学者关于蒙古史研究的丰富成果，写出了许多卓具水平的注释。因此，可以说，如同他翻译过的名著《世界征服者史》一样，这本《成吉思汗的继承者》也完全可以视为一个有成效的研究成果。波义耳也有其缺点和问题。其中最大的一点便是他不懂汉文，不能够直接利用丰富的汉文史料。而在这一方面，我们当然可以作大量的补、证、考、释的工作，发挥自己的优势。在波义耳所长的基础上，以我所长，补其所短，把研究工

① 波义耳《蒙古世界帝国》（The Mongol World Empire）。
② 听说这一卷前半部的注释本已经出版，遗憾的是我尚未能得到。

作推进一步，这就是我翻译英译本的理由和愿望。

由于我的译稿有遵行邵先生遗命的缘由，所以在文字上我仍沿用邵译稿所使用的浅近语体文。这种文体对于《史集》这种著作原有的文风是切近的。在注释的形式上也仿用他所使用的办法，在翻译的同时，逐字逐句地进行补和证的工作。对波义耳的注释，凡是于我们有参考价值的，我都尽可能移译过来，以"原注"来进行标示。我所作的注释，则以"按"字来标明。还有少部分的注释，是邵先生译稿中的（包括《忽必烈汗纪》前半部分及未发表的《铁穆耳汗纪》的前半部分），我也尽可能地恭录过来，以"正按"标示，一以丰富本书的内容；再则也算作纪念。遗憾的是因译文有不同的地方，体例受限制，我无法把它全部照录；抄录的地方也作了某些文字上的删节修改。原书附录有《难字表》，我都把它们分别收在按语中，不再保留。《纪年表》、《世系表》、《汗位承袭表》则是我根据需要编制的。

从我翻译这本书开始到现在，总共已二十四年了。中间停停改改，四易其稿。今年年底才得空最后定稿誊清。有两件事情我必须在这里特别申明：

第一：近年来，术外尼的《世界征服者史》与剌失德丁的《史集》第一卷第一册，已分别由何高济、余大钧同志翻译出版。对这两位波斯原作者的名字，他们译为"志费尼"与"拉施特"。我在这次定稿时则仍决定沿用自己习惯的译法，译文也仍用自己的旧译，不再根据他们的译本来改正，这是因为译名问题究竟哪样更好，我仍感犹豫；译文则是因为它还涉及到一些具体的内容，牵一发而动全身，改动会太大。在这里我向两位同志深表歉意，也希望读者能够谅解。

第二：本书在译文上承中国社会科学院语言研究所林书武同志修改、校正，受益良多。我谨向他深致谢意。

在《史集》第一卷第一册汉译本的序言里，翁独健先生特别提出：在对这部名著进行汉译的同时，"我们还要积极开展波斯文史料与汉文和蒙古文史料的互校互证，更科学地继续和发展洪钧所开创的'补证'工作。"像《史集》这样的著作，没有必要的校和证的工作，的确是很难为一般研究者所利用的。我所做的工作，也便是翁先生所指示的互校互证工作，水平虽然甚低，但总算是一个开始吧！

今年是邵循正先生逝世十周年。十年前的初夏，我们正在中华书局标点《元史》，一间小房里，对床而卧。他已经多年病喘了，白天不停，夜深尤甚，往往是彻夜不眠，而第二天却仍坚持工作。整整一个星期，我和衣而睡，在他喘急的时候起身给他捶捶背，送口水。四月底的星期六他被送回家去，谁料四天之后便突然去世。回首当年的情景，历历在目。十年一瞬，作学生的我，少善堪告慰先生之灵，谨以这本书的完成，作为永远的纪念。

1983 年 12 月 12 日

邱树森著《元代文化史》序

　　树森姻兄在继刊集《贺兰集》之后，四年，又有《元代文化史探微》新集面世。收集的是他近年所写有关岭南文化、基督教与伊斯兰教在元代的传布、盛衰状况；同时也第一次全面的整理了元代各阶层人民痛恨贪污，怒斥贪污的民谣、诗作、杂剧、文章，写成了国人会心拍手称快的反贪时作。他非常谦虚，在自序里说："他所'探微'的'微'，并不是人们一般理解的深入研究，而是探索一些比较小的、研究者涉及不多的课题。其'微'非深入之意，乃为'微小'之意。"其实，这当然只是作者出自谦损之词。在我看起来，这一组组文章，正是他真积力久、老到精深的力作。凡言岭南文化之独特成就，自多推因于中原文化的传承，以及面海开放的优越地理条件。然而，还有一点，却不为人所重视，那就是这里在历史上，曾是韩愈、苏轼、李纲（未至而赦还）、胡铨等一大批精忠体国、守道不阿、人格铮铮，代表着中华民族脊梁骨的精英们贬逐流放的地方；也是文天祥、陆秀夫、张世杰和他们的万千战士败守崖山、誓死抗蒙、惨烈亡国的故土。这些人，不管他们的命运或存或亡，或去或留，但他们的精神，他们的流风遗泽，事实上永存在岭南这块土地上，浸润在岭南人民的人格中，成为岭南精神文化最可宝贵的一部分。树森兄"有感于研究岭南文史的学者大多忽略元代部分"，特别把宋元崖山之战标出来，从对岭南地区文化影响的角度进行研究，其意义无疑是重大的。对于伊斯兰文化，作为《中国回族史》这一巨著的作者，自然是学有专门。其有关十二三世纪时期伊斯兰教在我国西北东渐次第的寻绎，和有关回回哈的司设置和撤废的考证，都是独创专深，自无容我赘言。有关元代基督教的传布大势，树森同样是广事搜罗，更从金石考古方面补充了大量材料，比起我在80年代初所成的拙作来，全面多多，深入多多。如果让我今天来加评论，只能是徒增汗颜，不知所云而已。至若关于伊斯兰教与基督教在元代以后的中国，前者得以延续，后者又经泯灭；它们与中国传统文化的交融与排斥这一系列问题，都是中国文化史上的重大课题。老实讲，我也并不是没有考虑过，但浅识浅学如我，终是不敢措手。树森也许就是我国第一个在这个问题上提出自己见解的人。综上所说，树森兄在这本集子里所探的微，绝不是他自己所谦称的"微小"，而是精微。《礼》云："微而臧"者，其此之谓欤！聊掇数言，用表欣慕，至于谓序，则予岂敢。

元朝的统一在中国历史上的意义

　　1206 年，"一代天骄"成吉思汗统一了蒙古草原诸郡，建立了大蒙古国。从此，蒙古族结束了长期来作为辽、金王朝属部，僻处北疆、原始少闻的状态，以雄壮的步伐，迈入了中国历史的前台，对中国和世界历史的发展，都带来了重大的影响。

　　当时，中国正处于长期分裂的局面。南宋与金朝，隔淮河南北相峙，而和盘踞河西（包括今宁夏以及陕、甘、内蒙古的部分地区）的夏国鼎足三分。在西北，存在着畏兀儿、哈剌鲁和西辽（均在今新疆及其邻近之地）等几个民族政权。西南则有吐蕃（今藏、青地区）、大理（今云南）。它们或者是彼此争战连年，或者是各自孤立困守。其结果是造成生产破坏、交往阻绝，不利于社会经济的发展，给人民生活带来苦痛。统一是人民的共同愿望，也是各地区社会经济进一步发展的必然要求。

　　然而，上述的这些割据政权都已处在没落衰亡的阶段，苟延残息之不暇，根本谈不上担负统一全国这一历史重任。与之相反，刚踏入阶级社会门槛，素以弓马擅长的蒙古族，却正形成一股虎虎有生气的新兴势力。蒙古贵族在掠取财货与俘掳奴隶的贪欲驱使下，连续地对其周邻地区发动掠夺战争。战争本身无疑是残酷的，但在当时条件下，它却在客观上充当了完成全国大统一的暴力杠杆。从1206 年成吉思汗建国后的半个多世纪里，经过太宗窝阔台、定宗贵由、宪宗蒙哥到世祖忽必烈统治时期，蒙古统治者相继于 1209 年和 1211 年征股了畏兀儿和哈剌鲁，1227 年灭亡西夏，1234 年吞并金朝，1239 年招徕吐蕃，1254 年底定大理。在不断的征服过程中，按照"野蛮的征服者总是被那些他们所征服的民族的较高文明所征服"（《马克思恩格斯全集》第九卷，页 247）的通则，入主中原的蒙古统治者接受了汉文化，采行了汉法，建成了在体制上一如传统汉文化的中原王朝。1271 年改国号为大元。它标志了蒙古统治者由早期奴隶制飞跃进入成熟封建制。1279 年，元灭南宋，最终完成了全国规模的统一。就在这一段时间里，蒙古统治者还前后发动了三次大规模的西征，征服了从中亚、西亚直至东欧的大片土地。在对大片征服土地实行分封采邑的基础上，发展成了窝阔台、察合台、钦察及伊利四大汗国。在名义上，元朝皇帝是"一切蒙古君主的君主"，元期对四大汗国拥有最高的宗主权。

大统一的元朝，对中国历史和中华民族的发展都有着重大意义。

首先，元朝的大统一初步奠定了中国疆域的规模。元朝的疆土空前广阔。《元史·地理志序》说：自从秦统一中国之后，要数汉、隋、唐、宋几朝为盛，但就幅员之广而论，则都不及元。元的领土，"北逾阴山，西极流沙，东尽辽左，南越海表"。"东南所至，不下汉、唐，而西北则过之"。元朝在忽必烈全盛时期的疆域，大体上也就是清朝乾隆全盛时期的疆域。这个疆域的形成，是中国历史发展的必然结果，但它的实现，又是和元朝统治者的积极活动分不开的。

为了对全国进行有效的统治，元朝把全国划分为岭北、辽阳、河南、陕西、四川、甘肃、云南、江浙、江西、湖广等十一行中书省，简称行省。这种地方政制的设置与政区的划分，基本上为后世所沿行。

第二，大统一的元朝，为南北方经济的恢复、交流和进一步发展准备了条件。统一换来了国内相对的和平与安定。一个半世纪以来饱经战火荼毒的两淮、襄汉地区，在忽必烈奖励垦殖的政策鼓励下，迅速出现了"民日生集，丛棻灌莽，尽化膏沃，价倍十百"（孛术鲁翀《知许州刘侯爱民碑》，载《元文类》卷十七），"生聚之繁，田畴之辟，商旅之奔凑，穰穰乎视昔远矣"（杨翮《含山县题名记》，载《佩王斋类稿》卷一）的兴盛局面。单就两淮的制盐业而论，元代"国家经费，盐利居十之八，而两淮盐独当天下之半"（《元史·郝彬传》）。元代两淮盐的总产量，几达南宋时期淮东路的三倍。金北边的界壕沿线，旧来所谓瓯脱之区，在和平的环境下，因为有大量汉人的北迁，因而出现了农垦和畜牧业兴盛的景象，同时还涌现出如上都（今内蒙古正蓝旗东四十五里）、应昌（今内蒙古克什克腾旗达里诺尔西）、全宁（今内蒙古翁牛特旗境）、德宁（今内蒙古达尔罕、茂明安联合旗境）等一批新兴的城市，给漠南经济、文化的发展带来了巨大的推动。

　　统一也为南北方之间经济文化的交流铺平了道路。忽必烈统一南宋后，解除了南北通商的禁令，统一了货币，完成了贯通全国的站驿制度，这些都有利于久呈隔绝的南北方商业交换的恢复与发展。特别是南北大运河的重凿和海运的创行，更有力地促进了南北方经济文化的交流。为了解决把南方的粮食物资北运的问题，元朝在 1282 年试行海运，获得成功。1287 年，始设行泉府司，专领海运。每年二月海船由长江口的刘家港入海，利用季风，旬日之间可达直沽。在交卸货物之后，五月返航，又开始运送夏粮，八月再南还。每年粮食运输量高达三百三十余万石，参加运送的官造海船九百余艘，大者载粮八九千石，小者二三千石。海运的创行是我国人民征服海洋的空前壮举。通过它，我们或可以理解，百十年以后出现的郑和七下西洋的远航决不是偶然的。鉴于海运的能力仍不能满足南方物资北运的需要，忽必烈又在 1289 年开凿会通河，两年以后续开通惠河，沟通了南起杭州，纵贯中国而直航大都（今北京市）的南北大运河。与隋代首凿的南北大运河相比，它不再需西绕洛阳，全程缩短了九百余公里，使航道更为直捷。大运河北运的货物，仅粮食一项，每年便高达五百万石。大都的繁荣富庶，主要便是依靠海运与大运河两条大动脉来滋养的。随着海运的实行与大运河的通航，在长江口和海河口以及大运河的沿线，一批新兴的商业城市迅速发展起来。明清时期，东南沿海地区商品经济获得了前所未有的繁荣，然其经济格局则正是从元朝时候初具规模的。

　　第三，元朝的大统一，在中华民族多民族大家庭的发展上，占有尤其重要的地位。元朝是我国历史上由国内少数民族第一次完成全国规模统治的朝代。少数民族有自己的优长和特殊的利益。它某些方面的历史作用，是很难为汉族的统一王朝所替代的。随着蒙古统治者入主中原，一大批少数民族，包括蒙古人与色目人，先后涌入内地。他们中有的因仕官而择地卜居，有的因屯戍而即营以家，还有的是经商、侨寓、罪徙或充工匠、奴仆，随处与汉人混杂而居。譬如，一支蒙古军队开始定居在云南通海地区，一批蒙古人因参与乃颜叛乱而被流放在浙闽沿海。一部分西夏人迁居合肥；畏兀儿人移住南阳、云南；哈剌鲁人内徙南阳、襄阳；乞儿吉思人迁入山东。在宣化、大同一带，远从西域东来的回回人、阿儿浑人、康里人、钦察人、阿速人及斡罗思人往往自成聚落；回回人更是遍布全国，形成大分散、小集中的局面，错处在汉人之间。这些内迁的少数民族，后来大多融合在汉族之中，也有的一直作为少数民族保存下来。

和大批少数民族内迁中原的同时，又有一大批汉人被遣发到边境少数民族地区去。蒙古伐金和西征战争中，曾把大批的俘虏带回草原地区，仅1213年所迁之史秉直部属就多达十余万家。这些人中大多是百工技艺的匠人。从此，草原上出现一批手工业兼营农业的定居城镇。"百工之事，于是大备。"甚至在漠北营畜牧的牧奴（蒙语称兀剌赤）也是"回回居其三，汉人居其七"（《黑鞑事略》）。入元以后，政府又累次遣发汉人军士前往漠北及西北边地屯种。这些入居少数民族地区的汉人，后来也多融合于当地民族之中。这种相互间的融合，不单有助于文化技术的交流，同时也有利于传统兄弟友谊的增长。作为少数民族王朝的统治者，元朝政府比起前代汉族王朝来，更加致力于对边远少数民族地区的开发和统治。元朝在东北直至混同江口，西北远及叶尼塞河上流，东南越海至于澎湖，西南包括云南、西藏的荒徼之区，都首次设置了行政机构，派遣官吏理民征税，戍兵屯田，加强中央对边地的直接控制。同时又利用中央王朝在财力技术上的优势，积极从事边地的开发，并且抗灾赈饥，使这些地方生产有所发展，文化有所提高。刘好礼任吉利吉思、撼合纳、谦州等处断事官，请命于朝，"遣工匠教为陶冶、舟楫，土人便之"。和林地区，经过政府的着意经营，到中期已是"生植殷富埒内地"。云南在赛典赤、张立道等的治理下，开辟水田，改进蚕桑，又建孔庙，教礼仪，"由是益富庶"，"文风稍兴"，而至于"其民衣被皇明，同于方夏。幼长少老，怡怡熙熙，皆自忘其往陋"。

经过从成吉思汗统一蒙古（1206）至元亡（1369）一个半世纪民族间的密切交往和杂居融合，女真和契丹族以及一部分内迁的其他少数民族融合在汉人之中；回族作为一个新形成的民族出现在中国历史上。蒙族与藏族的特殊历史关系结成。蒙族和维族（畏兀儿）都以统一中国的统治者居于政权的上层，大大增强了她们对中国多民族家庭的主人翁感。所有这一些，在我国多民族国家成长发展的历史上，其作用与影响都是至为深远的。

第四，大统一也推动了科学文化的发展。以农学著作为例，统一以前由政府组织编纂的《农桑辑要》，无论从规模上或水平上，都要比大统一后，王祯独力编成的《农书》逊色得多。王祯是山东东平人，长期在江西地区作官，这就使他有可能编行通贯"南北异宜"、"古今异制"的农学巨作。由郭守敬等创制的《授时历》，在当时世界远居领先水平。郭守敬曾指出："历之本在于测验，而测验之器莫先仪表。"只有在大统一的条件下，元朝人才有可能在东起高丽，西极滇池，南至占城，北尽铁勒的广大范围内，分别于二十七处地方测取日影，从而保证了历算数据的精确度。在《授时历》修成的1280年，忽必烈还遣女真人蒲察都实完成了黄河源流的实地调查，这也同样是在大统一条件下才有可能完成的科学成就。此外，程朱理学北传，并逐步取得在国子学与科举中的统治地位；北方杂剧南传，导致北杂剧与南曲戏文的唱腔合流，形成了南北曲兼用的新体制。这些无一不是和大统一密切相关的。大统一的元朝，在促进中外文化交流方面也产生过巨大作用。随着蒙古的西征，我国伟大的科学发明——罗盘、火药、印刷术等先后辗转传入欧洲，对西欧社会发展的影响尤其强烈。外国的医学、天文学及建筑、铸造、印染等技艺也传入我国，经过我国人民的批判吸收，丰富并发展了祖国的文化宝库。

以上我们着重地论述了元朝全国大统一的积极作用和历史意义。当然，这只是问题的一个方面。另一方面，元朝的阶级矛盾始终是尖锐的；此外，还存在严重的民族矛盾。这些都是消极的因素。这种消极因素在某些具体问题和特定地区内，往往削弱、抵消、甚至压过了大统一所产生的积极因素。即使是大统一本身，也是由蒙古统治者实行阶级压迫和民族压迫取得的。我们在研究元朝历史时，应该全面来进行分析，忽视哪一方面都是不适当的。但就两方面的作用与影响深度看，毕竟是大统一的积极方面对于中国历史和中华民族的发展的影响更加久远深沉，因而应该充分受到肯定。

（载《文史知识》1985年第3期）

阔里吉思墓考伪

　　2002年，河北省考古队在任亚珊先生主持下，对沽源县南沟村俗传之辽萧太后梳妆楼进行了发掘，在祭堂内发现了一男二女的蒙古贵族墓葬，居中的男尸采树棺葬。树棺葬的首次发现与《元史·礼乐志》等史籍所纪完全相合，是考古工作的重要收获。墓葬已经过极严重的破坏，随葬品几乎全数盗失。除了一件已多腐烂的丝织长袍和偶存的二龙戏珠鎏金银带钩可供推定这是一位高位的蒙古贵族外，再没有其他器物可资考证。唯在堂外坍塌堆积物里，找见了小块石碑的破片。破片上尚残留有"襄阔里吉思"和"敕撰　翰"（另行）、"臣为"（另行）几个字。任亚珊先生根据这三行的几个字，推测这位墓主人阔里吉思可能就是《元史》卷一一八所载著名的汪古部首领、忽必烈的外孙、驸马、封高唐王、当时驰名中外的阔里吉思。这个说法在2003年《中国史研究》第二期上发表的赵琦《河北省沽源县梳妆楼元蒙古贵族墓墓主考》一文提出过异议。这篇文章论证容或尚欠充分，结论却应认为是正确的，但根本没有引起有关方面的注意。多年来，任先生的这个完全缺乏可信根据的推断几乎成了考古界的定论，在电视上、网络上、新闻媒体与旅游广告上沸沸扬扬，广泛流传，造成很大影响。如果它真是汪古部墓地和阔里吉思王墓葬的发现，无疑是海内外治中西交通史、宗教史、民族史者所企望多年的大事，不能不引起学术界的特别关注和严肃对待。

　　大家都知道，"阔里吉思"是基督教徒通行的名字乔治（George）在元朝时候流行的汉译。有的地方也写作"阔儿吉思"。元代阴山地区基督教的聂斯脱里派（景教）十分流行；大都（今北京）地区罗马天主教也一度兴盛。因此，教徒中，无论贵族或平民，以阔里吉思命名的肯定不在少数。《元史》里为立传的就有两个，另外散见在史传、文集中的不下六、七个。究竟这位"襄阔里吉思"

是哪一位？"襄"字究竟应该如何解释呢？

我们只能就所发现的残碑这件唯一的文物来进行研究。这块破片明显的是大碑右侧最边缘的小块裂片。照片清楚地显示大碑右边的棱线和一部分右侧的平面。这就为我们无可怀疑的表明：

………"襄阔里吉思"………正是碑文的首行。

………"敕撰　翰"…………是全碑的第二行。

………"臣为"……………依次是碑文的第三行。

揆之通例，不难看出第一行是碑文题目，第二行是碑文作者的署名，第三则是正文。第二行"敕撰"上面，脱损的必当是作者的官称、姓名，然后是"（奉）敕撰"；"翰"字下必当有"林"和官职及篆额或书丹的某人姓名。这是一块典型的神道碑，是奉皇帝的旨令由词臣撰写的。这样，由前面第一行的题目我们也就可以按成例大致推定全文是墓主的一系列官称，所赠散官勋爵谥号再加某公神道碑铭字样这样一个惯行格式。按照这个格式，"襄阔里吉思"的"襄"就可以怀疑是死者阔里吉思的谥号，或者是谥号的末一个字。这就至少为我们在茫无头绪中看到了一丝可资探索的线索。

我曾当面请教发掘的负责同志：此处的"襄"字应作如何解释。回答是"襄助"、"帮助"。从通行的语义讲，这是不错的，意即帮助阔里吉思。不过，如果像我上文所推定的，这是一块敕撰的神道碑，碑文的标题中绝不会有如所认为的"帮助"之义的语句和语义。即令在正文里，阔里吉思的神道碑里竟出现"襄（助）阔里吉思"这样的句子，也是不可想象的。更不用说直书墓主的名讳，于理，这是大不敬的事。因此，把"襄阔里吉思"解读为"帮助阔里吉思"是浅碍难通的。

作为汪古部长、忽必烈的外孙、成宗驸马的阔里吉思神道碑有二通。一为闫复撰《驸马高唐忠献王碑》，收录在《元文类》第二三卷；次为稍后刘敏中撰《赵王先德加封碑》，收录在《中庵集》里。《元史·阿剌兀思剔吉忽里传》附《阔里吉思传》就是根据上述两个材料写成的。他的谥号是"高唐忠献王"，至大二年（1309）加封赵王，谥仍"忠献"。他显然与谥号有"襄"字者各不相干，肯定不是同一个人。此外，还有另一条重要的证据：汪古部的属地在阴山以北，在金代，它是受命拒守阴山长城阨口的。阎碑称："亡金堑山为界，以限南北，忠武王（阿剌兀思剔吉忽里，汪古部长，阔里吉思的曾祖父）一军厄其冲。"这里所说的冲要，就是金界壕所述"净州之北，出天山界外"，今内蒙四子王旗一带突出在大青山以北的边界要冲。刘碑记这位部长阔里吉思归葬在汪古部的先茔地也里可儿思。这个地方的确切方位至今我们仍不清楚。但可以肯定：其地离王府的所在地德宁（今内蒙百灵庙东北百余里艾不盖河西岸鄂伦苏木古城）颇远，很可能在净州（今内蒙四子王旗界外），但绝不可能远到张北的沽源地区。沽源地区在金代属于桓州、抚州、昌州所辖。《金史·地理志》桓州，治所在今正蓝旗。抚州，是桓州的支郡，治所在柔远（今张北）。昌州，先隶桓州，后以狗泺复置，隶抚州。今天的宝昌，沽源县就是昌州所辖。金朝的边界原来在桓州近地，后来为了加强防御，修建界壕，向外拓展了百十余里。元张德辉《岭北纪行》记："昌州之北，行百余里，有故垒隐然，连亘山谷。垒南有小废城，问之居者，云：此前朝所筑堡障也。城有戍者之所居。自堡障行四驿入沙陀。"金人杨奂《抚州诗》："北界连南界，昌州又抚州。月明鱼泊夜，香冷鼠山秋。"鱼泊当即狗泊。昌州是金北界的边郡，界壕更在郡治北面百十余里。汪古部的领地在阴山之北，先茔之地也只能在金源界外，决不可能在沽源地区，这是可以肯定的。从以上两点证据，即一、谥号不同；二、葬地各异。我们完全没有任何根据可以认定沽源梳妆楼所发现的阔里吉思便是汪古部首领的阔里吉思其人。

　　细检《元史·顺帝纪一》后至元六年（1340）正月戊寅："追封阔儿吉思宣诚戡难翊运致美功臣、太师、开府仪同三司、上柱国，追封晋宁王，谥忠襄。"这位名阔里吉思的贵族大臣，被追封二字王，当然有让皇帝敕令词臣为他撰写神道碑的资格，谥号为"忠襄"。与残碑的"襄阔里吉思"吻合，这就证明他们很可能是同一个人，此其一。证据之二：元末大文人许有壬的《晋宁忠襄王碑序》（载《至正集》卷三四）一文里，说："晋宁忠襄王有功三朝，皇上闵劳，敕词臣铭其碑。子中书平章政事王家奴以碑在滦京墓道，后虽永传，四方或不知。移刻诸梓为方册，庸便流布，征序号其端。"可知这位忠襄阔儿吉思的葬地是滦京。今天的沽源县梳妆楼一带正在元上京的附近。上京濒滦河（今闪电河），所以元人也称上都为滦京。这就进一步证明，这位葬在梳妆楼的（忠）襄阔儿（里）吉思，与汪古部首领的高唐王、赵王、谥忠献的阔里吉思是不同的两个同名人，不容混淆。

我们进一步来考证这位忠襄阔里吉思的生平行状。许有壬短序中概括地作了描述："王之先世典环卫，笃忠荩。至王以沉毅详审为武王亲臣。继事明皇于雷雨盈满之际，盘桓屯难，草行露宿，以继艰贞。佐皇上于乾坤清爽之时，不危不溢。宜享寿考，而年才五十五，未尽其报，岂天将遗其子孙以未艾之福乎！"因此，滦京墓道的神道碑虽然受到粉碎性的击毁，仅存下几个字的残片，但是我们从《元史·宁宗纪》《顺帝纪》中的某些片段，与许序所描述的相互印证，他的身世仍然可以得出一个大致的轮廓。

这位阔里吉思出身在一个蒙古贵族世家，累代充宫廷护卫（怯薛），他本人就是以怯薛而成为武宗海山的亲臣。在元代，累朝皇帝和亲王人等各有个人的怯薛。这种人与他们的护卫主人保持着一种特殊的从属关系，他们中的核心人物是主人的亲信私人。

1312年，武宗死，按照他兄弟间兄终弟继的成约，其弟仁宗爱育黎拔力八达即位。但仁宗蓄意毁约传子，于是出封武宗长子和世㻋为周王出镇云南。和世㻋在之国途中，由武宗旧部的拥戴，西走金山（阿尔泰山），自成一部。十一年之后，经历了英宗与泰定帝两朝，武宗的次子图帖木儿重新取得了皇位，是为文宗。文宗因为自己是庶出，所以尽管已正式称帝，仍遣使远迎和世㻋回朝，"谨俟大兄之至，以遂朕固让之心"。和世㻋便兴冲冲地间关万里、风餐露宿、兼程东归。1329年二月在和林正式即位，是为明宗。四月，在间关颠沛中明宗匆匆任命了自己的中书、枢密大臣，阔里吉思被任命为中书右丞。当在大都的右丞相铁木儿补化以灾旱请于皇太子（即文宗图帖木儿）并请辞去相位时，皇太子遣使来报。明宗谕阔儿吉思等曰："修德应天，乃君臣当为之事。铁木儿补化所言良是。天明可畏，朕未尝斯须忘于怀也。皇太子来会，当与共图其可以泽民利物者行之。卿等其以朕意谕群臣。"（天历二年〈1329〉六月）许有壬文章的"事明皇于雷雨盈满之际,盘桓屯难,草行露宿",正是这一段万里流亡和仆仆东归的真实写照。我们完全可以推想,作为武宗亲信的阔里吉思,原是和世㻋西走金山的忠实追随者,因此才有了当旅次艰难、新皇初立时的中书左丞任命。

七月,和世㻋抵中都,就被毒害。文宗重新即位。他对随和世㻋东归的从者采取了优容的态度,阔里吉思改任了宣政院使,实际的权利却被剥夺。

1332年,文宗死,皇位又戏剧性的回到了和世㻋的庶长子妥懽贴睦尔手里,是为顺帝。当时,顺帝还在被出放的广西静江。派出迎接他回朝的使者就是重任中书右丞的阔里吉思。从此,这位武宗的旧部就开始了大红大紫起来。由平章而晋知枢密事。后至元元年九月,封宜国公,十二月,加银青光禄大夫,兼左翊蒙古侍卫亲军都指挥使。他的权势,甚至可以同当时最大的权臣伯颜相颉抗。(参考陶宗仪《辍耕录·高丽氏守节》)但是好景不常,他大概就在这几年后死去,于是而有后至元六年正月追封晋宁王,谥忠襄之诏。以年寿五十五岁推算,他的生年大概是1283年(世祖忽必烈至元二十年)左右。他无疑是一个景教徒。儿子王家奴,也作汪家奴。番言音重,故读王为汪。王家奴在后至元五年顺帝罢黜权臣伯颜的一次政变中是参与密议的几个核心人物之一。以后一路高升,后至元六年,由枢密同知晋平章,寻改知枢密院、御史大夫。至正十五年为中书右丞相。二十七年,追封兖王。谥忠靖。他的儿子桑哥失里也官至中书添设右丞,同知经筵事(至正十四年〈1354〉十二月)。可知这个晋宁忠襄王阔儿吉思祖孙三代在顺帝朝都是权势颇盛的重臣。汪家奴官至右丞相。根据元朝的惯例,中书右丞相原则上只能由蒙古族人担任,可证他出身蒙古族,至于是蒙古的哪一部,则无法推定了。

这里,我们还要顺便来理清一桩久已扑朔迷离的公案。在《元史》里有传的两个阔里吉思,即除卷一一八汪古部长阔里吉思之外,还有卷一三四的按赤歹部阔里吉思。这个按赤歹部阔里吉思与我们上述的梳妆楼墓主人阔里吉思有没有关系?更确切地说,他俩是不是一个人?据《元史》,按赤歹部阔里吉思的出身、仕履,本传里叙述很清楚。他曾祖以来，世有战功，他曾充世祖忽必烈的怯薛，担任主饮食的博儿赤。至元二十五年出任湖广行省平章，讨平海南黎族的反抗。成宗铁穆耳大德二年（1296），改福建省平章，寻升征东行省平章政事。大德五年，复拜湖广平章。明年，改陕西。武宗海山至大四年（1311），时仁宗爱育黎拨力八达已即位，中书奏任他为甘肃平章，监察御史弹劾他前任时受重赃，乞行罢黜，照准。他大概也就在这之后死去。他一生的情况，是清清楚楚的。

上世纪初我国的元史、蒙古史大家屠寄著有有名的《蒙兀儿史记》一书，卷一〇五有燕只吉台（即按赤歹之异译）氏阔里吉思传，其基本材料就是用《元史》本传敷衍而成，只是细节方面，又摄取《元史》本纪中的记载，有所丰富，但很明显，他并没有发现更多的新材料。奇怪的是屠寄在本传的后面，竟改卒年六十六为六十一，添加了"追封晋宁王"。儿子也由《元史》本传的一名完泽外增加了汪家奴为二人。有关汪家奴及其子桑哥失里的仕履与我们上面据《元史·顺帝纪》所作的摘述大体全同，但也小有增补（如其卒年为至正十三年）。照屠寄的这一说法，《元史》卷一三四的按赤歹部阔里吉思不正就是我们所要求证的梳妆楼残碑的"襄阔里吉思"吗？真是莫明其妙！

我们无法知道屠寄这样做是不是掌握有其他的确证。但是就现在仍存的唯一证据许有壬的短序来看，屠寄把汪家奴作为附传加在《元史》的《按赤歹部阔里吉思传》之后，说成是他的儿子，是完全说不通的。许序有关忠襄阔里吉思的身世有力地说明，他与按赤歹阔里吉思是不同时代的两个人物：前者是元朝后期武宗海山、明宗和世瓎、顺帝妥懽贴睦尔三朝中枢的心腹大臣，如果他在武宗时充怯薛，"典环卫"之先，还有行省湖广和高丽的这样重要经历，为什么许序丝毫不曾提及？后者是元朝前期忽必烈和成宗铁穆耳、武宗海山的行省大吏，如果他以后还在宁宗与顺帝时期又升任中书平章和知枢密院事这样更高级的中央官职，为什么《元史》本传中却一字不提？这都有力的证明，屠寄把《元史》按赤歹阔里吉思牵强编造，以致与梳妆楼墓主人忠襄阔里吉思合为一个人，是完全没有根据、不符真相的。应该说，屠寄补修《元史》的工作是有成绩的。

他在《蒙兀儿史记》中所增补的资料，凡涉域外的，可取处只能算仅十之二三。这是由于语言限制，很难求全于当时的个人；至于所增补的汉文资料，则十之八九是有价值，值得肯定的。因此，上述的错误，虽难免荒谬之讥，然小眚不掩大德，我们不当求全于前人。

末了，我想就梳妆楼蒙古贵族墓遭到如此严重破坏的原因提供一点参考材料。在《明史·王英传》里，记载王英永乐二十年（1422）侍从成祖北征。"师旋，过李陵城，帝闻城中有石碑，召英往视。既至，不识碑所。而城北门有石出土尺余。发之，乃元时李陵台驿令谢某德政碑也。碑阴则刻达鲁花赤等名氏。具以奏。帝曰：'碑有蒙古名，异日且以为己地，起争端。'命再往击碎之，沉诸河，还奏。"这样的事，当时多有发生是肯定的；并且还把地方的蒙古名字并加改称为汉名。梳妆楼的发掘者对这里墓室的破坏凿字碎碑，感到惊讶，认为超出一般盗墓所会干出来的程度。联系永乐的这一指示，可见这确非寻常盗墓而是一种政治性的打击与破坏，就完全不足为奇了。不过这个地面建筑却奇迹般的保存下来，原因就不得而知了。

（原载《考古与文物》2012 年第 4 期）

欧亚古典学研究丛书

乌云毕力格 主编

知止斋存稿

下

周良霄 著

上海古籍出版社

有关王安石变法思想的几个问题

王安石是我国历史上杰出的政治改革家、思想家、文学家。当北宋神宗熙宁年间，在他的直接主持下，曾进行过雷厉风行的政治改革，企图以此来实现自己均平井地，使百姓无贫的理想。本文拟就有关王安变法思想的几个问题进行初步的分析，希望大家批评指正。

一

北宋中期，国势衰颓，财用耗竭，形成了所谓"积贫"、"积弱"的局面。地主阶级为了挽救赵宋封建政府正在走向崩溃的统治，从仁宗庆历以来，朝廷士大夫多标榜变法，于是促成了由范仲淹所主持的"庆历新政"。但这次改革很快在大地主官僚集团的猛烈反对下失败了。北宋政权的"积贫""积弱"局面却继续在恶性发展。如何变法图强，仍然是士大夫中争议的中心。1068 年，神宗即位，他是一个年轻而颇思有所作为的皇帝。当时朝廷的重臣如韩琦、富弼等都是暮气沉沉，昏庸守旧，谈不上与谋改革。因此急于求富国强兵的宋神宗，就很自然地把希望寄托在提倡行先王之道、以上窥孟子自负、"慨然有矫世变俗之志"、文章行谊誉满士林的王安石身上。

王安石，字介甫，抚州临川人，出身在一个中下官僚地主家庭，从小就受到传统儒家思想的熏陶。王安石对儒家古典经籍有着极高的造诣。他训释儒家经典的著作有《易义》、《洪范传》、《三经义》（诗义、书义、周礼义）、《字说》、《左氏解》、《礼记要义》、《孝经义》、《论语解》、《孟子解》等①，形成风靡一时的所谓"王氏新学"。

① 《宋元学案·荆公新学略》。

当时天下学者"执经下座,抠衣受业者,如百川归之海"①。谢山《荆公〈周礼新义〉题词》说:"荆公解经,最有孔郑诸公家法,言简意赅。"②这一点,甚至当时王安石的政敌们及后来的批评者们都是一致承认的。当"元祐更化",反变法声浪甚嚣尘上的时候,顽固派的中坚分子刘挚在弹劾国子司业黄隐焚毁国学颁行之《周礼新义》书版时说:"王安石经训视诸儒义说得圣贤之意为多。"③吕陶也说:"经义之说,盖无古今新旧,惟贵其当。先儒之传注未必尽是,王氏之解未必尽非。"④南宋的大理学家朱熹对变法是持否定态度的,但对王安石对《尚书》的解释却给予很高的评价。⑤

儒家传统思想中的民本思想给了王安石以深刻的影响。欧阳修很推崇王安石的文学,在《赠王介甫》一诗中说"翰林风月三千首,吏部文章二百年"⑥,把王安石比作李白和韩愈。王安石很尊重"不以时胜道"的韩愈,⑦但当欧阳修以文学家的韩愈相许时,王安石却回答道:"欲传道义心虽壮,强学文章力已穷。他日若能窥孟子,终身何敢望韩公。"⑧从这里,我们可以清楚地看出王安石的抱负和志趣。他治经学,完全是从经世致用的观点出发的,故云:"经术正所以经世务。"⑨具体地说,就是要根据儒家所理想的所谓"先王之道"来"变风俗,立法度",改变当时社会上的不合理的现象。

从这些儒家的经典中,王安石为自己的变法找到了立论根据:"免役之法,出于周官所谓府吏胥徒,王制所谓庶人在官者也";"保甲之法起于三代丘甲";"市易之法,起于周之司市,汉之平准"⑩;青苗法则出于周官泉府。《周礼》一书,是儒家所设计的理想的政治蓝图,王安石对它特别重视。在《周礼义序》中,他说:"制而用

---

① 毛滂《上苏内翰书》,载《东堂集》卷六。

② 《宋元学案·荆公新学略》。

③④⑤ 同上。

⑥ 欧阳修《赠王介甫》,载《欧阳文忠公文集》卷五七。

⑦ 《送孙正之序》,载《临川先生文集》卷八四。

⑧ 同上卷二二《奉酬永叔见赠》。

⑨ 《宋史·王安石传》。

⑩ 王安石《上五事札子》,载《临川先生文集》卷四一。

之存乎法，推而行之存乎人。其人足以任官，其官足以行法，莫盛乎成周之时。其法可施于后世，其文有见于载籍，莫具乎周官之书。"①有了这些经典性的根据，不但是对王安石自己增添了一往直前、义不反顾的坚持变法的勇气，同时也对那些认为祖宗法不可更易的顽固保守派，造成了理论上的优势。

但是任何一种思想都是自己时代的产物。一定时代的思想，虽然是在"它以前积累起来的思想资料出发的"，然而"它的根源是深藏在物质经济事实中"。思想作为一种上层建筑，首先是由自己的经济基础决定的。而王安石的变法思想正与其时代特点有着不可分割的关系。

我国封建社会从唐中期以后进入了一个新的发展阶段，东汉以来的门阀大地主制已经崩溃了，庶族地主制继之而起。前此以部曲、荫户为主要形式的奴役剥削制度开始为广泛发展的租佃制所代替。以征收实物地租为主的租佃制使人身依附关系有了相对的松弛，同时也刺激了商品交换关系的发展。

在这种情况下，农村中出现了剧烈的阶级分化。北宋前期，据丁谓的估计，当时全国耕地的百分之七十是被享有免役免税特权的豪绅大地主所占有。②客户和第五等户相加，估计约占全体人户数的 80% 左右，他们都是无地少地的佃农或半自耕农。这里，鲜明地为我们描绘了一幅农村中贫富两极分化的画图。与此同时，农村中的阶级对立日益鲜明，阶级斗争也有了新的特点。当门阀大地主统治时期，广大被剥削的部曲、荫户，都是世代役属于自己的主人。部曲、荫户对于主人的役属关系被笼罩在一层宗族黑纱之下。但是在庶族地主控制下的租佃农民，情况却已经有所不同了。佃客主要是由那些"蓬转萍流，不常厥居，若浮泛于水上然"③的浮户所构成。他们只是通过租种土地与自己的主人产生依附关系，而且，在原则上，这种依附关系是可以在退佃之后解除的。因此，佃客和部曲已不一样，它不是在法律上除主人外低于良人的一种固定的社会

---

① 《周礼义序》，载《临川先生文集》卷八四。
② 《文献通考·田赋考四》。
③ 《资治通鉴·后晋高祖天福三年》六月。

等级。在贫苦的农民阶级内,虽然在名义上仍有第五等主户和客户的分别,但二者之间总的趋势是渐趋一致,而且,就他们当时的经济地位来看,彼此之间也是很接近的。阶级的分野愈来愈鲜明,阶级斗争也就必然更尖锐、更深刻。

针对着显著不平的土地占有状况和不合理的分配制度(在租佃制度下,分配状况的不合理是比较容易为被剥削者所感触到的),在农民中出现了强烈的平均财富的要求。这在唐末特别是在两宋的农民起义和农民战争中表现得极为明显。王仙芝曾自称为"天补平均大将军",① 宋人作的《新编五代史平话》记黄巢亦称"冲天太保均平大将军"。王小波、李顺起义提出了"吾疾贫富不均,今为汝均之"的斗争口号。钟相、杨么起义曾宣布"法分贵贱贫富,非善法也。我如行法,当等贵贱,均贫富"。② 此外,如从北宋末迄于整个南宋、元时期浙闽地区以摩尼教为组织形式的起义也十分值得我们注意,摩尼教的教义中就有"是法平等,无有高下"的规定。③ 这些,都是大家所十分熟悉的。

和上述现象紧密相联系的,农村中饥民挺身而出,劫仓发粟的斗争更是史不绝书。《宋史·刑法志二》谓:"凡岁饥,强民相率持杖劫人仓廪,法应弃市。每具狱上闻,辄贷其死。真宗时,蔡州民三百一十八人有罪皆当死,……天圣初,有司尝奏盗劫米伤主。仁宗曰:饥劫米可哀,盗伤主可疾。虽然,无知迫于食不足耳,命贷之。五年,陕西旱,因诏民劫仓库非伤主者,减死,刺隶他州;非首谋又减一等。"这段记载,虽很简略,但它有力地为我们证明了一个事实,即饥民劫富取粟并不是一个偶发的现象。④ 总之,这一时期的阶级斗争是以狂飙般的"均平"要求作为特点的。这一特点正是当时的经济状况决定的。恩格斯说过:"一切历史上发生的斗争

---

① 《资治通鉴·唐僖宗乾符元年》十二月《考异》引《续宝运录》。
② 徐梦莘《三朝北盟会编》卷一三七。
③ 庄季裕《鸡肋篇》卷上。
④ 关于饥民"劫富"的资料很多,可参见《皇朝编年通鉴纲目备要》卷五《淳化五年正月》、卷六《咸平元年三月》;《续资治通鉴长编》卷五七《景德元年八月庚申》;《宋会要·兵十一·捕贼》"皇祐三年十月六日"条,等等。

（不论它是在政治的、宗教的、哲学的领域中发生的，或是在任何其他意识形态领域中发生的），实际上只是各个社会阶级彼此斗争的多少明显的表现，而这些阶级的存在以及它们之间的冲突，则是由它们经济状况的发展程度、生产的性质和方式及由生产所决定的交换的性质和方式来制约的。"① 宋代农民起义斗争所具有的"均平"要求正是庶族地主所有制发展下的产物。

阶级斗争的新发展不可能不给当时的思想家以有力影响。作为一个有作为有理想的政治改革家、思想家，王安石通过了长时期的地方官生活，对于社会矛盾的认识是比较深刻的，对于贫苦农民的疾苦与要求也有所了解。因此，农民鲜明的斗争要求——"均平"，也就在王安石的思想里打下了深深的烙印。王安石把"愿见井地平"，② "均天下之财，使百姓无贫"，悬为自己最高的理想。在《发廪》一诗中，王安石也有过"驾言发富藏，云以救鳏惸"的想法。《与孟逸秘校手书》中，他更明确地指出："然闻富室之藏，尚有所闭而未发者。窃以谓方今之急，阁下宜勉数日之劳，躬往隐括而发之，裁其价以予民，损有余以补不足，天之道也。悠悠之议，恐不足恤，在力行之而已。"③ 同样的精神在他后来的变法活动中更为明显。鉴于农村高利贷横行，贫苦人民"常在新陈不接之际，兼并之家乘其急以邀倍息，而贷者常苦于不得"，因而法"先王散惠兴利，以为耕敛补助，哀多补寡而抑民豪夺之意"。制成了青苗法，④ "官薄其息而民救其乏"。⑤ 差役是当时人民最大的负担。新法改差役为募役，而勒令寺观、品官之家等旧无色役者出钱助役。王安石认为免役法是去民疾苦，抑兼并，便趣农的急务。⑥ "免役之法成，则农时不夺而民力均矣"。⑦ 市易法之制定，其用意也在于限制大商

① 恩格斯为《路易·波拿马政变记》德文第三版作的序言。载《马克思恩格斯文选》两卷集第一卷，人民出版社 1962 年版，页 222。
② 《发廪》，载《临川先生文集》卷十二。
③ 《与孟逸秘校手书》，载《临川先生文集》卷七八。
④ 《宋会要·食货四·青苗》。
⑤ 《上五事前札子》，载《临川先生文集》卷四一。
⑥ 《续资治通鉴长编》卷二二〇。
⑦ 《上五事前札子》，载《临川先生文集》卷四一。

人垄断市场,保护中小商人利益。苏辙曾咬牙切齿地辱骂王安石说:"王介甫,小丈夫也。不忍贫民而深疾富民以惠贫民,不知其不可也。"① 抑富民以惠贫民,损有余以补所不足,正是王安石变法思想中的中心所在。他说:"孔称均无贫,此语今可取,譬欲轻万钧,当令众人负。"② 这种"均平"思想和当时的经济基础与阶级斗争是密切相关的。因此,我们完全有理由可以这样说:王安石的政治理想,在形式上虽然脱胎于周礼,但当时的经济与阶级斗争却赋予了它以现实的内容。它是时代的产物,它从一个角度上反映了当时的社会矛盾。

当然,农民革命的"均平"要求和王安石从"均平"理想所出发的政治改革是有着本质上的区别的。前者是革命,后者是自上而下的改良。列宁说:"历史的真正动力是阶级之间的革命斗争;改良是这种斗争的副产品,所以说它是副产品,是因为它反映了那种想削弱和缓和这种斗争的失败的尝试等等。"③ 王安石的变法,从阶级实质来说,是中小地主利益在政治上的反映。当时中小地主的经济状况是颇为艰难的。他们承担着沉重的徭役和无限增重的赋税,时刻都有可能下降、破产而为势家所兼并。减轻一部分负担,限制豪富兼并的发展,对他们来说是十分迫切的要求。但均平负担,抑制豪强,发展生产,在一定程度上也有利于广大自耕农以及半自耕农,因之,王安石的变法思想在一定程度上也反映了他们的部分利益。这就是王安石变法思想的进步因素所在。然而即使如此,在王安石思想里,那种为削弱或缓和阶级斗争、稳定地主政权的企图一直是十分鲜明的。在他的上仁宗皇帝万言书和上神宗本朝百年无事札子中,对日趋溃坏的赵宋地主政权忧心忡忡,对即将全面爆发的农民起义的烈火无限恐惧。作为一个封建地主阶级的政治改革家,王安石的阶级的局限性是很鲜明的。

---

① 《王荆文公诗集笺注》卷六《兼并》李璧题注。
② 《酬王詹叔奉使江南访茶利害》,载《临川先生文集》卷五。
③ 《再论杜马内阁》,载《列宁全集》第 11 卷,人民出版社 1959 年版,页 57。

<h1 style="text-align:center">二</h1>

应该通过怎样一条道路来实现自己的变法理想呢？我们从王安石的社会发展观谈起。

王安石认为，在生民之初，人和禽兽是没有多少差异的："太古之人，不与禽兽朋也几何"①；"上古杳默无人声，日月不讹山川平，人与鸟兽相随行，祖孙一死十百生，万物不给乃相兵"。②为了生存，人们之间互相争夺，互相残杀。有圣人者出，为之制礼乐，立法度，教之，化之，于是出现了一个没有贫富、不分公私、没有兼并、不假权势的均平社会。在那里，"三代子百姓，公私无异财。人主擅操柄，如天持斗魁。赋予皆自我，兼并乃奸回。奸回法有诛，势亦无自来"。③三代之为治，"婚丧孰不供，贷钱免尔萦；耕收孰不给，倾粟助之生；物赢我收之，物窘出使营"。④所以能够家给人足，无贫无灾，各安其生。这就是王安石所理想的所谓"先王之治"。

三代而下，先王之俗败坏。"天下相率而为利，则强者得行无道，弱者不得行道；贵者得行无礼，贱者不得行礼"。⑤"侈裳衣，壮宫室，隆耳目之观，以嚣天下。君臣、父子、兄弟、夫妇皆不得其所当然。仁义不足泽其性，礼乐不足锢其情，刑政不足纲其恶，荡然复与禽兽朋矣"。⑥于是道义沦亡，风俗浇薄，贫富不均，兼并横行，出现了富者田连阡陌、饿婴委弃郊野的现象。对于这一切，王安石"有时不能平，悲吒失食饮"，⑦于是更慷慨申言，"我尝不忍此，愿见井地平"！把复先王之道当成自己的理想和职责。

但是，王安石并不是一个迂腐的复古主义者。他认为"古之人

---

① 《太古》，载《临川先生文集》卷六九。
② 《彼狂》，载《临川先生文集》卷一〇。
③ 《兼并》，载《临川先生文集》卷四。
④ 《寓言》九首之四，载《临川先生文集》卷一〇。
⑤ 《命解》，载《临川先生文集》卷六四。
⑥ 《太古》，载《临川先生文集》卷六九。
⑦ 《酬王伯虎》，载《临川先生文集》卷五。

以是为礼，而吾今必由之，是未必合于古之礼也；古之人以是为义，而吾今必由之，是未必合于古之义也。"①因为在社会情况发生了变化的千百年之后，再来照搬先王成法，虽可以得古人之迹，但是，实质上却已大非从前。因此，他认为圣人之可贵在乎能够"通权时之变"。伊尹、伯夷、柳下惠这三个圣人"其所以为之清、为之任、为之和"，都是因为他们能根据已经变化的社会风气以制为法度，亦即《易》所谓"通其变，使民不倦"之意。②政治家的活动同样必须以变化了的客观情况为依据，"为于不为之时则治，为于不可为之时则乱"。③夏后氏行贡法，孟子何以指责它为不善？王安石认为："不善，非夏后氏之罪也，时而已矣。"④古代的制度不一定合于今，是非标准必须密切结合时代来考虑。儒家传统的乌托邦理论并没有使王安石成为一个倒推历史车轮的腐儒，而是给了他以崇高的理想和坚定的信心。在上仁宗的万言书中，他曾明白地指出："夫以今之世去先王之世远，所遭之变、所遇之势不一，而欲一二修先王之政，虽甚愚者犹知其难也。然臣以谓今之失，患在不法先王之政者，以谓当法其意而已。夫二帝三王，相去盖千有余载，一治一乱，其盛衰之时具矣。其所遭之变，所遇之势，亦各不同，其施设之方亦皆殊，而其为天下国家之意，本末先后，未尝不同也。臣故曰：当法其意而已。法其意，则吾所改易更革不至乎倾骇天下之耳目，嚣天下之口，而固已合乎先王之政矣。"⑤可见王安石的所谓法先王之道，绝不是生搬硬套儒家的幻想，而首先是取法其"为天下国家之意"，取法其从政的"本末先后"，使之"合于当世之变而无负于先王之意"。

在王安石看来，"国以任贤使能而兴，弃贤专己而衰"⑥，这是古今的通义，是势之必然。王安石崇尚法度，但是，他认为"徒法

①《非礼之礼》，载《临川先生文集》卷六七。
②《三圣人》，载《临川先生文集》卷六四；《夫子贤于尧舜》（同前，卷六七）。
③《答圣问赓歌事》，载《临川先生文集》卷六二。
④《答韩求仁书》，载《临川先生文集》卷七二。
⑤《上仁宗皇帝言事书》，载《临川先生文集》卷三九。
⑥《兴贤》，载《临川先生文集》卷六九。

不足以自行"。所谓"制而用之存乎法，推而行之存乎人"①。他把人材当成变法的先决步骤。他一再指出：任用人材是当今的急务。在万言书中，他激烈地批评了当时的科举与恩荫制度，提出了"教之""养之""取之""任之"的作新人才、选任人才的办法。他相信，"诚能使天下之才众多，然后在位之才可以择其人而取足焉。在位者得其才矣，然后稍视时势之可否，而因人情之患苦，变更天下之弊法，以趋先王之意甚易也。"②

人材之不众是因为法度未立；法度不立是因为人主不求"天下之才"而用之。于是王安石又说："六国合从，而辩说之材出；刘项并世，而筹画战斗之徒起；唐太宗欲治，而谟谋谏诤之佐来。此数辈者，方此数君未出之时，盖未尝有也。"③ 说来说去，他把治乱兴衰，看成都是由皇帝的品质最后决定的了。王安石是专制皇权的积极拥护者，他的变法活动，就是企图完全依靠神宗的"聪明睿智"来完成的。历史是无情的。昙花一现的变法活动仿佛是有意为王安石自己安排下的讽刺剧。通过某些杰出的个人，依靠君主的力量幻想实现均平财富的社会，永远只能是绚烂的肥皂泡，是经不起现实的风暴的。

采取怎样一种办法来着手自己的改革活动呢？这里又一次明显地暴露了作为地主阶级政治改革家的王安石的根本弱点。他追求一个理想的均平世界，但他不打算、也不敢于彻底打破封建所有制本身，而是企图通过限制兼并，更之以渐，来实现这一理想境界。熙宁四年（1071），王安石同神宗论租庸调法，"安石曰：'此法近于井田。后世立事粗得先王遗意则无不善。今亦无不可为者，顾难以速行耳！'上问其故。安石对曰：'今百姓占田，或连阡陌，顾不可夺之使如租庸调法，授田有限。然世主诚能知天下利害，以其所谓害者制法而加于兼并之人，则人自不敢保过限之田；以其所谓利者制法而加于力耕之人，则人自劝于耕而授田不敢过限。然此需渐乃

① 《周礼义序》，载《临川先生文集》卷八四。
② 《上仁宗皇帝言事书》，载《临川先生文集》卷三九。
③ 《材论》，载《临川先生文集》卷六四。

能成法'"。① 这是王安石基本政治观点的最明白的表述。

"以其所谓害者制法而加于兼并之人",就是企图在不直接触及封建土地所有制的情况下,来限制兼并势力的发展。青苗钱除了抑制农村中的高利贷外,最初的规定是按户等俵散,实际上正是"强与之使出息"(韩琦语),"因以广常储蓄,以待百姓凶荒"。② 免役法加征寺观、品官之家旧无色役者出钱助役,使不夺农时而民力均。方田法均定税额,使豪强兼并之家无可欺隐。所有这些,都明显地含有抑制豪强的用意。王安石自己并不认为有了这些措施就能达到他所追求的理想社会。他说过,青苗法在他整个事业中还不过只是毫末。但是,他了解全部问题的艰巨性、复杂性,所以他一再强调不能操之过急,要因人情之变,顺势利导,慢慢地进行改革。这里充分显示了作为一个政治家的王安石的阶级局限性。王安石有一个崇高的理想,但在实际的政治生活中,他却不能不从理想退回到现实所能允许的范围内来,这些政治改革从本质上来说,最多只是"那种软弱而小气得可笑的改良主义"。把王安石的崇高理想和他的实际政治措施相比较,二者之间是存在着多么遥远的差距啊!

和上述抑制兼并的措施相辅而行的,是"以其利者制法而加于力耕之人",以减免人民的负担,促进农业生产的发展。青苗、免役等措施也是直接为这一目标服务的。王安石认为:人君当"使人得其常性,又得其常产,而继之以毋忧",③ "闵仁百姓,而无夺其时,无侵其财,无耗其力,使其无憾于衣食,而有以养生丧死",④ 以保证农民有可能安心地进行生产。对于官府重敛赋税,与民争利等不利于生产的措施,王安石是反对的。他继承了儒家"义""利"之辩的思想,对于政府榷茶曾进行过严厉的批评,他指责说,"彼区区聚敛之臣,务以求利为功,而不知与之为取",曾为不学无术的霍光所羞;上之人竟不能断之以义,亦何异乎"为人父而榷其子"。⑤ 他

---

① 《续资治通鉴长编》卷二二三。
② 《续资治通鉴长编纪事本末·青苗法上》。
③ 《洪范传》,载《临川先生文集》卷六五。
④ 《诫厉诸道转运使经画财利宽恤民力制》,载《临川先生文集》卷四九。
⑤ 《议茶法》,载《临川先生文集》卷七〇。

指出："富其家者资之国，富其国者资之天下，欲富天下，则资之天地。盖为家者不为其子生财，有父之严而子富焉，则何求而不得，今阖门而与其子市，而门之外莫入焉，虽尽得子之财，犹不富也。"① 又说："父母子所养，子肥父母充。欲富榷其子，惜哉术之穷。霸者擅一方，窘彼足自丰。四海皆吾家，奈何不知农。"② 他认为，只要理财得道，使"本盛末衰"，百姓自然殷富，天下之财将不可胜用，国用也自然充盈。在这里，王安石明确地提出了自己的理财哲学。他曾把这一套理财哲学概括地归并为"因天下之利以生天下之财，取天下之财以供天下之费"两条原则。

顽固派的首领司马光曾写信给王安石，指斥他的新法为"征利"。王安石回答说："为天下理财，不为征利。"③ "理财"与"征利"在王安石看来是有着原则性的区别的。前者是"义"，后者是"利"，不能混淆。"狗彘食人食则捡之，野有饿莩则发之，是所谓政事。政事所以理财，理财乃所谓义也"。"一部《周礼》，理财居其半"。④ 因此，他的所谓"理财"是符合先王之道的，反对派"因名实之近，而欲乱之以眩上下"，把新法同桑弘羊、刘晏等征利聚敛等同起来，王安石认为这只是一种可耻的诬蔑。

王安石为什么把"理财"这一问题看得如此重要呢？他回答说："夫合天下之众者财，……有财而莫理，则阡陌闾巷之贱人皆能私取予之势，擅万物之利，以与人主争黔首而放其无穷之欲，非必贵强桀大而后能如是。而天子犹为不失其民者，盖特号而已耳！虽欲食蔬衣敝，憔悴其身，愁思其心，以幸天下之给足而安吾政，吾知其犹不得也。"⑤ 又说："富贵役贫，豪杰兼众，使之则怨，作之则惧，则非所以驭其众也。"⑥ 国家不能理财，放任兼并势力的发展，必然就会出现豪强役众、人主失权、太阿倒持的局面。这正是后世

---

① 《与马运判书》，载《临川先生文集》卷七五。
② 古诗《寓言》十五首之四，载《王荆文公诗集笺注》卷一五。
③ 《答司马谏议书》，载《临川先生文集》卷七三。
④ 《答曾公立书》，载《临川先生文集》卷七三。
⑤ 《度支副使厅壁题名记》，载《临川先生文集》卷八二。
⑥ 王安石《周官新义·天宫·大宰》。

王道不行，奸回迭作而出现的现象，和"三代子百姓，公私无异财，人主擅操柄，如天持斗魁"的理想是不相容的。因此，在王安石主观上看他的理财是抑制兼并的一种手段。另一方面，在王安石看来，复先王之道首先就必须有一定的物质基础，他说："先理财然后正辞，先正辞然后禁民为非，事之序也。"①

应该指出，王安石的理财思想同样是客观现实的反映。变法是由宋政权的"积贫""积弱"所直接引起的。如何解决财政匮乏问题，从王安石当政的那一天开始，对他来说，始终是第一等棘手的问题。王安石的理财主张从某种角度来看，也有它的进步性。譬如说，他不是单纯从财政上，而是从发展生产上积极地提出保证国用的可靠途径。他指出，"理财以农事为急"，富国必须富民。生产发展了，人民家给人足，国用没有不充足的。他的财政政策在一定程度上确给豪富之家以打击，这些是应该肯定的。但是，从整个变法的实际后果来看，情况却就复杂得多了。

在宋神宗和王安石之间关于变法的目的、理财的主旨之间是有分歧的。神宗所要求的是"富国强兵"。所谓"富国"，就是国用有余，财源不竭；"强兵"则是"盗贼"不作，鞭笞"四夷"。在王安石看来，上述的要求只是一种霸术。一个愿意行先王之道的君主必然可以取得"富国强兵"的后果，但不应限于这一后果，而是臻天下于三代至治。因此，王安石与神宗的结合是有限度的。王安石的旨在裁抑豪强兼并，实现均平的政策，对于神宗来说，仅仅只是在增加国用方面他可以采取支持态度，过此就是动摇、反对。青苗钱最初规定按户等俵散不利于上户，神宗勒令修改。臣僚有请求尽蠲中下等人户免役钱，神宗又大不以为然，以为"中下之民多而上户少，若中下尽免而取足上户，则不均甚矣"。② 由此就可以清楚地看到，变法活动，即使当熙宁时，在王安石的直接主持下，也远不是能按王安石所标榜的理想行事的。元丰以后，王安石被排出了政治舞台，在神宗直接主持下的新法，更加离开了王安石立法的原旨，凡

① 《续资治通鉴长编拾补》卷六。
② 王偁《东都事略·舒亶传》。

514

是可以增加税收的办法，如榷茶、榷铁、坊场河渡，利之所在，无所不兴。陈傅良曾指出："……大中祥符元年（1008），三司奏立诸路岁额，熙宁新政，增额一倍，……其他杂敛皆起熙宁。于是有免役钱、常平宽剩钱。至于元丰，则以坊场税钱、盐酒增价钱、香矾、铜锡，……之类凡十数色，合为无额上供，至今为额。"[1] 这样做的结果，使熙宁、元丰年间，内外府库无不充盈。[2] 从宋神宗的"富国"要求来说，变法的效果是很显著的。但对于王安石均平财富、使百姓无贫的理想来说，变法却只能是一次不折不扣的流产。

变法诚然在短时期内曾给人民带来了一定的好处，对社会生产有一定的促进作用，但是随着王安石的被排斥，新法也进一步丧失了立法者的原意，甚至变成宋统治者加重对人民进行剥削的手段。新法的失败不在于元祐更化时司马光的强行废止，而在于王安石的新法会很快变成蔡京等人的新法，这正是历史对思想家的王安石的绝妙讽刺。

（原载《历史教学》1964 年第四期）

---

[1] 陈傅良《赴桂阳军拟奏事札子（二）》，载《止斋文集》卷一九。

[2] 参见毕仲游《上门下侍郎司马温公书》，（《西台集》卷七）；陆佃《神宗皇帝实录·序论》（《陶山集》卷一一）；《皇宋编年通鉴纲目》卷一六安寿奏议；叶适《上宁宗皇帝札子》（《水心集》卷一）。

王安石变法纵探

一　弁言

王安石是中国封建社会中后期著名的政治家、思想家。他的变法运动具有何种性质？如何评价？历来是一个争议纷纭的问题。从近年来发表的文章看，史学界对它的性质的看法分歧还是很大。

笔者在研究这一问题时，深深地感到：如果不是从整个的历史发展，而是单就变法来论变法，有些问题将是难以说清楚的。即使在材料的处理上，单就变法来评判对立的双方，便很难做到客观、持平和公正。现存关于王安石变法的资料并不少，但许多事实已真相不存，保存下来的多有歪曲和失实之词。[①] 单凭这些材料来否定王安石变法，无疑是不合实际的。但是，如果把他之所行，从主观理想到客观作用，尽加肯定；而对于反对方面的评论，则一概以保守顽固斥之，这也是一种简单和偏执的态度，同样不可能切合事实。我以为，如果能把这次变法运动放到整个中国封建社会中后期发展的长程中来观察，也许就能比较客观地进行辨识和评价。历史是一条迂回曲折、汹涌东流的大河。置身在九曲回流之间，平沙眺晚，波涛起伏之状固然真切，但对流向的迂回，反不容易把握。设若从庐山绝顶，极目远望，"云横九派浮黄鹤，浪下三吴起夕烟"，虽不免于烟波仿佛，然江流东去的大势，却了然在胸，不会为宛转回环而迷失方向。这个道理也可以为我们研究王安石变法提供某些启示。从纵向的角度，结合中后期封建社会发展的大势，来看王安石的新法是如何提出来的？它是否符合于社会发展的需要？哪一些措施能为后代所沿行？哪一些却被废止？它们各自的理由又是为什么？如果能弄清楚这些问题，对新法的性质便可能有较正确

---

① 　参见梁启超《王荆公》附《宋史私评》。

的理解。本文即是这方面的初步尝试。错误之处，自忖不免，尚祈先进诸君不吝示教。

二 时代背景

晚唐、五代和北宋初，中国封建社会正经历一个深刻的转化。如果把中国封建社会划分为前后两期，那么，从这个时候起，它便已进入后期。这个历史转化的根本点便是一般地主经济取代了门阀地主经济。土地主要通过买卖来扩占，农民由带有农奴性质的部曲、徒附变成为佃客，地租形式也由以劳役为主而转化为以实物为主。必须指出：门阀地主经济和世族门阀制度在魏、晋、六朝时期臻于极盛之后，经隋唐两代，由于社会生产的发展，并在人民的反抗斗争与中央皇权的双重打击之下，已趋彻底衰败。从门阀地主经济到一般地主经济的长期转化过程，是以所谓"均田制"为过渡的。一般地主经济是在均田制破坏的废墟上，依靠对小自耕农民的兼并，迅猛地发展起来的。

经济基础的改变，不可避免地要导致上层建筑领域所有方面的相应变化。北宋时期，便是封建上层建筑领域，全面改制，以图适应后期封建社会一般地主经济结构的初创时期。就国家政权的统治制度而论，无论是在政治体制、经济政策和思想统制等三个主要方面，都明显地反映了这一点。

政治体制的改制大体上是北宋初建时候确立规模的。赵匡胤即皇帝位后，惩五代藩镇之横虐，于是以知州易方镇，收其精兵，制其钱谷[1]，总刑法[2]，正衡量[3]。"因四方渐定，诸帅王觐者辄留宿卫，畜其族京师，罢节廉诸府。裂方镇之地而置转运使，罢刺史而遣士大夫行郡事。置其贰，陈其旅，以分其权。郡长吏不敏，听理

---

[1] 王偁《东都事略·赵普传》。
[2] 李焘《续资治通鉴长编》(以下简称《长编》)卷三，建隆三月丁卯。参考赵翼《陔余丛考·刺史守令杀人不待奏》。
[3] 《长编》卷一，建隆元年八月丙戌；曾巩《元丰类稿·本朝政要策·正量衡》。

不明，则转运使纠其缪，以直民之曲。郡长吏而才足以自为政，不复摄属于连帅之为患也。故距兹八十年，天下如一家，政事如一体。关梐动静，臂指伸缩，无有不如意者。"① 列郡以京官权知，三年一易。虽郡县管库等微职，都必命于朝廷。于是"四方万里之远，奉尊京城。文符朝下，期会夕报。伸缩缓急，皆在朝廷。"② 中国历史上完备的中央集权政治，就是从这个时候才真正形成的。高度中央集权国家政权的出现，正是同新兴的一般地主经济基础相适应的必然产物，反之，又为一般地主经济的进一步发展提供了巨大的推动。但这并不意味着它已经完善和成熟。事实上，在中央与地方、集权与分权、本职权限与相互牵制之间，都显示出北宋政权机构中轻重失度、矛盾相妨，从而导致机能上的许多弊病。金、元以少数民族入主中原，为了及时和有效地对全国各地进行统治和镇压，矫北宋之弊，在地方发展了行省制度，地方的权力有所加重。明初朱元璋惩元末诸军阀之横，同时适应已充分成熟的一般地主经济，而发展成为极端专制主义的皇权。稍后，又陆续在这个基础上对地方权限进行了调整，创设了督抚制度，使内外政权体制大体上臻于完善，而为有清一代所继承。从北宋高度中央集权政治的建立开始，至明代而趋于最后定型与完备，其间共经历了五六百年，摸索改进，终于在左右摇摆之后，找到了自己的重心。基于上述的理由，尽管北宋的政权机构、政治制度，弊病甚多，终至于造成了冗官冗兵，积贫积弱。不过，就大体而言，北宋政权基本上是同新兴的一般地主经济基础相适应的，同时也代表了后期封建社会发展的方向。它所产生的许多弊病与其说是地主阶级败亡的"危机"，毋宁说是这个阶级在政治上还欠成熟的表现。

和政治领域里发生的变化一样，在经济政策与思想统制方面，从晚唐、宋初开始，也发生了一个必须与自己的经济基础相适应的转化过程。这个过程同样是长期的、曲折的，大体也是到明清时期才最后成熟和完成。经济政策的主要内容是田制和税收。它的改

---

① 张方平《吴兴郡守题名记》，载《乐全集》卷三三。
② 叶适《水心集·奏议·纪纲二》。

革由两税法发其端，直到清初"摊丁入亩"的实行。其间，经过历朝的几番努力，始克完成。王安石的一些新法便是这一转化过程中的重要步骤。因此，北宋初在经济改制方面摸索、草创的迹象十分明显。《宋史·食货志序》说：宋人"多伐异而党同，易动而轻变。殊不知大国之制用，如巨商之理财，不求近效而贵远利。宋臣于一事之行，初议不审。行之未几，即区区然较其失得，寻议废格，后之所议未有以愈于前。其后数人者又复訾之如前，使上之为君者莫之适从，下之为民者无自信守。因革纷纭，非是贸乱，而事弊日益以甚矣！世谓儒者论议多于事功，若宋人之言食货，大率然也。"议论纷纭，因革难定，正是当时经济政策在改制初始时尚欠稳定、不成熟的表现。

思想统制的确立表现在理学的产生并成为占绝对统治地位的思想体系，和以之为取士准绳的科举制度。理学奠基于二程，完成于朱熹。然义理之学的兴起及科举的改革，早在北宋仁宗庆历时已肇其初端，而为王安石所发展。至于它开始为封建统治者所选中，确立为统治思想则要到南宋理宗时候。又经元仁宗和明成祖的提倡，理学和以理学取士的八股成了几百年来束缚人民思想的沉重枷锁。

上面，我简略地勾画了从晚唐、宋初以来后期封建社会在上层建筑领域内变化发展的轮廓，为的是要说明这一时期社会发展趋势和方向。然后再来看作为这一历史剧发展中重要一幕的王安石变法是符合这一方向呢？还是反是？哪些措施符合？哪些又不符合？为什么？为了回答这些问题就有必要择变法中一些主要项目，逐个地进行详细的讨论，然后再就总体的性质进行探讨。

三　方田均税法

唐代均田制度规定政府验丁授田，丁男之家则以租庸调的形式向政府提供赋役。这里，政府控制的重点是丁口，田亩处于次要的地位。这从唐初政府所掌握的计账数字都只举户数就可以证明。这种以丁口为重点，进行剥削的赋税形式，是与前期封建社会中盛行劳役地租，人身依附关系更为严格相适应的。两税法开始了国家赋税从以人丁为主转化为以田亩为主的新阶段。所谓"青苗、两税，本系田土"①。从整个封建社会后期的发展来看，总的来说，地税的比重愈增，而丁税则愈轻。最后丁口税的名目正式消失。

征收田赋必须有准确的田亩册籍作为依据。而田主们，特别是豪强之家则力图通过隐匿、花分、飞洒、诡寄等手段隐占土田，逃避赋税。由于土田买卖大行，主权的转移频仍，而税额的推收交割无严格的制度可循，或有制度而无力自守。因此，在整个后期封建社会里，检括田亩便成为政府周期性的重大任务。政府对田籍控制的程度，直接影响税入的盈亏，国力的强弱；同时也因它而决定赋税的是否均平，从而关系到广大农民负担的轻重和生活的稳定。稍图有所作为的统治者，没有不留意这一问题的。

后周显德五年（958），柴世宗曾计划均定天下民租，七月，以唐人元稹所上奏之均田图颁赐诸侯。十月下均田诏："言念地征，罕臻艺报，须议并行均定，所冀永适重轻。"乃命左散骑常侍艾颖等三十四人，于诸州检定民租。②这里的"均田"，实即"均赋税"，也就是要求按田亩征赋，防止富民有田无赋，而把田赋转移于无力承担的贫民，终至于使国赋无着。因此，均田、均赋，基本上是统治阶级内部关于地租再分配上的矛盾，它必然要引起豪富形势之家的拼力反对，柴世宗的这次清检民租的工作很快被迫停止。

宋兴，太祖屡思踵柴世宗推行均田之制。"建隆以来，命官分诣诸道均田，苛暴失实者辄谴黜。"③给事中常准任括田使，因大名馆陶括田不均受控，县令程迪决杖流海岛，准亦因之夺两官。④宋人的检田，重在检视现苗，以除放因水旱而失收的负担，所以也称"检放"。"五代以来，常检视见垦田以定岁租。"⑤宋太祖乾德后期，

① 《唐会要·租税下》。这里的青苗指唐代宗大历元年"诏天下苗一亩征税钱十五。因其行以国用急不待秋，方青苗而征之，号为青苗钱。"
② 《五代会要·租税》。
③ 《宋史·食货志上一·农田》。
④ 《宋会要辑稿·食货一·检田》（以下简称《宋会要》）建隆二年四月。
⑤ 《文献通考·田赋考四》。

政府为了奖励垦殖，申令"自今百姓有广植桑枣、开荒田者，并令只纳旧租，永不通检。"① 然正如窦俨在 957 年所指出："累朝以来，屡下诏书，听民多种广耕，止输旧税。及其既种，则有司履亩而增之。故民皆疑惧，而田不加辟。"② 所谓"朝耕尺寸之田，暮入差科之籍"，小农的出路不是抛荒逃亡，便是沦为豪富形势户的影占户。宋初的数十年间，在"许民辟土，州县无得检括，止以见佃为额"③ 的合法保护下，垦地数字直线上升。但政府却放弃控制，富豪之家，乘机兼并。至于由政府所控制的田税旧额，本来已久远难据，再加上田主们利用花分规免、移熟作荒等手法，更是混乱不堪。在这种情况下，赋税之乱可以想见。

有鉴及此，宋太宗在至道元年（995）曾着手整理。其年六月己卯，"诏重造州县二税版籍，颁其式于天下。凡一县所管几户夏秋二税，苗亩桑功正税及缘科物，用大纸作长卷，排行实写，为帐一本，送州复校定，以州印印缝，于长吏厅侧置库，作版柜藏贮封鐍。自今每岁二税将起纳前，并令本县先如式造帐一本送州，本县纳税版簿亦以州印印缝，给付令佐。"④ 这一制度重在税额，所谓"苗亩桑功"，大抵只是具文，最多也不过是沿旧额进行一次登记，于田籍本身的混乱其实无补。

真宗大中祥符六年（1013），"监察御史张廓上言：'天下旷土甚多，请依唐宇文融所奏：遣官检括土田。'上曰：'此事未可遽行。然今天下赋税不均，富者地广租轻，贫者地蹙租重。由是富者益富，贫者益贫，兹大弊。'王旦等曰：'田赋不均，诚如圣旨。但改定之法，亦须驯致。或令近臣专领，委其择人，令自一州一县条约之。则民不扰而事必集矣！'"⑤ 这是请求清检田籍的一次呼吁。从当局对它的谨慎态度来看，说明推行中的阻力是很大的。

---

① 《宋会要·食货一·农田杂录》，乾德四年闰八月；《宋大诏令集》卷一八二，乾德四年八月《劝栽植开垦诏》。
② 《东都事略·窦俨传》。
③ 《文献通考·田赋考四》。
④ 《长编》卷三八，至道元年六月己卯。
⑤ 《长编》卷八十；《宋会要·食货一·农田杂录》同。《续资治通鉴长编纪事本末》（以下简称《长编纪事本末》）作"四年"。

据《宋史·食货志上一·农田》记载：天下垦田数，宋初天禧五年（1021）最高为五百二十四万七千五百八十四顷三十二亩。"而皇祐中垦田二百二十八余顷，治平中四百四十万余顷。其间相去不及二十年，而垦田之数增倍。以治平数视天禧则犹不及，而叙《治平录》者以谓此特计其赋租以知顷亩之数。而赋租所不加者十居其七。率而计之，则天下垦田无虑三千余万顷。是时，累朝相承，重于扰民，未尝穷按，故莫得其实，而废田见于籍者犹四十八万顷。"这里，丁谓所推算出来的天下垦田总数是有疑问的，暂置毋论，单就"赋租所不加者十居其七"来看，田籍之隐漏就十分惊人。世谓宋人不立田制，即是在放任兼并的情况下，政府对田籍已实际上失去控制。赋租的亏损严重地危及国家收入，迫使政府思有所改变。少数的地方官员开始在所属境内试行新制，整顿田籍，于是在庆历初郭谘创行千步方田法。

时，洺州肥乡县田赋不均，久莫能治，转运使杨偕接受大理寺丞知济阴县郭谘的意见，并即任郭谘摄令，与秘书丞孙琳共同进行整治。"谘等用千步方田四出量括，得其数。除无田之租者四百家，正无租之地者百家，收逋赋八十万，流民乃复。"三年，知谏院王素建议均天下田。欧阳修亦建言：郭谘方田法简而易行。三司亦以为然，请于亳、寿、汝、蔡四州择尤不均者均之。有诏谘与孙琳往蔡州，首在上蔡县施行。得田二万六千九百三十余顷。但很快因"执政不然其议，沮罢之"① 而停止。

但是，郭谘的方田在当时颇为引人注意；而政府赋税的亏损和人民中负担不均的局面，又迫使当局采取必要的措施，使有所改善。故"自郭谘均税之法罢，论者谓朝廷徒恤一时之劳，而失经远之虑。至皇祐中，天下垦田视景德增四十一万七千余顷，而岁入九谷乃减七十一万八千余石。盖田赋不均，故其弊如此。"② 一些思有以匡正的地方官，相继在自己的治区内主动仿行。田京知沧州，在无棣县实行均田，增田赋谷帛一千一百五十二。蔡挺知博州，均聊

---

① 《长编纪事本末·均赋》。《宋史·郭谘传》谓其为"母爱免官，显系回护"。
② 《长编纪事本末·均赋》。

城、高唐田，增万四千八百四十七。尽管他们所取得的成绩都很显著，但因为有损于豪富形势之家，故反对的声浪也随之高涨，"既而或言沧州民不以为便，诏谕如旧"。①接着，嘉祐四年（1059），朝廷颁行了方田均税法。②八月，特置均税司，派遣职方员外郎孙琳、都官员外郎席汝言、虞部员外郎李凤、秘书丞高本等，分往诸路均田。高本以"田税之制，其废已久，不可复均"，请求停止，"朝廷亦不遽止"。③

在嘉祐五、六年之间，均税的声浪一直很高，斗争也很尖锐。五年四月，仁宗陆续任命权三司使包拯、右谏议大夫吕居简、户部副使吴中复、天章阁侍制张掞、枢密直学士右谏议大夫吕公弼、天章阁侍制知谏院吕景初、同修起居注同知谏院司马光等同详定均税，且制成条约，下诸路监司施行。④十二月，刘敞知永兴军，朝辞，上言均田扰民。及至任，又"具奏孙琳在河中府，用方田法打量均税，百姓惊骇，各恐增起税租，因此砍伐桑柘"⑤。欧阳修原是方田的支持者，这时也开始转而反对。整个措施看来很快无效而被中止。附带在这里要指出的是：当时的司马光，也是均税的领导者，与后来的态度是不相同的。

我们对郭谘的千步方田法的细则无所了解，但王安石的方田均税法是由此导源是可以肯定的。它是在履亩丈量的基础上，编制方帐、庄帐（土地清册）和甲贴、户贴（户籍清册），两者互为经纬，据以为征收租赋的准则，⑥消除有田无税等不合理的现象，使负担均平。这样既有利于国家的财政收入，又免去贫弱农民无地而税存的负担，对安定社会、发展社会农业生产是有积极作用的。

方田均税法从熙宁五年（1072）八月开始实行，到元丰八年

---

① 《长编纪事本末·均赋》。
② 《宋会要·食货四·方田》："神宗熙宁五年，重修定方田法，自东京为始，推行改三司方田均税条。见前会要赋税嘉祐四年。"然条文缺佚，其详不可考。
③ 《长编纪事本末·均赋》。
④⑤ 同上。
⑥ 《长编》卷二三七，熙宁五年八月甲申。

（1085）十月停止，在京东、河北、陕西、河东等路首次较大规模地进行了履亩清丈，已方而见于籍者二百四十八万四千三百四十九顷。成绩是显著的。停止的理由是"官吏奉行，多致骚扰"①。在丈量田亩中，官吏敲榨受贿，或增益顷亩以猎功，或以多报少以徇私，都是无疑的。但真正感到利益受损的只是那些占地而不纳赋税的豪强。因此矛盾的实质是地主阶级内部关于地租再分配的争夺。这个争夺是在反复较量、经过几个朝代才解决的。王安石的方田均税法正是后期封建社会中，国家赋入在由主要从丁口转化为主要从土地来源的过程中，政府在全国规模上要求整理田籍的第一次尝试。

宋徽宗崇宁四年（1105）二月，复颁方田法。②五年，"诏诸路见行方田，均虑民间被方不均，公吏骚扰，乞取难禁。除已方外，权罢。"大观二年（1108），复行方田。宣和元年（1119），已在六路告成。二年又被迫停诸路方田，并诏："自今后不得诸司起请方田。"③可以窥见，行、废之间，斗争是相当激烈的。

宋室的南迁使田籍与赋税的混乱达到前所未有的程度。高宗绍兴十二年（1142），李椿年任两浙转运副使，上疏言经界不正十害。一、侵耕失税；二、推割不行；三、衙前及坊场户虚换抵当；四、乡司走弄税名；五、诡名寄产；六、兵火后税籍不信，争讼不息；七、倚阁不实；八、州县隐赋多，公私俱困；九、豪滑户自陈税籍不实；十、逃田赋偏重，故税不行。他还提到：平江岁入旧为七十万斛有奇，今实入才二十万，余皆被欺隐。他建议实行经界法。"其法令民以所有田各置坫基簿，图田之形状及其亩目四至，土地所宜，永为照应。即田不入簿者，虽有契据可执，并拘入官。诸县各为坫基簿三：一留县，一送漕，一送州。凡漕臣若守令交承，悉以相付。"④于是朝廷诏李椿年置局平江，措置其事。明年六月，诏颁其法于天下。这次清检迁延七八年，到二十年终以"今闻寝失

---

① 《文献通考·田赋考四》。
② 《宋会要·食货一·农田杂录》。
③ 同上。
④ 《建炎以来朝野杂记甲集·朝事一·经界法》。

本意"而停止，且敕"令监司将乖谬害民者即日改正"。李心传指责在清检中，负责川峡四路的官员郑克，"颇峻责州县，故蜀中增税亦多。又官田号省庄者，所租有米、谷、粟、麦、麻、豆、芋、栗、桑、枲、鸭卵之属，凡十八种，皆令输以钱，故民至今尤以为患。""邛、蜀民田，至什税其五。"这和李椿年的原意"要在均平，不增税额"是相左的。但在另一方面，李心传也还是承认"诸路田税由此始均"①。到二十八年，除个别地区外，均已大体竣事。②惟福建漳、泉、汀三郡，因当时何白旗起义之后，人心未定，没有进行。光宗绍熙元年（1190），政府以闽中经界事征求曾任过同安主簿的朱熹的意见。熹奏言："经界最为民间莫大之利，绍兴已推行处，公私两利。"他提的办法是："推择官吏，委任责成，度量步亩，算计精确。画图造帐，费从官给。随产均税，特许过乡通县均纽，庶几百里之内，轻重齐同。""每亩随九等高下定计产钱，而合一州租税钱米之数，以产钱为母，每文输米几何，钱几何，止于一仓一库受纳。既输之后，却视元额分隶为省计、为职田、为学粮、为常平，各拨入诸仓库。版图一定，则民业有经矣！"朱熹的经界设想，来源于王安石、李椿年，而又有所发展，是很值得注意的。他也指出："此法之行，贫民下户固所深喜，然不能自达其情。豪家滑吏实所不乐，皆善为说辞，以惑群听。贤士大夫之喜安静，厌纷扰者，又或不深察而望风沮怯，此则不能无虑。"③朱熹之所虑，也正就是王安石之所经受。朱熹是王安石变法的批评者，但他的不少主张又直接袭自王安石，这样的事例我们在下面还会遇到。

其后，宁宗嘉定八年（1215），知婺州赵愚夫又在所属推行经界法，十年，赵师嵒、魏豹文相继大力推行。"于是向之上户析为贫下之户，实田隐为逃绝之田者，粲然可考。凡结甲册、户产簿、丁口簿、鱼鳞图、类姓簿二十三万九千有奇。"④其他地方官亦有推行者。理宗淳祐十一年（1251），又命信、常、饶州、嘉兴府举行经

---

① 《建炎以来朝野杂记甲集·朝事一·经界法》。
② 《宋史·食货志上一·农田》。
③④　同上。

界。当时，又多改经界为推排。"盖经界之法，必多差官吏，必悉集都保，必遍走阡陌，必尽量步亩，必审定等色，必纽折计等。奸弊转生，久不迄事。乃若推排之法，不过以县统都，以都统保，选任才富公平者，订田亩税色，载之图册，使民有定产，产有定税，税有定籍而已。"① "所谓推排，非昔之所谓自实也。推排者，委之乡都，则径捷而易行。自实者，责之于人户，则散漫而难集。"② 因之推排其实只是"按成牍而更业主之姓名"，但仍然受到地主豪强的猛烈反对。③ 地主豪强分子是宁愿被蒙古国所灭亡也不愿行检田而失利益。在这一点上，我们是不当以贾似道其人而妄疵经界推排的。

元朝把检清田亩称为"经理"。仁宗延祐初，用平章章间的建议，在江浙、江西、河南进行经理。限四十日以其家所有田自实于官。但很快以"限期猝迫，贪刻用事，富民黠吏并缘为奸"，而停止推行。《元史·食货志一·经理》说："民之强者田多而税少，弱者产去而税存。然经理之制，苟有不善，则其害又将有甚焉者。"它充分反映了豪强地主们的贪婪与伪善。元朝末年，江南的某些地方官，在上虞、余杭、余姚等地自动举行核田，编制鱼鳞册、鼠尾册，以均平赋役，都受到当地人民的欢迎。④

朱元璋承元末农民大起义之后，"版籍多亡，田赋无准。"洪武元年（1368），派周铸等一百六十四人核实浙江田亩，确定赋税。五年，遣使臣清丈四川田。二十年，遣国子生武淳等分行全国各州县，在通行丈量的基础上，编成黄册、鱼鳞册。鱼鳞册"以田为母，以人户为子，凡分号数、稽四至则用之。""按图以稽荒熟，为某人见业则不可隐"。"黄册"以人户为母，以田为子，凡定徭役、征赋税则用之。"按册以稽某家某户占田若干，坐落某处，则税不

---

① 《宋史·食货志上一·农田》。
② 同上。
③ 无名氏撰《沁园·春》词，末句云："掌大地何须经界，万取千焉。"（载《钱塘遗事》卷五）
④ 参见危素《余姚核田记》（载《危太朴文集》卷二）、《余姚州核田记》（载《说学斋稿》卷二）；贡师泰《上虞县核田记》（载《玩斋集》卷七）；余阙《董公均役记》（载《余忠宣文集》卷三。

可遍。"① 一经一纬，相辅而行。应该说，这次比较彻底和近实的、全国规模的人口和田亩清查，是在元末农民大起义之后，地主豪强受到了沉重的打击的情况下进行的。明初社会生产的迅速恢复与发展，在很大程度上是同赋役稍平，社会安定这一情况相联系的。

按照明朝政府的规定，黄册每十年"有司更定其册，以丁粮增减而升降之。"但后来却成了具文，有司征税、编徭，则自为一册，名为白册。② 与此同时，明中期以来，土地兼并复盛。自洪武至弘治百四十年间，天下田亩数减失大半。"诸处土田，日久颇淆乱，与黄册不符。"于是，在政府则出现浮粮与赋额亏损；在人民则不堪负累与破产流亡。万历初，张居正主持对天下田亩通行丈量，"用开方法，以径围乘除，畸零截补。于是豪滑不得欺隐，里甲免赔累，而小民无虚粮。"③ 张居正本人也明确指出："清丈之议，在小民实被其惠，而于官豪之家，殊为未便。"④ 这个矛盾是从王安石方田开始，历来皆然的。

张居正在全国丈量田亩的同时，推行一条鞭法。清初，征收赋役一秉《万历条鞭册》，凡符合万历册者不再丈量。随着雍正中地丁合一制度的实行，后期封建社会赋役由以丁为主到以田亩为主的转化趋于完成，赋役制度的改定也趋于定型。一些有关的问题，我在下节免役法的讨论中还要涉及。这里，我只是强调指出，从两税法实行到地丁合一是一个缓慢发展的过程，而建立严密而准确的田籍制度便是这一过程中着重要解决的核心和基础。因此，王安石第一次在全国范围内提出方田均税的办法，是符合后期封建社会发展的要求的。尽管它受到豪强大地主的拚死反对，累行累废，但它在南宋、元、明和清数代，顺应着社会经济的发展变化，不断在前此的基础上周密、完善，这就说明，它是进步的，富有生命力的，因而也是不可抗拒的。

---

① 参见陆世仪《论鱼麟图册》（载《明经世文编》卷二九）；《天下郡国利病书·江南》引《镇江府志》。
② 《明史·食货志一·户口》。
③ 同上，《田制》。
④ 《张文忠公全集·书牍十三·答山东巡抚何来山》。

四 免役法（或称募役法）

这里的役，不是我们通常所了解的劳役或兵役①，马端临把它定名为"职役"。他说："古之所谓役者，或以起军旅，则执干戈，冒锋镝，而后谓之役。或以营土木，则亲畚臿，疲筋力，然后谓之役。夫子所谓使民以时，《王制》所谓岁不过三日，皆此役也。至于乡有长，里有正，则非役也。柳子厚言：有里胥而后有县大夫，有县大夫而后有诸侯，有诸侯而后有方伯连帅，有方伯连帅而后有天子。然则天子之与里胥，其贵贱虽不侔，而其任人之责则一也。""周时邻里乡党之事，皆以命官主之。至汉时乡亭之任，则每乡有三老、孝弟、力田，掌劝导乡里，助成风俗。每亭有亭长、啬夫，掌听狱讼、收赋税。又有游徼掌巡禁盗贼。"这些乡官皆有禄秩，复勿徭戍。秦汉时代的乡官，有权有禄，他们是最低一级的地方官长，承中央之令，征租发运、防盗听狱，权力是很大的。魏晋时代，地方行政组织与门阀宗族紧紧结合在一起，高踞于寒门素族与贫苦农民之上。官府凡有所征，族党、里长则按户等赋于民，富者税其钱，贫者役其力。"故自汉以来，虽叔季昏乱之世，亦未闻有以任乡亭之职为苦者也。"

隋统一全国，加强了中央政府的集权。文帝开皇十五年（595），罢州县乡官判事。这对乡官权力是一种削弱。唐初"令诸户以百户为里，五里为乡，四家为邻，三家为保。每里设正一人，掌按比户口，课值农桑，检察非违，催驱赋役。""诸里正县司选勋官六品以下白丁，清平强干者充。"②这以后，逐渐开始出现以乡职为苦而图规免的记载。"至唐睿宗时，观监察御史韩琬之疏，然后知乡职之不愿为，故有避免之人。唐宣宗时，观大中九年（855）之诏，然后知乡职之不易为，故有轮差之举。自是以后，所谓乡亭之职，至困且贱。贪官污吏，非理征求，极易凌蔑。故虽足迹不离里闾之

---

① 关于一般性的劳役，不是本文讨论的范围，故不涉及。
② 《文献通考·职役考一》。

间，奉行不过文书之事，而期会追呼，笞箠比较，其困踣无聊之状，则与以身任军旅、土木之徭役者无以异，而至于破家荡产，不能自保，则徭役之祸反不至此也。"①在前期封建社会里以宗主而督民的乡官，至后期封建社会中变化而成为责在供应官府的重役，这也是从一个侧面反映了社会阶级结构前后的不同。这是因为：从均田制破坏以后，土地经营上的变化使大批农民有可能弃家他徙，成为以租佃地主田土为生的佃客。流亡成为当时乡村中经常与普遍发生的阶级对抗形式。在这种情况下，豪强、宗族对农民的控制已有所削弱，与前此以乡党宗族为绳索，将农民严格束缚在土地上，为地主、官府提供劳役的情况已不相同。社会上大量出现的"蓬转萍流，不常厥居，若浮泛于水上然"的"未有土著定籍者"的浮客②，直接动摇了乡官的闭塞统治，中央政权对地方控制的加强，也使他们专擅自为的权力大大削弱。于是乡官变成为职役。被强征任役的富民，既已非官无禄，反而必须负担愈益沉重的官役，接受上司的勒索。职役在社会上视为畏途，力求规免的病民弊政。五代时期，军阀割据，在地方上以峻削掊克为能事，职役的负担愈加沉重。

《宋史·食货志上五·役法上》说："宋因前代之制，以衙前主官物；以里正、户长、乡书手课督赋税；以耆长、弓手、壮丁逐捕盗贼；以承符、人力、手力、散从官给使令。县曹司至押录、州曹司至孔目官，下至什职、虞侯、拣掐等人，各以乡户等第定差。"民户按赀财、丁力定为九等，太宗淳化五年（994），始令诸县以第一等户为里正，第二等户为户长，乡书手、耆长、弓手、壮丁由第四等户充，下五等户则不应职役，"自余众役，多调厢军"。当时沿袭五代旧制，有所谓"衙前"。衙前，"本藩镇专横时遗制，盖牙帐前只应士卒之简称。"③宋初衙前尚无定制。太祖收诸道精兵补禁军，州郡所余厢军非老即弱，且名额大减。诸州于是点差应付里正的人户以充衙前，即所谓"里正衙前"。衙前开始成为一种职役。"役之重者

---

① 《文献通考·职役考二》。
② 《资治通鉴·后晋高祖天福三年》六月己丑，胡注。
③ 聂崇岐《宋史丛考·宋役法述》。

自里正乡户为衙前，主典府库或辇运官物，往往破产。"① 此外，又有"长名衙前"（永久性的职役，亦有雇募民户充者，或名"投名衙前"）、乡户衙前（差乡户之高赀者充）。韩琦知并州，上疏论衙前之苦，说："州县生民之苦，无重于里正衙前。自兵兴以来，残剥尤甚。至有孀母改嫁，亲族分居，或弃田与人，以免上等；或非命求死，以就单丁。规图百端，苟脱沟壑之患。"② 郑獬论安州差役之苦说："每至差作衙前，则州县差人依条估计家活，直二百贯以上定差。应是在家之物，以至鸡犬、箕帚、匕箸已来，一钱之直，苟可以充二百贯，即定差作衙前。既以充役入于衙司，为吏胥所欺，糜费已及百贯，方得公参。及差着重难纲运上京或转往别州，脚乘、关津、出纳之所动用钱物，一次须三五百贯。又本处酒务之类，尤为大弊，主管一次至费一千余贯。虽重难了当，又无酬奖。以至全家破坏，弃卖田业，父子离散，见今有在本处乞丐者不少。纵有稍能保全，得些小家活，役满后不及年岁，或止是一两月，便却差充，不至乞丐则差役不止。""比丁既充衙前，已令主管场务，或有差押送纲运，则又不免令家人权在场务，其正身则亲押纲运。及本州或有时暂差遣，则又别令家人应副。是一家作衙前，须用三丁方能充役，本家农务则全无人主管。兼家人在场务生疏，动至失陷官物，又界满则勒正身陪填。"③ 以村居无识之乡人，应官府苛烦之差役，官吏之无尽供需，库宅之侵欺盗贼，辇运之长途劳费，经办之贿送赔累，以及所有无名的敲诈勒索，他们的遭受不言可知。因此当时人视衙前为猛虎。只有少数由军将选充或民户投充的长名衙前，他们本是官吏的亲旧，习于刁钻，又广交通，"久在公庭，勾当精熟。每经重难差遣，积累分数，别得优轻场务酬奖，往往致富"④。这类人当然是极少的。

衙前之外，其他承符、人力之类，都是应付官府的职役，同样科索百端，使应役的人无法力田安业。正役之外，"散从官、手力有

① 《宋史·食货志上五·役法上》。
② 《长编》卷一七九，至和二年四月辛亥。
③ 郑獬《论安州差役状》，载《郧溪集》卷一二。
④ 司马光《乞罢免役奏状》，载《司马温公文集》卷三二。

530

打草供柴之劳","耆长、壮丁有岁时馈运之费"。①在不同程度上都给人们造成苛重的负担。

为了逃避苛役,乡民千方百计进行逃避。宋朝政府规定:品官形势户、僧道、女户和单丁可以免役,城市居民与商贾亦可免役。于是有"伪为券售田于形势之家,假佃户之名以避役"者,有"窜名浮屠,号为出家"者,有"孀母改嫁,亲族分居;或弃田与人以免上等"者,甚至有"非命求死,以就单丁"者。职役的问题,成为当时众口喧腾的矛盾。

如前述所述,职役是北宋时期开始出现的一种特殊事物。它起源于后唐和五代军阀割据时代,是在两税之外,为维持地方官府而节次擅增的科差。它本质上仍然是一种力役,但征役的直接对象原则上只限于有物业的中等以上人户。

实行力役是以社会生产中通行劳役地租为基础而派生的。北宋时期实物地租已基本取代劳役地租,成为占主导地位的地租剥削形态。这种转变必然要影响到以力役形式加之于人民的职役。唐初行租庸调制,其中已包含有以庸折役。两税法合并租庸调为夏秋两税征钱,原意即民输实物(或钱币)以准丁庸。经过唐末、五代的节次加征,赋税总额已达两税原数的七倍。职役是庸外的加征。税外加税、庸又征庸,这原是社会生产已有提高、国家机关加大发展、统治阶级生活愈益奢靡,从而苛取于民的赋税也相应增加的必然结果。但在力役已经趋于过时的情况下,职役之所不能为人们所接受是可以想象的。故对于衙前重役,政府很早就以坊场课务的税金来贴补支助。到仁宗景祐中,"稍欲宽其法,乃令募人充役。""诏川陕、闽广、吴越诸路衙前仍旧制,余路募有版籍者为衙前,满三期罪不至徒,补三司军将。"② 其后,以钱募役的办法在各地纷纷推行。"皇祐中,又禁役乡户为长名衙前,使募人为之。"③ 王逵为荆湖转运使,"率民输钱免役,得缗钱三十万进为羡余,蒙诏奖。由是他

---

① 《长编》卷三七八,元祐元年五月壬午,苏辙疏。
② 《文献通考·职役考一》。
③ 同上。

路竟为掊克以市恩。"①张诜通判越州，民苦衙前，乃"科别人户，籍其当役者，以差人钱为雇人充。"②李复圭任两浙转运使，因"浙民以给衙前役多破产"，乃"悉罢遣归农，令出钱，助长名人承募。"③钱公辅知明州，见民应衙前役者竭产不足以偿费，于是取酒场官卖收钱，视牙前轻重而偿以钱，悉免分户，人皆便之。④至和中，韩绛、蔡襄请行"五则法"，"凡差乡户衙前，视赀产多寡，置籍分为五则"。自是遂罢里正衙前。⑤乡户衙前的设置，亦无助于问题的改善。据司马光的记载：其法"以诸县贫富不同，东乡上户家业千贯，亦为里正；西乡上户家业百贯，亦为里正，应副重难，劳逸不均。乃令立定衙前人数，每遇有阙，于一县诸乡中选物力最高者一户补充。"结果，"民间贫困，愈甚于旧。"⑥差役之非有所改不可，几乎没有人不同意的；募役的好处不少人也已从实践中有所认识。治平四年（1067），神宗继位，下诏令诸路转运司遍牒辖下州军，条陈可以宽减之法。"役法更议始此"。据说，当时神宗阅内藏库奏，见有衙前越千里输金七钱，库吏又进行勒索敲榨，至有逾年不得归者。知谏院吴充上书极言衙前之毒害，谓："被差之日，官吏临门籍记，杯杆匕箸，皆计资产定为分数，以应须求。至有家赀已竭而逋负未除，子孙既殁而邻保犹逮。是以民间规避重役，土地不敢多耕而避丁等，骨肉不敢义聚而惮人上，无以为生。"⑦熙宁二年，神宗接受吴充的建议，诏制置条例司讲立役法。

适其时，成都进士李戒作《役法大要》，"以为民苦重税，但闻有因役破产者，不闻因税破产也。请增天下田税，钱谷各十分之一，募人充役。仍命役重轻分为二等，上等月给钱千五百，谷二斛；中下等以是为差。计雇役犹有羡余，可助经费。"⑧韩绛入长三司

---

① 《宋史·食货志上五·役法上》。
② 《宋史·张诜传》。
③ 同上，《李复圭传》。
④ 同上，《钱公辅传》。
⑤ 《文献通考·职役考一》。
⑥ 司马光《衙前札子》，载《温国文正司马公文集》卷三八。
⑦ 《文献通考·职役考一》。
⑧ 司马光《涑水纪闻》卷一五。

使，即以其法商之于王安石，"雇役之议自此起"。

王安石推行的免役法（雇役法）的主要内容是：一、改衙前重役和承符、散从、弓手、典史等差役于第三等以上税户雇募，三人相任，以三年或二年更代，依其役之轻重付给禄钱（或称工食钱）。运送官物和主管仓库、公使库、场驿等事，改由军员负责。二、耆长、户长等仍于第一二等户内轮充，为期一年。应役期内免纳钱十五贯。壮丁由不纳役钱的下等户充担。三、四等以上户依土地所有数量交纳免役钱，现钱与斛斗从便。四、女户、单丁户、未成丁户、僧道户和城市中的上五等户旧无色役者，交纳助役钱。官僚形势户减半。五、在诸路所定雇值之外，增征百分之二十，称为免役宽剩钱，封桩以备灾荒。此外，又用免役钱给内外吏胥禄俸，而增重赃罪之罚。

改差为雇，改旧制"差役之法，皆以丁口为之高下"（苏辙语）为按土地所有征免役钱，从社会的发展看，是一个与中国中后期封建经济基础变化相适应的必然，因而也是进步的趋势。如前所述，雇役的试行，是早在王安石当政以前就已相当普遍。曾布上疏驳杨绘、刘挚说"今投名衙前半天下"，"承符、手力之类，旧法皆许雇人"。所谓"投名衙前"，从实质上讲，它已经是募役。王安石只是在总结各地试行的基础上，划一并发展旧制，在全国推行。

与差役法比较，免役法在均役上的优点是明显的。第一，按田产的一定比例纳钱免役，比旧制从丁产分等应役简便合理。第二，官僚形势等户征收助役钱，扩大了役钱的负担面。第三，纳钱或谷物以代身役，使社会上一大部分人从这一沉重的负担中解脱出来，有利于社会经济文化的发展。第四，输钱本身，必然刺激商品经济的发展。马端临指出："国赋输银始于熙宁。"单就这一点来说，对后来商品交换的发展就是意义重大，应该给予足够的肯定。

当然，免役法在执行中也存在不少的问题。一类是地方官以苛取为功，超升等第，多征宽剩钱。熙宁四年五月东明县民数百以升户等而激成请愿，酸枣县升户等亦有失实。利州路转运使李瑜，定所属助役钱为额四十万，实则二十万已足。有的地方，有司奉法太过，条目滋蔓，于雇役钱外，尚有数点。如耆户长不雇而敛，则有桩留钱；桥道廨舍之类，数年一修而逐行计费；知县、簿尉三年一替，而每岁计署中杂物，则有费用钱；非泛差出役人及起雇人，则有准备钱，此外方始谓之宽剩。且如成都一路，每岁只合支募役雇食钱四十万六千二十四贯，又桩留耆壮钱五万七千六十二贯，又桩杂支钱二万二千九百八十六贯，又桩起雇人钱一千贯。外更有宽剩一十二万八千六百余贯。为了增聚羡余，有的地方官采取减省役员、克损雇值等办法。苏轼估计，原定为以二分为率的宽剩钱，通常多取至四、五分①。中央政府也曾明令加征役钱，以充它用。熙宁七年，诏役钱每千别纳头子五钱，凡修官舍、作什器、夫力辇载之费皆供用之。②我认为，一概否认滥升户等，多取剩钱的记载，来为新法回护是不符事实，也是不必要的。如果没有这些苛取滥行才真是可怪的事。吏治的清浊会在执行中影响、甚至决定新法的效果，但并不能以此来简单地评价新法的良莠。一是它本身的问题，另一个是执行中的问题，不应把它们完全等同起来。当时人华镇，曾详细比较过差役和免役的优劣。他说："差役之法，其役在下，故为害晦而迟，然不可复救。免役之法，其弊在上，故为害显而速，然可以更张。版籍不明可修也，吏胥为奸可御也。若资倍备偿，靡费财贿，非上之所能制，故曰不可复救。去物产之虚估，详商贩之实数，邸肆财货平计其值，庐舍什物不以为算。役用趣足，无求宽剩；布帛丝麻米粟缗钱，凡适用者皆得输纳，则二端之害既去，而利兼得矣！"③苏辙也说："差衙前之弊，害在私家；而雇衙前之弊，害在官府。若差法必行，则私家之害无法可救；若雇法必用，则官府之弊有法可正。"④当然，整饬官府吏治也决非容易的事，但在这方面我们不能不说，王安石所做的是不够的，它直接影响了新法的效果。

另一类问题是带有本质性的。比如说钱荒难得，这原是当时商品经济仍不发达的表现。把自给自足的小农驱入商品交换的漩涡

---

① 《文献通考·职役考二》。
② 同上，《职役考一》。
③ 华镇《役法论》，载《云溪居士集》卷一八。
④ 《文献通考·职役考二》。

中去，必不可免地增加了商人的盘剥，但就整个社会商品经济的发展而言，它却又是进步的杠杆。因此，一般地用钱荒问题来批评免役法增重了农民的负担，是欠妥当的。还有一个第四等人户负担的轻重问题。过去实行差役法时，由他们轮充弓手、壮丁，负担不算太重。如果在这一等人人数较多的地区，自然可以更轻些。免役法实行后，一律纳钱免役，在一些原是下户人多役简的地区，"今不问户之高低，例使出钱助役，上户则便，下户实难"①，"富室差得自宽，贫者困穷日甚"（司马光语）。故刘挚举新法十害有"优富苦贫"之语。但免役比起差役来毕竟是一大进步。

元祐更化，诏"天下免役钱并罢。其诸色役人并依熙宁元年以前旧法人数，令佐揭簿定差"。"除衙前一役先用坊场河渡钱，依见今合用人雇募；不足，方许揭簿定差。其余役人，除合召募外，并行定差。"②可见元祐停行新法，雇役并没有完全废行。马端临说："取民间六色之钱（即当役户、坊廓户、官户、女户、单丁、寺观六种人户），益以系官坊场钱，充雇役之用，而尽蠲衙前以下诸役（指散从、承符、弓手户、耆户长、壮丁），熙宁之法也。以坊场充衙前雇役之用，而承符以下诸役，仍复轮差民户，而尽蠲六色之钱，元祐之法也，然元祐复差役之初，议者不同，故有弓手许募曾充有劳效者指挥。然所谓雇役者，不特衙前而已也。六色钱虽曰罢征，继而诏诸路坊廓五等以上，及单丁、女户、官户自三等以上、旧输免役钱并减五分。余户下此悉免之。则所谓雇役之钱，元未尝尽除也。自是诸贤于差雇之议，各有所主，而朝廷亦兼行之。"③元丰七年天下免役钱岁计一千八百七十二万九千三百。这在政府是一笔可观的收入，自然不会轻易放弃。这就表明，雇役已不容尽废，即使在元祐更化中司马光也不可能尽行复旧了。

哲宗亲政，章惇入长中枢。绍圣元年（1094）四月又改行雇役，"府界诸路复免役法，并依元丰八年见行条约施行。""宽剩钱不得过

---

① 苏辙《制置三司条例司论事状》，载《栾城集》卷三三。
② 《长编》卷三六八。
③ 《文献通考·职役考二》。

一分。如辄过数及到以名目敷纳，并以违制论。"① 从这以后，终徽宗之世，免役法一直沿行下来。

南宋高宗绍兴五年，赵鼎认为：王安石变法乱国，"祖宗差役，本是良法"，请改雇行差。高宗回答说："安石行法，大抵学商鞅耳！鞅之法流入于刻，而其身不免于祸。自安石变法，天下纷然。但免役之法，行之既久，不可骤变耳！"② 高宗不肯改行差役，主要是从政府财政上考虑的。把免役钱挪充他用，从元丰间已经开始，如作为吏禄及给散取息、添支吏人餐钱之类。绍兴元年，朝散郎吕安中奏请："契勘催纳二税，依法每料逐都雇募户长或大保长二名，系是官给雇钱。自建炎四年秋料为头，催税每三十家一甲，责差甲头催纳，其雇募户、保长、更不复用。所有雇钱，只在县椿管。此钱既非率敛，又不干预省计，乞督责诸县，每年别项起发，以助经费。诏依令诸路提刑司依经制钱条例，拘收起发。"③ 从这以后，免役钱皆别充他用。李心传④和陈傅良⑤都详细地记载了这方面的情况。从这里，我们可以清楚地看出：免役法到了南宋时期已经发生变化，民输免役钱，而政府已不用来雇役，却移充国用，成为总制钱的主要构成部分。高宗之所以坚持免役法就是这个原因。当时州县役人，又实行点差。老百姓既交纳免役钱，又复被差充服役。

南宋的差役主要是村里中的保正长、甲头，职任催办赋税。王安石变法行保甲法（详后节），在乡村中设保正、大保长，本不任赋税，而责在治安。熙宁七年，罢去耆长、户长、壮丁，差保丁充甲头督催赋税，不久罢行。元丰中又以大保长主催征，兼代耆长督捕盗贼；以甲头代户长，助督租税；以承帖代壮丁。元祐时废保甲并恢复差役。绍圣初又复元丰之旧。其后以催征责之于都保正及大保长。南宋初各路奉行虽各有所不同，但保长的职务仍在主管盗贼烟火，而由"户长催一都人户夏秋二税。大保长愿兼户长者，输催

---

① 《宋会要·食货十四·免役下》。
② 同上。
③ 同上。
④ 李心传《建炎以来朝野杂记·财赋二·常平苗役之制》。
⑤ 陈傅良《转对论役法札子》，载《止斋文集》卷二一。

纳税租，一税一替。欠数者，后料人催。"① 但是到了绍兴末，保正副长的职务已不限于治安，而是"法弊滋入，既使之治道路矣，又使之供雇船脚；既使之饰传舍矣，又使之应办食用。役使既同于走卒，费耗又竭其家赀。民不堪命，而官吏晏然为之。"② 绍兴三十一年二月，魏安行议："保长催税，无不破产逃亡。""今与属县民官详究相度，以比邻相近三十户为一甲，给帖，从甲内税高者为头催理。"③ 孝宗以其扰民而罢议。以后有的地方又恢复以里正催纳。大抵南宋保正长的负担最为沉重。乾道三年（1167）八月，臣僚疏列保正长之苦，云："昔之所管者不过烟火盗贼而已，今乃至于承文引，督租赋焉。昔之所劳者不过桥梁道路而已，今乃至于备修造，供役使焉。方其始参也，馈诸吏，则谓之参役钱。及其阒满也，又谢诸吏，则谓之辞役钱。知县迎送傶夫脚，则谓之地里钱。节朔参贺上榜子，则谓之节料钱。官员下乡，则谓之过都钱。月认醋额，则谓之醋息钱。如此之类，不可悉数。"④ 则保正苛烦之苦，俨如北宋之衙前。乡民为了逃避，"时则有老母在堂抑令出嫁者，兄弟服阕不敢同居者，指己生之子为他人之子者，寄本户之产为他户之产者。或尽室逃移，或全户典卖，或强迫子弟出为僧道，或毁伤肢体规为废疾。"⑤ 在民间既纳免役钱之后，却复罢差役之苦，这对王安石所抱的行免役法可以去农疾苦、抑兼并的幻想是一个很好的讽刺。它同时也表明，尽管雇役是一种历史的进步，但要想以雇代差，这仍然是一个漫长的渐进过程。当时社会条件下，依靠行政命令，一律改差为雇，是难于通行的；其发生反复也是不可避免的。但是历史的发展究竟不可能是简单的重复。第一：南宋以来，州县的曹司、押录、散从、虞侯之类官署吏胥，已成为一种职业，受官府录用，故陈傅良谓"今天下州县之胥，皆浮浪之人"⑥。官与吏成

---

① 《文献通考·职役考二》。
② 《宋会要·食货六十五·免役二》。
③ 同上，《食货十四·免役下》。
④ 同上，《食货十四·免役下》。
⑤ 林季仲《论役法状》，载《竹轩杂著》卷三。
⑥ 陈傅良《转对论役法札子》，载《止斋文集》卷二一。

为两途，吏胥在官场中受鄙视。第二：职役已简化而仅存征催赋税与维护治安两项。而且，保正长、甲头等原则上只任催征，而不负赔累，故云："欠数者，后料人催。"第三：上述官吏之诸般克剥，只是私贿，而不是政府的公规。这些，都是与熙宁前的职役有所不同的。南宋差役的标准一般并不是从田土，而仍是物力。"绍兴以来，讲究推割推排之制，凡百姓典卖、典业税赋与物力一并推割。至于推排，则因其赀产之进退为之升降，三岁而下行之"。"除质库、房廊、停塌、店铺、租牛、赁船等外，不得以猪羊杂色估计。其后并耕牛、租牛以免之。若江之东西，以亩头计税，亦有不待推排者。"①马端临谓"役法至中兴而大备"②，指的就是这些推割、推排上的制度大臻细备。为了减轻任差役者的负担，地方官府又推行义役，（又称助役），由"众出田谷、助役户轮充"③，政府亦曾明令推广。但很快都为地方的豪右所侵并，州县之"能保守于悠久者不一二，而废坏于旋踵者常十百"④。

金制："凡坊正、里正，以其户十分内取三分富民均出雇钱，雇强干有抵保者充。人不得过百贯，役不得一年"，⑤"凡叙使品官之家，并免杂役，验物力所当输者，止出雇钱"，⑥可知它在原则上是行雇役，但又保留轮差的办法。

元代在江南地区的职役完全沿袭南宋，以里正应付官府，主首任催办赋税，仓官、库子保管官物。英宗至治三年（1323）四月，诏行助役法，置田若干亩，"使应役之人更掌之，收其岁入以助役费，官不得与。"⑦元末，赵琏任杭州路总管，"浙右病于徭役，民充坊里正者，皆破其家。朝廷令行省召八郡守集议便民之法，琏献议以属县坊正为雇役，里正用田赋以均之，民咸以为便。"⑧

---

① 《文献通考·职役考二》。
②③ 同上。
④ 袁辅《知衢州事奏便民五事状》，载《蒙斋集》卷三。
⑤ 《金史·食货志一·户口》。
⑥ 同上，《食货志二·租赋》。
⑦ 《元史·英宗纪二》。
⑧ 同上，《忠义传·赵琏》。

明初，以里甲为正役。里长的职责是"管摄十甲，催办钱粮，勾摄公事。"① 杂役以户为单位，根据黄册按户等分成三级摊派，其中大部分便是应付官务，如库子、仓夫、门子、斗级、弓兵、力士等。朱元璋又择乡村富户为粮长解户，专任本乡税粮的收解。明初的役，基本是是力役，然亦有"银力从所便"的规定，故有"银差"、"力差"之目。迨至中期，"诸上供者，官为支解，而官府公私所须，复给所输银于坊里长，责其营办。给不能一二，供者或什伯，甚至无所给，惟计值年里甲祗应夫马饮食，而里甲病矣！"均徭亦"率至倾产"，加上其他苛索，遂至于"里甲、均徭，浮于岁额"②。这一时期，社会商品经济取得了长足的发展，旧行的力役形式已发生变化，赋税折银，输银代役的现象逐渐普遍。万历初，行一条鞭法。"通计一省丁粮，均派一省徭役。于是均徭、里甲与两税为一。小民得无扰，而事亦易集。"从役法发展的角度来说，一条鞭法与清朝康、雍时期所采行的"盛世滋丁，永不加赋"和"摊丁入亩"制度正是继承与发展了两税法与王安石的免役法的方向，最终实现了以银折役，计亩征银，完成了历史上按丁、户征差的力役向赋役合一，按田亩征银的转化。从此，差役已"不论丁而论田，丁银俱勾派于田。于是有田则有役，而无田则逍遥无事而已。"③ 故曰："自丁粮归于地亩，凡有差役及军需，必按程给价，无所谓力役之征。"④ 从这个发展过程来看王安石的免役法，其进步性质是清楚无疑的。至于北宋以后这一发展过程中的逆转与停滞，这是和宋、元、明之间社会经济发展的马鞍形起落相关联的。况且，只要是在封建经济占统治的情况下，力差就不可能完全消失。试看一条鞭实行之后，"然粮长、里长、名罢实存，诸役卒至，复佥农氓。条鞭法行十余年，规制顿紊，不能尽遵也。"⑤ 统治阶级正是通过这种庸外征庸的方式来增多剥削的。因此，对免役法的进步本质与其在执行中因超越实

---

① 《大明律·户婚》。
② 《明史·食货志二·赋役》。
③ 薛允升《唐明律合编·户婚上·逃避差役》。
④ 《清史稿·食货志二·赋役》，丁田树奏。
⑤ 《明史·食货志二·赋役》。

际条件允许而产生的问题，都应该作历史的分析，才有可能作出全面、平允的评价。

五 保甲法

王安石《上五事札子》："保甲之法，起于三代丘甲，管仲用之齐，子产用之郑，商君用之秦，仲长统言之汉，而非今日之立异也。"利用这种什伍保结的办法来驾驭对人民的统治，确是一个古老而行之有效的武器，故为历代的统治者所沿行，尽管它的方式稍有不同。驯至北宋，在王安石之前，一些地方官多在实行。欧阳修庆历三年（1043）上《论捕贼赏罚札子》谓："今区法于吉水县立伍保之法，三年之内，劫贼不敢入其县界。"① 吴育知蔡州，"按令为民立保伍而简其法，民便安之，盗贼为息。"② 燕度于陈留县"行保伍法以察盗贼"③。曾巩知齐州，"是时州县未属民为保伍，公独行之部中，使讥察居人行旅出入经宿皆籍记；有盗则鸣鼓相援。"④ 熙宁三年，赵子几首建推行保甲法之议，也说："自来乡村人户各以远近，团为保甲。当时官习指挥，专于觉察奸伪，止绝寇盗。""今欲因旧保甲重行斡括。"⑤ 赵子几的方案，便是在"旧来保甲"的基础上提出的。

严密保甲制度也是时代的要求。均田制度破坏后，人户逃亡，成为蓬转萍流、未有土著定籍的浮户。这种人与原来的土著人户相对而言，被称为"客户"，后者被称为"主户"。唐朝政府虽然有过将浮逃人户"听于所在隶名，即编为户"（证圣元年〈695〉李峤所建议），以及令"客户若住经一年以上"，即"勒一切编附为百姓"（宝应二年〈763〉敕）的决定，⑥ 但在逃亡的大浪潮中，终于使它无法

---

① 载《欧阳文忠公文集》卷一〇三。
② 欧阳修《资政殿大学士尚书左丞正肃吴公墓志铭》，载《欧阳文忠公文集》卷二三。
③ 《宋史·燕度传》。
④ 曾巩《元丰类稿附录·行状》。
⑤ 《宋会要·兵二·保甲》。
⑥ 《唐会要·籍帐》。

付诸实行。据元和六年（891）二月制："自定两税以来，刺史以户口增减为其殿最，故有析户以张虚数，或分产以系户名，兼招引浮客，用为增益。至于税额，一无所加，徒使人心易摇，土著者寡。"① 可知客户并无赋税负担。北宋的户籍，主客户分别登记。客户的数字在一些地区甚至高达三分之二。② 景德四年（1007）九月，"诏诸路所供升降户口，自今招到及刬居户，委的开落得帐上荒税，合该升降，即拨入主户供申。内分烟、析生不得增赋及新收不纳税浮居客户，并不得虚计在内，方得结罪保明，申奏升降。"又大中祥符四年正月，"诏诸州县，自今招来户口及创居入中开垦荒田者，许依格式申入户籍，无得以客户增数。旧制县吏能招增户口，县即申等，乃加其俸缗，至有析客户者，虽登于籍而赋税无所增入，故条约之。"③ 这都说明宋朝政府仍沿袭旧制，对客户虽进行登记，但他们原则上是不与赋役的。

但是，由于客户人数已如此众多，如何对他们进行控制管理，就成为一个重大的社会问题。据赵子几所报告的开封附近的情况，"近岁以来，寇盗充斥，劫掠公行为患。中间虽有地分耆壮、邻里诸人，大率势力怯弱，与贼不敌。纵捕捉赴官，即其余徒党同恶相济，辄行仇报，肆极惨毒，不可胜言。"其原因是：原行的保甲"岁月浸久，此法废弛。兼元初创置保甲，所在县道，事无苟简，别无经久从长约束。是致凶恶亡命，容于其间，聚徒结党，乘间伺隙，公为民患。"④ 赵子几的建议是将主客户"结为大小诸保，各立首领，使其相部勒管辖"。但在王安石变法时所推行的保甲法，已改变为主客户通编，凡户有两丁以上者，一体选一人充保丁应役。惟保长以上之负责人员则均以主户充担。"其有外来人户入保居住者，亦申县收入保甲。""同保内有犯强窃盗、杀人、谋杀、放火、强奸、略人、传习妖教、造畜蛊毒，知而不告，论如伍保律。其余事不干己，除敕律许人陈告外，皆毋得论告。"每一大保逐夜差五人

---

① 《唐会要·户口数杂录》。
② 《长编》卷二七，雍熙三年五月丙子，赵普奏。
③ 《宋会要·食货六九·户口杂录》。
④ 同上，《兵二·保甲》。

巡警。① 由此可见，王安石的保甲法，除了在旧行保伍制度的基础上予以强化之外，其最显著的变化是开始将客户纳入这一组织中，充保丁当役。②

然而，对于理想家的王安石来说，实行保甲法还有更为远大的目标，即用民兵来代替募兵。熙宁四年三月甲午，王安石与神宗论保甲法，"上言：久远须至什伍百姓为用，募兵不可恃。安石曰：欲公私财用不匮，为宗庙社稷久长计，募兵之法诚当变革，不可独恃。"丁未，王安石又言于神宗："今所以为保甲，足以除盗，然非特除盗也，固可渐习其为兵。既人人能射，又为旗鼓变其耳目，渐与约免税上番代巡检下兵士；又令都副保正能捕贼者奖之，或使为官，则人竞劝。然后使与募兵相参，则可以消募兵骄志、省养兵财费。事渐可以复古，此宗庙长久计，非小事也。"③ 为此，保甲法规定政府对保丁进行骑射教练，于农隙之日行之。熙宁五年七月，令主户保丁参与各地巡检司的巡逻任务，旬一更替。八年九月，把原隶司农寺的保甲改隶兵部。元丰初，开始对保丁行团教法。希望利用经过训练的保丁来逐渐取代骄堕冗费的雇佣兵。

《春秋·成公元年》"作丘甲"注云："《周礼》九夫为井，四井为邑，四邑为丘。丘十六井，出戎马一匹，牛三头。四丘为甸，甸六十四井，出长毂一乘，戎马四匹，牛十二头，甲士三人，步卒七十二人。此甸所赋，今鲁使丘出之，讥重敛，故书。"④ 丘甲之制是经儒家理想化了的兵农结合制度。这种制度必须以广大而稳定的自耕农民为基础，否则，军士的来源、装备与给养以及作战能力均无法保证。因此，在井田制度破坏后，土地兼并，农民逃亡，这种制度就根本无法实现。府兵制度把一部分人世袭充军户，对于这些军户来说是兵农合一，结果因土地兼并而无可避免地迅速崩溃。宋朝承晚唐五代军阀割据之后，实行募兵。政府有意把扩大招

① 《长编》卷二一八，熙宁三年十二月乙丑。
② 吕南公《与张户漕论处置保甲书》（载《灌园集》卷一四）中就提出：将主客户"例联之责以知觉应援"，"是离之合未适其愿"。
③ 《长编》卷二二一；
④ 《春秋左传注疏》卷二五。

募兵员当成收纳逃丁、以消戢社会上不安定因素的一种手段，于是又出现所谓"冗兵"的问题。仁宗时禁军最高达一百二十余万，厢军五十余万。国家经费的六分之五花在养兵的支出上，天下苦于供养转输，而军队又疲软骄堕，成为当时社会上瞩目的大问题。王安石认为解决这一问题的办法是恢复远古兵农结合的理想制度。王安石认为什伍之法，"此乃三代六卿六军之遗法，此法见于《书》，自夏以来至于周不改。秦虽决裂阡陌，然什伍之法尚如古，此所以兵众而强也。近代惟府兵为近之。唐亦以府兵兼制夷狄，安强中国。"①把兵农合一作为一种理想提出来，表现了作为思想家的王安石超越流俗的见识；但它却又是无法实现的空中楼阁。在当时农村贫富悬殊、赋役沉重的情况下，又以军役加于乡民，人们当然是难于接受的；广大贫苦的客户与下等人户更苦于应付。神宗是看到了这一点的，曾指出："府兵与租庸调法相须。"王安石回答说："今义勇土军上番供役，既有廪给，则无贫富皆可以入卫出戍。虽无租庸调法亦自可为。第义勇皆良民，当以礼义奖养。今皆倒置者，以涅其手背也，教阅而糜费也，使之运粮也。三者皆人所不乐，若更驱之就敌，使被杀戮，尤人所惮也。"②王安石认为官给廪给就能解决改行兵农结合这样一个复杂的问题，说明他的理想固然高超，而如何通向这一理想的桥梁却又何等脆狭难通！

我们说王安石兵农合一的思想只是一种理想，还在于，在一般情况下，这样做，是统治阶级所不愿也不敢于做的。对乡民进行军事训练，还允许自备弓矢，这无异乎是武装民众。它所带来的威胁将远比募兵所造成的冗费为甚。当时很多人上奏，说盗贼迭作，多有保甲中人，③这是完全可能的。

正因为兵农合一只是一种不切实际的理想，所以，元祐以后已再没有人去进行尝试。元朝行万千户制，清行八旗制，它们都是征服民族原始氏族组织的残留在内地的发展。明承元制行卫所制，其性质则有类于府兵。而且，无论是明或清都有向募兵制发展的趋

① 《长编》卷二三八，熙宁五年九月己酉。
② 《宋史·兵志六·保甲》。
③ 《长编》卷三七八，元祐元年闰三月，苏辙语。

势。这就表明：募兵制度是后期封建社会兵制发展的必然，王安石的兵农合一试验此路不通。但作为加强对基层进行控制的保甲制度，则一直为后来的统治者所沿行。

早在熙宁七年，"司农寺乞废户长坊正，其州县坊廓择相邻户三二十家，排比成甲，迭为甲头，督输税赋苗役，一税一替。"① 原但以稽察盗贼而与督赋役初不相关的保甲制度，开始变成为"以保丁充甲头催税，而耆户长、壮丁之属，以次罢募，利其雇钱而封桩之法起。"② 至元丰元年，各路皆言甲头催税不便，乃改为雇募户长，只是在没有人应募的情况下，"据税户多少，轮四等以上保丁催税。"③ 其后逐渐变成"耆壮之役，则归于保甲之正长；户长之役，则归于催税甲头。往日所募之钱，系承帖司及刑法司人吏许用，而其余一切封桩。"④ 绍圣恢复保甲，二年二月，"详定所言：乡村每一都保，保正副外，大保长八人，其保丁轮充甲头，皆最下户。人既不服，事率难集。按大保长各二年替，宜以都保租税输二人分，一税一替而罢甲头。于是催料悉用大保长矣。"⑤ 说明在乡村中分别保留任赋税与任治安的两套平行机构（此外还有专放青苗的组织）并不切合统治的需要，必要的简化是必然的。

南宋以五家相比为一小保，有小保长；五五为保，即一大保，有大保长。十大保为一都保，"二百五十家内，通选才勇物力最高二人充应，主一都盗贼烟火之事。大保长一年替，保正、小保长二年替。户长催一都人户夏秋二税，大保长愿兼户长者，输催纳租税，一税一替。"⑥ 嗣后保正长便成为既任稽察烟火盗贼，又使督赋税及其他公事的重役。⑦

元朝在江南的基层组织情况，仍沿袭南宋。北方则有社的设制。社是前代里社组织的强化，社长责在督课农桑，纠察非违。明

① 《文献通考·职役考一》。
② 陈傅良《转对论役法札子》，载《止斋文集》卷二一。
③ 《宋会要·食货六五·免役一》。
④ 《文献通考·职役考一》。
⑤ 同上。
⑥ 《文献通考·职役考二》。
⑦ 《宋会要·食货六五·免役二》，绍兴三十一年正月二十三日魏安行奏。

朝的里甲也是直接承宋而来。里长催办钱粮，勾摄公务，里甲在维持地方治安上起着重要的作用。故李骥在河南，柳华在福建，王阳明在江西，朱纨防倭，都申严保甲连坐，收到了预期的效果。在灾荒年代，明政府也在进行蠲赈的同时，通令在全国"严保甲缉盗"①。王阳明的十家牌法直接为清所继承。"世祖入关，有编置户口牌甲之令。其法，州县城乡十户立一牌长，十牌立一甲长，十甲立一保长。户给牌印，书其姓名丁口。出所注所往，入则稽所来。"②制度十分周密。康熙九年，又申"联保甲以弭盗贼"之谕。③李光祚序《王安石文集》，谓"保甲、保马，我圣祖仿而行之，民相安于无事。"晚清陆心源《〈临川集〉书后》，亦谓"然而阳明之十家牌，则荆公之保甲也，今著为令。"④保甲法作为基层统治的有效形式，而为我国封建社会后期诸王朝所相继沿行，是无须多作说明的。

六　科举制度的改革

在王安石变法中，科举制度的改革意义是重大的，值得认真探讨。《日知录·经义论策》："今之经义论策，其名虽正，而最便于空疏不学之人。唐宋用诗赋，虽曰雕虫小技，而非通知古今之人不能作。今之经义始于宋熙宁中王安石所立之法，命吕惠卿、王雱等为之。"原注云："《宋史》神宗熙宁四年二月丁巳朔，罢诗赋及明经诸科，以经义论策试进士，命中书撰大义式颁行。"⑤在八股文腥臭熏人的时代，顾炎武敢于严正对它痛加驳斥，是很可贵的。但他因反八股而兼及王安石，这个批评是否正确，我们下面再详加讨论。这里可以肯定的一点是：王安石废明经、把进士考试中的诗赋改为经义，在科举的发展史上是一个重大的转折。

唐代的科举，主要是进士和明经两科。进士主试诗赋，专尚文

---

① 《国榷》卷七三，万历十四年七月戊申。
② 《清史稿·食货志一·户口》。
③ 《清实录·圣祖实录·康熙九年十月壬辰》。
④ 转引自《王荆公年谱考略》，页 378—379。
⑤ 顾炎武《日知录》卷一六。

词。宋初一度流行西昆体，"进士益相习为奇僻，钩章棘句，寖失浑淳。"① 而所谓明经，不过是帖书墨义。考试之法，令其全写注疏，谓之帖括，专主背诵，犹之乎老僧唪经，塾童课艺。这种考试制度之必须改革，有识之士莫不皆以为然。庆历新政，范仲淹的改革主张中就有"精贡举"一项，建议进士考试，"先策论，后诗赋。"宋祁等的奏章中也明确指出："取士之方，必求其实；用人之术，当尽其材。今教不由于学校，士不察于乡里，则不能核名实。有司束以声病，学者专于记诵，则不足尽人才。""今先策论则文辞者留心于治乱矣！简其程式则闳博者得驰骋矣！问以大义则执经者不专于记诵矣！"② 当时规定了新的考试内容："三场先策次论，次诗赋，通考为去取，而罢帖经墨义。士通经术、愿对大义者试十道。"随着范仲淹的去职，反对者"以为诗赋声病易考，而策论汗漫难知"为由，诏"科举旧条，皆先朝所定也，宜一切如故。前所更定，令悉罢。"③

王安石新法关于科举的改革，就其具体途径而言，完全源出于上引宋祁奏议中的设想。熙宁四年初，王安石上言："今人才乏少，且其学术不一。一人一义，十人十义。朝廷欲有所为，异论纷然，莫有承听。此盖朝廷不能一道德故也。故一道德则修学校，欲修学校则贡举法不可不变。"他尖锐地指出："今以少壮时正当讲求天下正理，乃闭门学作诗赋，及其入官，世事皆所不习。此乃科法败坏人才，致不如古。"他建议"罢明经及诸科，进士罢诗赋，各占治《诗》、《书》、《易》、《周礼》、《礼记》一经，兼以《论语》、《孟子》，每试四场，初大经，次兼经，大义凡十道，次论一首，次策三道。礼部试即增二道。中书撰大义式颁行。试义者，须通经、有文采乃为中格，不但如明经墨义粗解章句而已。"④ 二月一日，朝廷明诏改革科举，"除去声病偶对之文，使学者得以专意经义，以俟朝廷兴建学校，然后讲求三代所以教育、选举之法。"⑤

---

① 《宋史·选举志一》。
② 《宋会要·选举三·科举条制》庆历四年三月三十日。
③ 《宋史·选举志一》。
④ 《宋会要·选举三·科举条制》引《文献通考》。
⑤ 同上，《选举三·科举条制》。

新的考试办法执行后，熙宁五年正月，神宗谕王安石："经术，今人人乖异，何以一道德？卿有所著，可以颁行，令学者定于一。"①于是王安石着手撰成《字说》、《三经义》。《三经义》中之《周礼新义》由王安石亲任，《诗》、《书》则由其子王雱训其辞，诸门人分纂，八年六月，颁于学宫，用为学校取士的标准，以此来求得人无异论、家无异道，一道德以同风俗的效率。在这一点上，王安石又在庆历新法的基础上，有所前进。

应该指出，就实行经义取士这一做法而言，主张遵行旧法的是苏轼，附和的是赵抃，犹豫动摇的是神宗。即使是反对新法最力的刘挚，也认为："熙宁初以章句破碎大道，乃罢诗赋而改试以经，可谓知本。"司马光也认为："神宗罢赋诗及诸科，专用经义论策，此乃复先王令典，百世不易之法。"他们反对的是"今之治经大与古异，专诵熙宁所颁新经、字说，佐以庄列释氏之书。试者累辈百千，概用一律。其中虽有真知圣人本指、该通先儒旧说，与时尚不合，一切捐弃。"（刘挚语）"但王安石不当以一家私家，欲盖掩先儒。令天下学官讲解及科场程式，同己者取，异己者黜。"（司马光语）②因此，就科举的改革而言，把明经墨义改为经义论策，这是大势所趋，争论的实质是在以什么为取士的标准。

王安石和神宗说当时一人一义，十人十义；经术人人乖异，并不是危言泛论，而完全是事实。疑经和以己意解经，是北宋中期新兴的风气。皮锡瑞说："经学自唐以至宋初，已陵夷衰微矣。然笃守古义，无取新奇；各承师传，不惬胸臆，犹汉、唐注疏之遗也。……乃不久而风气遂变。《困学纪闻》云：'自汉儒至于庆历间，谈经者守训故而不凿。《七经小传》出而稍尚新奇矣。至《三经义》行，视汉儒之学若土梗。'据王应麟说，是经学自汉至宋初未尝大变，至庆历始一大变也。《七经小传》，刘敞作；《三经新义》，王安石作。或谓《新义》多剿敞说。元祐诸公，排斥王学；而伊川《易传》专明义理，东坡《书传》横生议论，虽皆传世，亦各标新。司

---

① 《长编》卷二二九，熙宁五年正月戊戌。
② 《宋会要·选举三·科举条制》引《文献通考》。

马光《论风俗札子》曰：'新进后生，口传耳剽，读《易》未识卦爻，已谓《十翼》非孔子之言；读《礼》未知篇数，已谓《周官》为战国之书；读《诗》未尽《周南》、《召南》，已谓毛、郑为章句之学；读《春秋》未知十二公，已谓《三传》可束之高阁。'陆游曰：'唐及国初，学者不敢议孔安国、郑康成，况圣人乎！自庆历后，诸儒发明经旨，非前人所及；然排《系辞》、毁《周礼》、疑《孟子》、讥《书》之《胤征》、《顾命》，黜《诗》之序，不难于议经，况传注乎！'案宋儒拨弃传注，遂不难于议经。排《系辞》谓欧阳修，毁《周礼》谓修与苏轼、苏辙，疑孟子谓李觏、司马光，讥《书》谓苏轼，黜《诗序》谓晁说之。此皆庆历及庆历稍后人，可见其时风气实然，亦不独咎刘敞、王安石矣。"① 这就清楚地说明，北宋中期，思想界、学术界正进入了一个颇为活跃和新的时期。这和中国封建社会由前期向后期的转化是相适应的。旧的注疏学已不能满足新兴的一般地主阶级的需要。于是，学者蜂起，各以己意解经、疑经，以探求和创造一种与时代需要相适应的思想统治武器，王氏新学不过是其中的一种。这种诸说纷作，各以己意说经的局面，对于经学的发展应该说是一种解放和进步；但是它们各肆己见，私意附会，必然使人们无所依从，对于思想统治又是一个危机。为了统一思想，王安石利用政治权力把自己的新学置于钦定的统治地位，其必然招致诸家的反对是肯定的。王安石改革科举，改墨义为大义，变声律为策论，原是打破旧程式，解放思想的一个进步。但是，这个进步却有限得很，因为它虽然使人们从章句、声律的束缚下解放出来，却又立即把他自己的思想来牢笼天下。陈师道《后山谈丛》载："荆公经义行，举子专诵王氏章句而不解义。荆公悔之曰：本欲变学究为秀才，不谓变秀才为学究也。"故事很可能出于假托，事实则证以后来的发展却是逻辑的必然。这对王安石的改革确是一个讽刺。

元祐更化，首诏"自今科场程试，毋得引用《字说》"。旋又诏"自今举人程试，并许用古今诸儒之说或己见，勿引申、韩、释氏之

---

① 《经学历史》，中华书局版，页220—221。

书。考试官于经义论策通定去留，毋于老、列、庄子出题。"①四年，乃立经义、诗赋两科。②绍圣初，一切又翻过来，诏进士罢诗赋，专习经义；并解除对引用《字说》的禁令。到高宗建炎二年（1128）四月，复"诏后举科场讲元祐诗赋、经术兼收之利。""自绍圣后，举人不习诗赋者近四十年，（王）绹在后省，尝为上言：经义当用古注，不专取王氏说。上以为然，至是申明行下。"③

南渡以后，在科举程式上，王氏新学与程学（颐、灏）的斗争仍在继续。伊川之学，自徽宗崇宁以来，列为党禁。靖康初，党禁取消。当时宰臣赵鼎尊伊川之学，士大夫翕然乡之。同时的知枢密院张浚"习闻绍术之论"④，两人各存党见。张浚主恢复，赵鼎主偏安。绍兴六年十二月，赵鼎出知绍兴府，陈公辅乘机攻击程学，奏论伊川之学，惑乱天下，乞为屏绝。⑤赵鼎复相，这项禁令又取消。接着，秦桧任宰相，主王氏新学而禁程学。这就形成所谓"向者朝廷专尚程颐之学，士有立说稍异者，皆不在选；前日大臣（秦桧）则阴祐王安石、稍涉程学者至一切摈弃。"⑥直至绍兴二十五年秦桧死后，对程学的禁令始予解除。这时党争的内容实际上并不涉及到王氏新学本身，但因为它既为秦桧所利用，也就不可避免地受到玷污。王安石的许多重要著作遭到沦灭，有关的事迹被歪曲，多是在这之后发生的。

程朱理学开始在全国思想学术界取得统治地位是元仁宗在1314年沿行科举。当时的考试制度基本上是按朱熹所拟的《贡举私议》设计的。明承元制，独试士之法则视前代而少变。"其法专取《四子书》及《易》、《书》、《诗》、《春秋》、《礼记》命题，其文略仿宋经义，然代古人语气为之，体用排偶，谓之八股，通谓之制义。"⑦朱熹力诋王安石的科举改革，说："王介甫《三经义》，固非圣人之意，

---

① 《宋会要·选举三·科举条制》。
② 《宋史·选举志一》。
③ 《建炎以来系年要录·建炎二年四月丙戌》。
④ 李心传《道命录》卷三。
⑤ 《建炎以来系年要录·绍兴六年十二月己未》。
⑥ 《宋会要·选举四·考试条制》，叶谦亨奏。
⑦ 《续文献通考·选举考·举士》。

然犹使学者知所统一。不过专念本经及看注解，而以其本注之说为文辞，主司考其工拙而定去留耶！""所以王介甫行《三经》《字说》，说是一道德、同风俗，是他真个使得一下学者尽只会念这物事，更不敢别走，别胡说，上下都有个守据。"① 又说：王安石"逞其私智，尽废先儒之说，妄意穿凿，以利诱天下之人而涂其耳目。"② 朱熹的这些批评，不能说全无道理。不过，如果把这些话用到朱熹本人身上，则更为适当贴切。顾炎武所鄙薄的那种空疏不学的道学者们，不正是朱子之徒吗？

抑又有论者。程朱理学与王氏新学，本质上都是后期封建社会地主阶级的思想统治武器。程学经过朱熹的发展，臻于精致、慎密，而终于为地主阶级所选中，作为统治思想；而王氏新学却被淘汰。王氏新学之被淘汰固然有前述一些历史的遭遇，但其本身的问题也不应该忽略。由于王安石的某些主要著作现已不存，我们难于把它与程学作全面的比较。但有一点可以肯定，就是它的驳杂。王安石本人的思想，在本体上属儒，然杂管商之术，兼容佛老庄列成分。故司马光攻击它有"使圣人坦明之言，转陷于奇僻；先王中正之道，流入于异端"的危险。③ 但正因为它较驳杂，比起程朱的精纯来，从理论上讲，可以多少为思想的发展提供较广的余地。因此，有同志说王氏新学比起程朱来更为反动，我以为是不合乎事实的。

七　青苗法

马克思指出："小农民经济和独立手工业经营二者，是封建生产方式的基础。"④农民是封建地主剥削的源泉，也是国家赋役的实际承担者。然而，小农经济是非常脆弱的。沉重的剥削和天灾人祸，随时都有可能把他们推向破产的境地。从而反抗蜂起，终至于士族凌替，王冠落地。因此，统治阶级中较清醒的政治家、思想家，

① 朱熹《朱子语类辑略》卷五。
② 朱熹《论语要义目录序》，载《朱子大全》卷七五。
③ 《宋会要·选举三·科举条制》。
④ 《资本论》卷一，1953年版，页354，注24。

都懂得要安业力农、稳定小农经济的重要性。《汉书·食货志》说："理民之道，地著为本。"晁错著名的《论贵粟疏》说："民贫则奸邪生，贫生于不足，不足生于不农，不农则不地著，不地著则离乡轻家，民如鸟兽，虽有高城深地，严法重刑，犹不能禁也。"为了把农民牢固地束缚在土地上，封建主阶级从经济、法律、宗法等各方面，或是通过暴力强制，或是欺骗利诱，以约束农民。在这些欺骗性的手段中，属于所谓荒政的常平、义仓便是主要的一种。

早在春秋战国时期，为使安业劝农，管仲就提出敛轻散重，通轻重之权。李悝创平籴法，平年籴入，灾年籴出。西汉宣帝时，耿寿昌建常平仓，"命边郡皆筑仓，以谷贱时增其价而籴之以利农，谷贵时减价而粜之。"这种办法在东汉、西晋、北齐与北周皆相沿奉行。隋文帝开皇五年，民部尚书长孙平又创义仓。其法"令民间每秋家出粟麦一石以下，贫富为差，储之当社，委社司检校，以备凶年。"①常平与义仓两种办法并行，"常平以平谷价，义仓以备凶灾"。唐代的常平与义仓（社仓）、宋初的常平仓与惠民仓都是这一制度的延续。在常平的基础上，唐代又衍生出和籴。宋代置义仓米则始于仁宗时。

正因为常平、义仓是一种欺骗性的手段，所以尽管汉唐以来，它长期为统治者所使用，而大多数时期里，它只是徒具虚名的装饰。隋唐以来，且成为征民的一种新花样。后汉刘般揭露常平仓"外有利民之名，而内实侵刻百姓，豪右因缘为奸，小民不能得其平，置之不便。"②唐初戴胄揭露隋炀帝以"国用不足，并贷社仓之物以充官费，故至末涂，无以支给。"③宋朝也常以常平钱充国用。仁宗康定元年（1040）十二月，诏司农寺以常平钱百万钱助三司给军费。④故庆历四年范仲淹奏称：当时常平"仓廪空虚，无所赈发，徒有安抚之名，而无救恤之实。"⑤到神宗熙宁初，诸路常平广惠仓

---

① 《隋书·食货志》；《资治通鉴·陈长城公至德三年》。
② 《后汉书·刘般传》。
③ 《唐会要·仓及常平仓》。
④ 《续资治通鉴长编纪事本末》卷四四，《常平仓》。
⑤ 同上。

钱谷略计贯石可及千五百万以上。

从后唐以来，农民破产流亡日趋严重。政府假赈恤之名，加多剥削，又在常平之外，实行预贷。这一方式在宋初常为官府所施用。太宗时，马元方为三司判官，建言："方春民乏绝时，预给缗钱贷之，至夏秋输绢于官。"预买绢紬之制盖始于此。据说，"朝廷因下其法于诸道"，"公私便之。"① 其后，王旭行之于颍州，李世衡行之于陕西，袁世弼行之于当涂，都被认为是一种惠政。② 同时任陕西转运使的李参，以"部多戍兵，苦食少，参审订其阙，令民自隐度麦粟之赢，先贷以钱，俟谷熟还之官，号青苗钱。经数年，廪有羡粮。熙宁青苗法盖萌于此矣。"③ 既而初入仕途的王安石知鄞县，"贷谷与民，出息以偿，俾新陈相易，邑人便之。"④ 熙宁初，"河北转运判官王广廉奏乞度僧牒数千为本钱，于陕西漕司私行青苗法，春散秋敛。"⑤ 王广渊为京东转运使，"以方春农事兴，而民苦乏，兼并之家得以承急要利。乞留本道钱帛五十万，贷之贫民，岁可获息二十五万，从之。"⑥ 王安石正是在他们的启示和据自己的实际经验决心实行青苗法。

《陔余丛考》卷二〇"青苗钱之名，不自安石始也。"唐代宗广德二年（764）七月，税青苗钱以给百官俸。《旧唐书》谓乾元以来用兵，百官缺俸，乃议于天下地亩青苗上量配税钱，命御史府差官征之，以免百官俸料，遂为常制。又特设使者以征，大历元年（766）共征四百九十万缗，因不待秋成而征，故曰青苗。其性质和宋朝当然是完全不同。王安石引《周官泉府》为依据。"泉府掌以市之征布，敛市之不售。货之滞于民用者，以其贾买之，物楬而书之，以待不时而买者。买者各从其抵。都鄙从其主，国人、郊人从其有司，然后予之。"⑦ 青苗法的具体办法是：把现有常平广惠仓之存谷，

① 《长编》卷四四，咸平二年五月丁丑。
② 吴曾《能改斋漫录·谨正》。
③ 《宋史·李参传》。
④ 同上，《王安石传》。
⑤ 同上，《苏辙传》。
⑥ 同上，《王广渊传》。
⑦ 《周礼注疏》卷一五。

"遇贵量减市价粜，遇贱量增市价籴"。"仍以现钱，依陕西青苗钱例，取民情愿预给，令随税纳斛斗内。"预贷每年分两次进行，夏料在正月三十日以前，秋料在五月三十日以前。随夏秋二税纳还。令贫富相兼，十家为一保，约钱数多少，量人户物力，由令、佐会同耆、户长检查，每户须俵及一贯以上；不愿请者，不得抑配。客户愿请者，由主户作保，量所保主户物力多少支借。如支与乡村外尚有剩余，可支俵与坊廓有抵业人户。① 五等户及客户所借不得超过一贯五百文，以次第四等不超过三贯，三等六贯，二等十贯，一等十五贯。如依上述等额贷出后尚有多余，三等户以上可量其物力添数支给。贷款在偿清时缴纳三分或二分息钱。② 王安石对于青苗法的实行抱有很大的信心和希望。他说："若此行之，非惟足以待凶荒之患，又民既受贷，则于田作之时不患缺食，因可选官劝诱，令兴水土之利，则四方田事加修。盖人之困乏，常在于新陈不接之际，兼并之家，乘其急以邀倍息，而贷者常苦于不得。常平广惠之物，收藏积滞，必待年俭物贵然后出粜，而所及者大抵城市游手之人而已。通一路之有无，贵发贱敛，以广蓄积、平物价，使农人有以赴时趋事，而兼并不得乘其急。凡此皆以为民，而公家无所利其入。是以先王散惠兴利，以为耕敛补助，哀多益寡，而抑民豪夺之意也。"③ 他企图把通丰歉以平谷价，备贮蓄以待荒饥的荒政改造为促进农业生产，抵制高利贷兼并的想法，主观上是无可非议的。

青苗法招来反对者们的猛烈攻击。在存恤农民这一点上，司马光与王安石并不存在分歧。他曾说：对农民"欲加存恤，莫若察其乏食之初，早加赈赡，使各安土，不至流移，官费既省，民不失业。"④ 而他们的全部争论，马端临归结为三点：征钱、取息与抑配。他说："今观条例司所请，曰随租纳斗斛，如以价贵愿纳钱者听，则未尝抑配者。盖建请之初，姑为此美言，以惑上听而厌众论；而施行之际，实则不然也。"他并且认为："要之，以常平之储，贵发贱

---

① 《宋会要·食货四·青苗》。
② 同上。
③ 《续资治通鉴长编纪事本末·三司条例司》。
④ 司马光《三省咨目》，载《温国文正司马公集》卷六三。

敛，以赈凶饥、广储蓄；其出入以粟而不以金，且不取息，亦可以惩常平积滞不散，侵移他用之弊，则青苗未尝不可行。"其注云："晦庵之说如此。"①

我们就反对派所提出三个弊端来进一步分析。征钱问题，我们在免役法一节中已经碰到过，普遍行钱是宋代社会商品生产高度发展的产物，反过来又可以刺激商品经济的进一步发展。在商品经济的冲击下，农民在必要的交易中产生分化，给一部分人带来困苦，是不可避免的，但就整个社会来说，这是一个重大的进步。正是在这一点上，表现了青苗法的反对者们思想上的保守性。至于取息和抑配，情况就要复杂得多。

旧行常平社仓，如前指出：它的主要性质与作用在于它的欺骗性。它是用来以丰备歉，救荒济穷的。统治者实行它，是因为这种办法在凶荒的严重关头，能够起一定的缓和矛盾、减轻压力作用。当然，也有些统治者把它视为利源，进行挪用。但在舆论上，挪用是季世衰政，是应该受到批评和指责的。旧的义赈在发放时当然不存在强迫俵散和征取利息的问题。它被描写为一种德政。它为历代的统治者所沿行；在后期封建社会阶级对立较明显、阶级矛盾更尖锐的形势下，它更为统治者所看重。

王安石把常平义仓改为青苗。他说："常平新法乃赈贫乏、抑兼并、广储蓄，以备百姓凶荒。"他企图使之在旧有的备凶荒之外，更具有抑兼并的作用。条例规定，请领青苗预贷须从民情愿，"不愿请者，不得抑配"。富户们在一般情况下本没有贷青苗钱的需要，为了规避百分之二十的利息，他们只有强制的情况下才接受俵派，这是很自然的。如果坚持自愿，便不发生富户请贷的问题。但这样，在过去行常平广惠仓时仍需纳谷充义仓米的富户，现在倒不须有任何负担，则不惟青苗钱的基金来源枯塞，也完全不符王安石役富的本意。事实上，王安石是主张俵派的。他在回答神宗关于强行俵派富户的问题时，说："臣以为此事至小，利害亦易明。直使州郡抑配上户，俵十五贯钱，又必令出二分息，则一户所陪止三贯钱，

---

① 《文献通考·市籴考二》。

因以广常平储蓄，以待百姓凶荒，则比之前代科百姓出米为义仓，未为不善。"① 在中央大行推广，以地方官能行青苗为功的情况下，州县乡里强行俵散的事也绝不会是个别的。强行俵散的结果，对于富户，不啻是在请纳折腾的烦扰下，又增一种新税，他们要极力反对，是理所当然的。

对于贫下人户，四等户请贷三贯，五等及客户一贯五百文。据韩琦的计算，河朔丰收之岁，米斗不过七八十钱②。那么，翌年春播和青黄不接时候，一贯恐难买米一石。四等户中多数本可勉强自给，但却强俵三贯，半年内增息六十文，两次共一百二十。贷无所必需之青苗，徒增半年百分之二十利息，这一部分农民的不利是显然的。五等及客户中，以五口计算，石米之贷所能解决的问题究竟有限，正像漆侠同志所估计的："青苗法还远不能制止高利贷的活动，高利贷还有其活动的广阔场所。"③ 由于下等人户乐于请贷而归还却少保证，所以州县官吏宁少俵下户而多与上等。并且条法中规定：下户与客户请贷，必取保于甲头与主户。这样作的结果必然加强富户对贫农、佃客的控制。每至纳还之期，"期限之逼，督责之严，则不免复哀求于富家大族，增息而取之。"④ 不但此也。在吏治昏暗，无所改善（应该说，王安石在这方面并没有作任何工作）的情况下，官吏通过青苗，多取利息以猎功、私行克剥以肥己的现象是肯定不会少的。青苗法本身贷还纷繁的规定更增多了官吏上下其手以牟利的可能性。因之，"虽云出息不过二分，而节目颇多，督责愈峻。盖有诡名冒请、卖膀子、散甲状、支交子、折足钱、除头子钱、减克升合、量收出剩；并书手、保正、甲头识认等事，费耗不一。"⑤ "凡当请时，保长之籍姓名也，甲头之团甲也，手书之点等第也，其城郭之往来也，其门户之经由也，其主库者之出纳也，皆人情之所不能尽禁者也。钞引也，头子钱也，公而不可无者也。通而

---

① 《续资治通鉴长编纪事本末·青苗法上》。
② 《宋史·食货志上四·常平义仓》。
③ 漆侠《王安石变法》，页 113。
④ 《长编》卷三七六，元祐元年四月乙卯，王岩叟疏。
⑤ 吕陶《奏乞权罢俵散青苗一年以完民力状》，载《净德集》卷三。

会之，不知几分之息也。复自起催，则吏在门矣，数数饮食之，賂遗之，而苟以免追呼。积日累久，又不知几分之息也。又有违期而必至于追呼者，追呼既至而必鞭挞者，鞭挞既已而必荷校者。要其所耗，又不知几分之息也。复有给陈粟腐麦以与之，而使之偿善价者。论其所折，又不知几分之息也。"① 这些情况，或许有夸张，但终不能尽以污蔑攻击置之。

如上所述，青苗法的制定，就王安石抑兼并的主观设想上讲，当然是好的；但在实行中，对农民的实利有限，而弊窦丛生。只是官府却因把本充备荒之用的常平储积营用生利，而取得大笔收入。元祐更化，青苗法迟迟没有罢废，原因便是"国用不足，欲将青苗补其缺乏。"直至其年八月辛卯，才最后决定"罢俵青苗"。到绍圣二年七月，又开始了一次反复，当时任户部尚书的蔡京上疏："奉诏措置财利，窃见熙宁中先皇帝以天下之本在农，故稽参先王春秋补助之意，行散敛之法。薄取其息，以为放阁欠免之备。故兼并不得专辟阖之利，而农得尽力南亩，不为兼并所困，实大惠也。行法之初，论者不一，赖先帝神武英睿，行之不疑，以克就绪。数年之后，取者云集，纳者辐至，天下仓库盈衍丰羡，而财不可胜用。自元祐废罢以来，兼并得纵，农渐失业；向之所积，支用殆尽，以至于今未之复也。"② 蔡京小人，他是为括钱而恢复青苗。他把青苗抑兼并的作用夸张到如此地步，谁也无法相信。试想，果如他之所说，从这以后迄于北宋之亡，青苗法是一直沿行的，抑兼并、便农民的效果表现在哪里呢？

南宋高宗建炎元年，为了安抚天下，诏令"青苗敛散，永勿施行。"但利源所在，朝廷仍在这个题目上打主意。绍兴八年，参政李泰发提出："常平法本于汉耿寿昌，岂可以王安石而废之。"于是在九年复提举官，使掌其政。"然自军兴后，常平窠名，往往拨以赡军，无复如曩时之封桩矣。"③ 社仓制度在南宋也时断时续地恢复施行，但支用之例既成，储蓄屡屡告罄。同时也恢复了和籴。社仓和

---

① 《长编》卷三七六，元祐元年四月乙卯，王岩叟疏。
② 《宋会要·食货五·青苗下》。
③ 李心传《建炎以来朝野杂记甲集·财赋二·常平苗役之制》。

和杂科配害民，当时是普遍发生的现象。

常平既然在官府的支用下，无所储积，则其旧有的备荒济凶作用已无法承担，于是南宋中期义仓之议又翕然兴起。这说明常平旧有那种欺骗与减压作用，始终是为地主阶级所需要和看重的。义仓的热烈鼓吹者是朱熹。① 朱熹的义仓实际上是王安石青苗的变通。他在《金华社仓记》一文中说："抑凡世俗之所以病乎此者，不过以王氏之青苗为说耳。以予观于前贤之论，其处之也以县而不以乡，其职之也以官吏而不以乡人士君子，其行之也以聚敛亟疾之意，而不以惨怛忠利之心。是以王氏能以行于一邑，而不能以行于天下；子程子尝极论之而卒不免悔其已甚而有激也。"② 朱熹的主张，集中到一点，便是把社仓由官办改为绅办。这个意见为孝宗所接受，颁其法于天下，"命民间愿从者听，官司不得与"。但实际上有的地方，社仓仍由官吏把持。如广德县便仍是如此。黄震记其弊说："社仓元息二分，而仓官至取倍称之息，州县展转侵渔，而社仓或无甔石之储。其法以十户为率，一户逃亡，九户赔备。逃者愈众，赔者愈苦。久则防其逃也，或坐仓展息，而竟不贷本；或临秋贷钱，而白取其息。民不堪命，或至自经。"一些由乡曲自置的义仓，"然亦间有名虽文公（朱熹）而人不文公，其初虽文公而其后不文公，倚美名以侔厚利者，亦已不少。"③

从这以后，大体上沿行朱熹的这一套。元朝设义仓于乡社，置常平于路府，"使饥不损民，丰不伤农，粟值不低昂，而民无菜色。"④明初，"命州县东、西、南、北设预备仓四，以振凶荒，即前代常平之制。选耆民运钞籴米，即令掌之。"中期又有社仓之设，社仓与官仓的区别是："官仓，发官银以籴也"，实即常平；"社仓，收民谷以充也"，也便是朱子所主张的社仓。⑤ 清初的李绂曾经说："朱

① 朱国祯《涌幢小品·起事》："考亭常平义仓之法，虽师汉人意，然其法实始于绍兴庚子年乐清人陈光庭之义仓。"
② 朱熹《婺州金华县社仓记》，载《朱子大全》卷七九。
③ 叶盛《水东日记·黄东发社仓记》。
④ 《元史·食货志四·常平义仓》。
⑤ 《明会要·食货四·预备仓》《社仓》。

子社仓之法,与青苗同。相沿至今近六百年。"① 由此可见,王安石的青苗法,实际上仍然被沿行下来。从王安石以抑兼并为目标的青苗,一变而为蔡京的聚敛,再变而为朱熹的社仓制。他们各自的主观追求可以有不同,但客观效果却大体一样。这是不奇怪的。因为王安石本人也是地主阶级的政治家、思想家。他的抑兼并思想,本质上也是用来稳定与维护本阶级的长远统治的。

梁启超把青苗法比之于近代的银行信贷②,这是不正确的,它们是完全不同的两码事。第一:青苗实际上是强制性的俵散;第二:它不是据贷方的需要,而是按户等规定限额;第三:它的直接作用不是用来发展生产,而是青黄不接时生活的赈给。青苗与资本主义社会中的农贷,性质毫无共同之处。

八 均输法、市易法

汉武帝时,桑弘羊创行均输。《盐铁论》谓:"往者郡国诸侯各以其物贡输,往来烦难,物多苦恶,不偿其费。故郡置输官以相给运,而便远方之贡,故曰均输。"史称其法行,"不益赋而天下用饶"。昭帝即位,霍光辅政,均输被取消,从此,被后来儒者之徒视为聚敛征利之术。唐肃宗时,刘晏主财政,对整顿转输,了解地方物价,以改善京师供应方面都颇有成效。王安石在他们启示下,熙宁变法,首行均输法。规定:发运使总六路赋入,以制置茶、盐、矾、酒税为事。军储国用,多所仰给。"借以钱货,资其用度,周知六路财赋之有无而移用之。"并令预知中都帑藏之贮量与需要,"凡籴买、税敛、上供之物,皆是徙贵就贱,用近易远。"任薛向为使,赐内藏钱五百万缗,上供米三百万石为本以充营运。这一办法一开始便引起许多人的反对,其持论多是指其袭桑弘羊之说,恃术不正。苏轼且称:是法行,"豪商大贾,皆疑而不敢动。"认为政府不应该与商贾争利。关于均输法实行的详细情况,保存的资料极少。

① 转引自《王荆公年谱考略》,页 227。
② 《王荆公》(中华书局单行本),页 67。

执行之初，尽管反对之声迭起，对薛向个人的攻击也十分尖锐，但神宗坚不为动，反以薛向为天章阁待制，遣太常少卿罗拯为使，手诏赐向，勉励他"济之以强，终之以不倦，以称朕意。"①但是薛向的工作至少在元丰初已引起了神宗的不满。"元丰二年，帝因论薛向建京师买盐钞法无成事，语侍臣曰：'新进之人，轻议更法，其后见法不可行，犹遂非惮改。均输之法，如齐之管仲，汉之桑弘羊，唐之刘晏，其智仅能推行，况其下者乎？朝廷措置始终，所当重惜，虽少年所不快意，然于国计甚便，姑静以待之。"②从这段话来看，神宗对均输法已失去兴趣，它的停废，大概就是这以后不久的事。③所以《宋史·食货志下八·均输》说："均输后迄不能成。"它原不待元祐更化时司马光来废罢。

市易之设，据《宋史·食货志下八·市易》说："本汉平准，将以制物之低昂而均通之。其弊也，以官府作贾区，公取牙侩之利，而民不胜其烦矣。"它是理想主义的产物，王安石把前引《周官泉府》作为自己的理论根据，试图把它推行于全部商业领域中。

先是熙宁三年王韶在陇西创设市易务，假官银为本，牢笼蕃汉商贾之利。五年三月，魏继宗上书，谓："京师百货无常价，贵贱相倾。富能夺、贫能与，乃可以为天下。今富人大姓，乘民之亟，牟利数倍，财既偏聚，国用亦屈。请假榷货务钱，置常平市易司……使审知市物之价，贱则增价市之，贵则损价鬻之，因收余息以给公上。"④根据这一建议，朝廷在京师设置市易务。五年，公布了市易务的具体条例。"凡货之可市及滞于民而不售者，平其价市之。愿以易官物者听。"在京各行商贩，以其产业作为抵押，五人以上结为一保，向市易务赊购货物，半年后偿还，加息一分。外地来的商货，能够"收蓄转变者"，也可以由市易务收买。三司诸库所需物资，如果比向外地购买省费者，即便就之收买。⑤市易务所控制的范围，

---

① 《宋史·食货志下八·均输》。

② 《文献通考·市籴考一》。

③ 梁启超认为是因为市易法既行，"均输之效，已可并寓其中。"（《王荆公》）这个说法是有道理的。

④ 《宋史·食货志下八·市易》。

⑤ 同上。

从现存的资料看，从茶、盐、纱、瓜果、冰、梳幞，以及上供的篱席、黄芦之类，都在统制之列。神宗以三司户部判官吕嘉问提举在京市易务，仍赐内藏库钱一百万缗为市易本金，其余合用交钞及折博物，令三司应付。并相继在全国的较大城市都设置市易务。七年，改在京市易务为都提举市易司，总领全国各地市易务。市易务勾当官即委商人充任。①

市易法中，某些规定不无积极意义。如"免行条贯"等。然而，王安石的目的是图以国家政权对商业进行全面统制，以达到抑兼并而臻均平的理想。文彦博攻击市易说："今令官作贾区，公取牙桧之利，古所谓理财正辞者，岂若是乎？"王安石很自信的辩护说："摧兼并，收其赢余，以兴功利，以救艰厄，乃先王政事，不名为好利也。"②一些王安石的评论者们也都对市易法作了完全肯定的评价。对于这一点，我是有怀疑的。

第一，如上所述，市易法全面统制国家的商业，从管制物价、调剂盈虚，到具体经营百货的收购、赊销、发售、易换，还包括商本的借贷。一果之利，一席之微，都在市易务监管的范围之内。商业的经营供给，本来是十分繁杂的问题。王安石天真地竟要把全国商业几乎全统起来，在当时情况下，这是行得通的吗？管理市易的官吏多取贾人为之，依靠这批人能办好这项事情吗？

第二，王安石寄希望于市易来裁抑豪商富贾的垄断兼并。他引茶商一例为证。"今修市易法，即兼并之家以至自来开店停客之人并牙人，又皆失职。兼并之家，如茶一行，自来有十余户，若客人将茶到京，即先馈献设燕，乞为定价，比十余户所买茶更不敢取利，但得为定高价，即于下户倍取利以偿其费。今立市易法，即此十余户与下户买卖均一。此十余户所以不便新法，造谤议也。臣昨但见取得茶行人状如此，余行户盖皆如此。然问（闻）茶税两月以来倍增，即商旅获利可知。"③王安石举出这一例子来说明市易法打破了少数豪商的垄断，是无可怀疑。但把垄断权转到了封建官府手

① 《宋会要·食货三七·市易》。
② 同上。
③ 《长编》卷二三六，熙宁五年闰七月丙辰。

中，是不是便肯定有利于商业的发展呢？事实却完全不是这样。熙宁七年三月，就是那个首先上疏请行市易的魏继宗，就揭露："近日以来，主者多收息以干赏。凡商旅所有，必卖于市易；或市肆所无，必买于市易，而本务率皆贱以买、贵以卖，广收赢余。"① 从豪商垄断转而成为市易垄断，实质并没有改变，以暴易暴，不知其非。我认为，对于所谓"征富"、"抑富"、"摧富"，不宜于作一般的肯定。只是这样作其结果有利于社会生产的发展时，才是值得肯定的。

第三，王安石宣称赊请有利于中小商贩经营。这无疑也部分地符合事实。然市易法包括三大措施：结保赊请，一也；契书金银抵当，二也；贸迁物货，三也。对中小商贩来说，要取得贷款无疑只有走结保赊请的路。元丰二年正月，诏市易司罢立保赊钱法。这以后赊贷必须以金银物帛抵当。就是说，从此已绝了无产业或少产业的小中商贩请贷的路。在赊贷取息中，官吏因缘为奸以病民的事也多发生。如以多取息钱为功，甚至"给民钱有出息、抵当、银绢、米麦、缓急、葬丧之目七八种。"监务王景彰，"榷市商人物，非法及虚作中籴入务，立诡名籴之，白输息钱，谓之干息。又抑贾贩毋得至他郡，多为留难。"② 至于因贷款无法偿还，被罚增息的事更是普遍。元祐元年（1086）正月，孙升言："朝廷立市易之法，意在抑兼并，使商贾通流货财，平准物价。而行法之初，吕嘉问实领其事，附会柄臣，奋行私智，引用兼并之徒，杜绝商贾之利，罔上坏法，肆为奸欺。簿帐不明，首尾无据，官吏隐庇，曾无关防，以致蠹害之酷，奸弊之深，货物才行赊请，息钱已计分厘。县官所得虚名，官吏皆冒实赏。先朝察知弊害，废灭殆尽。自元丰四年置局拘催，取责内外所欠九百二十一万五千九百余贯。今近五年，除放免息钱，支拨皇亲、公人旧欠外，纳未及其半，其间失陷固多。自京师以及四方之人，破家丧身者不可胜数。"③ 一些对王安石变法持肯定态度的同志对当时的反对派揭露新法实行中的弊害，一律以造谣污蔑视之，不肯置信。其实，王安石变法中，吏治的黑暗因循腐败如旧，这恐怕

① 《宋会要·食货三七·市易》。
② 《宋史·食货志下八·市易》。
③ 《宋会要·食货三七·市易》。

是事实。在这种情况下，虽有良法美意，实行中也会产生意想之外的弊端。

第四，王安石主张由封建国家直接控制商业，这种干预是否具进步性？很值得怀疑。在市易法实行时期，东京大姓，只开质库，说明这样做只是使商业，经济向高利贷转化，这当然不能说是一个进步。因此，在这个问题上，我同意王曾瑜同志的意见。他说"在中国封建时代前期，桑弘羊等人实行盐铁官营，尚有打击奴隶主工商业的积极意义；而在封建时代后期的市易法，就只能阻碍商品经济的正常发展。"[1] 有一点可以肯定，市易法在元祐罢废、绍圣复行这一起一落后，不久，宋高宗就以"得不偿费"罢除。

王安石的均输、市易法的提出，无疑是在北宋商品经济空前发展的新形势下提出来的。但他对商业经济的观点和措施却仍然是汉、唐封建主阶级的老一套，并附会以《周官泉府》的空想。因而是与社会发展的需要背道而驰的。它不单是终究要阻碍商业的发展，即就市易法为政府所带来的收入而言，也远不如人意。熙宁五年至七年间，市易务所得市易息钱为一百万余贯，市例钱九万八千贯。所获无多，所以马端临讥笑它算不得什么善于讲利。[2] 北宋以后，无论是均输或市易，已经再没有人天真地来尝试推行了。

九 结 语

以上我们逐项地对王安石的方田均税、免役、保甲、科举、青苗、均输与市易等主要的新法，从产生、发展与变化的角度，进行了历史的纵向考察。其他一些命意较显或影响较少的新法，如保马、将兵、置军器监、农田水利等，这里已无暇详加列论。就本文已经讨论过的七项新政而论，其中的五项尽管其形式已有所变化，内容也有所增损，却都为后世所沿行。两项则是被彻底废弃，不再为人所沿袭。清初的著名学者王船山，攻击王安石甚力。他说：

---

[1] 王曾瑜《王安石变法简论》，载《中国社会科学》1980年第3期。
[2] 《文献通考·市籴考二》。

"熙丰新法,害之已烈者,青苗、方田、均输、手实、市易,皆未久而渐罢。哲、徽之季,奸臣进绍述之说,亦弗能强天下以必行。至于后世,人知其为虐,无复有言之者矣!其元祐废之不能废,迄至于今,有名实相仍,行之不革者,经义也,保甲也。有名异而实同者,免役也,保马也。"①王船山在这个问题上的见识平庸而且偏颇,远不如稍后的颜习斋所见的深刻。习斋指出:王安石"所行法如农田、保甲、保马、雇役、方田、水利、更戍、置弓箭导于两河,皆属良法,后多踵行。"②蒋士铨也看到了这一点。他在诗作《读荆公集二首》中有句云:"立法至今难尽改,存心复古岂全非。"又《读宋人论新法札子》一首中也说:"后来十九遵遗法,功罪如何请细思。"③邵堂《青浦邵子山诗集》也有句云:"只令遗法流传遍,未必周官定误人。"④他们对于王安石新法的性质未必有一个正确的认识,但都能看到新法大多是沿行于后世。这在当时偏见极深的时代,确是荦荦不群的。

可以这样说:王安石新法,凡是为后世所沿行的,它便是适应中国后期封建社会的发展,为地主阶级统治制度所必需的。它是政治制度必须适应并服务于自己的经济基础这一基本规律的必然,同时又是前此有关制度的合乎逻辑的发展。当然,各项新法的作用也是各不一样的,或有利于促进社会经济的发展,或有利于加强地主阶级的统治。我们对所有具有这些作用的新法都予以肯定。因为初进入封建社会后期的地主阶级仍然有它的发展余地,它比起前期的门阀世族统治来毕竟是一个进步。因此,即使某些新法如保甲、科举改革等,它们纯粹是从加强封建地主的统治着眼的,我们仍然把它们看成是历史的进步。王安石变法的进步作用,主要就表现在这里。

另一方面,一般来说,凡是新法中那些不为后世所沿行的政策,表明它们本身便是行不通的,也就自然对社会发展无积极作用

---

① 《宋论》卷六。
② 李塨撰《颜习斋先生年谱》卷下,引《宋史评》,载《颜李丛书》卷一。
③ 载《忠雅堂集》卷一三。
④ 转引自《王荆公年谱考略》,页402。

可言。但是，王安石既是一个杰出的、在历史上起过进步作用的政治家，同时还是一个伟大的思想家。他的政治改革在许多方面都带有理想主义的追求，如青苗、免役、保甲法。一些在实际政治中行不通的东西，也同样显露他的理想主义的火花。如均输、市易之类，我们虽然认为它们不利于商品经济的发展而予以否定，但其中却闪耀着思想家王安石理想的光芒，也表现了他为追求这一理想而坚持奋斗的高尚品格。正因为如此，即使这些原是无法实现的空想，仍然应该把它看成是对儒家理想的一次实验，它尽管是不成功的，但仍在中国思想史上留下了不可磨灭的光辉。

正是在这一点上，王安石不同于历史上一般的政治改革家，同时也使他高出于他的同僚们以及神宗皇帝。应该看到，新法的某些步骤和内容，原不是王安石的思想体系所固有，而是为迁就和满足神宗的要求而采行的。神宗虽不失为有所作为的君主，但思想上则比较平庸，且急利躁进，而又容易犹豫动摇。他是为了解决国家财政困难而采行变法的，目标只是要富国强兵。三司条例司这一机构便是为财政而设的。最初王安石对此并不完全赞同。变法酝酿之初，当神宗催问王安石关于制置三司条例司事如何时，王安石对曰："已检讨文字，略无伦绪，亦有待人而后可举者。然今欲理财，则须使能。天下但见朝廷以使能为先，而不以任贤为急；但见朝廷以理财为务，而于礼义教化之际，有所未及。恐风俗坏，不胜其敝。陛下当深念国体有先后缓急。"上颔之。① 王安石原是认为，要进行改革，变风俗，立法度，才是"最方今之所急"②。但是在实际着手时，成立的制置三司条例司却纯粹成了解决财政的机关。熙宁四年二月，"上患陕西财用不足。安石曰：今所以未举事者，凡以财不足。故臣以理财为方今先急。未暇理财而先举事，则事难济。"③ 从一开始主张的礼义教化，正风俗，立法度为先，变成理财为先，实际上正反映了王安石的理想和实行的矛盾。当时人攻击王安石"说

---

① 《续资治通鉴长编纪事本末三司条例司》。
② 《宋史·王安石传》。
③ 《长编》卷二二〇，熙宁四年二月庚午。

多而变屡，无不易之论。""世之为奸者借其一说可以自解。"① 指的就是他的这种矛盾。

还应该指出：王安石的理财观与神宗的理财观也是相去甚远的。譬如：王安石说："理财以农事为急，农以去其疾苦、抑兼并、便趣农为急，此臣所以汲汲于差役之法也。"② 理财首先在发展农业生产，抑兼并即所以发展农业生产。他认为只有通过抑兼并以惠贫民，损有余以补不足，才能达到他"均天下之财，使百姓无贫"的理想。然而，同是对于役法，神宗所关心的却是多征役钱，保护富户。神宗曾同舒亶论役法。"亶言役法不均，责在提举官。神宗曰：提举官未可责也。近臣僚有自陕右来者，欲尽蠲免中下之民。朕谓不然。且中下之民多而上户少，若中下尽免而取足上户，则不均甚矣！朝廷立法，但欲均耳。"③ 都讲一个"均"，王安石和神宗的解释与要求就完全两样。但是在实行中王安石却不能不被迫改变自己的理想来适应神宗的要求。过去的人徒见所谓的君臣契合、任专遇宠，其实，这种看法是很浅泛的。

因为王安石与神宗的思想各不一样，因此，这两个变法派首脑之间始终是貌合神离。在关键时刻，神宗总是动摇。王安石把变法的主要目标放在抑兼并，神宗也曾表示同意。但当反对派猛烈攻击新法时，神宗便退却了，改口说："抑兼并实难。""均无贫固善，但此事难行。"熙宁三年二月，韩琦攻击青苗法，"上疑其事"，王安石只好称病不出。三月神宗令王安石修改常平法，"以合众论"。同年十一月保甲法行，神宗也一再论难。四年五月王安石呈役钱文字，神宗又说："已供税敛过重"。王安石也不止一次率直地批评神宗"刚健不足"，"坐为流俗所困"，"未足胜众人纷纷"，"未能大困兼并"，却"已不能无惑"。最后，王安石终于被排挤出政府，到钟山去过半隐居生活。

王安石去职了。变法在神宗主持下，形式上继续维持。古人也

---

① 《王荆公诗笺注》卷一五《寓言十五首》之三，注。
② 《长编》卷二二〇，熙宁四年二月庚午。
③ 王称《东都事略·舒亶传》。

看出来前后之间的差异。陈瓘说："元丰之政，多异于熙宁。"①朱熹说：神宗在"尽得荆公许多伎俩"后，"到元丰年间，事皆自作，只是用一等庸人备左右趋承耳。"②楼钥也说："元丰之初，主德已成"，"非复熙宁之比。"③当然，古人并不能真正认识这个差异的实质，依我看来，这个差异便在于元丰之政已随着王安石的去职而丧失了王安石制法的精髓。这个精髓便是所抱的抑兼并，均天下之财，使百姓无贫的理想。正是在这一点上，王安石把自己的理财区别于单纯图聚敛的征利手段。割弃了它，便是把王安石的崇高理想降低到单纯为解决国家财政收入的"富国"措施。熙丰变法期间，国家财政收入有了显著的改进。毕仲游给司马光的信中说："今诸路常平、免役、坊场、河渡、户绝压产之钱粟积于州县者，无虑数十百巨万，如一归地官以为经费，可支二十年之用。"④陆佃说："迨元丰间，年谷屡登，积粟塞上，盖数千万石。而四方常平之钱，不可胜计。余财羡泽，至今蒙利。"⑤安焘说："当熙宁、元丰间，内外府库无不充衍，至小邑所积见钱粟，不下一二十万。"⑥叶适也说：当时"封桩之钱，所在充满。绍圣、元符间，拓地进筑而敛不及民，熙丰旧人，矜伐其美。"⑦他如苏辙、安焘、吕陶、吕南公、李光等人都有类似的说法。就神宗所追求的富国强兵而言，变法是达到了目的。而就王安石的理想追求而言，却只能算是失败。不单止此，王安石的新法竟会变成蔡京的虐政，这当然是王安石的始料所不及的。对超出现实许可的美好理想的追求，在实行中，其结果必然、也只能退到现实所许可的范围之内，这是不足怪的。但是，我们决不能因此而轻视或低估思想家的理想追求。缺少理想的政治家不可能是伟大的改革者，缺少理想主义历史遗产的民族不可能是卓立于世界文化之林

①　徐自明《宋宰辅编年录·哲宗绍圣元年》。
②　《朱子语类》卷一三〇。
③　楼钥《王魏公文集序》，载《攻瑰集》卷五一。
④　毕仲游《上门下侍郎司马温公书》，载《西台集》卷七。
⑤　陆佃《神宗皇帝实录序论》，载《陶山集》卷一一。
⑥　陈均《皇宋编年纲目要备》卷一一六。
⑦　叶适《上宁宗皇帝札子三》，载《水心集》卷一。

的民族。我们在充分肯定王安石的某些新法在适应社会发展需要、推动社会发展的进步意义时，对于他某些带理想的、事实上是无法推行的措施，既要指明它违反社会发展需要，又要看到它作为优秀的历史遗产资料的重大价值，同时也高度赞扬他为实现自己崇高理想的坚毅不拔精神。轻率地把这些一概否定是不妥当的。

（原载吉林大学《史学集刊》1985 年第一、第二期）

有关吕惠卿研究的两点意见

　　研究吕惠卿，有一定的困难。他在熙宁变法中作为王安石的最主要助手，与曾布等制定了青苗、保甲、免役、农田水利等新法，协助王安石极力推行。王安石在熙宁七年（1074）第一次去职后，他出任参政，有力地维护了新法的继续实行。不过他始终只是变法的主要人员之一，在中央工作的时间较短（二年二月至八年九月，期间居丧二年多），又是因为同主持变法的王安石发生矛盾而离开了中央。因此，要详细讨论他个人的活动，事实上确有困难。其次，在所有变法派人物中，他是被诬陷、受攻击最多的人物。《宋史》将他列入奸臣传。后来的评论家起来为王安石辩诬，但对吕惠卿则仍然得不到正当的评价。梁任公说他"必非君子，无待言。"漆侠先生更斥他有"野心"，是一个已经同变法派"决裂"的"小集团"领袖。只有周宝珠先生写过一篇文章为吕惠卿讲了句公道话。不过很多问题并没有深入一步澄清。

　　我以为要把吕惠卿的研究深入开展起来，应该在两个方面认真地作一些工作。

　　第一，正确、全面地认识这一次在神宗时期所进行的，作为政治家、改革家吕惠卿为之献身的变法运动。其背景、发生的原因、变法的内容、作用与结果究竟如何？都需要很好地研究。前贤们在论及这些问题时，都认为这次变法是在宋朝冗官冗兵、积贫积弱、地主与农民的阶级矛盾十分激烈的背景下发生的。变法的目的是富国强兵、维护宋廷的统治，甚至是"针对着蓬勃发展的农民革命"，"它在根本上是同农民的革命暴动相对抗的"。（漆侠《论王安石变法》，1963 年 5 月 16 日《人民日报》第五版）其结果则一致肯定是变法失败，不过在作用上，有的肯定它当时确收到了"富国强兵"的效果；或者说这种改良"对历史的前进起了一定的推动作用。但这个作用是微小的，而且变法的成果不过维持了十多年。"对于所有这些方面，我个人看法是很不相同的。

关于变法的性质，我认为变法是一次在中国进入封建社会后半段这个转折时期，地主阶级为适应经济基础的巨大变化，图重新稳定其统治而进行的上层建筑各个领域所进行的改革的最早和全面的尝试。前贤们所列举的所有冗官冗兵、积贫积弱、阶级矛盾激化等等都是旧制度不能适应已经变化的经济基础所导致的社会现象。譬如说，从九品官人制度转变为科举取士，以扩大政权的政治基础，但从武则天时候开始，官吏就开始泛滥。所谓"补阙连车载，拾遗用斗量，车推侍御史，碗脱校书郎。"宋朝的官、职、差遣制度使官制臃肿，虚名无实，这就是造成冗官与因循习气的原因。从府兵、世兵转化为宋朝的佣兵，兵数猛增至二百万以上，武器配备、士卒的训练、管理都跟不上，影响战斗力，这就出现冗兵和无力有效对付外敌的必然恶果。劳役地租向实物地租的转化引发的问题更多。在佃农制度下如何控制农户，如何改革役法（庸、调）都需要摸索，而职役问题在当时尤其是很突出的矛盾。当时农村中生产关系租佃制地主经济取代宗主部曲制度（唐时的均田制是一个过渡阶段），和生产力是适应的。问题正发生在一系列上层建筑领域的具体制度，尚不适应这种新的生产关系。神宗时的一系列改革，包括熙宁、元丰时期先后实行的改革，都是这一变革的一部分。

具体到变法的内容上讲，改革既包括了通常我们说的王安石变法的许多项目：青苗法、免役法、方田均税法、农田水利法、保甲法、保马法、将兵法、均输市易法，以及科举学校的改革。这些都是在熙宁年间先后完成的。其中科举改革最后完成必须是在王安石的《三经义》与《字说》刊行，考试才有法定的标准，所以事实上是到元丰初才最后完成的。元丰时期，王安石、吕惠卿、曾布等改革派的头目人物虽然都去职了，但在神宗的亲自主持下，在官制、礼制、法制等重要方面，又进行了改革。过去的史家把研究重点只放在王安石的活动上，随着他的去职，也就把它忽略了。事实上，神宗的改革工作，终熙宁、元丰时期，一直在推行，并没有因王安石去职而停止。

以官制而论，从熙宁末开始准备，元丰三年（1080）八月"谕中书改行官制",五年四月正式实行。从根本上整饬了混乱和任意性、名实不符的现象。其中有三点值得我们注意。

一、废行差遣制度,达到循名责实的效果。

二、改更三省制度,依《唐六典》分中书门下(政事堂)为三省。"三省置侍中、中书尚书二令,而不除人,而以尚书令之贰左右仆射为宰相。左仆射兼门下侍郎以行侍中之职,右仆射兼中书侍郎以行中书令之职。中书撰而议之,门下审而复之,尚书承而行之。独中书取旨,而门下尚书之官为首相者不复与朝廷议论。"(《文献通考·职官考三·宰相》)司马光上疏指出这样做,"门下一官殆为虚设"。这其实就是南宋初废行三省制的滥觞。

三、确立了六部分职与"九寺三监于六曹随事统属"的组织原则。

礼制方面,兴革亦繁。《宋史·礼志序》:"大抵累朝典礼,讲议最详,祀典修于元丰而成于元祐,至崇宁复有所增损。其存于有司者惟《元丰郊庙礼文》及《政和五礼新仪》而已。乃若圜丘之罢合祭天地,明堂专以英宗配帝,悉罢从祀群臣,大蜡分四郊,寿星改祀老人,禧祖已祧而复,遂为始祖,即景灵宫建诸神御殿,以四孟荐享,虚禘祭,去牙槃食,却尊号,罢入阁仪,并常朝及正衙横行。此熙宁、元丰变礼之最大者也。"

法律方面,主要表现在以敕代律。《宋史·刑法志序》:"神宗以律不足以周事情,凡律所不载者,一断以敕,及更其目曰敕、令、格、式,而律恒存乎敕之外。熙宁初置局修敕,"元丰中始成书二十有六卷。唐刑书有律令格式。随着专制主义君权的发展,皇帝的诏令往往超乎律外,造成律外有刑,令外有罚。但唐时的"敕",贵在编"格",它实质上效力或在律之上,但形式上究竟不过是律之辅。故"在唐一代,实际上虽有敕者不依格式,有格式者不依律令,但形式上敕终处于律令格式之外,非直捷取律而代之。"(陈顾远《中国法制史》,页115)神宗变法,以敕代律,更其目曰敕令格式,并解释说:禁于未然之谓敕,禁于已然之谓令,设于此以待彼谓之格,使彼效之之谓式。凡入笞杖徒流死自名例以下至断狱,十有二门,丽刑名轻重者皆为敕。故"宋人敕重于律,断狱用敕,敕中所无方用律。"

所有这一切，都说明神宗熙宁、元祐时期的变法，实是包括政治体制、经济政策和思想文化统制等所有上层建筑领域的全面变革，是上层建筑必须适应改变了的经济基础的必然需要。熙宁时期由王安石直接主持的变法，实际上只是神宗整个变法工作的前一部分。历史上的熙宁变法，应该全称为熙丰变法。

应该指出，这一系列改革作为时代的需要，很多是在熙宁以前就为许多有识之士察觉到，并且在不同形式、不同程度上试验实行了的。变法至少从庆历范仲淹新政以来，几成为当时的通识。至于如何变，看法自然各有不同，一切仍处于一种摸索阶段。顽固守旧势力自然也非常强大。因此，变革中的反复也是必不可免的，有的且经过后来的几个朝代不断努力，始能完善和完成。举例来说：方田均税，这是后期封建社会的严重课题，从唐元贞上均田图开始，经后周世宗的均田诏，再经过宋初多次提出来的括田、方田以使均平田赋的建议和试验，于是而有熙宁五年到八年间方田均税法的实行。厘正田籍使均平赋税，既需要严格的检查登记，更需要详细的制度以保证在必不可免的频繁交易中不发生隐漏、混乱，因此它决不是凭一次检括就可以解决问题。南宋时期李椿年、朱熹都提出过所谓经界，元时有经理，朱元璋造鱼鳞册，张居正对天下田亩通行丈量，都是在要解决王安石方田均税这一变法的课题。

官制的改革目的是增大专制主义皇权和提高行政效率。宋初，宰相取旨时通常都已先请示具体意见，退而根据意旨敷衍成文。这样门下的官员自然不敢放手批驳。元丰改革，中书取旨，门下复奏，不独"门下、尚书之官为首相者不复与朝廷议论"，门下的复议也成了具文。这同唐制中书出诏令、门下主封驳也完全不同。所以说，元丰改制，实际上使门下虚设，动摇了三省制度。元祐改为三省合班奏事，分省治事，绍兴以后皆因之，当时人认为"门下相凡事既同进呈，则不应自驳已行之命，是省审之职可废也。"(《文献通考·职官考三·宰相》)元中央仅设中书省，其权仅相当于唐之尚书省，是单纯的最高行政官员。明干脆废宰相，封驳的职务则由低职的给侍中执行，这正是元丰官制的进一步发展。

科举改革直接发源于范仲淹的新政精贡举。司马光对此都是赞同的。反对者大抵只限于专用王氏新义作为考试程式的这一规定。这一改革到元文宗复科举才算完成。作为程式则一直到明永乐的《四书五经大全》的编成，只是其主导思想则由王氏新学变成了程朱理学。

综如上述：神宗时期的变法，除个别带理想主义的均输、市易，实际上是有碍商业发展的以外，绝大多数政策是适应中国封建社会由前期向后期转化所要求的上层建筑领域的变革。在它之前，已作为时代要求，在有识之士中纷纷提出来；在它之后，又为后代所继承和继续发展。颜元就指出："王安石所行法如农田、保甲、保马、雇役、方田、水利、更戍、置弓箭手于两河，皆属良法，后多踵行。"（《颜李丛书》卷一《习斋年谱》引《宋史评》）蒋士铨诗："立法至今难尽改"，"后来十九遵遗法。"邵堂："只今遗法流传遍"，李元祚序《王文公文集》、蔡上翔著《王荆公年谱考略》，都指明新法多为后代沿行，这应是不争的事实。因此，我是不同意说王安石变法"失败"的这种估计的。只能说是有挫折，有逆转，但进步的东西总是有前途的。

基于这种理解，所以我们在评论新法时一定要从实质、从发展来估计。中国当时是一个封建自然经济占统治地位的大国，各地区的发展很不平衡。对于新法中的任何一项，当时有人说好、有人说坏都可能是符合事实的，抹杀任何一方都不是科学的态度。肯定或否定的标准，只能从本质、从发展着眼。即使是具有进步意义的立法，但在推行中因受封建官僚的影响而歪曲、变质的事也是普遍存在、大量的，没有必要回避、曲护。一个平实的态度也许更符合历史实际，也更能让人信服。此外，我也认为对此次变法更确切的称呼应是"熙丰变法"，而不是"王安石变法"。变法的主帅是宋神宗，这个集团的主要人物包括王安石、吕惠卿、曾布，当然还有其他一些人。过去的研究集中在王安石，当然是必要的。但对宋神宗、吕、曾，我们都应该加强研究，才有可能保证问题更全面深入。

第二个问题，我讲讲辩诬。研究吕惠卿，就不能不从发微和辩诬入手。神宗之于吕惠卿，迄于熙宁八年三月王安石复相，都极为褒奖。如五年十月初三日，"太子中允、集贤校理吕惠卿为天章阁侍讲、同修起居注、管勾国子监。上初欲召见，乃除差遣。王安石请先除差遣。上曰：惠卿有吏材，恐不须令在经筵。安石曰：惠卿经术明，前已为说书。今不当罢，亦自不妨别主判，欲令勾当国子监，或令同检正五房。上曰：且令专管勾国子监。"（《续通鉴长编》卷二三九）到了十二月十八日，又以吕惠卿同检正中书五房公事。中书都检正的权与执政无异，但不奏事，所以检正是晋身宰执的要路。三天以后，二十一日，又以惠卿兼右正言、知制诰、秘书丞、集贤校理。当吕惠卿任都检正后，王安石"又请留（曾）布修中书条例。上曰：惠卿吏文尤精密，不须留布也。"（卷二四一）六年三月，兼修撰国子监经义。（卷二四三）五月，兼权知谏院。（卷二四五）六月，置军器监，与曾孝宽同充判监。（卷二四五）七年二月，兼监司农寺。半个月后，王安石提出，惠卿大才，当如曾布同样为翰林学士。上曰：任用惠卿何以异布？但不为学士耶！立即任惠卿为翰林学士。（卷二五〇）王安石罢相后，惠卿擢为参政。八年三月二十七日王安石复相，见神宗。神宗犹称："自卿去后，小人极纷纭，独赖吕惠卿主张而已。""因称惠卿兄弟不可得。"（卷二六一）有材料说，神宗甚至说过："吕惠卿亦臣师也。"（卷二三三五年五月甲午注引陈瓘转引王安石《日录》）直到这个时候为止，王安石与吕惠卿之间，不存任何芥蒂。说吕惠卿挑起李世宁狱想阻止王安石再起，这纯属推测，是拿不出任何证明的。

但是，在短短的的一个来月后，神宗对吕惠卿的印象却有了一个百八十度的变化。八年五月十八日，吕惠卿因请出外宣抚诸路，不许。我们不知道这究竟出于什么原因。二十七日，御史蔡承禧劾吕升卿招权慢上，并及惠卿。明日，惠卿求去。安石独奏事，"上又以为惠卿不济事，非助卿者也。安石曰：不知惠卿有何事不可于意？上曰：忌能、好胜、不公。"又曰："大抵兄弟总好胜、忌能。前留身极毁练亨甫。亨甫颇机警晓事，观惠卿兄弟，但才能过己便忌嫉。安石曰：升卿等亦屡为臣言练亨甫，臣亦屡劝彼，令勿如此逆欲废人。但见彼作奸明白，则正论自不容。若于未有事时，但疑其将为恶，遽废弃，恐无此理。因为上称吕和卿温良晓事。又为上言：承禧言升卿，乃相忿恶。在升卿亦无他，但不免轻肆，往往闲论议及承禧，故致其如此。不然，则承禧所弹何致如此深切。"（卷二六四）在王安石的缓颊下，神宗于是令王安石敦勉惠卿就位。值得注意的是当时为中书属官的练亨甫、言官蔡承禧正是平时和王安石的儿子王雱关系非常密切的人，显见王、吕之间正有裂痕发生。那么，这个矛盾的根源究竟是什么呢？我们看六月十七日：吕升卿言："《周礼》、《诗》义，已奏尚书省，有王雱所进议，乞不更删改。从之。时升卿辄删安石、雱《诗》义，安石、雱皆不悦，故升卿有是言，然亦不能解也。"（卷二六五）《长编》在这段记事后又有一段话很值得注意。"上因留安石谕以吕惠卿甚怪卿不为升卿辩事。言卿前为人所诬，极力为卿辩，今已为人所诬，卿无一言。朕说与极为卿兄弟解释。又疑小人陷害。朕问是谁？乃云在侧。似疑练亨甫。深疑练亨甫何也？安石曰：亨甫，臣所不保。然惠卿兄弟无故沮抑亨甫，臣劝之勿如此，恐反为其所害。亨甫陷害惠卿，臣所不知，然亨甫实未见其阙，而惠卿兄弟多方疾恶之，实为过当。大抵惠卿兄弟好逆料人将为奸。上曰：亨甫实机警，此必有小人交斗其间。小人须斥去，不然害及国事。安石曰：不知谁为小人？上曰：必曾旼也。安石曰：陛下何以疑其然？上曰：料其必如此，修经义了，即与在外差遣。安石曰：曾旼材能，以人望亦可以作检正，臣向说与惠卿，未欲如此过疑者，恐众恶所集，必累及惠卿耳。上又曰：惠卿自许太过，言'望卿来戮力时事，却屡称病不治事，积事以委臣。臣恐将来致倾败，臣预其责。'又言'练亨甫以臣兄弟少贫贱更事，识小人情状，故尤忌嫉臣兄弟。'言卿不能知小人情伪，故亨甫利卿在位。"这里已明白透露吕惠卿认为问题发生在小人练亨甫阿附王安石，对自己兄弟横加攻击。但神宗则认为曲在吕氏兄弟一方，挑唆吕氏者是修经局的曾旼。矛盾导源于修经局。接着，六月二十一日，王安石、吕惠卿、王雱、吕升卿均以修《诗》、《书》、《周礼》义解推恩加官职。王雱加龙图阁直学士、太子中允、馆阁校勘；吕升卿直集贤院。王安石、吕惠卿都表示辞谢，王安石并代王雱辞谢。神宗不允。"后雱又辞所迁职，上欲终命之。惠卿以为雱引疾避宠，宜听，故从之。由是王、吕之怨益深。"（卷二六五）二十三日，御史蔡承禧复劾吕升卿刻碑泰山事，于是在七月二十三日，吕惠卿不能安位，坚请去职。神宗固留之。九月十二日，王安石以所进《诗》义，小有未尽，要求修改。其中，"诗序用吕升卿所解，诗义依旧本颁行。"而神宗则"诏安石并删定升卿所解诗序以闻。"（卷二六八）原来在熙宁六年，令设局置官，训释《诗》、《书》、《周礼》，以王安石充提举，吕惠卿、王雱同任修撰。七年九月，吕升卿兼同撰经义，《诗序》就是由他经手完成的。王安石第一次辞相，去居江宁，依旧提举国子监修撰经义，吕惠卿同提举，王雱侍父同返江宁，仍修撰经义。这时的王雱已因疾不能上朝。（卷二五二）王安石复相后，对经义局改写了原由王氏父子所撰就的《二南》旧义等三二十处深表不满，于是就在九月二十日另录新本以进。王安石虽提出《诗序》仍用吕升卿所解，然神宗则令删定以闻。这表明了至此吕氏兄弟圣眷已衰。御史蔡承禧又以华亭占田案进劾。终于在熙宁八年十月初一，吕升卿被发遣为江南西路转运副使。初二，吕惠卿去知陈州。

　　我不惮其繁地抄引《长编》的这些资料，是想要说明：王、吕交恶，起因是在《诗》义的修改。解经有不同本是学术见解的问题，很难说孰是孰非。也许出于文人的积习，所以王安石把它看得比较重。不过从王安石本人而言，始终对吕惠卿是很看重的，在神宗面前他没有把吕作为对手攻击过；相反总是尽量呵护；即使矛盾公开化后，对吕也没有过分的指责和举措。对吕惠卿兄弟直接发动攻击的主要来自邓绾、练亨甫、蔡承禧，还有吕嘉问。吕惠卿认为王安石是"听谗纳谗，每日只为吕嘉问、练亨甫几个团和了。练亨甫东面一向守却王雱，吕嘉问才不去便守却安石。其余人更下言语不得。"（卷二六八）"蔡承禧所言，皆亨甫教令之。"（同前）事实证明练亨甫、邓绾确实是一个品行不端的人。等到吕去职不久，熙宁九年十月，王安石对练亨甫的所行就有所发觉。于是以"身备宰属，与言事官（邓绾）交通"，罢为漳州军事判官。邓绾也以闻其"为臣（王安石）子弟营官，及荐臣子婿可用，又为臣求赐第宅"而罢去其御史中丞官职，（卷二七八）这就证明，练、邓确不是好东西。他们的奏章中对吕升卿的攻击，近于污辱，说升卿不学无术，只能作小学蒙师等，也证明他们是所行无行的小人。因此吕惠卿说王安石被谗壬小人所欺，这是不错的。但他们是背着王安石干的。王安石对于吕惠卿，始终看不到有任何私怨，这应该也是事实。在被攻击的情况下，吕惠卿先是怨王安石不帮助他辩白，继而揭发王安石的种种失措来保护自己。已经失传的《吕太尉日录》就是在这种情况下作出的。"其进《日录》札子曰：臣私记策子，皆有其事，多出于陛下之德音与所亲闻，宜不废忘，而其文非一二日可以撰造者也。神考察惠卿《日录》果非临时撰造之言，而邓绾之颇僻奸回，果不可恕，于是赫然威断，发于圣批。邓绾既逐，而安石亦不得留矣"。（卷二七八注引陈瓘《尊尧录》）应该承认吕惠卿的这些揭发，出于为自己辩护，而且，并无私撰造作，原是为澄清诬蔑，无可厚非的。但对王安石而言，却是很大的打击。至于所谓发王安石私书"有无使上知"的事，恭三师在《王安石》一书中已详加辩驳，证明完全是附会中伤。也许吕惠卿后来也确实感觉到王安石只是一时的失察，听信了壬人；并且感念当年共同战斗，备受提携的情谊，元丰二年，他致书退职闲居在钟山的王安石，信中有"内省凉薄，尚无细故之嫌，仰惟高明，夫何旧恶之念。"（《东轩笔录》）我以为"凉薄"云云，就是指揭发三策这件事。他记挂着这件事，有对不起王安石的地方，而请求原谅。王安石答书中坦然地承认，"与公同志，以至异意，皆缘国事。"同样表示十分珍视旧有的战斗情谊，表示"人或言公，吾无与焉"，"昔之在我者，诚无细故之可疑，则今在公者，尚何旧恶之足念。"他期望吕惠卿会朝夕趣召，更有所作为。只是自己以衰老之年，已不胜事业，故"趣舍异路，则相呴以湿，不如相忘之愈。"

至于刻碑泰山，根本不是那回事。华亭一案，惠卿当时正护丧归里，有涉的弟温卿，最终也罪仅止于冲替。惠卿本人，"凡承禧所言二十有一条，无一实者。"（卷二六九）给田募役缘于神宗的意旨，都检正李承之于是建议以希合上意。吕惠卿不过初以为善，及行之，乃见其不便。（卷二六三）说实话，的确是惠卿采用其弟的建议，当时在东南曾普遍推行，"役钱卒以均"。（参考卷二五五、二六九、二七一）其作用利弊，仍是一个可以讨论的问题。那种把王安石偶像化，认为王安石便是正确的化身，但凡与他意见不合就是错误，甚至是分裂分子，破坏变法的看法，在思想方法上是简单化，在史实上也往往有失检之嫌。陆佃《序〈神宗实录〉》说王安石"性刚，论事上前，有所争辨时，辞色皆厉"，这种人遇事坚执，自信心强是优点，但也很容易流为自信过甚的缺点。为练亨甫等所蒙蔽，正是他遇事主观的缺失。此外，在评价变法派人物时，我认为在大前提一致的原则下，必须充分尊重个人的意见。个人有不同意见是正常的，对吕惠卿、曾布等变法派的主要人物都应该如此。简单的认为王安石所行就都对，同僚就不能有不同意见，有不同意见便轻率地扣个帽子，是代替不了研究的。

（2002年在福州吕惠卿研讨会上的发言稿）

论司马光

北宋熙宁年间，神宗赵顼任王安石为相，进行了政治上的革新运动。熙宁新政前后维持了十六年（1069—1085 年），神宗死后，保守派复旧，历史上称之为"元祐更化"。鲁迅在《老调子已经唱完》一文中曾经指出："宋朝的读书人讲道学，讲理学，尊孔子，千篇一律。虽然有几个革新的人们，如王安石等等，行过新法，但不得大家的赞同，失败了。从此大家又唱老调子，和社会没有关系的老调子，一直到宋朝的灭亡。"（《集外集拾遗》）被朱熹捧为道学"六先生"之一的司马光就是一个坚持唱"老调子"的、戕杀革新的复旧狂。

北宋时期，我国封建社会经过长期缓慢的发展，已经进入了它的后半期。封建经济较前有所发展：（1）掠取实物地租为主的封建租佃制在全国广大农村中取得了支配地位，商品经济、货币关系获得了前所未有的发展。经济基础的发展要求上层建筑必须有一个与之相适应的变化。但是北宋政府在经济制度上却并没有进行过相应的改革，混乱的现象在继续发展。由于"田制不立"，随着土地的猛烈兼并，大量地亩从政府的会计录上隐失；流亡的人口成了浮浪的客户，使政府对于人户无法进行有效的控制。这就直接动摇了两税制的基础，影响政府的差徭和赋税。官僚体制和常备军额的滥肆膨胀进一步加深了政府的财政危机，转而更加重了对人民的剥削。当时人民负担最重的是役。役在本质上是劳役制剥削的一种形式。随着实物地租和商品货币的发展，这种落后的剥削形式就更难为人民所忍受，而要求向以实物折役，进而至于以货币代役的方向发展。所有这些，都促使社会矛盾更为深刻，更加激化。阶级斗争从形式到内容都有了新发展。到了庆历、嘉祐时期，社会矛盾、政府危机已经愈来愈明显，少数有点见识而又愿意面对现实的地主阶级知识分子都觉得只有变法，日子才可以维持下去。所以说"方庆历嘉祐，世之名士常患法之不变也"①。少数在地方上担任实际工作的官吏，在现实需要的推动下，甚至自己动手，试行改革。② 所有这些都是试图适应封建社会后期经济基础的变化，使政府对田亩和人户进行有效的控制，以保证国家的赋税收入，缓和阶级矛盾，同时，改变落后的役法，以顺应并反过来促使商品货币关系的发展。由此可见，熙宁新法绝不是王安石个人主观自生，而是社会发展的需要，是上层建筑要同它的基础适应的必然。王安石新法的积极作用是顺应社会前进的需要，把所有社会上已自发产生的、零散的改革，总结提高，赋予它们理论上的依据，并以中央政权的力量把它们推而实行于全国。

既要革新，就必不可免地要招致来自守旧势力的猛烈反抗。北宋封建统治阶级中顽固保守势力，面对着社会上正在发生的变化吓得心神不安，因而显得十分敏感和特别保守。伴随日趋臃肿的官僚机构而产生的因循萎靡气息更加使这种保守发展为顽固不化的绝症。他们绝不容许对现状作出任何一丝一毫的改变。随着变法思潮的发展，从庆历、嘉祐时期开始，一场革新与保守两条路线的决战就在酝酿中。司马光就正在这样的时刻，和王安石"比肩并进"，登上了历史的前台。

嘉祐三年（1058），王安石写成了著名的《上仁宗皇帝言事书》，亮出了革新变法的大旗，也就在这一年前，嘉祐二年，司马光开始撰写《迂书》。作为时代思潮来说，无论是王安石的万言书或司马光的著作都不是孤立的、偶发的现象，而是革新与保守两种思潮的前哨战。司马光自号为"迂夫"、"迂叟"。当年，子路问孔子，如果卫君任国事于他，首先应该干些什么呢？孔子回答说："必也正名

---

① 陈亮《铨选资格》，载《龙川先生文集》卷一一。
② 关于青苗法，李参任陕西转运使时已开始创行，王安石本人在鄞县时也积累了这方面的经验。关于募役法，李复圭在两浙、钱公辅在明州、张洗在越州、韩绛在成都，都作过试验性的改革。苏辙说："熙宁以前，诸路衙前多有长名人数，只如西川全系长名，故衙前一役不及乡户。淮南、两浙，长名大半以上，其余路分，长名亦不减半。"（《长编》卷三七五，元祐元年四月庚子）孙琳在河中、郭谘在蔡州都行过方田；田京、蔡挺都进行过这种工作。其他王安石的新法也多是在前人的基础上，予以总结、发展。

乎！”子路认为这是“迂”，于是引起了孔子一大段议论，说：“名不正则言不顺，言不顺则事不成。”“迂阔”是从来对俗儒批判之辞，是说腐儒们迷古守旧，不合时宜。司马光直认自己是迂，意思是表明自己笃守儒道，不“狭道以求容，迩志以取全，庳言以趋功”。他吹嘘儒家那套“孝、慈、仁、义、忠、信、礼、乐”的先王之道，是亘古不易的真理，虽“自生民以来，谈之至今矣”，听起来不免是老生常谈，平庸之极，但是，“天地不易也，日月无变也，万物自若也，性情如故也，道何为而独变哉？”在司马光看来，天是永远不变的。这个天是有人格有衰老的先知和全能的主宰。“天地设位，圣人则之，以制礼立法”①，这就是“道”。因此，“法古循礼”、“习故守常”，是人们的本分，“僭天之分，必有天灾；失人之分，必有人殃”②。“厌常而好新”，是决不能容忍的。所以，他的《迂书》又称为《庸书》③。很清楚，《迂书》所宣扬的正就是鲁迅所说的那个“讲道学，讲理学，尊孔子，千篇一律”的“老调子”。司马光在这个时候高弹汉儒“天不变，道亦不变”的“老调子”，攻击“厌常而好新”的异端思想，明显地是射向变法思潮的一枝毒箭。

以后的八九年间，司马光进入朝廷，历事仁宗、英宗和神宗三朝。因为他在抢先附和范镇建议仁宗立英宗为嗣（仁宗无子）的投机事业中成功，官越做越高，名气越来越大。面对当时社会上尖锐的矛盾，长期任职台谏的司马光提过任何和现实社会有关的意见和办法吗？没有，除了空乏迂阔的儒家“老调子”外，什么也没有。特别具有讽刺意味的是，当嘉祐六年司马光初任谏院的时候，他上过两封自鸣得意的札子。一是说人君必须具备三种德行：曰仁，曰明，曰武；一是说致治之道有“三要”：任官、信赏、必罚。④就是这么两通陈腐空洞的老调，他一弹，再弹，三弹。当神宗初即位时，他还郑重其事地对神宗讲：“臣昔为谏官，即以此六言献仁宗，其后

---

① 《资治通鉴·后周太祖显德元年》。
② 司马光《迂书》，载《司马文正公传家集》卷七四。
③ 同上。
④ 《陈三德上殿子》、《言御臣上殿札子》，载《司马文正公传家集》卷二〇。

以献英宗，今以献陛下。平生力学所得，尽在是矣！"①司马光向人介绍他的治学经验，说是"必欲求道之真，则莫若以孔子为的而已"②。很明显，所谓的"三德""三要"都不过是俗儒家官僚们陈旧而迂阔的滥言，要靠这样的陈辞滥调来解决北宋王朝所面临的迫切问题是根本不可能的。所以，神宗对司马光的批评是"迂阔"，认为不能任他来解决实际问题，而毅然把希望寄托在主张变法革新的王安石身上。

熙宁二年（1069），王安石上台后就以"天变不足畏，祖宗不足法，人言不足恤"的大无畏精神，大刀阔斧地变法革新。这就使司马光之流难于容忍。他上疏对领导新法的机构进行了横暴的指斥。三年二月，司马光公然以拒任枢密副使为要挟，和韩琦等守旧派元老互相呼应，力阻新政。他利用职权，假传神宗的意旨，在答王安石因韩琦攻击青苗而称疾求去的诏书中攻击新法引起"士夫沸腾，黎民骚动"。接着又三次亲自写信给王安石，对王安石的变法活动严加攻击，给王安石扣上侵官、生事、征利，拒谏四大罪状。按照司马光的议论，先王之道，"为政有体，治事有要"，上下相维，尊卑有序。王安石居然要抛开原有的腐败的官僚班子，设制置三司条例司推行新法，这就是破坏纲纪和名分，擅权侵官。祖宗的旧法是妙不可言的，"不愆不忘，率由旧章"是先圣的遗训，变更它就是胡乱生事。谈功利是商鞅、桑弘羊法家异端的语言，孔子不云乎"君子喻于义，小人喻于利"，因此征利和"仁政"、"王道"是不相容的。要"畏大人言"，也是孔子的教导，王安石竟敢于"三不足"拒谏遂"非"，更加不符合"君子之道"。所有四大罪状，归结起来，一句话，就是离了"老调子"的经，叛了"老调子"的道，简直成了洪水猛兽。但是，王安石一点也不为这一套"老调子"所吓倒，他针锋相对地写了充满战斗精神的《答司马谏议书》，痛予批驳。司马光于是又利用拟科举考试的策问题作为攻击的手段，对王安石的"三不足"精神横加斥责。这个阴谋同样也遭到失败。司马光眼见在朝

---

① 苏轼《司马文正公行状》，载《司马文正公传家集》附录。
② 《答陈秘校充书》，载《司马文正公传家集》卷五九。

廷上已没有他的事可做，愤愤然离开京都，出知永兴军，在他所控制的地区内继续抵制新法。最后不能不暂时离开政治舞台，写他那本"穷探治乱之迹，上助圣明之鉴"的《资治通鉴》去。

司马光上奏章、掼纱帽攻击新法的举动赢得了朝野上下老少守旧派的喝彩。以攻王安石十大罪状而恶名昭著的吕晦，在临咽气的时候还挣扎着为司马光打气说："天下事尚可为，君实勉之。"在洛阳赋闲的十几年，司马光同聚居在那里的一大班守旧人物纠集在一起，组成"耆英会"、"同甲会"、"真率会"，互相吹嘘，指摘朝政。司马光完全不顾新法实行后所取得的显著成绩，恶毒地攻击新法，说什么："国家自行新法以来，中外勾勾，人无愚智，咸知其非。州县之吏，困于烦苛，比夜继昼，弃置实务，崇饰空文，以刻急为能，以欺诬为才。闾阎之民，迫于诛歛，人无贫富，咸失作业，愁怨流移，转死沟壑，聚为盗贼。"[①] 所有顽固复旧分子都把复旧的希望寄托在司马光身上，把他捧为在野的"真宰相"。

熙丰新政大体上可分为两个发展阶段。熙宁年间（二年至九年），革新运动基本上处于前进的阶段。由于变法派核心人物吕惠卿与王安石发生矛盾，彼此攻讦，这就无异于自己拆自己的台，两人先后离开朝廷，但变法并没停止。元丰时期，神宗"主德已成"，"事皆自做"，直至在官制、礼制、法制方面继续有所改革。

元丰八年（1085），神宗死去，哲宗赵煦年幼，由祖母高氏当政。高氏是守旧派的支持者，朝政因而立即发生变化。长期蛰伏在洛阳的司马光又开始活跃起来。他同程颐策划，不顾"国朝故事，未尝有近臣奔丧之例"，亲赴汴京，窥测方向。据说他来到后，"都人奔走聚观，即以相公目之，左右拥塞，马不能行"。[②] 显然，京城的守旧派已经认为气候已到，可以肆无忌惮了。神宗新死，骨肉未寒。复旧派的气焰就狂獗到如此地步，这不能不是对后期新政的一个讽刺。

汴京之行，对老病的司马光无疑是个鼓舞。他连上奏章、猛烈

---

① 《与吴丞相充书》，载《司马文正公传家集》卷六一。
② 张淏《云谷杂记》。

攻击新法。他还第四次把他那个"三德"、"三要"的老经推荐给新皇帝哲宗。他自我解嘲地说：他这样做，"不知臣者，以臣为进迂阔陈熟之语；知臣者，以臣为识天下之本源也"①。

同年五月，司马光重新上台。一朝政权在手，就迫不及待地把复旧的希望变为行动。

司马光很懂得：要复旧，就要把所有守旧派分子动员起来，一齐把新法抹黑、搞臭，因而必须抓紧舆论工作。早在三月末，他早就以"乞开言路"为名，请求颁诏，来号召守旧分子起而控诉新法的罪恶和他们所蒙受的冤苦。朝廷在五月初发布了"求直言的诏书"，但在变法派章惇的坚持下，里面明确规定，如果有人借机来"扇摇机事"、"玄惑流俗"都不能容许。②司马光对此是很敏感的，又以拒绝就任门下侍郎为要挟，坚持改变诏旨。复旧的闸门一开，所有攻击、毁谤新法的奏章就像潮水般涌来，"四方吏民言新法不便者数千人"，造成了复旧派舆论上的优势。

接着，司马光安插同党刘挚、王岩叟、朱光庭等牢牢地控制了台谏这一弹劾部门。连篇累牍，有计划、有步骤地对元丰旧臣变法派蔡确、章惇、韩缜等大肆攻击，迫使他们一个个从朝廷枢要岗位上罢去，一批守旧派如文彦博、韩维等又东山再起。此外还专门设置了受理翻案的"诉理所"，举凡熙宁九年至元丰八年间所有"命官诸色人被罪，合行诉理"③。一批熙宁初抗拒新法而受到惩处的官僚或加洗雪，或予复职。守旧派官僚加官晋爵，弹冠相庆；变法派相继逐斥，人人自危。

与此同时，司马光挥动大斧，对所有新法猛砍猛削。元祐元年（1086）七月罢市易法、保甲法，八月罢保马法，九月罢免行钱，十月罢方田法。二年，兵法、青苗法和免役法也相继被窜改和罢废，王氏新学也被禁绝。凡是新法就以"整治天下"之名横加砍削。就中免役法的罢废，更是集中地反映了司马光横暴昏庸的复旧面目。

---

① 《进修心治国之要札子状》，载《司马文正公传家集》卷四六。
② 参见《长编》卷三五六"元丰八年五月乙未"；卷三七三"元祐元年三月"林旦疏。
③ 同上，卷三六八"元祐元年闰二月壬辰"、卷三七一"元祐元年三月辛未"。

　　早在嘉祐七年，司马光在一封奏章中就提出过："衙前当募人为之，以优重相补，不足则以坊郭上户为之"①。就是说，在熙宁变法前，他是附和过募役的主张的。但是，一旦当王安石把免役（即募役）作为新政的一项政策提出来时，司马光就出尔反尔，拚命反对。元祐二年初，为复旧而心劳力绌的司马光因病告谒。"时免役、青苗、将官之法犹在，而西戎之议未决"，司马光表示"四患未除，死不瞑目"②。四者之中，"今法度所宜最先更张者莫如免役钱"③，于是在正月二十二日和二月十七日他连上札子④，奏请废除免役法，并得到批准。这两封奏章不仅立论混乱，而且彼此牴牾。一说旧时差役，于上户不利；一说于上户优便。章惇尖锐地斥责他"如此反覆，必是讲求未得审实，率尔而言"；同时引用事实，严厉地驳斥了他虚构事实，诬蔑免役法的作法，并且指出：司马光所建议的"悉罢免役诸色役人并依熙宁元年以前旧法人数，检按熙宁元年见行差役条贯"施行是"尤为疏略，全然不可施行"⑤。从熙宁二年新法实行以来，时间已经过去十九年，州县很多被省并，役人数目减少了三分之一，役法条例也有很大的改变。时间在前进，社会在变化，但司马光的脑袋却像阴沉木一样，一切要求复旧；甚至强令在五天之内完全恢复旧套，结果必然引起全国各地在役法上的极度混乱。"各为异同，迄元祐而法不得定"。甚至连吕公著、范纯仁以及苏轼，苏辙等都对司马光的这种态度表示不满。只有一个人，在开封府五天以内就"如约悉改畿县雇役"，得到了司马光的嘉奖。这个人就是投机混在变法派队伍中的蔡京。司马光平时是一个中庸之道的狂热鼓吹者，他说："中者天地所立也，在《易》为太极，在《书》为皇极，在《礼》为中庸，其德大矣！至矣！无以尚矣！"⑥中庸就是要不偏不倚，无过无不及。但对于新法，都是从不讲什么中庸的。

---

①　《论财利疏》，载《司马文正公传家集》卷二五。
②　苏轼《司马文正公行状》，载《司马文正公传家集》附录。
③　《长编》卷三六四，"元祐元年正月"，《移书三省咨目》。
④　同上，卷三六五"元祐元年正月乙丑"、卷三六六"元祐元年二月丙子"。
⑤　同上，卷三六七，元祐二年二月丁亥。
⑥　《答范景仁书》，《司马文正公传家集》卷六二。

司马光的为人也是很虚伪的。他拚老命与新法为死敌,宣称他与王安石"犹冰炭不可共器,寒暑不可同时",誓不共戴天。但等王安石一死,他又装腔作势要为王安石请优恤厚礼,甚至以王安石名誉的保护者自命,要借此防止"反覆之徒"的"诋毁"以"振起浮薄之风"①。司马光的吹捧者为此大唱赞歌,认为这体现了孔子所鼓吹的"不念旧恶"的"恕道"和"和而不同"的朋友之"义"。实质上却是以胜利者自居的司马光最后一次利用自己已被打倒了的政敌,来作猎取名声的手段。司马光这个人是惯于沽名钓誉的。嘉祐四年故作姿态,辞任修起居注就是一个很充分的表演。有趣的是这回表演也正是因嫉忌王安石而产生的。②有记载说:司马光早年做官的时候,每每在卧室里突然从床上蹶起,"着公服,执手版危坐久,率以为常"。要问他这是干什么?司马光的回答是:"吾时忽念天下安危事"③。给人的映像是矫情做作。司马光的吹捧者说他有卓行大德,"蔽之以二言,曰诚曰一"④。实际上却很难令人相信。熙宁新法被统统罢去了,元祐二年九月,司马光也随之逝去。历史的长河是曲折的,经过一场激烈的革新与复旧的较量,一切仿佛又回到了熙宁前的起点。但是,新法终究是扼杀不了的,原因是它适应社会发展的需要。复旧肯定不得人心。终元祐一代,"元丰旧党,分布中外,多起邪说,摇撼在位"⑤,复旧派的统治是不稳定的。明朝人章衮叙元祐更化时说:"想当时言新法不可罢者,当不止于范纯仁、李清臣数子(按:这里对范纯仁的估计是不正确的),特史氏排公(按:指王安石)不已,不欲备存其说尔!不然,哲宗非汉献晋惠比也,何杨畏一言而章惇即相,章惇一来而党人尽逐,新法复行哉!"⑥这就表明:人心所向,不可抵挡,曾几何时,司马光所经营的复旧事业又被掷进了历史的垃圾堆,年轻的哲宗又任用章惇以

① 《与吕晦叔第二简》,载《司马文正公传家集》卷六三。
② 《辞修起居注第四状》,载《司马文正公传家集》卷十九。
③ 《三朝名臣言行录·丞相温国司马文正公》引《冷斋夜话》。
④ 苏轼《司马文正公神道碑》,载《司马文正公传家集》附录。
⑤ 《宋史·苏辙传》。
⑥ 《王临川文集序》。

"绍圣"为年号继续熙宁的事业了。不幸的是章惇很快又在复杂的党派斗争中被罢黜。徽宗赵佶一朝，政权落入了投机变节分子蔡京之手，在行新政的幌子下，把新政彻底糟蹋。

北宋王朝也就在假道学的吵嚷喧嚣中亡去。但是熙丰新法的原则是不会死亡的。新法的绝大多数在后来都以不同的名目加以变通付诸实现，这是无可抹煞的事实。① 清人蒋士铨在《读宋人论新法札子》的诗中写道："后来十九遵新法，功罪如何请自思"②，这是对熙丰新法很正确的评价。

---

① 这个问题，前人已经零零碎碎有过不少议论，在蔡上翔的《王荆公年谱考略》中收集了一些，我们在这里不可能专门来论证了。
② 《忠雅堂集》。

卖国贼秦桧

一

十二世纪初女真族崛起在我国东北地区。女真是我国历史上的一个少数民族，长期来臣属于唐和辽王朝。十一世纪末到十二世纪初，女真正处在原始社会解体的急剧转变时期。1115年灭亡辽朝后，这批以战争为职业的新兴奴隶主贵族立刻挥戈南向，两度包围了北宋的京城开封，把包括徽宗赵佶、钦宗赵恒在内的大批人口、财物俘掠而北。北宋亡（1125年）。女真贵族的侵掠，"杀人如刈麻"，使大河以北地区遭到了极为严重的破坏。

早在开封受围的危急时刻，是坚持抗战呢？还是屈辱投降？两条路线的斗争就十分激烈。在朝廷上，以李纲为首的抗战派和以赵佶、赵恒为首的投降派进行了斗争。但是朝中的抗战派很快失势。导致了北宋王朝的全面投降和灭亡。只是由于四方勤王之师大集，才迫使女真贵族匆匆撤退。围城时奉命使金而逗留在相州（安阳）的赵构，乘机自立政府，进一步即位改元，建立起了南宋政权。

当时，抗金的形势对南宋政权是有利的。勤王的兵马已完成集结。特别值得提出的是：广大人民激于义愤，都纷纷自动组织起来，奔赴抗金的前线。各地勤王部队中很多就是志愿拿起武器的爱国人民，钟相的儿子钟子昂就是一个例子。大河以北，广大人民也自动组织起来，保卫家乡。如河东的红巾军、太行山的八字军，真定五马山的抗金军以及遍布河北各地依山阻水以自保的忠义民兵。被北宋统治者割弃的太原、河间、中山三郡军民也婴城拒守，誓不臣金。如果能够把这些力量很好组织，统一领导起来，是完全可以打败女真贵族侵掠者的。在李纲、宗泽的主持下，曾经进行了一些有效的工作，推动了抗金形势的发展。但是，投降派分子却不能而且不愿这样，他们害怕自动武装起来的抗战军民比起害怕外敌要超出多少倍。他们本来就不愿意和害怕抗战。他们的如意算盘是大河以北拱手送给金人，幻想以此能求得女真统治者的满足和和解，换取江南暂时的偏安。他们既害怕人民的反抗会激怒敌人，更害怕武装起来的人民起来造自己的反。因此，赵构首先把再入政府、主持抗战才七十来天的宰相李纲罢免，同时决策南逃至扬州，并连续发布一系列颠倒错乱的命令：停止组织民兵武装，"诏诸军团结五人为伍等指挥并罢"；① "诏诸路官司及寄居待次官或非王命备补之人，以勤王为名擅募民兵溃卒者，并令散遣。有擅募者，帅宪司案劾以闻"；② 甚至诸郡招募新兵的工作，也以紊乱纪律为名勒令停止。③ 特别恶劣的是他们竟血口喷人，把在民族急难关头挽救了他们，而又正是因为他们在组织、领导、安置、供给等方面的无能和腐败以至于流散、饥困的勤王民兵，一律指为盗贼，派官兵进剿收捕。投降逃跑的官僚们加官晋爵，积极抗战的爱国军民横遭镇压。

人民抗战力量的备受摧残，政府中抵抗派人物的解职贬黜，为女真贵族的继续深入敞开了大门。1129 年，金军分道南征，赵构单身匹马，仓皇从扬州渡江南逃。当惊魂稍定之后。他立即上书金人，无耻地诉说自己"今以守则无人，以奔则无地"，"愬愬然惟冀阁下之见哀而赦已。"但是金人并不理睬，再次南伐，赵构狼狈亡命海上，勉强逃脱被俘的厄运。广大人民对投降派不顾国家民族安危，畏敌如虎，望风溃逃的可耻行为义愤填膺。当扬州大溃败时，广大军民对投降派主要分子宰相黄潜善怨之刻骨。一个官员黄锷逃到江上，军士误认是黄潜善，"呼曰：'黄相公在此'。数之曰：'误国害民，皆汝之罪'。锷方辨其非是，而首已断矣！" ④ 当赵构逃到杭州时，一部分主要是由辽东、河北人民组成的军队，在军将苗傅、刘正彦的领导下，发动政变。杀死了对扬州大溃败负直接责任的王渊和同他勾结、妄作威福的宦官康履等，公开提出："今日之事，当为百姓社稷"，废黜了投降派的头子赵构。金人渡江后，爱国

---

① 李心传《建炎以来系年要录·建炎元年九月戊子》。
② 同上，《建炎元年十月庚申》。
③ 同上，《建炎元年十月乙丑》。
④ 同上，《建炎三年二月壬子》。

军民沉着抵抗，韩世忠在镇江、岳飞在建康、张浚在川陕地区，都给予了敌人以应得的打击。

人民的英勇抗敌斗争有力地教训了女真统治者，使他们认识到武装镇压扑灭不了大河以北的忠义民兵；军事进攻也不可能征服南半个中国的辽阔国土。这就迫使他们改变策略：在中原，又一次扶立刘豫傀儡政权，暂时充当一个控制和缓冲的工具。对南宋，放弃了大举进攻的打算，在经过周密策划后，遣回了被俘的卖国贼秦桧，充当代理人，以期达到不战而胜的目的。通过这样一些措施，暂时腾出时间和精力，以便集中解决女真贵族内部日趋尖锐的保守与变革两派的权力争夺问题。

二

秦桧是在北宋灭亡后随同赵佶等被俘北去的。在开封受围的后期，秦桧任御史台的长官监察御史马伸和台吏联名致书金人，乞求金人不要废赵姓而改立张邦昌。身为台长的秦桧勉强签上了名字。① 这件事除了表现对赵姓的忠忱外，本来是谈不上什么民族气节的，但它却成了秦桧后来招摇的资本，很骗过一些人。北俘之后，他曾代赵佶上书宗维乞和，哀求金人"兴灭继绝"，② 因此开始受到金人的赏识，以后就作了完颜昌的参谋军事和随军转运使。完颜昌攻楚州（江苏淮安）时，秦桧还代替起草过谕降的檄文。③ 接着完颜昌就把他连同老婆王氏一块派回江南，以为内应。秦桧一回来就提出所谓："南自南、北自北"的约和方针，和稍后金使带来的议和条件完全吻合，④ 说明金人对派遣秦桧以及他的任务都是经过策划好的。"桧之归也，自言杀金人监己者夺舟而来，朝士多谓桧与（何）粟、（孙）傅、（司马）朴同拘，而桧独归；又自燕至楚二千八百里，逾河越海，岂无讥诃之者，安得尽杀而南？就令从军挞懒（完颜

---

① 王清明《挥麈录》；徐梦莘《三朝北盟会编》卷五五。
② 《建炎以来系年要录·建炎二年六月》。
③ 同上，《绍兴十三年九月甲子》。
④ 朱胜非《秀水闲居录》。

昌），金人纵之，必质妻属，安得与王氏偕？"① "秦相公是细作"②，这是朝野皆知，见之于揭帖的事实。但是赵构得到他却如获至宝，说："桧朴忠过人，朕得之喜而不寐"，批准他主动草拟的致完颜昌的求和书。立即任命他为礼部尚书，三个月后又升作副宰相。

1131 年 7 月，宰相范宗尹因主张除宣和以来滥赏和就分据江淮的诸军将建立方镇而失宠罢职。宰相一职，暂告阙如。秦桧就窥测方向，故作姿态，扬言："中国人惟当着衣噇饭，共图中兴"，又大言"使桧为相数月，必耸动天下"。③ 赵构果然又任秦桧为右宰相，但同时又从淮南前线调回主张抗战的吕颐浩任左宰相。

当时的情况是在金人"搜山检海"北还之后。赵构的小朝廷刚迁回杭州，地方政权大多溃败瘫痪，军将各拥武装，赵构不能不用"羁縻之策，刻印尽封之。所有者只淮浙数郡"而已。④ 这个时候的赵构，连乞和也缺乏必要的身价和资本。吕颐浩提出来的主张是"先平内乱，然后可以御外侮"，⑤ 赵构对于这一点当然是很同意的，因此分相吕、秦两人，并用秦桧一党的建议，让吕颐浩出师，专治军旅；秦桧辅政，专理庶务。

为了独揽相权，恣行和议，秦桧采用两种办法来排挤和倾覆吕颐浩。一是在朝廷另创"修政局"⑥ 企图实际上把相权攥归己有；二是多引"知名人士"，结为党羽，对吕颐浩进行攻击。这些所谓的知名之士，以胡安国为代表，多是程（颐）学的徒子徒孙。他们把秦桧吹捧为管仲、荀彧，甘心党附于他。在民族危亡的关头，程学门徒和投降派秦桧结成盟党绝不是偶然的。程学是王学的死对头，胡安国痛恨王安石废《春秋》一书，认为这是"乱伦灭理，用夏变夷"的罪原。⑦

他教导赵构尊《春秋》，自己还发愤写成了《胡氏春秋传》，书

---

① 《宋史·秦桧传》。
② 《朱子语类》卷一三一。
③ 《宋史·王居正传》。
④ 周密《齐东野语·杨府水渠》
⑤ 《建炎以来系年要录·绍兴元年九月丙辰》。
⑥ 同上，《绍兴二年四月》己卯、戊子。
⑦ 《宋史·胡安国传》。

里"于公子翚之伐郑，公子庆父之伐余丘，两发兵权不可假人之说"，授意削诸将兵权。南宋初年一些军将有过骄横不法的事实。但这支军队基本上是在抗金斗争中成长起来的，兵将的素质比起北宋的雇佣兵来要好得多。战斗力也强得多。根本的问题是朝廷上有没有一条正确的路线来统率和领导。只要能坚持一条正确的抗战路线，当时存在的缺点是不难纠正的，但是胡安国却从他消极抗战的立场出发，在大敌当前的情况下，不是加强军队，而是用削诸将兵权的办法来削弱军队，瓦解军队。王夫之尖锐地指出，这种做法实际上是和秦桧的所谓"南自南，北自北"、"大略欲以河北人还金，中原人还刘豫"的主张相同的。① 因为当时南宋军队的主力都是早先大河两岸的抗战军民。秦桧遵照金人的意旨主张遣散他们北归，胡安国出于忌刻引用《春秋》大意来瓦解和削弱他们。异曲同工，各尽其妙，消极抗战实质上也就是准备投降。正是在这一点上，秦桧和程学门徒成了一条路线上的伙伴。

一面是秦桧大倡所谓"南自南，北自北"的卖国主张；另一面是南宋军民忠愤激烈，坚持抗战，誓死恢复中原，还我河山；中原人民，也正"苦刘豫虐政，皆望王师之来"。秦桧的主张毕竟太反动、太露骨了，连赵构本人也不敢于冒天下之大不韪，贸然接受，尽管他内心里是十分赞同的。十多年后，赵构对秦桧回忆说："朕记卿初自金归，尝对朕言，如欲天下无事，须是南自南、北自北，遂首建讲和之议。朕心固已判然。而梗于众论，久而方决。"② 但在当时，他还不能不假惺惺地反驳说：照秦桧的办法，"朕北人将安归？"在众怒难犯的情况下，1132 年 9 月，赵构不能不暂时让秦桧罢相。

此后的几年里，秦桧经历了几任地方官，都是"碌碌无政声"。1135 年金的政局发生变化，完颜昌掌握了政权。赵构得到这个消息后立即起用秦桧，向金人摆出一副时刻准备约和的政治姿态。秦桧一来中央，就大耍两面手法，纵横捭阖，利用张浚和赵鼎的矛盾，先是欺骗张浚，取得枢密使的职位。张浚很快去职后，他又缘夤赵

---

① 王夫之《宋论》卷一〇。
② 《建炎以来系年要录·绍兴十八年八月癸丑》。

鼎，谋取相位，并反过来挑拨赵鼎，对张浚落井下石。

1137 年 4 月，赵构又一次派王伦使金，无耻地向完颜昌请求："河南之地，上国既不有，与其付刘豫，曷若见归"，①主动提出了卖国求和的身价。金的答复大大出乎赵构的意外，这年底，便废除了刘豫，同意以遣还赵构的生母韦氏以及赵佶的棺木、还河南诸州为条件议和。完颜昌送王伦归，并说："好报江南，既道涂无壅，和议自此平达"②。七年以前，金统治者作为工具扶立了刘豫这个汉奸政权，当完成了一个过渡时期的任务后，这个傀儡已完全失去效用，就被金统治者一脚踢开。现在，他们又要把用在刘豫身上的一套来诱使赵构进套，"以和议佐攻战"，达到不战而屈江南的目的。

1138 年春，金人以诏谕江南为名，遣使议和。围绕着和约，南宋朝野上下引起了激烈的斗争。临安（杭州）军民，"时出不平之语，闻之有可骇者"，"阖城百姓，有终夜不能寐者。而近甸常、润、会稽之间，民悉不安"③。负责戍卫的军官且担心"万一军民汹汹，将若已何"④。官员们内而胡铨、胡珵、晏敦复、魏矼，外而韩世忠、岳飞等纷纷上书反对，胡铨在上疏中指出：金人以诏谕江南为名。"是欲臣妾我也，是欲刘豫我也"。屈膝求和，必然要落得刘豫的可耻下场。他忠愤激昂地请求斩秦桧、孙近、王伦之首，"然后羁留虏使，责以无礼，徐兴问罪之师"。⑤这封奏章很快就在临安城中传遍，"都人喧腾，数日不定"。⑥韩世忠且计划伏兵洪泽，劫杀金使，断绝乞和的通道，但没有成功。⑦

和议的阴风刮得越紧，那个以金人自重的内奸秦桧在赵构眼里的身价就越高。"翻手成云覆手雨"的秦桧，又把赵鼎挤掉，独揽相权。但是正当使者往来驰骛，和议紧锣密鼓地进行的时候，1139 年

① 《建炎以来系年要录·绍兴七年四月丁酉》。
② 同上，《绍兴七年十二月癸未》。
③ 同上，《绍兴八年十二月丙子》；李珏《李弥逊家传》，载李弥逊《筼谿集》卷末。
④ 同上，《绍兴八年十二月庚午》。
⑤ 《三盟北盟会编》卷八六。
⑥ 《建炎以来系年要录·绍兴八年十二月庚辰》注引吕中《大事记》。
⑦ 同上，《绍兴九年正月己丑》。

秋，完颜昌以谋反的罪名被处死，金的政局又为之一变。宗弼以还河南地为失计，中断和议，第二年分兵四路南伐。金统治者的进攻受到了南宋军民的有力反击。刘锜、陈规以八字军大捷于顺昌，李宝捷于兴仁，姚仲等捷于凤翔，牛皋捷于京西，孙显捷于陈、蔡，曹成捷于大兴，王胜、成闵捷于淮阳，杨从义捷于宝鸡，王贵、姚成捷于颖昌，王俊捷于东路口，邵俊、王喜捷于淮阳，吴璘捷于陕州，韩世忠捷于泇口，杨沂中捷于拓皋，岳飞捷于郾城，直逼朱仙镇。"当是时也，无一人不勇，无一战不胜"，宗弼也不能不承认"今者南兵非昔日比"，甚至"震惧丧魄，欲捐燕以南弃之"[1]。金统治者的失败正是投降派的大失败，因而引起了赵构和秦桧的极大恐慌，于是严令从前线立即撤兵，"不许深入"。把顺昌大捷有功的将领刘锜调江陵，撤除淮南守备。接着，在张俊的附和下，实现了他们蓄谋已久的大阴谋，尽收岳飞、韩世忠等的兵权，并以"莫须有"的罪名，杀害岳飞。金在军事失利后，转又采和谈攻势，赵构立即俯首听令。靖康以来十数年广大人民忍受巨大民族牺牲，经过长期准备所取得的胜利就这样被投降派白白地断送了。换来的是臭名昭著的"绍兴和议"：南宋向金称臣；宋金以淮水为界，并割弃唐、邓二州；每年奉献金人银绢各二十五万两匹。金人则允许归还韦太后以及赵佶的棺木。"绍兴和议"是一次战胜而求和的罕见事例。和议所带来的后果，远不止是辱国丧权、割地纳贡。更加不幸的是它对民族自尊心的侮辱、对民气的摧残、对军心的解体，以及在士大夫中苟且偷安风气的形成方面，都产生了极其恶劣的影响，造成了南宋一朝屈辱偏安，迄于覆灭无可挽回的可耻命运。

为了美化投降主义，赵构和秦桧把"孝道"和"休兵息民"当成两片无花果叶，进行掩饰。有个叫冯檝的投降派吹鼓手，无耻地吹捧议和"为父母兄弟"、宗庙陵寝，是屈而行孝弟也；为祖宗境土，族属臣民，是屈而施仁慈也，"一举而兼备孝弟仁慈之四德"[2]。国家的尊严，民族的命运，领土的完整，人民的苦痛，所有这些，他们无动于衷；而对于赵佶的一具陈尸，他们却看得高于一切，为了它，

---

[1]　《建炎以来系年要录·绍兴十年六月己亥》注引何俌《龟鉴》、吕中《大事记》。
[2]　同上，《绍兴八年十二月乙卯》。

一切都可以廉价拍卖，这种孝道的反动性是很明显的。其实，赵构所关心的何尝又是赵佶的尸骨，保自己的狗命、地位和享受才是真实的追求。所谓孝道，不过是借来的大帽子，一以杜抗战派之口，二以为自己逃形的骗局罢了。

所谓"休兵息民"更是一派自欺欺人的谎言。乞和可以休兵吗？靖康以来的历史有力的驳斥了这种说法，整个南宋的历史也证明这完全是骗人的胡说。古往今来无数事例都无可辩驳地表明乞求来的和平不过是一张废纸。投降派分子卑陋地把和议宣传成从此天下太平。秦桧说他是"以诚待敌"。赵构说："交邻之道，以信为主。"所谓"信"，就是恪守屈辱的和议。而正当这班醉生梦死、苟且偷安的家伙沉浸在"西湖歌管几时休"的糜烂生活里面时，金完颜亮却在计划他"提兵百万西湖上，立马吴山第一峰"的美梦了。①

"息民"吗？事实又是怎样呢？秦桧曾经故作姿态，在约和以后要减省月桩钱，结果"月桩终不能罢"。而在实际上却是"初见财用不足，密谕江浙监司，暗增民税七八，故民力重困。饿死者众"。②至于岁币的供输以及在和议刺激下南宋统治者日益增长的文恬武嬉，奢侈淫逸而加大的对人民的负担，这是完全可以想象的事。南宋一朝，人民的负担始终特别沉重，它和屈辱投降的和议是直接相联系的。

屈辱的和议换来了一时的苟安，南宋统治阶级所有一切腐败、黑暗、龌龊的劣性就像毒菌一样，四处滋生起来，抗战派的人物如张浚、王庶、胡铨一贬再贬；稍稍对和议表异议的官僚也相继逐斥。"其矫诬也无罪可状，不过曰谤讪、曰指斥、曰怨望、曰立党沽名，甚则曰有无君之心"。"察事之卒，布满京城，小涉讥议，即捕治中以深文"③。从此朝廷上再听不到抗战和恢复的声音。卑陋亲附之徒，遍布要津；贪赃贿赂之风，遍成风气。秦桧的家产就"富于左藏数倍"④。为了加强统治，粉饰太平，赵构和秦桧一唱一和，大搞

① 岳珂《桯史》。
② 《建炎以来系年要录·绍兴二十五年十月丙申》。
③ 《宋史·秦桧传》。
④ 《建炎以来系年要录·绍兴二十五年十月丙申》。

"崇儒重道"的丑剧。赵构大捧《春秋》,手写六经与《论语》《孟子》,"朝夕从事,为诸儒倡",并刻石于国子监,责生员攻习。① 他还亲自跑到太学去尊礼孔子,听讲经书。其他如行郊祀、耕籍田、制作礼器、伪造祥端,甚至"禁因于县狱或厢界寄藏"而让诸郡奏报"狱空"②,借以粉饰太平。

当秦桧在第一次当政时,他和程学门徒结成同盟反对抗战派,攻击王(安石)学,第二次上台后则既反对王学,也攻击程学。秦桧为什么攻击程学?问题发生在同赵鼎的矛盾上。赵鼎"素主元祐之学"③,是南宋初程学的首要倡导人。他也讲抗战,但总的是消极;也附和和谈,但要价要高一些。1138年7月"王伦再行,鼎实与遣。讲和之议,不闻其龃异也"④。当王伦辞行时,赵鼎指示:一、不可更议礼数;二、割地以大河(旧河)为界。"二事最切,或不从,即此议当绝"⑤。朱熹论赵鼎说:"使当国久,未必不出于和,但就和上须有些计较:如岁币、称呼、疆土之类,不至——听命,如秦桧之议草草和了。后来秦没意思,却以不合阻挠和议为词贬之,却十分送个好题目与他"⑥,这是近乎事实的。赵鼎的意见也就是程学诸儒的意见。在议和问题上饥不择食的赵构,深恐讨价还价而有害乞和,不满于赵鼎的迂阔和不顺手;秦桧也力图要独揽主和的"头功",挤走赵鼎,好从此独擅相权。赵鼎便在"君臣之间,嫌疑已久;同列之际,猜间已深"的情况下罢相。赵鼎的下台,反而使自己因他与秦桧的不和而博取到主张抗战的名声,因此屡遭贬斥。

三

时间在流驶,历史在前进。秦桧——这个民族的败类,千古的

---

① 《建炎以来系年要录·绍兴十三年十一月丁卯》。
② 同上,《绍兴十九年三月丙申》。
③ 《宋史·吕本中传》。
④ 《建炎以来系年要录·绍兴九年四月癸丑》。
⑤ 同上,《绍兴八年七月戊戌》。
⑥ 《朱子语类》卷一三一。

罪人，一直受到人民的痛恨和唾骂。相传有一位姓秦的士子，来到秦桧坟前，有感而吟，说"人于宋后羞称桧，我到坟前愧姓秦"。很能说明人民的痛恨情绪。

不过，也有人喜欢作翻案文章，有意无意，出来美化秦桧的人。明朝人丘濬就说秦桧于南宋有再造之功。岳飞的恢复是徒劳的事业。① 又章（介庵）亦称："南宋秦桧力主和议，盖因当时国势已蹙，中原未必可复。而诸军所过，残暴残酷甚于胡虏。则休兵息民亦何可尽非"。何良俊对此亦表示欣赏。② 清朝赵翼，把当时主张坚决抗战派谥为"义理派"，把投降派美其名曰"时势派"，大谈什么"义理之说与时势之论往往不能相符，则有不可全执义理者。盖义理必参以时势，乃为真义理也"。结论是谈抗战是唱高调，行不通；乞和才是讲求实际，不能不如此，是不得已，因而是合理的。赵翼自认这个说法是煽邱濬的余烬。胡适在 1924 年 10 月，也写了《南宋初年的军费》一文，文中说："宋高宗与秦桧主张和议，确有不得已的苦衷。"他掇取了几条史料，说明南宋初军费巨大，断言："此实南宋不能不议和的主要原因。秦桧有大功而后人唾骂他至于今日，真是冤枉"。

所有这些论调，都立足于不得已而从权的说法，这本不是什么新鲜的货色，赵构在指责抗战派谈恢复时，便指为"皆虚词，非实用"。冯檝也申言要"有经有权"，"经"是义理，"权"是时势，从权就是讲究实际。他抓住这个"权"字，掩耳盗铃，居然说出："岂真我辱赵，循斯须之权耳！"③ 赵鼎则从孝道上找根据，他为赵构开脱，说："讲和诚非美事，以梓宫及母兄之故，不得已为之"。④

不得已的处置在立人行事的实际中是极其普遍，也是很难避免的。不过，在大是大非面前，人总有，也必须有一条道德的底线，是绝对不可逾越的，如果连这也可以"从权"，人与禽兽还有什么区别呢？

---

① 郎瑛《七修类稿续稿》卷三。
② 何良俊《四友斋丛说》卷三。
③ 《建炎以来系年要录·绍兴八年十二月乙卯》。
④ 同上，《绍兴八年六月丙子》。

程朱理学在南宋金元时期的传播
及其统治地位的确立

程朱理学始创于北宋的二程（颢、颐），完成于南宋的朱熹。开初它只是几个学派中的一个，中间几遭禁止，直到南宋末才得到朝廷的认可。全祖望所谓"元祐之学，二蔡、二惇禁之，中兴而丰国赵公弛之，和议起，秦桧又禁之，绍兴之末又弛之，郑丙、陈贾忌晦翁又启之，而一变为庆元之铜籍矣。此两宋治乱存亡之所关。嘉定而后，阳崇而阴摧之，而儒术亦渐衰矣！"① 这正是理学在南宋一代遭遇的概述。其时，南宋与金南北对峙，北方初不知有朱学。金元之际朱学北传，渐见流行。忽必烈建元朝，颇资利用，其流行益广。驯至仁宗爱育黎拔力八达实行科举，规定取程朱所注《四书》为取士程式，为明朝的科举制度初步奠定了规模。程朱理学在全国思想学术界的统治地位由此而得以确立，影响于后代思想文化者至巨。本文拟从政治与社会思想发展等方面，就程朱理学发展的历史过程略加探讨。

一 南宋的党争与理（道）学的发展

北宋时期，与王安石变法的同时，学术思想界开始形成王安石的王氏新学、二程的程学（洛学）、张载的关学、三苏（洵、轼、辙）的苏学（蜀学）等几个儒学宗派。新学借助政治上的优势，"起自熙丰，讫于宣靖，六十年间，诵说推明，按为国是"（朱熹语《读两陈谏议遗墨》），故风靡一时。尽管在哲宗元祐时期，熙宁新法一度为司马光所罢废，新学也同时被黜，但很快在绍圣以后，又一切恢复过来。徽宗在位时期，蔡京以"继志述事"为口号，沿行新法。在

---

① 《宋元学案·元祐党案序》。

学术上，"非王氏经术皆禁止"，① "专意王氏之学，士非《三经》、《字说》不用"。② "内外校官，非《三经义》、《字说》，不登几案"。③ 政府亦"专用王氏之说，进退多士。"④ "一时学者，无敢不传习。主司纯用以取士，士莫得自名一说。"⑤ 王安石被抬入了孔庙配飨，列坐在颜回、孟轲之次，追封为舒王。而程颐的著作则被列为禁书。崇宁二年（1103），根据范致明的建奏，有旨："程颐追毁出身以来文字，除名。其入山所著书，令本路监司切常觉察。""尽逐学徒，复隶党籍。"接着，又颁布禁令，其"邪说诐行，非先王圣人之书并元祐学术政事，不许教授学生，犯者屏出。"⑥ 刘勉之在徽宗时以乡举入太学，"时蔡京用事，禁止毋得挟元祐书，自是伊洛之学不行。勉之求得其书，每深夜同舍生皆寐，乃潜抄而默诵之。"⑦ 读程氏书简直成了地下活动。大观元年（1107），程颐死去，"洛人畏党，无敢会葬致词以祭者。惟张经绎、尹焞、范域、孟厚四人。乙夜有素衣白马至者，视之，邵溥也。盖畏党祸故晚出云。"⑧ 门生们连送丧也不敢参加。

在宋徽宗、蔡京等的长期奖励提倡下，北宋末年，王氏新学已成为占据朝廷统治地位的思想学派。通过科举、学校出身的新进官僚，多是新学的信徒，势力十分强大。靖康国变时，程门弟子杨时任国子祭酒，⑨ 上言靖康之祸，实启于王安石，请追夺王安石的王爵，明诏中外斥配享之像，使邪说淫辞不为学者之惑。钦宗于是降王安石于从祀，毁《三经义》版。杨时的这一举动立刻激怒了

① 朱弁《曲洧旧闻》卷三。
② 吴曾《能改齐漫录·记事·罢史学》。
③ 李心传《建炎以来系年要录（以下简称《系年要录》）·绍兴五年二月庚子》。
④ 晁公武《郡斋读书志》卷一上。
⑤ 《宋史·王安石传》。
⑥ 李心传《道命录》卷二；朱熹《伊川先生年谱》，载《朱文公集》卷九八；《续资治通鉴长编拾补》卷二一"崇宁二年四月戊寅"、卷二二"七月庚寅"。
⑦ 《宋史·刘勉之传》。
⑧ 《道命录》卷二；朱熹《伊川先生年普》，载《朱文公集》卷九八。
⑨ 据《宋史·陈渊传》："杨时始宗安石，后得程颢师之，乃悟其非。"

国学的生员。因为，王氏之学，士子习之以猎取科第者已数十年，"不复知其非。忽闻以为邪说，议论纷然"，"相与聚哄。先生（杨时）亦谨避之"。朝官对杨也群起攻之。杨时被迫去职。① 足见新学拥护者声势之巨。② 直到南宋绍兴初，它的优势地位仍然没有太大的变化。绍兴二年（1132）十月，刘嵘上万言书，说："王安石以佛老之似乱周孔，绝灭史学，倡说虚无，以同天下之习。其习既同，于今五十年。士以能谈说相高，不复见于行事。曰：此粗迹耳！不足道也。其或蹈规矩、守廉隅，稍异于众者，则群议而聚骂之，以为怪物谬人。此浮华轻薄之为害也。"③ 绍兴六年正月，高宗发布制书，亦云："慨念熙宁以来，王氏之学行六十余年。邪说横兴，正途壅塞，学士大夫心术大坏，陵夷至于今日之祸，有不忍言者。"④ 他们的这些话，都是慨叹于王氏新学影响之深厚，难于消除。

但是，这时，在南宋朝廷上程学又正在抬头。二程之门，高弟子甚多。程学也因为他们而播及各地。尽管朝廷悬为厉禁，在地方上他们仍在私相传习。杨时传于闽，三吕（大忠、大钧、大临）传于秦，李朴传于赣，周行己、许景衡、刘安节等所谓"永嘉九子"传于浙，谢良佐、胡安国（二程学侣）传于湘，王蘋传于吴。政府无法禁绝。宋室南迁，士大夫痛亡国之祸，归罪于蔡京之徒，也很自然地追咎于创行新法的王安石。王氏新学受到冲击，受压抑的程学乘之复兴。绍兴四年，赵鼎任相。他是程学的支持者。通过他的荐引而列朝的数十人，如范冲（祖禹之子）、尹焞、朱震、张九成、周行己、胡寅、林季仲等，其中不少是程学的中坚。一时程学之徒，众聚于朝，只要是习读程氏书者，往往都可以得到进用，甚至一些伪称伊川门人以求进者，也得到擢用。⑤ 五年九月，举行科举，"殿试

---

① 据《宋史·杨时传》、《宋元学案·龟山学案》。
② 《朱子语类》卷一二七："靖康所用，依旧皆熙丰、绍圣之党。"（中华书局1986年版）
③ 徐梦莘《三朝北盟会编》卷一五三"绍兴二年十月六日"。
④ 《系年要录·绍兴六年正月辛卯》。
⑤ 同上，《绍兴五年四月》；《道命录》卷三。

策不问程文状况否，但用颐书多者为上科。"① "然所谓颐书者，小编杂语，浅陋乖僻之说。"程学拥护者的这种作法，对于那些由新学出身，长期来久据要津的官僚们是一种威胁。于是士大夫各以所学分党羽，互相排击。其年的科举，也便成为斗争的焦点。在省试举人时，经都堂陈请，不用元祐人朱震等主持考试。② 十数年之后，绍兴二十三年，郑仲熊在一份奏章中还谈到当时考试的偏党徇私，说："初，赵鼎立专门之后，有司附会，专务徇私，不论才与不才，有是说必置之高等，士子扼腕，二十年于兹。"③ 这时，朝廷上党争的形势，事实上已经成形，惟党争的分野表面上虽是王氏新学与程学，然实际上已很少学术内容。程学家们对王氏新学的批判只是肤浅的攻击；新学的维护者更拿不出半点可称为学术的东西来对付自己的敌手。党争事实上是两个不同利益政治集团的排陷倾轧，是北宋元祐党争的余波。由于赵鼎这种凡称程学者便予招引的作法，使一时间程学的队伍有了很大的扩增。"近世小人，见靖康以来其学稍传，其徒杨时辈骤跻要近，名动一时，意欲歆慕之。遂变巾易服，更相汲引，以列于朝，则曰：此伊川之学也。其恶直丑正，欲挤排之，则又为之说曰：此王氏之学，非吾徒也。号为伊川之学者，类似有守之士，考其素行，盖小人之所不为。"④ 这份奏章是出自程学的支持者吕祉之手，可见当时程学队伍中混杂不堪确是事实，而不尽是对方的污蔑之辞。

平心而论，当时程学一派的队伍中是不乏优秀人物的，特别是在对金坚持抗战的问题上，一些卓荦不群的佼佼者都属于这一派。当然，一个队伍中总不免鱼龙混杂。程学本身，在人生哲学上标榜"致诚敬之德"是修养极至。诚者，"至诚无妄"之谓；"敬"者，"主一无适"之谓。史言程颐接人"严毅"，"绳趋矩步"，"衣虽绗素，冠襟

---

① 按，此为《系年要录》卷八八引朱胜非《秀水闲居录》文，李心传谓其毁誉失实。同书《绍兴五年九月乙亥》注云："是科状元汪洋。案黄中策乃不用颐书，与胜非所云不合。"朱、赵固有矛盾，然其年科举，明有新学与程学之争，李心传单引黄中一策，实际上是想为赵鼎曲辩遮盖。
② 《道命录》卷三。
③ 《系年要录·绍兴二十三年七月甲午》。
④ 同上，《绍兴七年七月乙酉》。

必整，食虽简俭，蔬饭必洁"。又常"以天下自任，议论褒贬，无所顾避"。苏轼曾指程颐为奸。① 大抵一个人如果成天板起面孔，满口天理心性，仿佛是不近人情，易流于迂腐；终日危言危行，仿佛故意做作，给人的印象便是虚伪。因此，迂和伪可以说是与理学俱生的坏习性。特别是在程学时行，程学徒队伍中混进了大批欺世盗名、营私邀利的小人时，程学的修身信条，反成为他们饰诈沽名的假面具。"外示恬默，中实奔竞；外示朴鲁，中实奸猾，外示严正，中实回僻。"② 甚而至于"狂言怪语，淫说鄙喻，曰：此伊川之文。幅巾大袖，高视阔步，曰：此伊川之行。"③ 即使是程学巨擘的胡安国，在谈及程学队伍时也承认：自绍兴初程学门人稍稍进用，"于是传者寝广，士大夫争相淬砺，而其间志于利禄者托其说以自售。传者既失之蔽淫邪遁之辞，纷然淆乱，莫能别其真伪，河洛之学几绝。"④ 胡安国力辩：狂言怪语，淫说鄙喻，原非程氏之文；幅巾大袖，⑤ 高视阔步，亦非程氏之行。他指责这种人名义上为"传河洛之学者，又多失其本真，妄自尊大，无以屈服士人之心。故众谕汹汹，深加诋诮。夫有为伊洛之学者，皆欲屏绝其徒，而乃上及于伊川。"由此可见，当时程学徒队伍中矫行伪饰，趋时竞利的事实也绝不是敌方的捏造。

和赵鼎同时任相的张浚，当时在对待北宋末党争问题上的态度是持中立的。他认为元祐未必全是，熙宁也未必全非。⑥ 绍兴六年十二月，赵鼎罢相。当时任左司谏的陈公辅，原出赵鼎姻亲范冲所荐。他入朝后力攻王安石学术之误，⑦ 这无疑是投合赵鼎的心

---

① 苏轼在元祐二年奏章中称："臣素疾程颐之奸，未尝假以辞色。"

② 《系年要录·绍兴元年八月戊午》高宗崇褒程颐制书。

③ 同上，《绍兴六年十二月己未》陈公辅奏。

④ 《道命录》卷三。

⑤ 陆游《老学庵笔记》卷九引张文潜元祐初《赠赵景平主簿诗》，以证"自元祐初为程学者幅巾已与人异"。然考赵彦卫《云麓漫钞》卷四："在元祐间，独司马温公、伊川先生以屡弱恶风，始裁皂绸包首，当时只谓之温公帽、伊川帽，亦未有巾之名，至渡江……巾之制……则近于怪矣。"则程颐之巾幅，当时但取实用，非故为怪异者。

⑥ 《宋元学案·元城学案·胡珵》。

⑦ 《宋史·陈公辅传》。

意。等到赵鼎免相，他又看准时机，上疏《谕伊川之学惑乱天下乞屏绝》，①猛烈抨击程学之徒标异炫众的欺世盗名表现，认为程学与王氏新学一样，互为朋比，雷同苟合。他说："取颐之学，令学者师焉，非独营私植党，复有党同之弊，如蔡京之绍述，且将见浅俗僻陋之习，终至惑乱天下后世矣。"他请求"察群臣中有为此学，相师成风、鼓煽士类者，皆屏绝之。然后明诏天下，以圣人之道，著在方册，炳如日星。学者但能参考众说，研穷致理，各以己之所长而折中焉，惟不背圣人之意，则道术自明，性理自得。故以此修身，以此事君，以此治天下国家，无乎不可矣！毋执一说，遂成雷同"。②高宗立即批准了一建议，由张浚批旨："士大夫之学，当以孔孟为师，庶几言行相称，可济时用。臣僚所奏，深用忧然。可布中外，使知朕意。"接着，范冲等人皆相继补外。朝廷对程学的禁令实际又一次开始。李心传如实的指出："伊川之学为世大禁者二十有五年，靖康初乃罢之。至是仅十年而复禁。"③这就清楚地表明：绍兴中的对程学第二次禁令，其初是因张浚同赵鼎的矛盾而爆发的。张、赵二人除在建储、政见上的分歧外，"赵尊伊川之学，士大夫翕然乡之。然赵公实不识伊川，故有伪称河南门人者，亦蒙进用。④张公之门多才吏，赵公亦不乐之。赵公每言于上前，谓元祐之人，与绍圣、崇观之党决不可合。而张公本黄英州（潜善）所荐，习闻绍述之论，数以孝弟之说陈于上前。二公所操寖异。赵公改修神、哲两朝实录，明著王氏及章、蔡诸人之罪，张公又不然之。"⑤两人在新学与程学两派观点上的对立十分明显。可见绍兴党禁，本始于张浚。只是因为张浚晚年转宗程学，他的儿子张拭，又是与朱熹齐名的理学大师，后来人为贤者讳，⑥却把责任完全推给了后任的卖国宰相秦桧。从赵鼎才罢相而学禁即行来看，想见当时臣僚中新

---

① 《朱子语类》卷一三一："陈公辅排程氏，乃因赵公。赵公去。"
② 《系年要录·绍兴六年十二月己未》。
③ 《道命录》卷三。
④ 《朱子语类》卷一三一：赵丞相"且如好伊洛之学，又不大段理会得，故皆为人以是欺之"。
⑤ 《道命录》卷三；《朱子语类》卷一二七（页3056）。
⑥ 朱熹所撰《张浚行状》（载《文集》卷九五上、下）就是典型的代表，可参读。

学的势力是相当宏厚的。

绍兴七年九月，张浚因淮西措置失利，引咎辞职，赵鼎复相。他还来不及取消这道禁令，就在八年十月为秦桧所排挤。赵鼎把攻击他的人指为"章惇、蔡京之党"。而秦桧也就正好利用朝中新学派官僚的反程学派情绪，进一步推进伊川学禁来反击反对他卖国投降路线的程学派官僚。新学派与秦桧就是因为要共同反对以赵鼎为首的程学派官僚而结合在一起。秦桧本人，本从程门大弟子游酢学，甚得游的赏识。当胡安国问人才于游时，游曾举荐秦桧。所以在绍兴初，胡仍力称秦桧之贤。① 可知在任相前他还是以程学徒的面目出现的。但是"桧初非知道学者，始特窃其名以倾吕元直（颐浩），终则没其实以害赵忠简（鼎）"；任相以后，"更主荆公之学"。"然桧非但不知伊川，亦初不知荆公也。"② 足见秦桧之于新学，纯粹也是出乎利用。

从绍兴六年底到二十五年秦桧死去的近二十年之内，程学"以专门之学被诋，凡宗伊洛者指以为赵鼎、胡寅之学，贬斥无虚日"。③ 在秦桧的影响下，十四年八月汪勃上疏《乞戒科场主司去专门曲说》；十月，何若上《乞申戒师儒黜伊川之学》；二十年九月，曹筠上《论考官取专门之学者令御史弹劾》；二十三年十一月，郑仲熊上《论赵鼎立专门之学可为国家虑》；二十五年十月，张震上《乞申敕天下学校禁专门之学》，这些奏章都得到了高宗的批准。地方书坊印行程学书籍也严加查禁。④ 一些从前附庸程学的人，胁于厉禁，或讳其师传，或改其素行。有的地方，程学几无人传习。在太学中，个别的太学生阅读程学著作，只能偷偷摸摸，"阴诵而窃讲"。⑤

绍兴二十五年十月，秦桧病死。被秦桧所黜逐的人始陆续得到昭雪平复。二十六年六月，叶谦亨奏："向者朝论专尚程颐之学，士

① 《宋史·胡安国传》；《朱子语类》卷一三一，页3153。
② 《道命录》卷三。
③ 《宋元学案·周许诸儒学案·萧振》。
④ 《道命录》卷四。
⑤ 朱熹《籍溪先生胡公（宪）行状》，载《朱文公文集》卷九七。

有立说稍异者，皆不在选。前日大臣则阴祐王安石，稍涉程学者至一切摈弃。程、王之学，时有所长，皆有所短。取其合于孔孟者，去其不合于孔孟者，皆可以为学矣！又何拘乎？愿诏有司，精择而博取，不拘以一家之说，而求至当之论。"高宗宣谕曰："赵鼎主程颐，秦桧尚王安石，诚为偏曲。卿所言极是。"于是可其奏。① 持续近二十年的伊川学禁，至是稍解；程学又开始振兴。然孝宗在位的初期，在朝臣中程学仍不为人所尊重。乾道四年（1168），魏元履为太学录，向宰相陈康伯建议把王安石父子从孔庙逐出去，追爵二程，使从祀。陈康伯不同意，"且谕元履姑密之"，理由是"恐人笑君尔"，"盖程学不为当路所知如此"。②

但是，也就在这以后的几年间，程学有了决定性的发展。周密说："伊洛之学行于世，至乾道、淳熙间盛矣。"③叶适说：周（敦颐）程之学，"更盛衰者再三焉。乾道五六年，始复大振。讲说者被闽浙，蔽江湖，士争出山谷，弃家巷，赁馆贷食，庶几闻之"。④ 尤袤也指出："方乾道、淳熙间，程氏学稍振，忌之者目为道学。"⑤ 造成这一发展的原因至少有二种：一是社会舆情的变化，二是程学本身的发展。程学派在绍兴间是利用检讨北宋亡国责任、追究蔡京罪恶的社会声浪中抬头的，这个队伍中的确不乏忠贞正派的志士。他们在对金的态度上多是坚定的主战派，但却受到了卖国贼秦桧的残酷打击，人民的支持和同情是在他们一方的。因此程学也容易取得人民的相信和尊重。而在王氏新学方面，王安石的新法先被蔡京等所玷辱；新学复被秦桧所利用而进一步声名狼藉，终于为人民所厌弃。这种情况，大大有利于程学势力的发展。

从程学发展的本身看，这时朱熹出而集周（敦颐）、程（颐、颢）、张（载）、邵（雍）诸家的大成，确立了有完整体系的理学学派，其内容之博大，论理之精微，确是中国思想史上所少见的。当

① 《宋会要·选举四》；《系年要录·绍兴二十六年六月乙酉》。
② 《道命录》卷四。
③ 周密《齐东野语·道学》。
④ 叶适《郭府君墓志铭》，载《叶适集》卷一三。
⑤ 《宋史·尤袤传》。

时的儒学家都被他所吸引而折服，称他"尤渊洽精诣。盖以至高之才，至博之学，而一切收敛，归诸义理。其上极于性命天人之妙，而下至于训诂名数之末，未尝举一而废一"。①支配中国封建社会后期七八百年思想学术的所谓程朱理学理论体系，就是由朱熹最后完成的。与朱熹同时的张栻（张浚子），是胡宏的弟子，在孝宗时，"内赞密谋，外参庶务"，甚得亲任。由于他政治上影响大，所以在宣传理学上也作用非凡。攻击者谓他"谈性理之学，言一出口，嘘枯吹生，人争趋之"。②与朱熹相伯仲的还有陆九渊，由他发展为另一个理学派别心学。吕祖谦也是理学的一个有影响人物。在他们的倡导下，迎来了程学的大发展。这个发展既包括理论本身，也包括了信徒的队伍。同时期与理学相轩轾的陈亮（永康派）、叶适（永嘉派）则反对空谈性理、讲究经制而崇尚事功。

朱熹是在孝宗即位后开始活跃于当时的历史舞台的，除去在学术上的卓异成就外，在政坛上也是一个颇引人注目的人物。他公开揭橥"正心诚意"这一套理学政治原则，甚至不顾孝宗的厌恶而屡予面陈。他难进易退，对于朝廷的任命总是再三辞免，而自己的政治身价却因此而愈来愈高。在平时言论中他常"极论时事"，③在奏疏中猛烈抨击近侍。这些都为当政所厌忌。一时社会上毁之、誉之者兼有之，在当时颇成为一个有争议的人物。淳熙九年（1182），朱熹行部至台州，因劾奏唐仲友而与宰相王淮发生矛盾。于是吏部尚书郑丙迎合王淮的意图，奏称："近士大夫有所谓道学者，欺世盗名，不宜信用。"④十年六月，监察御史陈贾上疏，称近世士大夫有所谓道学者，"其说以谨独为能，以践履为高，以正心诚意、克己复礼为事。若此之类，皆学者所当然。而其徒乃谓己独能之。夷考所为，则又大不然。不几于假其名以济其伪者邪！是以己所甚欲者，爵位也，其语人则曰：吾常泥滓冠冕而不顾。己之所甚爱者，货贿也，其语人则曰：吾能粪土千金而弗受。又其甚者，道先王之语，

---

① 《齐东野语·道学》。
② 《道命录》卷七下。
③ 《宋史·赵雄传》。
④ 同上，《郑丙传》。

而行如市人；窃处士之名，而规取显位。轻视宪典，旁若无人。故上焉者得以遂其奸，次焉者得以护其短，下焉者得以掩其不能。相与造作语言，互为标榜。有善虽小，必交口称誉，以为他人所难办；有过虽大必曲为辞说，以为其中实不然。故附之者常假其势以为梯媒，庇之者常获其助以为肘腋。植党分明，渐不可长"。陈贾请求"明诏中外，痛革此习。于听纳除授之间，考察其人，摈斥勿用。"这一建议得到孝宗的批准，[1] 从此而有了"道学"这一称呼。孝宗对于道学，明显地是厌恶的。故当尤袤欲行谏止时，他回答说："道学岂不美之名，正恐假托为奸，使真伪相乱尔。待付出戒敕之。"[2] 十五年，王淮免相，周必大独相，召朱熹为兵部郎官。但朱熹还没有来得及正式上任，就受到兵部侍郎林栗的猛烈攻击。林栗上疏："熹本无学术，徒窃张载、程颐之绪余，为浮诞宗主，谓之道学，妄自推尊。所至辄携门生十数人，习为春秋战国之态，妄希孔孟历聘之风。"[3] 林栗在疏中集中攻击朱熹为伪。为此，叶适曾仗义执言，逐条对林栗进行驳斥，为朱熹进行了辩护。

这时，朝廷中拥道学与反道学的两股势力已俨然形成。"周益公（必大）既相，拱嘿无所预。詹体仁元善为太学博士，率同志者请于益公，反复极论，责以变通之理。因疏纳知名士废不用者陈傅良君举而下三十三人。益公虽不能用，然其后亦多所收擢。王（淮）丞相罢，留（正）丞相为次辅，与益公不合，擢何澹为谏长，攻益公罢之。益公之门多佳士，相继去国者众。太学博士沈有开应先为留丞相所厚，力劝以拔用知名之士，留丞相从之。自是一时善类多聚于朝，而不得志者始侧目矣。"[4] 李心传所说的"佳士"、"善类"，大多就是程朱理学家。史言"绍熙间，朱子门人有至行在者，公卿延至惟恐后"。[5] 道学派分子已重新在朝廷里形成一股势力，因此，反对者在揭露道学诈伪的同时，又指为朋党，从政治上进行

---

① 《陈贾论道学欺世盗名乞摈斥》，载《道命录》卷五。
② 《宋史·尤袤传》。
③ 《道命录》卷六；《宋史·林栗传》。
④ 《道命录》卷六。
⑤ 《宋元学案·沧州诸儒学案上·方士繇》。

打击。叶适在为朱熹辩诬驳陈贾封事中就指出："自昔小人残害忠良，率有指名，或以为好名，或以为立异，或以为植党。近忽创为道学之目"，"以为善为玷阙，以好学为过愆，相为钩距，使不能进，从旁窥伺，使不获安。于是贤士惴慄，中材解体，销声灭影，秽德垢行，以避此名，殆如吃菜事魔、景迹犯败之类。"①次年，即光宗绍熙元年（1190），刘光祖也明白指出："臣始至时，虽间亦有议贬道学之说，而实未睹朋党之分。中更外艰，去国六载，已忧两议之各甚，每恐一旦之交攻。逮臣复来，其事果见。因恶道学，乃生朋党；因恶朋党，乃罪忠谏。"②党争的局面再一次形成。和绍兴中秦桧与赵鼎分别标榜王氏新学与程学而各为朋党、进行对立不一样，绍熙时的理学反对者已不再奉王氏新学。朱熹就说过："且今日纷纷，本非为程氏发。但承望风旨，视其人之所在而攻之尔！若此人尚谈清虚，则并攻老子；幸修斋戒，则兼诋释迦；曾读《三经》《字说》，则攻王氏；曾读《权书》《衡论》，则斥三苏。怒室色市，彼亦何尝有定论，而可与之较是非曲直哉。"③可见当时的道学反对者们已与王氏新学杳不相干。但是，这一场党争的挑起除政治上的宗派利害之外，也还有学派上的纠葛在内。原因是这时的理学家，已俨然以孔孟儒家的正统自居，不甘居所谓"一家之学"。这种自命正宗的态度无可避免地要引起不同宗派儒徒们的反对。

早从二程时，他们就把自己的一套说成上承周公、孔孟的千载不传之学，认为自己才是真儒。程颐曾序程颢墓，说："周公没，圣人之道不行；孟轲死，圣人之学不传。道不行，百世无善治；学不传，千载无真儒。""先生（程颢）生于千四百年之后，得不传之学于遗经，以兴起斯文为己任，辩异端，辟邪说，使圣人之道焕然复明于世。"④"道统"这一名词道学家们虽是很晚才明确使用，但以正宗嫡派自居，是早从二程就开始了的。南宋初年程学再起，他们唱的也是这一套。绍兴六年五月朱震的奏章就说："臣窃谓孔子之道传

① 《道命录》卷六；叶适《辩兵部郎官朱元晦状》，载《叶适集》卷二。
② 同上卷六；真德秀《刘阁学墓志铭》，载《西山真文忠公文集》卷四三。
③ 同上卷六。
④ 《宋史·程颐传》。

曾子，曾子传子思，子思传孟子，孟子之后无传焉。至于本朝，西
洛程颢、程颐，传其道于千有余岁之后。"① 陈公辅在他的奏章中也
着重指出当时程学家们大言"尧舜文武之道，传之仲尼。仲尼传之
孟轲，轲传颐。伊死无传焉。狂言怪语，淫说鄙喻。"朱熹极力标榜
的也正是程颐的这一段自我吹嘘，并以之作为他的代表作《孟子集
注》的结束语。攻击者们议他们是"道学"，他们也欣然以"道学"
自命。这种"只此一家，别无分号"的态度自然会招致一般儒士的
忌刻。叶适对此便很表不满，说"道学之名，起于近世儒者，其意
曰：'举天下之学皆不足以致其道，独我能致之。'故云尔。其本少
差，其末大弊矣。"② 由此可见，这次党争，从学术的角度看，实际上
是程朱理学公开争夺儒学正统的尝试。

正在这时，朝廷上爆发了一次准政变，宁宗在宰相赵汝愚的扶
持下，取代了病废的光宗。"自赵公得政，凡一时知名之士，朝除暮
拜，略已无遗。奸憸小人，相与侧目。"③ 朱熹也受荐侍经筵，"其学
者益进"。④ 人称庆元（宁宗年号）初为"小元祐"。同谋策立宁宗
的还有外戚韩侂胄，但事成之后功赏阙望，与赵汝愚矛盾。韩于是
利用本不满于赵汝愚诸人的反理学派官僚，进行排陷，将他们尽行
罢逐。所定的罪名便是以伪学为朋党。朱熹等理学家自命为孔孟
儒学的正宗，而把不奉理学的人视为不知道或异端；反对者则指斥
理学这一套只是伪学。一时间，朝廷上攻伪学成为狂热。庆元元
年（1195）七月，何澹上疏《论专门之学短拙奸诈宜录真去伪》。⑤
二年正月，刘德秀上疏《论留丞相引伪学之徒以危社稷》，首揭"伪
学"之名，指摘留正"见伪学之徒方盛，已不能敌，反倚为助，纵臾
钩致，蟠据朝廷，几危社稷"。⑥ 既而刘德秀在省闱，复上疏谓"伪
学之魁以匹夫窃人主之柄，鼓动天下，故文风未能丕变，请将语录

① 《系年要录·绍兴六年五月辛卯》。
② 叶适《答吴明辅书》，载《叶适集》卷二七。
③ 《道命录》卷七上。
④ 李心传《建炎以来朝野杂记甲集·朝事二·道学兴废》。
⑤ 《道命录》卷七上；《宋史·何澹传》。
⑥ 同上，卷七上。

之类并行除毁"。三月叶翥等亦上言："二十年来，士子狃于伪学，泪丧良心，以六经子史为不足观，以刑名度数为不足考，专习语录诡诞之说，以盖其空疏不学之陋，杂以禅语，遂可欺人。三岁大比上庠校定，为其徒者，专用怪语暗号，私相识认，辄置前列。"请行禁止。① "是科举士，稍涉义理者悉见黜落。六经、语、孟、中庸、大学之书，为世大禁"。② 八月，胡纮上疏，论伪学猖獗，图为不轨，请权住进拟伪学之党，朝廷为申严道学之禁。③ 十二月，沈继祖劾朱熹六大罪状，说他"剽张载、程颐之余论，寓以吃菜事魔之妖术，以簧鼓后进，张浮驾诞，私立品题，收召四方无行义之徒，以益其党伍，相与餐粗食淡，衣褒带博"，"潜形匿迹，如鬼如魅"，"遂以匹夫窃人主威福之柄，而用于私室。飞书走疏，所至响答。小者得利，大者得名"。④ 三年闰六月，刘三杰在入对时，追论赵汝愚（时已死）在庆元内禅之际曾图谋不轨，因而倡言"前日之伪党，至此而变为逆党。"于是包括一批理学家在内的赵汝愚、朱熹集团，以及所有韩侂胄的政敌都被列为伪学逆党得罪著籍，人数达五十九人。九月，诏监司帅守荐举改官勿用伪学之人。四年五月，宁宗发布诏书，谕告伪邪之徒改视回听。在这封诏书里指责党人们"甚至窃附于元祐之众贤，而不思实类乎绍圣之奸党"。⑤ 秦桧是打着王氏新学的旗子来禁止程学的。而庆元党禁却斥理学家实绍圣之奸党。这表明，从绍兴二十五年后的四十年间，王氏新学已经陵夷泯绝，不足以与理学相抗衡了。

从保存的材料看，韩侂胄的学禁比起绍圣和绍兴中来更加周密严厉。除了大行黜逐外，臣僚之荐举、进士之结保，皆有如是伪学者，甘伏朝典之辞。科举进士，漕司取家状，必书"委不是伪学"五字于后。言者复建议，"自今权臣之党、伪学之徒，不得除在内差遣"。又有"论廷省魁两优释褐皆伪徒不可轻召"。更有请"自今曾

---

① 《宋会要·选举五》庆元二年三月十一日。
② 《道命录》卷七上。
③ 《宋史·胡纮传》。
④ 《道命录》卷七上。
⑤ 《宋史·高文虎传》。

系伪学举荐陞改及举刑法廉吏自代之人,并令省部籍记姓名,与闲慢差遣即行"。①"仕者非伪学,不读周敦颐、程颐等书才得考试"。②从学于党人更是大禁。王淮从子王植,"庆元中,学禁正严,先生以宰相家子匿姓名,舍辎重,从水心(叶适)于穷绝处,水村夜寂,蟹舍一渔火隐约",埋头攻读。③难怪当时的攻击者们把他们同夜聚晓散、进行秘密宗教活动的摩尼教徒相提并论。于是,"奸贪狼藉,暴慢恣肆之徒,纷纷并起,填塞要途。士知务修饬守廉隅者,例取姗侮,或及于祸。一时从游特立不顾者,屏伏丘壑。依阿巽懦者,更名他师,过门不入;甚至变易衣冠,狎游市肆,以自别其非党"。④胜利者们拍手欢笑,说:"道学结局矣!"⑤

这次学禁的时间维持较短。庆元五年末,韩侂胄已开始着眼于他雄心勃勃的北伐,采纳"建中用极"之说,以图和辑内部。嘉泰二年(1202)二月后,党从皆先后复官自便,"自是学禁稍稍解"。开禧北伐失败,韩侂胄被杀,函首以送金人求和。韩侂胄被认定为大奸大恶,前此受他打击贬黜的理学家们又一次从政潮的升沉中获取了政治上的实利以及广大人民的同情。嘉定二年(1209)十二月,朝廷追谥朱熹曰文。四年十月,李道传上疏,请明诏解除学禁,将朱熹所撰《论语》《孟子》集注和《大学》《中庸》章句(合称《四书》)颁之太学,供诸生传习。罢王安石从祀孔庙,而以周敦颐、邵雍、程颢、程颐、张载五人从祀。"时,执政有不乐道学者",因而不行。⑥明年,始从刘爚之请,将《四书》立于学官。⑦理宗即位,理学在朝野的势力益形发展。宝庆三年(1227),理宗公开表彰《四书》:"发挥圣贤蕴奥,有补治道。"加封朱熹为信国公。淳祐元年

---

① 《道命录》卷七下;《齐东野语·道学》;《建炎以来朝野杂记甲集·朝事二·学党五十九人姓名》。
② 《宋史·刘宰传》。
③ 《宋元学案·水心学案下》。
④ 《道命录》卷七下。
⑤ 叶适《国子祭酒赠实谟阁待制李公墓志铭》,载《叶适集》卷二四。
⑥ 《宋史·李道传》;《道命录》卷八谓"西府中有不乐道学者",则枢密臣也。
⑦ 《宋史·刘爚传》;真德秀《刘文简公神道碑》,载《西山真文忠公文集》卷四一;《道命录》卷八。

（1241），下诏封周敦颐为汝南伯，张载为郿伯，程颢为河南伯，程颐为伊阳伯，与朱熹五人同祀于学官；并斥王安石为万世罪人，赶出孔庙。

不过，这个胜利还远不足以保证理学在全国思想学术界统治地位的确立。首先，它的传播仅只限于南宋所控制的南中国，不包括金朝所控制的广大北中国地区。即使在南宋境内，朱熹著作的传播，在当时条件下，短期内也不可能在全境普及。穷乡边境姑不置说，即以发达的浙江地区而论，十三世纪前期，"朱氏书犹未盛行浙中。时从人传抄之，以相启发，恍然如扬雄问《方言》，蔡邕见《论衡》之喜。及甲辰（1244，理宗淳祐四年）乙巳间，有用其说取甲科者，四方翕然争售朱学，而吾乡以远僻，方获尽见徽文公所著书"。① 元末人虞集，记其老家"百十年前，吾蜀乡先生之教学者，自《论语》、《孟子》、《易》、《诗》、《书》、《春秋》、《礼》，皆依古注疏句读"。② 足见十三世纪前期，蜀中仍很少用朱注《四书》。

就政府的提倡而言，理宗褒奖理学，固然是一种劝励。但南宋朝廷取士，所重仍在诗赋，士子急于场屋科举之业，往往把理学著作视为迂缓之务而不复观。③ 朝廷也不曾正式规定以程朱著作为考选程式。因此，后人批评嘉定而后，朝廷对理学的态度是"阳崇之而阴摧之"。④ 当时宋廷已国事日非，内而史弥远、贾似道擅政；外而强敌凭陵，灭亡无日。朝廷已无暇利用理学，而理学队伍本身，随着大发展而来的是大混杂，"端平以后，闽中、江右诸弟子支离舛戾固鄙，无不有之"。⑤ 除去一些较优秀的奉行者如魏了翁、真德秀、何基、黄震等外，迂实者拘于训诂，而多数轻浅者则习为腐行。这些人名为理学之徒，"不求之践履，不求之经史，徒剿取伊洛间方言，以用之科举之文。问之则曰：先儒语录也。"⑥ "唇腐舌弊，止于

---

① 戴表元《于景龙注朱氏小学书序》，载《剡源集》卷七。按：表元，奉化人。
② 虞集《过赵茂元序》，载《道园学古录》卷五。
③ 《劝学文》，载《西山真文忠公文集》卷四〇。
④ 《宋元学案·元祐党案》。
⑤ 同上，《东发学案》。
⑥ 同上，《鹤山学案·谯仲午》。

《四书》之注。故凡刑狱簿书，金谷户口，靡密出入，皆以为俗吏而争鄙弃。清谈危坐，卒至亡国而莫可救。"①

二 金代儒学一般与理学的北传

理学的北传，一些文章已作过探讨，多所发明。为了把这个问题深入一步，故先就金代儒学的一般状况试作研究。

金代的儒学，就其渊源来说，是同时承接辽和北宋。辽是一个游牧民族所建立的王朝。在它的中期，统治者进一步推行汉制。景宗、圣宗间，"科目聿兴，士有由下僚擢升侍从，骎骎崇儒之美。"②统和十三年（995），诏修先哲庙貌。③兴宗"好儒术"。重熙五年（1036），始御试进士。有马保忠者，曾上言："强天下者儒道，弱天下者吏道。今之授官，大率吏而不儒。崇儒道，则乡党之行修；修德行，则冠冕之绪崇。自今其有非圣帝明王、孔孟圣贤之教者，望下明诏，痛禁绝之。"④此种议论见之于朝堂，亦证其时辽统治者接受儒术已具一定的基础。道宗清宁元年（1055），诏设学养士，颁五经传疏，置博士、助教各一员。六年，令以时祭先圣先师。大安二年（1086），召权翰林学士赵孝严、知制诰王师儒等讲五经大义。四年，召枢密直学士耶律俨讲《尚书·洪范》。五年，诏谕学者当穷经明道。⑤从这里，我们可以大致窥见辽后期尊崇儒学的概况。辽的科举制度，取法于唐，"制限以三岁，有乡、府、省三试之设"，"程文分两科，曰诗赋、曰经义，魁各分焉。三岁一试进士"。"圣宗时，止以词赋、法律取士，词赋为正科，法律为杂科。"⑥元人王恽议之云："惟辽以科举为儒学极致，文体庞杂萎尔，视晚唐、五代尤为卑下。"⑦辽代的儒者多限于幽燕士子，经学上没有可称的成就。

---

① 袁桷《国学议》，载《清容居士集》卷四一。
② 《辽史·文学传序》。
③ 同上，《圣宗纪》；并参考《辽史拾遗》卷七引《宣府镇志》。
④ 《契丹国志·马保忠传》。
⑤ 《辽史·道宗纪一、四、五》。
⑥ 《契丹国志·试士科制》。
⑦ 王恽《浑源刘氏世德碑铭》，载《秋涧先生大全文集》卷五八。

金灭亡辽和北宋，把统治区推及于淮河以北的大半个中国。金统治者接受儒学比起辽来快得多。熙宗"贯综经业"，"所与游处，尽文墨之士。有未居显位者，咸被荐擢。执射赋诗，各尽其所长，以为娱适。"①天眷三年（1140），封孔子四十九代孙璠为衍圣公。皇统元年（1141），亲祭孔庙，谓"孔子虽无位，其道可尊，使万世景仰"。"自是颇读《尚书》《论语》及五代、辽史诸书，或以夜继焉。"②海陵王和世宗的汉文化修养都相当高。世宗令译经所用女真语译《易》《书》《论语》《孟子》诸书，使便于女真人攻习。他说："朕所以令译五经者，正欲女真人知仁义道德所在耳！"又说："夫儒者，操行清洁，非礼不行。以吏出身者，自幼为吏，习其贪墨，至于为官，习性不能迁改。政道兴废，实由于此。"③大抵自世宗中期以后，内迁的女真人多已习染汉风，渐渐汉化。女真文士，多谙熟儒籍，擅长诗赋。

科举学校的实行，也是金统治者崇尚儒术的重要表现。《金史·选举志》谓："辽起唐季，颇用唐进士法取人。""金承辽后，凡事欲轶辽世，故进士科目兼采唐宋之法而增损之。"进士也分词赋、经义两种，太宗天会元年（1123）开始举行。五年，以河北、河东初下，而辽宋原来制度稍有不同，故"南北各因其素所习之业以取士，号南北选"。海陵王天德三年（1151），将南北选合并，并罢经义，而专以词赋取士。世宗大定二十八年（1188），又恢复经义。此外，又设策论进士，专以待女真士子。总的来说，金人取士，一直只以词赋为重。刘祁谓："金朝取士，止以词赋为重，故士人往往不暇读书为他文……殊不知国家初设科举，用四篇文字，本取全才。盖赋以择制诰之才，诗以取风骚之旨，策以究经济之业，论以考识鉴之方。四者俱工，其人才为何如也？而学者不知，狃于习俗，止力为律赋，至于诗、策、论俱不留心。其弊基于为有司者止考赋，而不究诗、策、论也。吾尝记故老云：泰和间，有司考诗赋已定去取。及读策论，则止用笔点庙讳、御名，且数字数与涂注之多寡。有司

---

① 《大金国志·熙宗孝成皇帝一》。
② 《金史·熙宗纪》皇统元年。
③ 同上，《世宗纪下》大定二十三年。

如此，欲举子辈专精难矣。"① 又说："金朝取士，止以词赋经义学，士大夫往往局于此，不能多读书。"②

金的学校制度，大抵同于北宋熙宁改制前的一套。朝中设太学，诸州设州学。③ 生徒分习经义、诗赋。所习诸经：《易》用王弼、韩康伯注，《书》用孔安国注，《诗》用毛苌注、郑玄笺，《春秋左传》用杜预注，《礼》用孔颖达疏，《周礼》用郑玄注、贾公彦疏，《论语》用何晏注、邢昺疏，《孟子》用赵岐注、孙奭疏，《孝经》用唐玄宗注。它们全是古注疏。金朝的文士，以诗赋见著者不乏其人，然于经学则"无专门名家之学"。④ 据孙德谦所纂《金史·艺文志》，有关《周易》象数的著作稍多，凡十二种。《书》二种，《周礼》（包括《大学》《中庸》）四种，《春秋》五种，《孝经》一种，《论语》三种，《孟子》四种。另有经解六种。从数量上看，它在历朝中也算少的。除了赵秉文、王若虚的少数著作外，绝大多数已经散佚无传。

金代儒学的情况如何？由于文献阙佚，颇难确论。不过，通过一些零星材料的分析，仍足以了解其大体。下面，我们就北宋时流行的王氏新学、苏学、程学等派分别进行考察。

金人据汴京时，金统治者入国子监取书，"凡王安石说者悉皆弃之"。⑤ 不过，王氏新学至北宋末既已成为风靡学界的显学有年，其在北中国地区自已具有相当的基础。金朝科举学校虽规定用古注疏，但也并没有明令禁止王学，因此王学的影响绝不至迅速消失。元好问撰《闲闲公墓铭》谓："国初因辽宋之旧，以词赋经义取士，预此选者，选曹以为贵科。荣路所在，人争走之。传注则金陵之余波，声律则刘、郑之末光，固已占高爵而钓厚禄。至于经为通儒，文为名家，良未暇也。"⑥ 金陵即王安石。王安石解经，学者谓其"最有孔、郑诸公家法，言简意赅。惟其牵缠于《字说》者不无穿

① 刘祁《归潜志》卷八。
② 同上，卷七。
③ 金地方高学始行于章宗明昌间（赵秉文《滏水集补遗·郊县文庙创建讲堂记》）。
④ 《金史·文艺志序》。
⑤ 《三朝北盟会编》卷七三。
⑥ 元好问《遗山先生文集》卷一六。

凿"。① 他的反对者们也认为其"经训视诸儒义说得圣贤之意为多"
（刘挚语）。故元祐更化，亦不过改行经义兼用注疏及诸家，不得专
主王氏之解。所禁者只是他的《字说》。由此看来，王氏新学在经
解上的地位本是不容抹煞的。金代对新学虽存在歧视，但终不见禁
止，那么，在传注中新学的余风仍见保存是并不足怪的。但作为一
个学派似乎已经消亡。《宋元学案》列李纯甫于王学余派，除了在出
入佛学这一点上彼此有共可通之外，似乎根据不多。

其次是苏学。《宋元学案》也把李纯甫列于苏学余派。清末的
学者翁方纲、皮瑞锡等都持金代盛行三苏之学之说。② 为了证明这
一点，我们有必要对李纯甫这一人物稍加剖析。

李纯甫，字之纯，号屏山居士，弘州人，《金史·文艺传》有传，
其事迹亦具见《中州集》《归潜志》。他登承安二年（1197）经义进
士，两入翰林。于书无所不窥，而于庄、列、左氏、《战国策》为尤
长，"颇喜史学，求经济之术，深爱经学，穷性理之说。偶于玄学似
有所得，遂于佛学亦有所入"。初以功名自任，中年以后，不得志于
仕途，于是纵酒归隐，一改早年之排佛而沉溺于内典。正大末死，
年四十七岁。所著凡论性理及有关佛老两家者，号《内稿》；其余应
物文字为《外稿》。又解《楞严》、《金刚经》、《老子》、《庄子》；另有
《中庸集解》、《鸣道集说》，号为《中国心学西方文教》。其书多不
传，唯《佛祖历代通载》中多有征引；又耶律楚材曾四为其所著序
跋，见《湛然居士文集》，尚可窥见其思想之一斑。

在《重修面壁庵记》一文中，李纯甫自叙他由儒入佛，"学至佛
则无可学者，乃知佛即圣人，圣人非佛。西方有中国书，中国无西
方之书也。"③ 他把佛学视为学问义理之至极。他认为：佛、儒、道
三家的创立者，"其心则同，其迹则异，其道则一，其教则三。孔子
游方之内，其防民也，深恐其眩于太高之说，则荡而无所归，故约
之以名教。老子游方之外，其导世也，切恐其昧于至微之辞，则塞
而无所入，故示之以真，理不无有少龃龉者，此其徒之所以支离而

---

① 《宋元学案·荆公新学略》引谢山语。
② 翁方纲《石洲诗话》卷五；皮瑞锡《经学历史》。
③ 《归潜志》卷一。

不合也。吾佛之书既东，则不如此，大包天地而有余，细入秋毫而无间"。"阴补礼经，素王之所未制；径开道学，玄圣之所难言。"三教"圣人之道，其相通也，如有关龠；其相合也，如有符玺。相距数千里，如处一室；相继数万世，如在一席"。①他所撰的《楞严外解》一书，便是"牵引《易》、《论语》、《孟子》、老氏庄列之书与此经相合者"，②以证明儒佛本同一理。他所著《诸儒鸣道集说》，就《鸣道集》一书所引自周敦颐、司马光下迄朱熹诸大儒的言论二百一十七则，逐加驳斥。"其说根柢性命而加之以变幻诡谲。大略以尧舜禹汤文武之后，道术将裂，故奉老聃、孔子、孟子、庄周洎佛如来为五圣人，而推老庄、浮屠之言，以为能合于吾孔孟。又推唐之李习之，宋之王介甫父子、苏子瞻兄弟，以为能阴引老庄、浮屠之言，以证明吾孔孟诸书。于是发为雄辞怪辩，委曲疏通其所见。而极其旨趣，则往往归之于佛。凡宋儒之辟佛者，大肆掊击，自司马文正公而下，迄于程朱，无得免者。"③李纯甫抓住二程理学有取于佛典的事实，遂指"程氏之学出于佛书"，"尝论以为宋伊川诸儒，虽号深明性理，发扬六经圣人心学，然皆窃吾佛书者也"。④ 不过，李纯甫虽极力推崇佛学，但他的基本立场与理学家并无轩轾。他对诸儒的驳斥仅限于他们辟佛的言行。他说："仆与诸君子生于异代，非元丰、元祐之党，同为儒者，无黄冠缁衣之私。所以呕出肺肝，苦相订正，止以三圣人之教不绝如发，互相矛盾，痛入心骨。欲以区区之力，尚鼎足而不至于颠扑耳！或又挟其众也，哗而攻仆，则鼎复矣！悲夫！虽然，仆非好辩也，恐三教圣人之道，支离而不合，亦不得已耳。如肤有疮疣，膏而肉之；地有坑堑，实而土之。岂抉其肉而出其土哉？仆与诸君子不同者，尽在此编矣。此编之外，凡《鸣道集》所载，及诸君子所著，《大易》、《书》、《诗》、《中庸》、《大学》、《春秋》、《语》、《孟》、《孝经》之说，洗人欲而白天理，划伯业而扶王道，发心学于言语文字之外，索日用于应对洒扫之中。治性

---

① 念常《佛祖历代通载》卷一九。
② 耶律楚材《楞严外解序》，载《湛然居士文集》卷一三。
③ 汪琬《鸣道集说序》，载《尧峰文钞》卷二五。
④ 《归潜志》卷九。

则以诚为地，修身则以敬为门。大道自善而求，圣人自学而至。嗣千古之绝学，立一家之成说，宋之诸儒皆不及也，唐汉诸儒亦不及也，骎骎乎与孟轲氏并驾矣！"① 就是说，除去对佛学的态度外，李纯甫自认同是服膺理学的儒学信徒。

姚大力同志在《金末元初理学在北方的传播》一文② 中曾提出：在金代士大夫中，"三教同源"的观点十分流行，这是正确的。"三教同源论"的出现，是基于后期封建社会内地主阶级对"三教同功"的认识。从东汉以来，儒、佛、道三家互相排挤，迭起矛盾。但他们在长期的对立辩难中又是互相吸收、渗透，在既充实、发展了各自的教义的同时，也增强了各自的社会功能。统治阶级也已逐渐认识到三教都各有自己不可取代的作用，因而出现了调和三教矛盾，使各尽其用的社会要求。唐德宗贞元十二年（796）四月，皇帝生日，按惯例：命沙门、道士讲论于麟德殿。其年，帝并召给事中徐岱及赵需、许孟容、韦渠牟讲说。"始三家若矛盾，然卒而同归于善。"③《南部新书》说，当时三教讲论的格式是"初若矛盾相向，后类江海同归"。统治阶级要求调和矛盾的意向是清楚的。这种意向继续发展，到北宋时期便出现了"三教同源"、"三教同功"、"三教归一"之说。真宗曾对宰相王旦说："三教之设，其旨一也，大抵皆劝人为善。唯识达之士能一贯之；滞情偏执，于道益远。"④ 同时的张伯端，著有《悟真篇》，谓"教虽三分，道乃归一"。这种思想在苏轼、苏辙的著作中得到比较系统的发挥，"三教会一"是苏学的主要宗旨。

南宋和金时期，这种思想在南北方都继续流行。南宋孝宗淳熙七年，帝召见明州雪窦宝印禅师，说："三教圣人本同这个道理"，"但圣人所立门户不同，孔子以中庸设教耳！"⑤ 翌年，孝宗亲撰《原道辨》，论证释迦之戒律，与孔道之伦常，与夫老子之"慈"、"俭"、

---

① 《佛祖历代通载》卷二〇。
② 《元史论丛》第二辑。
③ 《旧唐书·德宗纪下》；《资治通鉴·唐德宗贞元十二年》；洪迈《容斋三笔·三教论衡》。
④ 志磐《佛祖统记》卷四四。
⑤ 《释氏稽古略》卷四。

"不敢为天下先"三宝,都同出至理。"夫佛老绝念无为,修心身而已矣。孔子教以治天下者,特所施不同耳!譬犹耒耜而耕,机杼而织,后世徒纷纷而惑,固失其理。或曰:当如之何去其惑哉?曰:以佛修心,以老治身,以儒治世,斯可也。唯圣人为能同之。"① 同时有国子生王日休撰《净土文》,论"释氏之教有世间法,有出世间法。其世间法戒杀、盗、淫,儒释未尝不同。其不同者,释氏之出世间法也。儒家止于世间,故独言一世而归之于天。释氏知屡世,而能具见群生业缘本末,此其不同耳!"② 这些都说明:"三教同源"或"三教同功"的理论,在南宋也是流行的。不过,在南宋境内,它远不能与浸浸风行的理学相颉颃。当孝宗撰《原道辨》一文成,以示大臣史浩。史浩认为韩愈作《原道》,为儒者之所宗,人不敢加以非议;且认为孝宗文章的宗旨是在乎"融合释老,使之归于儒宗"。因之,他建议孝宗稍就原稿的末尾进行改写,同时更名为《三教论》。孝宗只得采纳。这表明,在南宋,儒家的势力要大于佛,故孝宗不能不顾及舆情。

　　同样的论调在北方金境更为流行。一代文章大家、号为当世龙门的李纯甫就是其代表。同时的耶律楚材,在蒙古初期其政治上的影响力且较李纯甫远过之。耶律楚材以儒家子师事万松和尚,在儒释上都很有造诣。在他的作品中,多次提到三教同源。《湛然居士文集》卷二《题西庵归一堂》云:"三圣真元本自同,随时应物立宗风。道儒表里明坟典,佛祖权实透色空。"其序云:"抟霄元帅筑西庵于厅事之隅,以舍沙门。建归一堂,置三圣庙貌。屏山居士有云:'卷波澜于圣学之域,撤藩篱于大方之家。'其抟霄之谓乎?"由同源而归一,这是逻辑的必然。又卷六《过太原南阳镇题紫微观壁三首》之三:"三教根源本自同,愚人迷执强西东。"卷七《邵薛村道士陈公求诗》:"须知三教皆同道,可信重玄也似禅。"《再和西庵上人韵》:"不在寻求不在参,谁分西北与东南。云川试入西庵去,三圣元来共一庵。"在卷六《寄用之侍郎》一首里,耶律楚材表示自己

① 《释氏稽古略》卷四。
② 《佛祖统记》卷四七。

的抱负是："用我必行周孔教,舍予不负万松轩。"其序云:"予谓穷理尽性,莫尚佛法,济世安民,无如孔教。用我则行宣尼之常道,舍我则乐释氏之真如。"《西游录》亦云:"以吾夫子之道治天下,以吾佛之教治一心,天下之事能毕矣!"这种以儒道治世,以佛法守心;进操儒术,退守禅林的态度,在某种程度上正是中国封建社会后期士大夫的常行。另一个号称为有金一代儒宗的赵秉文,也是谙于佛学的。刘祁谓:"赵闲闲本喜佛学,然方之屏山,颇畏士论,又欲得扶教传道之名。晚年自择其文,凡主张佛老二家者皆削去,号《滏水集》。首以中和诚诸说冠之,以拟退之原道性。杨礼部为序,直推其继韩、欧。然其为二家所作文,并其葛藤诗句,另作一编,号《闲闲外集》。以书与少林寺长老英粹中,使刊之。故二集皆行于世。余尝与王从之言:'公既欲为纯儒,又不舍二教,使后人何以处之?'王丈曰:'此老所谓藏头露尾耳!'"现行有《闲闲老人滏水文集》二十卷。然元好问撰《闲闲公墓志》称三十卷,且特别指明:其涉于二教的文字尚数十百篇不载,则其时外篇已被删落。故苏天爵称该集乃国初刻本,"亦多回护"云云。①

在金代,儒佛通赅的学者还甚多。刘汲"颇喜浮屠,邃于性理之说"(《中州集》乙集第二)。郝天祐所学"汎入佛老"(郝经《陵川文集》卷三六《先叔祖墓志铭》)。史肃"素尚性理之学。屏山学佛,自肃发之"(《中州集》戊集第五)。王良臣"颇有得于内典"(同上)。辛愿"内典该洽"(同上,癸集第十)。刘祖谦"兼通佛老"(《归潜集》卷四)。王公玉喜佛老书(同上,卷五)。董文甫"其学参取佛老二家"(同上,卷五)。当时人士从李纯甫游者亦众,皆足见一时风气之所尚。

附带补充一点:金代的全真教本身就是儒、佛、道三家混杂的产物。它的创始人王嚞便是一名落第的儒士。辛愿谓:"全真家,其谦逊似儒,其坚苦似墨,其修习似禅,其块然无营又似乎为浑沌氏之术者。"②这一道家宗派"本于渊静之说,而无黄冠禳襘之妄;

---

① 苏天爵《三史质疑》,载《滋溪文稿》卷二五。
② 《遗山先生文集》卷三五《紫微观记》引辛愿《陕州灵虚观记》(《甘水仙源录》卷九)。

参以禅定之习,而无头陀缚律之苦。"①全真教徒也倡言:"天下无二道,圣人不两心。""为老氏者,曰吾宝慈俭;又曰常善救物。与夫孔圣本仁祖义之说,若合符契。"②

上述分析表明:金代三教归一的理论相当风行。从这一角度而言,尽管并无直接的师承授受,说金境内流行苏学是符合事实的。元人虞集谓北宋亡,"中州隔绝,困于戎马,风声气习,多有得于苏氏之遗,其为文亦曼衍而浩博矣!"③实际上是不止文风为然的。

现在我们再来看一下金统治下的程学。金人在下汴京时,搜索书籍,尤感兴趣的是元(稹)、白(居易)及元祐诸名人文籍,④并"褒崇元祐诸正人"。⑤然程门弟子中并没有在北方教育而知名于世者。《金史》载迨章宗时,信安人杜时升隐居嵩洛山中,以程学教授。"大抵以伊洛之学教人自时升始。"⑥不过,程学在当时北方也并不是绝唱。因为程颢曾知泽州之晋城,故当时这一地区是"济济洋洋,有齐鲁之风",从学者遍及太原、晋、绛。其后,据说犹"流风遗俗,日益隆茂",故影响所及,金代平阳府仍有大儒辈出,经学尤盛。因此,在整个金统治地区中,"惟是河东知有先生(二程)"。⑦陵川的郝氏,就是世传程学的家族。郝震"尤长于理学",其子天祐"务穷性理经术",孙思温也"尤邃性理学"。⑧郝思温就是元初著名学者郝经的父亲。王庭筠的父亲王遵古,亦潜心伊洛之学。⑨此外,《中州集》所载:刘汲"邃于性理之说"(乙集第二),史肃"素尚理性之学"(戊集第五)。他们大体上都是属于贞祐以前金统治区内自生的程学徒。在以词赋科举取士的时代,高谈性理的程学逐渐为人所轻视、遗忘,这是并不奇怪的。

---

① 《太古观记》,载《遗山先生文集》卷三五。
② 《终南山重阳祖师仙踪迹记》,载《金石萃编未刻稿》卷一。
③ 虞集《庐陵刘桂隐存藁序》,载《道园学古录》卷三三。
④ 《三朝北盟会编》卷七七。
⑤ 《归潜志》卷一二。
⑥ 《金史·隐逸传·杜时升》。
⑦ 郝经《宋两先生祠堂记》,载《陵川文集》卷二七。
⑧ 《陵川文集》卷三六。
⑨ 元好问《王黄华墓碑》,载《遗山先生文集》卷一六。

宣宗贞祐二年（1214），由于受蒙古军之迫，金廷南迁。这以后，金代思想学术与语言学诸方面，都开始有了重大的变化。其中最值得注意的是南方理学的北传。

南方理学派的北传，是在南宋、金对立的情况下，通过使者往来，军事掳俘，或榷场及走私贸易等方式，以辗转渗透的方式进行的。元人许有壬记，闻之故老云：先时"天限南北，时宋行人箧《四书》至金，一朝士得之，时出论说，闻者叹诧，谓其学问超诣，而是书实未睹者。"① 金末元初人郝经是南方理学北传的见证者。他说："金源氏之衰，其书浸淫而北。赵承旨秉文、麻征君九畴始闻而知之，于是自称为道学门弟子。"② 这里肯定了北方最早接受理学的是赵秉文、麻九畴等著名文士。至于郝经在另一处所记理学北传的路线，说："近岁以来，吴楚巴蜀之儒与其书浸淫而北，至于秦雍，复入于伊洛，泛入三晋、齐、鲁，遂至于燕云、辽海之间。"③ 我怀疑这是指金亡之后，蒙古时期，大批江汉、巴蜀的儒士被俘北来的事实。这些包括有南方儒士在内的大批俘虏，最初便是安置在关中地区的。④

南来的理学著作中，最早在北方学术界造成公开影响的是《道学发源》一书的刊行。据赵秉文所撰的引言，这部书系曾子所传千百年后，门弟子张氏九成所解。"今同省诸生傅起等将以讲明九成之解"，以传布圣人之蕴，故特别刊行。此外还选入有刘子翚的《圣传论》、张载的《东·西铭》，总名为《道学发源》。⑤ 张九成，南宋初人，《宋史》卷三七四有传，杨时的门人，著述甚富。据《宋史·艺文志》，计有《尚书详说》五十卷、《中庸说》《大学说》各一卷，《孝经解》四卷、《论语解》十卷，《乡党少仪咸有一德论孟子拾遗》共一卷，《中庸大学孝经说》各一卷，《四书解》六十五卷。这里

---

① 许有壬《性理一贯集序》，载《至正集》卷三三。
② 《太极书院记》，载《陵川文集》卷二七。
③ 《与汉上赵先生论性书》，载《陵川文集》卷四。
④ 王恽在《乌台笔补·论关陕事宜状》疏中谓："切见京兆乃关陕重镇，其居民太半南驱放良归顺等户。"
⑤ 赵秉文《〈道学发源〉引》，载《闲闲老人滏水文集》卷一五。

所辑的，据赵秉文的引文，大概是相传为曾子所撰的《孝经》的经解之类。本传称"九成研思经学，多有训解，然早与学佛者游，故其议论多偏"。① 朱熹亦谓其"逃儒而归于释"，"阳儒而阴释"（《朱文公文集》卷七二《张无垢中庸解》）。大概也因为这一点，他的著作才引起多谙佛学的金儒的兴趣，而持拒佛态度的王若虚则有"经解不善张九成"之讥。② 由此可见，最早由南北传的理学著作，首先在金造成影响的，仍不是已在南方风行的朱熹著作。《道学发源》刊刻的确切时间已难于肯定，但根据赵秉文和王若虚的序文推测，大致是在兴定三、四年（1219、1220）到天兴元年（1232）间。③ 据王若虚为该书所写的后序："国家承平既久，特以经术取人，使得参稽众论之所长，以求夫义理之真而不专于传疏。其所以开廓之者至矣！而明道之说，亦未甚行。三数年来其传乃始浸广。好事者往往闻风而悦之。今省庭诸君，尤为致力，慨然以兴起斯文为己任。且将与未知者共之。此《发源》之书所以汲汲于锓木也。"④ 这段文字十分重要，为我们透露了一系列关键性的消息。一、在此之前，伊洛之学在金境迄未盛行；二、近三数年来，其传始浸广；三、士大夫、官僚之中多闻风倾服。根据这段记载，我们大致推定，北方理学的兴起当在贞祐南迁后以至兴定初元之间是可信的。

从贞祐南迁至金亡的二十年间，金士大夫中涌现出一批热忱致力伊洛之学的道学门弟子。这些人中知名者有：

赵秉文，字周臣，滏阳人，自称"道学门弟子"（郝经语）。领袖文坛，影响甚巨。

麻九畴，字知几，易州人，与赵秉文同自称"道学门弟子"。郝经诗："金源百年富诗文，伊洛一派独征君。"

李俊民，字用章，泽州人，少得河南程氏之学（《元史》本传）。《宋元学案》列明道续传。

---

① 《宋史·张九成传》。
② 《内翰王公墓表》，载《遗山先生文集》卷一九。
③ 根据《中州集》，王若虚入翰林当在兴定三、四年，而赵秉文死于天兴元年。
④ 王若虚《〈道学发源〉后序》，载《滹南遗老集》卷四四。

刘从益，字云卿，浑源人，去职闲居淮阳，与诸生讲明伊洛学（《浑源刘氏世德碑铭》，载《秋涧先生大全文集》卷五八）。

刘祁，字京叔，从益子。所志在于"穷理尽性至于命"（《归潜堂记》，载《归潜志》卷十四）。

苏荣祖，字显之，真定人，"尤邃伊洛之旨"（邓文原《苏府君墓表》，载《元文类》卷五六）。

薛玄微，号庸斋先生，下邽人，少从"明理学者游"（《薛庸斋先生墓碑》，载《雪楼集》卷九）。

王良，中山人，王恂之父，"潜心伊洛之学"（《元史·王恂传》）。

张特立，字文举，东明人。"是时闽洛之学未行于中国，独金儒张特立，颇以程《易》教育北方"（施国祁《贺中庸老再被恩纶》注、引《理学宗传》，载《元遗山诗集笺注》卷一〇）。

曹益甫，号兑斋，云中应州人。"自客汴梁，北渡居平阳者三十余年，发明道学。"（房祺《河汾诗序》；《兑斋先生文集序》，载《秋涧先生大全文集》卷四二）。

张著，字仲明，襄陵人。从曹益甫改攻伊洛诸书（《大元故濛溪先生张君墓碣铭》，载《秋涧先生大全文集》卷六〇）。

徐之纲，字汉臣，居济州，"益探道理，以河南二程、江南朱、张、胡、蔡为根柢，穷《春秋》、《易》二经。"（《滕县尉徐君墓志铭》，载《清容居士集》卷二九）。

蒲道源，号顺斋，兴元人。"以濂洛诸儒之说倡于汉中，而汉中之士知有道德性命之学"。（《顺斋文集序》，载《黄金华先生文集》卷十九）

王渥，字仲泽，太原人，曾以朱子小学书教陈彝。（《赠镇南军节度使良佐碑》，载《遗山先生文集》卷二七）

周德卿，名昂，真定人，尝言："学不至于邵康节、程伊川，非儒者也。"（《析津志辑佚·人物》）

周嗣明，德卿从人，"最长于义理之学"（《常山周先生昂》，载《中州集》丁集第四）。

当然，上述诸人，宗习理学的时间和他们的缘由、授受都无从确知。但在一个时候程学家的数目激增则是事实，足见当时风气之所尚。

为什么在这个时候南来的理学在金士大夫中会得到如此热烈的反响呢？这是值得探讨的问题。当时，苏学余绪在李纯甫等的倡导下，颇有风靡儒林之势。"士大夫归附，号为当世龙门。"①他把儒附会于佛，把佛典奉为至理，因之，所谓"三教归一"，实质上是要把儒归入于佛。这对传统儒学是一个挑战。因此，李纯甫的这一套议论，"大为诸儒所攻。"②有僧徒将李纯甫有关浮屠的文字刊为《屏山翰墨佛事》一书，"传至京师，士大夫览之多愠怒，有欲上章劾之者。"③故李死后，赵秉文为"涂剟其伤教数语"，以为掩饰。赵秉文本人，"本喜佛学，然方之屏山，颇畏士论，又欲得扶教传道之名。晚年，自择其文，凡主张佛、老二家者皆削去"。④同时的儒士中，宋九嘉"性不喜佛，虽从屏山游，常与争辩。"⑤王鬱认为"孔氏能兼佛老，佛老为世害"⑥。刘从益亦常与李争辩，且讥云："毕竟诸儒扳不去，可怜饶舌费精神。"⑦王若虚亦谓："近世士大夫参以禅机玄学，欲圣贤之实不隐，难矣！"⑧他们都曾挺身拒佛。但是，金代的儒学已陵替不堪，正苦于没有一套能与苏学余绪相抗衡的理论武器。南方理学从精微博大方面都大大超过了前人，它的北传，正好适应了北方儒士的需要。⑨因此，它能够受到他们热烈的欢迎。但是，另一方面它作为一股外来的思想，也必然引起另一些人的批评和反对。

以李纯甫为代表的苏学余绪完全赞同理学的主要观点，但对它的辟佛则予以猛烈的反击。他机智地看准程学中渗入的佛学成

---

① 《归潜志》卷一。
② 同上卷九。
③ 同上卷一〇。
④ 同上卷九。
⑤ 同上卷一。
⑥ 同上卷三。
⑦ 同上卷九。
⑧ 《内翰王公墓表》，载《遗山先生文集》卷一九。
⑨ 朱熹曾力辟在南宋地区流行的苏学，有关这一问题，当另文研究。

分,而把伊洛诸儒诬栽为走私贩而无情地予以揭露。他认为伊川心学是窃取吾佛之书而来。他讥讽理学家们辟佛,简直是"翻着祖师衣,倒用如来印"。苏学余绪的另一代表耶律楚材,在为《鸣道集说》所写的序言中也说:"江左道学,倡于伊川昆季,和之者十有余家。涉猎释老,肤浅一二,著《鸣道集》。食我园椹,不见好音。窃香掩鼻于圣言,助长揠苗于世典。饰游辞称语录,敩禅惠如敬诚。诬谤圣人,聋瞽学者。噫!凭虚气,任私情;一赞一毁,独去独取,其如下天后世何?"他表示:"昔余尝见《鸣道集》,甚不平之,欲为书纠其芜谬而未暇。岂意屏山先我著鞭。"①可知此种情绪,在当时的苏派余绪中是普遍存在的。

正统儒学的内部,也有人对由南而来的理学持批判态度。当时北方最称博学卓识的大家王若虚,在他的《辨惑》一书中,固然广泛地批评了汉儒在经解中的附会之词,而对于包括朱熹在内的宋儒,也表示了不满。他认为:"宋儒之议论,不为无功,而亦不能罪焉。彼其推明心术之微,剖析义利之辨,而斟酌时中之权,委曲疏通,多先儒之所未到。斯固有功矣!至于消息过深,揄扬过侈,以为句句必涵气象,而事事皆关造化,将以尊圣人,而不免反累。名为排异端,而实流于其中,亦岂为无罪也哉!至于谢显道(良佐)、张子韶(九成)之徒,迂谈浮夸,往往令人发笑。"他指出:"解论语者有三过焉。过于深也,过于高也,过于厚也。"②他讥笑宋儒经学"以旁牵远引为夸"③。这的确是宋儒解经的通病。在王若虚的批评中,认为朱熹虽"删取众说,最号简当,然尚有不安及未尽者。"据稍后的苏天爵所记:"国初有传朱子《四书集注》至北方者,浑南王公雅以辨博自负,为说非之。"④其书今不存。王若虚很同意叶适对道学家的批评,认为叶氏所云:"今之学者,以性为不可不言,命为不可不知。凡六经孔子之书,无不牵合其论,而上下其辞。精深微妙,茫然不可测识;而圣贤之实,犹未著也。昔人之浅,不求之于

---

① 《佛祖历代通载》卷二〇;《湛然居士文集》卷一四,文字稍有不同。
② 《滹南遗老集》卷三。
③ 《内翰王公墓表》,载《遗山先生文集》卷一九。
④ 《默庵先生安君行状》,载《滋溪文稿》卷二二。

心也。今世之妙，不止之于心也。不求于心，不止于心，皆非所以至圣贤者。"可谓切中时弊。① 另一个与王若虚观点接近的是王鬱。"其论经学，以为宋儒见解最高。虽皆笑东汉之传注，今人唯知蹈袭前人，不敢谁何，使天然之知识不具，而经世实用不宏，视东汉传注尤为甚。亦欲著书，专与宋儒商订。"② 王鬱以经世实用自期，在观点上也是同叶水心、陈龙川接近的。

三　理学在全国统治地位的确立

金亡之前，理学的北传，大抵仍限于金所据有的河南之地。窝阔台六年（1234），蒙古灭金，北部中国归入蒙古的控制。翌年，皇子阔出伐南宋，行中书省事（此系沿袭亡金的旧称，实为蒙古的中州书记官或必阇赤）杨惟中和他的僚属姚枢受命随军在俘户中搜求儒、道、释、医、卜、酒工、乐人等百工技艺之人。"凡得名士数十人，收伊洛诸书送燕都。"③ 在德安府，他们俘获了曾充南宋乡贡进士的安陆人赵复（字仁甫）。④ 赵复至燕，以所记程朱所著诸经传注尽录以付姚枢。据说先后从学者百余人。杨惟中、姚枢都开始转变为理学的崇信者。窝阔台十二年或十三年间，杨惟中等"议所以传继道学之绪，必求人而为之师，聚书以求其学，如岳麓、白鹿，建为书院，以为天下标准，使学者归往，相与讲明，庶乎其可。乃于燕都筑院，贮江淮书，立周子祠，刻太极图及《通书》、《西铭》等于壁，请云梦赵复为师，右北平王粹佐之，选俊秀之有识者为道学生。推本谨始，以太极为名。⑤ 赵复"以周、程而后，其书广博，学者未能贯通，乃原羲、农、尧、舜所以继天立极，孔子、颜、孟所以垂世

① 《滹南遗老集》卷三。
② 《归潜志》卷三。
③ 《元史・杨惟中传》。
④ 杨宏道《吊解飞卿》（载《小亨集》卷三）有"与客谒茶去"句，注云："客谓安陆赵仁甫。"《道光安陆县志补正》卷二谓其"先世本云梦籍，后迁郡城之南八里，聚族而居，旧志所谓赵家洲是也。"
⑤ 《太极书院记》，载《陵川文集》卷二六。《蒙兀儿史记》、《新元史・太宗纪》均作十年（1238）。

立教，周、程、张、朱氏所以发明绍续者，作《传道图》，而以书目条列于后。别著《伊洛发挥》，以标其宗旨。朱子门人，散在四方，则以见诸登载与得诸传闻者，共五十有三人，作《师友图》，以寓私淑之志。又取伊尹、颜渊言行，作《希贤录》，使学者知所向慕。"① 学者尊之曰江汉先生。《元史》极力推崇赵复传播理学之功，说："北方知有程朱之学，自复始。"如前所述：在赵复以前，程学在北方的传布已经有所规模。但是当时南北阻绝，载籍不通，北方无法了解南宋发展起来的朱学的全貌。赵复的北来，使朱学得以比较完整地介绍于北方士子之前。从这个意义上讲，说北方理学（道学）自复始也是不算过分的。

与赵复同时被俘北还有同为德安人的砚弥坚。此人流落云中，不获宁居。窝阔台十年，行科举，他在西京中选。到拖雷二年（1252），始以儒户定居真定，专以训徒为业。他在元初任真定儒学教授十余年，后征为国子司业。学者称郾城先生。②

此外，还有一位广平肥乡人窦默。他为逃避蒙古军，南逃至德安的孝感。县令谢宪子以《语》、《孟》、《中庸》、《大学》授之。后来他也在杨惟中的招抚下北归，隐居大名。赵复传姚枢、许衡，窦默私淑赵复。刘因早年曾师事砚弥坚。许衡、刘因分别成为北方理学的两大派别。

杨惟中在燕京建书院，名曰太极；为周敦颐建祠，以二程、张载、杨时、游酢、朱熹六人配飨，岁时释奠。③ 美国学者陈荣捷先生第一个注意并讨论了这一问题，④ 指出它是在强调道学正统。这是正确的。这以前，南宋地方上普建周子和二程子祠几成风气。甚至魏了翁也感觉到太滥。不过，在北方单为周敦颐建祠，固前所未有，即在有元一代，也是仅见。这就不能不促使我们考虑它出现在燕京

① 《元史·儒学传·赵复》。
② 《宋元学案·元祐党案序》；《故元国子司业砚公墓铭》（《滋溪文稿》卷七）；《题国子司业砚公遗墨》（同前，卷二九）。
③ 苏天爵《元名臣事略·中书杨公肃公》引《周子祠堂记》。
④ 《元代思想与宗教》：载 Chu Hsi and Yuan Neo-confucianism, 1982, 哥伦比亚大学出版社。

的特殊意义。大家知道：在窝阔台五年六月九日，曾颁布圣旨，在燕京立学，派蒙古子弟十八人前来学习汉语文字和一些蒙古所渴求的工艺技能。同时抡选汉人子弟十二人学习蒙古文字和弓箭技术。以杨惟中充监督，主持其事的先后有陈时可①、李志常、冯志亨。李和冯都是当时著名的全真道士。"是时国家草创，权就燕京文庙以道士兼教汉儿文字。"②因为当时燕城"新剥于兵，学宫摄于老氏之徒。"③全部文庙产业都掌握在全真道手里。道徒的势力极盛。杨惟中建太极书院，仍必须取得全真道的合作。受聘来辅助赵复的王粹（元粹）就是黄冠师。④周敦颐的太极理论，本出于道流。因此，我怀疑杨惟中在燕京初兴理学时，特别把周敦颐抬出来，给予教主似的尊崇，对于当时气焰方张、把持学宫的全真道，多少含有企求取容的用意在内，以图减少阻力。因为在当时条件下，把宋人的一套堂而皇之地搬到燕京来宣扬，其惊世骇俗而引起反对是很自然的。

太极书院存在的时间大概很短。1241年窝阔台死后，在乃马真后称制和贵由时期，负责燕京地区的长官是牙老瓦赤等一批色目、蒙古官员，他们恣行贪暴。翌年，姚枢就被迫归隐卫辉。有关赵复后来的行踪，可以讨论之处甚多，兹不赘。⑤姚枢在卫辉，开始与许衡、窦默讲求程朱之学，姚枢在家中建私庙，堂中奉孔子像，两旁张挂周、二程、张、邵（雍）、司马（光）六人像。他读书其间，"衣冠庄肃，以道学自鸣"。可注意者，这里是祀孔子而且排除了太极书院所奉的南宋杨时、游酢、朱熹三人。这无疑也是为了减少当地儒士的歧视。为了传播理学，他们又分别板行南方传来的有关著作：杨惟中印行《四书》，田和卿印行《诗折衷》、《易》程传、《书》蔡传、《春秋》胡传，杨古又以活字版印行《小学》、《近思录》、《东莱经史论说》等书籍。许衡向他的弟子们宣布："曩所授受皆非，今

① 陈时可，字秀玉，号清溪居士、宁道居士、通寂老人，燕京人，金翰林学士，用耶律楚材荐提领学事。
② 《析津志辑佚·学校》。
③ 马祖常《大兴府学孔子庙碑》，载《马石田先生文集》卷一〇。
④ 《中州集》庚集第七。
⑤ 另详本书拙作《赵复小考》。

始闻进学之序。若必欲相从，当尽弃前习，以从事于《小学》《四书》，为进德基。不然，当求他师。"

这时，处潜藩的忽必烈正大行招贤揽士。窦默因以针灸著名，蒙哥元年被忽必烈征召。窦默"首以三纲五常为言。上曰：何为三纲五常？公——言上。上曰：人道之端，无大于此。失此则不名为人，且无以立于世矣。公又言帝王之学，贵正心诚意。心既正，则朝廷远近莫敢不正"。① 经过窦默等的推荐，姚枢得到忽必烈的召用。姚枢为呈"二帝三王为学之本，为治之叙与治国平天下之大经"八项，大得忽必烈的欣赏，"由是动必见询，且使授太子经，日以三纲五常、先哲格言薰陶德性。"② 从此而大大加重了理学教义对忽必烈及其诸子的影响。蒙哥四年，许衡也被征为京兆（关中地区系忽必烈封邑）儒学教授。先后受忽必烈征召的理学徒还有郝经、王恂等。王恂一直担任太子真金的教授，在元初理学的传播上曾起过特殊的作用。

1260 年，忽必烈建立元朝。当时他所依靠的汉人文士中，也因所操之术互异而互生矛盾。王文统崇尚权术。他曾辑历代奇谋诡计为一书，儒士薛玄微见之，责之曰："士君子如欲平治，自有圣贤格言，此何为者。"③ 大概也就是因为这个原因，尽管"元之立国，其规模法度，世谓出于文统之功为多"，④ 且初无显见劣迹，但儒臣们仍拼命反对王文统，理学家尤甚。窦默在忽必烈前面斥王文统说："'此人学术不正，久居相位，必祸天下。'帝曰：'然则谁可相者！'默曰：'以臣观之，无如许衡。'帝不悦而罢。"⑤ 姚枢、许衡在中统、至元初期忽必烈采行汉法起过重大作用，但忽必烈对儒学利用的态度一开始就是清醒的。作为一个少数民族的统治者，要想在中原地区把统治政权巩固下去，就必须利用儒学，笼络儒生，以求得汉人地主阶级的支持，并骗取汉族人民的驯服。但他既充分认识到儒学

① 《元名臣事略·内翰窦文正公》。
② 同上，《左丞姚文献公》。蒙古风俗，诸亲王的儿子都习称太子。
③ 程钜夫《薛庸齐先生墓碑》，载《雪楼集》卷九。
④ 《元史·叛臣传·王文统》。
⑤ 同上《窦默传》。

空疏迂阔的本质，同时也正确地认识姚、许诸儒臣政治思想的不切实际成分，在现实政治活动中他更看重的是实利、近利。因此，他从不为儒臣们群起反对而动摇依重王文统的决心。

李璮事变后，王文统因受牵被诛。"西域之人为所压抑者，伏阙群言：回回虽时盗国钱物，未若秀才敢为反逆。"① 这正中忽必烈民族猜忌心的隐忧。从此，忽必烈在表面上崇儒的态度虽然没有变化，但政权则主要任用色目官僚来担承。儒学徒们并没有从王文统的倒台上得到好处。所以王恽发牢骚说："国朝自中统元年（1260）以来，鸿儒硕德，济之为用者多矣！如张、赵、姚、商、杨、许、三王之伦，盖尝忝处朝端，谋王体而断国论矣！固虽文武圣神广运于上，至于弼谐赞翼，俾之休明，贞一诸人不无效焉。今则曰：彼无所用，不足以有为也。是岂智于中统之初、愚于至元之后哉？"② 从阿合马当政以后，姚、许都相继排出中枢，转而从事于制礼作历。窦默则终老翰林。理学家们在元初朝廷上并未掌握决策实权。

从儒学徒内部来看，当时也可以分为两派。一是以姚枢、许衡为代表的理学家，一是以王鹗、徒单公履等为代表、沿守金朝旧习的文士。前者虽从金末以来，队伍日益增大，但总的来说，在元朝初期，在儒学阵营中，他们仍只占少数。后者对于前者始终存在歧视和抵触的态度。蒙哥四年，许衡受荐充京兆提学。按金制：提学之职，每旦望考校诗赋、议论，"必习之举业，场屋有声者可得为之。"许衡以理学家而膺是命，顿时舆论哗然，且"形于谤言，著于谑谚"，迫使许衡一再辞免，不敢履任。③ 即使到至元初许衡已居政府，位至中书左丞时，社会上对"间有一二留心于伊洛之学，立志于高远之地者，众且群咻而聚笑之，以为狂、为怪、为妄，而且以为背时枯槁无能之人也。"④ 苏天爵撰《耶律有尚神道碑》说至元初，"齐鲁之士，踵金辞赋余习，以饰章绘句相高。"⑤ 实际上，这是当时

---

① 《元名臣事略·左丞姚文献公》。
② 《儒用说》，载《秋涧先生大全文集》卷四六。
③ 《许文正公遗书·书状》。
④ 王旭《上许鲁齐先生书》，载《元文类》卷三七五。
⑤ 载《滋溪文稿》卷七。

北方社会上普遍的风气。一些北方儒者，甚至仍对程朱理学著作公开持批判态度。赵郡陈天祥看到了王若虚所写的《辨惑》一书，大为欣赏。他自己又增写了若干条，续为批驳。① 这些情况都表明：在元朝初期，北方理学，无论朝野内外，都不占什么优势。

许衡等人传播理学的途径不外两条。一条是通过个人的交往，影响一部分朝官使转奉理学；一条是通过学校，传授生徒。在他们个人的影响下，朝廷上确有一部分人成为理学的信徒。其中最著名的有张文谦、王恽、刘宣、董文忠等。张文谦早年与刘秉忠同学，习术数之学，"晚交许衡，尤粹于义理之学。"② 元人虞集称许衡于理学之功，无可估量，然"先后扶持，时其进退久速，使其身安乎朝廷之上，而言立道行者，公（张文谦）实始终之。""微公，则许公之说，将不得见进于当时。"③ 可见至元前期朝廷上作为理学政治支柱的人是张文谦。这批有权势、有影响的人物转奉理学，对它的传播自然有很大的推进作用。但是，许衡的活动，对后来理学空前广布起决定作用的，还要数兴学校。

初，忽必烈在潜藩时，蒙哥三年即命王恂充伴读，辅导太子真金。元朝建立后，至元初，诏择勋戚子弟，使之教习。至元七年，复命侍臣子弟十一人入学，以长者四人从许衡学，童子七人从王恂学。翌年，因王恂从真金抚军称海，忽必烈任解除了中枢政务的许衡为集贤大学士、国子祭酒，接替王恂的工作。同时令四方及都下愿入学者皆可从学，以南城之金代枢密院旧址设学校。这是元朝国子学的前身。

忽必烈开设国学主要是为了把蒙古贵族子弟训练成为能胜任统治汉地的官僚人才。这无疑是当时蒙古统治者最迫切、最重要的任务。入监受学的主要是蒙古贵戚大臣的子弟、怯薛人员。虞集

---

① 《滋溪文稿》卷二二《默庵先生安君行状》。《四库提要》卷三六"四书辨疑"条考定：本书即陈天祥所撰，因疑苏天爵所记不实，不足深据。此书是否为后来之改定本，固难断言，然当时人尚以为学习理学是"为狂、为怪、为妄"，则批评之作，亦恐非仅有，唯大多不得流传后世耳！
② 《元史·张文谦传》。
③ 虞集《张氏新茔记》，载《元文类》卷三〇。

说："世祖圣明天纵，深知儒术之大，思有以变化其人而用之。以为学成于下而后进于上，或疏远未即自达，莫若先取侍御贵近之特异者使受教焉，则効用立见。故文正自中书罢政为之师。""于是数十年彬彬然号称名卿材大夫者，皆其门人矣！"① 苏天爵也说："世祖皇帝，以天纵之圣，思有以作新贤才，丕变风俗，而贵游之子，言语不通，视听专一。文正公躬行以表帅之，设法以教养之。其气质之淳，就乎规矩之正，本诸国朝之宪章，协于古先之典礼。其后成德达才，布列中外。大而宰辅卿士，小则郡牧邑令，辅成国家之政治者，大抵多成均之弟子也。"② 这些元代的学者都对忽必烈的这一措施给予了很高的评价。在当时，以理学来培养可资任用的人才的确是具有远见卓识的决策。只有迅速培养成一批胜任王朝统治工作的蒙古与色目人才，元朝的统治才有可能维持下去。而许衡的工作正就是适应和满足了忽必烈的这一迫切需要。

许衡教育国学子弟的办法，采行的完全是朱熹所提出的教育制度。他把《小学》作为启蒙的工具，把《四书》当成进习的途径。他的主要讲义《中庸直解》、《大学要略》，在内容上一秉朱说，没有多少发挥；在方式上，则以最浅近通俗的语言，进行解说，以保证汉文修养不甚高的蒙古贵族能够领会掌握。许衡思想的主要特点是强调行。程子释"中庸"之"庸"为"不易之谓"。朱子谓："庸者，平常也。"许衡则明确地解为："行之日用，不可改易，所以名之曰庸。"他讲书，"章数不务多，唯恳款周折。若未甚领解，则引证设譬，必使通晓而后已。尝问诸生：此章书义，若推之自身今日之事，有可用否？大凡欲其践行而不贵徒说也。"诸生在学，"勤之以洒扫应对以折其外，严之以出入游息而养其中，掇忠孝之大纲以立其本，发礼法之微权以通其用。"读书之暇，"令蒙古生年长者习拜及受宣拜诏仪，释奠冠礼时亦习之"。为使蒙古生通算术，"遂自唐尧戊辰距至元壬申凡三千六百五年，编其世代历年为一书，令诸生诵其年数而加减之。"③ 在这种训导教育下，很快一批经过理学熏陶的

---

① 《元名臣事略·左丞许文正公》引虞集文。
② 《吕文穆公神道碑铭》，载《滋溪文稿》卷七。
③ 《元名臣事略·左丞许文正公》。

蒙古贵胄子弟便成长起来，分据要津。开学不满五岁，"其诸生俱能通经达理，彬彬然为文学之士。及其入仕，皆明敏通疏，果于从政。如子谅侍仪之正大，子金中丞之刚直，康提刑之仕优进学，弟亲臣之经明行修，坚童、君永之识事机，子亭待制之善书学，企中客省之贞干，扬历省台，蔚为国用，岂小补哉！"①许衡、王恂的学生中，除王恂所列诸人外，著名者尚有包括皇太子真金在内的诸王子，河南王孛憐吉歹(《承务郎富阳县尹致仕倪公墓志铭》，载《黄金华先生文集》卷三二)、咸宁贞献王野仙铁木儿(《萧贞敏公墓志铭》，载《滋溪文稿》卷八)、完泽(《临川先生吴公行状》，载《道园学古录》卷四四)、不忽木(《元史》本传)、贺胜、耶律有尚等。据姚燧的说法，"后其弟子继司鼎铉者将十人，卿曹、风纪、二千石吏棋错中外者又十此焉。"②

由于阿合马的排挤，许衡的国学以廪饩不给，被迫解职还乡，国学又由王恂兼摄，一度名存实亡。至元二十四年，重新恢复国子学，以许衡学生耶律有尚为祭酒，"其立教以义理为本，而省察必真切；以恭敬为先，而践履必端悫。凡文词之小技，缀缉雕刻，足以破裂圣人之大道者，皆屏黜之。是以诸生知趋正学，崇正道，以经术为尊，以躬行为务，悉为成德达材之士。大抵其教法一遵衡之旧，而勤谨有加焉"。③学生读书必先《孝经》、《小学》、《论语》、《孟子》、《大学》、《中庸》，次及《诗》、《书》、《礼记》、《周礼》、《春秋》、《易》。其说纯取"周、程、张、朱氏之传"。④学生从至元七年定制的八十人，其后累增为五百六十人，他们都是近侍国人子弟，以及色目、汉人公卿大夫之子与俊秀之士。学生通过贡试法，每三年分别贡蒙古、色目、汉人各二名(后期有所增加)，蒙古授官六品，色目正七品，汉人从七品。这种额定的由贡出仕人员数目很有限，本身并不怎么诱人，然而这些贵胄子弟，本来各有"脚根"，他们可以通过荫袭或出任怯薛而骤至高位。因之，至元以后元朝的蒙古色目

① 《便民三十五事·议复立国子学》，载《秋涧先生大全文集》卷九○。
② 姚燧《送姚嗣辉序》，载《元文类》卷三四。
③ 《元史·耶律有尚传》。
④ 《国子监学题名记》，载《道园学古录》卷六。

高官很多都曾游国学，他们也普遍以入国学深造视为一种荣誉。当时人记载："国学既立，人才由此，出为时用者相望也。然特起骤为大官者，常因其族，而不尽以诸生选。而其人犹曰：吾尝受教国学云耳。"①

国学之外，忽必烈又令在全国州县普遍立学。中统二年（1261），始命置诸路学校官，凡诸生进修者，严加训诲，务使成材，以备选用。全国统一以后，至元十九年，命云南诸路建学。二十八年，命江南诸路学及各县学内，设立小学；又命凡先儒过化之地，名贤经行之所，与好事之家出钱粟瞻学者，并立为书院，路府州县皆置学官。"自京学及州县学以及书院，凡生徒之肄业于是者，守令举荐之，台宪考核之，或用为教官，或取为吏属，往往人材辈出矣！"②地方学校所教，亦皆朱子之书。③从北宋以来，全国郡县皆有学。元朝的情况更有所发展，"自京师至于偏州下邑，海陬徼塞，四方万里之外，莫不有学"，④书院之辟，亦"视前代倍百"。⑤书院由政府设官，"秩视下州之正。"⑥由于遍及全国的州县学和绝大多数书院都取法于国学，因此，虽然元政府并未明颁于令甲，实际上朱氏之书，已成为官学所规定的读本。尽管在学的人数不多，但它在社会所起的提倡作用是十分巨大的。这就造成了从至元后期开始的程朱理学在全国广大范围内，乃至于穷乡边徼及少数民族地区深入普及的时期。

在与学校的同时，忽必烈从一即位开始，就一而再、再而三就实行科举问题进行了讨论。至元初年，史天泽就请行科举。四年，王鹗又提出这一问题，说："以今论之，惟科举取士，最为切务。"⑦忽必烈令中书左三部与翰林学士议立程式。七、八年之间，尚书省

---

① 《送廉充赴浙西宪司照磨序》，载《道园学古录》卷五。
② 《元史·选举志一》。
③ 《考亭书院祠堂记》，载《道园学古录》卷三六。
④ 黄潜《邵氏义塾记》，载《黄金华先生文集》卷一〇。
⑤ 《猴山书院记》，载《至正集》卷四三。
⑥ 《庆州书院记》，同上，卷三六。
⑦ 《元史·选举志一》；又，《世祖纪三》九月"王鹗请立选举法，有旨令议举行，有司难之，事遂寝。"

又批令礼部、翰林院拟定科举制度。① 十年有诏行科举。翌年，始颁贡举条例，根据真金的令旨，分设蒙古进士科与汉人进士科。但终于不及施行。② 二十一年十月，和礼霍孙又有设科举之请。科举的累议累格，说明当时争论的激烈。一些蒙古、色目官僚，出于认识和特权利益乃至民族偏见，本能地抵制它，这是很自然的。即使在汉人儒士内部，看法也各有矛盾。北方的文士，习惯于亡金以词赋取士的一套，他们要求的科举制度是在金制基础上稍加变通，继续举行。他们特别反对罢词赋取士。理学家们在这个问题上的理想纲领是朱熹的《贡举私议》。他们惩南宋与金朝以词赋取士而致虚诞浮华不切实用的教训，基本上对科举的重开持抵触态度。许衡觐见忽必烈，忽必烈问他"科举如何？曰：不能。帝曰：卿言务实。科举虚诞，朕所不取"。③ 他在至元三年所上的《时务五事书》中，也只是提出与学校，而不言科举。八年间，徒单公履请设科举，忽必烈诏姚枢、窦默、杨恭懿共议。杨恭懿奏："三代以德行、六艺宾兴贤能，汉举孝廉，兼策经术。魏晋尚文辞，而经术犹未之遗。隋炀始专赋诗，唐因之，使自投牒，贡举之法遂熄。虽有明经，止于记诵。宋神宗始试经义，亦令典矣！哲宗复赋诗；辽金循习。将救斯弊，惟如明诏尝曰：士不治经学孔孟之道，日为赋诗空文。斯言足立万世治安之本。今欲取士，宜敕有司举有行检、通经史之士，使无投牒自贱，试以五经四书大小义、史论、时务策。夫既从事实学，则士风还淳，民俗趋厚，国家得识治之才矣！"④ 他们的看法明显的与北方文士派相左。其矛盾达如此激烈的程度，以致徒单公履窥知忽必烈对于佛教诸派是崇喇嘛而抑禅学，于是他乘隙比附，进行中伤，说："儒亦有是。科举类教，道学类禅。"忽必烈果为这种挑拨所激怒，召姚枢、许衡与一左相廷辩。恰董文忠自外入，"上

---

① 参见《乌台笔补·论明经保举等科目状》，载《秋涧先生大全文集》卷八六。
② 《元史·选举志一》；《咸淳四年进士题名》，载《滋溪文稿》卷二九；《陕西乡贡进士题名记》卷三。
③ 《许文正公遗书·考岁略》。
④ 《元名臣事略·太史杨文康公》。

曰：汝日诵《四书》，亦道学者。公曰：陛下每言：士不治经，究心孔孟之道而为诗赋，何关修身？何益治国？由是海内之士，稍加从事实学。臣今所诵皆孔孟言，乌知所谓道学哉！而俗儒守亡国余习，求售己能，欲锢其说，恐非陛下上建皇极、下修人纪之赖也。事为之止。"① 忽必烈本人，作为一个注重实际的政治家，他也是不满意崇尚虚文的词赋之士。因之，在至元时期，行科举的呼声虽然甚高，但累以"议者不一而罢"。

经过学校的推广和提倡，从忽必烈后期，经成宗、武宗，至于仁宗时期，理学在全国上下，基本上已接近于普及。这表现在：蒙古、色目官员中接受理学的人已甚多，他们的子弟已多有掌握理学经典的儒士。在汉人士大夫中，经过各级学校的提倡，风行草偃，理学在儒学中的正统地位已得广泛的承认。全社会对于程朱理学，"近年月（上）而公卿大夫，下而一邑一乡之士，例皆讲读。金谓精诣理极，不可加尚"。② 仁宗本人，也有很好的儒学修养。史言其"通达儒术，妙悟释典"。他曾说："明心见性，佛教为深；修身治国，儒道为切。"又说："儒者可尚，以能维持三纲五常之道也。""儒者守纲常如握拳然。"这里的儒，明指理学。他开始认识到"处大事，立大议，则吏不彼能也。"③ 他希望收儒用之効，并以求贤取士，何法为上询诸朝臣。于是，蒙古贵族中如柏帖木儿、色目人如贯云石海涯，以及汉人官僚李孟、程钜夫、许师敬（许衡子）、陈颢、元明善都踊跃倡议实行科举。这次制定的科举制度，多本之于朱熹的《学校贡举私议》。④ 不过，《贡举私议》部分出于理想，当然不可能照搬实行。所以延祐的科举定制，虽曰取法《私议》，实际上"不过改经义之式、均州县解之额而已。"⑤ 臣僚们在议行科举的奏章中请求："夫取士之法，经学实修己治人之道，词赋乃摘章绘句之学。自

① 《元名臣事略·枢密董正献公》。
② 《义齐先生四书家训题辞》（《秋涧先生大全文集》卷四三），此文作于大德辛丑（1301）。
③ 元明善《送马翰林南归序》，载《元文类》卷三五。
④ 《邓文肃公神道碑》，载《黄金华先生文集》卷二六。参见《朱文公文集》卷六九。
⑤ 陆文圭《送萧仲坚序》，载《墙东类稿》卷六。

隋唐以来，取人专尚词赋，故士习浮华。今臣等所拟，将律赋省题诗小义皆不用，专立德行明经科，以此取士，庶可得人。"① 这一建议得到了仁宗的批准。

皇庆二年（1313），仁宗诏以周敦颐、二程、张载、司马光、邵雍、朱熹、张栻、吕祖谦、及许衡从祀孔庙。同年，发布行科举诏，决定以乡试、会试、御试三级取士，三年一科。"举人从本贯官司于路府州县学及诸色户内，推选年及二十五以上，乡党称其孝悌、朋友服其信义、经明行修之士，结罪保举，以礼敦遣。"蒙古、色目人为一榜，试经问、策二场。经问于《四书》内设问，用朱氏章句集注。汉人、南人为一榜，试明经、古赋诏诰、策三场。明经内经疑二问，《四书》内出题，并用朱注，复以己意结之。经义一道，各治一经，《诗》以朱氏为主，《尚书》以蔡氏为主，《周易》以程氏、朱氏为主，以上三经兼用古注疏，《春秋》许用三传及胡氏传，《礼记》用古注疏。② "其为制也，询之孝弟信义，蓋欲其行之有常；试义疑问，蓋欲其学之有本，继以古赋诏诰章表，欲其敷扬宏体，以备代言之选；策以经史时务，欲其经济斯世，发为有用之学。"③ 它的基本精神是："举人宜以德行为首，试艺则以经术为先，词章次之。浮华过实，朕所不取。"用意是在去虚浮，崇实用。与前代相比，其特点有以下几个方面。

第一：它带有明显的民族歧视色彩。这个问题，在这里我们没有必要多所论及。但有一点仍需指出：社会上出现一大批蒙古、色目人掌握汉文化，深通儒典，以及科举举行本身，又都是民族隔阂有所消泯、民族歧视有所削弱的表现。我们不应单强调消极方面而无视另一个有积极倾向的方面。

第二：它最终取消了以词赋取士的办法。隋唐以诗赋取士，这对魏晋的中正制度是一个进步。但是，诗赋亦足以发抒思想，这又是统治者所不愿意看到的。因此，他们极力提倡形式主义，引导人们摘辞掇句，单纯地追求华丽虚浮。这种风气到唐末宋初达到了极

---

① 《元史·选举志一》。
② 《通制条格·学令·科举》。
③ 《济阳文会序》，载《滋溪文稿》卷六。

点，糜靡浮华，至为人们所厌恶。王安石变法，始将试诗赋改为经义。当时人大多认为这是去华务实的好办法。①但试经义必以统一经义为前提，如果对于经义也可人各是非，这不惟无所标准，而且会造成处士横议的危险，最终要动摇统治者的思想基础。王安石变法后不久，又改行经义、诗赋两科取士，而实际上却是重诗赋而轻经义。南宋与金莫不如此。这一现象的造成，固然是因社会上习尚诗赋的守旧势力一直相当强大，同时也因为经义仍没有一个社会公认的标准解释。直到元朝定科举，废止诗赋取士，这一个由王安石发端的科举改革，至此才算初步完成。

第三：它开始规定程朱理学为科举的程式。上面说过，考试经义必须以统一经义为前提。②王安石变法，曾试图以王氏新学来结束经术人人乖异，无以一人心、一道德的现象。但是，新学最终并没有为社会所接受。程学在南宋中期以前仍是一个受压抑、被排斥的一家之学。经过了这一时期的发展，理学在全国范围内，无论是在南宋末本已相当流行的南方，或从金元之际始传入的北方地区，也都广泛传播开来。终于开始为元朝统治者所选中，第一次正式规定为科举进士的程式。从北宋学者们纷纷以己意解经，经无定说，诸家竞起，相互辩难，以至于倾轧镇压，历时二百五十余年光景，程朱理学开始取得了在全国思想学术界的统治地位。至此，《论语》《孟子》《大学》《中庸》专以周程朱子之说为主，定为国是，而曲学异说，悉罢黜之。③"非程朱之学，不试于有司。于是天下学术，凛然一趋于正。"④"海内之士非程朱之书不读。"⑤甚至"今也四

---

① 《学校贡举私议》(《朱文公文集》卷六九)："所以必罢诗赋者，空言本非所以教人，不足以得士，而诗赋又空言之尤者，其无益于设教取士，章章明矣。然熙宁罢之而议者不以为是者，非罢诗赋之不善，乃专主王氏经义之不善也。故元祐初议有改革，而司马温公、吕申公皆不欲复，其欲复之者唯刘挚为最力，然不过以考校之难为言耳。"

② 参见《论取士》(《朱子语类》卷一〇九)。

③ 《伊洛渊源录序》，载《滋溪文稿》卷五。参见《兰山书院记》(《道园学古录》卷八)。

④ 欧阳玄《赵忠简公祠堂记》，载《圭斋文集》卷五。

⑤ 《许文正公神道碑铭》，载《圭斋文集》卷九。

海匪独士子，凡筐箧之吏，求售于时，其诵而习，亦先《四书》。"① 《四书》从此在中国成为家喻户晓、士无人不读的课本，其对后世思想影响之巨，是难以估量的。

但是，在元代规定的科举程式中，除《四书》之外，《诗》以朱氏为主，《尚书》以蔡（沈）氏为主，《周易》以程氏、朱氏为主，以上三经，亦兼用古注疏。《春秋》许用三传及胡（安国）氏传，《礼记》则纯用古注疏。可见五经的考试，古注疏仍占一定的分量。这种情况，一直沿行到明太祖朱元璋时期。到成祖永乐间，"颁《四书五经大全》，废注疏不用。其后，《春秋》也不用张洽传，《礼记》止用陈澔集说。"② 如果说元仁宗的科举考试是程朱理学在全国思想学术界占钦定统治地位的开始，那么，明成祖《五经大全》的颁行，便是它的最后完成。这部书中的《春秋大全》全是抄袭元人汪克宽的《胡传纂疏》，《诗经大全》全袭元人刘瑾《诗传通释》，《周易大全》是将南宋董楷的《周易传义附录》、元董真卿的《周易会通》、元胡炳文《周易本义通释》、元胡一桂的《周易本义附录纂疏》抄撮而成。《书传大全》则抄袭元陈栎的《尚书集传纂疏》、元陈师凯的《书蔡传旁通》而成。《礼记大全》杂采诸家而以陈澔的《礼记集说》为主。③ 顾炎武批评此书之编成是"仅取已成之书，抄誊一过，上欺朝廷，下诳士子。"此书一行，"一时人士尽弃宋元以来所传之实学，上下相蒙，以饕禄利。"④ 从此，所有古注疏统统被废置。无论是《四书》或《五经》，都经过理学家注释疏通，使成为适合于中国后期封建统治需要的经典。明清两代的统治者都极力提倡理学，并以八股取士为利饵，造就一批批忠实的奴仆，可靠的帮凶和虚伪的乡愿、迂腐的酸儒。数百年来，理学思想成为中国占绝对支配地位的统治思想，禁锢了民族的灵魂，阻塞了前进的通道，贻患无穷。

（原载《文史》第 37 辑）

---

① 姚燧《领太史院事杨公神道碑》，载《元文类》卷六〇。
② 《明史·选举志一》。
③ 《经学历史》。
④ 顾炎武《日知录·四书五经大全》。

赵复小考

赵复其人，在蒙古国窝阔台汗时期，被伐南宋的蒙古军俘虏，从德安府安陆县（今湖北安陆县）迁至燕京。他在留居燕京期间，传授朱熹理学，对程朱理学的北传及其在全国思想统治地位的确立方面，都起过特殊的作用。但是，有关他的行事，《元史》本传记载甚简，一些问题暧昧难明。爰就所知，钩稽考释，冀为治理学史者之一助。错漏之处，尚望有正于方家。

一 阔出南征与德安之溃

无论在《宋史》或《元史》里，关于1235年这次战役的记载都十分简略，而且也颇为混乱。首先碰到的便是这位蒙古领军统帅的名字问题。《圣武亲征录》载：乙未，"遣曲出、忽都都伐宋"。《元史·太宗纪》七年亦有遣皇子曲出及胡土虎伐宋的记载。翌年十月，曲出死。曲出其人，《元史·木华黎传附塔思》、《史天泽传》同作"曲出"。但同是《木华黎传附速浑察》、《察罕传》、《铁迈赤传》、《阿剌罕传》、《脱欢传》、《李桢传》、《杨惟中传》、《张柔传》以及《赵复传》却作"阔出"。《元文类》卷二五《曹南王世德碑》、许有壬《至正集》卷四五《曹南王神道碑》和虞集《道园学古录》卷二四《曹南王功德碑》（皆《元史·阿剌罕传》之所本）也作"阔出"。从史实上看，上引的"曲出"与"阔出"同系一人无疑。《元史·宗室世系表》与剌失德丁《史集》第二卷《窝阔台合罕纪》均记窝阔台第三子曰阔出，别无皇子曲出。故屠寄所撰《蒙兀儿史记》，把《元史》的"曲出"径改为"阔出"，一若"曲"字为误刻。柯劭忞《新元史》在《太宗纪》里全袭旧史作"曲出"，而在另撰的太宗诸子传中则作"阔出"。事迹全同，名字则异，也并不作任何说明。因此这两个名字仍然给人们留下来疑问。我以为：无论是"曲出"或"阔出",都是 Köchü 一名的异译。在《广韵》里,"曲"与"阔"都属溪声母的字。当时译音无定字。蒙古语每个字的重音都在第一个音节,把 Köchü 音译为"阔出"、"阔除"(彭大雅《黑鞑事略》)是正读。不过,这一时期,K、g 声母字开始普遍存在介音 i,因而使首音 Kö 弱化,故汉文音译中又有"曲出"、"屈术"(徐霆《黑鞑事略补注》)的异读。① "屈"在《广韵》也是溪母。一部分 K 声母字,如怯、屈等转入 Ch 声母的现象是从明代开始的。《明史·五行志·诗妖》:"万历末年,有道士歌于市曰:'委鬼当头坐,茄花遍地生。'北人读客为楷,茄又转音,为魏忠贤、客氏之兆。"钱大昕《十驾斋养新录》谓:"明天启间,客氏、魏忠贤用事,当时有茄花、委鬼之谣。盖京都语客如茄也。《元史》怯烈氏或作克烈,英宗国语谥曰格坚皇帝,石刻有作怯坚者(泰安府东岳庙圣旨碑),盖亦读格为客(见母混入溪母),因与怯相近也(客、怯、克皆溪母。茄本群母,北人作溪母读)。"② 治《元史》者当不可不知。

　　阔出南征是蒙古与南宋间开始的第一次正式军事对抗。先是1234 年(南宋理宗端平元年、蒙古太宗窝阔台六年)正月,蒙宋合兵亡金。六月,宋人以为有机可乘,希图恢复河南之地,以达到"据关守河",与蒙古国角立的战略目的。于是命赵葵、全子才等在全无必要准备的条件下,轻率地进兵开封、洛阳。当时,这一带地区已经是饱经战火荼毒的荒原。蒙古兵也弃置不守。宋军的推进几乎未遭任何抵抗,很轻易地拿下了这两座城市,然却陷入了粮尽援绝的困境。当蒙古援军来攻时,宋军只得仓皇溃走。③

　　1235 年,窝阔台在发大军由拔都率领西征之后,又在阿昔彰 Asichang 平原继遣南征之师,"遣己子阔出 Köchü 与拙赤哈撒儿 Jochi-Qasar 之子忽秃忽 Qutuqu 进入摩秦 Māchīn。彼等称此地为南家思 Nangiyas。"④ 阔出所将中路军以木华黎之子塔思为副,包

① 《元朝秘史》第 138 节、214 节作"古出"。
② 钱大昕《十驾斋养新录》卷四。
③ 周密《齐东野语·端平入洛》;《湖海新闻夷坚续志·诳言恢复》。
④ 《成吉思汗的继承者》(英文本),页 55。

括有史天泽、张柔等汉军万户，在六月间与原分屯在黄河以北沿线的塔察儿（又作俦盏）部会合，渡河而南。此外又分东西两路：阔端部兵出四川，口温不花部兵出淮东，分头并进。就在阔出兵渡黄河时，宋唐州统制军马郭胜闻风称叛，杀守臣杨侁，密遣使求援蒙古。蒙古军因此很顺利地在七月二日进据唐州。九月，兵逼枣阳。知枣阳军樊文彬坚守孤城，而镇守襄阳的荆湖制置大使赵范却不发兵援救。枣阳城终于在十月二十九日被蒙古军攻陷，樊文彬自缢殉职。枣阳既下，这支蒙古军兵分两路：阔出兵进襄、邓；塔思略地郢州。①

就在枣阳将陷的前数天，十月二十六日，尚处在后方的宋德安府也发生了所谓"北军"的叛变。②"北军"是南宋政府对收编的亡金降部的称呼。在宋金对峙期间，南宋对来投的金朝人称为"北人"或"归正人"。在蒙古灭金的战事中，金军残部被迫陆续归降于南宋的尤多。这批人成分十分复杂。南投以后，宋政府对他们的安置颇多问题，引起他们的不满；特别是南宋朝野上下普遍对他们怀有歧视，更使他们心怀不安。叛扰之事，时有发生，构成南宋北边线上极不安定的一个隐患；蒙古兵临境后，更一发不可收拾。与德安之叛先后同时，京西诸郡俱叛。③因此，在十一月之内，峡、房、均、随、光化诸州都相继失陷。十二月二十三日蒙古兵犯襄阳，④其他如江陵、郢、信阳以及淮南西路的光、黄、舒、蕲等处都受到蒙古军的扰掠。南宋大震。为了应付这一局面，宋廷在十一月初任曾从龙为枢密院使，督视江淮军马；魏了翁同签枢密院事，督视京湖军马。曾从龙寻即病死，遂以魏了翁兼督师江淮。不过这时的蒙古军侵宋本无据地之计，他们在饱事抄掠之后，大概在翌年初便席卷人

---

① 参见《齐东野语·端平襄州本末》；魏了翁《奏乞将樊文彬、高士英优加赠恤》，载《鹤山先生文集》卷二八；《元史·木华黎传》。
② 据《宋史纪事本末·蒙古连兵》，系蒙古军陷枣阳、德安于端平三年八月，实误。《续资治通鉴》卷一一六亦同；然于二年十月有塔思破枣阳的记载，这是正确的。
③ 邓州之叛，见姚燧《赵祥神道碑》，载《牧庵集》卷一八。
④ 《奏德安叛卒奸诈及备鞑声东击西》，载《鹤山先生文集》卷二八。

口、财货北还。南宋江淮形势稍有缓解。然二月二十三日，复有襄阳的叛变。随后宋总制随州军马高世英进据德安，经理荒残。高世英旋即战死，宋廷改令刘显德据守。①

据魏了翁的报告：德安叛军的首领是常进、尚全。我们对他们的情况再无了解。另据元人记载：叛军首领中还有岳珍其人。有李谦者，曾隶金"大将岳珍戏下，从天兴主出奔。郡伯（按：即李谦）实执干戈在行。金灭，从岳珍入宋。既二年，天旗南指，岳珍率德安人十许万来归。"②岳珍是汤阴人，字国宝（？），据称是岳飞之后。投降蒙古以后，窝阔台即任他充许州长官③。

这次战役中，蒙古军掳获北迁的人口，据《元史·粘合重山传》，总数达三十万。而岳珍所驱德安人口即达十数万。赵复无疑便是其中之一。除赵复之外，有名可稽的还有三人。窦默，《元史》有传；砚弥坚，墓志见苏天爵《滋溪文稿》卷七，他们两人都是对元朝理学发展有影响的人物；最后一个名智迁，字仲可，"少与窦公默流落汉上，丙申北归"，④后参廉希宪、商挺宣抚关中幕。其中，赵复的北迁，据姚燧所撰《序江汉先生死生》一文所述，还有一段悲楚感人的事迹，描述了赵复为传播理学而甘心忍辱献身的精神。我不怀疑姚枢在俘虏中识拔赵复，保护他北来的重要作用。不过，姚燧上文中说"德安由尝逆战，其斩刈首馘，动以千亿计"的说法并不可靠。同是他撰的《姚文献公（枢）神道碑》也明说："二太子总大军南伐，降唐、邓、均、德安四城；拔枣阳、光化，留军戍边。襄、樊、寿、泗，继亦来归。而寿、泗之民，尽于军官分有，由是降附路绝。"⑤德安是降附而不是经抵抗而失陷，这在王恽《王昌龄行状》（《秋涧先生大全文集》卷四七）里也可以得到证明。

---

① 参见《鹤山先生文集》卷三〇。
② 元明善《清河集》。原碑在许州，题《追封陇西郡伯李公墓》，见《金石粹编补正》卷三。
③ 嘉靖《许州志·官纪》。
④ 苏天爵《题诸公与智参议先生书启》，载《滋溪文稿》卷三〇。
⑤ 载《元文类》卷六〇。

二 赵复的行实

据道光《安陆县志》："赵江汉先生先世本云梦籍，后迁郡城之南八里，聚族而居。《旧志》所谓赵家洲是也。故其自署与一时各传记，或称云梦人，或称德安人，或称安陆人，迄无一定。"既据《旧志》，知此志实有所本，应该是可信的。赵复在入燕之后所撰《杨紫阳文集序》一文之末，自署"前乡贡进士、云梦赵复"。但县志的进士题名录里却不见他的名字。至于其他有关个人的情况，我们几乎一无所知。元好问《赠答赵仁甫》诗里，有"想君夜醉浔阳时，明月对影成三人。散著紫绮裘，草裹乌纱巾。浩歌鱼龙舞，水伯不敢噴。"[①]想见其气度之豪放宕荡。德安之溃时，据吴莱的描写："赵公本儒士，皓首困欋枪。老身念未死，势肯举降旌？"[②]就是说，这时的赵复，年已及二毛，并不像有人所推测的年青。这个问题，我们在下文还要专门讨论。

赵复究竟是哪一年抵达燕京的，已无法清楚。由侯外庐、邱汉生、张岂之三先生主编的《宋明理学史》(上册)是辟专节讨论赵复的第一本著作。书中说赵复在燕京太极书院讲学是在元太宗八年(1236)十月。次年即离开太极书院。[③]八年之说，似源于明末孙承泽的《元明典故编年考》与《天府广记》。但这一说法很难让人接受。这次战事从1235年(元太宗七年)开始，断续好几年。在1236年冬，战事正在紧张进行。十月，在四川，阔端入成都，诏谕秦、巩等二十余州，皆破。阔出正在这时病死，窝阔台改令按只嵝(王国维考其人即济南王按只吉歹，合赤温之子)代将其军。所部张柔破郢州，同时又破固始、陷光、舒、蕲诸州，进攻江陵。1237年冬，口温不花复破光州，进犯黄州。直到1238年初始有王檝使宋，勒其纳岁币称和，割海、泗、唐、邓四州于蒙，蒙古军主力大概

---

① 载《元遗山诗集笺注》卷五。
② 吴莱《观姚文公集记赵江汉旧事》，载《渊颖集》卷三。
③ 《宋明理学史》，页685。

才开始北还。故 1239 年冬始有刘义叛蒙古，宋人复取襄阳的胜利。据 1235—1236 年曾在燕京逗留过的南宋使臣徐霆所记，按只孛代阔出之后，粘合重山复为之辅佐，继续行省军前①。很难想象，和粘合重山同样受诏在伐宋军前行中书省事的杨惟中，这时有可能离开前线，返还燕京，并在疮痍未复、征敛正殷的燕京城内很快办起新的书院来。在 1235—1236 年间使蒙，并在燕京逗留过的南宋使臣徐霆，字长孺，永嘉人，是南宋著名理学家陈埴的外甥，"得其舅之传"②。他记燕京苛重的科差时，还特别提到燕京教学行出银作差的超常克剥。如果当时那里有由宋人主持的理学书院的兴办，他大概是不会不提及的。清人所修元史，包括毕沅的《续资治通鉴》以及《新元史》《蒙兀儿史记》，都把太极书院之设系在太宗十年。不过，这种说法也值得怀疑。据郝经的记载，太极书院之创设当是窝阔台十二、十三年（1240—1241）间的事。《太极书院记》（《郝文忠公文集》卷二六）载："庚子（1240 年）、辛丑（1241 年）中令杨公（惟中）当国，议所以传继道学之绪，必求人而为之师，聚书以求其学，如岳麓、白鹿，建为书院，以为天下标准，使学者归往，相与讲明，庶乎其可。乃于燕都筑院，贮江淮书。立周子祠，刻《太极图》及《通书》、《西铭》等于壁，请云梦赵复为师儒，右北平王粹佐之。选俊秀之有识度者为道学生。推本谨始，以太极为名。于是伊洛之学遍天下矣。"杨惟中晚年与郝经关系十分密切。1259 年蒙哥南征时，杨惟中被任为江淮南北路宣抚使，而郝经则充其副。与《太极书院记》一文实为姊妹篇的《周子祠堂记》，便是郝经在这个时候应杨惟中之请而写成的③。杨旋死，其神道碑亦为郝经所作。由此可证，郝经所记太极书院兴建的年代，当具有无可争辩的权威性。这一说法在郝经的诗作里也可以找到旁证。卷十三《哀王子正》一首里，有"拟见斯文还太极，遽收浩气反元精"句。原注："时方作太极书院未毕。"子正即王粹，又作王元粹，当时正受聘佐赵复主讲太

---

① 《黑鞑事略》。
② 《宋元学案·木钟学案》。
③ 郝经《周子祠堂记》文末云："祠既成，适经式于公而征铭焉，遂序其事而为之铭。"（载《郝文忠公文集》卷三四）

极书院。他死在癸卯即 1243 年的九月①。可见书院工程其时尚未竣工。当然，也有可能是先有书院之创设，后有书院工程的兴建。但是，所有有关姚枢的记载，无论是姚燧所撰神道碑或苏天爵所辑《名臣事略·左丞姚文献公》事迹，都证明姚枢并没有参与兴办太极书院的活动。姚枢是在 1241 年因看不惯燕京行省长官牙老瓦赤等的贪暴而弃官离燕，归隐卫辉的。如果太极书院在这之前创设，姚枢似不可能不参与活动；这一活动也不能不作为他的重要事迹而被他的后人所渲颂。因此，最大的可能性是太极书院正式成立的时间是在 1241 年初。当然，在这以前，从赵复来燕京后不久，就会有北方的学子慕名前来执经问道，也是可以想像的。姚燧说赵复北来后，"游其门者将百人，多达材其间。"② 杨弘道说："燕之士大夫闻其议论证据，翕然尊师之，执经北面者二毛半焉。"③ 弟子中可知者除宣德人梁枢、广平人赵彧，另外还有燕人姜迪禄。④ 然而，从传播朱学的实际作用看，他的著作很可能比起授徒来影响要更大些。尽管这些著作都是介绍性的，但因当时北方对朱学的全貌还缺乏了解，社会上正需要这种全面而浅近的介绍。正是在这个意义上，《元史》本传对赵复把朱学北传作了很高的评价，说："北方知有程朱之学，自复始。"⑤

除了教授和著述之外，赵复在北方也广与学士名流交纳。元好问就是其中之一。《遗山诗集》中还保存有两首不同时候《赠答赵仁甫》之诗，但都难于确定其年代。其一是通过高御史之介，裕之初与赵结识时之作。赵的气度颇为元所倾倒，而有"江国辞客多，玉骨无泥尘。轩昂见野鹤，过眼无鸡群"之句（卷五）。后一首描写的境状颇近凄苦："南冠牢落坐贫居，却为穷愁解著书。但见室中无长物，不闻门外有轩车。"（卷十）应该是赵复比较后期的生活写

---

① 《中州集·庚集第七·王元粹》。
② 姚燧《序江汉先生死生》，载《元文类》卷三四。
③ 杨弘道《送赵仁甫序》，载《小亨集》卷六。
④ 王恽《义士姜侯歌并序》，载《秋涧先生大全文集》卷八。
⑤ 有关朱学北传，详拙著《南宋金元时期理学的发展及其统治地位的确立》，载《文史》第 37 期。

照。在主讲太极书院的时期里，杨惟中、田和卿①在燕京印行了朱注《四书》《春秋胡传》等南传而来的理学著作。赵复也将自己所著《伊洛发挥》印行，广行赠送。

太极书院究竟维持多久，已不清楚。但赵复至少在1247年（丁未，贵由二年）曾离燕南游。十一月，他来到满城，与在贾辅家任教师的郝经首次会面。郝（时年二十五岁）为赋《听角行赠汉上赵丈仁甫》一首，其中有"汉家有客北海壮，节毛落尽头毛白"②句。这里，郝经是以晚辈自居的，足证赵复的年龄远长于郝经。由此而赵魏、东平，翌年赵复来到济南，与当地文士解飞卿、杨弘道等游。③然后又道由满城，返回燕京。在郝经的《送仁甫丈还燕》诗里，谓赵此行"济渎醉探窥海眼，岱宗阔步望吴头。"④又《送汉上赵先生序》一文中，也说："今也仰嵩高，瞻太华，涉大河之惊流，视中原之雄浸。太行恒碣，脊横天下。昔之所游者，荆吴闽越而已；今也历汴洛，睨关陕，越晋卫，观华夏之故墟，睹山川之形势，见唐虞三代建邦立极之制、齐鲁圣人礼义之风。接恒岱之旷直，激燕赵之雄劲。昔之所学者，富一身而已；今也传正脉于异俗，衍正学于异域。指吾民心术之迂，开吾民耳目之蔽。削芜蔓，断邪枉，破昏塞，俾六经之义、圣人之道，焕如日星，沛如河海，巍如泰华，充溢旁魄，大放于北方"。⑤可知赵复这次游历范围，相当广阔。所到之处，他即以所著《伊洛发挥》诸书馈赠，宣扬朱学。这次学术旅行对朱学在北方的广泛传播，无疑是起过很大作用的。

稍后，真定人李冶受忽必烈的召见。李冶曾向忽必烈推荐了魏璠、王鹗、赵复等人才。⑥《元名臣事略·内翰李文正公传》引《王庭问对》谓此次接见在丁巳（1257年，蒙哥七年）五月。然魏璠死

---

① 此人累见王恽《秋涧集》，或称"给事"，或称"尚书"，当系亡金官僚。
② 《郝文忠公文集》卷八。卷一二复有《后听角行》序云："丁未冬十有一月，汉上赵先生仁甫宿于余家之蜩壳庵"云云。
③ 《送赵仁甫序》，《小亨集》卷六。
④ 姚燧《牧庵集》卷一三。
⑤ 《郝文忠公文集》卷三〇。
⑥ 《元史·李冶传》。

在庚戌（1250年）①，李冶何得在其人已死六七年后尚作为人才正式向忽必烈推荐？所以我认为这次接见最晚只能是1250年间事。又《元名臣事略·左丞姚文献公》引《静庵笔录》谓：赵复在燕京，"其经学文章，虽李敬斋（冶）、元遗山亦推让焉。上（忽必烈）在潜邸，尝召见，问曰：我欲取宋，卿可导之于前乎？对曰：宋，吾父母国也。未有引他人以伐吾父母者。上悦。仁甫虽居燕，恒有思归之志云。"从忽必烈把伐宋作为任务提出来这一事实看，主要应在1250年他受任总理漠南汉地军民事，开府金莲川之后。也许忽必烈之召见赵复，便是出于李冶之荐。《元史》本传把这次召见记在赵复抵达燕京之初，是不可信的。

三　赵复之死年及其他

在《元文类》卷三二里，收录了赵复所撰、也是他完整保存下来的少数文章《杨紫阳文集序》。②文末署为"丙午嘉平节"作。《宋明理学史》就此专门作了考证："查元代丙午有二。一为1246年，一为1306年。……据《元史·杨奂传》，杨为金末进士，死于乙卯（1255）年，年七十，而从赵序文中知赵是在杨死后见其遗编始作序。显然，这序是在1255年之后，而1255年之后的丙午，则为元大德十年（1306），这是可以肯定的。"作者由此推论："赵于乙未（1235年）被俘，至1306年丙午作序，其间就有61年。"赵被俘时，"哪怕就是二十岁，则从被俘到作序，前后加起来，其年岁在八十岁以上。故说他'年寿较长，估计在八十岁以上'"。在这个考证的基础上，该书作者作出解释和判断，说："至于赵复活到元中期而无人道及的问题，只是因为他晚年不愿仕元，成了'隐君'（全祖望语），故泊然无闻，不知踪迹。于此，亦当有助于对赵复晚岁的学行和政治态度的了解。"③

---

① 《元史·魏初传》。
② 《还山遗稿》尚保存有所著《程夫人墓碑》一文。
③ 《宋明理学史》，页684注1。

这段考证看似颇严密。但它是一个没有经过勘订的孤证。

细绎这篇短文，有助于我们勘定其写作年代的叙述有二处。一是杨奂弟子员择，"攟摭遗稿"，"自洛抵燕，千里介书"，请赵复为序。二是"丙午嘉平节"作。首先我们就要怀疑，这里时间不用大德纪年而用干支；地点不称"大都"而称"燕"？遗老气未免太足。当然，这还是可能用赵复义不仕元来解释。但员择在杨奂死后第二年，从陕西东来，求墓志铭于元好问的事，这在《元遗山文集》卷二三《故河南路课税所长官兼廉访使杨公神道之碑》里录之甚明。"丙辰冬十月，予闲居西山之鹿泉，员生自奉元东来，持京兆宣抚使商挺孟卿所撰行状，以墓碑为请。"这里是丙辰员生自陕东来求墓碑于元好问，而赵文所记则是丙午员择自洛来燕求为杨奂遗编作序。它们是否同一年间事，是值得考虑的，但问题还需要进一步确证。再考姚燧所撰《紫阳先生文集序》，知文集的最后完成付梓，是在大德七年癸卯而不待大德十年丙午。姚文在历叙遗编的收集过程后，明谓"若先生鄠国世家传次，及平生嗜学述作之富，与一世之士服为关西夫子者，有遗山、江汉、西庵三先生之碑铭、之集序言。故燧著是五十年间幽郁于昔、将昭彰于今者，于篇终云。"[1]据此，我们就可以完全证明，赵复所写的《杨紫阳文集序》是同元遗山所撰墓铭一样，早在大德七年癸卯姚燧编成付梓时，成稿俱在。然则，所谓"员生"即员择，"丙午"实即"丙辰"之刊误，元之碑、赵之序都是在杨奂死后之明年所撰，应该是无可怀疑的。

赵复究竟死在什么时候呢？我们已不清楚。但有一点可以肯定，至迟不过至元二十三年（1286）。苏天爵《滋溪文稿》卷二九《题国子司业砚公遗墨》云："昔者国家灭金之初，王师徇地汉上，悉俘其人以归。故江汉先生赵公，郾城先生砚公皆相继至北方。于是赵公居燕，出其橐中伊洛诸书，传授学徒。而中原名公巨卿，亦始得因其说以求圣贤之学。郾城先生流落云中，久之始达真定而居焉，亦以经术为训，郡人翕然从之，往往以儒著名。世祖皇帝勤于求治，广于求科。先生由布衣起家，教授真定。及建成均，即遣使

---

[1] 姚燧《牧庵集》卷三。

赐五品服，征拜司业。而赵公不幸已卒矣！"元朝国学的正式建成是在至元二十四年。赵复在这以前已死，是确然无疑的。

至于赵复的终老之所，《宋明理学史》说是真定。对此，我也是难以苟同的。纵使赵复义不仕元，小隐真定，然以他当时的身望，决不可能完全为元初儒士所遗忘。特别是姚枢、许衡诸人，用事当朝，甘委身为道学弟子，岂有避师长如仇雠，绝口不提，以致生不见片纸应酬之文，死不闻只语哀挽之诔？揆之情理，亦复难通。苏天爵撰《志学斋记》，详叙元初在真定活动的文章学问之士，但并未提到赵复。① 姚燧《序江汉先生事实》说："燧生也后，不及拜其屦前。"姚燧是在至元七年由河内入征至大都的，证明赵复在这时已不在大都，也有可能已经死去。《安陆县志》则明谓赵复曾归老德安。《志》引郝经《南楼书怀赠赵丈仁甫》注云："查此诗为江汉先生归老德安、文忠驻师武昌时寄怀所赠"。② 归老德安之说，不见于《德安府志》，不知它是否确有所本。如果确曾归老德安，而死年又在亡宋之前，则上述的某些疑义颇能得到合情理的解释；与《元史》本传所云"虽居燕，不忘故土"亦隐约相通。唯郝经此诗首联作："惨澹风云鹦鹉洲，蹉跎岁月仲宣楼。"用王粲登楼典故，似为赵复尚未得归故土而发。其中曲折，已难尽究。惟迄至1259年赵复尚与郝经有应酬，这大概便是有关赵复生平最后的记载。

赵复的著作，据《元史》本传，有《传道图》、《伊洛发挥》、《师友图》、《希贤录》。另据《析津志辑佚·名宦》谓"有文集行于世。"然皆早佚。《安陆县志补正》卷下载有清人陈廷儒辑《先儒赵子言行录》，内容亦不得而知。元人吴莱记赵复至燕，"尝手出一二经传及《春秋胡氏传》，故今胡氏之说特盛行。"③ 胡安国《春秋传》是在南宋偏安情况下感激时事之作，往往借《春秋》以寓意，而并不尽合于经旨。宋高宗时虽经奏进，而当时科举命题取士，实兼用三传。元仁宗延祐复行科举，规定《春秋》许用三传及胡氏传。因而胡传在元代成为时尚，这同赵复传胡传于北方是有直接关联的。影响所

---

① 《滋溪文稿》卷四。
② 《安陆县志补正》卷下。
③ 吴莱《春秋通旨后题》，载《渊颖集》卷一二。

及，明成祖永乐时修《春秋大全》，主要便以胡传为据。"渐乃弃经不读，惟以安国之传为主。当时所谓经义者，实安国之传义而已。故有明一代，《春秋》之学为最弊。"①至于赵复所传的其他一二经是什么？已无法考明。赵复在朱学北传上的重要作用，主要是因有私淑于他的大儒许衡而突出出来的。许衡通过学校，把《朱注四书》普及于全国，他才是使朱学成为在全国居统治地位思想的奠基人。《宋明理学史》的作者把《四书》的传播与元代科举的实行直接与赵复的作用联系起来，是把复杂的事情简单化了。书中引虞集《跋济宁李璋所刻九经四书》一文："其于天理民彝，诚非小补。所以继绝学、开来世，文不在（"在"字漏引）兹乎！"这段文字的主语"其"，揆诸文义，是指元代四书一事，但理学史的作者却注为赵复。这就把赵复的作用不切实际地抬高。我以为是不妥当的。

据姚燧记载，赵复有个儿子卿月。卿月以兄称姚燧。姚燧生于窝阔台十年，则卿月是赵复来燕以后所生。《安陆县志》引《通志》云："卿月克绍家学，与许衡、刘因友善，尝拜宪司职，未久谢去，累征不起"云云。

（原载《元史论丛》第五辑，中华书局 1993 年）

---

① 《四库全书总目提要》卷二七，《春秋胡传》。

宋 濂①

一

宋濂（1310—1381年），祖籍金华（今浙江金华）之潜溪，后迁至浦江（今浙江浦江），原名寿，字景濂，号潜溪。又号龙门子、元贞子、白牛生、仙华生、南山樵者。

宋濂出生在一个地主乡绅家庭。祖父守富，父文昭，元朝时任里正。成宗大德十一年（1307），金华一带遭受多年不遇的特大灾害，饥寒交迫的贫苦农民无以为生，三五成群，揭竿而起，冲入富豪之家，夺粮食，牵牛羊。文昭"用计安盗，私闻于公府，集社兵擒戮之。"②

宋濂自幼勤苦好学。在他六岁的时候，祖父请好友包文藻于家，教以"李瀚《蒙求》，一日而尽。自后日记两千余言。"③九岁时，便能作诗，才思敏捷，操笔立就，有"步罡随踢脚头斗，噀水（或作"与米"）能轰掌上雷"之句。后又受业于闻人梦吉、吴莱等乡贤名士，对于《春秋》三传，诸子百家，无不披览，得其要旨。元顺帝至元元年（1335），因吴莱解馆，二十六岁的宋濂继"主教于麟溪"。三年之后，应乡试不中。第二年，至元五年，便"以家事付子侄，朝夕从事书册"。接着，从名儒柳贯、黄缙学，学业益更精进。

宋濂的学习生活是很清苦的，后来他在回忆这段生活时写道："余幼时即嗜学，家贫无从治书以观，每假借于藏书之家，手自笔录，计日以还。天大寒，砚冰坚，手指不可屈伸，弗之怠。录毕走送之，不敢稍逾约。以是人多以书借余；余因得遍观群书。……当

---

① 本文与张德信合作写成。
② 宋濂《宋学士全集》卷二四。
③ 孙锵《宋文宪公年谱》上。

652

余之从师也，尝负籍曳屣，行深山巨谷中。穷冬烈风，大雪深数尺，足肤皲裂而不知。至舍，四肢僵劲不能动。媵人持汤沃灌，以衾拥覆，久而乃和。寓逆旅主人日再食，无鲜肥滋味之享。同舍生皆被绮绣，戴朱缨宝饰之帽，腰白玉之环，左佩刀，右备容臭，煜然若神人。余则缊袍敝衣处其间，略无羡慕意，以中有足乐者，不知口体之奉不若人也。盖余之勤且艰苦若此。"为了寻师求教，他负籍远游，恭谨执礼："尝趋百里外，从乡之先达执经叩问。先达德隆望尊，门人弟子填其室，未尝少降辞色。余立侍左右，援疑质理，俯身倾耳以听。或遇其叱咄，色愈恭，礼愈至，不敢出一言以复。俟其欣悦则又请焉。故余虽愚，卒获有所闻。"①因而学业大进。闻人梦吉、吴莱、柳贯、黄缙诸人对他都十分器重，既勤加教导，又"皆礼之如朋友"。宋濂的声誉也越来越高。

至正九年（1349 年），经翰林学士承旨危素等推荐，元廷下诏聘宋濂为国史院编修。宋濂固辞不就，遂入龙门山为道士，潜心佛学，朝夕著述。

正当宋濂在龙门山隐居的时候，元末农民起义在大江南北，风起云涌。至正十五年，韩林儿在亳州（今安徽亳县）称帝，改元龙凤，国号大宋。随郭子兴在濠州首义的朱元璋拥龙凤旗号，由淮西渡江，进据应天（今江苏南京市）。十八年，在江南地区，形成了几个军事集团：借大宋为号召的朱元璋以应天为据点，进一步攻占皖南、浙西等地。他的东面是张士诚，西则徐寿辉。此外，方国珍据浙东，陈友定据八闽。在这批拥军割据的群雄中，惟有朱元璋表现得有大志和远略。他渡江以后，纪律严明，不事掳掠，尊礼儒士，并罗致他们为幕僚，讲究治道，参谋军政。十八年十二月，朱元璋攻下婺州（今浙江金华）后，为巩固和加强其统治，即召郡儒许元、叶瓒玉、胡翰、汪仲山、李公常、金信、徐孳、童冀、戴良、吴履、孙履、张启敬及兰溪吴沉等十三人，会食省中，日令二人进讲，敷陈治道。宋濂亦以五经师被聘，但他对朱元璋仍不敢相信，以种种借口固辞。第二年正月，朱元璋以"兵兴以来，学校久废"，即命宁越

---

① 　宋濂《送东阳马生序》，载《宋学士全集》卷八。

知府王宗显立郡学,以戴良为学正,徐源、吴沉为训导。王宗显再次以五经师邀聘宋濂和叶仪二人,宋濂辞之再三,终于接受了招聘。久经丧乱的地方"至是始闻弦诵声,无不忻悦"。①

宋濂任职三月,即还潜溪。至正二十年三月,他又被李文忠荐举,与刘基、章溢、叶琛作为浙西地主阶级的代表一同应朱元璋之召至应天。朱元璋见他们到来,大喜,说:"我为天下屈四先生。"遂"皆备顾问,筑礼贤馆处之"。②五月,授宋濂江南儒学提举,命授太子经。后进讲经筵,改起居注。从此,宋濂担任了朱元璋的儒学顾问和皇太子的儒学教师。朱元璋对他十分尊敬。宋濂利用讲授经传的机会宣扬儒学,敷陈治道。他曾向朱元璋进言:"《春秋》乃孔子褒善贬恶之书,苟能遵行,则赏罚适中,天下可定也。"又说:"《尚书》二《典》、三《谟》,帝王大经大法毕具,愿留意讲明之。"他敦劝朱元璋收揽人心,说:"得天下以人心为本。人心不固,虽金帛充牣,将焉用之。"③朱元璋都高兴地一一采纳,优礼有加。宋濂也感遇尽心,随事进谏。对祥异,他解释道:天子"受命不于天,于其人,休符不于祥,于其仁。《春秋》书异不书祥,为是故也。"皇从子朱文正得罪,他又劝朱元璋说:"文正固当死,陛下体亲亲之谊,置诸远地则善矣。"朱元璋纳其言,免文正死罪,窜戍远方。宋濂力劝朱元璋以仁治天下,举《大学衍义》,详加讲解。他说:"君人者兼治教之责,率以躬行,则众自化。"朱元璋对儒学的了解,一部分是从宋濂的说教得来的。

在辅导太子的工作中,宋濂标榜以诚为先。十余年间,"凡一言一行,皆以礼法讽劝,使其归于正道。""皇太子每敛容嘉纳,言必称师父。"④他还陪太子及秦王樉、晋王棡、楚王桢和靖江王守谦去中都(凤阳)周游山川,寻访旧迹。讲解武备韬略,甚有规益。

宋濂也是当时朝廷中公文诏诰的主要撰写者。明朝初年,朝廷上举凡郊社宗庙山川百神之典、朝会宴享律历衣冠之制、四裔贡赋

---

① 《明洪武实录·己亥岁》。
② 同上,《庚子岁》。
③ 《明史·宋濂传》。
④ 同上。

赏劳之仪，以及元勋巨卿碑记刻石之辞，等等，均由宋濂草定。

宋濂为官，严于律己，宽以待人。他性诚惟谨，小心谨慎。在一个相当长的时期内，他与朱元璋的关系是融洽的。遇到咨询，常常谈到深夜。宋濂本没有饮酒的习惯，朱元璋强之使饮酒三觞，使宋濂醉不成步。朱元璋为之大喜，手书《醉赞善大夫宋濂歌》以宠异之。然而，猜忌多疑的朱元璋，对宋濂这样"性诚谨，官内庭久，未尝讦人过"的儒士，也时刻予以戒备和监视。一次，宋濂约几个同僚聚会饮酒。第二天，朱元璋就诘问宋濂：昨天喝酒没有？来了几个客人？都是谁？吃了些什么？宋濂诚惶诚恐地如实作了回答。朱元璋才放心地说："诚然，卿不朕欺。"

宋濂对朱元璋的猜疑心理是深知的，所以，洪武六年（1373）九月，朱元璋想任宋濂以政事，宋濂力辞，说："臣无他长，待罪禁近足矣。"九年六月，朱元璋又想给宋濂的子孙封官，他仍再三推辞。但朱元璋执意不许，封其孙宋慎为殿廷仪礼司序班、子宋璲为中书舍人。十一月，六十七岁的宋濂以年老致仕，第二年正月归老金华。

宋濂归里家居后，一直保持谨慎闲退的态度，不置田宅，不接官吏。凡以事相托者，皆婉言谢绝。"或谈及时事，辄引去不与语。"且告诫子孙勿入城市，他自己辟一室为"静轩"，"终日闭户纂述，人不见其面。"[1]

洪武十三年正月，丞相胡惟庸案发伏诛。十一月，宋濂长孙宋慎坐胡惟庸党，次子宋璲亦受牵连，并斩于市，家也被抄，宋濂及家属被一并械至京师。朱元璋本想置宋濂于死地，因马皇后竭力解救，说："民间延一师尚始终不忘恭敬，宋先生亲教太子诸王，岂忍杀之！且宋先生家居，岂知朝廷事。"[2]才得从轻流放，安置四川茂州。十四年五月初，宋濂行至夔州，寓僧寺，卧病不食死，年七十二岁。

宋濂的著作甚富，保存到今天的有《潜溪集》、《宋学士全集》等。

---

[1] 《行状》。
[2] 孙锵《宋文宪公年谱》上。

二

宋濂是理学的信徒。全祖望《宋文宪公画像》评论说："文宪之学,受之其乡黄文献公(缙)、柳文肃公(贯)、渊颖先生吴莱、凝熙先生闻人梦吉。四家之学并出于北山(何基)、鲁斋(王柏)、仁山(金履祥)、白云(许谦)之递传,上溯勉斋(黄幹),以为徽公(朱熹)世嫡。予尝谓婺中之学,至白云而所求于道者疑若稍浅,渐流于章句训诂,未有深造自得之语,视仁山远逊之。婺中学统为之一变也。义乌诸公(黄缙)师之,遂成文章之世,则再变也。至公而渐流于佞佛者流,则三变也。"说明宋濂虽师承何、王,但主要是以文章名家,对理学已没有什么创见。宋濂很推崇朱熹。但他是金华人,又受到乡先辈吕祖谦的影响。所以,黄宗羲《宋元学案·东莱学案》又把他列为吕祖谦学派的续传者。理学朱陆两大派对立,而吕学则调和于两大派之间。及于元代,出现了朱陆合流的趋势,吴澄是其代表。宋濂也受到这种思潮的影响。为了弥合朱陆之间的分歧,宋濂提出了"宗经"之说。《经》便是天理。"盖苍然在上者,天也。天不能言,而圣人代之。《经》乃圣人所定,实犹天然。日月星辰之昭布,山川草木之森列,莫不系焉、覆焉,皆一气周流而融通之。"① 因此,"《经》者,天下之常道也。大之统天地之理,通阴阳之故,辨性命之原,序君臣上下内外之等;微之鬼神之情状,气运之始终,显之政教之先后,民物之盛衰,饮食衣服器用之节,冠昏朝享奉先送死之仪;外之鸟兽草木纤微之名,无不毕载。而其指归皆不违戾于道,而可行于后世。"② 宋濂认为天理固存于人心之中。因此,所谓经学,也就是心学。"六经皆心学也。心中之理无不具,故六经之言无不该。六经所以笔吾心之理者也。"③ 时代虽然变化,但心却无古今。"人无二心,六经无二理。因心有是理,故经有

---

① 宋濂《白云稿序》,载《宋学士全集》卷七。
② 《经畬堂纪》,载《宋学士全集》卷二。
③ 《六经论》,载《宋学士全集》卷二八。

是言。"① 他把心与经比之如形影，心是形，经是影，形影相随。但是，秦汉以来，经学不传，圣贤不作，异说横行。儒学本身也因为传注纷出，而失去了六经的本貌。所以说，京房溺于名数，世无复有《易》，孔、郑专于训诂，世无复有《书》《诗》，董仲舒流于灾异，世无复有《春秋》。他认为，学习六经的正确途径是"脱略传注，独抱遗经而体验之。一言一辞，皆使与心相涵"②，终于达到心与经的完全一致。学习六经，无非是因教而"复其本心之正。"③ 说来说去，全部道理都在乎"治心"。心一正则众事无不正，天下无不治，事功无不成。宋濂的心学源于陆，而穷经致理以求本心的态度又近于朱，不卑薄事功则本于金华学派。他调和诸家分歧的企图是明显的。然而，他想简单地脱略诸家的分歧，用一个空泛的"宗经"来予以弥合，正是思想浅薄的表现。所以，黄百家评论他为"文显而道薄"。

宋濂对佛学也颇有修养。他"自幼至壮，饱阅三藏诸文，粗识世雄氏所以见性明心之旨。"④ 他认为："天生东鲁、西竺二圣人，化导烝民，虽设教不同，其使人趋于善道则一而已。"⑤ 他的作品中，不少是对佛徒们的诔墓之作。全祖望批评他颇流于佞佛，是不错的。

宋濂的文学理论也是以"宗经"为基本内容的。他所谓的"文"，本之于"天地自然之文"。他认为"天衷民彝之叙，礼乐刑政之施，师旅征伐之法，井牧州里之辨，东西南朔之别"，都是取象于天地自然之文而生。"故凡有关民用及一切弥纶范围之具，悉囿乎文，非文之外别有其他也。"⑥ "斯文也，非指夫辞章而已也。"⑦ 由此可见，他所说的文，正是他所认为的天理的表现。文是理的形式，它的最高典范便是六经。所以，他说："文者，道之所寓也。……天

---

① 《六经论》，载《宋学士文集》卷二八。
② 同上。
③ 同上。
④ 《佛性圆辩禅师净慈顺公逆川瘗塔碑铭序》，载《宋学士全集补遗》卷七。
⑤ 《夹注辅教编序》，载《宋学士全集补遗》卷二。
⑥ 《文原》，载《宋学士全集》卷二五。
⑦ 《纳斋集序》，载《宋学士全集》卷六。

地未判，道在天地；天地既分，道在圣贤；圣贤之殁，道在六经。凡存心养性之理，穷神知化之方，天人感应之机，治忽存亡之候，莫不毕书之。……后之立言者，必期无背于六经，始可以言文，不然不足以与此也。"又说："文至于六经，至矣尽矣。"① 他发挥传统的"文以载道"的观点，指出：文的作用在于明道。"明道之谓文，立教之谓文，可以辅俗化民之谓文。斯文也，果谁之文也，圣贤之文也。非圣贤之文也，圣贤之道充乎中、著乎外、形乎言，不求其成文而文生焉者也。不求其成文而文生焉者，文之至也。"②

根据这一标准，宋濂把天下的文章分为上中下三等，即圣贤之文、明道之分和为文之文。他在《赠梁建中序》中说："文非学者之所急。昔之圣贤初不暇于学文，措之于身心，见之于事业，秩然而不紊，粲然而可观者，即所谓文也。其文之明，由其德之立，宏深而正大，则其见于自然光明而俊伟，此上焉者之事也。优柔于艺文之场，餍饫于今古之家，搴英而嚼华，溯本而探源，其近道者则而效之，其害教者辟而绝之。俟心与理涵，行于心一，然后笔之于书，无非以明道为务，此中焉者之事也。其阅书也，搜文而摘句；其执笔也，厌常而务新。昼夜孜孜，日以学文为事。且曰：古之文淡乎其无味，我不可不加浓艳焉；古之文纯乎其敛藏也，我不可不加驰骋焉。由是好胜之心生，夸多之习炽。务以悦人，惟日不足。纵如张饰绣于庭，列珠具于道，佳则诚佳，其去道益远矣。此下焉者之事也。"③

从这种观点出发，他认为自孔孟之后，天下就不复有文了。至于董仲舒、贾谊、司马迁，仅"得其皮肤"，韩愈、欧阳修只"得其骨骼"。只有"舂陵、河南、横渠、考亭五夫子得其心髓。"④ 因此，他提出要"师古"："所谓古者何？古之书也，古之道也，古之心也。"实际上，"师古"也就是"宗经"，即通过学习六经而求得己心与古圣贤之心相符合："道存诸心，心之言，形诸书，日诵之，日履之，

---

① 《徐教授文集序》，载《宋学士全集》卷七。
② 《文说赠王生黻》，载《宋学士全集》卷二六。
③ 《赠梁建中序》，载《宋学士全集》卷九。
④ 《徐教授文集序》，载《宋学士全集》卷七。

与之俱化，无间古今也。"① 有了这个人们所固有的纯正的心，就可以具有与天地同存的气。发而为文，便是他所说的"经天纬地之文。"② 这种观点，就其本质而言，只是他的理学观在文学上的运用，同样没有什么独特的创造。

尽管宋濂的"宗经"和"师古"，是本于宋代理学家专以宣扬道统为首务的思想，但他师承黄、柳、吴，与南宋末道学家鄙弃文辞者又有所不同。他摈弃了"为文害道"的谬说，主张以优美的文辞为道统的传播服务。他在《叶夷仲文集序》中说："作文之法，以群经为本根，迁、固二史为波澜。本根不蕃，则无以造道之原；波澜不广，则无以尽事之变；舍此二者而为文，则槁木死灰而已。"③ 他主张文必须"辞达而道明"。他所写的文章，明达浑厚，自有可观。所以，能在当时蔚为一大家。《四库全书提要》说他的文章"雍容浑穆，如天闲良骥；鱼鱼雅雅，自中节度"。大抵宋濂的文和他的经历一样，也有前期和后期之分，即以其入仕前后为界限。前期所写的一些传记文，在表现手法上有一些显著的特色，如《王冕传》、《秦士录》、《胡长孺传》、《记李歌》等，皆能从各个侧面摄取不同的情节，塑造出鲜明的人物形象；同时又以生动诙谐的语言描绘各个不同人物的性格。但他仕明之后，给事台阁，官高位尊，多从事典诰奏章和谀墓应酬之作。其文学价值也越来越低。然而，由于他所处的地位，以及提出"宗经"和"师古"之说，在明初文坛上，颇具影响，因而成为明代台阁诗派和复古主义潮流的先驱。

三

从严格的意义上讲，宋濂并不是历史学家。但在他的直接主持下，借众力以很短的时间完成了《元史》的修撰，比较完整地保存了一代史事，功绩是巨大的。

洪武元年（1368）八月，明北伐军攻克元大都（改北平），元朝

---

① 《师古斋箴》，载《宋学士全集》卷一五。
② 《文原》，载《宋学士全集》卷二五。
③ 《叶夷仲文集序》，载《宋学士全集》卷七。

亡。第二年二月，明太祖朱元璋便指示廷臣说："近克元都，得元十三朝实录。元虽亡国，事当记载。况史纪成败，示劝惩，不可废也。"① 于是，命左丞相李善长、前起居注宋濂、漳州通判王祎为总裁，以汪克宽、胡翰、宋禧、陶凯、陈基、赵壎、曾鲁、高启、赵汸、张文海、徐尊生、黄篪、傅恕、王錡、傅箸、谢徵等为纂修，开史局于天界寺，纂修《元史》。由礼部统之，分科任事。以"史事贵严"，所以"限绝内外，将以日视其成。"② 遵照朱元璋的意旨，修史"欲求议论之公。文辞勿至于艰深，事迹务令于明白，苟善恶了然在目，庶劝惩有益于人。"③ 总的说来，《元史》的修撰是在突击式的情况下进行的。焚膏继晷，五、六月之间，完成了初编的大部分篇章。当时主要的原始资料是得之于元廷的从元太祖成吉思汗到宁宗懿璘质班的十三朝实录，另取《经世大典》等书以资参考。但仓促之间，收罗不广，"况往牒舛讹之已甚，而它书参考之无凭。虽竭忠勤，难逃疏漏。"至是年八月，完成了计本纪三十七卷，志五十三卷，表六卷，列传六十三卷。顺帝妥懽帖睦尔一朝，当时因无实录可作根据，故暂付阙如。为了补成全书，朱元璋又遣使十一人，遍行天下，征集史料。"凡涉史事者，悉上送官。"三年二月，重开史局。除负责总裁的宋濂与王祎外，预其事者有赵壎、朱右、贝琼、朱世廉、王廉、王彝、张孟兼、高逊志、李懋、张宣、李汶、张简、杜寅、俞寅、殷弼。又经过五个月的努力，编成了顺帝一朝的本纪十卷，志五卷，表二卷，以及列传三十六卷。于是，"合前后二书，复厘分而附丽之。共成二百一十卷。"④⑤ 这就是我们今天所看到的《元史》一书。

为逊国修史，国灭而史不灭，是中国古代的传统作法。但从事这类工作着手如此匆迫的却最数明朝。《元史》的第一次开修，距元亡才半年。朱元璋为什么这样迫不及待地要为元朝修史呢？从当时的政治形势看，是有其企图的。朱元璋出身低贱，早年参加红巾

---

① 《明洪武实录·洪武二年二月》。
② 《寅斋后记》，载《宋学士全集》卷三。
③ 《进〈元史〉表》，《宋学士全集》卷二。
④ 同上。
⑤ 《〈元史〉目录记》，载《宋学士全集》卷二。

农民起义军。等到他在应天站稳脚跟，割据自雄之后，便逐渐向封建地主阶级转化。至正二十六年，当朱元璋兴兵讨伐张士诚前夕，发布了《平周榜》，攻击农民军是妖行乱党，"焚荡城廓，杀戮士夫，荼毒生灵，无端万状"，表明了他公开背叛农民军，决心作地主阶级的政治代言人。吴元年（1367），朱元璋兴师北伐，檄文中又提出了"驱逐胡虏，恢复中华"的民族口号，动员汉族人民共同进讨蒙古统治者。北伐军进展十分顺利，第二年，即洪武元年八月初，便攻下了元大都，元顺帝北走。尽管如此，当时残元的势力仍十分强大。东起高丽，西至秦晋，西南到云南，都仍然在元朝官军控制之下。朱元璋一面逐一进讨，一面向他们发出招降，以资瓦解。就在这种情况下，朱元璋急切地利用为前朝修史的办法，来达到两方面的目的：一是尊重前朝。表明自己是元朝正统的继承者，元亡明兴，这是上天的意志；二是篡改历史，表明自己是得天下于群雄之手，而不是得之于元人。这样，既可以掩盖他自己出身红巾军的反叛历史，又可以示好于前元的文武官吏和乡绅士夫，争取他们来降。当然，利用修史，及时地总结前元的统治经验以作为新王朝的昭鉴，也是其要达到的目的之一。因此，他在当时仍是军务倥偬、百废待举的情况下，便匆匆忙忙，开局修史。宋濂因为是新王朝的文坛巨擘，所以，他和另一文人王祎同被任命为修史的总裁。

世讥《元史》粗率。这个批评是正确的。《元史》的修成，无论就时间、资料、编修人员等各方面的条件而言，都决定了它必然出现粗率的弊端。

就时间而言。明王朝新建，事先没有可能进行必要的酝酿和准备。两次开局时间总共才一年又一个月左右。一部近一百八十万字的巨著，在这么短的时间完成，当然不可能细致周密。

就资料而言。长期战乱之后，史籍沦失，一时征集，很难完备。即使已收集的资料，限于翻译条件，又没有得到充分利用，诸如《元朝秘史》以及元廷的蒙古典籍、档案等。这无疑是最大的缺憾。

就编修人员而言。两次开局，编纂者共三十三人，而始终与其事的只有宋濂、王祎、赵壎三人。这个班子是临时凑合而成的，而且参加的人并不是当时全国有专长的史家，而只是江浙地区的儒生文士，很少名家。他们临时被征召到应天，立刻分科负责编修。但大多并不具有所负责的科目的专长。比如负责《外国传》的宋禧，在他后来寄宋濂的诗中就承认："修史与末役，乏才媿群贤。强述外国传，荒疏仅成篇。"① 清人钱大昕在论及修《元史》时说："金华、乌伤（王祎，乌伤人）两公，本非史材。所选史官，又皆草泽迁生，不谙掌故；于蒙古语言文字，素未谙习，开口便错。即假以时日，犹不免秽史之讥，况成书之期又不及一岁乎？"② 这个批评大体上是对的。

后来的批评者指出《元史》的缺点：纪事或漏或歧，繁简失宜，剪裁无度，取舍无方，考核不精，体例不纯，不符合前史遗规，译名不一和文字陋劣，等等。这些问题，不能不说是事实。但封建史家和我们今天的标准各有不同。因此，对这些问题的看法也不会一样。有些地方，如前四汗的纪述过于简略，立传的重复，对某些传记的率意删削，以致失真等等，或者是不该发生，或者是应该做得更好一些的。至于照抄成书，似乎是失之于繁芜陋劣，但这样做正好为我们保存大量原始资料，有利于我们今天的研究工作，反成为《元史》独有的优胜处。这在客观上也算是宋濂的一大功绩。

由于《元史》是在匆促中抄撮而成的，所以，其中究竟哪些地方反映了作为总裁宋濂的观点并不明显。《元史》在体例上不同于前史的是没有《艺文志》和合儒林与文苑两传为《儒学》。前者大概是当时资料收聚不及，故宁付阙如。至于后者，则明是宋濂的主意。《元史·儒学传》说："前代史传，皆以儒学之士，分而为二，以经艺颛门者为儒林，以文章名家者为文苑。然儒之为学一也，《六经》者斯道之所在，而文则所以载夫道者也。故经非文则无以发明其旨趣；而文不本于六艺，又乌足谓之文哉！由是而言，经艺文章，不可分而为二也明矣。"③ 这无疑是宋濂的文字。同时也是对上文所叙述到的宋濂的理学、文学观点的一个很好的注脚。

（原载《中国史学家评传》，中州古籍出版社，1985 年）

---

① 朱彝尊《静志居诗话》。
② 钱大昕《潜研堂文集》卷一二。
③ 《元史·儒学传一》。

三朝夏宫杂考

一

张北地区是辽、金、元三代的夏宫所在，这里古为东胡地。《史记》："燕筑长城，自造阳至襄平，所以御东胡也。"造阳即今怀来地。两汉时则为乌桓所据。光武帝建武中，用班彪言，复置乌桓校尉于上谷宁城。注云："地在今妫川郡怀戎县西北。"洋河古称妫水，唐妫州治怀戎县，领怀戎、妫川二县。北魏在北边置六镇，以防柔然、高车，其一怀荒镇就设在张北之境（王仲荦《魏晋南北朝史》下册，页564）。东为御夷镇，《资治通鉴·梁武帝普通四年》胡注引宋白曰："后魏怀荒、御夷二镇皆在蔚州界。"以地理推之，当即独石口一带。元魏北镇皆置镇都大将，统兵备御。戍防士兵，大都是拓跋族的氏族人员，或中原的强宗子弟。有名的六镇起义最早就是因为怀荒镇将于景，因柔然入寇，镇民请粮，景不肯给，镇民不胜忿，遂反，执景，杀之而爆发的（《资治通鉴·梁武帝普通四年》）。又肃宗时（孝明帝），以沃野、怀朔、薄骨律、武川、抚冥、柔玄、怀荒、御夷诸镇并改为州，其郡县戍名令准古城邑（《北史·郦范传》）。想是当时这里军民屯聚，已有相当规模。唐代这里是奚人的居地。《金史·奚王回离保传》：契丹破奚，奚西保冷陉，留者臣契丹，故分东西。西北则临沙陀、吐浑、达旦、契苾等杂胡，此四部合奚当时习称五姓胡。《新唐书》称这一带为冷陉山，是奚部的避夏之所。"山值妫州西北"（《新唐书·北狄传·奚》）。《旧唐书·北狄传·奚》则作"冷硎"。《北史·皮景和传》之"陉"，当亦指此。唐高宗显庆五年（660），奚叛，唐以阿史德枢宾为冷陉道行军总管，讨平之。又：睿宗延和元年（712），幽州都督孙佺（旧史称佺）伐奚，进至冷陉，大败。这些战争，大概都是在张北沽源这一带进行的。陉之义，连山中断绝也。傅乐焕谓即山口（《辽史丛考》,页 86 注①),当是指张家口以北云然。这里是阴山山脉与燕山山脉的接合部位,形成山口。天气以凉爽著称,《乘轺录》:"地寒凉,虽盛夏必重裘,宿草之下,掘深尺余,有层冰,莹洁如玉,至秋分则消失。"

二

《辽史·营卫志中·行营》:"辽国尽有大漠,浸包长城之境。因宜为治,秋冬违寒,春夏避暑,随水草,就畋渔,岁以为常,四时各有行在之所,谓之捺钵。"捺钵即行营、行帐,即辽皇帝出行时居止之帐幕。《文昌杂录》:"北人谓住坐处曰捺钵。"张北地区,是辽皇帝夏捺钵的主要地区之一,在《辽史》里,对其地点有很多的记载,兹就《金史·地理志·抚州》条所载,与《辽史》对勘,并略加考证。

1. 王国崖,《辽史·道宗纪》"咸雍九年"作旺国崖。王恽《中堂记事》云:"盖金人驻夏金莲、凉陉一带,辽人谓王国崖者是也。"金世宗大定八年(1168),改旺国崖名静宁山。此名与旺兀察都似亦有语言上的关系,待考。

2. 曷里狨,见《辽史·道宗纪》"清宁九年"。狨,许月切。显系金世宗大定八年更名为金莲川之曷里浒东川。此川,平川也。

3. 凉陉,炭山(双山),据傅乐焕所考,《辽史》之"凉陉"有二,一在永安山,一在炭山。《辽史》中频见清暑炭山、凉陉的记载。《武经总要·炭山》称贾耽所记:妫州西北八十里至陉山;《唐史》所载:契丹之地,西至冷陉是也。今《辽史》目为炭山,近更名双山。双山之名,见《辽史·道宗纪》大安六年。又《辽史·地理志》称炭山在归化州,又谓之陉头。有承天后凉殿,山东北三十里有新凉殿,景宗纳凉之处。路振《乘轺录》亦云:"炭山北有凉殿,且称房小暑则往凉殿,大热则往刑头。""刑头"之义不明,然显与《旧唐书》之"硎"有关。炭山与《武经总要》的陉山,皆一山之异名。考《明史·地理志》,"宣府左卫西有滦河,源自炭山,下流入开平界。"则炭山即今之大马群山无疑,箭内亘、傅乐焕皆谓为黑龙山支脉之西端。《文献通考·四裔·契丹上》：阿保机以所俘汉人多，置汉城于"炭山东南滦河上，有盐铁之利，乃后魏滑盐县也。其地可植五谷，阿保机率汉人耕种，为治城廓邑屋廛市，如幽州制度。汉人安之，不复思归。"《辽史·太祖纪》亦云："三年置羊城于炭山北，以通北方诸部族市易。"可知这一地区原是阿保机的根据地。

4. 胡土白山，名见《辽史·兴宗纪》重熙五年、《天祚纪》天庆十年、《游幸表》景宗保宁三年。然《金史·地理志·抚州》则称地有麻达葛山，世宗大定二十九年更名为胡土白山。参以《辽史》，这段记载明显是错误的。金章宗乳名麻达葛，是因为他在这里诞生，因取其山名名之。

5. 燕子城，名多见于《辽史》，是辽北通漠北、西南通西夏的重镇，金之抚州府治就在此燕子城。

6. 冰井，名见《辽史·景宗纪》保宁四年、《游幸表》（保宁）六年、乾亨元年。金章宗生于此。

7. 得胜口，名见《辽史·圣宗纪》统和十六年。《金史·地理志·抚州》载：得胜口，旧名北望淀。

8. 鸳鸯泺，名多见于《辽史》，即今安固里淖。

9. 三义口，名见《辽史·太祖纪》天赞三年。《金史·李愈传》作"三义"。

10. 大鱼泺，名见《辽史·天祚纪》乾统七年、十年，天庆三年。

以上所列，都是辽朝皇帝在张北口外地区夏捺钵的地方，也就是他们的夏宫。《乘轺录》说炭山之北有凉殿，《辽史·地理志》亦记有承天皇后及景宗之凉殿。《耶律俨传》："泰隆六年，驾幸鸳鸯泺，召至内殿，访以政事。"不过这些殿恐怕仍是行帐而不是土木建筑。据宋绶所记，辽木叶山之省方殿、庆寿殿，虽以殿名，实为毡帐。则在张北一带的行宫，至少绝大多数是临时以车帐环卫而成，随驾迁徙，今天恐已无迹可寻了。

<h2 style="text-align:center">三</h2>

金从海陵王迁都燕都，号中都。海陵锐意南侵，终至于发生政

变，为世宗完颜雍所取代。世宗在稳定政权之后，从大定六年开始，连年或每隔一两年四五月就离开中都，来张北一带避暑、行猎，秋凉后返还。来的时候大批的皇室成员随行。皇孙章宗就是在这里的麻达葛山出生的，所以小名就叫麻达葛。世宗把旺国崖改名静宁山，曷里浒东川改名金莲川。又说把麻达葛山更为胡土白山。与辽的四时迁徙不同，金朝的夏宫，殿址应是固定的建筑。可知者，在金莲川有景明宫（《金史·董师中传》）、扬武殿（《金史·地理志·桓州》），大鱼添有枢光殿（同上），三义口有泰和宫（《金史·李愈传》，章宗泰和二年〈1202〉改名庆宁宫）。据梁襄谏章宗的话，"今行宫之所，亦有高殿广宇城池之固"（本传）。可见这些夏宫都是有相当规模的。

金时这里的居民分属诸乣。名称甚繁，有木典乣、萌骨乣等十余种，故蒙古人称之为 jaugut 扎忽惕之地。金为置抚州、桓州，后又划抚州北境为昌州。抚州治所燕子城，从辽以来就是北通蒙古高原的军事、经济和政治重镇。《金史·地理志》："抚州柔远县有燕子城，国言吉甫鲁湾苑；北羊城，国言火俺榷场。"北羊城即阿保机所置之羊城。《金史·食货志·榷场》谓："国初于西北招讨司之燕子城、北羊城之间常置之，以易北方牧畜。"这很可能即《金史·章宗纪》明昌元年（1190）所记的虾蟆山市场，也就是王恽《中堂纪事》所记黑崖子以北一百里的金初南北互市的榷场。明昌元年，因蒙古部叛，章宗封闭了这一榷场。接着因斜出归服，又开榷场于辖里袅。斜出，据王国维说，当即泰亦赤乌部的大丑。从这里亦可见蒙古诸部对榷场交易的依赖。据《金史·徒单镒传》，蒙古侵金，镒请徙昌、抚、桓三州之民于内地，他说："三州素号富贵，人皆勇健。"乣军后来成为金抵抗蒙古的重要力量。

四

蒙哥统治时期，忽必烈以太弟之重，受任总领漠南汉地军国庶事，驻节爪忽都（即上文之扎忽惕）之地，亦即桓州、抚州间地。1256 年选择了桓州的开平，经营宫室。即位以后，定为上都，然对张北地区,同样十分重视:1254年复立抚州,中统三年(1262)十一月,升抚州为隆兴府,十二月,建行宫于隆兴路。"隆兴"的意思,也就是对这里曾作为潜邸的纪念。可见从元初开始,隆兴不单是上都的畿辅重郡,而且也是行宫之所在,地位重要。

武宗即位,定旺兀察都为中都,至大元年(1308)正月发六卫军18 500人筑城,二月,发上都卫军三千供中都城工役,七月行宫成,立中都留守司,置开宁路,设总管府。二年,又增筑皇城角楼。领导这一工程的是司徒萧珍。中都城中宫殿之可考者有昆刚殿(《泰定帝纪》至治四年十一月)。据姚燧《武宗皇帝尊号玉册文》:"还跸龙兴,徘徊太祖龙旗九旃,劙金于斯,肇基帝业,为城中都。"可见兴建中都的决定,是大德十一年(1307)五月,武宗从和林南还即帝位时,经过这里所决定的,用意是念1211年成吉思汗伐金、大破金人于这里的大事件。当年,成吉思汗在充分掌握了金内部衰乱的情报后,正确地选择了这里作为伐金的主攻方向,突袭乌沙堡,进击浍河川,大歼金军主力。屠寄认为乌沙堡即明金幼孜《北征录》所记的沙城,亦即元中都旺兀察都,位旧兴和城北十里。这一战役是金蒙双方力量对比根本转换的关键,在蒙古人中广为传诵。《史集》说:这是一次很大的仗,很出名,直到如今,成吉思汗野狐岭之战还为蒙古人所知,并引以为荣(第一卷第二册,页231)。随着武宗短暂统治的结束,仁宗一即位,尽罢武宗所有政治设施,尽撤其所任命的宰执大臣。中都的工程作为先朝的虐政而被停罢。还中都所占民田,禁锢了主持建筑的司徒萧珍,罪名是"徼功毒民",搬走了所储的金银内帑。旋改隆兴为兴和。不过,中都的名义似乎不见正式撤消,譬如《泰定帝纪》至治三年(1323)十一月,泰帝"车驾次于中都,修佛事于昆刚殿。"又泰定三年(1326)八月,"次中都,畋于汪火察秃之地"。此处之"火"字,中华书局本失校,其为"兀"之刊误无疑。另一个值得注意的是《文宗纪》天历元年(1328)十一月,"辛未,遣西僧作佛事于兴和新内。"可证其时在兴和城内的行宫又有增新。然则在兴和城内,从忽必烈时起已有行宫,以后又有增修。终元之世,一直是维持的。

元之隆兴(兴和)与大都、上都一样是一些王公贵族聚居之所,这从《元史·成宗纪二》元贞二年（1296）五月"诏诸王、驸马及有分地功臣户居上都、大都、隆兴者，与民均纳供需"的记载就可以证明。这里也是怯薛中养鹰鹘的昔宝赤（鹰人）人员的驻地。康里人阿沙不花，主领昔宝赤。他的家就在兴和天城之大罗镇（黄溍《康里世勋碑》，载《金华黄先生文集》卷二八）。《元史》本传吹嘘他谏止了忽必烈欲逐桃山民数十村地为昔宝赤牧地，留下来三千户以给鹰食，民德之。实际上，我们同时也从《世祖纪》至元九年（1272）七月看到："免徙大罗镇居民，令倍输租米以给鹰房。"可见事实上远非如此，这里的老百姓的负担是较一般沉重的。

元代的隆兴是漠北通向大都最便捷的中间通道。自和宁南下，历洁坚察罕、朵里伯真、斡耳罕水东、必忒怯秃、探秃儿海、秃忽剌、秃忽剌河东、忽剌火失温、坤都也不剌、撒里、兀纳八、阔朵、撒里怯儿、哈里温、阔朵杰阿剌伦、哈儿哈秃纳、忽秃、勃罗火你、不罗察罕、小只、王忽察都，抵隆兴地，南下野狐岭入口，便可进至大都，比起驿路绕道上都，自然便捷得多。元代的隆兴总管府（后改兴和总管府）在经济上的地位尤为重要。首先，它是上都的辅郡，"岁北巡，东出西还，故置有司为供亿之所"（《扈从北行后记》）。第二，它是接济漠北诸部食粮及驻军给养器械补给的前沿基地。因此，当时的隆兴，"城郭周完，阛阓丛夥，商贩中太原人最多。"鸳鸯泺之地，"诸部与汉人杂处，因商而致富者甚多。"周伯琦纪行诗："原显多种艺，农蹊犬牙错。场圃盈粟麦，力稼喜秋获。"都是当时繁富的写照。元代通上都有东西驿道，但它们主要是供皇帝的巡游与官府的利用，至于商民的交通，都是通过野狐岭而北上的。

五

和张北历史息息相通的，我们还应该特别提出野狐岭。野狐岭，名始见《辽史·地理志》西京道所属德州，又《游幸表》兴宗重熙六年。《张德辉行纪》则作扼胡岭。元秘史作忽捏根答巴 Hunagan daba（续集卷一），daba 为蒙语山口之意。

　　野狐岭是中原、华北与蒙古草原交通的直捷通道，也是胡马南牧的重要阶梯。地理上，阴山山脉横贯我国北方农牧两大区域之间，大概相当现存的长城一线。历史上中原王朝与草原游牧民长期相互矛盾，阴山两侧就是相互争夺的前沿。汉唐时期，匈奴、突厥、回纥的重心都限于蒙古草原的中部，即所谓单于龙廷之地，争夺主要围绕南向侵掠与控制西域商道而进行。东蒙的南部地区，南北朝之前，主要是东胡、鲜卑。到了唐代，在冀北地区主要是契丹、奚，他们都役属于突厥、回纥。这段时期，中原王朝的都城主要在长安，匈奴、突厥与中原王朝双方的争战也主要在西部蒙古及其相邻省份（今山西、陕西、甘肃、宁夏）中进行，交通则取道代郡、云中、灵武、甘州诸地。唐以后情况发生了重大的变化。在北族而言，契丹兴起，甚至掩有燕云十六州之地。汉族王朝则都城东迁汴梁。因此，蒙古草原与内地的交通，主要也转到东部，同时北京也先是作陪都（辽南京），进而作为首都而出现（金中都、元大都、明清北京）。这种地位上的变化，从根本上决定了一个以前名不见经传的山隘——野狐口成了内地与草原交通的要道。

　　从地理形势来看，北京北依军都山，居庸关就是北京北通蒙古草原的第一个阶梯。龚自珍游居庸关，登北口，俯瞰京师如在井底，因此他提出居庸关疑若可守之问。循永定河、洋河河谷西北行，至野狐口，又形成一个明显的台阶，其地形和居庸完全相似，从南向北，如登高山，然山的北面则已成平地。过了野狐岭，正如张德辉所记："始见毳幕毡车，逐水草畜牧而已，非复中原之风土矣。"从此开始进入了草原地区。从北口至野狐岭，据王恽所记大概在四百余里。除了两个山隘之外，基本上是平地和小丘陵地带，表明循这条路，正是蒙古草原通向华北大平原最便捷的通道。然而从军事的角度看，它却又是中原汉族王朝最难守易攻的一条兵家要道。原因正是南牧的胡骑，可以居高临下。因此要守住居庸关，必先控制怀来、宣化；要保住怀来、宣化，控制野狐岭通道，必须保有野狐岭的屏蔽张北，这是兵家的一种常识。张北与野狐岭在历史上的重要地位，就是因为它们这种在交通与军事上的特殊地位造成的。

降及明朝，野狐口又成了明朝与鞑靼的分界，明朝依靠长城以资防筑。但中后期以后，鞑靼诸部多畔塞而居，因此，边境冲突在长城沿线的每一个隘口都经常发生。但野狐口独特的南北通道地位仍然使它在当时处于特殊的地位。《明史·地理志》："万全右卫，治德胜堡，北有翠屏山，又有野狐岭。"土木之变，太监喜宁陷敌投降，充为向导。英宗使之传命京师，杨俊伏兵野狐岭外，擒杀之。嘉靖二十九年（1550）鞑靼犯京师，大行掳掠，由怀来、宣府，经野狐岭山塞。这都表明在一般情况下，这里仍是交通的要道。

清代野狐岭属张家口厅。张家口作为交通外蒙古的重镇，而以野狐岭为门户。"自库伦东南行，经车臣汗部之西，行戈壁中而抵四子部落，复东南行，入直隶境，至张家口，是为北入蒙古、西至山西之要道。"（《清稗类钞》册一《地理类》，页 62）。

（原载《文物春秋》1998 年第三期）

辽史散论

一　阿保机即位前的契丹

《晋书》载记慕容熙传，熙事慕容盛，从征高句骊、契丹，皆勇冠诸将。同记慕容盛传，盛讨库莫奚，大虏而还，迁即遇变被害，《资治通鉴》记政变事在401年七月，则伐库莫奚当在其年年初。熙传虽在文字上明指契丹，而盛传仍与库莫奚混杂。此种混杂相称之情况，尚可上溯至慕容晃（334—349）统治时期。《北史·契丹传》："契丹国在库莫奚东，与库莫奚异种同类，并为慕容晃所破，俱窜松漠之间。登国中，魏大破之，遂逃迸，与库莫奚分住。"《晋书》、《魏书》、《北史·奚》本传则库莫奚也缺乏明白的记载，而泛称为宇文别部。《晋书·慕容熙传》有宇文乞得龟，或疑为契丹之异书，然宇文乞得龟系出匈奴，详见《北史·匈奴宇文莫槐传》，不容混同。388年（登国三年）北魏道武帝拓跋珪大破库莫奚于弱落水南，获其四部马牛羊豕十余万《魏书·库莫奚传》。秋七月，库莫奚复袭魏营，珪又破之（《资治通鉴·晋孝武帝太元十三年》）。这里第一次提出了库莫奚。慕容熙在位，始明著"北袭契丹，大破之。"这是历史上契丹第一次明确的记载。这些都说明契丹原是库莫奚的属部，统隶于东部宇文部。到了登国中，宇文部衰败，库莫奚首先自成一个独立的势力，但几乎同时候，契丹也开始别成一枝。

《辽史·世系表》认为契丹是鲜卑之后，自阴山南徙，始居辽西，九世为慕容晃所灭，鲜卑众散为宇文氏，或为库莫奚，或为契丹。而契丹则在库莫奚的东北，慕容氏破库莫奚，种落分走，俱窜于松漠之间。

据《魏书》的记载，在公元四世纪末到五世纪初，契丹稍稍"滋蔓"，同时候，"诸种与库莫奚亦皆滋盛"，这无疑是和东部鲜卑诸部相继败亡直接相联系的。《辽史·营卫志·部族上》："契丹之先曰奇首可汗,生八子。其后族属渐盛,分为八部,居松漠之间,今永州木叶山有契丹始祖庙,奇首可汗、可敦并八子像在焉。潢河之西,土河之北,奇首可汗故壤也。"八部即悉万丹部、何大何部、伏弗郁部、羽陵部、日连部、匹絜部、黎部、吐六于部。"奇首八部为高丽、蠕蠕所侵,仅以万口附于元魏。"然则奇首时代,正就是388年拓跋珪败库莫奚、奚契分迸的时候,从这个时候契丹开始自成一部,故契丹以奇首为始祖,永州为奇首故壤。也就在这个时候,契丹成为一个独立的势力与后燕的统治者慕容熙发生战事,历史上第一次记录下了契丹的活动,从这以后到魏孝文帝太和初,契丹与北魏经常保持着朝贡和市易关系。《北史·契丹传》:"真君以来,岁贡名马。献文时,使莫弗纥何辰来献,得班飨于诸国之末",八部亦"各以名马文皮献天府,遂求为常。皆得交市于和龙、密云之间,贡献不绝。"

传说中的契丹之先,有一个男子乘白马,女子驾灰牛,相遇于辽水之上,遂为夫妇,生八男子(范镇《东斋纪事》卷五)。白马,灰牛可能是古老禹合氏族的图腾的记忆。八男子即奇首可汗八子,八部迭相君长,三年一代(《续资治通鉴长编》卷一四○"天圣九年六月己亥"引《宋朝要录》)。这种原始的军事民主主义制度说明当时契丹仍处在原始社会的后期。

479年,柔然在突厥的打击下,举国南奔。在柔然威胁下,契丹在莫弗贺勿于率领下,求入内附,止于白狼水东。莫弗贺即《通典·边防·突厥》之"莫(莫)贺弗",突厥语baraur,勇健者之称。白狼水即大凌河之上源,"自此岁常朝贡","及世宗、肃宗时,恒遣使贡方物",553年(北齐文宣帝天保四年),契丹犯塞,文宣亲征,"至平州,遂西趣长堑。诏司徒潘相乐帅精骑五千自东道趣青山,复诏安德王韩轨帅精骑四千东趣,断契丹走路",虏男女十余万口,杂畜数十万头。"相乐又于青山大破契丹别部,所虏生口皆分置诸州"(《北史·契丹传》)。契丹在南受北齐的打击,北复受突厥的威逼下,"以万家寄于高丽",直至隋开皇四年(584)始重返白狼故地,一部分役属于突厥的契丹别部也背突厥来降,于是"部落渐众,遂北徙逐水草,当辽西正北二百里,依托纥臣水而居。东西亘五百里,南北二百里,分为十部,兵多者三千,少者千余,逐寒暑,随水草畜牧"。有征伐,则酋帅相与议之,兴兵动众,合符契。突厥沙钵略可汗遣吐屯潘垤统之(《隋书·契丹传》)。讬纥臣水即老河。

隋代契丹十部,《辽史》逸其名。唐代大贺氏继续分成为八部。但是似乎从隋代开始,契丹已习惯上分衍为十部,所以唐初在八部之外,又取匹黎部分置二州,别以定州增入,是为十部。据《资治通鉴·唐太宗贞观二十二年》四月己未,"契丹辱纥主曲据帅众内附,以其地置玄州,以曲据为刺史,隶营州都督府"。同年十一月庚子,"契丹帅窟哥、奚帅可度者并帅所部内属,以契丹部为松漠府,以窟哥为都督,又以其别帅达稽等部为峭落等九州,各以其辱纥主为刺史。"《唐会要》卷七三,"拜窟哥为持节十州诸军事松漠都督府,又以其别帅达稽部置峭落州,纥便部置弹汗州,独活部置无逢州,芬问部置羽陵州,突便部置日莲州,芮奚部置徙河州,坠斤部置万丹州,出黎部置匹黎、赤山二州,各以其酋长辱纥主为刺史,俱隶松漠焉。"以上九州,合玄州为十州,《辽史》言之甚明。

十部之名,《辽史·部族表》的记载是前后矛盾的,既说逸其名,又说:"唐世大贺氏仍为八部。"

陈述《契丹社会经济史稿》以孙敖曹之归诚州合八部所分置之九州为十州,《旧唐书·北狄传·契丹》:"又契丹有别部酋帅孙敖曹,初仕隋为金紫光禄大夫,武德四年(621)与靺鞨酋长突地稽俱遣使内附,诏令于营州城傍安置,授云麾将军,行辽州总管,至曾孙万荣,垂拱初累授右玉钤卫将军、归诚州刺史,封永乐县公。"归诚州何时所设,史无明文,且敖曹系契丹别部,与窟哥所部为姻亲,其非大贺氏部族甚明,陈述的说法明与《辽史》相左,未知何所根据。

窟哥内附,太宗封之为无极男,赐姓李氏,授松漠都督,其曾孙楷(祐)莫离,武则天封之为归顺郡王、左卫大将军兼检校弹汗州刺史,同时或稍后充任松漠都督的是两位右武卫大将军的李尽忠,李尽忠同是窟哥的后裔(《世系表》谓皆窟哥孙),李尽忠伙同孙敖曹的后裔、内兄孙万荣杀营州都督赵翙为乱,攻入幽州、冀州,武则天用了很大的力量,以武懿宗、娄师德、沙吒忠义率兵三十万始讨平之。尽忠和万荣先后效死，余众亡附突厥。开元三年（715），首领失活以默啜政衰，率种落内附，失活是尽忠之从父弟，六年失活死，从父弟娑固代统其众。娑固与其大臣可突于有矛盾，为可突于所杀，另立其从父弟郁于，十一年郁于病死，弟吐于代立，与可突于不和而奔于唐，可突于复立尽忠弟邵固为主。十八年可突于杀邵固而率众降于突厥，唐以张守珪经略幽州，以图可突于。可突于乃另立屈列，时契丹衙官李过折与可突于分掌兵马，两情不悦，二十二年冬过折斩可突于，二十三年可突于余党泥礼杀过折并其诸子。

泥礼无疑就是所谓辽之始祖，迭剌部的涅里。《辽史·营卫志中·部族上》："当唐开元天宝间，大贺氏既微，辽始祖涅里（雅里，泥礼）立迪辇祖里为阻午可汗"，称遥辇氏，从此契丹的统治权落入遥辇氏之手，《辽史》世系：迪辇祖里，本八部大帅，据《文学传上·萧韩家奴》上疏言"先世遥辇可汗洼之后，国祚中绝，自夷离堇雅里立阻午可汗，大位始定。"萧韩家奴是辽代有名的契丹族史学家，曾奉诏与耶律康成撰录遥辇可汗至重熙以来事绩二十卷，他所说的话应当有根据的，洼可汗是谁？《辽史》的作者则认为是屈列。后者无疑是正确的，李过折是契丹一部长，充松漠府衙官，与可突于并为分掌兵马之军事首领。不可能称汗。屈列为可突于所立，李过折杀可突于，张珪斩屈列，此即所谓遥辇国祚中衰之义，根据上面的引证，我们有理由可以作如下推测：开元十八年，可突于杀掉了大贺氏的最后一个统治者邵固，另立别部之屈列，号遥辇氏，即洼可汗。由于当时权操在作为军事首领夷离堇的可突于、李过折之手，作为部族可汗的屈列在唐与契丹交兵的情况下，反而不引起重视，所以在《旧唐书》、《册府元龟》等文件中都没有关于屈列的记载。二十二年屈列、可突于败死，造成了所谓遥辇氏"国祚中断"的局面，同年可突于余党涅里杀李过折，复立祖里，本八部大帅祖里应该就是屈列的近亲，遥辇氏的统治权又重新确立，唐封祖里为松漠都督，赐名李怀秀。天宝十载？（751），祖里发兵十万，大败安禄山于潢水之南，声势大振。祖里称阻午可汗很可能就是在这以后。契丹在魏晋时代部长称莫贺弗，隋及唐初称辱纥主，他们或臣属于中原王朝,接受其封号;或隶属于突厥,突厥置吐屯以领之,没有称可汗的记载。祖里称阻午可汗说明其时契丹势力的发展,至于屈列之称洼可汗,我怀疑这是后世的追赠,犹之乎阿保机作了皇帝,把他的祖宗四代都谥遍一样,不然,屈列被可突于拥立,在位不过四五年,时间既短,又无功业之可言,称可汗的可能性是不大的。

祖里即位之初,契丹经过了从李尽忠到可突于半个世纪的动乱,原来的大贺氏八部仅存五部(《兵卫志》),祖里承大贺氏规模,"即故有族众分为八部",即:旦利皆部、乙室活部、实活部、纳尾部、频没部、纳会鸡部、集解部、奚嗢部,此外,"湟里所统迭剌部自为别部,不与其列,并遥辇、迭剌",亦十部也(《部族上》),《地理志》八部,部设剌史,属县四十一,置县令。

祖里称阻午可汗之后,根据当时候已经壮大的势力。把原有十部增为二十部,其做法是:"分三耶律为七,二审密为五。并前八部为二十部。三耶律:一曰大贺,二曰遥辇,三曰世里,即皇族也。二审密:一曰乙室已,三曰拔里,即国舅也,其分部皆未详,可知者曰迭剌,曰乙室,曰品,曰楮特、曰乌槐、曰突吕不、曰�刺,曰突举。又有右大部、左大部、凡十,逸其二。大贺、遥辇析而为六,而世里合为一,兹所以迭剌部终遥辇之世,强不可制云。"《兵卫志》也说:"大贺氏中衰,仅存五部,有耶律雅里者分五部为八,立二府以总之,析三耶律氏为七,二审密氏为五,凡二十部,刻木为契,政令大行。逊不有国,乃立遥辇氏代大贺氏,兵力益振,即太祖六世祖也。"

遥辇的统治从开元、天宝之际一直到受代约历一百七十余年,《百官志·北面诸帐官》:"遥辇九帐大常衮司,掌遥辇洼可汗、阻午可汗、胡刺可汗、苏可汗、鲜质可汗、昭古可汗、耶澜可汗、巴刺可汗、痕德堇可汗九世宫分之事。"这无疑是就是遥辇的全部世系次第,洼可汗序在阻午可汗之前,这段材料也是一个的证。

根据《辽史》的记载:雅里相遥辇阻午可汗,"始立制度,置官属,刻木为契,穴地为牢"(《太祖纪赞》),"政令大行"(《兵卫志》),置二府(即南北二宰相府)以领八部(《兵卫志》),任夷离堇以掌刑辟(《刑法志》),于越总军国事(《太祖纪》),此外尚有阿扎割只(《百官志·北面上》、《后妃传》),决狱官(《肖敌鲁传》),舍利(《王子表》),拽剌(《欲稳传》,《太祖纪》有沙里,疑即拽剌之异译),八部分置四十一县,每部设刺史,县置县令(《地理志》)。阿保机的祖父匀德,"始教民稼穑,善畜牧,国以殷富",父撒剌的"始置铁冶,教民鼓铸"。叔述澜"始兴板筑,置城邑,教民种桑麻,习织组"(《太祖纪》、《仪卫志》、《食货志》),说明其时定居农业已有所发展。撒剌的始造钱币(《食货志下》),说明商业已相当活跃。材料表明,远在武则天时代,契丹入侵,就不断有"掠数千人"(《新唐书·契丹传》)、"大掠人畜而去"(《旧唐书·契丹传》)的记载,大规模俘掠人口,只是在社会经济已经发达至一定水平,奴隶劳动已被发现的情况下才有可能(《反杜林论》1956年版,页186),在孙万荣出征时,曾携有家奴(《旧唐书·契丹传》),当然根据现有有限的文献材料来断定十世纪前契丹的社会性质是不可能的,但给人的印象却很难认为仍然是原始社会。这里应该注意到一个契丹各部社会发展水平不平衡的问题。一般来说,与汉地毗邻的部族总比较远者为高,但总的来讲,我想如果把契丹进入奴隶社会的上限放在八世纪中,也就是阻午可汗时代,应该是一个可以继续探讨的问题。

二 阿保机建国

906年,迭剌部的阿保机取代遥辇氏而继大汗,建国称帝,《耶律曷鲁传》载:遥辇氏"相传十余世,君臣之分乱,纲纪之统隳,委质他国,若缀斿然,羽檄旁午,民疲奔命。"阿保机在贵族们的推戴下,"变家为国"。宋人的记载,包括《宋会要》、《资治通鉴》、《五代史》、《五代史记》、《契丹国志》等叙阿保机的即位情况大致相同,我们取欧阳修的《五代史记》作代表:"部族之大者曰大贺氏,后分为八部……部之长号大人,而常推一大人建旗鼓以统八部,至其岁久,或其国有灾疾而畜牧衰,则八部聚议,以旗鼓立其次而代之,遥辇氏次立……八部之人以为遥辇氏不任事,选于其众,以阿保机代之……其立九年，诸部以其久不代，共责诮之。阿保机不得已，传其旗鼓而谓诸部曰：吾立九年，所得汉人多矣，吾欲自为一部以治汉城可乎？诸部许之。汉城在炭山东南滦河上，有盐铁之利，乃后魏滑盐县也。其地可殖五谷，阿保机率汉人耕种，为治城廓、邑屋、廛市如幽州制度。汉人安之，不复思归，阿保机知众可用，用其妻述律策，使人告诸部大人曰：我有盐池，诸部所食，然诸部知食盐之利，而不知盐有主人，可乎？当来犒我。诸部以为然，共以牛酒会盐池。阿保机伏兵其旁，酒酣伏发，尽杀诸部大人，遂立，不复代。"这种说法有很大的牵强成分，是不可靠的，其他如《汉高祖实录》、《唐余录》、《庄宗列传》、贾纬《备史》，更捕风捉影，离事实更远。

八部迭为君长的办法，明显的是一种比较原始的部落联盟时代的部族民主制度，在契丹早期发展阶段，无疑是实行过的，范镇《东斋记事》卷五："契丹之先，有一男子乘白马，一女子驾灰牛，相遇于辽水之上，遂为夫妇，生八男子，则前史所谓迭为君长者也，此事得于赵志忠，志忠尝为契丹史官，必其真也……予尝书其事于实录契丹传，王禹玉恐其非实，乞删去。予在陈州时志忠知扶沟县，尝以书问其八男子迭相君长时为中原何代，志忠亦不能答，但云约是秦汉时，恐非也。"赵志忠是北宋有名的契丹通，欧阳修《归田录》卷二："赵志忠者，本华人也，自幼陷虏，为人明敏，在虏中举进士至显官，既而脱身归国，能述虏中君臣世次、山川风物甚详。"① 著有《虏廷杂纪》。胡注《通鉴》卷二六六引《虏廷杂纪》："太祖讳亿，番名阿保谨，又讳斡里，太祖生而智，八部落主爱其雄勇，遂退其旧主阿辇氏归本部，立太祖为王。"又："凡立王，则众部酋长皆集会议，其有德行功业者立之，或灾害不生，群牧孳盛，人民安堵，则王更不替代。苟不然，其诸酋长会众部别选一名为王；故王以番法，亦甘心退焉，不为众所害。"这里叙阿保机之立，比较接近事实，关于国王之立，也没有提出八部迭相更代的说法，然赵

---

① 《续资治通鉴长编》卷一三三仁宗庆历元年八月乙未，"以契丹归明人赵英为洪州视察推官，……更名至忠。至忠尝为契丹中书舍人，得罪宗真，挺身来归。言庆历以前契丹事甚详。"

志忠的了解,这是在无法确定的古代的事,宋人的官书都以实录为依据,而记契丹传入实录的范镇是有过存疑的,现有材料表明,从阻午可汗以来,契丹已不是八部,而是二十部,而且至少从阻午以来,契丹的汗权始终掌握在遥辇氏之手,根本找不出所谓八部迭相君长的迹象。

我们还要就这段史料作深入一步的分析,宋人的这种说法叙述了契丹早期的部落民主制度,这一方面是来自从古远保存下来的传说,但另一方面,也必须承认在十世纪初的契丹,仍保持着的部落民主制的残留,这就给对实际情况不够了解的宋人提供了可资附会的依据。

《辽史》载契丹皇帝即位,先行柴册仪,柴册仪又称柴册再生仪,阻午可汗始创,其制:"择吉日,前期置柴册殿及坛,坛之制,厚积薪,以木为三级坛,置其上,席百尺毡,龙文方茵,又置再生母后搜索之室。皇帝入再生室行再生仪毕,八部之叟前导后扈,左右扶翼皇帝册殿之东北隅,拜日毕,乘马,选外戚之老者御,皇帝疾驰,仆,御者、从者以毡覆之。皇帝诣高阜地,大臣诸部帅列仪仗遥望以拜,皇帝遣使敕曰:'先帝升遐,有伯叔父兄在,当选贤者,冲人不德,何以为谋?'群臣对曰:'臣等以先帝厚恩,陛下明德,咸愿尽心,敢有他图?'皇帝令曰:'必从汝等所愿,我将信明赏罚。尔有功,陟而任之;尔有罪,黜而弃之,若听朕命,则当谟之。'佥曰:'唯帝命是从。'皇帝于所识之地,封土石以志之,遂行。拜先帝御容,宴飨群臣。翼日,皇帝出册殿,护卫、太保扶翼升坛,奉七庙神主,置龙文方茵。北南府宰相率群臣圜立,各举毡边,赞祝讫,枢密使奉玉宝、玉册入。有司读册讫,枢密使称尊号以进。群臣三称万岁,皆拜……"(《礼志·吉仪》)。为了便于比较,下面我分别引突厥和蒙古关于大汗即位的仪式。《北史·突厥传》:"其主初立,近侍重臣等舆之以毡,随日转九回,每回臣下皆拜,拜讫,乃扶令乘马,以帛绞其颈,使才不至绝,然后释而急问之曰:'你能作几年可汗?'其主既神情瞀乱,不能详定多少,臣下等随其所言以验修短之数。"十五世纪教皇 Innocent4 曾遣 Ascentin 使蒙古,Ascentin 在波斯见到过蒙古驻在波斯的将军拜住。使团成员之一 Simon of st.

Quentin 曾写下来一个简单的报告，其中有一段就是记载蒙古大汗即位仪式的："所有男爵都集聚在一起，他们把金椅放在中央，让这位 Gog（汗，即可汗）坐在上面，把一柄剑放在他之前，说：'我们希望，我们请求和命令你统治我们全体。'他便对他们说：'如果你们要我治理你们，你们每一个人是否准备执行我的命令，受我的召见，接受我的委派或处死我所命令你们执行的人？'他们回答说：他们能这样做。然后他对他们说：'我的命令就将是我的宝剑。'对此，他们都表示同意。于是他们把一方毡铺在地上，让他坐在上面，说：'上视而识上帝，下视则尔坐之片毡，如果你慷慨赐予、公正无私和按其爵位尊礼每个王子，你将在荣耀中治理国家，普天下将臣服于你，上帝将赐给你心中所欲的一切。但是，如果你不这样做，你将是不幸的，卑微穷困，甚至你坐的一片毡也不会留给你。'这样说完之后，男爵们让 Gog 的妻子坐在毡上，他们把他俩从地上举起，大声宣布说全鞑靼人的皇帝和皇后"。（拙译《迦儿宾蒙古历史》注 104）

上述契丹、突厥、蒙古关于大汗即位的仪式虽繁简各有不同。但仍可以看出渊源所自，大体相通。再生仪是突厥以帛绞颈的形式化，蒙古的册礼更明显的是契丹旧制的原始面貌。应该指出，蒙古的这种制度只是十三世纪前期才存在，到元朝入主中原后，所谓"皇帝即位受朝仪"已经是"郁郁乎文哉"的纯乎汉法了。《元史·礼乐志》早期蒙古大汗的即位是在诸王宗亲的库里勒台（大会）决定了大汗人选后举行的。尽管当时决定大汗人选的已并不是部落联盟时代的民主选举，但库里勒台在形式上仍具有严重意义。原始民主主义的残留还保持很浓厚。契丹在阿保机时代是否仍保持类似蒙古库里勒台的贵族会议，我们已不清楚。但从《耶律安搏传》所记世宗即位就北南府大王的作用看，这种制度似乎是同样存在的。柴册仪中以八部之叟前导后扈就是诸部集会的佐证。阻午即位的契丹为八部，用八部叟扈从表示全体契丹之拥护。然阻午时期契丹已分成二十部，但终辽一代，仿佛仍是沿用八部之叟的说法，实际上当然是愈来愈与实际脱离，成为象征而已。辽对宋的情报封锁是很严格的（《梦溪笔谈》）。在不了解实际的情况下，宋人把这些残余的形式当成远古传说的继续存在，因而使欧阳修、司马光这样的大史学家都犯错误，这在客观上也是有原因的。

宋人材料中还涉及一个"盐池政变"的问题。《辽史·食货志下》："盐策之法，则自太祖以所得汉民数多，即八部中分古汉城别为一部治之。城在炭山南，有盐池之利，即后魏滑盐县也。八部皆取食之。及征幽蓟还，次于鹤剌泺，命取盐给军。自后泺中盐益多，上下足用。"这里的"八部"，即《部族表》下所列阿保机增置的突吕不室韦部、涅剌拏古部、迭剌迭达部、乙室奥隗部、楮特奥隗部、品达鲁虢部、乌古涅剌部、图鲁部，与契丹古八部是不相干的。炭山、汉城，欧阳修谓："汉城在炭山东南滦河上"，宋白谓："阿保机居汉城，在檀洲（今密云）西北五百五十里，城北有龙门山，山北有炭山，炭山西是契丹、室韦二界相连之地。其地在滦河上源，西有盐泊之利，则后魏滑盐县也。"滦河上流以西之地，当金之桓州、昌州、抚州。张德辉《纪行》："寻过抚州，惟荒城在焉。北入昌州，居民仅百家，中有廨舍，乃国王所建也，亦有仓廪，为州之司盐。州之东有盐池，周广可百里，土人谓之狗泊，以其形似故也。"《金史·地理志》：昌州，明昌七年（1196）以狗泺复置，狗泺，国言押思安尼。阿保机军兴，拓地而南，三年五月置羊城与炭山之北，以通市易。此羊城当即《金史·地理志》抚州柔远县之比羊城，"比"为"北"之讹（见《食货志》），金人称之为火庵榷场。《辽史》谓羊城在炭山之北，恐为"南"之误。羊城是否即阿保机就八部中分古汉城所创之一城，虽不能确知，然此为阿保机所建之南北榷场，与盐池所入当是其财政收入之重要来源无疑。宋人叙述阿保机之兴，强调盐池的作用，并不是没有根据的，但以阿保机所创之八部附会成契丹之古八部，就未免近于刻舟寻剑了。"政变"的说法，我怀疑也是从阿保机的弟弟剌葛的叛变所附会来的。阿保机即位的六年（912）冬，梁攻刘守光，阿保机呈兵西南，攻略诸部，剌葛乘机谋叛，欲阻其归路。阿保机当时驻军之地，即在西南的炭山、汉城方向。汉城之设，与一般降服的汉人谋士有关，剌葛之乱，阿保机的妻子起过重要的作用。也许宋人就是因为这些关系，把八部、盐池、政变等等编织起来，而经实录到欧阳修、司马光这样的大家的增修，于是成形了一代的定论。即使像王玉禹等少数人有怀疑。赵志忠《报范镇书》明指八部迭代是秦汉时事，但范镇仍踌躇不决，且以赵说为非。要之，宋人关于八部迭代的记载，其附会误的原因虽不必如我上述之分析，然其错误是肯定无疑的。因此，有的同志把阿保机废迭代为契丹从原始社会向阶级社会转化之标志的说法是不能成立的。

汉城的创建是阿保机建国的重大措施，在这个基础上成形的"胡汉分治"构成有辽一代基本的政治制度。唐末五代，中原地区患乱相寻，契丹也乘隙入侵，大批汉人主动流入或者被掠迁入契丹，契丹历次入侵，也把俘掠人户当成其主要目标，《旧五代史·契丹传》："刘守光末年苛惨，军士亡叛，皆入契丹。洎周德威攻围幽州，燕之军民，多为寇所掠。既尽得燕中人士归之，文法由是渐盛。"《契丹国志》亦谓："初，唐末藩镇骄横，互相并吞邻藩，燕人军士多亡归契丹，契丹日益强大。"汉人之外，阿保机在对外侵掠中也曾大批地迁入渤海、党项、女真等民户。

大批外族人口的迁入给契丹统治者的管理提出了新课题，契丹本身虽然已开始有了少量的农耕树艺，然基本的生活方式仍是畜牧业。在从事单一畜牧业的情况下，不可能更多地容纳劳动力。阿保机接受了汉人韩延徽等的建议，"树城郭，分市里，以居汉人之降者；又为定配偶、教垦艺以生养之，以故逃亡者少"（《韩延徽传》）。由是"汉人各安生业"（《契丹国志·太祖纪》）。在辽代，"皇帝即位，凡征伐叛国，俘掠人民，或臣下进献人口，或犯罪没官户，皇帝亲览闲田，建州县以居之，设官治其事"（《辽史·礼志·蒧节仪》），遂成为一代定制，其诸王、外戚、大臣及诸部从征俘掠，亦各团集建州县以居之。然唯横帐诸王、国舅、公主许创立州城；自余则不得建城郭。朝廷赐州县额，任命节度使。刺史以下则由本主部曲充任。"官位九品之下及井邑商贾之家征税各归投下，唯酒税课纳上京盐铁司"（《辽史·地理志》）。

与此同时，部族的组成也有所变化。遥辇氏统治时期各部的组成与管理情况，我们不太清楚。现存材料表明，迭剌部设夷离堇，"故事：为夷离堇者得行再生礼"（《辖底传》），其他七部下属四十一县,部设刺史,县设县令,部之上又分设南、北两宰相府管理。阿保机即位后,将原遥辇氏旧部分置为十部,即由迭剌部分置之五院部、六院部以及乙室部、品部、楮特部、乌槐部、涅剌部、突吕不部、突举部以及奚王府的六部五帐分。其余突吕不室韦部、涅剌拏古部、迭剌迭达部、乙室奥隗部、楮特奥隗部、品达鲁虢部、乌古涅剌部、图鲁部则由被俘掠来的大小黄室韦、奚、达鲁虢、乌古等外族人口所组成。另有二国舅升帐分与遥辇九帐族、横帐三父房族并列为内四族。这些由被俘人户组成的部,虽然多以同族人组成,但本质上已不同于原始的部族组织。如奚六部(遥里、伯德奥里、梅只楚里、堕瑰)中之堕瑰,"先是有东扒里厮胡捐者,恃险坚壁于箭笴山以拒命,揶揄曰:'大军何能为,我当饮堕瑰门下矣!'太祖灭之,以奚府给役户并括诸部稳丁收合流散置堕瑰部"(《营卫志》)。很明显,这种部纯粹是一级行政机构。诸部节度,包括南、北王府大王虽然循例是在皇族和后族中世选,但其任免调迁的权力集中在中央。统和二年(984),"划离部请今后详稳止从本部选授为宜。上曰,诸部官惟在得人,岂得以定所部为限"(《圣宗纪一》)。这段材料虽然较晚,但它请求今后从本部选授,则在此以前,通例是不限于选用本部人充任的。

在中央,循遥辇之旧,以十八部分隶北、南二宰相府,设夷离堇治迭剌部(天赞元年〈922〉分北南两院),惕隐掌族属,夷离毕以掌刑政,此外又有于越、挞林、常衮、选底、剋、尚书、政事令、仆射、版筑使等名目。神册六年(921),"定法律,正班爵","时仪法疏阔,知古援据故典,参酌国俗,与汉仪杂就之,使国人易知而行"(《韩知古传》)。"营都邑,建宫殿,正君臣,定名分,法度井井"(《韩延徽传》)。经过整理之后,皇帝的威仪大盛,《逆臣传上·耶律辖底》:"太祖问曰:'朕初即位,尝以国让,叔父辞之。今反欲立吾弟何也?'辖底对曰:'始臣不知天子之贵,及陛下即位,卫从甚严,与凡庶不同,臣尝奏事心动。始有窥觎之意。'"这段材料明显地说明,皇权的增长。值得注意的是不少汉人士大夫参加了契丹皇庭,他们为契丹介绍来了汉族封建皇朝的典章制度,对阿保机中央政权的发展起着重大的促进作用。当时候契丹皇庭的汉名官职,大抵仍是因人而设的头衔，迁置迁罢，不是经久之制，也不构成完整的一套，只是在耶律德光时期，整个官制才完整地确定下来。

护卫军的增设对中央皇权的增长也起了很重要的作用，《营卫志上》："并营以北，劲风多寒，随阳迁徙，岁无宁居，旷土万里，寇贼奸宄乘隙而作，营卫之设以为常然，其势然也。有辽始大，设制尤密，居有宫卫，谓之斡鲁朵；出有行营，谓之捺钵；分镇边圉，谓之部族。有事则以攻战为务，闲暇则以畋渔为生。无日不营，无在不卫，立国规模，莫重于此。"这里讲得很明显，宫帐、护卫制度是北方游牧民族长期来的通制。遥辇有九帐分，奚五帐分，阿保机在原来的基础上加以增改，《兵卫志中》："太祖以迭剌部受禅，分本部为五院、六院，统以皇族而亲卫缺然。乃立斡鲁朵法，裂州县割户丁以强干弱支，诒谋嗣续，世建宫卫，入则居守，出则扈从，葬则因以守陵。"斡鲁朵以"毡车为营，硬寨为宫"，"出于贵戚为侍卫，著帐为近侍，北南部族为护卫，武臣为宿卫，亲军为禁卫，百官番宿为宿直，奉宸以司供御，三班以肃会朝，硬寨以严晨夜。"（《百官志一》）其中最重要的是亲军的增设。《耶律曷鲁传》：太祖初即位，"时制度未讲，国用未充，扈从未备，而诸弟剌葛等往往觊非望，太祖宫行营始置腹心部，选诸部豪健二千余充之。"腹心部其后发展为皮室军，契丹语"皮室"，义为金刚（余靖《契丹宫仪》，载《武溪集》卷十八），《国语解》："军制，有南北左右皮室及黄皮室，皆掌精兵。"《兵卫志》亦谓"太宗益选天下精甲为皮室军。"这枝由皇帝亲自控制的常备军的设置在阿保机的建国活动中起着有力的杠杆作用。

应该特别提出的是文字的创造，"契丹之先本无文记，唯刻木为信。汉人陷番者以隶书之半就加减，撰为胡书，同光之后，稍稍有之"（《五代会要》卷二九）。陶宗仪《书史会要·辽》："阿保机，多用汉人教，以隶书之半增损之，制契丹字数千，以代刻木之约。"《辽史》突吕不、耶律鲁不古传记这两个于创契丹字有"赞行"之功，可见造作者主要是某些无名的汉人文字学家，这就是世传之契丹大字。这种变种的方块字在学习和使用上肯定是很麻烦的。接着，阿保机第三子迭剌又创契丹小字。《皇子表》："回鹘使至，无能通其语者。太祖曰：'迭剌聪敏，可使。'遣迓之。相从二旬，能习其言与书。因制契丹小字，数少而该贯。"对于契丹文，过去的研究并不多。传世的契丹碑刻，一种字体较简，类汉字偏旁，一种字体较繁，体形方整，明显地是由二至四个成分复合而成。辽陵出土的哀册主要是这种字体写的。究竟孰为大字？孰为小字？学术界颇有分歧。看来简者为大字，繁者为小字，比较合乎实际。文字的出现，对契丹社会的发展无疑带来积极的作用。

综上所述，阿保机的建国在契丹族的历史上有着重大意义。阿保机政权的建制是承遥辇而来，但各方面都有了重大的改变和发展。契丹开始作为一个强大的帝国出现在我国的北方。契丹的发展踏入了封建制度的门槛。

三 契丹社会的封建化

关于阿保机建国前后契丹的社会性质，学术界历来说法很分歧。一说认为阿保机建国前契丹尚处在原始社会末期，阿保机建国后，契丹跃过奴隶制社会而直接进入封建社会；一说认为"阿保机汗国（帝国）是以奴隶占有为基础的各部落联合"，而"阿保机不接受更代的传说，和建国以后历代汗位继承的纠纷以及官吏世选等事实，表明了在公社的解体及其残余形态"（陈述《契丹社会经济史稿》）。我个人的看法是不同于上述诸家的。阿保机以前不能认为是原始社会已如上述。关于阿保机建国后的社会性质，我们将在这一节里进一步来探讨。

阿保机篡代遥辇，翦除诸父、兄弟之间的争夺势力，917 年，正式建元天赞，文物制度，渐具规模，这个政权究竟是什么性质呢？我们必须就当时社会经济和社会阶级结构来进行深入的分析。

十世纪初，契丹族本身，虽然已存在少量农耕、铁冶和商业交易，但基本上仍然是单一的畜牧业，阿保机和他的后继者们不断向邻边发动侵略，把大量外族人口迁入契丹，而且一般依其旧贯团聚，置州县以居之，甚至州县名称也沿用其旧，这样在松漠之间，就形成了契丹和汉人及其他民族交相杂处的局面。

据记载：

柳河馆，西北有铁冶，多渤海人所居，就河漉砂石炼得成铁（《王沂公行程录》）。

当谷馆，居民多造车者，云渤海人（同上）。

饶州，盖唐朝尝于契丹置饶乐州也，今渤海人居之（《富郊公行程录》）。

西楼有邑屋市肆，交易无钱而用布，有绫锦诸工作，官者、翰林、技术、教坊、角觝、秀才、僧尼、道士等皆中国人，而并汾幽蓟之人尤多（胡峤《陷虏记》）。

卫州，有居人三千余家，盖契丹所掳中国卫州人筑城而居之（同上）。

滦州，治义丰县，唐末刘守光据州叛，暴虐尤甚……其民不得已归于北虏，会石晋割赂燕、蓟、易、定、师、三都，尽驱其民入契丹，因以乌滦河为名以居之，县邑犹不改望都、安喜之名（《武经总要》《许亢宗行程录》）。

辽州，先是平渤海，迁其民置州以居之，仍名其邑曰辽州（同上）。

闾州，契丹有营平之地，因渤海之叛，既讨平，迁其部落，置州以居之，取闾水为名（同上）。

招延州，置州以渤海部落居之（同上）。

惠州，初契丹入寇河北，德清军失守，俘虏人民于此置城居之（同上）。

祖州，阿保机于西楼西南筑一城以贮海人，今名祖州（同上）。

临潢县，天赞初，南攻燕蓟，以所俘人户散居潢水之北，县临潢水，故名，户三千五百（《地理志》）。

长秦县，本渤海国长平县地，太祖迁其人于京西北与汉民杂居，户四千（同上）。

定霸学，本扶余府强师县民，太祖迁其人于京西与汉人杂处，分地耕种，户三千（同上）。

保和县，本渤海国富利学民，太祖尽徙京南，户四千（同上）。

潞县，本幽州潞县民，太祖掠之布于京东，与渤海人杂居，户三千（同上）。

易俗县，本辽东渤海民，太平九年（1029）迁于京北置县，是年又徙渤海叛人家属居之，户一千（同上）。

迁辽县，本辽东诸县渤海人，户一千（同上）。

渤海县，本东京人，因叛徙置（同上）。

宣化县，本辽东神化县民（同上）。

以上临潢府属县。

长霸县，本龙州长平县民迁于此，户二千（同上）。

威宁县，本长宁县，破辽阳迁其民置，户一千（同上）。

越王城，述鲁西伐党项、吐浑，俘其民牧于此，因建城，户一千（同上）。

以上祖州属县。

扶余县，太祖迁渤海扶余县降户于此，户一千五百（同上）。

显理县，本显理府人，太祖迁民于此，户一千（同上）。

以上怀州。

富义县，迁渤海义州民于此，属庆州（同上）。

爱民县，拔剌从军南征俘汉民置，户一千，属乌州（同上）。

长宁县，太祖平渤海，迁其民于此，户一千五百（同上）。

义丰县，本铁利府义州，辽兵破之，迁其民于南楼之西北，仍名义州，户一千五百（同上）。

以上两县属永州。

广义县，太祖后以四征所俘居之，户二千五百，属仪坤州（同上）。

龙化县，以女真及燕蓟所俘民置邑，户一千，属龙化州（同上）。

永安县，太祖平渤海，破怀州之永安，迁其人置，户八百，属降圣州（同上）。

长乐县，太祖迁渤海民居之，户四千（同上）。

临时县，本长永县人，户一千（同上）。

安民县，以渤海俘户置，户一千（同上）。

以上三县属饶州。

壕州，国舅宰相南征俘汉民置，户六千（同上）。

原州，国舅金德俘掠汉民建城，户五百（同上）。

福州，国舅肖宁建南征俘汉民置，户三百（同上）。

顺州，横帐南王府俘掠燕、蓟、顺州之民建。户一千（同上）。

以上头下军州。

被契丹统治者俘掠来的大批各族人户，基本上仍依其原贯移至草地，"定配偶，教垦艺，以生养之"，张官设吏，进行管理。这些人中，绝大多数来自封建制度高度发达的汉族和渤海地区，他们有的用来从事手工业，如冶炼等，但绝大多数似乎是农耕，这些人户在管理上或者是属政府的州县，或者是诸王贵族的头下州军。前者在身份上是政府的编氓，后者的身份则比较复杂。辽制：诸王贵戚从征俘掠所得人户或由皇帝赐予的人户可以自置一处，筑城赐额，谓之头下州军，次于州的谓之军，不能县的谓之城，不能城的谓之堡（《百官志·南面方州官》）。《地理志》：投下州军所列州计十六处，这不过是就其荦荦大端而言。事实上在辽初，这种州、军、县、城、寨是为数不少的。① 凡头下军州，"其刺史朝廷命之，刺史以下皆以本部曲充焉。官品九品之下及井邑商贾之家征税各归投下，唯酒税课纳上京盐铁司"（《食货志》所述略同）。据《百官志·南面方州官》的记载，后来刺史的任命亦"往往皆归王府"，但这只是执行中的问题，刺史的任命和酒税的征纳是最高皇权的体现。投下户："赋为二等"（《食货志》）。《李晏传》："初辽人掠中原人及得奚、渤海诸国生口，分赐贵近或有功者，大至一二州，少亦数百，皆为奴婢，输租为官，且纳课给其主，谓之'二税户'。"（《中州集》卷二）元好问这里所说的奴婢，并不能认为即奴隶制下的奴隶，因为采课税制来进行剥削，显然是与奴隶制度不相容的，奴隶本身是主人的会说话的工具。他们的全部劳动产品，包括所有必要劳动和剩余劳动都是唯主人所有，奴隶自己是无权支配的。课税则无论其数额是多么大，但纳课者本人，只要是他能纳完应缴的数目，在全部生产过程中他是可以自由支配的，而且在原则上，纳课后之所余是可归

---

① 见于《辽史》著录的尚有睦州（太平元年）、阿没里之丰州（本传，与《地理志》之丰州异）、白川州（天会三年）。

本人所有的。因此头下户不是奴隶，而是农奴。和被俘掠来的州县编派不同，后者是皇帝直接控制下的农奴。前者则由贵族诸王控制，而皇帝则维持有最高的所有权。

由此可见，契丹统治者对于大批被俘掠人户采取的这种管理方式最本质的特点就是不改变其原有之封建生产关系。这和它早期掠人为奴的办法有了重大的改变。我们知道，游牧经济中的奴隶制剥削是具有其本身的许多特点的。游牧经济的单一性比较突出。在大多数情况下，手工业都没有单独的分工。单纯的畜牧经济的发展，在很大程度上受到自然条件的限制，不可能，也没有必要大批地增加和容纳奴隶劳动力。而且奴隶易于逃亡，特别是在一些与周邻先进民族接触方便而又频繁的地区，给奴隶的使用与管理不能不带来困难。奴隶的大量流亡迫使契丹统治者接受其汉人谋士的主张，"树城郭、分市里以居汉人之降者；又为定配偶、教垦艺以生养之，以故逃亡者少"（《韩延徽传》）。

这种办法的推行对契丹社会无可避免的要产生重大的影响。这一方面表现在有力地突破了原有奴隶制劳动的局限，使劳动力的大批移入成为可能，同时也保证了在移入过程中，基本上能原封不动地把周邻先进民族的进步生产力水平移植到契丹地区来，带来了松漠地区社会经济的巨大发展。

与此相应的是阿保机增置突吕不室书等八部，这些被俘掠来的其他少数部族人口不是分别在契丹贵族的直接控制下，而是基本上按其原属部族集团安置，由皇帝派官员管理。这些部在结构与管理上我们虽不清楚，但这种部与遥辇阻午时代分析的十二部却根本不同。前者是政府设部，是一级行政单位，后者是贵族分枝。在诸部与汉、渤海俘虏间分置部与州军，只是在贯彻"因俗而治"这一方针中的行政组织有所不同而已。

我们进一步来剖析契丹部族内部的变化。现有材料表明：在辽代，契丹贵族皆拥有大批奴隶。《肖惠传》："奴婢千余，不为阙乏"，《公主表》："景宗睿圣皇后赐公主观音'奴婢万口'"，《安搏传》："赐奴婢百口"，奴婢动以百、千、万计，可见其数目是相当大的。奴婢的来源是俘掠和罪谪。如阿保机平剌葛，"以生口六百、马二千三百分赐大小回鹘军","奚有三营:撒里葛、窃介、耨盌爪,乞降,愿为著帐子弟,籍于宫分。"它可以当成牲口、财货充赐予,也可以随意买卖。《兴宗纪》重熙五年,"禁契丹鬻奴婢与汉人"。以此反证,在契丹人内部,奴婢是可以任意货买的。

与奴婢身份相同的还有大批官户。《百官志·北面著帐官》:"著帐郎君院,遥辇痕德堇可汗以蒲古只等三族害于越室鲁,家属没入瓦里。应天皇太后知国政,析出之,以为著帐郎君、娘子,每加矜恤。世宗悉免之。其后内族外戚及世官之家犯罪者皆没入瓦里,人户益众,因复故名。""著帐户司,本诸斡鲁朵户析出及诸色人犯罪没入。凡御帐、皇太后、皇太妃、皇后、皇太子、近位、亲王祗从、伶官,皆冲其役。"《营卫志》:"著帐户。凡承应小底、司藏、鹰坊、汤药、尚饮、盥漱、尚膳、尚衣、裁造等役及宫中亲王祗从、伶官之属皆充之。"余靖说:"十院宫人呼小底,如官奴婢之属"。《国语解》:"著帐,凡世官之家及诸色人因事籍没为著帐部。""瓦里,官府名,宫帐、卫部皆设之,凡宗室、外戚、大臣犯罪者,家属没入于此。"大批奴婢与官户的存在,说明了契丹奴隶制的发展是曾经达到相当高的水平的,对否认契丹经历过奴隶社会之说是一个有力的批驳。

但是应该看到,在辽代,奴隶制劳动已明显地呈现败落。圣宗以旧部所置之诸部中,撒里葛部、窃爪部、耨盌爪部,原系"著帐子弟,籍于宫分",是一种官奴婢,"圣宗各置为部,改设节度使,皆隶南府,以备畋猎之役,居泽州东。""讹仆括部,与撒里葛三部同,居望云县东。""稍瓦部,初取诸宫及横帐大族奴隶置稍瓦石烈。稍瓦,鹰房也。居辽水东,掌罗扑飞鸟,圣宗以户口蕃息,置部节度使,属东京都部署司。""曷术部,初取诸宫及横帐大族奴隶置曷术石烈。曷术,铁也,以冶于海滨柳湿河、三黜古斯、手山,圣宗以户口蕃息,置部属东京都部署司。"把奴隶改为部民,这在身份上是一个重大的变化,说明当时继续维持奴隶制劳动,在统治阶级已无利可图了。

据《耶律裹履传》:"将娶秦晋长公主孙,其母与公主婢有隙,谓裹履曰:'能去婢,乃许尔婚。'以计杀之。婚行,事觉,有司以大辟论。"《萧图玉传》：图玉尚公主，公主杀婢，图玉坐罪降封郡王。政府还正式规定："主非犯谋反大逆及流、死者，其奴婢无得首告；若奴婢犯罪至死，听送有司，其主无得擅杀"（《刑法志》）。阿没里以家奴闾贵为刺史，圣宗后萧氏以奴隶授团防节度使，"自是幽燕无行之徒愿没身为奴者众矣。"这种奴婢无疑是指家内奴仆，奴仆的生命有政府法律保障，这和那些"会说话的工具"当然已有本质的不同。

综上所述：阿保机建国之后，由于大批汉、渤海人等的引入和"因俗而治"的结果，封建制因素在松漠地区普遍发展起来。这些封建州县不仅是充阿保机政权最主要的经济来源，同时还有力地影响契丹本部，使其原有的奴隶制迅速走向崩溃，因此，阿保机的政权从本质上看是封建制的。这里，我们着重要指出一个问题，就是阿保机之所以有可能和有必要采取封建制度来管理俘掠人户，从根本上讲是契丹社会奴隶制度已经无法维持的情况下出现的。因此，归根到底，这是契丹社会发展的客观需要。阿保机的大规模的掠取人户，"因俗而治"，只是顺应并促进了这一客观发展规律。不过由于契丹在辽以前保存的资料太少，我们已无法就这方面来进行讨论，当然，在契丹封建政权确立之初，就契丹本族而言，奴隶制因素仍是大量存在的，契丹封建化的最后完成，大抵要到圣宗时代。这个过程，我们将在下面进一步讨论。

四 "南北分治"之实质与其发展

《辽史·百官志序》："太宗兼制中国，官分南北，以国制治契丹，以汉制待汉人。"这就是"因俗而治"的所谓"南北分治"政策。

"因俗而治"实际上是阿保机建国的基本政策。如上所述：阿保机对俘虏人户，"治城廓、邑屋、廛市如幽州制度，汉人安之，不复思归"（《五代史记·契丹传》），这就是"因俗而治"。天显元年（926），阿保机亡渤海，置东丹国，任其长子倍进行统治，于其原来的统治制度亦不加改变，这也是"因俗而治"。"因俗而治"的实质就是原封不动地维持和利用其原有之封建制度来进行统治。

938 年，后晋石敬瑭为了答谢太宗支援他取得帝位，将燕云十六州之地割让给了契丹。从此，契丹所控制的地区伸展到了长城以南，包括今河北及山西北部之地。

这时契丹的领地，"东至于海，西至金山，暨于流沙，北至胪朐河（克鲁伦河），南至白沟，幅员万里"（《地理志序》），这一广袤地区的民族分布与社会状况都是十分复杂的。契丹本身，还刚踏入封建社会的门槛，在经济生活上基本上是单一的畜牧业，而燕云、渤海地区，封建制已经发展到成熟阶段，有着发达的农业和手工业，但就在燕云与渤海地区之间，无论就民族、经济、文化方面又存在着差异，如何对这疆域广袤、情况复杂的地区进行有效的统治，是关系到辽政权存亡的严重问题。

马克思在《政治经济学批判》一书中指出："在一切征服中可以有三种情况。征服民族或者把它自己的生产方式强加于被征服民族（例如本世纪英国人在爱尔兰和部分地在印度所作的）；或者让原来的生产方式维持下去，满足于征收贡纳（例如土尔其人及罗马人）；或者由于相互影响，产生一种新的、综合的制度（日耳曼人的征服中有一部分就是如此）。"征服民族对于占领地区究竟采哪一种方式，自然是由许多条件决定的。但是，最根本的仍是经济力量的对比和需要来决定的。燕京、渤海地区，特别是燕京地区，有着发达农业、手工业、商业，在辽全国经济比重中占重要地位，但即使是燕京地区，就其经济、政治的重要性而言，并不足以在辽全境中形成绝对的优势。以丁而论，《兵卫志》：南京析津府、西京大同府共籍丁八十八万八千七百。然上京、中京籍丁至少十七万七千余（其中中京仅计高州三韩县，他无可考），再加上诸宫分正丁与蕃汉转丁四十万八千，总数亦在近六十万之数。在人口比例上，燕云地区仅为全辽之一半多。而且终于因地区逼仄，容易受宋朝教的威胁。因此，终辽一代，其首都没有考虑南迁燕京的问题。这样就排除了契丹族像元魏、金诸代一样因都城南迁而全盘迅速汉化的可能性。为了保证掠夺，维持其统治，契丹统治者对征服地区的统治办法，最可行的是维持其全部旧制，加以利用，这种"因俗而治"的办法，在阿保机时期已经初步施行，实践证明：无论是契丹州县或渤海地区都是基本成功的。

为了适应疆土南拓的情况，耶律德光在"南北分治"的原则下，改造了中央机构。"用唐制复设三省六部、院、寺、监、诸卫、东宫之官，诚有志帝王之盛制。亦以招徕中国之人也。"几经增置，到天禄四年（950），建政事省，"于是南面官僚仍可得而书"（《百官志·南面序》）。

现存的有关南北面官制的材料是极其混乱的。《百官志序》："初，太祖分迭剌夷离堇为北、南二大王，谓之北院、南院，宰相、枢密、宣徽、林牙，下至郎君护卫，皆分北、南，其实所治皆北面之事，语辽官制者不可不辨。凡辽朝官，北枢密视兵部、南枢密视吏部，北、南二王视户部，夷离毕视刑部，宣徽视工部，敌烈麻都视礼部。北、南府宰相总之。""契丹北枢密院，掌兵机、武铨、群牧之政，凡契丹军马皆属焉。以其牙帐居大内帐殿之北，故名北院，元好问所谓'北衙不理民'是也。""契丹南枢密院，掌文铨、部族、丁赋之政，凡契丹人民皆属焉。以其牙帐居大内之南，故名南院，元好问所谓'南衙不主兵'是也。"至于南面朝官，阿保机、耶律德光时代有政事令、中书令的名目，又有所谓汉儿司。"太宗入汴，因晋置枢密院，掌汉人兵马之政，初兼尚书省。"天禄四年，始建政事省，重熙十二年（1043）改称中书省，大抵所谓南面朝官，皆承袭唐三省之名目。但《辽史·百官志》所载，不成一套制度，究竟是记录残阙呢？还是原来制度就是零乱如此，则无从断定。

但是根据宋人的记载，所谓南北面之制就有所不同。《续资治通鉴长编》卷一一〇"天圣九年六月丁丑"载："其官有契丹枢密院及行军都总管司，谓之北面，以其在牙帐之北，以主蕃事。又有汉人枢密院、中书省、行军都总习，谓之南面，以其在牙帐之南，以主汉事。"庆历中，余靖三使契丹，于"胡人风俗，颇得其详"。据他的报导："胡人之官，领番中职事者，皆胡服，谓之契丹官，枢密、宰臣则曰北枢密、北宰相。领燕中职事者虽胡人亦汉服，谓之汉官，执政者则曰南宰相，南枢密。契丹枢密使带平章事者在汉宰相之上，其不带使相及虽带使相而知枢密副使事者，即在宰相下。其汉宰相必兼枢密使乃得预闻机务"（余靖《契丹官仪》，载《武溪集卷十八》）。这里说的北、南之分，即是胡、汉之分，和《辽史·百官志》所记是矛盾的。宋人的记载在《辽史》里也可以找到佐证。《萧孝忠传》："国制，以契丹、汉人分北南院枢密治之。孝忠奏曰：'一国二枢密。风俗所以不同，若并为一，天下幸甚。'事未及行。"《刑法志》太平六年诏："朕以国家有契丹、汉人，故以北、南两院分治之。"这里说的北、南两面，联系到上文："故事：枢密使非国家重务，未尝亲决，凡狱讼唯夷离堇（毕）主之，及萧合卓、萧朴相继为枢密使，专尚吏才，始自听讼，时人转相效习，以狡智相高，风俗自此衰矣。故太平六年下诏"云云，明指北，南两枢密院无疑。因此宋人的说法决不能当作传闻和游谈来看待。

我们再从枢密院的执掌来看。《百官志》说北枢相当于兵部，南枢相当于吏部。这种说法与《辽史》所记也是矛盾的。《杨遵勖传》："天下之事，丛于枢府，簿书填委。"则枢密实中央之实际行政中心，重熙二十二年十一月诏："诸职事官以礼受代及以罪去者，置籍岁申枢密院。"此枢密掌官吏任免之证。重熙六年，"以北南枢密院狱空，赏赉有差"。《耶律斡特剌传》："先是北南府有讼，各州府得就按之，比岁非奉枢密檄不得鞫问，以故讼者稽留。斡特剌奏请如旧，从之。"《刑法志》：萧合卓、萧朴相继为枢密使，始自听讼。此枢密任刑法之证。重熙十年"北枢密院言：南北二王府泊诸部节度、侍卫、祗候郎君皆出族帐，既免与民戍边，其祗候事请亦得以部曲代行。诏从其请。"《太公鼎传》："辽东南水伤稼，北枢密院大发濒河丁壮以完堤防。"此枢密掌户、工之证。《萧得里底传》："为北枢密使……是时诸路大乱，飞章告急者络绎而至。得里底不即上问，有功者亦无甄别。由是将校怨怒，人无斗志。"此枢密任军事之证。综上所述，枢密，其中主要是北枢的职权几乎是事无不统。《萧陶隗传》：北枢密院"军国重任"。《金史·左企弓传》："辽故事，军政皆关决北枢密院，然后奏御。"辽后期的权臣萧孝先、耶律乙辛等都是以北枢密使而擅权，说明《百官志》的记载并不合于实际。

要解决上述的矛盾，从现有材料出发是比较困难的，辽的官制一面是循契丹旧俗，本来比较简朴。一面又借用唐制，但又非完全，宋人官、爵、差遣分离的一套也显然对它有所作用，这都是容易造成混乱的原因。此外还有一个重要的因素就是前后的变化。以北、南府宰相而论，辽初，北宰相以"皇族四帐世预其选"；南宰相以"国舅五帐世预其选"。但中期以后就有了变化。做过北府宰相的室昉、刘慎成、刘晟、张孝杰，南府宰相杜防、赵微、张琳都是汉人。皇族、后族的限制也不复存在。枢密的情况大体也是如此。圣宗太平六年的诏书："朕以国家有契丹、汉人，故以南北二院分治之。"这就明白提出来以北、南枢密院分治契丹与汉人是圣宗所首创，《辽史·耶律隆运传》：隆运以功"拜大丞相，进王齐，总二枢府事"。《契丹国志》亦谓其"拜大丞相，充契丹、汉儿枢密使，南北面诸行宫都部署，改封齐王"（卷十八，本传）。这大概就是以北枢治契丹、南枢治汉人的开始。以后"制南北枢密院使事"就成皇太子所兼领的职衔，其义即相当于"总理一切胡汉事务"。兴宗、道宗、顺宗、天祚帝为储君时都带过这个衔头。在辽代，契丹人高于汉人，故北枢地位远重于南枢，但管理汉人的机关能与北枢并列，其权势实际上较之过去已大大提高，这是契丹统治者为加强对汉人的统治所要求的。在无论就人口和财富上都占全辽一半以上优势的情况下，不加重南面官僚机构是很难胜任其镇压与剥削的。由于枢密事权日重，故增设副使、知枢密院使等衔，使共参机务。至于《百官志》所记，我怀疑这是圣宗以前的情况，不管是前期或后期，官制分南北，这是共同的，但组织形式则各有不同，而这种变化的实质则在于南面官制事权的提高。这和圣宗时期政治上的重大变化是相适应的，下面我们就要详细来分析。

五　圣宗时代的政治改革

辽在圣宗时期（983—1031）达到了全盛的最高峰。南败宋师，西北"出师西域，拓土既远，降服亦众"。对高丽、西夏亦取得胜利。契丹的声威，且远播于中亚和欧洲。中亚人最早称中国曰 ch'in 秦，五至六世纪，这个名字逐渐为 Tabrač. TaBrač 所代替。TaBrač 即元魏之拓跋，亦即《长春真人西游记》所记之"桃花石"，即 TaJaš。到 1076 年，Kāsrari 则 Tauraš 称南宋统治之南中国，北中国则称作 Hitai，在中亚和西亚诸国中开始称中国为 ch'i-tan 契丹，而替代了前此之 Talrac 一词，直到今天，俄语中把中国仍称作 Katan，就是"契丹"的对音。

圣宗时代辽国势的强盛和韩德让主持下的政治改革是直接相关联的，韩德让是韩知古的孙子，韩知古事阿保机，很受信任，总知汉儿司事，兼主诸国礼仪。"时仪法疏阔，知古援据故典，参酌国俗，与汉仪杂就之，使国人易知而行。"父匡嗣，"以善医直长乐宫，皇后视之犹子。"德让代父留守南京，高粱河一役，大败宋师，拜南院枢密，景宗死，受顾命与北府宰相室昉"共执国政"。以功赐姓耶律，名隆运。室昉亦汉人，"是时昉与韩德让、耶律斜轸相友善，同心辅政，整折蠹弊，知无不言，务在息民薄赋，以故法度修明，朝无异议"（《室昉传》）。据《辽史·圣宗纪》：统和八年行括田，十二年始均税，十三年置义仓，十五年定新税法，十六年制官俸，十九年减关市税，廿一年通括南院部民，廿二年罢三京诸道贡。很明显，所有这些措施都是直接为缓和和巩固对汉人的统治而制定的，与此同时，契丹贵族本身，也开始了进一步汉化。

马克思指出："占领的性质是受占领的对象所制约的。如果占领者不依从于被占领国家的生产和交往的条件，就完全无法占领当地银行家的体现于票据中的财产"（《德意志意识形态》，页 73 ）。契丹贵族所推行的"因俗而治"、"胡汉分治"政策实行的根据正就在这里，但是这还不够，为了保持统治和剥削，契丹贵族还必须能够熟悉这一制度，掌握和执行其相应的政治措施，这就提出了一个契丹贵族必须学习汉文化的客观需要。这个任务在燕云地区割入契丹后就已经尖锐地提了出来，世宗"慕中华风俗，多用晋臣，而荒于酒色，轻慢诸酋长，由是国人不附，诸部数叛"（《资治通鉴·后汉高祖天福十二年》）。"中叶弥文"（《百官志》），汉官威仪制度逐渐实行。《仪卫志·汉服》："盖辽制：会同中，太后，北面臣僚国服；皇帝，南面臣僚汉服，乾亨以后，大礼虽北面三品以上亦用汉服，重熙以后，大礼并汉服矣。"这就从一个侧面反映了契丹贵族汉化的加深。

圣宗在位时期，契丹贵族在学习汉文化方面更有了明显的发展。统和元年（983），枢密院请诏北府司徒颇德译南京所进译文，十二年诏契丹人犯十恶者从汉律。统和十三年，诏"修山泽祠宇、先哲面貌，以时祀之。"《辽史拾遗》卷七引《宣府镇志》："统和十三年，帝在炭山，诏归化等处守臣修山泽祠宇、先哲庙貌，以时祀之。于是诸州孔子庙及奉圣黄帝祠、儒州舜祠、大翮山王次仲祠俱为一新。"统和六年，"始行贡举"。近年的考古发掘表明，在辽的中期，辽贵族的生活风习有了明显的汉化迹象（《新中国的考古收获》）。考古的同志们推断这一变化发生在兴宗时代。兴宗固"俨然一汉家天子"。从总的趋势说，兴宗较之圣宗时又有了发展，这是对的。但作为一个重要转变的开始，证以文字的记载，当以划在圣宗时代为宜，即就发现的实物言，我们也必须考虑到现实生活中的变化通过明器而反映出来，一般说，时间已经是比较后的了。

契丹汉化的加深从契丹本身来说表明他们文化的提高已经达到了相同于汉人的程度，标志着契丹封建化的完成，在短短的百十年之内契丹走完了在通常情况下需要好几倍时间才能完成的社会发展道路，赶上先进汉民族的发展水平，这是一个飞跃。这里，汉文化的催化作用是决定性的因素。类似的情况，在我国历史上诸多少数民族的发展中都可以看到。汉化促成了这些少数民族的发展，而这些少数民族汉化的完成又反过来促成了汉族的发展，这个历史的规律性有机会的时候我们将详细地予以阐明。

对于汉族人民来说，契丹的汉化，彼此间差异的缩小，这就意味着民族歧视和民族隔阂的减少，政治地位的改善和提高。前述中央行政机构上的改变，以北南枢密院分治胡汉民族，就表示了辽统治者对汉民事物的重视。《刑法志》载，在圣宗时代，"先是契丹及汉人相殴至死，其法轻重不均，至是一等科之。"《东都事略》载："先是番民殴汉人死者偿以牛马；汉人则斩之，仍以其亲属为奴婢。燕燕（圣宗母承天皇太后）一以汉法论。"《鸡肋集》卷二四《上皇帝论北事书》亦谓："以契丹之旧法言之，其得汉人皆仆妾役之，仕官而显者归见其主如旧礼，杀汉人而以牛马偿之，弗诛也。迨萧氏乃徙汉人益北居，而以契丹、奚、渤海杂处幽蓟，杀汉人者如汉人之罪。"刑法上部分民族歧视政策的改变，加上圣宗时期"括田"、"均税"等措施的实行，汉人的生活基本上是安定的。余靖曾很感慨地说："臣尝痛燕蓟之地陷于胡虏数百年，而民忘南顾之心者，戎狄之法大率简易，盐曲俱贱，科役不繁故也"（《历代名臣奏议》卷十"庆历三年奏"）。苏辙《二论北朝政事大略》："北朝之政，宽契丹，虐燕人，盖已旧矣！然臣等访问山前诸州祗候公人，止是小民争斗杀伤之狱，则如此弊。至于燕人豪强富族，似不至好（如）此。契丹之人，冬月多避寒于燕地，牧放住坐，亦止在天荒地上，不敢侵犯税土，兼赋役颇轻，汉人亦易于供应……若其朝廷郡县，盖亦粗有法度，上下维持，未有离析之势也。"（载《栾城集》卷四一）。苏辙在这里为我们指出了一个重要事实，即：即使是旧有之刑法上的歧视，亦只是小民为然。至于汉人中的豪强富族，原来就已沆瀣一气，在利益一致的基础上结合在一起，这就是辽政权之所以维持二百余年，"未有离析之势"的根本原因。

目前史学界普遍持这样一种看法，他们说："辽国家的性质，正如居鲁士、亚历山大大帝等所建立的帝国那样，它是一个军事行政的联合"。这个国家的"汉人、渤海、女真、党项等，在帝国初期，由于军事膨胀而结合，在以后的时期里，主要也是靠军事政治来维系。他们在产业方面有不同，重要的是生产关系不一致。他们没有能形成全国统一的基础，没有全国统一的语言，也没有全国统一的管理体系"（陈述《契丹社会经济史稿》）。这段话有许多概念混乱的东西，如："产业"何所指？统一的语言是否是决定统一的要素等等，我们估置不论，单就辽二百余年基本稳定这一事实就是对这些同志一个有力的驳斥，而这样一个长期而较稳定的统治如果没有相应的经济基础，而单靠军事、政治关系来维系是颇难于想象的。

诚然，阿保机凭借军事征服建立了辽朝，耶律德光时并入燕云十六州。这都是靠单纯的军事手段来完成的，为了维护其统治，他们先后采取了许多有效的措施。《百官志》所谓阿保机"有英雄之智者三：任国舅以耦皇族，崇乙室以抗奚王，列二院以制遥辇"。这是在于利用诸部的均势，互相牵制。在另一面则定朝仪，行官制，置腹心部，镇压诸弟的谋反叛乱，以便加重皇帝的中央集权。这些政治和镇压措施在维护其统治方面都起过有力的作用。但是，从根本上保证辽帝国稳定发展的是根据"因俗而治"的原则所确立起来的"胡汉分治"和在执行这一原则过程中契丹贵族本身的逐渐汉化。"因俗而治"意味着基本上不触及汉人地区的所有制状况,"胡汉分治"为汉人地主分子保留了一条进身的阶梯,在这个利益相关的基础上,汉人地主才能够同契丹贵族彼此勾结。而契丹贵族的汉化则保证了这种勾结能进一步巩固下去,最后至于两者的完全结合。《金史·卢彦伦传》:"契丹、汉人久为一家",在金朝人看来,契丹人同汉人已经不存在区别(《廿二史札记》:辽金均有汉人南人)。正是在这样的基础上,"数百年民无南顾之心"。辽政权亦能"上下维持,未有离析之势"。我们的同志完全不顾自己的历史事实,人云亦云,硬把辽说成是暂时的军事行政联合,是没有丝毫根据的。至于说漠北某些羁縻的属部背向不常,这是部分的现象,并不关乎辽帝国整体本身的稳定,因此不属于我们讨论的范围。

契丹族的汉化不能不对广大东北及大漠南北的其他少数部族发生有益的影响。在辽的初期,分布在东北和漠南北的少数部族多至数十种以上,在辽代二百余年的统治中,他们大多直接或间接受到汉文化的影响,加速了自己社会经济文化的发展,有的且同契丹一道,汇合于汉族的洪流。余靖记东北地区,过去契丹、奚、渤海、汉人"四姓杂居,旧不通婚。谋臣韩绍芳献议,乃许婚焉,衣服饮食各从其俗,及四姓相犯,皆用汉法,本类自相犯者,用本国法。"洪皓记东北地区诸部交际通用汉语。这都是汉文化深入影响的事例。元末作家许有壬说辽东地区,因"辽金崛起,遂为内地"(《先施堂记》,载《至正集》卷三六)。在民族融合、开发东北和我国北疆上,统一而稳定的契丹帝国,是发挥了强有力的杠杆作用的。

关于西辽史的几个问题

西辽的历史，在中国通史和中外交通史方面都有着重要地位。但是由于这方面保留下来的资料很少，大部分中亚资料我们迄今仍不能直接利用；而我们能见到的中外资料又矛盾纷聚，因此，很多问题还有待解决。我在读西辽史中零零碎碎地接触到一些问题，这些东西虽说不上什么心得，但也有一些意见不同于前辈和专家，因此愿意提出来，希望得到同志们的教正。

一　耶律大石北走的路线问题

《辽史·天祚皇帝纪四》：天祚亡夹山，耶律大石自燕京来依，天祚责其擅立耶律淳之罪，"大石不自安，遂杀肖乙薛、坡里括，自立为王，率铁骑二百宵遁。北行三日，过黑水，见白达达详稳床古儿。床古儿献马四百、驼二十、羊若干。西至可敦城，驻北庭都护府。"据《金史·地理志》，夹山在云内州柔服县北六十里，一般认为即今内蒙古自治区萨拉齐（土右旗）西北（《中国历史地图集》第六册考定山在土左旗之北、武川以西之大青山某地）。自夹山北行三日的黑水究竟何所指，这是多年来聚讼的问题。布莱资须纳德（E. Bretschneider）认为即《元史·耶律希亮传》所记甘州北之黑水，[1]亦即今之弱水。梁园东附和羽田亨之说，以为即"绥远茂明安旗（按：今内蒙古达茂联合旗）内之锡拉木伦河"[2]。弱水之说，与"北行三日"之文不合，箭内亘《可敦城考》已辨其不可能[3]。锡拉木伦（今作沙拉木伦河）之说，虽与《辽史》三日程之文吻合，但举

---

① 《中世纪探讨》(Mediaeval Researches)第一卷，页159，注428；页212，注544。
② 《西辽史》，页16，译注10。
③ 《兀良哈及鞑靼考》附录。

不出确切的证据。今按：白达达即《元史》之汪古部，这是无待证明的常识。金代之汪古部游牧在阴山之北，为金守边。①《建炎以来朝野杂记》载："金主璟之明昌元年（1190），白鞑靼主摄叔之弟弑其兄而自立。摄叔之子白波斯方二岁，金人取归其国，养于黑水千户家。泰和七年（1207）春，摄叔至环州进贡，金人乘其无备，醉而杀之。复立白波斯为主，遣还国。始白波斯在黑水千户家，见其女悦之。至是欲取为妻，璟不从。白波斯怨怒，叛归黑鞑靼，以此益强。"②这段材料涉及蒙古史上的问题甚多，这里不一一讨论。所可注意者，这里提到了近白鞑靼的"黑水"一名，然其地望仍不可知。考姚燧《河内李氏先德碣铭》："盖鄃王之考，初尚主世祖，再尚主裕宗，自称晋王克用裔孙，为置守冢数十户于雁门，禁民樵牧。由分地在高唐，即是进爵为王。世居静安黑水之阳，为庙以祀孔子。"③鄃王是汪古部主阿剌兀思剔吉忽里之侄镇海子聂古台的封号。《元史·诸王表》："鄃王：聂古䚦驸马，由北平王进封。"又"北平王：聂古䚦驸马，□□□年封，复进封鄃王。"聂古台世居静安黑水之阳，把"静安"与黑水连称，这就为我们考证黑水提供了唯一的线索。此静安路之创建在元成宗大德九年（1305）七月。《成宗纪》："癸丑，以黑水新城为靖安路。"其后，在仁宗延祐五年（1318）三月，又改静安路为德宁路，其所属之静安县为德宁县。德宁路在《元史·地理志》中仅列其名。据《文宗纪》至顺二年（1331）三月丙戌："赵王不鲁纳食邑沙、净、德宁等处蒙古部民万六千余户饥，命河东宣慰发近仓粮万石赈之。"可知沙井、净州与德宁皆为汪古部赵王的封地。净州的位置，从金以来是比较清楚的。大定十八年（1178）以天山县升，为丰州支郡。天山县的位置突出在阴山之外。根据考古调查，净州路遗址当在今四子王旗乌兰花西北约二十五公里处的城子村。④沙井在净州北八十里。⑤这两个地名都是沿袭金

---

① 《史集》（Сборник Летописей）第一卷第一册，页140。
② 李心传《建炎以来朝野杂记乙集·边关事·鞑靼款塞》。
③ 载《元文类》卷五五。
④ 《内蒙古文物资料选集》，页188—189。
⑤ 《黑鞑事略》。

朝而来的，唯有德宁则是新建。仁宗延祐七年，又在这一带建镇曷德宁、天山分司宣慰使司。①此处之"天山"显系泛指阴山，与德宁连称，可见德宁路在政治上远比一般的路分重要。元朝在长城以北的漠南地区创建新路分的事例，德宁而外，有案可稽的便是应昌、全宁和永昌府，它们是由驸马鲁王和诸王只必帖木儿所兴建起来的藩府所在。因此我们完全有理由认为德宁就是汪古部赵王所兴建的藩府新城。今内蒙达茂联合旗址百灵庙北六十里处有阿伦斯木古城遗址，黄奋生在其所著《百灵庙巡礼》一书中记在这里曾发现有《王傅德风堂记》一碑。从王傅府宅的所在可以推知此必为赵王藩府无疑。然则此爱不干河（北流为哈尔红河）畔之阿伦斯木（俗传五英雄城）当即元代之德宁路，爱不干河也就是元代的黑河。今百灵庙南不远，金界壕的遗迹尚依稀可见。自萨拉齐西北某地越大青山至百灵庙一带大体上可为三日程（如定夹山在武川西之大青山中，路程亦约相等）。当日之汪古部驻金源界外，畔黑水而居亦灼然可考。因此，我们把阿伦斯木比定为德宁路，把爱不干河当黑水，是有根据的。将来对阿伦斯木作进一步发掘，一定还可以得到更为确切的证明。

二　北走后的驻地

大石北走之后，《辽史》谓其"西至可敦城，驻北庭都护府"。唐代的北庭都护府在新疆吉木萨尔之北。梁园东怀疑"都护府"是衍文，大石北走后其驻地在"北庭"，即漠北之地。这个意见是符合事实的。

证据之一：大石以 1124 年（天会二年）七月北走。十月戊辰，"西南、西北两路权都统斡鲁言：辽详稳挞不野来奔，言耶律大石自称为王，置南北官属，有战马万匹"（《金史·太宗纪》；又《粘割韩奴传》行文略同）。这个情报是根据上京边防前线的婆卢火与习古乃的报告而来的。《金史·婆卢火传》："及迭剌叛，婆卢火、石

---

① 张鹏翮《奉使俄罗斯日记》所录《丰州平治甸城山谷道路碑记》。

古乃讨平之。其群官率众降者就使领其所部。太宗以空名宣头及银牌给之。"《习古乃传》："乌虎里部人迪烈、划沙率部族降。朝廷以挞仆野为本部节度使,乌虎为都监。习古乃封还挞仆野等宣诰,以便宜加挞仆野散官,填空名告身授之;及录上降附有劳故官八百九十三人。朝廷从之。于是迪烈加防御使,为本部节度使;划沙加诸司使,为节度副使,知迪烈底部事;挞离答加左金吾卫上将军、节度副使,知突鞠部事;阿枭加观察使,为本部节度使。其余迁授有差。"《本纪》之挞不野即《习古乃传》之挞仆野,原任辽之乌古、敌烈部详稳。辽之乌古部在呼伦贝尔之地,敌烈在乌古之西。习古乃时总上京军事,负责受挞不野及乌古、敌烈部之降,并把二部安置岭东。大石北亡,张官设制的情况,在三个月之后首先由上京前线传来,说明其决不是远在北疆发生的事。所谓"有战马万匹",就是《辽史·食货志下》所说的:辽亡,"松漠以北旧马皆为大石林牙所有"这一事实。这些都证明大石北走后驻地是在漠北,并且是偏东部蒙古的地区。

证据之二:《金史·粘割韩奴传》:天会"七年,泰州路都统婆卢火奏:大石已得北部二营,恐后难制,且近群牧,宜列屯戍。诏答曰:以二营之故发兵,诸部必扰,当谨斥候而已。""二营"不知所指。以近群牧推之,其时大石已隔群牧而与金相持,明其驻地是在蒙古地区。《金史·地理志序》:"金之壤地封疆,东极吉里迷、兀的改诸野人之境,北自蒲与路之北三千余里火鲁火疃谋克地为边,右旋入泰州婆卢火所浚界壕而西,经临潢、金山"云云。婆卢火在天会年间长期戍守泰州,熙宗天眷元年(1138)死于任所。从当时漠北的形势看,婆卢火所浚界壕应该主要就是为了防御大石而设的。

证据之三:大石所会十八部,梁园东、岑仲勉均有考。其中多数能够辨识的部族,其居地是凿凿可考的。乌古、敌烈已如上说。大黄室韦在嫩江流域。王吉剌即弘吉剌,居额尔古纳河上流。茶赤剌即扎答剌,居克鲁伦河外。密儿纪即蔑儿乞,居色楞格河下流。鼻古德当在松花江与黑龙江流域。唐古即西夏。阻卜即鞑靼,鞑靼分布甚广,其一枝已及于新、甘交界处,但其主要部分九姓鞑靼与卌姓鞑靼则均在蒙古①。忽母思，即《太祖纪》天赞三年（924）九月之胡母思山诸蕃，在元人文献中则称"和林兀卑思之山"②（第二音节之声母 M 转换成 b，这在蒙古语中是常见的）。尼剌或即《百官志》诸部之涅剌；糺而毕当即《部族表》之纪而毕；普速完或当金群牧之蒲速斡、蒲速椀。这些部族的分布均在蒙古与东北。其他不可考者五，但几乎可以肯定并无阿尔泰山以西之部族卷入，足证其时大石的活动主要是在蒙古东部。

证据之四:《辽史》说大石"西至可敦城";《松漠纪闻》说金遣耶律余睹姑屯田合董城（原注: 城去上京三千里）。《建炎以来系年要录》则作"和勒端城"。③ "可敦"、"合董"都是 Khotan "皇后"的音译，"和勒端"是 Ordu "宫帐"的音译，为可汗之所居。关于可敦城，梁园东《西辽史》页 17 注释 12 已作了考证，定其在"鄂尔浑河上源北岸，亦即吾误竭脑儿之正西"。这是正确的。梁园东提出"可汗与可敦建牙处，必相附近"之说，并引耶律铸"和林西北七十里，有苾伽可汗宫城遗址"为证，然考证不详。这里，我们就所知，稍加补充。十三世纪波斯史家术外尼（Juvainī）在记和林城时说:"这里除了一个称斡耳朵八里（Ordu-Baligh）（突厥语 baligh 义为城）的城垣遗址外，先前没有村镇。当他（按: 指窝阔台）继位时，在此堡遗址外，发现一石，上镌有文字，言此处之建造者乃卜古汗（BüküKhan）（按: 名从虞集《高昌王世勋碑》。卜古汗为传说中之回鹘祖先）。蒙古人称此为马兀八里（Ma'u Baligh）（按: 蒙古语 Ma'u 义为坏、恶）。合罕令于彼等称为斡耳朵八里之上建城，此城以哈剌和林（Qara-Qorum）之名著称"。④ 另一处地方，他又记:"在此河（按: 指鄂尔浑河）岸上又有一城与宫殿的遗址，其名为斡耳朵八里，然今则称马兀八里。在宫殿遗址之外，大门的对面，卧有一镌字的石块。我等亲及见之。合罕在位

---

① 详本书《鞑靼杂考》。
② 虞集《句容郡王世绩碑》，载《元文类》卷二六。
③ 李心传《建炎以来系年要录·绍兴元年三月》;又《绍兴元年九月》。
④ 《世界征服者传》(The History of the World Conqueror, 波义耳 Boyle 英译本)第一卷，页 236。

之时，此石被树立起来后，发现一井，井上有一巨石碑，碑上镌有文字。有令：诸色人等皆亲往视，以便辨读，然无人得识。于是自契丹召来之人，其名为……石上所镌者为彼中之文字"。① 按照术外尼的报导，蒙古之和林城，便是在古回鹘斡耳朵城的旁近建立起来的（原文作遗址上，这是不合蒙古当时的风俗的）。此外，术外尼又记窝阔台还有供春狩的行宫，其名为 Qarshi-Suri，② 其前有池。Qarshi 蒙古语义为"宫殿"。Suri（n）即《元史·太宗纪》九年（1237）四月之"扫邻城"。此殿在剌失德丁（Rashid ed-Dīn）的《史集》载：离和林一日程，"其地古昔为 Afrāsiyāb 之鹰人之地"。③Gegen-Chaghan，蒙古语义为"明亮与白色"，即《元史·太宗纪》九年春之揭揭察哈之泽。窝阔台于此濒湖之扫邻城筑殿，故称作"迦坚茶寒殿"（即 Gegen-chaghan 之音译）。《元史·地理志》岭北等处行中书省：（太宗）"丁酉，治伽坚茶寒殿，在和林北七十余里"。我们把这些记载与耶律铸"和林西北七十里，有苾伽可汗宫城遗址"比较，就可以明白地确定，术外尼所说的古 Afrāsiyāb 放鹰之揭揭察哈湖之地，即耶律铸所说的回鹘苾伽可汗宫城所在。所有这些材料都证明，元代和林川地区，即唐代的合罗川，正是回鹘的斡耳朵城与可敦城的所在地。也就是因为这一原由，金和南宋资料在提到大石北走时是斡耳朵城与可敦城两个名字互用的。这也为大石北走后其活动地区是在蒙古地区提供了佐证。

三 西征的年代

大石西征，梁园东考定为 1130 年（天会八年）。其理由有二：一、自天会三年至七年中，所有之二月均无"甲午"日，惟 1130 年

---

① 《世界征服者传》第一卷，页 55。"其名为"后原稿有脱文。
② 同上，页 237。
③ 《成吉思汗的继承者》（The Successors of Genghis Khan，波义耳 Boyle 英译本），页 64。此书即《史集》之第二卷。Afāsiyāb 是传说的土兰民族史诗人物，剌失德丁作品中用来指回鹘的祖先人物卜古汗（Bügükhan）。

二月二十二日为甲午,与《辽史》"明年二月甲午,以青牛白马祭天地祖宗,整旅而西"合。二、《金史·粘割韩奴传》:"八年,遣耶律余睹、石家奴、拔离速追讨大石。征兵诸部,诸部不从。石家奴至兀纳水而还。余睹报元帅府曰:闻耶律大石在和州之域,恐与夏人合,当遣使索之。"其实,这里最主要的还是第二条。至于第一条,《辽史》讹误实多,所记大石称帝于"甲辰"之年尚无法讲通,遂启怀疑和争议,更何况某一天的干支呢!

余睹追大石之役,《辽史》本传失载。《金史·石家奴传》但云"会契丹大石出奔,以余睹为元帅,石家奴为副,袭诸部族以还"而不详其年份,《拔离速传》亦不及其事,因此《粘割韩奴传》八年之说遂成孤证。

我们因此转而求证于宋人材料。《建炎以来系年要录·绍兴元年三月》:"是春,金左副元帅宗维使右都监耶律伊都将燕云、女真二万骑,攻故辽林牙达锡于和勒端城。调山西、河北夫馈饷,自云中至和勒端城,经沙漠三千余里,无得还者。""伊都之军和勒端也,失其金牌,宗维疑伊都与达锡暗合,迁其妻子于女真,伊都始贰"(原注:此据《两国编年》、《松漠纪闻》)。同书《绍兴元年九月》:是秋,"右都监耶律伊都至和勒端城,达锡林牙率余众北遁,伊都以食尽不克,穷追而还"。又《大金国志》卷七:太宗天会九年(1131),"粘罕自云中以燕云汉军、女真军一万人付右都监耶律余睹,北攻耶律大石林牙、耶律佛顶林牙于漠北曷董城。既行,拘余睹妻子于女真城。起燕云民兵北攻曷董城,仍起燕云、河东夫运粮随余睹北行"。"曷董城自云中由猫儿庄、艮瓮口北去,地约三千余里,尽沙漠无人之境。是行也,三路之夫,死不胜计,车牛十无一二得还"。《通鉴纲目》于余睹伐大石取"1131"之说,而系于四月。参考石家奴传,余睹是在得悉大石已启行而西后才发师尾追的。然则余睹出师最早是三月末,而班师则在同年秋天。这一说法虽然出于宋人的记载,但尚可得下列之若干旁证。

第一:1131年二月二十七日亦为"甲午"。

第二:《松漠纪闻》载:合董之役之明年九月,余睹叛金。其年洪皓使金，道由河阴。县令方以馈饷失期而受挞，皓亲见之。余睹叛金为 1132 年，据此，则可敦城之役为 1131 年。①

第三：《金史·太宗纪》：天会九年九月，"己酉，和州回鹘执耶律大石之党撒八、迪里、突迭来献"。此与《粘割韩奴传》所载天会八年余睹返师报元帅府"闻大石在和州之域"的事实相吻合，但时间却相差一年。试问如果大石已在 1130 年二月出发西征，秋月已抵和州之域，为什么又适在后一年的九月又有河州献所俘大石余党的事呢？可知纪与传所记之大石道出和州的记载，必有一误。因此，《粘割韩奴传》"八年"之孤证是颇值得怀疑的。

综上所述，1131 年西征之说，似乎较 1130 年说有较多的旁证。而且同下文所列西征的事实衔接无间。因此，作一种异说，提出来供进一步探讨，我以为还是有益处的。

四 西征诸问题

大石西征，《辽史》所记甚简，讹错实多，很难据为信史。因此，我们不能不依靠中亚的史料来进行校正。

据术外尼的记载，②大石西征，首先是进至乞儿吉思（Qirqiz），进而至于伊敏河上，并在此处建立了一个城市③。许多突厥部族都来投附他，部众增至四万帐。由此而西南，进入伊犁河谷。刘祁《北使记》载，大石林牙"阴蓄异志，因从西征，挈其孥亡入山后，鸠集群纥，经西北，逐水草，居行数载抵阴山，雪石不得前，乃屏车以驼负辎重入回鹘，攘其地而国焉"。这里说的"居行数载"是概括他在漠北停居的时间而说的。阴山即天山。从不剌城（又作孛罗，今之博乐）经赛里木湖（耶律楚材所记之园池，《长春真人西游记》

---

① 洪皓此处所记，也存在矛盾。他经过郑州所属之河阴县。时间只能是建炎三年之七、八月。他把大石与梁王雅里之立混为一事，也是不合事实的。
② 《世界征服者传》第一卷，页 354—356。
③ 此城在历史上以与伊敏河同名的叶密立（Emil）著名。这个城在蒙古西征时已毁，卢布鲁克（Rubruk）曾亲见其遗址。新城是窝阔台所筑。

所记之天池），穿行今塔勒奇山谷（刘郁《西使记》之铁木儿忏察，又作铁门关），而至阿力麻里（Almaliq），是一条崎岖的山道。李志常说，这是窝阔台扈从成吉思汗西征时，"凿石理道，刊木为四十八桥"而行。大石西征正就是从这里通过的。从雪石阻道来看，时间正是冬春，与上文所记1131年九月大石已通过和州之域正相衔接。在通常情况下，这条通道在冬天因雪深道险，是暂时停止使用的。大石不顾险阻，轻骑倍进，是因为受在巴剌沙衮（Balasaqun）的哈剌汗国（Qarakhanid）统治者的邀请。①这时，哈剌汗国主正苦于哈喇鲁（Qarligh）和康里人（Qanqli）的侵扰，无力应付。于是，他主动遣使招致大石，愿意臣服。据伊本·阿梯儿的记载②，在巴剌沙衮地区很早以前就有契丹人一万帐住居在这里，臣属阿尔思兰汗（Arslan-Khan）。当大石到来后，这些人都加入了同族人的行列。巴剌沙衮以虎思斡耳朵（Ghuz-Ordu）或虎思八里（Ghuz-Baligh）之名而著称。"虎思"，《辽史·国语解》作"有力"之义。《金史·粘割韩奴传》作"骨斯讹鲁朵"，谓其屯营乘马行，"自旦至日中始周匝"。《长春真人西游记》和刘郁《西使记》里，都对它的遗址作过记述。术外尼说："古儿汗（gür-Khan）不费一矢进至巴剌沙衮，登上帝位，他从 Afrāsiyāb 之后裔攫取了汗的称号，而任命其人为突厥蛮王（iLig Turkmen）"。③我以为：这同《辽史》所记的甲辰岁册立大石为帝，号葛儿罕，复上汉尊号曰天祐皇帝，改元延庆云云，是一回事。延庆改元，据大石死年逆推，只能是1131或1132年，④即辛亥或壬子，而不能是甲辰（甲辰为1124年）。不过这里既然说是"改元"，则说明大石在这以前已经有过建元。《辽史》也说大石在

---

① 巴剌沙衮遗址在楚河上，王国维有考（《观堂集林》第三册）。其位置在今托克马克西南二十四公里（见《史集》俄译本卷一册二，页182，注3）。

② 转引自巴托尔德（Barthold）《中亚四讲》（Four Studies on the History of Central Asia）卷一，页101。伊本·阿梯儿是十三世纪上半期的波斯历史学家，著有《全史》。

③ 《世界征服者传》第一卷，页355。Ilig，古突厥语，义为王。

④ 大石死于康国十年（1143），则康国元年为1134无疑。《辽史》称延庆三年改元康国，则延庆元年为1131年。但如果当年改元，则延庆元年亦可为1132年。

1124 年北亡后便"置北南院官属"。其时实已有建元称帝之举。赵子砥《燕云录》：戊申（1128 年）子砥陷俘于燕，已闻"天祚伪弟大石林牙已立为主，称天辅皇帝，盛闻结聚兵马已及数十万，待时兴举"。（《三朝北盟会编》卷九八）据此则称天祐事在葛儿汗之前，无疑即 1124 年。《辽史》的编者是把甲辰建元与辛亥或壬子改元的事混为一事了。"古儿汗"的称呼，是突厥人所固有，也只有在大石既入据巴剌沙衮之后，才加上这一尊号，才是比较合理的解释。至于《辽史》把大石在巴剌沙衮称古儿汗的事实置在征服寻思干（撒马尔干）之后，则是完全无根据的。其理由我们将在下文具述。这里我还想指明一点：巴剌沙衮称虎思斡耳朵，并不是从大石建都之后才开始的。喀什噶里（Kashghari）在十一世纪后半期所编行的辞典中，就已经有了 Quz-Vlush、Quz-Ordu 这一称号。① 大石所为，不过是在原来的基础上加以兴修发展罢了。

据术外尼的记载：大石在巴剌沙衮称古儿汗之后，经过一段时期，军强马壮，于是开始向四处拓展，控制康里人，镇压乞儿吉思，且派军队攻打喀什噶尔（Kashghar）与和阗（Khotan）。这里又回到一个西征中分兵几路的问题。据巴托尔德的说法，除了上述道出北疆的西征军外，还有南路道出喀什噶尔的另一支西征军。对这种说法我是颇有怀疑的。大石所致书假道的回鹘王毕勒哥，当指在别失八里之和州回鹘。但很难认为其时另有必要派出一支远出喀什噶尔的西征军。因为这次进军是受阿尔思兰汗之招，直指巴剌沙衮的。伊本·阿梯儿记在 1128 年喀什噶尔的统治者阿尔思兰汗阿合马（Ahmad）曾败黑契丹军，杀其首领。但在 1133 年算端辛扎儿（Sultan Sinjar）在给报答（Baghdad）哈里发的书信中，却把这次战役说成是发生在近年前的事。巴托尔德本人也认为 1128 年在时间上是过早的。② 因此，我认为把进侵喀什噶尔之役根据术外尼的说法，当成为进据巴剌沙衮以后的扩展活动，是比较妥当的。这样，在时间上正可与辛扎儿书信所述相吻合。

---

① 伯希和（Pelliot）《马可波罗注》（Notes On Marco Polo）第一卷，页 224。
② 《中亚四讲》卷一，页 27、101。

在巴剌沙衮站稳脚跟后，大石进一步遣军往费尔干纳（Farghana），开始经略河中 Transoxiana。根据伊本·阿梯儿的记载：进攻河中的战事，最早发生在 1137 年。黑契丹军在忽毡（Khojand）击败撒马尔干（Samarkent）的马哈木汗（Mahmud）。河中地区大概从此便对西辽保持一定的臣属关系。① 1141 年，马哈木汗与哈喇鲁军事首领之间发生争端，大石左袒哈喇鲁首领，而马哈木则求助于其叔、塞勒柱朝（Saljuk）的算端辛扎儿。其年九月，算端纠合呼罗珊（Khorassan）、马咱达兰（Mazanderan）、色哲斯单（Sedjestan）、哥疾宁（Ghazna）之众来战。两军相遇于撒马尔干北之哈答温（Qa-Tvan）草原。算端军大败，丧师三万人，辛扎儿的妻子被俘。马哈木汗随辛扎儿亡走，其汗位则由兄弟继承。撒马尔干始完全沦为西辽的藩属。1142 年西辽军进据不哈喇（Bukhara），并任阿勒卜的斤（Alptagin）为其城的统治者。同时，大石又另遣一军深入花剌子模（KhWarazm），劫掠乡村。据术外尼的记载：这支西辽军的司令为 Erbüz。花剌子模沙阿即思（Atsiz）被迫称臣纳贡。但其时大石已并无进一步扩展的野心，没有再乘势向阿姆河以南呼罗珊地区发展。1143 年，大石病死。

以上就是我们根据已接触到的中亚资料所钩画出的大石西征的大致轮廓。《辽史》记大石西征河中地区主要记了一个寻思干大战与起儿漫即位称帝的问题，都是左支右绌，难于置信的。寻思干之战的忽儿珊（当作呼罗珊）即指算端辛扎儿，来降之回回国王即花剌子模沙阿即思，入侵花剌子模的西辽军司令右枢密院副使肖剌阿不即上引之 Erbüz。但这次战事决不可能发生在 1131 年延庆改元之前。因为据中亚资料，撒马尔干从 1130 年春被算端辛扎儿一度攻破外，② 直到 1141 年别无其他战事的记载。大石进犯河中，最早是 1137 年，军锋仅及于忽毡。至于把称帝改元置于撒马尔干战役之后，则几乎是不可能的。即以称帝的地点起儿漫而言，它当然不可能是大家所熟知的起儿漫（波斯南部的今克尔曼）。因此，布

① 参考巴托尔德《迄于蒙古入侵时期的土尔其斯坦》（TurkesTan Down to The Mongol Invasion），页 326—327。

② 《迄于蒙古入侵时期的土尔其斯坦》，页 97。

莱资须纳德以之对 Kermaneh①，即今之 Kermine，是撒马尔干与不花剌之间大道上的一个小城镇。② 一个威服中亚、总辖河中的古儿汗（义为众汗之汗）为什么选择在这么一个不显眼的小镇来称帝即位呢？道理上完全讲不通。因此，也有人怀疑这是《辽史》的编者把 1223 年踞起儿漫（Kerman）的黑契丹将军博剌克哈只卜（Boraq-Hadjib）所建的王朝同大石混淆起来所造成。这种怀疑虽无确证，但是，却是不无道理的。

从《金史·粘割韩奴传》来看，金人对于大石西迁后的情况，了解确是极其贫乏的。这种情况主要是金统治者害怕契丹人和西方的大石势力联系，起来反抗，因此严加封锁所造成的。《辽史》现有的有关西辽的资料，大概是元朝人所陆续收集的。但时间久，相去远，很多情况隔膜。即使像元初的耶律楚材那样既关心本民族历史，又亲身到过中亚，有可能更多了解西辽史实的人，也不免于难得其详。他说："大石林牙，辽之宗臣，挈众而亡。不满二十年，克西域数十国。幅员数万里。传数主，凡百余年。"③ 这里所说的也是语涉游移，事多简略。这样看来，《辽史》中关于大石西征记载之讹错失实，也不是不可理解的事。

五　西辽的统治

关于西辽的疆土，其所直接控制的地区包括今伊犁地区和谢米里奇（Semirechye'）的南部、锡尔河上游东北的部分地区。它的属部则包括河中、喀什噶尔、和阗、和州以及乞儿吉思、康里、哈喇鲁等诸部。对属部的控制各有不同的方式，有的派驻永久性的监临官吏，如对哈喇鲁和撒马尔干；有的则定期派遣官员前往，征收贡纳，如花剌子模；有的完全由本地的统治者治理，而按西辽的规定，送纳贡赋，如不花剌。④ 术外尼在记大石进据巴剌沙衮称汗

① 《中世纪探讨》第一卷，页 216，注 555。
② 《迄于蒙古入侵时期的土尔其斯坦》，页 97。
③ 《怀古一百韵寄张敏之》，载《湛然居士文集》卷一二。
④ 《中亚四讲》卷一，页 103。

之后，说："他于是派遣莎黑纳（Shahnas）① 去往从 Qam-Kemchik 至 Barskhan 和从 Taraz 至 Yafinch 的每一地区。"② 梁园东的《西辽史》曾根据布莱资须纳德的《中世纪探讨》重译过这段文字，③ 分别把这四个地名读作 Kum-Kidjik、Barserdjan、Taras、Tamidja。岑仲勉先生据之，在《读西辽史书所见》一文中，以克姆刻耶（Kum-Kidjik）为海押立；巴塞尔金（Barserdjan）为锡尔河下流之八儿真；塔密基（Tamidja）为阿姆河上流的忒耳迷。并望文生义，说："余审察原义，前一语乃东西两至，后一语乃南北两至。"④ 赵俪生先生很欣赏岑的这段考证，认为"这一体会是精湛的"，并根据它画出了西辽境地四至图。⑤ 这四个地名中的 Taraz，即习见的塔拉斯（《新唐书》作怛逻斯，《西使记》作塔剌寺，《元史》作荅剌速）。这是大家公认的。Qam-Kemchikj 明显地为"谦谦州"，即上叶尼塞河地区。Barskhan，波义耳在注中引米诺耳斯基（Minorsky）说，认为明系伊塞克湖（Issyk Kul）南之上巴尔思汗（Upper Barskhan）。它最大的可能是近今之普尔热瓦尔斯克（Przhevalsk）之地。Yafinch，波义耳引喀什噶尔辞典云："近伊犁（Ili）之一城镇"，亦为一河名。米诺耳斯基以之当自伊犁北流注于巴尔喀什湖（L. Balkhah）之卡腊塔耳河（Qara-Tal）。⑥ 我对波斯文无所知，因此也不能来评骘这两种音读的优劣。我只是想介绍晚近西方学者一种比较权威的意见，以供大家采择。同时我也要指出：在术外尼的原文里，这段话是并无四至的意思的。而且，按术外尼的说法，当时大石尚未进入河中，因而也就谈不上向锡尔河下流的 Barchin（即《元史》之巴耳赤邗 Barjligh-Kent；迦儿宾作 Barchin）和阿姆河上流的 Tirmiz（忒耳迷）派遣监临官的可能的。

关于西辽向诸属部派遣监临官的资料，保存下来的尚多。《元

---

① 波斯语 Shahna 通常作为突厥语 basqaq（八思哈）与蒙古语 darughachi（达鲁花赤）的同义词，可译为监临官员。
② 《世界征服者传》第一卷，页355—356。
③ 《西辽史》，页62。
④ 《中外史地考证》下册，页434。
⑤ 《西辽史新证》，载《社会科学战线》1978 年第四期。
⑥ 《世界征服者传》第一卷，页356，注8、9、10。

史·曷思麦里传》:"西域谷则斡儿朵人。初为西辽阔儿罕近侍,后为谷则斡儿朵所属可散八思哈长官。"同书《巴而术阿而忒的斤传》:"臣于契丹(按:指西辽),岁己巳,闻太祖兴朔方,遂杀契丹所置监国等官,欲来附。"此事之经过,在术外尼书里有详细的记载。① 这些派来的少监作威作福,横征暴敛,引起诸属部的统治者和人民普遍的不满。但这都是西辽末年的材料。当大石初兴时,据伊本·阿梯儿说:他的军队纪律严明,严禁进行劫掠。这无疑是西辽远征中亚,能够取得胜利的原因之一。

西辽是一个以汉族文明为依据的中亚王朝。历朝的古儿汗都实行我国传统的建元纪年;并依照中原王朝的惯例,从户而不是像中亚所习惯的那样从丁来征收赋税。人民以田为业,产物的十分之一输官。它不实行塞尔柱突厥王朝所实行的分封采邑制度。契丹文字继续在使用;巴托尔德且相信官府用语可能为汉语。大石本人有较高的汉文化修养。伊本·阿梯儿说他奉摩尼教(实际上当是奉佛教),人物英俊,衣中国丝织之衣服,戴面罩,遵奉其皇族的旧有习惯,在人民中享有很大的威望。② 耶律楚材说:大石"颇尚文教,西域至今思之,庙号德宗",③ 足见其影响之深远。但是具体情况,我们仍然不很清楚,还有待于我们进一步在发掘与翻译史料上多下工夫。

(原载《中华文史》1981 年第三期)

---

① 《世界征服者传》第一卷,页 45;并参见《元史·岳璘帖穆尔传》。
② 《中亚四讲》,卷一,页 103。
③ 《怀古一百韵寄张敏之》,载《湛然居士文集》卷一二。

耶律大石"天祐"年号考

《辽史·天祚帝纪四》：大石西征，"又西至起儿漫，文武百官册立大石为帝，以甲辰岁二月五日即位，年三十八，号葛儿罕，复上汉尊号曰天祐皇帝，改元延庆。"甲辰，为1124年，天祚保大四年，《纪》明谓其年大石杀萧乙薛、坡里括。"置与北院官属"，"自立为王"，北走可敦城，驻北庭都护府，大会诸部，"置官吏，立排甲，具器仗。"则大石在西征前，驻漠北时已有称王之举。延庆改元，以大石死年逆推，当为1131或1132年事，《纪》云"改元"，亦证在此之前大石已行建元，非止称王，而直帝制自为矣。当时形势，天祚已亡命夹山，大石叛而北走，毅然自立以取代失道之天祚，号召北部，图谋恢复，则称帝之事，亦必然之举，否则无以笼络诸部也。

有关大石在漠北称帝的记载，亦见赵子砥《燕云录》。子砥在靖康国变时以宗室兼鸿胪寺丞被掳至燕，复至中京大定府，戊申（1128年）亡归。《录》谓"天祚伪弟大石林牙，已立为主，称天祐皇帝。盛闻集结兵马已及数十万，待时兴举。"①这段记载有力地为我们证明，大石称天祐皇帝早在西征之前，迨征服哈剌汗国都巴剌沙衮后，始尊突厥风俗，加号为葛儿汗，《辽史》把这两件事都与底定河中之后，重申汗权于Kermine一事混淆，致使真相难明。近人魏良弢作《西辽史研究》，亦循《辽史》之部分错误，认为大石在漠北仅称王，其称帝则在下巴剌沙衮后称葛儿汗之同时。曾不思其已"置南北院官属"，此岂王者之所能行乎？甚矣！《辽史》之自相矛盾而误人也。

然犹有可议者，有关赵子砥的报导，《三朝北盟会编》两个版本所记，光绪袁祖安合字本作"天祐皇帝"，然晚出的许涵度本则作"天辅皇帝"，一般来说，许本较之袁本远佳，这是公论，然此处之

---

① 徐梦莘《三朝北盟会编》卷九八。

"天辅"，则显系讹误。证据非常简单，因为"天辅"是金阿骨打的年号，这对于大石是绝不可能不了解的。1124 年甲辰也便是吴乞买改天辅七年为天会（九月后）的后一年。大石称帝不取天辅建元是无可怀疑的事。故"天辅皇帝"只能是"天祐皇帝"之误。"辅"、"祐"连用，本是一个很普通的词。许本本身，鱼鲁亥豕，亦难枚举，此即其一例。我们虽不能以此而否定一个佳本的价值，然亦不可固于一是而自误也。

1988 年 11 月 13 日

我国古代北方民族发展与民族关系中的
几个问题

　　我国是一个由多数民族结合而成的拥有广大人口的国家。中华民族的历史是我国各族人民所共同缔造的。在漫长的历史年代中，我国北部边境地区先后出现过许多从事游牧的民族。他们兴衰嬗替，十分活跃，对北境草原地区的开发和当时的中原地区与汉族王朝带来极大的影响，构成为我国历史不可分割的、丰富的篇章。

　　对于这些北方民族的社会发展与民族关系（其中主要是她们与汉族的关系）的研究，是中国历史研究中的一个重要课题。我这篇文章就是想从这些民族的发展与民族关系的总的趋向上，提出几个似乎带有规律性的问题，进行初步的探讨。它们是：

　　第一，北方民族发展中对中原地区的向心倾向问题；

　　第二，汉文化对北方民族社会催化作用问题；

　　第三，北方民族与汉族的融合问题。

　　早在 20 世纪初以来，殖民主义与帝国主义的御用学者们，为了配合其主子宰割中国的阴谋，开始以研究中国北方民族的历史为名，炮制出了一整套的所谓理论，为其分裂中国，侵占我东北、蒙古、新疆等地的强盗行径服务。从日本矢野仁一的所谓"满蒙自古非中国论"、白鸟库吉的所谓"长城南北对抗论"，一直到今天苏联御用学者的"长城以北非中国论"，以及与此相近的形形色色的变种、亚种，① 都是抓住历史上各民族统治阶级间对抗的一面，加以夸大和歪曲，从而抹煞人民之间友好交流与相互融合的主流。这些理

---

① 这方面的代表，如美国拉铁摩尔的边疆历史学派、《蒙古人民共和国通史》作者的"蒙古自古独立论"等等都是和"长城南北对抗论"本质相同的。值得指出的是四人帮的御用喉舌梁效的《读盐铁论》一文，其基本观点，也正是与这些反动理论一脉相承的。

论在政治上极为反动，在学术上违反历史真相，影响却十分恶劣，流毒也极为广泛，需要我们认真对付。彻底批判这种伪科学的理论，正确阐明北方民族历史发展与民族关系的规律，是我国史学工作者刻不容缓的任务。

一 北方民族发展中对中原地区的向心作用

历史上活跃在我国北部边境地区的许多游牧民族，分属于不同的族属和文化系统，有着各自的特点和发展经历。但是，她们的历史发展，都有一个共同的基本趋向：在她们一旦兴起之后，总是自北而南，受中原先进的经济文化的吸引，向内地靠拢，表现为一种规律性的向心运动。

匈奴最早的居地在哪里？史籍上缺乏确切的记载。汉初的娄敬说她"本处北海之滨"①。北海一般就是指贝加尔湖。秦汉之际，匈奴发展成为蒙古草原上强大的统治势力，通过和亲、关市和掠夺战争与西汉保持极其密切和复杂的关系。"匈奴好汉缯絮食物"，西汉的统治者"明和亲约束厚遇，通关市，饶给之。匈奴自单于以下皆亲汉，往来长城下"。②到呼韩邪单于统治时期，南匈奴自请臣服，汉"割并州北界以安之。于是匈奴五千余落入居朔方诸郡，与汉人杂处"。"其部落随所居郡县使宰牧之，与编户大同而不输贡赋。"曹操始分匈奴之众为五部。这时的匈奴，已"弥漫北朔"，渐次进入汾河地区。西晋时期，塞外匈奴诸部先后率众大批来附。其入居塞者，凡十九种，与"晋人杂居"③。十六国中的刘渊、刘曜就是以这一批内迁的匈奴人为支柱，建立了汉和前赵政权。此外，沮渠蒙逊建立了北凉、赫连勃勃建立了夏。

乌桓，据王沈《魏书》和《后汉书·乌桓传》的记载："本东胡也，汉初匈奴冒顿灭其国，余类保乌桓山，因以为号焉"。但是，乌

---

① 《太平御览》卷七七九引《三韩故事》。
② 《史记·匈奴传》。
③ 《晋书·四夷传·匈奴》。

桓原始的居地在哪里？乌桓山的确切地址在何处？这都是有争论、待研究的问题。我们不可能在这里详作讨论。据《旧唐书·室韦传》："乌罗护之东北二百余里，那河之北有古乌丸之遗人，今亦自称乌丸国。"同书《乌罗浑传》(即乌罗护)，"北与乌丸接"。那河当即嫩江。乌罗护大概在今内蒙古之扎赉特旗与科右前旗境。乌丸在其东北，即《辽史》之乌州①，其地在大兴安岭之北端。汉武帝破匈奴，因徙乌桓于上谷、渔阳、右北平、辽东五郡塞外，置护乌桓校尉监领之。东汉初，复置校尉于上谷宁城，"开营府并领鲜卑赏赐，质子，岁时互市焉"。其后曹操亲征乌桓，大破于柳城，"其余众万余落，悉徙居中国"。②

鲜卑之先，据《魏书·序记》本在幽都之北的广漠，叫大鲜卑山。经过两次艰难的南迁，始达匈奴故地。同书《乌洛侯传》(即乌罗护)："其国西北有完水，东北流合于难水，其地小水皆注于难，东入于海。又西北二十日行有于巳尼大水，所谓北海也。世祖真君四年来朝，称其国西北有国家先帝旧墟，石室南北九十步，东西四十步，高七十尺。室有神灵，民多祈请。世祖遣中书侍郎李敞告祭焉。刊祝文于室之壁而还。"李敞之行，并载同书《礼志》。完水为今之额尔古纳河，难水为斡难河。于巳尼当即《北史·蠕蠕传》之巳尼陂，亦即贝加尔湖。北匈奴败亡后，鲜卑始据其牧地。应劭论鲜卑说"隔在漠北"、"数犯障塞，且无宁岁"。唯至互市，乃来靡服"。东汉王朝虽籍为征伐，"而鲜卑越溢，多为不法"，"得赏既多不肯去，复欲以物买铁。边将不听，便取缣帛聚欲烧之。边将恐怖，畏其反叛，辞谢抚顺，无敢拒违。"③至檀石槐时，鲜卑大盛，北有大漠，南据阴山。西晋时期，宇文鲜卑已进据辽西，拓跋鲜卑也进据代北。十六国中的慕容皝建立了前燕，慕容垂建后燕、慕容泓建西燕，慕容德建南燕，乞伏国仁建西秦，秃发乌孤建南凉。在代北的拓跋鲜卑则以平城为都城，建立了北魏王朝，逐渐统一了北半

---

① 马长寿《乌桓与鲜卑》考乌州在"松花江下游以西，洮儿河以下，西喇木伦河以北之地"(页115)。失之偏南。

② 《后汉书·乌桓鲜卑传》。

③ 同上，《应劭传》。

个中国。丁零（高车、敕勒）原居在匈奴之北、北海之滨。随着匈奴、鲜卑的南向发展，漠南地区已有不少丁零人活动。拓跋焘伐蠕蠕，俘蠕蠕、高车帐落三十几万徙至漠南，安置在东至濡源，西至五原、阴山之地，"竟三千里"①，"乘高车，逐水草，畜牧蕃息，数年之后，渐知粒食，岁致献贡。由是国家马及牛羊遂至于贱，毡皮委积"。②

继鲜卑而尽有匈奴故地的是柔然，"冬则徙度漠南，夏则还居漠北"。其首领"社仑学中国，立法，置战阵，卒成边害"③。其后阿那瓌降北魏，被安置在沃野、武川、怀朔镇外，给予粮仗。阿那瓌亦乞粟以为田种。其另部婆罗门则于凉州归降。阿那瓌"心慕中国，立官号，僭拟王者"。北齐时，柔然为突厥所破，并受到北齐的夹攻，始叛而西走。

突厥最早居高昌北山，稍后迁阿尔泰山之阴，役属于柔然。柔然衰而突厥代兴。北周时期，"始至塞上，市缯絮，愿通中国"。周文帝遣使相通，"其国皆相庆曰：'今大国使至，我国将兴也。'"④说明北方民族对与中原王朝发生交往何等重视。隋王朝在对付突厥扰掠的同时，又积极发展各种形式的交往，以资争取。其"部落大人相率遣使贡马万匹，羊二万口，驼、牛各五百头。寻遣使请缘边置市，与中国贸易。"⑤唐初，李渊应吐谷浑、突厥之请，开互市。"先是中国丧乱，民乏耕牛，至是资于戎狄，什畜被野。"⑥东突厥在启民可汗时"率领部落保附关塞，遵奉朝礼，思改戎俗。频入谒见，屡有陈请。以毡墙毳幕，事穷荒陋，上栋下宇，愿同比屋"。炀帝令于万寿戎置城造屋以居之。"其帷帐床褥以上，随事量给，务从优厚。"⑦东突厥败亡后，就有很大一部分突厥人南附于唐，分居于夏、

① 《魏书·世祖纪上》，神麚二年。
② 《北史·高车传》。
③ 同上，《蠕蠕传》。
④ 《周书·异域传下·突厥》。
⑤ 《隋书·北狄传·突厥》。
⑥ 《唐会要·吐谷浑》。
⑦ 《隋书·炀帝纪》大业四年二月。

代、灵、幽诸州之地。骨咄禄复国之后，已附于唐的所谓缘边降胡又多重附于突厥。突厥对唐又多次发动掠夺战争。但这时突厥的需要已显然与早期单纯的游牧状况不同。神功元年（697），默啜可汗向武后索求粟田种十万斛，农器三千具及铁数万斤。唐朝实际送予的是谷种四万斛、什彩五万段、农器三千事、铁四万斤。① 显然这时的突厥已兼营农业。默啜统治的晚期，"愈昏暴，部落怨畔"，十姓左五咄陆、右五弩失毕俟斤皆请降于唐，葛逻禄胡屋、鼠尼施、三姓大漠都督特进朱斯、阴山都督谋落匐鸡、玄池都督踏实力胡鼻等皆率众内附。② 其后，来降者不绝。突厥亡后，毗伽可汗妻骨咄禄婆匐可敦率众来归，唐封为宾国夫人。

回纥世居薛楞格河与鄂尔浑河之间。回纥统治蒙古草原时期同唐保持前所未有的密切联系，双方互市也达到了空前的规模。代宗时，回纥"岁送马十万匹，酬以缣帛百余万匹"。③ 当时，"以马一匹，易绢四十匹，动至数万马"，④ 使唐在马价绢上造成很大的亏欠，无法清偿。840 年回纥在被黠戛斯攻破后南走近塞，但受到唐军乘势阻击，乃东走室韦，复为黠戛斯所追击，余众西走，散处在灵州、沙州、高昌以及新疆西部之地。

在唐代，先后自漠北南向内迁的小部族还很多。浑部、斛薛部的一部分迁居灵州，⑤ 契苾之一部迁振武，⑥ 另一部分契苾与思结、浑之一部迁凉州，⑦ 同罗、拔曳固之一部迁并州，⑧ 跌跌、仆固之一部迁受降城。⑨ 另有思结之一部迁朔州。⑩ 原居内蒙古呼盟境之黑车子室韦迁至幽州北界。⑪ 原在新疆的沙陀突厥也东徙雁门近塞之

① 《资治通鉴·唐则天皇后神功元年》、《新唐书·突厥传上》。
② 《新唐书·突厥传上》。
③ 同上，《食货志》。
④ 《旧唐书·回纥传》。
⑤ 同上，《良吏传上·崔知温》。
⑥ 同上，《刘沔传》、《石雄传》、《卢简求传》。
⑦ 同上，《铁勒传》；《新唐书·王君㚟传》。
⑧ 《新唐书·张说传》。
⑨ 《旧唐书·王晙传》。
⑩ 同上，《张俭传》。
⑪ 王国维《黑车子室韦考》，载《观堂集林》卷一四。

地。五代时，其酋长李克用建立了后唐政权。

契丹本是东部宇文鲜卑的别部。阿骨打所属的女真居地在白山黑水之间。蒙古之先原在额尔古纳河上，九世纪左右迁入漠北草原。满族起源于建州女真。她们先后建立了辽、金、元和清王朝。她们在兴起之后南向发展的历史是大家都很清楚的。当元朝被轰轰烈烈的元末农民大起义推翻后，蒙古统治者退走漠北。明前期蒙古草原的经济状况，由于同中原地区联系的减少，出现了明显的衰退。中期以后，达延、俺答等蒙古统治者又开始紧伴明长城而居，极力争取互市的开展，经济又得到了恢复和发展。

北方民族的向心倾向在面临外国侵略者的扩张威胁中表现尤为明显。十七世纪末卫剌特的统治者噶尔丹在沙俄的支持下反叛清朝，举兵内犯。喀尔喀的蒙古部众面临着北走还是投南这两种命运攸关的决择。其宗教首领哲布尊丹巴呼图克图就指出："俄罗斯素不奉佛，俗尚不同我辈，异言异服，殊非久安之计。莫若全部内徙，投诚大皇帝，可邀万年之福。"众欣然罗拜，议遂决。① 甚至像土尔扈特这样一些因内讧而被迫西徙、留居在伏尔加河上已将近百年的部族，当他们不堪沙俄征调师旅，征子入质等虐待时，② 仍不远数万里，历尽艰险，重返祖国，谱写成感人至深的爱国主义篇章。在二千多年的长程里，不同文化和族属的北方民族在他们的历史发展中都发生南向的向心运动，原因是什么呢？这是值得进一步探讨的。北方民族是一种游牧民族，东北的一些通古斯人则经营半畜牧、半渔猎经济。游牧经济有它不同于农业定居民的特点。首先是它的单一性。游牧民从事牲畜的牧养，乳饮肉食，寝毡服皮。牲畜既是他们的生活资料，又是生产资料。手工业虽然根据各自的社会发展情况的不同，或多或少地已经产生，但始终是不发达的。与之相应的是内部的商业交换也很不发达。这种经济，从本身讲，是一种相当完整和单一的自然经济。特点之二是它的游动性。游牧民的迁移，在一般情况下是依照比较固定的路线，在传统

---

① 松筠《绥服纪略图诗注》。
② 椿园氏《西域闻见录》卷六；何秋涛《朔方备乘·土尔扈特源流》。

确立的范围内往复进行的。但是这种相对的固定性很容易由于天灾或其他民族的干扰而受到破坏，因而迫使他们作出超乎平常的大规模与远距离的流动和转移。第三，与上述两特点紧密相联系的是这种经济特殊的脆弱性。一次常发的暴风雪就可以导致大范围内牲畜的大量死亡，使牧民的生活与再生产受到摧毁性的打击。在频繁的流动转徙中也容易受到别的部族的突袭，造成暂时的溃散和覆灭。

单一的经营决定了对外部交换的需要。生活的流动性质比较容易突破自然经济的隔绝状态，扩大其与外界的交往。而游牧经济的特殊脆弱性更增强了与外界进行交换的迫切程度。当时，蒙古草原的东、北、西三面所分布的都是经济模式大体类似的民族，某些森林中的渔猎部落甚至更为原始落后，无法满足交换的需要。而南面中原地区则是他们唯一便捷有利的交换市场。游牧民所迫切需要的铁器、布帛、茶、粮以及其他手工业产品，都是通过交换或掠夺而取给于中原的。这种经济上的要求仿佛是一个巨大的磁轴，有力地吸引着北方游牧民族。因此，北方民族共同的、重复发生的向心运动是由其本身经济要求所决定，同时又是由特定的地理环境所形成的客观规律运动。

当时的交换一般采取官方控制的互市与朝贡以及民间非法的私相货易两种方式。由于这些北方民族初起时，大多处在进入阶级社会的初期或原始社会的末期，对于他们，"战争便成为每一个这种自然形成的集体的最原始的劳动形式之一，既用以保护财产，又用以获得财产。"① "对野蛮的征服者民族说来……战争本身还是一种经常的交往形式"。② 财货的贪欲刺激着这些民族的首领牧马中原。特别是当天灾人祸，生活资料感到缺乏的情况下，他们便被迫而进行劫掠。在中原王朝方面，互市和朝贡是他们用来羁縻绥服北方民族的手段，而对于民间的私相贸易一般则严加禁绝。有限的互市和朝贡当然无法满足广泛交换的要求，暴力的掠夺就很自

---

① 马克思《资本主义以前的社会形态》。
② 《马克思恩格斯选集》第一卷，页 27。

然地成为互市的继续和补充。因此，贡市与劫掠往往是同时或者交替进行的。明中叶以后的蒙古，"迩来生齿日繁，又益以汉人居半，射猎不足以供之，其势不得不抢掠"①。蒙古使者在致明朝的文书中说："去年差了三千余人进贡，止准一半，阻回一半，都生歹心有。小王子死生定了：今再差四千人进贡。若都准了便罢，若只准一二千呵！也不进贡，都生起歹心了。王子那时也主张不得，你也难怪我们。"②可见暴力的劫掠在某种程度上是打开互市与补充互市的一种手段。历史上北方民族与中原王朝间的战争是由于中原的封建统治者的民族压迫与经济封锁政策，和北方民族统治者无厌的贪欲所制造的。交换的不足和中断而引起战争，战争的客观效果往往使交换得到新的开展。在封建制的历史条件下，北方民族的向心运动，很大程度上必须通过北方民族与汉族双方统治者间的交往，甚至通过开边、入塞等暴力行动来开辟道路，这是不足为怪的。

当然，和所有复杂的社会现象一样，在北方民族的向心运动中，例外的情况也是总可以找到的。一些北方民族都发生过西迁的例子。她们西向迁徙的原因大体有以下两种：第一是受到别的民族、特别是汉族统治者强大的军事打击，无以存身，不得不折而西走，而把新疆北部一带作为存身之地。北匈奴、柔然、回纥等都是如此。至于匈奴与柔然由此而进一步辗转西迁，已经是属于另外的问题。第二是本身的分裂。在她们的向心发展中，"和汉"与"反汉"两种势力的对立和斗争是经常存在的。一世纪中匈奴分裂为南、北两部，主要是围绕投汉的问题产生的。③隋代突厥的分裂，也明显有隋的影响在内。④向心运动是历史的潮流，逆潮流的人总是少数。在一个绵亘两千多年的向心潮流中出现少量的变态和少数逆潮现象是完全可以理解的。

---

① 峨眉山人《译语》。
② 芷源箸陂微臣《治世余闻录》。
③ 《后汉书·匈奴传》。
④ 突厥文《阙特勤碑》在记述这次分裂时把隋王朝的"从中施用阿谀与诡计"当成三个原因。

二 汉族文化对北方民族社会发展的催化作用

北方游牧民族社会的发展，具有与中原农业定居民基本原理相同，而又有某些特点的规律。我们在这里不是来研究这种规律，而是着重讨论汉文化的催化作用问题。从马克思主义的观点来看，社会发展的基本原因是其本身生产力与生产关系的矛盾运动。这是内因。内因是变化的根据，外因是变化的条件，外因通过内因而起作用。催化是一种外部的助力。但在事物变化运动的因素已经具备的情况下，它就可以大大加速运动的进展，作用是巨大的。从这个意义上讲，研究汉文化对北方民族社会发展的催化作用，无疑也是一个十分重要的课题。

汉文化对北方民族社会发展的催化作用，主要反映在以下两个方面。

首先，中原先进生产力的引入是加速草原诸部社会发展的重要因素。铁和铁制工具的输入对草原牧民从生活到发展畜牧业、手工业以及改进军事装备等方面无疑都有巨大的作用。鲜卑的强大与精金良铁的大量输入相关。生女真旧无铁，通过交换，"得铁既多，因之以修弓矢，备器械，兵势稍振"。[①] 早期的蒙古，得铁甚艰，甚至连一副铁马镫也是奢富的标志。[②] 在使用骨镞的情况下，军事力量当然还是有限的。金废铁钱，"由是秦晋铁钱皆归之，遂大作军器，而国以益强"。[③] 这一类的事实是大家都清楚的。我在这里不多事重复。除了这些物质的因素外，更重要的是大批汉人的流入。人是生产力最基本、最活跃的因素，大批具有先进生产技术和先进文化的汉人流入草原，无可避免地会给北方民族社会经济和文化带来巨大的影响。细检历史资料，我们就不难发现一个寓意深长的现象，就是几乎所有北方游牧民族的勃然兴起和强大难制，没有一个

---

① 《金史·世纪·景祖》。
② 《世界征服者的历史》(英译本)第一卷，页22。
③ 《建炎以来朝野杂记乙集·边关事·鞑靼款塞》。

不是与大批汉人流入密切相关的。

战国末年的兼并战争和秦王朝的暴政都曾造成大量汉人的北流。匈奴中有所谓"秦人"。颜师古注云："秦时有人亡入匈奴者,今其子孙尚号秦人。"① 入汉以来,汉人北流匈奴的现象一直不曾停止。他们或者是从军的陷没者,或者是贫困和犯罪的流亡者以及战争中的俘虏。应劭说："秦始皇遣蒙恬筑长城,徒士犯罪,止依鲜卑山,后遂蕃息。"② 这便是鲜卑的由来。这种说法当然不能认为可靠,但犯罪亡胡确是当时的风气。侯应也说:"盗贼桀黠、群辈犯法,如其窘急,亡走北出,则不可制。"③ 朱家说滕公:"且以季布之贤,汉求之急如此,彼不北走胡南走越耶?"④ 楚汉之际一些战败的将军和汉初一些失意的人士如韩王信、臧衍、卢绾、卫律、赵信、中行说等都是把匈奴当成逃逋的渊薮。这些人都有一定的技艺、文化和政治经验。卫律教匈奴穿井、筑城、治楼以藏谷⑤,赵信置城以积粟⑥。中行说为匈奴充当谋主,匈奴的实力因之得到加强。此外,奴隶和贫困者的逃亡也是引人注目的事实。侯应记当时"边人奴婢愁苦,欲亡者多曰:'闻匈奴中乐,无奈候望急何!'然时有亡出塞者"。又"往者,从军多没不还者,子孙贫困,一旦亡出,从其亲戚。"⑦ 这一时期中,漠北地区出现城居和农业,无疑是直接同大批汉人的流入相联系的。

鲜卑之兴,也是"汉人逋逃,为之谋主"⑧ 的结果。轲比能部小种鲜卑部落近塞,"自袁绍据河北,中国人多亡叛归之,教作兵器、铠、楯,颇学文字。故其勒御部众,拟则中国"。⑨ 这里明确地表明汉人逃亡者对发展北方民族手工业技术以及文化方面的重大作用。

---

① 《汉书、匈奴传上》注。
② 《太平御览》卷六四九引《风俗通义》。
③ 《汉书·匈奴传下》。
④ 同上,《季布传》。
⑤ 同上,《匈奴传上》。
⑥ 同上,《霍去病传》。
⑦ 同上,《匈奴传下》。
⑧ 《后汉书·鲜卑传》。
⑨ 《三国志·乌丸传》、《鲜卑传》、《东夷传》。

北朝时期,战乱纷烦。北齐亡,其定州刺史高绍义亡入突厥,他钵可汗立为齐帝。隋文受禅,营州刺史高宝宁作乱,与沙钵略可汗合军。类似的逃亡事例当然是很多的。史载突厥因"隋末乱离,中国人归之者无数,遂大强盛"①。北边的军阀薛举、刘武周、梁师都、李轨、高开道等俱臣服于突厥,突厥各授以可汗的封号。隋亡,突厥处罗侯可汗迎皇后萧氏至其牙所,立政道为隋王,"其中国人在虏廷者悉隶之,行隋正朔,置百官,居于定襄城,有徒万余"。②唐太宗贞观三年(629),汉人自塞外来归及突厥前后内附、开四夷为州县者男女一百二十余万口(《通典·四夷》又《旧唐书·太宗纪》均作一百二十余万口,然《通典·突厥》则作二十余万口)。贞观五年,唐复以金帛购汉人因隋末丧乱没入突厥者男女八万人,尽还其家族。③张公瑾论突厥可取之状,其中主要的一条是:"华人入北,其类实多。比闻自相啸聚,保据山险。师出塞垣,自然有应"。④贞观九年,草原大雪人饥,"中国人在彼者皆入山作贼"⑤。贞观二十一年,太宗在一篇诏文中还提到:"隋末丧乱,边疆多被抄掠。今铁勒并归朝化。如闻中国之人先陷在蕃内者,流涕南望,企踵思归。朕闻之惕然。宜遣使往燕然等州,知见在没落人数,与都督相计,将物往赎。远给程粮,送还桑梓。"⑥这些材料都表明,当时"陷蕃"的汉人数字是相当巨大的。

唐末"中原罹乱,燕人多入于虏",⑦"邻藩燕人军士多亡归契丹,契丹日益强大"。⑧《五代史记·契丹传》也说:"刘守光末年苛惨,军士叛亡,皆入契丹。咱周德威攻围幽州,燕之军民,多为

---

① 《隋书·北狄传·突厥》;又《旧唐书·高昌传》:"初,大业之乱,中国人多投于突厥。"
② 《通典·边防十三·突厥上》。
③ 《旧唐书·太宗纪下》、《册府元龟·帝王部·仁慈》、《资治通鉴·唐太宗贞观五年》。
④ 同上,《张公瑾传》。
⑤ 《贞观政要》卷八。
⑥ 《册府元龟·帝王部·仁慈》、《资治通鉴·唐太宗贞观二十一年》。
⑦ 《册府元龟·外臣部总序》。
⑧ 《契丹国志》卷一。

寇所掠。既尽得燕，中人士归之，文法由是渐盛。"这些俘虏的汉人"教契丹以中国织纴工作无不备，契丹由是益强"[1]，"幽州人韩延徽教阿保机树城郭，分市里，以居汉人之降者。又为定配偶、教垦艺以生养之，以故逃亡者少"[2]。为了能够大量而且有效地安置这些从内地迁来的汉户，契丹统治者往往因其旧贯，"置州县以居之，不改中国州县名"[3]。契丹统治者的这种作法，对全面引入中原经济文化及政治制度，从而加速其本身社会的发展具有重大的意义。女真统治时期，山后诸州的契丹人等不堪压迫，亡入蒙古，如耶律秃花、耶律阿海、移剌涅儿、石抹也先、粘合重山等都是其中突出的代表。[4]成吉思汗南征，大肆俘掠人口，迁入草原，数字十分巨大。他们大多是手工匠人。徐霆说："鞑人始初草昧，百工之事，无一而有。其国除孽畜外，更何所产？其人椎朴，安有所能？止用白木为鞍桥，鞦以羊皮，镫亦剜木为之，箭镞则以骨，无从得铁"。"后灭金虏，百工之事，于是大备"。[5]明中叶以后，掩答汗据土默特川，其势大盛，同样也与大批汉人迁入有关。这些汉人一部分是俘虏，但大部分是逃亡者。明期的文献中屡屡提到："迩来边人告饥，又苦于朘削，往往投入虏中。"[6]"比年北虏为患，俱因掳去边民及负罪投入者，教以用兵节制，以故所向无前。"[7]"近年各边奸民，逃入虏中，为奸细者多。"[8]俺答汗在土默特川大造"板升"（义为房），"板升之众以万数，皆我汉人"，"至今生聚十万"。[9]特别值得指出的是构筑板升的汉人都是逃避明政府追捕的白莲教徒，如萧芹、丘富、李自馨、赵全等。他们造楼房、舳舻，创板升，置农器种禾，垦田积粟，又"教虏左右疏计，课校人、牛畜，益习

---

[1] 《五代史记·卢文进传》。
[2] 《辽史·韩延徽传》。
[3] 《山阴杂录》。
[4] 诸人本传均见《元史》。
[5] 彭大雅《黑鞑事略》。
[6] 《明实录·武宗实录·正德十五年二月庚申》。
[7] 同上，《世宗实录·嘉靖元年五月丁巳》。
[8] 同上，《嘉靖二年十二月癸卯》。
[9] 《万历武功录·扯力克传》。

攻取",①使土默特川经济状况发生了巨大的变化。

所有这些材料都无可辩驳地说明：历史上北方民族的勃兴与强大，通常与大批汉人的流入是直接相关的。这些汉人中，除极少数得到信任和提拔、充当统治者的谋士者外，绝大多数是下层的劳动者，甚至多是逃亡的奴婢和受追捕的反抗者、罪犯以及俘虏。他们被掠或者逃亡来到草原，同时也就带来了中原先进的文化技术。在开发草原，加速北方民族社会发展方面，他们是起了积极的促进作用的。这一部分汉人在绝大多数情况下，最后为北方民族所融合，从而增进了北方民族与汉族人民的兄弟情谊。

其次，汉文化对北方民族社会发展的催化作用还表现在因采用"汉法"而加速其社会发展阶段的飞跃，使迅速完成封建化的进程。刚步入阶级社会门槛的北方民族，和中原发达的封建制度相比是落后的。她们一旦入据中原后，就面临一个如何才能把统治维持下去的问题。马克思曾经指出："所有的征服有三种可能。征服民族把自己的生产方式强加于被征服的民族（例如，本世纪英国人在爱尔兰所做的，部分地在印度所做的）；或者是征服民族让旧生产方式维持下去，自己满足于征收贡赋（如土耳其人和罗马人）；或者是发生一种相互作用，产生一种新的、综合的生产方式（日耳曼人的征服中一部分就是这样）"。②在中原封建经济不具备变化的根据的情况下，北方民族的进据不可能导致新的、综合的生产方式的产生。新进入中原的北方游牧民族，也曾企图把自己的生产方式强加于内地。蒙古人别迭，就曾建议窝阔台：不若尽去汉人，"使草木畅茂以为牧地"③。但是，实际的利益与人民的反抗使蒙古统治者认识到维持原来的生产方式，满足征收贡赋的好处。由于占领很快就有结束之日，而且，"劫掠方式本身又决定于生产方式"，为了保证继续有可能劫掠就必须进行生产。因此，"定居下来的征服者所采纳的社会制度形式，应当适应于他们面临的生产力发展水平，如果起初没有这种适应，那末社会制度形式就应当按照生产力而发生变

---

① 《万历武功录·俺答传下》。
② 《马克思恩格斯选集》第二卷，页100。
③ 宋子贞《中书令耶律公神道碑》，载《元文类》卷五七。

化。"①"在长时期的征服中,比较野蛮的征服者,在绝大多数情况下,都不得不适应征服后存在的比较高的'经济情况';他们为被征服者所同化,而且大部分甚至还不得不采用被征服者的语言。"②元初的理学大家许衡在给忽必烈的一份建议书中说:"考之前代,北方之有中夏者,必行汉法,乃可长久。故后魏、辽、金历年最多;他不能者,皆乱亡相继。史册具载,昭然可考。使国家而居朔漠,则无事论此也。今日之治,非此奚宜。夫陆行宜车,水行宜舟,反之则不能行;幽燕食寒,蜀汉食热,反之则必有变。以是论之,国家之当行汉法无疑也。"③徐世隆也说忽必烈:"陛下帝中国当行中国事。"④所谓"汉法"、"中国事",古人的心目中是汉官仪文制度,但它在本质上乃是适应于中原封建经济基础的汉文化传统的上层建筑。古人当然无法懂得上层建筑必须与自己的基础相适应的道理。但从历史的经验和实际的政治需要中,对只有行"汉法"才能使他们在中原的统治稳定下去,却是一个迫切而现实的课题。他们中的一些人如元宏、阿保机以及忽必烈、玄烨等都是顺应这一时代的需要而作出过有益贡献的杰出历史人物。

采用"汉法"的直接结果首先是改变了落后的旧制,使这些北方民族所建立的新王朝在政治制度与经济政策等方面继承并发展汉地的传统,基本上与中原的封建经济基础相适应,并积极为其恢复与发展服务。因掠夺战争而一度受到破坏与中断的生产开始得到恢复,政权趋于巩固。在这一时期里,一般来说,这些北方民族还正是处于一种上升和生气蓬勃的时期,因此,由她们所建立的新王朝往往比起此前的汉人王朝来显现出新的活力,予中国历史以新的、巨大的推动。元朝和清朝的大统一都是很好的例子。

采用"汉法"的直接结果之二就是这个原来还是处于落后阶段的北方民族,经过一个发展的飞跃,成了一个在政治能力与文化水平上足以胜任对中原进行管理的统治民族,迅速完成向封建制度转

---

① 《马克思恩格斯选集》第一卷,页81。
② 同上,第三卷,页222。
③ 《元史·许衡传》。
④ 同上,《徐世隆传》。

化的过程。从原始社会的后期，经过奴隶社会而进化到发达的封建制阶段，在通常的情况下，是一个千百年缓慢发展的过程。但是，因为有汉文化的催化作用，历史上的北方民族却能够在短短的数十年内完成这一漫长的历程。单就这一点，就足够表明行汉法对北方民族社会发展的推动作用何等巨大。正像南向向心运动中曾经出现过逆流一样，在学习汉文化、采行"汉法"的问题上也是贯穿着两种路线的斗争的。从元魏到蒙古和满清，在改更旧俗、采用"汉法"中都曾与守旧顽固势力进行了激烈的斗争。进步的事业总归是受人民的支持，不可战胜的。守旧顽固势力的拼死阻挡，最后仍然是以其彻底失败而告终。历史的教训，斑斑可考，我们是不应该忘记的。

三 北方民族与汉族的融合是历史发展的潮流

在本文的前两节里，我们论证了北方民族社会发展中的"向心运动"规律。在"向心运动"中，又通过汉文化的催化作用而加速其社会发展，把这些北方民族推上中国历史的前台，与汉族及其他少数民族一道，为中国社会和中华民族的发展作出积极的贡献。在共同的生产斗争与阶级斗争中，进入中原的北方民族，与汉族人民并肩战斗，终而至于必然与汉族融合。

关于汉民族的形成问题，不属于本文讨论的范围，我们在这里只想指出，正如毛泽东同志所说的："汉族人口多，也是长时期内许多民族混血形成的"。[①] 历史上存在过的北方民族就是这里所说的"许多民族"中的一些。汉族很古就是以华夏族为核心而融合其周围的许多小部族而形成的。"成周之世，中国之地最狭。以今地理考之：吴、越、楚、蜀、闽皆为蛮。淮南为群舒，秦为戎。河北真定、中山之境乃鲜虞、肥、鼓国。河东之境有赤狄、甲氏、留吁、铎辰、潞国。洛阳为王城，而有杨拒泉皋、蛮氏、陆浑、伊雒之戎。京东有莱、牟、介、莒，皆夷也。杞都、雍丘，今汴之属邑，亦用夷礼。

---

① 《毛泽东选集》第五卷，页 278。

邾近于鲁,亦曰夷。"① 这些当时被称为蛮夷的部族,至迟到战国初期,大多已加入汉族的队伍,构成汉族的先民。从这以后两千多年汉族发展的历史,正像是滔滔东注的长江,融合百川,最后成为一条汹涌澎湃的巨流。这些汇聚的支流中,最引人注目的便是接连在蒙古草原上突起的诸北方民族。

北方民族与汉族的融合,依历史情况不同而采两种不同的途径。一种是由强大的中原汉族王朝开疆辟土政策所造成的。在中原王朝军事压力与政治感召下,北方民族被迫纳款或自愿臣附。汉、唐极盛时期就是属于这种情况。东汉时窦宪破匈奴,"于是温犊须、日逐、温吾、夫渠王柳鞮等八十一部率众降者,前后二十余万人"。② 唐太宗贞观二十年,回纥、拨野古,同罗、仆骨、多览葛、思结、阿跌、契苾、跌结、浑、斛薛等部来朝于灵州,请求"归命天子,乞置汉宫",奉太宗为天可汗。太宗为置瀚海、金微等六都督府及皋兰、高阙等十三州,统辖漠北诸部,又"置驿六十六所,以通北荒"。③ 高宗咸亨中,突厥诸部落来降附者,多处之丰、胜、灵、夏、朔、代等六州,即所谓六州降户。玄宗开元四年(716),突厥可汗默啜被杀,其所属之回纥、同罗、霫、拔曳固、仆骨五部落来附,唐于大武军北安置。中原王朝通过赐予、和亲等怀柔政策,进行招徕。臣附的北方民族亦与汉民族友好相处,使北边塞上出现一派宁谧繁荣的景象。呼韩邪单于附汉,相约"自今以来,汉与匈奴合为一家,世世毋得相诈、相攻。有窃盗者,相报,行其诛,偿其物;有寇,发兵相助。"④ 开元末,唐许与突厥通婚,突厥遣使奉《谢婚表》说:"自遣使入朝以来,甚好和同,一无虚诳,番汉百姓,皆得一处养畜资生,种田未足。今许降公主,皇帝即是阿助,卑下是儿,一种受恩,更有何恶。"⑤ 历代中原王朝的统治者在对付北方民族的策略中,用筑长城的办法来防守,使自己处于被动防御的地位,是

---

① 永亨《搜采异闻录》卷一。
② 《后汉书·窦宪传》。
③ 《旧唐书·太宗纪下》《铁勒传》。
④ 《汉书·匈奴传下》。
⑤ 《册府元龟·外臣部二四·和亲二》。

笨拙而不可取的。长城对于防止北方民族的入掠作用有限，而对两方人民的交往却是很大的阻碍。唐太宗就讥笑隋代筑长城是策之下者，不可取。他说："我以李勣为长城。"①但是，单纯的军事征服也是解决不了问题的。唐初在解决北方民族关系上的成功并不单凭军事上的胜利，还因为它有一个比较开明的、对少数民族包容绥抚的民族政策。这种政策有利于民族融合的进展。唐王朝的高度繁荣与强大，内附的少数民族，其中特别是北方民族是有很大贡献的。

另一种途径正相反，它是通过北方民族的入主中原而实现的。十六国、北朝、辽、金、元和清都属这一类型。无论是就民族融合的广度与深度而言，较之前者，它的规模都远为巨大，给历史所带来的影响也更为深远。

北方民族入主中原是通过武力征服而完成的。战争无可避免地要带来破坏，特别是习惯于游牧的北方民族，要求的是"把肥沃土地和人烟稠密的居处变为牧场"②。从破坏农业到适应中原经济情况需要一个过程。这一过程迁延越长，破坏的程度就越严重。但是，从发展来看，破坏总是暂时的。随着"汉法"的采用，破坏也就停止，经济又重新得到了恢复与发展。而且从另一种角度来看，在中原遭到破坏的同时，一个新的民族大融合运动也就已经开始。随着军事征服的进行，许多世居漠北与中原隔绝的民族，都因此而被卷入到民族大融合的激流中来。每当一次北方民族进军中原时，总有很多民族随军裹胁而来。北魏的拓跋焘《致臧质书》："吾今所遣斗兵，尽非我国人，城东北是丁零与胡，南是三秦、氐、羌。"③女真伐南宋，随粘罕军南下的有鞑旦、奚、黑水、小勃律、契丹、党项、黠戛斯、大石、回鹘、室韦等部。④与此同时，一大批汉人俘虏被迁发到了草原。这就形成一股草原南北人口对流的运动。随着征服的完成，又开始了一个少数民族内迁的巨流，其结果就导致一

---

① 《新唐书·李勣传》。
② 马克思《十八世纪外交史内幕》，载《历史研究》1978 年第一期。
③ 《宋书·臧质传》。
④ 《三朝北盟会编》卷九九引范仲熊《北记》。

个各民族杂居局面的形成。以元期为例，蒙古伐金，曾多次把大批汉人北迁，仅史秉直所部被迁发安置在土拉河上的汉人就有十余万家，① 和林、应昌、镇海、谦谦州等新兴城镇以及草原的许多地点都有被迁发的汉人聚居，② 镇海一地匠局所领就有俘万口，其后以一半迁弘州，所存犹达五千。③ 草地上的牧奴十分之七是汉人俘虏，④ 河南六州之民被迁至威宁垦种，⑤ 襄、鄂之民被迁至宁夏屯田。⑥ 忽必烈时期，汉人军士、工匠被遣往漠北垦田、凿井、营造兴建者史不绝书。另一方面，大批蒙古军和探马赤军进驻中原华北地区，"即营以家"；色目官僚之仕于内地者也从便居住。一部分蒙古人开始在云南境内世代定居，屯驻在合肥的西夏人也从此就在这里落户⑦。晋北、宣化一带则为回回、阿尔浑、康里、钦察、斡罗思等人户的聚居之区。一些著名的城市中各民族侨寓杂居的现象更为普遍。以镇江为例，侨寓人户三千余，包括畏吾儿、蒙古、回回、也里可温、河西、契丹、女真等各民族的成员。⑧ 民族杂居为民族间的融合创造了良好的条件，通过共同的生产斗争与阶级斗争，这些内迁的民族很快就融合在汉族之中。当然，就统治阶级而言，他们是不愿而且害怕民族融合的，因此顽固地推行民族歧视和民族压迫政策。他们不得不采行"汉法"，但又极力防止"汉化"，极力维护其民族特权。他们制定了一系列的政策，从刑法、选举、赋役乃至于衣冠服饰和语言等方面贯彻民族压迫。但是，这样作终究阻挡不了民族融合的历史洪流。女真猛安、谋克人户在内迁后不过二三十年，就出现了"寖忘旧风"、"燕饮音乐、皆习汉风"，并普遍改用汉姓的现象。宫中的诸王子也"自幼惟习汉人风俗"，"至于女真文

---

① 《元史·史天倪传》；胡祇遹《德兴太原人匠达噜噶齐王公神道碑》，载《紫山大全集》卷一六。
② 参见《长春真人西游记》、张德辉《边堠纪行》及《元史》中有关记载。
③ 许有壬《元故承相怯烈公神道碑》，载《圭塘小稿》卷九。
④ 《黑鞑事略》。参见张养浩《驿卒佟锁住传》，载《归田类稿》卷一一。
⑤ 姚燧《兴元元帅瓜尔佳神道碑》，载《牧庵集》卷一六。
⑥ 《元史·朵儿赤传》、《袁裕传》。
⑦ 余阙《发彦温赴河西廉使序》，载《青阳集》卷四。
⑧ 《至顺镇江志·户口》。

字、语言，或不通晓"。①由于内迁之始，金统治者就允许女真人与汉人、契丹人通婚姻，②因此，"后来生于中原者，父虽虏种，母实华人"，"非复昔日女真"。③唐括安礼说当时"猛安人与汉户，今皆一家，彼耕此种，皆是国人"。④这种估计是符合当时的实际情况的。金世宗虽然极力提倡保存女真旧俗，但是毫无结果。内迁的女真人很快都融合于汉人之中。"汉人"一辞，辽、金、元三代，它的内涵是各不相同的。女真伐辽时，当时人已认为，经过有辽一代民族间的相互融合，"契丹、汉人久为一家"。⑤赵翼曾经正确地指出："金、元取中原后，俱有汉人、南人之别。金则以先取辽地人为汉人，继取宋河南、山东人为南人。元则以先取金地人为汉人，继取南宋人为南人"。⑥在元朝四种人的划分中，所有原属于金朝统治下的华北汉人以及契丹、女真、西夏和金朝北边之诸乣、诸群牧等都是属于第三等的"汉人"的。辽、金、元三代"汉人"一辞内涵不断扩大的事实，正就是二千多年来汉族不断发展成长的典型反映。

民族融合给中国历史和中华民族的发展带来了十分巨大的影响。

首先，扩大了汉族的队伍，为汉族增添了新的血液。汉族是世界上人口最多的一个民族。在历史上，她表现了惊人的吸收与融冶能力，血统复杂而又始终保持牢固的统一。应该说这种卓异的能力和素质就是在同北方民族不断的融合过程中锻炼而成的。我们祖先的创造发明中，有一些就是北方民族的贡献，譬如马的驯养和使用、马镫等马具的发明、胡服的创造、穹庐毡帐的利用、毛纺织技术的发明、奶制品的加工制作、牲畜的牧养以及带有浓厚草原气息的军事艺术和歌舞、音乐、医学、天文学等，这些都大大地丰富了祖国的文化宝库。民族的融合也为汉族灌注了新的活力。很多的

---

① 《金史·世宗纪》大定十三年。
② 同上，《兵志序》。
③ 蔡戡《论和战》，载《历代名臣奏议》卷二三四。
④ 《金史·唐括安礼传》。
⑤ 同上，《卢彦伦传》。
⑥ 《廿二史札记》卷二八。

政治家、军事家、科学家、文学家和艺术家是具有北方民族血统的，他们的积极活动，都对中国历史的发展作出了有益的贡献。

其次，随着民族的融合，不断开发和扩大了我国的疆土，并使北边地区与整个中国连成血肉一体，不可分割。东北的大部分地区，"辽、金崛起，遂为内地"。①元朝时候，蒙古草原正式划为直属中央的岭北行省。这都是直接的成果。五胡在华北的割据迫使东晋南迁；女真亡北宋，南宋偏安江左，江南地区都因此而加速了发展，同时也促进了汉族与南方少数民族的融合。这是间接的。至于元、清两代所创造的全国规模的大统一在中国历史上的重大意义，更是大家所有目共睹的。

值得指出的是历史上雄踞草原的北方民族本身，也都是以一个民族为主体，融合草原上的许多部族而成的，其中也包括大批北流的汉人在内。突厥"部落之下，尽异纯民，千种万类"。②唐末在草原上与契丹一度争雄长的鞑靼人③也是一种混杂的人们共同体。波斯史学家剌失德丁在记述塔塔儿（即鞑靼）人时说，"其他突厥族因为他们极其强大和荣耀的地位，在（所有人们）区别他们的支派和名称时，都以他们（即塔塔儿人）的名字得名，并且所有人们都名为塔塔儿。那些诸部也认为自己是塔塔儿人而感到自己的伟大与尊贵。"④这种现象当然远不止塔塔儿人为然，事实上它是从匈奴以来北方民族的通例。因此，北方民族本身也是由许多民族混血而成的。今天的蒙古族也是融合许多部族（包括汉人）而来的。如前所述，蒙古族在初兴后在向心运动以及积极吸取汉文化，从而加速社会飞跃这两个方面，都是按照前述北方民族发展的共同规律发展的。在元、明、清三朝，蒙汉两族也以不同的形式相互融合。但是，在1840年以后，国内外的形势发生变化，民族的发展与民族间的关系都相应有了不同。历史上出现的少数民族融合消失于汉族队伍中的现象已不再存在，代替它的是中华各族人民紧密团结，组

---

① 许有壬《先施堂记》，载《至正集》卷三六。
② 《隋书·突厥传》。
③ 《五代史记·高昌传》引王延德《使高昌记》。
④ 《史集》（俄译本）第一卷第一册，页102。

成为一个以汉族为主体的多民族大家庭。全国解放之后，在中国共产党的领导下，国内民族关系更发生了本质的变化。各族人民在马列主义、毛泽东思想的旗帜下，团结战斗，并肩前进，为把我国建设成现代化的社会主义强国而共同奋斗。民族是个历史的范畴，在产生阶级划分的社会经济基础消灭之后，民族同样也将在融合中消亡。今天，我国各族人民正在积极建设社会主义的战斗中根据平等、自愿的原则，开始了一个本质上完全新的发展过程。由于我们的讨论范围主要限于封建时代，因此，在 1840 年以后的民族关系，我们就不作专门论述。

以上是我的一点粗浅的看法。由于这个问题比较大，涉及的面又广，在理论上、材料上都还有许多工作要作。我的文章只是想抛砖引玉，错误之处，希望同志们指正。

（原载《民族史论丛》，吉林人民出版社，1980 年）

明律"雇工人"研究

一

　　《大明律》里的"雇工人"，有的地方是和奴婢相提并论的。如："犯罪自首"注云："若奴婢、雇工人为家长首及相告言者，皆与罪人自首同得免罪。""亲属相为容隐"，"奴婢、雇工人为家长隐者，皆勿论"。（卷一）

　　"发冢"："其子孙毁弃祖父母、父母及奴婢、雇工人毁弃家长死尸者，斩。""若子孙于祖父母、父母及奴婢、雇工人于家长坟墓熏狐狸者，杖一百；烧棺椁者，杖一百，徒三年；烧尸者，绞。""亲属相盗"："其同居奴婢、雇工人盗家长财物及自相盗者，减凡盗罪一等，免刺。"（卷一八）

　　"谋杀祖父母、父母"："若奴婢及雇工人谋杀家长及家长之期亲外祖父母若缌麻以上亲者，罪与子孙同。""造畜蛊毒杀人"："若造魇魅、符书、咒诅欲以杀人者，各以谋杀论；因而致死者，各依本杀法；欲令人疾苦者，减二等。其子孙于祖父母、父母，奴婢、雇工人于家长者，各不减。""杀子孙及奴婢图赖人"："若子孙将已死祖父母、父母，奴婢、雇工人将家长身尸图赖人者，杖一百，徒三年。""尊长为人杀，私和"："凡祖父母、父母及夫若家长为人所杀，而子孙、妻妾、奴婢、雇工人私和者，杖一百、徒三年。""若妻妾、子孙及子孙之妇，奴婢、雇工人被杀，而祖父母、父母、夫、家长私和者，杖八十；受财者，计赃准窃盗论，从重科断。"（卷一九）

　　"干名犯义"："其祖父母、父母、外祖父母诬告子孙、外孙、子孙之妇妾及己之妾若奴婢及雇工人者，各勿论。"（卷二二）

　　"奴及雇工人奸家长妻"："凡奴及雇工人奸家长妻女者，各斩。"（卷二五）

　　"与囚金刃解脱"，"若常人以可解脱之物与人，及子孙与祖父

736

母、父母，奴婢、雇工人与家长者，各减一等。""死囚令人自杀"：
"若虽已招服罪，而囚之子孙为祖父母、父母，及奴婢，雇工人为家
长者，皆斩。"（卷二八）

在这些条款中，雇工人与奴婢同列，它们在家长及家长之近亲
长辈前处于卑幼地位，法律地位大体接近。

但是，在另一些条款中，奴婢、雇工人的地位又呈明显的级差，
雇工人处于一种略高于奴婢的地位。如：

"良贱相殴"："凡奴婢殴良人者，加凡人一等；至笃疾者，绞；
死者，斩。""其良人殴伤他人奴婢者，减凡人一等；若死及故杀者，
绞。""若殴缌麻小功亲奴婢，非折伤勿论；至折伤以上，各减杀伤
凡人奴婢罪二等；大功减三等；至死者，杖一百，徒三年；故杀者，
绞；过失杀者各勿论。""若殴缌麻小功亲雇工人，非折伤勿论；至折
伤以上，各减凡人罪一等；大功减二等；至死及故杀者并绞；过失
杀者各勿论。""奴婢殴家长"："凡奴婢殴家长者皆斩；杀者皆凌迟
处死；过失杀者，绞；伤者，杖一百，流三千里。""若雇工人殴家长
及家长之期亲若外祖父母者，杖一百，徒三年；伤者，杖一百，流
三千里；折伤者，绞；死者，斩；故杀者，凌迟处死；过失杀伤者各
减本杀伤罪二等。""若奴婢有罪，其家长及家长之期亲若外祖父母
不告官司而殴杀者，杖一百；无罪而杀者，杖六十，徒一年，当房人
口悉放从良。""若家长及家长之期亲若外祖父母殴雇工人，非折伤
勿论；至折伤以上，减凡人三等；因而致死者，杖一百，徒三年；故
杀者，绞。""若违犯教令而依法决罚，邂逅致死及过失杀者，各勿
论。"（卷二○）

"奴婢骂家长"："凡奴婢骂家长者，绞。""若雇工人骂家长者，
杖八十，徒二年。"（卷二一）

"干名犯义"："若奴婢告家长及家长缌麻以上亲者，与子孙卑
幼罪同。若雇工人告家长及家长之亲者，各减奴婢罪一等，诬告者
不减。"（卷二二）

由此可见，雇工人与奴婢的法律地位，虽有所同，又有所不同。

上引"良贱相殴"一款中，奴婢殴良人，加凡人罪一等；良人殴
他人奴婢，减凡人罪一等。又卷二五"良贱相奸"一款中也规定：

"凡奴奸良人妇女者，加凡奸罪一等；良人奸他人婢者，减一等。"
这里清楚地表明：奴婢在法律地位上不仅低于主人，而且对于主人
之外的凡人也是低下一等的。但是，在同样情况下，雇工人如果与
主人及其近亲长辈之外的凡人相犯，究竟如何处理，在《明律》里
却没有明文规定。薛允升在所著《唐明律合编》一书里，对《明律》
雇工人的某些条款，多所指责，说它含糊、疏漏，不及《唐律》谨
严。该书卷二二中说："唐律奴婢一层，部曲一层。明无部曲，故只
有奴婢一层。其殴亲属之部曲，又改为雇工人，而又较殴奴婢科罪
为重。雇工人谋杀家长以上亲与奴婢同，而家长亲属杀伤雇工人、
及雇工人与亲属有犯，与奴婢异。均属参差。究竟雇工人是良是
贱，律内并未言及；其与平人相犯，是否以凡论，亦无明文。"卷六
中又说雇工人"盖用钱财雇觅而听其役使者也。然在主家谓之雇工
人，离主家是否以良人论，《名例》律既无专条；人户以籍为定律又
无此名目，则直在不良不贱之间矣！如与同主奴婢及平人相犯，如
何科罪，转难臆断。"薛允升的这些意见是否正确？实际情况究竟
怎样？要弄清楚这一点，我们必须作进一步的分析。

所谓"雇"，按照万历四十年刊行的王肯堂所著《大明律笺释》
卷六的解释，是"如雇车船之雇，计日论钱，以限满还归者也"。从
这一简单的说明里，我们可以知道：第一，雇工人在未受雇之前，
与雇主并无役属关系；第二，受雇是有报酬的；第三，在约定的限
满之后，可以归还。就是说：雇工人就其本来的身份说，他同雇主
一样，同属于良人，在法律地位上是平等的。只是根据双方所订定
的契约为雇主家充有报酬的劳作，在约定时间内，雇工人与雇主之
间，存在主雇关系。而在期限既满之后，主雇之间便不存在役属
关系。

这样，雇工人的法律地位就比较特别。"立券受值"的雇工人，
在受雇期内，与主家同居，为主家劳作；主家则供给其衣食之资。
从封建主的观点来看，佣雇并不是主家对雇工人的剥削，而是雇工
人无以为生，来受主家的豢养。这就使当时社会上把佣雇看成是低
人一等的行为，并因此而使佣雇成为主家对这些佣力为生者的"恩
义"，构成所谓"主仆名分"。所以，《大明律笺释》卷二〇说："雇倩

佣工之人，与奴婢终身服役者不同，与善良等辈之人亦异。"在传统观念上，雇工人不与一般良善等类，是颇受贱视的。

但是，雇工人究竟又与终身服役的奴婢有所不同。"奴婢者，抚育终身，恩义之深，名分之严也。雇工者，雇情代劳于一时，其恩义、名分又次于奴婢者。"① 当时社会上，良、奴之间的界线是严格的。良人是国家的编氓，赋役之所由出；奴婢则为私家所有，无与于国课。因此，一方面，政府为保证财政收入，禁止抑良为奴（参见《大明律》卷四"收留迷失子女"；卷一八"略人、略卖人"）。另一方面，为了维护封建体制，又严格地坚持良、奴的分界，奴婢非经一定的放免手续，是不得跻列于良人的（参见《大明律》卷六"良贱为婚"）。雇工人则不同。它本来是良人；在受雇期满后，它又恢复其原来的良人身份。因此，尽管是在受雇期内，雇工人的法律地位，比起奴婢来，还是要高出一等。

既然雇佣关系是发生在两个凡人之间，程限有一定，期满之后仍各为凡人，这就决定了主雇关系只存在于当事双方的定限期内。至于主人之外的一般人，雇佣工人和他们并不存在任何役属关系，因此，在法律上，彼此有犯，同属于凡人，地位是平等的。这一点，我们可以引明朝政府所颁行《比部招拟》一书中所载的两起成案作例子。该书卷之五"雇工奸家长妾"款载：

> 一名王柱云云，余丁，状招：先年间，故父王春，将柱卖与在官韩氏为义男，娶在官李氏与柱为妻。后韩氏改嫁与不在官李名为妻，柱随同住过日，遂与人佣工生理。正德九年（1514）五月内，有在官杨锐，娶在官永氏为妾。正德十三年七月内，杨锐雇到熟识人今脱逃赵乾，一向在家佣工。本年十月内，赵乾不合向永氏求奸，永氏不合依允，与赵乾通奸情熟。正德十四年八月内，赵乾不合向永氏诱说"你夫主十分严谨，不如跟我出去为妻"等语。永氏不合听依。本月初八日，赵乾商同柱不合就于本日晚前去将永氏拐出。永氏不合偷带去本家银簪二根，重八钱，冬夏衣服共四十件，共值

---

① 《御制新颁大明律例招拟指南·刑律一三·奴婢骂家长》。

钞一百二十贯之上，同到柱家。永氏当将白纱小衫云云共十六件与柱，不合收寄，韩氏亦不合不行戒阻。柱等怕人缉知，将永氏刁领到地方半边店潜住。柱等与永氏各不合一向奸宿……

事发到官，其判词云：

> 一议得王柱等所犯，王柱除不应、永氏除卑幼私擅用财，并和同相诱良人为妻，被诱之人减一等；又与王柱俱除刁奸各罪名外，永氏合依雇工人奸家长妾减妻女一等律，杖一百，流三千里。王柱依和同相诱良人为赵乾从减一等律，杖八十，徒二年……有《大诰》减等。永氏杖一百，徒三年。系奸妇，止杖一百，余罪收赎。王柱杖七十，徒一年半。系军余，审无力……王柱照例送工部，照徒年限作工满日……

按照《明律》，凡二罪以上俱发，以重者论处。这里的王柱，靠佣工为生。但因为他并不是杨锐所雇，所以在这一案件中，他最重的罪状只是"依和同相诱良人为赵乾从"，而不是依雇工人奸家长妾条来处分。

另一宗判例为同书卷之五"犯罪拒捕"条：

> 一名孟仓云云，民，状招：正德十年四月十五日，仓因艰难，不合越关来京，与人佣工为活。本月三十日，仓窥见金吾后卫所在官军余刘玉家无门户，不合于本日夜五更时分到伊家内，将小车一辆，值钞二十贯之上，偷出推走。刘玉知觉，跟赶前来。仓又不合用原拿木棍，将伊右手背上打讫一下。刘玉将棍夺去，向仓额颅等处亦打几下，将仓拿获……

其判词云：

> 一议得孟仓所犯，除越关罪名外，合依犯罪拒捕者于窃盗二十贯罪上加二等律，杖一百。有《大诰》减等，杖九十。系民，的决初

犯,于右小臂刺"窃盗"二字,送顺天府递回原籍为民充警。

孟仓也是一个靠佣工为生活的人,然偷盗他人财物拒捕,只依一般犯罪拒捕论处。这两起案例都为我们证明,雇工人的主雇关系,只存在于当事双方;对于主人以外的一般人,他们的法律地位是平等的。至于律文所规定的主家的近亲尊长对雇工人也享有特权,这是封建宗法关系在法律上的反应。它是由主人对雇工人的人身支配权所派生的。

在另一部万历年间刊行的姚思仁所著《大明律附例注解》卷二〇"良贱相殴"一款的眉栏里,有一段注解说:"相侵财物,重在良人侵奴婢一边。如奴婢因良人侵己财物而殴伤之者,不在加等;至死者但绞。良人因侵奴婢财物而殴伤之者,不在减等;故杀者亦斩。盖良人殴他人奴婢尚得减等,况因侵其财物而殴之,反不减耶?奴婢殴良人本应加等,况因侵良人而殴之,反不加耶?若殴他人之雇工人,以凡人论。"这里,说明雇工人对于主人以外的一般人,在法律地位上是没有差等的。

综上所述,雇工人的法律地位,处于主人与奴婢之间。它既不齿于良人,又不同于奴婢;其本来身份为良,而受雇后即为贱;在受雇期内为贱,限满归还之后又为良;其于主人为贱,而于主人之外的一般人又同为良。其地位正是处于"不良不贱"、亦良亦贱之间。了解了这一点,回头来读《明律》有关雇工人的条款,就可以知道明律前后浑然一体,无暇可击。薛允升的批评是不合实际的。

二

为了对雇工人这种人有进一步的了解,我们还有必要对历史作深入的探索。

薛允升注意到《明律》里的"雇工人",在《唐律》的相应条款中都作"部曲"。这就很容易给人以一种印象,似乎"雇工人"是直接取代"部曲"而来。实际上这中间的发展关系却远要复杂。

和《明律》把社会上的人划分为主人、雇工人和奴婢三种一样,

《唐律》也列有良人、部曲和奴婢三等。在《唐律》中，"奴婢贱人，律比畜产"（《唐律疏议·名例六》）。又"诸以私财物、奴婢、畜产之类，贸易官物者"条，其注云："余条不别言奴婢者，与畜产、财物同。"《疏议》曰："以私家财物、奴婢、畜产之类，或有碾硙、邸店、庄宅、车船等色，故云'之类'。注云：余条不别言奴婢者，与畜产、财物同谓。反逆条中，称资产并没官，不言奴婢、畜产，即是总同财物。"（同上，《盗贼四》）"奴婢既同资财，即合由主处分。"（同上，《户婚下》）奴婢可以在市场上论价，像牛马一样，立券买卖。（同上，《诈伪》、《杂律》）足见这些奴婢只是主人的能说话的财物。

《唐律》里的部曲也同样被认为是贱类，隶属于自己的主人。"奴婢、部曲，不同良人之例。"（同上，《名例二》）"奴婢、部曲，身系于主。"（同上，《贼盗一》）"部曲、奴婢，是为家仆，事主须存谨敬。"（同上，《斗讼二》）在《唐律》中不少地方，部曲和奴婢是并提的，但他们之间又有所区别。法律规定：官奴婢"一免为番户，再免为杂户，三免为良民"。[1] 所谓杂户者，"前代犯罪没官，散配诸司驱使，亦附州县户贯，赋役不同白丁。"官户者，"亦是配隶没官，唯属州县无贯。"[2]《唐会要》卷八六里解释说："诸律、令、格、式有言官户者，是番户之总号，非谓别有一色。"《新唐书·百官志一》则谓："一免者，一岁三番役；再免为杂户，亦曰官户，二岁五番役，每番皆一月；三免为良人。"可知所谓"番户、杂户"皆得谓之官户。官户的法律地位与部曲相当，其区别只是官户隶属于司农，部曲则隶属于私家。[3] 奴婢律比畜产，而部曲不同资财。[4] 奴婢可以出卖，而部曲只能转事人。[5] 奴婢买卖有价，部曲则转事无估，仅量酬衣食之值。[6] 由此可见，部曲是一种世代隶属主人的家仆，其身份是

---

[1] 《旧唐书·职官志二》。
[2] 《唐律疏议·户婚上》。
[3] 同上，《名例六》。
[4] 同上，《贼盗一》。
[5] 同上，《贼盗二》。
[6] 同上，《名例二》、《诈伪》。

贱民,不过比起奴婢来又略高一筹。

把《唐律》的部曲和《明律》的雇工人相比,它们之间有着明显的区别。

第一,部曲的身份是贱民;而雇工人本来的身份则为良民,只是在约定的雇佣期内,才对自己的雇主发生主雇关系。

第二,部曲世代隶属于本主,不得脱离;雇工人则定约有年限,限满归还之后,即可恢复其原来的良人身份。

第三,部曲是一个固定的社会等级,它略高于奴婢而低于良人(包括主人之外的一般人)。雇工人则仅与本主发生役属关系,即使是在被雇期内,与主人以外的一般人有犯,都按凡人处理。

所有这些差异表明,用雇工人来取代部曲,确是历史的巨大进步。它反映了从唐到明的六七百年来中国封建社会的重大变化。这种变化是以封建社会内商品经济的发展为前提的。在商品经济的作用下,雇佣关系逐步挣脱封建的桎梏,迂回曲折地发展起来。

雇佣这一现象,历史上是很早就存在的。在我国,远从战国、秦汉时期就不断有关于佣工的记载。周赧王三十二年(前283),"齐淖齿之乱,湣王子法章变姓名为莒太史敫家佣。"[1]陈涉尝为佣工,耕于垄上。《一切经音义·妙法莲华经二》"佣赁"引蔡邕《劝学注》说:"佣,卖力也。"《汉书·高惠高后文功臣表序》:"诏令有司求其子孙,咸出庸保之中。"颜师古注:"庸,卖功庸也;保,可安信也。皆赁作者也。"《通典·食货一·田制上》:汉武帝时,"故平都令光,教过以人挽犁。过秦光以为丞,教民相与庸挽犁。"其注云:"庸,功也。言换工共作也。义与佣、赁同。"可知古来的佣,都是"雇身为人力作"[2]。这种佣工的身份如何?史阙有间,我们现在仍难于肯定。但是,从原则上讲,当时的雇佣,只不过是占主导的生产关系的补充,是不能不受封建奴役制度的影响的。《汉书·翟方进传》载:翟义与刘信"弃军庸亡"。孟康注:"谓挺身逃亡,如奴庸也。"又《太平御览》卷一四二引崔鸿《三十国春秋·后燕录》:元妃

---

① 《资治通鉴·周赧王三十二年》。
② 同上,胡注。

云:"我终不为庸人之妻。"把作庸人妻当成是一种侮辱,说明庸工是不齿于一般良人的。崔寔《政论》说:一个百里的长吏,"虽欲崇约,犹当有从者一人。假令无奴,当复取客。客庸一月千。"这种庸客虽然来自雇佣,在使用上同于奴婢,很难认为当时的这种雇工在法律地位上是与良人平等的。

唐宋以后,记载较详,佣工的身份也比较清楚。《唐律》中有一种"随身",这种随身实际上便是崔寔所记的"庸客"。据元初人王元亮的解释,"随身"是"两面断约年月,赁人指使"的人。①《唐律疏议·问答》:"随身之与部曲,色目略同。"随身既略当于部曲,其法律地位低于凡人是可以肯定的。

在《宋律》中,"随身"是和"女仆"并提的。又有一种"人力"。《东京梦华录·雇觅人力》条:"凡觅雇人力、干当人、酒食、作匠之类,各有行老供雇;觅女使即有引至牙人。"又《梦粱录·雇觅人力》条:"凡顾倩人力及干当人,如解库堂事、贴窗铺席、主管酒肆食店博士、铛头、行菜、过买、外出髹儿、酒家人师公、大伯等人……俱各有行老引领。"在《庆元条法事类》中,人力是和女使、佃客并提的,《诸色和奸》载:"诸于人力、女使、佃客称主者,谓同居应有财分者。"宋朝政府规定:略和诱人为人力、女使,嘉祐敕依略和诱人为部曲律减一等。政和敕论如为部曲律。建炎三年(1129)复定从嘉祐减一等敕。②《庆元条法事类》上引文也载:"诸人力奸主,品官之家,绞;未成,配千里。强者,斩;未成,配广南。民庶之家,加凡人三等,配五百里;未成,配邻州。强者,绞;未成,配三千里。"天禧三年(1019)大理寺言:"自今人家佣赁,当明设要契,及五年,主因过殴决至死者,欲望加部曲一等;但不以愆犯而杀者,减常人一等;如过失杀者,勿论。从之。"(《文献通考·户口二》)可见在宋代,这种通过雇佣来的人力,其法律地位是低于凡人,而又略当于部曲的。江西骂人有"客作儿"之称,"凡言客作儿者,佣夫也"。(吴曾《能改斋漫录》卷二)

---

① 《唐律疏议释文》,转引自玉井是博《支那社会经济史研究》,页184。
② 《宋会要·刑法一·格令》。

随着商品经济的空前发展，在宋代，奴婢也出现了通过雇佣来取得的新现象。宋太祖开宝四年（971）三月，诏："禁岭南民买良人黥面为奴婢，庸雇取直。"①（《宋史·太祖纪二》作"诏广南有买人男妇为奴婢转佣利者，并放免"）又真宗咸平六年（1003）四月，"旧制：士庶家僮仆有犯，或私黥其面。上以今之僮使本佣雇良民，癸酉，诏有盗主财者，五贯以上，杖脊，黥面，配牢城；十贯以上奏裁，而勿得私黥涅之。"②（《宋史·刑法志》作"旧制：僮仆有犯，得私黥其面。帝谓：僮仆受佣，本良民也"）这就表明，早从宋初或更早时期开始，从内地远及于广南，通过雇佣良人以充僮仆和雇佣奴仆的现象已相当普遍。从世代相承、律比畜产的奴婢，到受雇为奴仆的凡人，无疑是一个巨大的变化。从这里，我们清楚地看到了商品经济侵蚀封建制度的深刻的痕迹。

南宋时期，商品经济有了更加高度的发展，雇佣奴婢的现象也更为普遍。元朝人屡屡指出："典雇男女，系亡宋旧弊。"③"吴越之风，典妻雇子成俗久矣。"④当时，在临安城中，流亡来的西北人口，偶有失错，往往即被人诱藏在家，"雇卖与人为奴婢"。⑤政府曾经规定："雇人为婢，限止十年。其限内转雇者，年限、价格各应通计。"但当时人"递相循习，皆隐落元雇之由，径作牙家自卖，别起年限，多取价钱。"⑥绍兴三十一年（1161），知临安府赵子潚言："近来品官之家，典雇女使，避免立定年限，将来父母认取，多是文约内妄作奶婆或养娘、房下、养女，其实为主家作奴婢役使，终身为妾，永无出期。"⑦可见限止十年的规定，在实际上往往不过是一纸虚文。在饥寒困迫下的贫民，无以为生，走投无路，只得甘心投雇为仆。《武陵续志》说："湖右郡县，地瘠民繁，贫窘之人，率多就佣

---

① 《续资治通鉴长编》卷一二。
② 同上，卷五四。
③ 《元典章·刑部十九·典雇立周岁文字》。
④ 同上，《典雇妻妾》。
⑤ 《宋会要·刑法二下·禁约三》。
⑥ 罗愿《鄂州到会五事札子》，载《罗鄂州小集》卷五。
⑦ 《宋会要·刑法二下·禁约三》。

富室,甘任厮役之责者,饥寒使之然也。"① 这里所说的在当时是带有普遍性的现象。它的名义上是雇,但贫民一经陷入罗网,要自拔几乎是不可能的。北宋仁宗明道元年(1032)十二月,"上封者言:比诏:淮南民饥,有以男女雇人者,官为赎还之。今民间不敢雇佣人,而贫者无以自处。望听其便。从之。"② 足见政府往往屈从于乡绅的压力,而放任佣雇为奴的现象。因而造成"先是流民以男女佣于富室者,遇岁丰,欲赎之不可得"。③ 说明这种雇实际上也是变相的卖身。

然而,无论如何,雇佣奴婢的普遍出现却仍然是历史的巨大进步,从而也就不能不影响到奴婢身份有所改善与提高。宋人中已经有人对《唐律》比奴婢于畜产的观念提出批评说:"《刑统》皆汉唐旧文、法家之五经也。国初尝修之,颇存南北朝之法及五代一时指挥,如奴婢不得与齐民伍,有奴婢贱人、类同畜产之语,及五代私酒犯者处死之类,不可为训,皆当删去。"④ 宋政府对奴婢的待遇也作了某些改善的规定。天禧三年(1019)大理寺言:"按律,奴婢有罪,其主不请官司而杀者杖一百,无罪而杀者徒二年。"(《文献通考·户口二》)"五代诸侯跋扈,枉法杀人,主家得自杀其奴仆。太祖建国,首禁臣下不得专杀。至建隆三年(962)三月己巳,降诏:郡国断大辟,录案朱书格律断词、收禁月日、官典姓名以闻,取旨行之。自后生杀之权,出于上矣。然主家犹擅黥奴仆之面,以快其忿毒。真宗咸平六年(1003)五月复诏:士庶之家,奴仆有犯,不得黥面,盖重于戕人肌肤也。"⑤ 钱若水为同州推官时,"有富民家小女奴逃亡,不知所之。奴父母言于州","乃劾富民父子数人共杀女奴,弃尸水中,遂失其尸。或为元谋,或从而加功,罪皆应死。"⑥ 这些都表明,宋代奴婢的法律地位,是较之前此有所改善的。

---

① 《永乐大典》卷一九七八一,引。
② 《续资治通鉴长编》卷一一一。
③ 王珪《太常少卿直昭文馆知鄂州寇公墓志铭》,载《华阳集》卷三八。
④ 赵彦卫《云麓漫钞》卷四。
⑤ 王栐《燕翼诒谋录》卷三。
⑥ 《事实类苑》卷二二。

　　综上所述，在宋代商品经济高度发展的推动下，社会上雇佣关系有了较高的发展，人力、女使之类的雇佣劳作者增多，同时又出现雇佣奴仆，奴仆的法律地位也稍有改善。法律规定人力略当于部曲，与奴婢的区分是确定的。问题在于"人力"这一法律概念在当时究竟适用于什么样的范围？社会上各种形色的雇工在法律地位上是否都同于"人力"？这个问题，由于材料限制，我们现在仍不能肯定。这里，我们只是要指出：在宋代，社会上对佣工似乎仍然存在普遍的歧视。政府明令规定："士庶家毋得以尝佣雇之人为姻，违者离之。"①范公偁记载过这么一个故事："祖宗时，有陕民值岁凶，母、妻之别地受佣。民居家耕种自给，逾月一往省母外，日省母少。俟其妻出，让夫曰：'我与尔母在此，乃不为意，略不相顾乎？'民与妻相诉责不已，民曰：'尔拙于为生，受佣于人，乃复怨我！'妻曰：'谁不为佣耶？'民意妻讥其母，怒以犁柄击妻，一中而死。事至有司，当位者皆以故杀十恶论。案成，一明法者折之曰：'其妻既受人佣，义当暂绝。若以十恶故杀论，民或与其妻奸，将以夫论乎？以平人论乎？众皆晓服。'"②可见当时"拙于为生，受佣于人"是受到社会上的卑视的。妻子一朝受佣于人，夫妇之义即当暂绝。这对我们理解宋代佣工的地位是有帮助的。

三

　　历史走着一条迂回曲折的发展道路。

　　女真亡北宋，统治华北、中原达百年之久。继而蒙古勃兴，完成了全国的统一。我们在这里不涉及金、元两朝为中国历史发展所带来的积极影响方面。它们在发展我国多民族家庭与统一全国方面的历史作用是应该肯定的。我们在这里所要讨论的是另一个方面。当初，女真和蒙古都还处在从原始社会刚进入奴隶社会的阶段。他们依靠武力征服，入据内地，无可避免地要把落后的奴隶制

---

① 《宋史·仁宗纪四》。
② 范公偁《过庭录》。

关系强加到内地来。尽管按照野蛮的征服者必然受文明较高的被征服者所同化的规律，金、元的驱奴制度前后经历了一个重大的变化过程，但终归使已进入封建社会后期的内地，蓄奴的风气又大为增强。驱奴的数字大增，广泛地使用于社会生产的各领域。这是大家都很清楚的事，无烦赘述。

驱奴的盛行，不能不反过来影响两宋以来流行的雇佣奴婢这一现象。如前所述，宋代的雇佣奴婢是奴婢地位趋向提高和改善的重大进步。但是，在元代驱奴盛行的情况下，发展的方向正好相反，佣雇奴婢又成了补充驱奴队伍的重要渠道。元初王恽在一份奏章中说道："在都贫难小民，或因事故，往往于有力之家典身为隶。如长春一宫，约三十余人，元约已满，无可偿主，致有父子夫妇出限数年，身执贱役，不能出离。"① 这种情况在元代十分普遍。豪右之家，多以屡民之"以身佣籍衣食"者，掩为家奴。② 又"北方诸色目人等……将南人男女以转房乞养为名，亦有照依本俗典雇之例，聊与价钱，诱至收养。才到迤北，定是货卖作驱"。③ 元朝政府对典雇妻女的现象累颁禁令，"诸以女子典雇于人及典雇人之子女者，并禁止之"、"诸受钱典雇妻妾者，禁"，并禁止典雇有夫妇人，有典雇妻子者官为收赎。④ 不过，这些禁令是从维护风化的角度提出来的。所以，法令虽禁止典雇有夫的妇人，而"其夫妇同雇而不相离者，听"。在《元典章》中，我们还可以见到不少典雇工人的实例。郑介夫说："南北风俗不同，北方以买来者谓之驱口，南方以受雇者即为奴婢。"⑤ 受雇者即为奴婢，这对当时的"雇"是一个很好的注脚。南北风俗不同的现象是由各自不同的情况所产生的。北方的驱奴大多来源于蒙古初入内地时所得的俘户。驱奴可以在市场上公开买卖。因此，奴婢佣雇只处于次要的地位。南方原来就流行佣

---

① 王恽《乌台笔补·为典身良人限满折庸事状》，载《秋涧先生大全文集》卷八五。
② 《元史·张德辉传》。
③ 《元典章·刑部十九·典雇男女》。
④ 参见《元史·仁宗纪二》《英宗纪一》《刑法志二·户婚》；《元典章·刑部十九·禁典雇》。
⑤ 《历代名臣奏议·治道》。

雇奴婢。在元朝使用驱奴的风气影响下，佣雇便成为获得奴婢的主要手段。

在《元律》中，这种雇身奴婢又简称为"雇身人"。① 元代雇工的法律地位，低于主人，又稍高于驱奴。《刑统赋疏》引元文宗至顺元年（1330）四月二十四日礼部呈会同馆提控案牍黄鉴《唐令刑统律文》中说："受雇佣工之人，既于主家同居，又且衣食俱各仰给，酌古准今，即与昔日部曲无异，理合相容隐。刑部议得：诸佣工受雇之人，虽与奴婢不同，衣食皆仰于主，除犯恶逆及损侵己身事理，听从赴诉；其余事不干己，不许讦告，亦厚风恤之一端也。"② 这里明白地把元代的雇工与唐代的部曲等同，有助于我们对当时雇工法律身份的理解。文宗天历二年（1329）二月所颁布的诏旨："诸佣雇者，主家或犯恶逆及侵损己身，许诉官；余非干己，不许告讦。著为制。"③ 便是上引刑部裁决的法律根据。在《元律》中，雇工与奴婢的法律地位，既有相同，也有不同的地方。奴婢在"主家有犯反叛谋逆故杀人之事，许令首告"，④ "诸以奴告主私事，主同自首，奴杖七十七"，⑤ 这是与雇工相同的，但雇工则在侵损己身时，却有告官的权利。同样的例子还很多。如："诸奴盗主财，断罪免刺。"雇工也同样，"诸盗雇主财者，免刺，不追倍赃……"。⑥《元典章·刑部十一·免刺》"受雇人盗主免刺"载有陈寅子者，"与事主吴旺家受雇使唤"，因盗主家米，事发到官，其判决云："却缘本贼与雇主宿食同居，拟合比依奴婢盗卖本使财物减等定论，不追赔赃，免刺字。"又《典章新集·刑部·偷头口》"偷雇主牛罪例"：有陈成二偷雇主牛及衣服，援上项判例，决杖一百七下，"依例与免出军刺字"。在这里，雇工的待遇同于奴婢。但是如果奴杀本使，同主奴婢知而不首与雇身人不首则科罚又各有不同。"至元四年，省准部拟：北京

---

① 《元典章·刑部三·奴杀本使》。
② 转引自仁井田陞《支那身份法史》，页877。
③ 《元史·文宗纪二》。
④ 《元典章·刑部十五·禁止干名犯义》。
⑤ 《元史·刑法志四·诉讼》。
⑥ 同上，《刑法志三·盗贼》。

路张茶合马挟仇本使刘怀玉打骂，于至元四年三月十四日对同驱安马儿并伊妻阿石及雇身人李不鲁休说知欲杀本使。当日夜茶合马下手用镬头将刘怀玉打死。阿石、李不鲁休将本尸衣服烧埋。茶合马、安马儿将尸藏埋。罪犯张茶合马杀主，安马儿、阿石知而不告，皆处死。李不鲁休系雇身奴婢，知而不告，决一百七下。"① 又如："诸奴殴人致死，犯在主家，于本主征烧埋银；不犯在主家，烧埋银无可征者，不征于其主。"② 而"诸庸作殴伤人命，征烧埋银不及庸作之家"。③ 这些都显示雇身人的法律地位比起奴婢要略高一筹。而且，当雇工在雇佣期满之后，他们就不再存在主仆名分。因之，《元律》：主奸奴妻不坐，而"诸雇人之妻为妾者，年满而归，雇主复与通，即以奸论。""盗先雇主财者，同常盗论。"④ 可知雇工在限满之后，即使与原雇主之间，也都是同等的凡人。

把元代与宋代进行比较，在佣雇这个问题上，虽然佣工仍然是处于主奴之间的低于良人、而又高于奴婢的地位，但也明显地有所不同。第一，宋代的奴婢已开始普遍地依靠市场上雇佣取给；而元代则把受雇佣的人即视同驱奴。第二，典雇的形式更加有了发展。典，义即典当，是与高利贷紧密联系的，和定限受值的雇有所不同。所以说："典、雇二字有分别。备价取赎曰典，验日取值曰雇。"⑤ 典往往是以身为质，没有期限，⑥ 而且多充债务的准折。第三，典雇之外，又广泛地利用过房、乞养、入赘等方式取得变相的奴婢。当时的养子、义男、赘婿等的法律地位是大体与雇身奴婢（雇身人）相当的。这些都证明：元代驱奴制大行的情况，必然影响社会上的雇佣关系，较之宋代，在这方面明显地产生了逆转和倒退。

元末农民大起义推翻了元王朝，也有力地冲击了驱奴制度。"驱口"一名，开始从我国历史上消失。明王朝在洪武五年（1372）

① 《元典章·刑部三·奴杀本使》。
② 《元史·刑法志四·杀伤》。
③ 同上。
④ 同上，《刑法志三·奸非》、《盗贼》。
⑤ 《明律集解附例·户律·典雇妻女》。
⑥ 参考《启札青钱》所载典雇男子书式。见傅衣凌《我对明代中叶以后雇佣劳动的再认识》，载《历史研究》1961年第三期。

五月下诏:"曩者兵乱,人民流散,因而为奴隶者,即日放还,复为民。"① 十九年八月,河南布政司收赎开封等府民间典卖男女二百七十四口。朱元璋还规定:"若庶民之家存养奴婢者,杖一百,即放从良。"② 这当然是一个巨大的进步。

但是,应该看到,明王朝是在元代社会的旧墟上建立起来的。有元一代盛行的驱奴,作为一种制度深锁于中国后期封建社会的肤体之中。蓄奴的风气,在经济基础不发生重大变化的情况下,暴力的作用终归是有限度的。明王朝的创建者们也都是在元代蓄奴风气盛行的环境中生长的。他们在取得权势之后同样要求奴婢来充侍御。因此,朱元璋的解放和禁止奴仆是有限度的。首先,政府禁止庶民之家蓄奴,但功臣官宦之家则不在禁限。这个规定实际上无异于公开承认使用奴婢的合法性。因为从来需要使用奴仆的人家绝大部分便是官僚、贵族和士大夫之家。③ 至于一般庶民之家,存养总是有限的。其次,政府规定庶民之家虽然不可以蓄奴,但可以使用"雇工人"。此外,他们还可以"义男女"之名收养人口,通过这些以补充,满足庶民之家对奴婢使用的现实需要。因此,明代奴仆之风仍然盛行。特别是江南的士大夫,"一登仕籍,此辈竞来门下,谓之投靠,多者亦至千人。""人奴之多,吴中为甚。"④ 而在江北地区则流行出资雇募仆役的办法。⑤

把《明律》的"雇工人"与《元律》的"雇身人"、"雇身奴婢"比较,渊源所自,是很清楚的。了解了从《宋律》"人力"、"女使"、佣雇奴仆到元代雇身人的全部发展、演变的历史,对雇工人不良不贱、亦良亦贱的身份也就没有什么不可理解的。我们今天所见到的《明律》有关条文似乎有疏漏、含糊,但当时人则是习以为常的事,因而无须乎多所费词。

---

① 《明太祖实录·洪武五年五月》。
② 《大明律·户律·立嫡子违法》。
③ 参见《唐明律合编·户婚·立嫡违法》款引雷梦麟《琐言》、沈之奇《辑注》;《明律集解附例·户律·良贱为婚姻》。
④ 顾炎武《日知录·奴仆》。
⑤ 同上。

四

在本文的第二节里，我们曾提出过《宋律》中的"人力"究竟适用于什么范围的疑问，因资料所限，难于弄清。但到了明朝，问题则已比较清楚。

《比部招拟》卷四有两宗有关雇工人的判例。

一名胡雄云云，军匠。状招：有雄平日雇与在官卖皮底人刘珍，扛抬盛皮底木柜，每月工银一钱。正德十三年（1518）九月初十日，刘珍为因失去皮底二双，疑雄偷盗，将雄逐赶，不容与伊抬柜。雄怀恨在心，至本月十四日未时，雄不合故违凶徒，执持凶器伤人……

一议得胡雄所犯，除故自伤残罪名外，合依雇工人殴家长伤者律，杖一百，流三千里。有《大诰》减等，杖一百，徒三年。系军匠，照例送兵部定发边卫充军。

又一宗：

一名张泽云云，余丁。状招：正德十年二月内，泽帮送不在官场武营操备军人张盖儿来京。三月内，泽雇与在官献陵卫舍余张滕家，与在官一般雇工人江旺俱替张家卖面生理。本年八月初四日，泽令江旺将面勔私下拿些卖钱分用。江旺不从，泽就不合对事，向伊攘闹。张滕前来理阻，又不合将张滕叫骂"老狗骨头"等语……

一议得张泽所犯，除不应罪名外，合依雇工人骂家长者律，杖八十，徒二年。有《大诰》减等，杖七十，徒一年半。系军余，审无力，照例送工部照徒年限做工满日，与供明张滕、江旺各随往。

这里，例之一胡雄工银按月计算，每月一钱，是皮店的搬运工。例之二张泽是新进入城市的流民，受雇于面食店，工作时间才五个月。二者都是城市小手工业或小商贩家的雇工。他们都是适用于"雇工人"这一法律概念的。

农村的情况，在《醒世恒言》卷二八《卢太学诗酒傲诸侯》中，乡绅卢柟，"田产广多，除了家人，顾工也有整百"。卢柟打死长工钮成，他还理直气壮地当官宣称："钮成原系我家佣奴，即使打死，亦无死罪之律。"这个故事的某些情节可能有夸张、渲染，但却具有真实性。王士贞的《卢次楩集序》和姚叔祥的《见只编》都记载得很详细。雇主殴雇工致死，除故杀者绞外，罪止杖一百，徒三年，律有明文。农村中的长工，其法律地位属雇工人，也是没有问题的。

由此可见，《明律》雇工人这一法律概念，其适用范围是相当广泛的。它包括了城乡农业、手工业和商业中的雇佣劳动者。他们佣雇期限有长短、雇值大小不同，付给的方式也各有差异，但都有一个共同点，就是通过文约，结成主雇关系，由此也就产生主雇名分。上引卢楩的故事就是很明白的例证。这种佣雇与资本主义雇佣劳动是毫不相干的。万历五年（1577），浙江温处道副巡使龚大器所编行的《招拟指南》里有这样一段问答：

或问：义子过房，在十六以上，及未分有田产、配有妻室者，凡有所犯，俱以雇工人论，是矣！若用钱雇募，在家佣工者，如有所犯，当作何项人论断？

《指南》曰：此真雇工人也。查《比部招拟》内有胡雄雇与卖皮底人刘珍，扛抬盛皮的木柜，每月工银一钱。因事持刀将刘珍戳伤。事发，问拟雇工人殴家长伤者律。又有张泽雇与卖面人张滕卖面生理，因事叫骂张滕，告发，问拟雇工骂家长律。二项俱佣工人，比部引雇工人律论罪，是为真雇工人无疑。大凡律称"以"者，盖有所指，所谓与真犯同罪，是已！如无真雇工人，则所谓"以"者无着落矣！如"以窃盗"、"以监守"、"以枉法"等，盖有真，然后有"以"也。议者率以雇募佣工者作凡人论，则所谓雇工人者是何等人也？比部为法家宗主，凡有所拟，即当据以为法矣！又律有诸条，称奴婢，指功臣之家给赐者言。若庶民之家，止称义男。凡有所犯，比雇工人论。

十年以后，万历十五年，新任都察院左都御史的吴时来等奏请申明《律例》未明未尽条件，《神宗实录》卷一九一载：

一律称庶人之家，不许存养奴婢。盖谓功臣方给赏奴婢，庶民当自服勤劳，故不得存养，有犯者，皆称雇工人，初未言及缙绅之家也。且雇工人多有不同，拟罪自当有间。至若缙绅之家，固不得上比功臣，亦不可下同黎庶。存养家人，势所不免。合令法司酌议，无论官民之家，有立券用值，工作有年限者，皆以雇工人认。有受值微少，工作止计月日者，仍以凡人论。若财买十五以下，恩养已久；十六以上，配有室家者，照例同子孙论。或恩养未久，不曾配合者，在庶人之家，仍以雇工人论；在缙绅之家，比照奴婢律论。

翌年一月，这个建议由刑部尚书李世达、都察院左都御史吴时来、大理寺卿孙鑨等作为律例未尽条款奏请公布：

一奴婢　　官民之家，凡倩工作之人，立有文券，议有年限者，以雇工人论；只是短雇，受值不多者，以凡人论。其财买义男，恩养年久，配有室家者，同子孙论；恩养未久，未曾配合者，士庶家以雇工论，缙绅家以奴婢论。

这里，官方明白地申明所谓雇工人是立有文券，议有年限，付予佣值的劳动者。契券是法律凭证。据《学海群玉》所载明中叶以后的雇工契约，其程式为：

某里某境某人，为无生活，情愿将身出雇与某里某境某人家，耕田一年。凭中议定工资银若干。言约：朝夕勤谨，照管田园，不敢逃懒。主家杂色动用器皿，不敢疏失。找银约按季支取。如有风水不虞，此系己命，不干银主之事。今欲有凭，立契存炤。①

在当时社会里，奴有奴契，佃有佃契，雇有雇契。这不单单是关系双方商定条款的凭依，也是确定他们身份的法律根据。身份不同而导致彼此在人格上的不平等和依附关系看不到这一点无疑是错误的。

"雇工人"之外，法律上通过"比""以"，又把义男女、姜等人有犯，照依雇工人律科罚。他们的身份本来是良，在家长前处于卑幼地位，而对其他人则同为凡人。

万历十六年正月以前短工是否包括在"雇工人"这一法律概念之内？这仍然是一个有争议的问题。吴时来的奏章里说："受值微

---

① 转引自傅衣凌《我对于明代中叶以后雇佣劳动的再认识》，载《历史研究》1961年第三期。

少，工作止计月日者，仍以凡人论。"罗耀九同志认为："这'仍'个字十分重要。它透露了那些'受值微少，工作止计月日'的雇佣劳动者在万历十六年以前就不是属于'雇工人'范畴。"① 不过在正式颁行的律例未尽条款以及《明史·刑法志一》中，却没有"仍"字。农民之间，很早以来就有换工互助的习惯。宋人王禹偁记上洛山中居民的种畲田。② 王祯《农书·锄治》所记北方农村的"锄社"，以及江南农村的"伴工"，③ 都是换工性质的。他们之间当然不存在什么主仆役属关系。短工、忙工、日工这一类现象，历史上虽然存在过，但作为一个普遍的社会现象，无疑是明中期以后，随着商品经济的进一步发展而出现的。所谓"仍以凡人论"，就意味着万历以前，明朝政府已经在法律上曾承认短工的凡人地位。但是这样的法令至今仍未发现。我以为这种意见似欠考虑。很明显，如果前此短期雇工从来就是以凡人论的话，那么，十六年的律例未尽条款又有什么必要去牵扯那些本不成问题的问题呢？我因此怀疑吴时来奏章中的"仍"是一个衍字。很可能在万历十六年前，即使是受值微少，止计月日的短工也是包括在"雇工人"这一法律范畴之内的。

　　综上所述：《明律》雇工人是一个包括城乡佣雇劳动者的法律范畴。在原则上，当时社会上所有的雇佣劳动者都属于这一范畴，万历十六年以后，政府才正式认可短工的凡人地位。雇工人虽已与《唐律》之部曲不同，但实际上构成主奴之间一个不良不奴、亦良亦奴的社会阶层。当时的雇佣关系在法律上构成主仆关系。这种雇佣与资本主义的雇佣劳动是有本质的区别的。有的同志不假分析地用这种雇佣关系来论证当时社会上的资本主义萌芽，甚至把《梦粱录》里的记南宋杭州城中的人力，以及元末徐一夔《始丰稿》里所记杭州相安里的织工都算成资本主义生产关系的萌芽，我以为是欠妥的。

---

① 罗耀九《再论明朝万历年间雇佣劳动的性质》，载《历史研究》1962年第四期。
② 王禹偁《畲田词》，载《小畜集》卷八。
③ 《嘉靖江阴县志》："独耕无力，倩人助己而还之曰伴工。"《万历秀水县志》："佃农通力耦耕犁曰伴工。"

但是，也应该看到，在明朝后期，封建的雇佣关系确已开始发生变化。明朝后期，商品货币关系有了进一步的发展，有力地侵蚀了封建主义的墙脚。在这种情况下，"雇工人"由于它本身的矛盾，一方面，正如恩格斯所说的雇佣劳动包含着整个资本主义生产方式的萌芽；另一方面，它又被视为卑贱的职业，因此，迅速引起反应而产生变化是必然的。

前引《招拟指南》所设的一大段对话，官方所要批驳与澄清的是"议者率以雇募佣工者作凡人论"的说法。可见当时社会上已流行把佣工视同凡人的看法，已足以动摇祖宗相传的法律概念，官府感到有必要公开进行辨释。这无疑是十分值得注意的现象。

如果说《招拟指南》所反映的还只能是温、处地方的情况。那么，吴时来的奏章所反映的肯定是全国范围的问题。这份奏章与万历十六年所公布的法律未尽条款主要反映了三个方面的变化。第一：改变了《大明律》所规定的官宦之家可以存养奴婢，而庶民家则只可雇用雇工人的规定。改订成"官民之家，凡倩工作之人，立有文券，议有年限者，以雇工人论"。这是同奴婢身份的变化直接相联系的。在此后的一段时期内，"奴变"成风，纷纷进行索契斗争，到清朝雍正、乾隆时几次颁布解放贱民的命令，这都是同一潮流的进步表现。第二：肯定了短工的凡人地位。这一规定对当时社会生产的解放作用有多大，当然可以研究。但作为雇佣劳动从封建性的束缚下解脱出来的一个步骤，意义无疑是巨大的。第三：明确了"雇工人"的界说，防止豪绅显宦之家以雇为奴。总之，万历年间的变化，显示了封建人身依附关系动摇的迹象。由于中国封建制度特殊的顽固性，这一变化的完成是一个迁延两个来世纪的迂回曲折过程。关于清代"雇工人"的变化，已经有同志作了很好的研究，我们已没有必要来重复了。

还应该指出：由于封建地主阶级的顽固守旧，在当时情况下，雇工人法律概念的改变，肯定是落后于现实的变化的。因此，尽管在明后期政府只承认短工的凡人地位，但在现实生活中，长工的待遇也明显有所改善和提高。《沈氏农书》的作者慨叹说：从前的人"习攻苦，戴星出入，俗柔顺而主令尊。今人骄惰成风，非酒食不能劝，比百年前不大同矣。"因此，他提出，对待长工，不可苛待，"供给之法，亦宜优厚"。张履祥的《补农书》也提出应该优待长工，使其"在者无不满之心，去者怀复来之志"。这种长工，从法律的观点看，他们仍然是主人前处于卑幼地位的雇工人。但实际上待遇已接近于凡人劳动者，民间甚至已习惯于把他们视同凡人。《招拟指南》所着重驳斥的"议者率以雇募佣工者作凡人论"就是明证。在研究雇佣关系变化的时候，我们不能不把法律条文的变化当成为划分阶段的标志，但是，看不到法律的改变后于事实的变化，法律的改变只是已经变化了的社会现象的认可这一点，也将是不妥当的。

（原载《文史》1980 年第十五辑）

明代苏松地区的官田与重赋问题

一

明代苏松地区土地占有形态主要是官田、民田两种，官田的数字很大。《日知录》引宣德七年（1432）六月苏州知府况钟所奏之数：长洲等七县秋粮二百七十七万九千余石，其中民粮只一十五万三千一百七十余石，官粮二百六十二万五千九百三十余石。以为一府之地，无虑皆官田，而民田不过十五分之一。①这个比例数是从税粮的比率而来，但通常官田官租远比民田田税要重，因此，官民田实际亩数当不致如此悬殊。然官田数字之大，却是无可怀疑的。我们现在能见到的洪武初年苏州七县垦田数共六万七千四百九十顷有奇，其中官田地二万九千九百顷有奇，抄没田一万六千六百三十八顷有奇，民田地二万九千零四十五顷有奇，②官民田的比数约为二比一弱。弘治十五年（1502）核实天下田亩，官田当民田七分之一。苏州官田为九万七千七百八十六顷余，民田五万七千四百六十三顷余。松江官田三万九千八百五十六顷余，民田七千三百顷余。③苏州官田约倍于民田，松江民田才为官田五分之一，常州则官田约当民田五分之一，官田为数之巨，略可概知。

官田分古额官田和近额官田两大类。

凡宋元以来的官田谓之古额官田。顾炎武谓官田自汉以来即已有之，到宋代，苏松地区官田数目屡有增加。景定中贾似道倡议收买逾限之田的三分之一为公田，官田数字大增。元代的统治者又曾以籍没和豪夺取得大量土地，分赐诸勋戚大臣。张士诚据吴，传

---

① 《日知录集释》卷一〇。
② 顾炎武《天下郡国利病书·苏松》。
③ 孝宗敕撰《大明会典》卷一九。

说其僚属无不志在良田美宅，一时买献之产，遍于平江。这些都是所谓古额官田。①

近额官田也叫明初抄没官田，是朱元璋借政权手段剥夺来的一部分土地。对于一些留恋张士诚政权、同朱元璋不合作的豪强地主，朱元璋给予了坚决的打击，籍没其田产，大量徙充濠州和京师。②此外一些横行地方的大土豪如松江的沈万三、嘉兴的史有为、苏州的黄旭、湖州的纪定等均以事故籍没入官。③以苏州为例：洪武三年（1370）的调查，民岁输粮百石至四百石者四百九十户，五百石至千石者五十六户，千石至二千石者六户，二千石至三千八百石者二户。④而到永乐中，苏州有"民无粮五百石及十（疑为'千'字之误）石以上大户，只有小户"的现象。⑤抄没田数达一万六千六百余顷，合明初苏州全府田亩总数的百分之二十强。⑥

官田起科较重，相传"太祖愤其城（苏州）久不下，恶民之附寇，且受困于富室而更为死守，取诸豪族租佃簿历付有司，俾如其数为官税，故苏赋特重，盖惩一时之弊"⑦。一般人也都以为是朱元璋迁怒于苏松豪民之助张士诚，因没田入官，准私租起科，以绳一时之顽。实际上在明初，官田科则未必尽重，民田也未必尽轻。⑧当时苏州官田凡十一则，最高七斗三升，也有低到一升、三升的。抄没田科则亦略相等，其中功臣还官田、开耕田则有一石六斗三升，最高有达三石的。民田起科凡十则，最高也有达五斗三升的。⑨则官民田科额相悬，原不如一般所说的大。而对于苏松地区租赋负担过重，朱元璋很早就已经注意到。洪武三年免逋税三十万，四

---

① 《日知录集释》卷一〇。
② 参见《明实录·太祖实录·丙午年十一月》、《洪武二十八年十一月》；《明史·食货志二》；祝允明《野纪》。
③ 史仲彬《致身录》。
④ 《明实录·太祖实录·洪武三年二月》。
⑤ 况钟《况太守集》卷七。
⑥ 《天下郡国利病书·苏松》。
⑦ 祝允明《野纪》。
⑧ 陆深《谷山余话》。
⑨ 据《天下郡国利病书·苏松》、《况太守集》卷七。

年、六年、七年屡诏蠲免，七年且特令户部计其数，如亩税七斗五升者，除其半，以苏民力。十三年又诏赋重者悉宜减之，亩科七斗五升至四斗四升者减十之二，四斗三升至三斗六升者减十之一，俱止征三斗五升，以下者仍旧，且令自今为始，通行改科。① 这些材料都足以证明朱元璋并不是如此粗暴，以致因有部分人支持张士诚而迁怒于苏松地区的无辜小民。朱元璋起江南一隅，"军国之用，多赖其力"，来兼支全局，因之，取于民者较多，原是很自然的事。我们看到武进、宜兴都因军需而增其赋税；② 在浙西，也以土处膏腴，增其赋二倍。③ 到十三年，全国既定，故有减四府重租田之令。建文时，又定悉减亩不过一斗。④ 而永乐代起，尽革建文措施，苏松重赋依然如故，这当然再没有理由说成是一时的惩罚，实则是国用攸关，欲罢不能了。试以洪武中全国收入来看，天下夏税秋粮以石计者总二千九百四十三万余，而通计浙江布政司及苏、松、常三府则共为七百三十二万余，约当全国四分之一，其中苏州一府为二百八十万九千余，占全国百分之九点七。⑤ 对于这样大的一笔收入，统治者当然不能轻易放松，因此，终明一代，被委派到这儿来的地方官吏，都是被统治者认为最能干、最可靠的计臣，以保证完成这一笔惊人的搜括。皇朝中央主管财政收支的户部长官，也不许苏松人充任。⑥ 有的时候，皇朝诏令作少量减免，实际上只是具文，而户部且公开阻遏不行，所谓"黄纸放而白纸征，上有宽贷之迹，下无实惠之沾"⑦。因此，所谓重赋，就成为苏松地区政治生活中的大事。

历来的评论者都指责明代苏松地区税粮太重，《元史·彻里传》：元时"江浙税粮甲天下，平江、嘉兴、湖州三郡当江浙什六七"。至明，程度又有很大增多。苏在元，粮三十六万，张氏

① 参考《天下郡国利病书·苏松》；祝允明《野纪》。
② 《天下郡国利病书·常镇》。
③ 《明史·食货志二》。
④ 同上。
⑤ 《日知录集释》卷一〇。
⑥ 郑若曾《郑开阳杂著》卷一〇；《日知录集释》卷八。
⑦ 《郑开阳杂著》卷一〇。

百万,今二百七十余万矣。(《水东日记·苏松依私租额起税》)按照他们的计算:苏州一府七县垦田约当全国八十八分之一弱,而赋税约居天下十分之一弱,与湖广通省计十五府、十九州、一百一十县之税粮相埒。平均亩税约三斗,同时的湖广、福建、淮安则亩仅税升合。① 而松江才两县,土田当苏州四分之一,税粮则每年一百二十万九千余,相当于苏州的一半,则松江负担又重于苏州,极天下之最。② 其实这些看法是不正确的。在明初,官民田无论在概念与实际负担上,其区分都是很明白的。官田,"官之田也,国家之所有,而耕者犹人家之佃户也,民间止是佃种,未尝纳价"。③ 官田每年输纳的是官租,与民田止输税粮有别。官租可以是官田地租的全部,税粮则仅是封建统治者对地租分配中的小部分和少数自耕农的土地税,二者不能混淆。因之,如果看不到苏松地区庞大官田存在这一事实,而单从赋税数字同其他地区比较,得出来的苏松重赋的结论是很不妥当的。以宣德七年(1432)苏州税粮全数来看,属于官田官租部分的二百六十二万五千九百三十余石,民田税粮止一十五万三千一百七十余石。我们无法找到同时候苏州官民田的数字,如果以弘治十五年官田九万七千七百八十六顷、民田五万七千四百六十三顷的数字来计算,官田的官租平均每亩三斗弱,民田亩税约为三升。官租每亩平均三斗,而同时的私租一般在七八斗、一石以至二石,两相比较,可见官租毕竟还是低于私租,即以重额官田亩科七斗三升乃至一石以上、准私租起科者来看,也只是相等于私租。至于民田,亩税三升到五升是明初的通则,除去极少数地区例外,根本就不存在所谓重赋问题。

我们还要进一步来考察佃种官田者的负担。

官府籍入豪富田地,分佃给人民耕种,这里,最初只是土地所有权从个别地主到官府的一个简单的转移,即使如重额官田准私租起科,也没有从中增加任何负担,而况一般来说,官租还要低于

---

① 参见《日知录集释》卷一〇;《郑开阳杂著》卷一〇;陆世仪《苏松浮粮考》。
② 陆深《续停骖录摘抄》。
③ 《天下郡国利病书·常镇》。

私租。此外，官府还贷给官田承佃者以牛车农具，① 同时又有某些优免，如"编审差徭，则官田轻而民田重"，② "民有夫银而官田则无"，③ "官田得免差徭，得使民田受累"。④ 而在明初吏治较为清明时代，较之佃种地主私田，又可免去许多超经济的强制与勒索。因之，就初期而论，官田实际上并不曾加重农民负担。这些，同朱元璋适当满足农民要求的政策是一致的。官田由官府招佃。况钟所说的验丁授田，每户税粮多者四五十石，少亦不下十石。⑤ 周忱所说的太仓则见丁授田十六亩。⑥ 我怀疑所谓"验丁授田"是指承佃官田而言，否则苏松地区那里来如此多的荒地。洪武十年，苏州知府金炯首倡均一官民田税，上书给朱元璋，朱元璋使人调查金炯家所有民田少于官田，大怒，以炯挟私利罔上、不忠，即郡诛之。⑦ 可知上自郡守，也有佃种官田的。但一般来说，官田租课既去私租不远，或者等于原来私租，那么，由地主承佃再转交给农民耕种，地主从中几乎很少有利可图，因之官田的佃耕者主要是无地少地的农民。

问题在于地主阶级内部。所谓重赋问题，从开始就嚣嚣嚷嚷，进行了批评和抗命，这也是很自然的事。官田，在本质上就是中央封建统治者和地方地主阶级间矛盾的产物，我们从贾似道行公田的倡议中就可证实这一点。⑧ 朱元璋用籍没、移徙等手段坚决打击了这一地区的豪强异己分子，而同时又培植了支持自己的封建地主来巩固他的统治地位。这些地主分子的发展，要求无限制的扩大自己的私有土地，庞大的官田一开始就是他们垂涎的对象，因此，皇朝与地方地主阶级间长期来展开了对官田直接所有权的斗争。这一

---

① 《日知录集释》卷一〇。
② 陆深《谷山余话》。
③ 《康熙海宁县志·田赋》。
④ 徐献忠《吴兴掌故集》"官民田该均为一则" 条。
⑤ 《况太守集》卷七。
⑥ 《昭代经济言》卷二。
⑦ 《古今图书集成》职方与苏州府纪事。按:《天下郡国利病书·苏松》载: 金炯, 嘉兴人。
⑧ 周密《齐东野语·景定行公田》。

斗争的焦点是在地租的分配上，地方地主分子要求参与官田地租的分配，反对官府的独占，他们提出要求"均一官民田税"，即减低官田官租到同民田每亩税粮相等，也就是要求把官田变成民田而利于他们的兼并。因之，长期来皇朝与地方地主阶级间进行了争吵。金炯的被杀，就是这一斗争的第一个回合。

这一场斗争延续了一百多年之久，皇朝坚持对官田名义上的所有权，作为它榨取庞大税粮的依据，而且始终坚持旧额，不肯作任何减免。尽管整个明代，实际上几乎没有一年是能够取足的，从朱元璋时代起，年年就有拖欠，好多次下诏豁免逋赋，永乐十三年（1415）至十九年的七年之间，所免税粮不下数百万石，①宣德中苏州一府逋赋且达七百九十万余万石，②屡下赦诏，所谓"徒有重赋之名，殊无征税之实"，成弘以后，且至七分率停征待赦以为常，估计实收不过十分之七。③造成这种现象的原因，如我们前面已经分析过的，并不是真有所谓重赋，而是由于吏治的腐败和制度的混乱、败坏。地主分子巧妙地通过各种办法，把负担转嫁在无地、少地的农民身上，官田被欺隐为私产，官租沦为浮粮，迫使广大农民破产、流亡。这种情况，早在永乐初就已经开始，宣德之后，更日形尖锐，终至于不可收拾。

在明初，朱元璋对于土地是作过较严格的整顿的。在普遍丈量的基础上，编成鱼鳞册，与黄册相辅并行，作为统治人民、征收财赋的主要依据，随着明代吏治的弛懈，鱼鳞册、黄册成为了具文，官民田地版籍讹脱，疆界莫寻，官府已无法厘正，而且，官府只要能勉强搜括足规定数额的税粮，也就并不急于设法来厘正。"官田租重，下甲人户，原佃官田，寒暑之衣食不给，横豪之剥削无已，官府之征求无艺"④，佃种官田成了可怕的负担。民间卖田，官田价比民田价低上十倍。⑤农民为了应付某种急需，或者企图规避眼前的

---

① 《日知录集释》卷一〇。
② 《苏松浮粮考》。
③ 同上。
④ 陈眉公藏书十种《见闻录》。
⑤ 《明史·食货志二》。

重役，因利一时重价，而把官田诡称为民田卖给富豪，税粮则按民田标准交割，富家也甘受其伪，于是官田就在这一转移之间与原来的租额分离，留下来的只是政府簿籍上的空名，实际上则从此沦为富豪的私产；而卖田小户则产去粮存，负担着无穷的赔累。与此同时，豪绅大户又串通里书胥吏，用飞洒、诡计、移换等等手段，千方百计把自己名下的税粮花分转寄到小民身上，故"富室田多轻额，其重者多在贫下"①，"小民税存而产去，大户有田而无粮"②，留下来的是大笔浮粮，沉重的压在农民身上，于是"卖屋者有矣！卖田者有矣！卖子女者有矣！脱妇人之簪珥者有矣！"③最后不能不向外逃亡，而逃亡者的税粮差役却由剩下来的人户负担。小民从此陷于无止境的重赋深渊。

然而，农民的负担远不止此，徭役给人民的苦痛是更加难堪的。明制：役以户计者曰里甲，以丁计者曰均徭，上命无时曰杂泛。④名目极其繁杂，如在湖州：正役有坊长，有里长，有见年，有递年，有塘长，有总书，有里书。粮长有解户，有老人，有甲首。杂役有富户，有马户，有民壮，有总小甲，有火夫，有守宿夫，有长短夫，有灯笼夫，有值日夫，有仓甲。轮役有里甲，有均徭。此外又加上各色各样的征派：皇木金漆之派、庆贺表笺之资、俸薪器皿之备、杂项支应之繁、祭祀乡饮之费、上司供应之储、科举岁贡之礼、往来宾客之仪、书手工食之给、军匠清伍之劳、修造役料之出、海防守御之需、雇倩义勇之办、借拨听用之需。⑤这里所举的还只是荦荦大端，其子目细节，更不知凡几。这些徭役中的一部分是直接由农民来负担的，有些原是按资财由殷富户负担，但实际上仍是转嫁到农民身上，甚且借势横行，滥肆诛求。以粮长一项而言，朱元璋规定：以地方多田者充粮长，负责征收解运。⑥实行这一制度，

---

① 《嘉庆松江府志·田赋》。
② 《明史·食货志二》。
③ 《陈眉公藏书十种·见闻录》。
④ 《明史·食货志二》。
⑤ 《吴兴备志》引王道隆《野史》。
⑥ 《明史·食货志二》。

在朱元璋原是有双方面的意义：一则粮长是一桩繁重的徭役，以大地主充差，含有役富的用意；一则以为"以良民治良民，必无渔侵之患"，①企图以减少历来征收赋税中地方官渔侵中饱的弊病。但豪富一旦有了行政权力后，他们更成为地方为非作歹、渔肉小民的把头。嘉定粮长金仲芳等巧立名色十八种之多，诛求苛敛。②粮长邾阿乃，巧立名目十二色，通计敛米三万七千石，钞一万一千一百贯，而原来正米只该一万石。③他们勾结地方官，虎噬百姓，"致使人户吞并，乡民莫之控诉"，④于是"以房屋准之者有之，揭屋准之者有之，变卖牲口准之者有之，衣服段匹布帛准之者亦有之，其锅灶水车农具尽皆准断"。⑤这种情况，愈到后来愈为严重，迫使人户破产、逃亡，影响官府不能搜括足原额赋税。

一方面是官田沦为私产，另一方面是赋税变成了浮粮；一方面是侵夺和兼并，另一方面是破产和流亡。这就是苏松农村的画图！这就是所谓苏松重赋的实质！在皇朝与地方地主为官田直接所有权的斗争中，真正的牺牲者是广大农民。在长期兼并过程中，官田是被欺隐了，而农民却必须负担着原来官租留下的沉重不堪的虚科，挣扎在饥饿、贫困、破产的边缘。

二

对于这样一种赋税上的混乱和人民的困苦，皇朝也并不是一无所知的。但统治者关心的并不在于人民的死活，而只是赋入的盈亏。永乐北迁之后，除了日益增多的浮粮数字和繁重的苦役外，税粮远运北京及临清等地，车船所费，极其浩大，而人役更为苛繁。以宣德五年计，苏州府派拨北京、临清、徐州等处远运白粮粮米一百五十余万石，大约每夫运粮十石，共用人夫十五万。其余该

---

① 《明实录·太祖实录·洪武三年正月》。
② 《大诰续编》第二一条。
③ 同上，第四七条。
④ 黄省曾《吴风录》。
⑤ 《大诰续编》第四七条。

运南京衙门白粮俸禄等米并淮安等仓粮米又该七八万人。在转运中，沿途留难阻滞，往往送纳上年粮米才得回家，下年秋粮又当启运，十数万人夫运涉江湖，往复在道，动经岁月。①而沿途之耗费，盗窃损失，官府需索，其数字又不知几何。且苏松人不习惯河淮风险，多有触风波陷没。于是有"二、三石纳一石者，有四、五石纳一石者"。②这些亏蚀都以加耗为名，取足于人民。再加以粮长里书之上下其手，肆行增科。苏松人民的负担，至此不啻又较赋粮原额加多一倍。"民贫逃窜及死亡，户绝抛荒，以致拖欠"。③苏州一府，宣德中"逋赋至七百九十余万石，督使相继，终不能完"。④于是宣德五年以周忱巡抚江南，着手整顿苏松地区的赋入。

先是洪熙元年（1425），周幹巡视苏松，极言重赋苦民，宣德五年二月乃有诏每田一亩，旧额纳粮自一斗至四斗者，各减十之二；四斗一升至一石以上者，各减十之三，永为定制。⑤而户部私戒有司，勿以诏书为辞，⑥继则行在户部查驳称洪武初年古额官田起科已定，不在开除之例，止令将洪武间抄没官田减粮。⑦经过周忱、况钟等的力争，七年三月复有但系官田塘地税粮，不分古额、近额，悉依五年二月癸巳诏书减免不得故违之诏，且示令在必行。⑧况钟等乃核减苏州粮七十二万一千二百余石，其中古额官田为三十四万五千八百余石，抄没官田为三十七万五千三百余石，⑨他府以为差。⑩史称东南民力从此少纾。实则正额虽较洪武旧额减少，而北运之后，赠耗加多，故总的负担还是大有加重。⑪

与此同时，周忱等还采取了许多措施，这些对于后来有很大的

---

① 《况太守集》卷八。
② 《日知录集释》卷一〇。
③ 《况太守集》卷七。
④ 《苏松浮粮考》。
⑤ 《明史·食货志二》。
⑥ 同上。
⑦ 《况太守集》卷八。
⑧ 《日知录集释》卷一〇。
⑨ 《况太守集》卷八。
⑩ 《明史·食货志二》。
⑪ 《苏松浮粮考》。

影响。其中主要者有以下几项：

一、均征加耗法。加耗在朱元璋时代，原定每斗起耗七合，每石则为七升。① 到宣德时已有"偏重者正粮一石，并耗米二石，而犹不足"。② 且官田耗重，民田耗轻，"大户及靴巾游谈之士，例不纳粮，纵纳亦非佳米，且无赠耗"③，故豪右之耗轻，小民之耗重。周忱乃创为平米法。官民田划一加耗，初年定正米一石加耗米七斗，计输将远近之费为支拨。如苏州运送南京各衙门俸米并公侯禄米每正粮一石领去米一石五斗，南京卫各仓每正粮一石领去米一石四斗，临清广积仓每正粮一石领去米一石七斗，扬州至淮安兑军趱运（其时已实行兑军解运）粮米每正粮一石领去米一石七斗五升。④ 其余则存积县仓曰余米。次年余米多则减耗为六斗加征，再减为加五斗征。余米贮存济农仓，并以官籴七十余万石益之。⑤ 除赈贷解运的亏损外，凡陂塘堰圩之役，计口食之，农时犁牛种食不能自给以及水旱之灾，辄用以赈。结果，民困大苏。⑥ 当时以正粮一石，加耗若干，合正粮与加耗总称之曰平米，故称之为平米法。均耗的数字，资料保存的也颇有出入。大抵每正粮一石加耗七斗是周忱所规定的通则，而各地又有权宜变通，故上海征平米为一石九斗，⑦ 而常熟则定民田加耗一斗，以通融官田之亏。⑧ 周忱的这一措施，当时人颇多指责，认为"妄意变更，专擅科敛"，"多征耗米"。⑨ 这种责难是不公平的。均征官民田耗，使巾靴大户也分担赠耗，较之以往偏累小民，当然不能说是专擅科敛。七斗之数，也不能认为出自周忱的多征，实际上前此里胥粮长之任意加增，已远不止此数。因此，比较起来，平米法对小民是有利的。

---

① 参见《天下郡国利病书·常镇》、《停骖录摘抄》。
② 《乾隆嘉定志·田赋》。
③ 《况太守集》卷一三。
④ 《明史·周忱传》;《道光苏州府志·田赋》。
⑤ 《道光苏州府志·田赋》。
⑥ 同上，《田赋》;《乾隆嘉定志·田赋》。
⑦ 《嘉庆松江府志·田赋》。
⑧ 《崇祯常熟志·田赋》。
⑨ 《明史·周忱传》。

二、折征。俗名轻赍，即以粮米改折金花、官布。折征之制，洪武十三年、永乐十一年均有临时性的规定。折价都较时价低，朱元璋所谓"折收通赋，盖欲苏民困"，[1] 原带有优免通赋以减轻人民负担的用意。正统初，始行金花银两，周忱乃请以平米四石准金花银一两，[2] 以阔白三梭布一匹准平米二石至二石五斗，阔白棉布一匹准平米一石或九斗八升。[3] 于极贫下户，重则官田内照粮均派，以减轻这些人户的实际负担。折征是明代赋役改革中一个总的趋势，是有进步意义的。它是封建社会内商品经济发展到一定程度时的产物，而它的实行反过来又进一步促进了商品经济的发展。明代松江棉纺织业飞速的发展，折征无疑起过相当程度的刺激作用。

三、设水次仓。这一措施实际上是企图对粮长制度的改革。粮长在洪武末年是以正副二人轮充，迄宣德间复永充。"科敛横溢，民受其害，或私卖官粮以牟利，其罢者亏损公赋，事觉，至陨身丧家"。[4] 周忱令"诸县于水次置囤，囤设粮头、囤户各一人，名辖收。至六七万石以上始立粮长一人总之，名总收。民持帖赴囤，官为监纳，粮长但奉期会而已"。[5] 先是各地税粮俱系"里胥粮长就私家征索，推收无艺"，至是由小民径自送纳，"较之往昔，省减二分之一"。[6] 此外，又敕请工部颁发铁斛，供各县作为准式，革粮长大入小出之弊。这一措施也受到人民的欢迎。

四、兑军解运。永乐北迁后，税粮转运之苦，前面我们已经谈到。周忱与陈瑄议：令民运至淮安或瓜州，交兑漕军北运，付给耗脚、搬剥、芦席、楞板之费。[7] 兑运的实行，不单漕费大省，且过去十数万人夫经年往复道途的现象也大大有了改善。之后，成化中又进一步实行了长运。[8] 毫无疑问，漕运的改进，对人民是有很大好

---

① 《明史·食货志二》。
② 同上，《周忱传》。
③ 《嘉庆松江府志·田赋》。
④ 《明史·食货志二》。
⑤ 同上，《周忱传》。
⑥ 《嘉靖江阴志·田赋》。
⑦ 《明史·周忱传》、《天下郡国利病书·苏松》。
⑧ 同上，《食货志二》。

处的。

所有周忱、况钟等的这些措施对于人民是有利的。昆剧《十五贯》中况钟的正直形象，正是反映了当时人民对他们的景仰。然而进一步来分析，我们就可以看出，周忱等的作为主要只是在既保证税粮的搜括又不妨碍地主兼并的情况下，敷衍补苴，曲为变通，而不是企图从根本上来解决所谓重赋问题。周忱也提出均一官民田税，但遭到中央户部的坚决反对。① 正统元年（1436）始从周忱之请，诏令官田每亩秋粮四斗一升至二石以上者，减作二斗七升；二斗一升以上至四斗者，减作二斗；一斗一升至二斗者，减作一斗。苏州得减秋粮七十余万石，松江二十余万石，然此诏并不曾切实奉行，故"减者虽减，而征者犹重"。② 户部官僚鉴于官田的沦失和"有粮无田，有田无粮"的情况严重，曾图以江南小户官田改为民田，而以大户民田改为官田。这种做法 ③，当然是行不通的。

周忱之后，从景泰一直到嘉靖中，政治更为混乱，赋税制度也更加败坏，而由周忱等所创立的某些颇有成效的措施，也都是弊窦丛生。如折征一项，原来对于极贫下户和重租官田之家是很大的德政，但"官司以情奉金花，奸富以利买金花"④，折价亦累提高，致实惠不及于小民。在这样情况下，地方官为了保证完成搜括，又许多次作出一些调整变通的变法：或者以耗米从中调济，或者派民田之轻者以通融官田的重租，轻者重之，重者轻之，企图使负担较为合理。还在景泰初，从杨瓒的建议：将湖州府官田重租分派民田轻租之家，且行归并则例。⑤ 七年陈泰奏请推广调停之令，以五升之田倍其赋，而官田之重者，只取正额。⑥ 天顺初，又令孙原贞定杭嘉湖则例：官田亩科一石以下、民田七斗以下者，每石岁征平米一石三斗；民田四斗以下者，每石岁征平米一石五斗；官田二斗以下、

---

① 《明史·周忱传》。

② 参见《郑开阳杂著》卷一〇；《日知录集释》卷一〇。

③ 《日知录集释》卷一〇。

④ 《天下郡国利病书·常镇》。

⑤ 《日知录集释》卷一〇。

⑥ 《天下郡国利病书·苏松》。

民田二斗七升以下者，每石岁征平米一石七斗；官田八升以下、民田七升以下者，每石岁征平米二石二斗。① 同时，在松江，李秉改定加耗例：六斗以上田只征正额，五斗以上者每石加征一斗五升，四斗者加征三斗三升，递增至 一斗以上田每石加征一石五升，五升以上者加征一石一斗五升，李秉的这一办法，从字面上看来是最为均平，然"聚数则之田于一户由帖之中，查算填注，不胜其繁"，且更有利于里书胥吏的营私作弊。"不久复旧，盖知其难行"。② 所有这些，旋行旋止，更改纷纭，基本上仍是沿袭周忱的论粮加耗，以耗米来调剂官民田地繁复的科则间不合理的差别。但民田"税轻，轻之极，亩只三斗，而耗之增也无几"，官田"税重，重之极，亩至七斗，而耗之增也愈重"。③ 而且当大户有田无粮，小民产去粮存的情况下，要求根据浮粮加耗而能够使负担合理是根本不可能的。于是，进一步有论亩加耗的尝试。

论亩加耗是按实际田亩来均摊耗米。这个办法仍然不触及官民田科则本身，但比起论粮加耗来是较为公正的。但它直接妨碍拥有大量土地而税粮却又很轻的大地主的利益。他们寻找出种种借口来反对。一则以为"若曰轻粮多在大户，不知大户亦有重额之田"，认为"只是以正道待天下，自然平正，若存大小户、轻重田之分，则前人立法之意全无，而物之不齐之说亦徒然也"；再则以为松江一府虽"大户多轻则之田，小户多重则之赋，论田起耗，若便小民，然斗则数多，书手作弊，虽精于算者亦被欺瞒"。④ 三则以为致拖欠之由，"亏损国课，遗祸无穷"。⑤ 这些理由都极尽强词夺理之能事，但却很明晰的为我们勾画出了大地主们的心情。弘治八年朱瑄始定分乡论田加耗例，而十一年彭礼又复行论粮加耗，十五年彭礼、刘琬又改定加耗例：定官田论粮加耗，每石加平米一石六斗；民田论田加耗，每亩征耗米一斗二升。正德二年（1507）艾璞重定

---

① 《明史·食货志二》。
② 《天下郡国利病书·苏松》。
③ 同上，《浙江下》。
④ 同上，《苏松》。
⑤ 何良俊《四友斋丛说摘抄》。

论田加耗例，而六年张凤复行论粮加耗及银布折征旧例。① 可见来自大地主阶级方面阻力之顽固。论田加耗的实行，必须有正确的田亩册簿依据，否则，实行起来是很困难的。

所有这些变通之法都无补于事，但它们却说明了赋税制度已陷于极度混乱。官田已经完全成了纸上的虚名，实际上长期以来与民田混杂，已无所区别，且一部分土地被欺隐，有田而无科；而原定的赋额却成了纸上的虚科，留下大笔浮粮，无从取足，如苏州府后来清丈中表明被欺隐的田有二千八百余顷；② 无锡县有无粮之田一千六百余顷，无田之粮八千余石；③ 嘉定旧有虚存正米一万八千余石，又有有粮无田、有田无粮并无征田荡共一千七百余顷，计米二万三千八百余石，统共为四万一千八百九十石，俱挂额内，无从处补。④ 这就严重地影响了国家的收入。嘉靖二年（1523），御史黎贯言国初夏秋二税麦四百七十余万石，现在少了九万石；米二千四百七十余万石，现在少了二百五十余万石，赋入日少，而支费日加，请核实赋额。⑤ 顾鼎臣亦前后三次奏请清查苏、松、常、镇、杭、嘉、湖七郡钱粮。从皇朝来看，整顿赋税，保证收入，已经刻不容缓。而原来的科则过于纷繁，松江一府将近千余则，嘉定官田科额计一千三百余则，民田计一千余则。在官民田的区分实际上已消灭之后，这种不合理的科则相悬是造成负担不均的主要原因，同时，也使税收工作留下来许多弊病。因此嘉靖中开始赋制上的改革。

先是顾鼎臣改革赋制的倡议得到了应天巡抚欧阳铎、嘉兴知府赵瀛、苏州知府王仪等锐意奉行。嘉兴所属七县，过去是官田最重，民田较轻，而麦地尤为简省。富家兼并主要对象是麦地民田。赵瀛始倡扒平法，总各县官民田和麦地，斟酌牵摊，"正米数少，耗米递加，正米数多，耗米递减，数多者全征本色，数少者量派折色

① 《天下郡国利病书·苏松》。
② 《道光苏州府志·田赋》。
③ 《天下郡国利病书·常镇》。
④ 《续文献通考·田赋》。
⑤ 《明史·食货志二》；《天下郡国利病书·常镇》。

银，不足加以米，米不足补以银，均一折算，验亩派征，大约不出三斗之数，合为一则。其他山荡滨滩池溇水面等项，每石征米五升，自为一则"。① 苏州、松江、常州等各府先后效行。

在苏州，王仪所主持的改革比较更前进一步。嘉靖十五年即部分的开始清丈田亩，尽括官民田衰益之。② 十七年基本上完成，清查出隐蔽田二千八百余顷。乃将各县田地定为等则：长洲计三则，其最重者三斗七升余；吴县二则，最重者三斗四升余；昆山三则，最重者三斗三升余；吴江三则，最重者三斗六升余；常熟四则，最重者三斗囗升余。③ 各地科额多少，各视其原有官田之多少、轻重为准。长洲最高，到三斗七升；太仓最少，仅二斗九升。④ 其法亦以耗米为损益推移，更以本色、轻赍相调剂，重者阴予以轻，轻者阴予以重，与赵瀛办法大致相同。且编造经赋册，以八事定税粮。⑤ 其中规定有征一定额："凡金花、白银、粗细布价，均摊各衙门。正耗、白粮外加桩办等项，省出头绪，止作本色粮米、折色银两项派征"。⑥ 自是民间止征本折二色。

常州则于嘉靖十六年知府应槚始行牵摊。"衰多益寡，将合县田粮均为官民二则，官田每亩平米三斗三升余，民田一斗五升余，仍令计每平米一石验派本色米三斗八升，折色银二钱四分八厘。"⑦ 应槚的改革仍保存了官民田名目，且事先未经过清丈，故"但可以革区书紊乱之弊，而不能救小民赔累之苦"，不久，始陆续进行丈量。无锡、武进均在嘉靖三十二年完成。宜兴则在四十三年完成。经过清丈，官田名义始正式废除。

松江在嘉靖十六年知府黄润亦以八事定税粮。迄隆庆二年（1568），林润奏："江南诸郡久已均粮，民颇称便，惟松江未均，贫民受累，势不能堪"，乞请设官丈田均粮。三年，签事郑元韶"尽数

① 《万历秀水志·田赋》。
② 《明史·食货志》、《乾隆嘉定志·田赋》。
③ 《道光苏州府志·田赋》。
④ 《日知录集释》卷一〇。
⑤ 《明史·食货志二》。
⑥ 《乾隆嘉定志·田赋》。
⑦ 《天下郡国利病书·常镇》。

清丈，悉去官田召佃之名，分作上、中、下三乡定额田"。①

王仪等的改革是万历初张居正所主持的清丈全国田亩、改革赋役的先声。在均定田粮的同时，在役法方面也开始了根本性的改革。王仪定于丁田内编征里甲、均徭银，同税粮并征。田与丁负担轻重的比例各地也有不同：嘉定亩编银七厘七毫，丁编银七分；②松江则每丁准田一亩五分；③其他地方亦有丁四粮六。④官为募役，然"库子、斗给、解户、禁子之类最为民祸者，终不可得募，复于该年摘拨而给其直，当时以为阳革阴用，岁岁均徭"。⑤王仪等的这一措施，基本上已具备条编法的初步规模，故《江南通志》直谓其"照田多寡为轻重，凡大小差役，总计其均徭数目，一条鞭征充费雇办，役累悉除"。⑥《乾隆嘉定志》亦谓"即为条编法之所自始"，这种说法，是有其一定的根据的。

这一个改革也受到了大地主们的强烈反对，当时"豪右多梗其议"。顾鼎臣以为是法行，"吾家益千石输，然贫民减千石矣，不可易也"。⑦没有问题，改革后计亩征粮，革出了前此有田无粮、有粮无田以及科则纷纭等不合理的现象，这是好的。但改革后，税粮的原额并不曾减少，而是合官民田地平均牵摊，亩科三斗左右，较之明初民田亩科三升到五升的通则来，增加近十倍。百余年来官田的被兼并，其结果是平白的使赋粮大增，更加加重了江南人民的负担。至于地主阶级，改革是勉强的，皇朝正式表示取消官田名义，这是一个让步，但我们已经指出：地方地主与皇朝对于官田的争吵主要的焦点是地租的分配，只要是税粮的旧额不减少，地方地主阶级当然是不能满意的。但是，他们的不满却在农民身上找到了补偿，私租普遍的提高了，占当时苏松农村人口百分之九十的佃农，他们一年到头辛勤劳动，一亩的收成最高不能三石，少者不过

① 《天下郡国利病书·苏松》。
② 《乾隆嘉定志·田赋》。
③ 《嘉庆松江府志·田赋》。
④ 《明史·食货志二》。
⑤ 《天下郡国利病书·苏松》。
⑥ 《道光苏州府志·田赋》引《江南通志》卷一三。
⑦ 《明史·食货志二》

一石余，而私租之重者至一石二、三斗，少亦八、九斗。除去生产成本之外，收成之日，所获不过数斗，"至有今日完租，而明日乞贷者"①。顾炎武所说的"国家失累代之官田，而小民乃代官田纳无涯之租赋，事之不平，莫过于此"②，正是切中时弊的评语。至此，近代田赋史上，才是真正的出现了一种奇异而沉重的制度。③

（原载《历史研究》1957 年第 5 期）

————————

① 《日知录集释》卷一〇。
② 同上。
③ 《史地周刊》第二三期梁方仲先生以近代田赋史中的一种奇异制度及其原因为题研究过"苏松重赋"这一问题，梁先生把一般人所指责的"苏松重赋"看成是一种近代田赋史中的奇异制度。

对农民战争反封建性质的理解（一）

一

封建社会时期农民战争的性质问题，近年来史学界进行了热烈的讨论。从已经发表的论文来看，绝大多数同志都主张它是具有反封建性质的。他们指出，在封建社会里，农民与地主之间的矛盾是对抗性的矛盾。农民在经济上被剥削和政治上被压迫的地位，理所当然地决定了他们不能不起而反抗。农民反对封建剥削和压迫的斗争，从逃亡、怠工、抗租、劫粮直至发展为公开的外部对抗，爆发为大规模的农民起义和农民战争，贯穿着整个封建社会的全部过程。这些都表明了农民不堪封建剥削和力图摆脱这种剥削的强烈愿望。因此，他们认为：封建社会里的农民战争具有反封建的性质。

这种看法的本身，我认为是完全正确的。事物内部矛盾对立面的双方，本来就是互相对抗、互相斗争、互相排斥、互相否定的。农民与地主之间阶级利益的不可调和，决定了二者之间的根本对立。在封建社会里，矛盾的主要方面是地主阶级。它是在经济上、政治上和思想上居统治地位的阶级，是决定封建社会根本属性的因素。农民阶级是封建生产关系内被奴役、被剥削的一方，是当时的经济制度、政治制度和思想意识下被压迫、受残害的阶级。有矛盾就有斗争，有压迫就有反抗。列宁指出："全部历史充满了被压迫阶级不断企图推翻压迫的事实"。[1] 在我国历史上，"地主阶级对农民的残酷的经济剥削和政治压迫，迫使农民多次地举行起义，以反抗地主阶级的统治"[2]，以"争取农民自身的经济地位与政治地位的

---

[1] 《列宁全集》第二十九卷，页 438。
[2] 《毛泽东选集》第二卷，页 619。

改变"。① 封建的经济剥削和政治压迫在根本上是由封建的生产关系所决定的，一旦当农民从这种被剥削、被压迫的境况下解脱出来后，矛盾的另一方——封建地主阶级也就不再存在，封建制度也就完全崩溃。从这个意义上来说，作为农民与地主之间阶级斗争最高形式的农民战争具有反封建的性质，是完全可以理解的。

但是，在目前的讨论中，我们也可以看到，有些同志在"农民战争具有反封建性质"这一本来正确的论点上，却存在着一些误解，需要进一步澄清。

如前所述，反封建性质这一论点，我们是从封建社会内农民与地主间对抗性矛盾双方互相排斥、互相斗争这一事实引申出来的。它为我们指明：一、农民与地主之间的阶级矛盾是不可调和的，"只有这种农民的阶级斗争、农民的起义和农民的战争，才是历史发展的真正动力"。② 二、既然农民的反封建斗争是农民与地主之间阶级矛盾的对抗表现，因之，农民战争的反封建性质是从有了农民与地主这一矛盾的那一天起就存在了的；决不是如某些同志所理解的，只是等到封建社会的后期才产生了这一属性。在封建社会前期，推动封建社会向前发展的基本动力仍然是农民的反封建斗争。三、在资产阶级革命中，是"农奴革命把农奴主消灭了，把农奴制的剥削形式废除了"。③ 事情并不如资产阶级史学家所描绘的那样：新兴的资产阶级是农奴的解放者。恰巧相反，正如奴隶主的统治，是被长期的、反复的、绵延不断的奴隶革命所打垮的一样，封建制度是在无数次农民反封建斗争的冲击下崩溃的。西欧三次资产阶级反封建的斗争中的主力就是农民。资产阶级革命的胜利，只是它利用了农民革命的结果。由此可见，承认农民战争在全部封建社会发展过程里始终都具有反封建的性质，对于我们研究农民战争的历史乃至于整个封建社会的历史，都是有着重要意义的。

但是，同样明显的是：既然单纯的农民战争只是封建社会内农

---

① 《人民日报》1951 年 1 月 11 日社论《纪念太平天国革命百周年》。
② 《毛泽东选集》第二卷，页 619。
③ 《斯大林全集》第十三卷，页 215。

民与地主阶级对立的一种表现，只是这一主要矛盾表现的最高形式，那么，归结到底，它只是封建经济中农民与地主之间阶级利益根本对立在政治斗争中的反映。它是立足在封建经济基础之上，是由封建生产关系所制约的。恩格斯曾说过："一切历史上发生的斗争（不论它是在政治的、宗教的、哲学的领域中发生的，或是在任何其他意识形态领域中发生的），实际上只是各个社会阶级彼此斗争的多少明显的表现，而这些阶级的存在以及它们之间的冲突，则是由它们经济状况的发展程度、生产的性质和方式及由生产所决定的交换的性质和方式来制约的。"[①] 可见阶级斗争的内容形式等等，都是由一定的经济决定的。单纯的农民战争本身是封建经济下的产物，是一种封建范畴的历史现象。在还没有出现新的生产力和生产关系的情况下，单纯的农民战争本身，既不可能导致什么在本质上不同于封建制的新的社会因素，更不会出现什么新制度来代替封建制度。

我们说"农奴革命把农奴主消灭了，把农奴制的剥削形式废除了"，但是又说单纯的农民战争本身不可能导致任何在本质上不同于封建制的新社会因素或用新制度来代替旧制度，这两种提法是不是有矛盾呢？没有。任何事物都有它发生、发展和消亡的过程，事物的这种发展是由它内部的因素、即对立面的斗争所造成的。我们说农民的革命斗争最终地消灭了封建制剥削，正是坚持了事物发展是由内因起决定作用的论断。至于新因素的产生以及用怎样的一种制度来代替封建制度，却是另一个问题，是单纯的农民的革命斗争本身所无法解决的。因为在封建社会里，个体的、分散的小农经济决定了他们的生产规模是狭小的，在采用技术上墨守成规，不可能成为新生产力的代表，负担起把社会生产推向一个新的发展阶段的任务。因此，农民起义和农民战争尽管每次都曾用革命的手段推翻和改造他们所不能忍受的黑暗势力的统治，但是，他们却不可能建立起一种新制度来代替封建制度，因而终于使"当时的农民革命总是陷于失败，总是在革命中和革命后被地主和贵族利用了去，当

[①] 《马克思恩格斯文选》（两卷集）第一卷，页 222。

作他们改朝换代的工具",①即使在封建社会发展的末期,处在资产阶级革命前夜的农民运动,尽管它构成为资产阶级革命中的主力,然而它却不能成为这一运动的领导。资产阶级革命前夜的农民运动,只是由于它所固有的、彻底的反封建性质,在客观上正是为资本主义的发展扫清道路,因而使自己成为整个资产阶级革命的一部分。与纯粹封建社会内单纯的农民战争不一样,这时候的农民战争具有资产阶级民主主义的性质。资产阶级革命胜利了,而农民阶级却"反因这一胜利的经济结果而破产了"。②地主与农民两个阶级斗争的结果,是随着封建制度的被消灭,两个斗争阶级同归于尽。③

综上所述,单纯的农民反封建斗争纯粹是封建制度内基本矛盾对抗的最高表现,是一种封建范畴的历史现象,它不可能直接导致新社会因素的产生,也不能以另一个新社会制度来代替旧制度。把农民战争本身理解为某种"非封建"的东西,就是说,把它理解为某种具有不同于封建主义社会属性的东西;或者认为农民战争能够导致某种"非封建"的社会因素的产生,也就是说,认为它可以成为某种新社会制度的预言和先驱,所有这些看法,都是不正确的。我们这里所说的"非封建的"一词,是"封建的"一词的对称,指的是在封建主义以外的社会生产关系上所出现的事物的社会属性,如资产阶级民主、共产主义思想,等等。"反封建"的与"非封建"的是两个涵义上完全不同的概念。我觉得,正是在这两个概念上,有一些同志是混淆不清的。他们在赞同"农民战争具有反封建性质"这个正确的论点时,往往错误地认为农民战争具有"非封建"的性质。这样,他们就把有关农民战争的一些问题脱离了它由以产生的、并始终是受其制约的封建生产方式,脱离了特定的封建主义的历史范畴来理解,这样做当然是不正确的。

---

① 《毛泽东选集》第二卷,页 619。
② 恩格斯《社会主义从空想到科学的发展》英文本序。
③ 《共产党宣言》指出:"自由民和奴隶、贵族和平民、地主和农奴……进行不断的……斗争,每一次斗争的结局,不是整个社会受到革命改造,就是斗争的各阶级同归于尽。"

二

把农民战争作"非封建"的理解，主要有以下两种表现。

一种是把封建社会中的农民阶级抽象化。农民，作为一种社会生产者，不单只存在于封建社会，而是存在于整个阶级社会的诸历史阶段。但是，它们所处的社会地位与社会本质，却是随着当时占统治地位的生产方式的性质而有所不同。在奴隶社会内，它是一种自由民。在资本主义社会里，它分属于农村半无产阶级和小资产阶级。只是在封建社会里它才作为一个社会的主要阶级存在。由于生产方式、社会本质的不同，它们的经济生活、思想意识、精神面貌、斗争方式无一不打上时代的烙印。在封建社会里，有封建地主就有封建农奴（农民）。把农民从具体的历史时代、从具体的生产关系中抽象出来，是不可能正确地阐述农民战争中的一些问题的。例如，在分析农民战争的革命方面与落后方面时，大家都涉及农民作为劳动者与小私有者的两重性的问题。但是，封建社会里农民阶级的两重性与资本主义社会内小农的两重性究竟有没有区别呢？在这方面，我们的注意就很不够，而且往往容易从现代小资产阶级的经济状况、思想面貌来理解封建社会的农民。这是不确切的。在资本主义社会里，小农，作为一个小资产阶级，处在激剧的分化之中。少数幸运者上升了，大多数人则不免于贫困、破产。这个阶层与资产阶级有着天然的血缘关系。《共产党宣言》指出："中层阶级、即小工业家、小商人、手工业者、农民，他们同资产阶级作斗争，都只是为了挽救他们这种中层等级的生存，以免于灭亡。所以，他们不是革命的，而是保守的。不仅如此，他们甚至是反动的，因为他们力图把历史的车轮扭向后转。如果说他们是革命的，那是指他们将转入无产阶级的队伍里来，那是指他们维护的不是他们目前的利益，而是他们将来的利益，那是指他们抛弃自己原有的观点，而接受无产阶级的观点。"①但是，在封建社会里，被剥削、被压

---

① 《马克思恩格斯全集》第四卷，页477。

迫的农民尽管同样是小私有者，由于历史和阶级的局限，存在着种种缺点，然而，他们却是当时社会内最主要的革命力量。在自然经济占统治地位、商品经济极不发达的封建社会里，农民的破产，最常见的、最显著的不是通过商品经济的影响所引起的小农内部的分化，而是由赤裸裸的横征暴敛、巧取豪夺所造成的广大农民的普遍破产。个别农民通过特殊的机缘挤入封建统治阶级的事当然有，但是森严的封建等级制度，使他们比起资本主义下的幸运者来更少希望。因此，用小资产阶级自发的资本主义倾向、向上爬的思想作类比，以为封建制度下的农民同样只有"发家致富"的思想是不正确的。而且，在当时的历史条件下，如果有可能使小农经济得到稳定的发展，绝不是一桩坏事，而是一桩好事。它不单有利于人民生活的改善，而且有利于社会生产的发展。这些同志不了解，从社会主义者的纲领中出现"保护小农"的口号是极端荒谬和错误的，但在封建制度下，小农经济的发展却是一个社会的进步哩！

另一方面，同样是劳动者，我们仍应当看到封建农民与资本主义下小农的区别。以个人劳动为基础的个体所有制，在资本主义社会里是注定要被消灭的。资本主义的发展必然会排斥这种劳动所有制，使广大农民沦为一无所有的雇佣工人。这就决定了乡村中的贫雇农群众能够接受党的领导，实现社会主义革命，而中农则可以成为我们"最接近的朋友"。在封建制度下，这种个体的劳动所有制是封建主经济所必需的。在正常情况下，封建统治阶级对于它是会加以保持和利用的。历史上的"劝农"、"恤民"、"赈饥"、"借贷"、"轻徭薄赋"、"蠲免钱粮"等等，实际上都是为了抚存这种小农所有制，以保证有可供其剥削的人手。否则，农民破产流亡，社会秩序无法维持，封建剥削也就无法进行。因此，作为一个阶级而言，这种个体劳动者在封建社会里是相当稳定的。这种生产方式必然为农民带来许多不可克服缺点。马克思和恩格斯曾经指出：农民的分散性以及由此产生的极端落后性，使农民起义在改变旧社会制度上"毫无结果"[1]。因此，我以为，研究农民战争的正确态度，是

---

[1] 《马克思恩格斯全集》第三卷，页 59。

应该从历史唯物主义的观点进行必要的批判，既肯定其革命方面，也指出其局限方面，以便从中总结经验教训，从而更有利地向人民证明：旧式的农民战争是必不可免地要失败的，"伟大的中国农民战争，如果在无产阶级政党领导之下，就与历史上一切农民战争不同，是完全能够的"。①

把农民阶级抽象化的倾向在农民政权这一问题的讨论上，也是颇为突出的。有的同志认为，农民战争的结果，可以创造出这样一个"农民社会"。这种说法是根本不能成立的。社会发展本身清楚地表明"农民社会"只存在于农民的幻想之中。大家知道，生产方式是由生产力水平所规定的。这些同志也承认农民不是新生产力的代表。这就已经包含从根本上否定有所谓"非封建"的"农民社会"的可能性。以为在当时的生产力水平下，除了与之相适应的封建生产关系外，没有、也不可能有产生另一种新生产关系的可能。

然而，也不可否认，历史上在某一短暂时期，由于农民战争的结果，封建地主受到了打击，而有可能在一定地区内出现独立小农占优势的局面。这种情况能不能作为短暂的农民社会存在过的证据呢？也不能。这只是阶级力量对比发生重大变化下的例外情况。即使在这样的情况下，这些独立小农的封建属性也不因之改变，因为生产力水平并没有变化，社会生产关系的再生产，不是这些小农经济得到发展，而是向封建地主所有制迅速转化。普列汉诺夫曾指出："大家知道：在长时期中俄国农民自己曾能够有而且亦常常有过农奴。农奴的状况对于农民是不会愉快的。可是，在俄国当时的生产力的状况下，没有一个农民在这个状态中看到不正常之处。积蓄了一些钱的'田夫'自然而然地想到购买农奴，正如罗马的自由民企图获得奴隶一样。在斯巴达克领导之下起义的奴隶曾与自己的主人进行了战争，可是没有和奴隶制进行战争，假如他们能够得到，他们在顺利的条件下，他们自己会泰然自若地变成奴隶占有者。"② 普列汉诺夫这里所说的"没有和奴隶制进行战争"，从全文

---

① 刘少奇《论党》。
② 《论一元论史观之发展》注，载《普列汉诺夫哲学著作选集》第一卷，页685。

来看，显然是指奴隶的起义不能消灭奴隶制而言。能不能消灭奴隶制，最终是由生产力决定的。普列汉诺夫接着说，"任何一种自由只在它成了经济的必然性时，它才出现"，这是正确的。在社会仍未出现新生产力之前，在起义中胜利了的农民，在顺利情况下，也会泰然自若地变成封建地主。这样的例子，在历史上是不少的。朱元璋政权的蜕化就是一例。相反，在资产阶级革命前夕，随着农奴制崩溃而出现的小农经济，却成了向资本主义发展的一种过渡。前者是封建的小农，其发展只能是封建的道路；后者是小资产阶级，其发展是向资产者和无产者分化。可见小农经济即使是在它占优势的短暂时期，其发根本属性也是由当时生产力水平和与之相适应的生产关系所决定的。纯粹的、抽象的"农民社会"是不可能存在的。

和"农民社会"这一说法相近的，有同志认为农民的个体所有制是农民政权的经济基础。政权，作为一种阶级斗争的工具，有封建地主阶级的专政，而在阶级力量的对比发生变化的情况下，当然也可能有反对这一专政的封建农民政权。正如有"官军"，也有起义的农民军一样。这是一个事实，是无可否认的。问题在于，有些同志不是把农民政权当成在本质上是农民与地主间阶级利益不可调和的根本对抗在政治上的一种表现来理解，不是作为封建社会内农民阶级经济生活与斗争的一种反映来理解，因之，他们所说的农民政权事实上就成了超乎封建制的、"非封建"的现象。他们离开封建经济本身的对抗，而孤立地把农民的个体所有制抽出来当作农民政权的经济基础。事实上，农民经济不是独立的经济结构，农民的个体所有制是依附于封建制度的，是当时社会经济制度下的从属部分。即使它可以作为一种经济基础看待，它的社会属性也是由封建制度来确定的。马克思说："小农经济与独立手工业经营二者，在某程度内，是封建生产方式的基础"，[①]可见马克思从来就没有把这种小农经济看成什么超乎封建制范畴的东西。因此，我们说的农民政权，确切地说应该是封建农民的政权，它丝毫也不含有任何

---

① 《资本论》第一卷，第401页注。

"非封建"的意思。

把农民战争作"非封建"的理解的第二种表现，是把封建农民现代化。这主要反映在自觉性的问题上。

封建社会下的农民群众能不能有自觉性呢？多数同志是否定的。然而也有不少人在表面上否定而在实际上却尽可能地把农民的认识程度夸大，达到不应有、也不可能有的地步。

"自觉性"是工人阶级在解放斗争中认识资本主义世界的高级阶段。毛泽东同志说："无产阶级对于资本主义社会的认识，在其实践的初期——破坏机器和自发斗争时期，他们还只在感性认识的阶段，只认识资本主义各个现象的片面及其外部的联系。这时，他们还是一个所谓'自在的阶级'。但是到了他们实践的第二个时期——有意识有组织的经济斗争和政治斗争的时期，由于实践，由于长期斗争的经验，经过马克思、恩格斯用科学的方法把这种种经验总结起来，产生了马克思主义理论，用以教育无产阶级，这样就使无产阶级理解了资本主义社会的本质，理解了社会阶级的剥削关系，理解了无产阶级的历史任务，这时他们就变成了一个'自为的阶级'。"[1]只有当工人阶级成为"自为的阶级"时，它才真正从自发转变成为自觉。可见所谓自觉性，指的是阶级的自觉，社会革命的自觉。即在科学的社会主义理论的基础上认识本阶级的历史地位和历史使命，根据社会发展的规律，有意识地进行改造社会的斗争。这种自觉性在历史上只有用马克思列宁主义武装起来的工人阶级才能具备。自觉性的问题，是决定工人阶级能否领导农民，实现社会主义的关键所在。我们不应该把自觉性作其他的解释，或者用历史上其他被压迫阶级的认识水平来与之比附。

农民是否曾把地主作为一个阶级来反对呢？也就是说，在农民自己，是否已经意识到它同地主阶级对抗呢？我的看法是否定的。马克思详尽地就小农的生活方式、经济状况、阶级地位进行过分析。他指出，在经济上构成独立阶级的小农，在政治斗争中却不能作为一个阶级而独立行动。他写道："由于各个小农彼此间只存在

---

[1] 《毛泽东选集》第一卷，页277。

有地域的联系，由于他们利益的同一性并不使他们彼此间形成任何的共同关系，形成任何的全国性的联系，形成任何一种政治组织，所以他们就没有形成一个阶级。"① 列宁也指出过："零散的单独的小规模的剥削把劳动者束缚于一个地点，使他们彼此隔绝，使他们无法理解自己的阶级一致性，使他们无法统一起来，无法了解压迫的原因不在个人而在整个经济体系。"② 经典作家的这些分析，虽然并不是针对封建制度下的小农而言，但是用它们来说明封建社会的农民，也无疑是完全正确的。当然，随着封建社会本身的发展和农民长时期反封建斗争的实践，农民的认识有所提高和发展是一个无可否认的事实；但是，这种认识在本质上仍然没有超出原始平均主义的范围。平均主义是"个体农民的思想方式"。它说明了农民的这种认识仍然是相当狭窄的。生活在自然经济占统治地位的闭塞、孤立环境里的农民，要认识到压在他们头上的不是个别地主，而是整个封建地主阶级，并且在这种认识上和其他地区的广大农民联系起来，成为一个自觉的阶级力量，几乎是根本不可想象的。在《怎么办》一书中，列宁曾深刻地分析了十九世纪后期自发的工人运动发展的过程。列宁把早期的工人罢工称为"原始的骚动"，指出在这种"原始的骚动"中存在着"某种程度的自觉性的萌芽"。同这些"原始的骚动"比较起来，九十年代有系统的罢工"甚至可能称为自觉的罢工"。但是，列宁进一步指出：十九世纪九十年代的罢工"本身只是工联主义的斗争，还不是社会民主主义的斗争；这些罢工表明工人已经感觉到他们同厂主利益的对抗，但是工人当时还没有而且也不能意识到他们的利益同整个现代社会政治制度的不可调和的矛盾，即还没有而且也不可能有社会民主主义的意识。从这个意义上讲，90年代的罢工虽然比起'骚动'来有了很大的进步，但它终究还是纯粹自发性的运动"。③ 应该指出：工人阶级与封建社会农民有它们所代表的生产力水平不同，即使在同样自发性的情况下，认识能力也是有所不同的。不过，我以为列宁上述分析对我

① 《马克思恩格斯全集》第八卷，页217。
② 《列宁全集》第一卷，页277。
③ 同上第五卷，页342。

们的研究仍然有着巨大的指导意义。对于历史上纯粹自发的农民战争，我们也应当既看到它的认识有一个逐渐发展、提高的过程，予它以应有的重视，同时也要明确它的局限，不能把它与自觉性相混淆。

有的同志说，历史唯物主义的基本原理就是存在决定意识，农民的阶级地位就决定他们能认识这种阶级关系；而且，阶级斗争的需要与发展也必然有可能使农民对封建制度有一定的认识。这是把哲学上的"意识"和主观认识水平混为一谈了。存在的东西，并不是我们都已经认识的，在人类历史上，阶级的出现和存在已经好几千年了，但科学的阶级理论的建立却是百多年以前的事。人的认识水平是随着生产力的发展而发展的。在封建社会里，由于落后的生产方式决定了农民不可能认识整个封建制度。这才是存在决定意识。诚然，决定阶级利益的不是人民的意识，决定农民战争的反封建性质的也不是农民的认识水平，这是完全正确的。但是谈到能不能认识封建制度，能不能理解到地主是作为一个阶级与农民阶级相对抗时，我们却是就当时农民的主观认识能力而言，这和存在决定意识这一原理是不相干的。至于说阶级斗争本身的需要推动了农民的认识水平，这当然是无可怀疑的。但是，这种推动绝不可能是任意的，而只能在当时社会生产力所允许的认识能力范围之内。因此，当我们说阶级斗争的需要与发展能够使农民对封建制度有一定的认识时，所谓"一定的认识"，只有严格限制在"自发"这一范畴之内才是正确的。

有的同志认为农民已经看到了贫富对立，于是认为农民已认识到阶级对立。这种说法也不正确。贫富只是阶级对立的现象之一。贫富的划分并不等于阶级划分。在历史上，几乎在社会出现分化的同时，就有人看到了贫富的对立，咒骂和反对过这种对立。但在马克思主义的出现以前，没有、也不可能有人懂得社会上区分为贫富的实质是什么？为什么会产生贫富？怎样来改变这种不合理的现象？因此，仅限于认识到贫富对立的农民起义，恰恰只是表明这种斗争是纯粹自发性质的。

还有的同志认为农民战争有它的平均主义理想，而且农民主观上是希望建立一种新社会制度的。持这种说法的同志实际上也是要力图证明农民是自觉地进行反封建斗争的。这些同志也同意，农民所向往的新社会制度是一种平均主义的幻想，是不可能实现的乌托邦。这种根本不可能实现的愿望，正如恩格斯所说的"只能是蛮干的超出，空想的超出，而在第一次实际试用之后就不得不退到当时条件所容许的有限氛围以内来"①。历史事实正是如此。农民反封建的斗争有过崇高的理想，但这种斗争实际的结果却是多少推动了封建社会向前发展。自觉性是建立在社会发展的必然性的认识基础之上的。幻想则正是缺乏对社会发展必然性的认识。可见建立在幻想上的农民的平均主义理想，也正是表明农民的斗争是纯粹自发性的。

同样，农民军有组织、有计划的行动也不能认为是自觉性的表现。因为既然自觉性只能是阶级的自觉、社会革命的自觉，那么，农民在起义斗争中虽可以在一定的组织形式下结合起来，但是，这种组织是远不能胜任起推翻封建制度这一根本任务的。农民在斗争中当然也会有自己的行动计划，但是，这种计划也并不可能成为建立新社会制度的蓝图。

把农民起义现代化的倾向还表明在农民反对剥削的问题上。农民反对什么样的剥削？它是不是反对一切剥削？有同志认为，农民是反对一切剥削的。他们说，农民的平均主义实质上就是废除阶级的要求。农民中存在过这种愿望，这是确实的。这些愿望中有着极可宝贵的民主精华，也必须充分肯定。但是对于任何历史遗产，我们都应该进行阶级分析，揭示其本质，批判地继承。农民是封建制度下的被剥削阶级，他们所要废除的阶级，实际上指的是封建地主阶级；他们所反对的剥削，实际上指的是封建剥削，而绝不可能指一切阶级、一切剥削。要知道，农民本身就是一个小私有者，他们所向往的平均主义理想，实质上只是要求摆脱封建地主的束缚，使自己成为财富均平的小所有者。而只要私有制仍然存在，所谓消灭剥削、废除阶级永远只能是一句空话。列宁曾经指出：农民运动

---

① 《马克思恩格斯全集》第七卷，页 405。

"是按自己的社会经济内容来说属于资产阶级性质的民主革命的必然伴侣。它绝不反对资本主义制度的基础,不反对商品经济,不反对资本。正好相反,它反对农村中的各种旧的、农奴制的、资本主义以前的关系,反对农奴制一切残余的主要支柱——地主土地占有制。"它的胜利,"不会消灭资本主义,不会消灭社会分为阶级、分为富人和穷人、资产阶级和无产阶级的现象"。①在这里,列宁所说的是资产阶级革命时代的农民运动。封建社会内的农民运动不可能是资产阶级性的民主运动,封建社会内小农的分化也不是产生资本家和雇佣工人,而是地主和农民。但是列宁的分析仍然为我们提供了宝贵的启示。在人类发展的历史上,主张并能够作到废除一切剥削、消灭一切阶级的只有、也只能是工人阶级。明确这一点,对适当地估计农民的革命性是完全必要的。

综上所述,我们可以看到,把农民战争作"非封建"的理解,无论表现为把农民阶级抽象化或者现代化,其根本缺点都是没有把农民阶级放在它所处的时代,从它的阶级地位来进行分析。当然,深入地研究封建社会下农民的经济状况、思想意识、阶级斗争,得出应有的结论,并不是一件轻易的事,需要作许多细致艰巨的研究工作。我在上面只是概括地提出一些粗浅的看法,请读者指教。

（原载《新建设》1964 年第 5 期）

---

① 《列宁全集》第九卷,页 428、430。

对农民战争反封建性质的理解①（二）

封建社会时期农民战争的性质问题，近年来史学界进行了热烈的讨论。大多数同志认为，封建社会里的农民战争具有反封建的性质。这种看法的本身，我认为是完全正确的。但是，有些同志在"农民战争具有反封建性质"这一本来正确的论点上，却存在着一些误解。

封建社会里的单纯的农民反封建斗争，是一种封建范畴的历史现象。它不可能直接导致新社会因素的产生，也不能以另一个新社会制度来代替旧制度。把农民战争本身理解为某种"非封建"的东西，就是说，把它理解为某种具有不同于封建主义社会属性的东西，或者认为农民战争能够导致某种"非封建"的社会因素的产生，也就是说，认为它可以成为某种新社会制度的预言和先驱，所有这些看法，都是不正确的。我们这里说的"非封建的"一词，是"封建的"一词的对称，指的是在封建主义外的社会生产关系上所出现的事物的社会属性，如资本主义、共产主义思想，等等。"反封建"的与"非封建"的是两个涵义完全不同的概念。正是在这两个概念上，有一些同志混淆不清。他们在赞同"农民战争具有反封建性质"这个正确的论点时，往往错误地认为农民战争具有"非封建"

---

① 这篇文章，原发表在《新建设》1964 年 4 月号，因翦伯赞先生的推荐，《人民日报》学术研究版 1964 年 6 月 2 日作了转载。我在重新发表时作了一些增改，主要是指名批评了极左派的代表关锋和林聿时。农民起义问题，在新中国成立后史学界一度是最热门的问题，随着阶级斗争理论的强化，调子也由左而极左，且直接与政治联系，已很少有人敢发不同的声音了。我很早就留心农民战争问题，发现一些左派的论点和马克思主义的经典论点是完全相左的，就写成了这篇文章，公开对他们挑战，因此在"文化大革命"初起时就被批判揪斗。罪名指我是翦伯赞在内蒙古的桥头堡，污蔑农民战争，吹捧帝王将相。戚本禹在天津的一个群众大会上还追问周某是什么人？现在在哪里？只是我那时已调往内蒙古，究竟地处僻远，才免去一场大祸，至今思之，犹心有余悸。

的性质。这样，他们就把有关农民战争的一些问题脱离了它由以产生的、并始终是受其制约的封建生产方式，脱离了特定的封建主义的历史范畴来理解。这样做当然是不正确的。

把农民战争作"非封建"的理解，主要有以下两种表现：

一种是把封建社会中的农民阶级抽象化。农民，作为一种社会生产者，不是只存在于封建社会，而是存在于整个阶级社会的诸历史阶段。它们的社会地位与社会本质，却随着当时占统治地位的生产方式的性质而有所不同。在奴隶社会内，它是一种自由民；在资本主义社会里，它分属于农村半无产阶级和小资产阶级；只是在封建社会里，它才作为一个社会的主要阶级存在。由于生产方式、社会本质的不同，它们的经济生活、思想意识、精神面貌、斗争方式无一不打上不同的时代的烙印。在封建社会里，有封建地主就有封建农奴（农民）。把农民从具体的历史时代、从具体的生产关系中抽象出来，是不可能正确地阐述农民战争中的一些问题的。例如，在分析农民战争的革命方面与落后方面时，大家都涉及农民作为劳动者与小私有者的两重性的问题。但是，封建社会里农民阶级的两重性与资本主义社会内小农的两重性究竟有没有区别呢？在这方面，注意就很不够，而且往往容易从现代小资产阶级的经济状况、思想面貌来理解封建社会的农民。这是不确切的。在资本主义社会里，小农作为一个小资产阶级，处在激剧的分化之中。少数幸运者上升了，大多数人则不免于贫困、破产。这个阶层与资产阶级有着天然的血缘关系。《共产党宣言》指出："中层等级，即小工业家、小商人、手工业者、农民，他们同资产阶级作斗争，都只是为了挽救他们这种中层等级的生存，以免于灭亡。所以，他们不是革命的，而是保守的。不仅如此，他们甚至是反动的，因为他们力图把历史的车轮扭向后转。如果说他们是革命的，那是指他们将转入无产阶级的队伍里来，那是指他们维护的不是他们目前的利益，而是他们将来的利益，那是指他们抛弃自己原来的观点，而接受无产阶级的观点。"① 但是，在封建社会里，被压迫的农民尽管同样是小私

---

① 《马克思恩格斯全集》第四卷，页476—477。

有者，由于历史和阶级的局限，存在着种种缺点，然而，他们却是当时社会内最主要的革命力量。在封建社会里，农民的破产，最常见的、最显著的不是由商品经济的影响所引起的小农内部的分化，而是由赤裸裸的横征暴敛、巧取豪夺所造成的。个别农民通过特殊的机缘挤入封建统治阶级的事当然有，但是森严的封建等级制度，使他们比起资本主义下的幸运者来更少希望。因此，用小资产阶级自发的资本主义倾向、向上爬的思想作类比，以为封建制度下的农民同样只有"发家致富"的思想是不正确的。

另一方面，同样是劳动者，还应看到封建农民与资本主义下小农的区别。以个人劳动为基础的个体所有制，在资本主义社会里是注定要被消灭的。资本主义的发展必然使广大小农沦为一无所有的雇佣工人。这就决定了乡村中贫雇农群众能够接受党的领导，实现社会主义革命，而中农则可以成为我们"最接近的朋友"。但是在封建制度下，这种个体的劳动所有制是封建主经济所必需的。在正常情况下，封建统治阶级对于它是会加以保持和利用的。历史上的"劝农"、"恤民"、"赈饥"、"借贷"、"轻徭薄赋"、"蠲［juān，除也］免钱粮"等等，实际上都是为了抚存这种小农所有制，以保证可供其剥削的人手。因此，作为一个阶级而言，这种个体劳动者在封建社会里是相当稳定的。这种生产方式必然给农民带来许多不可克服的缺点。马克思和恩格斯曾经指出：农民的分散性以及由此产生的极端落后性，使农民起义在改变旧社会制度上"毫无结果"①。因此研究农民战争，既要肯定其革命方面，也要指出其局限方面，以便从中总结经验教训，从而更有力地向人民证明：旧式的农民战争是必不可免地要失败的，"伟大的中国农民战争，如果在无产阶级政党领导之下，就与历史上一切农民战争不同，是完全能够胜利的"。②

把农民阶级抽象化的倾向在农民政权这一问题的讨论上，也是颇为突出的。有的同志认为，农民战争的结果，可以创造出一个

---

① 《马克思恩格斯全集》第三卷，页59。
② 刘少奇《论党》。

"农民社会"。这种说法是根本不能成立的。社会发展本身清楚地表明，"农民社会"只存在于农民的幻想之中。大家知道，生产方式是由生产力水平所规定的。这些同志也承认农民不是新生产力的代表。这就已经从根本上否定有所谓"非封建"的"农民社会"的可能性。

然而，也不可否认，历史上在某一短暂时期，由于农民战争的结果使封建地主受到了打击，有可能在一定地区内出现独立小农占优势的局面。这种情况能不能作为短暂的农民社会存在过的证据呢？也不能。这只是阶级力量对比发生重大变化下的例外情况。即使在这样的情况下，这些独立小农的封建属性也不因之改变，因为生产力水平并没有变化，社会生产关系的再生产，不是这些小农经济得到发展，而是它向封建地主所有制迅速转化。普列汉诺夫曾指出："大家知道：在长时期中俄国农民自己曾能够有而且亦常常有过农奴。农奴的状况对于农民说来是不会愉快的。可是，在俄国当时的生产力的状况下，没有一个农民能够在这个状态中看到不正常之处。积蓄了一些钱的'田夫'自然地想到购买农奴，正如罗马的自由民企图获得奴隶一样。在斯巴达克领导之下起义的奴隶曾与自己的主人进行了战争，可是没有和奴隶制进行战争，假如他们能够得到胜利，他们在顺利的条件下，他们自己会泰然自若地做成奴隶占有者。"①普列汉诺夫这里所说的"没有和奴隶制进行战争"，从全文来看，显然是指奴隶的起义不能消灭奴隶制而言。能不能消灭奴隶制，最终是由生产力决定的。普列汉诺夫接着说，"任何一种自由只在它成了经济的必然性时，它才出现"，这是正确的。在社会仍未出现新生产力之前，在起义中胜利了的农民，在顺利情况下，也会泰然自若地变成封建地主。这样的例子，在历史上是不少的，朱元璋政权的蜕化就是一例。相反，在资产阶级革命前夕，随着农奴制崩溃而出现的小农经济，却成了向资本主义发展的一种过渡。前者是封建的小农，其发展只能是封建的道路；后者是小资产阶级，其发展是向资产者和无产者分化，可见小农经济即使是在它

---

① 《普列汉诺夫哲学选集》第一卷，页685。

占优势的短暂时期，其根本属性也是由当时生产力水平和与之相适应的生产关系所决定的。纯粹的、抽象的"农民社会"是不可能存在的。

和"农民社会"这一说法相近的，有的同志认为农民的个体所有制是农民政权的经济基础。政权，作为一种阶级斗争的工具，有封建地主阶级的专政，而在阶级力量的对比发生变化的情况下，当然也可能有反对这一专政的封建农民政权。正如有"官军"，也有起义的农民军一样。这是一个无可否认的事实。问题在于，有些同志不是把农民政权当成在本质上是农民与地主间阶级利益不可调和的根本对抗在政治上的一种表现来理解，不是作为封建社会内农民经济生活与斗争的一种反映来理解，因之，他们所说的农民政权事实上就成了超乎封建制的、"非封建"的现象。他们离开封建经济本身的对抗，而孤立地把农民的个体所有制抽出来当作农民政权的经济基础。事实上，农民经济不是独立的经济结构，农民的个体所有制是依附于封建制度的，是地主经济的从属部分，它的社会属性也是由封建制度来确定的。马克思说："小农经济与独立手工业经营二者在某程度内，是封建生产方式的基础。"[1] 因此，我们说的农民政权，确切地说是封建农民政权，它不含有任何"非封建"的意思。

把农民战争作"非封建"的理解的第二种表现，是把封建农民现代化。这主要反映在自觉性的问题上。

封建社会下的农民群众能不能有自觉性呢？多数同志是否定的。然而也有不少人在表面上否定，而在实际上却尽可能地把农民的认识程度夸大，达到不应有、也不可能有的地步。

"自觉性"是工人阶级在解放斗争中认识资本主义社会的高级阶段特征。毛泽东同志说："无产阶级对于资本主义社会的认识，在其实践的初期——破坏机器和自发斗争时期，他们还只在感性认识的阶段，只认识资本主义各个现象的片面及其外部的联系。这时，他们还是一个所谓'自在的阶级'。但是到了他们实践的第二

---

[1] 《资本论》第一卷，页401。

个时期——有意识有组织的经济斗争和政治斗争的时期，由于实践，由于长期斗争的经验，经过马克思、恩格斯用科学的方法把这种种经验总结起来，产生了马克思主义的理论，用以教育无产阶级，这样就使无产阶级理解了资本主义社会的本质，理解了社会阶级的剥削关系，理解了无产阶级的历史任务，这时他们就变成了一个'自为的阶级'。"① 只有当工人阶级成为"自为的阶级"时，它才真正从自发转变成为自觉。可见所谓自觉性，指的是阶级的自觉，社会革命的自觉。这种自觉性在历史上只有用马克思列宁主义武装起来的工人阶级才能具备。我们不应该把自觉性作其他的解释。

农民是否曾把地主作为一个阶级来反对呢？也就是说，在农民自己，是否已经意识到它同地主阶级对抗呢？我的看法是否定的。马克思指出，在经济上构成独立阶级的小农，在政治斗争中却不能作为一个阶级而独立行动。他写道："由于各个小农彼此间只存在有地域的联系，由于他们利益的同一性并不使他们彼此间形成任何的共同关系，形成任何的全国性的联系，形成任何一种政治组织，所以他们就没有形成一个阶级。"② 列宁也指出过："零散的单独的小规模的剥削把劳动者束缚于一个地点，使他们彼此隔绝，使他们无法理解自己的阶级一致性，使他们无法统一起来，无法了解压迫的原因不在个人而在整个经济体系。"③ 经典作家的这些分析，虽然并不是针对封建制度下的小农而言，但是，用它们来说明封建社会的农民，也无疑是完全正确的。当然，随着封建社会的发展和农民长期反封建斗争的实践，农民的认识有所提高和发展，这是应予重视的。但是，我们必须明确它的局限性，不能把它与自觉性相混淆。

有的同志说，社会存在决定意识，农民的阶级地位就决定他们能认识这种阶级关系；而且，阶级斗争的需要与发展也必然有可能使农民对封建制度有一定的认识。这是把哲学上的"意识"和主观认识水平混为一谈了。存在的东西，并不是我们都已经认识的。在

① 《毛泽东选集》第一卷，页277。
② 《马克思恩格斯全集》第八卷，页217。
③ 《列宁全集》第一卷，页277。

人类历史上，阶级的出现和存在已经好几千年了，但科学的阶级理论的建立却是百多年以前的事。在封建社会里，落后的生产方式决定了农民不可能认识整个封建制度，这才是存在决定意识。诚然，决定阶级利益的不是人们的意识，决定农民的反封建性质的不是农民的认识水平。这是完全正确的。谈到农民能不能认识封建制度，能不能理解到地主是作为一个阶级与农民阶级相对抗时，却纯粹是就农民的主观认识能力而言，这和存在决定意识这一原理是不相干的。至于阶级斗争本身的需要推动了农民的认识水平，是无可怀疑的。但是，这种推动绝不可能是任意的，而只能在当时社会生产力所允许的认识能力范围之内。因此，当我们说阶级斗争的需要与发展能够使农民对封建制度有一定的认识时，所谓"一定的认识"只有严格限制在"自发"这一范畴之内才是正确的。

因而我们就不能不认为，蔡美彪同志所提出的"农民没有把地主作为一个阶级来反对、把封建当作一个制度来反对"，这一命题本身是完全正确的。蔡同志是在反对把农民战争现代化的情况下提出来这一命题的。他正确地指出："农民和地主阶级的矛盾，农民和封建制度的矛盾，是客观存在，不是主观认识。这种认识，只有在人类社会进入资本主义时代以后，才有可能。"① 显然，这里是纯粹就主观认识而言。农民在主观认识能力上没有、也不可能达到自觉地把地主当作阶级来反对、把封建作为制度来反对，现在已经有不少同志都持这种主张了。坚持过一点绝不是在"实际上会走上一条死胡同"，而是把农民战争的研究从现代化的胡同里引出来。希望在对蔡美彪同志的某些观点进行批评时，不要把孩子连同洗澡水一起泼掉。不要片面化、绝对化，防止从一个极端跑到另一个极端。

还有的同志认为农民战争有它的平均主义理想，农民主观上是希望建立一种新社会制度的。这在实际上也是力图证明农民是自觉地进行反封建斗争的。这些同志也同意，农民所向往的新社会制度是一种平均主义的幻想，是不可能实现的乌托邦。正如恩格斯所

---

① 《对中国农民战争讨论中几个问题的商榷》，载《历史研究》1961年第4期。

说的，"只能是蛮干的超出，空想的超出，而在第一次实际试用之后就不得不退到当时条件所容许的有限范围以内来"。① 历史事实正是如此。农民反封建的斗争有过崇高的理想，但这种斗争实际的结果却是多少推动了封建社会向前发展。自觉性是建立在社会发展的必然性的认识基础之上的，幻想则正是缺乏对社会发展必然性的认识。可见建立在幻想上的农民的平均主义理想，也正是表明农民的斗争是纯粹自发性的。

把封建农民现代化，也表现在农民向往什么的讨论中。关锋、林聿时同志的《在历史研究中运用阶级观点和历史主义的问题》一文中，专门有一节是谈关于农民战争的，并把批评的焦点集中在蔡美彪同志的论点上。关、林同志的文章中有很多中肯的批评，这是应该肯定的。但是，他们在对农民"所追求和向往的则是发家致富，使自己也成为地主，或者通过各种途径成为大小官员，取得功名利禄"这样一个不正确的意见进行批评时，却恰好犯了蔡美彪同志所指出的把农民战争现代化的错误。

关、林同志说："追求和向往发家致富，使自己成为地主等等，这根本不是劳动农民的思想，而是富农的思想……说到中农，向往发家致富，也只是它的一个方面。"② 如此云云。在这里，人们是很难分辨关、林同志所分析的是现代的农村阶级状况呢，还是在谈封建社会里的农民阶级。我认为，这里讨论的是封建社会里的农民战争，那末分析农民就只能放在封建的范畴里来考察。富农、中农、贫农都只是近代农村阶级的划分，不能机械地套在封建社会。诚然，正如林杰同志在《用什么观点和方法来研究农民战争》（载《新建设》1964 年 4 月号）一文中所证明的，历史文献中早就有了"富农"一词。其实不仅"富农"，在历史文献中还很早就有了"上农"和"下农"之称。既有上、下农，当然也会有中农。不过，林杰同志要证明现代的"富农"是古已有之，恐怕还需要就其实质多作一些论证，单从文字上来比附是不妥当的。同样名为"富农"，本质上却

---

① 《马克思恩格斯全集》第七卷，页 405。
② 载《历史研究》1963 年第 6 期，并见《人民日报》1964 年 2 月 22 日。

有很大的区别。林杰同志所说的"当时的富农不能发展成为资产阶级，而只能发展成为地主"就是一条。有没有这么一点资本主义因素，标志着两个不同的时代、两种不同的经济生活，因而他们的政治倾向、思想状况也就各有不同。其他如中农、贫农，也莫不如此。我以为，生硬地把现代的富农、中农、贫农拿来与封建社会里的富裕农民、中等农民阶层、贫苦农民作类比，至少是没有必要的，其结果只能引起混乱。对封建农民进行科学分析重要的在于掌握正确的阶级分析方法，并不在于机械地把现代的概念来硬套。即令是我们有必要就封建阶社会里的农民阶级按其经济状况分成"上"、"中"、"下"三等来考察，但是这种上等的农民仍然是被压迫阶级，而不像现代富农一样是农村的另一剥削阶级——农村的资产阶级。至于现代的中农，它是一种小资产阶级，既是私有者，又是劳动者，以下区别于贫无所有的农村无产阶级，以上不同于资产阶级。但是，把既是私有者又是劳动者当成封建社会中的中等农民的特征却并不尽然。中等农民和比它富裕一些的上等农民不存在现代富农与中农的显著区别，它和下等农民的区别也不在于它是小私有者，因为一般来说，封建社会的农民都是小所有者。马克思说："小农民经济与独立手工业经营者，在某程度内，是封建生产方式的基础。"[①] 一无所有的农民无产者是不适合于封建剥削的。由此可见，脱离封建生产方式，脱离一定的历史范畴，是不能正确分析农民阶级的。

把农民起义现代化的倾向，还表现在农民反对剥削的问题上。农民反对什么样的剥削？它是不是反对一切剥削？有的同志认为，农民是反对一切剥削的，农民的平均主义实质上就是废除阶级的要求。农民中存在过一些美好的愿望，这是确实的。这些愿望中有着极可宝贵的民主精华，也必须充分肯定。但是对于任何历史遗产，我们都应该进行阶级分析，揭示其本质，批判地继承。农民是绝不可能反对一切阶级、一切剥削的。要知道，农民本身就是一个小私有者，他们所向往的平均主义理想，实质上只是要求摆脱封建

[①] 《资本论》第一卷，页 401 注。

地主的束缚，使自己成为财富均平的小所有者。而只要私有制仍然存在，所谓消灭剥削、废除阶级永远只能是一句空话。列宁曾经指出：农民运动"是按自己的社会经济内容来说属于资产阶级性质的民主革命的必然伴侣，它绝不反对资本主义制度的基础，不反对商品经济，不反对资本。正好相反，它反对农村中的各种旧、农奴制的、资本主义前的关系，反对农奴制一切残余的主要支柱——地主土地占有制"。它的胜利，"不会消灭资本主义，不会消灭社会分为阶级、分为富人和穷人、资产阶级和无产阶级的现象"。① 在这里，列宁所说的是资产阶级革命时代的农民运动。封建社会内的农民运动不可能是资产阶级性的民主运动，封建社会内小农的分化也不是产生资本家和雇佣工人，而是地主和农民。但是，列宁的分析仍然为我们提供了宝贵的启示。在人类发展的历史上，主张并能够作到废除一切剥削、消灭一切阶级的，只有、也只能是工人阶级。明确这一点，对适当地估计农民的革命性是完全必要的。

综上所述，我们可以看到，把农民战争作"非封建"的理解，无论表现为把农民阶级抽象化或者现代化，其根本缺点都是没有把农民阶级放在它所处的时代，从它的阶级地位来进行分析。当然，深入地研究封建社会下农民的经济状况、思想意识、阶级斗争，得出应有的结论，需要做许多细致艰巨的研究工作。我在上面只是提出一些粗浅看法，请读者指教。

（原载《人民日报》1964 年 6 月 2 日第六版"学术研究"）

---

① 《列宁全集》第九卷，页 428、430。

关于农民战争的任务和作用问题的商榷 [①]

《历史研究》1980 年第一期董楚平同志《论平均主义的功过与农民战争的成败》一文，批判了封建社会中农民战争过程里的平均主义，由此而涉及到农民战争的性质和作用等重大的问题。我们读后，觉得其中的大部分论点都值得商榷，不敢苟同，提出来就正于董同志。

一 农民战争的任务是建立"开明的新王朝"吗？

董楚平同志的文章明确地提出："旧式农民战争的最高任务就是推翻腐朽的旧王朝，建立开明的新王朝。"这里，所谓推翻旧王朝不过是个步骤，归结是在建立新王朝。董同志认为农民战争如果仅止于推翻旧王朝，那便是失败；只有建立了新王朝，才是胜利，才算完成了任务。而且，按照他的说法，建立"开明的新王朝"这一任务，不单是农民战争所"可能做到"的，而且，"也是应该做到"的。所谓农民战争推动历史的发展，就是要这种"开明的新王朝"来实现。明末的李自成，如果"能够像朱元璋那样，建立一个重视农业、手工业、商业的，比较开明的封建王朝，促进经济发展，为资本主义萌芽的进一步成长提供比较肥沃的土壤，那就是对历史的杰出贡献"。太平天国的洪秀全，按照作者的设计，如果能"建立一个面向世界、要求革新的封建王朝"，然后，"像俄国彼得改革、日本明治维新那样，由上而下地实行资本主义"，这样，他们便算完成了农民革命的历史任务。董同志不胜遗憾地叹惜李自成、洪秀全没有完成自己的任务，并且严厉地谴责"他们没有对中华民族作出应有的贡献"。可以看出，实际上，董同志是把建立开明的新王朝，自

---

① 本文系与张德信合作。

上而下地发展经济，以推动社会的发展，当成为农民战争的根本任务的。

这真是令人难于索解的议论！农民战争在本质上是反对封建制度，而新王朝的建立却是重建封建制度，这是性质完全相反的两回事。历史的限制决定了农民在反封建的殊死斗争中，虽然能够推倒旧王朝，但又不可能建立另一种新制度，终于导致在新情况下封建统治制度的重建，使农民阶级又重陷于封建的桎梏之中。但是怎么能够说，农民战争反封建的任务，就是在挣脱旧王朝的脚镣之后，而又争取戴上新王朝（哪怕它是比较"开明"）的手铐呢？

还有，所谓的"转化"，董楚平同志也不能不认为是"阶级本质的转化"，即从起义农民的领袖一变而成为新封建王朝的天子。董同志可以含蓄地使用"转化"这个词，但他怎么也抹煞不了"背叛"、"投降"、"蜕化变质"、"阶级叛变"的实质。一个农民起义的背叛者，又怎么能完成起义的任务呢？

由此可见，把新王朝的建立当成为农民战争的任务，在本质上是混淆阶级界限，在效果上是为阶级背叛开脱，在理论上是错误，在实际上有害，因而是必须反对的。

当然，在特定的封建社会条件下，因为农民不代表新的生产力，而当时的地主阶级又还有它一定的、历史发展的活力，因此，农民战争必不可免地要遭到失败，而某些农民起义领袖蜕化成为封建主，也是必然的现象。这些蜕化者在建成新王朝之后，也有可能为社会生产的发展作出某些有益的贡献。我们是马克思主义者，我们理所当然地要批判他们的阶级背叛，但也恰如其分地肯定他们作为封建统治者在缓和矛盾、发展生产和改善劳动人民生活中所有值得肯定的东西。忽视那一点都不是历史唯物主义。吴晗的修改本《朱元璋传》，在末尾给朱元璋作了全面的总结，某些具体的估计当然可以讨论，但总的态度无疑是马克思主义的。为什么指出朱元璋的"逐渐变质"便是蒙上"极左"的污尘呢？难道把这点隐讳起来，或者甚至为这种"转化"大唱赞歌，才算是不偏不倚的马列主义吗？

为了给"转化"进行辩护，董同志又提出一些理论和史实上的根据。一则可以归纳为"转化"有理；再则曰"转化"有功。

所说"转化"有理，即宣称这种转化"是合乎规律的正常现象"，"是按照客观规律办事"的，而且，农民战争"要么失败，要么胜利当皇帝，舍此没有第三种选择"，农民起义中的个别领袖存在蜕化变质的必然性，但这种必然决不能成为我们"对政变主人公所作的历史的辩护"的理由，因为那样，我们就会犯"所谓客观历史家所犯的错误"（《马克思恩格斯选集》第一卷，页599）。正如列宁所指出的："客观主义者谈论现有历史过程的必然性；唯物主义者则是确切地肯定现有社会经济形态和它所产生的对抗关系。客观主义者证明现有一系列事实的必然性时，总是不自觉地站到为事实作辩护的立场上；唯物主义者则是揭露阶级矛盾，从而确定自己的立场。客观主义者谈论'不可克服的历史趋势'；唯物主义者则是谈论那个'支配'当前经济制度，造成其他阶级的某种反抗形式的阶级。可见一方面，唯物主义者运用自己的客观主义比客观主义者更彻底，更深刻，更全面。……另一方面，唯物主义者本身包含有所谓党性，要求在对事变作任何估计时都必须直率而公开地站到一定社会集团的立场上。"（《列宁全集》第一卷，页378—379）把董楚平同志的"转化"有理论拿来稍作考察，就不难发现，他犯的正是客观主义的毛病。

为了粉饰"转化"有功论，董楚平同志不惜进行历史的假设和比拟。他宣称："朱元璋在历史上的贡献比刘福通、李自成都大得多。"把朱元璋同李自成拿来相比，一个是明王朝的缔造者，一个是明王朝的挖墓人，而且悠悠三百年之隔，他们的历史作用如何科学地进行比较，我们现在还没有想好，姑置勿论。刘福通与朱元璋同是元末农民战争的领袖，在推翻元王朝的作用方面，刘福通是有决定性的，远非朱元璋所及，这是清楚的。至于朱元璋"转化"之后，建立明王朝的历史作用，刘福通当然不能比，因为刘福通没有"转化"（至少通行的说法如此）！农民起义领袖的历史功绩就是打垮旧王朝；至于建立新王朝，那是由蜕化了的起义领袖人物来完成的。刘福通保持农民起义的本色，没有"转化"，不免于失败。但他却很好地完成了彻底打破旧王朝的历史任务。在这一方面，他的功绩远远地超出包括朱元璋在内的元末群雄。也正是由于他没有"转化"而始终不失农民本色，他才受到农民起义英雄所应受的敬仰。朱元璋从农民军中蜕化，建立明王朝，自有他的历史作用，但这是来自另一阶级的成就。我们毫无任何理由拿这方面的作用去要求于刘福通。这里用得着列宁引用过的两句话："鹰有时比鸡还飞得低，但鸡永远不能飞得像鹰那样高。"

既然是"转化"有理，"转化"有功，那么，在董楚平同志看来，保持起义农民的本色便是顽固落后，甚至于是有罪，败死也就活该的了。不仅如此，董楚平同志简直把他们视为死有余辜。他宣判说："李自成和洪秀全没有完成自己可以完成的任务。在十七世纪以后，在世界进入资本主义时代，各民族激烈竞争的关键时刻，他们没有对中华民族作出应有的贡献，这不能不使后代子孙感到遗憾！"这等于说，李自成、洪秀全成了民族的罪人，连"中华民族发展缓慢，落后挨打"的局面也是李自成、洪秀全所造成（"负有一定责任"）！董楚平同志要清算前一阶段研究农民战争中的过"左"思潮，用心是好的。但是，他自己难道没有发觉在他"矫枉过正"的时候，已经滑到了一个什么地步吗？

二　农民战争如何推动历史？

任务的不同，对于作用的估计也就不一样。

摆在我们面前的是两种不同的说法。一种是董楚平同志的意见：农民战争的任务最终是建立新的"开明"的王朝。这个任务是由"转化"了的起义领袖"来最后完成的"。农民战争的推动作用，是通过"转化中的农民政权，应该保护小农经济，正确发挥封建生产关系的潜能，促进生产力的发展"而表现出来的。这就是农民战争的"成功"和"胜利"！反之，如果坚持反封建，没有"转化"，就是失败，就是没有完成应该完成的任务，甚至沦为历史的罪人。

另一种是马克思主义的提法。"在中国封建社会里，只有这种农民的阶级斗争、农民的起义和农民的战争，才是历史发展的真正动力。因为每一次较大的农民起义和农民战争的结果，都打击了当时的封建统治，因而也就多少推动了社会生产力的发展。"只是因为当时农民并不是新生产力的代表，"这样，就使当时的农民革命总是陷于失败，总是在革命中和革命后被地主和贵族利用了去，当作他们改朝换代的工具。"（《毛泽东选集》第二卷，页 619）

把两种提法拿来比较，我们就可以看到，其观点是完全相反的。马克思主义者认为改朝换代的结局正是农民起义的失败；而董同志则认为是成功和胜利。马克思主义者认为农民战争的作用在于打击了当时的封建统治，因而也就多少推动了社会生产力的发展；而董同志则认为非完成"转化"则不能起有益于发展社会生产的效果，把农民战争的动力作用归之于新王朝的开明措施。非常明显，董楚平同志的说法和马克思主义的提法是毫无共同之处的。

农民战争的必然失败（或者是被残酷镇压，或者是因领袖的蜕化而使胜利果实被篡夺），而在作用上又能够推动社会生产的发展。这种提法，不是很容易为人所理解，因此，领会各有差异，长时期有过一些讨论。后来，讨论发展成了单方面的政治压服，但问题并没有解决。不较好地解决这一问题，农民战争是历史发展的真正动力的观点就得不到正确的说明，更谈不上以此来指导我们的农民战争史研究。从这一点讲，董楚平同志大胆地把问题提出来，是值得欢迎的。

从政治经济学的角度来看，在封建社会里，也如同资本主义社会一样，社会生产力进一步发展的可能性和它发展速度的快慢，也就是说封建社会内扩大再生产的可能性与速度，在极大程度上是由封建主的剥削率所制约的。马克思就谈到，如果我们可以提前用资本主义的表现方式来说，在劳役地租下，直接生产者在怎样程度内能为自己提供一个利润，这个利润的大小，甚至这样一个利润的存在，主要是"取决于地租的大小"，"取决于强制地为地主而做的剩余劳动的大小"。（《资本论》第三卷，页 927）。同样是在实物地租的情况下，地租"可以大到这样，以致劳动条件的再生产，生产资料本身的再生产，都受到严重威胁，以致生产的扩大或多或少成为不可能"（同上，页 931）。在中国历史上，正如毛泽东所指出的："地主阶级这样残酷的剥削和压迫所造成的农民的极端的穷苦和落后，就是中国社会几千年在经济上和社会生活上停滞不前的基本原因。"(《毛泽东选集》第二卷，页 619）封建主的贪欲是没有止境的，他们往往采取竭泽而渔的方式，进行榨取，使直接生产者连维持简单再生产也成为不可能，严重地阻滞了社会的发展。这时便形成了周期性的社会危机。农民战争的历史功绩便在于通过暴力，打击封建统治，在一定程度上改变了社会阶级力量的对比，把剥削率暂时降低到比较有利于劳动人民的生活和维持或扩大再生产的限度之内。恩格斯在谈到西欧封建社会初期人民反抗斗争的作用时指出："不自由的大众这种反抗态度的显著结果之一，是自八世纪末叶、九世纪初叶以后，不自由人的负担，甚至连定住的奴隶们的负担也在内，都渐渐地规定出一定的、不许超过的限度。"(《德国古代的历史和语言》，页 96）这个限度就是社会生产力发展的基本保证。我们说农民战争是推动封建社会发展的根本动力，就是对农民的起义斗争通过暴力，改变阶级力量的对比，把剥削率调整到有利于扩大再生产的限度之内，从而使社会的发展成为可能，或多或少地使社会前进而言的。

经过农民战争，改变了阶级力量的对比，使阶级矛盾取得暂时的一定缓和的情况，必然将在新王朝所颁行的某些政令中得到某种程度的反映，这是事实，是无须否认的。这些也就是董楚平同志赞称新王朝为"开明"的根据。然而，在这里我们必须指出：第一，它们是经过阶级搏斗、是新王朝统治者被迫所采取的让步，而不是发自"仁心"的恩赐。第二，它们是农民战争之后，农民在生产关系、生活和生产条件已取得了或多或少改善这一根本事实在上层建筑中的曲折反映。它们是既成事实的承认，但这个承认是打折扣的。更重要的是，第三，新王朝在颁行有限的"开明"政策的同时，还进行了禁止兵器、拘收逋亡、扶植地主、重整官府、健全军队、严格法律、整饬名分和防止反抗等一系列镇压措施。历史上的"某某之治"，都是镇压和安抚两手结合和处理得比较好的产物。两手之中，镇压无疑是基本的。因此，农民战争的作用，虽然部分地通过新王朝的让步政策曲折地反映出来，但主要还应该从生产关系、生活和生产条件的改变等方面来说明。一般地把新王朝的繁荣与强大简单地算为农民起义的成果也是不确切的。

由此可见：农民战争的作用主要是由它对封建统治阶级的打击程度来决定。这一点，并不因为它本身的必然失败而有本质的变化。新王朝首先是封建制度的重建，是对农民战争的一个反动。所有带有让步性质的政策，只是在统治者可以容许的程度内，用法律的形式，有条件地承认农民已经取得的利益。这和董楚平同志所宣称的农民起义不"转化"就是失败而完不成"应该"完成的任务，以及"转化"后建成了"新的开明王朝"便是胜利，因而也就推动了社会发展的论点是无共同之处的。

农民战争的作用除了多少推动社会生产的发展之外，另一方面，还存在于对农民阶级本身的锻炼。通过斗争，培养了农民勇于反抗的斗争精神和革命传统，也在一定程度上提高了斗争艺术和斗争水平。《共产党宣言》指出早期工人阶级斗争的真实成果（虽然也有暂时的胜利）并不是直接的成功，而是工人们愈益扩大的团结；毛泽东并于阶级斗争使人们得到锻炼的教导，所有这些，对于我们研究封建社会的农民战争无疑也是有启示性的。农民战争由于历史的局限，必不可免地要失败。但是，正如列宁所指出的："马克思能够理解到历史上常有这种情形，即群众进行的殊死斗争甚至是为一件没有胜利希望的事业，但对于进一步教育这些群众，对于训练这些群众去作下一次斗争却是必需的。"（《列宁选集》第一卷，页691）斗争的考验是严峻的。或者是保持农民本色而失败，或者是"转化"投降而成为新贵。失败的代价固然很沉重，但少数领袖的"转化"对农民革命斗争所带来的损失却更沉重得多！列宁在论及巴黎公社时说："资产阶级的凡尔赛骗徒们要巴黎人抉择：或是接受挑战，或是不战而降。工人阶级在后一场合的消沉，是比无论多少领导者遭到牺牲更严重得多的不幸。"（同上）从刘邦"转化"终于作了皇帝，开始了取而代之的先例，在农民战争史上所造成的消极影响是很难估计的。然而，董楚平同志却在为"转化"而大唱赞歌，这是很难令人赞同的观点。

临末，我们还想讲点关于研究农民战争的态度问题。历史是人民创造的，马克思主义十分重视群众的历史主动性，重视劳动人民奋不顾身积极创造历史的行动。农民本身有局限性，当然有它落后的方面，我们研究它，说明它产生的原因，指出它的危害，并且引以为历史的鉴戒，是正当的。但在农民起义英雄悲壮的革命首创精神面前，它终究是次要的方面。要知道，从陈胜、吴广到义和团，农民在文化上的蒙昧落后，是封建主义、帝国主义非人的剥削压榨所造成的。在农民起义起来后报复的激烈，也是他们所逼成的。而在当时情况下，这种表面看来是落后和蒙昧以及过分激烈的行动，无论是平均主义的幻想也罢，宗教迷信的外衣也罢，它们便是当时农民思想认识所可能达到的高度，我们不能不切实际地苛求古人。封建社会里农民起义的英雄们，在极端分散而又镇压严密的情况下，竟能够利用这种看来落后的思想武器，组织成轰轰烈烈的大起义，谁人不对他们无畏的革命精神和卓越的组织能力表示由衷的钦佩呢？再说，谁人又能够荒唐地要求他们等不落后了再来进行反抗呢？

（原载《历史研究》1980 年第 4 期）

白塔访古

几天前，我们一行几个人访问了呼市东郊著名的古迹白塔。

从白塔站下车，我们迎着晨曦烟霭中的塔影行进。宿雨初晴，饱嚼着春雨的大地发散着一股醉人的潮湿气息。青葱的麦苗，劳动的欢笑，给苏醒的原野带来了生机。

穿过萨木那村，在东南距白塔一公里开外的小台地上，我们中的一位同志凭着他那专业的敏感从庄稼地里拣起一块小陶片。这是一块质地粗糙的夹砂红陶，上面印有绳纹。从原料和花纹上判断，这是新石器时代所使用的陶器碎片。这些残破不全的陶片在平常人看来是没有什么奇特的，但在一个考古工作者看来，这却是多么珍贵的文物啊！通过它们，人们就可以推定在好几千年前这一地区原始人群的分布状况，并且了解到他们当时是怎样生活的。

我们于是分头寻找，在不到百十平方米的地里，不一会工夫，就找到了不少各式陶器的碎片。在台地旁的一条沟道东壁上，还发现了文化层的断面，从里面也刨出了陶片。这个小台地的南面地势低洼，也许，在几千年前，那里就是一片沼泽或者是一条河谷吧！临近水边的台地上通常正是新石器时代遗址分布的地方。据了解，在我们呼市地区，新石器时代的遗址还仅在哈喇沁沟发现过。我们这一回偶然的发现，又为我们研究呼市地区新石器时代文化增添了新的资料，这真是意想不到的收获。

穿过了这一段低洼地，我们来到了白塔的近旁。

当你站在近处仰望这高耸入云的塔身时，整个建筑更显得既雄伟壮丽、庄严肃穆，又质朴坚实，人们谁能不为我们祖先精湛的建筑技巧和建筑艺术叹为观止。塔高共十二丈，七层，作八面形。全塔除第二跳华拱与檐缘之外，都是用直纹条砖与方砖砌成的。塔内各层周有环廊，中心有两道环梯。第七层作阁，呈穹庐顶。塔的各层外部都作砖砌仿木结构，各面或开真券门，或设假板门及假格子窗、假直棂窗，富于变化。第一二层用蟠龙圆形角柱，而在檐柱部位雕上菩萨、天王、力士像。这些雕像威严刚劲，衣带如飞。第三层以上皆施四棱抹角檐柱与四棱抹角角柱。各层都有转角铺作两朵，补间铺作三朵，皆双抄五铺作，有的中心补间铺作出四十五度斜拱。这些都是辽金建筑的特征。各组斗拱多不尽相同，或偷心，或计心；或隐出慢拱，或不隐，手法灵活。据旧志记载，塔是辽圣宗时代的建筑。我国建筑艺术在唐宋两代风格上各有显著特色。辽前期的建筑大多还保存唐人风格，后期则与宋接近。白塔上收甚缓，雄伟坚朴，明显的是继承唐风；而建筑上使用直纹砖与石灰以及某些细部又有着辽、金建筑特有的风格。

白塔的正式名字是"万部华严经塔"。在辽代，佛教中的密宗一派非常流行，华严经就是密宗主要经典之一。华严经塔就是以藏经而得名的。经文在很早以前就全部散失了。现在我们在塔的第一层内环廊八壁上，还可以看到阅经人的姓名碑。这些碑原计十一块，现存者仅六块。从这些碑上我们可以看到"西千户押里保辅国投下人名下项……长男千户辅国上将军完颜押里保"、"旧衙头隋谋尅施主各姓下项蒲察宣武"、"蒲察宣武谋尅寨住人"等字样。完颜和蒲察都是女真人姓名；"谋尅"，意为百夫长，也是女真人所特有的军事政治组织名称。据前人记载，在塔的第七层东壁大书有金世宗大定二年（1162）"奉敕重修"（一说作七年，但我们这次却找了很久都未发现，可能已经泯蚀）。这些碑无疑是重修时刻成。从这里，我们也可以推想，这次重修工程是很不小的。

现存的六块阅经人姓名碑虽然记的都是村坊名和人名，但是，从历史的角度来看，它们仍不失为珍贵的文物资料，从它们上面，我们可以看出不少很有意思的问题。

首先，通过这些名字的分析，我们可以大体上窥知这一地区居民的民族成份。这些阅经人中，汉人最多，其次是党项等部。女真人虽然在当时是统治民族，但人数并不多。值得注意的是现存六块碑上皆不见契丹人姓名。是当时丰州地区根本没有契丹人呢？还是因为大定二年重修白塔时正好是契丹人以窝斡为首的大起义刚被镇压，契丹人受到歧视呢？看来后者的可能性要更大些。

其次，通过所记村坊名字，使我们可以大致了解当时的某些城邑结构。塔的西壁有一块华严邑的阅经人碑。在首行"华严邑邑长谢德温"句上有几个字已被人敲毁。据过去人记载这些被敲毁的是"天山榷场"四字。天山榷场在金代属净州。净州是大定十八年新设的一个丰州的支郡，它斗出阴山（当在今的子王旗之南）。当时，天山榷场是金与蒙古草原诸部交易的枢纽。据记载这里的商业很茂盛，蒙古诸部所仰给的铁器就是主要从这里流过去的。成吉思汗本人，也曾在1108或1109年来这里向金人纳贡。因此，天山榷场在辽金时代蒙古史的研究上是颇为重要的。在华严邑的阅经人碑中详列了邑内诸坊的名称，对帮助我们了解天山榷场大有好处。

从第一层绕塔心拾级而上，每一层的墙壁上都有密密麻麻的游人题记。文字分汉文、蒙文、藏文、八思巴文、女真文、西夏文、契丹文等，时间最早约为大定十年以后。当大定重修时，塔内大概全部经过粉饰，因此，大定以前的题记全部被粉刷掉了。题记大多数都简单、俚俗，没有什么意义。但也有少数很富于史料价值，对于研究历史上的民族关系，推定白塔所在的古城等等都是颇有用处的。

除了壁上的题记外，塔内已空无所有。据康熙年间张鹏翮的报导，他曾在塔的第二层发现几页藏文经及积粟的泥制小塔。不过，可以肯定，这根本不会是辽金时代的旧物，而是后来的游人或善男信女带入塔里来的。我们在一则题记中曾看到有"至正四年二月二十日，李福祥转大藏经壹伯伍卷□□"字样，可知在较早的时候，把经卷或其他迷信用品舍入塔里，曾经是颇流行的风俗。

登绝顶眺望土默特川，山环水绕，沃野千里，郁郁苍苍，如在图画。这里兼有着江南和华北的风韵，真是一片富饶美丽的好地方，无怪乎从隋以来，古人就把它取名为丰州。历史记载，很早以来丰州地区就十分繁盛。当中唐时期，这里已经辟有良田约四千八百顷，收粟四十万斛。这里还是内地与草原各族人民经济文化交流的孔道。阴山道上，车马络绎。住居这里的人们，"近接边保互市所在，于殖产为易"。然而，在历史上，这一美好的地方却又是充满着灾难的。今天，当我站立在风劲天高的塔顶上，心往神驰，历史上一幕幕由统治阶级所挑起的民族矛盾的悲剧又浮现在我的眼前。抚今思昔，感慨万千，我信口诌成了二首小诗。

> 尽道古丰好，兵戈数百年。
> 单于南牧马，汉武议开边。
> 分裂难为福，阋墙两不全。
> 平原多白骨，城廓几桑田。

> 尽道古丰好，如今胜旧年。
> 龙庭方漠漠，赤县正炎炎。
> 民族皆兄弟，同心固北边。
> 嵩呼称万岁，禹域颂尧天。

结束了塔本身的考察，我们又试就古寺和它们所在的古城进行探索。

白塔是古寺的主要建筑之一。据当时的风气，全部寺院建筑很可能就是以通过白塔的正南北线为中轴而展开的。据清中期人的记载，当时全寺的轮廓还隐约可辨，但是现在已全部夷为耕地，只在塔前约三十米处，还留有一些琉璃瓦片。这个寺过去有人认为就是金代的大明寺。我对这一点颇有怀疑。从辽金时代佛教盛行的情况看，同一座城内有两个以上的大庙是不足为奇的。大明寺碑据记载是在白塔城的南门外，而白塔所在的寺则在城的西北角，南北相距甚远，二者之间应该全无关系。我们在白塔的题记中发现有"马天福、王英祥、张义之等于在城北角内宣教寺宝塔上乐游至此"。题记的年代无法确定，但是，看来，这个寺在有一个时候名为"宣教寺"是可以肯定的。

据旧志上说，白塔下曾经有石香亭。亭和上述城南门外的大明寺碑一样，上面都刻有金天辅年号。天辅七年是1123年。就在前一年的四月，金兵始下丰州，然以后的数年内辽主仍保阴山，与金争衡，力图恢复，一直到1125年天祚被擒，辽才覆亡。天辅六、七年之际这一地区正是板荡方殷，有谁？为了什么却呕呕于在这里修亭建碑呢？殊不可解。

就在白塔北面20米的地方，一条南北向的新开渠道壁上，我们发现了古城的城墙遗迹。墙的夯土层还历历可辨。每一夯原约10～15厘米。墙的宽度仅现存部分就在10米以上。据老乡告诉我们，这是古城的北墙。老乡们还为我们指点了全城的轮廓。看来，根据老乡所指示的这些现存的残迹来确定全城的范围将是并不困难的。

这个古城究竟叫什么？这一直是一个众说纷纭的问题。有人说这是辽金时代的丰州；有人说这不是辽金丰州，而是它所属的富民县；还有人怀疑它是古受降城，莫衷一是。

要彻底解决这一问题，只有有系统地进行考古发掘。我们曾利用很短的一段时间在塔南五百米处的土丘上进行调查。土丘在城的中心。地表布满了残砖断瓦和破碎瓷片。砖较白塔所用者差小，有直纹；瓷片多仿定瓷、粗白瓷，只有少量是定瓷。我们还拾到一个相当完整的兽面瓦当。这些东西都应该是辽金时代的遗物。当我们再一次来这里调查时，老乡们告诉我们，正在土丘东北坡工作的推土机曾挖出一个大铁瓮，瓮里满盛铜钱多至数百斤。铜钱的一小部分已由供销社收购。我们匆匆忙忙就其中的百枚铜钱进行鉴定，其中百分之九十是各色北宋钱，此外是开元钱、五铢钱、铁钱；南宋钱有高宗建炎通宝一品，金朝钱有"海陵王"正隆元宝一品。所有上述发现的实物钱币都有利于我们作出如下推测：这个古城是一个辽金遗址，而且这个城址在元代已经废弃。

问题还在于这座古城是否就是当时的丰州城。历史上丰州城城址的变迁很频繁。唐的丰州与宋的丰州都远在呼市以南，我们可以不去考虑。至于元代的丰州，据元刊李文焕丰州平治甸城山谷道路碑记中说它是"南负黑河，青冢古迹仍存"，可知它是在现在呼市南青冢附近。辽金丰州肯定说是在呼市一带，但究竟在哪里？文献记载却一直是不明确的。然而，在白塔附近的老乡却口耳相传，百十年来都称这里叫"丰城"，这当然是很值得注意的。有趣的是，在这一方面，白塔上的一些题记却为我们保存了一些可供推测的证据。

　　白塔的第三层上，壁题"丰州在城塔"五字。这一条本是断定古城是否即辽金丰州最好的证据，但问题却在于无法确定这一题记的年代。因为，如果这一题记是出自明清人之手，那么，它的可靠性就得大打折扣。好在在无数汗漫的古人题记中，我们还找到了两则。

　　第四层壁题："丰州在城东长街人贺馋懒，是祁家女婿是也"。

　　第五层壁题："丰州在城住冯家兄弟三个，大的唤道增，第二个唤添长，第三的咬住，三个都□屌人"。

　　这两则东西非常可笑。它不是一般的游人题记，而是恶作剧性的"墙壁文学"。这只能出自住居在附近的轻薄少年之手，而且，这些被诋毁的对象也应该都是这位"作者"的邻右。这就是说，他们都是塔所在的丰州城的居民。我们已经指明，唐、宋、元的丰州都不可能在这一方位；而元以后，丰州的建制已不存在。因之，这些"墙壁文学"上所说的丰州无疑只能是辽金时候的丰州。把遗物、传说、文字三方面的东西总起来考虑，我觉得，把这个古城断定为辽金丰城是有足够证据的。

　　根据历史的记载，辽金时代的丰州始终是它们西南的军事重镇和阴山前后诸部进行经济交流的枢纽。这个城市当时的盛况，我们从遗址中大量铜钱的发现和地表上的优质瓷器碎片与琉璃瓦断片以及白塔雄伟的规模来看，都可以窥见一斑。

　　至于这个城址在元代为什么被舍弃？《元史》上称作"新丰州"的新城是什么时候才在青冢附近兴筑起来？这些问题我们一时还说不清楚。元初的刘秉忠《过丰州》诗："出边弥弥水西流，夹路离离禾黍稠。出塞入塞动千里，去年今年经两秋。晴空高显寺中塔，晓日平明城上楼。车马阗骈尘不到，吟鞭斜袅过丰州。"刘秉忠这里所描写的晴空塔影看来应该是白塔的即景。这么说，这一辽金丰州城至少在中统初仍是存在的。

　　太阳冉冉下山了。傍晚时分转劲的西北风给人带来了丝丝凉意。为了不致赶不上返呼市的火车，我们不能不怀着眷恋的心情中断这一未完成的古城考察工作。在回家的路上，我不由得想起古城的保护问题。呼市近郊的古城遗址诚然是多至不胜枚举，但是，真正重要的究竟是有数的，而辽金的丰城无疑在这些有数的重要遗址中又是最重要者之一。白塔古城是否即是辽金丰州当然还不能最后确定，不过，既然还是不能最后确定，适当的对它进行保护还是必要的。目前，一项工程还在那里开展，如何避免因工程的进行对文物造成不可挽回的损失，是必须迅速采取措施的。工程中发现的大量铜钱及石狮、扑满、车轴等等文物也亟待收集。文物主管单位应该把这些责任担负起来。当我今天来追记这些时，我们高兴地知道，其中有些工作，文物队的同志已经做了。还有一些尚未做的工作，我们也希望他们很快能有一个妥善的安排。

1964 年五一节
于内蒙古历史研究所

草地行

　　1973 年夏，我们内蒙古大学蒙古史研究室的几位同志（郝维民、胡钟达、林沉、周清澍、黄时鉴、包文汉、余大钧、智天成、贾洲杰和我共十人）去正蓝旗牧区调查。历时二个月。收益之大，真有胜读十年书之感。下面是我当时写的日记，虽十分简略，然当时情景十年以后的今天，读起来仍是思绪联翩，不胜神往。爰誊录一过，以志此行。

1983 年 4 月

　　7 月 4 日　晴

　　早发呼和浩特，计划往锡林浩特去正蓝旗牧区，作社会调查和体验生活，然后去元上都遗址作考古调查。搞蒙古史十七年了，却没有去过牧区，也不了解牧民的生活和生产状况，确是一个不可原谅的大缺憾。这次能有机会下去走走，补补这堂课，真是太必要，十分令人神往的事。

　　车次集宁，北去的火车已在早十点发出，只能等到明天。留宿市招待所。下午得便遍览集宁市容，亦一快事。老虎山扼集宁之南路，俯控全城，是历代兵家必争之地。原拟登高凭吊，山半为哨兵所阻，颇为歉然。

　　躺在简陋的旅舍里，幻想这次陌生而诱人的旅程，我头脑里时时浮起一幕飘渺迷恍的图景。明天的一站将是集二线上的赛音塔拉，这个新兴的草原城市是什么一个样子呢？

　　7 月 5 日　晴

　　早发集宁，下午四时抵赛音塔拉。几位同志为住宿和明天的汽车票奔忙。西苏旗将在 10 日开那达慕大会，筹备工作正紧张地进行。招待所早已有人满之患，无法安插我们这批不速之客。最后，承旗委特别照顾，才在综合旅舍找了个下榻之所。跑联系是郝、包两位蒙族同志的事，我们的职责是看守行李。在路旁等的时间久了，干脆围坐在包裹上纵声谈笑起来。这帮措大们有高有矮，不伦不类，被误认为是赶来参加那达慕的杂技团。消息顿时传开，郝、包二位在联系住处时便已得到谣传。回来一说，大伙粲然。

赛音塔拉在车站西侧，马路之宽，北京的长安街也比不过。草原的特点是开阔。它是不会为占地太多发愁的。

7月6日　晴

今天开始了从西到东，横穿内蒙东部大草原的长途旅行。汽车在广袤的原野上奔驰，使人不由联想起浩渺的洋面上的海轮，开初一点点新奇的感觉很快丧失，随之产生的是无休无止的单调和枯燥。这里旱情严重，稀疏而短浅的小草已呈现出过早的枯黄，而它们却是这儿唯一还带有生机的景物。只有当我们偶尔能看到疏落的帐篷人家和牛羊群的时候，正像是飘零的水手们见到了孤岛，精神才又振作起来。

午后二时许，车次东苏旗。旗委坐落在小山沟里，三面受流沙的侵蚀，积沙也快及门限了。东山上却怪石嶙峋，山下亦有树木，这是很难得的景象。

车上无聊，凑成一首诗。"天外何曾是尽头，征尘黯黯逐东流。蝇营未了雠《元史》，又向沙陀放马牛。"时《元史》的校点尚未完成，颇挂牵于心也。

7月7日　晴

一大早又开始继续东渡草原的旅行。这里的气象与昨天所经行的大有差异。牧草丰茂，远望如茵。这种差异是因为今年雨水的分布不均所造成的呢？还是地质上原不一样？车中得《草地行》小诗一首："天连草，草连天，牛羊弥望草天间。过尽天涯芳草地，天垂平野草如茵。"我还为它配上了乐谱自吟自唱，颇自得其乐。

```
1 6 - 1 6 - | 5 6  5 3 | 5 3  5 3 | 5 3 - | 1 6 - 1 6 - | 3 2  3 2 | 3 2  3 2 | 3 2 - |
 天  连着 草                          草  连着  天
3 5  6 5 | 6 2  1 6 | 5 - - | 5 - - | 5 6  1 2 | 6 5  5 3 | 5 3 - - | - - |
 牛羊 弥望 草  天  间      过尽 天涯 芳  草   地
2 3  2 1 | 6 2  1 6 | 5 - - | 5 - - | 5 6  1 2 | 6 5  5 3 | 5 3 - - | - - |
 天垂 平野 草  如  茵      过尽 天涯 芳  草   地
5  3 - 2 3 | 2 1  6 5 3 2 | 1 - - | - - | |
 天野 平  野  草如  茵
```

午后二时，抵锡林浩特，下榻锡林旅舍。

7月8日　晴

计划利用二三天的时间学习民族政策。对牧民的生活习惯与禁忌是大家最关心的。我们这方面的知识全来源于古代或民初的史料，解放以后如何呢？谁也说不清。一种神秘和紧张的心情笼罩着我。等着瞧吧！

7月9日　晴

上午参观贝子庙。庙群坐落在市北鄂博山下，构成全城主要街道的正南北马路直通山下。殿堂全部为木结构，双层歇山顶。主殿前又附有凸出的前廊，明显地保留汉藏合璧式的建筑特点。从油饰上看，它们在解放以后曾是修刷一新的，但文化大革命却给它们带来了毁灭性的破坏。从屋顶的脊翎、鸱尾到殿堂的佛像、壁画都无迹可寻。西部的主殿成了驻军的仓库；中部当是罗汉殿，成了旗文教单位的会场，柱上满贴着大批判的标语。东部已成为民房和堆栈。看来想修复都很困难了。庙后便是鄂博山，似乎原是计划辟为公园的，也已破落久矣！登山遐想，不胜感慨。

下午继续学习。

7月10日　晴

继续学习。购毡毯一张，价16.50元，以备住帐篷时搭地铺用。

有美国教育代表团来参观，海禁初开，人们都很新鲜。宾馆与十字街前好奇的观众蚁聚。有人竟站立在马背上，引颈翘趾，像耍杂戏似的。亦称一绝。

奶茶是一种奇异的饮料。我在呼市时也偶尔喝过，一直没有什么好印象。这里的旅舍食堂早餐专备有奶茶。第一天出于好奇心，随着蒙族同志喝了半碗，也觉不出什么奇特。第二天早餐时喝了一碗，味道似乎不像我以前感觉的淡而寡味了。喝了一碗竟还想喝。今早的胃口更是不同，一气喝了四碗，还品出了淡雅香馥的滋味来。我特别奇怪的是喝那么多，肚子里竟觉不出水鼓的恶感来。

7月11日　晴，傍晚阵雨

郝维民先一天随教育厅的车去苏旗，以便先行安排交通与住处。旅次无聊，街景也有限得很，实无可逛，唯一可供消遣的便是玩扑克了。

7月12日　晴

早起收拾行李往汽车站，但因为昨天傍晚一场阵雨，土面公路，必须等路干了才能通车，只好又折还旅舍。中午，贾洲杰同志从呼市乘飞机赶来同行。

旅舍的被褥质量是蛮不错的，但卫生则谈不上了。才住了几晚，身上已发现虱子。街上有一种虱子药，形如石笔，作一股猛烈的磷、硫气。把它在地上划一小圈，虱子放在其中，居然不敢越雷池寸步。半分钟之内，只见虱子把尾腹高高翘起，急速作抖，立即毙命。其剧毒可见。我们都买了一些，在衣被的缝道上轻轻一划，就再不愁虱子上身了。

7月13日　晴

乘锡张路长途汽车南行。道经奎腾梁，这就是著名的口蘑产地。"奎腾"，蒙语寒冷之意。据说口蘑只产于这狭长百十里的地区。这里几乎渺不见人居，水源缺乏。采蘑的人都靠汽车把饮水运来，穴地而居，趁早晨采集。采集期约个来月。

车抵鸟尔吐塔剌，郝维民已偕公社派来迎接的马车在等候。当即改乘马车东行。晚七时许，抵汉克拉公社。"塔剌"蒙语义为平川。这里的平川大抵南北宽数里，夹在低矮的两道沙堆山之间。而东西则屈曲相联,长亘数十里,这种地形的成形正像一池清水,在北风劲吹下,池面上就绉起了顺风起伏的涟漪。平川的景色真是迷人,绿茵茵的草地,随地形的高低而缀上红色或黄色的野花。用江南三月盛开的油菜花来形容,稍稍接近,但它更平旷、浩荡无涯,气象壮阔多了。沿路上也有清浅的野塘,矮短的杨树林。沙山也疏疏地长满了灌木,只有一些被植受到破坏、风沙肆虐的地方才看到流沙吞蚀的形迹。草间花里,不知名的小鸟在追逐、飞鸣,真让人感到置身在江南小丘陵地。

7月14日　晴

公社书记额仁钦给我们介绍了地方的情况,全公社面积 180 平方公里,划分三个大队(胜利、前进、红旗三大队),共有 54 个浩特,1 347 人。其中蒙族为 1 164 人。大小牲畜 40 568 头。今年纯增为 11.34%。开种饲料地 1 139 亩。当前主要的任务是搞草原建设,在各营地建定居点。全公社党员 45 人,大队各建立了党支部和革委会。牧主 11 户,均已摘帽。四类分子 4 人(3 个坏分子,1个反革命)。这里原为科尔沁苏木,地方的牧主当权派人物名松达赉,解放后被我们清算。56 年实现牧业合作化,62 年建成公社。牧民生活已有了巨大的变化,全公社每年向国家提供商品畜三千余头,羊毛三万余斤。额书记对我们来到这里表示热烈的欢迎。他告诉我们,原来决定让我们蹲在一个大队,但是另外二个大队坚决不答应,最后他们之间达成协议:两个月的时间,每个大队住二十天,谁也不多不少,才算大家满意。我们先要去的是胜利大队。他嘱咐我们,现在劳动不太忙,大家可以在社会调查上多下工夫。

下午五时许,胜利大队的马车专程来接我们了。十来里路之途,顷刻而至。分住在三个浩特里。我,胡公,郝维民,余大钧分在伊希道尔布浩特。

7月15日　晴

我们所在的浩特坐落在小沙坨环绕的小平川上,沙坨上榆、桦树散落,低洼处是池塘青草,颇是水草丰美的好牧场。全浩特一共五家，树着六个蒙古包，构成一片小营地。牧放着五百来只羊，一百九十多头牛。另有大车一辆，经营副业。他们来到这块夏营地已经近五十天了。一部分劳力则仍留在冬营地搞草原建设。大概要等到十月间，当夏营地的牧草已得到充分利用以后，便再迁回冬营住冬。因为那里的牧场经过严格保护，夏秋的茂草没有任何破坏，保有足够牲畜一冬的饲草。待到来年春季后，他们又腾出冬营地来而向夏营地迁移。冬夏营地相去约三十余里。往北有的地方，由于牧场不太好，牧民们在一年内便需要多次迁移。这种季节性的迁移是在一定范围内，大体沿一定的路线，频年往复进行的，应该是从古以来的习惯。在那个时刻，如果因为某种天灾人祸，而使传统的游牧地域与路线发生重大变化，而殃及邻部利益时，大概便只有诉诸暴力了。所以，历史上北方游牧民族社会的动荡要比农业定居民频繁激烈得多。

浩特（hot），蒙语义为城，在这里实际上是一个生产队下划分的作业组。在某种意义上它类似《秘史》上的阿依勒（ayil）。浩特一般由三至五家组成。一家就是一个格儿（ger），是组成浩特的经济个体。浩特有浩特长，多以他的名字命名。我们的浩特长叫伊希道尔吉，所以我们的浩特通称伊希道尔吉浩特。几个浩特合成一个生产队，是基层核算单位，与农区的生产队相当。浩特与浩特之间，随地形、牧场的情况，相去数里或十数里之外。我们北面的浩特相去不过二里许。同在一个平川上，中间隔一道沙梁，两两相望。林沉他们四人就住在那里。南面的浩特稍远一点，隔一座山梁，小包三人便在那里。

伊希道尔吉浩特的五家中，共有男劳力三人，浩特长兼管放羊和下夜（夜里照管羊群），官其格赶车，他便是专程上公社接我们来的那个愣小伙子。还有一位青年羊倌宝音达赉，因爱人有病入院，仅我们来的第二天见过一面，便去宝昌了。浩特的其他全部工作便落在八个包括老幼在内的妇女肩上。其中两人已病不能行，一个去了冬营地。事实上坚持劳动的是五个妇女，外加一个已出嫁怀孕，暂时回家照顾有病母亲的女青年。妇女的劳动是沉重的，甚至比男子更沉重得多。

东方天还没有发亮,她们便起身,开始挤牛奶,直到六七时许才回家。然后是提水、生火、煮奶茶,八时许开始喝奶茶。喝完早奶茶,男人们出工放羊去了,他们便开始制酸奶,进行奶制品加工。接着又是中餐。下午的时间是打柴和处理家务。五六点时候又开始挤奶。回到家时已灯火黄昏了。吃完晚饭,收拾了当,她们一天的工作才算完毕。在整整一天里,起早、贪黑,几乎很少剩余的时间。这大概是自古皆然的习惯。由于妇女在劳动中承担很繁重的任务,所以,在北方游牧民中,她们的地位是比较高的。一个格儿实际的主人是女方。

按照规定,这里早晨的牛奶卖给国家。由一辆勒勒车收集拉走。公社在赛音呼都克设有奶品加工厂。傍晚挤的奶则供牧民自己食用。除了做衣服的布匹以外,牧民几乎可以完全营自给自足的生活,他们也配给少量面粉,但主要食粮并不依靠它。去年,社员每工合 1.2 元,一个劳动力至少可得四五百元,妇女、儿童都能挣得这数字。因此,每家的收入都在千元以上。另外还有部分自留畜的收入。花费少而收入多,所以家家都相当富裕,衣被多是绸缎,收音机也是二三百元的高级品。和农区人口相比,他们生活好,劳动轻,绝不像我们先前所揣想的那样落后贫困。

7月16日 晴

我所住格儿的主人是一个三十来岁,有五个孩子的妇女,孩子都已长大另居。她的丈夫是离这里八十里的种马场的工人,名叫卓力克图,平时不常回家。和她生活的还有她的父亲老丹巴。这是一个两足瘫痪、只能依靠双手膝行的老人。丹巴老人的汉语大体相当于我的蒙语,就是依靠这一点半句的蒙汉语单词,很快沟通了彼此间的感情。他们家劳力缺乏。昨天一大早,我就给他们拾好了柴火,提满了清水。我的房主人对此十分满意。总是备了最好的奶食品,并特别煮好大米肉干粥来款待我。丹巴老人深情地劝嘱我:"吃呀!多多的。"

的确,牧区的蒙族人民是最好客的主人。他们淳朴地把好客的习惯当成一种祖祖辈辈留传下来的美德。在任何客人面前,他们热情而又涵蓄，豪放而又细致。每当你一踏入蒙古包，一碗咖啡色的奶茶就奉在你的面前，同时，又端来了满盘的奶豆腐、炸果子。这以后你就可以完全像自己家里一样动手取食，直至餍足为止。当你感到取食过量而请求不要再添奶茶时，这往往是大费口舌的事，甚至还会被视为一种欠礼貌的行为。一个客人毫不拘束地大吃大喝却被认为是不见外的亲密表现。但是，这一切，你如果想在主人的表情上找出满意的反映却是不经常的。通常，主人只是有礼貌地坐在炕的旁边，对所有发生的一切似乎毫不经意的样子，然而，实际上，我们的爱好和口味，甚至是极其偶然和细小的反应，都会被主人观察到而在日后的生活中受到特殊的照顾。胡先生饭后不喝奶茶，前天晚上在伊希道尔吉大婶给我奉奶茶时，他提出了喝茶的要求。昨晚晚饭后，再奉给他的已是特别为他留下的茶水。也许他们认为这就是汉人的通嗜或习惯吧！今天中午，我的格儿的女主人也显然已了解到这一情况，而给我单独准备了茶水。

用牛奶作成的奶酒是一种很美妙的饮料。我不喝酒，也不懂得品酒，但是，单是它那股沁人的清香就是够使我不能不鼓起勇气来尝试一口。更何况有深情的主人殷勤甚至带点执拗的劝饮，又有谁能不动情于尝试呢？下午，才在车倌官其格家喝了酒，回到格儿里，卓力格图适好休假回来，还邀来了区、旗的两位干部同来，正在大喝特喝。我一来，便被邀入席。卓力格图以颇生硬的汉语自命为全家的"第一把手"命令大家必须大碗大碗的干杯。这可难为我了。怎么解释也不行，只能勉强再抿几口。正在这时候，胡先生与小余来串门，也被邀入席。胡公几乎被灌得铭钉大醉，用他自己的话是"喝了三十年未喝过的那么多"。我也是醺醺然如行云驾雾。是的，在如此豪情的主人，如此美妙的美酒前，谁能辞却一醉呢？当年，耶律铸写《上京十咏》，其中一首便是咏马酒的。"味似融甘露，香疑酿醴泉。新醅捶重百，绝品挹清玄。骥子饥无乳，将军醉卧毡。挏官闻汉史，鲸吸有今年。"（《双溪醉隐集》卷十三）"挏马"，官名，见《汉书》，注云："以韦草为夹兜，盛马乳挏治之，味酢可饮，因以为官。"《元史·土土哈传》："岁时挏马乳以进"。《元秘史》把挏马乳称"打马奶子"，频频捣挏，当是加速其发酸耳。现在制牛奶酒已不见挏，而是让其自然发酵，盖量少也。

7月17日　晴

羊倌宝音达来陪爱人上兰旗医院就医，他们格儿就空出来，成了我的住所。早起，同大钧放羊去，浩特长不放心，自己带领我们去放牧。

和浩特长坐在榆树荫下，前面是一片小丘环抱的平原。绿草如茵，牛羊遍地。野花如锦，飞鸟叫天。这是一幅多么迷人的画图呵！

浩特长是48年参军的翻身牧民，去过北京、呼市和包头，汉语蛮不错。平时他总是沉默着，今天却特别善谈起来。我们从放羊的技术到山川、人事的变迁，从今天的幸福谈到旧时的苦难，对我们确实是一堂生动的牧区社会和生产的基础课。

解放前，这里属察哈尔省正兰旗的科尔沁苏木。穷苦的牧民受着沉重的封建剥削，成年受冻挨饿。浩特长自己，九岁的时候就替牧主放牛。他的爱人便是此地有名的贵族恶霸松札剌家的女仆，稍不如意，就遭鞭打。1945年正兰旗解放了。48年开始组织了牧民大会，分配了胜利果实。牧民政治上翻了身，经济生活也有了初步的改善。但当时牲畜数字仍然不多，56年完成合作化。十几年内头数猛增十几倍。生活大大得到了改善。即使如去年那样少见的受灾年成，每个工的分红仍达一元二角。牧民们都在每月的月底以每工五角的数字预支，年终再总结算。每个男女（包括十几岁的儿童）劳力都可以每年收入五百元左右。因此，他们的生活确是称得上富裕，也不缺现钱花。浩特长很自信地告诉我们说："现在只要好好劳动，生活就可以越过越好。这都是共产党、毛主席给我们广大牧民的恩情。"

这里的生活，从吃到住，一切对我都是新奇有趣。先说住所吧！从蒙古包的构造看，和《黑鞑事略》《长春真人西游记》里所记的仍是十分相似，当然它已经精致多了。蒙古包的骨架是由圈和顶两部分构成。材料是比拇指更粗的细长柳木。顶的正中作圆形天窗，直径二三尺，木杆从天窗向四周辐射，形成一个穹形的伞架，支在圈壁上。圈是用同样的小木交叉编织而成。折开来则是一扇一扇的篱笆,称为哈剌。哈剌的多少便决定包的面积。通常的蒙古包都是八九个哈剌。在骨架上则蒙上二至三层毛毡,再用绳索牢牢固定。天窗在下雨时便用一片毡遮盖。天晴了再拉开来,用两根绳子操纵,相当灵便。门总是朝南稍东的方向开。门上垂帘。尽管蒙古包不设窗户,但依靠天窗也十分明亮。它也并不算高。进门时必须躬身而入,但你一进蒙古包,却不感到压抑闭塞而是觉得另有天地。在一个直径二米五左右的圆圈里,每一寸面积都得到最有效的利用,可以说得上是一种布置的艺术。包的正中稍前处是圆形的土灶。烟筒从包顶天窗伸出去。灶后整个半圈都是一个炕。炕是用木板搭成的,高出土面七八寸,上面铺上厚厚的毛毡。睡炕是解放后的一项改进。《亲征录》巴带向铁木真告变,即杀一羔而拆所卧塌为薪煮之,以充途中食用,说明蒙古人原知道睡榻,但对解放前的贫苦牧民来说,这里木料已太珍贵了,所以多是就地面上铺毡而睡的。因此风湿病很流行,大大损害了人们的健康。有了木板炕,卧和坐的条件就改善多了。板炕折开来可以叠在勒勒车上搬走,拼起来就是正好占半个蒙古包面积的半圆形。炕上北面稍偏西的地方通常放着一个小木柜,壁上贴毛主席像,这是包里尊贵的客位。东北一面则是成条形叠好的被褥。东面是食品柜。门的两旁则分别是水桶,和贮存酸奶的大容器。客人来了,就往炕西一坐,主妇便盛上奶茶和一大盘装有奶豆腐和炸果子的食品,供尽情享用。有酒兴的则自己提出,主妇便把盛酒的大肚玻璃瓶递过来。索取者与供与者之间,似乎一切都是自然而合理的,从不有什么殷勤客套。甚至是陌生的过道者,只要人上得门来,一声问好,主人便仿佛理所当然地要为客人提供食宿的方便。我对这种好客的习惯十分惊讶。我问丹巴老人,他的回答是:"这是我们蒙古人祖辈传统的习惯。奶品是大草原的赐予。吝惜的名声是坏坏的!"

7 月 18 日　晨起小雨,雨后风作

挖井。牧民们通常取水,多只是就低洼处挖成浅窟,用水瓢淘取。这里地表都是流沙,听说他们也曾用红柳为圈,淘成水井。但

红柳受水浸泡后，腐臭难闻，所以不愿意使用。我们改用草皮垒，直径二尺许，深达米余。浩特长颇赞赏。但我仍然担心腐草会使水质变味。不过最现实的威胁还是牛。水井刚垒成，它们便成群赶而来，伸颈要喝，前肢便已把井圈踩塌。我们不能不用荆篱把它护起来。

中午，去南面的浩特，贾已先到了那里，还带来了他昨天收集到的细石器、箭镞和铜钱。有一件石英石的铲形石器，很有意思。箭镞成三棱形，铜制，铸造甚精，后端套箭杆处则混接铁质，很别致。贾推测是金元之物。铜钱中一为北宋的祥符钱；另一枚为洪化钱，史载这是吴三桂的儿子世璠所造。当是其时征三藩的蒙古战士带回来的。它传世不会太多，是难得的珍品。

牧民山布刺送来一个黑陶细颈瓶，高六寸许，是在前山坡上拣来的。它的形制颇具典型，应是辽前期的遗物。他领我们一行到发现的地点勘查。这是一片小丘的西坡地，在沙地上还散满着骨片、陶片和锈铁片，证明这原是一座古墓。从珠饰和铁器来看，墓主显属上层。长年的风蚀，沙土被刮走，墓葬暴露，殉葬品除陶瓶外，都已破碎散失了。听说这里的遗址墓葬甚多，但不是被沙埋没，就是因风蚀暴露而早已破坏，看来我们想有所得也不太容易了。

7月19日　多云，有风，下午风住

奶制品的制作如下。在牧民的蒙古包里的西南侧，都有二只圆椎形的高木桶。这是盛酸奶用的。鲜奶挤来，便先倾在这桶里发酵。浮在奶上面的是一层白油，把它括取出来盛在布兜里滤干，在锅里一炼，颜色转黄，这就是黄油。有时牧民把奶上的白油凝体轻轻用筷子挑起，在日光下晾干，这便是奶皮子，是上好的食物。酸奶放在锅里一煮就凝结成所说奶豆腐。于是把微黄的酸水滤出另外保存，奶豆腐则继续煮干水分，成饴糖状，然后盛入方木盒里，在太阳下晒干。这是牧民最主要的食物。食用时切成小片，伴着奶茶慢慢品食。存下的酸水在继续发酵后用为蒸酒。蒸酒的器皿大体同于内地。和元人朱德润《轧赖机酒赋》（《存复斋文集》卷三）的制法仍相仿佛。把奶酒再进行蒸馏，酒精的浓度增高，便是朱德润和叶子奇所说的轧刺机酒（重酿酒）。熬酒剩下的渣滓，干后凝

成黑褐色的团块，也用来充食用。旧社会中的下人或乏食之家，便是赖此为生的。很酸，据说，很有利于消化。

大队决定：为了给我们改善生活，每两户留住我们这批人的家，可以分宰一只大羊。通常在夏季是不宰羊的。浩特长在家宰羊，我、胡和余一起去放牧。这里的乡亲对我们真像是接待贵客。尤其令人感动的是我的房东知道我是南方人，习惯吃大米，竟把春节期间特别分给而长期保存下来的大米给我熬羊肉汤饭，味美，情深。但我总设法控制食量，害怕消化不良，弄出病来。

放羊回来，得知卓力格图因酒醉堕马，受了伤，躺床不起。我便去黄那里把他存有的跌打丸要来给他。盛夏是牛奶丰产的季节，牧民家家都有自制的奶酒，任情饮用。这家一瓶，那家一碗，任凭海量也会喝醉的。醉汉骑在马上，摇摇欲堕，却又毫不在意地快马加鞭，跌伤是常有的事。但他们从不把这当成教训而稍加节制。

7月20日　晴

上午，大娘驾牛车去赛音呼克购粮。我乘便随往观光。这是汉克拉以南的一个公社所在地，除供销社、粮站和公社机关之外，奶粉加工厂也设在这里。簇新的成排建筑，错落在绿野芳原之中，机器的轰鸣，打破了大草原从洪荒世纪来的宁静和沉寂。我选购了点日用品，一个人步行循原道返回。半道上见道旁散落有墨色彩画的破砖，花纹已剥蚀难于辨认，说明附近原来是有过某种奢华的建筑物，但现在的牧民已指不出来遗迹了。

下午，与胡接替浩特长放羊。放羊真是一个富有诗意的职业。把羊撒出去，任其所之，优哉游哉。只要不发生混群，一切都可以放心。羊儿自在地边吃草，边游动。适当的时候，它们便停止了继续远走，而自动折了回家。傍晚时分娘呼仔叫地相将进栏卧圈。牧羊人无所可事，通常可以找个树荫睡大觉，而我们却更喜欢两个人一块聊天。边聊天边领略这清新沁人的草原风光。你站立在小丘上，整个平川尽览无余，绿茵茵像一泓春水。羊儿像浮在万顷碧波里的白莲花，团团簇簇，点点星星，轻飘微荡，流向天边。

采蘑菇也是放羊时最好的消遣，草野间很容易便可找着白嫩的鲜菇,特别是旧牛羊圈附近更是丰富。阵雨过后,炙热的太阳一晒,它们便像春笋般生长起来。

根据邱长春的说法,蒙古国时期仍然迷信采野茵要招雷击,故列为历禁。元朝时期来上都的汉人文士称它为地丁,誉为开平的特产,大概至这时原来的禁忌便无形打破。但蒙古人却至今仍没有食蘑菇的习惯,更不注意采集。当我们把成串的鲜菇带回家时,小姑娘奇木格对我们的兴奋之情颇感迷惑,她不无勉强的附和我们说:"它是可以烤着吃的。"

7月21日　晴,下午有阵雨

放羊。我和余还带上象棋,席地一局,羊儿已走远了。赶上一程,又鏖战起来,别饶风味。下午,骤雨袭来,无处躲藏,一身浇湿。回到浩特长家,正赶上他家吃手把肉。在主人执意相强下,我们又是一顿大餐。美酒肥羊,郝显然醉意泱然了。他打开话匣子,滔滔不绝,大谈蒙古人嫁娶的旧风俗。许亲时必吃羊颈肉,娶亲时,新娘伪装躲藏,新郎率同一群青年搜找,找着时群起拥之上马,女方亲戚假意扣留,抢亲的古风依然可见。迎亲归途上,青年们抢帽子为乐,互相追逐。新娘的头饰是满式的二把刀,单是饰物就有八斤多。但是这些都已成了历史的记忆。问之老乡,他们也说不行这一套了。我们下牧区前,心中半奇半惧。劳动苦,生活不习惯,都是早有准备的。唯独那些从蒙古史上了解到的迷信、禁忌之类,却害怕防不胜防。触犯了,小则为主人所不喜,大则破坏民族政策,深有将难于措手之虞。在锡林浩特学习中,谈的也就是这件事。下到公社,我们首先便向额书记提出了这个问题。请他告诉我们,进了蒙古包后,应走那一面,坐在哪?吃东西有什么注意之点?我们都郑重其事等候他的指示。谁知他却蛮不在乎的回答说:请同志们放心,我们这里没有那一套。听了他的话,我们也始终将信将疑。所以下来后仍是细心体察,谨慎从事。这就不能不显得颇为拘谨。经过几天的体验,果然是再不见这些迷信和谬规。即就这一点而论,解放后二十多年的变化,是多么巨大、深刻。

7月22日　晴

放羊。这几天，整天都刮着西风或东南风，四五级。早晚必须穿上绒衣，但中午时分又可以穿单衣。颇有雁门关外野人家的风味。公社会计那木吉纳同志告诉我们说，他听老人讲，现在的天气比起早先来有了很大变化。过去天气热，而且到这季节已不常刮风。这是偶然的反常？还是地球气候的变异？尝读旧史，深怪古今物种分布的不同。《北史》北魏明元帝神瑞二年（415）四月，"次于濡源，逐射白熊于颓牛山"。那时候晋北地区还有白熊。东魏元象元年（538），有巨象自至砀郡陂中，南兖州获送于邺。《南齐书》亦载四象入都城。证明北到河南，迟至魏晋仍有象生活（河南之称豫，说明早先它便是象之乡）。而白熊与象生活区的距离又几乎可以挨上，岂非怪事？听说竺可桢先生写过一篇地球气候变异的文章。气候周期性的变化在历史上有记载可供参考的资料之一是动植物的分布变迁。不过，这虽然可用来说明某地区气候的变化，但也应该估计物性的不同与某种原因造成的对天气的强迫适应。金明昌中，田琢从军塞外，见到燕子巢屋，"土人不识，屡欲捕之，曲为全护。"证明这时燕子初渡长城。陈搏在汴京天津桥听到杜鹃啼，以为地气转移，南人其乱天下。这些当然可以用来说明宋金之时地球气候变暖。不过，今天长城北有燕飞，北京可听到杜鹃却是常事。如果用燕子、杜鹃逐渐适应北方天气来解释，也不无可通。可惜对竺文的资料不知其详，待将来找着文章读读，再说吧！

7月23日　晴，午阵雨

今天，大队领导为我们安排了一场驯马表演。年青的骑手们，精神焕发，穿上崭新的民族服装，骑上骏马，越发显得矫健英俊。还有一位十一二岁的红领巾，也骑上高头大马来参加表演。全大队的马群都在北浩特旁的塔剌（平川）上集中，大概有二百来匹吧！骑手们绕着它们跑上一圈，示意画地为牢，马群便在一团中不再任意跑散了，真是奇怪的事？平时马匹总是以一匹牡马（公马）为头，占据十匹上下牝马成为一个小群落。牡马的独占排它性很强，占群意味着一场舍生忘死的战斗。牝马依附性也很紧，一般是不容许杂入它群的。小公马渐长成熟后，便会被驱逐。总之，在一个群落中是不允许另外一个成熟的雄性羼入的。牡马一般身躯高大，昂首长啸，鬃毛拂地，神情是很威严的。

套马是技术、体力、速度、勇气和智慧的雄壮而和谐的全面造形。当勇敢的骑手把长长的套杆指向一匹不驯的追捕对象时，被追捕者似乎也明感到威胁，便在马群中左右乱蹿以求一免，马群于是陷于一阵混乱，但它们并不离群远窜。训练精良的坐骑似乎完全了解主人要捕捉的是哪一个同类，它完全不需要控御，立刻全速紧跟追捕对象驰骤。时而是鹰击长空般的猛力冲刷，时而是雷霆电火般曲折奔驰。骑手坐在飞速的奔马上，蹲身立镫，手持套杆，真像是手持丈八蛇矛、冲锋陷阵、万马辟易的将军。每当坐骑一个急骤的转回，骑手的身体远远地倾向外侧，好像会抛出鞍外，但他又是那样的安稳地调整了重心，像是钉牢在马背上似的。看看距离逼近了，骑手不慌不忙把杆端的活套扣在追捕物的颈上。一声大喝，坐骑立即应声四蹄紧扣，身躯下蹲。骑手全力拉杆，几乎是仰天躺在马背上，追捕物被套着，抛头踢腿，奋力挣扎，希图逃跑。这样的局面往往僵持好几分钟，直到追捕物精疲力竭，驯顺地停止反抗为止。喝奶茶稍事休息后，原拟表演驯马，不期一阵大雨，计划只好中止。真是扫兴。

7月24日　晴

大队书记特别抽出一辆马车，并亲自陪同我们去冬营地考察一个古城遗址。冬营地在我们西面二十余里处。通过地形起伏的轮廓和牧草色泽的不同，可以见到一个百十米见方的小城遗迹。由于飞沙的掩盖，地表的文化遗留已很难见到。从仅有几块瓷片看，可能是辽代的建筑。城址西南，还发现一处冶炼工场，一种像烧结的铁砂团的块粒到处散布。炉膛的遗迹十分清楚。间或可以找到辽瓷碎片。同样的烧结粒在城里也可找见。显见这座小城与冶炼相关。

在冬营地里，大队设有小学，校舍是整齐的土房。学生四五十人，都是寄宿生。全部书杂费、包括一部分伙食补贴都由大队负担。除去集中寄宿生外，这里还有马背学校，即由教师骑马按时到学生家中进行个别教学。牧民的孩子能念上书，真是破天荒的大好事。

在老黄的鼓励下，归途中，我第二次鼓起勇气学习骑马。昨天早上，我在大伙的帮助下跨上了马背。由于新奇和紧张。我看见坐骑似乎在掂量我，满眼是警惕与桀骜的样子，像随时要把我从它背上掀下来。我十分害怕，觑见它稍停脚步，便一翻身跳了下来，撒掉缰绳。马拖着缰绳扭头便走，再也抓不着。直累得小包追上南浩特，才由主人抓着，骑了回来。今天，再爬上马背，自信心增强多了。基本上也能操纵自如。自然，这首先是马老实。回到家里，两膝酸麻，两股作痛，说明自己的姿势不对头。但总算学会骑马，也不枉此行了。

7月25日　晴

放羊。凡事都有一定的规律。如何适应羊儿的习性来放好羊是一门大学问。实际的经验是宝贵的，但亟待科学地进行鉴定和作出理论的说明。我见过几位羊倌，他们都有丰富的经验，但却又一人一套。有人主张让羊儿早出圈吃露草，而在中午天热时让羊休息。我们浩特长却反对早出圈，而要让羊吃热草。究竟哪一种符合科学呢？可见光靠经验并不是提高畜牧业的好办法。从目前的载畜量看，草地已趋超饱和了。破坏草场最厉害的是马匹的过量。这里的土地是在薄薄的植被下覆盖深浅不等的细沙，细沙下便是坚硬的红土层。只要是表层的植被受到破坏，强劲的西北风便无情地把细沙从被破坏的缺口卷上来，沙丘愈益增大，成恶性循环，形成沙害，几乎无法控制。久而久之，草地便大片沙化。牧民们说解放后沙化的倾向已愈来愈严重。此外，严重威胁草地的是树林的破坏。数十年前，据说这里还有大片杨木林，人骑马走在其中都看不见头。现在已完全消失。其原因一是牧民生火用柴，耗量太大。二是羊的啃食，使小树无法成长，大树也多死亡。因此，如何合理利用草原也是一大问题。否则，我们留给子孙的恶果将不堪设想。

7月26日 晴

开调查会。大队乌书记介绍大队情况，几个老牧民进行忆苦思甜。由于语言的隔阂，我们具位而已。小包详有记录，内容也比较一般。看来，调查仍待深入生活。我们是走马看花，恐已不能要求太多了。

小包住处的主人是母女俩。女儿是十八岁待嫁的大姑娘。我们一来，小包分住她们家，大妈高兴极了，说：我总想去看望老妹子，就是这个丫头在家，无人照顾，抽不开身，你来，太好了。我明天就去看妹子去，你替我看看家。第二天一大早，她竟然驾起牛车就走亲戚去了。家里便留下大姑娘和小包，住宿便成了问题。我们只好找浩特长商量。浩特长说：在我们这里原是不论这些的。但你们是下来的干部，只好睡另一家去，但食饮还得在她家。不然，她家会有意见的。我们也就这样办了。大娘放心一走便是十来天。再过一两天，我们就要离开这里去另一大队了。但她一直不见回来。为了留念，我们每人都同住处主人家合摄一影。临到小包，又是麻烦。他不好意思与大姑娘一起留影，只好单另给她拍了一张。今天下午，小姑娘的一个哥哥（已分家另住）回来看望，在醉意醺醺中他大出怨言，埋怨小包：为什么我妈把家托给你了，你却不睡在我家？为什么别家都同干部合影，你却不同我妹妹合照？怎样进行解释也不能使他满意。初听到这些我们都大为吃惊。风俗不同如此，真是有趣的事。

7月27日 晴

分访老牧民，了解松日布的情况。由于语言的限制，我们无力插手，几成无所事事，采蘑菇便成了最好的消遣。这里地形颇复杂，沙丘起伏，很容易迷路。往往才转过一个沙丘，便东南西北莫辨，越转越远，找不回来。林沉在这方面表现尤差。一次外出小解，便再也找不到家。待到一个牧民发现他在野外彳亍彷徨时，他已失踪半个小时了。

晚，郝已被灌醉沉睡不醒，浩特长的爱人因病早赶去赛音胡达嘎看病，深夜未归。浩特长也不知上哪儿去了。他们的女儿很着急。我同余又毫无办法，只好陪她等待，直到十一时许。草地的夜分外静寂。在焦急中，她突然兴奋地说：牛车！爹回来了。但我们却除了自己的呼吸外什么也听不到。很久，果然传来了牛车轻微的轧轧声。又经相当时间，才见浩特长拉车回到家里，他是去接他爱人的。我真诧异，这姑娘的听力这么好。相形之下，我们在这方面太低能了。这当然很大程度上有天赋不一样。但应该承认，长期住城市里，噪音已大大损坏了我们这一功能。

7月28日 晴

过两天就要离开这里了。大队专设酒宴，举行座谈。午后二时许，大家都来到北浩特，边聊天，边喝奶茶。接着就是尽情喝酒，佐以手把羊肉。最后是扁食，实际上是羊肉包子，个儿之大。单馅团就是够半斤。真是酒海肉山，而我却浅尝已足，不敢多事停留，早早就蹓席了。

晚，回到住处，一位素不相识的牧民已酩酊大醉，横七竖八，和衣连靴而卧。一条腿已占出了我的大半毡席。我轻轻地在他旁边躺下，害怕把他惊醒；担心酒风发作，无法招架。刚躺下，他一个翻身，另一条大腿正压在我腿上。我只得慢慢挪开，一退再退。一夜未曾睡稳。直到天亮前才因困乏不支，朦胧睡去。等天大亮睁眼看时，那位不速之客已杳如黄鹤。

7月29日 晴

访新浩特。名为新，是因为那里牧养着大队的改良牲畜。遗憾的是我们抵达时，牛羊早已出圈，无法见识。听说，这里的奶牛品种是好的，但在牧放方法上，并没有任何改变，所以在牧场可挤奶八公斤的母牛，这里却产量低一半。改良羊的羊毛比本地羊可高出七八倍。但牧民们对它的饲养积极性并不太高，因为改良羊的毛不宜作毡帐。而毡帐是牧民住帐的主要物资。一顶蒙古包，最小七个哈剌，便需毡二十五片，总值四、五百元。每块毡使用三年后，就得陆续更换。因此，他们羊毛的耗用量相当大。制毡用的全靠本地羊。牧民们对牧养本地羊兴趣要大。看来改进蒙古包是很急需的。在呼市时曾见过一项用塑料制的蒙古包，这可能是今后的方向。

我上面说牛已出圈了，这个话用在这里，却大不合事实。事实上，除小牛犊外，长成了的牛根本就没有什么圈。牦牛干脆就是野生野处。吃饱了草，就在树荫池畔躺下来反刍。母牛每早、晚都自动回来各一次，是为了喂小牛犊。小牛犊是必须圈好的。早、晚，牛妈妈回到圈旁，隔着圈母呼子叫，一片喧腾。挤奶的妇女把在圈门口，用她们取的诨名呼唤小牛犊，一般是花尾巴、花额头、花脖子之类。小牛犊听到召唤居然能会意地急忙跑过来，欢欢喜喜地被放出圈外，直奔自己的妈妈腹下，贪婪地吮吸起奶来。但才等它吸几口，挤奶的人便强把它拉开，拴在小木桩上。挤奶妇便代替它挤奶。待到挤至一定程度，才停止，让小牛犊再来吮吸。母牛奶完了，便径自走向草原，小牛犊则又被牵回来关入圈中。待到每头奶牛挤、喂离去后，小牛犊才放了出来，让它们在附近玩耍。傍晚，它们饿了，又会自己回圈中来等候牛妈妈。这种挤奶情况，和十二世纪中迦宾尼、卢布鲁克所记几乎完全一样。我们也曾主动去帮助抓小牛犊。但是据说，因我们这批陌生人的出现，扰乱了母牛泌奶的情绪，影响产奶量，帮了倒忙，所以很快就停罢了。

7月30日　晴

全体会议，小结了这几天来的收获和感想。我们中无论是"蛮子"（牧民老太太仍把汉人称"蛮子"，汉话叫"蛮子话"）还是几位蒙族同志，都没有来过牧区，也不了解牧区生产和生活状况。这次下来，深入到蒙古包里，尽管时间不多；而且我还语言不通，但究竟有了亲身的感受，认识就大不一样了。俗话说，"与君一席话，胜读十年书"，今天的心情或许近之。

明天我们就要离此去前进大队了。到前进后一项主要的活动内容是参观应昌古城。因为贾洲杰同志要尽早去上都古城勘察，我们必须把应昌古城之行提前。贾在去完应昌古城后即赴上都遗址。我与清澍在前进大队停留半月后也继去上都古城。其余则按原计划再去红旗大队访问半月，再往上都古城会齐返校。

晚餐桌上，卓力克图同我共饮话别。他一再表示照顾不周，款待不好，使我十分感动。民兵队长山木纳也特别赶回——同我们告别。接着浩特长又替我们安排了践行宴会。他们夫妇俩无限深情地倾诉旧社会的血泪痛苦。胡公颇受感动，即席赋诗一首留念。我也和了一首："声声血泪话当年，炼狱何人解倒悬。苦尽甜来来不易，嵩呼万岁颂尧天。"

7月31日　晴

早起收拾好行装。十七天亲密相处的乡亲们现在又要分别了。十七天的时间确是太短，加上语言不通，想象中生活是很困难的。但是情况正相反，一种无形的感情架通了我们的心扉，使我从来到蒙古包的第一天就像是到了亲戚家里一样。老卓得知我去上都古城时不再经过这里，便特别准备了一瓶黄油和一块奶豆腐相送。我感激地收下了。再见吧！乡亲们。我自然很难有机会再看到你们，但我们的情谊会长久留在我的心中，成为最真挚、美好的回忆。

前进大队专派了马车来接我们。一路上领略草地风光，说说笑笑，十分愉快。路过公社，稍事休息，继续朝东北方向走去。下午四时许到达我们住的沙咀子浩特。正赶上大队在这里开会，书记和队委们热情地欢迎我们到来。

沙咀子浩特一共六座蒙古包。羊七百余头，牛百数头，马一群。劳力比较充裕。因为他们离奶品加工厂太远，没有这方面的收购任务，所以奶制品较胜利大队丰富。我的房东是母子二口。老太太六十多岁，身体良好。儿子朝克图，赶车外出未归。大儿子桑布拉是大队保管，已分居，今天正来这里开会。他是70年的复员军人，汉话蛮不错，非常热忱。他再三嘱咐我要像在自己家里一样，有什么不惯尽管提出来。这家的蒙古包宽大，洁净。从陈设看，他们的生活比起胜利大队来更要好一些。

这里的地理条件与胜利大队大体相似，但随处都是灌木丛。合抱的老杨树也很多，它们至少都在百数十年龄以上，但高却才及普通的电线杆。低洼处遍布水塘，塘边的灌木荫下，马和牛静静地站立或躺着反刍。这里也有青蛙。半夜，我被脚边的异样感觉惊醒。
掀开棉被用手电一照，啊！原来是一只大青蛙。它是来取暖的吧！

8月1日

因为老贾与文物队有约，在10日前他必需赶至五一牧场元上
都遗址考察、发掘，所以，我们决定把去鲁王城的参观提前。今天
休息一天，明天乘马车前往。这真是难得的好机会。鲁王城即元之
应昌府，是弘吉剌部鲁王的藩府所在。《元史·特薛禅传》："至元
七年，斡罗陈万户及其妃囊加真公主请于朝曰：'本藩所受农土（犹
言经界也）在上都东北三百里，有答儿海子，实本藩驻夏之地，可
建城邑以居之。从之。"达儿海子即今克什克腾旗境之达里泊，已
分划为辽宁属县。按《口北三厅志·山川》："达尔泊，周广二百余
里，中有岛屿，为水禽聚集生息之所。"又："岗噶泊：达尔诺尔东南
四十里，中有细流与达尔诺尔相通。"蒿赖河，又名盆屯河，自达里
泊西北流入。公古尔河自东北流入，舒尔噶河自西南流入。岗噶泊
今俗称虻牛泡子，周围才数公里。应昌故城在达里泊之西南，蒿赖
河（今作亳赖）注达里泊之北岸。城之北有曼陀山，鲁国大长公主
建龙兴寺于此，寺碑为赵岩所撰。金幼孜《北征前录》说："通川甸
西南曼陀罗山下有寺"，"国初始废"者即此。

8月2日　晴

早起，乘马车去鲁王城。据老乡说距离为六十里。愈走林木
愈茂密。据说今年六月（旧历）已整一月未得透雨，但这里的草场
仍比前进大队一带好得多。马车行走在密林里，既分辨不出道路，
更无人迹，但车倌的辨向能力真是特别。走过一阵子，察觉出了问
题，爬上高处，向远瞭望，又转向继续前进。我深怕迷路，真要是
迷在这种林子里，瞎转它三天三夜，大概也休想找到一个人家。下
午五时许，经过一处居民点，有合作社，日用什货颇不缺乏。屋前
后亦有耕稼蔬圃。六时，沿山曲下，达里泊已呈现眼底，在山环沙
映之间向东北延伸，远接天际，渺无涯涘，波光映着斜阳，晶莹闪
烁。水鸟在天空自由地翱翔，牛羊在岸边悠闲地倘佯。使人沐浴着

一种未曾有的清新与宁静，几忘身在塞外砂碛之间。

夜宿古城东北之小学。校工知道我们来自内蒙，极表欢迎。他对把克旗划归辽宁很不满意，要求我们回去时反映意见，把它仍拨归内蒙。

8月3日 晴

游览鲁王城遗址。六十年代初，李逸友同志对这里进行了仔细的调查（见《考古》1961年第10期）。据他的报道："古城平面为长方形，城墙保存较完好，南北长约650米，东西宽约600米，方向10，全为土筑，最高残存3米，城墙东、南、西三面正中开门，并有瓮城，北墙无门之迹象。城内建筑遗迹暴露地表，可清晰看出街道坊市。"我们来的时节正是茂草覆地，因此地表的遗存大多被遮盖，难于辨识。但还有另一个重要的原因是破坏，其严重的程度恐怕是难以估计。西部的一些地方很多处被挖掘，并搭盖有畜圈之类。坑内土层明显地有大火焚毁的大建筑群的遗迹。很可能这便是当年元末农民军或明初李文忠攻破应昌城时的后果。城的南门外逶迤通向泺边还有不少建筑遗址，大概是城关外的商业区。由于时间太紧，我们根本来不及进行勘查。达里泺水很清凉，沿岸的沙滩上到处是长可半尺许、被水鸟啄剩而风干的鱼，近似于鲫。拾起来一看，另一个半边却完整无损，正像是副食店货架上的干鱼。这说明泺中鱼类资源是丰富的。听说现已成立渔场捕捞。我们两次跳入泺中沐洗，月来征尘尽去，何快如之。

回住处的路上，在城的西北处拾到破碑的小块，呈三角形，上有"戚"字，另行有"χ殚"字样。字盈寸、正书，刻工颇粗率。这里建筑遗址尚保存明显，可能就是当年报恩寺的所在。

夜，有灯无油，只能对床黑话。胡公吟诗一首，我也即兴和成一绝："鲁王城下水连天，弥望牛羊泛彩莲，何来不速寻芳客，却扰群鸥自在眠。"

8月4日 晴

一大早循原道乘马车返还。途中无聊，心有所感，成《满江红》

词一首：

"古泺斜阳，看不尽，湖光山色。登临处，夏衿初觉，金风爽飒。马上昭君图画里，经霜西子清秋节。问苍茫，沙碛缀明珠，凭谁设。

长岗夜，名王猎；颓垣处，曾宫阙。有薄海王臣，分茅荐血。堪笑朱明无远略，婴城半使金瓯缺。待归来，纵笔写新篇，为君说。"

8月5日　晴

主人家有一根径尺的杨木，郝主动请功要为她解成木板。小余在这方面明显地无能，任务就落在我和郝身上。拉大锯实在是很费气力的活儿。特别是对我这样本无劳动习惯，且久不从事体力劳动的人来说，更是沉重的工作。下午休工时已周身酸软，躺在坑上，久久不能入睡。黄送来了金风、叶新民从呼市寄来的信。下乡一个月了，这是第一次接到呼市的消息。

8月6日　晴

又是一天拉锯生活。房东太太为了表示慰劳，进餐时特别添上一大碗加糖的白油。味道无疑是好极了，但胃却叫苦了起来。下乡来犯胃还是头一遭。天旱得厉害，又闷气。胡与余在外放羊，喝不上水，恐怕比我们拉锯更难过吧！

8月7日　晴

贾今天动身去五一牧场，托他把寄菊英的家信从那儿投寄。顺利的话，四五天就到抵达呼市。多么想得到她的来信啊！

木板终于锯成了，因为技术不佳，多处走锯，板面几处屈曲不平。我唯恐糟蹋了主人的木料，招来不满。谁知她却大为赞赏。也许这点本领在他们那里也是难得的。牧民看重工匠，自古已然。

8月8日　晴

大队召开群众大会，宣布两包一奖及布置打牧草任务。我因锯木劳动而精疲力竭，在家休息，不及前往参加。打草是一个很沉重的劳动，在一杆长木柄上，形成 120 度角度，安上一把两尺来长的镰刀，挨步向前横扫。割好的草成堆晾干，以充冬天的饲料。冬天对于牧民是一个很严峻的季节。在雪深盈尺的情况，牲畜找草吃就很困难了，往往成群饿毙，这就是所谓"白灾"。其为害之酷烈，比起夏旱来有过之无不及。但是牧民对贮冬草的做法始终不太积极。靠天吃饭惯了。再说，贮草数量也有限，真正成灾时，也确难以对付。在种草、打草都靠有限的人力来进行时，人们的这一点劳作在自然面前毕竟太渺小了。

8 月 9 日　晴

上午，帮助拆移羊圈。

8 月 10 日　晴

与老牧民座谈。应邀来的三个老牧民中，有一个是二十年代流徙来草地的晋北人。他已经完全蒙古化了。由于语言隔阂，这类会议我们照例不参加，而以玩扑克消遣。其木格是一个不到二十岁的小伙子，上无老，下无小，他的蒙古包便是我们这一群赌友的窝家。他自己的分工是牧马。马通常是结群野放在离家二三十里外的水草地，过几天，马倌将前往巡视。如果没有意外，他便回家来，拉着我们，尽日尽夜地玩"升级"之类的游戏。马群偶尔也有因各种原因跑失了。于是，他便寻踪追索，往往得从七八十、百把里地外找回来。他们追踪的本事特高，能够从马群逃逸的脚印上判断，有多少匹马、大概是几天以前，呈什么状态，向那一方向逃走。《元史》和《元朝秘史》上还保存纳真与铁木真追寻失马的故事。这一套追踪的本事，原是草原牧民千百年智慧的结晶。

8 月 11 日　晴

大队干部召开座谈会，对我们进行专门招待。在相互致辞之后，就是奶酒与羊肉的盛宴享受。

8月12日　晴

放羊。羊儿自动向东折北，返回圈内午休。在经过北面的大灌木林时我们对羊群完全失去了控制，羊走失了怎么办？有没有丢失的？回到营地时，我们急不可耐地找老羊倌反映了这一经过。而且断定，十有九会有羊失群丢失。老羊倌将信将疑地伴随我们步入了还在午休的羊圈里，仔细地巡视了一番，然后肯定地安慰我们说：不会，没有丢失的。奇怪！他数数，超过十位便糊涂了，但三百四五十只羊，他却心中有数，一点也不含糊。牧民在这方面真是像有特异的功能，譬如说：两群羊羼群了，在重新分开时总不免有几只羊混入了他群，然而，他们却能轻而易举地把它们分辨出来，领回原群去，两个羊倌从不会因此而发生争执。我曾问他们，是怎样辨识混入它群的羊儿呢？回答很简单：像人一样，丢失在外地的人神气总是不安的。人表现不安，我能理解，羊儿不安，他们怎么看出来的呢？

8月13日　晴

整理座谈会记录。

一部中国古代史，从某种意义上讲，是一部长城南北对抗史。为了防御蒙古高原南窥的游牧民，内地的汉族政权从战国开始，便采取了笨拙的建长城、进行消极防御的政策。这个政策所造成的后果是：一、无止无尽的消耗了国力，加重了人民的财政与工役负担，然仍无法确保华北人民的安全生产；二、反过来加强了封闭保守观念，丧失开拓精神，影响向周边、特别是南向海外的发展。在这一点上，汉人中只有一个皇帝眼光独远大，他便是唐太宗。他鄙薄秦皇、汉武的筑长城政策，说：我则以李勣为长城。这的确有高人一等的气魄。同样是修长城，汉的长城在戈壁南缘，大体即阴山外侧，敌骑通过戈壁南来有一定的路线，戈壁一带无可作为基地的充足牧地。而我则以逸待劳，在防守上显处于有利地位。明的长城，向南收缩到阴山山脉的南缘。当敌骑既拥有今内蒙、冀北、晋北的广大丘陵地带时，华北平原便全线暴露在他们攻击之下，没有了天时、地利的限制。长城仅有的阻滞作用于是大大降低。况且，由北而南，是居高凌下。龚自珍论居庸关，自北口而望昌平，如在井底，因此他有疑若可守焉之问。这无疑是有见地的。至于金人的开壕设堑，实际上形同玩笑。现在人总喜欢把长城看成中华民族奇迹似的巨大工程，进行炫耀。其实，它更多的是显示民族的消极和保守，并没有丝毫的骄傲可言的。

8月14日　晴

老乡告诉我们在军马场十连之西十里处有古城遗址，郝力促我同往参观。但在这里唯一的交通工具是马匹。我估量自己骑技太差，不敢贸然前往。我们所在这一带地方，在辽、金、元时期，并不是一片荒芜的，有上都、应昌这样的大宫城，还有无数的小边堡。战乱造成它们相继破落，其中特别作用恶劣的恐怕要数明初永乐时的有意破坏了。《明史稿·王英传》载：永乐二十一年北征，"师迁过威虏镇，帝召英曰：'开城中有石碑，可往观之'。既至不识碑所。而城北门有石，出土尺余，发之，乃李陵台驿令谢某德政碑也。碑阴刻达鲁花赤等名氏。具以闻。帝曰：'碑有鞑靼名，后日且以为己地，启争端。'命再往击碎之，沉诸河。还奏，帝喜其详审。"可以想见，风行草偃，类似的破坏行为一定是很普遍的。永乐甚至连草地的地名也全数更改。上述的威虏镇，就是李陵台的改名。他如应昌改名清平镇，西凉亭改宁安驿，驴驹河（克鲁伦河）改饮马河，兀儿扎河改清尘河，斡难河改玄冥河，忽兰忽失温改杀虎镇等等，几近于无聊。而草地的文物遗存，却因遭大劫。《明实录·太宗实录·永乐八年二月》，"丙子，次凌霄峰，登绝顶，望漠北，顾学士胡广等曰：元盛时，此皆民居。今万里萧条，惟见风埃沙草耳！"明人弃长城外地，而用烧荒来彻底进行清野政策，实际上是从永乐开始的。当我们逡巡在这些废墟荒草中的时候，真是感慨万千！

8月15日　晴

放羊。

8月16日　晴

放羊。

8月17日　阴，小阵雨

大队的青年又热心地为我们组织驯马表演。在他们中，驯马的能手是极受尊敬的。他们能像英雄排坐次似地列出这些能手的名次来。最精彩的莫过于徒手擒马。骑手操纵着坐骑，奋力追索另一匹野马。在逐渐接近时，他突然歪身揪住了野马的尾鬃，利用野马腾身奔走的一刹那，猛发力一扭，把它掀翻倒，然后纵身下地，把重重地摔在地上还来不及翻身爬起的野马按住。据说，春天给马剪鬃时，都是采这种手法抓到马的。一个小伙子豪兴不减，还要继续为我们表演套马。不幸的是在套住马的拉逐时，套杆忽然折断，小伙子摔下了马鞍，手臂重伤，只好不欢而罢。黄为我照了一张骑马的照片，算是留个纪念。

8月18日　晴

替房东剥山杏。蒙古人把山杏叫鬼粒子。这里灌木丛中山杏甚多，个儿小，不堪入口，但杏仁可供药用，妇女们入秋后拾回，也是一笔小的收入。

这两天，没有事便躺下来读《韩非子》，粗粗一过。我并不喜欢他那种赤裸裸的实用主义政治观点，但极其欣赏他那种驳辩之才。他早就提出了"矛盾"这一概念，也极善于抓住矛盾。儒家那一套先王仁政的说教与现实生活的不能调和，大家也多少可以感觉。但只有经韩非子的无情揭发，才真正觉察出它矛盾百出的窘态。文章的确很精彩，甚至比起《孟子》来还要深刻生动。

8月19日　晴

明天就要离去了，得加紧把山杏剥完。这是一项简单和枯燥的劳动。一天完了，腰酸背痛不比锯木板好受多少。

8 月 20 日　晴

按约定：今天我们全队在西浩特集中，等待红旗大队来的马车，接我们上他们那里去。我和清澍将不去红旗大队而直赴上都遗址，与早已去了那里的贾会合，对上都进行考察。此地离红旗大队有七八十里之遥，车馆打定了两天来回的主意，姗姗来迟，已午后四点了。没奈何，大家只好在这里暂挤一夜。我借宿的一家是一位青年妇女。丈夫刚随红旗大队的马车回家来。和这对年轻久别的夫妻同住在方丈之地的蒙古包里，大半个晚上，我不能入睡，又只能假作熟睡，身上异痒难当，不敢动手抓，也不敢翻身。而又偏偏尿急了起来。忍耐！只有忍耐。我暗暗地感觉到我们几个外来客人都是处在与我相同的尴尬境地。终于老智憋不过了，起身到包外小解。我也乘机起身方便，才安稳入睡。醒来时，已红日高升。这家的青年男主人又离家他去了。

8 月 21 日　晴

乘马车至红旗大队的农业基地，夜宿小学，校中学生均已返家打牧草，仅校役一人驻守。学校设备极简，然在草地里有一个固定的校舍，也已经是不容易的了。

8 月 22 日　晴

早起，与清澍离开我们的队伍，乘牛车至乌尔图塔拉，搭乘锡林浩特南至宝昌的公共汽车南行。宿那日图车站，等待明天改乘东去的汽车，到上都遗址所在的五一牧场去。

8 月 23 日　晴

早六时半车发那日图，十一时抵正蓝旗，饭后继续东行，一时许抵榛子山。老贾已在三分场等候。他请汽车来四分场迎接我们，涉过闪电河，进入遗址。安排在原皇城东北角空废的牛组小房内安歇。房子东向，一坑南横，门窗破落，南面不远的地方还有一家人家。我们三人孤零零的住宿在这里，吃饭则需走到城北一里外牧场的一个食堂去。所谓食堂，也就是一个大师傅和我们三个食客而已。

8月24日　阴雨

住处最大的优越是安静无人，又水井取用方便，柴薪易得。一个多月来，除了在达里泺洗过澡外，再没有条件享受这种文明待遇了。这里正好痛痛快快地洗洗换换。精神为之一爽。

老贾在这里已进行了一些工作。原计划与文物队一块，有计划地把规模搞大点，进行发掘测量。但他们又中途变卦，陆士衡已赶回呼市，剩下我们失去经费支持，已难有所作为了，大感失望。贾在南山坡发掘出一块石碑。碑文作："滦京成物关寓居上谷赵公荣辅在日，悯坟山先茔之域庶民野祭地，沙草弥漫，曷伸起敬之情，愿舍己资，鸠工创塔，此志未果。延遗嘱其子，必继其志。明敬遵治命，立浮屠二丈余，岁时拜扫，有所瞻仰云。遂志于塔之阴。至正四年七月吉日立石。"从这里，我们也可以大致窥见上京城外关厢繁富的景象。

8月25日　晴

上都大体可分都城、宫城和外城三部分。宫城在皇城的中央北部，约150米见方。宫城墙保存完好，城门亦宛然可寻。北城墙仍留有并排的三个方形夯土堆，大概这便是大安阁的遗址。城内杂草没膝，只有从地形的起伏和草丛中暴露的乱石，才能大致辨认出建筑的区划。原来想利用日本人测绘的平面图来进行核查，但原书没有带来，模晒本很粗糙，看不清楚，无法进行工作。有些地方，图上勉强可以辨认，但实地却似已无迹可寻。看来，近三四十年中破坏是异常严重的。特别是从周围划为五一牧场以来，更是加速了空前未有的破坏程度。一些时候，牧场的家属在宫城内大肆挖掘遗址的基石，作为副业。成方的石块，至今仍堆在那里，导致了遗址无可挽救的损坏。就是为了取得这些石头来砌牲畜棚，而致不顾一切，无知贪婪，可怕！可恨。

8月26日

都城坐北朝南，呈正方形。周×××米。南濒闪电河，也就是滦河。由于现在闪电河的一半水量已分渠上都遗址北面的一个水库。因此，原道的水量充其量也是宽四五尺，深才及膝的小溪流。然在遗址的东南，则汇为望不可及的沼泽地。都城的东南角也是低洼多水，芦草从生。除了杂草和圮墙之外，任何东西也已不见保留。杂草之间，蘑菇丛生，很快就采摘了一大串。

8月27日　晴

外城是由都城的西和北部外展组成。城的北部，是一座小山。分场已经在这里建为基地，原貌已完全破坏。北墙外的坡地上，用拖拉机大面积的翻耕一过。残砖断瓦，遍地都是，其中还残遗不少精致的琉璃瓦当。看到这种野蛮的破坏，真是惊心动魄。但有谁能制止挽救这一切呢？

8月27日　晴

五一牧场是一个直属自治区的农牧业综合托纳斯，拥有从拖拉机到收获康拜因的全套先进机械化农具，还有五百只优种绵羊。下面分设五个分场，除一个分场专育良种羊，以备推广外，四个分场皆营开垦农业。我们来时，正是那里小麦收获季节。我们发现沿途的小麦都已过于枯黄而自成折杆，散落地表。显然收成的一小半已经浪费，无法收得了。我问司机，为什么还不组织抢收？听任浪费？回答是惊人的：那止这些！负责分管农业的场长已出差到张家口卖篮球去了。后来一打听，也不是管农业的场长不负责。实在是农业收入的所得，养不了这全套农业机械的运转。越是抓农业，机械的耗费就越多，多抓多赔，少抓少赔。干脆不抓，就凭五百只良种羊，全场的开支大体也就可以维持了。这是对在牧地开荒的绝好讽刺。

8月28日　晴

这里的气候，太不像塞外，倒很有点江南水乡的风光，所缺的是绿树。但弥漫的芳草，池塘，又使你很容易忘记自己正置身于草地。天气是那么湿润，早起照例是漫天浓雾。雾开了，阳光分外明亮柔润。老乡说，这里还经常出现被称为仙境的海市蜃楼。山后的龙岗现在只能看到光秃秃的山岗了。当年滦京时,那向北逶迤的丛山还应该是一片原始森林呢!王恽《中堂纪事》载:"开平盖圣上龙飞之地,岁丙辰,始建都城,龙岗蟠其阴,滦河经其阳,四山拱卫,佳气葱郁,东北不十里有大松林,异鸟群集。"树木是早没了,古城正面临着空前未有的破坏。三四十年前日本人仍见到的,现在已荡然无存了。言之痛心。

8月29日　晴

五一牧场的总场在遗址的东北,相距四五里。在收购站,我们把收集的废钢烂铁粗粗地翻检了一下,冀求有所收获,但结果远不如事先的设想。只买回来了一大串宋钱和一枚海马葡萄铜镜。一位同志送给我们一颗小铜印,印文却难于辨认。

8月30日　晴

和日本人所测绘的上都宫城图实地核对,出入甚多。在华严寺遗址上,意外地得一件汉白玉的龙头石刻,精甚,大喜过望。

8月31日　晴

绳测。

9月1日　晴

绳测。

9月2日　晴

绳测。

9月3日　晴

绳测。干这件工作我们只充当小工,拉绳尺报数字而已。老贾指挥,作记录。结果他会有专门报告的。所以干了几天,我已生厌了。

9 月 4 日　晴

游东城关外。东城墙的一段，在日本人的照片里，保存是十分完好的。看起来也远不如前了。数里外小山隆然。山顶隐然有石头垒成的井形。我跳了进去，除一枚宋钱外，并无所获，大概是蒙古人的鄂博之类。

9 月 5 日　晴

游城南关，闪电河中有捕鱼者，鱼长数寸。沼泽地中各种水鸟极多。城南的一些浅池中，往往可见木桩隐然。袁桷记滦京之建，"殿基水泉沸涌，以木钉万枚筑之，其费巨万。(《清容居士集》卷十六《华严寺》诗注）此岂其遗物耶?

9 月 6 日　晴

漫天大雾后，天气放晴，在城圈内随意游逛，冀有所得，然杂草之外，惟蘑菇而已。满载而归，亦聊以自适。

9 月 7 日　晴

由于吃饭发生矛盾，从今天起迁入总场招待所。生活条件无疑是大大改善了，但滦京遗址野居的浪漫生活也就随之结束了。手头仅有的《韩非子》和《中国哲学史》第一分册就成了唯一排遣时间的尤物。看书倦了，躺在坑上无所拘束的遐想，也是一件快事。（1980 年《民族史论丛》所发表的《我国古代北方民族发展与民族关系中的几个问题》一文就是在当时酝酿成形的）

9 月 8 日　雨

困雨无聊，偶成一绝：窈窕吴娃宫样新，大安阁下晚风轻。南人莫问兴亡事，漫把开平作汴京。

9 月 9 日

今天是星期天，旧历八月十三日。偕清澍作登山之游。在场东的小山上，刚越过一个小山坎，一只狐狸正往丛林中逃逸。见我突然出现，它回过头来仔细盯着我，使我有机会看清这美丽动物的野生形态。我从未见过如此光泽照人的家伙，难怪人们都认为狐狸是能够变幻成美女的。夏天的狐狸换毛，灰暗短浅。大概它知道以裘为重的它，人们是不会加害于它们，所以，一点也不怕人。初秋换上了冬装，贵重的皮裘成了人们争相猎取的对象，狐狸也就自重起来，机警地躲开人群，再看到它就很不容易了。我这也是一次幸遇呵！

9月10日至13日

旅居无聊，唯以《韩非子》一书解闷。十大召开了，听说又要搞批林批孔。我向来鲜读三代两汉之书。下放归来，万念俱灰，对政治批判已不敢置喙。等着受教育吧！

9月14日　晴

郝和大队人马从红旗大队乘马车来五一牧场集中，首途返呼。

9月15日　阵雨

全队乘马车至哈巴嘎。过蓝旗，途遇阵雨，雷电交加，在旷野孑然一车，恐怖之心油然生。傍晚抵哈巴嘎。

从此结束了有意义的难忘之旅。16日乘汽车至宝昌。17日自宝昌至张家口。晚乘火车返呼市。晨六时安抵家中。携回的土产中，除白油外，还有许多蘑菇。临离开上都遗址的前一天，我一个人又去往皇城圈里，发思古之幽情。在大安阁前意外摘到一个特大特肥的蘑菇。我想，这大概是忽必烈给我的礼物吧！带回家来，全家美美地饱餐一顿。何以报此厚赐，我心上浮起了写一本忽必烈传的小愿。

图书在版编目(CIP)数据

知止斋存稿/周良霄著.--上海:上海古籍出版
社,2022.6
(欧亚古典学研究丛书)
ISBN 978 - 7 - 5732 - 0289 - 5

Ⅰ.①知… Ⅱ.①周… Ⅲ.①中国历史-文集 Ⅳ.
①K207 - 53

中国版本图书馆 CIP 数据核字(2022)第 092130 号

欧亚古典学研究丛书

知止斋存稿(全二册)

周良霄 著

上海古籍出版社 出版发行
(上海市闵行区号景路 159 弄 1-5 号 A 座 5F 邮政编码 201101)
(1)网址:www.GUJI.com.cn
(2)E-mail:guji1@guji.com.cn
(3)易文网网址:www.ewen.co
启东市人民印刷有限公司印刷
开本 710×1000 1/16 印张 53.25 插页 5 字数 740,000
2022 年 8 月第 1 版 2022 年 8 月第 1 次印刷
ISBN 978 - 7 - 5732 - 0289 - 5

K·3156 定价:248.00 元
如有质量问题,请与承印公司联系